中国石油天然气集团公司年鉴

2004

中国石油天然气集团公司　编

石 油 工 业 出 版 社

图书在版编目（CIP）数据

中国石油天然气集团公司年鉴．2004/中国石油天然气集团公司编．北京：石油工业出版社，2004.12

ISBN 7-5021-4843-4

Ⅰ．中…

Ⅱ．中…

Ⅲ．中国石油天然气集团公司-2004-年鉴

Ⅳ．F426.22-54

中国版本图书馆 CIP 数据核字（2004）第 116575 号

中国石油天然气集团公司年鉴

2004/中国石油天然气集团公司编

出版发行：石油工业出版社

（北京安定门外安华里 2 区 1 号　100011）

网　址：www.petropub.com.cn

总　机：（010）64262233　发行部：（010）64210392

经　　销：全国新华书店

印　　刷：石油工业出版社印刷厂

2004 年 12 月第 1 版　2004 年 12 月第 1 次印刷

787×1092 毫米　1/16 印张：39.5　插页：77

字数：1320 千字　印数：1—5000 册

ISBN 7-5021-4843-4/TE·3400

定价：258.00 元

（如出现印装质量问题，我社发行部负责调换）

《中国石油天然气集团公司年鉴》
编　辑　部

编 辑 说 明

一、《中国石油天然气集团公司年鉴》是中国石油天然气集团公司主办的专业性年鉴，是一部全面记录中国石油天然气集团公司主要发展情况的编年书，是一部具有权威性的大型资料性工具书。书中全面、系统、真实地记述了中国石油天然气集团公司的发展状况，向广大读者展示了中国石油天然气集团公司在社会主义物质文明和精神文明建设中所取得的成就。

二、本年鉴采用“板块式”结构，分类编纂，点面结合，把综合记述和条目记述相结合，力求全面地反映所记事项。全书分为篇目、栏目、条目三个层次，以文字叙述为主，辅以必要的图表。内容包括总述、油气勘探开发生产、油气储运、炼化与销售、对外合作与交流、工程技术服务、科技发展、质量安全与环境保护、企业改革与管理、精神文明建设、机构与人物、上市企业概览、未上市企业及事业单位概览、中国石油天然气集团公司大事纪要等。

三、本年鉴2004卷所引用的各种数字和资料，截至2003年底。所收资料虽经过反复核实，但由于统计重点不同，来源渠道有别，时间也有差异，因此，难免存在收集不全、照顾不周，甚至互相矛盾之处。书中除特别指明者外，一般指中国石油天然气集团公司统计数字。

四、本年鉴稿件、资料主要由中国石油天然气集团公司机关和中国石油天然气股份有限公司机关各部门的有关领导与专家、各企事业单位办公室或史志办及年鉴办的同志提供，各单位的领导对稿件进行了审阅。

五、为行文简洁，本年鉴中对机构名称一般采取以下处理方法：在首次出现时用全称，随后出现时用简称。例如，“中国石油天然气集团公司”简称为“集团公司”，“中国石油天然气股份有限公司”简称为“股份公司”，“大庆石油管理局”简称为“大庆局”等。

六、遵照年鉴编辑的有关规范，编辑部对撰稿人提供的稿件进行了必要的编辑加工。主要是依据编写大纲与撰稿要求，统一了全书的体例，规范了专业名词术语，删除了明显的重复，补充了部分资料，理顺了语言文字。力求做到文字顺畅、资料翔实、叙述简洁、数据准确。尽管如此，由于编辑水平有限，疏漏和欠妥之处在所难免，恳请读者提出批评意见。

七、在本年鉴的编辑和出版过程中，承蒙集团公司机关和股份公司机关各部门，各企事业单位领导和同志们的大力支持与帮助，在此，谨向为本年鉴提供稿件和资料、审查稿件，以及提供各种帮助的同志们，致以诚挚的谢意。

《中国石油天然气集团公司年鉴》编辑部

2004年12月

序

2003年，是中国石油天然气集团公司认真贯彻党的十六大、十六届三中全会精神和实施“两个转变”的第一年，也是广大干部职工继续以“三个代表”重要思想为指导，经受严峻考验、战胜各种困难并取得显著成绩的一年。在这一年里，集团公司按照党中央全面建设小康社会和加快实施国家大公司、大集团战略的部署和要求，确立了全面建设具有国际竞争力跨国企业集团的战略目标，明确要求在立足国内发展的同时，要努力做到“两个转变”，即由国内石油公司向跨国石油公司转变，由单纯的“油气生产商”向具有复合功能的“油气供应商”转变，并围绕“三个跨越”、“四个建立”全面部署工作。在集团公司党组和集团公司的正确领导下，广大干部职工紧紧抓住发展这个第一要务，努力克服“非典”疫情和国际油价异常波动所造成的不利影响，积极调整经济结构，稳步推进企业改革，加快制度创新、技术创新和管理创新，各方面工作均创出历史新水平。油气勘探开发和炼油化工业务稳定发展，国际化经营取得新进展，管道建设、市场开发和国际贸易发展势头良好，未上市企业步入稳步发展的轨道，专业服务公司正在成为开拓国内外市场的一支劲旅，党的建设和思想政治工作扎实有效，职工生活质量和工作环境明显改善。集团公司作为国内最大的油气生产商和供应商，其规模实力和经济效益在全国大型企业中继续保持领先地位，在国际上的影响力显著提高。2003年，集团公司在中国500强企业排名中居第1位；在美国《石油情报周刊》世界最大50家石油公司排名中居第10位；在《财富》杂志世界500强企业2002年度排名中居第69位，并被誉为“世界最受赞赏企业”。

以上成绩的取得，是党中央、国务院正确领导的结果，是国家各部委、地方各级党委和政府大力支持的结果，是集团公司全体干部职工同心同德、群策群力、艰苦奋斗、努力拼搏的结果。

新世纪、新阶段，新形势、新任务，在经济全球化、国内竞争国际化的今天，立足国内，走向世界，建设具有国际竞争力的跨国企业集团是我们的必然选择。中国石油天然气集团公司在以胡锦涛为总书记的党中央领导下，将继续以保障我国石油供应安全为己任，在更大范围内、更高层次上，全面参与分享全球油气资源和市场，为国民经济发展做出新的更大贡献。

2004年5月

2004年1月6日，中国石油天然气集团公司2004年工作会议在北京举行

2003年3月11日，中国石油天然气集团公司、中国石油天然气股份有限公司召开为期11天的中国石油勘探技术座谈会，与会代表共同探讨了制约勘探发展问题的解决办法以及未来3年加快勘探发展的思路

2003年，中国石油天然气集团公司的利润增长远大于投入的增长，投入产出比大为提高，荣登中国“500强企业”榜首

2003年，中国石油突出主营业务，油气生产取得辉煌的业绩，实现稳中有增。图为大庆丛式井组在霞光中显得格外壮观

2003年，长庆油田原油生产再创新高，比2002年净增105万吨

塔里木、鄂尔多斯油气勘探捷报频传，中国东部日益突出的能源紧张问题，将随着西部资源开发规模不断扩大而得到有效缓解

大庆油田徐深1井中途测试获工业气流，发现储量300亿立方米以上的大型气藏

西部油田的上产为中国石油供应进一步提供了保障

2003年6月10日，西气东输延水关黄河穿越工程竣工，518米的穿越管道顺利从20米深处的黄河河床底通过，为靖边“十一”进气，实现中国石油2004年1月1日正式向上海商业供气奠定了坚实基础

2003年12月24日，陕京输气管道系统冬季应急增输工程提前完成，使该管道的冬季调峰供气能力由1610万立方米增加到2630万立方米，充分保证了北京的用气。陕京管道增输是中国石油为保证北京2003年、2004年冬季用气而采取的应急措施，主要包括压气站新、扩、改建和储气库新扩建工程。只用了不到6个月的有效工期，就完成了全部应急增输工程项目，为安全平稳向北京供气发挥重要作用。图为现场巡查人员在填写运行仪表参数

中国石油兰州石化分公司新建成的年产 300 万吨重油催化裂化联合装置，在蓝天白云的辉映下雄伟壮观

通过“六查六整顿”等工作，中国石油炼化企业克服了重重困难，生产呈现出勃勃生机

实施“走出去”战略，中国石油天然气集团公司石油工程技术服务领域逐渐扩大，施工能力与技术服务水平不断提高

2003年11月18日，吐哈钻井公司在人员和设备有限的情况下，依靠“强精特优”先进技术，仅用10个月18天，一举突破钻井进尺60万米。图为吐哈勘探开发指挥部领导向突破60万米钻井进尺的职工表示祝贺

减少自用油消耗，提高油品商品率，又一艘满载高标号汽油的油轮在大连港口顺利下海

中国石油重视市场销售，以市场为导向，加速收购，搬迁、新建加油站。加快销售网络建设。图为地处祖国边陲的西藏又一座新建加油站开业

2003 年，中国石油天然气集团公司新签订海外项目 12 个，其中有 6 个为新进入国家

中国石油天然气集团公司海外经营取得重大进展。苏丹项目显示出中国石油天然气集团公司强大实力

2003年5月28日，中国石油天然气集团公司与俄罗斯尤科斯石油公司签署《关于"中俄原油管道原油长期购销合同"基本原则和共识的总协议》和600万吨原油铁路购销合同

2003年11月5日至15日，中国石油天然气集团公司作为中国企业界的代表，应邀出席了在美国A&M大学召开的首次"中美关系：过去、现在、未来"大会。这次会议由美国前总统布什发起

中国石油天然气集团公司高度重视防治“非典”工作，众志成城打赢抗击“非典”主动战。图为马富才总经理代表百万石油职工，代表中国石油天然气集团公司党组深入“抗非”一线，看望医护人员

大连石化公司在预防“非典”的战役中，投入相应的人力物力，把口岸码头作为“防非”第一道关口。每一艘外轮到达公司码头，公司职工医院的同志都及时前往对油轮进行消毒

2003 年，出席中国石油天然气集团公司党的基层建设会议的“百面红旗单位”的代表会聚北京，这是近年来中国石油天然气集团公司最大规模的一次党的基层建设经验交流会议

中国石油天然气集团公司企业文化建设取得喜人成绩，油城建设和职工生活水平得到进一步改善

2003年12月23日，罗家16H井发生特大井喷事故，中国石油天然气集团公司高度重视。图为总经理马富才、副总经理苏树林、总经理助理廖永远与四川局的领导在罗家16H井现场研究抢险方案

苏树林副总经理代表中国石油天然气集团公司职工，把为“12.23”特大井喷事故受灾群众捐献的1165万元郑重交到开县县长蒋又一手中

（以上照片均由《中国石油画报》提供）

中国石油天然气集团公司组织机构图

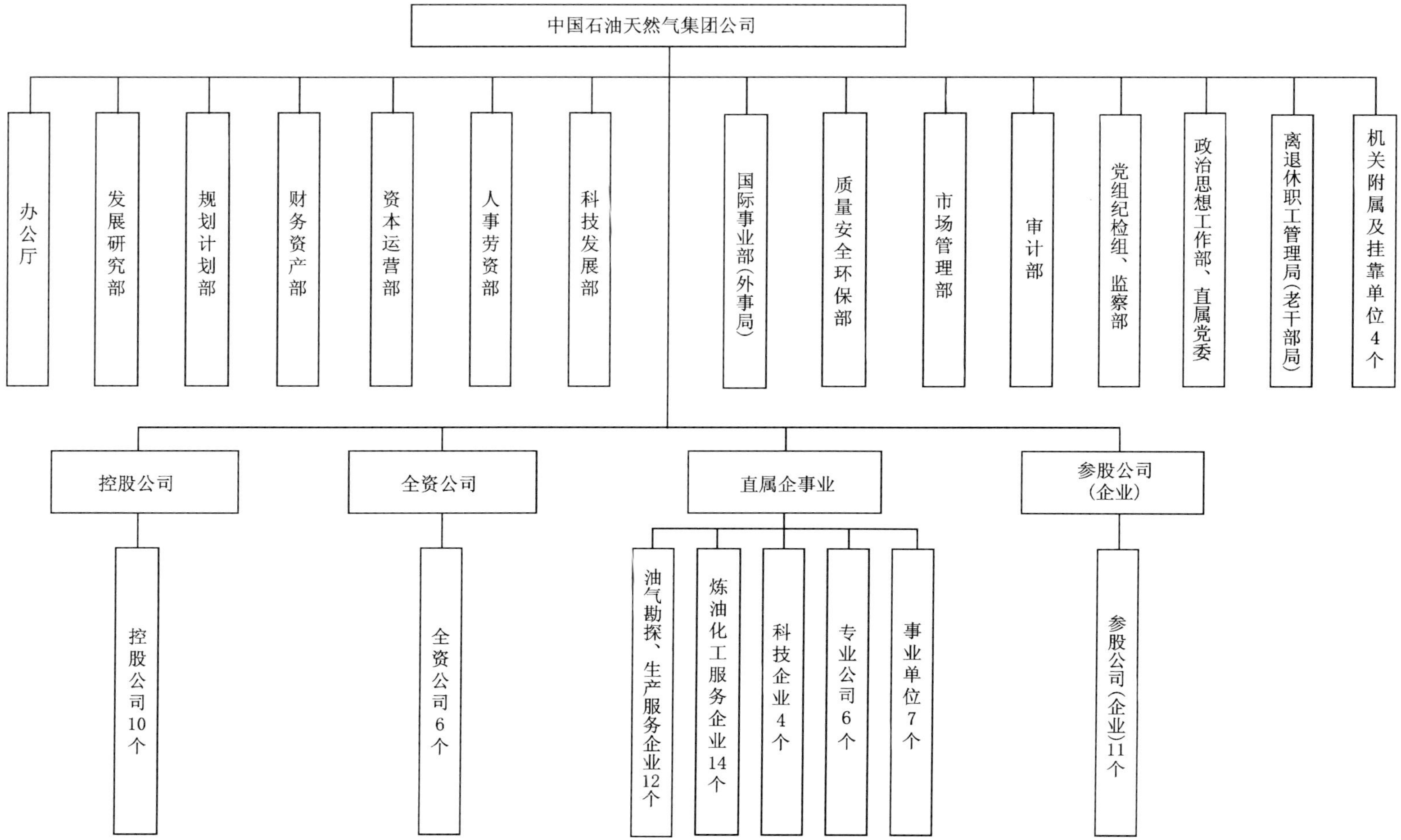

资料截至时间：2003年12月31日。

中国石油天然气股份有限公司组织机构图

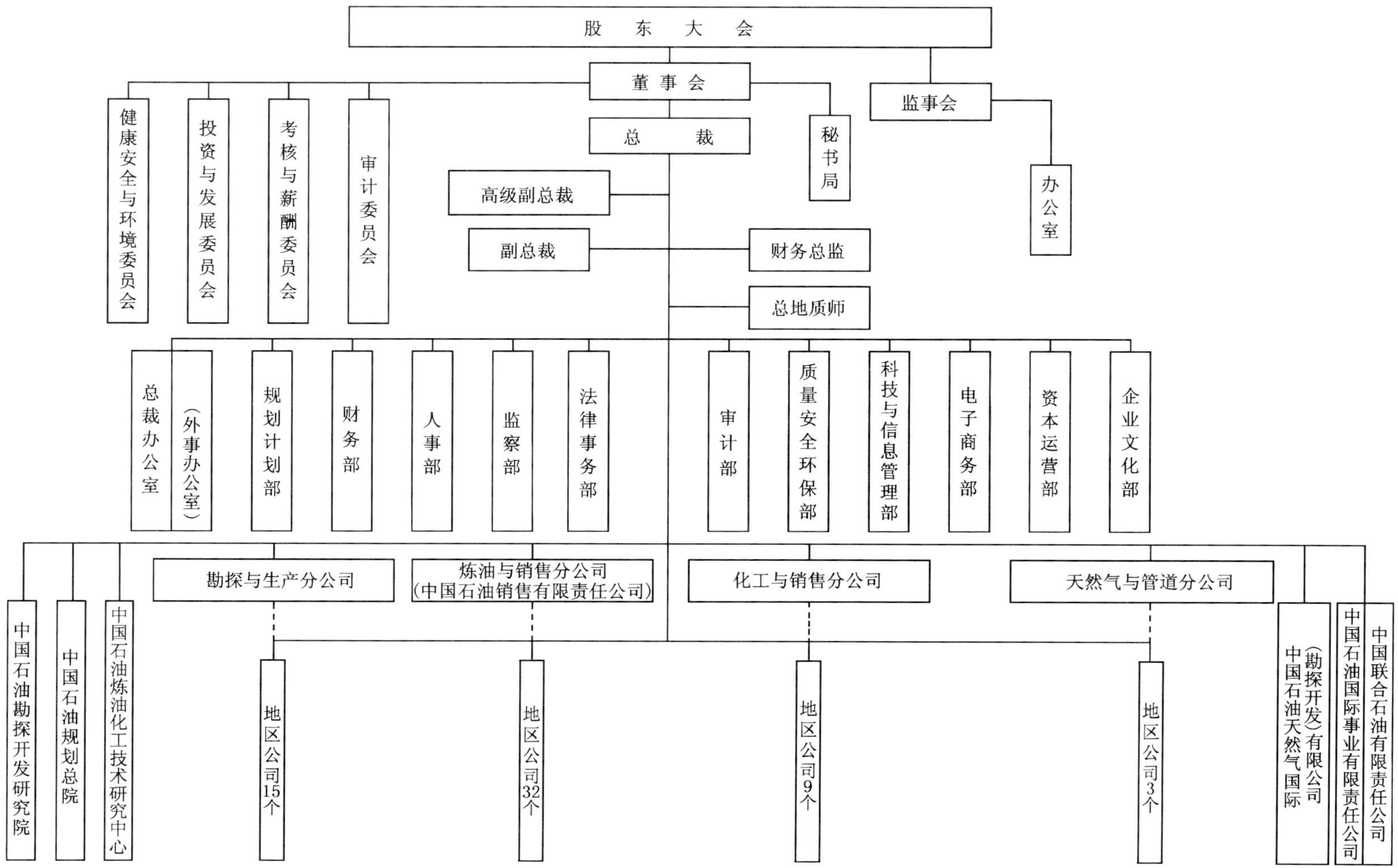

资料截至时间：2003年12月31日。

要　　目

第一篇　总　述

第二篇　油气勘探开发生产

第三篇　油气储运、炼化与销售

第四篇　对外合作与交流

第五篇　工程技术服务

第六篇　科技发展

第七篇　质量安全与环境保护

第八篇　企业改革与管理

第九篇　精神文明建设

第十篇　机构与人物

第十一篇　上市企业概览

第十二篇　未上市企业及事业单位概览

第十三篇　中国石油天然气集团公司大事纪要

第十四篇　附　录

目　　录

第一篇　总　述

综　述

2003 年中国石油天然气集团公司工作情况概述 ……………… (3)

特　载

中国石油天然气集团公司 HSE 创优升级计划（试行） ……………… (8)
中国石油天然气集团公司赴外工程技术服务队伍安全环境健康管理规定 ……………… (24)
中国石油天然气集团公司突发特别重大事故应急救援预案 ……………… (26)
中国石油天然气集团公司安全生产先进企业考核评比办法 ……………… (31)
中国石油天然气集团公司涉外突发事件应急预案 ……………… (35)

专　文

深入贯彻落实党的十六大精神　全面推进具有国际竞争力的跨国企业集团建设 ……………… (40)
抓住机遇　开拓创新　实现股份公司持续有效快速发展 ……………… (52)
马富才同志在集团公司 2003 年工作会议结束时的讲话 ……………… (61)

专　稿

中国石油天然气集团公司工作会议在北京召开 ……………… (66)
中国石油天然气集团公司人事工作会议在京召开 ……………… (67)
2003 年勘探技术座谈会在北京召开 ……………… (67)
中国石油天然气集团公司取得抗“非典”的胜利 ……………… (67)
中俄两国最大的一项原油贸易合同签署 ……………… (68)
股份公司 2002 年度股东年会在北京召开 ……………… (68)
中国石油天然气集团公司企事业单位领导干部电视会议在京召开 ……………… (69)
整治油气田及输油气管道生产治安秩序专项行动取得显著成效 ……………… (69)
中国石油 2003 年中期路演获得成功 ……………… (70)
忠县—武汉天然气输气管道工程开工仪式在宜昌举行 ……………… (71)
中国石油天然气集团公司基层党的建设工作会议在京召开 ……………… (71)
国家西气东输工程建设领导小组第六次会议在南京市召开 ……………… (72)
西气东输管道工程靖边—上海段进气仪式在陕西靖边压气站现场隆重举行 ……………… (72)
中国石油天然气集团公司纪念铁人王进喜诞辰 80 周年大会在大庆召开 ……………… (73)
中国石油天然气集团公司召开总部机关和在京单位领导干部会议 ……………… (73)
中国石油天然气集团公司积极拓展海外业务近 6 年获得长足发展 ……………… (74)
2003 年股份公司获得多项荣誉 ……………… (74)

第二篇　油气勘探开发生产

概　述

工作思路 ……………… (77)
主要成果 ……………… (77)
指标完成情况 ……………… (78)

生产经营状况 ……………………………………… (78)
提高效益的主要措施 ……………………………… (78)

矿权管理

全国矿权登记状况 ………………………………… (80)
中国石油矿权状况 ………………………………… (80)
主要工作成果 ……………………………………… (80)

油气勘探

勘探任务完成情况 ………………………………… (81)
主要勘探成果 ……………………………………… (81)

勘探工程技术

物探技术 …………………………………………… (84)
井筒技术 …………………………………………… (86)

市场管理

概述 ………………………………………………… (88)
市场管理 …………………………………………… (88)
市场准入 …………………………………………… (89)
市场开放 …………………………………………… (89)
关联交易 …………………………………………… (89)
队伍协调 …………………………………………… (89)

油田开发

概述 ………………………………………………… (89)
主要指标完成情况 ………………………………… (89)
主要成果及油田开发状况 ………………………… (90)
油田开发管理 ……………………………………… (90)

油藏评价

概述 ………………………………………………… (91)
储量评价 …………………………………………… (91)
新区开发 …………………………………………… (93)
勘探开发一体化工作 ……………………………… (94)

天然气开发

主要指标完成情况 ………………………………… (94)
主要工作和成果 …………………………………… (94)
天然气开发基本形势 ……………………………… (97)
重点气区生产动态 ………………………………… (97)

采油工程

井下作业 …………………………………………… (101)
机械采油 …………………………………………… (102)
低渗透改造 ………………………………………… (103)
稠油开发 …………………………………………… (104)
试油工作 …………………………………………… (104)
管理工作 …………………………………………… (104)

地面工程

概述 ………………………………………………… (105)
主要成果 …………………………………………… (106)
重点工作 …………………………………………… (107)
工艺技术 …………………………………………… (108)

技术项目

概述 ………………………………………………… (109)
油气勘探项目 ……………………………………… (109)
油气田开发与生产项目 …………………………… (110)
科技成果信息管理 ………………………………… (112)

第三篇　油气储运、炼化与销售

天然气与管道

油气储运能力 ……………………………………… (117)
原油配置 …………………………………………… (117)
原油销售 …………………………………………… (117)
天然气销售 ………………………………………… (117)
储运安全 …………………………………………… (119)
天然气市场开发 …………………………………… (120)
管道建设 …………………………………………… (120)
西气东输管道工程 ………………………………… (121)
QHSE 管理 ………………………………………… (121)
天然气价格管理 …………………………………… (121)
股权管理 …………………………………………… (122)
固定资产投资 ……………………………………… (122)
计量管理 …………………………………………… (122)
LNG 项目前期工作 ………………………………… (123)
科技管理与技术进步 ……………………………… (123)

炼油与销售

概述 ………………………………………………… (123)
炼油加工 …………………………………………… (125)
成品油销售 ………………………………………… (127)

加油站管理与零售 …………………………………… (128)
优化原油资源配置 …………………………………… (129)
石油价格回顾 ………………………………………… (130)
炼油科技 ……………………………………………… (136)
购销存管理信息系统 ………………………………… (137)
安全管理 ……………………………………………… (137)
固定资产投资 ………………………………………… (138)
工程建设项目管理 …………………………………… (139)
质量管理 ……………………………………………… (140)
计量管理 ……………………………………………… (140)
人事制度改革 ………………………………………… (140)
党建和企业文化建设 ………………………………… (141)

化工与销售

概述 …………………………………………………… (142)
有机原料 ……………………………………………… (144)
合成树脂 ……………………………………………… (145)
合成纤维 ……………………………………………… (147)
合成橡胶 ……………………………………………… (148)
化肥 …………………………………………………… (148)
精细化工 ……………………………………………… (148)
质量安全环保管理 …………………………………… (149)
设备管理 ……………………………………………… (149)
化工科技与信息 ……………………………………… (150)
项目前期管理 ………………………………………… (151)
工程项目管理 ………………………………………… (152)
化工产品销售 ………………………………………… (154)

第四篇　对外合作与交流

对外交流与外事工作

外事管理与协调 ……………………………………… (157)
对外宣传 ……………………………………………… (157)
海外办事处 …………………………………………… (157)
人才培训 ……………………………………………… (157)
国际会议与展览 ……………………………………… (157)

国外油气田勘探开发

概述 …………………………………………………… (158)
现运营海外项目 ……………………………………… (158)
新获石油勘探开发项目 ……………………………… (159)
经营管理 ……………………………………………… (159)

股份公司对外合作

概述 …………………………………………………… (161)
国内勘探开发对外合作 ……………………………… (161)
海外油气田勘探开发 ………………………………… (162)
人员培训 ……………………………………………… (163)

对外工程技术服务

钻井技术服务 ………………………………………… (163)
测井、录井、测试 …………………………………… (165)
地面工程建设服务 …………………………………… (165)

石油物资装备出口

概述 …………………………………………………… (166)
石油物质装备出口 …………………………………… (166)

石油技术设备引进

概述 …………………………………………………… (167)
石油技术设备引进 …………………………………… (167)

第五篇　工程技术服务

石油地球物理勘探

概述 …………………………………………………… (171)
队伍人员状况 ………………………………………… (171)
工作量与主要技术指标 ……………………………… (171)
物探设备 ……………………………………………… (171)
技术发展、数据处理与研究成果 …………………… (171)

钻井工程

概述 …………………………………………………… (172)
钻井经济技术指标 …………………………………… (172)
钻井工程质量 ………………………………………… (173)
钻井生产时效 ………………………………………… (173)
钻井新技术、新工艺 ………………………………… (173)
国际钻井市场 ………………………………………… (175)

测　井

概述 …………………………………………………… (175)
队伍人员状况 ………………………………………… (175)

设备状况 …… (175)
工作量 …… (175)
经营状况 …… (175)
技术发展 …… (175)

井下作业

概述 …… (176)
工作量及经营情况 …… (177)
外部市场开拓 …… (177)
技术创新 …… (177)

管道建设

概述 …… (177)
人员、设备状况 …… (178)
生产经营情况 …… (178)
技术发展 …… (178)

石油装备制造

概述 …… (179)
技术改造及新产品开发 …… (180)
质量及质量管理 …… (181)
基本建设和技术改造 …… (181)
经济效益 …… (182)
企业结构调整 …… (182)

第六篇　科技发展

科技发展

概述 …… (185)
年度科技计划 …… (185)
国家级科技项目 …… (185)
技术开发项目 …… (185)
应用基础研究 …… (187)
高新技术产业化 …… (187)
国际科技交流与合作 …… (187)
中青年创新基金 …… (187)
人才引进 …… (187)
软科学研究 …… (187)
技术中心建设 …… (188)
制度建设 …… (188)
知识产权管理 …… (188)
科技奖励 …… (188)
科技资源 …… (188)

股份公司科技发展

概述 …… (193)
年度科技计划 …… (193)
科技成果 …… (193)
科技管理 …… (194)
国际科技合作研究 …… (194)
培训工作 …… (195)

信息工作

概述 …… (195)
信息网站建设 …… (196)
石油视频会议系统建设 …… (196)
石油电子邮件系统建设 …… (196)
总部机关办公自动化建设 …… (196)
石油计算机网络二期工程建设 …… (197)
信息化规划编制 …… (197)
信息化管理和制度建设 …… (197)
总部信息技术服务 …… (197)
信息技术培训 …… (197)

股份公司信息工作

信息系统建设及应用 …… (197)
信息基础建设和管理 …… (198)
信息标准化 …… (198)

学会活动

概述 …… (198)
组织建设 …… (199)
学术交流 …… (199)
科普咨询 …… (200)
期刊出版 …… (201)

第七篇　质量安全与环境保护

综述

概述 …… (205)
健康安全环境管理体系 …… (205)

安全生产

安全生产基本情况 …………………………………（206）
安全生产责任制 ……………………………………（206）
HSE 管理体系的建立与实施 ………………………（206）
安全监督 ……………………………………………（206）
安全生产专项整治 …………………………………（207）
安全生产宣传教育 …………………………………（207）
交通消防安全工作 …………………………………（207）

股份公司安全生产

安全生产基本情况 …………………………………（208）
安全生产责任制 ……………………………………（208）
清理完善安全生产规章制度 ………………………（208）
安全教育培训 ………………………………………（208）
安全总监、安全监督 ………………………………（209）
安全监督检查 ………………………………………（209）
安全生产状况评估 …………………………………（209）
事故隐患治理 ………………………………………（209）

质量管理与监督

概述 …………………………………………………（209）
质量体系认证与运行 ………………………………（210）
质量管理奖评审 ……………………………………（210）
用户满意工程 ………………………………………（210）
名牌战略推进 ………………………………………（210）
施工作业资质认证 …………………………………（210）
产品质量监督 ………………………………………（210）
产品质量认可 ………………………………………（210）
驻厂质量监造工作 …………………………………（210）
组织质量月活动 ……………………………………（211）
中国质量协会石油分会工作 ………………………（211）

股份公司质量管理工作

产品质量监督抽查 …………………………………（212）
质量统计 ……………………………………………（212）
创建名牌产品 ………………………………………（212）
化工产品用户满意工程 ……………………………（212）
油品检测实验室建设 ………………………………（212）

标准化工作

标准的制定和修订 …………………………………（212）
标准的实施与宣传贯彻 ……………………………（212）
标准化技术委员会 …………………………………（212）
标准化研究工作 ……………………………………（213）
国际标准化工作 ……………………………………（213）
标准化管理 …………………………………………（213）

股份公司标准化工作

企业标准制定和修订组织体系 ……………………（213）
标准制定和修订工作 ………………………………（213）
重点燃油标准协调 …………………………………（213）
标准化研究 …………………………………………（213）
国际标准化工作 ……………………………………（213）
标准宣传贯彻 ………………………………………（213）

计量工作

石油专用计量器具量值溯源 ………………………（213）
计量技术机构与实验室建设 ………………………（214）
计量技术研究学术交流与培训 ……………………（214）

股份公司计量工作

油气贸易计量检定 …………………………………（214）
计量技术研究 ………………………………………（214）
计量政策协调 ………………………………………（214）
计量技术交流与培训 ………………………………（214）
实验室计量认证 ……………………………………（214）
重点项目计量管理 …………………………………（215）

特种设备质量安全监督管理

规章制度 ……………………………………………（215）
专业研讨会 …………………………………………（215）
普查登记 ……………………………………………（215）
专业培训 ……………………………………………（215）

环境保护

概述 …………………………………………………（215）
环境管理 ……………………………………………（215）
HSE 和 ISO 14000 管理体系 ………………………（216）
清洁生产 ……………………………………………（216）
环境保护宣传 ………………………………………（216）
污染治理 ……………………………………………（216）
环境统计 ……………………………………………（216）

股份公司环境保护工作

概述 …………………………………………………（217）
环境保护管理 ………………………………………（217）
环境科研 ……………………………………………（217）

环保培训 …… (217)

职业健康

概述 …… (217)
职业卫生管理 …… (217)
职业健康监护与监测 …… (218)
非典防治工作 …… (218)
放射卫生管理 …… (218)
宣传和培训 …… (218)
基础工作 …… (218)

股份公司健康工作

概述 …… (218)
检测与监护 …… (218)

节能节水工作

概述 …… (219)
节能节水管理 …… (219)
节能节水技术 …… (219)

股份公司节能节水工作

能源消耗状况 …… (220)
用水状况 …… (220)
节能节水规划与政策研究 …… (220)
节能节水潜力研究与示范工程 …… (220)
节能节水技术交流与宣传 …… (220)
节能节水统计监测工作 …… (220)

第八篇　企业改革与管理

企业改革与管理

深化企业改革 …… (225)
战略管理 …… (225)
管理增效年活动 …… (226)

股份公司改革与管理

概述 …… (227)
管理创新 …… (228)
持续重组 …… (228)
股票表现 …… (228)
经验与差距 …… (229)

股份公司股东大会、董事会规范运作

概述 …… (229)
股东与股东大会 …… (229)
董事与董事会 …… (230)

中国石油 2003 年度赴香港路演

概述 …… (230)
资本性支出和投资回报 …… (230)
成本削减 …… (231)
公司的成长性问题 …… (231)
炼化业务业绩的改善和盈利贡献问题 …… (231)

股份公司监事会运作

概述 …… (232)
监事会会议 …… (232)
监督检查工作 …… (232)
工作宣传交流 …… (234)
重点工作 …… (234)

股份公司法律顾问工作与管理

概述 …… (235)
法律风险防范与控制 …… (235)
重大项目法律服务 …… (235)
合同管理 …… (235)
纠纷案件管理 …… (236)
规章制度管理 …… (236)
反倾销、反补贴和保障措施工作 …… (236)
外聘律师管理 …… (236)
销售企业法律工作 …… (237)
普法和企业依法治理 …… (237)

人事管理

概述 …… (237)
领导班子建设 …… (238)
人事制度创新 …… (238)
人才队伍建设 …… (238)
职（执）业资格评定 …… (239)
劳动力管理 …… (239)
工资管理 …… (240)
社会保险 …… (240)
基础工作 …… (241)
自身建设 …… (241)

股份公司人事管理

概述 …… (242)
领导班子建设 …… (242)
业绩考核 …… (243)
劳动力管理 …… (243)
薪酬管理 …… (243)
员工培训 …… (244)
人才队伍建设 …… (244)

规划计划管理

概述 …… (245)
战略研究和中长期规划 …… (245)
项目管理 …… (245)
年度业务发展计划 …… (246)
招投标管理 …… (247)
机电产品进出口管理 …… (247)
综合统计 …… (248)
土地管理 …… (248)
工程勘察设计 …… (249)
工程建筑施工 …… (249)
工程建设监理 …… (249)
工程质量监督 …… (249)
定额管理 …… (250)

股份公司规划计划管理

概述 …… (250)
战略研究与中长期规划 …… (250)
项目管理 …… (251)
投资计划管理 …… (252)
概算管理 …… (252)
油气产销平衡 …… (253)
综合统计 …… (253)
土地管理 …… (254)
技术设备引进管理 …… (254)

财务资产改革与管理

概述 …… (255)
资金管理 …… (255)
预算管理 …… (256)
组织实施《企业会计制度》 …… (256)
会计核算 …… (256)
清理应收应付往来款项 …… (257)
扭亏解困 …… (258)
企业办社会职能移交 …… (258)
监事会监督检查 …… (258)
年报社会审计 …… (258)
会计集中核算及信息系统建设 …… (259)
国有资产管理与评估 …… (259)
财税政策 …… (260)
纳税筹划 …… (260)
工程技术服务价格 …… (260)
财会队伍建设 …… (260)
制度建设 …… (261)

股份公司财务管理

概述 …… (261)
预算管理 …… (261)
资金管理 …… (262)
债务管理 …… (262)
资本市场业务管理 …… (262)
资产管理 …… (263)
会计核算 …… (263)
财税及价格政策 …… (264)
中国石油财务管理信息系统 …… (265)
关联交易 …… (265)
基础工作 …… (265)

资本运营

概述 …… (266)
股权管理 …… (266)
股权投资管理 …… (266)
资产重组 …… (266)

股份公司资本运营

概述 …… (267)
股权管理 …… (267)
资本运营战略 …… (268)
资本市场与股本融资 …… (268)

物资采购与电子商务

概述 …… (268)
业务指标 …… (268)
采购业务量 …… (268)
招标选择部分物资供应商 …… (268)
重点物资采购 …… (269)
网上物资采购管理 …… (269)
电子商务技术平台建设与发展 …… (269)

供应商、采购商培训 …………………………………… (269)
石油物资分类与代码 …………………………………… (270)
机关采购 ………………………………………………… (270)

审计监督

概述 ……………………………………………………… (270)
主要审计活动 …………………………………………… (270)
重大审计成果 …………………………………………… (271)
审计业务培训 …………………………………………… (272)
审计学会工作 …………………………………………… (272)

股份公司审计监督

概述 ……………………………………………………… (273)
主要审计成果 …………………………………………… (273)
主要审计活动 …………………………………………… (273)
重要审计项目及成果 …………………………………… (274)
培训 ……………………………………………………… (275)
优秀审计项目 …………………………………………… (275)
审计标准化工作 ………………………………………… (275)

其他

机关行政事务 …………………………………………… (275)
综合治理工作 …………………………………………… (277)
保密工作 ………………………………………………… (279)
信访工作 ………………………………………………… (280)
档案工作 ………………………………………………… (282)
股份公司文档工作 ……………………………………… (283)

第九篇　精神文明建设

党建与党群工作

概述 ……………………………………………………… (287)
理论学习 ………………………………………………… (287)
党建工作 ………………………………………………… (287)
宣传思想工作 …………………………………………… (290)
精神文明建设 …………………………………………… (291)
群团工作 ………………………………………………… (292)
企业文化建设 …………………………………………… (293)

股份公司党建与群众工作

学习贯彻“三个代表”重要思想 ……………………… (293)
党的建设 ………………………………………………… (294)
防治“非典”工作 ……………………………………… (295)
企业文化建设 …………………………………………… (296)
机关作风建设 …………………………………………… (297)
工会工作 ………………………………………………… (297)
共青团工作 ……………………………………………… (298)

纪检与监察工作

概述 ……………………………………………………… (299)
党风廉政建设责任制 …………………………………… (299)
领导干部廉洁自律 ……………………………………… (299)
查处违纪违法案件 ……………………………………… (300)
效能监察 ………………………………………………… (300)
源头治理 ………………………………………………… (301)
党内监督巡视 …………………………………………… (301)
队伍建设 ………………………………………………… (302)
理论研究 ………………………………………………… (302)

股份公司纪检与监察工作

概述 ……………………………………………………… (302)
党风廉政建设责任制 …………………………………… (302)
领导干部廉洁自律 ……………………………………… (303)
查处违法违纪案件 ……………………………………… (303)
效能监察 ………………………………………………… (304)
源头治理 ………………………………………………… (304)
队伍建设 ………………………………………………… (305)
理论研究 ………………………………………………… (305)

第十篇　机构与人物

中国石油天然气集团公司组织机构 ……………………… (309)
中国石油天然气股份有限公司组织机构 ………………… (312)
中国石油天然气集团公司领导 …… (315)
中国石油天然气集团公司其他在职部级领导 …………… (315)
中国石油天然气集团公司总经理助理 ………………… (315)
中国石油天然气集团公司机关部门

主要领导 …………………………… (316)
中国石油天然气集团公司所属企事业单位主要领导 …………………………… (316)
中国石油天然气股份有限公司董事会成员 …………………………… (319)
中国石油天然气股份有限公司监事会成员 …………………………… (319)
中国石油天然气股份有限公司总裁班子成员 …………………………… (320)
中国石油天然气股份有限公司机关部门主要领导 …………………………… (320)
中国石油天然气股份有限公司专业公司主要领导 …………………………… (321)
中国石油天然气股份有限公司地区公司主要领导 …………………………… (321)
中国石油天然气股份有限公司在京单位主要领导 …………………………… (324)
中国石油天然气集团公司两院院士名单 …………………………… (324)

第十一篇　上市企业概览

大庆油田有限责任公司 …………………… (329)
中国石油天然气股份有限公司吉林油田分公司 …………………… (332)
中国石油天然气股份有限公司辽河油田分公司 …………………… (335)
中国石油天然气股份有限公司大港油田分公司 …………………… (339)
中国石油天然气股份有限公司华北油田分公司 …………………… (341)
中国石油天然气股份有限公司新疆油田分公司 …………………… (345)
中国石油天然气股份有限公司西南油气田分公司 …………………… (348)
中国石油天然气股份有限公司青海油田分公司 …………………… (350)
中国石油天然气股份有限公司长庆油田分公司 …………………… (352)
中国石油天然气股份有限公司玉门油田分公司 …………………… (355)
中国石油天然气股份有限公司吐哈油田分公司 …………………… (357)
中国石油天然气股份有限公司塔里木油田分公司 …………………… (359)
中国石油天然气股份有限公司冀东油田分公司 …………………… (362)
中国石油天然气股份有限公司浙江勘探分公司 …………………… (365)
中国石油天然气股份有限公司哈尔滨石化分公司 …………………… (366)
中国石油天然气股份有限公司大连石化分公司 …………………… (367)
中国石油天然气股份有限公司锦州石化分公司 …………………… (370)
中国石油天然气股份有限公司前郭石化分公司 …………………… (372)
中国石油天然气股份有限公司锦西石化分公司 …………………… (374)
中国石油天然气股份有限公司大港石化分公司 …………………… (375)
中国石油天然气股份有限公司华北石化分公司 …………………… (377)
中国石油天然气股份有限公司呼和浩特石化分公司 …………………… (378)
中国石油天然气股份有限公司辽河石化分公司 …………………… (381)
中国石油天然气股份有限公司长庆石化分公司 …………………… (382)
中国石油天然气股份有限公司克拉玛依石化分公司 …………………… (384)

中国石油天然气股份有限公司
润滑油分公司 …………………………（386）
大连西太平洋石油化工有限公司
……………………………………………（388）
中国石油天然气股份有限公司
西北销售分公司 ………………………（389）
中国石油天然气股份有限公司
东北销售分公司 ………………………（391）
中国石油天然气股份有限公司
西南销售分公司 ………………………（393）
中国石油天然气股份有限公司
华东销售分公司 ………………………（394）
中国石油天然气股份有限公司
华北销售分公司 ………………………（396）
中国石油天然气股份有限公司
黑龙江销售分公司 ……………………（398）
中国石油天然气股份有限公司
吉林销售分公司 ………………………（399）
中国石油天然气股份有限公司
辽宁销售分公司 ………………………（400）
中国石油天然气股份有限公司
大连销售分公司 ………………………（402）
中国石油天然气股份有限公司
陕西销售分公司 ………………………（404）
中国石油天然气股份有限公司
甘肃销售分公司 ………………………（405）
中国石油天然气股份有限公司
青海销售分公司 ………………………（407）
中国石油天然气股份有限公司
四川销售分公司 ………………………（408）
中国石油天然气股份有限公司
重庆销售分公司 ………………………（410）
中国石油天然气股份有限公司
内蒙古销售分公司 ……………………（411）
中国石油天然气股份有限公司
新疆销售分公司 ………………………（413）
中国石油天然气股份有限公司
西藏销售分公司 ………………………（414）
中国石油天然气股份有限公司
宁夏销售分公司 ………………………（416）
中国石油天然气股份有限公司
大连海运分公司 ………………………（418）
中国石油天然气股份有限公司
大庆石化分公司 ………………………（418）
中国石油天然气股份有限公司
吉林石化分公司 ………………………（422）
中国石油天然气股份有限公司
抚顺石化分公司 ………………………（424）
中国石油天然气股份有限公司
辽阳石化分公司 ………………………（426）
中国石油天然气股份有限公司
兰州石化分公司 ………………………（428）
中国石油天然气股份有限公司
乌鲁木齐石化分公司 …………………（430）
中国石油天然气股份有限公司
宁夏石化分公司 ………………………（432）
中国石油天然气股份有限公司
独山子石化分公司 ……………………（434）
中国石油天然气股份有限公司
大庆炼化分公司 ………………………（436）
中国石油天然气股份有限公司
管道分公司 ……………………………（437）
北京华油天然气有限责任公司 ……（440）
中国石油天然气股份有限公司
西气东输管道分公司 …………………（441）
中国石油国际事业有限责任公司
（中国联合石油有限责任公司）
……………………………………………（443）
中国石油勘探开发研究院 ……………（445）
中国石油规划总院 ……………………（450）

第十二篇　未上市企业及事业单位概览

大庆石油管理局 …………………………（457）
辽河石油勘探局 …………………………（459）
华北石油管理局 …………………………（462）
四川石油管理局 …………………………（467）
长庆石油勘探局 …………………………（469）
玉门石油管理局 …………………………（473）
青海石油管理局 …………………………（475）
新疆石油管理局 …………………………（476）
吐哈石油勘探开发指挥部 ………………（479）
塔里木石油勘探开发指挥部 ……………（483）
冀东石油勘探开发公司 …………………（485）
中国石油天然气勘探开发公司 …………（487）
中国石油大庆石油化工总厂 ……………（489）
中国石油哈尔滨炼油厂 …………………（491）
中国石油大连石油化工公司 ……………（492）
中国石油抚顺石油化工公司 ……………（493）
中国石油辽阳石油化纤公司 ……………（495）
中国石油林源炼油厂 ……………………（496）
中国石油前郭炼油厂 ……………………（499）
吉化集团公司 ……………………………（501）
中国石油锦州石油化工公司 ……………（503）
中国石油锦西炼油化工总厂 ……………（505）
中国石油乌鲁木齐石油化工总厂 ………（508）
中国石油兰州炼油化工总厂 ……………（509）
中国石油兰州化学工业公司 ……………（511）
中国石油宁夏化工厂 ……………………（512）
中国石油集团工程技术研究院 …………（514）
中国石油集团经济和信息研究中心 ……（515）
中国石油天然气集团公司咨询中心 ……（517）
中国石油天然气管道局 …………………（519）
中国石油物资装备(集团)总公司 ………（522）
中国华油集团公司 ………………………（525）
华油北京服务总公司 ……………………（526）
中国石油天然气运输公司 ………………（528）
中国石油天然气集团公司管材研究所 …（529）
中国石油审计服务中心 …………………（532）
北京石油管理干部学院 …………………（533）
石油工业出版社 …………………………（535）
中国石油报社 ……………………………（536）
浙江石油勘探处 …………………………（538）
吉林石油集团有限责任公司 ……………（539）
大港油田集团有限责任公司 ……………（543）
中油国际工程有限责任公司 ……………（544）
中国石油集团庆阳炼油化工有限责任公司 ……（558）
中国石油集团宁夏大元炼油化工有限责任公司 ……（559）
中国石油集团东方地球物理勘探有限责任公司 ……（561）
中国石油集团测井有限公司 ……………（564）
中国石油集团工程设计有限责任公司 …（567）
深圳石油实业有限公司 …………………（569）
中油财务有限责任公司 …………………（571）
吉林燃料乙醇有限责任公司 ……………（572）
塔里木石油化工工程建设指挥部(塔里木石油化工有限责任公司) ……（573）

第十三篇　中国石油天然气集团公司大事纪要

中国石油天然气集团公司大事纪要 ……（577）

第十四篇 附 录

2003 年集团公司主要指标完成情况……………（595）
2003 年股份公司原油、天然气产量完成情况……………（596）
2003 年股份公司化工主要产品产量……………（597）
2003 年股份公司炼油加工主要产品产量……………（598）
股份公司按照国际会计准则编制的财务概况……………（600）
股份公司各业务板块的资本性支出……………（602）
股份公司原油、天然气已评估探明储量和探明开发储量……………（602）
股份公司综合损益表……………（603）
2003 年度股份公司各业务板块的综合财务报表……………（603）
股份公司原油、天然气勘探及生产活动经营业绩……………（604）
2000—2003 年世界石油供应量和需求量……………（605）
1991—2003 年世界主要国家和地区石油产量……………（606）
1990—2003 年世界主要国家和地区天然气产量……………（611）
编后记……………（614）

第一篇

总　　述

综　述

2003年中国石油天然气集团公司工作情况概述

2003年，集团公司面对错综复杂的国内外市场竞争形势，紧紧围绕建设具有国际竞争力跨国企业集团的目标，立足当前、谋划长远，采取一系列深化改革和强化管理的重大举措，各项工作都取得新的成绩，许多方面创出历史新水平。全年实现主营业务收入4753亿元、税费813亿元、利润总额727亿元，同比分别增长25.3％、26.2％和35.7％。

（1）油气上游和炼化业务稳定发展。勘探工作进一步突出石油、天然气勘探的重中之重地位，深化对资源潜力的认识，明晰工作思路和主攻方向，加大投入、甩开勘探，取得一系列重大突破和成果。国内新增探明石油地质储量4.4亿吨、天然气地质储量3902亿立方米。原油生产实施“积极调整东部、加快发展西部”的方针，注重推广应用新工艺新技术，东部老油田综合治理成效明显，西部油田增储上产势头良好，新疆油田和长庆油田分别跨入千万吨级大油气田行列。全年原油生产实现稳中有增，共生产原油12242万吨，比2002年增加485万吨；天然气生产继续保持两位数增长，生产天然气262亿立方米，比2002年增加29亿立方米。

炼油化工围绕增盈扭亏，坚持结构调整和强化管理并举，在加快东西部千万吨级炼化生产基地建设的同时，优化资源配置，精心组织生产运行，加快炼化重点工程项目建设和技术改造，高附加值产品产量大幅度增长，规模实力和盈利能力明显增强，实现炼油业务大幅度增盈、化工业务全面扭亏为盈。全年加工原油10075万吨，生产成品油6347万吨；生产乙烯、尿素、三大合成材料等主要化工产品1090万吨，同比增长9.4％。油气销售业务积极应对市场变化，进一步加大市场开发和销售网络建设的力度，强化终端销售，优化运输组织和产品流向，销售量和零售量大幅提高。现有加油站15231座，零售比例达到45.1％，直销率达到68.9％。化工产品的直销网络建设和专业化管理稳步推进，统销优势显现，总销量比2002年增加158万吨。

（2）重点工程建设进展顺利。以覆盖主要市场区域、增强市场竞争优势为目标的输油输气管网建设按规划推进，重点工程施工正点运行。西气东输工程东段（陕北至上海）全面完工，并一次投产成功，先期实现向沿线的河南、安徽、江苏、浙江等地区供气，如期向上海商业供气。忠县至武汉输气管道的控制性工程已完成总工作量的一半，陕京二线输气管道的各项前期准备工作有序展开。输油输气管网的快速建设，为市场开发提供了有力的支撑，天然气年销售量达到186.9亿立方米。炼油化工重点实施的51个重大项目，已有21个相继建成投产。特别是兰州石化300万吨/年重催化、500万吨/年常减压、吉林石化100万吨/年延迟焦化等项目按期建成投产，以及完成260多项技改项目，有力地促进炼化结构的优化和整体效益的提高。

（3）工程技术及生产服务的整体竞争力进一步增强。坚持以结构调整和技术改造为核心，加大投资力度，重点安排实施大庆石化、抚顺石化、吉林石化、兰州石化等一批新建和技改项目，进一步增强企业自我发展能力，不断提高工作质量和水平。全年投入装备更新改造资金68.6亿元，投入生产服务设施配套资金40.3亿元，更新石油勘探和钻井设备40台，配套改造钻机26台，使现有设备新度系数提高到0.6以上。尤其是专业服务公司资源优化配置的优势已经显现，参与外部市场竞争能力增强。全年共完成油气勘探二维地震54254千米、三维地震19366平方千米，比2002年分别增长13.4％和26.3％；地质条件复杂地区的油气高分辨率勘探取得重大进展，地震资料的采集、处理和解释明显上到新水平。全年完成油气井钻井进尺1393万米，比2002年增长16.6％。石油建筑施工实现产值217亿元，比2002年增长24％。在油气业务发展的带动下，石油测井、机械加工制造等方面的工作量和经济效益都比2002年有新的增长。

(4) 国际油气业务发展势头强劲。继续实施“走出去”战略，着眼在全球范围内分享油气资源和市场，依托和发挥整体优势，强化境外油气生产基地建设，跨国经营步入快速发展时期。国外油气田生产继续保持较大幅度增长，全年原油、天然气作业产量分别达到2509万吨和19.2亿立方米，获权益原油产量1288万吨和权益天然气产量13.9亿立方米，比2002年分别增加273万吨和5.9亿立方米。苏丹项目在勘探、产能建设及炼厂扩建等方面均有新进展，苏丹3/7区进行的风险勘探获得重大成果，探明地质储量可超过4亿吨，并分别在厄瓜多尔、哈萨克斯坦、阿塞拜疆等国签订风险勘探合同，使国际业务的发展后劲进一步增强。尤为可喜的是，2003年新签订油气合作项目12个，其中有6个项目为新进入国家。集团公司已与19个国家开展油气勘探开发合作，在中东、北非、中亚、俄罗斯、南美等地区拥有近40个油气勘探开发和生产建设项目。国际石油工程承包、技术服务和物资装备出口业务发展迅速，开始由单纯依托油气项目“搭船出海”向独立实施国际化经营的转变，自主开发市场的能力显著增强。全年新签订合同额17.7亿美元，完成合同额17.2亿美元，比2002年分别增长29.2%和60.7%。国际油气贸易发展迅速，交易运作日趋娴熟，初步建立起连通多个国家的贸易渠道和连接众多用户的国际贸易平台，全年完成国际油气贸易量3979万吨。

(5) 科研与技术创新取得新成果。围绕重大技术项目攻关、关键技术研究以及完善技术创新体系等，加大工作力度，并不断加快成熟配套技术的推广和应用。全年共投入科技经费36亿多元，取得科技成果2000多项，有6项科研成果获得国家奖励，有50项科研成果获得集团公司技术创新奖。其中“苏丹Muglad盆地高效勘探的理论与实践”获得国家科技进步一等奖，“桥式偏心分层开采配套工艺技术”获得国家发明二等奖。科技进步有力推动企业发展和经济效益增长，增强企业的核心竞争力。油气勘探开发高密度地震数据采集、复杂构造成图等处理解释新技术的开发应用，促进油气勘探获得一系列新的重大突破性发现和成果；高含水油田油藏精细描述、低渗透油田开发配套技术和综合挖潜技术的加快应用和推广，明显提高老油田的开发质量和水平。炼油化工新一代加氢技术、两段提升管催化裂化技术的应用，提高炼化装置的运行效率和产品质量；3.3万千瓦大功率烟气轮机的研制和使用，年可节电2.4亿千瓦·时、降低生产成本近1亿元。地面工程建设数控式大口径输气管道内环缝自动焊机的开发和使用，大幅度提高管缝焊接质量，使输气管道焊接一次检测合格率达到98%以上；快速制泥浆装置和泥浆循环与净化系统应用于西气东输工程，成功地解决黄河穿越施工中的技术难题。

(6) 深化企业改革与加强管理同步推进。以建立现代企业制度、推进体制和机制创新为目标，不断深化企业改革，在一些方面迈出新的步子。股份公司积极推行组织结构扁平化管理见到成效。未上市企业在搞好产业定位的基础上，继续实施主辅分离、辅业改制，并取得新的进展。全年完成辅业改制分流单位10个，全集团实现整体分流改制的单位已达到46个。专业化重组工作持续推进，在加强专业公司规范化管理和运作的同时，将部分石油石化单位设计院以资产入股方式，重组到工程设计有限责任公司，增强石油工程设计资源和市场开拓等方面的互补优势。进一步推进“三项制度”改革，继续实施企业领导人员民主推荐、公开选拔、差额竞聘制度，建立起透明度高、可操作性强的具体办法和工作流程，全年有43名优秀年轻干部经过公开选拔竞聘走上领导岗位。加强企业内部劳动力市场建设，并不断取得新的进步。积极稳步推进基本工资制度改革，强化工资激励职能，有效调动、保护和发挥各个方面的积极性。

同时，着眼于提高经济效益和发展质量，强化企业管理，在严格管理、精细管理和科学管理上狠下功夫，努力推进管理方式的转变，增强企业内涵发展的能力。特别是通过广泛深入开展“管理增效年”活动，认真查找管理工作中的薄弱环节，完善各项管理制度，落实各项节约挖潜措施，呈现出管理水平和经济效益上升、成本费用下降的良好局面。进一步强化各专项管理工作，尤其是财务资产管理、投资计划管理效果明显。所属石油石化企业普遍实行与国际并轨的企业会计制度，建立健全有章可循、有章必循、违章必纠和“依法治企”的新型管理模式，有力推动企业整体管理工作迈上一个新台阶。

(7) 人才培养和职工培训工作见到明显成效。根据中央人才队伍建设规划纲要，进一步贯彻落实人才强企战略，认真研究制定并实施了《集团公司2003—2005年人才队伍建设规划》及一系列配套措施，并针对经营管理、专业技术和操作技能三支人才队伍的特点，大力度分类实施培养措施。对经营管理人才，通过搭建公开选拔、竞争上岗、任期制、交流制、业绩考核制等用人平台，在使用中培养和提高；对专业技术人才，实行分类分级的岗位管理制度以及领导干部联系制度等，并规范加快集团公司和企业两级专家队伍建设，目前两级专家队伍达1000人；对操作技能人才，实行技能鉴定和技师考评制度，开展岗位技术练兵和能手选拔竞赛，集团公司对109名技术能手进行了表彰。同时，采取多种办法，积极改善人才成长环境，努力为有利于更多人才脱颖而出创造条件。注重坚持把培训作为基础性工程来抓，全年共投入培训经费2.1亿元，共举办各类培训班5800多个、培训29.8万人次，其中跨企业培训项目86个、培训近1.3万人次。在加强企业内部人才劳动力市场建设方面，也取得新的进步。

（8）党的建设和企业文化建设扎实有效。按照以“三个代表”重要思想和十六大精神统一思想认识、谋划未来发展的要求，抓住围绕主题、把握精髓、狠抓落实三个重点环节，坚持在深入人心上下功夫，在开拓创新上下功夫，在力求实效上下功夫，组织开展“六个深刻领会、六个深入思考”的专题讨论，把“三个代表”重要思想和十六大精神的学习不断引向深入。以改革的精神加强和改进党的建设和思想政治工作，广泛开展“形势、目标、责任”主题教育，深入进行弘扬大庆精神、铁人精神教育，大张旗鼓地开展评比选树“百面红旗”活动，有效地增强企业的凝聚力，激发广大职工爱岗敬业、奋发向上的工作热情。制定并实施以培育统一的企业精神和树立新型的经营理念为核心的企业文化建设纲要，全面丰富企业文化建设的内涵，并用先进的文化指导和规范企业及职工行为，“爱国、创业、求实、奉献”的企业精神和“诚信、创新、业绩、和谐、安全”的核心经营理念更加深入人心，职工队伍的凝聚力和战斗力不断提高。正确处理改革、发展、稳定的关系，高度重视维护社会和企业稳定的工作，全面落实稳定工作责任制，努力化解各种不稳定因素，确保了集团公司大局的稳定。

一、股份公司

1. 实现利润创历史最好水平，提升了公司价值

按国际会计准则计算，完成的销售收入、税前利润、净利润等均创历史新高，并首次实现四个业务板块全部盈利。勘探与生产板块实现税前利润同比增长30.5%，仍然是盈利的主要支柱；炼油与销售板块实现税前利润同比增长1.6倍，化工与销售板块实现税前利润同比减亏增盈44.2亿元，天然气与管道板块实现税前利润同比增长10.2%。由于公司稳健的经营和良好的业绩，以及香港H股整体走高的大势，中国石油股票价格稳步攀升，年底收盘价4.45港元/股，与2002年底相比上涨近两倍，与发行价相比上涨近2.5倍，显示了良好的成长性。

2. 油气勘探成果颇丰，原油产量稳中有增，天然气业务快速发展

为强化勘探工作，先后召开勘探技术座谈会和工程技术座谈会，进一步明确加强勘探的指导方针、总体目标和主攻方向，立足大发现、新突破，深化地质综合研究，积极实施勘探开发一体化，取得一批重大成果。新发现冀东高柳、长庆西峰两侧、铁边城、榆林周边、新疆霍尔果斯等5个亿吨级油气田，以及松辽敖南、渤海湾滩海埕北、冀中留西、四川邛西等12个5000万吨级油气区块。新增探明石油地质储量可动用程度达到93.9%，油气储量替换率分别达到1.17和11.3。新增石油控制储量6.2亿吨、预测储量7.3亿吨，是近年来最好水平。

原油生产在认真做好东部战略性调整的同时，加快西部上产步伐，生产运行比较主动，实现稳中有增的目标。全年新建原油生产能力1076万吨、天然气生产能力48亿立方米，新形成3个百万吨级以上的油气田。生产原油10394万吨，比2002年增产32万吨。老油田综合治理成效明显，综合递减和自然递减分别控制在5.2%和11.4%以内，综合含水保持基本稳定。新区、新油田的产能建设有效保证上产目标的实现。大庆油田不断扩大三次采油技术应用规模，努力挖掘生产潜力，比计划超产10万吨，全年生产原油4840万吨。长庆油田油气当量突破1000万吨，成为西部第二个千万吨级大油气田，原油产量迈上700万吨台阶，是上产幅度最大的油田。新疆油田生产原油1060万吨，比2002年增产55万吨，保持连续稳步增长。

天然气业务以四大气区为重点加快上产步伐，大力拓展市场，产销量持续快速增长。国内油气田共生产天然气248亿立方米，比2002年增长10.2%。西南油气田天然气产量达到92亿立方米，并首次实现全面扭亏为盈；长庆油田天然气产量突破50亿立方米，为西气东输东段顺利启输和满足京津地区的用气增长提供了资源保证。采取灵活的市场营销策略，全年外销天然气153.3亿立方米，比2002年增长5.3%。积极推升天然气销售价格，同比平均提高8元/千立方米，销售效益稳步提升。

3. 炼油化工产销两旺，增强了盈利能力

炼化生产突出资源优化和结构调整，精心组织生产运行，发挥一体化优势，实现增产增收。特别是完成260多项“短平快”技改项目，有力促进炼化结构

的优化调整及整体效益的提高。全年加工原油9120万吨，生产成品油5674万吨，一次原油加工负荷率达到85.6%，均创历史最好水平。化工主要装置全年高负荷运行，商品产量首次突破1000万吨，比2002年增长107万吨。根据市场需求及时调整优化产品结构，炼油大力增产高附加值和适销对路产品，同比增产高标号汽油、柴油、石蜡、丙烯等厚利产品670多万吨，深加工商品重油120万吨；按照化工“效益三条线”原则组织优化生产，同比增产树脂专用料等厚利产品55万吨。深入开展企业达标和装置达标活动，轻油收率、综合商品率、加工损失率、综合能耗等主要技术经济指标进一步改善，乙烯加工损失率降低0.26个百分点，达到国内先进水平。

销售业务始终坚持促销、推价、降费的方针，积极应对市场变化，及时调整营销策略，产销互动，量价联动，不断加大销售网络建设力度，强化终端销售，优化运输组织和产品流向，销售量和零售量大幅提高。全年国内销售成品油5629万吨，国内市场份额达到43.3%。成品油零售量达到2230万吨，同比增长350万吨，零售市场份额达到25.9%。销售结构得到改善，销售渠道逐步规范，加油站创效能力明显提高，资产型加油站单站平均日销量同比提高0.45吨，达到5.02吨。坚决贯彻化工产品统销原则，积极扩大销量，总销量达到1078万吨，同比增加158万吨。统销优势逐步显现，统销量同比增长144万吨。直销网络建设和专业化管理稳步推进，直销率达到60%。化工产品销售价格平均上推1.2个百分点，销售效益明显提高。

各炼化及销售企业广泛深入开展“六查六整顿”、挖潜增效活动，进一步强化管理，堵塞漏洞，降本降费取得明显成效。炼油单位现金加工费同比降低4.7元/吨、现金营销成本降低5.2元/吨，化工类产品单位现金加工费降低135元/吨，均创历史最好水平；管理费、财务费等期间费用同比降低10亿元以上。通过开展运输专项整顿，优化物流配送，在成品油总销量特别是区外销量大幅增长情况下，吨油运输费用同比降低2.4元。炼化企业盈利大幅增长，炼油销售和化工销售单位全部实现盈利。

4. 国际油气业务进一步拓展，国际贸易发展态势良好

印尼项目生产经营已步入正轨，油气产量逐步增加。新收购美国赫斯公司在印尼加邦区块50%的股权，使我方在该区块的股权比例增加到45%。全年印尼项目共完成油气作业产量243万吨，获得权益产量102万吨。同时，在印尼项目周边有针对性地展开勘探，首轮探井全部获得成功，新增探明油气可采储量3300万桶，展现该项目的良好前景。国内对外合作进展顺利，全年油气作业产量达到282万吨，其中大港滩海赵东区块合作开发项目正式投产，当年产油28万吨。国际贸易业务在继续巩固东南亚等市场的同时，新开拓西非和南美市场，进出口总量及贸易额均保持快速、稳健的发展势头。

5. 管理创新的力度加大，提高了企业管理成效

高度重视战略管理，加强对具有前瞻性、综合性、全局性重大问题的研究，编制公司发展战略纲要、2003—2007年业务发展规划以及重大区域和专项发展规划，中长期发展的思路进一步清晰。深化全面预算管理，根据市场变化及时编制调整公司执行预算，预算的准确性和指导性进一步增强。在炼化企业全部完成资金收支两条线和会计集中核算工作，油气田企业基本实现一级核算的目标，进一步提高资金使用效益和财务运行效率。继续完善业绩考核体系，考核指标的设置、权重的分配及指标值的设定趋于合理，有力促进业绩目标的实现。信息化建设按规划统一管理、分步推进的要求，完成地球科学与钻井等6个专业应用系统可研和试点方案，启动管道生产信息系统试点，广泛应用电视视频会议系统、企业信息门户和电子邮件系统。利用能源一号网站平台，整合物资采办业务，推行一类、二类重点物资网上集中采购，全年完成网上采购额126亿元。特别是石油专用管实施集中采购后，价格下降10%。同时，对公司内部规章制度进行清理整顿，重点在对外投资、股权管理、国内对外合作等方面建立健全规范管理制度。法律、审计和效能监察工作进一步拓宽领域，突出重点，强化监督，取得明显成效。

二、未上市企业

1. 企业经营状况呈现良好局面

未上市企业的思想观念发生深刻变化，企业自立自强、从市场竞争中求发展的能力逐步增强。一些地区服务公司加大外部市场开发的力度，外部市场收入有了较大增加。总体效益大幅增长，全年实现主营业务收入1298亿元，比2002年增加151亿元，增长13%；实现企业增加值354亿元，比2002年增长10%；在“三项费用”补贴前，未上市部分实现利润14.2亿元，比2002年增加23.3亿元。其中重组企业控亏27亿元，比2002年减亏8.7亿元；非重组企业盈利41.2亿元，比2002年增加14.6亿元。亏损企业和亏损额得到进一步控制，在“三项费用”补贴

前，亏损总户数比 2002 年减少两家，亏损企业亏损额比 2002 年减少 7.6 亿元。外部市场份额明显提高，在立足内部市场、为股份公司搞好服务的同时，全年实现外部市场收入 648 亿元（不含本油区外的集团公司系统以内收入 130 亿元），占总收入的比例达到 50%，比 2002 年增加了 3 个百分点。

2. 结构调整见到明显效果

坚持市场导向和效益的原则，准确把握投资方向，进一步增加对主营业务的投入，在结构调整中实现有效发展。在完成工程技术服务装备更新改造的同时，按照统一规划、合理布局的要求，组织实施一批生产服务设施的进一步配套完善，全年投资 40.3 亿元，在大庆石油管理局、辽河石油勘探局、抚顺石油化工公司、锦州石油化工公司等单位实施 9 个燃料结构调整项目，实施大连石化海水淡化等 21 个供水、供电、供暖等系统设施配套改造项目。大庆石油管理局、抚顺石油化工公司的 BOPP 项目、吉化集团公司的丙烯腈、乌鲁木齐石油化工总厂的三聚氰胺、兰州化学工业公司的碳五加氢石油树脂、大庆石油化工总厂的复合肥等化工延伸加工项目也已相继竣工投产，成为企业的支柱产业和新的效益增长点。此外还规划确定一批有资源、有市场和有效益的化工延伸加工项目。同时，低产低效油气田合作开发进展比较顺利。在各方面的共同努力下，大庆、辽河、吉林、新疆油田等 9 个单位全年完成投资 11.7 亿元，完成钻井 340 口，恢复利用老井 474 口，新建和恢复原油产能 51 万吨、天然气产能 1.8 亿立方米；生产原油 77 万吨、天然气 1.6 亿立方米，实现收入 10 亿元、利润近 2 亿元。

3. 国际工程承包和技术服务实现较快发展

工程承包和技术服务新签合同额 13.7 亿美元，完成合同额 13.9 亿美元，新进入国家和地区两个、累计达到 32 个；物资装备出口新签合同额 4 亿美元，完成合同额 3.3 亿美元，比 2002 年增长 1.1 倍。专业公司凭借经营实力和技术水平，发挥主力军的作用。国际工程公司全年新签合同额 11 亿美元，完成合同额 11.9 亿美元，共组织 163 支钻井队、测井队等专业队伍为 28 个国家提供服务。东方地球物理勘探有限责任公司加大国际市场的开发力度，全年新签合同额达 4.2 亿美元，完成合同额 2.57 亿美元，比 2002 年增长 50%，目前在国外服务的物探队已增加到 33 个。中国石油天然气管道局在站稳苏丹管道市场的同时，积极开拓其他国家管道市场，全年新签合同额 1.58 亿美元，完成合同额比 2002 年大幅增长。一些油气田地区服务公司在开拓国际市场方面也取得明显进展，有的单位中标合同额比 2002 年成倍增长。

4. 企业改革和管理有新进展

在前两年工作的基础上，继续抓紧并普遍完成主业与辅业、生产服务与社会服务在企业内部的分离，并对辅业实行内部独立核算、分灶吃饭，企业办社会部分也实行内部专业化管理和分开核算。根据国家八部委有关文件精神和集团公司的要求，继续组织辅业改制分流，有 50 个企业编制完成主辅分离改制分流总体方案。全年完成辅业改制分流单位 10 家，涉及资产 5 亿元，参加改制职工 1583 人。其中完成整体分流改制单位 5 家，涉及资产 1.6 亿元，参加改制职工 1311 人。在分离和移交企业办社会职能难度很大的情况下，各单位仍积极主动地与地方政府协商，做了大量的工作。改革试点和专业化重组工作继续推进，对大庆石油管理局、锦西炼油化工总厂、中国石油天然气运输公司和华北石油管理局四家公司制改革试点单位，涉及的投资主体多元化、企业办社会等共性的重点难点问题进行研究，提出解决问题的思路性意见。新疆石油管理局、长庆石油勘探局和冀东石油勘探开发公司等矿区社区化管理的试点单位，研究制订改革初步方案，并在本单位内部不同程度进行实践和探索，取得一些有益的经验。在专业化重组方面，工程设计公司继续扩大专业化重组范围，又有青海石油管理局、抚顺石油化工公司以其设计院资产入股，进一步提高市场竞争能力。各单位结合实施“两个分离”工作，也对一些适宜集中管理的业务进行专业化重组，通过整合内部资源，提高生产的集中度和资源利用效率。住房分配货币化进入全面实施阶段，已有 53 个单位完成方案和实施办法的制订并启动，12 个单位完成住房未达标和无住房的 11.4 万人住房补贴发放工作。与此同时，结合“管理增效年”活动，积极推进全面质量管理和 HSE 管理，使更多企业通过 ISO 9001 质量体系认证，企业总体质量水平有新的提升；现场清洁生产和绿色作业继续推广，“三废”排放得到有效控制，环保质量指标稳中有升。加强法律事务管理，深入开展普法教育，强化合同、诉讼等项管理和对经营决策的法律论证，进一步提高依法治企的能力。

5. 企业扭亏脱困工作取得新成绩

根据集团公司工作部署和年初扭亏脱困座谈会议的要求，六户特困企业进一步加强领导，积极主动地采取有针对性的措施，加大扭亏脱困的工作力度。普遍推行以多种经营业务为重点的辅业改制分流工作，分离一些单位融入社会自主经营和发展；加快结构调整，激活资产存量；实施技术改造，优化资产增量；花大气力开发外部市场，尽可能地增加收入；进一步强化管理，努力全面挖潜增效。通过企业自身努力和集团公司的政策扶持，六户特困企业扭亏脱困工作总体上进展顺利。吉化集团公司从2002年开始扭亏脱困，连续两年实现不补贴、不亏损。吉林石油集团有限责任公司开拓外部市场创收6亿多元，在“三项费用”补贴前实现利润5700多万元，连续两年实现盈利。四川石油管理局、兰州炼油化工总厂、兰州化学工业公司和大庆石油化工总厂四户企业在“三项费用”补贴前控亏6.7亿元，比2002年减亏近2.2亿元，都按计划完成控亏减亏的目标任务。

（杨佳安　金泰华）

特　载

中国石油天然气集团公司HSE创优升级计划（试行）

（2003年2月20日中国石油天然气集团公司以中油质安字［2003］第68号文发布）

一、实施HSE创优计划的目的

为实现集团公司全面建设具有国际竞争力的跨国企业集团的战略目标，在贯彻国家有关法律法规的基础上，借鉴当今国际石油公司先进管理方法，提出了具有CNPC特色的HSE创优升级计划（以下简称创优计划）。升级计划是一套自我评价体系，它是帮助各级组织进行内部评审的手段，测量自身HSE表现的基准，持续改进的向导，落实HSE管理方案的有效途径和工具。按照“整合体系，自我约束，恪守标准，持续改进”的要求，通过对体系分个要素开展自我评价和考核，实现企业管理的进步与创新。

二、HSE创优升级计划的基本框架与评价要素

（一）创优计划基本框架

创优计划基本框架由三个部分构成：（1）评价要素；（2）评价要素分级考核标准；（3）评价考核办法。

（二）确定评价要素依据

确定评价要素依据是：（1）保持HSE管理体系的继承性和兼容性；（2）符合国际ISO 14001、职业安全健康审核规范和国际大石油公司惯例；（3）适用集团公司HSE管理体系标准和HSE体系管理现状；（4）满足业主、甲方及社会相关方的要求；（5）包容集团公司双达标考核细则要求；（6）适应集团发展战略对不同组织可持续发展和争创国际先进水平的需要。

（三）评价要素

评价要素为18个，分别是：

（1）承诺与方针；（2）目标与管理方案；（3）组织机构和职责；（4）资源；（5）法律、法规与文件、记录；（6）能力、培训与宣传；（7）协商与沟通；（8）风险管理；（9）设施、设备管理；（10）过程控制；（11）变更管理；（12）应急反应；（13）承包方管理；（14）员工健康；（15）污染防治；（16）监测与测量；（17）不符合与事故管理；（18）审核、评审与持续改进。

（四）HSE创优升级计划评价要素解释

1. 承诺与方针

遵照法律、法规和其他要求自上而下做出承诺，制定方针，并获得资源保证和员工的理解、支持，保障员工的健康与安全、保护环境，确保体系的有效运行与持续改进。

支持的要素：领导承诺、方针、目标指标等。

2. 目标与管理方案

依据承诺和方针，确定体系持续改进的控制目标和指标，制订 HSE 管理方案，并将这些控制目标、指标和管理方案进行分解和贯彻落实，实现组织的预期目标，保证承诺的实现。

支持的要素：承诺与方针、目标和指标、管理方案、过程控制等。

3. 组织机构和职责

建立 HSE 管理机构，形成网络，任命管理者代表，明确各部门和员工的 HSE 职责范围，传达到各级员工使其掌握和履行，并对职责履行情况进行考核或检查。

支持的要素：组织机构、职责、培训、检查与监测、领导承包等。

4. 资源

HSE 资源保证计划应给风险削减、纠正不符合、技术进步和体系有效运行等持续提供必要的人力、物力、财力、技术支持，确保体系活动和任务的全面完成。

支持的要素：目标与管理方案、资源计划、检查与监测等。

5. 法律、法规与文件、记录

任何组织都能获得和保持有效的法律、法规，建立健全规章制度，传达给员工和相关方，并遵照执行。对体系文件、资料和记录进行全过程的控制，保证所使用文件和记录的规范性和有效性。

支持的要素：法律法规、企业标准、规章制度、文件、记录等。

6. 能力与培训、宣传

每一个组织都应建立各岗位的人员能力评价标准，定期进行能力评价，根据评价结果和需要，制定并实施多样化的宣传教育与培训计划，对员工、相关方进行 HSE 宣传教育，提高遵守法律法规和其他要求的自觉性，并通过评价来保证工作质量。

支持的要素：能力评价、宣传、培训、职责等。

7. 协商与沟通

具有一套收集、整理、传递和反馈 HSE 信息的系统，能帮助组织及时与员工和承包方、相关方进行有效的信息交流、沟通、协商，帮助组织与员工、相关方、政府、社区等，建立良好的关系，保持组织的良好形象。

支持的要素：协商、信息交流、相关方。

8. 风险管理

对生产作业场所、工程项目可能对人员、设施和环境造成的危害和影响进行识别、评价和管理，并根据风险评价结果采取削减和控制措施，使风险降到合乎实际并尽可能低的水平。

支持的要素：风险识别与评价，风险削减与控制、法律与法规、企业规定和标准、事故管理、检查与监测等。

9. 设施、设备管理

鼓励各级组织和员工参与设施、设备的全过程管理，对设施、设备的设计、建造、采购、运行、操作、维护、变更和评价等环节，按法律法规和企业标准及操作规程进行控制，最大限度地提高设施、设备的可靠性和工作性能，减少或杜绝事故，满足 HSE 的要求。

支持的要素：生产设施管理、HSE 设施管理、操作和维修手册、巡回检查与监测等。

10. 过程控制

对相关的活动和任务进行策划，形成程序和工作指南，管理部门履行所规定的职责，基层组织严格执行“两书一表”，落实风险削减和控制措施，规范现场操作行为，实施过程的有控管理。

支持的要素：程序和工作指南、两书一表、操作规程、许可证管理、合同管理等。

11. 变更管理

运用变更管理程序，有效组织对人员、设施、生产工艺过程和程序等的暂时性或永久性变更进行识别、分析、控制，对变更管理的结果进行相应的评价，以避免产生新的危害和影响。

支持的要素：工艺流程、人员管理、设施及设备技术规范、文件和记录管理等。

12. 应急反应

各级组织有合格的应急指挥组织和人员，针对潜在的紧急情况和意外事件制定应急反应计划，定期进行培训与演练，储备必要的应急物资、装备，并对其定期检查、评价和恢复，确保紧急情况和意外事故得到及时有效处理。

支持的要素：应急反应计划、物资与装备管理、演习计划、资源计划、能力评价、培训与宣传等。

13. 承包方管理

建立对承包方的管理程序，把承包方的资质、HSE 业绩、信誉、服务的质量、素质等作为选择、评估承包方的重点内容，检查和监控承包方提供产品和服务，并得到承包方的认可。承包方也应建立自己的管理体系，在合同中明确各自的 HSE 责任和义务，以保证取得最佳的 HSE 业绩，避免承包方提供的产品和服务对组织产生的危害和影响。

支持的要素：承包方确认、合同管理、产品和服务控制、承包方评估等。

14. 员工健康

制定程序和工作计划，动员所有员工参与识别、评估和控制工作场所潜在的健康危害，改善工作条件。按计划进行员工健康检查，分析员工的健康状况，采取有效措施，防止职业病发生，保护员工目前和将来的身体健康。

支持要素内容：改善环境卫生、健康检查计划、健康危害控制、职业病防治等。

15. 污染防治

对组织的活动和任务中可能产生的环境危害和影响进行识别，通过制定程序、清洁生产、管理方案和系统的防治计划，采取有效措施加以控制、降低和消除，并定期监测排放物和污染物，严格执行控制措施，减少活动和任务对环境的影响。

支持的要素：污染防治计划、监测计划、废物与排放的跟踪管理、清洁生产等。

16. 监测与测量

通过常规和非常规的 HSE 检查、工作环境监测和评审与信誉、服务的质量、素质等作为选择、评估承包方的重点内容，检查和监控承包方提供产品和服务，并得到承包方的认可。承包方也应建立自己的管理体系，在合同中明确各自的 HSE 责任和义务，以保证取得最佳的 HSE 业绩，避免承包方提供的产品和服务对组织产生的危害和影响。

支持的要素：承包方确认、合同管理、产品和服务控制、承包方评估等。

17. 员工健康

制定程序和工作计划，动员所有员工参与识别、评估和控制工作场所潜在的健康危害，改善工作条件。按计划进行员工健康检查，分析员工的健康状况，采取有效措施，防止职业病发生，保护员工目前和将来的身体健康。

支持要素内容：改善环境卫生、健康检查计划、健康危害控制、职业病防治等。

18. 污染防治

对组织的活动和任务中可能产生的环境危害和影响进行识别，通过制定程序、清洁生产、管理方案和系统的防治计划，采取有效措施加以控制、降低和消除，并定期监测排放物和污染物，严格执行控制措施，减少活动和任务对环境的影响。

支持的要素：污染防治计划、监测计划、废物与排放的跟踪管理、清洁生产等。

19. 监测与测量

通过常规和非常规的 HSE 检查、工作环境监测和评审与审核方式，对 HSE 运行过程中的活动与任务进行定量和定性的监测，并对监测体系与质量进行评价，对产生的数据进行记录分析，满足及时性、准确性、有效性、完整性、易得性的要求，成为评价体系持续改进的依据。

支持的要素：监测与测量计划、常规监测、非常规监测、跟踪监测、HSE 检查等。

20. 不符合与事故管理

各级组织和员工参与对事故、事件、不符合进行调查、分析、处理和评价，能明确其产生的原因，采取措施减小因事故、事件或不符合而产生的影响，制定纠正和预防措施予以实施，并进行跟踪验证，将纠正和预防措施纳入工作程序，传达到相关方和员工，以避免不符合、事件、事故的再次发生。

支持的要素：不符合与纠正预防措施、隐患管理、事故管理、资源计划等。

21. 审核、评审与持续改进

有计划地审核和评审各项计划、规章制度、活动和任务、程序等的落实和执行情况，评价 HSE 管理的绩效，以及体系的有效性和持续适用性，确保管理持续改进。

支持的要素：审核、评审、不符合、能力评价、培训与宣传等。

三、HSE 创优升级计划评价要素分级考核标准

（一）HSE 创优升级计划评价要素的分级原则

第一级　满足 HSE 基本条件。对相关的职责、准则、计划、程序、措施提出了要求。

第二级　HSE 管理体系已初步开展。制定的职责、准则、计划、程序、措施部分得到落实和实施，但不全面。

第三级　HSE 工作已全面开展，体系全面运行。制定的职责、准则、计划、程序、措施等得到实施。

第四级　强调实施的符合性，开始追求实施的实际效果和进行风险评价。实施过程、运行方式、监测内容、控制对象等符合 HSE 的要求，争创行业先进水平。

第五级　积极追求实施的有效性，实施了系统的监测工作，建立了结果追踪系统，争创国内最优水平。

第六级　追求事前预防性已成为工作的主流。利用科学方法进行分析，制定预防措施已是全员的工作目标，争创国际先进水平。

第七级　采用预防性工作已成为全员的第一行

为，追求零事故、零伤害、零污染已是组织的共同目标，与相关方形成良好的共事关系，自觉的HSE意识已深入员工的心中，努力创造最佳HSE业绩水平。

（二）HSE创优升级计划评价要素分级考核标准

HSE创优升级计划评价要素分级考核标准见附表1。

四、HSE创优升级计划评价考核办法

（一）评价考核的组织

HSE创优升级计划评价考核原则上由基层队、分公司、公司、管理局逐级自我评价考核，上一级组织考核组对下一级组织的评价考核情况进行考评确认。评价考核组的人员一般应由组织的领导、管理人员、HSE专职人员、HSE内审人员、员工代表等组成，需要时还应对评价考核人员进行相应的培训，以确保评价考核的准确性、可靠性和有效性。

（二）评价考核的方法

评价考核一般采用两种形式，可以每年确定一个时间段（季、半年、年）定期组织评价考核，也可以根据组织HSE进展或突发事件、事故情况，适时组织专项评价考核。由评价考核组依据“HSE创优升级计划评价要素分级考核标准”，采用“逐项评价，按级打分”的办法（专项评价可只对部分项目进行考核）。每一项都应给出一个评价考核结果。评价要素逐级按照“全部完成得10分，没完成得0分（放下一级考核），部分完成部分得分”的原则进行打分。满7级的打70分、满6级的打60分，依次类推。各要素之间用加权系数平衡，总分为1000分。组织最终得分的多少将被评价考核组分五个等级：5A为最佳组织，4A为优秀组织，3A为先进组织，2A为达标组织，A为不达标组织。

HSE创优升级计划自我评价评分加权系数分值及计算方法见附表2。

凡事故指标超过上级下达的控制指标或发生特大事故的组织或没有建立HSE管理体系的组织，视为不达标组织。

五、对开展HSE创优升级计划活动的要求

（1）各单位要将HSE创优活动纳入年度工作安排，与其他工作同时布置、同时检查评比。

（2）积极组织创优计划的宣传和相关知识培训，确保创优计划作为企业文化的组成部分深入人心。

（3）根据各单位自身特点，对创优活动评价考核的要素进行调整，对7个级别的内容进行细化。

（4）将创优与推行HSE管理体系和实施“两书一表”有机结合，促进基层HSE管理水平不断提高。

（5）探索实施创优升级的新思路、新方法和新途径，不断提高创优升级活动的水平。

附表1：HSE创优升级计划评价要素分级考核标准

附表2：HSE创优升级计划自我评价评分加权系数表

附表1

HSE创优升级计划评价要素分级考核标准

级别	一、承诺与方针	得分
7	（1）领导层和员工主动寻求改进HSE管理的最佳途径，实现承诺和方针； （2）在HSE管理体系的实施上有所创新； （3）承诺和方针的落实已成为全体员工的自觉行动	
6	（1）全体员工主动履行承诺和方针所赋予的任务； （2）所有的会议都有与HSE相关的内容； （3）把员工所取得的HSE绩效与激励兑现结合起来	
5	（1）全体员工都履行了承诺和方针所赋予的任务； （2）各级领导关心支持基层组织HSE管理体系的正常运行； （3）各级领导带头帮助基层组织解决HSE实施中的重大问题	
4	（1）组织的领导层通过自己的实际行动，履行承诺，宣传方针，为员工树立榜样； （2）对承诺和方针进行了全方位培训宣传，已成为企业文化的组成部分； （3）承诺和方针内涵已被全体员工了解	

续表

3	（1）承诺和方针满足法律、法规和其他要求，并符合组织的实际情况； （2）员工和相关方参与了承诺和方针的制定； （3）承诺和方针已传达到全体员工	
2	（1）形成了文件化的承诺和方针； （2）方针与承诺的内涵和表述一致； （3）制定了承诺和方针并以不同的形式进行公布	
1	（1）初步确定了承诺； （2）制定了总体的 HSE 方针	
级别	二、目标和管理方案	得分
7	（1）实现了零事故、零伤害和零污染； （2）HSE 目标已深入每个员工的心中，全体员工对目标和管理方案充满信心	
6	（1）HSE 管理方案成功的开展得到了所有人员的认同，积极参与 HSE 管理体系的活动已成为员工的自觉行动； （2）总体目标逐年提升，目标的完成情况已成为评价各级管理者工作业绩的重要内容	
5	（1）对 HSE 管理方案的实施进行全过程的监测，并对监测数据和报告进行分析，成为改进方案的依据； （2）对 HSE 管理方案进行评价，探索管理方案有效实施的最佳途径； （3）对 HSE 目标实现情况进行分析，确定目标实现的可行性； （4）全体员工积极参与 HSE 管理体系的活动，并积极提出改进的建议	
4	（1）有一套激励员工积极参与体系和完成目标的奖励机制； （2）定期考核 HSE 管理方案的实施情况； （3）对 HSE 管理方案的实施结果进行评估，并及时总结、改进； （4）定期公布 HSE 目标、管理方案的完成和实施情况	
3	（1）对分解的目标制定了实施和考核制度，层层签订责任书； （2）根据目标和本部门的工作实际，制订了 HSE 管理方案，激励员工投入到 HSE 各项活动中去； （3）当管理方案调整后，相应的资源能够得到保证	
2	（1）目标层层分解到各单位，员工清楚了解本部门、本单位的目标； （2）管理层制定并贯彻管理控制措施，支持体系的运行	
1	（1）按 HSE 要求制定了总体目标，并予以公开； （2）各管理层根据总体目标和可量化的指标，制定了相应的管理控制措施	
级别	三、组织机构和职责	得分
7	（1）全体员工积极主动参与 HSE 工作，履行自己的职责； （2）HSE 组织机构职能满足企业健康、安全、环境可持续发展的需要	
6	（1）通过创优升级计划和管理方案的实施，寻求职责履行的最佳途径； （2）根据对职责和组织机构考核评价结果，不断完善管理职责和改进机构设置	

续表

5	（1）员工积极参与职责的针对性和可操作性评价，提出改进建议； （2）职责的履行情况和组织机构运行的有效性，是管理者、员工晋升和评价领导班子业绩优劣的依据； （3）对组织机构有效作用的评价征求了管理人员和员工的意见	
4	（1）所有员工和HSE组织机构成员都能积极履行所承担的HSE职责； （2）对职责的履行情况和组织机构运行有效性及整改情况进行跟踪检查，并有记录； （3）对HSE职责和组织机构定期考核和评价，完善管理程序和管理方案	
3	（1）形成了文件化的组织机构和职责管理程序； （2）采取签订合同（责任书、协议）等形式，形成了从上到下的线性责任管理，员工能够履行自己在HSE工作中的职责； （3）定期检查职责的履行情况和组织机构运行的有效性，并对出现的问题提出改进意见	
2	（1）形成了HSE组织机构及网络； （2）各级组织机构和员工有明确的HSE职责	
1	（1）多数员工能够遵守已制定的岗位职责和制度； （2）建立了HSE组织机构	
级别	四、资　　源	得分
7	（1）凡是满足HSE要求所需的资源都得到保障； （2）资源的投向已注重到HSE预防，成为最高管理者和主管部门的自觉意识和行动	
6	（1）为适应组织发展和技术进步确定HSE项目，并提供了充足的资源保证； （2）追求多种渠道来解决HSE项目所需的资源； （3）员工为实现组织的HSE良好业绩，参与资源的配置、分析和资源配置计划的制定	
5	（1）对HSE科研项目的开展，提供了资源保证； （2）在HSE方面的技术更新，设备、设施及装置的改造，及时保证资源的投入； （3）根据检查、监测和HSE隐患治理项目效果评价结果，组织相关人员进行分析，提出资源配置计划的资金投向； （4）对存在的危害和影响进行了全面的识别，并将治理项目纳入中长期发展计划中，明确对HSE的资源保证	
4	（1）对日常HSE检查、审核和管理评审中提出的不符合项目的整改，配置了充足的资源，保证体系的正常运行； （2）对HSE隐患治理项目实施效果评价后提出有改进措施	
3	（1）依据相关规定和实际需要制定了HSE资源配置计划，并得到全面实施； （2）资源配置计划确定的隐患治理项目能满足控制主要风险的要求； （3）对资源配置计划的履行情况进行了检查和监测，对不能满足HSE要求的资源进行了调整	
2	（1）资源配置计划包括长远、年度、调整和临时等资源计划； （2）在资源配置计划中有明确的HSE资源配置项目	
1	（1）有人、财、物和技术等方面的资源配置管理规定； （2）重点HSE项目的资源都列入了资源配置计划	

续表

级别	五、法律、法规与文件、记录	得分
7	（1）制定并积极寻求适合组织特点的遵法准则，并建立了完善的规章制度； （2）各级员工都把法律、法规和其他要求作为创优升级计划的重要组成部分	
6	（1）根据工作实践，能向政府主管部门提出有关法律、法规的修订建议； （2）建立了鼓励员工参与程序和规章制度修订，把修订意见纳入新的管理规定中； （3）文件、资料和相关记录的管理满足了 HSE 发展的需要	
5	（1）员工参与了法律、法规、标准、规章制度等文件和相关记录的识别、收集、标识、评估等过程，并提出了建议和意见； （2）法律和法规能融入管理规定中，成为工作标准和要求； （3）与 HSE 有关的法律、法规、标准规章制度等文件、资料和相关记录能在网络上检索和查询	
4	（1）对新颁布的法律、法规进行识别，并确保获取 HSE 法律、法规的渠道； （2）对法律、法规、标准、规章制度进行了适时的培训，所有员工都已掌握了完成工作任务所必需的法律、法规、标准、规章制度； （3）文件和相关记录根据需要不断得到修订，并实施了变更管理的所有过程	
3	（1）现行有效的法律、法规、标准、规章制度、管理规定，以及体系文件，能及时传达到员工和相关方； （2）法律、法规、标准、规章制度的适应性得到有计划的评估； （3）在法律、法规、标准变更后对组织的管理规定进行修订； （4）文件、资料和相关记录的管理规定得到了实施	
2	（1）对不同渠道获取得法律、法规、标准进行识别，建立适合本组织的法律、法规、标准、规章制度等的分类控制清单； （2）对文件、资料和相关记录，建立了分发、控制、修订、销毁等管理程序	
1	（1）对上级下发的有关 HSE 方面的法律、法规、标准、规章制度等建立了相应的台账； （2）对文件、资料和相关记录提出了初步的管理要求	
级别	六、能力评估、培训与宣传	得分
7	（1）全员参与和促进持续 HSE 培训、宣传教育和能力评价，企业文化得到长足发展，形成良好的企业文化氛围； （2）员工主动接受 HSE 培训，具有良好的 HSE 意识； （3）提高自身胜任工作能力已上升为员工的自觉行动	
6	（1）各部门和领导主动参与 HSE 宣传教育和企业文化建设活动，对活动效果进行评估； （2）能力评价充分、可操作性强且对评价管理程序进行了不断完善	
5	（1）对培训效果进行综合评估，并根据发展和需要进行改进； （2）对能力评价的效果进行了分析和评估； （3）对宣传教育企业文化建设的效果进行了分析评估	
4	（1）对所有的岗位进行了能力评价和定期的 HSE 培训； （2）宣传教育培训面为 100%，达到预期要求，并有跟踪检查记录； （3）培训、考核和能力评价的资料齐全、完整	

续表

3	(1) 80%员工定期进行HSE培训，培训记录和资料齐全； (2) 大部分岗位有专业培训教材； (3) 所有关键岗位人员都进行了能力评价，并对评价不符合的人员采取了相应的措施； (4) 各基层单位在管理部门下达的工作安排外，主动开展不同形式的企业文化建设和宣传教育活动	
2	(1) 有满足要求的计划，对100%特种作业人员、调换工种岗位人员和新入厂人员进行培训； (2) 岗位人员按计划定期进行HSE培训，培训比例达50%； (3) 企业文化建设和宣传教育按照管理部门下达的工作安排开展； (4) 对关键岗位的人员部分进行了能力评价	
1	(1) 制定了宣传教育、培训和能力评价计划； (2) 大多数在岗人员经过了非正规培训教育	
级别	七、协商与沟通	得分
7	(1) 组织与员工、相关方的协商与沟通渠道畅通，HSE信息和意见、建议都能及时、准确、有效地收集、传递、处理和反馈； (2) 组织与员工、相关方通过协商与沟通，建立了良好的互助关系，相互认可和支持，形成良好的HSE文化氛围	
6	(1) 探索收集和处理内部和外部HSE信息的新渠道； (2) 对在协商与沟通中反馈信息的处置结果进行分析，改进了相应管理程序； (3) 所有员工理解了上级文件精神和要求，并成为工作的指南； (4) 组织与员工、相关方主动进行协商沟通，并形成良好的工作方法	
5	(1) 创造多种渠道主动听取员工与相关方的意见和建议； (2) 所有在协商与沟通中反馈的信息得到处置，提出的问题得到全面解决； (3) 根据对贯彻落实上级文件精神和要求的评价结果，分析原因对贯彻落实上级文件精神和要求的措施进行了改进； (4) 收集和处理内部和外部HSE信息的工作在组织上下已全面开展	
4	(1) 对协商与沟通程序定期进行评审，及时调整和改进协商与沟通工作； (2) 主动收集和处理内部和外部HSE信息，并及时进行有效传递； (3) 员工积极主动参与各项管理工作，掌握自己在协商和沟通中的责任和义务； (4) 主动收集基层落实上级文件精神和要求的反馈信息，定期评价、传递处理的结果	
3	(1) 按程序开展与员工和相关方的协商和沟通工作； (2) 积极收集和正确处理员工与相关方的意见和建议，并及时反馈； (3) 按规定及时收集和处理内部和外部HSE信息； (4) 员工按要求参与风险管理和获取HSE信息等HSE事务； (5) 按要求及时收集和处理基层落实文件精神和要求的反馈信息	
2	(1) 有文件化的与员工和相关方进行协商和沟通的程序； (2) 收集了员工和相关方的意见和建议； (3) 按要求定期检查上级文件精神和要求在基层的落实情况	

续表

1	（1）建立了收集员工与相关方意见和建议的渠道； （2）对来自内部和外部的 HSE 信息有明确的收集和处理规定； （3）建立了员工参与风险管理、获取 HSE 信息等规定	
级别	八、风险管理	得分
7	（1）现行的风险管理程序与国际接轨，并与之同步发展； （2）与相关方建立了良好伙伴关系，共同治理风险、共同享有危害识别经验和数据； （3）实施风险管理已成为管理者和全体员工的自觉行动	
6	（1）对风险削减措施执行的结果进行了分析和评估，制定改进措施； （2）与相关方共同进行风险的治理，树立良好的企业形象； （3）员工的危害识别与分析能力显著提高，已掌握了两种以上识别和分析方法	
5	（1）员工自觉参与危害和影响的识别与分析，不断完善识别与分析的方法； （2）为减轻对生产作业场所的危害和影响，调整了削减和控制实施方案； （3）与相关方建立了伙伴关系，共同分享预见险情数据，并用于制定应急计划	
4	（1）所有风险通过定性、定量的方法来确定，并有足够的资源，保证其风险削减措施或变更得以实现； （2）员工参与了危害和影响的分析； （3）削减和控制措施进行了量化，组织员工对应急反应计划，危害目标的防范措施进行定期演练	
3	（1）建立了风险管理程序，对生产作业场所、工艺装置、岗位进行了危害和影响的识别、评价，提出了削减控制措施； （2）对变更过程产生的危害和影响进行了识别、分析和管理； （3）从事风险管理的人员都经过风险管理培训，部分风险评价是通过定量分析手段完成的	
2	（1）作业场所、重要岗位的危害和影响进行了识别、评估、制定了相应的削减措施； （2）员工凭经验参与了危害分析及事故调查处理，有通畅的信息交流渠道	
1	（1）岗位有风险管理文件，员工了解风险种类、措施； （2）对于人、设备所引起的事故，在调查的基础上，提出改进措施	
级别	九、设施、设备管理	得分
7	（1）有完善的设施、设备管理程序，形成了设施、设备的监控系统； （2）最大限度地提高了设施和设备的科学性、技术性和可靠性； （3）没有与设施（备）相关的事故发生	
6	（1）生产、HSE 的设施、设备完好率达 100%； （2）杜绝了员工违章操作设备现象； （3）全体员工参与设施、设备完整性管理，利用监测结果，不断完善对设施、设备的管理程序	
5	（1）生产、HSE 的设施、设备完好率达 98%； （2）员工违章操作现象极少； （3）员工参与设施、设备完整性管理程序全过程，根据监控数据，对设施、设备定期进行评价和改进	

续表

4	（1）对 HSE 关键设施、设备进行了全过程监控； （2）分析设施、设备存在的危害和影响，确定相应的控制措施； （3）设施、设备管理和操作人员责任落实到位，违章操作人数极少	
3	（1）对设施、设备完整性的程序执行情况进行检查，整改不符合项目； （2）对设施、设备的变更按程序进行管理； （3）确立与设施、设备完整性有关的关键人员，对这些人员进行必要的培训，具备相应的资质并持证上岗	
2	（1）HSE 设施、设备与主体设施符合“三同时”要求； （2）关键设施、设备的设计、制造、运行、操作、维护等，适合于既定目的，符合规定的准则； （3）新设施、设备购买和建造进行了可行性评价，满足 HSE 要求	
1	（1）建立了生产和 HSE 设施、设备基本数据档案； （2）建立了设施完整性的程序或管理制度	
级别	十、过程控制	得分
7	（1）程序和工作指南、“两书一表”包含了组织所有的工作内容，在新项目实施前就拟定程序和工作指南，并随时改进和完善； （2）员工把遵章守纪视为非常光荣的行为； （3）工作现场满足不断发展的 HSE 水平要求，获得国外同行的认可	
6	（1）建立了程序和工作指南、“两书一表”有效的监测和测量系统，并对履行情况实施持续不断监测与测量； （2）工作现场满足 HSE 的要求，危害和影响治理能保证员工的健康、安全状况达到国内先进水平	
5	（1）对程序和工作指南、“两书一表”进行分析评价，提高了措施的有效性； （2）现场人员无违章操作，掌握了适应发展需要的新技术和操作技能； （3）现场管理达到同行业（专业）先进水平	
4	（1）“两书一表”在基层单位实施率达 100%； （2）在实施的过程中定期对程序和工作指南开展评审，并做到持续改进； （3）全体员工积极参与“两书一表”的实施与评审工作，为改进献计献策； （4）员工和管理人员对“两书一表”内容的掌握率达到 100%	
3	（1）“两书一表”在基层单位实施率达 90%以上； （2）对员工和管理人员进行了“两书一表”的培训； （3）操作人员持证上岗，掌握操作程序，并按要求操作； （4）现场运转的设备完好，按规定进行巡回检查，记录齐全	
2	（1）有完善的、文件化的程序和工作指南； （2）基层组织、作业项目按要求编制了“两书一表”	
1	（1）针对与风险控制有关的活动制定管理规定； （2）基层组织按要求制定实施了 HSE 现场检查表	

续表

级别	十一、变更管理	得分
7	(1) 变更管理体系已完善，对人、设备、工艺、程序和环境等所有变更进行了管理，有效消除了变更产生的风险； (2) 收集员工、相关方的意见和国内外新的技术措施，提高控制变更风险的先进水平	
6	(1) 所有管理人员和操作人员都积极主动参与变更所产生风险的识别、削减措施的制定和实施； (2) 根据对变更所产生风险的控制措施的监测和测量数据，对其效果进行评价； (3) 对员工进行了全面的变更管理培训，清楚进行变更后应采取的风险控制措施	
5	(1) 形成了激励管理人员和员工参与变更管理控制风险的机制； (2) 对变更可能导致的全部危害和影响进行了全面的识别、评价，制定控制措施，并传达到所有人员； (3) 对变更所产生风险的控制措施实施过程进行了监测和测量； (4) 对变更所产生风险的控制措施，提供了治理要求的资源	
4	(1) 涉及变更的人员较为清楚地掌握和实施了变更产生风险的控制措施； (2) 在程序、法律法规、规章制度变更后，对变更的程序进行了修改和专业培训，并传达到变更涉及的人员； (3) 对发生变更的人员（包括承包方）重新进行能力评价和相应培训	
3	(1) 所有变更都进行了可能产生风险的评价，对明显或直接导致危害的风险制定和实施了控制措施； (2) 对变更可能产生风险的控制措施和方案，传达到涉及的相关人员； (3) 涉及变更的人员在一定程度上理解并实施了风险控制措施	
2	(1) 建立了系统化的变更管理程序文件； (2) 对重大变更可能导致的风险进行了评价，制定和实施了风险控制措施； (3) 对人员变更进行了相应的 HSE 知识培训	
1	(1) 明确了变更管理的管理要求，但还没有系统化的程序文件； (2) 对法律法规、程序、设施、人员的变更进行了登记	
级别	十二、应急反应	得分
7	(1) 形成了包括所有人员、环境及财产在内的、有效的应急反应体系，能够满足处置各类现有和新产生的应急情况要求； (2) 应急反应的组织运用专门技术，完全有驾驭危险、复杂局面的能力	
6	(1) 所有应急反应的指挥人员和实施人员能熟练掌握应急反应计划的内容，并了解应急反应实施的准确程序； (2) 应急物资和设备储备充足，能满足处置各类现有和新产生的应急情况要求	
5	(1) 各级组织制定了切实可行的应急计划，同时明确了各自的责任及应急措施； (2) 对应急人员（包括指挥人员）进行专业培训，按计划进行了演练，并进行了效果评价； (3) 应急反应组织有驾驭突发事件的专业技术和能力	
4	(1) 制订了应急反应方案，组织机构健全，职责明确； (2) 对本单位、本部门的危险点源底数清楚，并有相应的控制和预防措施；应急反应所需物资、装备有专门人员管理； (3) 应急人员（包括指挥人员）按计划得到了及时的培训	

续表

3	（1）制定了应急反应计划，有应急反应措施并初步得到落实； （2）建立起与相关部门的合作关系； （3）发生突发事件及时通知有关部门和相邻单位做好各项应急工作； （4）制定了应急反应演练计划； （5）维护好应急反应设备及装置； （6）每个人员都熟悉报警信号，能对突发事件做出正确反应	
2	（1）对相关事件及危害确定的情况下制定应急反应计划或方案； （2）考虑了发生事件对邻近单位或区域的连锁反应	
1	（1）明确了应急反应的有关要求； （2）对危险点源进行了分析，准备建立计划； （3）所有人员都初步了解报警的要领	
级别	十三、承包方管理	得分
7	（1）承包商主动采用最新管理方法完善 HSE 创优计划，积极帮助雇用方提升 HSE 管理水平； （2）创造零事故、零工伤和零污染的工作环境是承包商的追求目标； （3）承包商在 HSE 创优工作中 HSE 业绩表现优异	
6	（1）承包商制定了与雇用方共享的预防性 HSE 目标； （2）承包商的 HSE 管理与雇用方的 HSE 管理形成一体； （3）追求安全生产、环境保护的管理方案已是承包商的必然选择	
5	（1）承包商雇员积极参与 HSE 工作； （2）承包商的自查涉及 HSE 管理和各个方面，对自查结果建立了跟踪管理系统； （3）雇用方和承包商雇员间定期举行会议，对履行 HSE 任务的效果进行评价，促进 HSE 表现的持续改进	
4	（1）承包商有书面的 HSE 管理程序，明确其责任和义务，落实雇用方的 HSE 要求； （2）承包商为管理层和雇员及分包商下达了 HSE 目标，按合同约定，认真落实 HSE 工作，主动争取更好的 HSE 绩效； （3）雇用方对承包商的 HSE 检查、审核和承包商的自查、HSE 表现成为是否能继续保持承包关系的前提和条件	
3	（1）承包商根据雇用方提出的 HSE 目标与指标及现场要求进行针对性的上岗培训； （2）组织和承包商之间建立了协商与沟通渠道，定期召开会议，协商、反馈和解决相关的 HSE 问题； （3）承包商对生产过程及其风险进行了系统控制和监测，并采取措施降低风险	
2	（1）在签订合同前对承包商的资质、HSE 表现和购买产品时对供应商 HSE 表现进行评估； （2）承包商有规范的安全管理规定； （3）组织和承包商之间对所达成的协议和反馈的 HSE 问题得到落实	
1	（1）有选择承包商的规定，包括考察承包商 HSE 表现、遵纪守法、历年事故及信誉程度等方面的情况； （2）组织和承包商之间的合同或协议有 HSE 方面的内容	

续表

级别	十四、员工健康	得分
7	(1) 所有员工都能积极参与分析、发现、评估、控制工作场所潜在影响健康的危害，并进行信息交流； (2) 员工的健康已成为组织和员工自己的自觉行为，其健康标准已接近国际同行业先进水准	
6	(1) 员工就工作场所健康事项能积极发表意见，并协助开发控制接触有毒有害物质的措施； (2) 身体健康计划已包括员工健康卫生计划和预防职业病发生措施； (3) 所有员工参与健康卫生计划的修订和持续改进，健康标准已达到国内同行业先进水准	
5	(1) 根据对有毒有害工作场所的监测数据，对设备的设计、工艺和原材料进行了改进，减少对有毒有害物质的接触； (2) 根据对有毒有害工作场所和人员健康的监测数据，制定防治和控制计划； (3) 根据健康评估结果，制定职业病事故应急预案，并定期进行演练	
4	(1) 所有工种进行职业健康风险评估，并制定职业病预防对策； (2) 根据健康检查的结果，采取了治疗、调离等相应的处置措施； (3) 对所有工作场所建立了监测系统，按标准完成对场所的监测； (4) 有预防职业病发生的管理办法，并付诸实施	
3	(1) 建立了完善的工作场所卫生与员工健康方面的管理程序； (2) 有计划按规定的时间对所有员工进行了健康检查； (3) 所有危害场所的治理纳入了工作计划； (4) 对所有危害场所进行了监测，并将监测结果进行公布，并定期与员工进行交流	
2	(1) 有计划地对从事有毒有害作业、接触放射性的人员进行了健康检查，员工对产生危害的物质有所了解； (2) 对工作场所的危害性进行了部分评估，重大危害场所的治理纳入了工作计划； (3) 建立了职业病防治管理网络，健康档案齐全	
1	(1) 对有毒有害工作场所和员工的健康管理提出了要求，建立了职业健康监护档案体系； (2) 对有毒有害工作场所和员工的健康有强制监测的项目	
级别	十五、污染防治	得分
7	(1) 员工积极参与使废物实现可再利用和回收； (2) 清洁生产达到国家《清洁生产标准》一级水平，污染的防治技术达到或接近国际先进水平； (3) 有计划开展环境保护公益活动	
6	(1) 在经济、适用的前提下对现有的原料、产品和流程的替代方案进行评估，以减少污染物的产生和排放； (2) 清洁生产达到国家《清洁生产标准》二级水平； (3) 防污染计划和完成情况定期与环境部门沟通，并与当地达成谅解	
5	(1) 对重大环境因素制订环境管理方案，并完成防治计划的目标和指标； (2) 60%基层组织清洁生产达到国家《清洁生产标准》二级水平； (3) 污染防治计划纳入本单位整体规划计划，并按要求实施本单位污染防治计划	
4	(1) 基本完成防治计划的目标和指标；单位积极寻找、评估和借鉴其他单位的污染防治办法； (2) 清洁生产达到国家《清洁生产标准》三级水平； (3) 开展环境因素筛选和实施环境管理方案，对废物的产生进行定期跟踪和统计分析	

续表

3	（1）员工了解自己工作中废物产生的渠道，积极参与防止污染的活动； （2）实施环境因素筛选和识别，全面开展清洁生产审计； （3）员工参与制定和实施废物削减计划，大多数废物都得到削减	
2	（1）建立了环境保护管理程序，并按程序进行了运作； （2）对生产、使用有毒有害物质的单位进行清洁生产审核； （3）开展环境因素筛选和识别，对废物治理纳入定期治理计划，治理费用落实	
1	（1）已制定了污染防治计划，能确定所产生的所有废物； （2）开展清洁生产宣传，注重重大环境因素的控制； （3）制定了废物削减、回收和消除的目标，制定了废物处理管理制度	
级别	十六、监测与测量	得分
7	（1）报告与记录对体系运行能连续监测，为分析体系运行、总结经验、持续改进提供出良好依据； （2）自觉与先进单位 HSE 绩效对标，提高本企业 HSE 绩效的标准	
6	（1）对监测与测量的质量能进行评价，纠正出现的问题； （2）各管理层和员工能保证监测与测量的质量； （3）能不断获取新的监测与测量手段	
5	（1）对本单位所有的危险因素能进行登记、评价和报告； （2）对风险削减措施效果（包括对人与环境的长期影响）可以测量； （3）重点和要害部位开展了测量与调查，对监测和测量的结果进行了处理和跟踪	
4	（1）对改进措施进行了测量； （2）对监测与测量管理程序进行评估和改进； （3）对事件潜在的因素进行分析、评价、登记和报告	
3	（1）制定了监测与测量管理程序； （2）对 HSE 法律法规、标准、规章制度和目标方案执行情况进行监测； （3）对员工健康、各类风险源和环境影响情况进行调查和监测	
2	（1）制定和实施了 HSE 监测和测量计划，初步实施了适合自身特点的 HSE 检查方法； （2）确定对 HSE 活动与任务基础数据参数（工伤事故、职业病与污染事故），并建立了统计、收集、整理、报告系统	
1	（1）实施了上级规定的 HSE 监测和测量项目； （2）借助工伤事故、职业病与污染事故方面的报告数据，对有关 HSE 进行监测和测量，初步建立了登记与报告的制度	
级别	十七、不符合与事故管理	得分
7	（1）各级员工都能够自觉和有效地识别、消除、交流不符合； （2）采取多种渠道识别不符合，对识别出的不符合项进行系统分析和整改，并能保证类似的不符合项不再发生； （3）连续三年未发生重大事故或连续两年未发生各类事故	

续表

6	(1) 利用先进手段进行统计分析，制定预防措施，纳入工作程序； (2) 对不符合和事故原因进行广泛的传递，所有员工都能从事故中吸取教训，主动采取防范措施防范事故的发生； (3) 连续在两年内未发生重大事故或一年内未发生各类事故	
5	(1) 员工积极主动参与不符合的识别和整改； (2) 在事故调查和处理中，责任人能主动分析原因和承担责任； (3) 当年未发生重大事故	
4	(1) 基层员工参与不符合的识别、消除，并向管理部门提供有关信息； (2) 基层员工参与事故调查和处理，调查处理结果在全体员工中公布； (3) 当年的各项事故指标控制在上级下达的事故指标的25%以内	
3	(1) 建立了文件化的管理程序； (2) 基层管理人员参与不符合的识别、纠正预防措施制定，责任单位自觉实施； (3) 基层管理人员参与事故调查处理，其结果在一定范围内公布； (4) 当年的各项事故指标控制在上级下达的事故指标的50%以内	
2	(1) 相关管理部门参与识别不符合，制定纠正措施； (2) 相关部门参与事故调查，并按"四不放过"原则处理； (3) 没有隐瞒事故，档案齐全； (4) 当年的各项事故指标控制在上级下达的事故指标的75%以内； (5) HSE管理部门通过审核、评审、监督检查和监测识别不符合，制定纠正预防措施	
1	(1) 当年的各项事故指标趋近但不突破上级下达的事故控制指标，各类事故报表齐全，按时上报； (2) HSE管理部门按程序参与和负责事故调查工作	
级别	十八、审核、评审与持续改进	得分
7	(1) 专业人员、管理部门掌握了有效且最新的审核和评审技术与方法； (2) 审核、评审的目的是保持体系的持续改进，控制重点是审核和评审过程	
6	(1) 员工积极参与审核与评审，熟练了解掌握审核与评审的技巧与方法； (2) 每个单位都有审核整改措施，实施审核，形成网络跟踪系统	
5	(1) 对管理体系实施进行全面审核并自我评价； (2) 对管理评审的实施形成系统的运行办法及考核标准； (3) 各基层组织利用先进的管理办法，不断改进自我审核的内容和质量	
4	(1) 审核结果成为制定有关实施计划的辅助资源； (2) 有完整的计划和审核记录，能自我发现需改进的方面，对自查中发现的整改项目进行跟踪管理，直至完成； (3) 对实施创优升级计划进行自我评估，不断提高HSE创优升级水平	
3	(1) 对管理体系进行审核，依据审核结果报告提出了书面的建议和整改计划； (2) 审核人员进行培训、能力进行评价； (3) 最高管理者主持管理评审会议，保证管理评审所需的人、财、物得到落实； (4) 审核和提出问题的整改计划有完整的文件记录，并对建议和计划整改的项目实施跟踪管理	

续表

2	（1）按体系要求建立了管理审核与评审程序，并制定审核与评审计划及实施行动的具体要求； （2）建立相对独立的审核组织，安排审核人员进行业务培训； （3）审核中没有规范的文件记录	
1	（1）按要求组织管理体系的审核； （2）没有审核结果的跟踪文字记录	

附表 2

HSE 创优升级计划自我评价评分加权系数表

序号	要　　素	单项满分	加权系数	加权满分
1	承诺与方针	70	0.9	63
2	目标与管理方案	70	0.9	63
3	组织机构和职责	70	0.7	49
4	资源	70	0.8	56
5	法律、法规与文件、记录	70	0.7	49
6	能力、培训与宣传	70	0.7	49
7	协商与沟通	70	0.8	56
8	风险管理	70	1	69
9	设施、设备管理	70	0.8	56
10	过程控制	70	0.8	56
11	变更管理	70	0.8	56
12	应急反应	70	0.7	49
13	承包方管理	70	0.8	56
14	员工健康	70	0.7	49
15	污染防治	70	0.8	56
16	监测与测量	70	0.7	49
17	不符合与事故管理	70	0.9	63
18	审核、评审与持续改进	70	0.8	56
合计		1260	14.3	1000

说明：

（1）每个要素分七级。第一级得 10 分，每一级段递增 10 分，单项最高得 70 分，记为 X_n。

（2）每个单项要素得分乘以该要素加权系数，即为单项要素在综合分中的单项分数。

（3）18 个要素累计时，将每个单项要素在综合分中的单项分累加，即为总得分。

计算公式：

$$X = X_1 \times 0.9 + X_2 \times 0.9 + X_3 \times 0.7 + X_4 \times 0.8 + X_5 \times 0.7 + X_6 \times 0.7 + X_7 \times 0.8 + X_8 \times 0.95 + X_9 \times 0.8 + X_{10} \times 0.85 + X_{11} \times 0.8 + X_{12} \times 0.7 + X_{13} \times 0.8 + X_{14} \times 0.7 + X_{15} \times 0.8 + X_{16} \times 0.7 + X_{17} \times 0.9 + X_{18} \times 0.8$$

（4）满分为 1000 分。自我评价分五级，第一级 5A，为最佳组织，得分在 900 分以上；第二级 4A，为优秀组织，得分在 800 分以上；第三级 3A，为先进组织，得分在 600 分以上；第四级 2A，为达标组织，得分在 450 分以上；第五级 1A，为不达标组织，得分在 450 分以下（不含本数）。

中国石油天然气集团公司赴外工程技术服务队伍安全环境健康管理规定

（2003年3月11日中国石油天然气集团公司以中油质安字［2003］第105号文发布）

第一章 总 则

第一条 为进一步加强和规范对外承包工程及施工队伍安全环境健康（HSE）管理，履行中国石油天然气集团公司（以下称集团公司）HSE承诺，特制定本规定。

第二条 集团公司所属各企事业单位在国（境）外开展工程技术和生产技术服务等队伍适用本规定。

第二章 组织管理

第三条 坚持“谁主管、谁负责”的原则，按照外事、外经、外贸“三外一体”要求，赴外施工HSE管理实行分级管理和项目负责制。承揽对外承包工程单位（亦称承包单位）对HSE负总的责任；派出施工队伍和人员的行政主管单位（以下简称派出单位）负监督管理责任；由施工队伍负项目直接管理责任。

第四条 凡取得对外经营合作相应资质，并经有关部门批准、自行运作国（境）外项目的单位，应对施工队伍和派出人员实施HSE管理，并负总责。

第五条 承包单位与派出单位之间，应根据HSE管理体系要求和国（境）外项目情况，在合同或协议中明确双方HSE管理的权限和义务，建立并执行有关HSE管理、审核和统计报告制度。

第六条 承包单位应负责对施工队伍出国（境）前的HSE资质和资格审查。内容主要有：HSE体系、绩效、机构设置与人员配备、健康档案等情况，以及关键岗位、特种作业、兼岗人员的培训和持证情况。由承包单位自行制定资格评审标准。

第七条 承包单位应对施工队伍提出符合项目HSE管理体系要求的准则。

第八条 凡具有下列情况之一的施工队伍和人员，不得外派：

（一）在近两年内发生1人以上死亡，或者3人以上重伤等重大安全生产事故的施工队伍；

（二）单位未建立及实施HSE管理体系的施工队伍；

（三）未取得集团公司核发的《中国石油天然气集团公司出国（境）施工作业人员HSE培训合格证》的人员；

（四）未取得中华人民共和国出入境检验检疫局核发的《国际旅行健康证明书》和《国际预防接种证书》（黄皮书）的人员。

第三章 现场HSE管理

第九条 承包单位驻外机构（包括办事处、联络处等）应成立HSE领导小组或管理委员会，负责对国（境）外项目、施工队伍HSE管理进行协调和监督。根据作业地区实际，组织制定应急预案、事故调查和紧急救援等程序。

第十条 承包单位应设置相应HSE管理机构，按项目派驻HSE监督管理人员，负责对施工队伍进行管理、协调和监督。

第十一条 施工队伍应接受承包单位的管理和监督，加强日常安全生产和现场HSE管理工作。

第十二条 派出单位对出国（境）兼岗人员应有计划地进行岗位技能培训。作业者必须具有兼职岗位操作证和相应资格证书，方可安排其从事兼职岗位工作。

第十三条 派出单位和承包单位应加强交通安全管理。驾驶员必须具有国内合格驾驶证件，并按规定办理当地驾驶证，方可办理准驾手续。对非专业驾驶员安排驾驶机动车辆必须从严管理。

第十四条 施工队伍应开展作业危害识别，进行动态风险管理，规范运行 HSE“两书一表”（即 HSE 作业计划书、HSE 作业指导书和 HSE 现场检查表）。

第十五条 承包单位应定期组织对施工队伍进行 HSE 管理体系审核。HSE 管理体系审核和检查可合并进行。正常情况下每年不少于一次。若发生统计事故，则应增加审核和检查次数。

第十六条 发生井喷、泄漏、失火、爆炸、交通及造成重大影响的重大事故（包括事件等）时，施工队伍在确保人员安全的前提下，应实施应急预案，积极组织事故抢险；承包单位应积极组织、协调和配合，将各种损失降到最低限度。

第四章 HSE 教育和培训

第十七条 承包单位、施工队伍应制定 HSE 培训制度，建立培训档案，对所有外派人员进行培训。所培训的人员和内容都应留有记录。

第十八条 出国（境）前的 HSE 培训工作由集团公司认可的培训机构承担，培训内容应符合《集团公司 HSE 培训大纲》的要求。

第十九条 经培训考试合格的人员，由培训机构到集团公司 HSE 指导委员会办公室统一办理《中国石油天然气集团公司出国（境）施工作业人员 HSE 培训合格证》。

第二十条 承包单位应在项目开始前对所有人员进行入场 HSE 教育。

入场 HSE 教育内容包括但不限于：集团公司和承包单位 HSE 方针政策、项目 HSE 承诺，当地法律、法规，民俗禁忌，疾病预防，项目概况及可能存在的风险、注意事项、应急知识，项目部 HSE 规定、安全行车规定等。

第五章 事 故 管 理

第二十一条 承包单位和派出单位要严格执行集团公司有关事故统计、管理规定，建立事故报告和责任追究制度。

第二十二条 发生的各类事故，施工队伍都应按规定向集团公司办事处、承包单位报告，同时向派出单位报告。承包单位、派出单位应分别逐级向上汇报。事故由承包单位归口统计。

第二十三条 发生死亡 1 人以上或者一次重伤 3 人以上重大事故，要在 24 小时以内上报集团公司驻外办事处，由集团公司驻外办事处按规定报告驻外使（领）馆经济商务机构。

第二十四条 凡发生人员死亡等重大事故要在 24 小时内、重伤事故在 48 小时内以传真、电子邮件等形式将“事故快报”上报集团公司外事局、质量安全环保部，任何单位和个人不得对事故隐瞒不报或拖延上报时间。

第二十五条 凡发生小事故、一般事故，由施工队伍和承包单位按规定调查处理；发生重大事故，由承包单位和派出单位负责组织调查处理，集团公司有关主管部门视情况派员参加；发生多人伤亡，特大火灾、爆炸或环境污染事故，在工程所在国或地区内造成严重影响的重大事故或事件时，由集团公司有关主管部门负责处理。

第二十六条 发生的重大及以上事故，承包单位和派出单位应在事故基本调查清楚后，向集团公司作出正式汇报。

第二十七条 承包单位应负责并协调派出单位办理施工队伍人身、财产保险、索赔和事故的善后处理等事宜。

第六章 附 则

第二十八条 承包单位、派出单位应执行集团公司以及有关部门安全生产环境保护与职业健康等文件，结合实际制定项目 HSE 管理办法。

第二十九条 各单位应结合施工队伍管理的实际情况制定奖惩考核细则，并按规定考核奖惩。

第三十条 对国内反承包项目的施工队伍及人员管理，参照本规定执行。

第三十一条 本规定由集团公司质量安全环保部负责解释。

第三十二条 本规定自印发之日起施行。

中国石油天然气集团公司
突发特别重大事故应急救援预案

（2003年7月29日中国石油天然气集团公司以中油质安字［2003］第370号文发布）

为保证集团公司在发生化学等各类突发特别重大事故时，能迅速、有效地开展现场处置救援工作，保护国家、企业和职工生命财产的安全，维护社会稳定，根据国家有关规定，制订本预案。

本预案突发特别重大事故是指后果特别重大，且发生后可能持续一段时间，事故控制及其对生产、社会产生的影响依靠企业（地区分公司）自身力量不能控制，需要集团公司或相关方救援的事故。突发特别重大事故包括但不限于以下事故：

（1）井喷失控爆炸着火事故；

（2）油气爆炸着火事故；

（3）炼化装置爆炸着火事故；

（4）危险化学品、有毒有害气体严重泄露失控事故；

（5）管道、船舶严重溢油事故。

一、突发特别重大事故应急救援工作的基本原则

（1）在国家的统一领导下，按照属地管理的原则，集团公司应急救援资源接受国家和当地政府的指挥和调动。

（2）集团公司内突发特别重大事故的应急救援工作实行“统一协调、企业（地区分公司）负责、就近求助、区域救援”的工作原则。

（3）各企业、地区分公司应充分利用所属企业和就近社会救援力量，建立责任明确、反应迅速、指挥有力、措施有效的突发特别重大事故应急救援体系。

二、突发特别重大事故应急救援的组织体系和主要职责

（一）组织体系

（1）集团公司建立突发特别重大事故应急救援领导小组，组长由集团公司总经理担任，常务副组长由集团公司主管安全工作的副总经理担任，副组长由集团公司党组成员担任，成员由集团公司、股份公司有关部门负责人担任（见附件1）。

（2）集团公司突发特别重大事故应急救援领导小组下设应急救援协调工作办公室，由集团公司安全生产委员会办公室兼。在集团公司突发特别重大事故应急救援领导小组的统一领导下，负责所属企事业单位、地区子（分）公司的现场处置救援的组织协调工作（见附件2）。

（3）各企业、地区子（分）公司应成立突发特别重大事故应急救援领导小组。

（二）主要职责

1. 集团公司突发特别重大事故应急救援领导小组的职责

（1）负责组织审定突发特别重大事故应急预案；

（2）负责应急救援方面的重大问题决策，包括人员、资源配置、力量调动等；

（3）负责集团公司突发特别重大事故应急救援费用的批准和使用；

（4）负责指派集团公司有关领导到现场指挥、协调；

（5）负责批准本预案的启动和终止。

2. 集团公司突发特别重大事故应急救援协调办公室的职责

（1）负责集团公司突发特别重大事故应急救援预案的编制工作；

（2）负责集团公司突发特别重大事故向国家主管部门的上报；

（3）负责建立突发特别重大事故应急救援处置的专业技术专家库和医疗抢救专家库；

（4）负责指导、检查所属企业、地区子（分）公司编制突发特别重大事故应急救援预案，督查企业、地区子（分）公司组织开展突发特别重大事故现场处置救援综合演练；

（5）负责事后各种资料的归档工作。

3. 企业处置突发特别重大事故领导小组的职责

（1）明确各部门的职责和事故状态下各级人员的职责；

（2）负责配置应急救援的各类资源；

（3）负责编制消防、医疗、物资供应、通讯、交通、保卫、生产调度等在事故状态下应急救援程序；

（4）负责本企业应急救援预案的审核工作，以及预案的启动和终止；

（5）负责突发特别重大事故信息的上报工作；

（6）接受当地政府的属地指挥和调动。

三、应急救援预案实施程序

（一）应急救援预案的主要内容

企业级预案包括应急救援事故指挥部的组成和相关部门的职责；突发事故的监测和预警；事故信息的收集、分析、报告、通报制度；突发事故应急处理技术、救护专家库；突发事故的分级和应急处理工作程序；应急救援处理专业队伍的建设和培训。

（二）应急救援预案的编制和审核

集团公司突发特别重大事故应急救援预案由集团公司突发特别重大事故应急救援协调工作办公室负责编制，集团公司、股份公司有关部门配合。

集团公司突发特别重大事故应急救援预案由集团公司领导小组负责审核，组长批准。

（三）应急救援预案启动

（1）集团公司突发特别重大事故应急救援协调工作办公室接到所属企业或地区子（分）公司重大事故报告后，立即上报集团公司突发特别重大事故应急救援领导小组。由集团公司领导小组组长批准同意后，启动本预案，并立即通知小组全体成员进入应急状态。

（2）突发特别重大事故发生后，集团公司应急救援协调工作办公室应在第一时间（即发生事故后4小时内）向国家主管部门报告。

（3）集团公司突发特别重大事故应急救援领导小组根据现场应急救援工作的需要，8小时以内成立事故应急指挥协调工作组，赶赴现场，指挥协调应急救援工作。

（4）集团公司应急救援协调工作办公室应立即通知有关技术、医疗救护等专家进入工作状态，根据事态情况与国家安全生产监督管理局及所属8个化学抢救中心和专业抢救队伍联系，依靠专业技术专家开展救援工作。

（四）应急救援预案终止

根据事故的控制和发展情况，突发特别重大事故应急救援协调工作办公室对预案的终止与否提出建议，报领导小组组长同意后，宣布终止本预案。

（五）应急救援预案的变更

本预案变更工作由集团公司重大突发事故应急救援协调工作办公室组织，报集团公司领导小组组长审核批准。

企业级应急救援的变更由企业突发特别重大事故应急救援工作办公室负责，报企业突发特别重大事故应急救援领导小组组长批准。

（六）应急救援预案的演练

本预案的演练由集团公司突发特别重大事故应急救援领导小组批准。日常协调工作由集团公司突发特别重大事故应急救援协调工作办公室负责联系。

企业级应急救援预案的演练，由企业突发特别重大事故应急救援领导小组根据企业情况决定。

（七）突发特别重大事故应急报告程序、指挥程序、救援程序和信息披露程序

1. 突发特别重大事故应急报告程序

集团公司所属未上市企业、股份公司地区（子）分公司发生重大突发事故后，由发生事故单位的应急救援领导小组办公室在事故发生后2小时内将事故的基本情况上报集团公司突发特别重大事故应急救援协调工作办公室和当地政府主管部门。股份公司地区（子）分公司的事故，同时上报股份公司相应的专业分公司。

集团公司应急救援协调工作办公室将事故情况上报突发特别重大事故应急救援领导小组。同时报国家化学事故应急救援协调办公室。具体报告程序见框架图1。

2. 突发特别重大事故应急指挥程序

集团公司突发特别重大事故应急救援领导小组接到报告后，立即做出快速反应，实施应急救援指挥，并根据事故发生单位的隶属关系和救援情况，指派有关领导负责总体指挥协调工作，事故现场指挥由发生事故企业具体负责，具体指挥程序见框架图2。

3. 突发特别重大事故应急救援实施程序

（1）集团公司领导小组工作程序：集团公司领导小组接到事故报告后，有关人员应进入工作岗位，迅速成立事故应急救援总指挥部，明确各级人员工作职责。根据事故发展状况，成立由有关部门人员组成的应急救援现场指挥小组，赴事故现场指挥、协调。

（2）集团公司应急救援协调办公室工作程序：在集团公司应急救援领导小组的指挥下，协调、调动企业各方面力量，组织救援工作。同时启动四条热线，

一是与国家化学事故应急救援协调工作办公室的联系，随时报告情况；二是保持与国家8个化学事故救援中心及专业救援队伍和国家化学品登记中心的联系，以指导事故单位救援工作；三是保持与集团公司化学事故处置专家的联系；四是保持与事故单位临近增援企业的联系。

（3）企业、地区分公司施救工作程序：事故发生后，事故单位立即启动应急救援预案，事故处置专家、医疗救护专家等必须全部到位，同时启动以生产、调度、消防、气防、医疗救护、物资、运输、后勤保证、保卫、通讯等为中心的各级子预案，在报告事故的同时，现场应急救援指挥部进入应急状态，确保救援工作顺畅。

发生事故企业的信息反馈系统要随时保持与集团公司突发特别重大事故应急救援协调工作办公室的联系。具体救援实施程序见框架图3。

（4）事故信息披露程序：事故信息的披露要严格按照集团公司、股份公司有关信息披露程序进行。集团公司办公厅和股份公司总裁办公室是集团公司事故信息披露归口部门。

凡是股份公司所属的地区分（子）公司发生的突发特别重大事故的信息披露统一由股份公司总裁办公室对外披露。有关信息的收集、整理等工作由股份公司质量安全环保部负责。

凡是集团公司所属未上市企业发生的突发特别重大事故的披露统一由集团公司办公厅对外披露，有关信息的收集、整理等工作由集团公司质量安全环保部负责。

凡是向国家有关部门报告的信息，统一由集团公司办公厅负责，有关信息的收集、整理、加工等工作由集团公司安全生产委员会办公室负责。

四、集团公司化学应急救援小组通讯保障系统

（1）集团公司办公厅、股份公司总裁办值班室24小时值班；

（2）集团公司重大突发事故应急救援协调工作办公室人员24小时通讯畅通（见附件3和附件4）。

附件1

中国石油天然气集团公司突发特别重大事故应急救援领导小组成员名单

组　　长：马富才
常务副组长：任传俊
副 组 长：吴耀文　陈　耕　苏树林　郑　虎　李克成　贡华章
成　　员：刘海胜　段文德　许永发　江夕根　温青山　刘志华　安郁培　王海森　贺荣芳　李华民
董国永　王光军　胡文瑞　蔺爱国　孙　立　黄维和

附件2

中国石油天然气集团公司突发特别重大事故应急救援协调工作办公室成员名单

主　任：任传俊
副主任：段文德
副主任：王海森　贺荣芳　许永发　李华民
成　员：董国永　王光军　胡文瑞　蔺爱国　孙　立　黄维和

附件 3

中国石油天然气集团公司
突发特别重大事故应急救援值班联系电话

一、中国石油天然气集团公司 24 小时值班电话

中国石油天然气集团公司办公厅秘书处值班电话：

（010）62094538，传真电话：（010）62094205

中国石油股份有限公司总裁办值班电话：

（010）84886001，传真电话：（010）84886002

股份公司勘探与生产分公司调度电话：

（010）84886442，84886443

股份公司化工与销售分公司调度电话：

（010）84886540，84886541，84886542，84886543，84886544，84886548（昼）

（010）84886423，84886424（夜）

股份公司炼油与销售分公司调度电话：

（010）84886423，84886424

股份公司天然气与管道分公司调度电话：

（010）84886593，84886594

二、中国石油天然气集团公司日常办公电话

集团公司质量安全环保部：

（010）62094163，62094691，62094251，62094165

传真电话：（010）62094704

股份有限公司质量安全环保部：

（010）84886235，84886757，84886758

传真电话：（010）84886651

附件 4

中国石油天然气集团公司
突发特别重大事故应急救援有关人员联系电话

序号	姓名	单　　位	职　　务	办 公 电 话	移 动 电 话
1	王海森	集团公司质量安全环保部	主任	01062095157	13910666918
2	贺荣芳	股份公司质量安全环保部	总经理	01084886232	13911158181
3	许永发	集团公司办公厅	主任	01062094502	13901062688
4	李华民	股份公司总裁办	主任	01084886003	13501196562
5	董国永	集团公司质量安全环保部	副主任	01062095407	13501275072
6	王光军	股份公司质量安全环保部	副总经理	01084886233	13910385866
7	吴苏江	集团公司质量安全环保部	副总工程师兼处长	01062094163	13601357896
8	吴庆善	股份公司质量安全环保部	处长	01084886235	13910552286
9	郭喜林	集团公司质量安全环保部	副处长	01062094691	13611366581
10	刘景凯	集团公司质量安全环保部	副处长	01062094251	13641149734

框架图 1

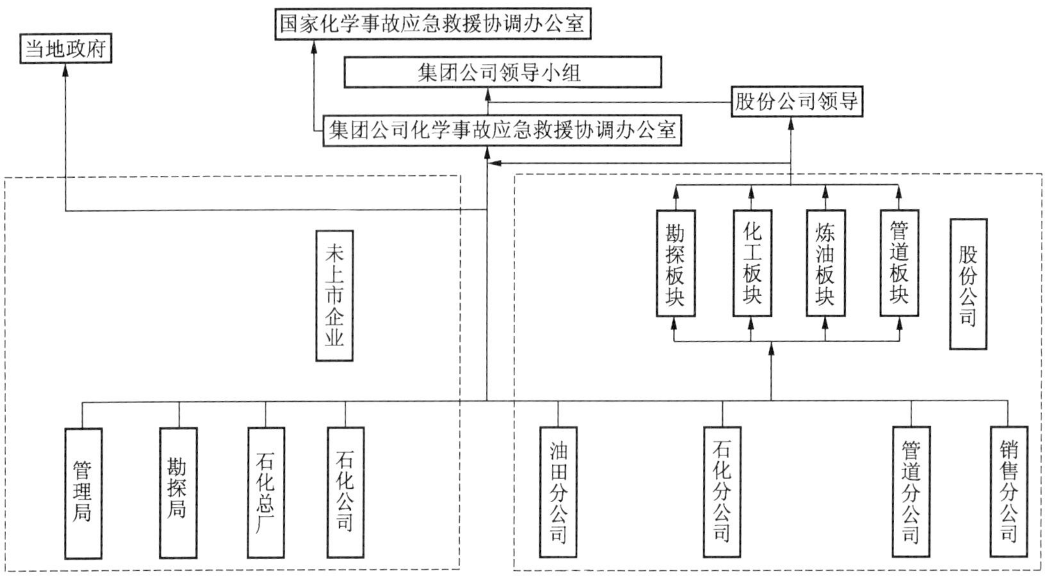

集团公司突发特别重大事故应急报告程序

框架图 2

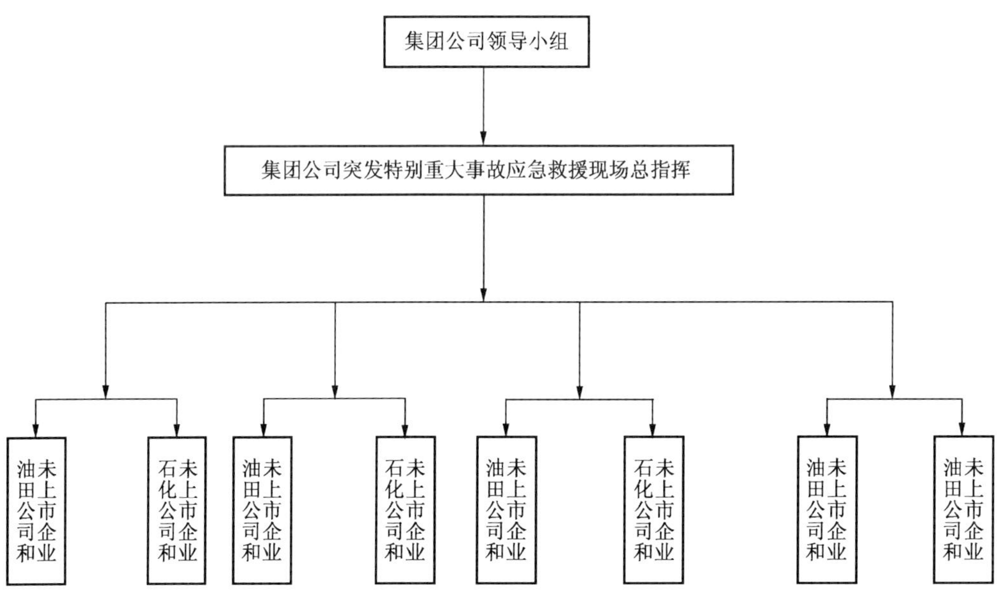

集团公司突发特别重大事故应急指挥程序

框架图 3

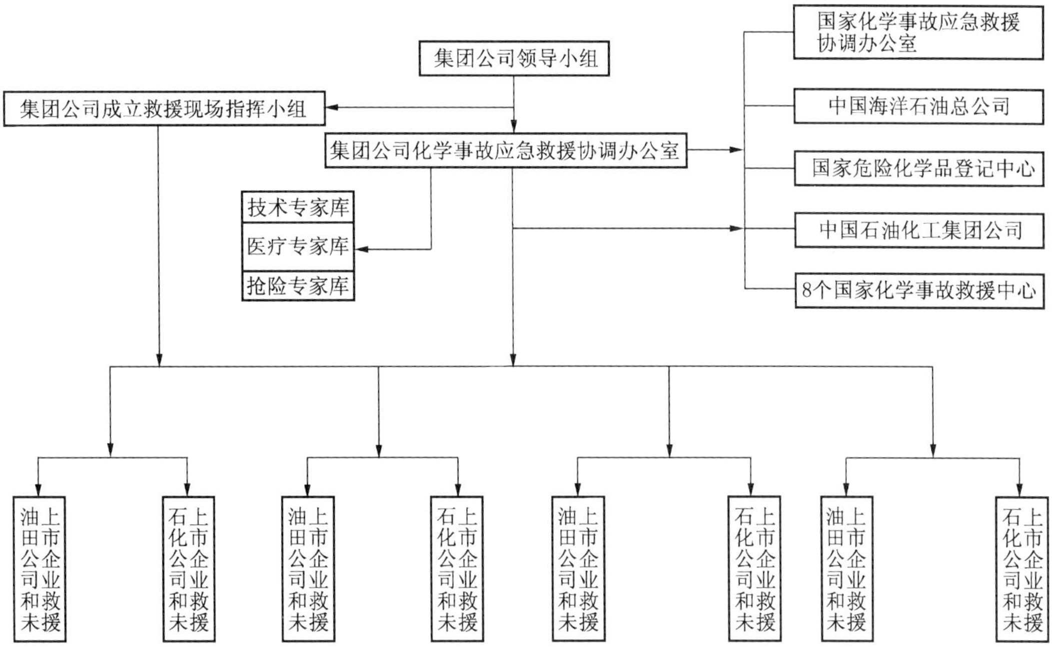

集团公司重大突发事故应急救援程序

中国石油天然气集团公司
安全生产先进企业考核评比办法

（2003 年 9 月 1 日中国石油天然气集团公司以中油质安字［2003］第 435 号文发布）

第一条 为进一步加强企业安全生产基础工作，提高安全生产管理水平，根据《中华人民共和国安全生产法》和集团公司相关规定，制定本办法。

第二条 集团公司安全生产先进企业考核评比标准由集团公司安全生产委员会办公室制定考核内容、考核办法及扣分标准，并结合企业领导班子业绩考核中对年度安全生产工作的要求，进行量化。

第三条 集团公司直属企业、子（分）公司和股份公司地区分公司（简称企业，下同）完成年度考核指标且安全管理工作达标，经企业申报，主管部门组织考核，上报集团公司安全生产委员会讨论批准后，授予“集团公司安全生产先进企业”称号。

第四条 安全生产先进企业申报工作由企业依照集团公司先进企业考核评比标准自行组织考核，考核评比标准满分为 1000 分。考核达 900 分以上者，且各项安全生产指标均达标者，可申请集团公司安全生产先进企业。时间为每年 9 月底前，申报企业需正式行文，并附考核结果及总结说明。

第五条 安全生产先进企业考核工作由集团公司、股份公司安全主管部门在当年 12 月底以前分别组织考核验收，对申报企业进行考核。

第六条 集团公司对安全生产先进企业给予奖励。

（一）获得集团公司安全生产先进企业称号的，

按企业在册职工人均 20 元给予奖励。

（二）对连续 3 年、5 年、10 年获得集团公司安全生产企业称号的安全生产第一责任人、主管安全生产领导、安全生产部门负责人（含消防安全部门、交通安全部门负责人）给予人均 2000 元至 10000 元的奖励。

第七条 奖励基金的来源。

股份公司所属地区分公司荣获集团公司安全生产先进企业称号的，从股份公司总裁奖励基金中列支，其他安全生产先进企业从集团公司总经理奖励基金中列支。

第八条 本办法由集团公司安全生产委员会办公室负责解释。

第九条 本办法自 2003 年 1 月 1 日起施行。

中国石油天然气集团公司安全生产先进企业考核评比标准（试行）

序号	类别	考核内容	标准分	考核方法及扣分标准
一	领导重视 机构健全 （150 分）	1. 设立安全生产委员会并按期开展活动	30	查文件和记录。 没设安全生产委员会，扣 20—30 分； 没开展活动或开展不认真，扣 10—25 分； 活动记录不全，扣 5—20 分
		2. 组织机构健全，形成网络；建立完善安全监督体系	40	查文件和工作职责。 无机构或设置不符合要求，扣 15—35 分； 没设置总监（监督）或人员设置不到位的扣 20—40 分
		3. 安全工作计划落实，实行目标管理，并分解考核	40	查资料。 无安全生产工作计划或不落实，扣 10—30 分； 无目标管理或不认真，扣 10—30 分
		4. 贯彻上级文件、指示认真，并有记录可查	40	查资料。 贯彻文件不积极，扣 15—25 分； 无记录和资料，扣 5—30 分
二	制度齐全 责任落实 （150 分）	1. 建立了比较齐全的职业安全卫生、交通、消防等规章制度，并定期修改完善	30	查文件。 无制度的扣 30 分，制度不齐全的扣 15—25 分； 制度不符合要求或修改不及时，扣 5—25 分
		2. 落实了各项行政正职、项目经理是安全生产第一责任者的制度	20	查文件和资料。 不落实，扣 20 分； 有缺漏项，扣 5—15 分
		3. 落实了机关局处两级领导干部承包安全生产关键装置、要害部位，并定期检查，帮助解决实际问题	20	查文件和记录。 无承包文件或没开展承包工作，扣 15—20 分； 承包率不到位或工作不到位，扣 5—15 分
		4. 各级领导、各部门安全生产责任制齐全，贯彻了“谁主管谁负责”的原则，并得到有效落实	20	查文件和资料。 无责任制，扣 30 分； 领导不落实，扣 15—20 分； 部门不落实，扣 15—20 分
		5. 岗位责任制、“一岗一责制”、操作规程齐全，并得到落实	20	查资料和制度。 无制度或操作规程，扣 15—20 分； 员工不知道或不熟悉，查出每人次扣 5 分； 落实不好，扣 5—10 分
		6. 在基层落实了各项规章制度	40	查现场。 落实不力或有漏洞的，酌情扣 10—35 分

续表

序号	类 别	考核内容	标准分	考核方法及扣分标准
三	建立与实施了HSE管理体系（125分）	1. 按计划要求建立与推行、实施了HSE管理体系，并发布了体系文件	25	查文件和资料。 无体系文件或没制定，扣10—25分； 没有发布体系文件酌情扣分； 程序文件不健全，扣10—15分
		2. 按规定定期审计，做到了持续改进	25	查审计报告。 无审计的扣15—25分，无审计报告的扣5—15分； 审计不符合要求，扣5—15分
		3. 按规定制定并严格有效运行基层HSE“两书一表”	25	现场反馈。 无作业计划，扣15—25分； 缺少，扣10—25分
		4. 新、改、扩建项目开展安全评估，并通过审批	25	查资料。 无安全评估并审批，扣25分； 安全评估不完全，扣5—10分
		5. 认真实施HSE管理方案，强化了“风险管理”，开展了健康、安全、环境隐患评估，并落实在基层施工作业活动当中	25	查资料。 无HSE管理方案，开展不认真，扣10—25分； 不开展风险管理，扣20—25分； 有缺漏，扣2—20分
四	安全培训宣传教育（125分）	1. 新入厂职工、转岗职工按规定进行了三级安全教育，并经考试合格上岗	30	查资料和档案。 无记录、资料，扣10—25分； 全年累计叠加每查出1人不进行，扣2分
		2. 特种作业培训人员持证率100%，并按规定复审	30	查档案、证书。 不进行培训的扣20—30分，无记录的扣10—15分； 查出1人不持证上岗，扣3分； 查出1人无证上岗，扣5分
		3. 有满足需要的安全培训，对干部职工进行了必要的安全培训	30	查资料和记录。 无安全培训计划，扣10分； 培训工作开展不认真，扣10—20分； 不开展安全培训活动，扣15—25分
		4. 积极组织了各种安全宣传教育活动，形式多样，效果明显	35	查资料。 不认真组织“安全生产月”，扣10—15分； 不认真组织“十防”活动，扣20分； 贯彻上级要求组织的活动不认真，扣10—20分
五	安全检查和现场管理（175分）	1. 严格执行安全生产检查制度，并及时解决隐患，有据可查	50	查检查记录。 无检查制度或不按制度要求，扣20—35分； 检查不记录，扣10—20分； 无隐患整改通知及返回单，扣10—20分
		2. 班组安全活动有效，岗检和巡回检查落实，并按规定执行	40	查基层班组和资料。 班组安全活动不落实，扣5—10分； 检查缺漏项，酌情扣10—15分； 员工不知道或不熟悉检查项目的，查出每人次扣1分

续表

序号	类　别	考核内容	标准分	考核方法及扣分标准
五	安全检查和现场管理（175分）	3. 设备管理好，安全档案齐全，锅炉压力容器等特种设备（包括安全附件）按规定检验	45	查档案。 无档案制度，扣30—40分； 不按规定进行检验，扣10—20分； 设备管理不好，扣15—35分
		4. 现场管理符合安全生产标准规定	40	查现场、资料。 无考核，扣15分； 现场管理不好，酌情扣10—35分
六	多种经营集体企业及对承包、承租单位的安全管理（150分）（未上市部分考核）	1. 落实了以“三位一体”为主要内容或其他的安全生产责任保证体系	40	查合同书。 没有合同，扣40分； 不符合要求，扣5—25分
		2. 建立、完善了必要的安全生产规章制度和岗位操作规程	30	查文件。 无制度和规程，扣20—25分； 不健全或不及时修改，扣5—15分
		3. 加强了各类厂站、施工作业场所的安全管理	30	查基层和现场。 现场管理混乱，酌情扣10—25分
		4. 与承包、承租单位签订专门的安全生产管理协议或在承包、承租合同中约定各自的安全生产管理职责，并对其安全生产工作统一协调和管理	50	查协议、合同和档案。 没有签订协议或在合同中没有约定安全生产管理职责，扣50分； 未对承包、承租单位安全生产工作进行协调和管理，或管理不到位的扣20—40分
七	安全生产合同管理（150分）（股份公司考核）	1. 与员工签订安全生产合同	50	查资料。 无合同样本，扣30—50分； 缺少1个合同样本，扣5分
		2. 与承包商签订安全生产合同	50	查资料。 无合同样本，扣30—50分； 缺少1个合同样本，扣5分
		3. 员工安全合同的教育培训工作	50	查记录和资料。 无员工培训计划，扣25—30分； 培训计划不落实，扣25—30分
八	事故管理指标考核（125分）	1. 事故统计准确，事故档案齐全，按时上报安全（含交通、消防）月（年）报表	50	查报表。 缺1月或1项次，扣5—15分； 填报不准或不清晰，扣5—10分； 迟报或缺签字章，扣5—10分
		2. 及时上报重大事故，无隐瞒事故	35	查快报及基层。 快报与报表不对应，每次扣3分； 迟报重特大事故，每起扣5分； 隐瞒事故另行扣分

续表

序号	类　别	考核内容	标准分	考核方法及扣分标准
八	事故管理指标考核（125分）	3. 事故调查符合要求，事故处理符合“四不放过”原则	40	查档案和资料。 重大事故无调查报告，每次扣10分； 重伤事故无调查报告，每次扣5分； 事故处理不符合要求，酌情扣10—25分
		4. 达到年度安全生产目标		事故超标由安全主管部门另行制定扣分标准

注：特大事故1票否决。

中国石油天然气集团公司
涉外突发事件应急预案

（2003年11月6日中国石油天然气集团公司以中油外字［2003］第522号文发布）

随着集团公司国际化经营业务的发展，因公出国（境）人员、团组和来华为我服务的外国专家及工作人员人数逐年增加，涉外突发事件难免发生。为了能迅速、有效地开展现场应急处理工作，保障集团公司海外项目各单位、出国人员和来华外国专家及工作人员的生命财产安全和切身利益，维护集团公司的声誉，保证国际化经营持续、健康、快速开展，根据国务院有关部门和集团公司《关于印发〈中国石油天然气集团公司突发特别重大事故应急救援预案〉的通知》（中油质安字［2003］370号）的要求，特制定本预案。

本预案中涉外突发事件是指集团公司海外项目各单位、因公出国（境）人员和来华外国专家及工作人员的财产和人身安全受到威胁、发生伤亡、劳务人员群体性事件以及因不可抗力造成的紧急事件。主要包括但不限于：

战争、民族冲突、大型罢工和自然灾害（地震、台风及洪水等）等事件；

重大传染病、重大食物和职业中毒等严重影响健康的事件；

因急性或长期慢性疾病导致猝死；

导致人员重大伤亡或死亡的生产和交通事故；

人员被打致重伤或死亡的事件；

绑架、抢劫、盗窃、勒索和恐吓等导致重大人身伤亡和财产损失的事件；

其他不可抗拒的重大人员和财产受到伤害和损失的事件。

一、涉外突发事件应急处理工作的基本原则

涉外突发事件应急工作，应当遵循预防为主、常备不懈的方针；贯彻统一领导、分级负责、及时反应、就近求助、措施果断、加强合作的原则；维护集团公司的整体利益和长远利益；确保人身和财产安全或最大限度地减少人身及财产损失；确保集团公司和当事单位的经营业务不受影响或最大限度地减少其影响。

集团公司所属企事业单位、海外项目单位及集团公司驻外办事处应充分利用本单位和当地社会的救援力量，建立责任明确、反应迅速、指挥有力、措施有效的突发事件救援工作预案。

二、涉外突发事件应急处理的组织体系和主要职责

（一）组织体系

（1）成立集团公司涉外突发事件应急处理工作小组，接受集团公司突发特别重大事故应急救援领导小组（见附件1）的直接领导，具体工作由集团公司国际事业部负责。组长由国际事业部主任担任，副组长由国际事业部副主任、质量安全环保部副主任和当事单位主要领导担任，成员由国际事业部各处主要负责人、质量安全环保部具体工作负责人和当事单位外事管理部门负责人担任（见附件2）。

（2）集团公司所属企事业单位、海外项目单位应成立本单位涉外突发事件应急处理小组，由外事管理部门负责具体工作。

（二）主要职责

1. 集团公司涉外突发事件应急处理工作小组职责

（1）负责集团公司涉外突发重大事件向集团公司有关领导和必要时向国家主管部门的上报；

（2）负责组织落实涉外突发事件应急预案；

（3）负责指导、检查所属企事业单位、海外项目单位编制涉外突发事件应急处理预案；

（4）负责涉外突发事件应急方面的重大问题决策，包括人员、资源配置、力量调动等；

（5）负责批准本预案的启动和终止；

（6）负责事后各种资料的归档工作。

2. 集团公司所属企事业单位、海外项目单位涉外突发事件应急处理小组和集团公司驻外办事处（见附件3）的职责

（1）明确各部门的职责和事件发生后各级人员的职责；

（2）负责配置应急处理的各类资源；

（3）负责编制消防、医疗、物资供应、通讯、交通、保卫、生产调度等在事故状态下应急处理程序；

（4）负责本单位涉外突发事件应急处理预案的编制、审核工作，以及预案的启动和终止；

（5）负责涉外突发事件信息的上报工作；

（6）接受集团公司涉外突发事件应急处理工作小组的领导以及国内当地政府、国外我驻在国使（领）馆的指挥和调动。

三、涉外突发事件应急处理预案实施程序

（一）应急处理预案的主要内容

集团公司所属企事业单位、海外项目单位涉外突发事件应急处理预案应包括：应急处理小组的组成和相关部门职责；突发事件信息的收集、分析、报告、通报制度；突发事件的分级和应急处理工作程序；应急救援常识的培训。

（二）应急处理预案的编制和审核

集团公司涉外突发事件应急处理预案由集团公司国际事业部负责编制，集团公司、股份公司有关部门配合，报集团公司涉外突发事件应急处理工作小组审核批准。

集团公司所属企事业单位和海外项目单位涉外突发事件应急处理预案由各单位外事管理部门负责编制，报本单位涉外突发事件应急处理小组审核批准。

（三）应急处理预案启动

（1）集团公司涉外突发事件应急处理工作小组接到所属企事业单位或海外项目单位、集团公司驻外办事处涉外突发事件报告后，立即上报集团公司突发特别重大事故应急救援领导小组。

（2）突发事件发生后，集团公司涉外突发事件应急处理工作小组应视事件性质及时向集团公司领导和必要时向国家主管部门报告。

（四）应急处理预案终止

根据突发事件的控制和发展情况，集团公司所属企事业单位和海外项目单位对预案的终止与否提出建议，报集团公司涉外突发事件应急处理工作小组批准后，宣布终止本预案。

（五）应急处理预案变更

涉外突发事件应急处理预案应根据突发事件的变化和实施中发现的问题及时进行修订、补充，变更工作由集团公司国际事业部负责，报集团公司涉外突发事件应急处理工作小组组长审核批准。

集团公司所属企事业单位和海外项目单位涉外突发事件应急处理预案的变更工作由各单位外事管理部门负责，报本单位涉外突发事件应急处理小组组长批准。

（六）应急报告程序

1. 涉外突发事件发生在国内

事件发生单位当事人务必在24小时内向本单位涉外突发事件应急处理小组报告，随后由各企事业单位涉外突发事件应急处理小组向集团公司涉外突发事件应急处理工作小组报告。

2. 涉外突发事件发生在境外

事件发生单位当事人务必在24小时内向海外项目单位涉外突发事件应急处理小组报告，并同时向集团公司驻外办事处和本单位国内总部报告；在没有集团公司驻外办事处或海外项目单位的国家，可直接向我国驻外使（领）馆和本单位国内总部报告。随后由各企事业单位涉外突发事件应急处理小组和集团公司驻外办事处向集团公司涉外突发事件应急处理工作小组报告（见附件4）。

（七）应急指挥程序

集团公司涉外突发事件应急处理工作小组接到事件报告后，立即作出快速反应，实施应急处理指挥。根据事件发生地政府或我驻在国使（领）馆的建议和要求，并结合事件发生单位的隶属关系和救援情况，指派有关领导负责总体指挥和协调工作，由事件发生单位外事管理部门或海外项目单位和集团公司驻外办事处负责具体落实（见附件5）。

（八）信息披露程序

涉外突发事件的信息披露要严格按照集团公司有关信息披露程序进行。国际事业部是集团公司涉外突发事件信息披露归口部门，负责事件信息的收集、整理、对外披露以及向国家有关部门报告。

附件：1. 突发特别重大事故应急救援领导小组成员名单
2. 涉外突发事件应急处理工作小组成员名单及联系电话
3. 驻外办事处联系电话
4. 涉外突发事件应急报告程序
5. 涉外突发事件应急处理指挥程序

附件 1

突发特别重大事故应急救援领导小组成员名单

组　　长：马富才
常务副组长：任传俊
副 组 长：吴耀文　陈　耕　苏树林　郑　虎　李克成　贡华章
成　　员：刘海胜　段文德　许永发　江夕根　温青山　刘志华　安郁培　王海森　贺荣芳　李华民
董国永　王光军　胡文瑞　蔺爱国　孙　立　黄维和

附件 2

涉外突发事件应急处理工作小组成员名单及联系电话

组　长：章　欣　62095598（办），62022663（家），13501026699
副组长：董国永　集团公司质量安全环保部副主任
62095407（办），64222827（家），13501275072
李亚平　62095218（办），62021983（家），13701339556
裴　颖　62094794（办），68031254（家），13901364591
当事单位主要领导
成　员：刘景凯　集团公司质量安全环保部安全处副处长
62094251（办），62082168（家），13641149734
国际事业部综合处：
卢　颖　62094773（办），82849666（家），13901097828
国际事业部联络处：
王　维　62094293（办），82079863（家），13911284590
国际事业部海外处：
王洪涛　62094133（办），13601204676
国际事业部出国财务处：
韩树举　62094500（办），82074498（家），13701295151
当事单位外事管理部门负责人

附件 3

驻外办事处联系电话

序号	国家	姓　名	电　　话	传　　真	手　　机	电子信箱	时　差
1	苏丹	蒋省蔚	0024911-238886 0024911-238880	0024911-238887 0024911-239800 (BGP 传真)	00249-12304928	jxingwei2001@yahoo. com. cn	-5
		黎德晟			00249-12301708	lidesheng2003@yahoo. com. cn	
2	哈萨克	张明博 阿拉木图	007-3272-596310 007-3272-596311	007-3272-596327	007-333-2118128	zhangmingbo@cnpc. online. kz	-2
		韩维 阿克纠宾	007-3132-216907 216847、216804， 216787 转 223 或 226	007-3132-224245	007-300-3831816	hanwei2001@alibaba. com	-3
3	委内瑞拉	张力波	0058-212-2666917 0058-212-2870528(宅)	0058-212-2644701 0058-212-2870528	0058-416-6226379	cnpcoffice@cnpc-ve. com	-12
		魏雄			0058-416-6217582	adamcnwei@hotmail. com	
4	伊朗	韩华	009821-2586685	009821-2586672	0098911-2259362	timwang57@yahoo. com	-3.5(夏) -4.5(冬)
		汪泽			0098911-2459399		
5	印尼	陈绍勤 刘浩升	0062-21-57950201	0062-21-57950202	0062-8121960446 0062-81310620205	cnpc@indosat. net. id travindo@dnet. net. id	-1
6	美国	陈正	001713-4653707 001713-4657382 001281-4955807(宅)	001713-4655865	001281-6101021	yongzhengcnpc@hotmail. com	-13
		熊家伟	001713-7827765(宅)		001281-6101383		
7	俄罗斯	常福权 岳文博	007-095-9565773 007-095-9362709 (宅)	007-095-9565774	007-095-7650682 007-910-4813326	cnpc-chang@mtu-net. ru cnpcoverseas@hotmail. com	-5
8	阿联酋	靳玉宁	00971-43211418 00971-43443989(宅) 00971-43211426 (总台)	00971-4-3211416	00971-50-5520480	megaab@emirates. net. ae	-4
9	尼日利亚	张宏军 (BGP)	00234-1-2673371 00874-762660891 (BGP)	00234-1-2624470 00874-762660892	00234-1-7752568	bgpnig@alpha. linkserve. com	-7
10	缅甸	冯国良	00951-255008、 255009 转 603 房	00951-255006	0095-95007537	fenggL68@cal. net. mm	-1.5
11	土库曼	卢华东 (CPTDC)	009-9312-362505(宅) 009-9312-480195	009-9312-488716	009-9312-300586	cptdc@online. tm	-3
12	利比亚	尚卫忠	00218-21-4775543	00218-21-4775069	00218-91-2185385	cnpcse554855@sina. com	-6

附件 4

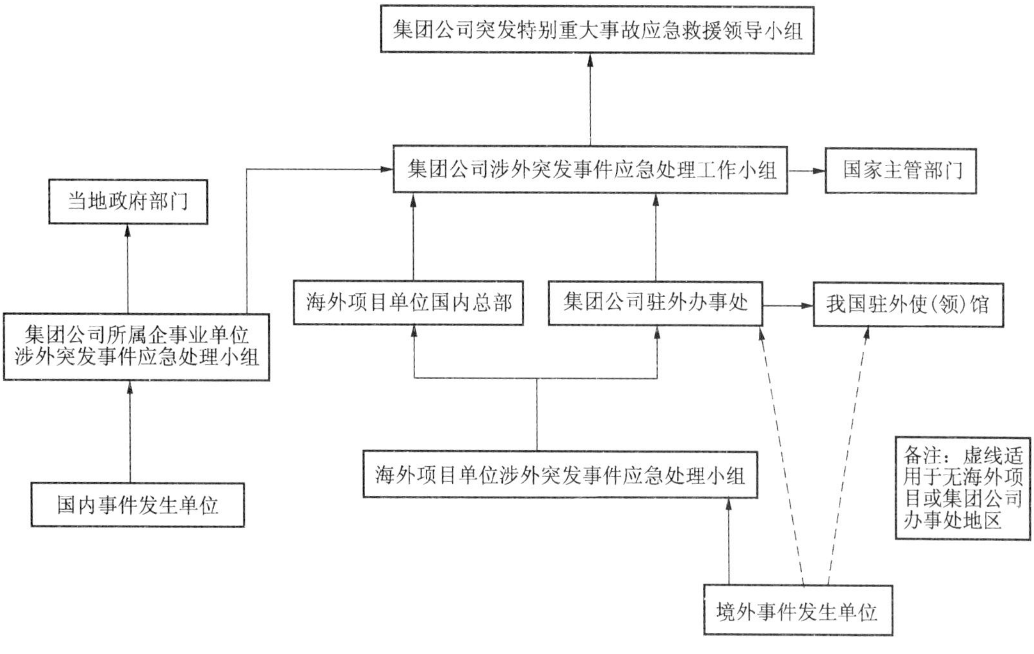

涉外突发事件应急报告程序

附件 5

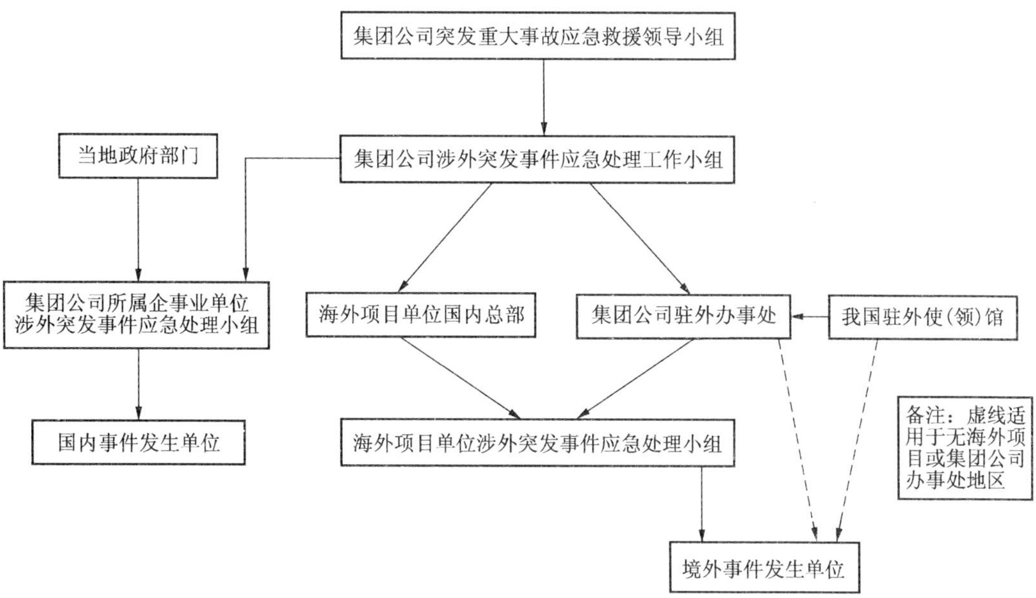

涉外突发事件应急处理指挥程序

专 文

深入贯彻落实党的十六大精神 全面推进具有国际竞争力的跨国企业集团建设[1]

——马富才同志在集团公司2003年工作会议上的报告

（2003年1月15日）

同志们：

这次集团公司工作会议，主要是深入贯彻落实党的十六大和中央经济工作会议精神，以“三个代表”重要思想为指导，总结过去五年的工作，谋划未来的发展，安排部署今年的任务，进一步动员广大干部职工解放思想、实事求是，与时俱进、开拓创新，全面推进具有国际竞争力的跨国企业集团建设，努力推动集团公司实现新的跨越。

一、集团公司组建以来的工作回顾

十六大报告提出：“坚持用时代发展的要求审视自己”，并要求“善于总结成功的经验”。从1998年集团公司组建到现在，我们已走过五年不平凡的历程。审视过去五年的工作，总结成功的经验，对于不断加强和完善自己，更好地做好今后的工作，具有十分重要的意义。集团公司组建以来的五年，是我们坚持深化改革、实施战略性重组，使集团公司管理体制发生脱胎换骨的重大变化，生产经营全面步入市场化运作的五年；是推进结构调整、优化资源配置，在主辅分离中优势产业获得快速发展，公司实力得到快速提升的五年；同时也是广大干部职工发扬主人翁精神，顾全大局、奋力拼搏，与企业同呼吸、共命运，经受改革和市场风浪考验，为加快石油石化工业发展做出重大贡献的五年。五年来，我们高举邓小平理论伟大旗帜，认真实践“三个代表”重要思想，坚决贯彻十五大以来党中央、国务院的一系列重大决策，经受住了国际石油市场的激烈震荡和重组改制的剧烈阵痛，各方面都发生了历史性的变化。

1. 坚持深化改革，实施持续重组，管理体制和运行机制发生根本性变革

五年来，我们按照党的十五大和十五届四中全会关于深化国有企业改革的要求，针对传统计划经济体制的改革从未间断，并且改革力度之大、影响之深都是前所未有的。1998年，国家实施石油石化行业大重组，打破政企不分、上下游分割体制，集团公司成为上下游、内外贸、产销一体化的企业法人实体和市场竞争主体。1999年，又实施大规模内部重组改制，解体“大而全”、“小而全”，企盼多年的与国际接轨的“油公司”体制脱颖而出。2000年以后的三年，先是组织中国石油股票在纽约、香港成功上市，并按照监管要求规范运作，继而大力推进主辅分离、专业化重组和减员增效，进行了产业定位、结构调整、干部公开竞聘等一系列改革。经过五年来的深化改革和持续重组，使我们告别了传统的计划经济时代，开始建立与社会主义市场经济相适应的新型管理体制。这一系列改革举措和艰难探索，是广大干部职工推动企业朝着市场经济和现代企业制度迈进的壮举，使过去五年成为改革力度最大、成果也最显著的时期。

2. 加强战略管理，形成了具有长远指导意义的工作目标思路和措施

组建集团公司并移交政府管理职能后，我们从市场化运作出发，着眼于构建自主经营的企业法人实体和市场竞争主体，按照国家授权的投资机构和国家控股公司的定位，不断加强集团总部投资中心、决策中心和资本运营中心的功能建设，管理方式逐步从日常

---

[1] 根据《年鉴》编辑体例的要求，对本报告的某些标题序号作了适当修改。

生产经营的过程管理转到主要实施战略和规划管理、重要人事管理、重大决策管理方面来。为使重组改制后的集团公司真正沿着市场经济轨道和现代企业制度的方向发展，组织制定和实施了整体发展、持续重组、低成本发展、技术创新、市场营销“五大战略”和“十五”期间“十大工程”建设，以及提升国际竞争力、走大公司大集团路子等重大部署，从长远和全局上明确了公司发展目标和方向，并持之以恒地抓落实。在集团公司与控股子公司、全资子公司之间，依法建立了比较规范的母子公司关系，使集团总部从战略谋划和宏观决策上驾驭全局的能力得到加强，各方面关系逐步理顺，集团的整体优势逐渐显露并不断发挥出来，保证了集团公司在竞争不断加剧的国内外石油市场上始终处于比较主动的地位。

3. 坚持以发展为主题，突出油气主营业务，优势产业保持良好发展势头

五年来，我们坚持“油气并举”的方针，突出发展主营业务，面对地理环境恶劣、地下情况复杂、技术难题增多等诸多困难，迎难而上，锐意进取，国内油气勘探开发不断有新的突破。五年累计新增探明石油地质储量22.4亿吨、控制储量21.81亿吨、预测储量26.14亿吨，新增探明天然气地质储量14722亿立方米、控制储量72712亿立方米、预测储量16955亿立方米。先后在准噶尔、陕甘宁、塔里木、松辽南部、酒泉等地区获得重大发现，并形成了川渝、鄂尔多斯、新疆、青海四大气区全面跃升的良好态势。油气生产在国内部分老油田减产幅度较大的情况下，油气当量由1997年的11953万吨上升到2002年的13620万吨，实现了稳中有升，其中国内由11900万吨增加到12542万吨。五年新增原油生产能力5088万吨，天然气生产能力161.3亿立方米。东部老油田依靠科技进步、立足资源挖潜，延缓了递减。西部地区肩负发展重任，努力增储上产，先后发现和开发了一批新油田，使西部原油年产量由1997年的2251.38万吨增加到2002年的3036.2万吨，增长34.86%。尤为可喜的是，去年新疆油田原油产量已达到1005万吨，西部地区出现了第一个年产量突破千万吨的大油田。天然气生产驶入快车道，五年产量年均增长9.51%。油气生产的持续增长，有力地推动了管道运输业发展，油气管道总长度由1997年的17230千米，增加到2002年的24724千米。炼油化工在调整改造中持续发展，原油加工量由1997年的6832.9万吨增加到2002年的8947万吨，主要化工产品产量由1997年的643.7万吨增加到2002年的999.6万吨。市场营销坚持“巩固区内，开拓区外”，加强站库建设，加油站总数从6820个发展到13160个，2002年销售成品油5673万吨，国内市场份额达到43%。工程技术服务坚持以市场为导向，积极推进结构调整和技术改造，朝着做专做优做强的方向迈出了重要一步。五年全集团公司累计投资3899亿元，保证了优势产业的发展。

4. 注重经济结构调整和资源优化配置，整体竞争能力有质的提高

五年来，我们坚持以结构调整为主线，优化资源配置，重构结构体系，使产业结构、队伍结构和组织结构等都有了明显改善。主营业务真正被摆到突出和优先发展的位置，在全部投资中的比重已达到95.6%，其中油气勘探开发投资占股份公司总投资的65.9%。炼油化工技术改造、优化升级的力度不断加大，1999年以来投资359亿元，安排重点项目89项，已有63项建成投产，增加利润31亿元。同时，合并重组6个炼厂，关闭77套低效装置，使炼化产品结构得到改善，生产集中度提高，新产品和高附加值产品比重有所上升。地区服务公司坚持缩减总量、优化存量、控制增量、提高质量，在压缩过剩能力、更新改造技术装备上下功夫，仅近两年就淘汰落后钻机191台（套），用于更新改造资金累计达133亿元，设备新度系数提高了0.13，促进了经营状况的明显改观。组织结构调整力度大，五年间共整合撤并各类机构170个。按照中央的要求，大力实施减员增效，使队伍总量由1997年的156万人减少到115万人，富余人员过多的矛盾得到缓解。经过结构调整，主营业务逐步做强，竞争实力不断提升。集团公司资产总额由1997年底的3941亿元增加到2002年底的7153亿元，净资产由1997年底的1737亿元增加到2002年底的4469亿元，负债率由1997年底的55.9%下降到2002年底的28.4%，全员劳动生产率由1997年的人均8.12万元增长到2002年的16.8万元。2002年实现的销售收入、利润总额和税金与集团公司组建前的1997年相比，分别增长108.5%、420.4%和137.6%。

5. 坚持立足国内、拓展海外的方针，在利用“两种资源、两个市场”方面取得重大进展

我们积极实施“走出去”战略，不断加大拓展海外市场的工作力度，海外油气生产从小到大、由弱变强，实现了三个方面的跨越式发展：一是由“引进来”发展到“走出去”，二是由投入期发展到收获期，三是由单一的合作开采发展到油气开发、风险勘探和

海外施工、产品出口一体化运作。五年来，累计境外投资242.7亿元，原油作业产量6022万吨、天然气作业产量50.29亿立方米，获得原油权益产量3068.64万吨、天然气权益产量26.94亿立方米。海外施工作业快速发展，队伍已增加到170多个，进入的海外市场已遍及四大洲近30个国家。海外投资项目开始步入自我积累、滚动发展的良性循环轨道，发展势头强劲。

6. 大力实施技术创新战略，技术创新能力显著增强

始终坚持把科技作为第一生产力，不断增加科技投入，加大技术开发力度。五年来，我们累计投入科研经费168亿万，组织实施国家级重大科技项目22个，集团公司级重大科技项目352个，取得科技成果7894项，获得国家科技奖励31项，获得专利授权1427项。油气地质理论研究和复杂地区地震技术、老油田提高采收率技术、清洁燃料生产组合技术、管道施工技术等方面的攻关，都有突破性进展。尤其是形成了一批具有自主知识产权的先进技术，有力地促进生产的发展。加快信息技术的推广和应用，建成了“能源1号”石油电子商务网，使企业信息化建设有了一个良好的开端，在改造和提升传统产业方面发挥了重要作用。

7. 领导班子和干部队伍建设取得显著成效

以培养和选用能够担当改革发展重任的企业领导人员为目标，注重素质和能力的提高，领导班子和干部队伍建设取得显著成效。五年来，我们为提高党员干部的思想政治素质，深入开展了“三讲”和“三个代表”学习教育活动，比较好地解决了企业领导班子存在的突出问题，使班子的凝聚力、战斗力进一步提高。为优化所属企事业单位领导班子配备，按照干部“四化”和德才兼备的要求，加强了充实调整工作，五年间共组织考核班子277次，充实调整党组管理的干部1473人次，其中有347人为新进领导班子人员，一大批思想政治坚定、具有专业知识、有改革创新精神的优秀年轻干部走上领导岗位。为扩大选人用人视野，建设高素质的领导干部队伍，以开展干部人事制度改革综合试点为契机，在各企事业单位和集团公司、股份公司机关积极推进民主推荐和公开差额竞聘，有453人经过公开竞聘进入到局、处两级领导班子。通过实施干部人事制度改革，已初步形成了一种新的用人导向和干部选拔任用机制。为提高领导班子和干部队伍的素质，结合企业改革发展的实际，多次组织举办企业领导干部发展战略研讨班和提高干部工商管理、对外合作、新技术新知识等业务技能的高级培训班，使15000人受到了专门培训；坚持每年选拔200名优秀管理人员和技术骨干到国内外重点大学攻读工商管理和工程硕士。通过动态调整、换岗交流和加强培训等措施，各企事业单位领导班子结构进一步优化，大学本科以上学历的占到71%，年龄和专业结构得到改善。

8. 坚持“两手抓、两手都要硬”的方针，保持了两个文明建设协调发展

五年来，我们针对管理体制、经营方式、职工队伍等方面发生的深刻变化，坚持用邓小平理论和“三个代表”重要思想武装党员干部和职工队伍，深入进行解放思想、转变观念的教育，为企业改革发展奠定了比较坚实的思想基础。在深化改革、重组改制中，按照“三同时”原则，及时建立健全并完善改制企业、新型经济组织和海外项目的党组织，不断改进党的活动方式和内容，使党的建设工作在改革中进一步加强；各级党组织紧紧围绕企业中心任务和重点工作，开展深入细致、扎实有效的思想政治工作，确保了企业的改革发展和稳定。深入开展大庆精神、铁人精神和艰苦创业精神教育，大力弘扬先进，继王启民之后，又涌现出一批秦文贵、李贺式的先进模范人物。精神文明建设不断进步，实现了“两个走在前列”的奋斗目标。切实加大反腐倡廉工作的力度，抓重点、抓源头，强化制度建设和思想作风建设，不断推动党风廉政建设的开展。坚持培育和弘扬具有时代特征、石油特色的企业精神，创新经营管理理念，塑造企业新形象，企业文化建设取得长足进步。坚持全心全意依靠工人阶级的方针，重视发挥工会、共青团等群众组织的作用。大力推行厂务公开，不断完善职工参与民主决策、民主管理、民主监督的制度，有效地调动了职工群众的积极性和创造性。在推动企业改革发展进程中，认真履行社会责任，努力搞好企地共建、工农共建活动，并配合地方党委和政府采取多种措施，防范和化解各种社会矛盾，消除不稳定因素，有效地促进了企业和地方的共同繁荣和稳定。

9. 努力维护职工群众的根本利益，矿区环境和职工生活条件明显改善

五年来，我们在新建项目多、技改任务重、资金平衡难度大的情况下，认真实践“三个代表”重要思想，注重妥善处理发展生产与改善职工生活的关系，在搞好生产经营、提高经济效益的同时，从维护职工群众的根本利益出发，在改善矿区生产生活环境和提高职工生活水平方面，做了大量有效工作。为改善职

工居住条件，积极实施“安居工程”，五年来住宅建设总投入达175亿元，每年建设经济适用住房250万平方米左右。矿区道路、环境绿化、物业管理、文体设施等方面都发生了很大变化，有50个住宅区被建设部评为全国物业管理优秀示范小区。职工收入有较明显提高，年均增长11.74%。地区服务公司在经营十分困难的情况下，近三年累计补助工矿区学校、医院、离退休职工管理等经费217.1亿元。积极配合地方政府做好下岗失业人员的再就业工作，千方百计开辟就业渠道，增加就业岗位，使部分有劳动能力和再就业愿望的下岗失业人员实现了再就业。真心实意地关心困难职工的生活，帮助解决实际问题，尤其是对特殊困难职工给予了更多的帮助。公司广大职工物质文化生活水平不断得到提高。

在过去五年中，2002年是各项工作全面上水平的一年。我们面对错综复杂的国内外市场竞争形势和我国加入世贸组织后出现的新情况、新问题，在改革、发展、稳定任务十分艰巨的情况下，上下一心，团结奋进，各项工作都取得了新的成绩。

（1）经济效益有新提高。随着深化改革、结构调整和技术创新效果的进一步显现，经济效益继续保持较好水平。全年实现销售收入3498亿元、利润总额533亿元、税金640.4亿元。

（2）油气勘探开发获得新突破。突出石油勘探，优化天然气部署，强化目标优选，发现了5个亿吨级、15个3000万—5000万吨级、14个1000万—2000万吨级的油气田。原油产量稳中有升，达到11761万吨。天然气生产快速增长，年产量超过233亿立方米。国内新建原油生产能力1091万吨、天然气生产能力26.93亿立方米，为稳产增产奠定了可靠基础。

（3）炼油化工及销售业务取得新成绩。着力推进结构调整、技术改造和优化生产运行，全年新建装置17套，改造装置34套，产品质量明显提高。产销衔接更趋平衡，产销率达到100%，净增加油站1058座，成品油零售比例达到23.4%。炼油与销售板块实现了整体扭亏为盈。

（4）重点工程建设取得新进展。在西部大开发中具有全局性、战略性意义的西气东输管道工程全面开工建设，到去年底已焊接完1791千米。途经三省一市40个县（市、区）、全长1250千米的兰成渝输油管道已全面竣工并正式投入运行。陕京线地下储气库、沧淄复线输气管道等已经建成投产，新疆和田输气管道全部竣工。忠武线可研报告获得国家计委批复，初步设计和控制性工程已经开始。

（5）海外业务发展呈现新局面。加大了海外油气勘探的力度，苏丹6区、3/7区和1/2/4区都取得新的突破，拿到探明储量12159万吨。海外油气产量稳步增长，去年原油作业产量已上到2129万吨，比上年增加506万吨，权益产量达到1014万吨。重点工程进展顺利，阿克纠宾扎纳诺尔油田油气处理厂工程完成，与哈萨克斯坦合资建设的肯—阿输油管线全线贯通并投产。新项目开发成效显著，新签约的阿塞拜疆油田勘探开发项目、土库曼斯坦油田技术服务项目、阿曼5区块项目、印尼项目和哈萨克斯坦滨里海盆地东缘区块项目已开始正式运作。海外技术服务、装备出口、工程承包收入不断增长，2002年已达10亿美元。

（6）工程技术服务获得新发展。坚持以经济效益为中心，以市场为导向，加大结构调整力度，注重质的提高，施工作业总体水平和质量上了一个新台阶。去年完成经营收入499亿元。股份公司技术服务招投标工作量已超过70%。地区服务公司除为股份公司提供服务外，大力开拓外部市场，全年集团公司外部收入已达到31.1%，其中海外收入达15.1%。

（7）企业改革迈出新步伐。股份公司法人治理结构更趋完善，地区服务公司改革稳步推进。产业定位工作搞得认真扎实，物探、测井专业化重组顺利完成，公司制改革试点正在推进，干部人事制度改革从上而下逐步推开，产权制度和住房制度改革有新的进展。

（8）企业管理跨上新台阶。通过大力开展严格管理、精细管理和科学管理，生产成本不断下降，管理水平明显提高。战略和决策管理、投资和资金管理以及资产、安全、质量管理等都有明显改善。电子商务进一步推开，全年网上交易额达到193亿元，网上采购降低成本超过6亿元。

（9）科技创新取得新成果。组织实施国家级科技攻关项目12项、集团公司级科技项目56项。天然气勘探开发等4个国家“973”应用基础研究项目取得重要阶段成果，国家重大油气关键技术研究有了新进展，重大技术装备研制成果在勘探开发、西气东输工程中得到应用，工程技术研究形成一批新的重大科技成果。以技术中心为主体的集团公司技术创新组织体系建设取得实质性进展，科技管理及运行机制得到改善。

（10）精神文明建设又有新进步。深入贯彻十五届六中全会精神，按照“八个坚持、八个反对”的要求，以整改问题为重点，巩固“三讲”学习教育成果，党的建设、思想政治工作紧紧围绕生产经营这个中心，在保证和促进改革发展与稳定中发挥了重要作用。以领导干部廉洁自律、从源头上预防和治理腐败为重点的党风廉政建设取得新的成效。领导干部深入基层调查研究的风气更加浓厚，思想和工作作风有新的改进。富有时代特征、石油特色的企业文化建设取得新的进展。

五年来的实践充分证明，中央确定的国有企业改革发展的方针政策是完全正确的，我们集团公司所进行的一系列改革也是成功的，符合“三个代表”的要求，符合国有企业改革发展的方向，也符合集团公司的实际，今后要继续坚持，并不断巩固和扩大来之不易的改革成果。我们所取得的成绩，是党中央、国务院正确领导以及国家各部委、地方各级党委和政府大力支持的结果，是广大干部职工同心同德、群策群力、艰苦奋斗、顽强拼搏的结果。在此，我代表集团公司党组向全体干部职工、离退休老同志和长期关心、支持我们工作的国家各部门以及各省市区的同志们，表示衷心的感谢！

同时，也必须清醒地看到，我们工作中还存在不少矛盾和问题。石油勘探资源接替不足的矛盾依然比较突出；炼油化工和营销业务结构不合理的状况仍未有根本性改观，盈利能力较弱；国际化程度低、规模小，与跨国公司抗衡的能力和自如应对市场风险的能力有待进一步提高；地区服务公司能力过剩、人员富余的问题仍然比较严重，与做优做强主营业务的目标还有相当差距；资产运营效率、科学管理水平和职工队伍整体素质不高，高水平的管理创新成果和高层次的人才少；按照市场经济和现代企业制度的要求，在管理体制、经营机制、管理方式等方面还存在着许多不适应，整体协调发展的机制需要进一步完善；稳定工作的任务仍然比较艰巨，消除不稳定因素的政策措施需进一步完善等等。我们必须高度重视存在的问题，并采取有力措施加以解决。

二、今年的重点工作部署及要求

今年是全面贯彻落实党的十六大精神的第一年，也是全面推进集团公司跨国企业集团建设，在新世纪新阶段实现新跨越的重要一年。做好今年的工作，意义特别重大。新的一年各方面工作要有新的进步，展现出新的面貌。今年工作的指导思想是：以党的十六大和中央经济工作会议精神为指针，适应改革开放新形势和全面建设小康社会的新要求，以与时俱进精神、求真务实态度和扎扎实实的行动，全面贯彻落实“三个代表”重要思想，紧紧抓住发展这个第一要务，谋全局、想长远、抓大事、促发展。坚持按经济规律办事，提高市场应变能力，进一步深化企业改革，大力开拓国内外市场，积极调整经济结构，加快推进制度、技术和管理创新，促进主营业务持续快速发展，开创具有国际竞争力跨国企业集团建设的新局面。

今年工作的主要目标是：

（1）经济效益稳定增长。在剔除油价影响因素的情况下，实现利润增长8%。

（2）油气和炼化业务继续保持较快发展。生产原油11900万吨、天然气242亿立方米，加工原油9477万吨。

（3）企业改革有新的突破。继续推进制度创新，股份公司进一步实现高效、规范运作，地区服务公司在结构调整、主辅分离、辅业改制、公司制改革等方面取得新进展。

（4）管理成效更加明显。企业管理创新活动扎实开展，经营重点环节上管理粗放现象得到根本性扭转，各项制度更加完善，管理水平和经济效益进一步提高，亏损企业扭亏工作有大的成效。

（5）职工生活水平进一步提高。按照十六大关于“把不断改善人民生活作为处理改革发展稳定关系的重要结合点”的要求，积极创造条件、筹措资金，集中解决关系职工群众工作、学习、生活的重要问题，在改善矿区居住环境、工作条件和提高职工收入水平上做出更大努力。

为实现今年的目标，要认真做好以下重点工作：

1. 按照全面建设小康社会的奋斗目标和提升国际竞争力的战略部署，精心谋划集团公司的未来发展

党的十六大确立了全面建设小康社会的奋斗目标。实现这个目标，是新世纪头20年全党全国人民的共同追求，也是我们集团公司在今后发展历程中为之不懈奋斗的历史使命。党中央的这一重大决策和战略部署，既对我们的工作提出了新的更高要求，也为集团公司的发展提供了新的机遇。到2020年，国内生产总值要翻两番，意味着全国各行各业对能源特别是油气的需求将有一个大的增长。我们作为国家石油公司和国有特大型石油石化企业集团，贯彻落实十六大精神，就是要站在增强国家综合实力和国际竞争力、实现中华民族伟大复兴的战略高度，立足当前，规划长远，努力在公司发展上实现新的跨越，为全面建设小康社会做出新的贡献。因此，适应全面建设小康社会、加快推进社会主义现代化的新形势，精心谋划未来发展，是摆在我们面前的一项重要任务和重

大课题。

十六大闭幕后，集团公司党组结合十六大精神的学习，就公司未来发展问题进行了讨论，形成了一些框架性意见。操作层面上的事情，包括具体的目标、措施和指标，将在这次会议后根据国家陆续作出的具体部署和政策，分项进行深入研究，逐步落实。经党组讨论，集团公司的未来发展，总的是全面建设具有国际竞争力的跨国企业集团，在立足国内发展的同时，大步向海外挺进，努力做到“两个转变”，即由国内石油公司向跨国石油公司转变，由单纯的“油气生产商”向具有复合功能的“油气供应商”转变。这是集团公司党组通过学习十六大精神形成的一个新的共识，也是贯彻十六大精神的一个重要举措。这一考虑的内在涵义是，在国家全面建设小康社会、国民经济加速发展，以及我国加入世贸组织、国际市场竞争更加激烈等客观形势下，我们集团公司不能满足于本国国土上的油气资源开发，还要分享海外油气资源，努力实现从国内到国外的跨越；不能满足于生产领域的发展，还要大力发展与优势产业密切相关的国内外油气贸易等业务，努力实现从单纯的生产型到生产经营与贸易一体化的跨越；不能满足于内部传统管理手段的调节，还要依据市场规律及变化，运用多种形式的激励与约束机制和资本经营手段，努力实现从一般的生产经营管理到市场化运作的跨越。要做到“两个转变”，重点是做好以下四个方面的工作：一是，在抓好现有海外项目的同时，积极捕捉商机，争取尽快拿到几个重量级的海外油气项目，逐步建立起稳定、安全和具有较大规模的海外油气生产供应基地。二是，有效借助国际资本市场和金融手段，采取收购、兼并、联合、参股等方式，逐步建立起能够共同抵御国际市场风险的海外联盟。三是，积极打造国际化劲旅，逐步建立起装备精良、技术先进、队伍精干和有规模实力的“海外军团”。四是，在扎扎实实搞好与跨国石油公司“对标”的基础上，着眼形成有利于提高国际竞争力和实现跨国经营的管理体制、经营机制和指标考核系统，逐步建立起与国际接轨、适应跨国石油集团建设需要的目标责任体系。

根据2001年11月国家经贸委等八部委制定的《关于发展具有国际竞争力的大型企业集团的指导意见》，企业国际竞争力主要体现为七个方面的能力，其中要求高、难度大的是反映企业跨国投资、海外资源开发、国际贸易等状况的国际化经营能力，实质是分享全球资源和市场的能力。按照联合国贸易和发展委员会对跨国指数（TNI）的界定，一个公司的海外资产、海外销售额和海外雇员占公司总资产、总销售额和员工总数的比重达到一定程度时，才能称为具有国际竞争力的跨国公司。国外大型石油公司的跨国指数最高的可达60%以上，较低的为30%左右。我们集团公司目前的跨国指数仍还相当低，需要奋起直追。经过一个时期的努力，我们的海外油气产量达到5000万吨以上，海外经营收入达到100亿美元以上，海外收入占总收入的比重达到25%以上，即可初步成为具有国际竞争力的跨国石油集团。经过初步的对标分析，与世界上排名前五位的埃克森美孚、英荷壳牌、BP、道达尔菲纳埃尔夫、雪佛龙德士古等跨国石油公司相比，我们的总资产、油气剩余可采储量和原油产量等规模实力，油气主营业务的销售利润率、平均运用资本回报率和股东权益回报率等盈利能力，油气储量接替率等可持续发展能力，以及陆上油气勘探开发技术等创新能力，已经接近五大公司后两位的水平，进入大型跨国石油公司行列的一些基础条件是具备的。因此，我们既要看到存在的差距和不利因素，更要看到各方面的优势，以坚定的信心朝着建设具有国际竞争力的跨国企业集团目标奋进。

各企事业单位对于新世纪新阶段的发展目标和思路，要进行认真研究和讨论。总的要求是，必须符合党的十六大精神和全面建设小康社会的形势要求，符合集团公司整体发展的需要和本单位的定位及实际，符合广大职工的共同意愿，既催人奋进，又切实可行。党组要求，集团公司总部机关和各企事业单位，要把谋划好未来发展作为贯彻落实十六大精神的重要内容，认真组织，充分发动，凝聚广大干部职工的聪明才智，达成上下一致的共识，在各个层面上形成符合“四个新”要求的发展目标、思路和举措。

2. 立足当前，重点突破，聚精会神地抓好主营业务的发展并带动相关产业的振兴

主营业务作为整个集团公司发展的根基和效益之源，必须聚精会神地抓紧抓好抓实。在规划和部署油气业务发展时，要把油气勘探开发、炼油化工及工程技术和生产服务等业务作为一个完整的产业链统筹考虑；抓住制约主营业务快速发展的主要矛盾和影响竞争能力提高的主要问题，研究新思路，采取新举措，搞好业务发展上的衔接；切实发挥油气勘探开发的龙头作用，带动炼油化工、施工作业、生产服务等业务的发展，增强其整体服务功能，形成强有力的服务支撑；从而更有效地推动油气业务整体能力的提升，形成油气上游率先发展、其他相关产业共同振兴的格局。

一是油气勘探要实施战略性展开，在寻求大发现、寻找新的资源接替阵地和实现高效开发上取得新突破。所谓“战略性展开”，就是拿出大的气魄优选有希望、有潜力、有前景的勘探目标，大力甩开勘探，同时进行科技攻坚，力求获得具有重大战略意义的发现。当然，这不会在短时间里毕其功于一役而能实现的，需要坚持不懈地努力。但是工作必须从眼下做起，并且要抓得很紧。抓好油气勘探，首要的是解放思想，敢于突破和超越现有的认识，以思想上的解放和对地质认识的提高，带动勘探上的发现和突破。在深化地质认识的同时，按照“突出石油预探、优化天然气勘探、加强风险勘探”的工作思路，将优选勘探目标和区域的工作做扎实，把新盆地、新坳陷、新领域、新层系及大型盆地中的低勘探程度区作为主要对象，大力推进勘探开发一体化，充分集成和利用各种技术手段，真正把勘探甩开，把预定的目标区拿下来，在寻找新的战略性资源接替阵地上取得大的进展。要力争在西部地区发现几个亿吨级、一批5000万吨级储量的区块，在东部地区找到几个3000万—5000万吨级、一大批1000万—2000万吨级储量的区块。今年计划新增探明石油地质储量32500万吨、控制储量52300万吨、预测储量60000万吨，新增探明天然气储量1580亿立方米、控制储量1250亿立方米、预测储量2730亿立方米。在油气开发上，国内原油生产要合理配置减产油田、稳产油田和增产油田的生产指标，做到减产有序、稳产有方、增产有效。东部老油田要进一步搞好以资源挖潜为重点的综合调整，努力控制含水，提高采收率，减缓递减；西部地区和东部油田新区要加快增储上产。重点抓好长庆、新疆、塔里木、玉门、吉林等主要上产油田的产能建设，实现新的产能接替，确保原油产量整体稳定增长。天然气生产要本着市场导向、以销定产的原则，科学制定天然气的产、输、销计划，确保国内全年生产天然气233亿立方米。同时，要抓好为西气东输配套的长庆气田产能建设、为川（渝）气东输做准备的西南油气田产能建设以及苏里格气田前期评价和与建产能相关的地面骨架工程建设，确保列入计划的输气工程按期投产运行。

二是加快炼油化工技术改造和营销网络建设，在提高终端产品盈利能力上取得新突破。炼油化工要坚决贯彻“有所为有所不为”的方针，着眼于技术改造和内涵发展，全面提高盈利水平。炼油生产要着力提高集中度和产品质量。化工生产要坚持实施大规模、低成本、短流程、差别化发展战略，加强集约管理、市场预测和产销衔接，按市场需求和边际利润确定生产负荷，努力增产增收。重点抓好大连石化2000万吨、兰州石化1000万吨炼油基地建设和大庆石化120万吨加氢裂化、辽河石化100万吨焦化、兰州石化60万吨和吉林石化60万吨乙烯改造、辽阳石化80万吨PTA、大庆炼化30万吨聚丙烯等重点建设项目。销售业务要按照“高效重点市场多投入、低效市场少投入、无效市场不投入”的原则，加强配套二级油库和加油站建设，进一步完善营销网络和配送体系，大力扩展终端销售，不断增加终端市场份额。

三是以积极进取的姿态大步挺进海外市场，在实施“走出去”战略上取得新突破。今年，海外要新增石油可采储量3000万吨，原油作业产量2300万吨、天然气15亿立方米，原油权益产量1108万吨、天然气权益产量9亿立方米，实现销售收入14亿美元。海外工程技术服务新签合同额10.8亿美元，完成合同额11.35亿美元。根据海外工作形势和业务发展的需要，进一步完善外事、外经、外贸“三外一体”的组织机构，集中配置资源，全力打造统一的品牌，不断增强整体竞争力。继续发挥海外石油开发项目带动国内作业施工和劳务的联动作用，切实做到“发展一个海外项目，拓展出一块海外市场，带出一批作业施工队伍和产品”。所有项目在实施过程中，都要坚持以经济效益为中心，加强项目的前期可行性研究，切实做到详细调研、周密论证、科学决策。在项目的执行中，时刻注意规避和降低各种政治、经济风险，切实做到风险损失小、成本低、效益好。

四是全力抓好以西气东输为重点的工程建设，在构筑全国性油气基干管道网络上取得新突破。举世瞩目的西气东输工程已经进入攻坚阶段，其他一批事关全局的重点建设工程项目也正处在紧张的运筹或实施之中。以西气东输工程为重点的油气管道网络建设事关集团公司发展的大局，一定要精心组织，精心施工，努力采用先进适用的技术和工艺，攻克工程建设难题，以技术进步推动工程建设。10月1日靖边至上海段建成投产，支干网要同时建设、配套投运，并着手地下储气库建设。忠武天然气管道今年二季度正式开工建设，陕京二线今年全面动工，争取明年底完成。其他有关工程要周密地做好论证等前期准备工作。各项重点工程建设都要把质量放在第一位，力求成为“放心工程”、“精品工程”。

五是着力做优做强技术服务业务，在提高服务水平和竞争能力上取得新突破。做优做强主营业务，不是单纯指规模上，而主要是在核心竞争力上做优做强，在综合运用各种先进技术、依靠科技进步求发展上做优做强，在优化队伍结构、提高劳动者素质上做优做强，还要在满足用户需求、提高服务水平上做优做强。对新成立的按公司制运作的物探、测井两个专业化公司，要在装备更新、市场运作等方面给予大力支持，帮助他们起好步、开好局，推动两个专业化公司加快向“国内第一、国际一流”的目标迈进。生产服务要坚持以降低运行成本为目标，加快推进以节油、节水、节电为重点的技术改造，加大矿区水电系统的改造力度。加工制造要按照“有市场、有技术、有效益”的原则，抓紧资产优化和重组，加快技术改造和产品升级。重点抓好大庆龙凤电厂、抚顺石化和锦州石化热电厂油改煤工程，大庆让乘地区煤代油集中供热工程、青海花土沟燃机电站、大庆石化锅炉、吉化丙烯腈扩建工程，以及大庆、抚顺2万吨BOPP工程、大庆石化、宁夏化工复合肥工程、兰化碳五加氢石油树脂和玉门基地搬迁工程等。从事服务业务的单位，要勇于面对市场开放的新形势和新挑战，在优质高效地满足油气、炼化生产需求的同时，积极参与社会市场竞争，较大幅度地提高外部市场占有率，在开拓外部市场上做出更大的成绩。全年营业收入增长8%，其中外部市场收入要达到35%。

3. 深化企业改革，推动结构调整，在体制和机制创新上迈出更大步子

发展必须坚持和深化改革。改革必须从实际出发，整体筹划，重点突破，循序渐进。要以结构调整为主线，重点抓好制度的建设和创新。

一是积极稳妥地推进地区服务公司建立现代企业制度的工作。按照建立现代企业制度的改革方向，在继续推进结构调整、优化产业升级的同时，加快公司制改革的步伐。对去年确定的大庆石油管理局、锦西炼油化工总厂、石油天然气运输公司三个试点企业，要在前期所做工作的基础上，抓紧深化方案研究，一经确定，抓紧组织实施，于今年内完成。为加大公司制改革的推进力度，今年再选择几个企业扩大试点。要破除畏难情绪，看到经过近些年的改革内外部都发生很大变化、积累了一定经验等有利条件，大胆向前推进。各试点企业要积极探索多元投资主体的实现途径，研究符合现代企业制度要求的公司组织形式、管理体制和经营机制等关键性问题，防止搞“翻牌公司”。其他企业也要积极创造条件做好相关工作，为在面上整体推进公司制改革打下基础，同时进一步推进内部产权制度改革，力争有较大的进展。

二是积极稳妥地推进产业结构调整和专业化重组。今年，要继续加大炼油、化工、市场销售和工程技术服务结构调整的力度。以实现规模经营和提高产品附加值为目标，调整目前的炼油生产布局和产品结构，提高盈利能力。炼油生产要根据各炼厂和原油品种的不同，切实抓好以效益最大化为核心的资源结构调整和产品结构调整。要积极调整化工产品结构，开发适销对路新产品，抓紧增产高附加值产品，继续对乙烯和聚烯烃生产装置实施技术改造，努力实现节能降耗，挖潜增效，促进亏损企业扭亏转盈。炼油和化工要下决心继续关停一批竞争力差的低效高耗装置。销售业务要继续实施地市级销售公司重组，整合县级公司，精简层次，减少环节，降低经营成本和风险。工程技术服务业务要根据集团公司确定的总量控制目标，结合产业定位，继续搞好设备更新改造，加速提升竞争力。要严格落实钻井、测井、物探、井下作业等专业队伍总量控制和设备报废计划，进一步压缩过剩能力，淘汰陈旧落后装备。按照十六大关于发展现代流通方式的要求和运输、仓储业务能力严重过剩和闲置的实际，今年要以发展第三方物流为重点，采取适当形式实施联合重组，争取有较大突破。

三是积极稳妥地推进辅助业务的改制分流工作。去年11月，国家经贸委等八部委联合下发了《关于国有大中型企业主辅分离辅业改制分流安置富余人员的实施办法》，为我们实施改制分流提供了充分的政策依据。各企业要以此为契机，利用国家政策的大力支持，认真制定总体方案和年度工作计划，坚定不移地付诸实施，加大推进的力度。实施改制分流，绝不能停留在一般号召上，更不能等待观望，要对改革目标、完成时间有硬性要求。在总体掌握上，对“三类资产”的处置应有利于最大限度地调动企业和职工的积极性，按政策理顺改制后企业的产权关系，并在改变行政隶属关系和变更劳动关系的具体做法上积极探索，努力做到原则不松动，改制方式可灵活，依法进行，规范操作，见到实效。

四是继续抓好配套改革。要按照全国组织工作会议的部署，以实现干部工作科学化、民主化、制度化为目标，以建立健全干部选拔任用和管理监督机制为重点，以形成择优进入、严格监督、有效激励、正常退出的选人用人环境为着眼点，进一步深化干部人事制度改革，重点是继续推行干部公开选拔、竞争上岗，努力形成广纳群贤、人尽其才、能上能下、充满活力的用人机制。继续做好用工总量控制、富余职工的分流安置和再就业工作，搞好工资总量的调控和工资改革试点。按照国家统一的部署和政策，积极稳妥地进行社会保险制度改

革，规范社保管理，提高社保服务水平。继续搞好住房制度改革，推进住房分配货币化工作。

4. *广泛开展“管理增效年”活动，努力提高科学管理水平*

目前，我们石油石化企业总体管理水平在逐步提高，但随着改革的深化和企业管理方式、管理手段、管理内容等发生的深刻变化，管理工作存在着相对滞后的问题，某些方面有所滑坡，“重改轻管”、“以改代管”、管理松弛等现象时有发生。为了有效解决管理工作上的突出问题，进一步打牢企业发展的基础，集团公司决定今年广泛深入地开展“管理增效年”活动。各单位要加强对这项活动的组织领导，抓住管理的薄弱环节，做出周密安排，针对存在的问题逐一分析根源，制定措施，限期整改，在强化管理上取得更大成效。

（1）要明确重点，务求见到明显效果。开展“管理增效年”活动，要有明确的目的。一是要促进管理思想的更新。逐步树立起与现代市场经济和先进科学技术相适应的管理理念，包括投入必有回报、产出务求上乘的理念，资本在流动中增值、资产在重组中优化的理念，发展为本、效益至上和人才为本、素质为要的理念，创名牌、拓市场、可持续发展的理念，追求集团整体利益最大化的理念等等，用科学的理念来指导生产经营工作。二是要促进管理方式的根本性转变。按照现代企业制度的要求，处理好集团公司与所属子、分公司的关系，合理划分集团公司总部与所属企业的职权，进一步明确责权利关系，将事关发展全局的综合性管理集中到集团公司总部，并切实管住管好；其他方面的事情，包括生产经营管理、专业性管理等尽可能放下去，但各企业不可再层层往下分权。管理方法的转变，总的是要有利于市场化运作，有利于各企业自主经营、自负盈亏。三是要促进管理手段和管理方法的改进。按照统筹规划、突出重点、整体推进的原则，加强企业信息化建设，以信息化带动管理科学化。运用现代信息技术手段，构筑集成化的企业管理信息系统，为各级决策和管理层提供及时、准确和完整的信息，推动企业管理工作由传统管理向现代管理转变。四是要促进企业增强内部消化各种困难和风险的能力。从根源上解决好管理粗放松弛、经营效率效益不高和跑冒滴漏等屡禁不止的突出问题，促使各企业自觉增收节支，进一步提高“四自”能力、市场应变能力和化解市场风险的能力，增强向市场要出路、要销路、要收入，向管理要质量、要效率、要效益的本领。五是要促进企业扭亏增盈。大力推进科学管理、精细管理和严格管理，促使亏损企业实现扭亏或大幅度减亏，经营状况得到根本性好转；盈利企业不断增强创效能力，涌现出更多创收和盈利大户。

（2）要采取实质性的举措，努力提高企业管理效率、效益和水平。在战略管理上，要深入研究集团公司及各企业的未来发展，制定与新形势、新任务相适应的发展战略和经营策略。加深对国有制多种有效实现形式、国有资产管理体制改革、企业信息化建设以及国有企业内部集体企业改革、多种生产要素参与分配等重大问题的研究，力求拿出有决策参考价值的研究成果。加强对世贸组织规则和竞争对手的研究，加强对国际油价变动趋势的研究，制定出应对方案和措施，做好预警监控工作。在决策管理上，实行严格的责任追究制度，真正做到谁决策、谁负责。注重在实现民主科学决策上下功夫，不断完善决策支持系统，严格执行集体民主决策制度，加强对重大决策项目的可行性论证，严防超越权限和程序决定重大事项，努力降低决策风险，避免决策上的重大失误。在财务管理上，以合理有效地监控现金流量和防止潜亏为重点，加强企业内部财务制度建设，全面落实财务预算管理制度。对生产经营的各个环节实施预算编制、执行、分析和考核，建立预算内资金支出责任人审批制度，以及预算外资金支出责任人限额审批和集体审议联签制度，严格限制无预算的资金支出，最大限度地压缩资金占用。推进会计核算体制改革，积极推行会计集中核算，减少核算层次，建立统一高效的会计信息库，实现会计信息共享。加强对经营效益真实性和内部控制制度的审计，严格按照国家统一的会计制度，合理地确认与计量，科学编制和提供财务会计报告。在投资管理上，严格实行投资回报制度，按照谁使用投资、谁上缴回报的原则，事先做出使用投资承诺，事后严格兑现。对实行中的投资管理制度进行全面规范，进一步增强可操作性，使其更加严密、合理和科学，切实发挥制度的约束力。在质量、环保和安全管理上，坚持“以质取胜”的方针，加强全员全过程的质量管理和监督，把创名牌、创优质活动纳入企业正常的质量管理体系。继续抓好以“四防、六整治”为重点的安全专项整治和检查，严格落实安全生产责任制和安全总监制度，建立企业长效安全的监督运行机制。加强建设项目环境管理、职业病防治和健康监护工作，搞好清洁生产，创造能源与环境的和谐。要实行从紧管理、从严检查、从重约束，对于重特大质量、安全和污染事故，必须严肃追究和查处，决不姑息。在市场管理上，把进一步规范关联交易作为市场管理的重点，切实加强对市场开放工作的组织领导。要在集团公司和油田地区公司两个层面上建立联席办公会议制度，及时解决关联交易和市场开放过程中出现的矛盾和问题；抓紧对各项定额的修订，加快建立科学合理的价格体系；加强市场监督，规范市场运作，严格执行集团公司的市场准入制度，净化市场环境，确保有序竞争。进一步完善招投标管理办法，把整体发展战略落到实处。要加快信息化建设，按照中央关于信息化带动工业化的要求，加强集团公司内部信息网络建设，逐步扩大文件和各种共享信息网上传输的覆盖面，不断完善各种管理软件并及时升级换代，充分运用各种信息化模型为管理和决策工作服务，并以此带动管理流程的再造。要充分利用电子商务网带动物资采购和销售的改革，降低经营成本，提高整体效益。

5. 高度重视和抓好技术创新工作，在科技攻关和新技术新工艺应用上取得更大的进展

按照十六大关于走新型工业化道路、大力实施科教兴国战略和可持续发展的要求，我们必须把发展的基点牢固地树立在依靠科技进步上，充分发挥科技作为第一生产力的作用，抓住关键技术，统一部署，统一规划，集中力量攻克技术难题，改善经济增长的质量和效益，提升公司发展的核心能力。

（1）抓住制约生产发展和效益提高的技术重点、难点，集中攻克一批关键技术。切实组织好 15 个国家级科技项目和 58 个集团公司级科技项目攻关，重点抓好重要油气勘探领域预探与目标评价研究，加强库车山地和玉门窟窿山地区的地震技术攻关，搞好成像测井系统的现场试验和推广应用，加快新型组合式测井仪器的样机研制，抓紧钻井新装备研制与现场试验，开展利用空气钻井技术在复杂地质条件下提高钻速、防止坍塌、漏失等复杂事故的现场试验，利用特殊工艺技术，提高低渗透及难动用储量油田区块开发效益。切实抓好改善水驱技术、三次采油配套技术、稠油热采技术、低渗透油气藏开发等油田开发技术研究，组织好清洁燃料组合技术、重油悬浮床加氢工业化试验、廉价化工原料开发技术的研究，增强集团公司技术实力和发展后劲。

（2）自主开发与吸收借鉴相结合，促进技术不断创新。创新是技术发展的不竭动力。技术创新和进步是企业竞争力的核心。要优化配置现有科技资源，建立健全门类齐全、专业配套、布局合理、组织严密、设施先进、人才一流的强大的技术创新体系。加大研究与开发投入，使研发经费占销售收入的比例不断提高，最终达到或接近国际同类石油公司和石油服务公司的平均水平。立足核心技术的自主开发，积极发展与海内外研发机构的交流与合作，把自主开发与消化吸收、为我所用紧密结合起来，不断提升自主创新能力。积极探索用新的体制、机制和政策，加快新技术的推广应用，使研发成果迅速转化为生产力。

（3）加快技术中心建设，完善技术创新组织体系。继续按照“一个整体、两个层次”的原则，进一步整合科技资源，统一规划，合理分工，完善集团公司技术中心组织体系。对已经形成的上游、下游、工程技术等研发中心，要加强指导，在面向生产解决技术难题、加强自主开发上真正发挥支撑作用，并形成有利于技术创新的运行机制。针对集团公司主营业务发展的需要，加强天然气与管道、精细化工、天然气开发与利用等研发中心建设，承担起全局性重大应用基础研究和重大技术开发的任务。同时建立和完善企业层面上的技术中心体系，做好新技术的推广应用工作，多出“短平快”的成果。继续推进科研院所企业化转制，努力推动转制院所的产业化发展。

（4）加强技术创新管理，提高科技工作效率。要强化对科技项目管理的规范运作，全面推行科技项目课题制，结合重大技术项目开发，以提高课题长管理技能为重点，有针对性地组织好培训和资质认证。进一步强化知识产权管理，注重技术源头上的创新，以获得更多具有自主知识产权的专利成果，促进重大核心技术成果形成专利；完善科技活动评价制度和激励政策，鼓励形成发明专利；完善知识产权管理制度，健全知识产权管理工作体系。要研究探索科技投入回报的有效形式。建立技术创新工作的绩效评价和考核体系，纳入企业、院所及负责人的年度和任期目标考核。

（5）加强技术创新人才开发，调动广大科技人员的积极性。认真贯彻落实“尊重劳动、尊重知识、尊重人才、尊重创造”的方针，结合集团公司人事制度改革，推动科研单位用人机制的转变，变科技人员的身份管理为岗位管理，依照公开、公平、择优的原则，按岗聘用、竞争上岗。重大科技项目关键岗位的技术人才，可面向国内外公开招聘，努力形成集团公司的“人才高地”。要逐步建立解聘辞聘制度，增强用人制度的灵活性。要加强课题长队伍的素质建设，形成以课题长为主体的能够承担集团公司技术创新任务的技术骨干队伍。要建立灵活的分配激励机制，对有突出贡献的科技人员实行重奖。

6. 正确处理生产和生活的关系，积极改善职工的工作和生活环境

不断提高职工群众生活水平，是实践“三个代表”重要思想的本质要求。各单位要在搞好生产经

营、提高盈利能力的前提下，积极研究探索新形势下改善职工工作和生活环境的新途径，并采取切实可行措施，进一步做好这方面的工作。

（1）要积极改善职工的工作和生活条件。以美化环境、治理污染、搞好功能配套为重点，加强生产作业区建设，根据实际需要加大投入，不断改善职工的生产生活环境。利用好国家加快社区建设的优惠政策，引进城市社区化管理模式，改革石油独立工矿区的现行管理体制，构建在政府主导下同一区域内各方责任共担、利益共享、共建共管和居民自治的社区管理新机制；依靠各方面力量，繁荣矿区经济，搞好便民利民服务，为职工创造安居乐业的良好环境。在企业生产发展和效益增长的基础上，根据国家有关政策和规定，以突出岗位要素和改善分配关系为重点，完善现行工资制度，确保职工收入的合理增长。对离退休老同志要从政治上、生活上给予更多的关心，深入细致地安排好他们的学习和生活，使他们精神充实、生活愉快、身体健康。

（2）要注重关心困难职工的生活。各单位要从密切党和人民群众血肉联系、维护改革发展稳定大局的高度，对困难企业职工、特困职工给予更多的关注和体贴，通过开展“送温暖”活动、帮扶救助活动等，及时帮助他们解决工作、生活上的实际困难，使他们感受到党的关怀和企业集体大家庭的温暖。各单位都要建立“特困职工档案”，详细掌握他们的具体情况，并落实责任，落实帮扶措施，把帮助困难职工的工作做深做细。

（3）要进一步做好下岗失业人员再就业工作。认真贯彻执行中发［2002］12号文件精神，按照集团公司《关于认真贯彻中共中央、国务院〈通知〉精神，进一步做好下岗失业人员再就业工作的意见》，高度重视和切实做好下岗失业人员的再就业工作。要加强对这项工作的组织领导，加强督促检查，认真落实国家有关再就业工作的各项政策。要结合企业实际，积极配合地方党委和政府，推动再就业工作有计划、有步骤、有重点地开展。要加强石油企业劳动力市场建设，深入探索扩大再就业的有效途径和办法，尤其是在坚持市场导向的就业机制和支持下岗失业人员自谋职业、自主创业上进行积极探索，不断创造新的经验。要特别注意保持政策的严肃性和统一性，执行政策既要坚决，又要严密。通过坚持不懈地努力，真正把再就业工作落到实处，使更多下岗失业人员得到妥善安置，履行好企业应尽的社会责任。

三、加强党的建设和精神文明建设，为实现集团公司新的发展提供强有力的保证

加强党的建设和精神文明建设，总的要求是坚持用十六大精神统一思想认识，统领思想政治领域的各项工作，调动全体干部职工的积极性和创造性，为推动集团公司改革发展、实现新的跨越奠定坚实的思想政治基础。

1. 进一步深入学习贯彻党的十六大精神，用“三个代表”重要思想武装全体干部职工

深入学习贯彻党的十六大精神，是当前首要抓好的政治任务。各级党组织要切实加强组织领导，按照中央《通知》的要求和集团公司党组的部署，在前一阶段学习的基础上，进一步围绕主题、把握灵魂、掌握精髓，联系职工队伍的思想实际和企业工作实际，组织好深入的学习，努力把广大干部职工的思想及行动统一到十六大精神上来，把力量和智慧凝聚到实现十六大确定的各项任务上来，推动学习贯彻工作一步步更加深入。

（1）把学习贯彻十六大精神引向深入，要在深入人心上下功夫。实现十六大提出的奋斗目标和各项任务的关键，是要把十六大精神化为集团公司全体党员和广大职工的自觉行动，形成集团公司上下同心同德贯彻落实十六大精神的巨大合力。要采取有效措施，引导干部职工按照党组提出的“八个深刻领会”和“六个深入思考”的要求，进一步加深对十六大精神实质的理解，将其融入到思想深处，推动思想观念的更新和对十六大报告中新理论、新概念、新论断认识的提高，不断增强贯彻十六大精神、实践“三个代表”重要思想的自觉性和坚定性。

（2）把学习贯彻十六大精神引向深入，要在开拓创新上下功夫。解放思想，实事求是，与时俱进是十六大的精髓。学习贯彻十六大精神，要紧紧把握这个精髓，使广大干部职工懂得，面对当今不断发展变化的新形势，必须坚持与时俱进，开拓创新，认真研究新情况，解决新问题，总结新经验，探索新规律；必须勇于突破前人和超越自我，任何时候都不故步自封、不满足于已取得的成绩，而应当大胆探索，开拓进取，向着更高的目标迈进，努力开创各项工作的新局面。

（3）把学习贯彻十六大精神引向深入，要在力求实效上下功夫。学习贯彻十六大精神必须坚持理论联系实际，认认真真地学，脚踏实地地干，在实际工作中见到实效。各级党组织要把指导实践、解决问题、推动工作作为学习贯彻十六大精神的出发点和落脚点，同时作为衡量检查学习成效的最重要标准。为

此，集团公司党组决定，在全体干部职工中深入开展“形势、目标、责任”的主题教育活动。这是用党的十六大精神指导实践、推动工作的重要举措。在这一主题教育活动中，要把十六大确定的全面建设小康社会的奋斗目标与集团公司及各企事业单位的工作目标有机联系起来，引导干部职工明确面临的艰巨任务和肩负的重大责任，进一步解放思想、更新观念、与时俱进，坚定搞好国有企业的信心。在此基础上，按照十六大的要求总结过去，审视现在，谋划未来。分析制约企业改革发展的主要问题，明确企业发展目标和思路，研究实现可持续发展的战略性措施，使十六大精神真正成为我们在新世纪、新阶段全面开创各项工作新局面的强大动力，把十六大确定的各项任务落到实处。

2. 以改革的精神加强和改进党的建设，努力建设高素质领导干部队伍和坚强的基层党组织

实现集团公司新阶段的改革发展目标，必须充分发挥党的政治优势。要按照十六大的要求，以改革精神全面推进党的建设伟大工程，进一步提高党员干部队伍的素质，增强党组织的创造力、凝聚力和战斗力。

（1）切实加强领导班子建设和人才队伍建设。加强和改进党的建设，重要的是建设高素质的领导干部队伍，造就朝气蓬勃、奋发有为的领导层。认真贯彻领导干部选拔任用条例，在坚持党管干部原则的前提下，改进企业用人方式，突出以建立健全干部选拔任用和管理监督机制为重点，继续推行企业领导人员公开竞聘制度，不断完善任前公示、任职试用等方面的制度和程序，落实职工的知情权、参与权、选择权和监督权，推进干部工作向科学化、民主化、制度化目标迈进。认真做好培养、选拔优秀年轻干部的工作，特别是注重选拔一批熟悉国际化经营的优秀年轻干部到重要岗位锻炼。进一步加大领导干部轮岗交流力度，加强岗位之间、地区公司与专业公司之间、机关与基层之间的干部交流，促进领导人员丰富工作经验和阅历，提高驾驭复杂局面的能力。要大力实施人才强企战略，以人才资源开发和能力建设为主题，以调整和优化人才结构为主线，抓住培养、吸引和使用三个重点环节，努力建设一支拔尖创新的人才队伍。落实中央《2001—2005 年全国干部教育培训规划》，按照加快建设企业经营管理人员队伍、专业技术人员队伍和操作人员队伍的要求，研究制定和落实好集团公司全员教育培训实施计划，加大对企业各类人员大规模教育培训的力度，大幅度提高职工队伍的整体素质。

（2）切实加强党风廉政建设。要适应新的形势、结合新的实践，继续坚持中央确定的反腐败工作指导思想、基本原则、工作格局、领导体制和工作机制，坚持标本兼治，注重治本，特别是要注重通过企业管理体制、运行机制、规章制度的创新和完善，不断加大从源头上预防和治理腐败的力度；要进一步加强理想信念和廉洁自律教育，牢固构筑抵御腐朽风气侵蚀的思想道德防线；继续抓好领导干部廉洁自律、查处违纪违法案件、效能监察三项重点工作；要根据新形势下企业党风廉政建设和反腐败工作的新情况，修订、完善企业领导干部廉洁自律和党风廉政建设的有关规定，把党风廉政建设的责任落到实处；要加快企业监督的法制化进程，依靠不断完备的法律法规防治腐败。

（3）切实加强基层党组织的建设。党的基层组织是党的全部工作和战斗力的基础。“基础不牢，地动山摇”。在当前深化改革的新形势下，加强党的基层组织建设具有更加重要的意义。各级党委要针对企业组织形式、管理体制、运行机制、产权结构、用工制度等方面的变化及其对党的基层建设所产生的影响，认真研究新情况和新举措，探索新经验、新办法，在与时俱进、开拓创新中加强基层党组织建设。凡是机构发生重组或新建的单位以及海外项目，都要及时调整、建立党的组织，配齐党务干部，保证基层党组织的健全。各基层党的组织要适应形势的变化，创造性地开展工作。通过深入扎实的思想、组织、作风建设，更好地发挥基层党组织的战斗堡垒作用和党员的先锋模范作用。党组决定，将在今年适当的时候召开加强党的基层建设工作会议，进一步总结经验，部署任务，把党的基层建设推向一个新水平。

3. 坚持继承和创新相结合，大力培育和弘扬具有时代特征、石油特色的企业精神，全面推进企业文化建设

企业文化建设是集团公司“十五”期间重点实施的“十大工程”之一。在新的形势下和新的发展阶段，企业文化建设要充分体现“三个代表”重要思想，坚持继承和创新相结合，按照“代表先进文化的前进方向”的要求，赋予“爱国、创业、求实、奉献”的大庆精神以新的时代内涵，着力培育符合现代企业发展方向、具有鲜明时代特征和石油特色的企业文化，形成统一的企业精神，内塑高素质的职工队伍，外树良好的社会形象，促进具有国际竞争力的跨国企业集团建设。要重视经营理念的更新，将“诚信、创新、业绩、和谐”作为集团公司的核心经营理念，在树立和弘扬中加以培育和升华。集团公司将在年内制定下发《企业文化建设纲要》。各单位要在《纲要》的指导下，根据统一的企业精神、核心理念和企业标识，从实际出发，充实完善具体内容，制定既体现总体要求、又各具特色的《企业文化手册》，并认真付诸实施，把企业文化建设真正抓出实效来。

4. 加强宣传教育和政策引导，为企业深化改革、加快发展创造团结、稳定、和谐的环境

集团公司要完成十六大提出的深化国有企业改革的任务，全面建设具有国际竞争力的跨国企业集团，必须正确处理改革、发展和稳定的关系，倍加珍惜和维护稳定，切实把稳定工作放在重要位置，以稳定和谐的环境保障企业的改革发展。

（1）要注重做好宣传教育和政策引导工作。在深化改革的过程中，必然会遇到新的矛盾和问题。要针对职工队伍中反映出的倾向性问题，有的放矢地做好教育引导工作。对党和国家的方针政策、国家有关法律法规及集团公司的有关政策规定，要通过多种渠道和途径进行宣传解释，并力求讲准、讲透、讲清楚，提高政策的透明度，引导群众正确理解改革、自觉支持改革。各级党组织要以深入学习十六大精神为契机，用全面建设小康社会的奋斗目标激励职工，大力宣传两个文明建设成果、企业发展目标，讲清企业面临的困难、机遇和挑战，同时讲清企业改革发展的思路、措施和前景，以此凝聚人心、鼓舞斗志、振奋士气，坚定职工搞好改革和发展的信心，保持职工队伍奋发向上的精神状态。

（2）要注重调查研究，及时化解矛盾。各级领导同志要本着高度负责的精神，抓住当前职工群众关注的热点问题，深入搞好调查研究，密切与职工群众的联系和沟通，及时掌握职工的思想动态，分析可能出现的不稳定苗头和倾向，有针对性地采取措施，努力形成干部与群众、机关与基层同舟共济搞好企业改革发展、齐心协力维护稳定的局面。对职工反映的问题，要认真对待和分析研究。符合政策规定、应该解决并且能够解决的，要认真解决；不能解决或暂时不具备解决条件的，要耐心做好解释工作，求得职工的理解。

（3）要大力推进厂务公开工作，强化企业民主管理。实行厂务公开是企业落实“三个代表”要求的重要实践，是贯彻全心全意依靠工人阶级指导方针的有效途径和推进企业基层民主政治建设的具体体现，同时也是维护职工合法权益的基本形式和保证企业改革发展稳定的重要措施。厂务公开的主要载体是职工代表大会。要全面贯彻执行中办、国办［2001］13号文件精神，认真落实职代会的各项职权。集团公司各所属企事业单位，按要求应该建立职代会的必须建立，不允许有任何例外；已建立的，要不断健全和完善各项制度。厂务公开工作也要与时俱进，适应新情况，探索新办法，使之逐步走上更加规范化、制度化的轨道。

同志们，集团公司今后工作的总体要求和目标任务已经确定，下一步关键是要抓好落实。我们一定要在以胡锦涛同志为总书记的党中央领导下，高举邓小平理论伟大旗帜，全面贯彻“三个代表”重要思想，沿着党的十六大指引的方向，团结一心，扎实工作，为全面完成今年各项任务、推进具有国际竞争力的跨国企业集团建设而努力奋斗！

抓住机遇　开拓创新
实现股份公司持续有效快速发展❶

——陈耕同志在集团公司2003年工作会议上的讲话

（2003年1月15日）

同志们：

这次工作会议，是在深入学习贯彻党的十六大精神的热潮中，集团公司召开的一次十分重要的会议。现在，根据马富才总经理工作报告和董事会决议的精神，经股份公司管理层研究，我着重就实现股份公司持续、有效、快速发展的问题，讲几点意见。

---

❶ 根据《年鉴》编辑体例的要求，对本讲话的某些标题序号作了适当修改。

一、过去三年成果显著 公司综合实力不断增强

股份公司成立以来，认真贯彻落实集团公司党组的工作部署和董事会的各项决议，按照现代企业制度的要求规范运作，在深化改革、加快发展、维护稳定等方面做了大量卓有成效的工作，全面完成了业务发展计划，在国际资本市场树立了良好形象。

1. 经营业绩良好，实现利润大幅增长

在国际油价大幅波动，国内市场有效需求不足的情况下，通过增加产品产量、销售量及削减成本等途径，股份公司2000年和2001年分别实现净利润（国际会计准则）552亿元和468亿元，连续两年居亚洲上市公司之首。根据快报统计，2002年实现净利润×××亿元，比1999年增长××%。勘探与生产板块始终是公司盈利的主要支柱，对确保整体效益的增长起到了决定性作用；炼油与销售板块去年实现整体扭亏为盈，为实现公司整体效益目标做出了积极贡献；化工与销售板块扭亏脱困取得重要进展，经营状况有了较大改善；天然气与管道板块实现利润逐年增长，正在成为公司新的经济增长点。实施低成本战略，全面完成了上市承诺削减成本90亿元的目标。其中，勘探与生产板块完成65亿元，炼油与销售板块完成13亿元，化工与销售板块完成12亿元。

2. 油气勘探取得重大进展，原油生产稳定发展

坚持把勘探工作放在首位，加强地质综合研究和前期准备，强化项目管理，推进勘探开发一体化，积极推广应用先进适用的勘探主导新技术，在重点地区取得了一系列重大突破和新进展，先后发现了陆梁、青西、大情字井、英台—四方坨子、王窑南、西峰、侯市—杏河等7个亿吨级油田、8个5000万吨级油田和克拉2、苏里格、迪那2、罗家寨、涩北等一批大型整装气田。三年新增探明石油地质储量12.9亿吨、天然气地质储量1.1万亿立方米。新增石油探明储量可动用程度达到90%以上，有效地提高了勘探开发整体效益。

实施积极稳定东部、加快发展西部的工作方针，强化老区综合治理，加快重点地区上产步伐，实现了原油产量稳中趋升。2002年，股份公司国内油田生产原油10361.6万吨，比2001年增加25.4万吨。大庆油田生产原油5013万吨，创造了连续27年稳产5000万吨以上的油田开发高水平。新疆油田年产量突破1000万吨，成为西部第一家千万吨级油田。长庆油田生产原油610万吨，比1999年增加180万吨，是上产幅度最大的油田。塔里木和吉林油田原油产量分别达到502万吨和444万吨，增产幅度较大。青海、冀东、玉门等油田产量逐年增长，辽河、华北、大港、吐哈等油田千方百计减缓递减，都为全公司原油产量的稳定增长做出了积极贡献。

海外油气资源开拓实现零的突破。去年，国际勘探开发公司成功收购了印尼项目，当年生产原油224万吨，获得权益产量78.7万吨。国内对外合作勘探开发继续推进，三年新签石油合同4个，正在执行的合同13个，大港赵东等项目取得新的进展。

3. 炼化业务结构调整取得阶段性成果，市场开拓成效明显

通过实施合并重组，关停低效装置，优化资源配置，加大技改力度，炼化业务布局有所改善，大连、兰州、抚顺、大庆等一批各具特色的炼油化工生产基地正在形成；产品结构不断优化，柴汽比从1.68提高到1.73，高标号汽油及润滑油、石蜡、沥青等优势产品和高附加值产品的产量有较大增长，汽柴油质量升级工作进展顺利，主要化工产品的质量和档次明显提高；轻油收率、综合商品率、乙烯加工损失率、树脂专用料比例、合成纤维差别化率等主要技术经济指标明显改善，进一步缩小了与国内外先进水平的差距。两段提升管催化技术、清洁油品生产技术、重油深度加工技术等取得重大突破，HCC技术工业化试验进展顺利，5万吨/年苯胺和有机硅装置工业化试验取得成功。

集中统一的成品油营销体系已经建立，初步形成了与股份公司拥有资源量基本匹配的销售网络。三年新增库容240万立方米，新增加油站6340座，总数达到13160座，成品油零售量年均增长400万吨左右，零售市场占有率从8.6%提高到23.1%，市场份额稳步提高。化工产品初步实行了集中统一销售，2002年直销率达到33%。同时，国际贸易经营领域逐步拓展，经营规模不断扩大，2002年贸易总额达到360亿元，比1999年增长163%。

三年来，炼化企业在增盈扭亏方面进行了不懈的努力，取得了实质性进展。据21家炼化企业统计，2002年与2000年相比，减亏总额达47亿元。剔除非经营性因素后，大连石化、大庆炼化、抚顺、锦州、锦西等9家炼化企业连续三年盈利。吉林石化、大庆石化、辽阳石化、兰州石化扭亏取得新的进展。2002年，19家油品销售企业中，有17家实现盈利。

4. 重点管道建设进展顺利，天然气业务快速发展

举世瞩目的西气东输工程去年7月全面开工建设，现场施工进展顺利，东段管道主体工程已基本完成，延水关黄河隧道全部贯通。涩宁兰管道2001年

9月投产后，去年输气量达到5.4亿立方米。兰成渝管道去年9月建成投产，当年输送成品油近80万吨，对保障西部油田和炼厂的平稳运行发挥了积极作用。忠武输气管道的可研报告获得国家批准，控制性工程已先期施工。

天然气销售市场不断拓展，产量和销售量年均增长10%以上，去年分别达到224亿立方米和166亿立方米。西南油气田公司生产87.6亿立方米，并实现了大幅减亏。长庆油田公司生产39亿立方米，产量连年大幅增长。青海油田公司生产11.5亿立方米，比上年翻了一番。新疆、吐哈、塔里木三个油田公司天然气产量稳步增长。陕京线输气量逐年提高，2002年上升到20.5亿立方米，保证了京津地区的用气需求，经济效益也越来越好。

5. 改革取得实质性突破，企业管理水平不断提高

重组改制以来，股份公司采用一级法人的管理体制，实行集中统一管理，改变了多头决策、管理分散的状况。坚持以投资回报为标准，优选项目，集中决策，使投资结构更趋合理，三年平均投资资本回报率达到12.6%。实行全面预算，集中管理资金、债务，统一会计核算标准，强化了预算约束，提高了资金使用效率，有效控制了债务规模，三年共节省财务费用48亿元。积极推进电子商务，整合物资采办业务，有力地促进了大宗物资的集中采购和成本的降低。去年网上采购超过100亿元，网上销售80亿元以上，节约采购资金6亿元。

持续重组取得重大进展。对“两兰”等6家炼化企业实施了合并重组，促进了资源优化配置和规模效益的发挥。全面重组集团公司存续销售企业资产，实现了零售网络的扩张。销售企业打破行政区划，重组地市公司，撤销县级公司，按经济半径设立配送中心，推行配送制和销售代表责任制取得了积极进展。整合润滑油业务，实现了生产和销售的专业化管理。各油气田公司精简管理层次，压缩机关人员，初步形成了“油田公司—采油厂（作业区）—井站”的管理模式。炼化企业压缩管理层次、合并生产单元的工作，取得了一定进展。减员增效目标提前实现，目前公司员工总数已由成立初期的48万人降到42万人。

建立业绩考核责任制，逐级签订业绩合同，初步形成了以业绩考核为基础的激励机制。对地区公司实行薪酬总额与实现利润、降低成本等指标挂钩的考核办法，对员工实行基本工资与业绩奖励相结合的薪酬制度，有效促进了公司业绩目标的实现。广大员工收入稳步增长，工作和生活环境不断改善。

科技管理逐步规范，启动了以强化顶层设计为主的科技总体规划的编制，建立了科研项目管理的规范流程。组织开展重大技术攻关，新型抗盐聚合物研制等三项核心技术取得重大突破，油气资源评价等五项重大技术进一步配套应用，低渗透油气田高效开发配套技术获集团公司技术创新特等奖，重油催化裂化技术应用等6项成果获一等奖。信息化建设稳步推进，完成了企业资源计划和部分专业应用系统的可行性研究；连通了石油主干网，推广了企业信息门户；建设并应用了物资分类与编码系统、信息标准管理系统和信息资源网站。

三年来，全公司的安全生产工作通过改进管理方式，实行合同管理，强化了安全生产责任，规范了安全生产中企业与员工、业主与承包商之间的权利与义务，安全生产形势总体较好。针对公司境外上市和我国“入世”后更为复杂的市场环境和法律环境，公司法律工作不断拓宽领域，建立了两级法律风险防范体系，促进了公司规范运作。内部审计工作以经营管理审计为主要内容，加大事前、事中审计力度，在控制投资支出等方面发挥了积极作用。以降本增效为重点的效能监察工作也取得了明显成效。

6. 党的建设和班子建设不断加强，员工队伍保持了良好的精神风貌

在改制上市过程中，直属机关和各地区公司都及时建立健全了党的组织，配备了专兼职党务和政工干部，加强了党群工作。各级班子坚持以“三个代表”重要思想为指导，大力加强自身建设，特别是通过“三讲”学习教育活动，政治、业务素质进一步提高。干部任用机制改革不断深化，地区公司行政副职的选拔任用采取差额竞聘、全员竞聘等方式，总部机关推行竞聘上岗，提高了人事工作的透明度，公开、公正、公平的选人用人机制正在形成。认真贯彻落实党的十五届六中全会精神，各级干部的作风有了明显转变。依靠体制、机制和管理创新，从源头上预防和治理腐败的做法，有效地促进了党风廉政建设的加强，得到了中纪委、监察部领导的肯定。

各地区公司和直属单位按照“围绕中心、继承创新、突出重点、讲求实效”的工作方针，积极探索新形势下思想政治工作的新途径、新方法。许多单位在加强精神文明建设中，越来越重视企业文化建设，努力培育具有时代特征和石油特色的企业精神，积极转变经营理念，打造“中国石油”品牌，树立现代企业的形象，为企业发展提供了强有力的文化支撑。广大员工面对国内外激烈的市场竞争，面对改革、发展、

稳定的艰巨任务，团结一心，奋力拼搏，克服各种困难，积极主动地做好本职工作，努力完成各项生产经营任务，展示了良好的精神风貌。

股份公司改制上市以来的三年，是战胜各种困难和挑战，生产经营各项工作取得重大成就的三年；是不断深化内部改革，推进体制和管理创新取得重大突破的三年；也是公司综合实力不断增强，朝着建设国际一流大型石油公司目标迈出重大步伐的三年。这些成绩的取得，是在集团公司党组的正确领导下，股份公司各级管理人员和全体员工团结奋斗、开拓进取的结果，也是存续企业大力支持、密切配合的结果。在这里，我代表股份公司，向全公司的各级管理人员和广大员工，向集团公司存续企业各单位的广大干部、职工，向所有关心、支持股份公司发展的其他单位和同志们表示衷心的感谢！向为股份公司的改革发展稳定做出重大贡献的上一届管理层班子致以崇高的敬意！

二、积极应对困难和挑战　努力实现有效快速发展

党的十六大进一步为我们指明了前进的方向和目标。贯彻落实十六大精神，我们必须站在时代的前列和战略的高度，把公司放到国际国内的大趋势、大背景、大环境中去分析、去把握，充分认识面临的机遇和挑战，明确发展的方向和目标。

按照十六大提出的全面建设小康社会的奋斗目标，今后20年我国经济年均增长速度将保持在7%以上，这对于我们公司来说是一个重要的战略机遇。据预测，石油需求量将每年增长4%左右，到2005年大体达到2.5亿吨，2010年达到2.9亿吨左右。对化工产品的需求将继续快速增长，预计乙烯需求量年均增长8%左右。随着国家环保法规的不断健全，人们对改善大气环境的要求日益迫切。天然气作为优质、清洁、高效的能源，将获得更广泛的应用，预计需求量每年将以15%左右的速度增长，到2010年将达到1000亿立方米左右。这些都将为我们提供更加广阔的发展空间，创造更多的市场机会。同时，十六大作出的经济、政治、文化体制改革等各方面的部署，也必将为公司的发展营造更为有利的政策条件和社会环境。我们应该倍加珍惜、牢牢把握这一历史性的机遇，与时俱进，开拓进取，创造更加辉煌的业绩。

对今后发展中面临的挑战和存在的困难，我们也应当有充分的估计。世界多极化和经济全球化趋势在曲折中发展，不确定因素很多，国际石油市场和国际油价的不确定性也在增加。这种不确定性从近期看，主要是可能发生的美伊战争的影响。从长远看，影响油价的主要因素还是供求关系。据多数国外机构预测，今年国际油价将下跌10%，处于每桶20—24美元这个区间。面对国际石油市场的风云变幻，我们必须居安思危，未雨绸缪，沉着应对，趋利避害，努力克服油价波动引发的经营风险。

日益开放的市场环境和激烈的市场竞争，对我们也是一个严峻的挑战。1998年石油石化行业重组以来，国内石油市场基本形成中石油、中石化、中海油三家公司既有激烈竞争，又有互相合作的格局。跨国石油公司在规模扩张的基础上，进一步做大做强优势业务，已纷纷抢滩登陆中国市场。目前，几乎所有的跨国石油公司都已不同程度地介入国内石油石化工业的各个领域，有的已形成相当规模。特别是“入世”以后，随着我国关税的减让和非关税壁垒的取消，非国有贸易进口量逐年上升，进口油品及石化产品大量涌入国内市场，对我们的冲击越来越大。在市场销售领域，我们既会遇到开辟新市场的艰难，又面临着巩固传统市场的挑战。这种复杂激烈的竞争态势，是市场经济发育的必然结果。对此，我们必须有充分的思想准备，注重发挥自己的优势，敢于同国际国内的各类对手展开竞争。同时，也要善于竞争，谋求合作，实现双赢互利。

从公司自身来看，既有良好的发展基础，也存在不少矛盾和困难。石油后备资源紧张的矛盾依然突出，实现原油产量稳中有增任务艰巨；炼化业务竞争能力、盈利能力和抗风险能力较弱，增盈扭亏尚需付出很大努力；加快天然气业务发展，实现上中下游的同步协调和效益提高，还有大量的工作要做；公司的技术创新能力、管理体制和经营机制，还不适应现代市场竞争的客观要求；推进持续重组、减员增效与维护稳定的矛盾比较突出。克服以上矛盾和困难，最关键的是要把发展作为第一要务，着力解决好公司的成长性问题，努力实现持续、有效、快速发展，不断壮大综合实力，增强盈利能力，提高国际竞争力。

“十五”后三年，公司发展的主要目标是：

(1) 销售收入力争年均增长7%以上，投资资本回报率保持在10%以上，利润总额有新的增长。

(2) 石油勘探力争取得重大突破，储量替换率保持在1以上。国内原油产量保持稳中有增，天然气产量实现快速增长，海外油气勘探开发规模不断扩大，力争油气总当量年均增长5%。

(3) 炼化业务结构调整目标基本实现，竞争能力明显增强。2003年，炼油板块经营利润增长10%以上，化工板块整体扭亏。后两年盈利水平要有明显提高。

（4）天然气业务快速发展，销售量年均增长20%，实现利润大幅提高，成为公司新的经济增长点。

（5）在公司效益、对国家的贡献和对股东的回报不断提高的同时，员工收入得到稳步增长，工作和生活环境相应改善，使公司的发展成长惠及每个员工。

2003年是全面贯彻落实党的十六大精神的第一年，也是完成公司"十五"发展计划的关键一年。股份公司今年工作的总体要求是：全面贯彻党的十六大和中央经济工作会议精神，按照走新型工业化道路和建设具有国际竞争力的跨国企业集团的总目标，以市场为导向，以经济效益为中心，以技术创新、体制创新和管理创新为动力，坚持把资源勘探放在首位，努力实现油气增储增产；大力推进炼化业务结构调整优化，坚决实现增盈扭亏；强化市场开拓和销售管理，提高营销效益；抓好西气东输、油气田开发和炼化重点工程建设，提高投资回报率，充分调动和依靠广大员工的积极性，确保公司业绩目标的全面完成，更好地回报股东，回报员工，回报社会。

2003年公司的业绩目标是：按照米纳斯原油价格19美元/桶计算，实现销售收入××××亿元，税前利润×××亿元。

各业务板块的主要生产经营指标是：

（1）勘探与生产板块：新增石油可采储量1.05亿吨，控制储量5.23亿吨，预测储量6亿吨，新增天然气可采储量878亿立方米，控制储量1250亿立方米，预测储量2730亿立方米；原油产量要确保超额完成10360万吨的工作目标，天然气产量要超额完成233亿立方米；单位油气操作成本4.31美元/桶。

（2）炼油与销售板块：加工原油8710万吨，生产成品油5440万吨；零售量超过2000万吨，零售市场占有率达到25%；单位现金加工成本控制在100元/吨以内，单位现金营销成本249元/吨。

（3）化工与销售板块：生产乙烯181万吨，化肥312万吨；产品直销率达到50%；单位现金制造成本降低3%，单位现金营销成本59.3元/吨。

（4）天然气与管道板块：天然气销售量170亿立方米，其中板块销售量145亿立方米；天然气管道单位运营成本59.24元/千立方米，原油管道单位运营成本44.18元/吨。

三、进一步加大勘探力度　确保原油产量稳中有增

勘探与生产是股份公司最重要的主营业务和盈利支柱。实现资源接替的良性循环，保持原油产量持续稳定增长，是公司生存与发展的基础，更是公司为国家石油战略安全应尽的责任。必须坚持把勘探放在首位，加大预探力度，全面推进勘探开发一体化，依靠科技进步和优化管理，努力实现勘探大突破和原油生产的新增长。

1. 积极打好勘探进攻仗，努力取得新发现和大突破

最近，中国石油勘探开发研究院对现有技术条件下可以探明的经济性油气资源量进行预测，提出我们公司矿权范围内的石油最终探明率可以达到60%左右。西部地区目前石油资源探明率仅为10.3%，预测最终探明率可达40%左右，潜力还很大。东部地区虽然勘探程度相对较高，石油平均探明率达到40%，但与世界上一些高勘探程度区探明率70%—80%相比，也还有相当大的资源潜力。可见，无论是西部还是东部地区，只要锲而不舍地加强勘探工作，就一定能够不断获得新发现，实现大突破。

回顾建国以来50余年的勘探史，油气勘探上取得的每一个重大突破，首先都是地质理论和地质认识的突破。特别是近几年来，准噶尔盆地陆梁、鄂尔多斯盆地西峰、玉门探区青西等亿吨级油田的发现，以及辽河东部凹陷、冀东陆上地区、华北二连岩性油藏勘探取得的突破，也充分证明，地质认识的深化和发展，对于加速勘探进程，突破地质难关具有极端重要性。因此，地质工作者必须解放思想，与时俱进，既要善于继承过去行之有效的地质理论和勘探方式，又要勇于打破框框，大胆创新，不断提出新理论、新认识、新思维，用以指导我们的勘探实践。实现预期的勘探目的，不仅需要科学合理的地质部署方案，而且需要先进适用的工程技术。为此，必须把地质和工程有机地结合起来，积极推广应用地震、钻井、测井测试、油藏描述等方面的主导勘探技术，努力做到既要减少风险，确保地质目标的实现，又要降低成本，节省投资。勘探开发研究院和各油气田研究院（所），要充分发挥决策参谋和技术支持的作用，不断推动和促进地质理论的创新、地质认识的深化和工程技术的进步。

今年，要按照突出石油勘探、优化天然气勘探、推进风险勘探的总体要求，加大对勘探的投入，加强对勘探的组织领导。全公司油气勘探计划投资124.3亿元，比上年增加17.4亿元，增长16.3%。安排二维地震37260千米、三维地震7739平方千米，预探井437口、评价井601口，总进尺270万米。在勘探进程中，如有新的重大发现，有必要增加工作量，可以适当追加投资。各油气田分公司要强化预探，切实做到认识到位，部署到位，措施到位，投资到位，积

极向新地区、新领域、新层系进军，争取新的发现和突破。继续推进勘探开发一体化，把勘探储量评价、开发前期评价和方案编制有机地结合在一起，使新增探明储量动用率达到100%。油气勘探是全公司工作的重中之重，从总部机关到专业公司以及各油气田，都要集中精力、聚精会神地抓好勘探工作。特别是各油气田的主要领导，要亲自研究地下情况，亲自安排部署，亲自督促检查，确保勘探的各项工作落到实处。

2. 下定决心，落实措施，实现原油产量稳定增长

今年的原油产量要比去年有所增长，以后每年都要做到稳中有增。这个目标困难再大，也必须努力实现。今年的主要措施是：(1) 加大老油田控水稳油等综合治理的力度，控制含水上升速度，减缓递减，确保全公司油田综合含水控制在83%以内，自然递减不超过11.5%，综合递减小于5.3%。(2) 加强老区油水井管理，提高措施有效率，实现措施增油641万吨。(3) 加快产能建设步伐，全年新建原油生产能力983万吨，当年产油541万吨。(4) 加大新技术、新工艺推广力度，发挥其在油田稳产增产中的作用。今年，大庆油田原油产量工作目标安排4830万吨，要确保超额完成。长庆、新疆、吉林、塔里木等重点上产油田，要结合勘探取得的新进展，选择优质区块，加快新井建设投产的速度，努力提高单井产量，尽快形成产量接替。辽河、华北、吐哈等产量递减油田，也要采取积极主动的进攻性措施，挖掘生产潜力，努力减缓递减速度。各油气田要继续实施低成本发展战略，毫不放松地控制油气操作成本，压缩非生产性开支，实现增产增收。

3. 全面优化产能建设管理，努力降低开发成本

股份公司每年开发投资达300多亿元，占投资总额的45%以上，其中，产能建设投资又占开发总投资的80%左右。因此，要把全面优化产能建设管理，作为削减成本、提高效益的重点工作之一，努力做到以下几点：一是坚持按效益标准优选项目，所有产能建设项目都统一在股份公司内部进行排队，达不到效益标准的项目不许实施。二是搞好方案设计和论证，优化生产流程，优化工艺技术，优化装备配置。方案审查要从提高单井产量、控制资本性支出出发，从源头上控制产能建设成本。三是强化产能建设项目各项指标的兑现与考核管理，项目立项时所确立的投资、成本、产量等指标，要作为制定年度计划、编制年度财务预算的依据，以确保项目预期效益目标的实现。四是抓好重点项目的建设管理。今年，新区原油产能建设中大于20万吨的区块有6块，占新区计划产能的46.8%。对这些重点区块，要进行项目全过程管理，从方案编制、审查、实施、跟踪、后评估等环节严格把关，坚持实行招投标制度，加强建设过程的监督管理。根据勘探开发进展情况及时调整部署，不断优化开发方案，降低工程成本。通过努力，今年公司油气开发成本要控制在3.48美元/桶以内。

四、狠抓炼化业务增盈扭亏　不断提高盈利水平

炼油与销售、化工与销售是股份公司主营业务的重要组成部分，在保障上游生产的平稳运行和整体效益的实现中具有十分重要的地位。同比计算，今年炼油板块要挖潜增效35亿元，化工板块要挖潜增效16亿元，任务十分艰巨。两个板块必须站在全局的高度，统一思想，坚定信心，加强领导，狠抓落实，确保目标实现。

1. 优化生产运行和管理，努力增收增效

在总量控制的前提下，要不断优化资源配置，使加工资源向一体化企业倾斜，向规模大、产品优、效益好的装置倾斜；搞好原料的互供，最大限度地增产石脑油、轻烃、芳烃等化工原料，保证有效益的化工装置开满开足，努力提高优势企业及装置的负荷率，实现增产增收。精心制定优化生产运行的方案，根据市场需求及时调整产品结构和装置开停，少产油品、多产化工品，少产汽油、多产柴油，少产低附加值产品、多产高附加值产品。今年，高标号和低烯烃汽油、高档润滑油、石蜡、高等级道路沥青、塑料及主要化工原料等产品产量要有大幅度增长。要继续抓好企业达标和装置达标，努力降低能耗物耗，延长装置安全运行周期。加强工程项目、物资采购、维修检修等各项管理，压缩成本费用，实现管理增效。深入开展挖潜增效活动，层层制定并落实措施，堵塞各种跑冒滴漏，大力增收节支。加快推进炼化企业内部组织结构的调整，压缩管理层次，精简管理人员，降低管理费用。今年选择三家炼化企业进行这方面试点，取得经验后全面推开。

炼化企业扭亏是股份公司的重点工作之一。今年，要把吉林石化、辽阳石化、兰州石化、独山子石化和润滑油公司等单位作为扭亏的重点。两个专业公司要高度重视，集中力量，组织扭亏工作组深入重点企业，逐级建立扭亏责任制，层层细化分解扭亏目标，严格考核奖惩，切实把扭亏任务落到实处。有关炼化企业要振奋精神，坚定信心，眼睛向内，有针对性地制定增产增效、强化管理、降低成本的措施，充分挖掘各方面的潜力。总部机关要继续对重点亏损企业给予必要的政策支持。通过上下协调配合，共同努

力，坚决打赢扭亏攻坚战。

2. 加快实施内涵改造，推进技术进步和质量升级

继续按照有进有退、精干主体、内涵改造、择优发展、提高效益的原则，实施战略性结构调整，逐步实现炼化业务的整体优化。要以盘活现有资产存量、消除瓶颈、提质降耗为目标，抓紧组织实施一批投资省、见效快、效益好的技改工程，提高现有资产的创效能力。要全力抓好重点项目的实施，今年计划安排新建和重点技改项目45项，其中炼油26项、化工19项。炼油业务要加快大庆石化120万吨/年加氢裂化、大连石化250万吨/年渣油加氢和兰州石化300万吨/年重油催化等项目的建设。化工业务要抓好大庆石化、吉林石化、兰州石化的三大乙烯改造，辽阳石化80万吨/年PTA、大庆炼化30万吨/年聚丙烯建设等一批重点工程。通过这批技改项目的建成投产，使炼化业务的布局更趋合理，产品结构得到优化，产品质量明显提高。要进一步完善推广两段提升管催化技术，组织好重油悬浮床加氢工业化试验和清洁油品生产技术开发，继续进行HCC装置的长周期运行试验，实现科技增效。

3. 大力加强市场开拓和销售管理，不断提高营销效益

今年，营销工作要紧紧围绕实现销量、收入和效益有机统一的要求，继续扩大市场占有率，努力增销增收增效。成品油销售要巩固现有的网络优势，不断提高现有油库和加油站的营运水平，增强市场控制力和盈利能力。继续大力开发高效市场，配套完善华北、山东及东南沿海重点地区的二级分销库。加快进度，在重点地区、中心城市和交通要道发展加油站，稳步开展特许经营，采取切实有效的措施，增加单站零售量，努力提高零售比例和零售市场份额。要大力推进配送制和销售代表责任制，2003年凡有条件的省市公司要基本按照这一新的营销体制进行运作，南方三家大区销售公司也要有重点地稳步推进。要高度重视润滑油销售工作，努力使直销比例达到50%以上。化工销售要以区域化销售为主，全力抢占效益高、容量大的市场，加大新产品的市场开发力度，做好售前售后服务，努力提高市场占有率和产品直销率。所有销售企业都要不断优化资源流向，优化运输方式，从严控制各项费用和开支，努力降低营销成本。继续优化资源投放量，推动价格到位，实现销量与效益的同步增长。

五、抓好重点管道建设　加快天然气业务发展

天然气是股份公司最具成长性的一项主营业务，现已进入快速发展的重要时期。必须同步搞好上游资源的落实和气田开发，抓好重点管道建设，大力开拓下游市场，确保各个环节相互衔接，协调运行，实现天然气产量、销量和效益的同步增长。

1. 切实抓好重点管道工程建设，确保按期投运

西气东输是国家重大建设工程，也是股份公司把天然气资源优势转化为经济优势的最主要项目，必须努力把它建成世界一流管道。今年，要把西气东输管道工程建设作为重点工作，精心组织，周密安排，切实抓好长江和黄河穿越等控制性工程以及工艺场站的建设，保证工程进度和施工质量，实现10月1日竣工进气。要全力做好管道投产运营的各项准备，抓好运营方案设计、人员培训和建章立制等工作。西段轮南—靖边的管线及场站建设，要按照2005年起由塔里木向上海供气的总体要求，抓紧开展各项工作，确保工程按期、优质、高效、安全地完成。忠武线今年二季度全面开工建设，要抓紧管道施工、长江三次穿越等重点，确保2004年底建成投产。陕京二线等管道工程要继续做好前期工作，抓紧进行可研报告的编制、报批及工程初步设计，年内开工建设。对新投入运行的管道，必须按照精干、高效的原则设置管理机构，实行一级管理。现场操作、维护和抢修所需队伍，采取委托承包的方式解决，努力减少用工人数，把人工成本大幅降下来，把劳动生产率大幅提上去。

2. 统筹安排天然气的生产与销售，确保效益大幅增长

四川、长庆、塔里木、青海四大气区要在进一步落实资源的基础上，科学安排气田开发计划，保证重点管道建成后外输气量的要求。今年底明年初，长庆气区既要满足北京、天津地区不断增长的用气需求，又要保证西气东输管道东段按时投产向上海供气，搞好资源平衡与衔接问题极为紧迫。陕京线冬季已满负荷运行，现有储气库调节能力有限，不能适应京津地区用气量大幅上升的要求。为此，总部有关部门、专业公司和各生产及管理单位，必须统筹考虑，精心制定产能建设方案，精心搞好天然气产运销的综合平衡，加快陕京线第三储气库的建设和投运，逐一落实各项工作，确保万无一失。各油气田要大力提高天然气商品率，减少自用，降低损耗，努力增加商品气量。已经投运的涩宁兰等输气管线，要巩固现有市场，开拓新的用户，优化用户结构，提高输量，增加销量，并加强与有关部门的沟通和协调，推进供气价格到位。要组织力量，研究制定天然气业务上中下游协调发展的规划，包括中长期的总体规划和分年度计

划，并具体落实到各气区和输气管道。还要开展天然气市场、价格、供求关系等方面的研究，制定天然气市场发展战略。

3. 加强在役管道的运营管理，确保安全、平稳、优化运行

随着大庆原油外输量逐年减少，东北管网将在低于安全输量的情况下运行，要抓紧进行技术改造，加强维护管理，精心制定运行方案，确保管道安全平稳运行和东北地区炼化企业的原油供应不受影响。兰成渝管道自动化程度高，所经地区地形复杂，相对落差很大，安全平稳运行的难度较大。要切实解决好油品顺序输送中的技术难题，搞好跟踪监测，及时消除各种隐患，不断提高运行质量和效率，为今后成品油管道的运行积累经验。

六、积极稳健地实施“走出去”战略 不断提高国际化经营水平

实施“走出去”战略，加强国际勘探开发合作和扩大国际贸易，是弥补国内资源不足、促进公司成长的一项重大举措，也是建立国际化大石油公司的必由之路。必须按照十六大精神，适应经济全球化和加入世贸组织的新形势，采取积极稳健的工作方针，坚持“引进来”与“走出去”相结合，上下游相结合，资源、市场、技术、资本相结合，发挥整体优势和比较优势相结合，努力探索以较快速度和较低风险实现海外有效发展的道路。

积极稳健地开展国外勘探开发业务。首先要执行好现有的印尼项目，树立良好的公司形象。要安排投入新的勘探开发工作量，实现增储上产，全年新增油气可采储量3000万当量桶，建成产能350万吨，总产量达到245万吨，权益产量88.5万吨。在此基础上，积极寻求新的项目，扩大勘探开发的领域，实现滚动发展。同时，还要开阔眼界，在有利地区寻找效益较好、风险较低、具有战略意义的项目，落实专人，跟踪研究，争取有新的突破。

继续开展国内油气勘探开发的对外合作。重点加强对已有合作项目的管理，学习国外的管理经验，理顺管理体制，明确中方人员的责任，确保中方管理职能到位。今年，要对已有15个合作项目的管理监督情况进行全面检查。

下游炼化业务要重视加强对外技术与项目合作的研究，以提高大型改扩建装置和现有装置的技术水平，促进结构调整和产业升级。还可以采取直接购买专利、联合开发关键技术、吸引外商技术入股等多种方式，加快炼化业务的技术进步。

国际事业公司要按照“积极稳健，优质服务”的工作方针，利用“两种资源，两个市场”，正确处理好国际贸易与国内销售、进出口业务与炼化企业生产等方面的关系，不断扩大经营品种、服务对象和市场领域，把贸易这个主营业务做强、做大，为建成一流的现代国际贸易公司打好基础。今年，贸易总量要达到3310万吨，经营额超过440亿元。

七、全面强化企业管理 不断提高科学管理水平

全面加强企业管理是提高企业素质的基本途径。面对市场竞争的严峻挑战，我们必须以深化改革的精神抓管理，全面开展“管理增效年”活动，不断提高科学管理水平，促进公司综合实力的增强。

1. 规范科技管理，加大信息化建设力度

要从提高科研规划的质量、完善科研项目管理、理顺科研管理体制三个方面入手，实施有效的科研组织管理，多出快出优秀成果。要参照国际同行业的研究趋势和标准，细化科研项目设计，明确项目的内容、进度、应用方案、投资预算及潜在的经济效益，避免重复研究，提高科研规划的总体质量。要完善项目经理负责制，建立起能够集成研究机构专业能力和优势的项目运作模式，抓好研发项目各重点环节的管理，提高科研效率和投入回报率。要按照集中、高效的原则，推进研发体系改革。勘探开发研究院要充分发挥油气勘探开发参谋部及重大、高新技术研究中心、技术支持服务中心和人才培养中心的作用，形成完善的勘探开发决策、超前技术准备和重大技术攻关的支持系统。组建炼化技术中心，构建精干、高效的炼化研发体系，强化炼化技术发展规划、重大技术攻关和科研组织管理工作，有效解决科研分散和低水平重复问题。

信息化是企业实力和竞争力的重要标志，也是提高决策和管理水平的有效手段。要按照信息技术总体规划的部署，统一标准、统一设计、分步实施。选择有条件的地区公司，进行上游生产信息系统、炼油与化工先进计划系统以及加油站管理系统等专业应用系统的试点。加快企业信息门户建设，年底要在全公司建成并投入运行。改造地区公司局域网，推进统一的电子邮件系统和电视会议系统的应用。

2. 加强规划计划管理，增强前瞻性、科学性和指导性

要加强战略规划研究，充分发挥公司内部技术支持系统和外部咨询机构的作用，认真组织事关公司长远发展的重大课题的研究，努力提升研究成果的质量和水平。要加强建设项目全过程管理，加大前期工作

力度，建立重大项目储备库，健全覆盖项目立项审批、初步设计概算审查、工程建设招投标和项目后评价等各个环节的责任制度，重点抓好重大项目的跟踪检查和监督。要加强投资管理，完善集中投资决策、分级授权管理体制，配套建立投资效益考核制度和分专业、分单位、分项目的投资效益标准与管理办法，形成保证股份公司整体效益最佳的投资决策管理机制。要加强产炼运销综合平衡工作，按照上下游一体化的思路，努力实现资源配置的规范有序、优化高效。加强统计、工程造价定额等基础工作，建立股份公司生产经营运行监测预警系统，完善计价依据和各类工程项目定额标准。规划计划工作要在更大范围和更高层次上发挥决策参谋、综合平衡和协调服务职能。

3. 推进和深化财务管理，进一步提高理财能力

财务管理要在基本规范和管理手段实现初步信息化的基础上，努力做到"两推进、两深化、两延伸"。两推进：推进财务集中核算，按照实现公司一套账核算、会计信息一次录入、报表一次生成的目标，在炼化企业已全面实现一级核算的基础上，今年油气田企业要基本实现一级核算；推进收支两条线，逐步实现资金的全额集中。今年要分别选择一些油气田、炼化和销售企业进行试点。两深化：深化预算管理，建立科学的预算模型和机制，提高预算的质量和水平；深化资产管理，建立一套职责明确、信息化、效益型的资产管理体系，盘活存量、优化增量、控制总量。两延伸：要向国内外资本市场延伸，通过有效的资本运营，促进公司的成长发展，增强公司的实力；要向生产经营的全过程延伸，使会计管理转变为管理会计，对生产经营全过程进行监督、控制和反馈，发现薄弱环节，提出改进措施。

4. 采取积极有效措施，推进三项制度配套改革

要按照国家三部委有关文件精神，在全公司逐步建立起符合现代企业制度要求，能够调动广大员工积极性的人事、劳动、分配制度。一是继续推行竞聘上岗制度，进一步形成和完善新的选人用人机制。二是继续完善业绩与薪酬挂钩考核办法，改革工资分配制度，形成更加有效的激励机制。在实行统一的基本工资制度的前提下，地区公司可根据自身的生产经营特点，采取灵活多样的分配方式。三是继续加大人力资源开发力度，推行全员培训，注重抓好高中级管理人员、高层次专家和高级技工的培训，不断提高员工队伍的整体素质。四是继续坚持减员增效的工作方针，把住入口，严格控制职工总量。

5. 进一步整合物资采办业务，加快实施电子商务

推行电子商务，是整合业务流程、实施管理创新、提升传统产业的重大举措。我们应该充分认识这项工作的重要性和必要性，大力推进电子商务的业务整合、职能到位和规范运作，加强对重点物资集中采购的管理和指导，不断增强能源一号交易平台的系统功能。在继续完善网上采购的同时，积极拓展网上销售业务，逐步建立起物资采购和产品销售的电子商务运行机制。今年，要实现网上采购126亿元、网上销售150亿元的工作目标。

6. 贯彻落实《中华人民共和国安全生产法》，坚持不懈地抓好安全管理

今年，要把贯彻落实《中华人民共和国安全生产法》作为重点工作，将安全生产纳入依法管理轨道。牢固树立安全第一的思想，明确一把手是安全生产第一责任人，对本单位的安全生产负总责。改革越是加大力度，生产任务越是繁重，越是要狠抓安全生产，不能有丝毫懈怠。要采取积极有效措施，从根本上解决管理松弛、责任不清和有章不循的问题，杜绝各类重特大事故的发生。要不断推进QHSE体系的建立和完善，使质量安全环保工作上升到一个新的水平。

继续强化内部审计工作，促进经营战略的实施和规范化管理水平的提高，确保公司经营目标的实现。将监察工作融入企业生产经营和管理工作中，坚持标本兼治，注重通过体制、机制和管理创新，加大从源头上预防和治理腐败的力度，切实把党风廉政建设的各项制度落到实处。要将"四五"普法工作推向深入，进一步提高全体员工、特别是各级领导干部的法律素质，增强法制观念，提高公司依法决策、依法经营和依法管理的水平。要做好总法律顾问试点工作，完善法律管理体制和工作机制，有效防范经营风险。

八、加强员工队伍建设　弘扬艰苦奋斗精神

加强员工队伍建设，首先要搞好党的基层组织建设，不断增强其凝聚力和战斗力。要采取多种形式，组织广大基层干部和党员深入学习贯彻十六大精神，用十六大精神统一思想，指导工作。要广泛开展以实践"三个代表"为主要内容的保持党员先进性的教育活动，全面提高党员队伍的素质。对于新建基层单位，以及在结构调整、持续重组中发生变化的基层单位，要及时建立健全党的组织，并注重在生产经营一线员工中发展新党员。每个党支部都要充分发挥战斗堡垒作用，共产党员要充分发挥先锋模范作用，团结和带领广大员工努力完成生产经营任务，积极投身各项改革，维护企业稳定。

加强员工队伍建设，关键是抓好领导班子建设。各级领导干部要加强政治理论、业务知识的学习，不断提高自身素质。当前特别是要按照十六大的要求，深入学习贯彻“三个代表”重要思想，成为勤奋学习、善于思考的模范，解放思想、与时俱进的模范，勇于实践、锐意创新的模范，真抓实干、廉洁自律的模范。要积极推行领导干部交流制度，使其通过多个岗位的锻炼和考验，不断提高驾驭市场经济和应对复杂局面的能力。

加强员工队伍建设，必须坚持以人为本。要加强员工队伍的思想和业务建设，搞好员工培训，鼓励员工刻苦学习科学文化，钻研业务技术，不断提高综合素质。尤其是销售企业要针对服务生产、面向市场的特点，大力加强营销队伍的建设和管理，树立新的形象。要尊重知识、尊重人才，科学合理地使用人才，做到用其所长、尽其所能，努力营造鼓励大家干事业、支持大家干成事业的良好氛围。要热情地关心员工，真心诚意地为广大员工谋利益，帮助他们解决工作和生活中的实际困难。要积极推进厂务公开，逐步完善企业民主管理，维护员工的合法权益。

加强员工队伍建设，当前要进一步弘扬艰苦奋斗精神。在全公司上上下下，大力提倡爱岗敬业的精神，引导和鼓励大家热爱本职，恪尽职守，立足岗位成才，在岗位上实现个人价值和人生理想；大力提倡拼搏奉献的精神，引导和鼓励大家坚忍不拔，埋头苦干，坚持革命精神和科学务实态度的统一，在利益关系的调整和变化中保持平和心态；大力提倡开拓创新的精神，引导和鼓励大家不断解放思想，积极进取，树立新的经营理念，提出新的发展思路，在各项工作中迈出新的步伐；大力提倡诚实守信的精神，引导和鼓励大家老老实实做人，认认真真办事，严守市场规则、职业道德和各项制度规范，为人处事始终能够让人信得过，感到靠得住。

健康向上的企业文化，对于建设一支高素质的员工队伍具有极为重要的作用。各地区公司和直属单位，要按照集团公司的统一部署，结合自己的特点，在继承大庆精神和石油战线优良传统的基础上，全面推进企业文化建设。

股份公司与存续企业是唇齿相依、相互依存的关系。股份公司的发展离不开存续企业的大力支持配合，存续企业的发展，也离不开股份公司主营业务发展的支持拉动。我们一定要从全局出发，主动搞好协调，妥善处理关联交易等方面的问题，实现股份公司与存续企业的合作双赢、共同发展。

同志们，公司的发展思路、今年的工作目标和安排部署都已经明确，任务艰巨，前景光明。我们一定要深入贯彻落实十六大精神，在集团公司党组的统一领导下，团结一致，继往开来，振奋精神，狠抓落实，努力开创股份公司改革发展稳定的新局面。

马富才同志在集团公司
2003年工作会议结束时的讲话

（2003年1月18日）

同志们：

这次工作会议开了四天，圆满完成了预定的各项议程，今天就要结束了。会议期间，大家结合实际进一步学习党的十六大、中央经济工作会议精神和吴邦国副总理的重要批示，听取并讨论了集团公司工作报告和阎三忠、陈耕同志的专题报告；李克成同志专门通报了党风廉政建设和反腐败工作情况；有关部门围绕会议精神的落实，召开了专门会议；大庆石油管理局、新疆油田分公司、吉化集团公司、华北销售公司、管道局、国际工程公司、大连石化公司等16个单位作了典型发言。在大家的共同努力下，会议开得很成功，真正开成了一个用十六大精神统一思想、振奋精神、谋划未来的会议，开成了一个团结奋进的会议。

会议期间，代表们紧紧围绕会议的主题，集思广益，热烈讨论，结合企业改革发展的实际，交流经验，畅谈未来，都感到收获很大。概括起来，主要有以下几点：

一是从中央的方针政策与集团公司改革发展实际的结合上，加深了对十六大精神的认识。这是会议的一个鲜明特点。在筹备这次会议过程中，党组就明确提出，要把深入学习贯彻十六大精神、全面推进具有国际竞争力的跨国企业集团建设作为会议的主题。通过这次会议，大家深入思考，开阔视野，在一些重大问题上加深了理解，有了新的认识，也进一步统一了思想。大家一致认为，十六大提出在本世纪头20年集中力量全面建设小康社会的宏伟目标，凝聚人心、催人奋进，将产生不可估量的号召力和鼓舞作用，也为石油石化工业的发展提供了宝贵机遇。我们要跟上时代发展的步伐，就必须不断增强紧迫感和责任感，在新世纪新阶段努力实现新的跨越；必须坚持把发展作为第一要务，按照“四个新”的要求，认真谋划本单位改革发展大计，精心研究和周密部署各项工作，推进企业在创新中发展，在全面建设小康社会中创造新的业绩；必须适应国民经济加速发展的需要，加快油气发展，努力实现新的攀登；必须尊重知识、尊重人才、尊重劳动，最广泛最充分地调动一切积极因素，凝聚各方面力量和智慧进行新的创业；必须加强和改进党的建设，强化思想政治工作，大力发展企业文化，为实现集团公司新的发展提供强有力的保证。

二是在“用时代发展的要求审视自己”的过程中，加深了对集团公司改革发展实践经验的认识。这次会议对集团公司组建五年来的工作进行了一次比较全面、系统的总结。这次总结与过去所不同的是，我们是以十六大精神为武器，站在时代发展的高度上，用一种新的视角，对过去工作的一种审视。通过总结，使我们更加清楚地认识到哪些方面需要继续坚持，哪些方面需要改进。大家认为，集团公司组建以来的五年，我们改革发展的历程是极其不平凡的，所产生的震动、引起的变化令人难以忘怀。这五年的工作实践充分说明，中央确定的国有企业改革发展的方针政策是完全正确的，我们所进行的一系列改革也是成功的，符合“三个代表”的要求和国有企业改革发展的方向，符合集团公司的实际，是沿着十五大和十五届四中全会确定的轨道前进的。昨天各单位的专题发言，也再次用生动鲜活的事实说明了这一点。这还将被今后的历史所证明。今后，我们一方面要继续坚持已被实践证明是成功的经验和做法，并且不断巩固和扩大已取得的成果；另一方面要根据十六大提出的新的更高要求，与时俱进，开拓创新，在更高水平上推进集团公司的改革和发展。

三是从全面建设小康社会的战略高度上，加深了对集团公司未来发展的认识。会议期间，与会代表讨论最为热烈的话题之一，是关于集团公司的未来发展问题，引起的反响很大。普遍认为，党组对未来发展的总体构想，体现了“四个新”的要求，表达了大家的愿望。把集团公司建设成为具有国际竞争力的跨国企业集团，是按照党的十六大精神，结合我国新世纪新阶段全面建设小康社会、推进社会主义现代化的新形势和集团公司的实际，在综合分析国际国内经济形势、深入分析石油石化行业面临的机遇和挑战的基础上提出来的，既符合国民经济发展对我们的要求，也符合经济全球化发展形势的要求，更是我们未来发展的自觉追求。这一目标，积极进取，鼓舞人心，不仅具有现实的基础，而且体现与时俱进精神，经过不懈努力完全可以实现。许多同志说，这次会议最为鼓舞人心的是集团公司未来发展目标的确立。这一新的目标和思路，使我们发展的道路更宽了，对未来改革发展的前景更加充满信心。大家一致表示，一定要振奋精神，与时俱进，团结奋斗，扎实工作，积极为实现集团公司未来发展目标做出新的更大贡献。

会议期间，大家积极建言，提希望，谈意见。特别是我们的各位老领导，不顾年迈体弱，坚持参加会议，继续贡献他们的经验和才智，再次体现了他们对石油的挚爱和对我们工作的关心与支持。

下面，根据会议讨论的情况和大家的建议，我再强调讲几个问题。

1. 关于主辅分离、辅业改制分流问题

为贯彻落实国家经贸委等八部委联合下发的《关于国有大中型企业主辅分离辅业改制分流安置富余人员的实施办法》，经集团公司党组慎重研究，决定出台一个推进这项工作的实施意见。对于辅业改制分流，大多数同志在讨论中认为是势在必行，但也有部分同志心存疑虑，担心在实施中会出现这样或那样的问题。这也是可以理解的。党组认为，这一改革难度的确较大，但是推进的决心不能动摇。

首先，要提高对实施主辅分离、辅业改制分流重大意义的认识。建立现代企业制度是国有企业改革的方向，实施主辅分离和辅业改制是大势所趋，不是干与不干的问题，而是如何干并干好的问题。党的十六大明确提出，要坚持和完善公有制为主体、多种所有制经济共同发展的基本经济制度，一方面必须毫不动摇地巩固和发展公有制经济，另一方面也必须毫不动摇地鼓励、支持和引导非公有制经济发展。这“两个毫不动摇”的要求具有普遍指导意义。我们石油石化企业的主辅业混在一起，其弊端已显而易见，就是主营业务突出不了，辅助业务也壮大不起来。集中精力突出做大做强主营业务是提升公司国际竞争力的根本途径，是发展之本、效益之源、实力之基。这一认识我们是清楚的。而我们的实际情况，特别是有些单位经营情况之所以还不够理想，其中一个重要原因是主辅不分。油气主营业务关系国民经济命脉和国家石油安全，必须牢牢掌握在国家手中，采取国有制的管理办法。其他辅助业务，则完全可以放开，从国有经济领域中退出，通过改制转变管理体制和经营机制，彻底为其松绑，放到市场经济的大海里，实行自主经营、自负盈亏，完全自己主宰自己。那样，会发展得更快更好。因此，实施主辅分离、辅业改制，既是国家对国有大中型企业的要求，是贯彻落实十六大精神的重要举措，也是搞好搞活国有企业、使主辅业都得到加快发展的重要抉择。对这个问题的理解，必须站在国家和集团公司大局的高度，立足于企业的长远发展，准确把握国家经济走势和政策取向，彻底摒弃旧体制、旧观念的束缚，抓住难得的历史机遇，充分利用国家和集团公司在税收、资金、资产、补贴、市场等诸多方面的优惠政策，实现辅业的体制创新、机制创新和管理创新。

其次，要加大集体企业改制工作的力度。目前，集团公司共有集体企业2164个，总资产237亿元，从业人员15万人，经营范围覆盖了第一、第二、第三产业。这几年，随着改革的不断深化，集体企业的矛盾越来越显性化，如果不及时解决，将会影响整个集团公司改革、发展和稳定的大局。因此，各单位要高度重视对集体企业的改革问题，以国有大中型企业实施主辅分离、辅业改制为契机，抓住机遇，把集体企业的改制分流工作一并纳入进去，加大工作力度，加快实施进度，积极向前推进。对集体企业的改制，基本形式是公司制改造，实现投资主体多元化，并尽可能一步到位，有的直接转变为民营或个体经济。在这一方面，地方企业的改造已经为我们创造了很多经验，前一段我们自己的试点也走出了一条很好的路子。对于集体企业改制分流的政策，如资产评估、债务处理、土地使用、对解除劳动关系员工的补偿等，力度可以更大一些，放得更宽一些。要借鉴南方和沿海地区的一些经验及做法，打破一切旧的条条框框，大胆推、放手改，力求有大的突破。

第三，辅业改制分流与发展非油产业统筹考虑，借以繁荣和发展矿区经济。在讨论中，不少单位提出积极发展非油产业的问题。资源型行业发展替代产业，功在当代，利在千秋。但是，发展第三产业、搞多元开发，要走出一条全新的路，即鼓励、支持非公有经济向这方面发展。对我们来说，就是鼓励、支持辅业改制企业和集体改制企业及个体兴办各种矿区服务业，发展非油经济企业，把矿区经济真正繁荣起来。否则，仍由我们直接去办去管，搞起来的仍会是依附于主业的附属物，用不了多久，还得返回头走改制分流的路子。那样的历史错误，我们无论如何不能再犯了。

第四，要科学制订方案，积极稳妥地推进。各单位要把实施主辅分离、辅业改制分流工作放到重要的议事日程，认真设计，精心组织，周密部署，扎扎实实地做好各方面的工作，确保有计划、有步骤、有成效地开展。要按照集团公司的实施意见，根据企业的发展定位和实际，确定好改制分流的范围，搞好科学论证，制订严密可行的实施方案。尤其是对改制分流的多种有效实现方式、相关配套政策措施等重要问题，要深入细致地加以研究，切实把实施中可能出现的情况和问题考虑周到，使具体的操作办法十分完备，同时先进行试点，取得成功经验后再在面上推开，以保证推进工作当中不出现大的偏差，努力做到规范操作，平稳运行，富有成效。

第五，要克服畏难情绪。连年的改革，感到疲惫不堪；众多的矛盾和困难，使人有点望而生畏；更有众说不一，心里多少有点不快。所有这些，党组非常理解大家。我们是党的干部，所进行的是党的事业，为石油工业的发展及综合国力的提高，我们要更加努力，时不我待。还是同志们说得好，“只要奋斗就能生存，只有创新才能发展”，“机制活，一活百活；管理强，一强百强”。让我们挺起腰杆，按照十六大精神把改革继续推向前进。

2. 关于关联交易问题

从三年多来的实际情况看，大家对关联交易的认识在逐步提高，遇到的矛盾和问题正在逐步得到解决，运作的方式也正趋于规范，尤其是整体发展、合作双赢的理念进一步形成。这是在集团公司党组的统一领导和部署下，股份公司与地区服务公司的干部职工胸怀全局、立足长远、密切合作、共同努力的结果，为我们更好地谋划公司未来发展、全面推进具有国际竞争力的跨国企业集团建设奠定了坚实的基础。但是，从各方面反映的情况来看，关联交易中的矛盾和问题依然存在。对这个问题，几乎年年都讲，强调得比较多，有些单位做得比较好，有的则总是争论不下，耗费了很大精力，也影响了队伍的情绪，需要进一步引起重视。

要正确认识和处理好关联交易中单位间的协作配合与市场开放的关系。我认为，关联交易不应该成为一个难点，恰恰相反，应当成为内部协作配合与扩大市场开放的一个结合点。结合得好，双方都受益；结合得不好，工作进度和效益都会受影响。今后，关联交易双方都应当把劲用在如何搞好这个结合上。各有关单位要自觉站在顾大局、讲合作、促双赢、共发展的高度，正确处理好双方协作配合与内部市场开放的关系。市场开放不等于允许无序竞争，更不是排斥和限制，而是通过市场化运作，促使大家不断提高服务质量和服务水平。对地区服务公司来说，以自己的实力牢牢占领住市场；对于股份公司而言，选择各方面更合适的队伍。今年技术服务市场招投标的力度还要进一步加大。大家要充分认识到，在扩大市场开放过程中，更要强调内部的协作配合，真正做到双赢互利，共同发展。形成战略合作伙伴，共同解决技术难题，也是国际上大的油公司和技术服务公司的通行做法，合同可以一签几年，有利于服务公司对技术的投入，有助于双方的协同一致，提高油气勘探开发水平。双方协作配合越紧密，应对市场风险的能力就越强。这正是我们集团公司集油气生产经营和工程技术服务为一体的优势。我们要充分运用这一优势，根据油价走势，调整对油气及相关产业的投入，最终受益的是整个集团公司。各单位、各部门要从维护集团公司的整体利益出发，妥善处理内部协作配合与扩大市场开放的关系，向协作配合要效益。

要强化监督检查，确保关联交易规范运作。党组已经研究决定，在原来地区公司层面上建立协调制度的基础上，今年在集团公司总部建立协调小组，定期研究、及时解决关联交易和市场开放中出现的矛盾和问题。科学合理的价格体系是保证关联交易正常进行、市场健康运作的基础，有关部门要加快各专业定额的编制和修订工作，尽快出台，并在执行中逐步完善。在关联交易运作过程中，对于生活服务、生产服务等工作量稳定、价格争议不大的关联交易项目，尽可能延长合同期限，以减少管理成本。要继续严格执行“一级审查，一级发证”的市场准入制度，市场管理部门要切实负起责任，严格把关。彻底清理不符合资质要求的队伍，净化市场环境，确保有序竞争。市场管理部要协同股份公司有关部门一起，按照国家有关规定，结合我们的实际，进一步完善招投标管理办法，规范合同文本，加强对关联交易工作的监管，规范管理与运作。总部协调小组还要建立检查监督制度，定期抽查、监督交易双方的运作情况，并作为对有关干部考核的一项内容。

要大力开拓外部市场，努力缓解内部市场的压力。集团公司内部市场的空间毕竟有限，大家挤在一起都来争吃这块“蛋糕”，谁都吃不饱，并且还引起许多矛盾和纠纷。从集团公司到各地区服务公司，都要认真研究这一问题，采取政策引导措施，调整、优化市场和队伍的配置，把外部市场的“蛋糕”做大，使大家都有饭吃，并且吃饱吃好。继续发挥专业公司和地区服务公司两个积极性，共同扩大外部市场。除集团公司以外的行业和社会市场外，国际工程公司要发挥主力军作用，组织大家大踏步地向国外挺进。搞国际化经营，需要学习和掌握许多新的东西，需要吃很多苦，一旦跨出去了，就会看到生存发展上的新天地，展现出新的舞台。

3. 关于进一步做好稳定工作的问题

稳定工作的弦任何时候都不能放松。维护稳定事关改革发展的大局，是我们集团公司当前和今后一个时期一项重大而又艰巨的任务。对于集团公司的稳定工作，各单位做了大量卓有成效的工作，积累了许多经验，取得了很大成绩。特别是各级领导同志为了维护稳定，日夜操劳，殚精竭虑，付出了很大心血，集团公司党组非常感谢大家，并希望大家继续毫不放松地做好这项工作。要清醒地看到，目前集团公司稳定的形势不容乐观，尤其是下一步随着各项改革力度的不断加大，如推进企业主辅分离、改制分流，深化分配制度、住房制度改革等，涉及职工利益关系调整的问题还会不断出现，稳定工作将面临严峻的考验。各单位领导同志特别是党政一把手，一定要充分认识到稳定任务的艰巨性，采取切实有效的办法，把各项稳定措施落到实处，努力做到既要坚定不移地推进各项改革，又要确保一方平安。

维护好企业稳定，首要的是稳定人心。人心稳，一稳百稳；人心顺，一顺百顺。稳定人心，首先是要向广大干部职工大力宣传集团公司和各单位改革发展的好形势，特别是宣传好这次会议上确定的未来发展目标，让大家看到更好的未来发展前景，鼓舞士气，振奋精神，凝聚人心。同时，针对那些引起职工队伍思想波动的一些说法、纯属谣传的东西，要有根有据地予以澄清，教育大家不要轻信谣传。要认真做好群众上访的受理工作，热情接待，依照法律、法规和政策规定，及时化解。对幕后策划者和有意造谣者，决不轻饶。

要按照矛盾不上交、不扩散的原则做好息访工作。面对新的稳定形势和要求，各单位要进一步落实稳定工作责任制，完善稳定工作运行机制，深入做好排查工作，及时化解各种不稳定因素，坚决防止矛盾的积累和扩大，把不稳定问题化解在基层，化解在萌芽状态。对各种容易引发不稳定的因素，比如有偿解除劳动关系人员的失业保险金发放、医疗保险的接续问题，要积极与当地政府联系，研究解决好他们的问题；对内退人员的养老保险问题，我们要专门研究，拿出办法；家属问题是历史遗留问题，郑总已给大家作了安排；而对技校毕业生就业、子女就业等，决不能开新的口子，一定要用市场的办法去解决。最近中央又紧急通知，防止转业军人跨地区串联，避免在春节和两会期间集体上访，请大家务必做好工作。对特困职工，组织上要给予帮助。

要建立和完善地区稳定工作的协调机制，从组织上、领导上和机制上为企业稳定工作提供保证。要在统一认识、统一解决办法的基础上，加强与地方政府的联系和沟通，企地联手构筑坚强严密的稳定工作网络。这里特别需要强调的是，在同一区域内，各家都要自觉维护政策的严肃性和统一性，不能各行其是。对于涉及利益关系调整的改革，同一地区内的各单位应当事先进行充分沟通和协商，使改革方案和有关政策符合各家的实际，而不是仅仅符合某一家的实际，要形成统一的共识和做好充分准备后再出台。关于地区协调机构的问题，讨论中大家提出也能够像大庆一样，成立地区协调小组，统一组织和协调党的关系、政策、对外、稳定、突发事件、关联交易等重大问题。对这个问题，我们要在大庆试点的基础上，逐步完善，再在部分地区推开。

要十分谨慎地处理好不同群体间的各种利益关系。随着改革的不断深化，企业内部的经济成分、组织形式、就业方式和收入分配等日趋多样化，由此形成了不同的利益主体，利益格局发生了重大调整和变化，利益关系比过去更加复杂。特别是同一矿区内股份公司与地区服务公司、在职职工与解除劳动关系人员、在岗人员与下岗待岗人员、管理人员与一般工人等，共同生活在一个区域内，作为不同的利益群体，他们有共同的向往和追求，同时又面对着不同的客观现实。能否妥善处理他们之间的利益关系，直接关系到企业的改革、发展和稳定。在分配制度改革中，要瞻前顾后，在拉开分配档次、建立新的激励约束机制时，必须考虑方方面面的承受能力。

4. 关于会议精神的贯彻落实问题

这次工作会议，对于做好今年的工作和推进具有国际竞争力的跨国企业集团建设有着极其重要的意义。在贯彻落实工作会议精神中，各单位要坚持与深入学习贯彻党的十六大精神结合起来，与本单位的工作实际结合起来，求真务实地抓，卓有成效地做，真正使贯彻落实会议精神的过程成为统一思想认识的过程，成为充分调动广大干部职工积极性和创造性的过程。

党组在会后还要进行专门的分工，就会议提出的各项任务进行具体的落实。比如“走出去”目标的制定、措施的落实，“两个转变”的规划及指标、措施的制定，各项改革的具体组织，管理增效年活动的落实，“形势、目标、任务”主题教育活动的开展，产业结构的调整等等。希望各单位、各部门要站在贯彻落实十六大精神的高度，站在新世纪、新阶段实现集团公司新跨越的高度，认真学习好会议文件，把握好对会议精神的理解，结合本单位、本部门的实际，在不同层面上广泛深入地进行讨论，做好全员统一思想的工作。要把工作着眼点放在“四个新”的要求上，按照集团公司的总体部署和要求，深入研究新情况、新问题，落实新目标、新任务，提出切实有效的办法和措施，创造性地开展工作。要在定性认识的基础上提出量化的目标，定性的认识主要体现在对本单位改革发展形势的正确判断上，体现在工作的思路上，总体目标和思路确定后，要分解目标，量化指标，明确进度要求，并层层落实下去，及时进行监督、检查和考核。我们相信，经过大家的共同努力，正像吉化集团公司在发言中所讲的，“树立信心，立下恒心，上下同心”，我们的目标一定能够实现。

同志们，春节即将到来，各单位要按照中办、国办通知要求，认真做好节日期间的各项工作。要切实重视和加强节日期间的安全生产，落实好领导值班制度，对生产的要害部位和重要施工场所，重点组织检查，及时发现和消除事故隐患，防止和杜绝重大事故的发生。要精心安排好节日期间职工群众的物质文化生活，特别是多关心职工群众尤其是离退休、老弱病残、下岗和生活困难职工的生活；组织好对坚守在生产第一线当班职工、军烈属的慰问工作，保证广大职工过一个祥和、愉快的春节。各级领导干部要认真遵守有关纪律和规定，自觉严格要求，廉洁自律。特别是不要层层向上级领导拜年，而是要走下去，到基层去，到一线去，到困难职工中去，给广大职工群众拜年。

在这里，我代表集团公司党组和集团公司，向在座的同志们并通过你们向全体干部职工、家属和离退休老同志提前拜年。祝愿大家新春快乐，身体健康，工作顺利！

专　稿

中国石油天然气集团公司工作会议在北京召开

2003年1月15—18日，集团公司工作会议在北京召开。集团公司领导马富才、阎三忠、黄炎、吴耀文、任传俊、陈耕、苏树林、郑虎、李克成、贡华章出席会议。老领导王涛等出席了大会。集团公司、股份公司机关及来自石油企事业单位的主要负责人260多名代表参加了会议。马富才总经理作了题为《深入贯彻落实党的十六大精神全面推进具有国际竞争力的跨国企业集团建设》的工作报告，吴耀文副总经理主持会议。

集团公司工作会议受到党中央、国务院的高度重视，中央政治局常委、国务院副总理吴邦国致信集团公司，向集团公司全体干部、职工表示敬意，对集团公司取得的成绩表示肯定，对今后的改革发展提出了殷切的期望。

这次会议主题是：深入贯彻落实党的十六大和中央经济工作会议精神，以“三个代表”重要思想为指导，总结过去五年的工作，谋划未来的发展，安排部署今年的任务，进一步动员广大干部职工解放思想、实事求是，与时俱进、开拓创新，全面推进具有国际竞争力的跨国企业集团建设，努力推动集团公司实现新的跨越。

马富才在回顾集团公司组建以来的工作时指出，集团公司自1998年组建以来的五年，是我们坚持深化改革、实施战略性重组，使集团公司管理体制发生脱胎换骨的重大变化，生产经营全面步入市场化运作的五年；是推进结构调整、优化资源配置，在主辅分离中优势产业获得快速发展，公司实力得到快速提升的五年；同时也是广大干部职工发扬主人翁精神，顾全大局、奋力拼搏，与企业同呼吸、共命运，经受改革和市场风浪考验，为加快石油石化工业发展做出重大贡献的五年。主要体现在以下九个方面：(1)是坚持深化改革，实施持续重组，管理体制和运行机制发生根本性变革。(2)是加强战略管理，形成了具有长远指导意义的工作目标思路和措施。(3)是坚持以发展为主题，突出油气主营业务，优势产业保持良好发展势头。(4)是注重经济结构调整和资源优化配置，整体竞争能力有质的提高。(5)是坚持立足国内、拓展海外的方针，在利用“两种资源、两个市场”方面取得重大进展。(6)是大力实施技术创新战略，技术创新能力显著增强。(7)是以培养和选用能够担当改革发展重任的企业领导人员为目标，注重素质和能力的提高，领导班子和干部队伍建设取得显著成效。(8)是坚持“两手抓、两手都要硬”的方针，保持了两个文明建设协调发展。(9)是努力维护职工群众的根本利益，矿区环境和职工生活条件明显改善。

马富才在报告中提出了2003年工作的主要目标：经济效益稳定增长，油气和炼化业务继续保持较快发展，企业改革有新的突破，管理成效更加明显，职工生活水平进一步提高。为实现上述目标，要认真做好以下重点工作：(1)要求要按照全面建设小康社会的奋斗目标和提升国际竞争力的战略部署，精心谋划集团公司的未来发展。(2)要立足当前，重点突破，聚精会神地抓好主营业务的发展并带动相关产业的振兴。(3)要深化企业改革，推动结构调整，在体制和机制创新上迈出更大步子。(4)要广泛开展“管理增效年”活动，努力提高科学管理水平。(5)要高度重视和抓好技术创新工作，在科技攻关和新技术新工艺应用上取得更大的进展。(6)要正确处理生产和生活的关系，积极改善职工的工作和生活环境。

马富才就关于加强党的建设和精神文明建设提出总的要求，坚持用十六大精神统一思想认识，统领思想政治领域的各项工作，调动全体干部职工的积极性和创造性，为推动集团公司改革发展、实现新的跨越奠定坚实的思想政治基础。

马富才在总结大会上，重点讲了四个方面的问题：(1)关于主辅分离、辅业改制分流的问题。(2)关于关联交易问题。(3)关于进一步做好稳定工作的问题。(4)关于会议精神的贯彻落实问题。

会议期间，大家结合实际进一步学习党的十六大、中央经济工作会议精神和吴邦国副总理的重要指示，并讨论了马富才作的工作报告和阎三忠、陈耕作的专题报告，李克成通报了党风廉政建设和反腐败工作情况。大庆石油管理局、新疆油田分公司、吉化集团公司等16个单位作了典型发言。

中国石油天然气集团公司人事工作会议在京召开

2003 年 2 月 26—28 日，集团公司召开人事工作会议。集团公司领导马富才、郑虎、李克成出席会议并讲话。集团公司、股份公司有关部门负责人、各企事业单位分管人事工作的领导和人事部门的负责人参加了会议。

这次会议的主要任务是：认真贯彻落实党的十六大、全国组织工作会议、中纪委第二次全体会议和集团公司工作会议精神，以"三个代表"重要思想为指导，总结过去五年的组织人事工作，明确今后一个时期组织人事工作的总体思路，安排部署 2003 年的工作任务，努力开创新时期组织人事工作的新局面。

马富才在讲话中对人事工作 5 年来取得的成绩给予了充分肯定，并就进一步做好人事工作提出五点要求：(1) 人事工作要紧紧围绕新时期集团公司改革发展的中心任务进行。(2) 继续把加强领导班子建设和干部队伍建设放在突出位置，着重在提高素质、优化结构和增强能力上下功夫。(3) 大力实施人才强企战略，努力创造人才辈出、人尽其才的良好环境。(4) 进一步深化干部人事制度改革，争取有更大的发展。(5) 根据企业改革发展需要，进一步加强人事工作队伍的自身建设。

会上，郑虎作了题为《坚持人才强企，努力开拓创新，为实现集团公司新跨越提供组织人才保证》的工作报告，李克成传达了全国组织工作会议和中纪委第二次全体会议的精神。大庆石油管理局等 10 个单位交流了在人事制度改革、领导班子建设等方面取得的成绩和经验。

会议确定了紧紧围绕实现"两个转变"，建设具有国际竞争力的跨国企业集团的目标，以加强领导班子建设和高素质经营管理队伍建设为重点，继续深化人事、劳动、分配制度改革，进一步调整队伍结构，努力建设高素质的经营管理人才、专业技术人才和操作技能人才队伍，不断开创人事工作的新局面，为集团公司的改革发展提供强有力的人才支撑和组织保证的工作目标。

（朱树振　周凤兰）

2003 年勘探技术座谈会在北京召开

2003 年 3 月 11 日，中国石油 2003 年勘探技术座谈会在北京召开。集团公司总经理、股份公司董事长马富才出席会议并作重要讲话，股份公司总裁陈耕主持会议。集团公司和股份公司领导任传俊、郑虎、李克成、王福成、刘宝和、贾承造、李怀奇出席会议。老领导唐克、王涛、邱中建及 20 多位老院士、老专家应邀参加会议。13 个油气田分公司、中国石油勘探开发研究院、东方地球物理公司等单位的主要领导和中国石油天然气股份有限公司勘探部门的负责同志参加了会议。

集团公司总经理、股份公司董事长马富才在讲话中首先对股份公司三年来油气勘探取得的成果给予充分肯定，对为油气勘探工作做出贡献的同志们表示感谢。在分析中国石油油气勘探工作面临的形势和肩负的使命时说，在新的发展时期，中国石油的勘探系统职工面临着严峻考验。这次会议要围绕集团公司工作会议提出的油气勘探要实施战略性展开，在寻求大发现、寻找新的资源接替阵地和实现高效开发上取得新的突破的要求，运用新的思维方式，提出新的发展思路，在勘探上实施战略甩开，实现新的突破，为集团公司今后的发展奠定资源基础，为国民经济的发展做出新的贡献。

会议表彰了勘探系统 40 名在 2001—2002 年度勘探项目中成绩优异的先进工作者和 14 个获得 2002 年度油气勘探重大发现奖的单位。集团公司和股份公司领导向获奖单位和个人颁了奖。

（尚　真　王万梅）

中国石油天然气集团公司取得抗"非典"的胜利

2003 年春天，突如其来的"非典"，引发了一场全国性抗击"非典"的斗争。中国石油天然气集团公司作为全国最大的工业企业，在这场没有硝烟的战斗中，从总部机关到各企事业单位不折不扣地执行党中央、国务院的决策部署和当地政府的工作安排，采取果断措施积极应对，一手抓防治“非典”，一手抓生产经营，努力争取双胜利。

“非典”疫情发生后，集团公司党组高度重视，将其作为一项重大政治任务来进行研究和部署，并采取了一系列切实有效的措施。4月19日，集团公司接到中办、国办《关于切实加强领导，进一步做好非典型肺炎防治工作的通知》后，马富才总经理随即作了四条批示（1）提高认识，坚定信心，与全国人民一道坚决打好“非典”防治这场战役。（2）加强领导，明确责任，扎实有效地做好“非典”防治工作。（3）抓住重点，强化措施，坚决切断传染源。（4）加强宣传，正确引导，不断提高职工群众的自我防护能力。

党组专门召开会议，研究决定成立由郑虎副总经理任组长的集团公司非典型肺炎防治工作领导小组，统筹负责全系统和总部机关、在京单位“非典”防治工作，并对做好“非典”防治工作做了部署。要求各级领导必须亲自抓“非典”防治工作。设立联络员及建立疫情报告制度，严密监视疫情。加强“非典”防治和紧急情况应对措施，让每个职工树立起自觉防治“非典”的意识。集团公司在各级管理层筑起一道坚实的防治“非典”责任防护墙。

为支持全国非典型肺炎防治工作，集团公司决定向卫生部、北京市人民政府捐款2000万元。其中，1200万元捐赠给卫生部，800万元捐赠给北京市用于防治“非典”工作。企事业单位亦分别向地方捐款捐物。

马富才总经理、郑虎副总经理带领北京医学专家赴石油中心医院慰问，并听取工作汇报。医院有6人获得当地政府有关部门的表彰奖励，有5名白衣战士火线入党。

“非典”疫情的暴发，给集团公司的生产经营工作造成很大不利，其中成品油销售和海外项目施工方面受到的影响最大。根据党中央和国务院的要求，集团公司下发《关于进一步做好非典型肺炎防治工作，确保生产经营正常运行和职工队伍稳定的通知》，要求各单位在认真做好“非典”防治工作，统筹安排好各项工作，确保企业改革、发展和稳定工作的顺利进行，确保正常的工作秩序。各企事业单位领导恪尽职守，合理安排，精心组织，使防治“非典”和生产经营的工作都取得令人满意的成绩。

（朱树振　周凤兰）

中俄两国最大的一项原油贸易合同签署

2003年5月28日，在中国国家主席胡锦涛访问俄罗斯期间，中国石油天然气集团公司总经理马富才和俄罗斯尤科斯石油公司董事长霍多尔科夫斯基共同签署了《关于“中俄原油管道原油长期购销合同”基本原则和共识的总协议》，并联合举行了新闻发布会。与此同时，中国联合石油有限责任公司和俄罗斯尤科斯石油公司还签署了一项价值约11亿美元，共600万吨的《原油铁路购销合同》。这是中俄两国最大的一笔原油贸易合同。

中俄原油管道项目是目前两国最大的经济合作项目。在平等互利的基础上，实施中俄原油管道项目，符合两国政府和人民的共同利益。5月7日，两国元首会谈再次强调了实施中俄原油管道项目对于两国经贸合作的重要性，并在两国元首共同签署的联合声明中重申，建设中俄原油管道和实施其他大型油气合作项目是巩固两国能源合作的基础。该项目投产后5年内，每年可实现原油贸易2000万吨，以后增加到每年3000万吨。中俄关于600万吨原油的铁路购销合同是两国迄今最大的一笔原油贸易合同。

外交部副部长刘古昌、国家发展和改革委员会副主任张国宝、中国石油天然气集团公司总经理马富才，以及俄罗斯联邦外交部副部长洛修科夫、能源部副部长尼泽尔斯基等出席了签字仪式。

总经理马富才在签字仪式上接受新闻媒体采访时说：中俄原油管道项目的优势，一是线短、投资少、风险低，具有明显的投资优势和效益优势；二是中方有巨大的石油市场，俄方有丰富的石油资源。这条管道建成后可为俄方提供稳定的市场，为中方提供一个稳定的油源；三是中俄原油管道项目对双方都有利，是互利合作项目。

股份公司2002年度股东年会在北京召开

2003年5月28日，股份公司2002年度股东年会在北京召开。吴耀文副董事长作为大会主席主持了会议，与会人员有公司股东代表或股东代理人、董事、监事和董事会秘书。公司管理层有关成员、普华会计师事务所及金杜、年利达和谢尔曼律师事务所的代表列席了会议。

本次股东年会共有八项议程：（1）审议并批准《公司2002年度董事会报告》；（2）审议并批准《公司2002年度监事会报告》；（3）审议并批准《公司2002年度财务会计报告》；（4）审议并批准《公司2002年度利润分配方案》；（5）审议并批准《关于授权董事会决定公司2003年中期利润分配方案的议案》；（6）审议并批准《关于聘用公司2003年度境内外会计师事务所的议案》；（7）审议并批准《关于发行中国石油企业债券的议案》；（8）审议并批准《关于选举公司三名董事的议案》。股东年会分别通过了上述八项议案，并形成了股决字［2003］1号决议文件。会上，监事会主席李克成宣读了《中国石油天然气股份有限公司2002年度监事会报告》和《中国石油天然气股份有限公司关于聘任2003年度境内外会计师事务所的议案》，分别获大会通过。

（尚　真　王万梅）

中国石油天然气集团公司企事业单位领导干部电视会议在京召开

2003年7月15日，集团公司企事业单位领导干部电视会议在京召开。集团公司领导马富才、吴耀文、任传俊、陈耕、苏树林、郑虎、李克成、贡华章等出席会议，集团公司、股份公司各部门主要负责同志，在京单位党政主要负责同志等在北京主会场参加会议，所属各企事业单位的领导干部分别在各分会场收看电视会议。马富才总经理作重要讲话，吴耀文副总经理主持会议。

马富才指出，今年以来，面对国际油价起伏较大以及遭受“非典”疫情灾害等不利因素，集团公司广大干部职工团结一致，锐意进取，有效控制和减少了各种不利因素的影响，主要生产经营指标均完成得比较好。至6月底，生产原油5954万吨、天然气130亿立方米，加工原油4750万吨，国内销售成品油2733万吨；生产乙烯、丙烯、尿素、三大合成材料、聚酯等主要化工产品535万吨，实现销售收入1912.7亿元，税费417.1亿元，利润438.7亿元，同比分别增长31.2%、42.6%和109.1%。

马富才指出上半年成绩主要表现在以下几个方面：（1）注意寻求大突破、大发现，积极实施产量结构调整，油气勘探开发工作的整体运行质量有了新提高。（2）调整结构，强化管理，炼油化工及销售业务全面实现扭亏为盈。（3）精心搞好项目运营，大力拓展市场，海外经营获得新成果。（4）加快调整步伐，加大技改力度，工程技术服务整体竞争力明显增加。（5）突出重点，狠抓落实，企业改革与管理工作取得新进展。（6）有效组织攻关，合理配置资源，技术能力进一步提升。（7）认真学习贯彻十六大精神和“三个代表”重要思想，思想政治工作和精神文明建设有新的起色。

马富才强调下半年工作的总体要求是：深入贯彻党的十六大精神和“三个代表”重要思想，按照年初集团公司工作会议的部署，紧紧围绕全面建设具有国际竞争力的跨国企业集团目标，以积极进取的精神，加快工作节奏，科学合理地组织力量，强化重点和关键环节的保障措施，千方百计把“非典”造成的损失夺回来，全面完成今年的各项任务，努力创造出新的业绩。主要是做好以下工作：（1）聚精会神地抓好生产经营，最大限度挽回“非典”影响所造成的损失。（2）积极推进跨国企业集团建设，把“两个转变”工作做扎实。（3）继续深化改革，优化结构，强化管理，努力营造加快发展的良好条件环境。（4）用“三个代表”思想统领党的建设和思想政治工作，在全集团公司迅速兴起学习贯彻“三个代表”重要思想新高潮。

马富才最后强调，下半年集团公司改革、发展、稳定的任务都很繁重，我们一定要以积极进取的姿态，勇于挑起重担，敢于迎接各种挑战，团结一致，奋发努力，扎实工作，坚决夺取全年生产经营和各项工作的新胜利。

（朱树振　周凤兰）

整治油气田及输油气管道生产治安秩序专项行动取得显著成效

针对全国油气田及输油气管道企业涉油案件逐年增加，油区生产治安秩序日益复杂的严峻形势，2003年7月25日，国务院召开了全国整治油气田及输油气管道生产治安秩序专项行动电视电话会议，中央政治局委员、书记处书记、国务委员、公安部部长周永康同志作了重要讲话。公安部、国家发改委等八部委联合下发了专项行动方案。

全国专项行动电视电话会议召开之后，集团公司高度重视，迅速成立了以集团公司副总经理、党组成员、股份公司高级副总裁苏树林为组长，集团公司、股份公司有关部门参加的专项行动领导小组，制订了专项行动方案，确定了工作目标。7月29日召开了集团公司专项行动电视会议，认真传达贯彻周永康同志的重要讲话精神，对专项行动进行了周密部署和安排。

苏树林在讲话中要求：各单位要充分认识开展这次专项行动的重要性和紧迫性，切实把这项工作作为一项十分重要的政治任务抓紧抓好；要迅速开展涉油违法案件“六项”清查工作，积极提供案件线索，主动配合当地政府和有关部门严厉打击各类违法犯罪；要认真开展内部治安保卫工作“六个方面”大检查，切实加强内部防范管理工作，建立长效保护机制；要加大宣传力度，形成强大的舆论声势，达到教育群众震慑罪犯的目的。最后苏树林强调指出，这次公安部等八部委联合开展的专项行动，对我们整治油气田和管道沿线生产治安环境是一次难得的机遇。我们一定要认真贯彻国务院专项行动电视电话会议和周永康同志的重要讲话精神，全面贯彻“三个代表”的重要思想，团结一心，扎实工作，努力为加快集团公司的发展创造良好的生产治安环境，为国民经济的发展做出更大的贡献。

各油气田和输油输气管道企业迅速行动，成立组织，积极部署，做到了认识到位，领导到位，工作到位，企地联手，重拳出击，有效打击了犯罪分子的嚣张气焰，使油气田和管道沿线生产治安秩序明显好转，专项行动成效显著：

（1）破获了一大批涉油违法案件，初步遏制了涉油案件上升的势头。据统计，专项行动中，共破获涉油案件2341起，摧毁犯罪团伙123个，查处各类涉油违法犯罪分子1941人，查扣盗油车辆1398台，收缴油品9784吨，为企业挽回经济损失8499.9万元。打孔盗油、开井放油案件分别比2002年同期下降53.23%和49.98%。

（2）取缔了一批危害油气生产安全的非法炼油厂点和其他寄生性厂点。在专项整治行动期间，清理非法经营小炼油厂、废旧物资收购点以及摧毁土炼油炉和化油点共计752座，取缔窃电、窃气厂点2553处。

（3）清理占压管道违章建筑物的工作有一定进展。通过集中整治，共清除违章占压输油气管道的各类市场、民房、厂房等建筑物3494处。

（4）大庆、吉林等地利用火车盗运原油问题得到有效遏制；西气东输管道占压除江苏省外都已基本解决；华北、辽河等油田盗电问题得到有效治理。

通过各级领导和广大石油员工的共同努力，在党中央、国务院各部委和地方各级党委、政府以及公安等部门的大力支持下，企地关系得到进一步改善，油气生产建设的外部环境明显改观。出现了企地双方联防、联治、联建，共同探索建立长效机制、维护油区治安的良好局面。有15个基层单位和61名员工被评为全国整治油气田及输油气管道生产治安秩序专项行动部际协调机制先进集体和先进个人。

中国石油2003年中期路演获得成功

2003年8月27日，股份公司在香港发布了上半年的经营业绩：公司6个月创造净利润386.19亿元人民币，较2002年度同期上升102.45%。业绩公布后，集团公司副总经理、股份公司总裁陈耕及股份公司执行董事、副总裁王福成率领中期路演团，分两队先后赴美国、英国、德国等国家和地区开始了历时16天的路演推介活动。

在路演推介活动中，投资者普遍对中国石油中期业绩给予了高度评价，对中国石油管理层的工作给予充分肯定。投资者对中国石油中期盈利超出市场预期、在高油价下仍坚持加强管理、控制成本、油气产量稳定增长、天然气与管道业务快速发展、炼化业务盈利大幅上升以及持续稳定的分红政策等都给予较高的评价，认为股份公司是一家诚信、稳健、高效的公司。

在欧洲，多家投资者赞誉：“中国石油股票已成为欧洲投资者心目中明星级股票。”年初，巴菲特投资中国石油曾引起资本市场的震动。投资者认为，巴菲特对中国石油的青睐，不仅提升了公司价值，带动了同类股价和整个H股的提升，而且使中国石油开始成为被资本市场认可的国际化公司。路演期间，9月刊出的《亚洲货币》杂志将中国石油评为2003年亚洲能源行业最佳治理公司，为此次中期路演锦上添花。

路演的成功带来股价持续攀升。2003年年初，中国石油股价还徘徊在每股1.55港元，10月13日已上升至2.85港元，涨幅达83.87%。中国石油的股票已成为本年度香港股市中升幅最大的股票之一。正如巴菲特所说：“中国是为数不多的亮点之一，投资中国企业将是一个不错的选择。”

忠县—武汉天然气输气管道工程开工仪式在宜昌举行

2003年8月28日，忠县—武汉天然气输气管道工程开工仪式在宜昌举行，股份公司高级副总裁苏树林在宜昌市宜都红花套施工现场下达开工令，忠县—武汉输气管道工程全面开工。这是继西气东输工程之后，股份公司投资建设的又一条长输天然气管道。从30年前开始规划到今天全面开工，标志着中国几代石油人“川气出川”的梦想将成为现实。

忠县—武汉输气管道是国家计划建设的重点基础设施项目，是连接川渝盆地和湖北、湖南两省的一条能源大动脉。这个项目经过5年筹备，工程包括重庆忠县至湖北武汉干线管道，以及荆州至襄樊、潜江至湘潭、武汉至黄石3条支线，管道总长度为1347.3千米。管道沿途经重庆市、湖北省16个县级以上行政区，计划2004年12月30日实现干线、襄樊支线、黄石支线投产运行，向武汉及沿线用户商业性供气，2005年7月1日实现湘潭支线投产运行，向长沙及沿线用户商业性供气。在川渝盆地所拥有的天然气资源量，除能满足川渝地区目前和今后可能新增的需求外，具备外输及稳定供气条件。

忠武线施工难度大，将4次穿越长江，7处跨越，另外，穿越大中型河流42处，开凿山区隧道26条，沿途经过川东南与鄂西410千米山地和两湖水网，山地高差大，并有崩塌、滑坡、岩溶、泥石流等不良地质现象。江汉平原地势低洼，人口稠密，河流、池塘、湖泊星罗棋布。忠武输气管道的开工建设，对于促进湖北、湖南两省及重庆市地方经济建设、改善能源结构、提高人民生活质量，对于中国石油天然气工业的发展具有重要意义。苏树林副总裁要求各参建单位以高度的责任感和与时俱进、奋发有为的精神状态，全力以赴搞好工程建设，确保工程优质、安全、高效按期完成。

在开工仪式上，重庆市副市长吴家农、湖北省副省长任世茂、湖南省副省长郑茂清对忠武管道的建设表示：将全力提供一切力所能及的支持。国家发展与改革委员会、沿线地方政府、中国石油、参建单位代表等共600多人参加了忠武管道的开工仪式。

（尚 真 王万梅）

中国石油天然气集团公司基层党的建设工作会议在京召开

——表彰集团公司“百面红旗单位”

2003年9月14日，集团公司首次基层党的建设工作会议在京召开。集团公司领导马富才、陈耕、郑虎、李克成、贡华章、段文德、王宜林等出席会议，原中国石油天然气总公司老领导王涛、张轰出席了会议，中华全国总工会副主席李奇生、国务院国有资产监督管理委员会副主任王勇在会上讲话。中央组织部、中央宣传部、中国能源化学工会、全国党的建设研究会、《党建》杂志社等部门和单位的负责人出席会议，来自集团公司所属企事业单位的360多位党务工作负责人与先进单位代表参加了大会。全国党的建设研究会向大会发来贺信。党组书记、总经理马富才在会上作重要讲话，党组成员、副总经理陈耕主持会议。

马富才指出，“百面红旗单位”是集团公司3万多个基层单位的杰出代表，是学习实践“三个代表”重要思想的典范。他们业绩突出、奋发有为，充分体现了石油石化产业工人无私奉献精神，体现了集团公司基层建设工作的活力，显示了基层党建工作的强大生命力。

马富才在讲话中从六个方面总结了5年来基层建设工作取得的主要成果：(1) 基层党组织的战斗堡垒作用明显增强。(2) 基层党的思想政治优势得到充分发挥。(3) 形成了一批朝气蓬勃、奋发有为、坚强有力的基层领导集体。(4) 职工队伍素质不断增加。(5) 基层生产经营管理水平进一步提高。(6) 基层职工的工作和生活条件逐步改善。

马富才从五个方面概括了基层工作取得的宝贵经验：一是必须从企业改革发展稳定的大局上把握和指导基层党的建设工作。二是必须紧紧围绕经济效益这个中心加强和改进基层党的建设工作。三是必须牢牢抓住提高基层队伍素质这个根本。四是必须注重建立推动基层队伍争创一流的工作机制。五是必须坚持发扬各级领导关心爱护基层、深入基层的优良传统和作风。

马富才强调新时期基层建设工作的主要目标和任务：(1) 健全基层党的组织、增强党员队伍的生机与活力。(2) 不断提高市场一线基层队伍的竞争能力。

(3) 精心培养和造就一批“铁人”基层队。(4) 努力改善基层工作环境。

为确保上述目标的实现，马富才强调要认真做好以下重点工作：(1) 认真研究基层建设工作规划，指导和推动基层建设事业的长远发展。(2) 突出抓好基层党组织建设，使之成为推动企业改革发展的坚强基石。(3) 加强制度建设，保证基层各项工作高效、协调运转。(4) 适应市场经济和市场竞争的需要，建设高素质的基层骨干队伍。(5) 切实加强领导，确保基层建设工作的有效开展。

在会上，党组成员、副总经理郑虎代表集团公司宣读了《关于表彰集团公司百面红旗单位的决定》。大庆石油管理局物探公司 2287 地震队等 115 个基层单位获得了集团公司“百面红旗单位”的荣誉称号。出席会议的领导向来自物探、测井、钻井、采油、油田作业、炼油、化工、油品销售、科研、工程建设 、保障及海外项目共 11 个系列的“百面红旗单位”颁了奖。大庆油田 1205 钻井队、抚顺石化分公司王海班组、东方地球物理勘探有限责任公司 0111 地震队和塔里木油田塔中联合站在大会上作了经验介绍。

(朱树振　周凤兰)

国家西气东输工程建设领导小组第六次会议在南京市召开

2003 年 9 月 15—17 日，国家西气东输工程建设领导小组第六次会议在江苏省南京市召开。中共中央政治局委员、国务院副总理曾培炎出席会议并作重要讲话。国务院副秘书长汪洋，江苏省委书记李源潮，江苏省委副书记、省长梁保华，新疆维吾尔自治区副主席阿曼·哈吉，国家发展改革委员会副主任、国家西气东输工程建设领导小组组长张国宝等出席会议。集团公司总经理、股份公司董事长马富才在会上做了报告。集团公司副总经理、股份公司高级副总裁苏树林，国家有关部（委、局）和沿线各省（区、市）领导以及工程参建单位、下游用户代表共 200 多人参加了会议。

在开幕式上，梁保华代表江苏省省委、省政府致辞。集团公司总经理、股份公司董事长马富才在会上报告了西气东输工程建设总体情况。他说，西气东输工程自 2002 年 7 月 4 日全线开工以来，在国家西气东输工程建设领导小组的组织协调下，在国家有关部委和沿线各级地方政府的大力支持下，通力合作，顽强拼搏，克服复杂的地质地貌、酷暑严寒、洪涝灾害和工期紧、难度大的困难，创出了我国大型管道建设史上的高水平。中国石油将严格按照承诺，把西气东输建成世界一流的工程，按时、优质、足量地向广大用户供气，让新疆人民放心，让管道沿线人民放心，让全国人民放心。

中共中央政治局委员、国务院副总理曾培炎在会上作重要讲话。他在讲话中着重强调了西气东输工程作为西部大开发重大工程，把西部资源优势转化为经济优势的重要意义。他称赞开工一年多来，各有关部门、沿线地方政府和建设单位密切配合，相互协作，保证了工程顺利进行；广大建设者顽强拼搏、艰苦奋战、勤奋工作，高质量、高水平地完成了东段管道建设任务。他要求参建员工和有关部门在当前工程建设即将进入边建设、边运行的关键时期，再接再厉，切实做好投产运行和工程建设的各项工作，努力把西气东输建设成一流工程。

会议表彰了 31 个国家西气东输工程先进集体、69 个优秀机组（班组）；曾培炎副总理向西气东输管道公司黄维和总经理授予“建一流工程、创最佳业绩”锦旗。会上，西气东输管道公司与上海天然气管网公司等 19 家达成协议的用户进行了合同草签。会议期间，国务院副总理曾培炎视察了长江三江口盾构穿越现场。

会议结束时，张国宝作了大会总结，并就如何贯彻落实这次会议精神和做好下步工作进行了安排部署。苏树林代表中国石油作了表态发言。

西气东输管道工程靖边—上海段进气仪式在陕西靖边压气站现场隆重举行

2003 年 10 月 1 日，西气东输管道工程靖边—上海段进气仪式在陕西靖边压气站现场隆重举行。集团公司总经理、股份公司董事长马富才宣布：西气东输工程靖边—上海段开始进气。10 时 28 分，陕北的天然气安全顺利进入靖边—上海段管道，实现了中国石油“十一”靖边进气的庄严承诺。国家西气东输工程建设领导小组的代表宣读了贺信。集团公司副总经理、股份公司高级副总裁苏树林主持了进气仪式，参加西气东输工程建设的各项目部代表及来宾 600 余人出席了进气仪式。

马富才在讲话中说，西气东输的目标市场是上海和长江三角洲等中东部地区。目前中国石油已与河南、安徽、江苏、浙江的17家用户草签了天然气销售合同，还与上海和扬子巴斯夫公司签署了备忘录。协议用气量已占设计年输量120亿立方米的50%以上。下游天然气市场用户和项目可靠落实，部分已经做好了接气、用气的准备。马富才还指出，西气东输工程的下一步目标是：2004年1月1日靖边—上海段正式向上海等地区商业供气，2004年10月1日塔里木盆地轮南进气。马富才要求，加强东段试运投产的组织领导，确保全面投产一次成功；进一步加强上游资源勘探，努力增加可采资源量，保证西气东输管道的长期稳定供气；加快轮南—靖边段管道建设，按期实现全线贯通；继续搞好市场开发和销售工作。

陕西省副省长洪峰在讲话中表示，今后陕西省在进一步扩大开放、加快自身经济发展的同时，将一如既往地支持国家重点项目建设，为西部经济腾飞和我国能源工业的发展做出积极的贡献。

西气东输工程东段从陕西靖边—上海白鹤镇，全长1485千米，途经陕西、山西、河南、安徽、江苏、浙江、上海7省市。

（尚　真　王万梅）

中国石油天然气集团公司纪念铁人王进喜诞辰80周年大会在大庆召开

2003年10月8日，集团公司纪念铁人王进喜诞辰80周年大会在大庆油田召开。集团公司领导马富才、苏树林、李克成等出席会议，中华全国总工会副主席、书记处书记苏立清，国务院国有资产监督管理委员会副主任王瑞祥，黑龙江省委副书记周同战出席大会并讲话，参加大会的有黑龙江省委、省人大、省政府、省政协领导范广举、刘海生等出席了大会。原石油老领导焦力人、李敬、张轰等，原中华全国总工会副主席韩荣华，原国有大型企业监事会主席丁贵明参加了大会。陈烈民致信大会，表示对铁人王进喜的缅怀之情。

参加大会的还有全国总工会、黑龙江省总工会和集团公司以及大庆市委、市政府有关部门的负责同志，大庆地区石油石化企业的党政负责同志，玉门石油管理局、玉门油田分公司、玉门市委的领导及铁人故乡玉门市赤金镇的代表。

当年与王进喜一起被评为大庆石油会战时期“五面红旗”的老模范马德仁、朱洪昌，“新时期铁人”王启民、铁人子女代表，铁人老战友代表，1205和1202钻井队代表，来自大庆石油石化企业各战线的员工代表3000多人参加了大会。马富才在大会上讲话，李克成主持会议。

马富才在讲话中指出，王进喜是中国石油工人的杰出代表、中国工人先锋战士、中国共产党的优秀党员，为新中国石油工业的崛起和发展建立了丰功伟绩。在新世纪、新阶段，继承发扬大庆精神、铁人精神，忠实实践“三个代表”重要思想，始终牢记“两个务必”，对于推进集团公司全面建设具有国际竞争力的跨国企业集团的宏伟事业，有着重大现实意义和深远的历史意义。

马富才强调，新时期弘扬铁人精神，就要胸怀全局，为国争气，把党和国家的利益放在第一位；就要不畏艰险，迎难而上，在战胜困难中创造新的业绩；就要脚踏实地，立足于做好本职工作；就要崇尚文明，造就一支高素质的队伍；就要坚持与时俱进，在实践中不断赋予其新的时代内涵。要继续高举铁人精神旗帜，在征服自然中继续探索，在改革大潮中勇往直前，在市场风浪中英勇搏击，在新时期再创新的辉煌。

马富才最后强调，铁人王进喜同志为发展我国石油工业立下了永不磨灭的历史功绩，他的名字永远和大庆、和石油、和中国工人阶级连在一起。铁人精神永存，铁人精神永远激励着我们前进！

中国石油天然气集团公司召开总部机关和在京单位领导干部会议

——传达学习党的十六届三中全会精神

2003年10月21日，集团公司召开总部机关和在京单位领导干部会议，传达学习党的十六届三中全会精神。党组书记、总经理马富才传达会议精神并讲话，党组成员、副总经理郑虎主持会议。

马富才首先通报了党的十六届三中全会召开的有关情况，并传达学习了胡锦涛同志代表中央政治局向全会所作工作报告的主要精神和温家宝同志关于《中共中央关于完善社会主义市场经济体制若干问题的决定（讨论稿）》的说明。郑虎传达学习了吴邦国同志关于《中共中央关于修改宪法部分内容的建议（讨论稿）》的说明和胡锦涛同志在全会结束时的重要讲话。

马富才指出，十六届三中全会精神内容非常丰富，要认真学习贯彻，扎实推进集团公司各项工作。要联系集团公司的工作实际，领会文件精神，把握要点，深入研究。各个单位、各级党委、总部机关各支部要结合明年的工作部署和集团公司今后的发展方向，贯彻落实好这次会议精神。在制定2004年的计划、预算时，各项经济技术指标要体现在适应市场需求，进一步提高集团公司的竞争实力上。要树立全局观念，保证集团公司持续稳定发展。

马富才指出，学习贯彻十六届三中全会精神，还要加大改革的力度。对于集团公司来说，要以股份制改造为方向，以建立现代产权制度为基础，进一步做好主辅分离、辅业改制、移交企业办社会职能等工作。要加大人事制度、用工制度、分配制度等改革的力度。要清理各专业公司、地区分公司管理之间的权责，形成抗风险、提高市场竞争力的机制。要进一步加强管理，加大企业生产经营过程监督的力度。企业发展了，经济发展了，还要更进一步提高职工生活水平，解决职工在生产生活中的一些问题。

马富才强调，各级干部要结合学习贯彻十六届三中全会精神，努力做到为民、务实、清廉，以饱满的热情和扎实的工作作风推进集团公司各项工作全面发展。

中国石油天然气集团公司积极拓展海外业务近6年获得长足发展

从1998年至2003年，海外原油作业产量增加了6倍多，权益产量增加了5倍多。

中国石油天然气集团公司正在执行的44个海外石油投资项目，分布于世界4大洲18个国家。基本形成了北非地区、中亚地区、南美地区和亚澳地区4个海外油气生产基地。已经形成了年原油生产能力2700万吨；天然气生产能力20亿立方米；炼油加工能力250万吨；聚丙烯生产能力1.5万吨，拥有海外输油管线2677千米，年输能力3000万吨的规模。截至2003年底，海外累计生产原油8800万吨；累计获得权益原油4450万吨；累计生产天然气66.3亿立方米；累计获得权益天然气39.9亿立方米。其中2003年，中国石油集团海外原油作业产量2548万吨；获得权益原油产量1304万吨；天然气作业产量19.2亿立方米；获得权益产量13.9亿立方米；年加工原油量254万吨。经过十年的探索和发展，中国石油天然气集团公司积累了在海外开展不同规模、不同合作模式项目的开发、建设与管理经验。其中苏丹、哈萨克斯坦和委内瑞拉等油气项目的成功运作，积累了在较大型国际勘探开发项目中当作业者的经验，展示了中国石油集团在海外经营大型项目的实力。

（朱树振　周凤兰）

2003年股份公司获得多项荣誉

3月，《财富》杂志评选中国石油为“全球最受赞赏的公司”。共有3家中国公司入围，分别是中国石油、中国电信和中国石化。

3月，亚太地区资本市场富有影响力的刊物《亚洲金融》（Finance Asia）在其“亚洲最佳企业——中国”评选活动中，将一系列奖项授予中国石油：

最佳公司管理　　第3名
最重视为股东创造价值　　第3名
最佳企业治理　　第3名
最佳投资者关系　　第5名
最佳财务管理　　第5名

7月中旬，国际工商界极具影响力的《商业周刊》（Business Week）公布“全球1000家大公司”和“新兴市场200强大公司”排名（根据市值排名）。中国石油在“新兴市场200强大公司”排名中，从2002年的第83位，跃升至2003年的第3位。市值为435.12亿美元。在入围的中国企业中排名第二。

8月，《机构投资者研究机构》发表2003亚洲证券投资报告，中国石油被评为最佳投资者关系（中国—基金经理）Best Company IR（China）（Buy side-Fund Manager）。

9月，亚太地区极具影响力的刊物——《亚洲货币》（Asiamoney），评选中国石油为最佳投资者关系和最佳公司治理（能源行业类）。

11月，世界著名评级机构——标准普尔将中国石油列入“中国50家大公司”金榜。

在美国《财富》杂志上刊登的世界500家公司排名（根据销售额排名）中，中国石油以全年销售额448亿美元的骄人业绩，在500强中排名第69位，比2002年上升12位；同时利润排500强的第22位。在入围的中国企业中排名第一。

（尚　真　王万梅）

第二篇

油气勘探开发生产

概　述

【工作思路】

（1）继续贯彻持续有效快速发展的基本方针。树立科学的发展观，保持勘探与生产业务的协调发展；保证生产经营活动的低成本、高效益；实现投资项目的有效性、高回报，促进国内上游业务长时期的健康稳定发展。

（2）大力加强油气勘探。坚持“加强前期，注重技术，突出重点，积极有效”的工作方针，按照战略展开、战略突破、战略准备三个层次进行部署和实施，寻找更多的经济规模储量。

（3）夯实老油田稳产基础。全面推进精细油藏描述，加强综合治理力度，不断挑战采收率极限，实现增储、增产、增效和老油田相对稳产。

（4）快速发展天然气业务。以“四大三中一潜在”为重点，围绕“西气东输、陕气东进、川气东送”工程，抓好配套的产能建设以及气田开发前期准备工作，确保天然气资源的落实，加快天然气发展步伐。

（5）科学组织生产。按照“积极调整东部、加快发展西部”的工作要求，做到“增产有效、稳产有方、减产有序”，确保原油产量“箭头朝上”。

（6）做好两篇文章。推进设计革命，老油田简化降低成本，新油田优化提高投资效益。夯实基础工作，加快相关规定、规范和标准的修订。

（7）提高勘探开发工程技术水平。按照推广成熟技术、攻关瓶颈技术、研发储备技术、引进先进技术四个层次的要求，坚持先进适用、经济有效、系统配套、超前研发、规模应用，加快科技成果向生产力的转化。

（8）提升上游业务的成长性。坚持效益标准，严格成本控制，搞好方案优化，实施节能降耗，拓展新兴业务。

【主要成果】

1. 油气勘探按部署实施，战略准备、战略突破、战略展开均取得阶段性成果

2003 年是按照新机制全面实施勘探开发一体化的第一年，也是向勘探技术座谈会所确定的未来三年工作目标大步迈进的第一个工作年，按照股份公司勘探技术座谈会、勘探开发工程技术座谈会所确定的主攻方向，紧紧围绕未来三年油气勘探战略部署和战略目标，坚持以经济效益为中心，以商业储量为目标，深化地质研究，加强前期准备，强化技术攻关，并按照战略准备、战略突破和战略展开三个层次，精心部署、精心施工，脚踏实地，扎实工作，全面超额完成全年预定的各项油气勘探工作目标，取得了一批重大发现和重要进展，为今后一段时期的油气勘探与开发工作打下了很好的资源基础。

（1）以战略突破为重点，石油勘探在鄂尔多斯盆地、准噶尔盆地、塔里木盆地、渤海湾盆地、海拉尔盆地、二连盆地、柴达木盆地、松辽盆地、四川盆地、吐哈盆地、苏北盆地等地区获得 12 项重要发现。

（2）以战略展开为重点，石油勘探在松辽盆地、渤海湾盆地、鄂尔多斯盆地、塔里木盆地和准噶尔盆地形成 10 个规模储量区块。

（3）以中西部为重点，天然气勘探在鄂尔多斯盆地、四川盆地、松辽盆地、吐哈盆地获得八项新的突破和发现。

（4）在松辽盆地、渤海湾盆地、鄂尔多斯盆地、准噶尔盆地、吐哈盆地、柴达木盆地、酒泉盆地、二连盆地等形成了 20 个 1000 万—3000 万吨级储量区块。

通过以上进展，2003 年在冀东高柳，长庆西峰两侧、铁边城、榆林周缘，新疆霍尔果斯等新发现 5 个亿吨级油气田；在新松辽敖南、徐家围子葡萄花油层、大情子井周缘，渤海湾滩海埕北、冀中留西、辽河大民屯，鄂尔多斯下古潜台东侧，四川邛西，塔里木轮南、哈得逊，二连乌里亚斯太，海拉尔贝尔—乌尔逊等新发现 12 个储量规模超过 5000 万吨的区块。特别是在一些中小盆地相继取得重要成果。

2. 原油生产实现“箭头朝上”，天然气生产快速发展，继续保持两位数增长

2003 年油气当量 12367 万吨，比 2002 年的 12152 万吨增加了 215 万吨，增长了 1.7 个百分点。

（1）原油生产实现“箭头朝上”。2003 年计划原油产量 10350 万吨，勘探与生产分公司与各油气田公司一道，加快产能建设步伐，精心组织生产运行，积极克服各种矛盾和困难，全年生产原油 10393.91 万吨，为年度计划的 100.42%，比 2002 年增产 32.11

万吨。

（2）天然气生产快速发展。2003年计划天然气工业产量233亿立方米，为保证“西气东输、川气东送”等重点供气需求，各油气田公司根据市场峰谷变化精心组织生产运行，全年生产天然气247.67亿立方米，比2002年增产22.87亿立方米，增长了10.2个百分点，保持了年增长两位数的目标。

3. 老油田综合治理成效明显，油田含水、递减保持基本稳定

2003年老油田综合治理共实施98个高含水油田区块，覆盖地质储量18.44亿吨，通过采取调整注水结构、精选治理措施，股份公司2003年综合含水控制在83.65%，与2002年相比基本稳定；自然递减和综合递减分别控制在11.45%和5.49%，与2002年相比基本持平。

4. 加强管理，控制成本，利润指标又创新高

2003年继续实施低成本发展战略，在项目管理上，达不到效益标准的项目坚决不立项，特别是对新区产能建设操作成本要求控制在2—3美元/桶以内。在加强源头控制的同时，也强化了成本的过程控制。通过采取科技创新，深入开展内部挖潜等有力措施，有效地控制了成本水平。操作成本由2000年的4.68美元/桶下降为2003年的4.34美元/桶，利润指标超过年度预算，保持了良好的发展势头。

【指标完成情况】　2003年，勘探与生产分公司认真贯彻落实集团公司工作会议、股份公司勘探技术座谈会、工程技术座谈会、高层战略研讨会精神，以积极进取的姿态努力搞好勘探开发工作，各项生产经营指标完成情况较好。

1. 勘探指标

2003年，股份公司继续突出石油勘探、加快天然气勘探，油气探明储量较计划有较大幅度增长，勘探效益明显提高。

工作量指标：2003年完成二维地震41291千米，三维地震10240平方千米，完钻探井1376口、探井进尺311.16万米，分别为年计划的97.5%、90.3%、115.62%和101.04%。

储量指标：全年新增探明石油地质储量43903万吨，探明可采储量9643.4万吨，控制石油地质储量54816万吨，预测石油地质储量73285万吨，分别为年初计划的121.95%、122.24%、98.24%和104%。

全年新增探明天然气地质储量3838.9亿立方米，探明可采储量2086.46亿立方米，控制天然气地质储量3096.62亿立方米，预测天然气地质储量4755亿立方米，分别为年计划的193.88%、193.55%、187.67%和147.21%。

2. 开发指标

2003年，勘探与生产分公司以积极稳定东部、加快发展西部、切实落实“西气东输”项目为重点，优化开发方案，抓紧产能建设和重点工程项目的前期准备工作，与各油气田公司一起，充分挖掘生产潜力，认真组织生产运行，较好地完成油气生产任务，实现了油气产量的稳步增长。

油气产能建设：建成原油产能1197.12万吨（不含合资合作），钻井8037口，进尺1218.53万米。建成天然气产能48.8亿立方米，钻井296口，进尺94.84万米。

油气产量：完成原油产量10393.91万吨，完成天然气产量247.67亿立方米；完成油气当量12367万吨，比2002年增长215万吨，实现了油气产量稳步增长的目标。

【生产经营状况】　勘探投资及成本：2003年计划安排勘探投资153.5811亿元（含评价投资41.3146亿元），油气发现成本计划1.31美元/桶。实际完成勘探投资151.1973亿元，由于油气探明储量大幅增加，从而使得2003年勘探效益得以大幅提高，实际发现成本仅为0.9美元/桶，比年初计划降低0.41美元/桶。

开发投资及成本：2003年计划安排开发投资353.23亿元，实际完成开发投资389.05亿元。油气开发成本计划3.82美元/桶，实际完成3.53美元/桶。

油气操作成本：2003年继续严格控制油气操作成本，油气操作成本为4.34美元/桶。

按照国际会计准则计算，经营利润912.68亿元，投资回报率为28.09%。

【提高效益的主要措施】

1. 加大油气勘探工作力度，积极寻找优质储量

按照突出石油勘探、加快天然气勘探、推进风险勘探的指导思想和加强前期、注重技术、突出重点、积极有效的工作方针要求，2003年认真贯彻落实勘探技术座谈会精神，按照战略展开、战略准备、战略突破三个层次，突出新盆地、新地区、新类型、新层系四大勘探主攻对象，通过实施一把手工程、落实“四个到位”（认识、部署、措施、投资）、坚持勘探开发一体化、加强工程技术攻关、发挥整体优势、强化三个层次的综合研究等措施，狠抓13个重点预探项目、11个重点评价项目，油气勘探取得一大批重

要成果，油气资源状况得到明显改善。

2. 积极提高老油田采收率，不断夯实老油田稳产基础

截至2002年底，股份公司已累计动用石油地质储量113.7亿吨，参照国内外先进油田的开发水平测算，仍可提高采收率3个百分点以上，也就是可以增加3亿多吨的可采储量，效益非常可观。按照这个思路，把工作分为三个阶段：第一阶段利用现有技术提高3个百分点，目前正在做这方面工作，在大港油田召开了“精细油藏描述”现场会，在大庆油田举办了提高采收率学习班；第二阶段利用聚合物驱再提高2个百分点；第三阶段争取再提高3个百分点。

3. 大力推进勘探开发一体化，提高勘探开发整体效益

2003年是全面实施勘探开发一体化的第一年，首先规范了管理程序，认真落实了《勘探开发工作指导意见》和《油藏评价项目管理办法》，为工作的顺利推进提供了制度保障；同时理顺机制，建立了油藏评价管理网络，形成了油田公司决策、管理部门组织、项目组实施的三级管理体制，制定了油藏评价管理细则等一批规章制度；各油田公司都成立了勘探开发一体化工作领导小组，建立了管理机构，初步整合了研究力量；油田公司建立了油藏评价工作例会、预探评价主管部门工作例会以及重大工艺措施论证会等一系列会议制度，为有效开展油藏评价提供了组织、技术保障；积极推行项目管理，成立了横向矩阵式、纵向分级目标责任制的油藏评价项目经理部。

通过实施，新增探明储量创新高，区块井控程度也显著提高，储量落实程度也较以往明显提高，均达到Ⅰ类、Ⅱ类探明，可以直接用于编制开发方案，首次没有Ⅲ类探明储量（近五年平均为49.3%）。探明储量动用率90.5%，探明储量品位大幅度提高，并为2004年新区产能建设准备了一批较为整装的区块：产能规模大于20万吨的区块11个，其中大于50万吨区块5个。

4. 规范勘探开发技术管理，积极推进新技术应用

2003年成功召开了勘探开发工程技术座谈会，这是股份公司成立以来规模最大的一次。会上总结和交流了油气勘探开发五个专业领域工程技术成果，明确了勘探与生产工程技术发展目标，确定了坚持科技是第一生产力，加快科技成果向生产力的转化，全面提高勘探开发工程技术水平的指导思想。并按照先进适用、经济有效、系统配套、超前研发、规模应用的基本原则，确定重点推广应用27项成熟主导技术、重点攻关26项瓶颈技术、超前研发9项储备技术、大力引进七个方面的（新技术、工艺、装备、材料）等四个层次的工程技术发展方向，为今后勘探开发技术的应用、推广、攻关指明了方向。

5. 积极开展调查研究，突出重点带动一般

根据陈耕总裁和刘宝和副总裁在2003年初工作会议上关于抓重点带动一般的要求，勘探与生产公司以“调查研究、创新典型、科学示范、规范管理”为原则，在2003年加大了调查研究的工作力度。“非典”前后由股份公司副总裁刘宝和带领到13个油气田公司进行调研，发现了很多好的做法，对油气田公司在勘探开发工作中19个好的经验和做法进行了深入的调查研究并认真总结推广。勘探：冀东精细勘探、华北岩性油气藏勘探；勘探开发一体化：吉林英坨东、塔里木哈得4、新疆陆梁；工程技术：西南油气田欠平衡钻井、塔里木水平井；提高老油田采收率：大庆喇萨杏油田、玉门老君庙油田；精细油藏描述：大港油田；老油气田“简化”：大庆采油六厂“抽稀”工程、辽河沈采“关、停、并、转、减”、吉林扶余立体改造；新油气田“优化”：大庆外围油田、长庆西峰油田、塔里木牙哈凝析气田；高效开发油田：长庆安塞油田、新疆彩南油田、吉林红岗油田。此项工作预计到2004年底全部完成，将有力地提高工作的管理水平，起到很好的示范作用。

6. 做好老油田“简化”、新油田“优化”两篇文章

为降低成本，提高上游业务的投资效益，根据陈耕总裁、刘宝和副总裁的要求，成立了老油田“简化”、新油田“优化”领导小组，并组织两个专家组对新油气田优化和老油气田简化进行调研，选定了一批典型工程进行深层次的解剖，新油田优化组调研了长庆、吐哈、塔里木、新疆、大庆五个油田的30余个油气田区块、50多个生产站场和井场，听取了25个主题汇报；老油田简化组调研了大庆、辽河、华北、吉林等22处现场，听取了20个主题汇报，收集了43份资料，在此基础上制定了老油田“简化”、新油田“优化”的原则、工作方法等，并安排了2004年的“双十”重点工程。

（王合营　赵贤正）

矿权管理

【全国矿权登记状况】 矿权是资源型企业生存与发展的基础，近年来不断引起各石油公司的高度重视，资源领域急剧扩张，致使全国陆地和海洋沉积盆地油气矿权登记格局由1998年前的各自为营演化为相互穿插和渗透的竞争态势。截至2003年12月31日，全国共有油气矿业权1808个，总登记面积430.3万平方千米。其中，探矿权1135个、面积423.1万平方千米，采矿权673个、面积7.2万平方千米。

【中国石油矿权状况】 截至2003年12月31日，中国石油拥有油气矿业权881个，登记面积178.3万平方千米。其中，勘查项目436个、面积172.4万平方千米（含对外合作项目1个、面积26.57平方千米），占全国探矿权登记面积的40.7%、陆上探矿权登记面积的59.4%，占据着全国陆上油气勘探的主导地位。开采项目445个、面积5.89万平方千米（含对外合作项目5个、面积1758.9平方千米），占全国采矿权登记面积的81.9%，占据着全国油气开发生产的主导地位。

【主要工作成果】 2003年股份公司矿权管理工作紧紧围绕股份公司发展战略，认真贯彻落实各级领导指示精神，牢固树立矿权是资源型企业生存与发展基础的意识，积极拓展有利的勘探领域；进一步规范和加强矿权基础管理，积极协助政府整顿油气矿业秩序，确保勘探开发生产的顺利运行；强化依法经营意识，进一步抓好矿权年检自查和配合政府现场督察工作，树立良好的企业形象，维护好股份公司矿权权益。主要取得了以下五个方面的进展：

（1）加强矿权申报管理，确保了股份公司陆上矿权的主导地位。矿权申报管理是矿权管理工作中最重要、也是最基本的一项基础工作，更是矿权管理工作人员的主要职责。从2002年矿权申报的情况来看，2003年中国石油矿权申请工作取得一定进展，探矿权登记面积实际净增了15.8万平方千米。若包括海域面积，增加的勘查面积达28万平方千米，是中国石油近几年新增区块增长幅度较大的一年。

截至2003年12月31日，中国石油探矿权面积共172.4万平方千米（不包括海上），占全国探矿权面积的41%（包括海上），与往年相比占有比例有所下降，在陆上中国石油矿权面积仍然保持着较大的增长幅度，占据着全国矿权的主导地位。

（2）积极拓展有利的勘探新领域，矿权登记取得重要进展。紧紧围绕着股份公司发展战略，以矿权登记为前提，积极拓展具有战略意义的有利勘探领域，主要取得两方面的重要进展：第一，开展油砂矿和煤层气资源调查与评价，及时完成矿权申请登记。通过调查与评价，及时完成了准噶尔、柴达木、松辽、二连、吐哈、四川等盆地油砂矿和煤层气的矿权优选与登记；第二，组织开展了南海南部海域的矿权申请工作。我国在南海南部一直没有进行比较有效的油气勘探开发工作。中国石油立足长远发展的战略高度，在长期调查、研究南海油气资源工作的基础上，于2003年7月15日开始组织辽河油田开展了南海南部海域矿权登记范围的优选工作，7月28日确定了登记方案，8月6日完成27个、申请登记面积19.2万平方千米的矿权申报材料，8月18日得到国土资源部受理。

（3）积极开展矿权区块评价，矿权管理工作重点由以往的注重矿权数量逐步向注重登记质量转变。为了执行国土资源部将要推出的缩减区块新政策，各油田公司和中国石油勘探开发研究院对现有的矿权开展了较为充分的区块评价。首先，完成了外围盆地矿权质量评估。在此基础上，经过认真的反复评价，慎重地退出了6万多平方千米的矿权，国土资源部为此给予了高度评价，也树立了大油公司的良好企业形象和信誉。其次，各油田公司对大中盆地也不同程度地进行了矿权区块评价，特别是塔里木盆地区块评价工作的开展，使得该项工作趋于成熟。第三，中国石油勘探开发研究院经过长期研究确定了矿权区块评价方法和分类标准，在此基础上系统完成了2002年度有效矿权区块的质量评价。

（4）积极接受政府油气督察，维护企业的合法权益。国土资源部从2003年开始加大了油气督察力度，中国石油作为全国陆上油气矿权构成的主体，采取了积极的工作措施，主要完成了两项工作：一是按照《矿产资源法》的要求，合理利用有利条件，通过矿权的变更调整，使单个矿权登记面积合理化、最大化，最大限度地满足最低投入的要求。过去登记的矿权区块存在着面积大小不一、工作量投入差别大、勘探程度不均衡等问题，通过区块合并和搭配，使满足最低投入的探矿权面积大幅度增加，取得了非常好的效果。如渤海湾探区基本满足了最低投入要求；四川盆地、鄂尔多斯盆地、准噶尔盆地等重要探区满足最低投入区块的比例也大幅度地增加。二是积极配合政府进行现场油气督察。2003 年国土资源部首次开展了现场督察，检查了大庆、辽河、吉林和西南油（气）田以及羌塘盆地共 18 个勘查、6 个开采项目。在矿权管理处的统一安排部署下，被检公司高度重视，积极配合，按照要求，认真准备，汇报思路清晰，依据充分，得到督察组成员较高的评价，维护了公司正常生产的权益。

（5）建章立制，使矿权管理工作更加规范化、制度化。矿权管理是一项非常庞杂、繁重而又紧急的工作，要做到有条不紊，就要随着政府政策的变化不断加强矿权管理的制度化、规范化建设。为此，建立了矿权申请、审查流程和审批的程序，初步编制了《矿权申报材料的填写规范》和《油气矿权年报编写规范》。

（王玉山　徐祖成）

油气勘探

【勘探任务完成情况】

1. 勘探工作量

2003 年，股份公司油气勘探（不含油藏评价）共安排二维地震 43252 千米、三维地震 9484 平方千米，探井 514 口，探井进尺 149 万米。

全年石油预探与天然气勘探实际完成二维地震采集 35020.13 千米，完成三维地震采集 9066.06 平方千米，完钻探井 548 口，完成探井进尺 145.76 万米。新获工业油气流井 283 口，综合探井成功率 45.07%。

2. 储量

2003 年计划新增探明石油地质储量 36000 万吨，控制石油地质储量 57300 万吨，预测石油地质储量 70500 万吨，计划新增探明天然气储量 1980 亿立方米；控制天然气储量 1650 亿立方米，预测天然气储量 3230 亿立方米。

实际完成探明石油地质储量 43903 万吨，完成探明天然气地质储量 3838.9 亿立方米。完成控制石油地质储量 62129 万吨，完成控制天然气地质储量 3696.65 亿立方米（含煤层气 911 亿立方米）。完成预测石油地质储量 73285 万吨，完成预测天然气地质储量 4755 亿立方米。

2003 年新增储量的特点：一是三级储量都大幅度超额完成计划任务，继续呈现快速增长势头。二是新增石油探明储量的规模较大、落实程度较高，以Ⅰ类、Ⅱ类储量为主，以中高产和中浅层的稀油为主，可动用性大幅度提高。三是新增石油控制、预测储量的落实程度高、区块规模较大，以中浅层稀油为主，可升级性强。四是新增石油储量仍以低渗—特低渗、低丰度—特低丰度为主。五是新增石油储量以岩性或以岩性为主的复合型油藏为主。

【主要勘探成果】

1. 东部地区

（1）松辽盆地。徐家围子葡萄花油层多口井获工业油流，落实控制预测石油地质储量 5454 万吨。徐家围子地区位于三肇凹陷中部，葡萄花油层发育大面积三角洲前缘砂体，是岩性油藏勘探的有利区。2003 年在该区部署探井 5 口（徐 27 井、徐 28 井、州 53 井、升 74 井、州 20 井），全部获得工业油流，日产量 1.97—24.28 吨。到 2003 年底，该区落实预测石油地质储量 5454 万吨，展示了三肇凹陷低勘探程度区岩性油藏勘探的较大潜力。

大情字井周缘含油范围进一步扩大，新增探明加控制石油地质储量 10738 万吨。2003 年预探以大布苏和乾西北地区为重点，在大布苏钻探的花 17 等 4 口井获新发现。其中，花 17 井在青二段试油抽汲求产，自然产能日产油 9.3 立方米，新增控制石油地质储量 1103 万吨；乾西北地区钻探的黑 135 等 5 口井新获工业油流，日产量 2.76—10.4 吨，新增控制石油地质储量 4118 万吨、预测石油地质储量 1307 万吨。油藏评价工作完钻评价井 23 口，其中花 9－1 井在青一段试油获日产 22.8 立方米的高产油流，新增探明石油地质储量 4210 万吨，使大情字井油田累计探明储量达 12788 万吨。

敖南地区多口井在葡萄花油层获高产油流，新增控制石油地质储量 7573 万吨。大庆油田敖南地区

2003年部署探井7口，有6口井在葡萄花油层获工业油流或见良好油气显示。其中，茂733井压裂后抽汲日产11.08吨，茂74井压裂后自喷日产油21.6立方米，敖16井自然产能日产油10.2吨，茂741井压后抽汲日产15.38吨。此外，对37口老井进行复查，8口井获工业油流，其中葡34井压裂后日产23.3吨；敖157井、敖11井、葡36井压裂后日产13.37—23.09吨。同时，积极实施勘探开发一体化，部署17口开发首钻井，已实施15口。2003年敖南地区落实控制石油地质储量7573万吨。

徐家围子断陷天然气勘探有新进展，新增预测天然气地质储量352亿立方米。2002年徐深1井在营城组火山岩获得突破，发现厚气藏。2003年对徐深1井进行试气，获日产54758立方米的工业气流。升平—兴城地区新增预测天然气地质储量352.12亿立方米。另外在安达断陷南翼采用欠平衡钻探的汪深1井压裂后获日产气20.2万立方米，达深2井点火成功。展示了徐家围子和安达断陷天然气良好的勘探前景。

（2）渤海湾盆地。渤海湾滩海新区预探取得重大突破，大港滩海落实5000万吨储量规模。渤海湾滩海地区在前几年大力度准备的基础上，大港滩海埕北断阶带钻探了庄海2x1井、庄海5井、庄海8井，在张东东钻探了张海4井，均获得成功，其中庄海8井和张海4井分别于沙河街组、中生界获得日产205立方米和248立方米的高产油流。新增控制石油地质储量712万吨，落实预测石油地质储量4515万吨，仍有较大勘探潜力；辽河滩海太阳岛构造带太阳9井、葵花18井获高产气流，月东构造月东18井发现厚稠油层。这些在滩海勘探中取得的发现，对于加快海上勘探开发进程具有重要意义。

冀东高柳地区精细勘探获得重大成果，新增三级储量1亿吨。冀东油田立足于二次三维地震，以层序地层学为指导，强化目标性地质研究，在高柳地区开展精细勘探，新发现了一批岩性油藏，找回了一批低电阻油层，扩大了整个高柳地区的含油范围。2003年分别新增探明、控制、预测石油地质储量1726万吨、5190万吨、6698万吨，累计新增三级石油地质储量约1.3亿吨，为冀东油田在近期形成百万吨产能提供了可靠的和可持续发展的资源基础。

辽河大民屯凹陷沙三、沙四段及潜山勘探成果进一步扩大。2002年大民屯凹陷西侧陡坡带及潜山勘探取得了重大突破后，2003年经过实施钻探和老井试油又有新的发现，7口井获得日产10—32吨的工业油流，特别是沈257井发现三套含油气层系。通过工作，大民屯凹陷新增探明石油地质储量689万吨，控制石油地质储量2187万吨，预测石油地质储量3301万吨，三级储量合计6177万吨，增储潜力很大。

冀中探区岩性油气藏勘探又获新进展，留西地区形成5000万吨级储量区。留西构造带2002年按照岩性油气藏勘探的思路部署的路43井发现厚油层并获工业油流。2003年对该区进一步勘探，先后钻探路44等6口井，3口井已获工业油流，两口井发现油层。其中，路44井折日产油93.66立方米。同时，加强低阻油层的研究，老井重新试油取得新进展，留88－22、留88－16等井获日产5.78—12.92立方米的工业油流。留西地区新增控制石油地质储量规模1221万吨，预测石油地质储量4111万吨，合计5332万吨。

2. 中部地区

（1）鄂尔多斯盆地。姬塬地区形成盆地新的储量接替区。姬塬地区勘探面积近7000平方千米，经历了“六下七上”的艰难勘探历程，2003年在该区部署探井28口，完钻17口，试油9口均获工业油流，其中元48井 、耿19井、耿109井压裂后日产油21.59吨、21.85吨和27.2吨的高产油流。目前已证实为长2、长3、长4＋5、长6等多层系复合含油区，是进一步寻找规模储量的有利地区。2003年新增控制石油地质储量2264万吨，预测石油地质储量7351万吨，控制和预测储量合计9615万吨。储量落实程度较高。

西峰两侧新发现亿吨级储量规模，含油范围继续扩大。为了进一步扩大陇东地区勘探成果，2003年加大了西峰油田两侧甩开预探的力度。其中在镇原—马岭区钻探的镇53井和镇28井分别试油获日产51.2吨、51.27吨的高产油流，结合该区老井钻探成果，进一步扩大了西峰西侧的含油面积，新增控制石油地质储量共6866万吨；东侧的宁县—合水区，通过钻探，获得一批日产4.42—31.2吨油流的探井，使该区新增预测石油地质储量10848万吨，为在西峰油田形成5亿吨储量规模奠定了很好的工作基础。

西峰油田主体储量规模大幅度增长，新增探明加控制石油地质储量11513万吨。2003年西峰油田以白马区和董志区为重点，加快油藏评价勘探，安排两个产能试验井组以落实产能情况。经过一年的工作，完钻评价井46口，完试34口，获工业油流井19口，主力油层单井平均日产油11.86吨，新增探明石油地质储量7286万吨。西峰油田累计探明石油地质储量已达10753万吨，成为长庆油田又一个亿吨级大油田。目前已建产能38.8万吨，还可建成产能107万吨。另外，通过加强对西峰油田白马区的预探工作，在长2新增控制石油地质储量4227万吨。

志靖—安塞三角洲含油范围进一步扩大，落实探明加控制石油地质储量超过5596万吨。志靖—安塞地区油气资源丰富，2003年深化勘探在盘古梁区、化子坪、王窑和杨米涧地区预计新增探明石油地质储量2188万吨。同时位于志靖—安塞三角洲前缘砂体南部的虎狼峁地区2003年完钻的高15井获日产20.65吨的高产油流；高16井、高19井、高20井钻遇好油层，该区落实控制石油地质储量3408万吨，未来勘探潜力很大。

榆林周缘上古生界天然气勘探获重要进展，初步落实控制加预测天然气地质储量2382.66亿立方米。2003年在榆林南区钻探的榆37井、榆43－5井获无阻流量日产102.59万立方米和100.18万立方米的高产气流，新增控制天然气地质储量771.32亿立方米。在榆林气田西侧统万城地区钻探的榆31井、榆32井和榆33井均见气层，该区新增预测地质储量563.09亿立方米。在榆林气田东侧镇北台地区钻探的榆24井、双3井获工业气流，该区新增预测天然气地质储量1048.25亿立方米。

下古生界潜台东侧勘探取得新进展，已初步落实控制加预测天然气地质储量1169.93亿立方米。靖边气田是鄂尔多斯盆地最早发现的大型天然气田，成藏条件优越。2003年主要针对古潜台东侧下古生界奥陶系风化壳勘探，完钻试油的陕227井、榆33井等6口井均获工业气流，发现了黄草峁、艾好峁、补兔、巴拉素四个含气区块，初步落实控制、预测天然气地质储量645.94亿立方米、523.99亿立方米，合计1169.93亿立方米，进一步扩大了靖边气田含气范围和储量规模。

(2) 四川盆地。川中—川南过渡带油气勘探获新突破。潼南构造位于川中—川南过渡带已钻的11口井中多口井见油气显示，但未试油。2003年采用欠平衡钻井钻探，潼南1井获日产油3.2吨、天然气5.3万立方米的工业油气流；潼南2井钻探中途测试，获日产气1.2855万立方米。这两口井的获气，打开了这一地区的勘探局面，拓宽了川中地区油气勘探领域。

川西邛西构造邛西4井获高产气流，须家河组天然气勘探初步展现出发现规模储量的势头。邛西潜伏构造2002年邛西3井通过欠平衡获高产气流后，2003年在该构造钻探了邛西4井获日产气89.34万立方米，新增控制、预测天然气地质储量204.32亿立方米、43.86亿立方米，合计248.18亿立方米。另外，位于邛西构造北侧的灌口2井见到良好显示。根据钻井情况分析，含气区有望连片，已初步展现出川西发现规模储量的势头。

川东地区钻探的罗家9井获工业气流，继罗家寨之后形成新的储量区块。罗家9井测试获日产气量13.76万立方米，结合2002年钻探的罗家5井，落实控制天然气地质储量201.06亿立方米。目前正钻罗家10井，以扩大含气范围。

川西南麻柳场构造一批探井和开发井相继获高产气流，新增探明天然气地质储量97.4亿立方米。2003年在麻柳场构造上部署7口探井，其中麻2等4口井日产气10.27万—22.4万立方米，证实是一个具有多套产层的含气构造，新增探明天然气地质储量97.4亿立方米。

渝东复兴场构造钻探的复1井获工业气流，形成新的有利勘探地区。2003年在复兴场构造钻探的复1井获日产气12.82万立方米，新增预测天然气地质储量69.84亿立方米，展现了渝东石炭系天然气勘探的良好前景。

3. 西部地区

(1) 准噶尔盆地。南缘霍尔果斯背斜霍10井获高产工业油气流。2003年钻探的霍10井试油日产油60立方米、天然气3.5万立方米。霍尔果斯背斜构造新增控制、预测石油地质储量1621万吨、6574万吨，合计8195万吨；控制、预测天然气地质储量466.37亿立方米、1072.65亿立方米，合计1539.02亿立方米。初步形成了亿吨级储量规模。

石南东北部评价进展顺利，新增探明加控制石油地质储量5876万吨。石南地区在2002年取得重大突破的基础上，2003年整体进行评价和甩开预探部署探井24口，已有10口井获得日产10—50吨的工业油流，在石南24—石南21井区侏罗系新增探明、控制石油地质储量2692万吨和3184万吨，合计5876万吨。

(2) 塔里木盆地。乌什凹陷乌参1井获高产油气流，开辟了油气勘探新领域。乌什凹陷通过近两年的地质综合研究和地震前期准备，乌参1井完井后测试，50.8毫米孔板，折日产油68—239立方米、日产天然气10万—16万立方米，根据新完成的地震资料解释，圈闭面积113平方千米，构造幅度300米，计算预测天然气地质储量1108.75亿立方米，证实了乌什凹陷具有良好的油气勘探前景。

轮南地区亿吨级油田规模基本明朗。针对轮南地区油藏复杂的特点，2003年勘探开发一体化共部署探井、开发井17口，经酸化压裂后已有8口井获工业油气流。轮古102H等5口评价井均获百吨以上高产油气流，为储量升级及开发前期准备奠定了良好的基础。轮古潜山新增探明、控制石油地质储量1642万吨和6574万吨，合计8216万吨；预计探明天然气地质储量75.78亿立方米。

哈得逊油田亿吨级规模油田初步形成。勘探开发一体化在哈得逊地区哈得4油田哈得4－11区块钻探的哈得4－30、哈得111、哈得112、哈得4－44和哈得4－46等井，均取得了良好的钻探成果，其中，哈得112井完井试油获日产29.86立方米高产油流，哈得4－44井中途测试获日产油29.85立方米。证实哈得4和哈得11整体连片含油，新增探明石油地质储量2665万吨，哈得逊油田探明储量规模累计已达7918万吨。

（3）吐哈盆地。胜北次凹南斜坡岩性油气藏勘探获新发现。2003年发现和落实岩性目标，圈闭资源量8559万吨。2003年钻探的葡砂2井获日产油76立方米、气8465立方米；葡6井获日产34.35立方米工业油流，火北1井解释有油层，苏砂1井见良好显示。新增控制石油地质储量1020万吨。吐哈盆地的岩性油气藏勘探工作已出现了很好的苗头，展现了良好的勘探前景。

吐哈盆地台北凹陷小草湖油气藏整体评价，疙8井、红台204井获高产气流，吐哈盆地红台地区复合型油气藏叠合连片含气已见雏形。为了扩大小草湖气藏规模，对1999年的老井疙8井进行了重新测试，获日产气75294立方米。同时按照岩性油气藏勘探思路，部署钻探的红台204井压裂后日产天然气170178立方米的高产气流；红台7井获工业气流，新增探明、控制、预测天然气地质储量46.26亿立方米、65.65亿立方米、48.45亿立方米，三级储量160.36亿立方米。该地区累计储量规模已突破200亿立方米，随着岩性油气藏勘探的深入，规模还将进一步扩大。

（4）柴达木盆地。柴北缘马海—平顶山地区马北1井获高产油气流，新区预探获重大突破。2003年在柴达木北缘马海—平顶山地区钻探的马北1井试油获日产油63.71立方米、气3214立方米；钻探的马北101井、马北3井解释为有油层。新增控制石油地质储量1003万吨，预测石油地质储量1830万吨，合计2833万吨。马北1井的钻探成功，揭示了柴北缘的油气勘探前景，这一地区有望形成5000万吨的储量规模，突破了多年石油勘探无重大发现的被动局面。

4. 新区及其他地区

（1）海拉尔盆地勘探获得新发现，形成储量规模超过5000万吨的勘探场面。贝尔凹陷苏德尔特构造带继2002年贝16井突破后，2003年完成试油的贝12井、贝14井获日产20.34吨和16.10吨的工业油流，年底完钻的贝28井发现厚油层，贝30井、贝34井获高产油流，继贝16井之后又发现贝28井区高丰度油藏，该区可新增预测石油地质储量5600万吨。乌尔逊凹陷2003年按照部署钻探的乌16井、乌20井和苏20井、13－1井、29－45井获日产4.12—16.2吨的工业油流，乌17井、乌22井、乌25井见良好油气显示，证实了乌尔逊凹陷良好的勘探前景。

（2）二连盆地岩性油气藏勘探又获新进展，乌里雅斯太凹陷南洼槽形成5000万吨的储量规模。二连盆地乌里雅斯太凹陷继2002年在太27井、太29井钻探成功后，2003年钻探的太53井压后抽汲间喷日产油46.8立方米，初步落实控制石油地质储量4200万吨。通过进一步的勘探工作，有望形成一个储量规模达5000万吨的新油田。

（3）苏北盆地洪泽凹陷管3井、管4井获工业油流，近期有望形成3000万吨以上的储量规模。洪泽凹陷位于苏北盆地西北部，资源量约1亿吨。继2002年管1井老井压后获日产13.5立方米工业油流后，2003年新钻探的管3井和管4井分别获得工业油流。初步计算可获控制石油地质储量540万吨。

（全武弟　范文科　姚　超）

勘探工程技术

【物探技术】　随着地震地质条件的日益复杂及隐蔽性油气藏在勘探开发工作中的比重加大，物探技术在勘探生产中日益显示出更加重要的作用。2003年勘探与生产公司加大物探资金投入、强化施工设计审查的论证以及老资料的精细目标处理解释，有针对性地组织新技术的攻关和推广工作，使地震资料的品质得到了明显提高。

（1）以西部重点目标区为代表的复杂地区地震攻关取得较好效果。通过采用先进采集设备以及基于模型的观测系统设计思想，不断探索建立各类复杂地区的近地表模型及静校正方法，有针对性地开展叠前深度偏移技术的研究，取得了较好效果，为西部复杂地区勘探的不断突破做出了重要贡献。

新疆油田分公司在准噶尔盆地南缘霍尔果斯三维中通过分区采用大吨位可控震源及井炮相结合的激发方式，利用长排列、较高覆盖次数和灵活的观测系统布设等技术，使构造的成像精度有较大提高。2003年在构造主体部位完钻的霍10井喜获高产工业油流，提交控制加预测储量2.18亿吨。

西南油气田分公司为了进一步落实罗家寨潜伏构造带的形态及储层变化情况，提高开发效益，2002年勘探与开发共同在该区部署了462平方千米的山地三维，通过采用较宽方位角的三维施工设计思想，使侧面干扰得到了较好的收敛，较好地查清了罗家寨潜伏构造与滚子坪潜伏构造之间的关系，以及下三叠统至二叠系罗家寨、滚子坪、紫水坝潜伏构造细节及断层展布。并在此基础上，通过利用不同方位角的地震信息，采用创新的全三维处理和解释手段，进行了较细致的储层预测、裂缝预测及气藏识别等工作。

青海油田分公司红沟子通过应用三维地质模型进行观测系统正演，采用小面元（20米×40米）、长排列（6500米）和高覆盖次数（96次）等采集措施，并通过有针对性地采用叠前干扰波压制、精细层速度分析及波动方程叠前深度偏移等处理技术，得到了较好品质的中深层资料，断裂和深部地层反射更清楚。

塔里木油田分公司塔中16井区在高分辨地震采集和处理攻关中，针对沙丘吸收强，地震信号弱的特点，通过采用变观及潜水面以下激发等采集措施，并在常规高分辨处理流程基础上，开发出一套针对大沙漠区的静校正、去噪及时频域补偿等技术，在保真的同时，使目的层频宽和主频大幅度提高，剖面的视主频由35赫兹提高到50赫兹，使东河砂岩的尖灭点向北延伸了近8千米，并首次对志留系进行了较系统的解释。

（2）以渤海湾二次采集为重点的精细三维地震取得新进展。通过严格野外施工设计论证和质量监督，特别是强化二次采集的施工设计审查及规范化管理，强调根据不同岩性确定激发井深，并应用多道地震仪合理选取小面元，增加横向覆盖次数，确保资料的纵向和横向分辨率，使二次三维地震资料品质有了较大的提高。

辽河油田2002—2003年在辽河东、西凹陷及大民屯的二次三维地震项目中，通过精细设计、精细施工，地震频宽普遍展宽10—15赫兹，层间地质现象丰富，潜山形态更加清晰，局部岩性尖灭、超覆、披覆等地质现象较为明显，有效地改变了以往上交储量“小而碎”的情况，使储量的规模有较大的提高。

大港油田为了加大滩海勘探力度，在埕北断阶带张东东地区进行了精细三维采集，通过缩小面元，提高横向覆盖次数，使新采集的资料品质较老资料有较大幅度的提高。同时，通过结合邻区的老资料开展连片处理，使剖面的波组、频率、相位在横向上一致性较好。通过解释发现了有利圈闭7个，并经综合评价，在张东东背斜主体较高部位钻探了张海4井，发现了良好的油气显示。

（3）以岩性预测为重点的综合储层预测技术为勘探生产提供了重要的技术保证。通过加强叠前叠后的“三高”处理，综合应用地质、测井、钻井等多学科的信息，逐渐形成了以层序地层学、地震波形分类、叠前叠后地震反演、地震多属性分析及三维可视化等技术为主的综合储层预测配套解释技术，为不断深入的岩性勘探与生产提供了重要的技术保证。

新疆油田石南21井区为了加快评价勘探工作，部署了以寻找岩性圈闭、低幅度、小断块为目标的三维连片处理工作，并组织新疆油田分公司勘探开发研究院与美国EPT公司等，结合地层倾角资料对目的层开展了精细地震目标处理和构造解释，初步落实了隐蔽性油藏的构造形态及断裂分布情况，获得了石108、石109等一批工业油流井。

塔里木油田分公司为了提高哈得逊油田东河砂岩尖灭线的识别精度，针对哈得4井、羊屋4井和哈得11井的三维，在保持振幅和提高分辨率处理的基础上，首次应用地震振幅的调谐作用对东河砂岩的尖灭点进行识别，使东河砂岩范围向西进一步扩大，此后钻探的哈得4-30井等证实了利用地震资料的波动力学特征进行薄储层的预测具有广阔前景。

大庆油田在汪家屯—升平和安达地区的储层预测中，通过利用三维地震属性分析、储层特征重构及三维可视化技术，对火山岩的分布情况进行了预测。并在火山喷发中心位置与构造高点的结合部位部署汪深

1井，喜获工业气流，证实了安达断陷是一个富气断陷。

（4）以精细目标处理、精细岩性地层反演、上钻前精细油气层预测工作为目的的地震老资料精细处理解释，已成为提高油气勘探生产效益的一项重要举措。

大庆油田在龙西—巴彦查干1963千米的二维重新处理中，通过采用叠后零相位反褶积及有色成分补偿等技术，使子波得到了较好的压制，剖面频率普遍提高了15—25赫兹。并通过精细的层位标定、断裂解释和储层预测，将扶余油层由以前的两分改为三分，杨Ⅰ油层组由一分改为两分，并在龙20号、龙31号等构造中发现了一系列新的逆断层，扩大了构造面积，提高了岩性预测的精度。通过钻探，英272井、英141井等12口井获得了工业油流，并为扶杨油层的优选及中上部含油组合叠置的升级提供了重要的依据。

华北油田在深县凹陷西部三维的重新处理中，通过开展以潜山为重点的目标处理，使潜山的断裂结构更加清楚，波组特征更加明显。通过三维体解释，共发现潜山圈闭4个，钻探的泽74-1斜井获高产油气流，探明储量100万吨以上。同时，深西三维的重新处理解释成果带来了断层下降盘岩性勘探的新突破，其中钻探的台10井、台12井在东营组岩性圈闭中获得工业油流，拓宽了勘探领域。

青海油田通过对马海—平顶山地区新老二维资料进行重新连片处理和综合解释，复查发现了马西、马北一号、马北二号、马北三号及平顶山等一系列圈闭，其中首钻的马北1井喜获高产工业油气流，展示了柴北缘地区石油勘探的潜力。

（5）地震技术已成为油藏评价的主要技术手段。随着开发生产的不断深入，地震技术已广泛介入油田评价开发阶段，并通过与精细油藏描述相结合，迅速成为评价及开发井位部署、滚动扩边及难采储量动用的主要技术手段。同时，开发地震前缘技术在各油田也得到了不同程度的应用，并为油气藏动态监测的实现提供了技术可能。

长庆油田为了加快苏里格气田的开发进程，精细刻画含气砂岩的横向展布，2003年在该区开展了324.82千米的多波地震技术试验，并首次采用数字检波器进行单点接收。通过严格控制激发井深，确保所有炮点在高速层中激发等措施，使纵波剖面品质较常规资料有较大改善，横波能量也有明显增强。现试验资料正在处理中。

（6）随着硬件和软件装备的不断进步，综合物化探技术在精度和显示方式上均有了较大改善，并在潜山勘探及复杂地区区域构造的深化认识上发挥着重要作用。

吐哈油田结合已往的地震和钻井资料，对10多年来的重磁电资料进行了综合解释和重新评价。通过采用准三维电磁反演技术、重力剥皮正演技术和LCT综合解释软件，揭示了前侏罗系地层呈近东西向展布的特征和三个主要沉积中心（托克逊凹陷、鄯南—胜北凹陷和丘东凹陷）的分布规律。特别是鄯南—胜北凹陷存在一南一北两个次级沉积中心是综合研究的新认识。

华北油田在南华北探区中牟凹陷开展了1∶10万重、磁力勘探，揭示了中牟凹陷主要的断裂分布、基底起伏和地层沉积特征，并划分为10个二级构造单元。在中牟凹陷发现了5个可能的潜山披覆构造带。经研究初步确定了太平镇潜山带和白沙潜山带是中牟凹陷深层古潜山天然气勘探较有利的目标区。

（曾　忠　阎世信）

【井筒技术】

1. 复杂油气藏测井采集与评价手段逐渐配套完善，成效显著

针对准噶尔盆地多层系多砂组产油、储层地质条件复杂多样及南缘山前井况复杂的特点，新疆油田通过开展不同地质目标和不同勘探阶段的测井项目优化研究以及新技术配套评价研究工作，建立起适应本地区不同层系、不同地质条件和不同井况条件下的测井技术系列，大大提高了利用测井新技术解决疑难地质问题的能力。2003年在霍尔果斯背斜霍10井的钻探中，面临多套压力系统、高压地层、钻井过程中多次发生井涌、严重垮塌井眼等复杂情况。针对上述难题，新疆油田有针对性地设计了PEX快测平台、DSI、HRLA（高分辨率阵列侧向）等测井项目，一次下井测全了全部测井资料，质量合格，合理的测井项目设计充分满足了评价的需求。

塔里木油田在利用测井新技术的过程中，坚持突出重点、统筹全局、超前储备、注重成效的指导思想，在重点探井中注重新技术应用和评价，地质效果显著。2003年在乌什凹陷乌参1井钻探过程中，考虑到参数井取全取准资料的要求，针对该井超深、超高压、高密度钻井液、小井眼等特点以及井壁严重崩落等异常复杂的工程条件，实施测井设计、采集、处理、解释、应用一体化的思路，在目的层段应用了以FMS（小井眼电成像）、SAIT（小井眼阵列侧向）、IPL（岩性组合）、DSI（偶极声波测井）等适合超深超压小井眼的测井项目，优质高效地完成了数据采集

任务。资料评价中，6038—6052米层段在没有任何取心资料和微弱气测显示的情况下，依据偶极横波测井的纵横波资料进行油气层识别分析，解释出的油气层试油获高产油气流。经过对成像测井资料精细解释，从岩性、层理组合等角度搞清了测量井段的沉积特征，为区块评价和今后的勘探提供了依据。

长庆油田在鄂尔多斯盆地低渗透油气层勘探中，针对中生界延长统高伽马储层的识别和复杂岩性、复杂填隙物储层评价的难题，应用元素俘获（ECS）测井等新技术提高了对高伽马储层的识别能力，发现了一批原来不能认识的有效储层，取得明显效果。榆31井是2003年部署在榆林气田西南侧的一口重点探井，该井钻遇井段岩性复杂，存在砂泥岩、煤层、碳酸盐岩、黄铁矿、硬石膏等多种矿物/岩石，特别是在山2层2994.5—3002.5米段，常规自然伽马显示有4米地层为高伽马值，解释为泥质夹层，但依据ECS测井结果分析，本井段地层中硅质含量在85%以上，应该是有效储层，同时通过偶极声波测井资料分析有含气响应特征，解释为气层，解释结果最终被试气证实。受榆31井山2高伽马储层发现的启发，长庆油田对周围的老井进行了重新认识，通过老井复查发现陕152井山2段有效厚度达12.6米的高伽马储层，重新试气获得日产12.92万立方米的高产，使一口沉寂10年的老井焕发青春。2003年，以元素俘获谱测井为主的复杂岩性储层识别与评价技术为长庆探区在榆林气田西侧等的储量扩边中提供了重要技术依据，为此类复杂岩性地层测井岩石学分析开辟了新的途径。

大庆油田在松辽盆地徐家围子断陷徐深2井火山岩油气藏勘探中，为保护储层采取了近平衡的测井技术，通过应用声电成像及阵列侧向测井等新技术，有效解决了复杂岩性、复杂储集空间火山岩油气藏测井评价的难题。通过对成像资料精细处理解释，将目的层营城组划分为三个大的火山喷发期次，得出在每个火山喷发活动的早期和末期孔隙相对发育的规律性认识并实现裂缝和孔洞参数的定量评价。高分辨率的成像测井及精细评价技术为裂缝性火山岩储层评价和储量参数确定打下了良好基础，也为徐深2井的成功评价起到了关键作用。

2. 钻井新技术应用范围扩大，效果良好

欠平衡钻井技术：2003年完成欠平衡钻井40口，其中全过程欠平衡钻井12口。西南油气田2003年相继在潼南1井、邛西4井和井浅2井等井通过不断地应用、完善，形成了配套的全过程欠平衡钻完井技术，进一步完善了欠平衡钻井、欠平衡取心、不压井起下钻、不压井测井、不压井下油管作业等全过程欠平衡钻井，取得了良好的地质效果，推进了欠平衡钻井技术的进步。大庆油田坚持采用欠平衡钻井技术解决深层复杂岩性储层油气发现的方针，实施了4口欠平衡井，其中在汪深1井营城组、沙河子组钻进中采用了水包油钻井液，密度为0.92克/立方厘米，钻进中气体流量为每小时5800—12000立方米，火焰最高达到8—10米，及时发现了储层。徐深2井先后9次点火，火焰高度达到5米。新疆油田在夏72井引进了套管阀技术，提高了不压井起下钻的效率，该阀已反复开关17次，创造了套管阀开关次数最高纪录。

水平井及侧钻水平井技术：2003年塔里木、大庆、冀东、辽河等油田公司继续加强了水平井及侧钻水平井的推广应用，共完成水平井68口，其中侧钻水平井6口。在水平井技术应用上，各油田加强了油藏研究，加强了以LWD测井资料为主的地质导向技术的应用，开展了以方位电阻率、方位GR（自然伽马）为主的地质导向技术的应用，保证了油藏钻遇率，取得了良好的地质效果。塔里木油田完成水平井20口，到目前为止共完成了各类水平井145口，水平井井数占全油田总井数的24%，日产油6982.76吨，日产油量占全油田的46%，平均单井日产量为直井产量的2.4倍。平均含水率35.7%，低于全油田的平均含水率48.2%，已累计生产原油1121.11万吨，占全油田累计产量的27.74%。大庆油田完成了14口，已投产水平井产量是直井的3倍以上。冀东油田完成水平井12口，水平井产量是直井的3—4倍，有效地控制了底水油田含水率的上升，其中柳赞油田水平井平均日产量过了百吨。西南油气田公司在罗家寨气田、磨溪气田实施了3口水平井，其中磨75H井酸化后日产气达到17.9万立方米，是直井产量的7倍；磨50井酸化后日产气达到了7.8万立方米，是直井产量的4倍，通过水平井的实施，提高了单井效益，探索了含硫气田高效开发模式。

3. 新技术试验进展顺利，已经具有一定推广基础

空气钻井技术试验取得初步成果。针对玉门窟窿山逆掩推覆体的钻井提速问题，在窿9井开展了空气钻井试验，从井深2970米开始试验应用空气及泡沫钻井，由于井下垮塌复杂，试验至井深3307.5米结束，试验井段进尺337.5米。位于井深3223米处，气体钻井段平均机械钻速每小时2.61米，是上部志留系地层常规钻井液钻井平均机械钻速每小时0.54米的4.8倍，其中空气钻井段的平均机械钻速是常规钻井液钻井的8.74倍。机械钻速大幅度提高，初步

证实了空气钻井在研磨性地层的适应性。西南油气田在正坝1井、核桃1井、大天9井、矿2井组织了空气钻井技术应用，成功解决了恶性漏失层的钻进问题。

套管钻井技术试验效果明显。2003年大港油田在庄海5井进行了套管钻井技术的试验应用，从下完隔水导管后实施套管钻井钻至井深513.89米，进尺为428.09米，纯钻时间为12小时，平均机械钻速为每小时35.62米。从开钻到固井完成共用时26小时5分钟，与邻井张海4井同井深相比，节约钻井周期3.5天。庄海5井通过套管钻井等综合技术应用，比设计缩短钻井周期达15天，在缩短钻井船占用上见到了明显效果。庄海8井自135米开始采用套管钻进，钻至井深544米，进尺409米，纯钻时间9.5小时，从开始到固井完成总时间19.5小时，平均机械钻速每小时43.05米。与邻井张海4井同井深相比节约钻井周期5天，有效缩短了钻井船占用时间。

针对吉林套保地区稠油井钻井，组织开发了套管钻井技术，也积极开展了套管内测井项目（炭氧比、自然伽马）油层识别评价研究，在吉林油田套保地区白92区块套B+3－4井进行了套管钻井试验，套管驱动头在油顶盖层（279.86—295.14米）段正常发挥了其驱动、密封及安全保护功能，套管驱动头密封机构以及安全保护机构达到了设计要求，能满足现场使用的要求。尽管机械钻速没有提高，但通过本次试验，获得了宝贵的现场试验经验，明确了工艺及配套工具的改进方向，为进一步研究并推广套管钻井技术奠定了基础。

过套管电阻率测井试验取得成功，基本具备了推广应用的条件。为进一步评估CHFR（过套管电阻率）测井技术在股份公司的适应性及应用效果，在前两年试验评价的基础上，2003年双方开展了规模试验评价，截至年底共测井46口。从作业情况分析看，初步认为CHFR测井技术为老油田剩余油挖潜提供了一种新的测井方法，在低孔隙油层水淹状况监测方面较其他方法有明显优势，为老油田精细油藏描述和综合治理提供了新依据。据不完全统计，依据CHFR测井提供的信息，4个油田老井累计增油情况为：吐哈5146吨、大港1975吨、新疆7577.8吨、大庆6264吨，同时产液量得到控制，降水增油效果较明显。通过规模试验总结认为，成功进行CHFR测井也需要适宜的地质条件和工程条件，至少包括：（1）砂泥岩地层剖面，地层厚度至少大于1米；（2）井筒状况良好；（3）固井质量良好；（4）油田注入水矿化度相对稳定等。

套管井地层动态测试技术试验顺利开展。套管井地层动态测试技术是一项新型的地层动态测试技术，可在套管中坐封的状态下，使用一种独特的柔性钻头将套管和水泥环钻穿（深度为6英寸），然后对地层进行压力测试或流体取样，在测试结束后，再用专用铆钉将所钻的孔眼封堵上（可承受68.9兆帕的压力差），不影响后续任何作业。CHDT（套管井地层动态测试）可以与MDT（模块式地层动态测试器）的模块组合使用，如泵出模块、流体分析模块、多取样桶模块等，对井下流体进行实时分析，并可获取地层真实流体。2003年在辽河、大港和新疆三个油田成功进行8口井的测井试验。其中辽河油田分公司在沈238井沙4段评价过程中，2631.9—2643米层段原解释为水层，但应用CHDT在2639米位置进行测试，取样结果证实为油层，从而发现了漏失油层，拓宽了沈223块沙河街组勘探领域，取得较好的效果。

（李国欣　郑新权）

市场管理

【概述】　在集团公司和股份公司的正确领导下，勘探与生产工程技术服务市场管理工作以“规范运作，互利双赢，共同发展”为指导思想，坚持“同等优先、内部开放、适度竞争”的推进市场开放原则，紧紧围绕勘探开发生产经营活动，深入油田开展调研，及时反映和协调争议，在加强工程技术服务市场管理和规范关联交易、推进市场开放等方面，做了大量认真细致的工作，为提高工程质量、控制成本和推进工程技术服务市场开放发挥了积极作用。

【市场管理】　为规范市场管理，加强对市场管理各环节的监控，2003年各油田公司根据股份公司的有关规定，完善市场管理组织网络，进一步加大了规章制度的配套建设，建立和完善了《市场准入管理办法》、《招标投标管理办法》、《合同管理办法》、《关联交易管理办法》、《项目管理办法》、《施工队伍业绩管理办法》等规章制度，对规范市场交易行为、提高市场管理水平起到了积极的促进作用。

【市场准入】 为加强勘探与生产工程技术服务市场管理，规范工程技术服务市场，严格按照《中油股份公司勘探与生产工程技术服务市场管理办法》、《中油股份公司勘探与生产工程技术服务市场准入实施细则》和《中油股份公司勘探与生产工程技术服务项目招投标实施细则》市场准入审查工作，截至2003年底，共审查各类专业施工队伍共计2737个，发放市场准入许可证2365个，在控制队伍总量和合理引进施工队伍上，较好地发挥了市场准入管理的作用。

【市场开放】 按照集团公司工作会议上提出的“2003年招投标还要扩大”的要求和工程技术座谈会上提出的“队伍技术水平必须满足工程设计和地质目标需求”精神，发挥集团公司的整体优势，大力推进工程技术服务市场开放，努力实现股份公司与存续企业“互利双赢，共同发展”的目标。通过推进市场开放，逐步形成适度竞争的市场环境，引导施工队伍进一步树立市场竞争意识和服务意识，达到提高工程施工质量和降低成本的目的。在推进工程技术服务市场开放过程中，注重从“油田稳定”的大局出发，一方面抓好关联交易工作量的优先安排，另一方面稳步推进工程技术服务市场开放。严格控制队伍总量，利用竞争机制实行优胜劣汰，部分油田将队伍业绩考核与招投标相结合，优选集团公司系统内素质较高的施工队伍，对提高工程施工质量起到了一定的积极作用。2003年工程技术服务市场完成价值工作量4953655万元，其中公开、邀请招投标1413785万元，其余为内部招议标，市场开放程度为28.5%。

【关联交易】 认真贯彻集团公司和股份公司对关联交易工作的要求，建立关联交易联席会制度。各油田分公司普遍加强了关联交易协议签订前的协商和沟通工作，收到了好的效果，大多数油田关联交易总协议和分协议的签订日期都比2002年提前。从工程技术服务类关联交易价值工作量来看，2001年工程技术服务类关联交易费用为320亿元左右，2002年为381亿左右，2003年上升到409亿元。

【队伍协调】 与集团公司有关部门沟通与协商，引进胜利油田钻井平台，保证了辽河油田公司滩海油田勘探开发工作的正常进行。按照“调整结构、控制总量、内部开放、适度竞争”的原则，控制作业队伍的增长，充分发挥集团公司施工队伍的优势，实现队伍合理调配。建立石油工程技术服务队伍业绩考核管理制度，从工程质量、工期控制、分包（协作）管理、环境保护、成本控制和安全生产等六个方面对施工队伍进行考核，促进了施工服务队伍服务意识、施工质量等的提高。

（王连刚　杨光胜）

油田开发

【概述】 2003年的油田开发工作以集团公司工作会议精神为指针，紧密围绕股份公司的各项工作部署，以勘探与生产板块确定的“抓好三项工作，做好两篇文章，夯实一个基础”为目标，加快原油上产步伐，搞好注水和产液结构调整，深化老油田稳产工作，修订《油田开发管理纲要》，圆满地完成了各项业绩指标。

【主要指标完成情况】

1. 生产指标

（1）全年生产原油10393.92万吨，为年度计划10350万吨的100.4%。其中，年措施增油615.5万吨，比2002年减少48.5万吨，比计划指标少20万吨；年新井产油638.2万吨，比2002年增加84万吨，比计划指标少20.8万吨。

（2）年产液62442万吨，比2002年增长2.44%，比年度计划指标62578万吨降低0.22%；年注水68159万立方米，比2002年增长1.35%，比年度计划指标68694万立方米降低0.78%。

（3）年度新增原油生产能力1105.6万吨。其中，新区钻井4323口，进尺656.29万米，建产能640.52万吨；老区钻井3252口，进尺509.38万米，建产能465万吨。合作开发区新增原油生产能力191.1万吨。

（4）新增可采储量9721.5万吨，其中新开发油田增加6275.5万吨，老油田调整增加3446万吨。储采平衡系数0.935。

2. 技术指标

（1）油田年平均综合含水83.35%，比2002年上升0.35个百分点，比年度预计指标83.5%降低0.15个百分点。含水上升率0.4%，与2002年的0.42%相比保持稳定。

（2）产量年自然递减率11.45%，比2002年减小0.2个百分点；年综合递减率5.49%，比2002年增大0.26个百分点，两个递减率控制在比较合理的范围内。

（3）剩余可采储量采油速度8.62%，比2002年增大0.19个百分点；储采比11.6，其中塔里木油田为5.9，辽河与新疆稠油平均是5.3。

【主要成果及油田开发状况】

1. 原油产量实现箭头向上

全年生产原油比2002年增产32.4万吨。其中，长庆增产91.5万吨，新疆增产55万吨，吉林增产31万吨，塔里木增产23万吨，玉门增产10万吨，冀东增产9.5万吨，青海增产6万吨，大港因赵东合作区投入开发，产量增长27万吨；华北和西南产量保持相对稳定；大庆减产173万吨，辽河减产29万吨，吐哈减产16万吨。

2. 生产运行平稳有序

原油日产水平年初就达到28.38万吨，6月份最高达到28.87万吨，年末日产水平下降到28.11万吨，但生产能力仍在28.4万吨以上。

日注水由年初195.4万立方米下降到6月份最低的179万立方米，又逐渐恢复到年末的194.9万立方米。月注采比0.94—1.03，总体保持1的注采比。

全年老井转注、新井投注2719口，比2002年多77口，采注井数比由2.95减小到2.92。

3. 产液量和注水量的增长速度控制较好

股份公司油田注水与产液变化趋势见表1。

表1 股份公司油田注水与产液变化趋势

年　度	年产液（万吨）	增长量（万吨）	增长率（%）	年注水（万立方米）	增长量（万立方米）	增长率（%）
2000	56516	1782	3.26	65059	10535	19.32
2001	59481	2965	5.25	66952	1893	2.91
2002	60955	1474	2.48	67251	299	0.45
2003	62442	1487	2.44	68159	908	1.35

【油田开发管理】

1. 老区产能建设方案进一步优化，重点调整区块达到方案设计

在方案管理方面，要求对于20万吨以下的项目各油田分（子）公司要严格审查方案，并对分油田、区块单元编制的开发调整方案或开发设计、审查纪要等上报勘探与生产公司备案；对于20万吨以上的重点产能建设项目，由勘探与生产分公司组织专家评估和会议审查。做好投资控制，确保产能建设的总体经济效益。

做好方案实施跟踪与调整，老区产能建设部署和方案的进一步优化，对总体建产能力进行调整。其中，大庆从166万吨调增到196.6万吨，吉林从1.6万吨调增到13.9万吨，辽河从22.5万吨调增到36.6万吨，吐哈从10万吨调增到25.8万吨，塔里木从11万吨调减到8.5万吨。老区总计建成生产能力465万吨，为原计划的122.5%。新疆克八区下乌尔禾组油藏、大庆萨尔图南四区葡一组聚合物驱等四个产能建设重点区块均达到方案设计指标。

2. 老油田稳油控水及区块综合治理取得一定效果

在改善二次采油技术研讨会精神的指导下，老油田稳油控水及区块综合治理工作进一步得到重视。一是各油田公司按照勘探与生产分公司新的要求编制出了每个区块具体的综合治理方案；二是规模有所扩大，股份公司级稳油控水及区块综合治理重点区块数由2002年的72个增加到88个，覆盖地质储量由14.4亿吨增加到16.58亿吨。通过治理，日产油从年初的4.29万吨上升到4.38万吨，综合含水上升0.5个百分点。

3. 油田开发新技术推广应用取得一批重要成果

辽河油田对于不适合转蒸汽驱的区块开展组合式蒸汽吞吐现场试验，取得一定效果。超稠油SAGD试验方案的2口水平井，已投入开发生产。

玉门在老君庙油田完钻第一口水平井，水平井段

140 米，钻遇油层 347 米（L、M 合计）。日产液为 10.5 吨，含水 12%，日产油 8 吨。

冀东在柳 102 断块完钻 3 口定向井和 5 口水平井，3 口定向井平均单井钻遇油层 66.8 米/12.3 层，5 口水平井平均单井钻遇水平油层段 299.7 米。8 口新井投产初期日产油 632 吨，平均单井日产油 79 吨，完成 6 万吨的产能任务。

油田动态监测正在大庆油田进行集成研究，一种简易的注水前缘监测技术正在华北试验。如果成功，对中低含水油田水驱波及状况分析可能取得重大突破。

辽河齐 40 稠油蒸汽驱扩大试验区见到初步效果，蒸汽干度达到设计要求，产量上升 20%多。大庆外围两口浅层（1000—1100 米）低渗（5×10^{-3}平方微米）采油井蒸汽吞吐试验，日增产原油 1.5—2 倍，展示了良好的前景。

4. 搞好油田开发动态分析，加强宏观调控

根据年度原油配产配注等生产计划，每月跟踪分析油田生产动态变化，努力按照"减产有序、稳产有方、增产有效"的方针做好宏观调控工作。一是根据各油田公司的各月产量运行安排，做出股份公司的全年原油生产运行部署；二是在市场油价较高的条件下，要求各油田公司尽可能满负荷生产，多交商品油，而全年的考核指标不变；三是根据股份公司管理层对原油产量指标的调整要求，在分析了各油田公司生产潜力的基础上，经过对相关油田的调研和分析，基本落实了全年生产原油 10392 万吨的责任指标，制定了相应的增产上产对策及措施；四是对注水、产液及含水等指标的跟踪，做好注水结构和产液结构的宏观调控，确保油田含水保持相对稳定。

5. 总结经验，创新典型

大港油田规模化开展精细油藏描述典型。大港油田近 5 年来在老油田通过规模开展精细油藏描述，对各种潜力类型的剩余储量进行量化，提供了可供调整挖潜的可采储量 1010 万吨，缓解了储量接替困难的矛盾，获得了可观的经济效益，取得了成功的经验。勘探与生产分公司经过认真调查研究和组织专家座谈，于 7 月 28 日至 8 月 1 日在大港油田组织召开了"精细油藏描述"典型经验推广会。会上发布了"股份公司精细油藏描述工作指导意见"和"精细油藏描述技术规范"初步意见稿，会后又以文件形式下发了试行稿，对精细油藏描述的工作要求、工作安排、组织管理、保障措施、实施及成果应用、考核办法等做出了明确的规定。

大庆喇萨杏油田提高采收率典型。不断提高采收率，挑战采收率极限，是油田开发工作追求的根本目标。大庆喇萨杏油田采收率已达到 50.4%，创造了中国陆上同类型油田开发的最高水平，居世界同类油田开发的先进水平。喇萨杏油田的采收率之所以能不断得到提高，其根本原因是能够针对油田开发面临的不同阶段、存在的不同问题，敢于解放思想，挑战极限，依靠认识上、技术上和管理上的不断创新，通过解决开发过程中的一个又一个矛盾和问题才取得的。勘探与生产分公司经过认真调查研究，于 10 月 20 日至 10 月 22 日在大庆举办了"中国石油提高采收率"学习班。学习大庆人敢于挑战极限，不断提高油田采收率的成功经验和做法，更加明确油田开发工作者在提高油田采收率，努力增加可采储量，夯实油田稳产基础，实现股份公司原油产量稳中有升战略目标中所肩负的历史使命与责任。

（胡海燕　李松泉）

油藏评价

【概述】　2003 年油藏评价工作认真贯彻股份公司"勘探技术座谈会"精神，大力推进勘探开发一体化，以《勘探开发工作指导意见》为指导，严格遵循"加强前期、注重技术、突出重点、积极有效"的工作思路，强化效益意识，突出"两个评价"，强化"两个结合"。进一步完善管理机制和相关制度，理顺工作程序，为油藏评价和新区产能建设工作的顺利开展提供制度上的保证。同时以地质综合研究为先导，加大科技投入，加强新工艺、新技术的应用，努力控制投资、降低成本，油藏评价和新区产能建设均超额完成全年任务指标，探明石油地质储量及其品质、落实程度和动用率较以往均有大幅度提高，新区产能建设、百万吨产能建设投资及产能建设到位率均达到较好水平。

【储量评价】　2003 年计划提交探明石油地质储量 36000 万吨，可采储量 7889 万吨；落实难采地质储

量7655万吨，可采储量1377万吨；合计总评价储量43655万吨，可采储量9266万吨。实际完成新增探明石油地质储量43903万吨，完成年度计划的122%，新增可采储量9633万吨，完成年度计划的122%；落实难采地质储量5107万吨，可采储量948万吨；合计总评价可采储量10581万吨，完成年度计划的114.2%。

1. 新增探明石油地质储量的基本特点

（1）新增储量落实程度和动用率大幅度提高。

2003年钻井工作量大幅度增加，新增探明储量区块井控程度显著提高，研究工作的深化程度也明显提高，往年Ⅰ类、Ⅱ类探明储量只能达到当年新增储量的50%左右，2003年几乎达到100%，新增探明石油地质储量落实程度为近年来最高。

2000—2002年新增探明石油地质储量三年平均年动用储量24007万吨，占年平均新增储量的55%，年平均建成产能376万吨。2003年新增探明石油地质储量中，安排2005年以前动用的储量为39861万吨，占年度新增储量的90.5%，预计可建成生产能力766万吨，新增探明石油地质储量动用率大幅度提高。

（2）新增储量品位有所降低，规模有所减小。

新增储量中，低渗和特低渗储量仍占较高比例。前四年新增低渗和特低渗探明储量总计89147万吨，占四年新增总量的53%，而2003年度新增石油探明储量中，低渗和特低渗储量30043万吨，占新增探明储量的68.4%，较前四年总体水平略有上升。低渗储量主要集中在大庆、吉林、玉门、长庆和新疆等油田。

新增探明石油地质储量仍以中小规模储量为主。2003年新增探明石油地质储量中，大于1000万吨的中型区块有6个，储量15919万吨，占新增探明储量的36.3%，小于1000万吨的小型、特小型区块储量27984万吨，占新增探明储量的63.7%，与往年相比，中型规模的储量减少，100万—1000万吨的小型区块储量增多。

2. 难采储量评价的基本特点

稠油比例较高，储量达2698万吨，占难采储量评价总储量的52.8%。

储量落实率较低。2003年难采储量评价工作在10977万吨储量基础上展开，最终只落实可动用储量5107万吨，储量落实率仅为40.1%。

先进技术应用取得较好效果，工程技术手段的不断进步，为难采储量的动用提供了契机。通过采用超前注水开发技术，吉林乾安油田乾118区块评价落实低渗储量500万吨，可采储量100万吨，储量全部能动用，当年动用281万吨。通过采用水平井开发技术，大庆州31区块葡萄花油层评价出近期可动用储量407万吨，建产能8.3万吨。大港枣园油田家41－35断块稠油采取化学吞吐降粘措施，使单井产量大幅度提高，评价落实储量160万吨，全部可动用。

3. 油藏评价管理特点

2003年油藏评价管理的显著特点是全面推行勘探开发一体化。新疆石南21侏罗系头屯河组预测储量区没有井控制，直接进行评价风险较大，于是按照勘探开发一体化的运行机制，勘探开发紧密结合，统筹考虑评价井实施方案，评价首先在控制储量区实施石108井，预探首先在预测储量区实施石109井，根据两口井的钻井情况，对年初的评价部署进行了较大调整，效果显著。塔里木哈得4油田通过对开发井哈得4－26井的跟踪分析，及时的调整评价工作量，探明储量大幅度增加。塔里木轮古15、玉门窿8及华北巴38等油藏的评价过程中，评价与产能建设的紧密结合也取得了良好的效果。

从源头抓起，做好评价项目的立项和部署优化。具体措施是通过加强评价部署的审查及动态跟踪分析，优化油藏评价部署，减少无效、低效工作量，提高了油藏评价的整体效益。新年伊始，组织了11个重点项目的评价部署方案审查，针对不同项目的实际情况，就如何提高评价井成功率和利用率及进一步提高评价效益提出了明确的要求，并做了具体详细的工作安排。与此同时，对油田公司原安排不合理部分的钻井和地震部署做了调整，对评价部署安排或侧重预探，或侧重开发，未体现勘探开发一体化总体思路的项目，按整体部署，滚动实施的原则进行了调整。6月份对重点项目实施情况进行了阶段检查，本着“积极评价、大胆实践、审慎实施”的评价原则对部分项目进行了优化，取得了较好效果。

抓实施运行管理，及时调整部署，提高综合效益。为了积极做好跟踪管理，年初要求各油田公司按进度编制油藏评价施工及工作运行表，计划分批下达，有利于动态调整，避免盲目施工。青海石泉滩冷103井，油田提出部署评价井2口，探明石油地质储量100万吨；根据分析，该项目具有一定评价潜力，但仍存在许多不确定性，评价风险较大，经研究后第一批下达了1口井，钻探证明地下构造复杂，储层分布不稳定，再部署井存在一定的风险，上交探明储量难度较大，因此决定中止评价，取消第二口评价井，避免无效投入。塔里木哈得4油田，在产能建设中发现有继续扩大的趋势，评价及时做出积极调整，第二批计划追加了评价钻井工作量，为提交探明储量提供了有力保障。

油藏评价按照“创新管理、问题管理”的工作思路，突出重点、提高水平。青海油田近年来油藏评价区域狭窄，成为重点关注对象，砂西项目计划钻井8口，实际只实施了3口，杜绝无效工作量；石泉滩项目的钻井分批下达，避免了盲目施工。实践表明，实施重点项目控制管理效果显著。

加强基础资料管理，夯实工作基础。2003年制订了评价月度动态数据上报表格，建立了月度动态数据库；规定了油藏评价部署方案备案要求，建立了方案备案档案，做到部署方案设计有据可查；编制了《油藏评价部署图册编制要求》，完成了油藏评价项目部署图册的编制工作；在勘探与生产分公司网站上开通了动态信息交流通道，初步实现了油藏评价信息的动态管理。

在部分重点项目中全面推行项目管理，推动股份公司油藏评价项目管理整体水平的进步。新疆石南21井区和长庆西峰油田两个项目确定为股份公司推行项目管理的试点项目。要求试点项目以项目管理为核心，建立项目数据库和技术平台，形成一整套管理流程和技术流程，初步实现“管理、部署、评价、研究、信息共享”五个一体化。两家油田公司起草项目的管理实施方案，报勘探与生产分公司审核通过后实施，争取在项目结束后形成一套适合股份公司油藏评价项目管理的比较完善的管理办法。

【新区开发】

1. 新区原油产能建设完成情况

2003年计划钻井3753口，进尺633.2万米，建成生产能力603万吨。由于新区产能建设地质对象复杂，资源品质较差，为了提高经济效益，先后进行了两次调整，最终的调整结果为钻井4175口，进尺674.3万米，建成生产能力649万吨。

实际完成钻井4323口，进尺656.3万米，投产油井3681口，平均单井日产油5.8吨，建成生产能力640.6万吨。

2. 新区原油产能建设的主要工作

强化方案管理，狠抓方案编制和审查，优化开发方案，提高整体效益。一是抓了开发方案的编制和优化、产能井位的落实。2003年方案完成率达83%，比2002年提高了1.6个百分点。二是抓了开发方案的审查和审查纪要的备案工作，为确保全年产能任务完成起到了重要作用。

以经济效益为中心，大力推进勘探开发一体化。2003年在新区产能建设中，加强区带成藏规律研究，优选有利布井区块，坚持“整体部署，分步实施，跟踪分析，及时调整”的工作方法，特别加强了对重点项目的跟踪分析和调整工作，使钻井成功率、产能到位率都取得了好的效果。吉林大情字井油田通过2003年初的进一步勘探开发实践证实，部分开发控制井实施后比预计的效果差。为此对产能建设进行了调整，调整后新钻井由249口减少为121口，进尺由54.5万米减少为29.6万米，新建能力由35.6万吨减少为13.31万吨；塔里木油田哈得4油田，在产能建设中发现油藏有继续扩大的趋势，油藏评价做了积极调整。追加了评价钻井工作量，2003年新增探明储量2890万吨，新建产能36.5万吨。

强化油藏评价与产能建设紧密结合。一是开展试验井组，加大试采力度，落实产能；二是坚持评价部署与开发方案统筹考虑，提高探明储量动用率，提高评价井利用率。2003年在塔里木轮古15井区、玉门青西油田窿8区块等储层变化复杂的油藏评价中，通过评价井和产能建设井同时实施，有效增加了井控程度，探明储量和产能建设同步完成。另外，部署评价井时结合井网布井，有效提高评价井的利用率，将在2004年产能建设中显现出来；三是充分利用开发井资料，适时开展滚动评价。产能建设与滚动评价紧密结合，实现增储上产一体化。塔里木哈得4油田，坚持边滚动、边开发，2003年通过HD4－26井向油藏西北侧缘滚动外扩，含油范围进一步扩大，新增含油面积57平方千米，新增探明储量2665万吨，新建产能36.5万吨（计划15万吨）。

强化储量研究和开发方案研究一体化，提高总体经济效益。提前编制完成新区油田开发方案，产能建设准备明显好于往年。根据油藏评价管理办法规定，提交探明石油地质储量时，必须完成开发方案的编制。2003年新增石油探明储量完成终审的同时，2004年新区产能建设区块的开发方案编制也基本完成，为2004年度的新区产能建设打下了坚实的基础。同时在准噶尔腹部石南21区、塔里木盆地哈得4油田扩边、鄂尔多斯盆地西峰、松辽南部大情字井、松辽北部葡南等地区，为2004年新区产能建设准备了一批较为整装的、产能规模大于20万吨的区块。

普通稠油、低渗透、特低渗透油藏开发效果明显改善。长庆、吉林等油田通过优化井网形式、优化储层压裂改造、超前注水开发等技术，改善低渗透、特低渗透油藏的开发效果显著。长庆西峰油田白马区的超前注水区比自然能量区的油井单井产量高2—3吨；吉林新立119区块实施超前注水8个月，在地层压力恢复到原始地层压力的95%，9口油井（含1口控制井）投产，初期单井日产油达到7吨，是邻区的2—4倍；吉林套保油田稠油油藏摸索出一套大孔径、高孔密、大排量出砂冷采配套技术，单井日产高达3—20吨，初期含砂25%—30%。

【勘探开发一体化工作】　努力转变思想观念，按照勘探开发一体化工作要求，做到组织落实、领导分工落实、项目管理落实，油藏评价工作全面启动。一是各油田分公司都成立了勘探开发一体化工作领导小组，建立了管理机构，初步整合了研究力量；二是建立了油藏评价管理网络，形成了油田公司决策、管理部门组织、项目组实施的三级管理体制，制定了油藏评价管理细则等一批规章制度；三是油田分公司建立了油藏评价工作例会、预探评价主管部门工作例会以及重大工艺措施论证会等一系列会议制度，为有效开展油藏评价提供了组织、技术保障；四是积极推行项目管理，成立了横向矩阵式、纵向分级目标责任制的油藏评价项目经理部。如大庆油田2003年勘探开发一体化办公室得到了进一步完善，各专业人员到位，油田实行勘探开发统一领导；塔里木油田勘探开发实行项目管理，钻井井位统一部署，2003年在哈得4油田评价与产能建设中成效显著。从2003年油藏评价执行效果来看，股份公司全面实行勘探开发一体化的方针是十分正确的。

（田　军　郑兴范　尚尔杰）

天然气开发

【主要指标完成情况】　2003年股份公司计划工业产气量233亿立方米，其中气层气178.7亿立方米，溶解气54.3亿立方米。实际完成工业年产气量247.67亿立方米，完成年度计划的106.3%，比2002年增加22.92亿立方米，年增长幅度10.2%。其中，气层气产量为184.2亿立方米，溶解气产量63.47亿立方米。2003年股份公司计划天然气商品量171.2亿立方米，实际完成天然气商品量188.56亿立方米，完成计划的110.1%，比2002年增加了22.16亿立方米。2003年天然气产能建设进展顺利，超额完成计划任务。2003年实际新投入开发天然气可采储量1034亿立方米，新建产能47.24亿立方米。

【主要工作和成果】

1. 紧密围绕“四大三中一潜在”的总体工作部署，积极拓展天然气上游业务

“四大三中一潜在”是股份公司天然气发展战略的核心内容。“四大”指西南气区、长庆气区、塔里木气区和青海气区；“三中”指大庆、吐哈和新疆三个中型天然气区；“一潜在”指煤层气。四大气区的生产规模基本形成，地面配套相对成熟；“三中一潜在”是天然气快速发展的产能接替战略领域。

围绕股份公司天然气新的发展战略，2003年组织了四大气区，以及大庆、吐哈、新疆天然气发展整体规划和天然气开发前期评价工作部署，并组织了煤层气开采工艺技术研究科研立项的前期工作。2003年上半年会同规划计划部、天然气与管道分公司，组织有关单位，在以往研究成果的基础上，结合目前实际情况，重点研究2003—2005年股份公司四大气区上中下游协调发展实施方案，并对2007年、2010年做出初步预测。同时，组织廊坊分院完成了陕京二线资源可行性研究工作。

2. 加快了产能建设准备，确保西气东输按时供气

2003年10月1日，西气东输东段靖边至上海段建成通气；2005年1月1日，西气东输西段轮南至靖边段将建成通气，这是西气东输工程重要的时间标志点，上游积极按此计划开展工作。

长庆气区在加强苏里格气田开发评价的同时，深入抓好靖边、乌审旗、榆林27亿立方米产能建设任务的实施，并组织了第一净化厂扩建、第三净化厂新建工程，同时开展了下古气藏开发动态跟踪分析，确保生产平稳运行。2003年10月1日，长庆圆满完成了长庆天然气从西气东输陕西靖边站启输上海的任务。在保证启输量的同时，也确保了向陕京线、周边市场平稳正常供气。

为确保上游工作有效进行，股份公司成立了西气东输塔里木上游资源保障工作领导小组，勘探与生产分公司主要负责技术支持工作。在快节奏完成克拉2

气田ODP预评估后，2003年3月，组织了由国家计委、中国石油、IOC共同参加的克拉2气田开发方案审查会议，中外双方在技术上基本达成一致，使方案成为指导气田开发的重要技术文件。4月，国家发改委对方案正式批复，为克拉2气田开发的各项工作奠定了基础。

10月，股份公司明确塔里木上游资源保障工作由勘探与生产分公司负责组织协调，各项工作加快了节奏。气田内主干公路及伴行路的施工、开发井钻井工程准备及钻井、部分非标设备及长周期采购材料的订购等几项重点工作迅速展开，为2004年完成工程建设目标奠定了基础。

3. 继续深化天然气勘探开发一体化指导思想，加大气田开发前期评价力度

2003年继续深化天然气勘探开发一体化指导思想，在四大气区加大了气田开发前期评价工作力度，以西南邛西气田开发早期评价、蜀南三叠系嘉陵江组气藏的滚动勘探开发和长庆榆林气田南区滚动建产等项目为重点，气藏评价工作成效显著。

2003年邛西4井再获高产气流，建成30万立方米/日能力。为实现邛西—灌口—大兴西地区探明1000亿立方米储量规模的勘探远景规划，勘探开发技术人员共同研究平落坝气田、邛西气藏以及大兴西气藏的动态资料，研究评价井位部署，部署了勘探评价井邛西5井、邛西6井，在三维工区内部署了开发评价井邛西11井、邛西12井。

蜀南三叠系储量前景广阔，预计到2005年前后，可以在麻柳场、高荀—大窝顶、同福场—铁厂沟、观斗山—宜宾、临南—梁董庙等区块探明地质储量450亿—500亿立方米。

榆林气田滚动建产实施效果较好，与2002年相比又上了一个台阶。2003年已完试的13口井，获平均无阻流量25万立方米，其中榆43-5井为100万立方米，榆42-6井为66万立方米，总体来看，榆林气田南区储量落实，并且具有进一步增储上产的潜力。

4. 为实现重点气田有效开发，组织好苏里格气田开发评价工作

苏里格气田探明天然气地质储量5337亿立方米，是我国陆上目前最大的气田。做好苏里格气田早期评价和开发准备，已成为开发的一项重要任务。2003年工作的指导思想是“明确目标，理清工作思路；做好组织，工作靠实；实时跟踪，搞好阶段分析；面对现实，解放思想，走低成本简化开采道路”。苏里格气田开发必须坚持依靠科技、面对现实、简化开采、走低成本开发的路子。历经近两年的评价研究，已经充分认识到苏里格气田气藏地质特征是低孔、低渗、低压、低产、低丰度，这是客观现实。只有解放思想、依靠科技、采用全新的开发思路和非常规开发模式、走简易开采低成本开发的路子才能确保苏里格气田效益开发。

5. 围绕川渝天然气东输工程，组织高含硫开发技术攻关

根据忠武线建设进度和两湖地区天然气下游用气需求，倒排了天然气上游工作计划和时间进度表，高含硫气田开发和天然气净化厂建设是其核心内容。根据川渝天然气东输总体部署：2004年底必须具备供气能力，2005年1月1日启输，年输量4.8亿立方米，2006—2009年的年输量分别为10.9亿立方米、17.9亿立方米、24.9亿立方米、30亿立方米，2009年以后保持30亿立方米年输量。

2003年川渝天然气东输产能建设项目计划投资40686万元（含净化厂投资15800万元），其中开发钻井18436万元，地面工程22250万元。建设项目主要安排在大池干井、冯家湾、沙坪场、罗家寨等四个气田，新增井口配套能力2.15亿立方米。

特高含硫的罗家寨气田是东输主力气田，储层物性好，测试产量高，计划建成19.8亿立方米的生产能力，2003年先实施两口高产量先导试验井——罗家11H井及罗家16H井，并设定了单井日产量力争达到100万立方米的工作目标。为此，组织开展了罗家寨气田高产井试验工程。在工作中明确要求应用高含硫气田开发技术攻关已取得的配套开采技术成果，地质气藏与钻井工程相结合，确保工程技术的先进性和适用性，并对高含硫气田测试展开专题研究。大斜度井罗家11H井按照钻井设计正常钻进，2003年12月中旬完钻，测试工作准备就绪。罗家16H井由于12月23日在水平段发生井喷事故，现已封井。

忠县净化厂建设方案由成套引进改为国产化装置，7月份股份公司组织对忠县净化厂可行性研究报告审查，9月份股份公司批复可研。计划2005年7月建成投产。

罗家寨净化厂工程可行性研究报告已纳入罗家寨开发方案（可行性研究报告）。4月份股份公司对项目可研进行了评估。8月份国家发改委批复该项目可研。目前已经完成了净化厂基础设计招标书、硫磺回收和尾气处理装置招标书等招标准备工作；完成了“罗家寨天然气净化厂征地图”及征地准备工作，预

计2003年内完成征地，并组织“三通一平”；“12.23”事故后，为确保净化厂安全生产，拟对原可研批复的引进范围进行调整，净化厂投产时间不变，2006年底建成投产。

6. 积极开展柴达木盆地天然气资源评价

截至2003年底，柴达木盆地天然气累计探明气层气地质储量2374亿立方米，控制储量861亿立方米，预测地质储量2538亿立方米。

资源评价分析研究认为：基于现已探明的天然气地质储量，可以建成65亿立方米产能，60亿立方米产量，稳产13年以上。根据勘探部署和已发现的有利圈闭，在2004—2010年可以再探明天然气地质储量1500亿—2000亿立方米，以此储量为基础，2010年左右可以再新建20亿立方米产能，使柴达木盆地达到85亿立方米产能规模，实现产量80亿立方米，外输50亿立方米的工作目标。

7. 气田老区挖潜增产取得较好成效

2003年累计措施井次470次，年增产天然气5.76万立方米。其中，川西北气矿3口老气井（中42、中64、关6）挖潜增产近200万立方米。中42井1982年投产后，一直出现堵塞现象而间断生产，1993年成为死井。2003年6月对该井进行多次化学解堵取得成功，7月4日恢复正常生产，日产气4万立方米，累计增产80万立方米，增产凝析油14吨。

重庆气矿双家坝气田七里4井，2003年5月实施修井、酸化作业，7月19日恢复生产，日产气量从作业前的3万立方米增至5万立方米，日增天然气2万立方米，老井挖潜再显活力。此外，川中气矿2003年旧井作业6井次、5井次见效，见效井每天原油增产10.9倍，天然气增产22.5倍，也创造出了可观的经济效益。

吐哈油田分公司2003年实施气井压裂1井次，平均日增产4.4万立方米，全年增产1317万立方米；辽河油田分公司应用中子寿命测井和放射性测井等技术，实施老井挖潜措施129井次、有效70井次，增加日产气能力73万立方米。

8. 加强工艺技术研究，降低天然气自用及损耗气量，努力提高油田溶解气集输率

股份公司2003年溶解气井口产量78.82亿立方米，而工业产量只有63.46亿立方米，商品气量就更低。绝大部分溶解气都作为油田生产用气，主要包括生产加热、保温、热采、燃气动力等维持油田生产正常运行的用气量，对保障生产运行，降低原油开采成本起到非常重要作用，其效益不可低估。

例如，在一些油田推广采用油气混输泵技术，变集油集气两套流程为一套流程，尽量全部回收转油站的湿气；套管定压放气阀和大罐抽气技术等；开展锅炉节能降耗研究，采用高温辐射涂料技术、烟气余热回收技术；对老系统进行调整改造等等，有效收集利用溶解气。

华北油田分公司采用套管定压放气阀，对各采油单位有收集潜力的井全部安装了套管定压放气阀。全公司已安装定压放气阀1300多套，日回收溶解气6万立方米。加强大罐抽气技术的推广应用和管理，已建大罐抽气装置14套，全部正常运行，开机率达96%，日回收富气5万多立方米。

9. 加强天然气开发方案管理工作，进行了一批重点气田开发方案的审查

2003年组织完成了塔里木克拉2气田总体开发方案、新疆盆5井区开发方案、罗家寨气田开发方案、中外合作西南八角场气田开发方案、长庆榆林南气田开发方案等审查工作，方案涉及产能建设规模140亿立方米。此外，还组织了吐哈2003—2007年天然气开发规划审查。

在审查过程中，按照股份公司天然气产能建设项目的方案编制、审查的管理办法，对方案编制、技术水平提出了要求。一是聘请资深天然气专家参加方案审查，提前一周将方案材料送达所聘专家，要求每位专家在审查会前提交方案审查的意见；二是对于技术水平不符合要求的方案，组织重新编制和修改完善；三是对方案实施进行跟踪管理，并开展开发方案实施效果后评价工作。

10. 协助做好“罗家寨12.23”井喷事故后，事故处理及相关工作

“罗家寨12.23”井喷事故发生以后，根据集团公司和股份公司的统一安排，立即组织有关力量了解事故原因、工作进展，收集罗家寨气田开发方案、科技工程、相关管理规定、规范等相关资料，为领导决策和分析事故原因提供基础资料。国务院事故调查组事故调查结论发布以后，参加了集团公司专家组的相关工作，对调查组结论提出分析意见和说明。同时赴事故现场调研，帮助油田分析事故原因，提出安全生产对策。

11. 实施规范管理，全力服务油田

2003年，加强了规范化管理。开展了重点气区半年动态分析，加强对油气田的生产动态管理。建立了公文处理流程、信息资料的公用电子文本，实行电子文档管理等制度，做到资料齐全，信息共享。制定

了《勘探与生产公司天然气处日常工作管理办法16条》，确保日常工作高效、协同、顺畅。

组织和参加了对长庆、青海、四川、新疆、吐哈、华北等油气田的现场调研，及时发现油田在生产中面临的困难和问题。针对2003年天然气开发投资紧张及产能建设调整等问题，提出了有关长庆2004年产能建设前期评价、盆5气田建设、吐哈及青海天然气产能建设调整等内容的追加投资建议，得到有关领导和部门的支持，落实追加资金41646万元（含苏里格前期评价项目），是历年来天然气开发追加投资额度最大的一次。

在天然气资源可行性研究、高产井工程、气田对外技术合作、方案审查等许多日常基础工作中，本着“服务、组织、协调”的精神，扎实工作，把为油田服务放在工作的首位。

【天然气开发基本形势】

1. 天然气开发现状

气层气：至2003年底，股份公司所属13个油气田，累计探明气层气地质储量30351亿立方米，已开发动用地质储量11393亿立方米，未动用地质储量18972亿立方米，未动用储量主要分布在中、西部地区。

2003年底股份公司所属13个油气田共有气井2869口，其中已投产气井2674口，未投产气井195口。2003年12月份实际开井1646口，平均井口日产天然气6783万立方米，井口年产气194.58亿立方米，累计采气2931.52亿立方米，已开发可采储量采气速度2.6%，采出程度39.7%。累计剩余可采储量储采比86，已开发剩余可采储量储采比23。

溶解气：截至2003年底，共投入开发溶解气地质储量6226亿立方米，可采储量2470亿立方米，井口年产78.82亿立方米，累产1925亿立方米。平均井口日产气2127万立方米，已开发可采储量采出程度77.9%。

2. 天然气继续保持快速增长

随着西气东输工程的启动和天然气下游市场的不断开拓，“十五”是天然气产能建设速度最快、产能建设规模最大、天然气产量增长最迅速的时期。近年来，股份公司天然气勘探不断取得突破，相继探明了克拉2、吐孜洛克、迪那2、苏里格以及罗家寨等一批大中型气田。2003年新增探明气层气地质储量3839亿立方米，累计探明气层气地质储量达到30351亿立方米，可采储量19643亿立方米，剩余可采储量16717亿立方米，储采比86。已动用气层气地质储量11393亿立方米，可采储量7381亿立方米，剩余可采储量4446亿立方米，储采比23。

2003年天然气工业产量为247.67亿立方米，比2002年增长了22.92亿立方米，其中气层气增长23.32亿立方米，溶解气降低0.4亿立方米。西部继续保持着产量快速增长的良好势头，增产23.33亿立方米，主要上产地区是长庆、西南、青海、新疆，分别增产12.71亿立方米、4.27亿立方米、3.9亿立方米和1.92亿立方米。

【重点气区生产动态】

1. 西南气区

截至2003年底西南气区已探明气田101个，累计探明气层气地质储量7068亿立方米，可采储量4738亿立方米，剩余可采储量2591亿立方米。累计探明溶解气地质储量112亿立方米，可采储量14亿立方米。累计动用气层气地质储量4638亿立方米，可采储量3130亿立方米。2003年生产天然气91.88亿立方米，完成89亿立方米计划指标的103.2%，比2002年增加4.27亿立方米，其中气层气工业产气量90.82亿立方米，溶解气工业产量1.06亿立方米。年产凝析油1.92万吨。

截至2003年底，西南气区具备定产条件的气井683口，日产能力3254万立方米，年产能力107亿立方米，累计建设配套生产能力93.5亿立方米。2003年12月，气井开井571口，井口日产气水平2399万立方米，全年井口采气量92.61亿立方米。西南气区年自然递减率和综合递减率分别为10.7%和5.4%。

截至2003年底，全区共有采集配气站1221座，集气管线6619千米，输气管线5058千米，天然气净化厂8个，增压站68座，气田水处理回注站47座，天然气脱水装置19座，输卤管线827千米。

全年共完成采油气工艺措施487井次（含跨年措施），增产天然气15.18亿立方米，占西南油气田分公司当年天然气产量91.88亿立方米的16.5%。2003年还狠抓了西南油气田分公司Ⅰ类井口装置隐患整改工作，共整改99口。动态监测工作量完成15401（其中气井12489）井次。

西南气区天然气开发生产总体上处于天然气快速上产的好形势。

温泉井黄龙场气田是川东北气矿的重点气田，开发实施效果良好。方案产能设计规模100万立方米/日，年产3.3亿立方米。温泉1-1井配产40万立方米/日，日产水0.6—1立方米，生产稳定。开井前，井口套压为46.39兆帕，油压为46.41兆帕。开井后，产量为39.4万立方米/日，生产套压为45.72兆帕，油压为43.05兆帕。该井全月采气1216万立方米，井口套压平均日降仅0.03兆帕。温泉2井距温泉1-1井4千米左右，目前井口压力未见干扰。温泉11井距温泉1-1井2千米左右，从4月17日以后，井口油套压均有连续缓慢下降的趋势，到4月底油套压下降了0.4兆帕。后进行全气藏关井，安排试井车下压力计实测井底压力变化情况，分析认为该井已见温泉1-1井的干扰。温泉2井和温泉11井的现配产分别由原定配产15万立方米、10万立方米调减为10万立方米和5万立方米。

为及时给2003年部署开钻的开发井（黄龙8井、黄龙9井）提供动态资料，在黄龙场气田长兴生物礁气藏安排2口井同时试采。黄龙1井：日配产20万立方米，日产水0.6—2.3立方米，生产稳定；井口生产套压由29.21兆帕下降到28.56兆帕，平均日降0.04兆帕。黄龙4井：日配产10万立方米，日产水0.69—0.38立方米，生产稳定；生产油套压平均日降分别为0.01兆帕和0.02兆帕。2口井取水样分析，水性为残酸水。

麻柳场气田嘉陵江组专层井钻获高产：麻7井在嘉二3—嘉二1层测试产量36万立方米/日，无阻流量102万立方米/日；麻10井在嘉二3—嘉二1层测试产量53万立方米/日，无阻流量486万立方米/日；麻14井在嘉四4—嘉三2层测试产量86万立方米/日，无阻流量627万立方米/日，为高效开发麻柳场气田奠定了基础，同时也充分显示蜀南老气矿转变思路，为扭转产量递减，实现稳产找到了有效的资源和产能接替。

白马庙气田已探明地质储量268亿立方米。2003年白马庙气田三维区砂体预测技术取得了良好开发效果，通过利用三维资料对白马庙气田砂体及河道的分布进行了准确的预测，所钻的几口开发井均钻遇预测砂体并获工业气流。其中，白浅102井蓬莱镇测试产量3万立方米/日，无阻流量5万立方米/日；白浅103井蓬莱镇测试产量2万立方米/日，无阻流量4万立方米/日；白浅104井蓬莱镇测试产量2万立方米/日，无阻流量4万立方米/日；白浅105井蓬莱镇测试产量1万立方米/日；特别是白浅110井在沙溪庙钻遇预测砂层，测试产量8万立方米/日，表明了利用三维资料开发白马庙气田的潜力，使得对砂体的预测技术有了实质性的突破，为在该构造的天然气开发中预测储层发育带提供了新的思路和方法，并为今后在盆地内广泛分布的砂岩油气藏的勘探开发提供了适用的技术储备。

2. 长庆气区

截至2003年底，已累计探明气田8个，探明气层气地质储量11143亿立方米，可采储量7077亿立方米，目前资源探明率为10.4%，勘探前景广阔。2003年底已投入开发的气田有6个，共动用气层气地质储量3261亿立方米，可采储量2146亿立方米，配套建成天然气生产能力75.1亿立方米，其中靖边气田60.5亿立方米，乌审旗1.8亿立方米，榆林11亿立方米，苏里格气田1.7亿立方米。累计建成集气站71座、配气站2座、集气支线64条、集气干线8条、净化厂3座，天然气集气能力达到105.69亿立方米/年，天然气净化能力达到75亿立方米/年。已建成靖边—上海、陕西—北京、陕西—宁夏、靖边—西安、靖边—榆林五条输气干线，成为中油股份公司第二大天然气生产基地。

2003年实现天然气工业产气量51.85亿立方米，其中生产气层气50.36亿立方米，溶解气1.49亿立方米，超产6.9亿立方米，完成年度计划的115.2%。共有采气井456口，12月份开井433口，井口日产气水平6万立方米，井口年产气50.63亿立方米，累积产气165.47亿立方米。已开发可采储量采气速度2.4%，采出程度7.7%。

靖边气田截至2003年底，投入开发天然气地质储量2671亿立方米，可采储量1766亿立方米，建成年产60.5亿立方米的天然气生产能力，气田处于建产、稳产开发阶段，采出程度低。目前已投产气井341口，大部分井生产相对稳定，平均单井日产气6万立方米/日。2003年产气33.56亿立方米，累计产气量132亿立方米。

靖边下古气藏是古地貌—岩性复合型气藏，古地貌是决定储层保存和发育程度的重要条件，气藏的主要特征为低渗、低丰度、大面积连通，非均质性强。复杂的气藏地质条件使得气田产能建设难度逐年加大，2003年新钻井成功率、单井产量较2002年都有所下降，钻井成功率70%，平均单井产能4万立方米/日，低产井的比例已达到71.2%。加强地质综合研究、注重气田开发前期评价、提高单井产能是下古气藏稳产提高开发效益的关键。

靖边气田上古气藏截至2003年底已投产62口井，生产动态反映出：气井压力下降快，关井后压力恢复程度低，稳产能力差，单井累计产气量仅有2口井大于5000万立方米，60口井单井累计产气量小于2000万立方米。要实现鄂尔多斯盆地上古低渗气藏的规模有效开发，在目前经济技术条件下还有待进一步评价。

榆林气田处于试采阶段，天然气探明储量1133亿立方米，可采储量793亿立方米。动用地质储量509亿立方米，可采储量343亿立方米，累计采出气量18.80亿立方米。2003年工业产气量7亿立方米，目前已建成11亿立方米的天然气生产能力（包括长北合作区3亿立方米）。榆林气田南区投入动用天然气地质储量359亿立方米，建成天然气生产能力8.1亿立方米，其中2003年新建产能5.1亿立方米。经过三年多的评价试采，榆林气田南区显示出良好的开发潜力，含气面积向东西两侧进一步扩大，形成了“西扩东连”的大好局面，产能建设取得良好效果。榆37、榆20及榆142井区2003年分别提交控制储量384亿立方米、221亿立方米和165亿立方米；2003年新完钻30口开发井均钻遇山2主力气层，完成试气23口井平均无阻流量26万立方米/日，创历史最高水平；在榆林南区西部区域有5口新钻井钻遇下古马五1储层，榆46-6试气无阻流量5万立方米/日，为榆林气田南区扩大建产奠定了良好的资源基础。

3. 塔里木气区

截至2003年底，塔里木油田分公司探明了27个整装大中型油气田，累计探明天然气地质储量6580亿立方米（其中气层气6224亿立方米、溶解气356亿立方米）。

已探明油田中已有轮南、桑塔木、解放渠东、东河、塔中4、塔中16、牙哈1、大宛齐、哈得4等9个油田投入开发，累计动用溶解气地质储量233亿立方米（可采储量80亿立方米）；已探明气田中，牙哈（牙哈2、牙哈3和牙哈5、牙哈7）凝析气田及柯克亚凝析气田投入开发，共动用含气面积73.4平方千米，动用气层气地质储量553亿立方米（可采储量320亿立方米）、凝析油地质储量3530万吨（可采储量1021万吨）。牙哈2、牙哈3凝析气田整体采用早期循环注气开发，牙哈5、牙哈7凝析气田采用衰竭式开发，柯克亚凝析气田则在部分井组实施循环注气。和田河气田供气工程已竣工，但和田电站尚未建成投产。吉拉克、提尔根、英买7、羊塔克4个已探明凝析气田已开展了单井试采。

2003年塔里木油田分公司井口产气量18.37亿立方米，回注气量10.3亿立方米；工业产气量10.89亿立方米，完成年计划10.8亿立方米的100.8%；完成商品量3.59亿立方米，完成计划的156.0%；液化气产量6.2万吨，完成年计划5.7万吨的109.2%。

截至2003年底，已开发气田共有采气井88口、注气井11口，采气井12月份开井76口，井口日产气648万立方米，日注气269万立方米；井口年产气18.37亿立方米、年注气10.3亿立方米，累计产气87.38亿立方米、累计注气34.1亿立方米，扣除循环注气量，已动用气层气可采储量采气速度为3.2%，可采储量采出程度为27.4%。

西气东输供气工程按照2004年10月1日塔里木盆地向西气东输供气的目标，目前股份公司已确定2004年9月1日，首先实现牙哈凝析气田的试供气，10月1日正式供气，供气能力达到350万立方米/日；2004年12月31日，实现吉拉克、吉南4、桑南凝析气田供气，供气能力达到400万立方米/日；2005年3月10日实现克拉2气田供气，供气能力达到1400万立方米/日。目前，克拉2气田地面建设工程已全面进入实施阶段；桑南、吉拉克等凝析气田地面建设工程初步设计也通过了股份公司审查，进入开工前的准备工作。

牙哈2、牙哈3凝析气田于2000年11月份正式投入开发，共有采气井13口，注气井8口。其中，N_1j开发层系有采气井4口，注气井2口；E+K开发层系有采气井9口，注气井6口。截至2003年，累计生产凝析油176万吨、天然气31.23亿立方米，累计注入天然气23.04亿立方米，累计注采比为0.68。

气田正式投入开发以来，实际开发指标优于方案设计指标，与方案设计指标相比，实际年产油量高、生产气油比低、地层压力高。主要原因是方案设计时按照当时上报的地质储量取70%作为可动用的储量，气田实际储量动用程度高于70%。

E+K开发层系除YH303井地层压力略低以外，其他部位压力保持程度十分接近。两套开发层系的单位压降湿气产量及地层压力保持程度明显不同，N_1j层系好于E+K层系。反映两套开发层系天然能量有所差异，N_1j气藏边水相对较活跃，E+K气藏地层压力下降相对较快，天然能量相对较弱。

柯克亚凝析气田自发现到全面投入开发，经历了井喷期（1977年5月至1982年2月）、试采期（1983年10月至1987年12月）、开发生产期三个阶段；西四二—西五二凝析气藏于1988年首先投入衰竭式开发，后为弥补其原油产量递减，1994年9月开展了西五一循环注气先导试验；西七二凝析气藏于1995年投入衰竭式开发，西四一凝析气藏于1997年投入循环注气工业试验。

2001年塔西南通过开发综合调整，年产油上了新台阶，突破了20万吨，达到20.1864万吨；2002年产油20.2万吨；2003年产油20.3万吨；2004年产油预计23万吨。截至2003年12月底，柯克亚凝析气田累计生产原油376万吨、天然气96.66亿立方米，累计注入天然气1.11亿立方米。

KS101、KS102井试油、试采成功，预示着下第三系卡拉塔尔组凝析气藏良好的开发前景；从储量潜力分析看，柯克亚有建成30万吨原油产能的储量基础，关键是下第三系卡拉塔尔组凝析气藏能全面投入开发，尽快实施下第三系卡拉塔尔组凝析气藏的开发及西七二、西五二的注气，提高凝析油采油速度。

目前，塔里木气区天然气放空现象较为严重，年放空量约在8亿立方米以上，其中主要在试采区。应立即组织对塔里木天然气放空情况的调查，落实天然气准确放空量，同时对放空量进行分类，优先考虑纳入西气东输主力管网，并加强伴生气管理，加大对天然气生产的考核。

塔里木气区今后几年将成为股份公司天然气上游资源调配中心，应立即着手迪那2、英买7、羊塔克、玉东2凝析气田群气田开发前期评价和方案编制工作，尽快开展深层高压凝析气藏开发机理及关键技术研究，对凝析油的总体规模、综合利用问题进行规划研究，进一步加强天然气勘探，争取在2015年前后落实1万亿立方米的可采储量，使其成为股份公司乃至全国的核心供气基地。

4. 青海气区

青海油田分公司探明不同类型的气田8个（涩北一号、涩北二号、台南、马海、盐湖、驼峰山、乌南、南翼山浅层），油气田1个（南八仙）。截至2003年底，累计探明天然气地质储量2512亿立方米，可采储量1329亿立方米。其中探明气层气地质储量2374亿立方米，可采储量1283亿立方米；探明溶解气地质储量138亿立方米，可采储量46亿立方米。累计动用气层气地质储量719亿立方米，可采储量400亿立方米；动用溶解气地质储量127亿立方米，可采储量44亿立方米。

2003年青海油田分公司天然气工业产量15.41亿立方米，其中气层气14.49亿立方米，溶解气0.92亿立方米；累计产气52.47亿立方米，其中气层气38.33亿立方米，溶解气14.14亿立方米。

截至2003年底，涩北气田共钻各类井114口，其中探井51口，试采评价井63口，其中取心井为16口。

涩北一号气田累计探明天然气地质储量991亿立方米；探明可采储量536亿立方米；标定气田采收率为54.0%。截至2003年底该气田年产天然气10.58亿立方米，累计产气量27.75亿立方米，可采储量的采出程度9.1%，地质储量的采出程度5.1%。

涩北一号气田自1995年投入试采以来，先后动用天然气地质储量542亿立方米，共试采开发四个开发层系的11个层组，涩北一号气田有7个集气站、1个外输总站，目前辖生产井64口，其中，正常生产井46口，报废利用井18口（其中已报废再利用井8口，待报废在利用井10口井）。单井产量在5万—8万立方米/日左右，占40.8%；通过2003年在该气田继续进行提高单井产量项目试验攻关，气井的单井产量大于8万立方米/日的气井，占19.7%，比2002年略有增加；日产气量大于10万立方米/日的气井，占总井数13.8%；小于3万立方米/日的低产井11口，为总井数的16.92%。

老井产量占总产量的96.2%，新井产量占总产量的0.2%，老井措施产量占总产量的2.2%，油套同采增产占总产量的1.4%。新井和措施产量比2002年同期均下降。

涩北一号气田自下而上动用了11个开发层组，其中Ⅰ—6、Ⅱ—3、Ⅲ—1、Ⅲ—2、Ⅳ—5层组其总压降在1兆帕以内，Ⅲ—3、Ⅲ—4、Ⅳ—2层组的总压降在1.5兆帕以内，而Ⅳ—1、Ⅳ—3层组的总压降在2.50兆帕以内，总压降最大的是Ⅳ—4层组为3.65兆帕；各层组总压降最小的是Ⅰ—6和Ⅱ—3层组，分别为-0.26兆帕（-3.2%）、0.12兆帕（1.0%）；总压降最大的是Ⅳ—4层组，为3.65兆帕（21.8%）。生产压差逐年增大的有Ⅰ—6、Ⅱ—3、Ⅲ—2、Ⅲ—3、Ⅳ—2、Ⅳ—5层组，最小1.4%，最大12.7%；生产压差基本保持不变的有Ⅲ—1、Ⅲ—4、Ⅳ—1、Ⅳ—3、Ⅳ—4层组，除Ⅲ—1层组生产压差范围在16.5%—21.7%外，其余均在10%以内。说明气田大面积连通，含气丰度高。

涩北一号气田所有气井都存在出砂情况，只是出砂程度不同而已。同时也可看出产气量和产水量越多，其出砂量也愈多。涩北气田气井在不同深度、不同地质特征的气层，其出砂的临界生产压差有很大的差异性。根据试采研究可以将地层压力的10%作为临界生产压差。

涩北二号气田累计探明天然气地质储量826亿立方米；探明可采储量433亿立方米，标定气田的总采收率为52.3%。涩北二号气田1996年投入试采生产，2003年新建1个集气站，共有2个集气站，目前辖生产井25口，其中，正常生产井16口，报废再利用井5口，待报废在利用井3口。

截至2003年底涩北二号气田年产天然气0.92亿立方米，累计产气量2.03亿立方米，累计井口产水量762.98立方米，水气比为2.82立方米/百万立方米。

（谭　健　何江川）

采油工程

【井下作业】　围绕推动技术进步、加强监督管理、提高施工质量开展工作，较好地完成了各项工作任务，取得了良好的成果。

1. 作业工作量完成情况

2003年油水井总数达到131541口，作业总工作量完成112632井次，其中维护作业71153井次，油水井措施30749井次，大修2833井次，见表2。

表2　2002—2003年井下作业主要指标对比表

年　度	油水井总数（口）	作业总量		油水井措施					维护		大修	其他
		总工作量（井次）	年作业次数（井次/口）	油水井措施（井次）	油井老井措施（井次）	有效率（%）	增产量（万吨）	单井次增油（吨/井次）	工作量（井次）	年维护次数（井次/口）	工作量（口）	工作量（口）
2002	123317	108802	0.88	28671	19271	79.43	663.79	344.45	69690	0.57	2771	7670
2003	131541	112632	0.86	30749	20462	77.56	615.51	300.8	71153	0.54	2833	7897
对比	8224	3830	－0.03	2078	1191	－1.87	－48.28	－43.65	1463	－0.02	62	227

作业工作量的变化趋势是：

（1）作业总工作量得到有效控制。在增加8224口新井（增长6.3%）的情况下，作业总工作量仅增加3830井次（增加3.4%）。

（2）维护工作量增加1463井次，单井次作业下降0.03。虽然作业总工作量增加3830井次，但单井年作业次数下降，油水井免修期延长，由2002年的646天提高到2003年的675天、延长29天。说明作业质量进一步提高，综合管理水平提高。

（3）措施工作量增加2078井次，措施有效率下降约1.87个百分点，老井措施效果下降，总增产量下降约48万吨，单井次下降约43吨。这些说明虽然加大了措施工作量，但老井多为重复性施工、选井选层困难，潜力变差，加之其他问题造成措施效果下降。以稠油吞吐为例，见表3。

表3　历年稠油吞吐效果对比表

时　　间	总井次（口）	年有效井次	有效率（%）	年增产（万吨）
2001年12月	7112	5835	82.04	231.83
2002年12月	7968	6411	80.46	202.31
2003年12月	8449	6251	73.99	202.45

2. 井下作业质量提高控制了总工作量与操作成本增长

采油工艺处针对如何提高井下作业质量、延长油水井免修期、提高措施效果，主要抓了井下作业监督、油管杆检测、井下作业井控检查和技术交流等工作，促进井下作业技术与管理水平提高。2003年共举办两期井下作业监督培训班，为13个油田培训198名井下作业监督人员，大大充实了现场监督队伍，提高了监督人员素质，为提高作业质量奠定了良好基础。

开展了井下作业井控安全大检查，找出井控工作中存在的主要问题，提出了常规井作业的井控要求。

各油田公司十分重视井下作业管理工作，在措施选井难度大、效果变差和成本紧张的情况下，通过加强管理、适当投入和技术进步，努力降低维护工作量和保证措施增产量。

（1）大庆油田为提高井下作业施工质量，明确提出作业综合返工率考核指标控制在14%以内。为达到这个目标，实施了以下具体措施：一是成立以采油厂主管副厂长为组长的工作组，明确职责；二是推广实用新技术；三是强化杆、管、泵的质量管理和工况诊断；四是推行标准化、规范化、定量化管理；五是加强作业施工现场监督。通过以上工作，2003年作业综合返工率为10.82%，与2002年同期对比，降低了4.91个百分点，直接节约作业施工费用4000多万元。

（2）吉林油田从管理和技术方面狠抓延长油井免修期，效果显著。2001年油井免修期为307天，2002年为343天，2003年达到440天。其主要做法是：在技术上，一是更换一批年久待报废的旧管杆；二是加强杆管检测；三是优化举升参数；四是转变生产方式；五是配套工艺技术（防偏磨、防腐、防垢、防蜡技术）。在管理上，一是完善和规范管理制度（油井修前诊断制度、作业设计汇审制度、作业监督制度、深井泵及井下工具管理制度）；二是分类管理，对高频作业井采取一井一策的办法；三是建立示范区，要求每个采油厂建立一个免修期500天以上的示范区；四是建立承包机制，作业费用与采油队效益挂钩；五是作业监督一条龙管理。

（3）辽河油田加强井下作业设计管理，建立重点井施工方案论证和交底制度，把好设计关。全年共修改压裂、大修设计25份，减少直接投资100余万元。维护作业通过方案论证、加强现场监督、加强新型工具和定型工具的评价，全年共减少无效、低效作业500多井次，节约费用1300多万元。

（4）华北油田不断完善和规范井下作业市场，采取对作业队的打分排名、末位淘汰制，在作业队伍中形成竞争和树名牌意识。2003年在增加250口新井的情况下，维护工作量保持2002年水平。

其他各油田在井下作业工作管理方面也各有特点。如青海油田，对大型作业采取招投标方式，控制投资，提高作业质量。冀东油田按照“三个精心，三个不干”的原则，搞好措施作业。新疆油田规范井下作业市场建立健全各项质量管理制度。吐哈油田实行“四不”井下作业施工原则等。

【机械采油】　主要抓了新技术应用与提高机械采油系统效率的工作：

（1）提高抽油机井系统效率技术又有新发展。有杆泵抽油是采油系统的用电大户。目前，股份公司共有抽油机井89263口，占采油井总数的93%，因此，提高抽油机井的系统效率、降低能耗是采油工程的重要工作。近年来加强了此项工作的攻关研究，目前，在华北油田已有了突破性进展，开发出了“抽油机井优化设计软件”，并应用于现场，取得了明显的效果。

华北油田1至10月份共实施321井次，其中调平衡138井次、地面调参78井次、改造电机29井次、抽油机改造17井次、井下参数优化69井次。区块实施后，单井系统效率从16.85%提高到25.66%，提高了8.81%，平均单井日节电53千瓦·时，累计节电1259.017万千瓦·时，获经济效益1864.47万元。投入产出比达到1∶5.215。同时，大庆、大港、辽河和吉林等油田都在着手实施提高系统效率工程。

（2）节能降耗适应性强的螺杆泵采油技术应用规模不断扩大。螺杆泵采油由于适应性强、一次性投资低、能耗低、维修方便，以及近年配套了螺杆泵专用井口、专用电控柜、专用抽油杆、新式扶正器、防反转装置和优化设计软件，使螺杆泵采油技术更加成熟，现已开始广泛应用。股份公司已应用螺杆泵采油井1450口，比2002年增加了673口，而且投资比抽油机采油有大幅度降低。

游梁式抽油机与螺杆泵采油投资与耗电对比，见表4。

（3）大庆油田含聚合物抽油机井严重偏磨问题得到彻底解决，针对性的解决了举升的老大难问题。

表 4　大庆油田游梁式抽油机与螺杆泵采油投资与耗电对比表

对比机型	区块类型	降低一次性投资（%）	节电率（%）
800 型螺杆泵与 14 型常规抽油机	聚合物驱	43.95	65.23
500 型螺杆泵与 10 型节能抽油机	聚合物驱	31.27	56.39
120 型螺杆泵与 6 型节能抽油机	三次加密	31.72	41.72

由于聚合物驱采油井抽油杆偏磨严重，使检泵周期缩短到 385 天，导致井下作业工作量急剧增加，生产成本上升，严重影响了油田的正常生产。通过近几年不断攻关研究，在理论创新的基础上，配套了抽油杆全井扶正、大流道三级泵、统一杆径、旋转井口组成的防偏磨技术。该项技术的应用使全油田 6266 口聚合物驱采油井检泵周期达到 700 天以上，生产完全正常，投入产出比为 1∶18.3。

【低渗透改造】　整体推动压裂技术进步，不断提高低渗透开发水平和经济效益。

（1）压裂引进软件通过连续汉化、消化吸收、加强培训，扩大了推广应用，提高了整体设计水平。2000 年股份公司采取集团的方式引进国外先进压裂软件 FRACPRO－PT 后，全面抓了汉化研制、消化吸收、推广应用工作。通过连续汉化、多次培训和对油田指导服务，在整个股份公司以至集团公司已得到大规模推广应用。共完成了 20 多万字的汉化研制，进行 3 次大规模系统测试，推出 2 次汉化版本，培训 300 多人次，推广应用该软件 220 多套，整体上提高了我们的压裂设计水平，达到了引进国外先进软件及技术的目的。

（2）大庆油田套损井压裂工具上有了大的突破，现场试验获得成功。针对大部分因套损无法压裂改造而剩余油潜力大的井，2003 年，大庆油田成功研制了 ϕ100 毫米小直径压裂封隔器、配套的喷砂凡尔和过套损点刮蜡冲砂管柱。现场试验 4 口井，均实现了过变点压裂成功，平均压裂层段 1.8 个，最高压力达 42 兆帕，初期平均单井日增油 4.5 吨。仅大庆杏北油田，通径大于 ϕ105 毫米的套损井就有 1571 口，可实施压裂的油水井数超过 500 口，因此该项工艺具有很好的应用前景。

（3）长庆油田突破禁区，重复压裂见成效。长庆油田针对长 6 层历年重复压裂效果差的问题，2003 年在认真总结分析的基础上，首先从油藏研究、油藏认识上入手，在选井、选层上下功夫：一是对压力保持水平高，油井单井产能低于全区平均水平的井，进行整体重复压裂提高产能；二是对裂缝带地层压力高，压力保持水平在 120%以上，主向见水，侧向高压低产的油井进行压裂引效；三是对已进行排状注水试验 1 年，而侧向产量仍较低的油井进行重复压裂引效；四是对区块强化注水以来，地层压力不断回升，油井压力保持水平已达到 85%以上，但产能仍然较低的油井进行重复压裂引效。

在工艺上，提出了暂堵压裂（造新缝）和提高施工规模大砂量压裂思路，采取了大砂量加蜡球暂堵压裂工艺，平均单井加砂量在 20 立方米（原为 5 立方米砂）以上，并结合优化施工，增加抽汲排液工序（提高返排率），取得了较好效果。截至 10 月底，共实施重复压裂 64 口井，日产油量由措施前的 148.6 吨上升到措施后的 253.52 吨，有效期内平均单井日增油 1.74 吨。目前其平均单井产量仍然 3.52 吨/日，比安塞油田平均单井产量提高了 1.52 吨。

（4）大港油田开展了低成本深部调驱技术先导试验。大港油田针对高含水油田剩余油高度分散，深部调驱调剖剂用量大、成本高的问题，成立了博士后项目组，开展了低成本调驱技术攻关，现已研制成功了强度高、韧性好的疏水型预交联颗粒，颗粒性能与在用的同类产品相比大幅提高，价格却降低 20%以上，而且施工工艺简单。在作业二区进行 2 口井的现场试验，其中西 6－9－2 井在调驱前后日注水量维持不变的情况下，注水压力由调前的 0.8 兆帕上升到 5.8 兆帕。另外一口井西 3－8 新 2 井，调驱后还未开井注水，效果有待观察。该项技术单井施工费用可降低 40%，节约 10 万—15 万元，很有推广价值。

【稠油开发】　主要抓了技术进步与提高热采系统效率的工作。

（1）辽河油田中深层蒸汽驱扩大试验全面展开。辽河中深层齐40区块70米井距蒸汽驱扩大试验，在原4个井组先导试验取得成功的基础上，2003年7月已有7个井组分别转入蒸汽驱开发，目前已见到明显效果。9月份井组日产油水平为113.9吨，比转驱前提高了30.5吨，井组日产液水平564.36吨，比转驱前提高了147吨。目前该试验区的日产液为580吨，日产油达到130吨。试验总体进展情况良好（蒸汽吞吐阶段采收率为32.7%，方案蒸汽驱阶段采收率为30.3%，最终采收率为63%）。

（2）辽河油田超稠油直井与水平井组合蒸汽辅助重力泄油技术进入现场试验。辽河油田2003年在曙一区开展了超稠油直井与水平井组合蒸汽辅助重力泄油现场试验（SAGD），已投产水平井2口，对应直井22口。水平井采取吞吐的方式预热油层，为转SAGD做准备。截至10月份，两口水平井（平45、平46）已吞吐90天和124天，吞吐产量分别为4195吨和2985吨，周期还没结束，已是同区块直井产量的2倍多。对比方案设计要求，整个生产形势非常好，如果工艺进一步配套，有望成功实现蒸汽辅助重力泄油，为超稠油的开发找出一种经济有效的开采方式。

（3）吉林套保油田应用螺杆泵采油技术实现浅层稠油工业化开采。套保油田是一个储层物性好，胶质、沥青质含量高的浅层稠油油田。自1999年投入试采以来，通过常规采油和热力采油都没有取得好的效果，后开展了出砂冷采试验，经几年的现场攻关、探索，目前已实现了工业化生产。2003年由于在射孔方面采取了大孔径、高密度射孔、注热油激励出砂和应用国外螺杆泵，新投产的70口井，均取得出砂冷采的好效果。日产5吨以上的井达60%，日产10吨以上的井达30%，最高单井日产达20—30吨，整个区块的日产水平达300吨，年产油量预计达到8万吨。为今后西斜坡1亿多吨浅层稠油储量的开发提供了有效的开采技术。

【试油工作】　2003年试油工作紧跟勘探步伐，积极组织预探井、评价井的试油工作，较好地完成了全部试油任务。

工作量完成情况：全年试油结束井1147口，其中评价井665口；共获工业油流井676口，其中评价井473口；正试油井157口，其中评价井27口；待试油井312口，其中评价井210口。较好地完成了试油和对地质评价的任务。通过试油取得了一批重要成果和对地质油藏的新认识。

（1）青海油田冷103井的试油工作，通过多次协调、认真研究试油方案，落实了探砂面、补孔、延长测试时间和针对储层水敏性强的特点，采用油基压裂液的措施方案。经进一步试油和压裂改造，最终证实储层物性太差，为低渗储层，达到了通过试油搞清对地层认识的目的。

（2）张海4井计划试油四层，实际施工五层，首次采用了射孔弹+跨隔测试+水力泵三联作新技术，并对受污染层进行挤柴油、挤酸解堵等工作，彻底搞清了第四、第五层的含油气情况。49号层，12.7毫米油嘴，折日产油288立方米，日产气13500立方米。

庄海8井采用水力泵与射孔联作试油，第一层沙河街组试油日产油205立方米，日产气0.5万立方米。第二层采用纳维泵与TCP射孔二联作，折日产油28.7立方米。

张海4井和庄海8井获高产工业油气流，拓宽了大港滩海地区勘探领域，为大港油田油气储量增长做出了贡献。

（3）霍10井计划试油三层、实际试油三层，均获得工业油气流。技术上采用了射孔测试联作高压测试管柱。霍10井获工业油流是准噶尔盆地南缘山前油气勘探的重大突破，同时也证明了南缘作为准噶尔盆地油气资源接替区的可能性和可靠性。

（4）试油技术攻关取得新进展。大港油田分公司承担的低孔低渗储层试油试采、产能评价技术研究项目通过研究与试验，形成了：一是以射孔—测试—水力泵排液求产三联作为主体的低孔低渗储层试油技术；二是以优化工序、有机盐射孔液为主的试油过程中油气层保护技术；三是以清洁压裂液研制开发的低孔低渗储层改造技术；四是海上优化快速试油测试技术。

西南油气田分公司承担的深井高温高压含硫气井的试油配套工艺技术，开展了适合于川渝地区飞仙关含硫气藏酸化的胶凝酸配方研究和胶凝酸性能试验，为下步现场施工作业提供了依据及酸化工艺技术，研究设计了超正压射孔—酸化—测试联作试油管柱，对部分射孔器材进行了室内试验和优选，为现场施工打下了基础。

【管理工作】

1. 举办各种专业技术培训班

（1）举行了两期井下作业监督培训班，13个油田共有198名从事井下作业管理人员参加培训。举办试油监督培训班 1 期，共有 58 人参加。

（2）举办引进压裂软件 FRACPRO－PT 汉化升级版的测试、培训，共有 80 多人参加。举办采油工程应用软件培训班 4 期，共培训 94 人。

（3）举办 2 期压裂支撑剂质量检测培训班，共培训 30 人。

2. 组织召开或参加专业技术研讨会

（1）抽油机井系统效率及评价技术研讨会；

（2）SPE 压裂技术研讨会；

（3）螺杆泵采油技术交流会；

（4）大修技术研讨会；

（5）堵水调剖技术研讨会；

（6）组织稠油油田参加在国内举办的两期国际稠油技术交流会。

3. 其他

（1）开展了现用油管、抽油杆的普查，包括使用年限、杆管的检测方法、维修能力、了解应用现状。

（2）深入 13 个油田，审查井下作业队伍的资质，包括装备、施工业绩、设计能力和资料等，以保证进入股份公司施工的队伍素质。

（3）参加井下作业井控检查，找出了井控工作中存在的主要问题，提出了常规井作业的井控要求。

（4）帮助协调大庆、长庆、大港等油田的技术交流与学习，促进管理和技术水平的提高。

（5）市场准入方面，根据海上试油生产所急需，参与审查了胜利 2 号海上试油平台及胜利井下试油 2 队市场准入资料，提出了建议。

（6）组织了试油监督资格考评、发证和 2003 年试油监督培训工作。于 2003 年 8 月组织了试油监督培训班，来自各油田 60 名学员参加培训。

（7）组织了射孔器材质量检验技术和标准学习研讨会。对射孔器材质量监测工作提出了要求，加强了射孔器材质量管理。

（8）组织召开了行标试油分标委员会，审查了 SY/T 5718—95《试油成果报告编写规范》修订稿和 SY/T 5981—2000《常规试油试采技术规范》，组织了有关单位及人员修改，并审订试油监督教材。

（9）进行压裂支撑剂的质量监督、检测工作。

（10）组织“压裂标准化设计及施工质量评价标准”的编写。已通过审查待修改完善后发布。

（11）有关“清洁生产标准”的起草工作。

（杨能宇　魏顶民）

地 面 工 程

【概述】　2003 年地面系统克服“非典”带来的影响，认真完成油气田产能地面工程建设任务和老油气田改造工作；大力推广应用科技成果，节能降耗，节约挖潜，降低生产成本。油气田地面工程建设坚持以效益为中心，按照“地下和地面相结合、长期与短期相结合、技术和经济相结合”的工作思路，较好地完成了年初预定的各项任务。

1. 基本建设主要指标完成情况

开工项目 680 项；

项目合同履约率 100%；

监理覆盖率 85%；

招标投标率 70%；

概算符合率 90%以上；

运行正点率 90%以上；

质量合格率 100%。

2. 主要实物工作量完成情况

2003 年累计完成油井工艺流程 5386 口，气井工艺流程 224 口；新建计量站 246 座，接转站 37 座，原油处理联合站 4 座，气田天然气集气站 39 座；新建油田各类管线 7753 千米，气田各类管线 1478 千米；新建各种电力线路 1461 千米；新建各种公路 1073 千米。累计更新改造计量站 49 座，接转站 39 座，原油处理联合站 8 座，气田天然气集气站 47 座；油田各类管线 1072 千米，气田各类管线 128 千米。

3. 地面工程现状

油田方面，至 2003 年底共建成油田各类管线 129000 千米；计量站 6750 座，接转站 1487 座，原油处理联合站 243 座；原油一段脱水能力 284 万立方米/日；原油稳定能力 9264 万吨/年；伴生气处理能力 2643 万立方米/日；建成注水站 542 座，含油污水处理站 346 座，具有注水能力 347 万立方米/日，污水处理能力 372 万立方米/日。气田方面，至 2003 年底共建成各类管线 18500 千米；清管站 345 座，增压站 85 座，集气站 564 座，集气能力 19300 万立方米/

日，天然气脱水装置126套，脱水能力8400万立方米/日；天然气净化厂18座，净化能力5130万立方米/日。地面系统能力基本适应了油气田开发需要，为保证原油天然气生产任务的完成发挥了重要作用。

【主要成果】

1. “优化”、“简化”进一步见效

为做好新油气田地面建设“优化”和老油气田地面系统的“简化”工作，首先抓好一批典型工程的剖析，对工程进行系统总结和分析认识。如老油田简化以大庆的“抽稀”工程，辽河的“关、停、并、转、减”工程，华北的节能降耗工程，吉林扶余的整体改造工程等为典型；新油气田（区块）产能建设工程，以大庆外围、长庆靖安、西峰、新疆陆梁、盆5、塔里木哈得4、牙哈、吐哈鄯善油田等产能建设工程典型。通过典型工程的解剖，做到创新典型、科学示范。

在“简化”方面，针对老油气田存在的负荷不平衡、能耗高、工艺流程复杂、设备及设施老化、三污治理任务重、三采新技术要求高、计量提出新要求等主要问题，大力实施“关、停、并、转、减”和“抽稀”工程，按照“消除安全隐患、解除发展瓶颈、推进节能降耗”三个层次，总体规划、分批实施。

在“优化”方面，针对新油气田低产、低效、分散、复杂等边际油气田的特点，大力推行“单、短、简、小、串”等流程，按不同的油气藏类型，因地制宜，优化设计。一是控制投资，降低开发成本；二是通过降低工程造价来推动难动用储量的开发，实现油气业务的持续发展。

2. 产能建设进一步加快

主要抓好10个重点油田和6个重点气田建设，在保证质量的前提下，尽快投产，尽量发挥投资效益。10个油田项目完成产能308.84万吨，6个气田项目完成产能34.7亿立方米。

加快的主要做法：

（1）早期介入，提前做好工程项目的准备工作。从地质方案介入，提前掌握现场情况。盆5气田建设工程、长庆气田产能建设工程、玉门青西油田建设工程等，2002年年底至2003年初就做好了设计审查并进行了批复，保证工程提前开工建设。

（2）强化地面工程项目前期工作和方案优化。强化方案设计和管理工作，严格按基建程序把好方案设计和项目论证关。对建设项目的主体工艺、关键设备、总体规模、建设投资进行论证和评审工作，以确保方案优化、设计优化、投资优化。前期工作组织充分，减少了施工过程中的设计变更、签证等工作，使项目施工工期有了保证。如长庆第一天然气净化厂扩建工程，3月份开工建设、10月份投产，施工速度快，保证了西气东输管道用气的需要。

（3）适应滚动勘探开发，加快新区建设步伐。通过成立产能建设项目经理部的方式，地面工程管理部门在油田评价阶段超前介入，使地面工程提前掌握勘探开发动态，提前开展地面工程前期研究工作，使整个产能建设速度加快。哈得4油田，第一年评价，第二年建成投产80万吨，用了不到两年时间。

（4）大力推进项目管理，进一步加快建设速度。长庆、新疆、塔里木、西南、青海等单位的重点项目都成立了项目经理部实施工程项目管理。实行项目经理分工负责制，明确责任，为做到投资、工期、质量的有效控制，起到了积极的促进作用。

（5）标准化设计和规范管理，保障了工程建设速度。部分井站的模块化、标准化设计，大幅度降低了工程设计工作量；通过规范管理，强化了工程监理制度。2003年与往年相比，单井建设周期一般缩短10天左右，稀油计量站施工期由50天缩短到40天，稠油计量站施工期由55天减少到45天。

（6）“非典”时期，采取了各种措施保障施工速度。4月下旬开始的“非典”疫情对油田的建设工作也产生了一定的影响。为确保各项工程的顺利进行，尽量减少对施工的影响，各油气田基建管理部门针对施工行业点多、面广、跨地区、跨县市，对施工队伍严格实行健康证制度，要求施工队伍和运送物资的车辆，专车直达施工地点。既保证了职工的身体健康，又确保了物资运送速度。

2003年还完成了五项重点配套工程，增强了股份公司实力：长庆靖惠输油管道工程（240千米），长庆第一天然气净化厂扩建工程（400万立方米/日），长庆第三天然气净化厂工程（300万立方米/日），辽河盘锦输油管道改造工程，大庆杏树岗油田天然气利用工程。

3. 滩海工程进一步准备

进行了滩海工程的总体规划，进行了试采平台的可行性研究，进行了桶形基础、负压桩的研究，进行了进海公路的研究和试验，进行了混输和油气水处理方式的探讨。

4. 调整改造进一步落实

（1）结合老油田简化，进行有计划的改造。2003年老油气田地面系统改造安排项目119个，其中老油田改造项目112个、老气田改造项目7个，计划投资

18.2亿元。其中重大项目有：大庆的萨中原油稳定与天然气加工装置调整改造工程，吉林油田英台油田方二接转站整体改造项目，辽河的单井拉油改管输工程及辽河油田的“关停并转减”工程，华北的苏一潜山排水采气工程，大港的港东地区油水系统调整工程和新疆的采油三厂稀油处理站改造工程，六九区稠油污水处理站二期工程，长庆的安塞油田注水系统调整等。

（2）系统做好老油气田调整三年规划。项目通过认真分析、与各油田分公司多次结合，进行了老油气田调整改造的三年规划研究，为2004年老油田简化工作的计划安排提供了依据，为2005年以及2006年的老油田调整改造工作提供了规划方案。提出的2004年老油田改造重点项目。

5. 工程质量进一步提高

2003年地面工程建设突出质量管理。在设计质量管理方面，把好四关：勘察设计委托关、方案审查关、施工图会审关、竣工验收关。在施工质量管理方面，强调了企业内部的监督管理机制，采取定期或不定期的抽查和专项检查。在招投标和项目的管理方面，结合各油气田的实际情况，形成了各自的管理办法。

质量管理范围从以前单纯的焊接质量扩展到了包括焊接质量、土建质量、电器仪表施工质量、管材质量、设备材料质量、设计质量等在内的综合质量管理；并且，对质量的管理从以前单纯依靠检测结果评定质量水平发展到了强调工程建设初期、高峰期和收尾不同阶段的过程质量管理。

土建工程和安装工程的实测点合格率较2002年分别提高了2个和1个百分点，焊接工程和无损探伤底片的抽查合格率基本与2002年持平，分别为92%和93.5%。

6. 有关工作进一步完善

（1）工程建设与环境保护进一步协调。工程建设与环境保护“三同时”。克拉2气田、海拉尔油田、宝力格油田、花—格管道等重点项目建设中，针对特殊的地理环境做好保护措施，严格按照环境保护批准书及环境影响评价意见组织设计和施工。长庆油田推行标准化站场，美化了环境。

（2）管理体系进一步加强。长庆油田公司针对快速上产的发展形势，成立了以主管副总经理为主任，相关部门领导为成员的建设管理委员会。将原工程建设管理公司更名为基建工程部。吉林、辽河、大港也相继成立了相应的基建管理机构。管理体系的加强，保证了建设工程的协调、有力。

（3）加强地面项目的计划性、科学性。地面工程项目的计划性、科学性在加强，应急抢险等项目在减少。各单位项目分轻重、实施分先后、先算后干、修旧利废等做法在科学管理年里迈出了坚实的一步。如塔里木油田公司对年初各单位上报的311个各类计划项目（估算费用22306万元）进行了研究，核实批准了213项，经评估取消的项目就有61个、因资金情况暂缓实施的有37个，共核减计划资金4675万元。

【重点工作】

1. 加强“简化”、“优化”的工作管理

勘探与生产公司组织新油气田优化和老油气田改造两个专家组的调研，并选定了一批典型工程进行深层次的分析。新油田优化组调研了长庆、吐哈、塔里木、新疆、大庆五个油田的30余个油气田区块、50多个生产站场和井场，听取了25个主题汇报；老油田简化组调研了大庆、辽河、华北、吉林22处现场，听取了20个主题汇报，收集了43份资料。在此基础上形成了调研报告，确定了新油气田地面建设优化和老油气田地面生产系统简化调研报告。明确了工作思路和原则，制定了工作措施。

2. 加强前期工作管理

（1）加强项目审查，做好方案比选。2003年共审查重点项目21项，其中，可行性研究9项，初步设计12项（专家评审17项，函审4项）。初步设计审查项目涉及投资221319.55万元，核减投资30131.59万元，投资核减率13.61%。

（2）举办前期培训班。股份公司成立后，地面建设管理方式、人员都发生了很大的变化，在项目实施过程中发现许多单位对基本建设管理程序及内容不清楚，所以培训甲方基本建设管理人员十分必要。培训后使学员掌握了地面建设管理运行程序、地面建设各环节的内容和必须达到的标准。共有70人参加，9位老师授课。

3. 突出重点，解决生产发展问题

工作中，突出对重点项目的管理，以带动一般性的工作，有针对性地解决影响生产的关键问题。

忠县净化厂：工程由引进改为国产化后，先后组织和参加了4次技术可行性论证。4次与KTI公司谈判，保证了股份公司的利益，保证了项目的顺利进行。

塔里木轮南电站：可行性研究审批后，对地方供电、塔石化供电、自发电等多方案进行了比选。根据新情况，安排部署编制总体规划。最后，确定了自发电方案。

西气东输气田建设：先对已开发重点气田地面工艺技术进行调查研究，为克拉2气田的建设做好技术储备；积极协调克拉2气田的设计及审查工作，保证工程建设进度；根据新的形势做好桑南等其他气田2004年供气方案，做好建设协调，并积极组织实施，确保塔里木牙哈、吉拉克、桑南、克拉2气田按时向西气东输管道供气。

长庆西峰油田：以西峰油田的发展为典型，对长庆原油流向及流量进行分析，以对油田区域内部集输油管道的建设并对油田站场布置、原油稳定装置的设置等进行优化。

4. 突出工程建设过程管理

重点工程质量统一标准、规范运行、检测检验、监督实施。工程管理上严格实行了工程招投标制、工程施工监理制、工程施工质量第三方检测制、产成品及材料送检制、定期工程例会制、现场协调监督员制、定期质量安全大检查制等行之有效的办法，从而形成了严格有序的工程建设闭环管理。

重点项目要求编制总体部署，统筹安排各项工作，如：花—格输油管线工程。对关键工序和重要环节实行节点控制，如：塔里木供气工程、忠县净化厂工程、长庆第一、第三净化厂工程。重点项目提出创优规划，明确目标和措施。做好工程的竣工验收工作，总结基本建设经验，如：引额济克工程、哈得4等。

5. 开展工程质量检查

工程质量直接影响到项目的安全平稳运行和项目投资效益的发挥。按照国务院279号令《建设工程质量管理条例》的要求组织了质量检查工作。制定检查的范围、内容、程序，然后各油田自查，抽查工程项目109项，发现各类问题410个。勘探与生产分公司组织四个组进行互查，检查了33个重点项目，发现各类问题162个。通过检查，加强了各油田之间的交流、促进了工程建设质量的提高和对质量管理工作的重视。从总体情况看，各油气田本着提高工程质量、降低工程成本、全面完成油气田基本建设任务的目标，较好地完成2003年油气田建设各项工作任务。

6. 加强科技攻关

为了更好地确定地面系统科研项目、为油气开发生产服务，地面系统从2002年12月份就开始了2003年科技项目的初步筛选工作，从大量的待选项目中确定了2003年的研究内容。进一步落实工程技术会议精神，推进新技术应用，地面系统确定了近3—5年内需要大力推广的技术项目、解除生产瓶颈的技术攻关项目、解决生产瓶颈的以及作为储备的技术研发项目。即8项技术推广项目，13项技术攻关项目，5项技术研发项目和4项引进技术。及时认真地做好这些主体技术的推广、攻关和储备。

7. 加强基础工作

建立了地面重点项目报告制度，制定竣工验收实施细则，修订有关设计标准：如石油天然气工程设计防火规范、油气集输设计规范、天然气脱水设计规范、原油及天然气地面工程初步设计内容规范、石油地面工程设计文件编制规程，组织《难采储量动用丛书》地面分册的编写工作及《油气集输与处理工艺技术座谈会》论文汇编等。

【工艺技术】

1. 推广的技术

（1）油气集输：长庆、新疆、吉林、华北等油田2500余口井大力推广单管不加热密闭流程，与双管不加热密闭流程相比，平均单井投资降低2万元。大庆外围、吉林、长庆西峰等油田推广软件量油技术，单井地面投资节约3万元。西峰油田1000口油井将节约3000万元。

（2）原油脱水：长庆西峰、华北二连、大庆外围、吉林油田等推广三相分离、多功能处理、高效脱水等技术，避免了油气损耗，减少了占地面积20%。

（3）大力推动引进设备的国产化。在大庆南压天然气处理厂、长庆苏里格试采增压工程、新疆八区乌尔禾产能建设中，压缩机的国产化使设备投资降低三分之一以上。忠县净化厂由整体引进改为国产，降低投资8000万元。

（4）天然气处理：玉门青西、吐哈丘东等天然气处理装置的设计中，采用DHX工艺，C_3收率提高7%—9%。在陕141井区烃水露点控制工程中采用小压差大面积换热技术，避免了大规模的改造，节约了投资。忠县净化厂设计中推广节能降耗技术，使上万立方米天然气处理能耗降低1/3。

（5）稠油污水回用锅炉：辽河油田继洼一联和曙四联之后，投运了欢三联稠油污水处理站，其设计规模20000立方米/日，全部回用于热采锅炉，年节约成本8665.1万元，并节约了大量清水，利用了污水的热能，缓解了供水紧张局面，为污水的资源化利用开辟了新的途径。

2. 试验的主要技术

（1）大港油田：物理杀菌技术的应用，简化了加药工艺，节约了运行成本；核桃壳体外循环清洗技术，处理效率高、效果好，操作简单。

（2）华北油田：采用了单管通球工艺，节约一次性建设投资10%。

(3) 大庆油田：选择了2座联合站，12座中转站297口油井进行冬季不加热集输试验；沉降罐排泥工业性现场试验，提高HSE管理水平；开展高效杀菌剂、絮凝剂、油水分离剂现场试验，解决含聚合物污水分离难问题；抗盐聚合物分散熟化工业性试验，充分利用现有系统。

(4) 西南油气田公司：在管线穿越施工中第一次采用了定向钻技术，实现了穿越一次成功，既节省了投资、又加快了进度；玻璃钢管在腐蚀很严重的磨溪气田成功应用，运行正常。

抓好集输气管线风险分析评价、涂层检测和内外腐蚀缺陷检测工作：2003年共安排591千米集输管线进行风险分析评价、涂层检测。共600千米集输气干线进行内外腐蚀缺陷检测（智能清管检测）评价，及时修复、补强和更换，使泄漏事故由前几年的年均395次降为目前的236次。

(5) 新疆油田：开展了二氧化氯杀菌实验。处理成本仅为常规杀菌剂的1/4—1/5，不仅经济，而且不产生抗药现象；开展了污泥离心脱水试验；开展了稠油污水回用锅炉的跟踪研究检测。

（王怀孝　汤　林）

技术项目

【概述】 勘探与生产分公司认真贯彻“2003年中国石油勘探技术座谈会”和“中国石油勘探与生产工程技术座谈会”精神，理顺科技工作思路，分重大研发、生产研究和决策支持三个层次组织科研立项和管理，按“推广成熟技术，攻关瓶颈技术，研发储备技术，引进先进技术”四个层次的思路推进科技进步，确保了重大项目方向、经费和人员的“三个”稳定。2003年确定了重大项目的八大主攻方向，包括：油气预探新领域、油气勘探开发新方法新技术、高含水油田开发、三次采油、稠油开发、天然气开发、低渗透油田开发、工程技术。

【油气勘探项目】

1. 油气预探新领域研究成果应用显著，基本摸清了资源分布结构，明确了主攻方向，有效指导了勘探重要发现

(1) 重要预探区带明显增加。通过预探项目研究，重要预探区带由2001年的26个增至2003年的113个。

(2) 有效指导勘探部署。2003年地震和钻井部署设计主要依据2002年预探研究成果。

(3) 预探研究成果应用显著，有效指导勘探重要发现，促进了近年四大领域的18个重大突破和进展：岩性地层油气藏7个；前陆盆地冲断带4个；叠合盆地中下组合（含海相碳酸盐岩）4个；新区新盆地3个。

(4) 基本摸清资源分布结构，明确了主攻方向。研究表明，四大领域石油占剩余资源88%，天然气占93%，是预探的主体。

2. 岩性地层油气藏研究成果

(1) 建立并完善陆相层序地层学方法，准确识别砂体，推进工业化应用。层序划分达3—4级，已基本满足工业化应用要求。

(2) 大力发展储层预测技术，提高预测精度和准确性。通过重构反演技术的应用，使常规方法只能分辨10—20米砂层组，现提高到分辨3—5米单砂层。

(3) 积极探索油气预测与识别技术。重点攻关和发展了钻前烃类检测技术和钻后复杂岩性及低阻油气层识别技术。

(4) 岩性地层油气藏理论有了进一步提升。初步提出了“三面”控油、“五带”富集、“两种”运聚样式的岩性地层油气藏成藏模式。

(5) 岩性油气藏勘探效果：

①鄂尔多斯盆地油气勘探重要进展。延长组东北曲流河三角洲沉积体系、西南辫状河三角洲沉积体系发育的认识不断深化和细化。铁边城地区形成了多层系勘探的格局，发现亿吨级规模。西峰地区年增亿吨级储量规模，含油范围不断扩大。

②二连盆地岩性油气藏勘探取得重要进展。岩性油气藏勘探技术在二连盆地的应用，为巴音都兰、乌里雅斯两个5000万吨储量规模的新油田发现提供了有力的技术支持。

③松辽盆地北部岩性油气藏勘探取得重要进展。松辽北部试油8口井获工业油流，临江地区双31等4口井新获工业油流，江东英台地区有10口获工业油流。

④松辽盆地南部岩性油气藏勘探取得重要进展。乾安前缘带多口井获工业油流，扩大了乾西北地区的含油范围，有望与情北连片。大布苏地区具备形成油藏带的条件。

⑤渤海湾岩性油气藏勘探取得重大进展。饶阳凹陷留西地区通过勘探，发现3000万吨规模的储量区块。冀东高柳地区，形成亿吨级的储量规模。

⑥准噶尔盆地腹部勘探取得重大突破。腹部盆1井勘探获得新发现，开辟了J_1s岩性勘探新领域；莫北、莫索湾油气田将连片。石南21井区揭示了油气藏新类型。

⑦吐哈盆地岩性油气藏勘探取得重要进展。发现有利岩性圈闭目标9个，火焰山北坡形成一个3000万吨级的油气区带。

3. 前陆盆地研究成果

（1）初步形成了前陆盆地复杂构造分析建模系列技术。

（2）初步形成了前陆盆地油气成藏系列分析技术。

（3）前陆盆地冲断带理论进一步提升。

（4）勘探效果：

①乌什凹陷油气勘探取得重大突破。通过地震成像攻关和构造解释综合研究，发现了8个区带，16个圈闭显示，有望形成一个亿吨级大型油气田。

②准噶尔南缘油气勘探取得重大突破。以霍10井突破为代表，获重要发现，控制加预测2亿吨油气当量，发现有利圈闭18个。

③柴北缘油气勘探取得重大突破。马北一号、马北三号的突破，有望实现5000万吨级储量目标。

④祁连山前推覆体下盘的勘探取得重大进展。通过前陆冲断带构造建模和原盆恢复研究，青西油田含油范围推进。目前有4口井获得工业油流，构成了窟窿山构造轴部有利油气富集区。

4. 叠合盆地中下组合技术进步

（1）叠合盆地中下组合油气成藏理论研究进一步深入。

（2）碳酸盐岩储层预测精度进一步提高。

（3）形成了飞仙关鲕滩油气勘探理论及配套技术。

（4）勘探效果：

①徐深1井、汪深1井获得高产天然气，松辽盆地深层勘探取得重大进展。

②川东飞仙关鲕滩天然气勘探取得重大突破，成为川东石炭系重要的接替领域。罗家寨构造罗家5－9井区控制储量200亿立方米；龙会2井老井复查测试获得高产，西侧鲕滩勘探取得新发现。

③轮南奥陶系潜山及周缘整体突破，形成亿吨级大场面。通过“追相带、塑地貌、识溶洞、找高产”以及应用三维高分辨率地震资料识别溶洞技术，2003年储量有明显增加，三级储量超亿吨。

5. 新区新盆地研究成果

（1）渤海湾盆地滩海勘探取得重要进展。在大港南部滩海、辽河滩海太阳9井勘探效果明显。

（2）采用岩性地层油气藏勘探思路，海拉尔盆地勘探取得重大进展。在苏德尔特构造带新增预测石油储量5000多万吨，发现乌中构造带新工业勘探区带，进一步扩大了勘探场面。

（3）苏北盆地洪泽凹陷预探开辟新领域。通过沉积体系和沉积相研究，新发现和落实了一批有利圈闭。

6. 勘探工程技术进步

（1）物探技术进步。形成了复杂山地地震勘探技术系列，推动了前陆盆地复杂构造勘探；发展了沙漠和黄土塬地震勘探技术系列，低幅度油藏和地层油藏效果明显；形成了碳酸盐岩可视化地震解释技术系列，推动了潜山油藏的评价和开发。

（2）钻井技术进步成果。全过程欠平衡钻井配套技术取得了显著成效，在西南、大庆、新疆等油田共实施欠平衡钻井38口，见到明显效果；在塔里木、大庆、冀东、辽河等油田进一步推广应用了水平井及侧钻水平井技术，共完成水平井、侧钻水平井70口，取得了良好的效果；地质导向技术提高了对薄互层油藏的开发水平。

（3）套管井模块式地层动态测试和过套管电阻率测井规模试验取得成效。套管井模块式动态地层测试技术（CHDT）实验，在辽河、大港、塔里木等油田取得了较好的效果。过套管电阻率测井（CHFR）在吐哈已完成18口井、在新疆油田完成3口井，规模试验进展顺利并取得初步应用效果。

【油气田开发与生产项目】

1. 高含水后期剩余油分布监测预测与综合挖潜技术

（1）高含水后期剩余油分布预测与监测研究：

①精细油藏数值模拟的手段在不断完善，微机机群并行处理技术的进步，使得油藏精细描述的数模技术具有了很强的可推广性。

②储层精细地质描述的整体精度在不断提高。研发和发展了相控定量地质建模技术、多信息测井解释

单砂体技术、地震横向预测技术，从而实现了识别微构造幅度小于3—5米；识别断距小于15米、长度小于100米的断层；分辨出厚度大于0.2米夹层与储层。

③剩余油识别与评价测井技术有新的进展。伴随粒子的开发与应用，使得含油饱和度解释值与岩心测定值的符合率大幅度提高；五参数注入剖面组合测井和阻抗式产出剖面组合测井技术的进步，大大加强了注产剖面在剩余油分布预测中的作用。

（2）高含水后期综合调整挖潜技术：

①不规则三次井网加密研究成果确定了高含水油田开发合理压力系统界限及油井关井的经济界限，确定了合理井网密度，确定了单井控制可采储量界限，确立了厚度下限与井网井距的关系。这些研究成果已在大庆、大港等油田推广应用，投入产出比达到1∶4.5以上。

②研制成功了桥式偏心分层配注器和配套的分层测试工具，实现了分层流量直接测试，且精度提高4%—8%，分注合格率达到了91%以上。

③凝胶体膨颗粒深部调剖改善水驱技术，解决了常规地下交联聚合物溶液深部调驱体系在地层中因剪切、稀释、降解、吸附、酸碱性条件等各种复杂因素造成的不成胶或交联程度降低等问题。目前已在大庆、辽河、华北、大港等油田应用，平均投入产出比大于1∶4.7，取得了较好的经济效益。

2. 低渗透油田高效开发

（1）油气富集区筛选评价技术。综合利用地质、地震、钻井、测井等信息对天然裂缝及其分布规律、次生孔隙发育带、优质储层及其横向展布等进行识别和预测，提出了储层天然裂缝识别和预测方法，在玉门青西、吉林等油田获得了成功的应用。

（2）低渗透油藏开发井网优化及调整技术。形成了低渗透油藏开发方案优化技术，建立了裂缝系统与井网相匹配的低渗透油藏开发后期的综合调整技术，形成了正方形的井网单元模式。这些技术的形成为长庆的安塞、靖安、吉林大情字、四方坨子等油田的开发起到了重要的指导作用，单井产能明显提高，部分单井平均产能提高了29.6%。

（3）低渗透储层改造技术向特色化全面发展：

①形成了“开发压裂”的理论和方法，在安塞油田和靖安油田进行了全面应用。

②高砂比短宽缝压裂工艺和平衡保护压裂工艺研究的成功，有效地解决了薄差层细分改造的难题。

③高温油藏深度酸压改造技术，有效地解决了埋深大于4000米、温度大于120℃的高温储层酸压改造难题。

④研制和发展了以正电胶压裂液、端部脱砂和压裂封口技术为主的浅井水力压裂技术，解决了低返排、高伤害、支撑剂反吐、窄缝易被蜡堵等一系列浅层压裂所特有的技术难题。

3. 稠油油田开发技术

（1）中深层稠油转换开发方式。对齐40汽驱先导试验方案进行优化对比，形成了以下配套技术：汽驱油藏地质及开发状况适宜性筛选技术、汽驱井网井距优化技术、注采参数优化设计技术、高采注比工艺实现技术。

（2）高轮次吞吐后期提高吞吐采收率技术。通过化学剂配方和注入参数优选研究，至2003年底，非混相段塞驱阶段采出程度9.05%，阶段平均采油速度2.09%，累计采出程度51%。

（3）稠油冷采技术。激励油层出砂技术的突破和高携砂能力的举升设备优选相结合，使得稠油冷采在中石油获得了首例现场试验成功。

4. 三次采油技术走向工业化

（1）新型驱油用聚合物的研制取得突破。对油藏条件适应性更佳，增粘效果更好，抗盐性能更明显的疏水缔合聚合物、梳形聚合物等已实现工业化生产。其中，梳形KYPAM抗盐聚合物在大庆油田污水配制聚合物驱应用中，取得比大庆聚合物减少用量37%左右的效果。此外，在大庆油田三元复合驱、新疆和华北油田深部调驱等应用中，取得了降低聚合物用量30%以上的效果。

（2）聚合物驱应用技术配套发展并走向成熟。已形成了比较成熟的聚合物驱配套工艺技术，包括：聚合物驱方案优化设计技术、聚合物驱前调剖技术、聚合物分层注入技术、聚合物驱过程中的综合调整技术以及聚合物驱采出污水处理达标技术等。

（3）含聚合物抽油机井杆管偏磨治理这一单项技术的突破，基本解决了杆管偏磨问题。至2003年底，共在大庆油田应用13000口井以上，偏磨比例下降幅度达82%，检泵周期由原来的350天延长到了1000天以上，减少作业费和杆管磨损费共计3.88亿元。

（4）微生物采油技术又有新的进展。CJF－002菌在吉林油田2001—2002年的现场试验中效果良好，投入产出比高。低成本新型培养基研制工作取得显著进展，研制出了新型玉米淀粉培养基，与进口糖蜜相比，可降低成本30%左右。

5. 复杂地质条件下天然气的开采技术

（1）有效含气储层预测技术取得新的进展。综合应用AVO属性分析技术，能够识别5米以上相对集中的有效气层，气层预测符合率达到了75%。利用三维地震动力学属性分析能够刻画出高能河道的平面分布特征，符合率为80%。

（2）含硫气田开采技术。重点开展了川东罗家寨、渡口河气田飞仙关组含硫气藏开发地质研究、开采配套技术研究等工作，应用气液两相缓蚀、防腐油套管选用、腐蚀在线监测等技术，取得了很好的开采效果。

（3）疏松砂岩纤维复合防砂技术取得突破。形成了较为牢固的环状纤维复合过滤体，达到了类似充填筛管同样的效果。目前，现场先导试验结果，不出砂产气量提高一倍以上，有效期已达到17个月以上。

6. 开发工程技术的进步

（1）套损机理及综合治理研究。在套损机理研究方面，建立了套损影响因素分析的流固耦合理论模型。在修复方面，发展了套损井解卡打捞、小通径套损井打通道、取换套、密封加固、电泵井打捞、侧斜修井和工程报废等七项大修技术，基本满足了油田套损井修复的需要。

（2）稠油污水回用注汽锅炉技术工业化试验取得成功。通过几年的攻关，在大孔弱酸树脂去除污水中硬度技术、高效污水破乳除油剂、污泥浓缩及排泥技术等方面取得了突破。到2003年底，辽河稠油污水深度处理出水水质完全达到进热采锅炉的给水指标，炉管结垢速率也在正常范围之内。

7. 节能降耗技术

（1）华北油田零散天然气回收综合利用技术。主要技术要点：定压回收、大罐抽气充分回收套管气和罐顶挥发气；采用新型三相分离器提高油水气分离度；以零散天然气作燃料，在无网电的边远井安装燃气轮机提供抽油机动力；利用零散天然气发电；利用天然气压缩技术将零散气压缩处理，替代燃油；发电机组高温烟气余热回收进一步综合利用。两年来，利用零散天然气发电（节电）1.41亿千瓦·时，节约燃油1.71万吨。通过节约外购电费、节约燃油和原油拉运费用等合计增收节支1.1亿元。

（2）新疆油田稠油开采注汽锅炉节能技术综合应用。优选了6项关键技术：锅炉烟气余热利用热管换热器，FHC-AB高温远红外节能涂料，HTEE-E型红外线涂料，烟气含氧量自控技术，水处理硬度自动监测技术，环保节能除氧器。

（3）华北油田抽油机井系统优化设计方法与现场应用。三项关键技术方面：电动机的输入功率计算方法，系统效率与各分效率仿真分析方法，排量系数、有效功率、系统效率计算方法取得了长足进步。开发了完全网络版的抽油机井系统效率优化设计和以动态仿真为基础的参数敏感性分析计算机软件。现场应用平均系统效率由18.20%提高到26.86%。投入产出比达到1∶7.31。

【科技成果信息管理】

1. 建立勘探与生产分公司企业信息门户

以企业信息门户为载体建设集信息共享、生产管理与决策支持和办公自动化的工作平台。目前实现的功能有主页面展示，各处页面展示，实现三种数据录入方式，实现数据、图表输出，实现了勘探与生产分公司惟一的系统管理员对用户的最高级管理。

2. 勘探生产开发数据库系统管理与维护及日常办公系统与设备维护

勘探开发数据库主要支持生产日报、油藏月报、天然气月报等开发专业处室的数据上报、审核、汇总、分析统计及数据共享的工作，做好数据库系统安全、系统管理维护、数据备份及勘探开发生产信息系统软件应用与维护工作，是确保相关专业处室数据管理的不间断性和稳定性的重要保证。

3. 勘探与生产信息系统建设按方案设计逐步推进

继《地球科学与钻井系统》和《上游生产信息管理系统》通过规划计划部和科技与信息管理部的预可研和可研评审之后，组织编制并下发了“方案简本”和“建设指导意见”，2003年4月又组织主持召开了方案宣贯会，及时指导了各油田公司在统一设计下编制实施方案，为系统的成功实施做了充分、细致、扎实的准备工作。

4. 国产软件统一推广两年，投资少成效大

（1）在统一推广应用期间，软件服务范围涵盖了中国石油的14个油田分公司及研究院，涉及100多个采油厂及研究所。

（2）各软件推广单位都组织了专业技术人员，通过电话、传真、电子邮件、现场服务等多种方式，及时有效地解决用户在应用中遇到的一切问题。据不完全统计，共支持用户完成应用159个。

（3）投资少、见效快、经济效益明显，投入产出比接近1∶8。

（4）软件研制与油田应用相结合，互相促进，良性循环，满足油田不同层次的需求；发展国产软件，保持国际同步。

5. 勘探开发信息标准化工作基本将按计划完成

从2002年3月至2003年底一年多来，组织中国石油勘探开发研究院、油田、公司以及退休专家和专

业技术人员共30多人，对勘探、开发数据标准进行统一分析、补充和完善。整理数据表541张，涉及数据项11330个，并对每一数据项进行名词规范和属性规范，对数据集进行结构化设计，完成了数据采集录入规程的起草。

（范土芝　刘德来）

第三篇

油气储运、炼化与销售

天然气与管道

【油气储运能力】　2003年，中国石油天然气股份有限公司拥有原油、成品油、天然气长输管道共25820.74千米，比2002年增加1500千米。其中，原油管道8878.59千米，成品油管道2272.07千米；天然气管道14535.66千米，比2002年增加1500千米。

天然气与管道分公司运营管理的原油储罐105座，比2002年增加2座，总容量236.91万立方米，比2002年增加4万立方米；天然气地下储气库3座，比2002年增加1座，总库容11.47亿立方米，比2002年增加3.3亿立方米。

（黄松源）

【原油配置】　2003年，中国石油面对复杂的经营环境和激烈的市场竞争，及时把握国内外油品市场较好的有利时机，坚持以市场为导向，以效益为中心，继续贯彻实施“稳定东部、加快发展西部”持续有效快速发展的方针和国际化经营战略，原油生产稳中有升，原油销售效益显著。

对东北地区，充分利用东北管网优化资源配置，提高股份公司整体效益。2003年大庆油田生产原油4840万吨，同比减少173万吨，而东北地区炼厂的加工量却有增无减。为保证油田和炼厂的正常生产和股份公司整体效益的提高，股份公司进一步加强东北管网的低输量运行管理和改造研究，根据上下游企业的生产情况和国内外“两个市场、两种资源”，优化原油资源配置，精心制定东北管网的输油方案，并对铁大线进行了低输量改造，为东部油田稳产和炼厂增效提供了有力保障。

对西北地区，重点解决原油铁路运输瓶颈问题，为油田和炼厂增产增效创造条件。2003年长庆油田生产原油701万吨，同比增加91万吨，成为股份公司上产最快的油田。但受区域产量和原油运输的限制，安塞区块和陇东区块原油产销不平衡。为从根本上解决问题，经过与铁道部运输局及各相关路局的积极协调，1月20日开通了咸阳末站铁路装车点，3月份在西安召开了原油铁路运输协调会议，使长庆油田拥有了原油运输请车权。此外，为配合9月26日靖惠线投产，还对马惠宁管线进行了增输改造，从而较好地缓解了安塞区块原油的销售压力，并为长庆油田持续上产创造了条件。另外，通过调整原油流向，为兰州石化分公司500万吨加工装置投产组织原油资源。在油田、炼厂和铁路部门的共同努力下，西部油田和炼厂均较好地完成了全年产销任务。

（白晓彬）

【原油销售】　2003年股份公司生产原油10393.92万吨，为年计划的100.42%；销售商品量完成10019.42万吨，为年计划的100.39%。其中，供股份公司炼厂原油7134.06万吨，为年计划的101.33%，供中石化炼厂原油1401.00万吨，为年计划的92.83%，供地方炼厂原油73.86万吨，为年计划的99.41%，供地方小炼厂原油322.83万吨，为年计划的98.03%。原油出口完成352.85万吨，为年计划的100.10%。

2003年股份公司实现原油销售收入1635.89亿元，比2002年增加了250.49亿元。原油的平均不含税价格为1639.66元/吨，同比增加了248.85元/吨。

2003年股份公司原油运输总运量完成10962.23万吨，为年计划的99.56%，其中，管输量完成8847.46万吨，铁路运输量完成1527.40万吨，水运量完成587.37万吨。

（白晓彬）

【天然气销售】　2003年，股份公司天然气业务无论是工业产量还是商品量，都表现出了较强的增长势头。销售队伍逐渐成熟，销售管理环节不断完善，销售市场不断扩大，使天然气销售与市场的扩张成为中国石油天然气股份有限公司整体效益增长的亮点，同时，也展现了中国石油努力发展天然气业务的良好前景。

1. 天然气工业产量

中国石油天然气集团公司天然气工业产量2003年248.8亿立方米，与2002年相比，增加23.5亿立方米，集团公司天然气产量占全国的比例由2002年的71.2%上升到73.6%。

2003年股份公司天然气工业产量247.7亿立方米，其中，天然气板块的油田产量合计为179.0亿立方米，占72.3%；其他油田产量合计为68.6亿立方米，占27.7%。

2. 天然气销售情况

2003年股份公司天然气工业产量247.7亿立方米，扣除企业生产自用38.8亿立方米，损耗气量15.7亿立方米，轻烃回收减量4.6亿立方米，储气库库存差1.6亿立方米，实际销售天然气186.9亿立方米，为2002年全年166.2亿立方米的112.5%。其中外销量146.3亿立方米，内销量40.6亿立方米（供存续公司12.1亿立方米，供股份公司28.5亿立方米）。天然气板块2003年销售气量156.2亿立方米，比2002年全年139.7亿立方米增加11.8%。天然气销售详细情况见表1。

表1　2003年股份公司天然气销售情况　　单位：亿立方米

销售地区		2003年计划	2003年销售量	为年计划（%）	为2002年同期（%）
股份公司销售量		168.2	186.92	111.13	112.45
各油气田销售量	天然气板块	143.8	156.17	108.60	111.81
	其中：辽河	4.8	4.97	103.54	96.50
	华北	4.3	4.54	105.58	106.82
	大港	2.5	2.66	106.40	90.78
	西南	84.7	87.75	103.60	105.05
	长庆	37.5	43.61	116.29	127.51
	青海	10.0	12.64	126.40	131.39
	陕京线	24.7	27.41	110.97	133.84
	涩宁兰	6.44	8.02	124.53	147.97
	鄯乌线	5.45	5.93	108.81	108.01
	中沧线	2.0	0.75	37.50	47.16
	非天然气板块	24.4	30.75	126.02	115.82
	其中：吐哈	6.5	7.00	107.69	116.47
	塔里木	2.3	3.59	156.09	140.78
	新疆	6.3	7.18	113.97	142.18
	大庆	9.0	12.14	134.89	98.78
	吉林	0.2	0.64	320.00	139.13
	冀东	0.1	0.21	210.00	116.66

3. 天然气销售流向

股份公司2003年天然气销售量中，民用气64.6亿立方米，占总量的34.6%，比2002年同期（28.7%）增长5.9个百分点；化肥用气68.0亿立方米，占总量的36.4%，比2002年同期（40.1%）降低3.7个百分点。其中，价格最低的中小化肥用气量在总量中的比重从2002年同期的9.7%下降到7.8%。随着对天然气价格承受能力相对较高的用户的比重不断上升，天然气销售流向的结构得到优化。2003年股份公司天然气销售流向见表2。

表2　2003年股份公司天然气销售流向表　　单位：亿立方米

销售流向	工业							民用		商业	合计
	小计	大化肥	中小化肥	化工	发电	工业燃料	其他	城市	矿区		
股份公司	122.2	53.4	14.7	18.6	7.7	26.5	1.3	62.6	2.0	0.3	186.9
比例（%）	65.3	28.6	7.8	9.9	4.1	14.1	0.7	33.5	1.1	0.2	100.0
板块	94.3	40.4	13.3	14.2	4.7	21.7	0.1	60.2	1.3	0.3	156.2

续表

销售流向	工业							民用		商业	合计
	小计	大化肥	中小化肥	化工	发电	工业燃料	其他	城市	矿区		
比例（%）	60.4	25.9	8.5	9.1	3.0	13.9	0.1	38.6	0.8	0.2	100.0
非板块	27.7	13.0	1.4	4.3	3.0	4.8	1.2	2.4	0.7	0.0	30.7
比例（%）	90.1	42.3	4.5	14.1	9.8	15.5	3.9	7.7	2.2	0.0	100.0

4. 天然气销售量主要分布区域

2003 年股份公司天然气销售量主要分布区域依次为：西南地区、西北地区、京津冀鲁、东北地区、西气东输沿线（见图 1）。随着下游市场进一步拓展，用户陆续开始用气，西气东输沿线的用气总量会快速增长，将成为我国天然气利用的重要区域。

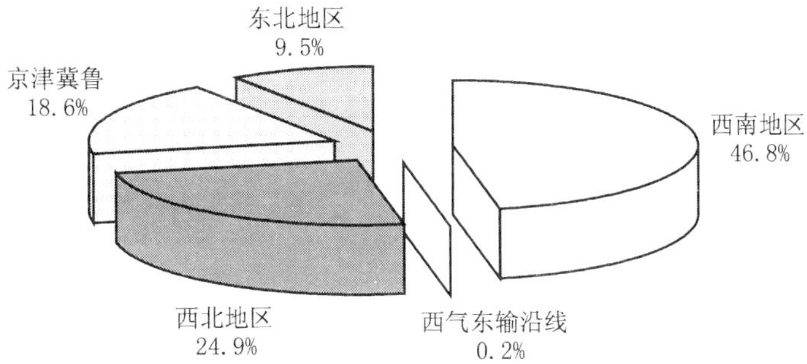

图 1　2003 年股份公司天然气销售量主要分布区域图

（王泽厚　郭小芳）

【储运安全】　2003 年，天然气与管道分公司强化输油气生产及管道建设现场安全、环境管理，建立并积极推行 QHSE 管理体系，连续四年保持了安全生产无事故的良好局面。

积极配合公安部等部委及股份公司相关部门，做好管道保护工作，并取得了一定成效。2003 年 7—10 月，公安部等八部门开展了整治油气田及输油气管道生产治安秩序专项行动。天然气与管道分公司积极配合专项整治行动，堵漏洞、治乱点、除隐患，加强了内部安全管理和保卫队伍建设。其中管道分公司 2003 年共发生 64 起打孔盗油案件，相比 2002 年 92 起，下降了 30.4%。西气东输管道东段刚建成，涉及管道安全运营的违章问题就多达 118 处。在积极协调、呼吁之下，8 月份国家安全生产监督管理局组织开展了清理占压西气东输管道东段违章建筑物活动，基本清理解决了工程东段涉及管道安全运营的违章问题，保证了管道东段“十一”顺利进气投产。

虽然管道保卫工作取得了一定成效，但社会外部形势严峻，管道打孔盗油、违章建筑物占压油气管道等事件仍屡禁不止，严重危及油气管道的安全生产和公众的安全。12 月 19 日兰成渝输油管道广元至江油段被不法分子打孔盗油，造成管道停输 14 小时，损失 90# 汽油 440 立方米，宝成铁路中断运行达 7 小时。此次不法分子打孔盗油事件虽没有引发重大事故，但破坏后果严重，不仅严重影响了管道的安全生产，也给社会带来了不稳定因素。同时管道打孔盗油案件也有集中在局部地区的特点，如管道分公司 2003 年马惠宁线发生打孔盗油案件 15 起、秦京线 10 起、庆铁（包括复线）8 起、铁秦线 7 起、任京线 6 起，占总数的 71.9%。

强化了输油气现场安全管理。2003 年对管道输油场站进行了安全抽查，及时发现事故隐患，并进行整改。上半年对新建成的兰成渝输油管道进行了安全检查，完成了《兰成渝输油管道安全生产状况调研报告》，全面评价了兰成渝输油管道安全生产现状，并提出了生产中存在的事故隐患。

针对西南油气田部分输气场站收发球筒长期带压问题，为规范安全生产管理，杜绝事故隐患，开展了输气场站收发球筒长期带压专项整治行动，计划利用 5 年时间，分批对长期带压的收发球筒进行专项治理。

做好新建项目的安全预评价和环境影响评价工

作，以及工程项目的安全、环保验收工作。配合国家环境保护总局完成了港沧输气管道的环境验收工作。配合国家安全生产监督管理局和环境保护总局完成陕京二线、永唐秦输气管道、忠武输气管道湘潭支线等新建工程的安全预评价和环境影响预评价工作。

（郭晓瑛）

【天然气市场开发】　根据天然气管道建设的需要，2003 年重点组织开展了西气东输、忠武线和陕京二线沿线的天然气市场开发工作。

西气东输下游市场：2003 年 10 月 1 日西气东输工程东段管道如期建成并投产一次成功。截至 2003 年底，已签合同用户 19 家，意向用户 16 家。当年买进气量 8849 万立方米，销售气量 4153 万立方米，分别销往上海、合肥、郑州等 7 个燃气公司（用户）。

忠武线沿线市场：主要包括湖北、湖南两省，2003 年底已签合同用户 21 家，待签合同户 2 家。其中已签合同湖北省 14 家，湖南省 7 家；湖北省待签合同用户 1 家，湖南省待签合同用户 1 家。忠武线沿线长期合同量已“满载”，管线运行 4 年后，就可达到天然气年用量 30 亿立方米以上。

陕京二线沿线市场：

（1）2003 年 9 月 14 日，与山西省天然气股份有限公司在北京签订了《天然气供用意向书》，拟在吕梁、阳曲、阳泉设置三个分输站，向山西省七个市地供气，山西第一年规划用气量 1.83 亿立方米，第五年达到 20.68 亿立方米的用气总规模。

（2）2003 年 10 月 14 日，与天津市燃气集团有限公司签署了《天然气供用意向书》。意向书规划前 5 年用气量分别为 6.5 亿立方米、7 亿立方米、8 亿立方米、10 亿立方米和 12 亿立方米。

（3）2003 年 12 月 30 日，与河北秦皇岛市签署了《天然气供用意向书》。意向书规划前 5 年用气量分别为 582 万立方米、2956 万立方米、6102 万立方米、9763 万立方米和 13297 万立方米。

（4）2003 年 8 月 20 日，与河北省永清县在北京市正式签订了《天然气供用意向书》，意向书规划前 5 年合同气量分别为 1825 万立方米、7300 万立方米、9125 万立方米、10250 万立方米和 10950 万立方米。

（5）2003 年 11 月 21 日，中国石油与山西省天然气股份有限公司在北京签订了“照付不议”《天然气买卖与输送合同》，合同第一年用气量为 6.668 亿立方米，第五年用气量达到 20.995 亿立方米，在岚县、阳曲、盂县三个分输点交气。

（6）2003 年 12 月 26 日，中国石油天然气股份有限公司与山东省重点城市天然气供用协议签字暨山东中油天然气有限责任公司揭牌仪式在济南举行。签字仪式上，中国石油与山东省济南市煤气公司、德州市燃气总公司等 9 家用户签订了供用气意向书，意向书第五年用气量达到 38.6 亿立方米。

（王泽厚　米庆来）

【管道建设】

1. 忠县—武汉输气管道工程

忠武输气管道工程包括忠县—武汉干线、荆州—襄樊支线、武汉—黄石支线、潜江—湘潭支线。“一干三支”线路总长 1375.4 千米，途经两省（湖北、湖南）一市（重庆），在重庆忠县、宜昌红花套、武汉军山、及岳阳城陵矶四次穿越长江，建有 26 条山区隧道，共设工艺站场 21 座，工程总投资 49.69 亿元。

忠县—武汉干线全长 718.9 千米，钢管等级为 X65，管径 711 毫米，设计压力 6.3—7.0 兆帕，输气能力 30 亿立方米/年。武汉—黄石支线全长 77.9 千米，钢管等级 X52，管径为 323.9 毫米，设计压力 6.3 兆帕，输气能力 3.2 亿立方米/年。荆州—襄樊支线全长 238.1 千米，钢管等级 X52，管径为 406.4 毫米，设计压力 6.3 兆帕，输气能力 4.8 亿立方米/年。潜江—湘潭支线全长 340.5 千米，钢管等级为 X60，管径为 610 毫米，设计压力 6.3 兆帕，输气能力 9 亿立方米/年。

2003 年 7 月 11 日，股份公司批准了忠武输气管道工程的初步设计。2003 年 8 月 28 日，国家发改委正式批准了忠武输气管道工程的开工报告并于同日在湖北省宜昌市举行了开工仪式。

截至 2003 年 12 月底，线路工程已完成总工程量的 60%，隧道工程已贯通四座、完工三座、完成总工程量的 70%，各长江穿越工程大多已完成总工程量的 60%以上。

2. 陕京二线输气管道工程

陕京二线起自陕西榆林首站，途经陕西、山西、河北、北京等三省一市，终于北京末站，线路全长 851 千米，管径 1016 毫米，设计压力 10 兆帕，设计输量 120 亿立方米/年。管道采用带减阻内涂层的 X70 螺旋埋弧焊钢管和直缝埋弧焊钢管，沿线共设各类工艺站场九座。

3. 涩宁兰输气管道白银支线工程

涩宁兰输气管道于 2001 年 9 月正式投产，为开拓下游天然气市场，提高管道输量，股份公司决定建设兰州—柳沟河—白银输气管道。该管道全长 181 千米，采用三层PE和环氧粉末加强级防腐，设三座工艺站场，设计输气能力12.5亿立方米，估算总投资3.6875亿元。其中，兰州首站—西固电厂管道全长9千米、管径为323.9毫米，设计压力4.0兆帕；兰州首站—柳沟河分输站管道全长41千米，管径610毫米，设计压力4.0兆帕；柳沟河分输站—美亚电厂管道全长11千米，管径为355.6毫米，设计压力4.0兆帕；柳沟河分输站—白银末站管道全长80.5千米，管径为273.1毫米，设计压力4.0兆帕。

股份公司于2003年12月批复了白银支线管道工程的可行性研究报告，开始进行初步设计的编制工作。

4. 大连新港—大连石化原油输送管道工程（新大线）

为解决大连石化分公司进口原油接卸能力有限的问题，保证原油资源多样化并降低原油到厂的运输成本，同时适应东北输油管网改造的要求，股份公司决定建设新大输油管道工程。该管道自大连新港至小松岚段利用原已建成的约14.72千米的铁大输油管道，新建小松岚至大连石化段24.37千米管道。新建管道直径为711毫米、设计压力4.51兆帕、设计输量为350万—650万吨/年，概算总投资为1.48688亿元。

股份公司于2003年10月8日批复了新大输油管道工程的可行性研究报告，于2003年12月底批准了新大输油管道工程的初步设计。计划该管道于2004年7月建成投产。

5. 惠安堡—中宁输油管道改造工程（惠宁线）

惠宁输油管道于1978年6月投产，全长106.3千米，管径为377毫米，设计压力4兆帕，设计输量400万吨/年。惠宁输油管道自投产以来，惠安堡首站出站管段腐蚀严重，部分设备陈旧，已难以承担输量日益增长的要求，而且沿线各输油站场的输油罐均无消防喷淋装置，不符合现行设计防火规范。为保证惠宁输油管道安全运行和达到增输的需要，股份公司决定对惠宁输油管道进行增输改造。

惠宁输油管道改造工程的主要工程量是惠安堡首站出站新建管道30.6千米，管径377毫米，设计出站压力6.3兆帕，设计输量210万—550万吨/年，各站场更换部分设备并新建消防设施，中宁末站新建两座2万立方米原油储罐。

股份公司于2003年7月5日批复了惠宁线的初步设计，并于2003年8月2日批复了惠宁线的开工报告。截至2003年年底，惠宁输油管道工程线路工程已完工并投产，站场工程正进行收尾。

（黄松源）

【西气东输管道工程】 西气东输管道工程是国家实施西部大开发战略的标志性工程，也是加快西北部地区经济发展、促进长江三角洲地区能源结构调整、保护生态环境的幸福工程。该管道干线西起新疆塔里木油田的轮南，东至上海白鹤镇，途经九个省（市）自治区，全长约3840千米。西气东输管道东段轮南—靖边线路全长约2340千米，西段靖边—上海线路全长约1500千米。管道采用带减阻内层的X70螺旋埋弧焊钢管（一类地区）和直缝埋弧焊钢管（二类、三类、四类地区），管径1016毫米，设计压力10兆帕，年输气能力120亿立方米/年，外防腐采用三层PE。管道穿越长江一次、黄河三次、淮河一次，穿越其他大型河流八次，建设陆上隧道16条。管道全线设工艺站场35座，其中压气站10座（燃气压气站6座、电驱压气站4座）。此外，西气东输管道工程同时建有三条支干线，其中常州—长兴支线长约89千米、设计输量17.86亿立方米/年，定远—合肥支线长约78千米、设计输量3.28亿立方米/年，南京—芜湖支线全长约129千米、设计输量16.71亿立方米/年。工程总投资435亿元。

2003年10月1日，西气东输管道工程东段进气投产，定远—合肥、常州—长兴支干线相继投入运行。截至2003年年底，西段主体工程已完工，中卫黄河穿越完成桁架吊装，郑州黄河穿越完成主管道吊装，南京—芜湖支干线完成焊接117千米。

（黄松源）

【QHSE管理】 全面加强QHSE管理，编制完成了公司QHSE管理手册初稿，初步建立和健全了QHSE管理制度。为加强QHSE管理知识的学习宣贯，组织开展了公司全员QHSE管理体系知识培训和内审员培训。

管道分公司和北京华油天然气有限责任公司逐步健全、完善了QHSE管理体系。管道分公司推广QHSE管理体系，扩大认证范围，共11个输油气分公司纳入了体系，2003年8月顺利完成了对QHSE管理体系的年度监察审核。北京华油天然气有限责任公司积极开展并顺利完成了体系的年度审核，并于6月底开始体系文件的改版工作，同时，结合公司输气管道完整性管理体系和企业资产管理（EAM）系统，对原QHSE管理体系文件进行修改完善，使其更符合生产、管理实际。

（郭晓瑛）

【天然气价格管理】 2003年天然气业务继续保持高速增长，不仅天然气销售量比2002年增加16.16亿立方米，天然气销售综合价格通过推价、调整天然气消费流向，也得到了明显的提高。2003 年天然气销售综合价格为 748.59 元/千立方米，比 2002 年同期 710.41 元/千立方米上升了 38.18 元/千立方米，销售收入比 2002 年增加 169050 万元。与上市初期 2000 年 647.58 元/千立方米相比，天然气销售综合价格上升 101.01 元/千立方米。

（张艳海）

【股权管理】 股份公司油气管道业务在重组上市以来，实现了快速发展。已建成投产、在建和拟建管道项目越来越多，同时管道投资呈多元化趋势。

（1）陕京线：股份公司与北京市合资，股份公司股权 60%。从保证北京等重要用户供气的特殊意义考虑，业务上由天然气与管道分公司管理。

（2）沧淄线：股份公司与山东石油天然气股份有限公司合资，股份公司股权 70%；

中银线：股份公司与宁夏大元炼油化工有限责任公司合资，股份公司股权 60%。以上两个项目，因投资规模小，为便于生产运行和管理，委托管道分公司管理。

（3）忠武线：股份公司与大庆石油管理局合资，股份公司股权 51%。尽管该项目投资额大、管线距离长，涉及两湖地区供气，但考虑到项目在建，暂委托管道分公司负责合资公司筹备、项目建设和运行管理。

（张艳海）

【固定资产投资】 天然气与管道业务在“十五”期间处于高投入期，在资金有限的情况下，我们坚持效益第一原则，把握好投资安排时机，确保投资重点，保持合理的投资结构，在保证重大项目资金需求的同时，兼顾一般性项目资金需求。2003 年投资安排的重点和主要部署：一是确保重点管线的建设。2003 年，西气东输和忠武线按进度继续建设，陕京二线开始施工建设；二是实施老管线的改造。主要对管道分公司、西南油气田分公司在役管线进行安全性改造，解决管输“瓶颈”，确保油气田正常生产；三是继续进行天然气终端市场的投资建设。主要安排在西南油气田分公司和大港油田分公司，通过建设压缩天然气加气站、民用管网等，实现天然气的“二次增值”。

（1）严把投资方向，搞好综合平衡，投资控制效果较好。2003 年天然气与管道业务年度投资计划为 734428 万元，从业务性质看，天然气业务投资 710788 万元，占 97%；原油成品油业务投资 23640 万元，占 3%。从投资方向看，重点管线西气东输、忠武线、陕京二线等重大工程合计投资 629160 万元，占 85.7%；其他管线建设及在役老管线改造投资 87098 万元，占 11.9%；地下储气库 5980 万元，占 0.8%；天然气终端市场开发 5233 万元，占 0.8%；非安设备购置、科研及前期费用，合计 6023 万元，占 0.8%。在投资计划实施过程中，把握投资方向，实行总量平衡控制，根据轻重缓急和项目前期工作进展及施工进度安排，进行内部合理调整，2003 年专业公司实际完成投资 676714 万元，完成计划考核数的 98%。

（2）重点工程建设基本按计划进行。西气东输管道工程 2003 年总投资 100 亿元，其中股份公司 50 亿元。目前，由于外方合作伙伴资金尚未到位，全部建设资金都由股份公司筹措。忠武线输气管道工程，2003 年总投资 19.4 亿元，其中股份公司 9.9 亿元。已开挖管沟 446 千米，组装焊接 600 千米，管沟回填 398 千米。3 处长江穿越接近完成，完成 15 处山区隧道工程。陕京二线工程，2003 年总投资 5 亿元，其中股份公司 3 亿元。主要进行隧道工程及黄土源伴行路等控制性工程。

2003 年还建设了陕京管道输气能力扩建工程、大张坨地下储气库采气能力扩建、西南油气田分公司输气干线 SCADA 系统工程、乐山地区天然气供气工程、南川及万盛区天然气工程（一期）等项目，总投资 3.9 亿元，其中股份公司投资 2.8 亿元。陕京管道输气能力扩建工程、大张坨地下储气库采气能力扩建的竣工投产，解决了 2003 年冬季和 2004 年初北京市高峰用气需求。另外 2003 年还投资了 3.1 亿元，建设西南油气田分公司罗家寨地区外输管道工程、渡舟至两路复线工程、大港油田压缩天然气加气站等项目。

（李庆生）

【计量管理】 加强油气储运设施的计量和节能管理，减少了生产运营成本，提高了管理水平。2003 年，天然气与管道分公司组织召开了公司成立以来第一次天然气计量工作研讨会，邀请股份公司、相关地区公司、技术机构的天然气技术专家、计量管理人员进行了专题讲座和技术、管理研讨。会议就国家有关计量法律法规和股份公司规定、天然气计量技术和管理研讨、天然气量值传递及溯源技术与方法、天然气能量计量研讨、天然气质量测定及技术标准研讨、GB/T 18603、GB/T 18604 国家标准及 SY/T 6143 行业标准介绍等专题进行了讲座，并结合工作实际展开了一系列的探讨和交流。

（郭晓瑛）

【LNG项目前期工作】 2003年8月，在股份公司高层战略研讨会上，管理层明确提出“天然气业务要以市场为中心，依托国内外天然气资源、LNG项目建设及管道工程，进行天然气（包括LNG）上中下游一体化规划研究，特别是首先要做好华东、环渤海和东北地区天然气市场开发、管道及LNG项目建设的前期研究工作”，从而确立了LNG项目建设的战略性地位，明确了开展LNG项目的工作方针。西气东输分公司、管道分公司分别开展了江苏、上海、大连、青岛等地LNG项目的前期研究工作。

（赵延芳）

【科技管理与技术进步】 2003年天然气与管道分公司科技项目总投入2350万元，其中费用1490万元，投资860万元。开展了15个新开课（专）题，11个延续课（专）题的研究工作，围绕油气输送工艺技术、油气管道完整性评价及配套技术、油气管道运行管理技术、管道业务发展决策支持研究、油气储存技术、管道超前储备技术等6个技术群开展。部分课题已取得阶段性成果，并得到了较好的应用。

（1）在油气输送技术方面，开展了东北管网低输量运行方案研究、成品油管道优化运行调度管理系统研究、液体管道泄漏检测技术研究、天然气管网优化运行技术研究等专项课题研究。这些技术都是生产急需的关键技术，通过攻关研究将更好的指导油气管道生产。

（2）加强标准与规范的前期研究，开展了在役原油管道、成品油管道、天然气管道安全与风险评价技术应用及规范研究，三项研究已被列为股份公司重点攻关课题，最终将形成股份公司油气管道安全与风险评价体系，保障股份公司长输管网的安全运行。

（3）加强软科学研究。开展了油气管道科技发展趋势及对策研究、股份公司油气管网规划及配套技术研究，其成果将为股份公司管网规划提供技术支持。开展了天然气市场开发与销售策略研究、天然气定价体制及相关政策研究，其成果将为股份公司天然气市场开发与销售策略提供理论方法。

（4）重视应用技术研究。调控中心软件应用与开发研究、无级热传导应用技术研究、原油加热炉除尘应用技术研究、成品油管道抢险技术及应用研究等课题紧密围绕生产，立足应用，取得了较好的社会和经济效益。

（5）2003年共申报专利21项，其中已受理16项，5项正在办理。申报股份公司专有技术1项。

（6）年度科技计划完成率100%，共完成19个课题的验收工作，优良率84.2%。

（孙 齐）

炼油与销售

【概述】 炼油与销售分公司认真贯彻中国石油天然气集团公司党组和中国石油天然气股份有限公司管理层的各项决策和工作部署，面对成品油市场多变，埋头苦干，进一步挖潜增效，在2002年实现扭亏为盈的基础上，2003年全面超额完成利润指标。

1. 公司实现大幅度增效

2003年，炼油与销售分公司实现利润总额50.35亿元，同比增加22.18亿元。其中：炼油业务实现利润8.79亿元，同比增加7.07亿元；销售业务实现利润41.56亿元，同比增加15.11亿元，其中：批发利润32.67亿元，零售利润8.89亿元；润滑油业务实现利润0.17亿元，扭亏增益2.46亿元（见表3）。

分公司所属23家炼油企业除格尔木、呼炼外全部实现盈利，20家销售企业和大连海运公司全部实现盈利。吨油利润超过60元的炼油企业是：独山子石化分公司（以下简称独山子石化）87元/吨、克拉玛依石化分公司（以下简称克石化）86元/吨、哈尔滨石化分公司（以下简称哈石化）75元/吨、华北石化分公司（以下简称华北石化）75元/吨、大港石化分公司（以下简称大港石化）70元/吨、大连石化分公司（以下简称大连石化）64元/吨、大庆石化分公司（以下简称大庆石化）60元/吨。销售企业吨油效益超过80元的是：重庆销售分公司（以下简称重庆销售）159元/吨、内蒙古销售分公司（以下简称内蒙古销售）128元/吨、大连销售分公司（以下简称大连销售）127元/吨、黑龙江销售分公司（以下简称黑龙江销售）117元/吨、甘肃销售分公司（以下简称甘肃销售）112元/吨、辽宁销售分公司（以下简称辽宁销售）93元/吨、四川销售分公司（以下简称四川销售）80元/吨。

表 3　炼油与销售经营情况　　单位：亿元

项　　目		1999 年	2000 年	2001 年	2002 年	2003 年	2003 年比 2002 年	2003 年上半年	2003 年下半年
销售收入		1175.62	1611.5	1695.34	1746.21	2235.84	489.63	1062.13	1173.71
经营利润		-4.87	-87.42（-68.24）	-22.45	28.18	50.35	22.18	30.67	19.68
其中：	炼油		-86.16（-72.03）	2.08	1.72	8.79	7.07	5.61	3.19
	销售		-1.55（3.51）	-24.53	26.45	41.56	15.11	25.06	16.50
	批发			-30.27	18.00	32.67	14.67	21.34	11.34
	零售			5.74	8.45	8.89	0.44	3.73	5.16
税前利润		-25.68	-98.28（-79.1）	-34.35	13.69	39.95	26.27	23.85	16.10
其中：	炼油		-91.91（-77.78）	-3.52	-4.87	6.21	11.07	3.36	2.84
	销售		-6.19（-1.13）	-30.83	18.55	33.75	15.19	20.49	13.26
	批发			-36.05	10.94	25.68	14.74	16.82	8.87
	零售			5.22	7.61	8.07	0.45	3.67	4.39
资产总额		947.84	1147.6	1165.24	1155.26	1195.41	40.15	1129.34	1195.41
固定资产原值		786.5	965.7	962.94	1051.75	1113.50	61.75	1049.18	1113.50
固定资产净值		518	634.7	630.29	661.08	706.25	45.17	638.15	706.25
资产负债率（%）		56.60	59.50	53.51	60.26	49.03	-11.23	62.53	49.03
投　　资		92.08	107.4	126.4	109.3	119.8	10.50		

2. 炼油业务实力增强

炼油企业平均加工负荷 85.32%。轻油收率达到 80%以上的企业有 3 家：长庆石化 81.56%、哈石化 80.6%、独山子石化 80.4%。综合商品率达到 93%以上的企业有 4 家：独山子石化 97%、辽河石化 93.92%、辽阳石化 93.30%、克石化 93.06%。加工损失在 0.8%以下的企业有 6 家：大连石化 0.60%、辽阳石化 0.71%、吉林石化 0.74%、抚顺石化 0.78%、锦西石化 0.78%、大庆石化 0.79%，达到国内先进水平。

3. 重点工程进展顺利

2003 年共完成投资 111.4 亿元。其中炼油完成 46 亿元，销售完成 66.37 亿元。炼油结构调整取得成效，建成了继大连石化之后兰州石化第二座千万吨级的炼油厂，投产重点项目 25 个，完成短平快项目 160 项。销售网络项目实现跨越式发展，新开发加油站 1980 座，新增零售能力 330 万吨，加油站总数达 15231 座。

4. 实施资源配置总体优化

全年组织国内原油进厂 7860 万吨。原油一次加工平均负荷率达到 85.32%，同比增加 6.23%。资源向炼化一体化企业倾斜，向靠近发达市场的企业倾斜，向生产特色产品的企业倾斜。8 家炼化一体化企业加工量同比增加 330 万吨，沿海及华北地区炼厂负荷率均达到 95%以上，辽河稠油和新疆稠油逐步实现集中加工，既满足了增产重交道路沥青和润滑油的需要，同时减少了重质原油的外运，改善了其他炼厂的原油品质。

5. 全面提高营销水平

努力扩大区内与毗邻地区销售量，2003 年国内销售量同比增加 324 万吨，区内增加 149 万吨，占增量的 46%；区外销售增加 175 万吨，其中河北、天津、山东增加 87 万吨，占区外销量的 50%。密切跟踪市场变化，掌握资源投放节奏，灵活调整营销策略，追求最大效益。一季度积极推价，量价互动，实现了首季盈利，抓住国际油价走高的机遇，组织汽油出口 99 万吨，缓解了当时国内汽油资源过剩的矛盾，又使出口汽油每吨获利 40 元，是汽油出口历史上最高的。

狠抓零售，全面优化销售结构。为了实现零售 2200 万吨的目标，公司层层分解，落实指标，逐月下达零售计划，每周跟踪任务进展。实施以“吨油含量工资”为主的多项激励机制，开展加油站“达标创星”和以优质服务为主要内容的加油站文化建设，取得良好效果。2003 年，3000 吨级以上加油站已达到 2030 座，资产型加油站单站日销量达到 5.02 吨，总销量为 1734 万吨。

6. 全面降本降费

公司开展“六查六整顿”活动，查摆问题 8 万多个，整改率 82%。实施《成品油运输专项整治工作实施方案》、《海上运输船舶租赁管理办法》和《铁路运输优化模型》，全年共节约运杂费 1.6 亿元。强化人力资源管理，全年减少社会用工 5981 人，完成减员计划的 119%，节约人工费用 4753 万元；加强资金管理，推广集中核算，减少资金流沉淀 62 亿元，增效 2.86 亿元。层层分解压缩各项可控费用，炼油运输费、修理费、办公费、租赁费、招待费、专业服务费等降低 1.91 亿元。

7. 加强企业文化建设和党风廉政建设

公司深入开展“形势、目标、责任”的主题教育活动，坚持把党的工作放在基层，大力加强党的基层组织建设。在销售企业深入开展“五个一批”选树活动（树：一批先进油库、一批先进加油站、一批加油状元、一批优秀基层干部、一批优秀共产党员），隆重表彰了“三个十”（10 个标杆油库、10 个模范加油站长、10 个加油状元），10 个库站被集团公司授予“百面红旗单位”。加强民主管理，全面推进厂务公开，12 家销售企业陆续成立了企业工会，建立了职工代表大会制度。源头治理成效明显，信访举报同比下降 12%、司法介入案件同比下降 25%、违纪违规资金同比下降 26.7%。审计资金覆盖达到 96.05%，同比上升 24%；审计单位覆盖率达到 86.77%，同比上升 19.31%。完成审计项目 1434 个，同比增加 43.2%，取得直接经济成果 12757.87 万元。开展效能检察 116 项，发现各类问题 1873 个，挽回经济损失 623 万元，避免经济损失 1158 万元。协助建章立制 93 项 799 条，党风廉政建设体系进一步完善。

（朱　文　王祯祥）

【炼油加工】　炼油结构继续调整，管理加强，各项炼油技术指标进一步提高，按期完成产品质量升级换代。

1. 主要炼油装置

据统计，截至 2003 年底，股份公司共有常减压蒸馏装置 53 套，初建设计加工能力 7307 万吨/年，改造后实际能力 11022 万吨/年，其中 7 套装置未开工，能力计 620 万吨/年。2003 年总加工量为 9821 万吨，分别加工大庆、吉林、辽河、新疆、孤岛、长庆、华北、大港、青海、克拉玛依及进口原油等。综合拔出率为 59.53%。单位能耗平均 410.81 兆焦/吨，最高 758.25 兆焦/吨，最低 325.8 兆焦/吨。

股份公司共有催化裂化装置 53 套，初建设计加工能力 4203 万吨，改造后实际能力为 4656 万吨，其中 7 套未开工，能力计 220 万吨。2003 年共加工 3741 万吨。各产品平均收率：干气 4.41%，液态烃 13.84%，汽油 41.11%，轻柴油 25.34%，重柴油 3.01%，油浆 4.01%，焦炭 7.79%，损失 0.47%。单位能耗平均 2823.79 兆焦/吨，最高 5457.5 兆焦/吨，最低 2222.04 兆焦/吨；催化剂单耗平均 0.80 千克/吨，最高 2.43 千克/吨，最低 0.22 千克/吨。

股份公司共有催化重整装置 24 套，初建设计加工能力 736.15 万吨/年，改造后实际能力 885.04 万吨/年，其中 1 套未开工计 60 万吨/年。2003 年总加工量（重整进料）545.89 万吨。三苯收率平均 46.36%，溶剂消耗平均 0.19 千克/吨。装置综合单位能耗平均 6822.87 兆焦/吨，最高 23247.00 兆焦/吨，最低 2617.00 兆焦/吨；炼油型重整装置综合能耗平均 4308.73 兆焦/吨，最高 8284.40 兆焦/吨，最低 2617.00 兆焦/吨；化工型重整装置综合能耗平均 16140.21 兆焦/吨，最高 23247.00 兆焦/吨，最低 9558.31 兆焦/吨。

股份公司共有延迟焦化装置 11 套，初建设计加工能力 715 万吨/年，改造后实际能力 1095 万吨/年。其中 1 套未开，计 30 万吨/年。2003 年实际加工量 880.92 万吨。产品分布：汽柴油 46.86%、蜡油 20.19%、焦炭 22.06%。单位能耗平均 1069.44 兆焦/吨，最高 1557.47 兆焦/吨，最低 844.00 兆焦/吨。

股份公司共有加氢裂化装置 8 套，初建设计加工能力 725 万吨/年，改造后实际能力 812 万吨/年，2003 年实际加工 710.76 万吨。单位能耗平均 1442.52 兆焦/吨，最高 2406.43 兆焦/吨，最低 963.80 兆焦/吨。单位氢耗平均 178.53 立方米（标准）/吨，最高 318.00 立方米（标准）/吨，最低 116.19 立方米（标准）/吨。

股份公司共有汽柴油加氢装置 32 套，初建设计加工能力1247万吨/年，改造后实际能力1442.5万吨/年。其中1套未开工，计40万吨/年。2003年实际加工1016.33万吨。单位能耗平均839.42兆焦/吨，最高1462.58兆焦/吨，最低442.25兆焦/吨。

2. 主要炼油技术指标

2003年，原油加工量创历史新高，一次加工负荷率达到85.32%，同比提高6.23%；通过加强工艺管理、应用新技术等措施，增产高附加值产品，其中高标号汽油产量达到391万吨，丙烯产量达到116万吨，芳烃产量达到96万吨，主要炼油技术经济指标与同期相比均有明显提高（见表4）。

表4　2003年炼油主要技术指标

项　　目	2002年	2003年	同　比
轻油收率（%）	70.18	71.84	+1.66
综合商品率（%）	91.42	91.77	+0.35
加工损失率（%）	0.91	0.85	−0.06
柴汽比	1.73	1.76	+0.03
综合能耗（千克（标油）/(吨·因数)）	89.12	85.39	−3.73
新鲜水单耗（吨/吨）	1.51	1.36	−0.15

3. 深化工艺管理和技术攻关，按期实现产品质量升级换代

2003年7月1日起，全国开始执行GB 17930—1999车用汽油新标准，各炼油企业及时采用质量升级措施，提前到3月底全部达到汽油新标准。其中大连石化通过筛选催化剂、助剂和优化操作、优化调合工艺等措施完成了97#汽油的生产技术攻关；大庆炼化通过优化润滑油加氢异构工艺、催化剂更新，提高了装置运行水平；独山子石化、大连石化等润滑油生产企业开展润滑油基础油达标攻关，平均润滑油基础油达标率提高10%。

成功应用了60多项“四新技术”和实用技术。催化裂化防止结焦技术的应用，为延长催化运行周期创造了条件。开展了催化裂化技术改造现场交流、加氢裂化基本操作和常见问题处理培训、污水回用技术和回用水标准的专题总结等30多项专题研讨和交流，为深入研究和解决影响技术水平和长周期运行的深层次问题提供了技术支持。

4. 狠抓节能降耗和达标管理、提高炼油技术经济指标

2003年，大庆石化等10个分公司实现了炼油专业达标，与2002年相比增加了6个企业（见表5）。

表5　历年专业达标企业

年　份	专业达标企业数	企业名称
2001	3	大连石化、独山子石化、克拉玛依石化
2002	4	大连石化、独山子石化、哈尔滨石化、大连西太平洋石化
2003	10	大庆石化、大庆炼化、吉林石化、抚顺石化、辽阳石化、锦西石化、大连西太平洋石化、克拉玛依石化、独山子石化、长庆石化

2003年，分公司考核的装置达标实现61套，与2002年相比增加了28套（见表6）。

表6　历年分公司考核达标装置表

单位：套

年　份	蒸　馏	催化裂化	加氢裂化	焦　化	催化重整	合　计
2001	11	13	1			25
2002	19	8	2	2	2	33
2003	28	17	2	5	9	61

2003年，分公司组织兰州石化、辽阳石化、大庆炼化、吉林石化和抚顺石化采用能量优化综合技术，综合能耗降低1.63%—7.63%；大连石化优化原油进口，实现收率提高、能耗降低的双重效果。

狠抓节水管理，采用污水回用，冷凝水回收等措施，取得了较好的节水效果，冷凝水回收节水560万吨/年，炼油新鲜水单耗降低0.15吨/吨，节水总量达到1390万吨/年。

5. 深化设备基础管理、延长装置运行周期

2003年，以延长装置运行周期为目标，加强设备基础管理，建立设备管理规章制度，设备日常维护、大机组特护、压力容器、压力管道的定期检查都有很大提高。其中西太平洋石化、独山子石化达到了较高的标准。大庆石化、兰州石化和乌鲁木齐石化等企业设备相对陈旧，但通过加强基础工作的管理，也取得了较好的效果。194套装置，实现三年以上一修的达到51%（见表7）。

表 7　主要炼油生产装置运行情况统计

名　称	一年一修	两年一修	三年一修	四年一修	五年一修	七年一修	其他	其中三年以上
装置数（套）	15	69	62	27	9	1	11	99
百分比（%）	8	36	32	14	5	1	6	51

加强设备隐患治理，重点解决困扰装置长周期运行的瓶颈问题，通过对供电系统改造，更换老化的电气产品，使因停电而导致的非计划停工由 2002 年的 8 次减少到 2003 年的 2 次。针对大连石化催化裂化烟气轮机组飞车、大港石化三旋出口波纹管爆裂等设备事故进行分析，使其他地区分公司吸取经验教训，狠抓关键设备和大机组的安全检查，保证了装置的长周期运行。

6. 加大炼油结构调整、改善炼厂布局和装置结构

继大连石化 1000 万吨/年炼厂建成投产之后，第二座千万吨级炼厂兰州石化建成投产，逐步关停一些重复开工效益低下的装置，改造重油催化和焦化装置 8 套，投运加氢精制和重整装置 5 套，改造气分装置 5 套，关闭大庆炼化林源生产区，前郭石化综合利用厂和兰州西区炼油三个生产区，炼厂布局和装置结构得到改善（见表 8）。

表 8　2002—2003 年炼油装置结构

单位：%

装置类别 / 年　份	常减压蒸馏	催化裂化	延迟焦化	重整装置	加氢裂化	加氢精制
2002	100	38.41	6.8	5.81	4.29	9.87
2003	100	39.5	9	6.26	4.33	15.92

7. 加强炼油企业及与同行业间的交流与合作

分公司组织召开了催化裂化技术改造现场座谈会，推广“西太平洋石化”技术改造的成功经验；组织污水回用技术和回用水标准的专题交流会，研讨大庆炼化和锦西污水回用项目中的技术难点；组织开展加氢装置的调研和炼厂加热炉运行状况调研工作。与中国石化股份公司联合举办加氢裂化年会，以及中国石油和中国石化下属分公司的加氢裂化基本操作和常见问题处理培训班；联合举办常减压年会、催化裂化协作组年会、联合召开石油炼制大会，既交流了技术与经验，又增加了兄弟公司之间的友谊。

（焦丽菲）

【成品油销售】　2003 年国内成品油市场先后受美伊战争、“非典”疫情和国民经济发展速度加快等因素影响，市场呈现前松后紧的态势。对此，公司积极应对市场变化，充分利用好国内国外两种资源，大力开拓国内国外两个市场，协调产销，控制资源投放节奏，及时反馈市场信息，灵活调度，确保市场平稳供应，从而成功抵御了市场急剧变化的冲击，经受了突发事件的考验。

1. 成品油销售概况

一季度淡季不淡，实现了历史上同期第一次盈利；抓住一般贸易出口汽油比国内销售吨油增收 68 元的机遇，同比增加出口汽油 32 万吨，既平衡了东部地区汽柴油的结构性矛盾，又实现增收 2100 多万元。

二季度面对“非典”严重影响，按照“促销、推价、降费”指导方针，促销降库，有效防止了跌价损失，扩大了油品销量。共销售成品油 1417.26 万吨，同比增加 16.7%，国内市场份额达到 43.8%。

进入下半年，随着需求旺季的到来，加之“非典”过后经济的快速增长，拉动了油品销售的大量增加，成品油呈现供不应求的态势。在此情况下，股份公司领导果断决策，一方面生产加大马力，提高加工负荷，增产成品油；另一方面积极组织进口，确保市场供应，要求各销售分公司加强调运，周密组织，掌握好销售节奏，努力提高零售比例，继续实施促销稳价的营销策略，抓住油价较高、销售旺季的有利时机，千方百计扩大销售，积极推动价格到位。

2003 年股份公司销售汽煤柴 6052 万吨，其中国内销售 5629 万吨，出口 422 万吨，国内市场份额 43%。零售成品油 2230 万吨，零售市场份额达到 25.9%。

石蜡和沥青实现了集中统一管理，即统一销售管理、统一平衡国内资源、统一组织运行和价格信息共享，小产品的销售管理进一步加强，优势产品的经济效益进一步提高。润滑油在润滑油公司的管理下，实现了产、销、研集中统一的专业化管理模式，向质量更好、品种更丰富、价格更有竞争力、服务更到位、营销宣传力度更大的方向快速有效发展。全年销售石蜡 86 万吨，出口 29 万吨。销售沥青 192.89 万吨。

2. 成品油销售管理

（1）销售系统经过几年来的不断发展，营销水平不断提高，营销策略的应用趋于成熟，经营理念得以更新，实现了以产品为中心向以客户为中心、以服务为中心的转变；不断适应市场的变化和消费者的需

求，自觉为消费者提供优质产品和优质服务；经营方式从只卖自己的产品向资源渠道多元化转变，不断提高销产比，满足不断增长的社会需求；制定了面向终端的服务规范和管理规范，跟踪市场、超前预测，统筹资源，快速反应，实现了销量提高、价格到位、库存适度。

（2）采取灵活的营销策略开拓市场，销量大幅增长，为炼油业务乃至股份公司的整体发展提供了发展空间。加强市场研究，建立以高效市场为导向的资源配置运行机制。大力发展终端销售，进一步改善销售结构，增强销售企业的竞争实力。终端销售量和零售量增长迅速。超前预测，快速反应，通过对市场和竞争对手的分析，提高对市场的应变能力、驾驭能力和销售业务的运行质量。紧跟国内资源和国内外市场价格变化情况，适时调整进出口策略，既满足国内消费需求，又提高出口效益。利用储运设施，有计划的涨库、降库，做到淡储旺销，确保供应稳定、价格稳定。

（3）机构用户开发成效明显。为加大机构用户的开发力度，板块下发了《关于加大机构用户开发的紧急通知》。各单位根据总部的工作部署，充分发挥资源优势，新开发了市政建设、重点工程等一大批区域性、行业性大型机构用户，机构用户销量同比提高5%。同时，对机构用户的管理和服务水平也有很大提高，分别制定了专门的营销办法，完善了客户管理档案，对客户进行分类管理，制定了一系列针对性的措施，实施差别化服务、个性化服务。

加大机构用户开发力度，完成了与中国远洋运输（集团）总公司船用燃料油的合作，完成了与北京首都汽车油料有限公司、北汽出租汽车集团有限公司的合作；铁路机车用油、民航航空油料、汽车公司车用燃料供应方面的合资合作也在积极推进之中。

（杨景娟）

【加油站管理与零售】　面对激烈的市场竞争，中国石油零售网络快速扩张，总体运行质量不断提高，销量大、效益好的加油站不断增加，零售量快速增长，盈利能力不断增强。零售网络已成为中国石油的“生命工程”。

1. 加油站建设

截至2003年底，中国石油共拥有加油站15231座，比2002年底净增2071座，净增率为15.74%，中国石油加油站占全国加油站总数的比例为18.7%，比2002年提高1.15%。其中资产型12190座，比2002年底净增912座，净增8.09%，特许3041座，比2002年底净增1159座，净增61.58%。销售系统共拥有3000吨级以上加油站2030座，其中万吨级加油站191座，比2002年增加81座，5000吨级加油站601座。

2003年完成了年初确定的2230万吨零售总量和资产型加油站销量1734万吨的目标，与2002年同期相比分别增长了17%和26%。加油站单站平均日销售量达到4.94吨，增加3.35%，资产型加油站的单站平均日销售量为5.02吨，增加4.8%。

2. 零售经营管理

通过加强管理、改造设施设备以及实施促销增效，加油站资产不断得到优化，一类、二类、三类加油站的实力有了大幅提高，这三类站的总数已达到13441座，占销售系统加油站总数的91.8%，零售总量占97.35%。

对零售业务实行动态管理。根据年初挖潜增效方案确定的零售目标，按进度逐月分解下达零售计划，跟踪任务的完成情况，对零售量完成好的单位及时总结、表扬，推广先进经验；对完成较差的单位，下发《欠量通知单》，督促、帮助这些单位及早发现问题、研究对策、制定措施、迎头赶上。

在吸取各单位先进经验基础上，总结、下发了20多条零售经营技巧和办法，要求各单位进一步提高对零售工作重要性的认识，围绕“巩固和扩大已有市场，积极开发潜在市场，紧紧抓住促销措施”的营销思路开展经营工作，抓住商机，千方百计促销增效。强化“一个加油站就是一片市场”的经营理念，对不同类型的加油站制定不同的发展目标，采取不同的营销策略、促销手段和降费措施，提供差异化管理模式和营销模式。一类站以销售汽油和高标号汽油为主，坚持价格坚挺，实现利润最大化；二类站在确保毛利总额不变的前提下推行“量价互动”，实现销量的最大化；三类站重点是挖潜增效，进行必要的改造，面向宾馆、学校、医院、餐饮等行业实施小额配送，流动加油，逐步转化为效益站和销量站；四类站承包经营，抓住春耕、灌溉用油时机，盯住乡镇企业和农用小机具的用油，送货上门，拉住客户，扩大销量。为有效地控制费用，搞好、搞活加油站的经营管理工作。在一些地区，推行“管住两头、放活中间、吨油费用包干”和“小站承包制”等管理办法取得了良好效果。

3. 加油站管理

继续推广中国石油《加油站管理规范》，在销售系统开展了加油站达标创星评比活动，共评出星级加油站1388座。在此基础上，经过企业自评、复查和初审，炼油与销售分公司组织专家小组又对四星级加油站和五星级加油站进行了复评和审定，共评定出五星级加油站41座，四星级加油站76座。这些四星级、五星级加油站作为中国石油的旗舰站，带动零售工作和经营管理水平全面提升。

在总结北京销售分公司"吨油费用包干管理办法"的基础上，组织了由相关处室参加的调研组，对区内外加油站现行的"吨（升）油含量工资、加油站经理年薪制、吨油费用包干、小站承包制、双包经营管理责任制"等加油站的薪酬分配制度进行了实地调研和综合分析，形成了"关于加油站吨油费用包干管理办法的指导性意见"，充分调动了加油站经理和员工的积极性。

根据集团公司召开的企事业单位领导干部电视电话会议和段文德副总裁关于全国整顿和规范成品油市场秩序的讲话精神，分公司制订了继续搞好加油站专项整治工作方案，将工作重点放在股份公司油气田、炼化企业以及存续企业所属的加油站。与勘探与生产分公司、集团公司市场管理部就相关事宜进行协商，明确油气田、炼化企业和存续企业所属加油站专项整治工作由所在地省级销售分公司牵头负责，属油气田分公司的加油站，由勘探与生产分公司安排专门机构，指定专门人员密切配合；相关存续企业和多种经营企业的加油站，由集团公司市场管理部负责配合，对油气田及存续企业所属加油站资产、人员、销量、效益等方面进行调研。共同完成整改工作。

4. 品牌推介

炼油与销售分公司承担了全国警察汽车拉力赛和冠名北京电视台举办的"心手相连、秋水天长、西藏献爱心之旅"汽车拉力赛油品供应服务工作。充分利用新华社、中央电视台、香港凤凰卫视、北京电视台、北京交通台及新浪网、千龙网等网络媒体的作用，推介中国石油品牌，宣传中国石油加油站，展示中国石油企业形象及零售战线全体员工的服务水平和精神风貌，途经地区销售分公司也通过当地媒体配合宣传报道，取得了非常好的效果。

5. 文化促销

充分利用报纸、刊物等媒体，宣传中国石油品牌和中国石油加油站，提升中国石油企业形象，扩大社会影响，吸引了消费者的注意力，为发展新的、潜在的市场起到了积极作用。一是加大与中国石油报社的合作力度，固定栏目，加强对零售工作的宣传报道，有计划推出一批品牌加油站和一群明星加油员；二是与中国石油报社联合创办了《现代司机报》，在中国石油加油站免费向司机发放，并与司机报社联合开展了"进放心站、加放心油"的文化促销活动；三是与石油商报社合作，在《石油商报》开设专版，全方位、多角度地宣传报道中国石油加油站及零售战线的好经验、好做法；四是与石油企业管理杂志社联合举办了"零售心声"有奖征文比赛，发动零售战线全体员工及关心零售工作的人员，共同为中国石油零售工作献计献策；五是与传媒及IT等部门合作，制作《中国石油加油站服务指南》和在《中国交通地图》上标注中国石油加油站位置，并在大中城市加油站免费发放，方便客户、情系中油；六是配合商务部《商业时代》杂志社，创办了《加油站服务导刊》，宣传报道国家对成品油零售业的法律法规，应对市场开放的策略，介绍中国石油、中国石化加油站经营管理动态，国外加油站经营管理体制及先进经验等，使国内加油站真正拥有了一个属于自己的宣传平台。

6. 非油品销售

充分利用零售网络的规模优势，盘活闲置资产，开辟新的利润增长点，是加油站经营工作的一个重要发展方向。在非油品销售方面进行试点，并已取得了一些成效。如：对亚运村大屯加油站进行改造，按物美集团特许方式设立了便利店，与日本出光合作开设了TBA（汽车电瓶、轮胎、机油）销售试点，试营业以来效果非常好，深受顾客欢迎，每天营业额稳定在3500元左右，纯利润可达1000元；中油BP公司300多座加油站，已开设100多家便利店，年营业额达到5000万元，纯利润为500多万元；广东销售分公司南北新联加油站便利店月营业额达到20万元，占加油站月销售额的6%左右，比例虽不算高，但增势明显。

（王素华）

【优化原油资源配置】 受"非典"影响，4月份、5月份原油加工量调减，市场好转后，在管道分公司大力支持下，自产原油供应及时赶上了进度；同时加强沿海企业进口原油的组织，同比增加600万吨，保证了加工量增长的需要。

1. 确保资源向总体效益好的企业倾斜

（1）保炼油化工一体化企业加工量。下半年以来，吉林石化、辽阳石化、独山子石化等一批炼化一体化企业基本上实现了满负荷生产，最大限度地发挥了生产装置能力，炼化一体化企业加工量同比增加330万吨。为炼油与化工的优化运行奠定了基础。

（2）保靠近目标市场的炼油企业加工量。大连石化、锦州石化、锦西石化等充分发挥原油采购优势，大幅增加海上进口原油，生产装置利用率均在95%以上；华北地区炼厂地处成品油的高效市场，2003年也实现了满负荷生产。原油配置区域优势有所体现，最靠近目标市场的华北地区同比增长14.16%，沿海四个炼厂增加14.63%，炼化一体化企业增加11.52%，黑龙江地区炼量同比增长仅为4.13%（主要在大庆石化），新疆地区同比仅增长为3.51%（主要在独山子石化）。

（3）保生产特色产品的企业加工量。辽河稠油集中到辽河石化加工，新疆稠油集中到克拉玛依石化加工，既满足这两个炼厂增产重交道路沥青和润滑油的需要，同时减少重质原油的外运，改善了其他炼厂的原油品质。

（4）适应市场变化及时调整加工进度。加强产销衔接，做好事前预测、事中跟踪，随市场需求变化，调整加工节奏。2003年一季度加工量达到历史同期最高水平，二季度受“非典”影响，加工量有所调整，三季度后油品市场需求转旺后，加工量连创新高。

2. 规范运输管理

通过大量的调研，编制了《中国石油2002年暨2003年一季度成品油运输基础数据汇编》，制定并下发了《成品油运输专项整治工作实施方案》，各分公司均成立了专项整治小组，部署并实施整治方案。对铁路、公路、海上各项运输费用进行了全面的调研，准确掌握各单位运费发生明细，为制订整改措施提供充分的数据支持，然后组织专人对各单位的运费发生情况进行分析测算，为下一阶段落实降费任务制定了运输整治措施、实施细则和相应的规章制度，同时对存在的问题提出改进意见。

（1）制定了下海船舶租赁管理办法。按照运输专项整治工作关于加强海上运输管理的要求，为了规范中国石油天然气股份有限公司成品油海上运输船舶租赁管理，降低运输费用，在详细调研和广泛征求意见的基础上，板块制订了《中国石油天然气股份有限公司成品油海上运输船舶租赁管理办法》，并于2003年10月1日开始执行，进一步规范了船舶的租赁和使用。

（2）公路运输整治有序推进。针对公路运输管理薄弱、管理制度不完善、运价标准不统一和车辆管理混乱的情况，在深入调研的基础上，提出各省公路运输的整改方案，并监督其实施，对川渝、内蒙古、辽宁、华北、西北、东北进行了现场办公，积极推行第三方承运方式，在一些地区推广了BP管理软件。

（楼　森）

【石油价格回顾】　伴随着超级大国与石油大国的战争、阿拉伯世界与西方世界的矛盾冲突和世界经济的继续好转，2003年的全球石油市场波澜激荡，难以平息的油价中强烈地闪耀着政治理念、经济利益与文化背景的差异与碰撞。逐步溶入世界一体化的中国经济，在世界经济的推动下，又进入了加速发展的一年。本已加热的国内市场中，成品油市场首当其冲。

1. 国际油价起落较大、价格水平明显提高

2002年下半年，美国总统布什提出倒萨目标后，战争溢价就笼罩着世界石油市场，即使伊拉克战争的硝烟已经散去，由此膨胀的价格仍在较为激烈的操作中起伏，值得回味和关注。

（1）价格持续高涨后曾一度大跌。随着美伊战争的日益临近，油价自2002年下半年以来不断上涨，进入2003年后继续高涨。2003年3月10日国际油价冲至两年来的最高点，布伦特原油每桶达到34.73美元，11日欧佩克一揽子油价冲到每桶33.10美元。但在战争将速战速决，石油供应中断的可能性很小的形势下，布伦特原油率先于3月14日大幅度下跌，17日、18日两天世界主要石油市场油价普遍大幅度缩水。至5月初油价跌入谷底。5月5日米纳斯、WTI、布伦特三种原油现货价格（以下简称三种主要原油）平均每桶降至25.01美元，比3月10日最高价下跌达10.21美元。新加坡、鹿特丹及纽约（以下简称三地市场）汽、柴油现货价格平均每桶分别为29.8美元和30.66美元，比3月10日最高价下跌13.80美元和17.91美元（见图2）。

（2）价格有起有落，呈现明显的交替变化。全年一、四两个季度油价高涨尤为突出。从月度看，2月份油价达到全年最高，三种主要原油平均每桶33.48美元，三地市场汽柴油价格平均每桶分别达到41.06美元和43.26美元。3—5月份油价下滑，6—8月份持续回升，经过9月份大幅度滑落后，10月份后又明显攀升。从各月内部看，油价同样呈现有升有降，除2月份和12月份外，每月各旬油价没有持续上涨或下降的情况。

（3）油价水平始终较高，全年水平明显高于2002年。2002年下半年以来，人们普遍认为油价不实，存在着对战争的担心，即所谓的战争溢价，随着战争因素的升级，溢价无疑会越来越大。尽管美伊战争结束后，偏高的油价回落下来，但价格水平始终保持在较高水平，布伦特原油普遍在每桶25美元以上。进入10月份后，欧佩克一揽子油价大多超过其价格上限，12月15日起，欧佩克一揽子油价多个交易日

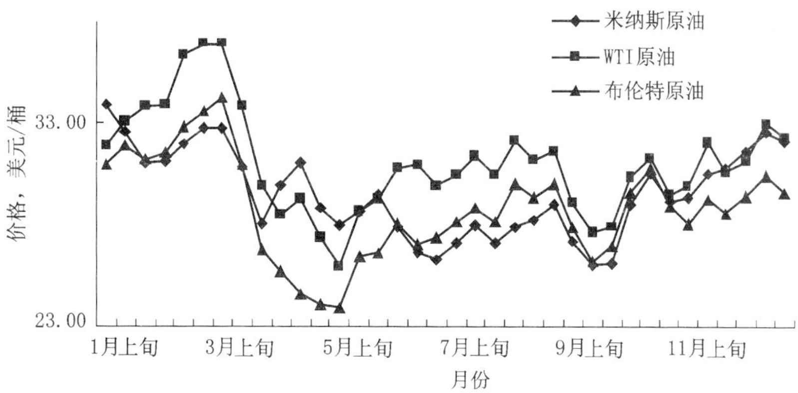

图 2　2003 年国际市场原油价格

超过 30 美元/桶。截至 12 月 25 日，2003 年全年三种主要原油价格每桶平均为 29.82 美元，比 2002 年上涨 4.29 美元；三地市场汽柴油价格每桶分别为 36.57 美元和 35.25 美元，比 2002 年上涨 6.56 美元和 6.67 美元（见表 9）。

表 9　2003 年国际市场原油价格情况

单位：美元/桶

月　份	平　均	米纳斯原油	WTI 原油	布伦特原油
1 月	32.23	32.37	32.99	31.32
2 月	33.48	32.01	35.75	32.67
3 月	31.48	30.47	33.43	30.54
4 月	27.63	29.79	28.26	24.85
5 月	27.51	28.82	28.01	25.69
6 月	28.38	26.99	30.63	27.51
7 月	28.82	27.40	30.70	28.35
8 月	29.94	28.42	31.62	29.79
9 月	27.27	26.51	28.22	27.08
10 月	29.81	29.49	30.30	29.65
11 月	29.99	30.22	31.02	28.73
12 月	31.35	32.11	32.07	29.86
平均	29.82	29.55	31.08	28.84
2002 年	25.53	25.52	26.09	24.98

（4）成品油价格上涨明显高于原油，成品油与原油的差价明显扩大，比价系数有所提高。与 2002 年相比，全年三地汽柴油平均价上涨金额比三种原油平均价上涨金额分别高出 2.27 美元和 2.38 美元。三地汽柴油平均价与米纳斯原油的差价，由 2002 年的每桶 4.49 美元和 3.06 美元提高到每桶 7.02 美元和 5.70 美元，比价系数同比分别增加 0.06 和 0.07（见表 10）。

表 10　2003 年国际市场成品油价格情况

单位：美元/桶

月　份	三地平均		新加坡		欧　洲		纽　约	
	汽油	柴油	95# 汽油	柴油	95# 汽油	柴油	93# 汽油	柴油
1 月	36.04	36.27	34.32	34.23	35.11	36.45	38.69	38.12
2 月	41.06	43.26	40.13	39.35	39.15	42.39	43.89	48.05
3 月	38.41	41.47	37.51	37.87	36.06	43.94	41.68	42.61
4 月	33.45	32.99	28.74	30.05	34.40	35.30	37.22	33.62
5 月	32.08	30.71	28.73	29.12	31.96	31.35	35.57	31.67
6 月	33.99	31.61	31.59	29.33	33.15	33.13	37.22	32.36
7 月	36.66	32.02	34.58	29.57	35.36	32.91	40.05	33.57
8 月	40.71	33.97	37.30	33.26	38.04	33.86	46.78	34.79
9 月	37.08	31.96	33.11	32.42	33.70	31.95	44.44	31.53
10 月	36.07	35.51	35.55	33.58	33.71	37.73	38.94	35.21
11 月	36.30	36.01	35.78	35.08	33.54	37.40	39.59	35.54
12 月	36.97	37.26	39.09	36.40	33.76	38.01	38.05	37.38
平均	36.57	35.25	34.70	33.35	34.83	36.20	40.18	36.20
2002 年	30.01	28.58	27.99	28.04	28.53	28.81	33.51	28.91

(5) 战争始终是笼罩高油价的主要因素。自从2002年下半年后，国际石油市场的焦点始终盯在战争方面，特别是在高涨与大跌的油价面前，战争以外的影响因素显得十分虚弱。而战后世界石油市场似乎也没有完全摆脱战争的阴影，美伊战争对石油供应可能带来的破坏是油价升水的主要成因。虽然战争信号十分明确，但美英当局为了使对伊战争名正言顺，同时考虑战争经费与战后重建的负担，一直努力争取对伊动武能得到联合国安理会的通过。2003年1月27日和2月14日联合国武器核查小组两次向安理会提交核查报告，安理会均未做出对伊动武的决议，2月24日美国、英国和西班牙仍共同向安理会提交决议草案，称巴格达已经错过了和平解除武装和避免战争的“最后机会”，3月7日美国、英国又对该草案进行了最后通牒式的修改，而遭到反对后又再次同意安理会推迟表决。其中，因法、德、俄等国在伊的既得利益，始终未能附和美英的行动。与此同时，伊拉克不得不进一步迎合法国的立场，配合联合国武器核查，不断做着销毁导弹、解除武装的努力，使得战争箭在弦上而一直未发，国际市场一直处于紧绷状态，牵引着油价不断攀升。一季度三种主要原油平均价每桶32.4美元，比2002年同期高达11.42美元，奠定了2003年高油价的基础。为了伊拉克战后重建，美国并不希望油价下跌，首先，保持较高油价从而保证伊拉克石油出口收入，是加快其重建，医治战争创伤，保持地区稳定的重要途径；其次，伊拉克的重建需要外部投资。9月9日伊拉克石油部官员就曾表示，该国石油生产的恢复依靠外部投资，而对其投资纯属风险投资，如果没有稳定的市场和较高的油价，此种投资很难成行。第三，较高的油价是垄断资源的重要手段，也符合其能源安全保障和国内原油生产的要求。如果美伊战争把油价打下来，势必要有更多的国家与美国争夺资源，同时也将使本国石油生产陷入困境。美国的保价意图在伊拉克战后有较为明显的表现：美伊开战，国际油价跌至3月21日谷底后，便出现有升有降的振荡状态，其中，作为国际市场基准油价的布伦特原油价格，每当低于每桶25美元时，都呈现出反弹回升态势。美国石油消费占世界四分之一，其进口量占欧佩克产量接近40%，其市场运作对油价的影响十分明显。如6月25日美国能源情报署库存报告显示美国原油进口量从1000多万桶/日跌至933万桶/日，美国国内原油库存下降了410万桶，汽油库存下跌了90万桶。这一结果使油价随即上扬，当日伦敦交易市场8月份布伦特期货价格上涨1.03美元/桶，汽油期货价格上涨3.01美分/加仑。欧佩克较好地利用该组织的协调机制，维护了较高的石油价格。一是欧佩克对世界石油供应的状况始终十分清醒，不论是面对伊拉克战争前后油价的大跌，还是面对此后油价的持续回升，欧佩克高官们不断吹风，世界石油供应非常充足，有供过于求的危险，其一揽子油价有跌至22美元以下的可能。4月24日欧佩克紧急会议制定了每天实际减产200万桶的决定。此后，在油价较高的情况下，6月、7月和12月三次欧佩克会议均做出了维持现产的决定。9月份油价下跌，9月24日欧佩克会议“意外”地决定，自11月1日起每日减产90万桶，将不包括伊拉克在内的10个成员国的日产总量减少至2450万桶/日。所以，欧佩克一直拉紧限产这一杠杆，并大造限产舆论，对烘托油价起了很大的作用。10月1日，委内瑞拉总统查维斯甚至提出，欧佩克成员国正在考虑将油价目标从目前的22—28美元/桶调整至25—32美元/桶。二是亲美的沙特、科威特等国，积极支持美国的保价策略，带头提出限产保价，既有力度，更有其切身的利益所在。一来可以保证伊拉克大量出口石油的收入，帮助美国在伊拉克的重建工作，建立和巩固良好的周边环境；二来避免战后出现世界油价明显低于正常水平的现象，维护美国对伊战争的声誉，继续依靠美国维护中东地区局势；三来也可以避免油价过低给本国石油生产造成损害，诱发民众的反美情绪，影响国内政局的稳定。三是妥善协调了各方面的关系，在为伊拉克重返世界石油市场的安排上，亦较为妥当。一方面积极处理该组织内部关系，4月24日欧佩克高峰会，针对油价高限产难的情况，欧佩克做出了务实的决定，利用增加配额减少实际大幅度超产。增加10个成员国配额90万桶/日，同时力争达到每天实际减产200万桶的目的。6月11日和7月31日两次欧佩克会议都面临着限产问题，6月11日会议前，为了维护目标价格和为伊拉克重返石油市场让出空间，欧佩克部长们早就暗示减产。但面对油价水平较高，委内瑞拉、阿尔及利亚、尼日利亚、印尼等国的增产要求，同时考虑到伊拉克恢复生产尚需时日，两个会议均未做减产决定。但随着伊拉克产量的逐步增加，这一问题越来越突出，所以，9月24日欧佩克做出减产90万桶的决定，同伊拉克产量的提高也是相适合的。另一方面，就保持合理稳定的油价，积极做非欧佩克产油国的工作。9月2日全球两大主要原油出口国沙特与俄罗斯签订的第一份能源协议也显示，如果油价过大下跌，欧佩克与非欧佩克将联手稳定全球石油市场。

6月份以来，以沙特、科威特等国为首的欧佩克，在高油价下确实控制了产量，该组织10国的产量未超过每日2600万桶，明显少于3—5月份产量，使市场对欧佩克的言行不可小视。伊拉克国内不稳，恐怖袭击不断，石油工业未能如期恢复，始终是市场关注的焦点。尤其是多灾多难的伊拉克北部通往土耳其的管道，8月13日开始注油，曾给市场很大的压力，但终因遭受破坏不断，迟迟未能恢复出口，12月22日伊拉克石油部长透露，在过去4个月伊拉克北部输油管网遭受到85次袭击。5月27日，伊拉克官方曾宣布，预计6月中旬石油产量达到每日130万—150万桶，但直到9月份才达到每日143万桶。此外，伊拉克石油生产需要得到各方面的支持，它不仅需要物质生产的恢复，同时也需要人们心理上的调整和恢复，世界对一个国家体制的重建与认可需要一定的过程，单纯依靠伊拉克本国力量，其生产恢复较为困难。

世界经济的复苏是2003年高油价的基础性因素。海湾战争并未对世界经济复苏造成多大负面影响，全球经济仍然呈现出好转的态势。俄罗斯2003年经济增长将达到7%，特别是停滞了十年的日本经济"开始走出低谷"，2003年美国第三季国内生产总值（GDP）年增长率为7.2%，这是自1984年第一季度以来最大升幅，较第二季度的3.3%超过一倍；国际能源机构多次将2003年全球原油需求量预测调高。12月份，又将2003年全球石油需求增长预测调高到144万桶/日，全球石油需求量达到7840万桶/日，2002年世界原油需求量仅比2001年增加20万桶/日。地区动荡不断，也影响着世界石油市场。2002年12月初的委内瑞拉石油工人大罢工，越演越烈，一直持续到2003年2月份，使得该国石油生产几乎瘫痪。2003年世界第六大石油出口国尼日利亚石油工人大罢工、种族冲突等，也曾使每日近200万桶的原油出口量被迫中断。特别是巴以冲突、中东地区爆炸案不断，十分敏感地威胁着世界石油市场。总之，以色列同阿拉伯世界的矛盾加剧，特别是巴勒斯坦内部矛盾的加剧，也都源于阿拉伯世界与西方的矛盾。这些矛盾可能带来的恐怖事件随时都威胁着通往西方的石油供应，市场对此不会没有警觉。这也是今后支撑油价的一个主要因素。

此外，决定国际油价涨落的因素并非供求双方，还有投机基金的炒作。从9月下旬油价并不偏低的情况看，油价持续上涨主要是影响油价的表面因素，如欧佩克减少生产配额、中东紧张局势，尤其是巴基斯坦内部矛盾的加深等，再度使市场对今后的石油供应产生担忧，从而刺激投资基金过度参与造成的。

2. 国内成品油市场热度不减，价格居高不下

在国际油价的推动下，继2002年国内市场明显好转的形势，一季度国内市场一反淡季的冷清局面，依然火热。特别是2月1日国家发展改革委员会将汽柴油零售中准价每吨分别上调190元和170元后，进一步加热了国内市场。3月1日国家虽然收回了提价通知，5月10日国家大幅度降低了成品油价格，但国内成品油市场经过短暂的消沉后，又逐渐加热起来。12月6日国家最终提高了成品油价格，压抑的国内油价才有所释放，市场价格顺势再高（见表11）。

表11　2003年国家出台汽柴油出厂与零售中准价格

单位：元/吨

日　期	出厂中准价		零售中准价		航空煤油
	汽油90#	柴　油	汽油90#	柴　油	
1月	3020	2730	3573	3232	2640
2月1日	3210	2900	3763	3402	3020
3月	3210	2900	3763	3402	3020
4月	3210	2900	3763	3402	3020
5月10日	2920	2640	3473	3142	2770
6月10日	2920	2640	3473	3142	2530
7月1日	3010	2640	3556	3137	2530
8月1日	3010	2640	3556	3137	2430
9月	3010	2640	3556	3137	2430
10月	3010	2640	3556	3137	2430
11月12日	3010	2640	3556	3137	2620
12月6日	3210	2820	3756	3317	2820

一是价格有涨有落，起伏较大。前三季度油价呈现涨落交替变化，10月份油价稍作间歇后，四季度油价再度强劲上涨。3月份全国90#汽油（以下简称汽油）和0#柴油（以下简称柴油）批发价持续上涨到每吨3820元和3460元，比1月份分别上涨达270多元和200元；汽油价格已达到1998年以来的最高价，柴油价格也达到了近两年来的最高水平。二季度油价明显下滑，6月份全国汽柴油批发价每吨分别为3370元和3050元，降至全年谷底。之后油价又逐渐回升，10月下旬开始，市场资源喊紧，油价上涨之势难以抑制。年末，全国汽柴油批发价每吨3830元

和3400元，比油价最低的6月份高出460元和350元。汽油价格已同3月份价格大体相当，个别社会经营单位的柴油批发价在每吨3800元左右，远高于3月份价格。

二是淡季不淡，成品油价格水平大幅度提高。一方面，全国油价虽然在4月份后出现下跌，但并未演变成全年走势。特别是5月份后，国家大幅度降低油价，"非典"打击，以及迎面而来的消费淡季，市场骤然降温，造成市场一时低沉，但并未使油价就此塌陷下去，6月份后油价持续走高。另一方面，油价淡季不淡，一季度价格水平最高，7月份消费淡季，价格反而回涨。10月下旬后价格又异常坚挺，将全年油价推向了又一个高峰，整体托起了2003年的市场。全国全年汽柴油批发价每吨平均为3620元和3240元，比2002年每吨分别上涨500元和400元（见图3、图4）。

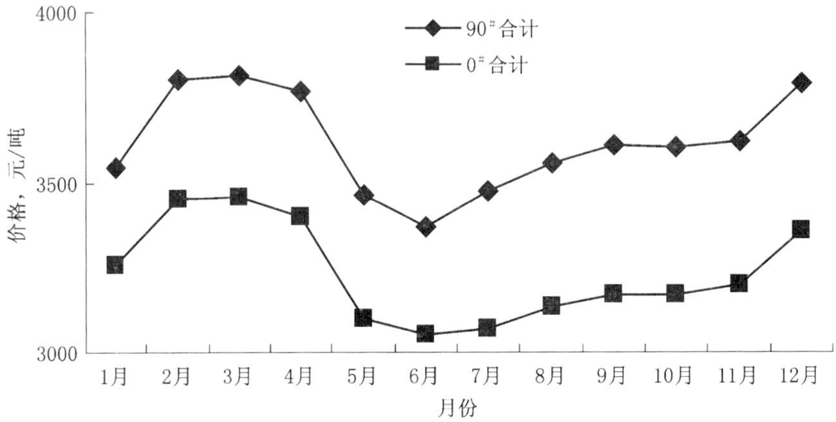

图3　2003年汽柴油实际批发价格

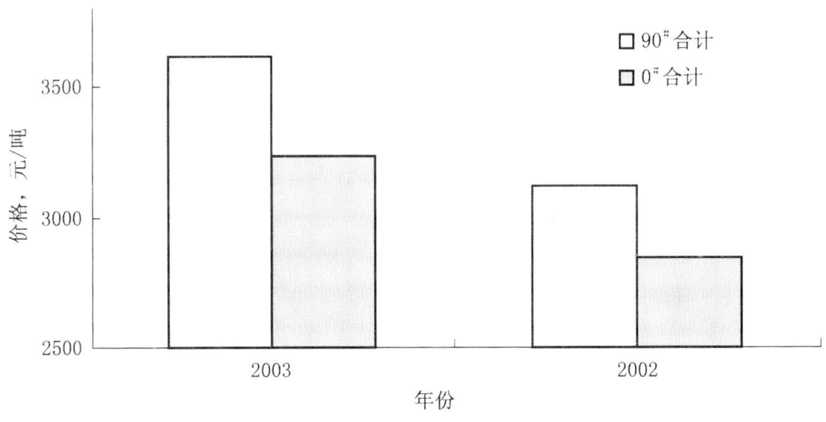

图4　2002年、2003年汽柴油批发价格情况

三是全国油价到位情况是三年来最好的一年。全国汽柴油批发价每吨低于规定价的金额，由2002年的200元和140元缩小到80元和60元，到位率达到98%，比2002年分别提高4%和3%。

四是沿海地区对市场的反应十分敏感，一直引领着国内油价。从价格变动时间看，以往1月份、2月份沿海地区竞争最为激烈，油价也最为低落。但2003年沿海地区油价上涨高反应快。1月份沿海地区汽柴油批发价比上月每吨分别提高50元和110元，比全国平均上涨水平高出30元和70元。从油价水平看，全年沿海地区汽柴油批发价每吨平均分别为3630元/吨和3200元/吨，比2002年每吨上涨达540

元和460元/吨左右，比全国平均上涨水平每吨分别高出10元和40元；从价格的到位情况看，全年沿海地区汽柴油市场批发价低于规定价，由2002年每吨260元和250元缩小到70元和100元，不到位金额缩小71%和62%，同比，全国平均的不到位金额缩小62%和56%。

五是西南地区资源劣势再次显现，价格水平居全国之首。在2003年国内成品油市场购销热烈，资源趋紧的情况下，西南地区资源贫乏突出出来，相伴而生的高价位也随之而来。一季度西南地区汽柴油批发价每吨分别为3810元和3520元，比全国平均水平每吨高出100元和140元。12月份，价格每吨高于全国平均水平160元和140元左右，部分省区汽油出现不到位的情况下，西南地区汽柴油价格仍然全部到位。

六是汽油需求增加，价格好转，四季度柴油价格异常坚挺。以往汽油过剩、价格低迷的状态有所转变，价格不到位情况明显改观。全年汽油批发价由2002年同期每吨不到位200元降低到80元。进入10月份后，11月份后柴油需求强劲，供应紧张，捉襟见肘，价格飞涨。11月份一些地方炼厂柴油出厂价每吨已高达4000元，比规定零售价高出600多元。直至年末，供应吃紧的局面仍未见好转。

国内国际良好的发展环境，是2003年国内成品油市场热度不减的主要原因。党中央、国务院坚持扩大内需，实施积极的财政政策与货币政策以及我国加入世贸组织后的良好环境，使得我国社会经济又步入了健康快速发展阶段。这是给2003年国内成品油市场需求强劲、购销两旺的巨大支撑。

一是以投资拉动的我国经济高速发展，使作为主要生产资料的成品油需求较大。2003年前三季度我国GDP增长高达8.5%，其中重工业增长18.4%，比2002年同期加快了6.1%，高能耗的冶金、有色行业增速分别高达29.5%和25.5%，造成包括成品油、电力、煤炭在内的能源普遍偏紧。预计全年成品油表观消费量比2002年提高8%，国际能源机构预测，中国原油需求增长为10%左右。全国成品油库存同比持续降低。

二是世界经济复苏加快，国际油价居高难下，对推动国内油价起到了一箭双雕的作用。其一是抬高了进口原油成本，缩小了企业降价的空间，遏制了油价下跌。其二是国际原油价格居高抑制了资源扩大的余地，特别是抑制了走私。广西市场价格历来不好，其主要原因就是走私油防不胜防，但10月份以来资源一直喊紧，价格到位情况明显提高。

三是煤炭、电力紧张，以油代煤加剧了成品油市场的供需矛盾。全年我国电力需求增长高达15%，面对突如其来需求高涨，煤炭供应同样吃紧，加之该行业整顿力度加大，供需缺口更为突出。产煤大省山西居然出现进口煤炭的现象。在此情况下，用油发电、以油代煤等生产情况明显增加。再有，2003年夏季高温，汽车空调用油消耗较大，化工产品价格较高等也挤占了一部分成品油。

四是国内油价始终未调，燃料油转化柴油的积极性降低。广东成品油市场容量大，存在着以进口燃料油勾兑柴油牟取暴利的情况。2003年5月国家大幅度下调成品油后，再未调整油价，但国际油价却逐步回升，如11月份新加坡低硫燃料油每桶大多在28美元左右，不含消费税每吨进口完税成本2320元，与柴油出厂价每吨2640元仅差200多元，勾兑利润减少，也使柴油市场退出一部分供应。

五是国际油价居高不下，国内油价普遍处于提价状态，特别是3月份、4月份国内油价应提未提的情况，给人们预留的提价心理，一直支撑着国内油价。此后，9—11月份都有此种情况，使市场始终保持着调价的预期心理。

纵观2003年油价变化，有以下突出特点：

第一，战争开始前后油价出现大幅度下跌后，并未如以往油价大起大落的情况，而是在短时间内下滑后，市场出现有较为明显的支撑，价格呈现了平稳反弹。6月份三种主要原油价格同油价水平最高的2月份相比，下跌幅度15%。12月份三种主要原油价格每桶仅比2月份降低2.13美元，降低6.4%。而1990年伊拉克入侵科威特后，布伦特原油现货价格由7月份的每桶16.88美元飙升至当年10月份的每桶36.71美元，但1991年初以美国为首的多国部队发动海湾战争后，油价很快下跌，当年3月份布伦特原油现货价格每桶跌至19.04美元，比2002年10月份下跌52%。此后两年该油价多徘徊在每桶18—20美元，没有明显反弹。再后两年有所下滑。所以，2003年以来多家权威机构对油价水平预测虽然逐步提高，但与实际水平相比，仍然较低。如10月份预测的2003年全年布伦特油价每桶为27.63美元、四季度为每桶25.66美元，分别比实际水平低1.21美元和3.75美元。

第二，美国对世界石油市场的干预十分明显。如前所述，美伊战后的高油价同美国的政策利益不无关系，在2003年欧佩克会议前也多有表现，就维护较高的油价和稳定的市场方面向欧佩克施加影响。4月24日欧佩克峰会前，油价仍然相对低迷，2003年以来一直处于较低水平的美国石油库存，4月18日猛增1600万桶（美国石油学会数据），明显反映了对欧佩克限产保价的要求。9月24日欧佩克峰会前后五周，美国能源情报所报出的原油库存持续上涨，迫使欧佩克意外地做出了每日限产90万桶的决定，使此前持续下滑的油价再次高启。针对恐怖袭击、伊拉克出口以及冬季需求这些不确定因素的炒作，11月7日后欧佩克一揽子油价每桶持续超过28美元，而此前欧佩克普遍存在着减产的呼声，为了避免造成世界石油市场过于动荡及对其进行有效的控制，在12月4日欧佩克会议前两周，美国原油库存持续下降，终于使该组织做出了维持现产的决定。12月18日欧佩克主席表示，布什政府向他进一步表明美国经济增长，明年二季度石油需求将会强劲增长，间接地要求欧佩克不要减产。进一步表明了美国对12月4日欧佩克会议决定的意图。

第三，中国石油需求状况对国际油价的影响日渐明显。2003年以来，世界市场对中国石油需求增长给予很大的关注。随着下半年中国国内市场资源逐步趋紧，原油进口增加、成品油出口逐步减少，有关方面对中国市场影响的认识进一步提升。11月初，国际能源机构报告说，受中国石油消费增长强劲推动，2003年全球石油需求增长幅度将超过预期。在该机构当月对全年石油需求新增的17万桶/日预估值中，有9万桶/日来自中国。海关统计中国2003年前11个月进口原油总量为8178万吨，超过2002年同期27%，并超过了2002年全年进口总量的18%。11月上旬市场预计，中国12月份出口汽油36.5万吨，如前所述，进入10月中下旬后，亚洲米纳斯原油价格再度明显高于布伦特原油，11月、12月两月其每桶平均价高于布伦特1.87美元，12月下旬每桶价格高于布伦特2.2美元以上。前三季度，新加坡市场汽柴油每桶平均价比世界三地市场平均价分别低2.61美元和2.12美元，但到四季度，汽油每桶高于三地平均价0.36美元，柴油仅低1.24美元。

第四，国际市场对国内市场影响加深，国际油价涨落明显推动了国内油价水平变化。进入2003年以来，尽管国家只在2月份上调一次价格，但由于国际油价高涨，一季度各月价格在消费淡季反而逐月上涨。汽油每吨分别上涨为20元、260元、15元；柴油每吨分别为50元、200元、5元。受6月份国际油价回升的推动，国内油价同样在淡季上涨，只是比国际油价上涨滞后一个月。进入10月份后，国内油价缓慢滑落，从消费季节和加工量不断增大看，应属正常现象。但伴随着国际油价明显上涨和需求较旺，至10月下旬国内油价再次止降回涨，全国油价普遍到位，达到了近几年来的最好状态。

第五，四季度国内成品油的火热场面出乎意料。2003年以来，国内经济发展加速，带动国内成品油市场，特别是在“非典”之后体现得较为充分。实际上，年初国内市场已经加热，但当时普遍认为是伊拉克战争战前国际油价高涨炒作的结果，对国内消费需求的变化未能关注。国内市场消费需求增大，可从三方面看出：

从成品油库存看，2003年以来全国成品油库存同比均是降低的。特别是从6月份开始，国际油价出现大跌正值“非典”高峰，国内成品油消费进入淡季，但全国库存不仅同比下降，并逐月降低。6—9月成品油库存一直比2002年同期低200万吨以上，为四季度供应吃紧埋下隐患。库存水平的持续降低，掩盖了资源的短缺，削弱了其调控市场的余地。随着市场需求的不断加大，市场资源偏紧也就成为必然。

从全国原油加工量看，与2002年相比，除5月份原油加工量有所降低外，其余各月均是提高的。消费淡季的7月份，原油月加工量也增加200万吨以上。从销售的情况看，进入四季度后，不仅批发经营单位出现脱销断档，加油站亦出现限量供应、脱销等现象。如果说批发环节有惜售或停销有待价而沽的投机运作，并不说明资源短缺，但零售普遍出现脱销，则说明确实有供不应求的问题。所以，2003年成品油需求大增，是国民经济快速发展的真实结果。

（吕东悦　吴海泉）

【炼油科技】　根据股份公司科研发展规划，炼油科技重点做好清洁燃料生产、重油轻质化技术的研究、炼油信息技术应用和优势特色新产品的开发工作。全年完成科研项目39项，申报国家专利22项。重点是：

（1）两段提升管催化裂化工艺技术的推广。2003年，在长庆石化、华北石化（两套）、锦西石化、辽河石化等5套60万吨/年以上的大型工业装置成功推广应用，在提高轻油收率尤其是催化柴油收率，降低汽油烯烃取得较大经济效益。中国石油拥有两段提升管催化裂化和催化汽油辅助提升管改质两项技术自主知识产权，在国内催化裂化新工艺技术群中拥有自己的地位。

（2）悬浮床重油加氢裂化项目取得重要进展。通过组织国内相关单位联合攻关3年，最终确定了工业化实验方案和工业反应器结构形式，为2004年在抚顺石化分公司进行5万吨/年工业化实验奠定了基础。

（3）推广应用炼油先进信息技术。对应用先进控制的炼油装置投用情况进行了总结，研究提高投用率的改进措施，为逐步开展提高投用率攻关组织工作打下基础。

开展了重油催化装置先进控制在独山子石化、克石化、哈石化的应用；开展"汽油优化调合系统"在大庆石化、大连石化的研究和实施；开展炼油企业先进计划调度、生产过程计算机集成和能量及物流网络优化等工作。

（4）开展中国石油炼油业务决策支持研究工作。开展大连石化分公司和股份公司炼油企业2002竞争能力研究与分析，结合国外先进经验，为炼油业务的管理创新提供思路；完成中国石油炼油业务绩效评价系统研究工作，建立了完备的指标体系。

（5）新型催化剂、催化新材料及助剂研究。LBO系列降烯烃催化剂和助剂因在提升经济效益和形象方面取得巨大成功，首次获得中国石油2003年技术创新一等奖。

（6）润滑油、石蜡、沥青等特色产品的研究开发工作。开展提高润滑油基础油质量、开发新产品、新型添加剂方面研究，注重已有的技术应用，取得重要进展；开展石蜡深精制和新型造粒技术、特种蜡产品开发研究，在抚顺石化分公司进行工业化试验；开展改性沥青和特种沥青新产品的研究开发。

（7）开展超前项目研究。开展了干气综合利用、炼油生产零排放等研究；介入国家替代能源技术开发研究，与中科院合作，支持开展用于氢分离的金属钯膜研究等部分国家项目。

（乔 永）

【购销存管理信息系统】 2003年购、销、存管理信息系统在全国范围内运行稳定，辽宁销售分公司和大连销售分公司在全省市范围内已完全用《成品油购销存管理信息系统》替代了传统的手工报表。零售IC卡得到逐步推广。

1. 购销存信息管理信息系统框架基本形成

随着销售业务和计算机网络的不断发展，购销存信息管理框架基本形成，从公司所属大、中型油库到省（市）分公司再到股份公司网络数据传输已经完成，该系统在不断完善，目前正在做系统软件的升级工作，由过去分步式数据库模式改为集中式数据库模式，增加了新的业务功能，如配送、销售代表、预付款、合同、计划、客户关系管理等，同时也增强了系统的灵活性。目前该升级软件已基本编制完成，准备2004年实施。

2. 零售IC卡逐步应用

IC卡的零售管理系统在12个试点城市推广应用。2003年，陆续对成都、重庆、长春、西宁、银川和西安6个城市进行验收，均达到立项的技术经济要求，并取得建设和运营管理经验。截至年底12个城市发卡75981张，卡中储值总额达58420万元人民币，除去加油消费，卡上余额为8595万元人民币。在总结试点城市实施成功经验基础上，完成了甘肃省、四川省、吉林省、辽宁省、福建省和重庆市5省1市的3000余座加油站的加油卡系统站级实施工作，为5省1市项目的全面实施和全省发卡做好了充足的准备。

6月18日在北京市南湖加油站举办了牡丹交通卡加油业务启动仪式，由此实现了中国石油与中国工商银行合作加油业务的成功模式，司机可持中油加油卡、牡丹交通卡刷卡加油。并于12月底实现了中国石油北京65座加油站为各国驻华使馆、各国际组织驻华代表机构车辆提供了免税加油业务。北京市加油卡系统的运行，为加强内部管理、方便客户提供了有效手段，三百万牡丹交通卡具有了更加灵活的加油手段，为外交驻京代表提供免税加油业务更具有国际意义。

（周宝霞 方 琳）

【安全管理】 按照2003年炼油与销售分公司安全工作管理目标，杜绝特大安全责任事故，重大安全责任事故人员死亡不超过0.05人/百万工时，公司始终把安全生产放在第一。

1. 安全措施

（1）加强安全检查工作，突出对重点单位的监督力度。全年分公司共组织了三次安全检查工作。

（2）加大安全隐患治理力度，提高现场安全管理水平。按照"轻重缓急"的原则，2003年炼油企业安排资金1.2亿元，集中治理、改造消防水系统；销售企业安排资金1.2亿元，主要用于油库油品装卸、消防道路和消防系统的改造。甘肃销售分公司定西油库、白银油库和黑龙江双鸭山油库被当地政府列为重大隐患。目前完成了上述三座油库的改造，投入资金3286.25万元，从根本上解决了三座油库的隐患问题，同时对提高油库营运能力、终端油品销售等工作起到积极作用。西藏销售分公司长期以来储运设施投入不足，技术力量薄弱、储运设施隐患多。针对存在的问题，从四个层次（组织培训、整章建制、重点检查、确定隐患项目）进行整改。

（3）积极推进HSE体系建设，提高健康、安全、环保管理水平。分公司成立了“健康安全环境体系建立办公室”，办公室设在大连石化分公司。体系建立办公室主要职责是为地区公司 HSE 管理体系的建立与实施开展咨询和内审工作。

（4）认真组织加油站安全评价工作，确保加油站取证运行。统一安排组织对分公司所属资产型 10403 座加油站进行一次全面安全评价，在排查加油站事故隐患、及时办理《危险化学品经营许可证》方面做了基础性工作，通过组织招投标，加快了评价进度，保证了评价质量，而且节约费用 6000 余万元。

（5）严格事故四不放过原则，加强管理工作。2003 年事故总数较比 2002 年有所下降，重大责任事故率低于股份公司事故考核指标。截至 10 月底，共发生各类事故 18 起（2002 年同期 25 起），其中闪爆事故 2 起，死亡 4 人、伤 6 人；火灾事故 2 起，死亡 1 人、伤 3 人；人身伤害事故 6 起，伤 5 人；交通事故 6 起，死亡 6 人、伤 6 人；设备事故 2 起（无人员伤亡）。以上事故中属于股份公司考核重大责任事故 3 起，重大责任事故死亡率为百万工时 0.02 人次，低于百万工时 0.05 人次的考核指标。对发生的事故均按照“四不放过”原则进行了处理。一是 2003 年 2 月 18 日，西南销售分公司所属成都 102 油库在更换油水分离池上的进水管线时，因油气浓度已饱和被电切割火花引爆，操作人员 1 人当场被炸死。二是哈尔滨石化分公司一名员工因违章使用电炉子和违反其他管理制度发生一起火灾事故，造成当事人死亡。三是 6 月一个月内，新疆销售分公司连续发生了两起重大交通伤亡事故，暴露车辆运输管理方面存在的诸多问题。四是 9 月 11 日 8 时，锦州石化分公司减压炉发生闪爆，造成 3 人死亡、1 人重伤、5 人轻伤。

2. 做好安保基金的收缴、管理以及灾害损失理赔工作

全年炼化企业（11 个）共上缴 152474863.52 元，销售企业（20 个）共上缴 60557230.43 元，润滑油公司上缴 8119719.34 元。合计总共上缴 221151813.30 元。按照《股份公司安全生产保证基金管理办法》规定，返回各企业资金 88460725.32 元；对华北销售、内蒙古销售、青海销售、甘肃销售、四川销售、华东销售、大连石化、大港石化等 31 家受损投保企业进行了调查、理赔工作，赔付资金 1010 万元。为建立科学有效的激励机制，根据《中国石油天然气股份有限公司安全生产保证基金奖励办法》（中油安保字［2000］第 2 号）有关规定，对辽宁销售、华北销售等 17 家销售企业、前郭石化、辽河石化、长庆石化等 9 家炼油企业进行了奖励。

3. 环境保护管理

环保重点抓好各炼油企业的污水达标排放工作和污水回用工作。为落实股份公司《关于 2003 年环保业绩考核的通知》要求，炼油与销售分公司 9 月中旬下发《关于进行 2003 年度环保考核的通知》，由炼油与销售分公司统一组织三个小组，于 2003 年 9 月 4 日至 14 日，在各分公司互检的基础上，分别听取汇报、现场采样、监督监测、资料抽查、座谈交流等方式，完成了污染物排放达标、环境统计数据核实、污水回用、清洁生产和在线监测现状等内容的考核。

（王　苓　陶　辉）

【固定资产投资】　固定资产投资按业务划分为炼油投资和销售投资两个部分，炼油投资的重点是确保炼油基地建设、质量达标和降本增效项目，销售投资的重点放在一、二级油库建设，大中城市，高速公路加油站建设以及具有投资价值的老站改扩建项目上。

1. 炼油投资

全年炼油业务共下达投资计划 459347 万元，建设项目 252 个。其中 500 万元以上项目 36 个，投资 318388 万元；2000 万—5000 万元项目 27 个，投资 58614 万元；2000 万元以下项目 189 个，投资 82345 万元。到年底，实际完成 459347 万元。重点项目有大连石化 350 万吨重油催化和 600 万吨常减压装置，抚顺石化 350 万吨常减压和 40 万吨酮苯脱蜡，锦西石化 300 万吨常减压节能改造和 100 万吨延迟焦化扩能改造，辽河石化、克拉玛依石化 100 万吨延迟焦化项目等。

2. 销售投资

全年销售企业下达投资 66.37 亿元，其中销售网络投资 60.83 亿元，技术改造投资 2.51 亿元，非安装设备 0.7 亿元，乙醇汽油项目 2.3 亿元。网络建设投资中南方市场和南北方交界市场总投资为 46.95 亿元，占总投资的 70.7%。

油库完成投资 4.82 亿元，共新增油库 14 座，改扩建油库 5 座，新增库容 25 万立方米，新增年分销能力 217 万吨。重点项目有河南周口油库、山东海阳油库、贵州遵义油库、温州龙湾油库、陕西商南油库、重庆正阳油库等。加油站完成投资 53.81 亿元，共新增 1319 座，改扩建 346 座，新增年零售能力 357 万吨，重点项目有新建北京常营加油站、上海曹安加油站、沈阳沈通加油站、长春亚泰加油站等。

2003 年销售投资继续以实现股份公司成品油经营大流通、大网络、大效益的战略目标为宗旨，以构

筑与资源量相匹配的销售网络为努力方向，贯彻一级集散、二级批发、三级零售的开发思路。在继续加快南方销售网络建设的同时，兼顾北方市场的稳定，相应加大了对北方市场网络建设的投资力度。在投资策略上讲求项目建设速度、数量和建设质量相结合，当前建设任务与长远规划相结合，将投资回报作为检验投资效果的惟一标准。根据不同地区的市场特点，采取新建、收购、控股、租赁、特许、连锁等多种方式拓展销售网络，突出投资重点，使网络建设做到整体布局合理、资金使用合理。2003 年网络开发重点放在中心城市、高速公路、经济发达城市以及经济增长潜力大的地区。

在项目管理方面，主要工作是健全规章制度，制定科学规范的加油站建设标准、选择模型、后评价办法和可研报告编制规定；注重建设质量和保证质量的规章制度建设与执行（如招投标、监理、电子商务采购等）；注重项目开发的程序、法律、审计、资产评估等，确保开发质量。

分公司组织有关专家编写《加油站建设标准》、《加油站项目后评价方法》、《加油站选址评价软件》，于 2003 年在系统内全面推广，通过收集整理前几年网络建设中得到的实践经验和教训，指导今后的投资工作，使之更具科学化、理性化。

2003 年 5 月，由综合计划处组织，完成了加油站和油库建设中重要物资采购的上网招标工作，使网上产品从加油机、计算机扩充到液位仪、流量计、阀门、浮盘、网络设备和化验仪器等，产品种类较以往有大幅度的增加。

2003 年 10 月，完成了中油黑龙江农垦石油有限责任公司增资扩股项目的评审工作，年底前完成公司注册和增资过程，通过该项目的实施进一步稳定了区内油品市场秩序。

2003 年 10 月，在青岛顺利召开销售板块投资计划会，通过总结前期网建工作中取得的经验、成绩，剖析管理方面存在的问题，明确今后的工作重点和建设任务。

在投资计划安排上做好资金与工作量的总体平衡，重点安排销售网络建设和库站设施安全隐患改造项目，严格控制非生产性投资项目，掌握和检查工程进度，成熟一批、下达一批，确保全年网络建设任务的完成。

（岳 立）

【工程建设项目管理】 2003 年炼油与销售业务工程建设项目投资总额 94 亿元，其中，炼油企业限上（总投资 2000 万元以上称为限上）建设项目 64 项，投资 44 亿元；销售企业限上油库项目 32 项，投资 9.4 亿元，加油站建设项目 1789 项（新建 762 项，续建 1026 项），投资 40.55 亿元。

2003 年实际完成炼油建设项目投资 19.41 亿元，完成计划的 57.1%。其中，2000 万元以上项目完成投资 17.47 亿元，完成计划的 63.9%；2000 万元以下项目完成投资 2.99 亿元，完成计划的 44%。

销售企业工程项目计划投资 66.37 亿元，其中，网络投资计划 60.83 亿元、技术改造 2.51 亿元、非设备安装 0.7 亿元、乙醇汽油 2.3 亿元，均基本按当年投资计划顺利实施。

1. 进一步完善管理制度，规范管理

为了加强对炼油与销售分公司归口管理企业建设市场的有序管理，从总体上控制参与建设的设计、施工、监理及非标设备制造单位等各方的资质和能力，控制好工程的“投资、质量、工期、安全”四要素，新制定了炼油与销售建设项目准入管理办法。截至目前，炼油与销售分公司共制定有关工程建设项目初步设计审批、施工图会审、工程总体部署编制、开工、招标投标管理、竣工验收等一系列工程管理制度，形成了较为完整的工程建设项目管理体系，使各项工作有章可循，按程序办事。

为使有关工程建设的文件得到切实的执行，上半年，炼油与销售分公司将国家、股份公司有关工程建设项目管理的政策、法规、规定及各种管理办法进行全面的收集，共计 49 项，汇编成册，于 6 月初下发到各地区公司，以指导地区公司工程建设项目的管理工作。8 月份，制定了《工程质量检查标准》。

2. 加快项目初步设计审批，为项目如期建成争取时间

截至 10 月份，已对兰州石化两酸联合装置和含硫污水催化剂污水处理项目、辽河石化 100 万吨/年延迟焦化装置、哈尔滨石化 3 万吨/年甲乙酮装置、长庆石化 20 万吨/年气分装置、锦西石化二套催化改造和气分装置、锦州污水回用工程和二催优化改造工程、前郭石化重整—加氢搬迁工程、润滑油公司华东调合厂工程、大连石化 10 万吨/年氢氟酸烷基化装置、华北石化 10 万吨/年聚丙烯装置改造工程、玉门炼油厂 30 万吨/年延迟焦化装置、兰州石化 MTBE—碳四选择性加氢—烷基化装置改造等 15 个项目的初步设计进行了审查，其中前 13 个项目的初步设计已批复，后两个项目的初步设计正在批复中。已批复的 13 个项目，批复的概算总投资 92676 万元，较可研

批复投资相比节约投资4026万元。对10项工程初步设计进行了审批，10个项目可研批复总预投资66064万元，初步设计批复投资63997万元，审减投资2067万元。

3. 协调抓好工程进度，确保工程进展顺利

在建项目进度顺利，形象进度基本符合工程总体部署的安排，施工安全进行。兰州石化300万吨/年重催和500万吨/年常减压装置、锦州石化延迟焦化装置和二催化装置、吉林石化100万吨/年延迟焦化、吉林石化120万吨/年柴油加氢、大庆炼化100万吨/年ARGG工程、克石化高等级道路沥青装置、大港石化重整—加氢和气分装置、华北石化重整—加氢、辽河石化40万吨/年柴油加氢等装置顺利建成投产。

4. 强化工程建设项目招标投标管理

按照《中国石油天然气股份公司炼油与销售工程建设项目招标投标管理办法》规定，要求地区公司上报限上项目的施工单位招标文件和评标标准，板块进行审核。上半年，新开项目已有兰州石化两酸处理联合装置、辽河石化100万吨/年延迟焦化装置、锦西石化催化二套采用两段提升管技术改造工程和20万吨/年气分装置、润滑油分公司华东润滑油厂五个工程项目上报了施工招标、监理招标的招标文件和评标标准，基本符合股份公司要求。

5. 强化工程建设项目管理

为全面检查各单位2003年施工管理情况，不断提高工程建设项目管理水平和工程质量，组织了炼油与销售分公司工程建设项目管理检查。8月15日—9月5日为地区公司自查阶段，9月19—27日为炼油与销售分公司抽查阶段，整个检查工作于9月27日顺利完成。分公司归口管理的13家炼油企业和20家销售企业均进行了自查，并上报自查总结。从自查总结来看，绝大部分地区公司对自查、整改活动进行了认真的安排。此次检查，对进一步提高全员质量意识，促进各参建单位建立完善质量保证体系，严把设计、器材采办、施工和生产准备全过程的工程质量关，不断提高工程建设管理水平，确保投料试车一次成功，杜绝重大质量、安全事故的发生和提高投资效益，具有一定的推动作用。

（朱华锋）

【质量管理】　通过完善和健全质量管理制度，深化质量管理的基础工作，加强了对地方炼厂产品质量交接把关，完善从生产到销售终端各环节的质量保证体系，建立并进一步完善以炼油与销售专标委为技术核心、以大连和兰州两个石油产品质量监督检验中心为技术依托、以生产和销售企业油品化验为基础、以监督检验为主要手段的质量保证体系，保证了对产品出厂和销售环节产品质量的有效控制。

紧密结合石油产品质量发展的需求，促进标准化工作向前期研究和实施两个方向延伸，针对汽、柴油的质量升级换代，开展标准化课题的前期研究计划；紧密结合生产实际，组织完成了《车用乙醇汽油组分油》、《97#车用乙醇汽油》、《开特皮勒1M－PC试验方法》、《石油库汽车装车自动控制及油罐自动计量系统技术规范》等4项股份公司企业标准的制定。实现了标准化工作更好地为质量管理服务。

（顾惠明）

【计量管理】　积极推行资产型加油站的“升进升出”计量方式。在深入调查研究和征求意见的基础上，编制下发了《资产型加油站实行体积计量交接实施细则》，在总结推行情况的基础上，完善方案，进一步推广。

加强计量管理、降低运输损耗。加强下海成品油的计量交接管理，规范了计量交接程序，进一步建立和完善了下海油计量统计报表制度，及时掌握和分析计量和损耗情况；组织进行了船舶计量培训；坚持和不断完善下海成品油质量计量季度工作会议制度，及时协调和处理纠纷，对问题比较突出的环节提出批评并落实改进措施。下海成品油计量纠纷明显减少，因计量纠纷引起的船舶滞期也显著下降。

积极配合有关部门协调兰成渝管道损耗计量问题，兰成渝管道的管输定耗由0.3%降为0.1%，按每年管输量500万吨计算，每年可减少油品损耗1万吨，增加效益约3000万元。

建立了铁路运输成品油计量统计报表，铁路运输具有量大、面广、情况复杂的特点，建立一套科学完整的计量统计系统，以便于及时掌握铁路运输的计量和损耗信息。

（顾惠明）

【人事制度改革】　2003年板块和各销售企业人事部门按照集团公司和股份公司的总体部署，紧密围绕企业经营工作，正确把握稳定发展大局，以减员降费为突破口，继续推进管理体制和人事制度改革，努力提高人事管理水平，较好地完成了各项工作。

1. 人工费用和用工管理

一是加强员工总量管理，正式员工总量保持负增长，年末人数达68621人，比2002年净减少946人。市场化临时用工年末为79143人，比2002年增加12346人。二是规范用工行为，依法管理市场化临时

用工，劳动合同签订率明显提高，社会保险逐步建立。三是强化人工费用管理，规范了统计核算口径，重新界定了人工费用的构成，将以工资总额管理为主向以人工费用管理为主转变，对人工费用实行计划控制。四是积极开展减员降费工作，全年实际减员5981人，完成全年减员任务的119%，节约人工费用4753万元，完成全年降费计划的95%。五是继续探索销售代表管理的新思路，提出了加强对销售代表人事管理的暂行办法，对岗位职责、聘任条件和程序、考核兑现等方面进行了规范和统一。

2. 基本薪酬制度改革

组织起草了《关于调整和完善岗位基薪工资制度的通知》，配合股份公司人事部审批各销售企业工资改革方案，顺利完成了销售系统20个地区公司基本薪酬制度改革。

3. 业绩管理和考核

业绩管理工作着重合同化、规范化、系统化、程序化管理，内容上更强化对销量、成本、利润指标的考核、跟踪、反馈，地区公司和板块沟通、连动机制得到了进一步的巩固，地区公司营销能力、业绩普遍提高。在业绩考核的基础上，开展了挖潜增效工作，地区公司精细化管理意识显著增强，成本费用控制取得了较好的成绩。作为深化业绩管理工作的重要内容，在华北、新疆销售分公司进行的省市两级机关业绩考核试点工作顺利开展，并取得阶段性成果。

4. 机构重组整合

一是销售企业内部市场调整和优化，将股份公司在唐山、秦皇岛、承德的销售网络和辽宁分公司机关直接从事区外网络管理的人员整体划转华北公司管理；二是参与提出对炼厂零售网点的整合意见，协助将大港石化分公司与销售业务相关的库站资产、人员划归华北销售分公司管理，参与提出炼厂扁平化管理建议，参与重组天津中油燃气公司。

5. 培训和交流

培训工作进一步加强，共开展培训项目657个，培训2369期次，参加培训人数达到8.65万人次。首次举办西北片区九个销售企业员工技能比武活动，共五个工种的200多名员工参加。对外交流方面，先后组织28个团组，共对外交流和培训43人次，并与日本国际石油交流中心（JCCP）保持良好的合作关系。

（刘　军）

【党建和企业文化建设】 根据集团公司党组的部署，炼油与销售分公司党委制定下发了《关于销售企业进一步深入开展“形势、目标、责任”主题教育活动的意见》，结合销售企业实际，对主题教育活动进行了安排。各销售企业党委紧紧围绕集团公司奋斗目标和全年挖潜增效指标，组织广大员工开展了“企业发展目标是什么”、“我们的差距在哪里”、“发展措施有哪些”、“我为挖潜增效做什么”的群众性大讨论。并将主题教育活动与实现挖潜增效目标、落实“六查六整顿”整改措施、开展“管理增效年”活动相结合，炼油与销售企业全年查摆出影响效益和管理方面存在的问题83029个，整改率达82%。

1. 党的基层组织建设继续完善

通过积极工作，黑龙江销售分公司理顺了党的组织关系，现有19家销售企业已有15家实行以股份公司管理为主，地方协管的形式；4家由股份公司直属机关党委直接管理。13家销售企业成立党群工作处，其中四川、吉林、辽宁、内蒙古、新疆、甘肃分公司所属的地市公司成立了专职党群部门。认真做好组织发展工作，全年发展新党员1152名，其中发展社聘员工党员66名。吉林、陕西、内蒙古销售分公司89%以上的10人以上资产型加油站实现了有党员的目标。开展了以党支部工作目标管理、“党员先锋工程”、“党员示范岗”为载体的党内争先创优活动，301个党支部、778名共产党员、200名党务工作者分别受到地市级以上公司党委的表彰。

2. 厂务公开制度全面落实

分公司党委先后在黑龙江和山西分片召开党委书记座谈会，专门研究部署销售企业民主管理和厂务公开工作，提出了基层组织建设的目标。在充分调研的基础上，分公司党委制定下发了《关于销售企业推行民主管理，实行厂务公开制度的指导意见》，特别对厂务公开的基本内容和职代会职权做出了具体规定，并要求各销售企业从2004年起，年度工作会议与职工代表大会一同召开，凡属职代会职权范围内的问题，均按规定提交职工代表大会审议讨论通过。通过与地方总工会协调，12家销售企业成立了企业工会，分别召开了首届工代会和首届职代会，19家销售企业全部实行垂直统一管理，厂务公开工作已在销售企业全面展开。

3. 企业文化建设不断深入

分公司党委根据集团公司党组《企业文化建设纲要》的要求，制定下发了《关于宣传贯彻中国石油企业精神和核心经营管理理念的通知》。东北、四川、陕西、青海、宁夏等分公司制定了企业文化建设规划，辽宁分公司编制了《企业文化手册》。在2002年广泛开展“五个一批”选树学活动的基础上，命名表彰了中国石油十座标杆油库、十名模范加油站长、十名加油状元；向集团公司推荐的10座库站，被命名为油品销售系列“百面红旗单位”；东北销售分公司总经理董仁平、四川攀枝花销售分公司炳草岗加油站经理李勇荣获“全国五一劳动奖章”。各销售企业加大《集团公司企业文化建设纲要》学习宣传力度，利用各种宣传媒体，采取多种方式，大力弘扬先进，四川、黑龙江、新疆分公司组成先进事迹报告团到所属地市公司巡回报告，促进了营销工作和队伍建设。各销售企业建立健全了宣传报道网络和考核奖励制度，16家企业办起了内部《简报》或刊物，一批有影响的稿件在中国石油报等新闻媒体上发表，并通过《经济日报》、《工人日报》等国家和地方新闻媒体，大力宣传销售企业改革发展和党的建设情况，进一步树立了销售企业新形象。

（王辛华）

化工与销售

【概述】　中国石油化工与销售分公司管理大庆石化、吉林石化、抚顺石化、辽阳石化、兰州石化、乌鲁木齐石化、独山子石化、宁夏石化、大庆炼化、大连石化、华北石化、前郭石化、呼和浩特石化13个石化分公司的化工生产业务；同时管理华东、华北、西南、东北、西北、大庆、吉林、抚顺、辽阳、兰州、乌鲁木齐、独山子、宁夏13个化工销售公司的化工销售业务。生产的主要产品有基本有机化工原料、合成树脂、合成橡胶、合成纤维原料及聚合物、合成纤维、化肥等六大类，乙烯生产能力为185.4万吨，合成氨生产能力222万吨。

2003年，化工与销售分公司贯彻落实党组和管理层“化工一定要扭亏”的要求，发挥集约经营的整体优势，深挖潜力，苦练内功，最大限度地增产、增收、增效。产品产量、商品销量、销售收入、成本费用和利润指标均创历史最好水平，开创了化工业务的新局面。

1. 化工扭亏增盈取得历史性突破，整体盈利水平显著提高

坚持以扭亏增盈工作为中心，高标准确定挖潜增效目标，加强对扭亏增盈的领导，层层细化措施、落实责任，全面完成业绩合同各项KPI指标。化工与销售分公司首度实现整体盈利，超过了总部确定的考核预算、执行预算和挖潜增效的目标，同比增加47.33亿元。13个地区公司化工业务和13个销售单位全面盈利，其中吉林石化、辽阳石化和大庆石化的化工业务分别列地区公司前三名；华东销售公司、辽阳销售中心和大庆销售中心分别列销售单位前三名。吉林石化、辽阳石化、兰州石化、独山子石化四家重点亏损单位全面扭亏，增效额占板块增效总额的67%。

围绕扭亏增盈目标，一季度，紧紧抓住增产增收、降本增效和促销推价；二季度，面对“非典”的冲击，上下苦练内功，开展“大干50天、实现双过半”活动，全力抗击“非典”；三季度，紧紧抓住市场时机，提出完成下半年利润70%的增效目标，连续三个月实施“增产、促销、推价、压库”策略；四季度，根据市场淡季不淡的情况，采取积极稳妥的营销策略，增加化肥销售、减少淡储，在年终支出增加的情况下保持了盈利势头。

2. 实现了增产增收，生产全面创新水平

围绕年初确定的增产100万吨化工产品目标，深挖存量潜力，发挥资源和炼化一体化优势，精心组织生产，向高负荷生产要效益。在规划计划部和上游板块的支持下，全力落实资源配置计划，互供油田轻烃同比增长12.8%，互供天然气同比增长10.3%，互供化工轻油同比增长16.7%；挖掘板块内部资源潜力，保证了主要装置负荷在110%以上，其中乙烯、合成氨生产负荷分别达到110%和112%。商品产量全年达到1073万吨，首次突破千万吨，同比增加107万吨，增长11%。生产乙烯181.79万吨，同比增长14.91%，生产合成氨206.94万吨，同比下降0.62%。加工成本降到历史最低，化工类吨产品加工费比2002年下降141元/吨，化肥类吨产品加工费下降3元/吨。按效益“三条线”原则调整结构，密切产销衔接，适时组织了15套低效装置检修，阶段关停了聚酯、涤短、硝胺、尼龙、聚苯乙烯等装置，增产聚丙烯、环氧乙烷、乙二醇、顺丁橡胶等厚利产品54.7万吨。

各地区公司自觉对照“五项标准”，大力降本降

耗，主要经济技术指标全面刷新。通过有效实施设备状态监测、预知检修和在线消缺，及时消除了大庆石化尿素合成塔、宁夏石化合成氨冷箱泄漏等重大设备隐患，乌鲁木齐石化和辽阳石化对合成氨和乙烯冷箱泄漏实施监控运行，保证了生产安全稳定。抚顺石化、宁夏石化和吉林石化分别实现连续4年、3年和2年无重大事故。化工板块事故起数、死亡人数和直接经济损失分别比2002年下降18.5%、62.5%和42.3%，非计划停工次数下降19.6%。在大力压缩检修工期的情况下，18套装置检修全部按期完成；参加达标的62套主要装置中有46套实现达标，143项主要能耗物耗指标有107项超过2002年水平、86项创历史最好水平、24项达到国内先进水平、7项达到国际先进水平，吉林石化参加达标的13套装置、抚顺石化5套装置全部实现达标；节能降耗折合（标油）20.1万吨，在连续两年节水5000万吨的基础上，节水再创新高，达到6300万吨，其中吉林石化节水4015万吨、辽阳石化节水1801万吨。全年通过增产降耗增效19.4亿元，占增效总额的47.9%，为扭亏增盈发挥了关键作用。

3. 促销推价成效显著，集约化经营日趋完善

坚决贯彻党组和管理层关于推进统销的部署，完善销售体制，坚持产销研一体化，协调一致应对市场。商品销量达到1087.5万吨，同比增长18.2%，其中统销量达到956万吨；实现销售收入391.1亿元，同比增长31.8%，商品销量、销售收入均创历史最好水平。按市场化原则建立内部定价机制，体现了以地区公司为盈利主体、销售环节积极推价增效，调动了产销两个积极性。销售系统全年在买断价格基础上推价1100次，推价率1.19%，增加效益3.43亿元。以效益最大化为宗旨，根据市场配置资源，形成了资源向高效市场流动的机制，全年增加高效市场商品配置48万吨，其中“西肥东调”18万吨。全年出口化肥24万吨。建立了销售系统的效益预警和价格、财务、销量、效能四项监督约束机制，化工板块每周对生产、运营成本和销售价格进行分析，调整营销策略。各销售单位积极应对市场、促销推价、降低费用，每天进行产品出库成本和效益分析，调整销售进度，千方百计增加盈利，发挥了统销的优势，首次实现销售单位全面盈利。

按照实现“两个转变”的要求，加快专业化销售进程。启动了现代物流配送体系，完善了化工销售信息平台建设。组成了生产、科研、销售三位一体的8个销售专业攻关组，联手进行市场开发，全年销售新产品、新牌号20万吨，发挥了区域销售和专业管理优势。辽阳石化、辽阳销售中心、华北销售公司联手开发氯化聚乙烯粉末市场，销售积压产品1.6万吨，增加效益1260万元。改进了售后服务，杜绝了质量事故和质量投诉，商务处理比2002年减少9起。16种合成树脂、12种合成纤维、8种液体产品被评为全国信得过产品，大庆石化、宁夏石化、乌鲁木齐石化和兰州石化的尿素获全国质量免检产品称号，化工板块获年度全国质量信誉和服务消费者满意企业奖。

4. 积极进行结构调整，加快改造和发展步伐

按股份公司化工业务结构调整的总体部署，加大调整力度，加快建设步伐。全年完成资本性投资41.3亿元，实施技术改造116项，当年增效近2亿元。有效化解了“非典”疫情对改造和建设的冲击，13项化工重点工程全部按期开工，兰州石化24万吨/年乙烯扩能、吉林石化27万吨/年聚乙烯扩能、独山子石化乙烯消缺、乌鲁木齐石化和宁夏石化化肥油改气等12项重点改造开车成功，新增化工生产能力63万吨/年。吉林石化7万吨/年苯胺等5个项目实现当年投产见效，投资全部控制在预算范围内，实现了安全、质量、工期和投资四大控制目标。按结构调整的要求组织关停了林源炼厂、兰州石化西区炼油厂。大庆石化、兰州石化大乙烯改造，宁夏石化、大庆石化两套化肥扩能及辽阳石化PTA等一批重大项目获国家批准立项，吉林石化大乙烯改造已上报国家待批。以消除“瓶颈”、节能降耗为重点，实施了104项高回报率的“短平快”项目，做到了当年立项、当年开工、当年见效，部分项目当年收回投资。

围绕化工业务持续有效快速发展，加强了发展战略、长远规划工作，技术创新取得新成果。在各地区公司的配合下，完成了化工业务滚动发展计划和结构调整方案编制；开展了化工业务发展战略研究。针对化工核心业务，组织了单体、聚烯烃、化纤原料和化肥等25项专题研究。抚顺石化HCC工业化试验长周期运行取得重大进展。开发树脂专用料、差别化纤维等新产品48种，采用推广“四新”技术24项，申报专利41项。

5. 深入开展“六查六整顿”，管理迈上新台阶

按股份公司的要求，深入开展了“六查六整顿”，紧扣扭亏增盈主题，突出严格管理，与“管理增效年”活动和“形势、目标、责任”教育紧密结合，把功夫下在增产增收、降本增效、压缩费用和促销推价等方面。总结推广了吉林石化“六查六整顿”和辽阳石化严格管理的经验，各单位对照先进查找差距、堵

塞漏洞，共查出问题5万余项，95%得到整改。有力促进了扭亏增盈，全面提升了管理水平，形成了争创一流的风气，展示了企业新的精神面貌。

突出了财务、采购、销售和工程等四个重点专业，引导"六查六整顿"向纵深发展。财务管理不断向经营环节延伸，加强了产品获利能力分析；板块与地区公司、销售单位携手控制支出，减少资金占用，降低销售及管理费用1.62亿元，降低有息债务45亿元，减少利息支出2.11亿元；在总部支持下处理固定资产报废及减值18.87亿元；加大了应收账款清欠力度，杜绝了新增欠款，资产结构和资金运营状况明显改善。各地区公司通过实行采购招标、整治中间环节、清理压缩库存，降低生产器材设备采购节支2.56亿元，利库1.4亿元。建设项目严格组织设计、采购和施工招标节支1.57亿元，引进技术和装备节支982万美元。

化工与销售分公司主动适应扭亏工作的需要，认真贯彻管理层提出的"五项作风"、"十字准则"的要求，开展了"团结、协作、效率"主题活动，基础工作和专业管理得到加强，协作、效率和服务意识明显提高，机关作风有新的转变。

（林广顺）

【有机原料】　股份公司有机原料的主要品种有乙烯、丙烯、丁烯、丁二烯、苯、甲苯、二甲苯、烷基苯、甲醇、乙醇、丁醇、辛醇、环氧乙烷、乙醛、醋酸、醋酐、苯乙烯、苯酐、苯胺、苯酚和丙酮等，其中三烯（乙烯、丙烯、丁二烯）和三苯（苯、甲苯、二甲苯）为基础有机原料，其余为主要中间原料。2003年主要有机原料的产量见表12。

表12　2003年主要有机原料产量　　单位：万吨

企业＼品种（产量）	乙烯	甲醇	丁醇	辛醇	环氧乙烷	醋酸	苯酚	苯乙烯	烷基苯
大庆石化	50.81		4.59	5.66		9.24			
吉林石化	57.48		8.44	5.01	5.91	18.71	7.14	15.98	
抚顺石化	17.85				6.86			2.70	20.47
辽阳石化	14.52				6.65				
兰州石化	17.53							5.03	
独山子石化	23.59	0.57							
大连石化								6.36	
前郭石化		0.57							
合　计	181.79	33.42①	13.03	10.67	19.42	27.95	7.14	30.07	20.47

①甲醇生产企业还有吉林油田综合利用厂0.99万吨、青海格尔木炼油厂11.01万吨、长庆靖边甲醇厂9.44万吨、川西北气矿甲醇厂10.23万吨、克拉玛依石化分公司0.61万吨。

1. 乙烯

乙烯和丙烯、丁烯等同属于具有双键的低分子烯烃，化学性质活泼，能与许多物质发生反应，生成一系列重要的产物，因而是基本有机化学工业的最重要原料，其产量及技术经济指标常作为衡量一个国家石油化学工业发展水平的标志。

股份公司共有六家企业七套乙烯装置，分别为大庆石化（48万吨/年）、吉林石化（38+15万吨/年）、抚顺石化（14万吨/年）、辽阳石化（12万吨/年）、兰州石化（24万吨/年）和独山子石化（22万吨/年）。其中兰州石化完成了乙烯扩能改造，年生产能力由16.5万吨提高到24万吨。截至2003年底股份公司乙烯总生产能力为173万吨/年，2003年共生产乙烯181.79万吨，同比增加23.59万吨，占当年全国总产量的31.25%。

2003年继续狠抓乙烯装置安全平稳运行和满负荷生产，除因裂解原料重质化导致乙烯、丙烯收率略微下降外，乙烯平均收率31.96%，其余技术经济指标均比2002年有所提高。平均燃动能耗降低幅度较大，同比降低40.55千克（标油）/吨，加工损失率由0.83%降低到0.57%，同比降低0.26个百分点。股份公司大庆石化、吉林石化、抚顺石化、辽阳石化、兰州石化、独山子石化的所有乙烯生产装置的平均燃动能耗均超过历史最好水平，吉林石化大乙烯燃动能消耗达到595.85千克（标油）/吨；所有乙烯生产装置的乙烯加工损失率均达到历史最好水平，吉林石化大乙烯加工损失率达到0.21%，达到国内同行业最好水平。

2. 甲醇

甲醇是由一氧化碳和氢催化合成而得，是主要的基础化工原料之一，也是医药、农药的原料，还可用做溶剂。2003年生产甲醇33.42万吨。生产企业有前郭石化0.57万吨、独山子石化0.57万吨等。

3. 丁醇/辛醇

丁醇主要是由丙烯羰基催化丁醛后加氢制成，此外还可通过粮食发酵法和乙醛缩合法制得，有正丁醇和异丁醇两种同分异构体。可用于制造增塑剂、润滑剂、石油添加剂、涂料和染料等许多化工产品。辛醇是由丙烯羰基催化丁醛后经缩合加氢而成，亦可用于制造增塑剂、石油添加剂和溶剂等很多化工产品。2003年生产丁醇10.25万吨、生产辛醇10.29万吨。生产企业有大庆石化和吉林石化。

4. 环氧乙烷

环氧乙烷的生产方法主要有乙烯直接氧化法和氯醇法，作为重要的有机原料，主要用于制造乙二醇及合成洗涤剂等。2003年生产环氧乙烷12.37万吨。生产企业有辽阳石化和抚顺石化。

5. 醋酸

醋酸又名乙酸，由乙醛直接氧化或甲醇羰基合成而制得，主要用于生产醋酸纤维、醋酸脂类和醋酐等，也可用于染料、电影胶卷和医药等工业。2003年生产醋酸26.02万吨。生产企业有大庆石化和吉林石化公司。

6. 苯酚/丙酮

苯酚又名石炭酸，目前最主要的制备方法是丙烯经苯烃化合成异丙苯，然后经过氧化分解为苯酚和丙酮。苯酚主要用于制造苯胺、酚醛树脂和双酚A等；丙酮是优良的溶剂和化工原料。2003年生产苯酚6.06万吨，丙酮3.64万吨。生产企业只有吉林石化，采用异丙苯法工艺，称为苯酚/丙酮装置。

7. 苯乙烯

苯乙烯又名乙烯基苯，由苯和乙烯烃化生成乙苯，然后脱氢而得。主要用于生产苯乙烯系列树脂、丁苯橡胶和涂料等。2003年生产21.19万吨。生产企业有吉林石化、抚顺石化、兰州石化和大连石化。

（王桂轮）

【合成树脂】　截至2003年12月底（下同），化工与销售分公司合成树脂生产能力为235.25万吨/年，2003年产量220.92万吨。各种合成树脂生产能力见表13。

表13　2003年合成树脂年生产能力

单位：万吨

品　种	2003年能力
聚乙烯	122.1
低密度聚乙烯	7.4
高密度聚乙烯	45.5
线性聚乙烯	69.2
聚丙烯	76.35
聚苯乙烯	10.5
ABS	23.0
AS	2.8
丁苯树脂	0.5
合　计	235.25

1. 低密度聚乙烯

化工与销售分公司现有低密度聚乙烯（LDPE）装置2套：大庆石化6万吨/年，兰州石化1.4万吨/年，总生产能力为7.4万吨/年。2003年产量为8.78万吨。

2. 高密度聚乙烯

化工与销售分公司现有高密度聚乙烯（HDPE）装置3套：大庆石化24万吨/年，兰州石化14万吨/年，辽阳石化7.5万吨/年，总生产能力为45.5万吨/年。2003年3套装置共生产高密度聚乙烯43.91万吨，高密度聚乙烯产量为67.02万吨（包括部分线性全密度装置生产的高密度聚乙烯）。

3. 线性聚乙烯

化工与销售分公司现有线性聚乙烯装置5套（包括线性全密度装置）：大庆石化7.8万吨/年，吉林石化27.4万吨/年，抚顺石化8万吨/年，兰州石化6万吨/年，独山子石化20万吨/年，总生产能力为69.2万吨/年。2003年5套装置共生产聚乙烯68.23万吨，其中生产线性低密度聚乙烯（LLDPE）45.13

万吨。聚乙烯装置生产情况见表14、表15。

4. 聚丙烯

化工与销售分公司现有聚丙烯（PP）生产能力为76.35万吨/年。其中连续法聚丙烯装置9套：大庆石化10万吨/年，辽阳石化4.35万吨/年，大连石化12万吨/年（2套，分别为5万吨/年和7万吨/年），抚顺石化9万吨/年，兰州石化15万吨/年（2套，分别为4万吨/年和11万吨/年），独山子石化14万吨/年，华北石化6万吨/年，合计生产能力为70.35万吨/年；间歇法聚丙烯装置3套：大连石化2万吨/年，乌鲁木齐石化2万吨/年，呼和浩特石化2万吨/年，合计生产能力为6万吨/年。2003年聚丙烯产量为76.10万吨，其中连续法聚丙烯产量为70.09万吨，间歇法聚丙烯为6.02万吨（见表16）。

表14　聚乙烯装置生产情况

企业名称	装置产量（万吨）			
	低密度聚乙烯	高密度聚乙烯	线性聚乙烯	合　计
大庆石化	7.61	25.29	9.18	42.08
吉林石化			23.50	23.50
抚顺石化			12.00	12.00
辽阳石化		8.74		8.74
兰州石化	1.17	9.88	4.52	15.56
独山子石化			19.03	19.03
合　计	8.78	43.91	68.23	120.92

表15　聚乙烯产品生产情况

企业名称	产品产量（万吨）			
	低密度聚乙烯	高密度聚乙烯	线性聚乙烯	合　计
大庆石化	7.61	25.29	9.18	42.08
吉林石化			23.50	23.50
抚顺石化		12.00		12.00
辽阳石化		8.74		8.74
兰州石化	1.17	9.88	4.52	15.56
独山子石化		11.11	7.92	19.03
合　计	8.78	67.02	45.12	120.92

表16　聚丙烯生产情况

企业名称	产量（万吨）		
	连续法	间歇法	合　计
大庆石化	11.40		11.40
辽阳石化	5.10①		5.10
大连石化	15.12	0.73	15.85
抚顺石化	9.35		9.35
兰州石化	11.80		11.80

续表

企业名称	产量（万吨）		
	连续法	间歇法	合计
独山子石化	10.45		10.45
华北石化	6.86		6.86
乌鲁木齐石化		3.48	3.31
呼和浩特石化		1.80	1.45
合计	70.09	6.02	76.10

①含纤维级聚丙烯。

5. 聚苯乙烯

化工与销售分公司现有聚苯乙烯（PS）装置4套：兰州石化0.5万吨/年，抚顺石化6万吨/年（2套，分别为2万吨/年和4万吨/年），大连石化（EPS）4万吨/年，总生产能力为10.5万吨/年。2003年产量为1.76万吨，其中抚顺石化1.56万吨，大连石化0.19万吨。

6. ABS树脂

化工与销售分公司现有ABS装置2套：兰州石化5万吨/年，吉林石化18万吨/年，总生产能力23万吨/年。2003年产量为20.86万吨，其中兰州石化3.68万吨，吉林石化17.18万吨。

另外，化工与销售分公司现有AS树脂装置2套：兰州石化1.5万吨/年，吉林石化1.3万吨/年，2003年产量为1.21万吨，其中兰州石化0.98万吨，吉林石化0.23万吨。

7. 丁苯树脂

2002年抚顺石化新建成高透明丁苯抗冲树脂1套，能力0.5万吨/年。2003年生产750吨。

（王正元）

【合成纤维】 股份公司合成纤维生产由合成纤维单体、合成纤维聚合物和合成纤维组成。2003年合成纤维单体的生产能力为87.65万吨/年，合成纤维聚合物的生产能力为38.55万吨/年，合成纤维的生产能力为22.35万吨/年。

1. 合成纤维单体

股份公司生产的合成纤维单体有精对苯二甲酸、丙烯腈、尼龙66盐、乙二醇等。2003年产量为85.61万吨，分品种产量见表17。

2. 合成纤维聚合物

股份公司合成纤维聚合物产品主要有聚酯、纤维级聚丙烯等。2003年的产量为37.91万吨，分品种产量见表18。

表17 2003年合成纤维单体产量

单位：万吨

产品名称	2003年
精对苯二甲酸	34.13
丙烯腈	16.22
尼龙66盐	0.05
乙二醇	35.21
合计	85.61

表18 2003年合成纤维聚合物产量

单位：万吨

产品名称	2003年
聚酯	34.20
纤维级聚丙烯	3.71
合计	37.91

3. 合成纤维

股份公司生产合成纤维的企业有大庆石化、辽阳石化、乌鲁木齐石化、兰州石化、大庆炼化、大连石化等。生产的品种有涤纶、腈纶和丙纶。2003年合成纤维的产量为20.63万吨，其中，涤纶产量11.66万吨，腈纶产量8.36万吨，丙纶产量0.61万吨。分品种产量见表19，分企业产量见表20。

表19 2003年合成纤维产量

单位：万吨

产品名称	2003年
涤纶	11.66
腈纶	8.36

续表

产品名称	2003 年
丙纶	0.61
合　　计	20.63

表 20　2003 年合成纤维各企业产量

单位：万吨

企业名称	2003 年
大庆石化	6.50
辽阳石化	9.57
兰州石化	1.53
乌鲁木齐石化	2.09
大庆炼化	0.33
大连石化	0.61
合　　计	20.63

（马昌峰）

【合成橡胶】　合成橡胶是三大高分子合成材料之一，广泛应用于交通运输、水利设施、电子信息、航空航天、日用民品等各个领域。

股份公司现有丁苯橡胶、顺丁橡胶、丁腈橡胶、乙丙橡胶、氯磺化聚乙烯、硅橡胶等六大类 23 个牌号的合成橡胶产品，是国内惟一生产丁腈橡胶和乙丙橡胶的生产商。2003 年底合成橡胶的生产能力为 30.50 万吨/年，产量为 28.73 万吨。

1. 丁苯橡胶

股份公司现有两家企业生产丁苯橡胶。2003 年丁苯橡胶的生产能力为 12.5 万吨，产量为 14.73 万吨。其中，吉林石化生产能力为 8 万吨，产量为 10.67 万吨；兰州石化生产能力为 4.5 万吨，产量为 4.06 万吨。

2. 顺丁橡胶

股份公司现有 3 家企业生产顺丁橡胶，2003 年底顺丁橡胶的生产能力为 13 万吨/年，产量为 10.85 万吨。其中，独山子石化生产能力为 3 万吨/年，产量为 3.22 万吨；锦州石化生产能力为 5 万吨/年，产量为 2.43 万吨；大庆石化总厂生产能力为 5 万吨，产量为 5.20 万吨。

（王桂轮）

【化肥】　股份公司化肥生产包括合成氨、尿素、硝铵及丙烯腈装置副产的硫铵。

1. 合成氨

2003 年底股份公司有合成氨装置 9 套，其中大型合成氨装置 7 套，合成氨总生产能力为 237 万吨/年，实际生产 232.09 万吨，同比增产 15.49 万吨（见表 21）。

2. 尿素

2003 年底股份公司有尿素装置 8 套，其中大型尿素装置 6 套，总生产能力为 354 万吨/年，实际生产 357.96 万吨。同比增产 16.84 万吨。其中宁夏石化一套化肥、二套化肥，乌鲁木齐石化一套化肥、二套化肥尿素耗氨指标达到国内先进水平（见表 22）。

表 21　2003 年合成氨产量

企业名称	产量（万吨）
大庆石化	38.97
吉林石化	12.34
兰州石化	31.50
乌鲁木齐石化（第一套）	31.84
乌鲁木齐石化（第二套）	32.39
宁夏石化（第一套）	28.37
宁夏石化（第二套）	31.53
泽普石化	25.15
合　　计	232.09

表 22　2003 年尿素产量

企业名称	产量（万吨）
大庆石化	58.58
兰州石化	41.38
乌鲁木齐石化（第一套）	54.46
乌鲁木齐石化（第二套）	58.65
宁夏石化（第一套）	50.31
宁夏石化（第二套）	52.57
泽普石化	42.00
合　　计	357.96

（马昌峰）

【精细化工】　精细化工是当今世界化学工业发展的重点之一，标志着一个国家综合技术水平的高低。目前发达国家精细化工的产值已占化学工业总产值的

65%左右，而我国只有35%左右，存在着明显的差距。股份公司在催化剂、石油添加剂、橡胶助剂、溶剂、表面活性剂、染料和合成洗涤剂等产品的生产上具备相当强的能力。

1. 催化剂

催化剂技术是石油化工的核心技术之一。股份公司拥有兰州石化催化剂厂以生产炼油催化剂为主的大型催化剂生产基地。

兰州石化催化剂厂是国内第一家、也是股份公司惟一的催化裂化催化剂生产基地，有9套生产装置，2003年综合生产能力为2.3万吨，生产催化剂3.43万吨，同比增加0.62万吨，约占国内的1/3左右。

辽阳石化烷基铝厂与香港捷佳合资于1996年6月开始建厂，1999年5月建成开车，能力为1200吨，2001年7月股份公司收购为全资公司。2003年生产三乙基铝587吨。

2. 表面活性剂

烷基苯是洗衣粉和农药乳化剂的重要中间体，抚顺石化是股份公司表面活性剂原料的生产基地，年生产能力为20万吨，是亚洲最大的生产装置。2003年生产烷基苯20.47万吨，同比增加2.97万吨。

（王桂轮）

【质量安全环保管理】　2003年化工与销售分公司在质量安全环保管理上重点开展了以下工作：

（1）安全教育培训。化工与销售分公司在全系统首次组织开展了安全员岗位练兵和技能竞赛，通过层层选拔共有30名选手参加决赛，6名选手获奖，极大地调动了基层安全管理干部学习理论和实践知识的积极性。

（2）安全监督检查。化工与销售分公司把HSE管理体系审核和安全设备生产工艺大检查结合起来，对所属的22家生产经营单位进行了两次审核和检查，总计对79名公司级高层领导进行单独审核，对97个公司级职能部门和135个二级分厂以及213个危险化学品生产储存现场进行审核检查，共查出各类问题793条。

（3）事故隐患治理。2003年由化工板块直接投资的隐患治理项目44项，资金达到2.4亿元。

（4）职业健康。为了落实国家《职业病防治法》的有关要求，摸清各企业职业健康情况，化工与销售分公司在股份公司系统内率先组织了对所有地区公司的职业健康工作现状调研，编制完成了调研报告，为今后解决职业危害提供了依据。

（5）安全科研。化工与销售分公司针对一些企业粉料输送由空气改为氮气存在的问题，为既保证安全，又降低投资，组织科研单位对辽阳石化和大庆石化聚乙烯粉料输送消除静电开展研究解决。根据国家对危险化学品管理要求，企业生产的硝酸铵不能出厂，组织技术单位研制改性硝铵，帮助企业解决产品出厂的难题。

（6）节水效果。化工与销售分公司转变观念、提高认识，从企业降低成本，实现可持续发展的高度，从经济效益、社会效益和环境效益角度，结合挖潜增效和“六查六整顿”活动，将节水作为当前和今后的一项十分重要工作来抓。

2003年新鲜水用量33396万立方米（含炼油及化工），其中化工板块用水25451万立方米，与2002年同比分别减少6814万立方米和6427万立方米。2003年化工板块单位产品耗水量为24.01吨，同比减少9.12吨，按单位产品耗水计算共节水9785万立方米。工业水重复利用率达到95.97%，冷凝水回收率达到79%。

（7）清洁生产。贯彻落实清洁生产促进法，开展清洁生产试点工作。4月份召开了清洁生产技术培训和工作研讨会，全面部署了清洁生产和环保工作。据统计板块2003年安排的18套清洁生产试点装置，共筛选出276个清洁生产可行方案，已实施207个清洁生产方案，总计投资3273万元，可产生效益近6000万元，创造了良好的经济效益和环境效益。

（8）环保科研。研制成功了石油化工厂油泥、活性污泥和罐底泥等三泥直接进延迟焦化装置的技术，组织了ABS污水处理技术应用推广，使兰州石化ABS装置污水排污量大幅下降，并且可回收物料，年创效益300多万元。

（9）环保交流培训。10月份召开板块环保和清洁生产工作和技术交流会，总结经验，部署工作，同时进行了清洁生产技术交流及论文交流。共有18篇环保和清洁生产论文进行交流，9篇论文获奖。

（曲天煜）

【设备管理】　截至2003年底化工板块11家地区公司固定资产原值为836亿元，固定资产净值为451亿元，化工设备固定资产原值为567亿元，净值298亿元，设备新度系数0.53，新度系数同比降低0.02。

（1）2003年，独山子石化乙烯、兰州石化乙烯、辽阳石化聚酯、宁夏石化一化肥等18套主要化工生产装置顺利进行了停工检修，其中独山子石化乙烯、兰州石化乙烯和宁夏石化一化肥是结合技术改造进行的。独山子石化和兰州石化还克服了“非典”疫情的影响。独山子石化原计划停车，为确保完成扭亏任务，化工板块提出了12天的控制目标，经过精心组织，实际用时比原计划提前了3天多。2003年重点进行的独山子石化乙烯改造和检修、兰州石化乙烯改造和检修、辽阳石化聚酯厂检修、宁夏石化一化肥技改和检修、大庆尿素消缺等，均提前或按计划、安全完成。

（2）设备修理费大幅下降。2003年化工板块发生修理费16.4亿元，与2002年相比降低了4.7亿元。各地区公司严格执行年初下达的修理费控制指标，确保了化工板块生产成本的大幅度下降。抚顺石化对修理费实行先算账后花钱的做法得到了进一步推广，大庆石化成立了预算中心，对检维修项目进行统一审核，修理费的核减率达10%左右。吉林石化对修理费严格执行费用签字进账制度，对所有物料消耗计划及进修理费的材料、备件计划必须经机动部签字确认，否则，供应公司不准采购和发放。

（3）配合扭亏增盈和“六查六整顿”工作，在股份公司化工系统掀起了群众性设备创完好活动，设备现场管理水平有了大幅度提高。吉林石化高标准、严要求，以创建“五好岗位”为主线，以夯实基础工作为重点，把设备创完好工作与“六查六整顿”、“双文明月月评”工作有机结合起来，狠抓现场设备不断强化设备的内在质量，严格检查、严格讲评，有效地推进了设备创完好工作的深入开展。大庆石化牢固树立“设备为生产服务、机关为基层服务”的工作理念，努力追求“一次做好”。辽阳、抚顺、兰州、独山子等石化单位大力推广运用故障诊断和状态监测技术，由事后检修、计划检修逐步向预知检修和主动维护过渡，提高了管理水平。大庆炼化、乌鲁木齐石化和辽阳石化等单位认真落实设备全过程管理的原则，积极参与主要设备设计、选型和供应商资质审查工作，从源头把好设备的本质安全关。2003年底，化工与销售分公司对设备创完好活动中涌现出来的70名优秀设备工作者、15个完好装置、38个完好岗位等先进个人和集体进行了表彰。

（4）加强技术培训工作。9月份，针对机动系统领导干部人员变动大、年轻干部多的情况，会同股份公司人事部、炼油与销售分公司组织举办了《炼油化工企业机动处（科）长岗位资格培训》，邀请了国内著名专家、学者和由丰富实践经验的同行传授炼油化工设备理论、经验，来自股份公司系统内23家炼油化工企业的45名机动设备处（科）长、设备厂长（主任）参加了培训。通过学习，学员们开阔了视野，更新了知识，了解了国内外炼化企业生产发展的趋势，设备技术改造，维修、维护方面的法律、法规、政策、制度、管理方法及实施手段等，认清了自己肩上担负的责任，设备管理相关知识得到了加强、更新和补充。通过参观、交流。2003年9月30日，《中国石油报》在第六版教育专栏作了题为《中油股份公司炼油、化工板块狠抓设备管理干部培训》的专题报道。为配合达标和节能改造工作，8月份组织举办了《加热炉技术培训班》，共有来自股份公司所属24家炼油化工企业的57名学员参加了本次培训。通过培训，学员提高了对管式加热炉炉效的认识，认识到提高炉效与企业效益直接相关，通过技术交流和研讨，还解决了不少生产过程中加热炉设备急需解决的问题。

（5）2003年11月份，结合HSE管理体系审核，对所属地区公司设备管理体系、管理制度及其执行情况以及大型机组、锅炉压力容器、电气、仪表等管理工作进行了较详细的检查，为进一步加强、规范设备管理工作打下了基础。

（6）为降低通用设备的采购成本，在地区公司推荐的基础上，化工与销售分公司组织专业技术人员通过招标、谈判与制造厂商签订集中采购框架协议，优化供货厂商，统一规范了质量、服务标准，并设置最高供货价格。会同电子商务部、化工管理处等组织召开了部分企业电子商务部主任工作座谈会，了解目前采购管理状况，并先后组织专业人员对各地区公司采购管理的组织机构、采购模式以及2002年的采购工作量等内容进行了调研，为化工板块搞好器材物资采购管理打下基础。下发了高压开关柜框架协议采购规定文件和器材物资最高采购价指导目录。总结推广了吉林石化、辽阳石化物资采购的先进经验和做法。

（刘农基）

【化工科技与信息】　2003年，化工与销售分公司进行了研发业务整合与重新定位。围绕化工主营业务发展需要，以提高装置运行水平和产品质量、降低生产成本、提高产品附加值为目标，着重抓好重点应用推广项目、新产品开发和技术服务中心的建设，以形成具有自主知识产权的工业化技术，为化工业务发展提供技术支撑为目标；抓好中试、工业化试验等研究开发工作，努力拓展对外合作领域，走低投入、高回报的创新发展道路，取得了明显的成效。化工与销售分公司及所属的大庆石化、吉林石化、抚顺石化、辽阳石化、兰州石化、乌鲁木齐石化、独山子石化、宁夏石化等地区公司2003年投入1.55亿元科技开发经费，其中股份公司级经费约8980万元，地区公司级经费约6520万元。2003年，共申请专利41项。

1. 抓整体规划，开展战略研究

根据股份公司统一安排，完成了股份公司化工科技发展规划的审定工作，初步确定了八类化工科技发展内容。同时，结合中国石油化工业务的实际情况，围绕乙烯、聚烯烃、合成纤维及原料、橡胶、化肥、精细化工、化工原料和天然气化工等17个领域，组织开展化工技术发展战略研究。

2. 抓核心开发，组织重点项目

根据项目重要性的不同及进展程度，重点组织抓好工业化攻关项目及中试。

（1）在工业化攻关项目方面，继续推进“重变轻”开发低成本烯烃技术。2003年1—9月，抚顺石化针对重油接触裂解制乙烯工业化试验（HCC）以前运行中易出现的结焦等问题，进行了工艺改进。从9月26日开始至2004年1月6日，进行了第七次投油试验，共运行100天，初步显示出长周期运转的趋势。期间完成了对装置的标定，乙烯、丙烯收率达到预期值，其混合碳二、碳三可以满足聚合级要求。

（2）在中试研究方面，根据化工业务发展所需，结合已有小试基础，开展多方面研究。2003年，化工与销售分公司共承担新型催化剂原位共聚制备LLDPE技术中试研究、碳纤维原丝中试研究和高抗湿滑顺丁橡胶中试研究等三项国家863课题。其中兰州石化开发的MAO催化剂已在中国石化北京化工研究院得到了全面应用，并且向韩国LG化学公司提供样品进行试验，其性能获得LG认同。此外，还组织进行了合成气制低碳混合醇单管中试研究等其他9项中试研究工作。

3. 抓降本增效，加大应用推广

2003年，各地区公司针对产品市场需要，积极开发适销对路的新产品，不仅满足了客户需求，而且提高了产品附加值，如BOPP新产品等，全年共开发48种，产量超过13万吨，当年增效近5000万元；同时，各地区公司根据装置生产实际，积极采用各种手段降低物耗、能耗、三剂消耗，优化工艺、优化生产，从而降低生产成本，如辽阳石化采用膜分离技术回收环氧乙烷装置尾气中的乙烯，取得明显的成效，全年共实施28项，增效近4000万元。并且针对现有装置的特点，采用自行开发或引进国内外成熟技术，快速实现产业化，形成新的增长点。如抚顺石化引进ABB－Lummus公司PP－R管材专用料技术，生产出符合合同约定的PP－R产品，产品指标优异，是目前国内质量最好的产品。

4. 抓信息建设，推动基础应用

建设并开通了化工板块门户网站。其中，化工销售管理信息系统实现了网络信息收集、整理、计划和统计分析等功能，尤其是产品价格实现了上报→批复→下达全程电子化，在“非典”期间发挥了重要作用。参与股份公司“炼油化工先进生产运行（MES）”和“先进计划（APS）”项目可行性研究，并通过评审。配合国家知识产权局，在兰州石化组织建设“中国石油化工专利信息平台”。

5. 技术交流

根据生产、建设、研发的不同需求，积极组织各方面的技术交流。如在生产方面，针对生产运行需要，积极组织投资少、见效快的设备、工艺改进技术交流，如与ABB、Univation、AspenTech等公司在换热器、优化运行、先进控制等先进技术的交流；在项目建设方面，配合重大建设项目的需要，有选择地组织了乙烯裂解炉技术、聚烯烃催化剂技术等交流；在研发方面，围绕化工业务的长远发展方向和核心竞争力的提高，紧密跟踪国内外科技发展动态，积极开拓新方法、新工艺，对符合公司战略的项目加大与创新技术者的合作力度，为我所用，如与GTC公司在制苯酚技术、与LG化学公司在茂金属催化剂、聚碳酸酯、石脑油催化裂解等技术进行了交流。

（陈为民 刘晓舟）

【项目前期管理】 为完成2003年扭亏增盈的目标，化工与销售分公司加强了项目前期管理工作。本着“大规模、短流程、低成本、差别化”和“抓大放小、精干主体、内涵改造、技术进步、择优发展”的思路，加大化工业务结构调整力度，做强、做大乙烯及合成树脂、化纤原料、化肥三条“主线”，并根据各企业装置特点、生产规模，统筹考虑化工产品的市场布局，进一步明确企业发展定位。化工板块2003年共下达投资项目224项，当年计划投资41.29亿元。

1. 加快可研报告的批复工作

化工与销售分公司积极协调督促地区公司编制上报项目可研报告，及时召开项目可研报告审查会，尽快批复符合条件的项目可研报告。对于当年开工、当年增效的“短平快”项目及小型项目，本着“节奏可以加快、程序不能逾越”的原则，做好可研、初步设计、施工图设计等各个阶段的合理深度交叉工作。

2. 积极开展2004年拟建项目的审查和筛选工作

为完成化工板块2004年实现增强盈利能力的任务，落实股份公司管理层关于加快建设“短平快”项目的要求，在2003年4月组织落实了2004年拟建第一批“短平快”项目，使各地区公司能抓紧按要求积极开展前期工作。为2004年项目的及早实施作了充分准备，赢得了宝贵的时间。

3. 围绕发展主线，严格项目审查，尽早下达投资计划

按照化工业务发展思路进行结构调整，加大了主导产品的投资力度。2003年列入化工板块投资计划的石油化工建设项目总投资191亿元，其中乙烯、合成树脂、化纤原料、化肥等主导产品项目的总投资180亿元，占项目总投资的94.24%。2003年主导产品项目计划投资30.96亿元，占当年投资41.29亿元的75%。这些项目全部建成后，年新增乙烯能力90万吨、合成树脂190万吨。

一是严格项目筛选，严把投资和项目投资回报率，实现了股份公司规定的项目财务内部收益率（税后）12%以上的目标。2003年列入化工板块投资计划的石油化工建设项目总投资191亿元，税后利润30.62亿元，平均税后投资利润率16.03%。

二是为促进各地区公司及早开展项目工程建设。到2003年5月底前，化工板块基本将全部项目列入计划并下达给地区公司。截至5月份第三批投资计划下达后，化工板块累计（第一批、第二批、第三批计划合计）下达当年投资37.63亿元，占当年投资41.29亿元的91.13%。

4. 2003—2007年化工业务发展计划

为了进一步贯彻股份公司整体发展战略和规划，落实股份公司关于化工业务2003年整体扭亏的要求，化工与销售分公司于2003年5月组织完成《2003—2007年化工业务发展计划》编制工作。编制原则：

（1）符合股份公司整体发展战略和规划，以发展为主题、结构调整为主线、立足存量资产、优化资源、调整结构和技术进步，全面提升化工业务的竞争能力、抗风险能力和盈利能力。

（2）抓住发展机遇，做好结构调整，搞好企业定位及长远发展。

（3）落实股份公司关于化工业务2003年整体扭亏的要求，根据企业的实际情况安排扭亏解困项目。

（4）落实“中国石油炼化业务加入WTO对策研究报告”的结构调整方向，突出发展乙烯及下游合成树脂、合成纤维原料和化肥三条主线。

（5）结合企业发展实际，适当进行调整。

在《2003—2007年化工业务发展计划》中，化工与销售分公司回顾了2001年和2002年化工业务完成情况，分析了股份公司化工业务面临的形势，提出了2003—2007年化工业务发展指导思想、基本思路和发展目标、化工业务的总体布局和企业发展定位。并在此基础上，提出了2003—2007年化工业务计划，包括投资计划、生产计划、营销计划和科技发展计划，并提出了相应的保障措施。

通过《2003—2007年化工业务发展计划》的实施，化工业务将进一步增强，化工业务的整体实力将显著提高，主要大类产品生产能力得到提高，乙烯、聚烯烃和化纤原料能力大大提高，技术经济指标进一步好转，产品结构更加合理，已有市场占有率得到巩固，特色产品将发挥作用，专用料比例进一步增加，经济效益取得整体盈利的可喜成果。

（高长锋）

【工程项目管理】 2003年化工与销售分公司认真贯彻落实股份公司管理层部署，实行谨慎资本性支出，把确保项目按期投产、发挥效益作为促进企业扭亏增盈和增强企业发展后劲的重要措施来抓，不断加大项目管理工作力度，加快项目实施步伐，一大批重点工程和“短平快”项目相继建成投产，为股份公司炼化业务扭亏增盈和加快发展做出了积极贡献。全年完成投资412437万元，完成计划投资412934万元的99.9%，有9项重点化工项目建成投产，小型技措及安全环保项目全部完工投用，建设项目管理取得新成效。

1. 重点工程进展顺利

2003年安排重点化工项目13项，到2003年底建成投产9项，当年增效17777万元；其他重点工程按批准的建设部署正点运行，工期符合率100%（见表23）。

2. “短平快”项目全部按期建成投产，发挥效益

2003年化工与销售分公司及各地区公司立足现有装置和公用设施，以优化资源利用、消除装置瓶颈、提高质量节能降耗为重点，以少量的增量盘活资产存量；打破传统思维定式，坚持程序，加快节奏，大力实施“短平快”项目；组织技术人员深入现场落实改造方案，制定详细、积极、可行的网络计划和建设目标，分别与设计、采办、施工、生产责任人签订“责任状”，确保每一项目快速建成投产，发挥投资效益。2003年安排“短平快”及其他小型项目104项，全部实现当年开工、当年建成投产，当年增效12672万元。

表 23　重点化工项目情况表

序号	项目名称	概算投资（万元）	2003 年投资（万元）	到 2003 年底达到的形象进度	设计新增能力（万吨/年）	投产项目当年增效（万元）
1	兰州石化 6000 吨/年分子筛	20455	3000	2003 年 3 月 18 日投产	0.6	2769
2	吉化 30 万吨/年合成氨	161264		2003 年 3 月 31 日投产	30	1527
3	兰州石化 24 万吨/年乙烯改造	63018	7214	2003 年 6 月 12 日投产	8	6465
4	乌石化化肥原料结构调整	7425		2003 年 7 月 29 日投产		1121
5	吉化 20 万吨/年聚乙烯装置改造	11070	6596	2003 年 8 月 20 日投产	7	1767
6	吉化 7 万吨/年苯胺装置	13441	11192	2003 年 8 月 25 日投产	7	900
7	宁夏石化一化肥油改气	7749	4349	2003 年 10 月 3 日投产		1478
8	大庆石化厂区采暖系统改造	9465	9000	2003 年 10 月 8 日投产		640
9	吉化 5 万吨/年有机硅装置	40448	38000	2003 年 11 月 15 日投产	5	1110
10	吉林石化燃油锅炉改水煤浆	13762	9310	工程中交		
11	大庆石化聚乙烯专用树脂改造	160865	60000	长周期设备订货，施工图设计，土建施工		
12	辽阳石化 7 万吨/年精己二酸	47714	12732	施工图设计，土建施工		
13	大庆炼化 30 万吨/年聚丙烯	123046	55000	初步设计，设备订货		
14	合　　计	679722	216393		57.6	17777

3. 初步设计审批与管理

积极贯彻“今天的投资就是明天的成本”的思想，严格执行《石油化工装置基础设计（初步设计）内容规定》和股份公司《炼油化工建设项目初步设计审批管理暂行办法》，不断加大初步设计审批与管理工作力度，初步设计文件深度和质量进一步提高，工程投资得到有效控制。2003 年完成限上及限下项目初步设计审查 27 项，批复初步设计概算 418285 万元，较可研估算节约 32258 万元，节约 7.16%。

4. 工程招投标管理

强化招投标管理，全面推行招投标，通过审定招标文件、评标办法、投标准入单位和中标单位，规范和约束建设单位的招标行为，在确保工程质量、工期、安全的前提下，努力降低工程造价。2003 年设计、采办、施工通过招投标共节约投资 27486 万元。其中设计招标节约 2745 万元；施工招标较相应概算节约投资 4970 万元；国内器材设备招标较相应概算节约 7994 万元；签订引进软、硬件合同额 5067 万美元、6941 万美元，较可研估算投资共节约 1424 万美元（折合人民币 11777 万元）。

5. 工程质量管理

注重从源头控制工程质量，按照《石油化工装置基础设计（初步设计）内容规定》和股份公司《炼油化工建设项目初步设计审批管理暂行办法》，认真执行初步设计文件的地区公司预审、板块审批两级把关制度，初步设计文件深度和质量有所提高。普遍坚持施工图会审，最大限度地将设计问题消灭在图纸上，对工程质量、安全、工期、投资控制起到了积极作用。重视工程质量管理，强化全面质量意识，保证质量保证体系的有效运转，坚持优选一流的承建单位为工程质量做保证；坚持一年一度的炼化工程质量检查，使工程质量管理做到“警钟长鸣”。全年有 9 项重点工程、104 项“短平快”及其他小型项目建成投产，全部实现投产一次成功，单位工程质量合格率 100%，并实现了“不发生火灾及重大设备、人身伤亡事故，并杜绝在省级以上新闻媒体曝光的质量事故发生”的工程质量、安全管理目标。2003 年 9 月，分别对大庆石化、大庆炼化、吉林石化等三家地区公司的工程质量管理及在建工程质量进行了抽查，覆盖 12 家施工单位、6 家监理公司、3 家质量监督单位、

7个在建项目的273项分项工程。工程质量稳中有升。与2002年相比：保证项目符合率、基本项目合格率、允许偏差项目点合格率分别提高1.8个百分点、2.2个百分点、1.6个百分点。通过工程质量抽查，强化了全员质量管理意识，提高了工程质量管理水平，对保证工程质量起到了很好的推动作用。

（罗汉华）

【化工产品销售】　2003年化工与销售分公司深入贯彻股份公司管理层“三条线”（有主营业务利润、有边际贡献、无边际贡献三条线）原则的经营思路，全年以促销、推价、降库为目标，加强资源优化，合理调整利益分配，密切产销衔接，调动地区公司和销售公司的积极性，产销率102%，直销率60%，单位产品吨现金营运费用49.6元，商品销量、销售收入均创历史最好水平。统一销售为化工扭亏增盈发挥了重要作用，统销的整体优势日益显现。

1. 坚持统销不动摇，提升市场竞争优势

坚持“五统一”原则：统一制定营销战略、统一划分市场、统一资源配置、统一制定价格、统一组织运输，推进体制、机制和管理的创新，使中石油化工产品在市场竞争中形成了合力。统销产品由树脂、纤维两大类扩展到橡胶、化肥、部分有机、无机产品六大类，统销比例由2001年的75%提高到2003年的93%，确立了国内最大化工产品集中供应商的优势地位。

2. 积极促销、推价、降库，提升盈利水平

2003年化工与销售分公司按“三条线”原则组织产销衔接，整体应对市场，销售公司按总部定价积极推价、促销，努力实现销售环节利润最大化。“非典”期间，及时调整了产、销、储对策，化解了价格大幅度下跌、需求迅速萎缩的冲击，实现了“吨产品成本降低100元、销售增效80元”的目标。化工吨产品销售利润由亏损316元变成盈利200元以上，销售公司亏损面由2001年的56%扭转成全面盈利。

3. 市场划分合理，竞争趋于有序

对原各地区公司设置的137个销售网点重新进行整体规划，统一划分区内外市场，合理设置销售网络，逐步形成了以13个化工销售公司为主体、覆盖全国、布局合理的化工销售主体网络，降低了资源低效配置、产品不合理调运，初步形成了资源向高效市场流动的机制，增强了整体协同对外的竞争力。区内市场占有率由2001年的82.5%提高到92.6%，统销产品直销率由2001年的10.7%提高到2003年的60%。

4. 物流配送体系启动，营运费用不断下降

2003年化工与销售公司在组织重新核定流通费用的基础上，进一步优化运输方式和运输流向，增加海运、铁路和陆海联运，降低营运费用。2003年营运费用比2000年降低了54.2%。同时按照现代物流配送管理模式，启动了现代物流配送体系网络信息系统的建设。

5. 信息渠道不断拓宽，信息化建设得到加强

2003年拓宽、强化了信息管理渠道及功能，增加了国内外信息订阅量，在更大范围内普及手机短信实时传递市场信息，同时完善了上海化工销售信息平台，逐步实现了销售企业、总部、上海平台多层次、多方位的市场信息充分共享，提高了化工信息应用管理水平；同时，规范了营销信息数据标准和信息流程，做好数据库应用挖掘和数据库与门户应用的结合，实现了上海信息中心的营销数据库、企业信息门户与信息应用终端访问服务器的应用集成，为中国石油销售系统提供了灵活、安全、便捷、可靠的网络应用平台。

6. 价格管理日趋完善，内部关系日趋理顺

在现有的定价机制和运行模式基础上，不断探索，建立起适应市场竞争需要的更加灵活的定价机制和运行模式，既管理和监控生产企业和销售企业的内部买断价格，更关注外部的市场价格，协调管理、减少内耗，实现两个利润主体都得益，从市场上拿效益的目标。

7. 监督约束机制更加完善

化工板块制定实施了83项销售系统规章制度，建立了销售公司的效益预警机制和业绩考评体系，实行市场日分析、产品周定价、效益月检查，并对价格、财务、销量、效能实施监督，加强了销售公司党的建设和党风廉政建设，同时各销售公司还加强了产品出库成本和效益的分析。

8. 培养了一支化工营销骨干队伍，基层建设得到加强

2003年完成了销售公司定员定编、全员竞聘和人员划转，制定并开始实施销售人员两年培训规划。各销售公司领导班子带领广大干部员工主动适应新体制、新业务，开拓市场，促销推价，增收节支，管理水平和队伍素质不断提高。特别是广大销售员工克服了工作、生活上的困难，近千名营销人员担负了1100多万吨化工产品销售任务，人均销售化工产品1.1万吨，人均销售收入达到3600多万元，始终表现出旺盛的斗志和良好的精神面貌。

（范学民　郑　焰）

第四篇

对外合作与交流

第一篇
总　述

第二篇
油气勘探开发生产

第三篇
油气储运、炼化与销售

第四篇
对外合作与交流

第五篇
工程技术服务

第六篇
科 技 发 展

第七篇
质量安全与环境保护

第八篇
企业改革与管理

第九篇
精神文明建设

第十篇
机构与人物

第十一篇
上市企业概览

第十二篇
未上市企业及事业单位概览

第十三篇
中国石油天然气集团公司大事纪要

第十四篇
附　录

对外交流与外事工作

【外事管理与协调】 2003 年爆发的“非典”疫情对集团公司海外经营的正常开展造成了严重影响。针对这一突发事件，国际事业部组织有关单位研究制定了中国石油天然气集团公司防范“非典”疫情扩散到海外项目的应急反应计划，成立了海外紧急防范救治小组，实行海外人员健康状况日报告制度。采取主动措施，争取合作国家的理解和支持，极大地提升了集团公司国际信誉度，确保海外经营工作的正常开展。

2003 年 8 月 18—19 日，在北京召开了集团公司外事工作座谈会，会议重点研究提高海外项目人员素质，保证海外经营效益最大化的问题。集团公司副总经理吴耀文同志到会作了重要讲话，集团公司、股份公司机关相关部门负责同志以及集团公司所属单位主管外事、外经、外贸业务的负责同志参加了会议，四家专业公司和两家地区公司的代表在会上作了经验交流。会议取得了预期成果。

为落实会议精神，国际事业部加强了对境外施工队伍的调研，根据不同国家的作业队伍情况、人工成本等综合因素，确定了海外队伍人员编制，对派出人员素质提出了严格要求；发布了《中国石油天然气集团公司关于派出执行境外项目人员的管理细则》等四项新的涉外工作管理制度和办法，修订并重新发布了《中国石油天然气集团公司境外工程承包、技术服务、劳务输出和物资装备出口项目管理办法》等两项涉外工作管理制度和办法。

针对各种涉外突发事件时有发生的现象，除了与各驻外办事处密切配合，采取有效措施，确保海外项目正常运转外，国际事业部还编制了《中国石油天然气集团公司涉外突发事件应急救援预案》，下发集团公司各企事业单位，用以指导处理突发事件。

2003 年，组织对苏丹、哈萨克斯坦、委内瑞拉、伊朗、印度尼西亚等五个办事处的考核，加强了对办事处工作的指导和监督，进一步促进了办事处建设，使办事处工作得到较大加强和提高。驻外办事处与使馆和所在国政府的联系，境外护照、签证的归口管理，集中办公、统一后勤工作以及境外项目协调力度进一步加强，维护了集团公司的整体利益。

2003 年，共备案登记了 280 个境外工程承包和技术服务项目；办理集团公司境外勘探开发项目申报手续 15 项；办理集团公司境外机构申报手续 16 项；办理投标保函 16 份；办理青海石油管理局和管道局申请对外合作经营资格的申报手续，获得批准。

继续优化和简化出国服务手续，针对反恐和“非典”疫情等突发事件，及时修改工作计划、调整办事程序，保证了集团公司所有出国团组安全、及时地完成出访任务。2003 年共派出执行经贸、会议、培训、验收、考察、劳务、技术服务的出国团组 3280 批，12971 人，14517 人次；其中，海外项目 7916 人次；股份公司派出 550 批，2343 人次；新办、延期、加页护照 3801 本（不含因私护照），办理了 84 个国家和地区的签证及相关手续。全年共发入境签证邀请函 450 份，邀请来访 1700 人次，涉及 35 个国家。

【对外宣传】 完成了集团公司年报（中、英、俄、西班牙文版）的出版发行和集团公司对外英文网页的建设、专项技术宣传片的编辑制作以及四期《中国油气》（China Oil & Gas）英文杂志的出版发行工作。

【海外办事处】 截至 2003 年底，集团公司管理的海外办事处共有 12 个。

【人才培训】 2003 年，共派出各类进修和培训人员 746 人次；同时，还邀请国外专家 78 人次，就石油勘探开发、炼油化工、经济管理等专业举办讲座，集团公司近 1100 名一线科技和管理骨干参加了培训。

【国际会议与展览】 2003 年，组织参加了包括“世界石油大会第二次地区会议”在内的境外 33 个国际会议，派出人员 126 人次；参加境外国际展览 8 个，共租用展台面积 1068 平方米，派出参展人员 104 人次。

（卢　颖）

国外油气田勘探开发

【概述】 中国石油天然气勘探开发公司（CNODC）（简称公司）是中国石油天然气集团公司的全资子公司，按集团公司授权，负责中油集团公司海外石油投资项目的管理与运作。

2003年是集团公司实施“两个转变”，提出“全面建设具有国际竞争力跨国企业集团”战略目标的第一年，是公司海外业务进入加快发展新阶段的第一年，也是公司全体员工克服各种困难，团结奋进，取得丰硕成果的一年。一年来，在集团公司的正确领导下，公司认真贯彻党中央、国务院“走出去”发展战略，紧紧围绕集团公司对海外业务发展的总体部署，理清工作思路、明确工作任务、改进管理方式、凝聚全部力量，全体员工以饱满的热情、拼搏的精神和科学的态度致力于海外事业的发展。2003年公司全面超额完成了年度各项生产经营任务。

2003年海外新增石油可采储量×亿吨，全年海外原油作业产量2300万吨，权益产量1202万吨，分别比2002年增加404万吨和266万吨。完成天然气作业产量16亿立方米，权益产量13亿立方米，分别比2002年增长23%和62.5%。管道炼化方面，全年海外长输管道运营和建设2684千米，年输送原油1657万吨；原油年加工量251万吨，石油化工和成品油销售业务有了新的发展，均超额完成年度计划。经济效益方面，全年实现权益销售收入23.1亿美元，比2002年增长32.7%；实现利润2.4亿美元，比2002年增长33.3%。

【现运营海外项目】

1. 苏丹1/2/4区石油勘探开发与管道项目

苏丹1/2/4区项目勘探继续获得新突破。新发现9个含油断块，新增石油地质储量4.15亿桶，可采储量1.02亿桶。其中4区的Haraz-1井获高产油气流，Balome-1井和Neem-1井又连续有较大的发现，为项目进一步增产增效创造了条件。在油田开发生产方面，通过实施积极有效的稳产、上产措施，及时抓好制约油田上产“瓶颈”问题的解决。加快Unity电厂二期扩建、输油管道扩容和1500万吨/年中心处理站扩建等项目工程的建设，实现项目原油产量继续保持较大幅度增长。全年生产原油1416万吨，比2002年增产147万吨，增长12%，其中权益产量达到567万吨。

苏丹1/2/4区输油管道实现全年安全平稳无事故输油。管道三期扩容项目全面完成，并顺利投产，年平均日输量可增至30万桶，大大提高了管道输量调节的机动性。

2. 苏丹3/7区石油勘探开发项目

苏丹3/7区项目通过滚动勘探，效果显著，新发现含油构造12个。其中，Melut盆地发现的Palogue油田最大含油面积超过60平方千米，经测试证实，最大油层厚度约147.5米，平均油层厚度近60米，主体油田探明地质储量超过3亿吨。当年勘探新增探明石油地质储量22.53亿桶，新增控制石油地质储量5.39亿桶。截至2003年底，3/7区已累计探明和控制石油地质储量达到30.7亿桶，为建成千万吨级油田打下了坚实的物质基础。

3. 苏丹喀土穆炼油项目

苏丹喀土穆炼油厂狠抓管理，确保装置安全平稳运行。全年加工原油251万吨，完成年计划的107.7%，单位加工费比预算降低0.48美元/桶。全年实现净现金流1.01亿美元。该厂在抓好生产的同时，认真组织一期100万吨/年延迟焦化装置扩建工程，做到了生产建设两不误。

4. 哈萨克斯坦阿克纠宾项目

2003年，重点建设了让那诺尔500万吨/年原油脱硫醇装置、200万吨/年原油处理和14亿立方米/年天然气新处理厂，并已全面投产，达到了设计规模。在上半年生产形势较为严峻的情况下，克服种种困难，采取有效措施，一手抓让纳诺尔老油田的稳产，一手抓肯基亚克盐下新油田开发。2003年底，该公司日产水平达到14500吨/天，全年生产原油465万吨。

5. 委内瑞拉石油开发项目

2003年一季度面对委内瑞拉全国大罢工、石油工业一度瘫痪的严峻考验，通过及时调整部署，全力以赴恢复生产，努力将损失降到了最低限度。同时，一方面采取措施，加快湖上新井实施；另一方面加快新建电站投产和加大电潜泵的使用，努力上产。全年生产原油 123 万吨，完成计划的 112.3%。成本控制效果明显，桶油操作成本由接管时的 6.32 美元/桶降至 2003 年的 2.72 美元/桶。

6. 委内瑞拉奥里乳化油项目

2003 年，乳化油项目克服了各种困难，合理组织，统筹安排，油田开发、地面系统工程建设及乳化厂建设已全面启动，为 2005 年建成 650 万吨/年乳化油生产基地争取了主动权。

7. 中美公司秘鲁塔拉拉项目

2003 年下半年，在项目新合同签署并获政府批准后，及时通过新钻开发井、加大措施井和恢复井的工作力度，原油产量稳步上升，全年生产原油 16.4 万吨。

8. 阿塞拜疆 K&K 项目和阿曼项目

克服了老油田递减快，新区上产难度大等困难，抓好新井投产和作业措施的实施，全年生产原油分别为 35.9 万吨和 31.1 万吨。

9. 北布扎齐和秘鲁 1－AB、8 区块项目

这是 2003 年新收购的两个项目，都做到了原油生产的平稳运行。分别完成原油作业产量（按接管油田后计算）21 万吨和 155 万吠。

【新获石油勘探开发项目】　2003 年，按照集团公司年初工作会议上提出“海外争取尽快拿下几个重量级的项目”的要求，围绕加大、加快海外业务发展这个主题，面对日益激烈的市场竞争和错综复杂的国际形势，知难而进，勇于开拓。在捕捉商机方面，进一步完善和拓展了信息来源渠道；在业务领域方面，有意识地向风险勘探和浅海延伸；在项目评价方面，继续坚持“两低、两高”（低政治风险、低经营风险，高经济回报、高连带效益）原则，过去的一年中，公司的新项目开发在前几年做了大量研究和评价工作的基础上，采取各种积极措施，组织动员各方面的力量，狠下功夫，扎实推进。在总部的统一部署下，有关部门及研究中心通力合作，组成相对固定的研究、评价及谈判小组，集中精力开展工作；按照科学决策的要求，建立了项目快速评价系统，加快评价速度，提高评价质量，在组织专家对项目进行评估的基础上，公司管理层及时决策，有效地推动了新项目开发工作。

一年来，新签订油田开发项目、风险勘探项目、上下游一体化项目合同共 12 个。其中包括：阿塞拜疆古布斯坦勘探开发项目，叙利亚格贝贝（Gbeibe）提高采收率项目，哈萨克斯坦政府在中油阿克纠宾公司持有的 25.12%的全部股份购买，阿尔及利亚 Adrar 上下游一体化项目，哈萨克斯坦北布扎其油田开发项目和 Bars 勘探区块项目，厄瓜多尔 11 区块勘探项目，秘鲁 1－AB、8 区块项目，阿尔及利亚 350 区块和 102a/112 区块勘探项目、尼日尔石油勘探项目、乍得“H”区块风险勘探项目等。在新项目开发方面，全年新增原油生产能力 450 万吨/年；新增勘探面积 60 万平方千米，为公司未来 5—10 年准备了较大规模的勘探开发后备战场。

截至 2003 年底，海外业务范围已扩展到世界 4 大洲 18 个国家，拥有海外合同项目 42 个。

【经营管理】

1. 整章建制、强化管理，管理工作成效显著

按照集团公司开展“管理增效年”活动的总体要求，一年来，公司总部和各所属公司紧紧围绕提高国际化管理水平，制定了抓管理、促工作、上水平的具体措施，并狠抓落实。

总部管理方面：一是公司对总部机关的组织机构、岗位定员及部门职责进行了重新调整。机关部门从原来的 15 个调减至 13 个，机关人员从 131 人调减至 95 人。在精简机构和人员的同时，公司重点加强了战略规划、资本运营和油气生产动态管理等职能，使公司总部的组织机构不断适应海外业务发展的需要。二是开展了管理制度体系建设工作。在公司的统一组织下，2003 年机关各部门集中力量共制定和修订了各类管理制度 60 余项，以促进管理工作进一步制度化、规范化，健全和完善管理制度体系。三是公司组织了有限授权体系建设。随着公司海外业务迅速发展，在原有限授权手册的基础上，借鉴国际油公司的经验，结合公司实际进行重新修订。目前已经完成了总部对所属公司授权的草案，为理顺管理层次、明确职责，提高管理效率创造了条件。四是加强了公司发展战略研究和规划工作。公司成立了战略发展规划编制委员会和工作小组，开展了公司的发展战略研究，并在此基础上制定了公司发展战略规划纲要。

在经营管理方面：坚持以提高项目经济效益为第一目标的原则。一是计划管理部门进一步规范了计划编制及审批程序，通过信息管理系统的全面应用提高了计划编制的水平。二是财务管理部门完善了与国际接轨的会计核算体系，有效开展了税收筹划，资金、资产管理等方面的工作。三是销售采办管理部门在主要项目的原油销售方面做了大量的工作，保证销售渠道的畅通和销售收入的实现，并在降低采购成本方面取得了较好的效果。四是审计部门充分发挥审计的监督和服务职能，进一步扩大了审计的覆盖面，由过去主要进行财务审计向工程项目审计和管理审计延伸。

五是法律事务部门结合海外项目经营特点制定了合同管理规定，严格了合同的审查工作，同时对新项目开发也提供了强力的法律支持。

2. 进一步探索具有CNPC特色的跨国经营之路

在集团公司的正确指导下，公司坚持把中国石油艰苦奋斗和“爱国、创业、求实、创新”的企业精神与按国际油公司规范运作和管理相结合，初步形成了具有CNPC特色的国际化经营模式。2003年，公司被授予“国家文明机关”、“全国五一劳动奖状”等光荣称号。

在海外业务发展上，坚持大中小项目并重，争当作业者，通过对海外各类项目的实际运作，熟悉了国际经营环境，逐步积累了国际上与资源国各种合作模式下运营管理项目的经验，以及与不同合作伙伴、不同股权情况下的合作经验，为今后的发展奠定了基础，增强了国际化经营的能力。

3. 科技进步推动海外项目发展

公司进一步加强前后方技术人员的交流，增强了对现有项目的技术支持力度。全年公司共完成技术研究项目近100个，其中“苏丹1/2/4项目Muglud盆地高效勘探的理论与实践”获得国家科技进步一等奖；“苏丹3/7区Palouge大油田的发现与探明”被列为集团公司2003年十大科技进展之首。30项被评为公司级科技成果，有37名科技先进工作者将在本次会议上受到表彰奖励。科学技术进步为公司海外油气勘探开发带来明显的经济效益。

4. 加强队伍建设，坚持以人为本，确保海外项目的顺利开展

2003年，公司高度重视员工队伍的建设，改革和调整用人制度和办法，建立有效的分配制度和激励机制，充分调动员工的积极性和主动性。

在项目班子建设方面，为适应公司海外业务发展需要，调整充实了部分现有项目公司领导班子，按项目运作的要求及时配备了新项目领导班子。各项目公司的领导班子成员在工作上勤奋刻苦、兢兢业业，带领广大员工在艰苦、复杂的环境中，顽强拼搏，取得了很好的生产经营业绩。

在机关队伍建设方面，着重抓提高人员素质和改进工作作风，提出机关工作人员必须具有海外实际经验的要求，并分批与项目公司员工进行调整和轮换。同时，进一步增强服务意识，多次派出技术经营专业组深入海外项目现场研究解决生产经营方面的问题，受到海外公司员工的好评。

在人才选拔方面，公司坚持把领导能力强、有海外经验、业务素质较高的干部调整到新的岗位经受锻炼，发挥才干；针对公司人员来源广、身份多样、经历不同的特点，选拔不同专业、不同特长的员工到适合的岗位，发挥业务专长。

在员工培训方面，公司总部与海外项目公司一起根据年度培训计划，采取多种形式，有针对性地进行培训。在培训中，侧重对技术人员进行商务培训，对管理人员进行技术知识培训；为提高培训效果，总部机关还采取学分制的培训管理办法，大大调动了职工参与培训的积极性。

5. 党组织建设和企业文化建设进一步加强

一年来，公司党委和各地区党委、项目公司党总支、党支部重视基层党组织建设，坚持对党员进行“三个代表”和爱国、敬业教育，广大党员干部在国际化经营的实践中不断理解、吸收“三个代表”重要思想的内涵。为培育广大职工积极进取、奋发向上的精神，各级党组织切实做好新党员发展工作。2003年，公司发展新党员20名，党员转正18名，并有一批入党积极分子递交了入党申请书。

结合国际经营的特点，公司组织制定了《企业文化建设纲要》。为解决好海外员工的后顾之忧，总部有关部门积极为海外员工提供后勤支持服务，在出国手续办理、接送站及中转服务、户口办理、海外员工疗养、海外职工家属节日慰问和其他综合支持等方面做了大量工作。尤其是在2003年上半年，国内“非典”期间，公司采取一系列有力措施，保证国外近20个国家项目正常生产经营，1000多名中方员工队伍稳定。

公司还注重抓好HSE管理，按国际惯例，进一步完善了HSE管理和运行体系，并做好监督和落实工作，取得了较好成效。全年继续保持良好的安全生产记录，注重资源国的环境保护，没有造成环境污染事故。公司积极为员工改善工作和生活条件，关心员工的身体健康状况，组织定期体检，发现问题及时治疗，使员工感受到大家庭的温暖，增强了员工的凝聚力。

（王俊仁）

股份公司对外合作

【概述】 2003年股份公司对外合作继续贯彻实施"请进来"和"走出去"的方针，也是中国石油天然气国际（勘探开发）有限公司（以下简称国际公司）发展壮大、探索积累的一年。4月，国际公司成功收购了HESS项目，进一步扩大了印尼油气生产基地的规模；印尼公司的生产建设工作进展顺利，特别是首批探井全部喜获成功，受到集团公司和股份公司领导的肯定和好评。新项目开发工作获得很大进展，通过一年多的工作，在实践中积累了经验、加深了认识、锻炼了队伍。与此同时，国内对外合作业务平稳发展，国内对外合作工作从职责定位、财务和合同清理入手，重点抓规范管理，提出了强化国内对外合作项目管理的一整套思路。赵东项目建成百万吨产能并顺利投产，项目执行工作进展顺利。国际公司内部在理顺管理、整章建制，按照国际油公司模式管理方面做了许多探索和尝试并取得了成效。

2003年国际公司根据股份公司领导关于整章建制的要求，整理了自1985年实施国际合作以来的规章制度，编辑印刷《中国石油勘探开发国际合作文件汇编》，保证公司管理制度化、规范化、文本化，为各项目有效管理提供保证。

2003年国际公司与股份公司外事办公室共同努力，编辑出版《中国石油国际化经营外事规章和礼仪常识》一书，对外事交往礼仪规范提供了制度保证，也填补了中国石油改革开放以来实施国际化经营工作在这方面的一个空白，各方面反映很好，取得良好效果。

【国内勘探开发对外合作】 经过三轮国际招标和一系列双边谈判，自1985年以来先后与美、英、意、法、日以及中国香港等9个国家和地区的45家石油公司，签订了52个石油合同和24个联合研究及评价研究协议，合作区总面积达23.7万平方千米。

2003年国内对外合作工作围绕公司的目标和任务，以"清理整顿、理顺关系、加强管理、提高水平"为指导，对现有合同执行进行了清理。2003年正在执行的合同共14个，项目分布在大庆、吉林、辽河、大港、长庆、西南、新疆等油气田。至2003年底，合同区累计完成二维地震采集17687千米，三维地震采集374平方千米；完钻探井35口，评价井12口，完钻开发井1764口；累计生产原油1528万吨，生产天然气16.3亿立方米。

1. 2003年对外合作概况

国内合作 2003年执行石油合同14个，年内终止合同1个，年底正执行合同13个。截至12月底，合同区完钻探边井3口，开发井317口，总进尺446402米。生产油气当量282万吨（原油248万吨、天然气3.28亿立方米）；实现中方权益油气产量120万吨，销售收入1.43亿美元。

经股份公司有关部门调研协调，完成《中国石油天然气股份有限公司国内勘探开发对外合作项目管理暂行办法》、《中国石油天然气股份有限公司国内对外合作原油配置及结算管理办法》、《中国石油天然气股份有限公司国内陆上石油对外合作项目中方账财务管理暂行办法》、《中国石油天然气股份有限公司国内陆上石油对外合作项目预算管理暂行办法》、《中国石油天然气股份有限公司国内陆上石油对外合作项目资金管理暂行办法》、《中国石油天然气股份有限公司国内陆上石油对外合作项目中方账会计核算暂行办法》、《中国石油天然气股份有限公司国内陆上石油对外合作项目联合账会计核算暂行办法》等七项新制度，有力地加强和完善了国内陆上石油对外合作项目管理工作。

这些相关管理办法的制定，明确了股份公司、国际公司、地区公司三个层面权限和范围的划分，使国内对外合作的定位、层面与职能得以明确，项目管理力度得以加强。具体来说就是股份公司决策、国际公司管理、地区公司执行。

国际公司的定位与职能是代表资源国和股份公司负责统筹规划和归口管理对外合作项目，其五项主要职责是：（1）新项目和补充协议的谈判和签订；（2）技术审查管理和联管会事项管理；（3）年度工作计划和预算审查和监管；（4）授权支出的管理和工作定单管理；（5）项目执行考核和人员培训的组织实施。

地区公司的定位与职能是负责或参与项目执行，其五项主要职责是：（1）设立中方项目部执行项目；（2）建立和运营项目中方账；（3）初审工作年度计划和预算；（4）授权范围内的开支（AFE）审批；（5）

统计上报项目有关数据。

2. 主要合作项目进展情况

（1）大港赵东项目：（作业者美国阿帕奇公司）赵东项目总体开发方案实施进展顺利。2003年2月开始钻井，全年完成25口，总进尺49857.34米。已完成100万吨油田产能建设，开发投资16亿元人民币，比计划提前3个月。完成生产平台建造安装，按计划于7月20日投产。新增地质储量1836万吨，勘探投资1.26亿美元，折算可采储量桶油勘探成本1.49美元。2003年7月底开始生产原油，日产原油6000桶。全年生产原油28万吨，完成年计划169.7%。赵东项目的套管钻井技术应用，大大提高了钻井速度和效率。

（2）克拉玛依九1—九5项目：（作业者香港HAFNIUM公司）对合作区内齐古组已动用储量的边缘部位以及合作区内三叠系、石炭系储量进行补充合作开发。齐古组扩边开发实施效果较好，全年完钻的63口新井，进尺16350米。生产原油73万吨，中方权益油33.6万吨。

（3）辽河冷家堡项目：（作业者香港BECKBURY公司）冷家堡项目是属于稠油开发合作项目，总面积270.8平方千米。全年钻井83口（其中，探边井3口，开发井80口），总进尺172200米。生产原油131.5万吨，中方权益油39.5万吨。

（4）西南川中项目：（作业者美国柏灵顿公司）2003年8月通过了总体开发方案审查，9月通过了环境评价报告，10月通过了探明储量报告。全年完钻新井3口，实施的大型加砂压裂新技术使产量有较大提高。

（5）大庆州13项目：（作业者香港中亚石油有限公司，原为香港中汇石油有限公司，2003年变更为现名）本项目包括州13（1—2）区块和州13（3—6）区块两个石油合同。结合区块实际调整了总体开发方案，完成了原油销售协议的条款修改和地方土地使用协调工作，开始进行现场开发作业。全年钻井128口，总进尺162798米，投产95口，生产原油5.89万吨。

（6）大港孔南项目：（作业者加拿大泛华能源公司）2003年4月国家发改委批准孔南项目总体开发方案（ODP），5月孔南项目进入开发期。在先导试验期内共完钻新井5口，修复利用老井6口，试采井11口，新老井实施压裂措施5口8井次，建成卸油和注水装置各1套，监测资料实现按要求录取。完成投资3112万美元。生产原油10万吨。销售收入1882万美元。各项指标均达到或超过合同要求的最低义务工作量。

先导期合作区新井投产初期产量是邻区的两倍以上，老井重新完井后产量是作业前产量的两倍以上，其原因是采用了三项技术，即配套的钻井技术和低密度的硫酸钾钻井液技术、深穿透射孔技术和长冲程及低冲次的杆式泵深抽技术。

3. 合同终止

青海柴达木盆地涩北项目（作业者意大利Agip公司）该合同属于风险勘探开发合同。自2000年5月26日签订后，2002年6月和2003年1月两次延长勘探期第一阶段各6个月。在已经完成二维地震采集439.6千米、完钻盐深1井、取得一定的工程地质技术资料后、外方经过认真研究，认为无工业开发价值，且已完成勘探期第一阶段和延长期的义务工作量和费用，于2003年7月9日双方签订协议终止该合同。

【海外油气田勘探开发】

1. 原有项目执行

2003年，中国石油国际印尼项目公司充分发挥自己先进技术优势和管理经验，在印尼项目区块内有针对性地展开勘探，完成二维采集737千米，三维采集283平方千米，钻探井和评价井7口，全部获得油气发现，新增探明油气可采储量3300万桶。

印尼项目公司克服了综合递减等困难，钻开发井30口，实现总产量1801万桶（243.7万吨）油当量（原油1511.4万桶，天然气12658百万立方英尺，LPG10.59万吨），完成年计划的100.5%。LPG工程于5月开工，施工进度按计划进行，9月份开始向新加坡供气。

2. 新项目收购

2003年4月25日，中国石油成功收购了美国赫斯公司（Amerada Hess）在印度尼西亚的子公司赫斯印尼控股公司（Amerada Hess Indonesia Holdings Co.）50%的权益；马来西亚国家石油公司（PETRONAS）以同等条件收购了赫斯印尼控股公司其余的50%权益。赫斯印尼控股公司、中国石油和马来西亚国家石油公司在加邦（Jabung）区块各自拥有30%的权益，其余10%为印尼国家石油公司拥有。该项目日产约3万桶油当量，探明剩余可采储量2.5亿桶油当量，中国石油目前是该区块的作业者。本次收购后，中国石油和马来西亚国家石油公司的权益均达到45%，巩固了中国石油在该区块作业者的地位。

3. 东帝汶油气资源联合研究项目

2003年1月完成遥感资料的处理和解释工作，

并将遥感图提交给东帝汶政府。从6月28日起开始非地震（重磁电）勘探工作动迁，经过3个多月的艰苦努力，完成了野外资料采集工作。10月下旬开始资料处理工作，于12月底顺利完成。12月30日，非地震勘探资料采集、处理及解释工作通过了国际公司组织的专家验收。此外，2003年还对地层、构造、储层、资源量估算、油藏和圈闭等进行了较深入的研究，圆满完成了油气资源潜力综合评价研究任务。在国家商务部、外交部及中国驻东帝汶使馆的大力支持和帮助下，东帝汶油气资源研究项目已基本完成。

4. 塔吉克斯坦联合研究项目

根据2001年12月中塔两国政府签署会谈纪要，中国石油国际有限公司按照中国外经贸部的要求，于2002年11月与大庆油田签署了编制塔国连干地区资料包项目的合作协议书。

2003年4月初，国际公司对该项目进行了中期评估，已取得阶段成果。4月11日，国际公司就项目进展情况向国家商务部外援司做了书面汇报。8月26日，国际公司参加了由国家商务部援外司主持召开的会议，商讨了该项目的下步工作。

5. 印尼提高采收率（EOR）联合研究协议

2003年6月与印度尼西亚国家石油公司（Pertamina）签订了关于在泰兰（Talang Akar）开展印尼提高采收率（EOR）联合研究的协议。并按照协议要求，国际公司与Pertamina、大庆油田研究院、设计院、采油院组成了联合研究项目组。2003年11月底完成了资料收集和预评价工作。

6. 技术管理委员会和作业管理委员会（TCM/OCM）会议

2003年10月12日至15日，中国石油国际印尼项目公司在上海中国石油日航饭店召开了印尼加邦（Jabung）和吐班（Tuban）区块的技术管理委员会和作业管理委员会（TCM/OCM）会议。中国石油国际印尼项目公司和印尼国家石油公司（Pertamina）、马来西亚国家石油公司（Petronas）、印尼美德克公司（Medco）等合作伙伴40余名代表与会。国际公司寿铉成总经理、国际公司国外项目管理部、计划发展部、海外研究中心等单位领导和专家参加了会议，印尼国家石油公司上游副总裁SM. Hari Kustoro先生、马来西亚国家石油公司国内和亚太区总经理Chai Kwok Kit先生也亲自参加了会议。中国石油国际印尼项目公司作为作业者所提出的工作计划和预算在会上顺利获得了各合作伙伴的批准，实现了国际公司的战略部署，会议取得了圆满成功。

【人员培训】　2003年在反复征求意见和深入调研的基础上，确定了国际公司队伍建设五年规划。计划五年培训和储备440名后备人才，进一步明确了今后培训工作的方向和目标，为培训工作的有效实施奠定了基础。

理顺国内项目培训管理体制。2003年7月底在成都召开国内项目培训工作协调会。确定“首席负责制”，规范资金的使用与管理，明确了国际公司、油田和项目联管会之间的权责关系，调动了地区公司的积极性和能动性。

按计划实施2003年度培训。努力克服“非典”对培训计划实施的影响，国际公司完成37项培训任务，培训426人次；国内对外合作项目完成培训102人次（含国外32人次）；继续举办3个国际合作储备培训班，培训后备人员72名。

（王铁夫　才　鑫）

对外工程技术服务

【钻井技术服务】　中油国际工程有限责任公司所属长城钻井公司与地区公司密切合作，大力开拓国际市场，对外钻井技术服务取得新进展，钻机已分布在22个国家。2003年，完成钻井技术服务项目合同额32382万美元，完成年度计划指标的166%，同比增长23%；全年新带出国钻机24台，完成上级下达任务指标的240%；2003年末累计在国外钻机总数100台套；开钻339口，完钻328口，钻井进尺723190米，修井203井次。

1. 苏丹钻井合作项目

该项目由长城钻井公司2000年10月与GNPOC大尼罗河石油公司签订，由华北油田GW5003钻井队、南阳油田顶驱和中原32747钻井队在1/2/4区块、3/7区块提供钻井工程服务；2002年1月，与PETERODAR签订两年钻井合同，由吉林油田GW56队在3/7区提供钻井服务；2002年4月，在6

区块中标4个钻/修井项目，合同期两年，分别由大港GW50队、辽河GW72队、大庆GW73队、辽河GW75队执行项目；2002年5月，签订6区块固井服务项目，由四川油田提供固井服务；上述合同正在执行过程中。截至2003年12月，共有钻修井机12部，开钻75口，完钻78口，修井69井次，钻井进尺171680米。

2. 埃及钻井合作项目

自1998年4月"中埃钻井公司"成立以来，由新疆、华北油田提供钻井工程服务的50D和GW735钻机以及南阳油田提供修井工程服务的ZXJ－120，ZXJ－80两台设备，继续执行钻（修）井任务。2003年1—5月与GPC、GUPCO、WEPCO签订新合同，均由大庆油田K650提供技术服务，项目正在执行中。截至2003年12月，共有钻（修）机5部，全年开钻25口，完钻24口，修井88井次，钻井进尺33451米。

3. 哈萨克斯坦钻井合作项目

继1999年11月中哈长城钻井有限责任公司与合资公司合作伙伴签订20口井的为期一年的钻井工程和相关作业技术服务合同后，哈萨克斯坦2002年肯基亚克235井、8002井正在执行中。2003年6—12月与CNPC—阿克纠宾油气股份公司分别签订哈萨克斯坦扎那诺尔油田开发井、肯基亚克盐下井、肯基亚克盐上井、肯基亚克南区合同；2003年6月与里海石油公司签订钻井合同；上述合同正在执行过程中。截至2003年12月，钻机23部，全年开钻49口，完钻47口，钻井进尺177468米。

4. 委内瑞拉钻井合作项目

自2001年5月24日，与PDVSA一举签订5部1500HP钻机钻井合同以来，分别由大庆、辽河、大港、华北、四川、新疆六个油田提供钻井服务。2002年，现有钻机的合同都延续到2002年底；2003年4月在PDVSA新一轮招标中中标8部钻机，合同正在执行过程中。截至2003年12月，共有钻机10部，全年开钻26口，完钻27口，修井12井次，钻井进尺61969米。

5. 巴基斯坦钻井合作项目

2001年5月14日，与巴基斯坦石油公司签订的钻井合同，由四川石油管理局提供一部70D钻机，2001年6月起运，2003年6月合同续签。2002年5月、9月分别与Orient Petroleum Inc 签订两个钻井项目，由吐哈钻井公司提供50D、70D钻机执行项目，上述合同正在执行过程中。截至2003年12月，共有钻机3部，全年开钻8口，完钻9口，钻井进尺27201米。

6. 印度尼西亚钻井合作项目

自2001年长城钻井公司正式接管此项目以来，逐步理顺项目管理。该项目由华北油田和辽河油田、大港油田分别提供XJ120、XJ450、XJ140修井机并提供服务。2002年2月，与Pertamina Drilling Service Indonesia 签订两个钻井项目，2003年11月合同续签。截至2003年12月，共有钻修机4部，全年开钻4口，完钻3口，钻井进尺7935米。

7. 伊朗钻井合作项目

该项目是与伊朗国家石油公司签订的19口钻井＋2口修井项目，自2001年长城钻井公司正式接管此项目以来，由四川、辽河、新疆、中油测井以及长城钻井公司所属钻井液公司、顶驱公司提供设备及服务，项目正在执行中。2003年8月，与OMV伊朗陆上勘探股份有限责任公司签订钻井合同，由长城钻井公司GW107执行作业。截至2003年12月，钻机3部，全年开钻12口，完钻11口，钻井进尺32566米。

8. 墨西哥钻井合作项目

2002年11月与墨西哥国家石油公司PEMEX签订合同，分别由长城钻井公司GW81、82队和大港井下作业公司GW83、84队提供钻（修）井服务，项目正在执行中。截至2003年12月，共有钻修机4部，开钻16口，完钻13口，钻井进尺38321米。

9. 阿塞拜疆钻井合作项目

2003年3月与SALYAN公司签订钻修井合同，由大港油田GW88队、吐哈油田GW89队、大港油田GW25队提供服务；2003年5月与GOBUSTAN作业公司签订钻修井合同，由大港定向井公司、吐哈油田GW26队、玉门油田GW111队执行作业；2003年5月与SALYAN公司签订钻井合同，由大港油田GW69队执行作业。截至2003年12月，共有钻修机4部，开钻15口，完钻12口，钻井进尺37569米。

10. 利比亚钻井合作项目

2003年7月与TPOC公司签订钻井合同，由长城钻井公司GW118队执行作业。截至2003年12月，共有钻修机1部，开钻1口，钻井进尺2430米。

11. 阿曼钻井合作项目

2003年8月与DALEEL公司签订钻井合同，由新疆钻井公司GW110队执行作业。截至2003年12月，共有钻修机1部，开钻2口，完钻1口，钻井进尺3308米。

（曹海霞）

【测井、录井、测试】 中油测井技术服务有限责任公司（以下简称中油测井公司）是集团公司在海外开展测井、录井、测试、定向井/随钻测井技术服务的专业化公司，2003年是该公司重组改革后独立运作的第三年，在国际公司领导下，坚持“走出去”战略，在巩固和拓展已有市场的基础上，确保突破一点，辐射一片，进一步加大了海外市场开发力度，在开拓国际市场方面取得较大进展。

中油测井公司海外技术服务市场主要分布在苏丹、伊朗、委内瑞拉、哈萨克斯坦、巴基斯坦、阿塞拜疆、缅甸、叙利亚等国家。

1. 苏丹作业区

2003年中油测井公司加大了苏丹市场工作力度，在苏丹举办了大型技术报告会，完成了6区、3/7区和5A区测录试和修井共九个服务项目的投标工作，同时积极与苏丹政府石油主管部门联系，做了大量技术宣传和推介工作，为下一步的招投标工作打下良好的基础。

苏丹作业区主要分为1/2/4区、3/7区和6区三个区块，在1/2/4区块，除了继续提供测井服务以外，测试和录井专业也在2003年初首次进入该区块提供服务，测试设备在合同基础上已开始增加APR服务。在苏丹3/7区块，2003年公司凭借丰富的技术服务经验和良好的服务业绩，一举中标测井、测试和录井项目。苏丹6区块是中方的全资项目，公司主要为其提供测井、录井、测试和资料处理技术服务。

2. 伊朗作业区

在伊朗作业区，2003年签订了测井、测试服务合同，其中80174测试合同于2003年2月开工，这是测试专业第一次在伊朗提供综合测试服务，公司领导高度重视，经过一线人员的艰苦奋战，最终以优质的服务赢得了甲方的认可。

3. 委内瑞拉作业区

2003年公司与PDVSA签订了西部生产测井技术服务合同，并参加了Orinoco乳化油定向井项目的投标，中标1个平台。

4. 哈萨克斯坦作业区

公司已连续3年为阿克纠宾油田提供测井射孔服务，2003年又与该油田签订了测井射孔合同；除了继续巩固已有市场外，公司2003年加大了哈萨克斯坦新市场工作力度，相继进入Kazakhoil和TME公司部分测井和录井市场并签订技术服务合同。

5. 阿塞拜疆

阿塞拜疆市场是CNLC新开辟的国际市场，2003年与SALYAN OIL LTD. 签订了测井及录井服务合同，并于同年进行测井及录井作业。另外，中油测井公司于2003年4月17日注册了阿塞拜疆分公司，办理了税务登记和统计局备案。

6. 巴基斯坦

作为中油测井公司2002年底新进入的市场，经过一年的努力开拓，测井作业逐渐被客户认可。同时，中油测井公司也积极探索进入了测试市场，经过艰苦的努力，2003年与MARI GAS签订了测试合同，并于12月顺利开工，实现了测试市场全面突破，成功树立了CNLC在巴基斯坦的良好形象。

7. 叙利亚

在叙利亚市场方面，2003年公司积极参加CNODC投资的Jbissah油田Gbeibe区块测井和录井服务投标并中标。

8. 缅甸

在缅甸市场方面，2003年与CAL签订了试油合同。

（姚玲玲）

【地面工程建设服务】 2003年，中国石油工程建设（集团）公司（以下简称工程建设公司）在建工程项目达20余项，以保工期、重质量、讲安全、创信誉、增效益为宗旨，强化项目管理，确保主要工程项目正常运行。

1. 巴基斯坦WOPP项目

为一条长817千米、管径26英寸（660毫米）的成品油管线，设计输量1200万吨/年。截至年底总体进度达到72.43%，详细设计完成90%以上，基本完成全部设备和材料的订单签订，国内近10万吨板材的供货合同已全部完成，国际采购的部分设备材料已陆续运抵施工现场，施工全面展开，主管线3月21日点火试焊，截至年底焊接管线达501.1千米。

2. 苏丹油田项目

在建工程15项，规模超过1.8亿美元。项目点多、面广、战线长，分布在五个省市，纵横东西南北，管理难度很大。受国内“非典”疫情影响，现场施工人员进场严重受阻。广大员工发扬高度的敬业和团队精神，确保了承建项目的正常运行，全年提前或按期完工项目10项，其余5项均按计划正点运行。

富拉油田EPC-1项目是2003年的重点项目，10月28日，中心处理站及集输系统提前三天实现机械完工，具备试投产条件，CNODC总工程师为此专门致信公司表示热烈祝贺和衷心感谢。另外，CPF30万桶扩建和尤尼提电站二期扩建等重点项目，也按业主要求顺利实施。

3. 哈萨克斯坦项目

2003年，哈萨克斯坦项目部承建5项工程。这些项目工期紧、任务重，受国内“非典”疫情影响和当地用工政策限制，国内人员派遣极为困难。采取人力资源属地化措施，内部挖潜，实行日夜交叉施工，确保了项目的施工进度，实现了新油气处理厂、原油脱硫醇工程、气举压缩机站等项目的按期或提前竣工投产，受到了业主的高度赞扬。哈萨克斯坦国总理称“这个处理厂比美国公司干得还好”，阿克纠宾州长专门也发来感谢信，称赞为当地经济社会发展做出了贡献。

4. 苏丹炼油厂项目

苏丹喀土穆炼油厂扩建工程是以EPC总承包模式，按国际工程惯例要求运作的项目。按照精干、高效的原则组建完成了项目管理队伍；完成了各项规章制度、程序文件的编制。3月份在业主和CNODC的全程参与下，通过邀请招标确定了安装分包单位。一期工程详细设计已完成近93%，采购已发出90%的订单，土建已完成近80%的工程量，安装工作紧张进行。二期工程详细设计正常进行，各设计院交付中文图纸83套，英文图纸11套，采购工作启动，长周期设备的技术交流和询价工作全面展开。

5. 委内瑞拉项目

该项目是工程建设公司在南美承包的第一个项目。从2003年6月起，就开始着手项目前期筹备工作，拟通过该项目的实施，树立公司形象，创新项目管理模式，探索出一条充分利用当地人力、技术和物力等工程建设资源运作项目的路子。2003年11月12日项目正式启动，完成了设计的分包招标，正式启动了设计工作；收集了项目执行所需的大量法律法规文件，与当地银行、保险公司、清关代理以及设计、施工、运输公司和供货商建立了联系；编制完成了文件、采购、人事控制程序和项目协调手册等文件。

（严　锋）

石油物资装备出口

【概述】　中国石油技术开发公司作为集团公司专门从事石油物资装备和技术出口的专业公司，认真贯彻实施集团公司跨国战略方针，发挥集团公司整体优势，大力开拓国际贸易市场，充分发挥对外窗口作用，带动国内各机械生产企业的产品进入国际市场，实现集团公司整体效益最大化，不断开拓新市场，出口产品结构不断改进，扩大经营业务，加强经营管理，公司各项工作取得了显著成绩。

【石油物资装备出口】　2003年，出口签约额40671万美元，比2002年增长35%；主营业务收入26亿元，比2002年增长156%；收汇21401万美元，比2002年增长46%；利润6425万元，比2002年增长150%。

出口产品结构不断改善。机电产品出口签约额3.58亿美元，占签约总额的88%。其中大型成套设备以及高附加值、高技术含量产品比重越来越大。2003年完成了苏丹723千米管线供货任务；向哈萨克斯坦出口钻机8台，出口土库曼斯坦钻机4台，出口乌兹别克斯坦钻机7台，出口墨西哥钻机1台，全年累计出口钻机20台。

市场规模不断扩大。产品已出口到全球55个国家和地区，在25个国家和地区设立了驻外机构，在世界主要产油区建立起了稳定的市场营销网络。

出口供货资源体系不断完善。国内有上千家石油机械制造厂组成了品种齐全的资源体系；同时，资源向国外延伸，通过开展第三国采购，力求在全球范围内提供满足用户需求的石油物资装备。

服务水平不断提高。已在海外建立了四个寄售库，四个维修中心，努力为用户提供更加专业化、全方位和及时快捷的服务。

2003年，中国石油技术开发公司在国外开始建立实业，在哈萨克斯坦建立了“阿克纠宾石油机械联合（有限责任）公司”，在苏丹建立了“非洲中国摩托车自行车厂”。通过合资公司，加强与出口国的合作，规避市场风险，提高市场竞争力，不断推动国产石油物资装备出口事业向前迈进。

（杜　娟　杨德林）

石油技术设备引进

【概述】 中国石油物资装备（集团）总公司（以下简称公司）作为集团公司进口的主渠道，2003 年继续转变观念，充分发挥自身优势，努力克服“非典”疫情带来的影响，进口代理业务在服务意识和服务质量上不断加强，逐步确定了系统内的主导地位。

一年来，公司及各石油石化企业从维护集团公司的整体利益出发，认真贯彻集团公司“集中采购、统一引进”的精神，使石油技术装备进口继续保持稳定发展的态势，2003 年共签订石油技术设备进口合同总金额达 6.49 亿美元。

在 2003 年的进口工作研讨会上，集团公司和股份公司所属企业代表 134 人参加了会议。代表们都表示要加强同物装公司的合作，探索新路子，共同搞好集团公司的技术设备引进工作。

【石油技术设备引进】 受国家发改委和商务部的高度重视，并成为国际市场瞩目的重大采购项目——西气东输管道压缩机组采购项目是西气东输机电设备引进的最大项目，预算金额 2 亿美元。面对这一重大项目，公司始终严格按照招标采购程序进行工作，最终实现中标商技术最优，价格最低，中标价格 1.6 亿美元，比预算节约投资 4000 万美元。另外，为西气东输项目进口钢管 9.9 万吨，热轧钢板 2.5 万吨，感应加热弯管 57 根，热轧卷板 5 万吨，金额达到 7979 万美元。同时还完成流量计量系统、小功率发电机组、SCADA 系统、阀门等重要设备的进口合同签约任务，总金额达 5358.2 万美元。

在克拉 2 气田地面建设项目中共签订合同 58 个，总金额共计 4000 多万美元，包括阀门、采气井口、数据采集监控系统、计量泵等。

随着中国石油集团东方地球物理勘探有限责任公司的成立，其物探仪器及设备的采购量急剧上升，2003 年共签订进口合同 120 份，金额达到 6000 多万美元，包括震源车、数据采集设备、可控震源等。

在忠武线工程项目的设备采购中积极主动，签订合同 32 份，共招标采购设备 1572 台（套），总金额达 1348 万美元，包括线路截断阀、小功率发电机组、超声波流量计、VAST 通信系统。

在陕京输气管线增输工程燃压机组项目采购中，公司充分发挥对外优势，尽最大努力，运用各种谈判技巧，使外商降价 60 万美元，再加上榆林站压缩机组，最终增输工程签订进口合同两份，金额 995 万美元。另外，签订 24 份钢材进口合同，钢材总量为 24.84 万吨，金额为 13190 万美元。

塔里木油田分公司轮南电站的扩建项目中，公司签约金额为 1300 万美元，主要设备为燃气轮机发电机组。

为中国石油天然气股份有限公司和斯伦贝谢中国公司继续签订了为期 3 年的测井服务合同，总金额达 5000 万美元。这个项目的合同续签也证实了公司的服务是得到了业主的肯定的。

大庆石油化工总厂 20 万吨/年 LDPE 项目、乙烯项目、化肥厂改造项目、30 万吨/年 NPK 复合肥项目，同意大利、瑞士、德国、日本、美国等签订进口代理合同 45 个，总金额达 6016 万美元，主要设备有压缩机、挤压造粒机、破碎机、筛分机等。

大庆炼化分公司 30 万吨聚丙烯项目，同日本、瑞士、意大利、德国、美国共签订进口代理合同 7 个，总金额达 1219 万美元，主要有挤压造粒机、迷宫活塞压缩机、循环气压缩机、液环压缩机、丙烯进料泵等。

兰州石化分公司 120 万吨柴油加氢压缩机及聚丙烯项目、乌鲁木齐石化总厂精对苯二甲酸项目、合成氨液氮洗项目、高浓度复合肥项目，同英国、意大利、德国、西班牙等签订进口代理合同 4 个，总金额 1280 万美元。

吉林石化分公司丙烯烃等 3 个项目，共签订进口代理合同 11 个，总金额 516 万美元。

辽阳石油化纤公司无纺布项目，共签订进口代理合同 5 个，总金额 2100 万美元，包括无纺布生产设备、丙纶仿粘无纺布设备、涤纶仿粘无纺布设备、溶喷仿粘无纺布设备及热轧辊备件。

宁夏石化分公司二化肥改造项目，同美国、日本、荷兰共签订进口代理合同 3 个，总金额 690 万美元，包括软件包及空压机等。

长杭线管道工程项目和外商签订机电设备合同 4 份，设备共 47 套，合同总金额 114.5 万美元。

完成国家重点工程项目的同时，公司还为国内其他工程提供钢材和设备，其中为塔里木油田签订合同两份，进口钢材 1.74 万吨，合同金额 763.4 万美元；进口油田用汽车底盘（改装特种车辆）、汽车起重机等 790 万美元；代理进口专用管材 8 万吨，合同总金额 8500 万美元；进口三剂及化工产品 598 万美元。

（王　颖）

第五篇

工程技术服务

石油地球物理勘探

【概述】　2003年，集团公司从事物探专业的企业共有6家，即中国石油集团东方地球物理勘探有限责任公司、大庆石油管理局物探公司、吉林石油集团有限责任公司物探公司、辽河石油勘探局物探公司、四川石油管理局地质调查处（含四川山地公司）、浙江石油勘探处。这些物探企业，在中国的陆地和海滩、在世界各地开展石油地球物理勘探工程技术服务，包括野外采集、资料处理、成果解释等。

【队伍人员状况】　2003年，在册地震队137个，动用121个，其中二维队69个，三维队52个。在集团公司系统内作业的队伍有114个，在集团公司系统外国内市场作业的队伍有7个。在国外服务的地震队有45个，比2002年增加11个队，其中二维队22个，三维队23个。国内共有地震资料处理解释中心11个。国内非地震队投入12个，其中重磁力队4个，电法队7个，化探队1个，在国外服务的重磁力队2个，电法队1个。

【工作量与主要技术指标】　2003年，国内的石油地球物理工程技术队伍主要面对中国石油天然气股份有限公司物探市场。国外市场份额又有所增加，共有45个地震队分别在苏丹、尼日利亚、巴基斯坦、缅甸、印度尼西亚、东帝汶、阿联酋、阿曼、伊朗、也门、沙特、土耳其、阿尔巴尼亚、哈萨克斯坦、委内瑞拉、墨西哥、利比亚17个国家提供采集、处理、解释和非地震服务。物探专业二维地震采集工作量52693千米，增幅达10%。其中，在国内完成二维地震剖面39703千米，比2002年增加5150千米，增幅达15%。国外完成二维地震剖面13805千米，三维地震采集工作量20245平方千米，比2002年提高32%。其中，国内完成11576平方千米，国外完成8669平方千米。

二维、三维地震采集2003年收入62.91亿元。其中，集团公司内部市场收入18.26亿元，国内外部市场收入23.27亿元，国外市场收入21.43亿元。

二维地震记录962879张，合格率99.88%；三维地震记录1410958张，合格率99.98%。

二维地震平均动用队年效率为798千米/（队·年），平均动用二维地震队66.07个；三维地震平均动用队年效率为384平方千米/（队·年），平均动用三维地震队数为52.69个。二维地震队利用率76.15%，年平均队数86.76个。三维地震队利用率75.01%，年平均队数70.24个。

【物探设备】　2003年，集团公司完成物探装备投资16亿元。现有地震遥测仪器13大类150台（套），比2002年增加11台（套）；主机控制单位185个，比2002年增加20个；采集站55723个，比2002年增加17309个；总道数约25万道，平均每台仪器1687道。非地震仪器350台，其中，重力仪器49台，磁力仪器31台，电法仪器269台，化探仪器1台。石油物探可控震源有12种型号184台，其中国产42台。石油物探钻机有32种型号1567台，其中车装钻机有19种型号565台，人抬钻机有13种型号1002台。石油物探推土机有9种型号123台。石油物探测量仪器有卫星定位仪器355套，1023台；卫星导航仪130台；全站仪379台。在计算机方面，拥有数据处理计算机型号40种，主机130台，CPU1530个，比2002年增加88.7%。应用软件40种，磁带机216台，绘图仪器84台。资料解释计算机型号有20种，主机159台，CPU163个，比2002年增加59.8%，应用软件有35种以上，磁带机193台，绘图仪器28台。

【技术发展、数据处理与研究成果】　地球物理勘探方面的技术进步成绩显著。在东部地区，寻找隐蔽、断块油气藏的地震勘探技术得到应用。采用整体部署，实施连片高分辨率三维地震采集处理和高精度层序地层学解释技术，进行预测储层，发现和落实一批小断块和岩性油气藏。在西部地区，继续采用山地综合物探技术，提高资料品质，又取得一批勘探成果。通过技术引进和自主开发，在多波勘探、井间地震、裂缝检测技术等方面有了新进展。

从事数据处理工作的有6个会员单位，它们是中国石油集团东方地球物理勘探有限责任公司研究院、华北经理部、综合物化探事业部，大庆物探公司、吉林物探公司和四川地调处。处理二维记录1236439张，剖面108661千米，同比增加37383千米，增幅为52.4%。处理三维记录971837张，剖面13656平方千米，同比增加 1285 平方千米，增幅为 10.4%。处理重磁力记录 438075 张，剖面 199325 千米。处理电法记录 35945 张，剖面 17921 千米。处理化探记录 4295 张，剖面 495 千米。

从事资料解释研究工作的有 4 个单位，它们是中国石油集团东方地球物理勘探有限责任公司研究院、大庆物探公司、吉林物探公司和四川地调处。完成二维解释剖面 12549 条，452558 千米；完成三维解释 137 个区块，26212.6 平方千米；二维、三维共完成绘制深度构造图 985 张；分析图件 5803 个；发现和复查圈闭 5512 个，面积 161006 平方千米；编写成果报告 142 篇；提供井位 862 口，共采纳 258 口。

钻井工程

【概述】 2003 年，中国石油天然气集团公司所属 12 个油气田共有钻井队 684 支，比 2002 年增加 67 支。

装备投资 20.4 亿元，固定资产 66.83 亿元，主业产值 172.31 亿元。7 个钻井技术服务公司固定资产 6.06 亿元，主业产值 8.45 亿元。

钻井工程及技术服务系统现有员工总数 66155 人，其中一线有 32277 人，占总数的 49%；二线、三线有 33878 人，占总数的 51%。钻井系统现有员工总数 59848 人，大专学历以上的有 9891 人，约占总数的 17%；中专文化的有 4842 人，约占总数的 8%。

拥有各类钻机 713 台，动用 688 台，动用比为 96.49%。按承载负荷划分，3000 米以上的钻机有 559 台，占总数的 78.40%，3000 米以下的钻机有 154 台，占总数的 21.60%；按传动方式划分，电动钻机有 125 台，占总数的 17.53%，机械钻机有 434 台，占总数的 60.87%，电动钻机与机械钻机的比率约为1∶3。共有顶驱 48 台，其中进口 43 台，国产 5 台。

共有各类防喷器 1480 台，其中单闸板防喷器 484 台，双闸板防喷器 634 台，环形防喷器 341 台，其他防喷器 21 台。共有控制系统 787 套，节流压井管汇 803 套，高压软管 67215 米。

有随钻录井仪（LWD）4 套，随钻测量仪（MWD）33 套，线随钻 51 套，陀螺 7 套。

有各类固井水泥车 416 台，立式罐车 44 台，运灰罐车 444 台，压风机 49 台。

有各类旋转控制头 22 套，冷却润滑系统 15 套，节流控制箱 16 套，卡箍控制箱 8 套，节流管汇 86 套，气液分离器 24 套。

【钻井经济技术指标】 2003 年，集团公司钻井系统共完井 8182 口，进尺 1437.23 万米。其中，在集团内部市场完井 7542 口，进尺 1231.35 万米；在集团外部市场共完井 648 口，进尺 205.88 万米。内部市场 2003 年共动用钻井队 404.61 支，开钻 7233 口，完井 7095 口。完成井平均井深 1690.22 米，平均建井周期 15.63 天，平均钻机月速 2883 米/（台•月），平均机械钻速 10.43 米/小时，平均动用队年进尺 30087 米。与 2002 年相比，平均动用队增加 41.54 支，完成井平均井深减少 22.78 米，开钻口数增加 771 口，完井口数增加 607 口，钻井进尺增加 122.77 万米，增加 11.22%，平均钻机月速降低 5.04%，平均机械钻速降低 7.86%，平均动用队年进尺减少 61.28 米。这说明集团公司当年勘探开发力度进一步加大，工作量增加。在动用钻井队增加的同时，管理难度加大，整体钻井速度有所下降，平均每支队伍完成的进尺工作量有所减少，特别是新疆、长庆、吉林等上产油田机械钻速下降较大。

探井平均动用钻井队 91.08 支，开钻 498 口，完井 481 口，钻井进尺 136.6 万米，占总进尺的 11.22%，完成井平均井深 2735.46 米，平均建井周期 51.54 天，平均钻机月速 1396 米/（台•月），平均机械钻速 5.08 米/小时，平均动用队年进尺 14998 米。与 2002 年相比，平均动用队增加 6.61 支，开钻口数增加 11 口，完井口数减少 19 口，完成井平均井深增加 117.73 米，平均钻机月速大致相当，平均机械钻速降低 4.87%，平均动用队年进尺增加562 米。

开发井平均动用钻井队 313.53 支，开钻 6735 口，完井 6614 口，钻井进尺 10807566 米，占总进尺的 88.78%，完成井平均井深 1614.32 米，平均建井周期 13.04 天，平均钻机月速 3332 米/（台•月），平均机械钻速 12.04 米/小时，平均动用队年进尺 34471 米。与 2002 年相比，平均动用队增加 34.91 支，开钻口数增加 760 口，完井口数增加 626 口，完成开发井进尺工作量增加 1081038 米，增加了

11.11%，完成井平均井深减少27.91米，平均钻机月速降低6.33%，平均机械钻速降低8.51%，平均动用队年进尺减少438米。

【钻井工程质量】 2003年，在完成的7095口井中，井身质量合格为7048口，井身质量合格率为99.34%。油层套管固井6905口，合格6894口，固井质量合格率为99.84%，固井优质率为81.54%。钻井取心井475口，取心进尺23500.38米，岩心长度22951.20米，取心收获率为97.67%，取心平均单筒进尺7.84米。工程报废井10口，工程报废进尺7864米，工程返工进尺19483米。与2002年相比，井身质量合格率、固井质量合格率、取心收获率等三大工程质量指标相对持平，都保持在较高的水平。

探井完井481口，井身质量合格为455口，井身质量合格率为94.59%。油层套管固井381口，合格378口，固井质量合格率为99.22%，固井优质率为70.34%。钻井取心井267口，取心进尺12644.69米，岩心长度12402.73米，取心收获率为98.09%，工程返工进尺3509米。与2002年相比，井身质量合格率降低4.81个百分点，油层套管固井质量合格率降低0.64个百分点，固井优质率降低11.15个百分点，取心收获率提高0.78个百分点。

开发井完井6614口，井身质量合格为6589口，井身质量合格率为99.7%；油层套管固井6524口，合格6516口，固井质量合格率为99.88%，固井优质率82.18%。钻井取心井208口，取心进尺10855.69米，岩心长度10548.47米，取心收获率为97.17%；工程报废井4口，工程报废进尺2686米，工程返工进尺15974米。与2002年相比，井身质量合格率降低0.23个百分点，油层套管固井质量合格率提高0.01个百分点，取心收获率提高0.83个百分点。

【钻井生产时效】 钻井工作总时间为3039817小时。生产时间为2791636小时，占总时间91.84%；其中进尺工作时间1891434小时，占62.22%；纯钻进时间1166968小时，占38.39%。非生产时间248181小时，占总时间8.17%；其中事故为67309小时，占2.22%（其中卡钻损失时间28046小时，占0.93%）；修理时间为23086小时，占0.76%；组织停工为57489小时，占1.89%；处理复杂情况为81159小时，占2.67%；自然灾害为6290小时，占0.21%；其他停工为12848小时，占0.43%。与2002年相比，生产时效提高0.08个百分点，进尺工作时效提高1.17个百分点，纯钻进时效提高1.13个百分点，工程事故时效上升0.45个百分点，修理时效上升0.01个百分点，组织停工下降0.51个百分点，处理复杂情况降低0.05个百分点，其他停工上升0.01个百分点。从上述数据可以看出，当年钻井工作量增加，钻井生产时效、进尺工作时效、纯钻进时效有所提高，组织停工有所下降，但同时工程事故和修理时效也有所上升，技术管理和设备管理工作应当切实采取措施加强。

其中，探井生产时效为89.71%，进尺工作时效为62.7%，纯钻进时效为38.2%，非生产时间占10.3%，事故占3.14%（其中卡钻占1.21%），修理占0.49%，组织停工占2.68%，处理复杂情况占3.23%，自然灾害占0.31%，其他停工占0.46%。与2002年相比，生产时效提高0.61个百分点，进尺工作时效提高2.42个百分点，纯钻进时效提高1.83个百分点，工程事故时效下降0.4个百分点，修理时效下降0.19个百分点，组织停工时效下降0.82个百分点，处理复杂情况时效下降0.07个百分点，其他停工时效下降0.09个百分点。

其中，开发井生产时效为92.48%，进尺工作时效为62.08%，纯钻进时效为38.45%，非生产时效7.53%，事故占1.94%（其中卡钻占0.84%），修理占0.85%，组织停工占1.66%，处理复杂情况占2.51%，自然灾害占0.18%，其他停工占0.42%。与2002年相比，生产时效下降0.13个百分点，进尺工作时效提高0.78个百分点，纯钻进时效提高0.91个百分点，工程事故上升0.48个百分点，修理上升0.04个百分点，组织停工降低0.39个百分点，处理复杂情况下降0.01个百分点，其他停工下降0.05个百分点。

【钻井新技术、新工艺】

1. 深井、超深井钻井技术

2003年，共完成4000米以上的深井138口。其中，4001—4500米的有44口，4501—5000米的有17口，5001—5500米的有25口，5501—6000米的有25口，6001—10000米的有9口；其中，大庆探区3口，新疆探区30口，华北探区3口，四川探区17口，长庆探区6口，吐哈探区1口，青海探区3口，塔里木探区64口，玉门探区10口。各油田在钻井过程中，采用提高深井钻井速度综合配套技术，如采用“钟摆防斜钻具+井下动力钻具+PDC钻头”的钻具组合，提高深井的钻井速度。同时，通过对深井钻具失效机理的研究与试验，有效预防钻具事故的发生。与2002年相比，完井口数减少19口，平均井深增加62.51米，机械钻速下降0.23米/小时，平均钻机月速下降 3 米/（台·月），平均建井周期缩短 35 天。

2. 水平井钻井技术

随着勘探开发工作的不断深化，水平井对于提高单井产量和采收率的重要作用再次唤起各油田增加部署水平井。2003 年，集团公司平均动用 12.6 支钻井队钻水平井，全年共开钻 51 口，完井 54 口，总进尺 17.48 万米，主要集中在塔里木（开钻 15 口，完井 20 口）、冀东（开钻 16 口，完井 14 口）、吐哈（开钻 6 口，完井 7 口）、四川（开钻 5 口，完井 2 口）、大庆（开钻 4 口，完井 4 口）、辽河（开钻 3 口，完井 5 口）、大港（开钻 2 口，完井 1 口）、新疆（开钻 0 口，完井 1 口）等油田。2003 年，完成水平井平均测量井深 3494.11 米（其中塔里木平均井深最深，为 5392.8 米），平均钻机月速 1270 米/（台·月），平均机械钻速 5.33 米/小时（其中大港平均机械钻速最高，为 20.18 米/小时），平均建井周期 80.29 天，平均动用队年进尺 13876 米。与 2002 年相比，开钻口数增加 21 口，完井口数增加 16 口，平均测量井深减少了 1522.21 米，平均建井周期减少了 47.54 天，平均钻机月速增加 150 米/（台·月），增幅为 11.81%，平均机械钻速增加 1.13 米/小时，增加了 21.2%。上述数据表明，当年钻井分会会员单位水平井钻井技术日趋成熟，水平井钻井技术指标较 2002 年有不同程度提高。

3. 定向井钻井技术

2003 年，各油田共动用 132.64 支钻井队钻定向井，开钻 2435 口，完井 2380 口，进尺 4419521 米。全年完成定向井口数占集团公司内部市场当年总井数的 33.54%，定向钻井进尺占当年进尺总数的 36.30%。其中，冀东探区共完成定向井 63 口，占本油区钻井总量的 96.92%；辽河探区共完成定向井 695 口，占本油区钻井总量的 94.82%；长庆探区共完成定向井 627 口，占本油区钻井总量的 72.74%；大港探区共完成定向井 140 口，占本油区钻井总量的 62.78%。完成井平均井深 1839.32 米，平均钻机月速 3102 米/（台·月），平均机械钻速 12.48 米/小时，平均建井周期 17.5 天。与 2002 年相比，完井口数减少 54 口，进尺增加4.17 万米，完成井平均井深减少 3177 米，平均机械钻速增加0.41 米/小时，平均钻机月速增加 153 米/（台·月）。

大港油田依靠成套大位移定向钻井配套技术，在冀东油田完成设计井深 3950 米、最大井斜角 50.6 度、井底水平位移 2132.14 米的三开定向探井——蛤 1x1 井，创造该油田同类型井平均机械钻速 12.7 米/小时、中完与完井电测一次成功、全井无事故、钻井周期 37.24 天、建井周期 49.42 天的最好成绩。在中国石油化工集团公司江苏小井眼开窗侧钻市场采用小井眼与水平井配套技术，先后完成 3 口小井眼高难度水平井施工，赢得甲方赞誉。

4. 高效能 PDC 钻头应用技术

为加快钻井速度，减少井下事故复杂情况，提高钻井效益和效率。2003 年，各油田积极推广应用高效能 PDC 钻头。大庆油田共使用 PDC 钻头 1249 只，主要型号有北油生产的 B425 和大庆生产的 R235D，平均单只钻头进尺 1754.14 米/只，平均机械钻速达到 22.66 米/小时，取得可观的经济效益。大港油田 2003 年推广应用高效 PDC 钻头，钻进进尺 27781 米，占总进尺的 42.96%，PDC 钻头平均机械钻速 11.88 米/小时。青海油田 50572 队施工的跃新 32 井，在油砂山大逆断层下盘，地层坚硬，易井斜，地层倾角 16—18 度，有较多的夹层等复杂情况，一只 PDC 钻头在井下连续工作 744 小时，进尺到 1561 米。70D 队施工的东得 1 井，钻至井深 3564 米时，使用 HJ 系列钻头机械钻速 1.24 米/小时，采用 PDC 钻头 + 螺杆钻进，机械钻速提高到 1.95—2.75 米/小时。

5. 优质钻井液与完井液技术

为保护油气层，减少钻井事故复杂情况发生，实现优质、快速、高效钻进，各会员单位针对地层特点，优选、应用新型钻井液体系。大港油田在房29－36、港 95－15、板 828－12 等井试验有机正电胶醇体系，对于稳定井壁、提高机械钻速起到明显效果，在区块相同、钻头相同、钻具组合相同的井中，平均机械钻速提高 3.78 米/小时，提高幅达 38.61%。港 95－15井从 2238 米到完井使用该钻井液体系，平均机械钻速为 17.25 米/小时，比邻井港 95－16 井同井段平均机械钻速提高 8.53 米/小时，提高幅达 97.47%。吐哈采用钻盐膏层聚合物泥浆体系，解决胜南、玉果、神泉、托克逊等区块的盐膏层钻井问题（这些区块盐膏层单层最大厚度 200 米，累计最大厚度 1500 米）。该技术还在乌兹别克斯坦及哈萨克斯坦盐层钻井取得成功。青海针对柴达木盆地不同地层，优选新型钻井液体系，在东部气田和南翼山区块使用屏蔽暂堵型钻井液，解决多压力层系储层的长裸眼井段的油层随钻保护；针对射孔完成的孔隙型油气藏保护问题，在花土沟低压易漏失油（气）藏推广应用水包油乳化钻井液，有效地预防了井漏。低固相聚合醇钻井液在尕斯、红沟子、跃进区块进行现场应用，适应复杂地质条件油（气）层保护要求。四川大力开展优质钻井液体系技术攻关，2003年重点研究、推广应用泡沫泥浆、聚合醇泥浆、氯化钾泥浆、甲酸盐无固相泥浆等环保泥浆。

【国际钻井市场】 2003年，在集团公司打造具有国际竞争力的跨国企业集团的战略指引下，钻井专业公司和油田钻井队伍坚定不移地实施"走出去"战略，大力开拓海外钻井市场，取得显著成效。2003年在巩固老市场同时，新开辟了利比亚、阿曼和阿塞拜疆三个钻井市场，新带出国钻（修）机24台，比2002年提高32%，累计在外钻（修）机已达100台，为40余个国外油公司提供服务，服务领域已由原来较单一的钻井工程服务逐步扩展到钻井液、顶驱、取心、固井、定向井等多个专业的综合技术服务；2003年共开钻339口，完钻328口，钻井进尺723190米；实现营业收入22.3亿元人民币，同比增长45.75%，实现利润6557万元人民币，同比增长165.36%。

测　井

【概述】 2003年，集团公司所属的测井、射孔技术服务的企业共有11家，即中国石油集团测井有限责任公司、大庆油田有限责任公司测试公司、大庆油田有限责任公司试油试采公司、大庆石油管理局测井公司、吉林石油集团有限责任公司测井公司、辽河石油勘探局测井公司、大港油田集团有限责任公司测井公司、四川石油管理局测井公司、新疆石油管理局测井公司、中油测井有限责任公司、华北石油管理局井下作业公司，规模化的测井、射孔设备和器材制造厂4个，测井研究所1个。

【队伍人员状况】 专业队数为617个，其中引进成像测井队55个、引进数控测井队78个，国产数控队352个，生产测井队171个，射孔取心队129个。

测井行业共有员工约16680人，比2002年减少1298人。施工队伍主要从事探井测井、生产井测井、工程测井、特殊方法测井和射孔作业；从事专业人员约12625人，其中正高级职称13人，副高级职称702人，中级职称2929人，初级职称3035个，技术员1002人，工人8879人。

【设备状况】 2003年，测井装备投资5亿元，现有主要专业设备623套。其中，引进成像设备56套，较2002年增加8套；引进数控设备73套，较2002年减少2套；国产数控设备364套，射孔取心设备128套，VSP设备3套。

【工作量】 2003年，在裸眼井测井中，完成测井11047口，13314井次；对比测井1180口，1424井次；声电成像231口，231井次；核磁测井98口，完成"测量米"10223.76万米，实测曲线219909条，完成射孔口数17414口，射孔厚度186036.96米，用弹量265.94万发，完成取心口数1616口。进入海外服务市场的队伍数量为34个，较2002年增加6支。完成工作量1479井次，较2002年增加265井次。完成测井射孔1214井次，其中成像测井队伍23个，较2002年增加8支，完成1298井次，增加307井次；引进数控测井队5支，减少1支，完成57井次；国产数控测井队5个，增加1支，完成76井次。射孔队1个，完成48井次。

【经营状况】 2003年，测井行业资产原值为54.31亿元，净值26.95亿元；年收入36.87亿元。其中，油田内部市场收入25.67亿元，油田外部收入2.81亿元。国外市场收入6.56亿元，其他收入1.84亿元。利润2.66亿元。

【技术发展】 测井仪器已基本实现数控化，其中各种国产数控测井仪器占65%以上。在岩性简单，均质和中、高孔隙度储层，使用国产数控测井解决地质问题效果较显著。在我国每年新钻的油气井中，使用国产数控测井设备的约占2/3。

在重要探井和开发井中，主要使用引进的成像测井仪和数控测井仪（约占井数1/3），可以取全9条常规测井曲线，并可以获得微电阻率扫描成像、阵列感应成像、方位电阻率成像、模块式地层动态测试、高分辨率地层倾角测井、电磁波传播测井、长源距声波等测井资料；这些资料的应用不仅可以区分油、气、水层，求储层物性参数，还可研究地质构造、断层、沉积环境，识别裂缝等。

2003年，国产测井仪器也有较快的发展，在ERA2000测井地面设备技术基础上，设计综合化地面系统，具有测井功能综合化，作业并行化，采集控制、质量控制智能化，实时采集数据传输网络化，同时具备成像化的特点。同时，还完成HCT组合化常规测井仪器研制工作，实现线路集成化、功能组合化、结构模块化的目的。微电阻率扫描等成像测井等井下仪器完成现场试验后，正在加快产业化工作，已将微电阻成像、超声成像、阵列感应等挂接到综合化地面系统的接口上。

测井处理解释技术。测井资料解释已由手工处理解释发展到计算机处理解释，将定性解释与定量解释相结合。各油田测井公司都已建立计算机处理解释站，并引进 GEOFRAME 软件、EXPRESS 软件和哈里伯顿等外国公司的解释处理软件。在建立五种具有特色的测井处理、解释技术（即单井处理解释技术、多井处理解释技术、油（气）藏描述解释技术、特殊处理解释技术和水淹层测井解释技术）的基础上开发的 FORWORD 和 START 软件平台，可进行单井、多井处理，已在各油田广泛使用，正向单井精细解释、多井测井资料综合解释上发展。2003 年，“多井解释软件平台 START”局域网、以太网、SUN 工作站和 PC 平台等模块开始使用，进一步增强软件平台网络功能，实现网上评价处理；FORWORD 测井评价系统完成 FORWORD 和 NET 软件平台开发工作，实现勘探开发测井解释一体化，单、多井测井解释及储层评价一体化，同时增强软件平台的数据管理功能和应用软件开发的开放性。

此外，还开发适应本地区的解释处理方法及软件系统，其水平优于国外技术。例如：

（1）OGVIEW 成像测井储层定量评价系统；

（2）裂缝型储层流体类型识别系统；

（3）低阻油气层测井评价系统；

（4）水泥胶结测井评价系统；

（5）油藏描述测井评价系统；

（6）砾岩油气层测井评价系统；

（7）水平井测井评价系统；

（8）射孔优化设计分析系统；

（9）水淹层测井解释系统；

（10）多相流生产测井评价系统。

在测井资料的地质应用技术方面，近十多年来，我国油气勘探开发中引进多种先进的测井技术，测井地质应用技术有了许多新发展，在解决碳酸盐岩、火成岩裂缝性油气层、砾岩石油气层、复杂岩性油气层、低孔低渗油气层、稠油层、水淹层剩余油饱和度等难题方面取得新进展。

在开发测井技术方面，我国大多数油田已处于多井、多层、多方向见水阶段，油田平均含水超过 80%。为提高油田采收率，挖掘油田剩余储量，要确定注入水未波及到的、采出程度低的剩余油富集区，估算剩余油量，测井技术是进行水淹层评价及生产监测的重要手段。经过 30 多年的发展，初步形成一整套有特色的开发测井技术，主要包括水淹层测井技术、注水剖面测井技术、产液剖面测井技术、套管井剩余油饱和度测井技术、工程测井技术等。

射孔工艺已经从单一的普通电缆射孔发展到油管传输射孔、水平井定位射孔、过油管张开式射孔、深穿透射孔、高能气体压裂射孔等特殊射孔工艺技术。射孔器材制造技术也有了大幅度的提高，射孔弹的最大穿深已经超过 1 米，深穿透、大孔径、无枪身等射孔弹及器材配套齐全，基本可以满足各种射孔施工作业的要求，射孔器材已经进入国际市场。

井 下 作 业

【概述】 2003 年，集团公司所属的大庆、吉林、辽河、冀东、大港、华北、长庆、四川、青海、玉门、新疆、吐哈等 13 个油田有井下作业队伍，除大庆井下作业队伍划归大庆油田分公司外，其余都属未上市企业。截至 2003 年底，共有井下作业队伍 1238 个，其中大修侧钻队 183 个（包括 39 个侧钻队），小修作业队 850 个，试油队 103 个，酸化压裂队 74 个（其中酸化队 19 个），其他作业队 28 个。

井下作业系统在册职工总数为 55223 人，本科学历以上人数 3039 人、大专学历人数 5263 人，中专学历 5289 人。分别占在册职工总数的 5.5%、9.5%、9.6%；高级工程师以上职称人数 509 人，工程师人数 3033 人。

集团公司共有修（通）井机 2440 台，其中钻机 21 台，50 吨及以上车载修井机 388 台，50 吨以下修井机 545 台，履带式通井机 1093 台，轮式通井机 239 台；共有压裂车组 55 组，其中 2000 型车 12 组；有连续油管设备 10 套；此外有注氮车、捞油车、捞砂车等81台。

【工作量及经营情况】　2003年，集团公司完成井下作业投资7.3亿元。全行业实现产值76亿元。共完成井下作业工作量114564井次，其中小修作业工作量70940井次，大修侧钻工作量2290口，压裂酸化等增产措施工作量33498井次。2002年，平均单井修井周期大修为20天，侧钻为27天，小修为4.9天。

【外部市场开拓】　2003年，在集团公司以外国内市场作业的以大修为主共有各类施工队伍34个，全年完成工作量为568井次，试油29层；在国外市场共有作业队伍13个，累计完成工作量为23井次，试油5层。已有华北、辽河、大港、吐哈等油田的井下作业队伍进入国外井下作业市场。

【技术创新】　井下作业系统结合油田区域的特点，发挥技术专长，多方筹措资金进行技术开发、引进与创新活动，增强企业竞争力。

1. 大修侧钻工艺技术

油田勘探开发进入中后期，大修井、长期停产井逐年上升，影响油田正常开采。2003年，井下作业系统，坚持技术领先，已经形成比较完善的大修侧钻工艺技术，包括套管磨铣、锻铣开窗侧钻技术、拔套裸眼侧钻等技术，基本能够适应5英寸，5½英寸和7英寸套管的大修侧钻要求。在大修技术方面开发以井下电视为主要手段的井下复杂情况诊断技术，研制高效磨铣、打捞、套管补贴和取换套等井下工具，使大修成功率有较大提高。

2. 常规作业技术

2003年，井下作业系统以提高生产配套技术为核心，积极推广新技术、新工艺，努力实现科技增效。重点推广"整体井架搬迁技术"、"绿色作业技术"、"带压作业技术"、"连续抽油杆快速作业技术"、"压裂防砂复合技术"，使作业工作效率得到提高。继续完善井控防喷装置、液压钳、井架防坠落等装置，提高作业队伍的技术含量和安全保障能力。

3. 油层改造技术

2003年，井下作业系统在低渗透油藏改造技术方面取得新进展。整体压裂技术、二氧化碳泡沫压裂施工的规模实施、端部脱砂压裂技术、多级注入压裂技术、多级注入压裂闭合酸化等新技术继续广泛采用，在油田开发中见效明显。整体压裂为依托的特低渗透油藏改造技术系列，优化设计、高温压裂液和液氮伴注为代表的上古生界气藏砂岩压裂改造技术系统，基质酸化、稠化酸酸压和多级注入—闭合酸化为主的下古生界碳酸盐岩储层酸化压裂改造等三大主导技术逐步完善。在低渗高温高压含硫气井压裂和储层改造方面，四川油田已形成深层碳酸盐储层改造、厚层碳酸盐大规模压裂、分层改造、加重酸液高压气井酸化、低压气井改造和水平井长井段酸化等六大技术。

4. 特殊工艺井下作业技术

2003年，井下作业系统积极引进国外的先进技术和设备，并在工具与工艺技术配套和国产化方面刻苦攻关，提高配套能力。四川、大庆、吐哈、辽河等油田引进连续油管作业技术，在冲砂洗井、钻灰塞、解堵、助排、水平井测试等作业施工中工效显著。

管道建设

【概述】　2003年，中国石油天然气集团公司从事长输管道、大型储罐建设、地面建设及其勘察设计研究的单位共31家，其中主营长输管道和大型储罐建设的科研、设计、施工和技术服务有13个单位。它们分别是中国石油天然气管道工程有限公司，中国石油天然气管道科学研究院，中国石油天然气管道第一、第二、第三、第四工程公司，管道电力通信公司，中油管道防腐有限公司，中油管道技术公司、中油管道建工集团、中油管道维修抢修有限公司、中油管道物资装备总公司、塔里木管道公司等。以主营油田地面安装工程建设为主、兼营长输管道和大型储罐的设计、施工的单位有16家。它们分别是大庆石油管理局油田建设工程公司，大庆石油管理局油田安装工程公司，吉林石油集团有限责任公司建设公司，辽河石油勘探局油田建设工程一公司、二公司，辽河油田工程有限公司，华北石油管理局第一油田建设公司、第二建设工程公司，大港油田集团建设工程公司，大港油田集团勘察设计院，四川石油管理局油气建设工程公司，四川石油勘察设计研究院，新疆石油工程建设有限责任公司，新疆时代石油有限公司，长庆石油勘探局油田建设公司，青海石油管理局油建工程公司等。集团公司所属专业研究院（所）两家，它们分别是中国石油天然气集团公司工程技术研究院和石油管材研究所等。

【人员、设备状况】 上述单位拥有职工总数61188人。集团公司完成建设施工设备投资5亿元。管道施工企业共拥有主要设备1.1万台（套），其中包括：

（1）吊管机520台，其中63—70吨吊管机101台、40吨吊管机223台、40吨以下吊管机196台，总量比2002年增加83台。

（2）管道内对口器287台，其中直径38—42英寸或直径1016毫米内对口器86台，其他内对口器221台，总量比2002年增加22台。

（3）管道内自动焊机5台；管道外自动焊机241台，总量比2002年增加103台。

（4）管道定向钻机18台，其中回拖力450吨钻机3台、回拖力150—265吨钻机5台，其他钻机10台，总量比2002年减少1台。

（5）冷弯机33台，总量比2002年增加9台；大型管道防腐作业线9条，其中三层PE作业线1条，内涂作业线两条，弯头内外涂作业线1条。

（6）储罐自动焊机322台，其中储罐平焊自动焊机18台，竖焊自动焊机56台，横焊自动焊机73台，角焊自动焊机29台，球罐自动焊机41台，总量比2002年增加79台。

【生产经营情况】 2003年，共完成国内营业收入125.39亿元，比2002年增加36.75亿元。国内价值工作量为130.57亿元，比2002年增加33.22亿元。其中，管道工程产值68.23亿元，占总产值的52%。2003年共敷设管道3717.38千米。安装各类储罐80.2万立方米。在国外施工收入2.37亿美元。

2003年，国内主要管道工程为西气东输干线工程、西气东输工程支线工程。西气东输干线完成组焊敷设管道1890.93千米。西气东输工程支线工程主要为常州—长兴支干线、南京—芜湖支干线、定远—合肥支干线管道工程三条支干线。

【技术发展】 在管道焊接技术方面，由于管道焊接自保护药芯焊丝技术的日趋成熟，在手工下向焊工艺的基础上，手工半自动焊和STT半自动气体保护焊、全位置内外自动焊接等技术得到广泛应用，从而大大提高焊接工效和焊接质量。其中石油管道局研制的PAW2000管道自动焊机先后在郑州—义马输气管线、福建漳州水管线和涩宁兰输气管线工程中进行工业性试验。试验结果表明，其性能指标已达到国外同类产品水平。这种焊接设备和焊接技术已在西气东输工程建设中进行推广和采用。在管道施工敷设技术方面，管道“二接一”施工技术的推广和应用有效的实现工厂预制化与施工现场的同步作业，使管道施工在原有流水作业的基础上减少近一半野外焊接工程量，为进一步提高管道焊接质量，缩短施工周期，具有积极的推动作用。非开挖管道敷设技术在管道工程建设中得到普遍应用。已从国外引进的各类水平定向钻机及自行研制的中小型水平钻机基本上配套并形成系列；已成功地在国内外完成不同地质不同管径大中型河流的穿越，如苏丹的尼罗河穿越、浙江上虞曹娥江穿越，特别是在西气东输管道施工中黄河、淮河等，穿越在管道工程建设市场上具有较强的竞争力。

长输管道外防腐材料及生产工艺有了长足的发展，防腐材料以由石油沥青、聚乙烯胶粘带、黄夹克发展为煤焦油瓷漆、容结环氧粉末、三层PE等，防腐性能明显提高。特别是三层PE，由于其具有优良的防腐蚀和抗冲击性能，已得到普遍认同和采用。另外针对西气东输工程的内减阻工艺，中国石油天然气管道局科学研究院研制了大口径钢管内涂层涂敷作业线，该套涂敷作业线属壳装式，工艺流程先进，填补了国内空白，并被西气东输工程所推广、采用。热煨弯管的外防腐一直是管道防腐技术难题。以前主要依赖人工防腐，中国石油天然气管道局科学研究院对“热煨弯管熔结环氧粉末外防腐涂敷作业线”进行研制攻关，于2003年底试制出样机，申报了专利，并在涩宁兰管线建设中得以采用。在此基础上又进行完善，目前可以防腐ϕ720—ϕ1118、壁厚8—30毫米的热煨弯管。

近年来还相继完成ϕ377漏磁腐蚀检测器和ϕ426，ϕ610变形检测器的国产化研制工作。“长输管道对接环焊缝相共振全自动超声波检测装置”是集团公司的科研项目，适用管径4—56英寸，可检测管道壁厚6—50毫米，对缺陷的位置及大小、形状准确的识别功能和对管口进行返工或报废的判断功能，达到国外同类产品同期的先进水平。

结合国家重点项目，大力开展科技攻关和引进先进的技术和装备。在管道工程建设的设计与研究方面，2003年完成西气东输管道X70材质焊接工艺的研究、管道外自动焊机的研制、大口径管道坡口整形机的研制、大口径管道内对口器的研制以及管道项控阵检测系统等科研项目，这些成果已先后投入各工程中使用。在引进和消化的基础上，开展施工设备、施工机具的技术攻关和研制工作。其中，CWY－1219型垂直液压管道弯管机、大口径管道中频加热器、大口径管道X射线爬行器、大口径撬装式多功能防腐作业线和大口径钢制管道内涂层作业线工艺流程的研制成功，使管道施工技术接近或达到世界先进水平。

通过各施工单位和广大员工的不懈努力，2003年共有16个施工项目和企业获得国家、省部级各类奖项及称号。这些奖项中有一项获国家质量金质奖、一项获国家质量银质奖、一项获全国用户满意工程奖，石油天然气管道三公司及新疆石油工程建设有限责任公司获“全国优秀施工企业”称号、新疆石油工程建设有限责任公司获“全国用户满意施工企业”称号。

（姜新生）

石油装备制造

【概述】 截至2003年，列入石油装备制造统计年报的企业共37个，其中专业装备制造企业7个（包括6个直属装备制造企业），石化装备制造企业6个，油田、物探、管道装备制造企业（以下简称油田装备制造企业）24个（包括3个油田制管厂、两个射孔弹厂）。全行业2003年末在册人数35855人，形成固定资产原值52.32亿元，固定资产净值31.15亿元，年末资产总额104.96亿元。

2003年，石油装备制造行业在同行竞争日趋激烈的形势下，面对生产能力明显不足、瓶颈工序依然存在的挑战，以不断超越自我、挑战自我的勇气和必胜信念，继续深化内部改革，调整营销策略，坚持技术和管理创新，经过认真组织和协调，再次攀上历史新高，取得较好的工作业绩。2003年完成的工作业绩为：

（1）工业总产值66.61亿元，比2002年增长23.47％；其中出口交货值4.05亿元，出口产值率为6.08％。

（2）工业增加值19.67万元，比2002年增长23.01％。

（3）工业增加值率29.53％，高于全国机械行业平均水平。

（4）实现销售收入68.76万元，比2002年增长20.33％。

（5）完成石油机械产品产量24.59万吨，比2002年增长9.78％。

（6）完成石油冶金产品产量86.23万吨，比2002年增长65.25％。

石油机械产品中，地震勘探及钻井设备和石油石化专用车载设备是占石油机械产品比重较大的两类产品，2003年的增长势头较大，分别比2003年同期增长19.9％和102.8％；石油冶金产品中石油焊接钢管和冷拔钢管增长较快，分别比2002年同期增长77.9％和30％。

完成的石油设备产品主要品种有：

（1）地震勘探及钻井设备：各种钻机492套，其中石油钻机53套，井架12套，井架底座6套，机泵组49套，泥浆泵181台，固控系统856套，油水罐142套，活动机房40套，防喷器405台，螺杆钻具1158套，地层测试器324套，其他钻井设备265套。

（2）石油开发设备：抽油机4651台，抽油杆681万米，抽油泵20948台，螺杆泵87台，热采注气装置16台，水套加热炉81台，分离器204台，石油开发注入装置两台，井口装置213套，其他石油开发设备84台。

（3）石油石化专用车载设备：地震车载设备78辆，测井仪器车32辆，电测车24辆，其他地震测井仪器车363辆；固井及压裂车25辆，钻采车载设备133辆，油水罐车97辆，石化专用铁道罐车10辆，其他石油专用车载设备374辆。

（4）炼化设备：塔类107套，容器1143套，空冷器45台，冷换设备371台，炼化非标准化设备17套，烟气轮机10台，离心机39台，其他炼油设备125套。

（5）天然气压缩机15台。

完成的石油冶金产品主要品种有：

（1）石油焊接钢管：螺旋焊接钢管68.38万吨，直缝焊接钢管12.71万吨。

（2）石油套管25183吨，热煨弯管136吨。

（3）冷拔无缝钢管1953吨。

（4）钢丝绳22112吨。

（5）钢绞线3吨。

（6）钢丝2195吨。

【技术改造及新产品开发】 2003年，石油设备制造企业加大技术创新力度，按照技术创新和市场相结合的原则，加速新产品开发和产品升级换代。各企业积极开发技术含量高、市场前景好的产品，进一步提高企业核心竞争力。新产品产值率为18.25%，这个指标高于全国平均水平。

宝鸡石油机械有限责任公司加快产品研发节奏，注重前沿技术的引进和开发，使多项技术开发取得突破。2003年，共完成重点新产品开发20项，完成改型和系列化产品开发36项、技术攻关项目30项；申报专利10件，受理11件，已授权两件；ZJ70DB等两项技术列入中国企业新记录。

一是有多项技术填补了石油装备制造行业或国内空白，ZJ30DBT、ZJ70DB1及海洋钻机摩擦式液压移动装置为国内首创，变频钻机形成了1000—7000米全系列覆盖。

二是一批关键、难点技术问题的研究取得了突破。在9000米钻机井架底座引进技术消化吸收的基础上，实现了结构件的创新设计，ZJ70DB1钻机井架底座较ZJ70D弹弓式井架底座减轻重量12%；在ZJ30DBT钻机中创新设计出三节伸缩式K型井架、底座及三桥拖挂方式；对中油长城钻井有限责任公司的ZJ70D23钻机底座结构进行重新设计，改变起升绳系，使底座起升力减轻50多吨；开发了瓶颈式、套装式两种新型海洋平台钻井井架。

宝鸡石油钢管有限责任公司新产品开发取得新成果，技术装备实力进一步增强。

一是完成了陕京二线ϕ1016×17.5钢管生产技术准备和试制工作，并取得成功，为陕京二线钢管生产奠定了坚实的基础。

二是完成了各生产分厂的技术改造。2003年投入专项资金，对各制管分厂先后进行了技术改造和设备完善，新上管端整圆机和两套铣边机，进行了X光显像系统改造；进行了满足ϕ711以下管径钢管生产需要的改造。

济南柴油机股份有限公司强化产品的基础和应用研究，依靠科技进步、创新发展，形成陆用、船用和燃气三大系列产品，满足了市场开发的需要。近时期的研发重点是对2000系列、3000系列、600系列陆用机和4—8L、8—12V船用机着重于多领域的应用研究，延伸功率覆盖，扩大变型范围。燃气发动机形成了两个系列化，一是功率范围的系列化，135系列和190系列，30—1100千瓦；二是多种燃气系列化，形成天然气、煤气、沼气等多种气体系列产品。在新产品开发和性能优化的同时，加强市场导向的配套产品应用研究，使2000系列、3000系列柴油机成功进入船机市场；电控内混式天然气机已进入样机制造阶段，机械内混式沼气机在中科院组织的“十五”国家重点科技攻关项目验收会上，被评为填补了中国大功率沼气发电机组的空白。新产品在产销量上保持了较高的比重，2003年的新产品产值率达到60.7%。

西安石油勘探仪器总厂开发具有自主知识产权的国产高精度数控测井系统及其系列产品，同时研发水平井快速测井平台。2003年完成了技术提升的ERA2000－C型高精度数控测井系统，经西南地质局多次下井使用，证明仪器性能良好。该系统作为测井装备的换代产品，无论是技术先进性还是适用性都是十分适宜的，有望成为高精度测井装备更新的主力产品。该厂还通过与CNLC多次协商，近期已经形成合作框架协议，双方共同开展国产仪器挂接5700系统和EXCELL2000系统的研究工作和附件国产化工作。

咸阳石油钢管钢绳有限公司加快技术改造，调整产品结构，适应市场需求。2003年，共完成投资1290万元，购置安装拉丝机、合股机、合绳机及辅助设备19台（套），增加拉丝合股能力2000吨；恢复了闲置多年的热处理生产线，并对1#、2#热处理生产实施了天然气替代柴油的改造。

承德司达石油装备技术开发公司，2003年共完成4项新产品的试制：（1）系列NEMA D电动机及控制；（2）全封闭（IP44）CJT抽油机节能拖动装置；（3）为满足低冲次油井的拖动要求研制的两种型号的低速电动机；（4）CJT系列抽油机成套防盗拖动装置，经大港油田试验，已获得满意的效果。ST－ZJ－4A型钻井监视系统通过宝鸡石油机械厂的技术评审，被确认为合格分承包方。

北京石油机械厂利用集团公司自有知识产权的成熟的顶驱技术，生产了3台DQ70BS顶部驱动装置。在生产制造顶驱的同时，还研制开发出上部方钻杆阀和气动试压装置两项具有很好市场前景的新产品。在生产制造顶驱的过程中，完善了设计和试验手段。一是顶驱工况全数据试验台，二是可以承受1000吨拉力的钩载试验装置。

兰州炼油化工机械厂研制的YL3300A型大功率烟气轮机是重油催化裂化装置的关键节能设备之一，是集团公司重大科研项目，也是国家“十五”重大技术装备项目。该项目2003年1月9日通过了集团公司组织的专家组验收，填补了国内特大功率烟气轮机制造的空白。

四川石油管理局重庆仪器厂积极与科研院所、美国马丁公司开展合作，充分发挥各自优势，加大新产品开发力度，加速科技成果的转化。M/C型钻井监测仪产业化扩产项目初见成效，2003年销售13套，形成产值1300多万元，较2002年同比增长62%；重点开发的新产品ZCJY-C型钻井参数监测仪已通过现场试验，目前正申请有关部门的技术鉴定；XZ系列大钩悬重测量仪已完成现场试验，各项性能指标符合设计要求；积极参加集团公司专标委有关会议，SY/T 5097—1996钻（修）井多参数仪技术条件的修订工作已获集团公司专标委初验通过。

华北石油管理局第一机械厂2003年完成了X52、X60、X65、X70钢级钢管弯制工艺的研制工作；对钢管管径、焊速在线检测系统进行优化完善，并在现场大量应用；完成了管端保护器自动化改造、抽油机生产线改造和粉末喷涂设备的改造工作，大幅度提高了生产效率和产品质量。

四川成都总机厂先后研发出从6¼—24英寸不同尺寸钻头40项，其中22项已批量投放市场。目前，该厂生产的钻头品种规格是国内最齐全的厂家。

【质量及质量管理】　2003年，石油装备制造企业以高质量的产品赢得用户的信任为指导思想，对产品设计、物资采购、外购外协件检查到生产制造、出厂检验进行全过程控制，促进了质量管理水平和产品质量的稳步提高。

宝鸡石油机械有限责任公司2003年不断完善质量管理体系，严把产品质量关，产品质量有所提高。通过强化关键岗位人员培训、更新关键设备、加大对质量事故的处罚力度、加强原材料质量控制等措施，使产品质量得到进一步提高。企业积极申报集团公司企业质量管理奖，取得了名列集团公司存续企业第二名的好成绩。企业顺利通过了DNV公司ISO 9001质量管理体系的年度监督审核，质量管理体系有效运行，产品一次交验合格率、抽检合格率均超过了98%。该企业还先后制定设计工艺规范50多个，开展了钻机的系列化、规范化设计，使该企业除结构件以外的产品标准化、通用化程度有所提高，达到了30%。

2003年，济南柴油机股份有限公司的质量管理靠扎扎实实的工作见到新成效。一是积极实施名牌战略，G12V190ZL柴油机获“山东名牌产品”称号，直列190系列船用机获“渔船渔机行业名牌产品”称号，使该企业“创名牌、保名牌、发展名牌”的品牌建设又迈进了新的一步。二是质保体系建设重心下移，各基层单位按照细化管理的要求，建立各自的质量管理体系，规范程序文件，实施五大要素的有效控制，关键工序均制定了作业指导书，完善工作和控制标准，产品质量明显提高，各基层单位的质量损失大幅下降，交验合格率回升到96.29%以上。三是大力整顿、规范配套厂家，已取消16家配套厂的供货资格，就地报废销毁122批次外供不合格品，外供件质量明显好转，入厂合格率由年初的90.51%上升到年末的96.24%。四是围绕根本解决整机可靠性的目标，完成重大质量攻关课题16项，取得较好成果。五是加强培训，提升全员质量意识。2003年，围绕质量管理，共组织各种培训班6个，300人次参加了学习，使全员质量意识得到提高。

北京石油机械厂2003年提出“做精品，创品牌，以高质量的产品赢得用户信任”的口号，围绕“技术先进、质量可靠，外形美观，使用方便”的精品理念，全方位开展工作。产品从外观到内在质量都有大幅提高，特别是液控装置尤为明显。在做精品的过程中，提出“工期要保，质量更要保，在工期和质量发生冲突时以质量为先”的工作原则。该厂2003年还通过ISO 9001：2000版标准的复评认证、防喷器液压控制装置生产许可证换证审核和API规范7三项认证审核工作。

【基本建设和技术改造】　2003年，石油设备制造行业完成基本建设投资13349万元，其中工业生产投资12425万元，完成更新改造投资24506万元，新增固定资产投资34234万元。2003年集团公司给中国石油物资装备（集团）总公司列入投资计划的在建项主要用于开发技术含量高，市场前景好的产品和技术，从而使企业核心竞争力得到进一步提高。

2003年底，宝鸡石油机械有限责任公司钻机生产线改造主要项目基本完成，一定程度上缓解了生产能力不足的矛盾。此项目从2001年开始启动，经过两年多的努力，技术中心改造、北井场改造、关键设备购置、结构件油漆作业线建设一期工程全部完成。以上项目完成后，钻机产能达60台，大大超过了45台的预期目标，年新增销售收入近两亿元；另外，完成锻造工业用天然气改造，成效显著。此项目完成后，不仅摆脱了30多年的黑烟污染和噪音困扰，减轻了工人的劳动强度，而且成本明显降低：每吨锻件的加工成本下降了190.6元。从2003年4月份投入使用到年底，共节约费用85万元。

咸阳石油钢管钢绳有限责任公司消化引进技术，增强科技实力，完成钢丝绳生产技术改造。该项目主要是对现有设备进行改造。满足石油用钢丝绳从IPS级向EIPS级升级的需要，继续保持现有钢丝绳生产线的技术先进性；适当增加新设备，充分发挥生产高品质钢丝绳生产的技术优势，通过大幅度拓宽钢丝绳品种、结构及规格，在立足石油用钢丝绳市场的基础上，努力开发煤炭、矿山、港口等重要用途钢丝绳市场，并逐步扩大在这些领域的市场份额。2003年，应用加拿大技术研发的港口用D53毫米规格钢丝绳，在青岛港成功地替代了进口，为拓展港口市场树立了一面旗帜，奠定了坚实基础。

宝鸡石油钢管有限责任公司完成上海宝世威石油钢管制造有限公司的筹建工作，该项目的完成使宝鸡石油钢管有限责任公司的产能布局得到调整，为占领华东地区西气东输支干线和城市管网市场，积极开拓国际市场，解决目前成品管铁路运输瓶颈问题和运输成本占生产成本比例过大的问题。

2003年，兰州炼油化工机械厂完成三项技术改造项目：烟气轮机试验台改造，满足30000—40000千瓦烟气轮机做热态机械运转试验；完成泵试验台一期改造，满足GTD190－140×8型加氢高压泵的试验；完成了树脂砂铸钢造型生产线改造，使铸钢生产能力从500吨/年提高到1700吨/年。

四川成都总机厂积极开展钻头第三期技术改造的延续工作和实施计算机集成制造系统工程，以提高产品的质量和档次。

大港油田集团有限责任公司新世纪机械制造有限公司完成了抽油泵生产线技术改造项目和抽油杆产能扩建项目，提升了抽油泵制造技术水平和质量，抽油杆生产线实现了由2002年年产50万米提高到年产150万米的能力。

【经济效益】　石油装备制造行业经济效益继续趋好，经济运行质量明显改善，产品销售收入增长继续加快。2003年，实现产品销售收入68.76亿元，比2002年同期增长20.33%，年平均应收账款净额和成品库存占用资金，分别比2002年下降0.23%和12.49%。这说明在生产规模迅速扩大的同时，装备制造产销衔接环节改善，库存趋向合理。

石油装备制造企业实现利润稳步提高，亏损企业亏损额逐渐下降。全行业盈亏相抵后实现利润总额为16569万元，比2002年同期增长266.5%，利润的增长幅度大大超过销售收入的增长幅度，这在历史上是少见的。值得欣喜的是，财务费用比2002年同期下降21.49%，这也是利润增加的一个重要原因。企业税金总额增长加快，全行业累计税金总额39826万元，比2002年同期增长13.99%，对社会和国家财政的贡献明显增加。

多数企业利润增加，亏损企业减亏明显，但是亏损企业的个数有所上升。2003年，石油装备制造行业的亏损企业由2002年的10个增加为17个，占全行业得为45%，应该看到形势依然十分严峻，全行业消灭亏损的工作仍然非常艰巨。

【企业结构调整】　2003年，石油装备制造行业在实行产业结构调整方面进行了积极的探索，收到可喜的效果。

2003年，济南柴油机股份有限公司（以下简称济柴）成功地通过划拨、重组，对原华北石油管理局第一机械厂动力机分厂柴油机大修理业务的资产和人员进行整体划拨，成立了济柴河北分公司，使其成为济柴的大修基地。河北分公司的发展方向和目标是要成为国内最大的专业动力产品修复基地、配套基地和小天然气机及机组的生产基地。这次重组当年就为济柴增加1000万元的销售收入。

河北俊峰物探装备有限公司原是集团公司石油地球物理勘探局（以下简称物探局）的下属二级单位，2002年企业改制分流，物探局参股25%。改制后企业呈现新的生机，2003年的各项指标都比2002年有明显提高：实现工业总产值23960万元，比2002年同期增长65.7%；实现销售收入25451万元，比2002年同期增长79.1%；实现利润7398万元，比2002年同期增长269.9%。2003年，与法国塞舍尔公司合资成功，合资公司由法国塞舍尔公司出资控股51%，原俊峰物探装备有限公司出资24%，物探局出资13%，西安石油勘探仪器总厂出资12%。

（焦爱民）

第六篇

科 技 发 展

第一篇
总 述

第二篇
油气勘探开发生产

第三篇
油气储运、炼化与销售

第四篇
对外合作与交流

第五篇
工程技术服务

第六篇
科 技 发 展

第七篇
质量安全与环境保护

第八篇
企业改革与管理

第九篇
精神文明建设

第十篇
机构与人物

第十一篇
上市企业概览

第十二篇
未上市企业及事业单位概览

第十三篇
中国石油天然气集团公司大事纪要

第十四篇
附 录

科技发展

【概述】　2003年，科技工作强化技术创新战略的实施，突出解决生产和重大工程的技术瓶颈，突出自主创新和自主知识产权核心技术的获取，突出加大对海外业务的支持，加强应用基础研究，努力推动科技工作实现“由跟踪模仿为主向以自主创新为主，由国内向立足国内、拓展海外的战略转变”。在技术发展方面，紧紧围绕制约生产发展和效益提高的技术难点，结合重大工程，攻克一批关键技术。进一步加强应用基础研究和科技合作与交流，提升自主创新能力和研究开发的起点，形成一批拥有自主知识产权的核心技术。在科技改革方面，持续深化科技体制改革，加快以技术中心为主体的新型技术创新体系建设，科技资源配置进一步趋于合理优化。强化技术创新管理，建立和完善科技管理规章制度体系，规范科技管理流程，提高科技工作效率。同时，还积极探索有效的科技运行机制，激发和调动科技人员的积极性和创造性。通过技术创新战略的实施，进一步提升自主创新能力，为不断增强集团公司的核心竞争力、提高企业经济效益提供强有力的技术支持。

【年度科技计划】　2003年，科技计划编制指导思想是：加强对依托重大工程解决技术瓶颈的科技攻关力度；围绕科技竞争力的提高，大力开发自主知识产权的核心技术；加大对海外项目科技支持的力度；加强应用基础研究。按照抓住重点、集中优势、突出效益与创新的原则，共组织实施15个国家科技项目，82个集团公司重点技术开发项目，其中包括勘探开发、炼油化工等60个，工程技术、海外等22个。当年集团公司二级企业技术开发经费支出额52.31亿元，其中总部支出共10.79亿元，集团公司总部为4.75亿元，其中包括科技项目经费3.6亿元，科技基地及条件专项经费0.4亿元，高新技术产业化贷款0.35亿元，国家项目配套经费0.14亿元，国家科技事业费0.27亿元。股份公司总部投入6.04亿元，包括用于超前共性研究1.2亿元，勘探开发2.7亿元，炼油1亿元，化工0.9亿元，天然气与管道0.24亿元。

【国家级科技项目】　承担的15项国家级项目全部通过国家科技部、发改委组织的中期评估。

（1）“重点前陆盆地大中型气藏形成的控制因素与分布规律”在对我国中西部前陆盆地演化类型、构造单元划分、层序格架建立、多期成藏主控因素分析、成藏期次确定以及油气富集规律研究方面取得重要进展，提出新认识和新观点，对我国中西部前陆盆地天然气的勘探具有重要的指导作用。攻关成果促进三个重点前陆盆地天然气勘探取得了重大突破。

（2）“松辽盆地以及渤海湾盆地北部复杂隐蔽油气藏地质评价和勘探开发关键技术”总结深水浊积岩和近岸砂体、特殊储集岩体、低渗透储集砂体和深部潜山储集体等各类隐蔽地质体的油气富集及展布规律，建立隐蔽油气藏勘探的有效方法和评价预测技术系列，优选出一批有利勘探目标，有效地指导隐蔽油气藏的勘探。落实三级地质储量已超过6亿吨。

（3）“大庆油田化学复合驱工业化应用技术”开发的国产三次采油表面活性剂——烷基苯磺酸盐，实现工业化生产。初步研制出弱碱表面活性剂，完善采出液处理工艺。研制成功螺杆泵采油装置和专用抽油杆。开发新型破乳剂，实现采出液的有效处理。

（4）“高效天然气藏形成分布与凝析低效气藏经济开发的基础研究”针对复杂气藏，开发出有效识别气层的地球物理新技术，在鄂尔多斯和川东北鲕滩气藏取得良好效果，预测含气符合率达70%以上。为改善薄气层的识别效果，根据地层含气所引起的地震信号衰减及衰减程度随频率的变化，通过小波分析描述地震信号的衰减问题，提出小波衰减属性的概念，有效地提高气层检测的敏感性。针对常规地震反演多解性强的问题，以地层含气性测井解释为基础，提出使用叠前、叠后地震多属性综合预测气层空间分布的定量方法。

【技术开发项目】

1. 物探技术

在塔里木、柴达木、鄂尔多斯、准噶尔等盆地以及国外的复杂山地、大沙漠、浅海、水网区和过渡带等地区的地震勘探项目中，应用高密度地震数据采集、精细表层结构调查、多种静校正新方法和四维随机噪音衰减、三维DMO、三维空间速度建模、叠前时间/深度偏移成像、复杂构造成图等处理解释新技术，取得显著的效果。乌什凹陷二维地震攻关取得突破，通过精细表层调查、优化激发方式，采用8台大吨位可控震源激发，得到乌什凹陷南缘深层二台阶的地震反射信息；在塔中和准噶尔沙漠区的地震勘探中，应用检波点偏移技术、减少“采集脚印”的观测系统设计、宽方位地震采集等技术，取得良好的剖面效果；地震采集工程软件系统KLSeis3.0的开发在进一步完善后已投入KLSeis4.0的开发。在多波多分量勘探、时移地震勘探、高分辨率勘探以及井中地球物理研究与应用方面取得进展；研制完成具有自主知识产权的GPS授时遥测地震仪。

2. 测井技术

研制的综合测井采集地面系统，具备配接常规测井仪器及国产成像测井仪器功能，能够完成裸眼井、套管井、生产井测井以及射孔取心等作业。300K调制解调器的研制，成功地解决制约测井仪器大数据量采集与传输问题。HCT组合测井工业化仪器进行了多井次、多种组合方式的测井试验，曲线的重复性和一致性良好。阵列感应成像测井技术研究完成华北、吉林、长庆等多口井现场试验，所测资料具有较强的划分薄层及反映层内非均质能力，能直观合理地描述地层侵入特征和地层真电阻率。研制完成具有自主知识产权的新一代测井资料处理与解释集成软件，分别在长庆、华北、大港等油田开始推广应用。特深穿透射孔器研究在射孔弹总体方案设计、药型罩材料粉末配方、射孔弹压制生产工艺等方面有较大的突破，已通过石油射孔器材监督检测中心性能测试。

3. 钻井技术

针对重点探区深井周期长、钻速慢、成本高、井漏、井斜以及生产井低压、低渗等技术难点，进行气体（天然气、空气、雾化、泡沫、柴油机尾气）钻井技术攻关，玉门青西窿9井从2970—3307.5米成功地在逆掩推覆体构造实施空气、雾化、泡沫欠平衡钻井。长庆石油勘探局在苏里格庙地区苏39－14－1井和苏39－14－4井进行了二开天然气欠平衡钻井现场试验。在四川邛西4井应用自行研制的装备和配套工艺技术成功地进行欠平衡钻进、不压井起下钻具、欠平衡取心、不压井测井和不压井下油管完井等全过程欠平衡钻井配套试验，获高产气流，取得川西地区邛西构造油气勘探开发的重大突破。辽河充气钻井成功地解决冷家区块井漏问题。在吉林套保油田套B＋3－4井，利用自行设计、具有独立自主知识产权的工艺及配套工具和专用管材，进行陆上油田第一口全井“套管钻井”，顺利完钻并固井成功。吉林石油集团有限责任公司径向水平井双定向开窗不扩孔井下试验中，转向钻进系统在套管开窗、扩孔的工艺条件下实现磨料射流水力钻进。

4. 地面工程技术

采用气动技术和全数字技术优化设计研制的$\phi920\times\phi1016$数控式大口径管道内环缝自动焊机，其效率比手工焊打底提高8—10倍以上，比半自动焊打底提高6—8倍，价格仅为引进设备的1/2。采用全数字智能化运动控制技术和嵌入式操作系统优化设计研制的双焊头管道全位置自动焊接设备及单面焊双面成形焊接工艺，比单焊炬自动焊机效率提高40%—50%。油田钻井废液污染处理技术与装置，形成包括钻井废液污染源头控制技术、钻井废液污染过程控制技术和废水深度处理技术等一整套钻井清洁生产新技术及装备。针对西气东输天然气管道穿越工程，研发成功泥浆快速水化装置，达到快速制浆和水化，最高钻井液粘度可达150毫帕·秒以上，可使原有定向水平钻机，节约泥浆材料达20%以上。

5. 炼化延伸加工技术

国产首台高马赫数、高压比、可在高海拔地区使用的33000千瓦特大功率烟气轮机，已成功在兰州石化分公司300万吨/年重油催化装置工业应用。粗旦多中空三维卷曲涤纶短纤维工业放大项目，取得最佳孔形和排列方式多中空喷丝板设计的完整数据，解决在大于5米/秒的吹风速下保证其层流状态和粗旦纤维纺丝过程中充分冷却等关键技术。新建一条7500吨涤纶短纤维生产线，并生产出符合国家质量标准的普通涤纶短纤维和单中空涤纶短纤维。新型长效流滴功能膜工业化技术研究项目建成2000吨/年新型长效流滴功能膜工业化试验装置，确定较佳的工艺流程及参数，成功实现“在线法”涂敷型新型长效流滴功能膜的生产，膜的力学性能达到考核指标。苯乙烯—丁二烯—甲基丙烯酸甲酯共聚物（MBS）合成中试项目，其产品性能指标达到国外同类产品水平。抗冲击改性剂ACR－Ⅱ技术项目完成500吨/年ACR抗冲击改性剂的中试试验，研制出性能达到美国同类产品技术标准的中试产品，经工业应用，生产的PVC管材、异型材完全符合国家标准，可替代进口。

6. 海外工程技术

哈萨克斯坦扎纳诺尔油田快速钻井技术研究项目优选钻头并配合自行研制的涡轮钻具在扎纳诺尔油田3口井进行了5次试验，平均机械钻速达5米/小时，与邻井相比提高61%—130%；哈萨克斯坦肯基亚克盐下油藏钻井完井配套技术项目采用近平衡钻井技术打开石炭系油层，对保护油层起到重要作用，所钻

8017井日产达到500立方米/日（409吨/日）。

苏丹Melut盆地北部成藏条件研究与有利目标评价项目，通过对全盆地的石油地质综合研究，优选10个以上的目标，新增石油地质储量20亿桶以上，圈闭勘探成功率在80%以上，形成一整套适合于被动裂谷盆地油气勘探的勘探技术系列。苏丹六区福北亿吨级油田的发现及Fula坳陷成藏规律研究对Fula坳陷勘探发挥重要的指导作用，勘探成功率达到72%，共发现7个油气藏，探明石油地质储量5.74亿桶。委内瑞拉利用水平井开发配套技术所完钻的14口水平井，是直井产量的3.8倍。为全油藏有效开发提供技术保障。

【应用基础研究】 着眼学科长远发展，瞄准国际研究前沿领域，开展前沿技术和应用基础理论研究。在海相烃源岩发育环境及控制因素、鄂尔多斯盆地上古生界碎屑岩储层沉积体系与储层控制因素、四维地震、中国复杂区地震勘探模型实验及技术、高效天然气藏及低效气藏识别的测井新方法、网络环境下测井处理解释一体化技术、钻井工程井下控制关键技术、川东北地区飞仙关鲕滩气藏富集规律与高效开发应用、复合驱主表面活性剂评价方法、苏里格低渗气藏压裂改造工艺适应性、天然气管道用X70管线钢的组织性能与断裂控制、用于清洁油品生产的新型催化新材料和新型催化剂等研究方面取得重要成果。2003年，有20项成果获国家及省部级奖，申报国家发明专利41项，获授权12项，在各种期刊上发表高水平论文652篇，其中有128篇论文被SCI和EI收录，出版专著27部。

【高新技术产业化】 实施的15项产业化项目进展顺利，9项技术成果已完成产业转化，累计实现产值3.4亿元。2003年，销售“WTRZ－2000轻便山地钻机”220台（套）。产品销售收入4970万元，利税总额1986万元，带动车装地震钻机的技术进步。“深穿透低伤害射孔弹射孔枪”两年共生产射孔弹170多万发，生产射孔枪近8万米，其产品销往新疆、青海、玉门、长庆、华北、中原、胜利等各大油田，远销泰国、伊朗、苏丹、哈萨克斯坦、阿塞拜疆等国外市场，产值达8000多万元，利润1000多万元。“地震采集工程软件系统”结合用户需求，对KLSeis进行升级，在二维静校正系统、三维静校正系统、二维观测系统设计、三维观测系统设计、地震测量数据处理系统和SPS标准数据格式处理等方面，进行150多项改进和完善，提高了原系统的稳定性和功能的完整性。2003年，销售KLSeis 61套，实现产值5412万元，该软件在国内外得到较广泛应用，提高了地震资料采集质量。

【国际科技交流与合作】 围绕集团公司重大技术开发和应用基础研究中的技术难题，开展油藏动态检测、高清晰度管道智能化检测系统、新型微电阻率扫描测井仪器研制、高碳醇转产α－烯烃中试研究等国际合作项目。

（1）石油大学、中国石油集团东方地球物理勘探有限责任公司与英国地质调查局BGS合作开展“裂隙性油气藏纵波识别技术”，开发研制裂缝预测软件。

（2）中国石油集团东方地球物理勘探有限责任公司与美国金鹰公司的“油藏描述及监测”项目，完成资料处理、时移地震软件的培训、测试及源码移植。

（3）中国石油抚顺石油化工公司、石油大学与哈萨克斯坦有机催化和电化学研究院联合开发的“FCC汽油加氢改质催化剂开发研究”，通过两年多的试验工作，掌握催化剂制备技术，完成催化剂实验室小试制备、工业放大试验、催化剂性能评价和寿命试验工作，已经开始进行工业装置应用试验的前期准备工作。

【中青年创新基金】 2003年11月26日组织召开集团公司石油科技中青年创新基金工作研讨会，总结交流基金实施十年来在科学研究、人才培养和科技管理等方面的成果和经验，发布2003年的创新基金项目。10年来，基金资助经费总额达4000万元，批准项目341个，在许多重要方面取得一批原创性先进成果。发表学术论文1349篇，出版学术专著30部，申请国家专利48项，获得各级科技奖励120多项次；在项目研发中共培养博士后26名、博士119名、硕士356名，其中绝大多数已成为我国石油石化工业的技术骨干。

【人才引进】 2003年，共执行科技人才引进项目26项，邀请外方44位专家来集团公司进行学术交流和技术讲座。中国石油天然气管道局与美国CRC公司、HOBART BROTHER公司就自保护药芯焊丝管道全位置自动焊接技术进行交流。石油管材研究所听取美国专家就管道腐蚀缺陷的评估、管道应力腐蚀开裂的评估的技术报告，并与英国专家就流体造成的振动原因和解决方法、管道泄漏的检测和预防及钻井用套管的极限状态设计方法等技术进行学术交流。

【软科学研究】 为搞好软科学研究工作，为集团公司领导决策提供科学依据，按照新出台的软科学研究课题管理实施办法的规定，在征求各部门、各主要研究单位意见的基础上，发布2003年集团公司软科学研究指南，组织中国石油天然气资源可持续发展战略研究等12个课题的立项，取得一些成果。中国石油天然气资源可持续发展战略研究，对国内外石油天然气资源状况及发展趋势做出深入分析，提出中国石油天然气产业可持续发展的方针和战略，为国家制定能源发展政策提供重要的依据；大庆地区石油石化企业可持续发展行动方案研究列入2003年国家软科学研究计划，提出的思路和目标、促进大庆地区石油石化企业可持续发展的政策建议，得到国家有关部门的重视；集团公司实施跨国企业集团战略研究，分析集团公司发展的国际环境与机会、跨国企业集团的定位及组织模式、管理体制等，提出建设性的意见和建议；集团公司培育和增强国际竞争力的初步方案研究、建设具有国际竞争力跨国企业集团战略纲要等，为集团公司战略目标的形成提供决策基础。

【技术中心建设】　按照“一个整体、两个层次”原则，继续推进技术中心建设。在集团公司层面，结合物探、测井专业化重组，组织开展物探技术研究中心、测井技术研究中心建设方案的研究制定；在企业层面，完成兰化、大港、工程院企业技术中心试点建设工作。经过深入细致的研究，各试点企业筛选确定符合主营业务中长期发展需要的核心技术，整合科技资源。通过技术中心建设，一些企业建立新的技术创新运行机制和人才吸纳、激励与培养机制，使科技人员的积极性、创造性进一步得到发挥，完成一批集团公司和企业重点科研项目。协助各企业技术中心办理进口科研物资减免税手续。完成国家发改委组织的国家认定企业技术中心评价，集团公司技术中心排名由2002年的第13位上升到2003年的第8位。

【制度建设】　适应集团公司改革发展的需要，针对新形势下管理工作存在的问题，修改科技计划管理、科技项目管理、科技经费管理、知识产权管理和技术创新奖励等五个主要管理办法，完善集团公司科技管理的制度框架。这些管理办法，对集团公司科技计划的制定、科技资源的配置、科技项目管理的流程和要点、科技成果的形式、科技绩效的评估做全面的规定。在此基础上，制订技术开发项目管理、应用基础研究项目管理、国际科技合作项目管理、科技项目人才引进管理、软科学课题研究管理、项目验收、专利管理、企业知识产权考核评价管理等11个实施细则，为规范科技管理夯实基础。根据新的规章制度体系所确定的各项工作流程，重新设计集团公司科技网页，实时发布科技管理制度、工作流程、办事指南、重要活动安排、研究进展及专题会议信息等；开发科技管理自动化办公系统，通过计算机技术手段实现科技管理的流程化，实现项目申报、材料审查、合同签订、阶段检查、最终验收等工作的网上管理，做到制度办法、管理过程、办事结果“三透明”，体现公开、公平、公正的原则，提高管理工作水平和效率。

【知识产权管理】　为实现集团公司专利申请量要达到每年1000件以上、申请专利的质量逐年提高的目标，提出2003年集团公司专利申请计划指标，并对指标在集团公司各类项目、企业进行分解落实，纳入企业知识产权评价考核指标体系，同时加强知识产权管理人员、课题长、科研骨干和知识产权管理人员知识产权保护方面的培训，收到很好的效果。2003年，集团公司全年申请专利810件。获专利授权626件，同比增长57%，发明专利占申请总量的比例从2001年的23%上升到2003年的28%，山地地震勘探新技术和设备、多底井分支井钻井技术和设备、西气东输工程施工技术及装备、成像测井、新型催化剂及精细化工产品等一批核心专利与技术秘密的应用，年创经济效益8.3亿元。

【科技奖励】　2003年，在集团公司技术创新奖励评审工作中，将经济效益作为重要的考核指标，从创新度和经济效益两个方面，制定科技项目经济评价标准及计算方法。要求推荐单位的财务部门对成果经济效益计算结果审核确认，并作为集团公司对申报单位或用户单位确定考核指标的参考。同时规定，集团公司和股份公司两级机关工作人员不得作为推荐奖励项目的主要完成人。严格审查各级管理机关的干部和工作人员作为主要完成人的资格，确保科技奖励的激励作用落实到一线科技人员身上。2003年，集团公司有6项重大成果获国家科学技术奖励，其中《苏丹Muglad盆地高效勘探的理论与实践》获国家科技进步一等奖，《桥式偏心分层开采配套工艺技术》获国家发明二等奖；50项成果获集团公司技术创新奖，其中7个勘探类的项目合计探明储量4亿多吨，其他43个项目，合计实现利润近64亿元。获奖项目明细见表1—表5。

【科技资源】　2003年，集团公司共拥有79家直属和企业直属科研机构，其中集团公司直属科研机构6家、企业直属科研机构73家。科研机构从业总人数为27446人，其中股份公司20282人、未上市企业7164人。从事科技活动的人数为21586人，其中未上市企业5487人，占25.4%。在从事科技活动人员中，课题活动人员15674人，占科技人员总数的

72.6%。集团公司所属科研机构拥有固定资产157亿元，比2002年增加96亿元，增长157%。其中科研房屋建筑物3.6亿元，属于未上市企业；科研仪器设备58.9亿元，占固定资产总额37.4%。技术开发项目经费支出为42.2亿元，比2002年增加7.1亿元，增长20.2%。未上市企业为11.6亿元，占支出总额的27.5%。

表1　2003年获国家科学技术进步一等奖项目

项目名称	主要完成单位	主要完成人
苏丹Muglad盆地1/2/4区高效勘探的理论与实践	中国石油天然气勘探开发公司、中国石油勘探开发研究院	童晓光、苏永地、窦立荣、雍凤军、潘校华、朱向东、徐志强、孙开江、吕功训、王会祥、张　杰、肖坤叶、田作基、任祖标、周劲松

表2　2003年获国家技术发明二等奖项目

项目名称	主要完成单位	主要完成人
桥式偏心分层开采配套工艺技术	大庆油田有限责任公司	王德民、王玉普、韩修廷、王广昀、程杰成、刘　合

表3　2003年获国家科学技术进步二等奖项目

序号	项目名称	主要完成单位	主要完成人
1	低渗透油田高效开采配套技术	中国石油勘探开发研究院、长庆油田分公司、长庆石油勘探局、吉林油田分公司、吉林石油集团有限责任公司、新疆油田分公司、新疆石油管理局	沈平平、袁士义、胡文瑞、梁春秀、王嘉淮、宋新民、王道富、何树山、钱根宝、蒋　阗
2	煤层气勘探技术研究与实验	中国石油勘探开发研究院廊坊分院、华北石油管理局、长庆油田分公司勘探开发研究院、大港油田钻采工艺研究院	赵庆波、吴国干、李景明、李五忠、张建博、王红岩、姚　超、李安启、单文文、李文阳
3	有水气藏油藏工程方法研究	西南油气田分公司、西南石油学院	李　允、胡　勇、张烈辉、杨雅和、王永清、罗　涛、李晓平、钟　兵、陈　军、周克明
4	中国复杂区油气地球物理勘探理论与技术	石油大学（北京）、中国石油集团地球物理勘探局	牟永光、钱荣钧、王尚旭、狄帮让、曹思远、戴世坤、陈小宏、魏建新、胡天跃、王润秋

表4　2003年获集团公司技术创新奖一等奖项目

序号	项目名称	推荐单位	主要完成人
1	西峰油田的发现及综合勘探技术	长庆油田分公司	胡文瑞、王道富、何自新、杨　华、韩申庭、傅锁堂、窦伟坦、付金华、雷　群、蔺宏斌、喻　建、刘显阳　宋广寿、王成玉、郭正权
2	苏丹六区福北亿吨级油田的发现及Fula坳陷成藏规律研究	中国石油天然气勘探开发公司、中国石油勘探开发研究院	成忠良、童晓光、窦立荣、黄先雄、张志伟、汪望泉、张占敏、肖坤叶、郑永林、程顶胜、商国庆、王　锋、林金逞、马玉霞、陈　勇

续表

序　号	项 目 名 称	推 荐 单 位	主要完成人
3	含聚抽油机井、杆、管偏磨治理技术研究	大庆油田有限责任公司、大庆石油学院	王德民、孙　智、王　研、程杰成、王　林、刘　合、韩修廷、李德富、陈会军、王德喜、韩洪升、李德胜、王秀玲、任　刚、宋旭东
4	大港复杂断块油气藏精细油藏描述研究与实践	大港油田分公司	张幸福、周嘉玺、赵平起、何　鲜、王华崇、任宝生、窦松江、王　娟、宋　鹍、段贺海、程远忠、郭宝玺、蔡明俊、王世军、陈善勇
5	阻抗式产液剖面测井技术研究与应用	大庆油田有限责任公司	谢荣华、刘兴斌、胡金海、张玉辉、周家强、王金钟、张永奎、李　军、黄春辉、姜英兰、袁智慧、张　勇、杨景海、庄海军、费　翔
6	提高大情字井地区钻井速度配套技术研究	吉林石油集团有限责任公司、中国石油勘探开发研究院	何树山、李小兵、汪海阁、张　仁、饶永久、张凤民、张嵇南、杨立国、刘雨晴、孙永才、蒋继才、付文林、周保中、李基福、孙金忠
7	X70大口径螺旋管国产化及评价	宝鸡石油钢管厂、华北石油管理局、中国石油天然气管道局、中国石油集团管材研究所	丁晓军、王晓香、崔靖全、刘兴和、霍春勇、罗　超、雷胜利、申立群、王　昱、冯耀荣、王广文、骆传教、杨春雨、李根全、王志太
8	凝析气田地面工艺及配套技术研究	辽河石油勘探局、塔里木油田分公司	裴　红、郭野愚、苑秀杰、尹有胜、李　爽、赵守义、赵文学、宋清平、曹　婧、王福贵、卜祥军、邢立新、仝兆坤、赵福俊、王　义
9	新型FCC汽油降烯烃系列催化剂的研制与工业化开发	兰州石化分公司	高雄厚、刘从华、秦　松、许　延、邹旭彪、张海涛、郭洪明、赵旭涛、赵春林、申建华、张忠东、王继国、吴　凯、王　刚、丁　伟
10	VAH型气相醛加氢催化剂的开发及工业应用	大庆石化分公司	张志华、曾志军、王　刚、朱宝兴、周振环、杜永贵、吴林美、王爱忠、刘凤山、张兴春、于春梅、张俊民、于秀娟、刘殿忠、李淑杰

表5　2003年获集团公司技术创新奖二等奖项目

序　号	项 目 名 称	推 荐 单 位	主要完成人
1	二连盆地隐蔽油藏勘探研究	华北油田分公司	邹伟宏、张以明、杨德相、杜维良、史原鹏、刘喜恒、钱　铮、李林波、肖　阳、降栓奇
2	辽河盆地陆上重点预探目标石油地质综合研究及区带优选	辽河油田分公司	谢文彦、孟卫工、张占文、谷云飞、李晓光、陈振岩、陈永成、钱宝娟、吴文柱、苗　振
3	大港滩海区埕北断阶带油气勘探	大港油田分公司	吴永平、袁淑琴、杨　勇、王光奇、苏俊青、廖前进、周建生、孙晓明、王振升、丁新林
4	中国含油气系统与重点盆地勘探领域研究	中国石油勘探开发研究院、新疆石油管理局、辽河石油勘探局	赵文智、何登发、池英柳、雷振宇、张立平、石　昕、张朝军、王社教、张义杰、周建生

续表

序　号	项 目 名 称	推 荐 单 位	主要完成人
5	齐家—古龙地区大型岩性油藏发现的地质综合研究与勘探技术	大庆油田有限责任公司	萧德铭、侯启军、金成志、王玉华、冯志强、迟元林　历玉乐、张　革、黄　薇、林铁锋
6	NORRIS 抽油杆的研制与开发	玉门石油管理局	张　淳、邓小茹、胥掌世、高桂林、王子健、石　民、余立强、林多果、王明军、韩君武
7	塔拉拉盆地六/七区老油田勘探开发精细研究	中国石油天然气勘探开发公司	王明才、叶先灯、王新建、朱恩永、马顺明、张　奇、徐中军、王政文、刘　宇、杨瑞财
8	两套不同性质、长跨距油层合采工艺技术试验研究	大庆油田有限责任公司	王德金、庞彦明、张传绪、沈宝明、罗中华、董经武、姬生柱、杨知盛、张宝忠、陶　冶
9	大庆油田长垣南部窄薄砂体油田一体化油藏评价及综合调整技术	大庆油田有限责任公司	房宝才、张玉广、许洪东、梅启太、李元江、李迎春、刘洪涛、王长生、马洪涛、王淑红
10	吉林稠油油藏高效开发配套技术的研究与应用	吉林油田分公司	刘兴忠、刘立平、庄善义、谷　武、王柏静、刘　斌、陈丙春、王凤刚、刘　刚、李士国
11	锦 90 块非混相驱扩大试验效果跟踪评价	辽河油田分公司 中国石油勘探开发研究院	王正江、刘俊荣、张义堂、张恩臣、岳玉全、张世民、祝永军、贾庆仲　丁建民　刘尚奇
12	聚合物驱前深度调剖技术的研究	中国石油勘探开发研究院、大庆油田有限责任公司	王洪关、郭万奎、董焕忠、隋新光、冯爱丽、万心德、姜洪福、麻成斗、张　松、方　庆
13	可动凝胶驱油技术研究及矿场试验	中国石油勘探开发研究院	袁士义、韩　冬、韦　莉、王　强、林庆霞、张建英、李秀宁、王红庄、罗文利、赵树栋
14	酸化压裂配套工艺技术研究与应用	华北石油管理局、 华北油田分公司	卢修峰、马庆坤、彭梓东、韩振华、张增会、曾久长、王杏尊、周　俊、邱　兵、林运兴
15	抽油机及辅助配套设备节能检测及评价方法研究	大庆油田有限责任公司、大庆石油学院	王　林、赵桂姿、姜民政、李运福、刘东升、张传绪、徐国民、孙慧峰、李树群、林庆泽
16	柳南浅层油藏描述及开发调整方案研究	冀东油田分公司	周海民、穆立华、袁俊香、刘军雷、元　立、廖保方、刘国玺、周风明、魏文懂、刘英芝
17	油套管 CO_2 腐蚀机理、防护措施及油田应用研究	中国石油集团管材研究所、塔里木油田分公司、中国石油集团工程设计有限责任公司	白真权、赵国仙、路民旭、张玉芳、严密林、姜　放、周建东、李鹤林、赵新伟、刘亚旭
18	高效射孔完井配套技术研究与应用	大庆油田有限责任公司	刘国志、刘方玉、林玉玺、范学君、蔡　山、索明武、胡彦玲、郑长建、于振东、金海东
19	储层综合评价配套技术在川东地区天然气勘探中的推广应用	四川石油管理局	冉隆辉、朱北舜、李志荣、孔金祥、司马立强、黄　锋、何成孝、罗　利、范明祥、沈　平
20	高含水后期钻井工程配套技术研究	大庆石油管理局	于洪金、周英操、李文斌、弓玉杰、陈晓楼、肖志兴、程　艳、季海军、邹　野、幕万军

续表

序　号	项 目 名 称	推 荐 单 位	主要完成人
21	2000 系列（G12V190ZL）柴油机	济南柴油机厂	李树生、张正军、孙　洁、吴国胜、许传国、王腾飞、马元梁、李元新、杨加成、刘　东
22	松散地层取心技术研究与应用	辽河石油勘探局	刘乃震、杨立文、薄　珉、孙文涛、王光玥、吴玉滨、于天忠、尹继宏、孙长有、张小波
23	碳酸盐岩深井快速钻井工艺技术研究与应用	大港油田集团有限责任公司	路继臣、周树和、张军民、徐学军、齐月魁、唐卫国、刘　涛、张文华、董德仁、王国琼
24	沙漠油田地面建设工程技术研究	塔里木油田分公司、大庆油田有限责任公司、中国石油集团工程技术研究院	熊建国、张昌兴、姚仰平、于好泳、义宗贞、崔占荣、陈友昌、许海彬、李立军、张长民
25	大口径热煨弯管弯制及防腐装备国产化	中国石油天然气管道局	许天鹰、彭忍社、穆　铎、张学增、李玉卓、于洪波、许传新、常增顺、侯同瑞、焦如义
26	天然气储气库地面配套优化技术研究	大庆油田有限责任公司	王瑞泉、曹广仁、耿作孝、崔红霞、纪良才、刘　颖、徐占友、王德喜、杨春明、阳跃鹏
27	超稠油集输技术试验与应用	辽河油田分公司 辽河石油勘探局	王春鹏、梁作利、刘福余、刘喜林、吴德兴、余五星、王曙光、刘　勇、武俊宪、郑南方
28	水厂节水节电综合技术研究	大庆石油管理局	宋学峰、许成君、李红梅、王海涛、付红丽、邢世才、彭世松、武志敏、周华平、陈吉卓
29	特殊地区大口径管道施工方案优化研究	中国石油天然气管道局	陈大中、魏国昌、刘小利、李　军、林金河、李募祥、闫洪江、张世彬、徐　梅、涂立成
30	具有多处高差起伏管段的顺序输送管道混油特性及控制方法的研究	中国石油天然气管道局	陈庆勋、朱坤锋、宫　敬、胡柏松、梁永图、祝宝利、桑广世、孙　宇
31	用于润滑油改性的乙丙共聚物技术开发（J－0080、J－0050、J－0030、J－0020、J－0010）	吉林石化分公司、润滑油分公司	张　涛、蔡小平、隋　军、邹向阳、王香英、付兴国、张红江、王宏军、李　铁、王会东
32	改性沥青的研制与开发	辽河石化分公司	汪太龙、魏　民、黄　鹤、李占宁、张世杰、马作侠、刘艳清、许萍萍、李艳敏、何玉容
33	炼油污水深度处理回用技术及应用研究	大港石化分公司	陈洪斌、庞晓东、齐庆立、郭毅葳、杨树青、张海军、王　凯、李建忠、周光霞、张剑波
34	重整汽油抽提蒸馏分离苯新工艺的开发及工业应用	大连石化分公司	何盛宝、田龙胜、于明祥、宋士运、张守运、林晓峰、夏佳兴、唐文成、杜云散、李文库
35	大连石化分公司 140 万吨/年重油催化裂化装置模式识别智能优化闭环控制	大连石化分公司	孟纯绪、张　俊、蒋　凡、张家栋、石功军、叶志伟、张伟奎、吴隆庆、李伯华、张维义

续表

序　号	项目名称	推荐单位	主要完成人
36	高抗冲共聚丙烯注射专用料系列产品开发	独山子石化分公司	徐文清、武世波、陈　辉、闵文武、王　斌、周　豪、刘朝军、吴天忠、张　伟、吴春霜
37	羰基合成驰放气中丙烯、丙烷回收工艺	大庆石油化工总厂、大庆石化分公司	王路海、李广喜、姜道华、徐永宁、杨玉和、王文英、吴冠京、朱明慧、王清洋、吴林美
38	微机机群并行模拟技术研究	大庆油田有限责任公司	计秉玉、赵国忠、尹芝林、吴　邕、郭德志、佟斯琴、石东义、兰玉波、王曙光、殷丽萍
39	油田勘探生产数据传输系统	塔里木油田分公司	周新源、安文华、买光荣、王小波、唐荣华、周　云、熊　伟、贾　平、廖善榕、杨　松
40	DEH数字式高压抗燃油电液调节系统在双抽汽轮机组的应用	乌鲁木齐石化分公司	任卫兵、顾宗军、李学东、马军生、周万松、郑明禹、徐　进、焦伟东、宋晓江、刘　伟

（谭　玖）

股份公司科技发展

【概述】　2003年，股份公司各级科技管理部门和广大科技人员从提升科技规划质量、推进项目管理和理顺科技管理体制三方面入手，加强了科技工作的规范化管理；紧密结合主营业务发展需求，集中力量抓了一批重大核心技术攻关和应用，取得了一批有明显商业价值的科技成果。其中，由大庆油田有限责任公司完成的桥式偏心分层开采配套工艺技术获国家技术发明二等奖；由勘探开发研究院牵头完成的低渗透油田高效开采配套技术、煤层气勘探技术研究与实验，以及由西南油气田分公司组织完成的有水气藏油藏工程方法研究分别获国家科学技术进步二等奖。股份公司全年共申报专利394件，其中国外专利2件，发明专利108件，占申请专利总数的27.4%。

【年度科技计划】　2003年，股份公司科技计划中，共安排科研项目60项222个课题。其中，总部超前共性研究11个项目40个课题，勘探与生产分公司11个项目64个课题，炼油与销售分公司14个项目42个课题，化工与销售分公司18个项目52个课题，天然气与管道分公司6个项目24个课题。科技经费预算总计60360万元，总部超前共性研究部分预算12000万元，四个专业公司经费预算48360万元，其中，勘探与生产分公司27000万元，炼油与销售分公司10000万元，化工与销售分公司9000万元，天然气与管道分公司2360万元。

【科技成果】　在油气勘探方面，完成了第三次油气资源评价，摸清了公司探区内主要含油气盆地的资源潜力，进一步明确了油气勘探方向。岩性油气藏研究在成藏理论、圈闭识别和砂体描述技术等方面不断完善和发展，促进了华北油田分公司等单位油气勘探取得了一系列突破和发现。前陆盆地研究完善了断层褶皱及山前带油气成藏理论，在塔里木、川西、准南、柴北缘等地区的生产应用中取得了较好的效果。油气预探项目研究突出了重点，加强了地质综合研究，有效指导了油气勘探部署。在油气田开发方面，三次采油技术攻关和矿场试验取得重大进展和突破，大庆油田聚合物驱基本实现了污水配制，国产强碱三元复合驱工业化试验的9口中心井含水下降了20个百分点以上，并连续稳定24个月以上。大港油田分公司高含水油田油藏精细描述和综合挖潜技术推广应用，明显提高了开发水平。苏里格气田低渗透砂岩气藏开发技术攻关取得了阶段性成果。稠油蒸汽驱先导试验效果明显，辽河齐40块汽驱试验区采出程度达33.3%。在炼油化工方面，两段提升管催化裂化技术已在多家炼厂推广应用，全年增效1000万元以上。

具有自主知识产权的炼油降烯烃催化剂，在全国30多套装置上得到应用。重油接触裂解制乙烯工业化试验基本解决了结焦问题，乙烯、丙烯合计收率超过38%。油气长输管线安全与完整性评价技术研究取得良好进展，管线适用性评价达到了国内先进水平，成为管线维护和大修决策的依据。

公司和各单位普遍重视加强新技术推广应用，取得了良好成效。SEC油气储量评估方法推广培训830人，90%以上的学员通过了考试。新疆油田稠油热采注汽锅炉节能技术的综合应用，综合节汽率达到5%，节水率达到7.5%，吨汽综合成本降低2.5—3元。大庆特高含水后期地面工程系统优化研究，总结出了一套优化调整和节能技术综合应用的改造模式。勘探与生产分公司组织的油藏精细描述技术交流、炼油与销售分公司组织的清洁油品生产及重油加工技术交流、化工与销售分公司组织的聚烯烃生产工艺新技术交流、天然气与管道分公司组织的长输管道安全评价方法技术交流等12项重大技术交流活动，促进了成熟技术的推广应用。

【科技管理】　2003年，股份公司成立了科技与信息技术委员会，加强了对科技和信息工作的统一领导。按照陈耕总裁关于“要下大力气解决科研开发中低水平重复和科技管理部门职能重叠交叉问题”的重要指示，系统分析了科技管理体系中存在的问题，研究提出了一系列解决方案，推动了科技管理体系的进一步完善。

（1）由总裁办、人事部和科技与信息管理部共同组织开展了“理顺和完善公司科技与信息管理体制和运行机制研究”，提出了具体实施方案，制定了科技项目规范运作、科技成果评价、推进科技成果共享、科技人才激励、科技对外协作管理等方面的政策措施和实施办法。公司相继组建了炼油化工技术研究中心和管道技术研究中心，主要专业技术领域的研发体系趋于完善。勘探开发研究院、大庆油田有限责任公司、西南油气田分公司等单位也在理顺科技管理体系、减少低水平重复方面做了大量工作。

（2）按照新的方法编制完成了公司科技发展总体规划。确定了今后3—5年45个重大科研项目群，并对重点科研项目进行了框架设计，明确了项目的研究范围和阶段安排，第一次采用了“以项目人员技术能力为基础”的研发项目经费核算标准，在研发费用预算规范化管理方面进行了初步的探索。科技规划的制定，为从源头上解决股份公司、专业公司层次的重复分散研究提供了可靠依据。

（3）推进了项目管理方法在研发领域的应用。制定了股份公司科技项目管理办法，其实施要点是：每个研发项目都要成立项目组织，推进项目经理负责制和旨在促进成果应用的用户总监制；要根据规划和合同任务要求，对项目进行分阶段设计、按计划实施；项目经理要按周给项目组成员分配任务，按月进行费用预算和差异分析；项目组成员都要会用项目管理软件（Project 2003），项目管理过程要在统一搭建的管理信息平台上运行。按照这样的思路，组织了项目管理方法和工具的应用培训，已有342名科研人员取得了项目管理资格。在勘探开发研究院、规划总院、管道技术研究中心，选择16个重点科研项目开展了规范化项目管理试点。

【国际科技合作研究】　2003年，股份公司开展了4项国际合作研究项目，其中接转项目2项，新开项目2项。

（1）与美国纽约大学表面活性剂研究中心合作的三次采油用表面活性剂结构与性能关系研究，筛选出了适用于弱碱、无碱化学复合驱用表活剂的最佳结构和体系，研究了表活剂间的协同作用，合成了系列已知结构的烷基苯磺酸盐样品，纯度大于95%。

（2）与法国波城大学聚合物物理化学实验室合作的新型抗温耐盐聚合物及其机理研究，对缔合单体聚合的有效性进行了确认，对缔合单体种类及含量与聚合物临界缔合浓度的关系进行了研究，对新型抗盐聚合物的性能进行了评定和筛选，对新型缔合聚合物的粘弹性进行了研究，并研制出比相对高分子质量聚丙烯酰胺（2500万）粘弹性更好的中低分缔合聚合物，以满足二类油藏的要求。

（3）中国西部特殊油气藏综合评价技术研究，通过对俄罗斯中央地球物理研究所等8家国外机构的油气勘探开发技术调研，对俄方的VSP和地面小三维结合的3D+VSP技术、Prospect复杂介质成像处理解释技术等多项技术进行了全面、系统的了解和分析。结合我国陆相盆地复杂地质情况，优选了一些特色技术，作为今后引进与合作研究的基础；完成了Esseral全波场地震正演模拟软件安装、培训与应用；与俄罗斯中央地球物理研究所达成了构造沉积体系分析软件（DV-Discovery）的引进协议，开展了地层非均质体及裂缝油气藏地震识别、预测和综合评价技术研究的前期研究。

（4）中国石油天然气股份有限公司未来三年至五年国际合作研究方案框架设计，主要围绕岩性地层油气藏勘探、前陆盆地勘探、碳酸盐岩勘探、低渗透油田开发、稠油油田开发、高含水油田开发、天然气高效开发、三次采油等八个重大技术领域，分析了各领域主要技术的国内外研究和应用现状、中国石油所面临的主要瓶颈技术问题、中国石油技术与国外技术的差距，研究提出了中国石油技术发展方向与对策、国际合作的总体思路与原则、国际合作项目和建议等，为更有效地开展国际科技合作奠定了坚实基础。

【培训工作】 2003 年，共举办了知识产权管理、电子邮件系统管理、科技项目经理和企业信息门户四期技术培训班。其中，知识产权管理培训班，进行了"中国石油科技知识产权信息门户"专题培训；电子邮件系统管理员培训班，主要学习了 Windows 2000、Exchange 2000 技术、中国石油电子邮件系统技术方案、电子邮件系统运行管理规范以及邮件最终用户技术支持等；科技项目经理培训班共举办六期，培训了推行现代项目管理的意义和目的，项目管理的基本概念、主要思想、内容框架、知识体系以及 MS Project 2002 软件应用；企业信息门户培训班，主要培训了中国石油企业信息门户信息共享和服务共享体系的建设模式和内容、信息门户建设标准，介绍了信息门户产品的新功能。股份公司所属各公司、院的相关人员共计 578 人参加了以上培训，效果明显，达到了预期目的。

（刘顺春）

信息工作

【概述】 2003 年，集团公司信息化工作加强管理，规范服务，继续推进建设，推广应用。石油视频会议系统、石油信息网站、石油电子邮件系统、总部机关办公自动化系统、信息化规划和制度等方面的建设都取得重要进展，并发挥显著的效能。

就集团公司未上市部分整体而言，在队伍建设方面，各企事业单位加强对信息化工作的领导，组织机构逐步健全，信息化队伍的业务水平和整体素质进一步提高。有 36 个单位成立信息化工作领导小组，有 32 个单位成立专门的信息技术服务机构。从事信息技术职工有 3488 人，其中管理人员 805 人，取得信息管理认证 85 人；信息技术人员 2174 人，取得专业认证资格 304 人；其他人员 509 人。在企业网络建设和运行、信息应用系统开发、管理、维护以及信息技术服务中，各级信息技术服务部门服务意识不断增强，技术人员技术和业务素质逐步提高，成为信息化管理和技术支持的主要力量，涌现出一批重要技术骨干和贡献突出的专家。随着计算机的普及应用，大部分领导、工程技术人员和管理人员基本掌握计算机操作技能，具备系统应用能力，为加快信息化建设奠定基础。

在资金投入方面，2000 年至 2003 年 6 月，未上市企业信息化累计投入 9.1 亿元，其中硬件投资 6.2 亿元，软件投资 1.5 亿元，共形成固定资产 6 亿元。2003 年企业信息化建设资金投入 25187 万元，按项目构成分为网络建设 11706 万元，应用系统 8494 万元，信息资源 2636 万元，信息安全 1240 万元，其他 1745 万元；按使用方向分为硬件费用 16258 万元，软件费用 6097 万元，服务费用 1720 万元，培训费用 411 万元；按企业类型分为油气田地区服务公司投资 11778 万元，炼化企业投资 4351 万元，专业公司投资 7588 万元，其他单位投资 147 万元。

在基础设施建设方面，集团公司未上市部分拥有台式机 76187 台，便携机 6937 台，服务器 1843 台；网络路由器 345 台，网络交换机 3825 台，接入局域网计算机 59505 台。大多数单位已初步建成以光纤为主体的传输支撑网络，企业网络体系逐步完善，覆盖范围、技术水平和服务能力都得到长足发展。网络信息安全设施逐步建立和完善，已建设防病毒服务器 139 套，防火墙 167 套，数据备份系统 94 套，入侵检测系统 20 套；在集团公司的统一部署下，各单位安装网络版 Norton 防病毒软件，实现集中配置和管理，病毒防范体系逐步完善。

在信息应用系统建设方面，基于网络的各项应用越来越多，除了中油财务管理信息系统外，生产运行、机关公文、人事劳资、社会保险、医疗卫生、物资供应、机动设备、基础教育、住房公基金、计划生育等管理系统都陆续采用网上运行的方式。管理信息系统促进管理实现创新，企业管理水平进一步提高。北京石油机械厂 ERP 系统成功上线运行。海外油气勘探开发、技术服务、工程勘察设计、机械制造、生产服务等领域的产业信息化不断深入，取得显著的经济效益。

【信息网站建设】 2003年1月1日，集团公司内部网站完成改版升级，上线运行。新版网站围绕“为领导服务、为机关部门服务、为企业服务”的宗旨，面向各级领导、所属企业及全体员工；贯彻“资源共享、信息服务、辅助管理、支持决策”的网站定位；增加网络电视、辅助查询、全文检索、个性化服务等功能；设置网站编委会和编辑部；版面风格设计显著改进，专题栏目紧密配合集团公司机关的工作，内容丰富全面，信息发布更新及时。

2003年4月1日，集团公司外部网站英文版上线运行。

规划计划部本着管信息化要率先干信息化、用信息化的认识，领导带头、全员参与，虚心学习，不断创新，按新的设计思路和规范设计开发总部机关部门示范网页——规划计划部网页。该网页系统成功上线后，先后有集团公司财务资产部，人事劳资部、人事服务中心，监察部等10个总部机关部门网页建成上线。机关部门网页统一技术标准，统一建设平台，统一网页风格，自主维护信息，辅助部门管理，打破信息壁垒，消除信息孤岛，领导员工能及时了解和共享相关信息。

集团公司未上市部分有35个单位建立企业内部信息门户网站，网站内容逐渐丰富，涵盖生产经营、市场开发、企业管理等方面的内容，信息更新准确及时，浏览方便快捷。这些信息门户网站已初步建成为以企业形象宣传为主，兼有新闻报道、信息服务、视频点播等网络服务的综合性网站，在企业形象宣传、内外信息交流等方面发挥重要作用。有27个单位在外网设立企业网站（或网页），加强对产品和技术的宣传，树立良好的企业形象。

石油信息网站已成为信息共享、辅助业务的重要平台。据不完全统计，2003年4月21日—5月21日，仅集团公司内部网站的浏览量就达6万多人次，是网站改版前的6倍，保证“非典”期间决策、管理信息的及时下达。

【石油视频会议系统建设】 2003年1月23日，集团公司举行石油视频会议系统开通仪式。截至2003年底，全系统在97个企事业单位建成视频会议分会场。视频会议系统的投入运行，创新会议模式，提高会议效率。2003年，共举行视频会议77次，累计2517场次，各级参会人员超过5万人次；会议种类包括全系统工作部署、部门工作会议、专业生产经营会议、项目评估论证、人事远程招聘答辩、总部与企业专题研讨等等。仅在抗击“非典”的5月份就召开视频会议19次，参会单位483个（次），参会近万人次，对保持政令畅通，保证生产经营正常秩序起到特殊作用。

【石油电子邮件系统建设】 在前期研究和工程招标完成的基础上，2003年1月，总部电子邮件系统软硬件采购合同签订；3月，完成电子邮件系统的安装调试，总部新的2万用户邮箱的电子邮件系统建成。8月，完成总部机关和所属33个小型企事业单位6千多用户信息的收集、加载和参数配置，系统投入运行，提供电子邮件服务。2003年底，集团公司全系统电子邮件注册用户达10万多人，成为最重要的网络基本应用系统之一，为员工之间、上下级之间以及国内外客户、合作伙伴的日常信息交流提供快速便捷的手段。

【总部机关办公自动化建设】 在集团公司信息化工作领导小组的领导下，由集团公司规划计划部和科技发展部牵头，办公厅和石油经济技术研究中心组织实施，建立网络二期工程和办公自动化项目实施领导小组，组建精干的技术专家队伍，成立项目管理部。经过两年多的共同努力，开发建设基于石油计算机网络（CNPCnet），采用浏览器—应用服务器—数据库服务器三层体系结构的办公应用系统。应用工作流设计思想，采用模块化设计方法，开发公文处理、档案管理、会议管理等11个功能模块，实现公文、档案一体化管理，实现集团公司总部与所属各企事业单位两级电子公文传输及管理。采用先进的电子印章及公文加密、解密传输技术，保障电子公文传输的安全、可靠。

在系统建设工作中，技术人员与业务人员团结配合，紧密跟踪国内外办公自动化技术发展趋势，认真借鉴国家有关部委和省市政府及国有大型企业办公自动化系统建设的先进技术和经验，严格遵循国家的有关标准规范，对系统整体方案、技术路线、实施计划进行较为全面、细致的论证，整个开发建设工作做到组织严密，运行规范。

2003年9月26日，集团公司郑虎副总经理听取机关办公自动化项目汇报，肯定项目的成果，明确办公自动化系统和网站系统之间的功能划分、两级公文传输的覆盖范围、项目的下一步工作要求；总部机关开始系统的试运行和完善优化。12月26日，集团公司通过视频会议举行机关办公自动化系统暨两级电子公文传输系统正式运行仪式，集团公司系统各单位在41个视频分会场参加会议，集团公司党组成员、副总经理郑虎做重要讲话，宣布自2004年起机关办公自动化系统投入正式运行。

【石油计算机网络二期工程建设】　石油计算机网络二期工程的8个项目陆续分别完成本项目的初步验收、系统试运行、系统测试、系统验收等实施阶段。2003年10月16日，集团公司规划计划部委托石油审计服务中心完成石油计算机网络二期工程竣工审计，为网络二期工程的竣工验收准备了条件。

10月30日，浙江石油勘探处、中国石油天然气运输公司、中国石油天然气集团公司管材研究所、广州石油培训中心、深圳石油实业公司、吉林燃料乙醇有限责任公司等6个尚未与集团公司总部联网的单位通过虚拟专网（VPN）技术接入石油计算机网络。

【信息化规划编制】　集团公司规划计划部在广泛调研的基础上，经过反复征求意见、讨论修改，完成《集团公司（未上市部分）2003—2005年信息化工作计划》的编制，并以集团公司文件发布实施。明确集团公司信息化的发展原则：应用主导，服务全局；领导负责，优化流程；统筹规划，分步实施；统一标准，共享资源；保障安全，务求实效。提出工作目标：紧紧围绕全面建设具有国际竞争力的跨国企业集团战略，大力推进信息化，建设数字中国石油，全面提升集团公司的国际竞争力；应用系统实现新突破，基础设施再上新水平，工作体系呈现新局面。做出重点工作部署：即实施信息门户建设、办公应用系统建设、管理信息化及企业资源计划（ERP）建设、产业信息化、信息资源建设、信息标准规范建设、信息基础设施建设、信息工作队伍建设等8项重点工程。提出4项保障措施：建立各级“一把手”负责的组织体系；加大资金投入和集中使用力度，强化项目全过程管理；健全信息技术服务体系，创新运行机制；加强信息化培训与交流。

【信息化管理和制度建设】　集团公司规划计划部制定并印发《石油视频会议管理暂行办法》、《石油视频会议系统运行维护暂行规定》、《集团公司机关部门网页建设规范》、《集团公司未上市企业内部网站页面设计规范》、《集团公司机关信息设备配件维修费使用管理规定》等管理办法和技术规范，使相关系统建设健康发展，规范、平稳运行。

制定信息化工作的主要流程：信息化规划与管理制度制定、实施流程，信息化建设工程项目管理流程，信息技术服务管理流程，机关信息设备采购流程等。

研究制定企业信息化（包括队伍建设、资金投入、基础设施、应用建设等）统计指标，纳入集团公司统计指标体系。

【总部信息技术服务】　集团公司总部通过与石油经济技术研究中心签订总部机关信息技术服务协议，规范信息技术服务内容、目标、质量要求和考核办法，明确费用与质量挂钩、合理浮动的原则和激励机制，并认真组织服务质量考核。组织实现服务承诺制、首问负责的“一站式”服务，实行走动式不间断服务，网络和系统运行实行全天候值班。组织信息服务工作人员统一着装，挂牌服务，态度诚恳，主动热情。组织总部机关信息设备配置维修，统一费用渠道，统一设备采购，统一安装验收，统一更新维护；采购运作规范，做到领导放心、厂商服气、用户满意。

【信息技术培训】　结合总部机关办公自动化的建设，总部组织培训机关18个部门综合处负责人、文书30人；组织培训56个企事业单位局办负责人、文书、技术支持人员103人；组织培训56个企事业单位局办主管信访负责人、信访干部60人；组织总部机关现场使用培训，18个部门310人参加；组织对18个部门的领导47人开展系统应用“一对一指导”。

配合石油电子邮件系统的实施，组织78人参加集团公司电子邮件系统账号管理员培训，40人参加集团公司电子邮件系统管理员培训。

（张耀臣）

股份公司信息工作

【信息系统建设及应用】

（1）专业应用信息系统。启动了管道生产系统试点工作。启动了地球科学与钻井系统和上游生产系统的商务招标和试点准备工作。炼油与化工运行系统、先进计划系统和加油站管理系统的可行性报告和试点设计方案通过了评估。

（2）已建信息系统应用。一是在全公司建成应用企业信息门户1450个，其中股份公司机关及专业公司72个、油田公司497个、炼化公司543个、管道公司60个、销售企业249个、科研机构29个，信息门户已覆盖了大部分厂、处级单位，大庆油田有限责任公司、抚顺石化分公司、锦州石化分公司、独山子石化分公司等单位已将信息门户建设到了矿（大队）和车间。2003年5月12日，股份公司内部网站正式切换为中国石油信息门户主门户。全年信息门户系统共上载文档50多万个，信息量50G以上，股份公司信息主门户平均日访问量5000人次以上，公司员工通过门户系统实现了对信息和服务的共享。二是以"Petrochina.com.cn"为域名的统一的电子邮件系统已在全公司范围内应用，用户总数93260个，其中常用用户52923个，是国内最大的企业级电子邮件系统。系统维护工作主要集中在勘探开发研究院的中心站点和大庆油田有限责任公司、辽河油田分公司、西南油气田分公司、塔里木油田分公司、新疆油田分公司、青海油田分公司、长庆油田分公司、抚顺石化分公司和勘探开发研究院西北分院等九个设立服务器的分站点。通过运营维护队伍的共同努力，实现了邮件系统的稳定运行，大大提高了信息传递效率。三是电视会议系统在技术交流、业务培训等方面拓展了应用范围，新增加了13个分会场，会场总数达到76个，基本覆盖了所有地区公司。股份公司全年共召开电视会议53次，近4万人次在分会场参加了会议，系统累计平稳运行400小时以上。特别是在"非典"期间发挥了重要作用。

【信息基础建设和管理】

（1）结合股份公司局域网设计成果，进行了广域网改进方案设计，完善了39个地区公司的网络设计，并同期完成了IP电话方案的设计。

（2）完成了"制定安全政策和标准"项目。参照信息安全国际标准ISO 17799，依据信息技术总体规划和股份公司的实际，制定了信息安全的总体原则、组织管理、运作管理、审计、体系评估政策等五项管理政策，物理环境安全、硬件设备安全、网络安全、操作系统安全、数据和文档安全、应用系统安全、通用安全等14项技术规范和标准，设计了认证与授权方案和网络安全方案，编制和下发了员工信息安全管理手册。利用病毒防护系统对几次病毒大规模发作进行了及时处理，避免了企业损失。

（3）根据业务需求，完善和提升了中国石油信息资源网站，推进了信息共享服务。

（4）推进了计算机软硬件系统标准化工作。2003年2月28日，股份公司与微软公司签订了《中国石油天然气股份有限公司与微软（中国）有限公司企业信息化建设战略合作协议》，在此基础上，股份公司用国内最大的价格折扣，统一采购和应用了微软系统平台和应用平台软件共九类产品。持续做好计算机硬件产品供应商统一入围工作，通过对各入围供应商的价格、服务、网点分布、产品质量等进行广泛调研，对部分入围供应商进行了调整，与10家硬件产品供应商签订了2003—2004年度硬件产品入围协议。

【信息标准化】

（1）开展了中国石油企业信息化技术标准总体规划研究，提出了对企业标准化策略、企业信息标准框架、企业标准化工作流程、企业标准化组织机构、企业标准化发展规划以及标准推广实施计划的建议和设想。

（2）开展了国外石油行业标准研究，尤其重点研究了POSC标准，结合中国石油实际，提出了如何采用国际标准指导信息系统建设的思路和设想。

（3）开发应用了标准制修订审查管理系统，规范了工作流程，保证了标准制修订的高效性和透明性。

（4）开发了中国石油组织机构代码系统，实现了组织机构代码的网上申请、审批、查询及管理功能。

（5）制定了《信息系统数据交换规范》、《数据中心存储管理规范》标准，并通过了专家审查。

（6）进一步完善了物资编码工作。物资品名总数由年初的12312个增加到18462个，约是年初的1.5倍；物资编码总数由年初的约68万条增加到994200条，净增约31万条；注册用户总数净增2.78倍，为901人，用户遍布55个地区公司及其165个二级单位。

（刘顺春）

学会活动

【概述】 2003年，是我国全面建设小康社会和中国石油学会努力实施"三个服务"和"四化"目标的一年，也是我们经受社会严峻考验、战胜各种工作困难并取得较好成绩的一年。一年来，中国石油学会及各省、市、自治区石油学会、各分会、专业委员会和工作委员会在各级挂靠单位的大力支持和关心下，在常务理事会的正确领导下，整个学会的工作面貌焕然一新，不论是从学会的指导思想、工作方法，还是从学会的组织建设、学术交流、科普咨询、期刊出版等方面都有了长足进步，取得了新的成绩和经验。

【组织建设】　中国石油学会于2003年12月15—16日成功召开了第六次全国会员代表大会，顺利完成了换届选举工作，黄炎同志当选为中国石油学会第六届理事长，牟书令、贡华章、蒋龙生、袁晴棠、刘宝和、罗汉、杨柏龄、马福臣、仲伟志当选为副理事长，何庆华当选为秘书长；经中国石油学会推荐的八名两院院士候选人中，贾承造同志当选为中科院院士。2003年，全面完成分支机构的清理整顿工作，根据集团公司机关人事制度改革精神完成秘书处定岗定编和竞聘上岗的准备工作；积极配合民政部和集团公司审计部门对中国石油学会财务状况进行的全面审计检查工作，结论完全符合国家有关财务方面的制度和规定；加入集团公司办公自动化系统，并着手"中国石油学会网站"和科技专家库的调研筹备工作；坚持按期出版《中国石油学会简报》总计42期，完成《中国科学技术协会年鉴》和《中国石油天然气集团公司年鉴》学会部分的编写工作。一年来，中国石油学会秘书处在机构和岗位没有完全确定的情况下，充分发挥党支部的战斗堡垒作用，全体同志以对学会事业高度负责的态度，恪尽职守，无私奉献，经受住了来自工作和社会上的各种严峻考验，使得学会各项工作能够正常运转，整个学会系统呈现出空前团结和稳定的大好局面，学会秘书处的凝聚力和威信也不断增强。

各省、市、自治区石油学会积极配合当地科协和民政部门，顺利完成清理整顿工作，同时还发展了一大批新会员；北京、广东、云南、陕西、福建等石油学会相继完成换届选举工作，同时逐步完善各项组织管理制度，制定有关岗位责任制。特别值得一提的是，由于"非典"的影响，为了保证学会工作的正常运转，一些学会采取灵活特殊、安全稳妥的工作方式，以通讯、信函、网络等形式完成文件传达、工作检查、会员联络等组织工作。为提高学会干部的思想和工作素质，一些学会定期召开基层单位秘书长工作研讨会，进行经验交流，以达到互相学习、共同提高的目的。为早日实现学会组织工作网络化的目标，石油储运专业委员会建立全国石油储运技术专家网络，上海、黑龙江、吉林等省、市石油学会建立专家数据库系统和会员信息档案管理系统等，初步实现组织工作的规范化、系统化和程序化，极大地提高了工作效率。通过这些积极有效的组织工作，学会的社会影响力不断扩大，出现很多民营企业要求加入石油学会的新现象，这表明我们石油学会正在向自我发展、不断壮大的方向积极迈进的良好势头。

【学术交流】　为进一步推动我国地热资源开发利用事业的发展，中国石油学会与中国矿业联合会联合主办"全国油区城镇地热开发利用经验交流会"。会议就如何加快我国地热资源的开发利用，创造替代产业，提供新的经济增长点和创造新的就业机会，早日形成有中国特色的"地热工业"等方面进行广泛深入的研讨，会上所提出的"关于加快我国地热资源开发利用"的九条建议已正式上报国家有关部门。为提高我国石油、石化系统在管道防腐技术方面的水平，中国石油学会与意大利奥塔公司联合举办"2003年奥塔防腐系统在天然气、石油、石化工业中的应用技术交流会"。会议针对我国天然气、石油、石化管道建设中的腐蚀与防护问题，交流有关国际标准、技术性能、施工规范和正确选用管道防腐材料的方法，起到为国内外企业牵线搭桥，为石油、石化工业解决实际问题的服务工作。此外，中国石油学会主办的"中国国际润滑油、脂及调和技术设备展览会暨润滑油国际研讨会"，很好地推动了国内外润滑油业在生产和技术领域的交流与合作，对我国润滑油业的改革和发展起到了积极的促进作用；还组织石油、石化系统100名科技工作者参加中国科协2003年学术年会，并以分会场的形式召开了"中国石油工业的发展"学术交流会，共有40篇论文编入中国科协2003年学术年会论文集。

北京市石油学会在北京科技交流学术月活动中，围绕"科技创新、建设小康"这一主题举办"石油天然气高效开采国际学术研讨会"、"北京石油青年科学家论坛"等五项科技交流活动，还推出两名青年参加第四届北京青年学术演讲比赛和参加第四届专家建议评选活动，有两项建议分获二、三等奖。上海市石油学会联合山东、广东、江苏、浙江、福建等省石油学会举办的"2003年（上海）含硫原油加工研讨会"，总结和交流沿海石化企业加工含硫原油的经验，在企业和学会之间构筑了一个很好的学术信息平台。江西省石油学会会同其他省市石油学会以"采用科技进步、推动石油石化行业持续发展"为主题召开七省市石油学会学术年会。江苏省石油学会举办具有“产、学、研”三结合特点的“2003年度全国分子筛协作会议”，并与省化学化工学会合作承办“江苏省科技论坛石化分坛”。四川省石油学会与天然气专业委员会联合举办“天然气资源现状和发展战略方向学术研讨会”，为实施天然气能量计量提出8条具体建议。新疆石油学会积极组织参加“自治区第七届自然科学优秀论文评选”活动，获奖数在全区学会中名列第一，2003年为油田决策部门提供各种建议31个，还与黑龙江省石油学会联合举办“第二届新疆—大庆采油工艺技术研讨会”。云南省石油学会在参加省首届科学技术论坛活动中，对云南省石油、天然气勘探开发战略及前景提出独到见解和宝贵意见，被列入专家建言献策咨询报告，供省委、省政府和有关部门决策参考。陕西省石油学会充分利用第三届中国（西安）国际石油、天然气勘探开发及科技装备展览会的机会举办三场学术报告会，并积极推荐青年科技工作者参加“陕西青年科技奖”评选活动，有一人获奖。河南省石油学会组织召开的青年学术年会被列为省科协2003年重点活动项目，还举办了“全国录井技术研讨会”。黑龙江省石油学会根据中国石油学会的安排，接待3人次国际石油工程师学会（SPE）杰出演讲人来华讲学活动，邀请美国菲利普斯勘探公司的高层管理和技术人员就三次采油技术的发展问题同油田专家进行广泛交流和深入探讨，邀请加拿大著名学者就压裂方面的知识和技巧做专题讲座。甘肃省石油学会兰炼分会开展的论文评选活动已坚持了17年，2003年共征集和评选科技论文557篇，其中向兰州市科协第十届自然科学优秀学术论文评审委员会推荐24篇，获奖18篇。石油炼制分会每年一次的全国润滑脂技术交流会目前已举办12届，同时还开展“汽车石油燃料安全供应战略研究”的课题。海洋石油分会全年共组织或参加“海峡两岸三地华人石油学会科技交流会”、“国家863计划海洋资源开发高技术青年论坛”等19次国内外学术交流活动，还向中国企业联合会申报了中国企业新记录，有20项获批。石油地质专业委员会以“高层次”、“国际化”的办会方针，组织召开“第五届全国油气运移学术研讨会”和“第三届隐蔽油气藏国际学术研讨会”等重大学术会议。石油统计专业委员会常年坚持统计科研和统计学术研讨，2003年完成五个科研项目并通过验收，成功召开第十四次统计学术研讨会。石油质量可靠性专业委员会完成《石油天然气工业设备可靠性和维修数据的采集和交换》转化为国家标准的工作，开展寿命周期费用国际标准可行性研究，组织“零缺陷与可靠性管理”课题研究，邀请美国专家做“环境应力疲劳筛选（ESS）——一种发现电子产品的新方法”的专题技术讲座。石油腐蚀与防护专业委员会以“国内外腐蚀与防护技术研究概况及发展趋势”为主题，举办第三届腐蚀与防护学术交流会。石油经济专业委员会除了组织国内有关单位和专家学者召开“2003年石油市场形势研讨会”外，还与日、韩两国共同举办“2003年东北亚石油经济论坛”。石油储运专业委员会举办“2003年国际石油管道技术交流展览会”及“2003年度管道发展与技术研讨会”等。石油工程、测井和物探专业委员会坚持长期性的学术活动，每年一次举办的“石油装备技术交流年会、钻井技术交流年会”、“中国测井年会暨测井技术研讨会”和“中国石油学会南方地区物探技术研讨会”已成为中国石油学会的品牌学术活动。

【科普咨询】 云南省石油学会依托“地质王国”的资源优势，举办第34期、第35期“云南断陷湖盆现代沉积及综合地质考察”活动。为进一步增加这一“品牌”科普活动的含金量，不断扩展和延伸科普活动内容，他们还筹建了集生产、科研、科普为一体的“楚雄、兰坪—思茅盆地野外石油地质科普教育基地”。黑龙江省石油学会以“宣传、普及、培训、推广、创效”为主题，以创建“科普车间”为主要载体，全年共举办各类专业技术培训20余场次，科普讲座、报告会30场次，发放科技宣传资料30000多份，举办图片展览和板报1098期。四川省石油学会制作抗“非典”科普宣传墙报3期，举办科普报告会22次、各类培训班20期和知识竞赛两次，还充分利用大学地质陈列馆科普阵地对4000余名青少年进行科普宣教活动。广东省石油学会克服“非典”的影响，坚持举办第21届青少年石油科技夏令营、《中华人民共和国科学技术普及法》（简称《科普法》）知识竞答、“世界地球日”宣传等活动，还组织了各种讲座、报告会、培训班等。江苏省石油学会积极配合以“科技创造未来——依靠科学战胜‘非典’”为主题的全国第三届科技周科普宣传活动，编写印发大量抗“非典”资料和防治手册，在企业安全月和质量月活动中制作宣传板报，还举办讲座宣讲ISO体系方面的知识。上海市石油学会举办“地热资源”科普报告会，还组织科技人员进行海上钻井平台的参观学习活动。河北省石油学会以“知识产权与我们息息相关”为主题开展世界知识产权日宣传活动，组织科技人员进行野外地质考察和“泰、港、澳”科普考察活动，举办井下工艺技术培训班，组织90余人次参加科技联谊活动。河南省石油学会举办《科普法》知识竞赛活动，制作“6.29全国科普活动日”宣传展板，组织青少年第三次参加河南省科技创新大赛，获得一等奖13项，在全国评比中又获得一等奖一个，二等奖两个，同时被评为全国优秀组织单位。湖南省石油学会积极组织参加湖南省家庭科普知识电视大赛活动，取得岳阳市第一名、省第二名的好成绩，还发展了首批中国科普志愿者，举办了纪念“6.5”世界环境日和“5.17”世界电信日座谈会等活动。

黑龙江省石油学会始终坚持有组织地开展“讲、比”活动，将一些企业生产中迫切需要解决又属于群众性的技术革新项目，通过立项程序予以确认，并纳入企业群众性技术革新计划，使这项活动实现了制度化和规范化；2003年共完成科研攻关与现场试验项目1108项，新技术推广1387项，创经济效益1亿5千多万元，还有15人获省级“讲、比”先进个人，13个单位获先进集体奖。江苏省石油学会积极开展“讲、比”竞赛和科技创新增效活动，仅扬子石化公司分会一年收集的合理化建议就达769项，经实施创效2.49亿元；金陵石化公司分会全年评出优秀科技项目40项，产生近千万元的经济效益。吉林省石油学会近年来一直是“千厂千会协作行动”先进组织单位，2003年吉林省科协又在吉林油田召开“吉林省千厂千会协作行动现场经验交流暨表彰大会”，组织协作的项目有三项获奖。广东省石油学会积极开展“千厂千会”及“金桥工程”活动，完成两个技术改造项目、五个科技攻关项目、两个科研课题的评审验收工作，还召开了一次科技咨询会，取得了明显经济效益。河北省石油学会全年开展各种科技咨询活动33次，参加人数1000余人次，提出科技建议130项次，被采纳42项次。河南省石油学会洛阳石油化工总厂分会全年共计完成技术咨询18项，总金额近300万元。湖南省石油学会建立石油化工科技咨询组，并申请加入省科学咨询中心网络，有20名工程技术人员被授予注册科技咨询师。四川省石油学会咨询公司在咨询工作中进一步严格对国家、行业所颁布的规程、规范的执行，加强现场的调查研究，坚持工作流程的责任制，圆满完成28个咨询服务项目，获得省科协2003年科技咨询先进单位。

【期刊出版】　《石油学报》2003年共编辑出版1卷6期，发表论文142篇，综合信息38篇，年处理投稿600余篇，荣获“百种中国杰出学术期刊”称号。

《石油学报》（石油加工版）2003年全年刊出6期，发表稿件100篇，每期发行量平均1200份。

《石油知识》2003年全年刊出6期，发表稿件400余篇，年发行12万份。

（康　剑）

第七篇

质量安全与环境保护

第一篇
总　述
第二篇
油气勘探开发生产
第三篇
油气储运、炼化与销售
第四篇
对外合作与交流
第五篇
工程技术服务
第六篇
科 技 发 展
第七篇
质量安全与环境保护
第八篇
企业改革与管理
第九篇
精神文明建设
第十篇
机构与人物
第十一篇
上市企业概览
第十二篇
未上市企业及事业单位概览
第十三篇
中国石油天然气集团公司大事纪要
第十四篇
附　录

综 述

【概述】 2003年，以党的十六大精神为指针，紧紧围绕把集团公司建设成为具有国际竞争力的跨国企业集团的奋斗目标，瞄准国际同类企业管理水平，大力推行HSE/OHS、ISO 9000、ISO 14000管理体系，积极推广应用现代管理方法和先进管理经验，促进管理模式与方法的创新，力争各方面主要管理指标接近或达到国际五大石油公司的水平，为实现集团公司的奋斗目标做出贡献。

2003年，集团公司未上市企业发生职工伤亡事故21起，死亡14人，重伤9人，轻伤40人，经济损失9323.94万元。共发生交通事故41起，死亡34人、直接经济损失70.08万元，与2002年同比分别下降了10.9%、19.0%、72.6%；特大事故下降了83.3%。

截至2003年底，集团公司通过质量管理体系认证的企业达到337个，大港油田集团有限责任公司等六个局级企业通过整体认证。经过现场审核，批准83家企业和3058支队伍取得石油工程技术服务资质，其中：甲级队资质893支，乙级队资质2165支。组织对267个企业的396批产品进行监督抽查，2003年综合合格率为83.6%。评选出石油工业优秀QC小组一等奖83个，其中25个被推荐为国家级优秀小组、二等奖163个、三等奖217个。批准对56个生产企业及其257项产品发放油田化学剂产品质量认可证书。

2003年，组织制定23项集团公司企业标准，组织完成13项国家标准和108项行业标准的制修订工作。标准配备率达到98.2%，比2002年提高1.8%；标准实施率达到98.5%，比2002年提高1.0%；各企业的计量器具受检率达到96.98%，强检率达到99.71%。截至2003年底，各企业共建立最高计量标准956项、工作计量标准4788项、石油专用计量标准504项。

2003年，集团公司固定源工业废水排放达标率为97.09%，有控工业废气排放达标率为92.91%，分别比2002年提高0.4和0.2个百分点。其中，未上市企业固定源工业废水排放达标率为98.1%，有控工业废气排放达标率为98.8%。有109个二级单位建立环境管理体系，93个单位通过ISO 14001环境管理体系认证，比2002年同期增加58%。

2003年，企业职业病危害作业场所监测率达到91%以上，职业健康体检率达到90%以上，杜绝急性职业病、放射性事故发生。企业职业病危害作业场所监测率达到91%以上，职业健康体检率达到90%以上，杜绝急性职业病、放射性事故发生。

2003年，全年各企业新上措施节约各种能源折标煤16.7万吨，节能率为2.13%；新上措施节约新鲜水1557万立方米，节水率为5.07%，工业水重复利用率达到90.59%；新上代油技改项目替代节约重油8.53万吨。全年节能节水及综合利用效益达4.56亿元，完成集团公司制定的节约增效计划的108%。

（集团公司质量安全环保部）

【健康安全环境管理体系】 股份公司开展了健康安全环境（HSE）管理体系审核工作，对大庆油田、辽河油田、华北油田、北京华油天然气有限责任公司、管道分公司、哈尔滨石化公司、东北销售公司和辽宁销售公司及化工板块的9家生产企业共17家单位进行了HSE的审核工作。从体系审核情况看，HSE管理体系在这些单位已经实施，并不同程度地取得效果。目前，勘探与生产分公司所属13个油气田已全部实施了HSE体系管理；炼油与销售分公司所属10个石化分公司和10个销售分公司建立了HSE管理体系；化工与销售分公司所属9个生产企业和5个销售大区公司已全部建立了HSE管理体系，其中大庆石化、大庆炼化、独山子石化等7个企业还建立了QHSE一体化管理体系。天然气与管道分公司所属的管道分公司、西气东输分公司、北京华油天然气有限责任公司都建立了QHSE管理体系。

（股份公司质量安全环保部）

安全生产

【安全生产基本情况】 2003年，集团公司未上市企业发生职工伤亡事故21起，死亡14人，重伤9人，轻伤40人，经济损失9323.94万元。发生交通事故41起，死亡34人，受伤46人，经济损失700790元；2003年没有上报火灾事故。四川石油管理局发生的“12.23”特大井喷事故，造成人员死亡243人，经济损失9262.71万元。

2003年，各企业坚持以“三个代表”重要思想和党的十六大、十六届三中全会精神为指导，认真贯彻落实党中央、国务院及集团公司关于安全生产工作的各项部署，积极开展“管理增效年”活动，加大安全生产工作力度，解放思想，开拓进取，扎实工作，做了大量富有成效的工作，安全生产各方面工作都有了长足的进步，取得明显的成效。大庆石油管理局、辽河石油勘探局、新疆石油管理局、大庆石油化工总厂等20个企业荣获集团公司安全生产先进企业称号，95%以上的基层车间、站、队实现“零死亡、零伤害、零事故”。

【安全生产责任制】 2003年，各企业把贯彻实施《安全生产法》作为全年工作的主线，坚持“安全第一、预防为主”的基本工作方针，把完善安全生产责任制度作为抓好安全生产工作的关键，把实行安全生产目标管理作为重要控制措施。按照《安全生产法》的规定，总部机关对集团公司29项安全生产规章制度进行修订，重新制定了27项，建立了安全生产规章制度基本框架。大庆、辽河、新疆、大庆石化、吉化集团公司等各企业共清理安全生产制度3696项，制定和修订1728项各类安全生产规章制度。对照《安全生产法》的规定，进一步健全、完善企业各级主要负责人、副职、职能部门和岗位员工的安全生产责任制，领导干部联系重点装置、要害部位的安全生产工作进一步加强。安全生产委员会定期研究解决安全生产中的重大问题，从集团公司到各企业普遍将安全生产责任目标管理纳入生产经营业绩指标考核中，实行重大事故“一票否决”，严格考核。2002年，对发生各类安全生产事故的7个超标单位，否决了安全生产达标企业资格，追究事故单位相关领导的行政责任，有力地促进了安全生产责任制的落实。

【HSE管理体系的建立与实施】 各企业按照“管理增效年”的要求，在工程技术服务和供水、供电等系统基层单位全面实行“两书一表”管理，开展“创优升级”试点，形成钻井、井下作业、基建、炼化检维修等四个专业的“两书一表”规范化模式，大部分单位对“两书一表”的实效性进行评估，基层单位危害识别和风险管理得到加强，截至2003年底，有21个企业的4261个基层队（站）实施“两书一表”，与2002年同比增加了461个队（站）。120个单位通过国家职业安全卫生管理体系和HSE管理体系认证，有270个基层队（站）进行“两书一表”精品工程试点，提高了“两书一表”的实施效果，促进了生产和施工作业现场的安全管理。在推行“两书一表”管理基础上，按照“持续改进、不断提高”的思路，131个单位开展“创优升级”试点，大庆、辽河、大港、长庆、辽化等试点单位，按照“创优升级”标准制订试点方案，积极进行自我评价和持续改进，取得初步经验，推进HSE体系管理的深入开展。各企业普遍加大风险管理力度，通过分析现状、识别风险和安全评价，确定重大事故隐患和重大危险源，编制30份企业应急预案，企业所属二级单位编制应急救援子预案5400个，组织演练6650次。特别是“12.23”特大井喷责任事故后，各企业开始着手对重大应急救援预案及其子预案进行全面修订和完善，进一步提高预案的全面性和可操作性，为应对突发事故，减少损失奠定基础。

同时，参照国际大石油公司的HSE管理模式，符合ISO 14000、OSH 18000的规范要求，组织力量修订SY 6276标准，形成集团公司HSE的企业标准。2003年10月，集团公司在辽河石油勘探局召开集团公司企业安全专业标准化技术委员会会议和安全生产专家组会议，对《HSE管理体系规范》的企业标准进行审查，并即将颁布实施。

【安全监督】 2003年，各企业加大安全监督工作力度。大部分企业都把完善安全监督机制，建立安全监督运行机制作为工作重点。按照集团公司的要求，加强安全总监、副总监队伍和安全监督站的建设，已有

30个企业配备安全总监、副总监，所属的厂级生产单位配备369名专（兼）职安全总监、副总监，分管安全工作的领导与安全总监依据责任制，按照各司其职、上合下分、不同侧重、互相制约的原则，构建“行政领导负总责、分管领导负管责、安全总监负监责”的管理监督格局。按照生产和施工作业的特点，大部分企业在主要工程技术服务单位设置安全监督站，截至2003年底，已建立物探、钻井、基建、炼化、检维修等专业安全监督站165个，配备专职监督员1497名，形成同体管理、异位监督的格局。为了保证安全监督质量，规范安全监督行为，集团公司组织编写《安全监督培训教材》，利用具有国家二级安全培训资质的大庆、重庆、新疆、物探、辽化5个培训基地，举办培训班6期，培训安全监督员500多名，不仅充实了力量，而且提高了安全监督员的素质，促进了监督工作的开展。

【安全生产专项整治】 各企业继续深化“四防、六整治”工作。广泛深入地开展石油天然气开采企业、危险化学品生产企业安全生产状况评估和在役的炼化装置安全评价工作。油气田的存续企业按照要求，成立评估领导小组和专家安全评估组，完成主要评估单位99个，参照评估单位234个，主要评估专业达到A类的单位82个，B类单位17个，全部符合国家安全生产监督管理局标准，圆满完成安全生产状况评估的各项工作。集团公司组织力量对10家企业的安全生产状况评估情况进行抽查和验收，进一步促进评估工作的顺利开展。炼化的存续企业按照国家安全生产监督管理局要求，在地方政府安全监督管理部门指导下，认真开展企业安全生产状况自评工作，13个炼化的存续企业全部通过当地政府安全监督管理部门组织的验收。在安全生产状况评估的基础上，按照国家安全生产监督管理局《关于进一步深化危险化学品安全专项整治工作的通知》要求，进行炼化生产装置的安全评价，评估评价工作有力地推动重大事故隐患的治理和监控。吉化、大庆石化、抚顺石化等企业建立危险化学品数据库。兰化公司重新建立危险化学品台账，对29台运输危险化学品的车辆全部办理公安部核发的运输通行证。吉化公司编写60多种常用危险化学品安全手册，充实25种危险化学品安全技术说明书。抚顺石化对10个隐患项目进行整改，对重新界定的丙烯腈、氰化钠等六套重大危险装置进行危险性评估，分别制订事故应急预案。各企业把安全生产大检查与专项整治有机结合，认真坚持安全检查制度，及时开展班检、日检、周检、月检和专业检查、综合性大检查，及时整改事故隐患。2003年11月，集团公司组织四路安全检查考核验收组，对25个企业进行安全生产检查和考核。2003年，各企业共组织安全生产检查414次，查出各类问题1.29万个，整改1.28万个，关停厂点26个，投入资金6.1亿元，治理重大事故隐患225项，对防止重特大事故的发生，保证安全生产起到至关重要的作用。

另外，集团公司加强劳动防护用品“四统一”工作，设计71套样式劳保服装，经过主管专业人员评选、集团公司网上投票、征求基层员工意见等三轮改进，目前已重新修改、设计出抗油拒水、防静电、易去污的基层管理人员和职业司机等五类10套服装样品。

【安全生产宣传教育】 各企业以“实施安全生产法、人人事事保安全”为主题，认真开展“安全生产月”活动，收到很好的宣传效果。集团公司在《中国石油报》上举办“安全杯”征文比赛活动，收到各单位投稿300多篇，发表45篇，并且重新刊载《安全生产法》条文及条文释义，在《石油商报》上，开辟安全专栏，刊登安全通讯、消息等，进一步深化活动主题。大庆、辽河等30家企事业单位都成立了行政一把手或分管领导为组长的活动领导小组，对安全生产月活动进行精心部署和周密安排，开展形式多样、针对性强、声势浩大的宣传活动。在活动期间，共悬挂标语条幅30000多条，张贴宣传挂图24000多套，发放知识读本6000多本，出动宣传车3200多辆，演讲数百场。活动开展得轰轰烈烈、丰富多彩、扎扎实实，营造了人人关注安全的良好氛围。

集团公司加强对安全培训基地和安全培训网络的建设，对师资、教学大纲、教材等方面进行规范和督导。经国家安全生产监督管理局考核验收，石油大学、大庆、辽阳、重庆、宇安、新疆等集团公司级安全培训机构分别取得国家一级安全培训机构资质和二级培训资质，部分企业的培训机构取得国家三、四级培训资质，基本满足安全培训工作的需要。集团公司举办安全处长岗位任职资格培训班、安全监督持证上岗培训班。各企业组织处级干部、特殊工种和危险化学品从业人员参加地方政府组织的资格培训班，收到很好的培训效果。各企业共培训领导干部3796人，举办岗位员工培训班3039期，培训员工89000多人，开展三级教育人数达32000多人。

【交通消防安全工作】 2003年，各企业普遍加大对交通、消防安全工作的管理力度，采取一系列有效措施，特大交通事故得到控制，消防队伍建设得到加强，杜绝特大火灾事故，为全系统整体安全稳定提供强有力的保障。

（1）交通安全方面。部分企业在基层车队推行HSE“两书一表”管理，在交通运输过程中实行动态风险管理，开展对驾驶员、道路环境、车况等方面的风险评估工作，推广行车记录仪，进一步规范驾驶员的安全行为，大大降低交通事故的发生。长庆石油勘探局根据交通运输的特点和道路状况，对陕、甘、宁、蒙四个省或自治区的主要交通干道的桥梁、涵洞、弯道等情况进行全面识别，编制交通道路风险识别图，针对重大危害，制定相应的风险削减措施和控制方案。新疆石油管理局在危险化学品运输车辆上全部安装行车记录仪，制定严格的考核办法，2003年没有发生一起危险化学品运输交通事故。大庆石油管理局客运公司，对57条客运线路和所有通勤线路的风险进行识别，确定危险源，制定风险削减措施，对重点线路、重点人员实行重点监控，严格执行车辆回场检验制度，确保客运交通的安全。由于各企业的努力，交通事故明显下降。2003年，共发生交通事故41起，死亡34人，直接经济损失70.08万元，与2002年同比分别下降了10.9%、19.0%和72.6%，特大事故下降了83.3%。

（2）消防安全方面。各企业以做好关联交易消防服务为工作出发点，以加强队伍管理和值勤战备为重点，认真编写灭火预案，强化战训演练，有力地保障责任区内的消防安全稳定。辽河石油勘探局消防支队坚持“火怎样灭，兵就怎样练”和“练为战”的指导思想，狠抓队伍管理和灭火训练，收到很好的效果，有6个中队被辽宁省消防总队评为“正规化建设先进单位”。兰州化学工业公司消防支队以提高消防服务质量和消防基本功训练科目为基础，广泛开展科技兴训等多样化的练兵形式，实现指挥、灭火、抢险、救援、防护能力和技术战术水平全面提高。大庆、吉林、大连等企业专职消防部门也都针对消防责任区的防灭火特点开展形式不同的灭火演练，为生产经营的顺利进行起到保驾护航的作用。截至2003年底，共出警1507起，保护企业财产价值10.8亿元，重大施工作业消防保镖2041次。为加强管理，搞好关联交易消防服务，集团公司组织消防现状调研，基本摸清消防底数、装备及人员情况；对中国石化集团所属4个企业进行实地考察，结合集团公司消防实际，编写调研报告和企业消防达标标准。

（集团公司质量安全环保部）

股份公司安全生产

【安全生产基本情况】　2003年，公司共发生各类事故118起（其中交通事故23起），死亡35人（其中交通事故死亡15人），重伤21人，轻伤78人，直接经济损失1142万元。与2002年相比，事故起数下降了34%，事故死亡人数下降了7.9%，重伤人数下降了8.7%，轻伤人数下降了54%，直接经济损失下降了28%。46个地区公司实现了重特大事故为零的目标。

【安全生产责任制】　53个地区公司主要领导与副职领导、部门负责人签订的业绩考核指标中包括安全指标，有47个地区公司主要领导与所属单位签订了安全生产承包合同。有39个地区公司实行了安全风险抵押金制度，有21个地区公司根据2002年度安全考核情况对抵押金进行了浮动。各地区公司层层动员、层层分解安全指标，把安全责任落实到岗位和员工。

【清理完善安全生产规章制度】　股份公司把清理完善安全生产规章制度作为2003年安全生产工作的一项重要内容，直接组织制订和修订了《安全教育培训实施细则》、《安全生产先进单位考核评比办法》、《加热炉操作规程编制指南》、《安全生产保证基金使用管理暂行规定》等6项制度；并组织收集整理了国家、地方政府安全生产法规600多个，在网上提供给各级安全部门参考。2003年全年各地区公司共清理安全管理制度10945项，修订安全生产规章制度2970项，新制定1114项，进一步规范了安全生产管理。

【安全教育培训】　股份公司举办了2003年安全总监培训班，培训班邀请了杜邦公司、斯伦贝谢公司分别做了专题安全管理知识的讲座，11个地区公司进行了工作交流；134名地区公司主管安全生产副总经理、安全总监、安全处长接受了培训。股份公司组织编写了2000—2002年三年来典型事故案例汇编等材料，下发到基层学习，有效地提高了岗位员工的安全素质。公司质量安全环保部组织了安全监督教员培训班，总计培训安全监督教员 68 人；四个专业公司分别组织了厂（级）安全总监培训班，总计培训厂（级）安全总监 387 人。2003 年全年各地区公司共培训领导干部 14970 名，共培训接触危险化学品人员 176389 名。

【安全总监、安全监督】 股份公司十分重视安全监督队伍建设。目前，各地区公司都配备了安全总监，有 30 个地区公司配备了专职安全总监，有 506 个厂级基层生产单位配备了专（兼）职安全总监，有 1662 个大队（车间）级生产单位配备了专职安全监督、9109 个大队（车间）级生产单位配备了专职安全监督，形成了比较完善的安全监督体系。

【安全监督检查】 开展了铁路和汛期安全专项检查，共查改问题 372 个；组织了对 14 家炼油厂和 8 家销售公司的检查：炼油厂检查组总计检查机关处（科）室 55 个，生产装置、罐区等现场 90 个，查出各类问题 154 个，下发了隐患整改通知单 5 个。销售企业安全检查组总计检查 14 座油库、26 座加油站（万吨或近万吨级），共查出问题和隐患 356 条。各地区公司共组织安全检查 337 次，查出各类问题 15991 个，有 15872 个问题进行了及时整改，剩余 119 个问题纳入了整改计划。对 5761 个施工作业队伍进行了安全资质审查，对 7274 个施工作业承包商安全合同进行了监督审查。组织西气东输支线等 378 项工程项目安全预评价审查和 856 项工程项目安全验收工作。

【安全生产状况评估】 2003 年共评估采油厂 82 家、采气厂 11 家、油气储运公司 39 家，炼化厂 49 家。炼油与销售分公司组织安全评价单位对 9892 座股份公司所属资产性加油站进行了评价。化工与销售分公司组织对吉林石化、兰州石化和独山子石化、大庆石化、宁夏石化、乌鲁木齐石化的 15 套在役烯烃装置、16 套在役合成氨及氨加工装置、6 套在役剧毒装置进行了安全评价，确定重大安全隐患 114 项。组织 9 个地区公司开展了危险化学品安全评估工作，确定 102 项重大安全隐患，编写了危险化学品评估报告，上报地方政府申请生产许可证。

【事故隐患治理】 2003 年，股份公司从安保基金中专门拿出了 5000 万元用于抚顺石化地基下沉等急需解决的事故隐患治理项目。安保基金对 46 起自然灾害和事故损失进行了及时的核查和理赔，理赔资金 2700 万元。2003 年炼油企业安排资金约 1.2 亿元，集中治理消防水系统的改造；油品销售企业安排资金 1.2 亿元，主要用于油库油品装卸、消防道路和消防系统的改造。各地区公司用于隐患治理资金达到 6.9 亿元。

（股份公司质量安全环保部）

质量管理与监督

【概述】 按照集团公司 2003 年工作总体部署，围绕“管理增效年”中心任务，集团公司质量工作加快适应实施“两个转变”的根本要求，进一步明确工作思路，紧紧把握质量工作发展方向。任传俊副总经理在中国石油报社上发表文章，提出“用户至上、质量兴企、以质取胜”的集团公司质量方针，确定质量工作“744”整体框架体系（即七项质量管理重点工作：实行质量方针目标责任制管理、推行全面质量管理和质量管理体系、实施用户满意工程、推进名牌发展战略、开展创“全国质量管理奖”活动、推进应用质量管理技术和方法、实施企业资质管理；四项质量基础工作：标准化、计量、质量信息化和质量培训；四项质量监督工作：质量监督抽检、质量认可、质量安全检测和质量监理）。2 月 21 日至 23 日召开集团公司 2003 年质量工作会议，下达 2003 年质量工作目标，对全年重点工作进行部署和动员。根据集团公司的总体安排，组织进行质量工作的对标分析。在调研国内外石油企业质量工作的基础上，提出集团公司质量工作的奋斗目标和方向。

2003 年，通过不断强化全员质量意识，进一步加强质量管理，有效促进集团公司产品、工程和服务质量整体水平的进一步提高，全面质量管理效果进一步显现，主要质量指标比 2002 年有了明显的提高，各企业特种设备管理工作取得较好成绩，2003 年没有发生严重以上事故。

【质量体系认证与运行】 各企业按照集团公司总体部署，继续认真开展质量管理体系国家标准宣传贯彻和质量体系的换版认证工作，质量管理体系覆盖率不断提高。在此基础上各企业把增强体系运行的实效性作为全年工作的重点，进一步促进质量管理工作与国际的接轨，不断提高质量管理的科学化、系统化和规范化。截至2003年底，集团公司通过质量管理体系认证的企业达到768个，大港油田等六个局级企业通过整体认证，基本完成GB/T 19000—2000《质量管理体系》国家标准换版认证。

【质量管理奖评审】 2003年，集团公司设立并启动评审“集团公司质量管理奖”，制定《质量管理奖评审管理办法》。质量管理奖评审标准等同采用全国质量管理奖评审标准，以此在全集团公司范围内开始推行卓越绩效模式。各企业把申报集团公司质量管理奖作为提升质量管理水平的契机，积极宣传贯彻卓越绩效管理模式，认真抓好试点，在质量、经济和社会效益等方面取得实质性成效。193个单位贯彻《全国质量管理奖标准》，其中有30家企业申报集团公司质量管理奖，本着优中选优、少而精的原则，经过严格的评审程序，确定推荐获奖企业名单，报集团公司质量管理奖评审委员会评定。

【用户满意工程】 2003年，集团公司制定《关于实施用户满意工程的意见》。向企业推荐《用户满意度模型》和《用户满意度调查问卷》。有443个企业二级单位实施用户满意工程，确定54个试点单位，重点推进用户满意工程的实施。为确保实施效果，组织专业人员完成用户满意度测评模型的研究，并组织培训学习。组织召开东北、华北片区质量工作座谈会，交流各单位开展用户满意工程的经验和做法。

【名牌战略推进】 2003年，集团公司为了大力推进名牌发展战略，设立并启动评审“中国石油优质产品”工作，制定《关于推进实施名牌战略的若干意见》和《优质产品评价管理办法》。有17个企业所属单位制定创国家级名牌产品27项、省级45项的发展计划。推动企业积极培育、创立、巩固和发展名牌，努力提升“中国石油”品牌价值。

【施工作业资质认证】

（1）成立集团公司石油工程技术服务企业和队伍资质认证委员会。委员会由集团公司副总经理任传俊担任主任，王海森、贺荣芳、胡文瑞担任副主任，委员包括：孙宁、李亚平、秦文贵、刘志华、杨果、吴奇、冉新权、吴国干、李越强。资质认证委员会办公室设在集团公司质量安全环保部，杨果兼任办公室主任。

（2）集团公司石油工程技术服务企业和队伍资质认证委员会对通过2002年专业现场审核的87家石油工程技术服务企业、757支申报甲级资质队伍（2002年申报甲级资质的共1039支）和1803支乙级队资质队伍（2002年申报乙级资质的共1573支）开展审议和评定，批准78家企业取得石油工程技术服务资质（有9家企业划归东方地球物理勘探有限责任公司和中国石油集团测井有限公司），批准甲级队资质720支、乙级队资质1839支。

（3）开展第二批石油工程技术服务企业和队伍资质认证申报和现场评审工作。5家石油工程技术服务企业和523支队伍提出资质认证申请。集团公司资质认证办公室组织从地区服务公司和中国石油天然气股份有限公司选聘的56位审核员，按照施工作业队伍专业的不同和施工作业地域的不同分成13个审核组，对申请资质的企业和队伍进行了现场审核。共有5家企业和499支队伍通过现场审核。其中，甲级队伍173个，乙级队伍326个。

【产品质量监督】 集团公司组织对267个企业的396批产品进行监督抽查，2003年综合合格率为83.6%，集团公司所属企业综合合格率达到87.8%。为有效遏制不合格油田化学剂产品流入油田市场，在冀东油田组织召开油田化学剂质量监督工作现场会。

【产品质量认可】 集团公司组织有关产品质量监督检验机构和相关管理部门，对提出油田化学剂质量认可申请的62个生产企业进行质量管理体系考核、现场设备考察及产品抽样检测，批准对56个生产企业及其257项产品发放油田化学剂产品质量认可证书。为强化产品质量认可制度，规范产品质量认可证使用，开展油田化学剂产品质量认可证书的清理工作，严格执行产品质量连续两次抽查不合格的生产企业吊销证书的规定，认定116家企业证书继续有效，276家企业证书作废。

【驻厂质量监造工作】 紧密围绕国家重点工程项目和集团公司重大装备项目组织开展驻厂质量监督工作。石油管材研究所承担西气东输钢管驻厂监造及技术支持工作；防腐保温质检中心承担西气东输工程管道建设项目部分主管线、支干线防腐管预制以及弯管防腐预制的驻厂质量监督任务，承接重点工程——陕京二线管道建设工程的全部驻厂质量监督工作；中国石油天然气管道局管道科学研究院对西气东输工程用的三通、弯头、管帽、异径头、过渡短管等产品进行现场生产监督。三家质检机构通过严格执行监造程序，严把产品质量关，较好地完成监造任务，满足现场施工的需要，保证重点工程管材等产品质量一次合格率继续保持较高水平。江汉机械研究所北京康布尔公司在北京注册成立后，监理业务有了长足的发展，2003年监理钻机22套，所监理的钻机覆盖目前国内及出口的主要机型，监理的钻机分布哈萨克斯坦等七个国家和地区，业务扩展到多种出口石油机械设备。

【组织质量月活动】　2003年9月份，根据中共中央宣传部、国家质量监督检验检疫总局、国家发展和改革委员会、中华全国总工会、共青团中央联合发出的《关于开展“2003年全国质量月”活动的通知》，集团公司质量安全环保部与政治思想工作部联合发文，组织各石油企事业单位开展“2003年质量月”活动，围绕活动主题提出具体要求。2003年质量月活动的主题是：坚持以质取胜，提高竞争实力。在质量月活动期间，质量安全环保部组织开展征集“企业领导论质量”文章和“石油杯”质量知识竞赛活动，得到企业积极响应。在《中国石油报》发表的企业领导论质量文章24篇。采取在集团公司机关办公楼电子屏幕上展示质量月活动的主题和口号、张贴宣传画、在《中国石油报》和《石油商报》上刊登文章等方法，对质量月活动进行广泛的宣传。

【中国质量协会石油分会工作】

（1）经中国质量协会石油分会推荐，中国石油天然气股份有限公司抚顺石化分公司被评为“2002年全国质量效益型先进企业”，获得中国质量协会的表彰。王海森同志获得“2003年全国QC小组卓越领导者”称号，马桂成获得“全国QC小组活动优秀推进者”称号。

（2）经中国质量协会石油分会推荐，全国用户委员会批准表彰2003年全国用户满意企业、产品和服务企业：辽河石油勘探局地质录井公司荣获“全国用户满意企业”称号；中国石油天然气股份有限公司克拉玛依石化分公司生产的“冀龙牌”环烷基橡胶油荣获“全国用户满意产品”称号；中国石油集团东方地球物理勘探有限责任公司的石油物探服务荣获“全国用户满意服务”称号；中国石油天然气股份有限公司大庆润滑油一厂、玉门石油管理局全国用户满意企业有效期满复评获得通过。

（3）中国质量协会石油分会表彰李荣禄等80名“2003年石油工业QC小组活动优秀推进者”称号。

（4）组织召开2003年石油工业QC小组暨“石油质量奋进杯”、“石油质量效益杯”QC小组邀请赛成果发布会。出席会议的代表共230余人，85项QC成果在大会发布。评选出石油工业优秀QC小组一等奖83个，其中25个被推荐为国家级优秀小组；二等奖163个；三等奖217个。大庆油田有限责任公司被推荐为“2003年全国QC小组活动优秀企业”。中国质量协会石油分会对获奖单位和QC小组予以表彰和奖励。

（5）中国质量协会石油分会组织中国石油、中国石化两大集团公司所属团体会员单位开展QC小组活动。

（6）举办三期国家注册质量管理体系审核员培训班。参加培训的共有48名学员，全部通过考试，获得国家注册质量审核员培训合格证书。

（7）对中国质量协会石油分会企业工作站和会员进行核查登记，并发展三批团体会员。经核查登记，石油分会保留原有的34个企业工作站；新发展会员55个，会员总数达到605个。

（8）举办“第四届石油工业质量管理论文发布会”，有20篇论文在论坛发表。在各企业工作站和直属会员单位推荐的基础上，经石油分会组织专家初评和现场发布评审，评选出石油工业质量管理优秀论文一等奖8篇、二等奖12篇、三等奖22篇、优秀论文37篇。

（9）2003年11月18日，在北京召开中国质量协会石油分会第三届理事会暨会员代表大会。共有128名代表出席会议。中国石油副总经理任传俊、中国质量协会副会长兼秘书长马林等领导出席会议并做了重要讲话。会议听取和审议王海森代表第二届理事会做的工作报告；审议通过修改后的《中国质量协会石油分会章程》；选举产生石油分会第三届理事会；选举任传俊为理事长，王海森、贺荣芳、吕连海为副理事长；王海森为秘书长（兼）；石文常、石金成、黄飞、靳辛、邸素欣为副秘书长。

（10）发布《中国质量协会石油分会章程》、《中国质量协会石油分会经费管理办法》、《中国质量协会石油分会秘书处工作规则》、《中国质量协会石油分会企业工作站管理办法》和《石油工业质量学术论坛优秀论文评选交流办法》等规章制度。

（集团公司质量安全环保部）

股份公司质量管理工作

【产品质量监督抽查】 全年组织股份公司直属的13个质检机构按季度对石油产品（车用无铅汽油、轻柴油）、化工产品（合成纤维、合成橡胶、聚乙烯树脂）、石油机电产品（潜油泵机组、磁技术产品、流量计量仪表、射孔器材）、油田化学剂（钻井液及其添加剂）和资源性产品等五大类产品进行了监督抽查。2003年共抽查五大类产品1073批次，综合合格率90.2%。石油产品499批次，合格率93.8%，其中，车用无铅汽油258批次，合格率94.2%，轻柴油241批次，合格率93.36%；化工产品75批次，合格率100%；石油机电产品258批次，合格率81%；油田化学剂产品185批次，合格率86.5%，其中，钻井液及添加剂34批次，合格率94.1%，采油用油田化学剂151批次，合格率84.8%；油气资源产品56批次，合格率100%。

【质量统计】 为全面掌握股份公司质量管理状况，组织开展了《股份公司质量统计指标体系》研究，初步确定了股份公司年度质量统计报表格式，拟于2004年组织开展股份公司质量统计试点工作。为配合汽油质量升级工作，建立了汽油质量升级月报制度，以及时掌握汽油质量升级进展情况。完成了2002年汽柴油组分质量考察报表。

【创建名牌产品】 推荐抚顺石化分公司为全国质量效益型企业，推荐克拉玛依石化分公司生产的沥青产品为“全国用户满意产品”称号。股份公司润滑油公司生产的飞天牌、七星牌和大庆牌润滑油被中国名牌战略推进委员会评为2003年全国名牌产品。

【化工产品用户满意工程】 组织编制了化工产品用户满意度测评方案，包括测评宗旨、时间段界定、产品范围、培训、信息收集渠道、调查内容、计算公式、易变因素处置、测评报告等内容。收集整理编制了《2003年度化工产品用户满意度调查报告》，下发相关企业督促改进工作。

【油品检测实验室建设】 在对销售企业油库化验设备配置情况调查分析的基础上，进一步加强了油品检测实验室建设，三年累计投资达4800万元。目前，销售企业200多个油库的实验室具备了汽油和柴油产品必检项目检测的能力，为把好进库油品质量起到了保障作用。

（股份公司质量安全环保部）

标准化工作

【标准的制定和修订】 编制下达2003年集团公司企业标准制修订项目计划，共计14项；组织制定23项集团公司企业标准。组织完成13项国家标准和108项行业标准的制修订工作。

【标准的实施与宣传贯彻】 集团公司各企业组织对4498项次技术标准进行重点宣传贯彻实施，标准配备率达到98.2%，比2002年提高1.8%；标准实施率达到98.5%，比2002年提高1.0%。集团公司举办标准培训班，对企业从事标准化管理和标准编写人员进行标准化基础知识、标准化法律法规、标准化与国际接轨等知识进行培训。集团公司会同中国石油化工集团公司、中国海洋石油总公司共同举办石油工业标准发行配备工作会议，推动标准的发行工作。

【标准化技术委员会】 集团公司参与组织石油工业标准化技术委员会的工作和活动，同中国石油化工集团公司和中国海洋石油总公司相关部门协作，做好石油天然气国家标准和行业标准的技术归口管理工作；组织参加油气田及管道专标委和石油工程施工专标委合并成立石油工程建设专业标准化技术委员会的组建工作；协调落实采油采气、石油管材、石油测井及石油信息等专标委的换届工作；同中国石油化工集团公司、中国海洋石油总公司共同组织召开石油工业标准化技术委员会第四次年会，阎三忠主任委员在会上做《石油工业标准化战略的基本思路》的主题报告，从战略的高度谋划石油工业标准化的发展未来。

【标准化研究工作】 组织完成“石油工业标准化机制研究”和“石油工业标准信息化概要设计研究”工作；“集团公司标准体系规划指南研究”课题取得新进展；“长输管道标准、法规体系研究”专项课题开始启动。

【国际标准化工作】 采用国际标准和国外先进标准的力度进一步加大，完成4项“国际标准转化”、18项“行业标准采标”、10项“双语版行业标准”三项计划的制定工作和《国际标准（ISO 1998—3）转化及标准接轨先导性研究》课题；派员参加ISO/TC 67“国际标准化组织石油天然气工业设备材料和海上结构技术委员会”第23届年会、ISO/TC 193“国际标准化组织天然气技术委员会”第15届年会；正式承担《天然气甲烷值计算》国际标准的起草工作，提出一项新的国际标准工作项目建议，得到国际标准化组织ISO/TC 193的重视。

【标准化管理】 成立集团公司安全专业标准化技术委员会。第一届安全标准委员会由38名委员组成，秘书处挂靠在辽河石油勘探局质量安全环保部；组织完成石油工业上游领域的158项强制性国家标准和行业标准的清理工作，对1997年以前发布的138项行业标准进行复审。

（集团公司质量安全环保部）

股份公司标准化工作

【企业标准制定和修订组织体系】 批准成立了股份公司法律事务标准化直属工作组；配合、协调相关全国标准化技术委员会、行业标准化技术委员会的换届工作；筹办召开了石油工业标准化技术委员会第四次年会。

【标准制定和修订工作】 组织制定并批准发布了17项股份公司管理的企业标准，各地区公司管理的企业标准已达到3739项。组织汇编了《中国石油天然气股份有限公司企业标准目录》，组织制定了《股份公司企业形象标志规范》系列标准，下达了2003年股份公司重点实施标准目录。

【重点燃油标准协调】 针对国家对燃油环保要求的不断提高和北京市即将制定更为严格的燃油地方标准，联合中国石化做了大量的协调工作，使北京市环保部门在标准制定中充分考虑到我国炼油工业的实际情况，制定了较为合理的指标。

【标准化研究】 组织开展了《股份公司标准化信息管理系统》、《高含硫气田开发过程中的标准研究》、《清洁燃料标准体系研究》、《船用油和摩托车油质量标准现状及发展趋势研究》和《轻烃质量标准现状及发展趋势研究》等五项标准化课题研究工作。

【国际标准化工作】 提出并安排落实了国际标准化归口工作单位2003年工作要求，组织对股份公司国际标准化技术归口单位工作的开展情况进行督促检查。组织派员参加国际标准化组织（ISO）、美国石油学会（API）等国际标准化会议。

【标准宣传贯彻】 为了使股份公司企业标准尽快在科研、生产中发挥作用，组织油气田企业对两项企业标准进行了宣传贯彻，13家油田分公司的45名专业技术人员参加了宣传贯彻。

（股份公司质量安全环保部）

计量工作

【石油专用计量器具量值溯源】 为进一步加强计量检测体系建设，集团公司组织对东方地球物理勘探有限责任公司等7个单位管理的集团公司最高计量标准和工作计量标准及其相应计量检定校准实验室进行现场考核，5项最高计量标准和10项工作计量标准通过现场考核。组织开展物探、测井专业出国施工作业队伍专用计量器具量值溯源研究工作。2003年，各企业的计量器具受检率达到96.98%，强检率达到99.71%。截至2003年底，各企业共建立最高计量标准956项，工作计量标准4788项，石油专用计量标准504项。

【计量技术机构与实验室建设】 2003年，中国石油天然气集团公司共有7个检测机构通过了国家计量认证并取得合格证书。其中，大庆油田产品质量监督检验所等两个单位为首次评审；石油工业防腐保温产品质量监督检验中心等3个单位为复查评审；大庆石油管理局钻井工艺研究所油井水封固材料性能检测实验中心等两个单位为监督评审的单位。石油工业井控质检中心通过“二合一”评审工作。截至2003年底，集团公司及各企业15个检测实验室通过国家计量认证，899个实验室通过省级计量认证，有17个实验室通过了国家实验室认可。此外，集团公司还有16个企业通过国家计量检测体系确认。

【计量技术研究学术交流与培训】 由中国石油天然气集团公司、中国石油化工集团公司和中国海洋石油总公司共同举办《2003年中国油气计量技术论坛》，三大石油公司以及国内、外油气计量仪表生产厂家的183代表出席本次论坛。论坛涉及油气贸易交接计量、油气矿场计量、新型油气计量仪表应用等技术，同时涵盖原油、成品油、天然气在线检定等项内容，国内外油气计量仪表企业代表在论坛上做专题发言，与会专家学者就油气测量设备发展趋势等内容展开研讨。论坛共征集论文361篇，评选获奖论文104篇，其中一等奖5篇，二等奖10篇，三等奖15篇，优秀奖74篇。

为提高检测和校准实验室的工作能力，分别于2003年3月和8月举办两期“不确定度评定方法与应用及能力验证知识”的培训班。

（集团公司质量安全环保部）

股份公司计量工作

【油气贸易计量检定】 按照《计量法》要求和强制检定计划安排，组织国家原油大流量计量站和国家原油大流量计量站成都天然气分站对股份公司所属85个原油、天然气和轻烃贸易计量站（点）的计量器具实施了强制检定。共检定原油流量计589台（次）、体积管34台、天然气流量计1122台（次）、标准孔板690块、轻烃流量计23台，保证了油气贸易交接计量器具的准确可靠。

【计量技术研究】 加强了计量接轨的前期研究工作，组织完成了《油气计量方式与国际惯例接轨研究》，提出了计量接轨所应采取的应对措施。组织完成了“原油在线含水分析仪计量性能的试验评价研究”等3项计量研究项目的验收工作。开展了“多相流量计评价及使用规范”等四种重点流量计量仪表的试验评价研究，为实施重点计量器具的准入管理及满足实际生产需要提供了技术保证。配合国家有关部门对燃油税涉及的计量问题和计量方式接轨问题进行了跟踪研究。

【计量政策协调】 进一步加强了有关政策性沟通协调。向国家质检总局起草了《关于申请成品油流量计量器具计量检定专业授权的请示》、《关于调整成都分站计量授权范围的请示》和《关于调整计量检定收费标准有关问题的报告》等政策性报告。协调解决了国家原油大流量计量站兰成渝、下海成品油质量流量计的在线实流检定授权，国家原油大流量计量站成都天然气分站的扩大授权，以及所属加油站计量人员的培训、考核、发证等重大计量问题。

【计量技术交流与培训】 组织计量人员的培训和技术交流。举办了“股份公司计量管理人员培训班”，来自所属各公司近150名计量管理和技术人员参加了培训。举办了化工企业、管道企业的天然气计量技术研讨会及成品油船舶计量培训班。组织开展了计量技术论文的征集、评选活动，与中国石化、中国海洋石油共同组织召开了“中国油气计量技术论坛”。本次论坛，股份公司共征集论文192篇，其中入选论文46篇，获一、二、三等奖共计11篇。

【实验室计量认证】 组织对股份公司所属的12个实验室开展了实验室计量认证工作，组织对所属计量认证评审员和通过认证的实验室主要技术人员进行了"不确定度评定方法及能力验证基础知识"的宣传贯彻和取证考核。

【重点项目计量管理】 为保证西气东输重点项目的顺利实施，进一步加强了重点建设项目的计量管理。会同国家质检总局等有关部门赴美国、德国进行了西气东输计量首检问题商谈，组织开展了西气东输计量器具的首检工作，完成了计量测试中心的初步设计。参加了中俄原油管道原油长期购销合同谈判。建立和完善了下海成品油计量统计报表制度和季度工作会议制度，加强了下海成品油的计量交接管理，规范了计量交接程序。

（股份公司质量安全环保部）

特种设备质量安全监督管理

【规章制度】 为了加强特种设备的安全监督管理，确保安全运行、预防事故发生、保障人身和财产安全，集团公司以国务院颁布《特种设备安全监察条例》为契机，结合集团公司的实际情况，制定下发《集团公司特种设备安全监督管理规定（试行）》。

【专业研讨会】 集团公司质量安全环保部和中油股份公司质量安全环保部于2003年7月18日在北京共同组织召开"贯彻国务院《特种设备安全监察条例》座谈会"。会议就贯彻实施国务院《特种设备安全监察条例》和国家质量监督检验检疫总局《在用工业管道定期检验规程》过程中的有关问题和石油天然气和石油化工压力管道监督检验工作进行研究讨论。

【普查登记】 集团公司组织对各企业锅炉、压力容器、压力管道、特种设备的管理和检验情况进行普查登记。截至2003年底，未上市企业有特种设备1850630台（件）。其中，锅炉3210台、压力容器9167台、起重设备7634台、液化石油气槽车185台、预热炉29台、热载体炉49台、加热炉40台等其他设备。

【专业培训】 组织举办集团公司特种设备安全质量管理技术宣贯培训班，对在用工业管道在线检验人员进行岗位资格培训。邀请国家质量监督检验检疫总局锅炉压力容器监察局副局长宋继红等领导和专家就特种设备安全监察等法律法规、理论知识进行宣讲，集团公司各企业共有50位特种设备管理和管道在线检验人员参加培训。

（集团公司质量安全环保部）

环境保护

【概述】 2003年，集团公司各企业严格落实环境保护目标责任制，大力推行清洁生产，通过加强环境影响评价，强化环境监督管理，积极实施HSE体系，推行ISO 14001认证，环境保护绩效水平逐步提高，实现生产经营与环境保护协调发展。

2003年，集团公司固定源工业废水排放达标率为97.09%，有控工业废气排放达标率为92.91%，分别比2002年提高0.4和0.2个百分点。其中，未上市企业固定源工业废水排放达标率为98.1%，有控工业废气排放达标率为98.8%。

【环境管理】

1. 环境保护目标责任制

集团公司积极贯彻《中华人民共和国环境保护法》，认真落实"党政一把手亲自抓、负总责"环境保护目标责任制。将环境保护指标纳入生产经营考核范畴，把污染达标、环保事故等考核指标与企业领导干部的业绩挂钩，建立严格的激励约束机制。

2003年，集团公司环境保护工作情况考核结果表明：集团公司控制的重点排污口污染物排放总量与2002年比较，废气中主要污染物减少5%，废水中主要污染物排放总量减少3%、工业固体废物排放量减少7%、杜绝了特大环境污染和生态破坏事故的发生。

2. 建设项目环境保护管理

集团公司认真贯彻《环境影响评价法》，严格按照《建设项目环境保护管理条例》的规定要求，加强重大项目的环境影响评价和“三同时”管理，确保重大投资的环境安全。

2003年，共完成“独山子加工进口哈萨克斯坦含硫原油炼油和乙烯技改项目”、“兰州炼油化工总厂3万吨/年甲乙酮装置建设项目”等17个大型项目环境影响报告书技术评审，配合国家环保总局完成“港沧输气管道工程”、“华北油田钢管项目”等10个项目环保设施竣工验收。2003年，集团公司限上项目环境影响评价执行率达到100%。

陕甘宁气田至北京输气管道工程、塔里木油田哈得4油田开发建设工程、抚顺石化洗涤剂化工厂脱氢装置扩能改造和烷基苯装置技改工程、前郭石化4万吨/年聚丙烯装置、塔里木油田牙哈凝析气田开发建设工程5项工程被授予“国家环境保护百佳工程”称号，“兰成渝输油管道工程（四川段）、涩宁兰输气管道工程”两项工程被授予“国家水土保持示范工程”称号。

【HSE和ISO 14000管理体系】　集团公司按照建立现代企业制度有关要求，大力实施HSE管理体系，积极推进ISO 14001认证和产品环境标志认定，不断提高企业市场竞争力。

按照《集团公司关于贯彻ISO 14000系列标准实施意见》，进一步规范ISO 14000体系宣传贯彻，加快推进ISO 14001环境管理体系认证和产品环境标志认定。2003年，已有109个二级单位建立环境管理体系，93个单位通过ISO 14001环境管理体系认证，比2002年同期增加58%。

西气东输工程施工建设中，建设和施工单位认真开展环境因素识别和筛选，制定生态保护计划和水土保持措施，并落实到HSE“两书一表”中，有效地保护了生态环境，被誉为“绿色工程”。

【清洁生产】　集团公司大力宣传贯彻《清洁生产促进法》，充分依靠环境保护技术创新和系统集成，全面实施生产全过程污染控制，作业现场清洁生产水平明显提高。

2003年，集团公司印发《关于加快推行清洁生产实施意见》和《关于开展绿色作业队建设的指导意见》。2003年8月26—28日，召开集团公司清洁生产技术交流会，国家发展改革委、国家环保总局有关领导与会进行指导，集团公司、股份公司代表共90人参加会议。会议明确推行清洁生产的目的意义、任务、保障措施。

2003年，组织培训国家级清洁生产审核员57名，8个审核试点单位全部通过清洁生产评估验收。大庆、吉林、四川、吐哈、长庆等企业以钻井为重点；辽河、大港、新疆、华北、玉门等企业以井下作业为重点；管道局、辽河等企业以管道施工为重点；东方地球物理勘探有限责任公司、大庆、青海等企业以物探作业为重点，大庆石化、兰州炼化、抚顺石化以检维修作业为重点开展绿色作业队（车间）试点工作。目前，共有110个基层作业队达到绿色作业示范队标准，同时形成了一批环境保护科技成果。

【环境保护宣传】　集团公司认真贯彻可持续发展战略，把走新型工业化道路与宣传环境保护、清洁生产结合起来，努力树立生态文明观。

2003年，编制印发集团公司《环境保护手册》和《2002年环境保护公报》，展示集团公司良好企业形象。“6.5”世界环境日期间，任传俊副总经理在《中国石油报》发表的题为《做好水资源保护工作，创造能源与环境的和谐》文章，对集团公司环保工作提出明确要求。各企业根据要求，积极行动，广泛地利用电视、报纸等新闻媒体和宣传工具，发表文章112篇，宣传画3万多张，宣传单20多万份。

2003年，举办HSE审核员和实习审核员培训班4期，环境信息管理培训班1期，培训集团公司HSE管理和环境管理干部180人。

【污染治理】　2003年，集团公司共完成环保投资总计17.02亿元。环境成本总额约为19.63亿元，其中，油田企业用于钻井、井下、油建等作业的生态环境保护及污染控制费用为14.50亿元，绿化费用2.85亿元，固定源污染治理设施维护费用1.39亿元。

油田企业通过规范施工作业的环境成本，促进钻井、井下作业等环境保护工作的有效实施；炼化企业加大污染治理力度，初步解决一些有机化工污水、含油污泥达标排放的问题，环境风险控制能力明显提高。

【环境统计】　2003年，集团公司有控工业废气排放总量3090.23亿标准立方米，废气中主要污染物二氧化硫排放总量为13.66万吨，烟尘为8.97万吨。其中，二氧化硫排放量比2002年增加了8.76%，烟尘排放量比2002年减少了14.30%。固定源工业废水排放总量为47228.8万吨，废水中主要污染物石油类排放量为2033吨，COD排放量为33085吨，分别比2002年下降1.41%和3.88%。

2003年，集团公司杜绝了特大环境污染与破坏事故，共缴纳排污费17151万元，比2002年增加了31.63%。

（集团公司质量安全环保部）

股份公司环境保护工作

【概述】 股份公司在环境保护方面不断完善管理体制，加强清洁生产与环保工作，环保业绩水平逐年提高，为实现公司的持续高效快速发展提供了有效保障。

【环境保护管理】 2003年股份公司继续加大污染治理力度，狠抓污染物达标排放，废水排放达标率在2002年基础上继续保持稳中有升，而废水排放总量则保持逐年下降趋势。勘探与生产分公司、炼油与销售分公司、化工与销售分公司的废水排放达标率分别为92.9%、99.93%和97.33%，都超额完成了业绩指标。

股份公司积极贯彻建设项目环境管理条例和新的环境影响评价法的要求，结合HSE管理体系“预防为主”的思想，努力把环境影响评价和“三同时”管理贯穿于生产全过程，并通过“以新带老”促进污染治理，保证了建设项目投产之日，就是环保达标之时。

管道工程建设严格遵守国家和地方的有关环保法律法规，针对不同的生态环境，采取切实有效的生态保护措施。2003年西气东输工程顺利穿越国家级自然保护区，在涩宁兰输气管道、兰成渝成品油管道建设过程中，管道分公司投入了专款开展植被恢复技术研究，将管线建设成为自然和社会可持续发展浑然一体的绿色工程。

【环境科研】 在股份公司科技信息部的支持下，先后开展了油田及炼化污水污泥处理工艺技术研究、炼化用水优化与污水回用研究、高含盐污水COD分析方法标准研究等科研项目，有关地区公司积极参与了项目的研究、开发和技术应用，已建立起一批科技示范工程，一些项目也取得了积极成果和明显的效益。

【环保培训】 7月份举办了环境统计培训班，共有来自32家地区公司的近70人参加了学习。培训班主要讲授了股份公司环境统计基本要求，介绍了国家新排污收费办法和相配套的排污申报规定及排污申报审定方法，受到广大学员的好评。

（股份公司质量安全环保部）

职业健康

【概述】 2003年，职业健康工作认真贯彻《职业病防治法》，坚持“预防为主，防治结合”的方针，树立“以人为本、健康至上”的理念，从制定和完善管理规章入手，突出抓了职业健康监护和职业病危害作业场所监测工作，积极做好企业“非典”防治。企业职业病危害作业场所监测率达到91%以上，职业健康体检率达到90%以上，杜绝了急性职业病、放射性事故发生。

【职业卫生管理】 认真落实《卫生部关于加强职业病防治工作的通知》精神，加大做好职业健康工作的力度，对企业提出了“落实责任，加强防治、认真检查，规范防治、加强监管，搞好诊治”的要求，抓紧企业职业健康监护和职业病危害作业场所监测工作的落实。以《职业病防治法》为依据，抓紧相关制度的建立，组织《健康监护管理规范》、《职业病危害作业场所检测规范》、《职业病危害因素防护管理规范》、《放射卫生管理规范》等规范的编写工作。重点抓了诸如“西气东输”等大型施工作业中的HSE健康管理工作。2003年10月，组织对所属企业职业健康工作的组织机构、制度建设、健康监护、场所监测、宣传教育等六个方面进行检查考核，进一步促进企业对职业健康工作的管理力度，加强职业病危害作业场所和放射卫生工作的监管。

【职业健康监护与监测】 重视和加强企业职业健康监护和职业病危害作业场所监测工作，做到早计划，早安排。针对“非典”的影响，及时采取措施，突出企业落实职工岗前、岗中、离岗时的职业健康体检，落实野外施工作业人员的体检。并做好体检资料的评价、整理、归档。对体检中发现的职业禁忌症或疑似病例及时采取措施。各企业完成对51000多人的职业健康体检，对4030多个职业病危害作业场所进行监测。在企业开展职业病危害项目申报，根据卫生部文件要求初步开展建设项目职业卫生审查评价工作。

【非典防治工作】 按照集团公司“非典”防治工作的要求，针对企业职业卫生工作的特点，及时下发“非典”防治工作的通知。企业的职业卫生管理部门以及16家职防、防疫机构的工作人员，及时将工作前移，深入一线，承担企业“非典”防治各项工作。实行24小时值班和疫情监控，设置监测点，实施疫情监测日报告和零报告制度，深入开展疫情调查、隔离、消毒工作。围绕企业施工作业实际，特别在“西气东输”等施工作业现场，全力做好健康服务，保证施工作业的顺利进行。

【放射卫生管理】 加强对企业放射卫生工作管理。认真开展放射源的清查工作。先后对企业的放射源及射线装置进行统计调查，结合年度职业健康工作考核对放射卫生工作以及部分源库和放射源使用情况进行检查；组织落实从事放射工作人员2980人的健康体检、剂量监测以及放射性工作场所检测；加强对放射源库及射线装置的管理，注意改善源库保管存放条件，做好放射卫生防护工作。

【宣传和培训】 深入宣传贯彻《职业病防治法》，利用各媒体、刊物，开展形式多样的学习宣传活动，在企业广泛开展了全国《职业病防治法》宣传周活动，突出“职业病防治是企业责任”的宣传主题，与《中国石油报社》共同举办为期一个月的“职业健康征文”活动，从不同角度宣传《职业病防治法》、企业职业健康工作以及企业“非典”防治方面情况，共收到征文120篇，在报纸上发表了38篇，达到了预期的目的和效果。抓紧以学习贯彻《职业病防治法》为重点内容，以职业健康管理人员和企业法人为重点对象的培训工作，集团公司举办两期职业卫生管理和业务人员培训班，参加培训人员160余人，重点进行《职业病防治法》以及企业职业病防治专业技能的教学，增强管理能力和职业病防治业务技能。

【基础工作】 重视企业职业病防治技术服务机构的建设，加强业务管理及资质认证工作。配备人员，改善部分设备，企业的健康监护、监测的水平和技术服务能力有了提高。抓紧建立健全企业职工个人职业健康档案和企业职业卫生工作档案，初步规范企业职业卫生档案存放管理；建立集团公司职业健康工作统计信息系统，设计开发统计软件，并下发企业运行，提高统计效率和质量。

（集团公司质量安全环保部）

股份公司健康工作

【概述】 2003年中国石油天然气股份有限公司的广大员工与全国人民一道，面对了突如其来的“非典”疫情的严峻考验。股份公司按照思想不松懈、领导不削弱、工作不放松的要求，坚持“预防为主”的方针，采取了一系列具体措施，积极制订应急工作预案，开展普及专题防治知识活动，保护员工健康，确保了公司的正常生产运行工作。股份公司机关地处“非典”重点疫区的北京市，预防“非典”更受到高度重视。股份公司总裁办公室、党群工作部、人事部和质量安全环保密切配合，采取多种预防“非典”措施，做到了股份公司机关没有一个员工感染非典。

【检测与监护】 2003年，股份公司进一步落实职业病防治责任制，积极开展了相关工作，共检测有毒有害作业场所17520个，为136665名员工进行了职业性体检，为143726名员工进行了一般性体检。

（股份公司质量安全环保部）

节能节水工作

【概述】　2003 年，集团公司各服务企业认真贯彻落实国家有关节能节水的法律法规和方针、政策，按照集团公司节能节水工作的要求和部署，紧紧围绕集团公司开展的“管理增效年活动”，克服“非典”等不利因素的影响，切实加强节能节水管理工作，推广应用节能节水新技术，深挖节能节水潜力，以节约和降耗的实际效果，促进集团公司实现管理增效。2003 年，各企业新上措施节约各种能源折合标煤 16.7 万吨，节能率为 2.13%；新上措施节约新鲜水 1557 万立方米，节水率为 5.07%，工业水重复利用率达到 90.59%；新上代油技术改造项目替代节约重油 8.53 万吨。2003 年节能节水及综合利用效益达 4.56 亿元，完成集团公司制定的节约增效计划的 108%。

【节能节水管理】

1. 编制石油集团节水节能规划

2003 年 6—12 月，根据国家发展改革委的有关要求，质量安全环保部组织编制石油集团《“十一五”及 2020 年节水规划》和《“十一五”节能规划》。其中节水规划总结“十五”以来石油集团的节水成效，分析节水潜力，预测“十一五”及 2020 年的新鲜水需求量，制定节水目标，提出节水对策和措施；节能规划总结石油集团 1980 年以来的节能工作历程、经验和问题，分析研究节能潜力，预测“十一五”能耗指标，提出重点节能技术领域以及政策建议等。

2. 对部分重点单位实行节能节水监测

2003 年 8—12 月，组织集团公司油田节能监测中心和西北节能监测中心对大庆石油管理局等 14 个企业的 22 个重点耗能用水单位的七类耗能用水指标进行节能节水监测，并发布《节能节水监测公报》。监测结果表明，所测 3 个化工厂和 11 个热电厂水的重复利用率都比较高，在 94.29%—98.63%之间，平均水平已经超过了国家对石化和电力企业 2005 年达到 95%的要求；各被复测单位按照 2000 年节能监测公报的要求，积极进行整改，都有不同程度的改进和提高。

同时大庆石油管理局、大港油田集团有限责任公司、长庆石油勘探局、玉门石油管理局、吐哈石油勘探开发指挥部等企业制定节能监测计划，落实监测费用，共监测各类主要耗能用水设备（系统）851 台（条），比 2002 年有大幅度增加，促进企业节能节水技术改造和设备（系统）的经济运行。

3. 参加“全国节能宣传周”活动

2003 年 11 月，根据国家发展改革委的有关要求，集团公司组织各企业紧紧围绕“节能与全面建设小康社会”这一宣传主题，结合集团公司“管理增效年”活动，利用广播、电视、报刊、网络、板报等各种媒体，以及组织经验交流、竞赛、讲座、张贴宣传画图标语等多种形式，开展节能节水宣传活动，共发表节能节水文章 900 多篇，张贴节能标语、宣传品和挂图 6000 多张，出宣传板报 2100 多块，横幅 700 余条，培训各类人员近 800 人次；同时质量安全环保部和中国石油报社于 2003 年 11 月 1 日—12 月 31 日，联合举办第七届节能节水杯征文，共收到通讯、消息、评论、特写、故事和照片 211 篇，刊登 48 篇，并分别评选出 10 篇优秀征文和 4 个组织奖单位。这些宣传教育活动，宣传贯彻了节能节水法规、普及了节能节水知识、传播了节能节水技术、交流了节能节水经验、展示了节能节水成果，进一步增强了企业广大干部和职工的资源意识、环境意识和节约意识。

4. 完善节能节水基础工作

一是根据集团公司的统一要求，组织开展节能节水职能战略制定和对标研究分析工作，进一步理清今后一个阶段的节能节水工作思路；二是组织进行节能节水信息网站的完善修改工作，提高节能节水信息传播的时效性；三是对企业 2003 年节能节水年报和 2004 年定期节能节水报表式样、说明、软件进行修订和改进；四是组织举办节能、节水管理干部培训班各 1 期，培训企业节能节水管理人员 120 人次。

【节能节水技术】

1. 技术措施节能节水能力有新的提高

2003 年，集团公司各服务企业坚持以降低运行成本为目标，加快推进以节油、节水、节电为重点的技术改造，加大矿区水电系统的改造力度，技术措施节能投资 4.4 亿元（不含代油能力建设投资），新建技术措施节能能力 27.8 万吨（标煤），当年技措节能价值约 1.24 亿元；技术措施节水投资 1.80 亿元，新建技术措施节水能力 2711 万立方米，当年技措节约新鲜水价值约 3528 万元。

同时，承担集团公司代油工程项目的企业，加快工程实施进度，到 2003 年末已累计建成代油能力 142 万吨，完成集团公司“十五”代油计划的 85%；大连石化公司投资 4200 万元，建成日处理能力为 5500 立方米的海水淡化装置，利用反渗透膜法，从海水中制取的淡水直接用于生产和中压锅炉给水，为有条件开发利用海水和苦咸水的企业提供技术示范。

2. 集团公司“十五”节水科研课题基本完成

承担集团公司“十五”节水综合技术研究项目的抚顺石油化工公司和大庆石油管理局，已基本完成预定的技术研究任务，并在提高循环水浓缩倍数（7.0 以上）、化学再生废水等当量排放、水厂外排废水回收、GPRS 管道泄漏检测定位、供水管网信息系统、电厂污水膜处理技术等方面取得较好的研究成果，为各企业继续依靠技术进步节水提供技术储备。

3. 召开成品油节约技术交流会

2003 年 11 月，针对燃料油替代节约后，成品油进一步节约问题的凸现，组织召开节约成品油技术交流会，集团公司所属重点成品油消耗企业的节能管理和技术人员近 80 人参加会议，会议交流 18 份企业节油技术经验，推介减摩节油和助燃节油技术，推动节油工作的深入开展。

（集团公司质量安全环保部）

股份公司节能节水工作

【能源消耗状况】 2003 年，股份公司能源消耗总量为 4134 万吨标准煤，能耗总费用为 295.48 亿元（其中包括西气东输管道分公司、庆阳和大元炼油化工有限公司 1.79 亿元）。与 2002 年相比，在原油产量稳中有升，天然气产量、原油加工量、乙烯等产品产量大幅度提高的情况下，能源消耗总量上升了 1.2%，能耗总费用下降了 0.5%。与 2000 年相比，能源消耗总量下降了 1.4%，能耗总费用减少 17.9 亿元，下降了 5.7%，能源消耗总量占所生产一次能源的比例由 24.33%下降到 23.18%。总体上，在公司生产规模不断扩大、油气及其加工产品产量逐年上升的情况下，实现了能源消耗总量及能耗总费用的下降。

【用水状况】 2003 年，股份公司新鲜水总用量为 76360 万立方米，新鲜水取水总费用为 144434 万元。与 2002 年相比，新鲜水总用量减少 8038 万立方米，下降了 9.5%，新鲜水取水总费用增加 6149 万元，上涨了 4.45%。与 2001 年相比，新鲜水总用量累计减少 1.49 亿立方米，下降了 16.33%，新鲜水取水总费用累计增加 1.14 亿元。随着新鲜水价格的不断上涨，股份公司在新鲜水总用量减少的同时，新鲜水取水总费用已形成增加的趋势。

【节能节水规划与政策研究】 加强了节能节水规划和政策性研究。根据股份公司总体发展战略要求，组织开展了股份公司节能发展战略研究。会同集团公司组织完成了石油集团《节能中长期发展规划》、《节油发展规划》和《节水中长期发展规划》。提出了股份公司开展创建节能节水型企业活动的总体实施方案，开展了《节能节水管理办法》等相关管理制度、规范的前期制定和修订工作。

【节能节水潜力研究与示范工程】 加大了以节能潜力研究和示范工程为重点的节能工作力度。在对油气田节能潜力调研分析的基础上，组织实施了股份公司油气田节能示范工程——“新疆油田稠油开采注汽锅炉节能技术综合应用”示范工程项目，目前，该项目已进入工程投运和跟踪监测阶段。组织开展了“大庆油田高含水期地面工程系统优化调整实施方案”项目研究。组织开展了“股份公司炼油节能潜力研究”及对化工生产企业的节水情况调研。

【节能节水技术交流与宣传】 进一步加强了节能节水技术和信息交流。组织开展了油气田节能技术的筛选、评价和交流活动。组织召开了炼油节能技术交流会。根据国内外节能节水发展最新动态，组织编制《国外节能节水论文选编》。为配合公司“管理增效年”活动，加大了节能节水宣传力度，每月印发一期股份公司节能节水简报，对股份公司节能节水工作的开展和促进低成本战略的实施起到了推动作用。按照国家发改委的统一要求，组织开展了股份公司 2003 年节能宣传周活动，在股份公司机关和专业公司举办了节能知识竞赛。

【节能节水统计监测工作】 制定下发了《2003 年股

份公司节能监测计划》，组织完成了对六条管线共 40 台主要耗能设备的节能监测任务及对化工工艺加热炉和裂解炉的能耗监测工作。编制印发了《股份公司 2002 年节能节水工作年报》，对所属各公司的主要能耗用水指标和技术措施实施情况等进行了统计分析，对有关用能单位的节能监测结果进行了评价。

（股份公司质量安全环保部）

第八篇

企业改革与管理

第一篇
总　述

第二篇
油气勘探开发生产

第三篇
油气储运、炼化与销售

第四篇
对外合作与交流

第五篇
工程技术服务

第六篇
科 技 发 展

第七篇
质量安全与环境保护

第八篇
企业改革与管理

第九篇
精神文明建设

第十篇
机构与人物

第十一篇
上市企业概览

第十二篇
未上市企业及事业单位概览

第十三篇
中国石油天然气集团公司大事纪要

第十四篇
附　录

企业改革与管理

【深化企业改革】　2003年，认真贯彻党的十六大精神，以建立现代企业制度、推进体制和机制创新为目标，按照突出重点、循序渐进的原则，针对石油石化企业的实际，主要深化四个方面改革。

（1）积极稳妥地推进地区服务公司建立现代企业制度的工作。主要在继续实施结构调整、优化产业升级的同时，加快公司体制改革步伐。大庆石油管理局、锦西炼油化工总厂、中国石油天然气运输公司等试点企业在前期所做工作的基础上，不断完善改革方案，研究符合现代企业制度要求的公司组织形式、管理体制和经营机制等关键性问题，积极探索多元投资主体的实现途径。其他企业进一步实施内部产权制度改革，为在面上整体推进公司体制改革打下基础。

（2）积极稳妥地推进产业结构和专业化重组。产业结构调整重点放在加大炼油化工、市场销售和工程技术服务领域。炼油和化工以实现规模经营和提高产品附加值为目标，调整生产布局和产品结构，继续关停一批竞争力差的低效装置，大力实施技术改造，加快新产品开发，搞好节约挖潜增效，促进亏损企业扭亏转盈。销售企业继续实施地市级销售公司重组，整合县级公司精简层次，减少环节，降低经营成本风险。工程技术服务根据产业定位，严格落实钻井、测井、物探、井下作业等专业队伍总量控制和设备报废计划，进一步压缩过剩能力，淘汰落后装备，加速设备更新改造，有效提升企业竞争能力。

（3）积极稳妥地推进辅助业务的改制分流工作。贯彻国家经贸委等八部委《关于国有大中型企业主辅分离辅业改制分流安置富余人员的实施办法》，认真研究制订总体方案和年度工作计划，按政策理顺改制后企业的产权关系，积极探索在改变行政隶属关系和变更劳动关系上的具体做法，进一步精干主业、搞活辅业，有效地分流安置企业富余人员，不断增强企业发展的活力和市场竞争力，朝着主业突出、增强优势的方向迈出重要的步伐。

（4）继续推进各项配套改革。一是进一步深化干部人事制度改革，按照全国组织工作会议的部署，以实现干部工作科学化、民主化、制度化为目标，以建立健全干部选拔任用和管理监督机制为重点，以形成择优进入、严格监督、有效激励、正常退出的选人用人环境为着眼点，着重继续推行干部公开选拔、竞争上岗，努力建立起广纳群贤、人尽其才、能上能下、充满活力的用人机制。二是实施工资分配制度改革，从逐步形成符合现代企业制度要求、适应建设具有国际竞争力跨国企业集团需要的工资分配制度和企业分配机制出发，引入劳动力市场价位理念，突出岗位劳动要素和调整收入结构、理顺工资关系，推动职工收入与市场劳动力价位逐步接轨。三是按照国家统一政策和属地化管理原则，稳妥地进行社会保险制度改革，规范社保管理，提高社保服务水平。在进一步完善企业基本保险制度的基础上，实行各项基本保险社会统筹，建立石油石化企业内部补充保险机制，提高职工的福利待遇和医疗保障水平，切实维护广大职工的切身利益。四是认真贯彻落实党中央的部署和要求，坚持以“三个代表”重要思想为指导，切实履行企业的责任和义务，积极与地方政府协调和配合，采取多种有利于加快就业和扩大再就业的硬性措施，扎实做好下岗失业人员的再就业工作。五是住房制度改革继续推进，职工住房分配货币化工作取得重要进展，到2003年底，共批复30个单位的实施办法和普查资料，其中12个单位完成住房补贴的发放，4个单位正在开展住房补贴的发放工作。同时，根据工作中出现的新问题，先后研究制定出台有关政策是：外围基地和边远矿大队基地职工已购公有住房面积核减办法；对部分遗属住房尚未达标的问题明确解决办法；制定集团公司易地调动职工住房管理暂行办法。

（杨佳安　付建昌　官大宏）

【战略管理】　2003年，着眼于集团公司中长期发展目标，在国家产业发展规划和宏观政策指导下，密切关注国内外市场变化和技术经济动态，研究制定科学的战略目标、战略方针和战略规划，进行重大战略部署，并根据内外部环境的变化及时调整和完善战略，确保企业沿着正确的方向前进。

1. 提出全面建设具有国际竞争力的跨国企业集团的战略方向、目标和思路

党的十六大闭幕以后，集团公司按照全面建设小康社会和提升国际竞争力的战略部署，精心谋划未来

发展。总的目标是全面建设具有国际竞争力的跨国企业集团，在立足国内发展的同时，大步向海外挺进，努力做到“两个转变”，即由国内石油公司向跨国石油公司转变，由单纯的油气生产商向具有复合功能的油气供应商转变。其内涵是，在国家全面建设小康社会、国民经济加速发展，以及我国加入世贸组织、国际市场竞争更加激烈等客观形势下，集团公司不能满足于国内的油气资源开发，还要分享海外油气资源，努力实现从国内到国外的跨越；不能满足于生产领域的发展，还要大力发展与优势产业密切相关的国内外油气贸易等业务，努力实现从单纯的生产型到生产经营与贸易一体化的跨越；不能满足于内部传统管理手段的调节，还要依据市场规律及变化，运用多种形式的激励与约束机制和资本经营手段，努力实现从一般的生产经营管理到市场化运作的跨越。经过一个时期的努力，集团公司的国际油气产量达到5000万吨以上，国际经营收入达到100亿美元以上，国际业务收入占总收入的比重达到25%以上，即可初步成为具有国际竞争力的跨国石油集团。重点是做好四个方面的工作：一是在抓好现有海外项目的同时，积极捕捉商机，争取尽快拿到几个重量级的海外油气项目，逐步建立起稳定、安全和具有较大规模的海外油气生产供应基地。二是有效借助国际资本市场和金融手段，采取收购、兼并、联合、参股等方式，逐步建立起能够共同抵御国际市场风险的海外联盟。三是积极打造国际化劲旅，逐步建立起装备精良、技术先进、队伍精干和有规模实力的“海外军团”。四是在扎扎实实地搞好与跨国石油公司“对标”的基础上，着眼形成有利于提高国际竞争力和实现跨国经营的管理体制、经营机制和指标考核系统，逐步建立起与国际接轨、适应跨国石油集团建设需要的目标责任体系。

2. 积极参加国家油气可持续发展战略研究

2003年，温家宝总理两次主持国务院会议研究我国油气资源可持续发展问题，就提高油气资源对经济发展的保障能力做出重要指示，并于当年5月正式启动《中国可持续发展油气资源战略研究》。该项研究从中国油气资源供需战略、国内油气资源开发战略、海外油气资源开发与进口战略、节油与替代燃料、石化工业发展战略、石油安全与储备战略、油气法规与政策等方面，提出重大对策和措施。在这一课题的研究过程中，集团公司有多名国家科学院和工程院院士及专家参加，发展研究部、勘探开发研究院以及经济技术研究中心等单位积极组织力量参与研究和配合，到2003年底已经取得重要进展，研究报告初步形成。

3. 进一步加强集团公司国际业务发展战略的研究

中国石油的国际化经营经历近十年的发展，已经由单一合作开采转入到风险勘探、油气开发、工程承包、产品出口一体化运作，实现跨越式发展。为适应新的形势和建设具有国际竞争力跨国企业集团的要求，快速发展国际业务，集团公司发展研究部组织有关单位开展《加快实施“走出去”战略，大力提升中油集团国际化经营水平研究》，分别对集团公司实施国际化经营战略的总体目标、战略措施以及勘探开发的国际化战略、工程技术服务的国际化战略、国际化业务的科技发展战略、海外经营的跨国并购战略等进行研究，并取得显著成果。同时，完成《中国石油天然气集团公司管理体制模式和内部运作研究》、《石油企业运用WTO规则实务操作研究》，《关于石油石化企业矿区、厂区经济协调发展战略对策研究》等，为集团公司和石油石化企业的改革发展提供强有力的决策支持。

【管理增效年活动】 加强和改善企业管理工作、不断提高科学管理水平，是建立现代企业制度、提升企业竞争能力、加快企业发展的内在要求。多年来特别是重组改制以来，集团公司所属企业围绕提高经济效益、增强竞争力，在改进和强化企业管理上进行积极探索，企业的总体管理水平逐步提高。随着改革的深化和企业内外部环境发生的变化，管理工作不相适应和某些方面相对滞后的问题逐步凸现出来，迫切需要下功夫抓好管理工作，努力提高管理水平，在管理上有一个新的跨越，更好地适应企业的改革发展。为此，集团公司决定把2003年作为“管理增效年”，广泛深入开展管理增效活动，以此解决企业管理工作中存在的一些突出问题，进一步打牢企业发展的根基。

各单位认真按照集团公司的部署和要求，坚持把促进管理思想更新、方式转变、手段与方法改进以及增强企业内部消化各种困难和风险能力、提高经济效益作为“管理增效年”活动的目的，注重紧贴企业管理的实际，抓住管理上的薄弱环节，突出以找问题、查漏洞、严管理、增效益为主要内容，大力推进企业管理创新和管理增效，不断强化各项管理措施的落实，有力地推动企业整体管理水平的提高。各油气田企业面对勘探开发难度大、投入呈上升趋势的实际，继续坚持和深化资金集中统一管理，强化预算中关键要素的控制，健全全方位、全过程和全员目标成本管理体系，努力实施精细管理、严格管理和科学管理，使投资和成本得到有效控制，油气上游业务持续保持高效益态势。各未上市企业普遍结合实际，对战略管理、精细管理、集中管理、业务流程再造和基本单元核算等进行完善，并在一些方面有所创新。例如，大庆石油管理局紧紧抓住导致全局成本过高的关键环节，出台各项管理举措：通过强化物资管理，存货比2002年同期降低10%；针对历史形成的资产包袱，不断加大重点闲置低效资产的盘活力度，氯碱厂整体划归大庆市政府，仅此一项每年就节省费用1900多万元，全局重大闲置资产已经盘活17%；深入开展成本效益效能监察，挽回直接经济损失106万元，避免经济损失365万元。辽河石油勘探局确定把降低非生产性支出、降低物资采购成本等8个方面作为重点，深查细找问题，认真制定并落实整改措施，2003年实现管理增效3000多万元。大港油田集团有限责任公司在管理增效年活动中，把降低能源消耗作为降低生产成本的一项重要内容，加强能源消耗管理，提高能源利用水平，创建节能型企业；2003年累计消耗各种能源14.8万吨标准煤，较2002年同期减少6.4%，其中增加值单耗下降5.92%，工业总产值单耗下降18.1%，钻井进尺柴油单耗下降11.7%。吉化集团公司着重在实现管理的制度化、规范化和程序化上做文章，针对“无章可循、有章不循”的管理症结，把管理的重点放在提高管理增效能力上，突出精细管理和节约降耗，2003年实现管理增效1.1亿元。抚顺石油化工公司实行财务、销售、物资采购集中统一管理，减少流动资金贷款2.8亿元，节约利息支出1000多万元，节约采购成本3500万元。各单位通过加强节能节水管理及节能技术改造，2003年节能折合标准煤22万吨、节水3100万立方米，节约及综合利用价值达到3亿元左右。

在“管理增效年”活动的推动下，各单位坚持把管理工作的着力点放在抓基层、练内功、挖潜力、增效益上，紧紧围绕增产增效目标，大力推行严格管理、精细管理和科学管理，积极推进生产经营物化管理向价值形态管理转变，成本核算向全员全过程控制转变，节能降耗、挖潜增效的重点向科技进步转变。同时，探索总结出一整套加强管理的新方法，促进基层生产、经营、管理等各项工作全面上水平。采油队创出“单井效益目标管理”、“班组价值形态核算”等新办法，作业施工队创出“质量成本全控制”等新经验，钻井队创出“单井成本集约化管理”新模式，炼化车间创出“单装置成本核算”等新做法。在管理创新中，越来越多的基层队把科技增效当做关键环节，坚持技术攻关，开展群众性技术革新和合理化建议活动，积极推广和应用新技术、新工艺，小改、小革和小发明创造活动蓬勃展开，不断提升生产工艺的科技含量，提高劳动生产率和经济效益。

（杨佳安 付建昌）

股份公司改革与管理

【概述】 2003年，股份公司各级管理人员和全体员工认真贯彻落实集团公司党组和股份公司管理层的各项工作部署，积极应对市场变化，努力克服“非典”疫情和部分地区洪涝灾害的影响，精心组织生产经营，深化企业改革，加强科学管理，团结一致，勤勉工作，全面超额完成了各项业绩目标。

按国际会计准则，全年实现销售收入3037.8亿元，实现经营利润991.9亿元、净利润696.1亿元，同比分别增长24.3%、37.1%和48.4%，均创历史新高。股份公司首次实现了四个业务板块全部盈利。各项主要生产经营指标完成情况明显好于预期。

2003年，中国石油获得世界级杂志和权威机构授予的多项荣誉。在《亚洲金融》组织的“亚洲最佳企业——中国”评选活动中，分别获得最佳公司管理、最重视为股东创造价值和最佳企业治理第三名，以及最佳投资者关系和最佳财务管理第五名等系列奖项；被美国《财富》杂志评为“全球最受赞赏的公司”；被《亚洲货币》授予能源行业类最佳公司治理的荣誉；被世界著名评级机构标准普尔列入“中国50家大公司”金榜。同时，中国石油在世界大公司排名中的位次明显上升。在《财富》杂志评选的“全球最受赞誉的公司”的15家能源类公司中名列第10位，比2002年上升了4位；在按销售收入排名的2003年全球最大500家公司中列第69位，比2002年上升了12位（利润列第22位，居入围的11家中国企业之首）；在《商业周刊》公布的根据市值排名的

"新兴市场200强大公司"中，由2002年的第83位跃升至第3位。

【管理创新】 股份公司在实施管理创新、提高管理水平方面，采取了一系列措施，取得了明显成效。主要是：高度重视战略管理，加强了对具有前瞻性、综合性、全局性重大问题的研究，编制了股份公司发展战略纲要、2003—2007年业务发展规划，以及一系列重大区域和专项发展规划，股份公司中长期发展的思路进一步清晰。全面预算管理继续深化，根据市场变化及时编制调整公司执行预算，按季度开展经营活动分析，预算的准确性和指导性进一步增强。资金收支两条线和会计集中核算工作在炼化企业已全部完成，油气田企业已基本实现一级核算的目标，进一步提高了资金使用效益和财务运行效率。业绩考核体系继续完善，考核指标的设置、权重的分配及指标值的设定趋于合理，针对性和可操作性进一步增强，有力促进了业绩目标的实现。完善基础管理，对股份公司内部规章制度进行了清理，重点在对外投资、股权管理、国内对外合作等方面建立健全了一批新的管理制度，使各项管理更加规范。法律、审计和效能监察工作进一步拓宽领域，突出重点，搞好服务和监督，使企业经营风险的控制和防范工作得到了进一步加强。

认真开展"管理效益年"活动，进一步强化了各项管理，促进了降本增效。上游业务在生产规模扩大、人工费用增加的情况下，油气操作成本得到有效控制，成本总额由1998年的335.7亿元，下降到2003年306.9亿元，下降8.6%；单位操作成本由1998年的5.05美元/桶，下降到2003年的4.39美元/桶，下降13.1%。各炼化及销售企业广泛深入开展"六查六整顿"、挖潜增效活动，炼油单位现金加工费同比降低4元/吨，化工类产品单位现金加工费同比降低141元/吨，均创历史最好水平；管理费、财务费等期间费用同比降低10亿元以上。通过开展运输专项整顿，优化物流配送，在成品油总销量特别是区外销量大幅增长的情况下，吨油运输费用同比降低2.4元。加之2003年市场价位较好，单位炼油和化工产品的平均盈利比2002年有大幅度提高。

积极推进信息化建设。完成了地球科学与钻井系统等六个专业应用系统可研和试点方案，启动了管道生产信息系统试点。电视视频会议系统、企业信息门户和电子邮件系统得到广泛应用。利用能源一号网站平台，实施物资采办业务的整合，推进了一类、二类重点物资的集中采购，全年完成网上采购额126亿元，特别是石油专用管通过实行集中采购，价格比业务整合前下降了10%以上，降低了采购成本。

大力加强企业文化建设。各单位认真贯彻集团公司企业文化建设纲要，结合自身生产建设和经营管理工作的实际，积极开展企业文化创建活动，大力弘扬"爱国、创业、求实、奉献"的企业精神，深化"诚信、创新、业绩、和谐"的核心经营理念，根据企业内外部环境的变化，不断赋予企业文化以新的内涵。努力构建学习型企业，提倡和鼓励全员学习、终身学习，不断提高理论修养和业务素质，促进了员工的全面发展。在企业效益增长和给股东回报提高的同时，积极改善员工的工作环境和生活条件，广泛开展"送温暖"活动，满腔热忱地关心生活困难的员工，队伍凝聚力进一步增强。

【持续重组】 海外上游业务新收购了美国赫斯公司在印尼加邦区块50%的股权，使股份公司在该区块的股权比例增加到45%。印尼项目全年共完成油气作业产量243万吨，获得权益产量102万吨。下游业务装置结构调整优化取得新的重要进展，在公司总部及板块的统一组织下，经过有关企业的不懈努力，平稳关停了大庆炼化林源生产区、前郭石化综合利用厂和兰州石化西区炼油生产区，关停淘汰装置29套，并妥善解决了人员安置和资产处置等有关问题；优化炼化企业的资产和债务结构，报废固定资产净值31.34亿元，资产减值15.5亿元，增强了企业发展后劲。境外零售市场拓展取得突破，在哈萨克斯坦收购了8座加油站及1座油库，投运后获得了较好的经济效益，并为今后海外零售业务的发展积累了经验。

【股票表现】 由于股份公司稳健的经营和良好的业绩，以及香港H股整体走高的大势，2003年，中国石油股票走势强劲，股价稳步攀升，屡创新高，市场表现十分出色。全年走势大致可以分为三个阶段：

一是恢复性回升阶段。年初以1.55港元/股开盘，前3个月，一直在低位盘整，略有小幅上扬，成交也不甚活跃。进入4月份以后，国际大型机构投资者沃伦·巴菲特旗下的伯克希尔哈撒韦（Berkshire-Hathaway简称BH）投资有限公司，看好中国石油的盈利能力及高股息回报，先后斥资购买中国石油H股股票。在巴菲特增持和投资者普遍看好中国石油等因素的推动下，4月下旬开始，中国石油H股股价开始恢复性回升，5月下旬突破2港元/股整数关，基本回升至上市以后曾上试过的高位区域。

二是持续攀升阶段。进入6月份，基于投资者对国际油价走高、国内"非典"疫情得到完全控制、巴菲特吸纳，以及中国石油盈利前景清晰、资产状况良好、分红派息颇具吸引力等多方面的良好预期，一些国际评估机构对中国石油继续维持“增持”评级，建议投资者“买入”。特别是8月末公司公布上半年经营业绩后，净利润较2002年度同期上升102.45%，投资者对公司中期盈利超出市场预期、原油产量稳定增长、天然气业务快速发展、炼化盈利大幅上升，以及公司持续稳定的分红政策等，给予高度评价，认为中国石油是一家诚信、稳健、高效的公司，进而推动股价在此后几个月持续上涨，至12月初突破3港元/股整数关，见高3.1港元/股，同时成交放量，成为港股市场最活跃的股票。

三是快速拉升阶段。进入12月份以后，受香港国企H股大幅上涨，一举升至6年来高点的推动，加之投资者对中国石油后市充满信心，使中国石油股价继续强势走高。“12.23”井喷事故发生后，因一些投资者担心可能导致中国石油成本的上升，股价曾一度出现较大跌幅。但一些专业机构分析认为，井喷事故对中国石油影响不大，出现3%以上的跌幅正是买进良机。因此，在股价遭到短暂沽压后，又反身一路走高，年底以4.45港元/股的新高报收，月涨幅超过40%。

与2002年底相比，2003年中国石油H股股价上涨了近2倍。而同期香港恒生指数年初以9333.64点开盘，年底报收于12575.94点，涨幅约为35%。中国石油美国存托股份ADR全年走势与香港H股大致相似，年初以20美元/ADR左右起步，年末报收于57.05美元/ADR，涨幅达1.8倍以上。而同期美国道琼斯指数年初开盘于8342.38点，年底报收于10453.92点，涨幅为25.3%。这充分表明中国石油香港H股和美国存托股份全年走势都远远强于大盘，显示了公司良好的成长性。

【经验与差距】　总结股份公司过去一年的工作，主要体会是：坚持持续有效快速发展的指导方针，统筹推进公司上下游、国内外业务的协调发展，努力做到速度与结构、质量、效益的统一，这是确保公司长远健康发展的根本所在；坚持以市场为导向，积极应对变化的外部环境，提高市场应变能力，组织好产炼运销的综合平衡和协调运行，这是实现增产增销增效的关键环节；坚持充分依靠科技，强化企业管理，不断推进技术创新和管理创新，这是确保公司成长的不竭动力；坚持以人为本，大力加强党的建设、领导班子建设和队伍建设，充分调动全体干部员工的积极性，这是实现业绩目标的重要保证；坚持正确处理改革发展稳定的关系，处理好与工程技术服务等单位的关系，这是各项工作顺利开展的可靠基础。这些，对于今后工作具有重要的指导意义。

但是，股份公司在发展中也面临不少的矛盾和问题，主要是：原油资源接替紧张的矛盾尚未从根本上得到解决，老油田稳产和控制成本的难度越来越大；炼化业务面临优化产品结构和提高质量等问题，盈利能力和竞争能力依然不强；天然气市场开发的任务十分艰巨，新建管道在投产运营初期难以达到盈亏平衡；安全生产形势严峻，违章、违规、违纪的现象依然存在，油气区和管道治安环境尚未根本好转；人才队伍的规模、结构和质量有待提高和优化，人才工作机制需要进一步完善，等等。这些问题，需要在今后的工作中认真加以解决。

（股份公司总裁办调研室）

股份公司股东大会、董事会规范运作

【概述】　公司一直认真履行中国证券监督管理委员会、香港联交所、纽约证券交易所和美国证券交易委员会的要求以及其他监管要求，不断规范和改善公司治理结构，建立股东大会、董事会以及相应的专门委员会、监事会和总裁负责的管理层。这些机构协调运转，有效制衡，规范运作。公司一直严格按照已制定的《公司章程》、《董事会工作手册》、《监事会组织和议事规则》及《公司披露控制和披露程序的原则》等文件规范公司内部管理运作，并向所有市场参与者和监管部门提供及时、准确、完整、可靠的公司信息，努力提升公司价值。

【股东与股东大会】　为保障公司所有股东享有平等地位并有效地行使本身的权利，公司严格按照中国证券监督管理委员会公布的《股东大会规范意见》的规定，每年召开股东大会。在2003年5月28日召开的2002年度股东年会上，通过并批准了关于发行中国石油企业债券等10项决议。公司为确保关联交易公平合理，在股东大会通过有关关联交易议案时，中油集团作为公司的关联人士在股东大会表决时回避，放弃投票权。公司独立非执行董事亦每年对关联交易的具体内容及履行情况确保已经做出充分披露。

【董事与董事会】　公司董事及董事会认真负责地开展公司的管治工作，向股东负责。严格按照《公司章程》规定的董事选聘程序选举董事；全体董事能够以认真负责的态度出席董事会，认真、勤勉地履行董事职责，确定公司重大决策，任免和监督公司执行机构成员，与股东沟通。公司建立了独立董事制度，董事会成员中有三名独立非执行董事，独立及客观地维护小股东权益，在董事会进行决策时起着制衡作用。

董事会下设四个专门委员会，为董事会进行决策提供支持。四个专门委员会分别是：

审计委员会：职责包括监督公司重大财务政策、财务汇报流程、重要规章制度和重大经营活动的合法性和有效性；审阅内部审计部门的审计计划和审计报告，并执行董事会特别指派的审计工作；检查和监督独立审计师的审计工作；及对关联交易的合规性进行监督。

投资与发展委员会：职责包括对总裁提出的战略方案进行研究，并向董事会提出投资与发展推荐意见；对总裁提出的年度投资计划方案进行研究，并向董事会提出审议意见；及对需董事会决策的重大投资项目的可行性研究进行审阅，并向董事会提出建议。

考核与薪酬委员会：职责包括负责组织对总裁的考核，并向董事会提出报告，监督总裁领导的对公司高级副总裁、副总裁、财务总监和其他高级管理人员的考核；及研究公司的激励计划、薪酬制度和期权计划，监督和评估实施效果，并提出改进和完善的意见。

健康、安全和环保委员会：职责包括监督公司HSE计划的有效实施；对健康、安全、环保方面的重大决策向董事会或总裁提出建议；及对重大事故的发生和责任提出质询，并检查和督促重大事故的处理。

信息披露与透明度：公司董事会秘书及其领导下的董事会秘书局，负责信息披露和接待投资者的来访和咨询。董事会秘书局根据《公司章程》和上市地的监管规定，依法披露公司信息。为此，公司于2003年成立了信息披露委员会及其工作小组，并在工作小组中任命一位披露督导，负责监督披露控制和程序操作方面的事务。公司本着对股东负责的精神，通过采取各种方式不断加强与投资者的沟通，及时回答投资者关注的问题，进一步巩固和发展投资者关系，注重建立和发展与财经媒体的关系及加强与监管和交易机构的协调。同时，公司广泛建立信息渠道，严密监测市场信息和动态，及时向公司管理层报告重大和敏感问题、资本市场的最新动态及投资者对公司的反映。公司亦向投资者提供公开披露的资料及备查文件，积极地做好对媒体的宣传工作。公司亦不时通过新闻稿及公司网站及时公布公司的最新重大发展。公司网站中亦设有“投资者专栏”，载有公司信息、各项报告及公告、路演推介等资料供投资者浏览。

（股份公司董事会秘书局）

中国石油2003年度赴香港路演

【概述】　2003年3月31日，中国石油在香港会展中心召开了2003年度业绩分析员会议和新闻发布会。4月1—2日，中国石油路演团在香港分两路，分别由王福成副总裁和王国樑财务总监带队，访问了19个投资机构的30多位投资者，共召开12个会议，累计回答了200多个投资者关心的问题。

总体来看，中国石油上市三年多来，通过艰苦努力，基本实现了上市时对投资者的承诺，取得了好于市场预期的经营业绩，大多数投资者对公司业绩表示满意，总体反映良好。对新一届管理层也寄予了很大的希望，十分关心今后一段时期的工作思路和战略重点。投资者特别关注以下几方面问题。

【资本性支出和投资回报】　投资者非常关心公司近两年不断增长的资本性支出问题，他们一方面对公司目前正处于天然气管线建设（尤其是西气东输项目）的投入时期的现状表示理解，另一方面仍对增长的资本性支出可能会对投资回报带来压力表示担忧，他们进而提出，在油价下跌情况下，公司是否减少资本性支出、投资回报变化的趋势以及公司是否因此会改变股息分配政策。公司领导再次重申，公司所有的投资项目都是经过严格的可行性研究和评估，符合公司既定的12%的投资回报标准。公司的资本性支出是根据低于预测油价的、较为保守的预算价格进行安排的，同时，公司的完全成本较低，在油价与2002年基本持平的前提下，公司将努力取得高于2002年的盈利和回报。公司将继续坚持谨慎的投资原则，并保持既定的股息分配政策不变。

【成本削减】　大多数投资者对公司基本兑现了上市时的成本削减目标表示理解和满意，同时关心公司进一步的成本削减计划和目标。公司领导表示，公司将一如既往地坚持低成本的战略，并主要依靠技术进步的手段来实现；同时指出，公司自上市以来，通过艰苦努力，将操作成本从上市时的5.05美元/桶，降低到4.32美元/桶，降幅达15%，目前，公司的操作成本和完全成本已接近国际同行业水平；同时，公司的勘探成本、勘探和开发总成本低于国际同行业水平。公司在高油价下，适当增加较高成本的原油产量，是公司在充分研究和权衡了产量、成本和效益的关系后所做出的决策，较高成本原油产量的增加仍为公司带来了较好收益，使公司实现了收益最大化的目标。公司对大庆原油产量的调整也是基于这种考虑，以保证公司整体利益的最大化和持续发展。

【公司的成长性问题】　投资者对公司西气东输项目和中俄原油管线项目的进展以及海外业务的拓展仍表示出极大的关注。

关于西气东输项目问题，投资者主要关心在已签署的合作框架协议基础上，与外方的合营合同及其相关商业协议何时签订；天然气下游市场的用户结构以及各类用户尤其是电厂对天然气价格的承受能力；天然气价格的竞争能力、天然气业务对公司盈利的贡献等。公司领导表示，目前中外双方正在对合营合同及其相关商业协议进行积极的、深入细致的商讨和谈判，但由于项目规模大，涉及面广，谈判时间比预期要长，中国石油将在谈判中坚持互惠互利，争取最为积极有利的结果，同时，工程建设不会受到任何影响，保证2003年底东段正式向上海供气。关于天然气下游市场的开发问题，公司也正在积极与用户谈判，争取尽早签署照付不议合同，对于供电厂的气价问题，将视其用气量较大等因素，在既定的全线供气价格基础上协商而定。

关于中俄原油管线项目问题，投资者主要关心项目谈判的进展情况、管线走向和中方投资规模及其对公司资本性支出的影响等问题、公司是否考虑收购俄罗斯油气资产以及公司海外业务的进展情况等。公司领导表示，中俄管线项目的可行性研究已完成待批准，中方将只负责中国境内管线的建设，预计投资不超过50亿元人民币，这是中俄政府都表示支持的项目，公司同时也会积极争取参与俄罗斯上游业务。公司目前正在跟踪研究和评价十几个海外收购项目，仍坚持严格的海外收购标准，即在油价为18—20美元/桶时投资回报率为15%。公司将积极稳妥地拓展海外业务。

【炼化业务业绩的改善和盈利贡献问题】　这个问题虽然在日前召开的分析员会议和新闻发布会上较少提及，但是在一对一会议中投资者仍普遍关心，期待公司炼化业务与大势同步，盈利能力有明显改善。投资者对炼油与销售业务业绩的改善表示满意，同时普遍关注公司对销售业务的发展策略和入世后的竞争情况；对于化工与销售业务，投资者主要关心其扭亏的措施，尤其是得知2003年化工与销售业务资本性支出有所增加后，则关心增加支出助其改善装置能力能否真正改善其业绩，以及化工与销售业务是否与外方进行合作等问题。公司领导表示，公司将继续加快盈利能力较强的零售业务的增长，不断提升市场份额；同时继续加快炼油结构调整和技术进步，并进一步优化原油资源配置。2003年炼油与销售业务的经营利润预计有10%的增长，其中部分来自于削减单位加工成本的贡献，零售市场份额达到25%。化工与销售业务要通过结构调整、促进装置技术水平提高和产业升级，将提高竞争能力和盈利能力。2003年，化工与销售业务力争全面扭亏。

除以上几方面的重点问题之外，投资者还比较关心公司裁员问题、与中国石油化工集团公司的竞争与协调问题、A股发行问题、中国的石油战略储备问题、原油和成品油库存问题等。通过路演，投资者对公司的情况有了更深的了解和认识，同时，我们也从市场了解和掌握了投资者对公司所关注的问题。围绕着研究解决公司的成长性问题，重点做好以下工作：

（1）继续发挥公司上游业务优势，加强油气勘探开发，确保增储上产目标的实现，巩固其主导地位，保持公司稳健的盈利能力。

（2）关于控制和降低成本问题，尤其是操作成本问题，尽管公司在这次路演中没有对市场做出具体承诺，但是考虑到市场对此问题的广泛关注程度和压力，我们的内部管理工作仍不能有丝毫放松，继续从严控制，严格目标考核。

（3）加强对公司投资回报实施方案的研究和重点投资项目的管理控制，严格遵守公司的投资回报标准，进一步明确责任主体，以便不断提高公司的竞争能力和投资回报水平，提升公司价值。

（4）进一步加大抓落实的工作力度，强化炼化业务的增盈扭亏，实现对市场的承诺目标，切实提升炼化业务对公司经营利润的贡献。

（5）加快西气东输项目尤其是与下游市场用户的谈判进度，确保按期向上海供气，消除市场忧虑。

（股份公司董事会秘书局）

股份公司监事会运作

【概述】　2003年度，监事会严格按照《中华人民共和国公司法》、《公司章程》和《监事会组织和议事规则》的有关规定，认真履行了职责。先后召开监事会会议，审议并通过会议议案6个，完成了本公司2002年报及2003年中报的审查工作；参加了2002年度股东大会，并向大会提交了两个议案；列席董事会会议3次，向董事会提交关于审查本公司财务决算、利润分配方案（预案）及总裁班子成员业绩考核情况等意见书四份；先后听证财务部、审计部、监察部、人事部、普华永道会计师事务所的报告14个，对公司财务、利润分配、关联交易、总裁班子成员业绩考核等情况进行了审查，并发表了相关意见；组织财务抽样审计调查两次，抽样审计八个单位，写出抽样审计调查报告和综合报告10个，提出建议37条；开展监事巡视1次，出具巡视报告1个，提出建议2条。通过上述工作，监事会加强了对公司财务及高级管理人员执行职务时行为的监督力度，提高了监督效果，维护了股东的权益和公司的利益。

监事会认为，2003年度公司董事会全体成员及其他高级管理人员，忠于职守、勤勉敬业，按照持续有效、快速发展的指导思想，紧紧抓住市场有利时机，强化油气勘探，努力增储上产；推进炼油与化工的资源优化和结构调整，提高市场竞争力和营销效益；拓展天然气和国际业务，增加新的经济增长点；推进技术进步和管理创新，实现公司稳健发展。公司的生产经营形势好于预期，业绩突出。实现利润创历史新高，公司价值大幅提升。在执行公司职务时，没有发现违反中华人民共和国及上市地的法律、法规和公司章程的行为。公司的关联交易进一步改进和规范，各项交易额均控制在香港联交所批准的上限之内。监事会对公司在2003年所取得的成绩感到满意，并对公司的前景充满信心。

经罗兵咸永道会计师事务所按照国际审计准则审计并出具无保留意见的财务报告，客观、真实地反映了公司的经营成果和财务状况。

希望公司继续贯彻持续有效快速发展的指导方针，努力增加油气产量，不断优化产品结构，进一步加大市场开发力度，积极培育新的经济增长点，全面提高公司管理水平和盈利能力。

【监事会会议】　监事会2003年度召开了两次会议。第一次是2003年3月28日在北京召开的中国石油天然气股份有限公司第二届监事会第二次会议。审议通过了《中国石油天然气股份有限公司监事会关于公司2002年度财务会计报告及利润分配预案审查意见书》、《中国石油天然气股份有限公司监事会对公司2002年度总裁班子成员业绩考核情况意见书》、《中国石油天然气股份有限公司2002年度监事会报告》和《关于聘用公司2003年度境内外会计师事务所的提案》四个议案。第二次是2003年8月25日在北京召开的中国石油天然气股份有限公司第二届监事会三次会议。审议通过了《中国石油天然气股份有限公司监事会关于公司2003年度中期财务会计报告审查意见书》和《中国石油天然气股份有限公司监事会关于公司2003年度中期利润分配预案审查意见书》。

【监督检查工作】　为了把监事会的职责落到实处，监事会通过列席董事会会议、召开听证会、监事巡视、财务抽样审计调查和专项调研等五种形式，加大了监事会的监督力度，提高了监督效果。

（1）列席了第二届董事会第二次、第三次、第四次会议，参加了公司2002年度股东大会。

3月29日，在中国石油天然气股份有限公司第二届董事会第二次会议上，监事会发表了《中国石油天然气股份有限公司监事会关于公司2002年度财务会计报告及利润分配预案审查意见书》和《中国石油天然气股份有限公司监事会对公司2002年度总裁班子成员业绩考核情况意见书》。

8月26日，在中国石油天然气股份有限公司第二届董事会第三次会上，监事会发表了《中国石油天然气股份有限公司监事会关于公司2003年度中期财务会计报告审查意见书》和《中国石油天然气股份有限公司监事会关于公司2003年度中期利润分配预案审查意见书》。

11月29日，在中国石油天然气股份有限公司第二届董事会第四次会议上，监事会列席听取了《关于公司2004年度投资计划的议案》和《关于公司2004年度预算报告》的审议。

5月28日，在中国石油天然气股份有限公司2002年度股东年会上，通过了监事会提交的《中国石油天然气股份有限公司2002年度监事会报告》和《中国石油天然气股份有限公司关于聘任2003年度境内外会计师事务所的议案》。

（2）召开了两次听证会，听取了财务总监、财务部、普华永道会计师事务所、审计部、监察部和人事部等部门（单位）的报告。

2003年3月28日，在中国石油天然气股份有限公司第二届监事会第二次会议上，听取了财务总监王国樑关于《中国石油天然气股份有限公司2002年度财务会计报告》、财务部总经理周明春关于《中国石油天然气股份有限公司2002年度利润分配预案》和《公司2002年度关联交易执行情况报告》、普华永道会计师事务所王明甫《致监事会的报告》、审计部总经理陈桂儒关于《公司2002年度内部审计情况报告》、监事会办公室主任白新贺关于《公司2002年度预算执行情况抽样审计调查报告》。

2003年8月25日，在中国石油天然气股份有限公司第二届监事会第三次会议上，听取了财务总监王国樑关于《公司2003年度中期财务会计报告》、财务部总经理周明春关于《公司2003年度中期利润分配预案的报告》和《公司2003年度中期关联交易执行情况的报告》、普华永道会计师事务所王明甫关于该所《致监事会的报告》、审计部总经理陈桂儒关于《公司2003年上半年内部审计工作报告》、监事会办公室主任白新贺关于《监事会对公司2003年度上半年预算执行情况抽样审计调查报告》。

（3）为了使监事更多地了解企业的实际情况，更好地履行自己的监督职责，组织监事到基层单位巡视。

2003年11月18—24日，白新贺监事对兰州石化分公司当年1—10月份经营状况进行了巡视。巡视过程中，听取了该公司汇报，查看了部分生产现场。巡视肯定了兰州石化分公司的经营管理成绩，分析了影响效益的主要因素，并提出了两点建议和希望：一是加强基础管理，努力做好安全管理和装置现场的维护、达标工作，严格执行各项安全管理规章制度，杜绝“跑、冒、滴、漏”现象的发生。坚持以人为本，培育新型企业文化，通过股份公司东西部交流和强化学习培训工作，为企业引进先进的管理思想和理念，在提倡“人性化关爱”的同时，使员工真正由“被动管理”向主动的“自我管理”转变。二是在公司整体效益较好的时期，公司应尽力解决企业历史遗留的不良资产问题，减轻企业包袱，加大老装置改造和新技术应用方面的投入，以增强发展后劲。

（4）组织了两次财务抽样审计调查。

2003年2月25日—3月18日，监事会委托河北燕华会计师事务所、天津振兴会计师事务所、抚顺石化分公司审计处、辽河油田分公司审计处，分别对长庆油田分公司、大庆炼化分公司、大连石化分公司和陕西销售分公司四个单位2002年度预算执行情况，进行了抽样审计调查。本次审计调查突出了“点面结合”的原则，提高了审计效率和效果，保证了审计调查工作的总体质量。从这次抽样审计调查的结果来看，被抽查审计的四个单位2002年度预算执行情况的主要成绩是预算组织机构健全、预算管理制度完善、预算指标的分解和考核比较到位；存在的不足是结算不及时、个别天然气销售模式不合理、新的天然气销售价格执行受阻、个别投资项目超计划等问题。为此，监事会提出了改进建议。

2003年7月21日—8月7日，监事会委托大庆油田有限责任公司审计部、河北燕华会计师事务所、北京安必盛会计师事务所、辽河油田分公司审计处，分别对塔里木油田分公司、乌鲁木齐石化分公司、华北石化分公司和重庆销售分公司四个单位2003年度上半年预算执行情况，进行了抽样审计调查。对公司财务工作的总体认识是实行全面预算管理工作以来，预算管理的各项工作得到了加强，正逐步走上正常化、规范化的轨道，预算化管理成效显著；实行会计核算、资金和债务“三个集中”效果显著，不仅节约了费用，而且使财务管理工作得到加强；股份公司上市后，实现了经营持续快速发展。针对财务管理工作中存在的少列收入、存货跌价准备或坏账准备计提不及时、成本核算不规范、收益性支出与资本性支出划分不严格等问题，提出了严格执行有关会计制度规定，按照权责发生制的原则，准确核算收入、成本、费用和损益，及时履行有关结算、报批手续，及时进行账务处理等建议。

（5）积极开展调研活动，进一步掌握第一手资料。

2003年8月下旬开始，李克成主席先后多次带领监事会办公室等部门有关人员，分别到中油和黄公司、化工与销售分公司、中联油公司、国际（勘探开发）公司等单位进行工作调研。通过调研活动，进一步了解了公司管理、运营等情况。

【工作宣传交流】 2003年1月11日，监事会办公室陪同李克成主席参加了由中国人民大学金融与证券研究所、中国证券报社等五家单位联合主办的“第七届中国资本市场论坛——中国上市公司资本结构与公司治理”研讨会，李克成主席在会上做了报告，题目是《中国石油监事会的有效运作》。与会有关单位对该报告给予了高度评价，并对中国石油监事会的工作给予了充分的肯定。此后，多家媒体也对此做了相关专题报道，提高了中国石油及其监事会的声誉。

11月14日应中国证监会的邀请，李克成主席参加了其与商务部在建国门外大街国贸饭店联合举办的“公司治理与证券法研讨会”。国内相关部委的领导、专家以及美国证券交易委员会、纽约证券交易所等官员出席了此次会议。会上，李克成主席做的“中国石油监事会的运作”报告，再次获得好评。

2月14日，上海宝山钢铁公司监事会独立监事李启明，第二次到中国石油监事会进行工作交流。双方从理论与实践上，对监事会工作做了进一步探讨。

9月6—23日，徐丰利、王一端参加了由中央财经大学培训部和北京中洲证券培训学校联合举办的第十九期《全国监事工作高级研修班》。研修班上，王一端介绍了中国石油监事会的运作情况，受到了与会专家、学者和同行的好评。大家一致认为，中国石油监事会的工作扎实、起点高，具有较强的可操作性和借鉴作用。这次研修班，对于公众了解中国石油及其监事会，产生了积极作用。

通过这些学习、考察和交流活动，使我们对公司治理结构的基本原理、监事会的定位、职责、工作方式、国家的宏观经济形势以及国内外监事会工作的现状，有了更深层次的了解，对以后工作开展有较大的帮助。

【重点工作】 为使监事会更好地发挥监督作用，履行好《公司章程》赋予的职能，还应重点做好以下几个方面的工作。

一是进一步提高监事会办公室工作水平。监事会作为公司治理结构的重要部门，应具有权威性。但这种权威性很大程度上是靠自身的工作赢得的。监事会办公室作为监事会的日常办事机构，其工作水平将直接影响着监事会的工作质量。要经常换位思考问题，准确定位职能，真正做到工作到位（真、精、优），不越位、不错位，所开展的工作都要贴近公司的主旋律，做得稳妥有理、有力，精益求精。如议案（建议）和审计案例的结论，一定要掌握第一手资料，做到有出处，有定量、定性的分析做支撑，审慎推敲论证，以提高工作的有效性。

二是准确把握公司经营管理的“脉搏”，为监事会更好地发挥监督作用做好相关工作。进一步做好财务抽样审计调查、监事巡视、专项调研工作的组织、协调与服务，并不断强化报告的有用性和可靠性（真实完整），加强对有关问题落实（确认计量），要搞清来龙去脉（条理分明），指出“症结”（入木三分）所在，提高建议（含金量高）或提示（非指令性）报告的科学性和可操作性。

三是关注公司的成长性和风险管理。国外大公司都把公司的成长性和风险管理作为重点工作目标，主要表现在对投资方向和回报的关注。近年来，主要侧重了公司的财务会计报告和利润分配方案的审议。目前，公司成立了资本运营部，其职能涉及企业的兼并、重组、收购、融资以及股权管理等业务。应对公司的资本运营业务予以关注和监督。

四是努力维护公司和股东的合法权益，两者总体目标是一致的。监事会要继续通过抽样审计调查、监事巡视、召开听证会、列席董事会等，在维护公司和股东权益方面，起到监督保障作用。

五是加强学习培训工作。要熟知公司经营管理目标和关键要点，善于剖析公司经营管理工作。通过出国考察、参加各种相关的培训班和自学的方式，抓紧对相关法律、业务知识的学习，掌握国内外相关上市公司有价值的信息。建立求同认知的基础，加强信息交流的对称性，以形成相互沟通协作的平台。

（佟魁杰）

股份公司法律顾问工作与管理

【概述】　2003年，股份公司法律工作积极贯彻集团公司工作会议精神，按照年初法律工作会议的部署，克服“非典”的不利影响，努力深化各项业务，巩固原有工作基础，进一步拓宽工作领域，全面提升了工作质量。各级领导和经营管理人员的法律意识和对企业法律工作的重视、认同程度明显提高，法律工作多源驱动的格局逐步形成。法律工作的介入范围和程度进一步扩大并提高，立足于提高企业整体法律素质，全面介入经营管理，风险防范功能和作用逐步强化。按照“抓强促弱、抓大促小、整体推进、全面提高”的思路，突出解决工作开展不平衡的问题，基础差的企业法律工作提高较快，地区公司之间工作开展相差悬殊的状况有较大改善，公司整体法律工作全面提升的势头比较明显。

【法律风险防范与控制】　为了深入研究公司各板块生产经营管理中的法律风险源，有针对性地促进法律工作与经营管理相结合，从源头上防范和控制法律风险，法律部组织开展了法律风险源分析活动，并对部分单位进行专题调研。经过几个月的工作，摸清了法律风险源的分布、成因及可能产生的危害后果，并从法律与经营管理的结合上研究对策，为加强源头治理奠定了基础。大庆油田对勘探、开发、规划、土地、环保、劳动、综合治理、安全生产及知识产权等10个方面存在的法律风险源进行了深入剖析，提出了具体措施和建议，并以历史遗留的房屋产权不清为重点，向地方政府提出了切实可行的解决办法，为政府制定政策提供支持，维护了油田的合法权益。辽河油田针对近年来环境污染责任事故不断扩大的风险，采取加大资金和技术投入、提高污水处理能力、强化岗位员工培训、投保污染责任事故险、转移赔偿风险等多项措施，有效地减少了污染事故给企业带来的损失。管道和炼化销售企业也都认真排查经营管理各个环节存在的风险隐患，逐项提出并落实解决问题的具体措施，见到了好的效果。

【重大项目法律服务】　目前公司合资合作投资项目基本纳入依法管理轨道，初步形成有效的利益保障和风险防范机制。由于重组改制带来的公司业务和体制的变化，合资合作投资项目的运作大都集中在总部。2003年，法律部直接参与公司总部各类合资合作项目27个，这其中既有战略性涉外合作项目，又有市场竞争性较强的销售网络开发项目。这些项目法律关系复杂、风险大，一旦造成重大法律失误，将会产生长远的难以挽回的不利影响。法律部安排专人或专门班子自始至终跟进项目，直接负责或参与了项目的前期论证、合作模式的研究，重大设备和工程的招投标，合同章程等法律文件的谈判、起草和审查，政府和合作方关系协调，以及组织办理相关文件的签署授权工作，为项目提供了全方位、全过程的法律支持。公司领导和有关部门、业务板块高度重视法律部门在项目运作中的作用，在保证全过程介入项目的同时，公司领导责成法律部在重大法律问题的谈判或处理上协调各方、一致对外，争得了应得的利益，化解了项目风险。

在直接参与重大项目的同时，根据公司领导的要求，法律部会同专业板块进一步完善了合资合作的授权管理。这项制度明确并落实了业务板块和地区公司的责任，从机制上初步解决了一级法人体制下法人权对板块和地区公司的传递、监督问题，既适应市场竞争对项目运作效率的要求，又最大限度地保障了项目运作的安全。运作以来，总体效果较好，被授权的地区公司权利意识、责任意识、风险意识明显增强，项目前期综合论证、法律把关的力度加大，项目运作的规范化程度有很大提高，降低了失误的几率。

【合同管理】　2003年，公司提出合同管理工作的重心、机制、方式、手段向更高的目标推进，并通过检查讲评和有针对性地指导等措施，加快实现新的管理目标。各地区公司积极探索、大胆实践，使合同管理又上了一个新的台阶。主要体现在：第一，制度更加完善并注重落实。各地区公司根据各自的实际情况，程度不同地细化原有的合同管理制度：有的补充完善了合同履行环节的审查监督制度；有的针对不同专业特点和管理差异，分门别类制定制度；一些管理层次多的单位，突出了基层制度建设，制度的覆盖面和操作性大幅度提高。在落实制度上也见到了实效。2003年，由于落实签约授权制度，杜绝了越权签约现象；由于落实“三项审查”制度，没有因股份公司违约引起纠纷；由于落实市场准入和招投标制度，成本支出大大减少。第二，加强合同全过程管理，齐抓共管的机制开始形成。法律部门从选商直到结算，参与合同运作的全过程，保障了合同的全面、实际履行。第三，合同标准化、信息化有实质性进步。2003年，总部与地区公司上下结合，制定发布了22个标准文本并投入使用，覆盖上下游主要业务领域，各地区公司也在规范文本建设上做了大量工作，不少单位实现了文本内容、格式的标准化。标准文本的制定，对提高合同签订质量和审查效率、防范公司合同风险起到了重要作用。公司合同管理信息系统于2003年6月1日正式启动并投入运行，标志着公司合同管理信息化、规范化水平进一步提高。有的地区公司还实行合同网上审查、审批，提高了管理效率和透明度，降低了管理成本。第四，合同管理机构趋于完善，职能逐步到位，工作关系逐步理顺，特别是销售系统在这方面的进步更加明显。

2003年9月，组织地区公司开展合同管理专项检查工作，各地区公司开展了自检自查自改工作，法律部对6家地区公司进行了抽检，并于11月14日召开了总结讲评会议。这是继2002年首次合同检查后的第二次检查，对推动公司合同管理工作起到了很好的效果。2003年，又有17家地区公司被评为省级"守合同重信用"单位，目前共有38家地区公司获得省级以上"守合同重信用"单位，其中国家级的由4家增加到12家。合同管理的加强使公司经济运行质量得到优化，提升了公司的市场形象。

【纠纷案件管理】 2003年，公司上下法律部门积极采取措施，强化对纠纷案件的管理和处理，在提高胜诉率、降低诉讼成本、减少损失程度上狠下功夫，取得了好的成绩。一是重大案件处理或争议的解决注重多方协调。法律部先后参与或协助地区公司处理7起重组前遗留的重大纠纷案件，涉及标的额较大，经过上下共同努力，大部分取得比较好的结果。同时，法律部会同有关业务部门共同研究解决收费争议、招标争议等问题；法律部协调地区公司之间相互配合处理案件。这种协调协作、一致对外的做法，整合了办案资源，提高了胜诉的可能性。二是对涉及生产作业环境等侵权案件由被动承受转向依法主动起诉或积极寻求司法机关协调解决。大庆、辽河、长庆、大港、华北、吉林等外部环境较复杂的油田企业，在这方面都做了大量工作，对改善外部环境产生了积极影响。三是注重总结经验教训、以案说法、引以为戒。大庆油田、吉林油田、大庆石化、抚顺石化、大连石化等单位基本做到"办理一起案件、提出一项法律建议、完善一项管理制度、进行一次法制教育"，收到了改进管理的积极效果。有的单位组织编写典型案例进行宣传教育，扩大教育面，避免了同类案件重复发生。此外，法律部门积极配合财务等部门开展货款清欠工作，使有些积淀多年的债权得以收回，在清欠工作中发挥了重要作用。

【规章制度管理】 2003年，公司进一步加强规章制度管理。法律部结合贯彻集团公司工作会议精神，就股份公司规章制度管理情况进行了调研，借鉴EXXON、BP、TOTAL等国际石油公司的有益经验和做法，提出了加强公司规章制度管理建议。7月30日，公司颁发《关于进一步加强规章制度管理的通知》，明确了订立制度规章应当遵循的基本原则和应当履行的程序。

股份公司总部按照《通知》精神，对内部规章制度进行了梳理，先后在对外投资、股权管理、财务管理、事故责任追究、国内对外合作等方面建立健全了一批新的管理制度。法律部密切配合机关部门积极推进规章制度管理工作，通过加强论证、完善程序，总部机关规章制度的质量和权威性有显著提高。各地区分公司认真贯彻《通知》要求，对本单位规章制度进行认真清理，结合实际规范订立程序。辽河等油田单位已开始制定规章制度管理的制度规范，吉化等炼化销售企业结合开展"六查六整顿"活动，狠抓制度的清理与完善，堵塞管理漏洞，降本增效取得明显成绩。总的来看，公司总部的规章制度管理工作开始步入规范化、程序化，公司上下抓规章制度建设，推进依法治理的氛围正在形成。

【反倾销、反补贴和保障措施工作】 2003年，法律部根据股份公司的业务特点，特别是化工产品的市场情况，对股份公司开展反倾销、反补贴和保障措施工作，从组织领导、职责分工、建立制度等方面提出工作建议。公司成立了领导小组，明确了"两反一保"工作由法律部纳入常规业务归口管理。为建立"两反一保"工作队伍，9月份举办"两反一保"法律培训班，系统地培训总部和部分地区公司负责相关业务的领导和专业人员，取得很好的效果。公司"两反一保"工作的制度建设、案件准备工作已在有序开展。

【外聘律师管理】 2003年，在律师使用上仍严格坚持立足于公司内部法律顾问，严格控制外聘律师的原则，凡是公司内部能够承担的工作不聘用外部律师。对由于资本市场、境外并购和合资合作等重大项目需要外聘律师的，也加强招标选聘和使用控制，有效地降低了费用、提高了质量。在律师选聘上，除继续提供服务的，新聘律师都采用招标的方式进行选聘，收费标准得到明显控制。在收费模式上，除包干费率外，还尝试了小时费率的方式，通过事先严格控制参与律师的人数、小时、工作量等，有效控制律师费用，收到了较好的效果。在工作协作上，公司法律人员除与律师沟通协作，共同做好法律服务外，还积极利用讲座、交流、讨论等机会学习他们的经验，对提高公司法律人员素质起到了较好的作用。

【销售企业法律工作】　法律部针对销售企业全方位面对市场、法律风险分布广、控制难度大、而法律工作基础和防范风险能力相对薄弱的现状，在业务板块和部分销售企业的参与和配合下，深入开展了销售企业防范风险、规范经营的工作调研，第一次全面系统地剖析了销售企业法律风险分布特点和亟待解决的主要法律问题，进一步明确了加强销售法律工作、根治法律风险的总体思路和机制性措施。2003 年 6 月 13 日，法律部和炼化销售两个板块组织召开炼化销售法律工作专项电视会议做出全面部署。炼化销售系统认真贯彻会议精神，在机构设置、制度建设、项目运作、合同和股权管理等方面加大法律风险防范力度。法律部先后组织了为期 3 个月的炼化销售企业法律工作骨干培训班，培养了一批专业法律人员；组织编写了《石油销售企业常用法律汇编》、《石油销售企业常见法律问题解答》、《石油销售企业典型案例评析》等实用性读本；同时协调解决了一些销售企业遗留的重大经济纠纷。通过上述措施，炼化销售企业法制观念进一步增强，对主要业务领域法律风险的先期预防能力有所提高，法律工作基础薄弱的状况也有较大改变，对提高股份公司整体防范风险能力和管理水平产生了积极的影响。

【普法和企业依法治理】　2003 年，从公司总部到地区公司认真贯彻股份公司《“四五”普法规划》和《依法治理指导意见》，积极推进员工法律意识提高和依法治理机制的建立，成效显著。在公司总部，结合实际需要有针对性地开展学法用法活动。法律部先后组织编写了《公司常用法律词汇辑要》分发总部机关全体员工和地区公司处以上管理人员，方便了对市场经济基础法律知识的学习；结合销售业务特点组织编写 3 个法律读本；根据公司拓展海外业务的需要，聘请有关境外中介机构就资本市场运作、海外并购、涉外仲裁等内容进行 5 次专题讲座，对业务部门更好地掌握相关法律知识和业务技能提供了有效的专业支持。法制宣传教育对提高法律意识和依法管理技能，起到了潜移默化的影响。

各地区公司普法宣传活动更具多样化和针对性。大庆油田、新疆油田、大庆石化、兰州石化、辽阳石化等在媒体和网络上开设了普法网页、设立普法专栏，辽河油田、华北油田、管道公司等油田管道企业结合国家油气田专项整治活动采取多种方式向企业员工和周边群众宣传《管道保护条例》，吉林油田、长庆油田、塔里木油田、大连石化、长庆石化、四川销售、新疆销售、内蒙古销售、大连海运等单位采取举办法律培训班、法律知识竞赛、法律知识考试、编制普法宣传手册、以案说法等方式开展有针对性的法制教育活动，都产生了积极的效果。与此同时，不少地区公司还在建立依法治理机制方面进行了大量有益探索。大庆油田对侵权案件防范机制的研究，大港油田开展涉油犯罪适用法律和完善立法的研究，长庆油田以《法律工作动态》为载体就资源环境、行政审批、招投标管理、土地使用中涉及的法律问题开展法律论证，冀东油田优化以项目为龙头的经济运行全过程法律把关机制，吉林石化主动研究并合理运用 WTO 规则积极开展反倾销工作，大庆炼化结合建立 QHSE 管理体系制定了完善的法律工作管理程序，大连石化、东北销售、黑龙江销售将合同管理和纠纷案件处理纳入企业年终业绩指标考核体系，大庆、抚顺、兰州、吉林、辽阳等综合性炼化企业运用法律手段加强交易领域集中管理等等，都在一定程度上推动着依法治理的深入开展，促进了企业整体管理水平的提升。

（股份公司法律事务部）

人事管理

【概述】　2003 年，集团公司人事工作以“三个代表”重要思想为指导，以服从和服务于建设具有国际竞争力的跨国企业集团为目标，以深化人事制度改革、建立和完善现代企业制度要求的人事工作新机制为主线，认真实施“人才强企”战略，全面加强经营管理人才、专业技术人才和操作技能人才三支队伍建设，建立健全选拔任用、薪酬激励、监督约束、培养培训和人力人才资源优化配置机制，在为建设具有国际竞争力的跨国企业集团提供组织人才保证等方面，取得了新的重要进展。

【领导班子建设】

1. 加强领导班子思想政治建设

把领导班子思想政治建设作为班子建设的关键措施，紧紧抓住理论武装这一灵魂，用“三个代表”重要思想武装头脑、指导实践、推动工作；紧紧抓住影响企业改革发展的突出矛盾，认真开展科学发展观、人才观和正确的政绩观教育，加强战略管理等知识和能力培训，理清发展思路，坚定改革信心，确保企业稳定，推进企业全面、持续、协调发展；紧紧抓住廉政建设这一重点，牢固树立“两个务必”思想，不断完善党风廉政建设的相关制度，进一步规范领导人员的各项权力，做到廉洁、清正。坚持中心组学习制度、民主生活会制度以及职代会民主评议领导班子和领导干部制度，思想政治建设的各项措施得到进一步落实，各级领导班子的思想政治素质不断提高。

2. 加大领导班子考核建设力度

适应企业改革发展和全面建设跨国企业集团的要求，从选准配强“一把手”、优化班子结构、增强整体功能上入手，加大领导班子考核调整力度。坚持德才兼备、业绩突出和群众公认的原则，严把标准关、考核关。对于有新老交替任务的班子，及时进行考核，提前做好充实、调整的准备工作；对于工作打不开局面、企业长期亏损的班子，及时进行调整。2003年对25个企事业单位领导班子进行27次考核，共聘任调整企业领导人员106人。通过考核调整，选拔充实一批专业强、懂经营、善管理的优秀领导干部，使班子的主营业务、党群工作的领导力量得到加强，专业结构得到改善，班子的战斗力和驾驭全局工作的能力进一步增强，促进企业扭亏解困和生产经营工作的开展。

3. 全面推行公开选拔、差额竞聘制度

在班子建设中，把深化人事制度改革，建立健全选拔任用和管理监督机制作为加强领导班子建设的治本之策，继续在新组建的机构、企业以及班子的充实调整中，对领导干部实行公开选拔、差额竞聘，并进一步规范选拔任用工作的基本程序和工作流程。按照产权关系对企业领导人员实行分类、分级管理，重新确定企业领导人员的管理权限和职务名称，建立并理顺新的管理关系，完善选拔任用、考核奖惩和管理监督等一系列政策制度，形成全方位的“选、用、管”动态管理体系。

4. 抓好后备干部队伍建设

着眼于企业领导班子的中、长期建设需要，制订出后备干部队伍建设规划方案，确定具体的培养计划，落实培养人选，健全和完善优胜劣汰、动态管理机制，把年富力强、素质优良、有培养发展前途的人选不断充实到后备干部队伍中来，企业后备干部队伍数量比较充足、结构得到优化，一批成熟的后备干部被选拔到副局级以上领导岗位，占同期提拔使用局级干部总数的92%。

5. 推进产权代表和高级财会人员队伍建设

围绕建立现代企业制度，加强财务和股权管理，加快董事、监事和高级财会人员队伍建设步伐，配备专职董事和专职监事。为加快公司制度改革，健全法人治理结构，做好组织和人才准备，在国家会计学院分别举办了董事、监事培训班和高级财会人员培训班，共有120人参加培训。

【人事制度创新】　经过几年的改革试点和实践探索，2003年集中形成企业领导人员分类分级管理、公开选拔任用、薪酬激励、业绩考核、培养培训、内部保障、规范和健全监督约束等26个相关课题成果和配套文件，标志着集团公司在适应现代企业制度要求并具有集团公司特色的人事制度基本框架建设方面，取得实质性进展。同时，按照中组部的要求，承担并完成国有企业人事制度改革、人才队伍建设方面的重点研究课题。其中《企业经营管理人才政策法规体系研究》和《企业高层次人才培养、吸引和使用问题研究》，为全国人才工作会议提供理论支持，并编入全国人才工作会议理论研究报告专集。

【人才队伍建设】

1. 营造“四个尊重”的人才氛围

以迎接全国人才工作会议召开为契机，认真探讨总结集团公司人才工作经验和人才队伍建设规律，形成全国人才工作会议典型经验交流材料，并收入《全国人才工作经验材料选编》。同时，积极配合《人民日报》、《经济日报》、《工人日报》、《中国日报》和中央人民广播电台等新闻媒体宣传报道集团公司人才工作经验和做法，扩大影响，激励人才，推动人才工作的深入开展。

2. 改革完善专业技术人才管理制度

研究出台《关于深化专业技术人员管理制度改革的指导意见》，按职业特点对专业技术人员实行分类分级岗位管理，通过科学设岗，按岗考核，优化配置人才资源。进一步完善专业技术人员职业资格制度，把通过国家统一考试或待业评审取得的各种专业技术职务任职资格、执业资格统一纳入集团公司职业资格系列管理，实行专业技术人员持职业资格证书上岗制度。

3. 加强集团公司和企业两级专家队伍建设

出台《高级技术专家管理办法》，对加强集团公司和企业两级专家队伍建设提出总体要求。企事业单位根据产业定位和发展战略需要，围绕主营业务选拔一批优秀专业技术人才，聘任到技术专家岗位，形成企业级专家队伍；在此基础上，通过集团公司考核选拔，形成集团公司高级技术专家队伍。组织推荐8名两院院士候选人，其中有两人分别当选中国科学院院士和中国工程院院士。组织院士健康体检、疗养、节日慰问等活动。积极与中组部知工办、博士服务团所在单位加强联系，建立集团公司博士服务团成员联系制度。

4. 加强人力资源能力建设

把大规模培训作为人力资源能力建设的基础性、战略性工程，2003年举办各类培训班5816个，培训各类人员29.86万人，投入培训经费2.1亿元。进一步加强培训基地建设，集团公司及企业培训基地建设投入1亿多元。加强企业博士后工作站建设，15个企业博士后工作站累计招收博士189人、出站95人，其中2003年进站博士25人、出站博士24人。加大留俄学生培养力度，2003年公费选派48名人员赴俄罗斯和挪威留学。学成回国和引进的52名留学生全部安排到海外项目工作。进一步规范操作技能人员的培训工作，制定《集团公司操作服务人员培训管理办法》、《关于开展技师培训工作的意见》、《班组长培训工作意见》等制度，并组织编写《石油石化企业班组管理》教材。

5. 加强人才交流、人才引进、奖学金管理工作

将中国石油集团毕业生引进协会并入中国石油教育学会，并更名为人力资源开发专业委员会，组织编辑出版《大学生就业指南》，组织召开2003年毕业生引进工作会，统一组织60多个所属企业到10多所高校进行宣讲招聘。2003年共引进本科以上毕业生5485名。在16所高校统一组织“中国石油奖学金”颁奖活动，共有728名师生荣获中国石油奖学金，2003年发放奖学金总额188.6万元，获奖学生中有226名石油院校应届毕业生到集团公司所属企业工作。认真做好人员借聘和市场建设工作，进一步规范借聘程序和协议。完成石油人才交流中心事业法人的注册登记，并取得国家人事部和北京市人事局授权的人事代理资质。企业人才市场快速发展，截至2003年底，企业人才市场已发展到22个，2003年组织人才交流会106场，参加交流人数1.3万人，受委托管理人事档案4.2万份，委托代理养老保险4.7万人，委托代理医疗保险7300人，全年外输劳务580人。

【职（执）业资格评定】

1. 开展职业技能鉴定工作

制定印发《中国石油天然气集团公司职业技能鉴定实施办法》，进一步规范集团公司职业技能鉴定工作标准。2003年各企事业单位共鉴定8.6万人，给6.4万人颁发合格证书，合格率74.4%。其中中级技师鉴定合格1001人，高级技师鉴定合格252人，技师总量达9195人，高级技师达到1003人。组织部分企业对集团公司所属企事业单位的工种设置进行清理，与中国石油化工集团公司职业技能鉴定指导中心共同颁发《中国石油化工种目录》，为加强企业劳动组织管理、规范劳动用工和培训鉴定工作提供依据。组织对辽阳石油化纤公司、大连石油化工公司等8个企业职业技能鉴定质量检查，为集团公司制定相关政策提供依据。完成采油工等44个石油天然气特有工种培训教材和题库的审定工作。出版《石油人事劳动》职业技能鉴定专刊。继续组织职业技能鉴定管理人员、考评员资格培训，颁发国家考评员和鉴定管理人员资格证书。

2. 组织技术能手评选表彰与技能竞赛活动

组织集团公司第四次技术能手表彰活动，有109名一线操作人员获得“集团公司技术能手”称号。汇编出版第三集《石油工人风采录》。组织集团公司技术能手分赴江西井冈山、陕西延安和上海进行学习考察，组织20名全国技术能手到日本、韩国考察。组织选派6名选手参加第六届全国焊工技术比赛，并获行业组团体第三名。参加由全国总工会、国家发展改革委员会、科学技术部、劳动和社会保障部联合举办的全国职工职业技能大赛焊工比赛，中国石油天然气第一建设公司曹遂军获第五名。

【劳动力管理】

1. 稳步推进主辅分离和分离办社会工作

按照国资委有关文件要求和集团公司的整体部署，配合有关部门做好集团公司主辅分离改制分流方案的编制、审查及上报工作，确定集团公司主辅分离目标。对参与改制人员解除劳动合同补偿金的计算、协议书的签订、不参与改制职工的安置、劳动关系的

处理等重要问题，特别是劳动关系的规范管理方面进行重点把关。指导所属企业移交办社会职能，积极与地方政府协商沟通，2003年共完成大连石油化工公司职工医院等6家单位的移交，划转职工455人。

2. 加强机构编制管理和“五定”工作

为理顺管理体制，优化资源配置，推行精细管理，将集团公司通信公司整体划归中国石油天然气管道局管理；成立准东地区管委会和党工委；组建中国华铭国际投资有限公司和北京华昌置业有限公司；对咨询中心、石油学会、企协、石油大会中国委员会、财务公司等单位人员编制进行审核和批复；对机关行政事务中心、文体中心、老干部活动中心、书法协会、华油技术开发公司等附属的岗位设置进行研究并提出设置意见。配合集团公司基本工资制度改革，认真指导企业开展“五定”工作。通过全员考核，竞聘上岗，不断完善人事、劳动用工制度。本着既要满足企业生产经营需要、又要从严控制职工总量的原则，确定2003年职工总量和新进人员控制指标。2003年新进人员6.5千人，集团公司职工人数控制在71.5万人以内，比2002年净减少1.1万人，减幅为1.6%，继续实现职工人数负增长。指导企业严格劳动合同管理，依法用工，动态管理，规范运行。2003年，依法终止、解除劳动合同3100人。

3. 不断强化稳定工作

组织专门力量对企业结构调整、用工管理等进行调研，提出稳定和加强一线职工队伍建设意见。深入大庆、辽河、四川、吉林等大型企业现场调研，分析影响解除劳动合同人员和其他不稳定群体的因素以及存在的突出问题，积极协调配合有关部门和单位做好预案，制订解决方案，接待群体上访人员，宣传、解释国家和集团公司的政策，认真做好群众来信来访工作。注意搜集有关信息，及时掌握职工的思想动态，加强与所属单位的沟通，提前通知企业做好预防工作，把各种矛盾和问题化解在萌芽状态。

【工资管理】

1. 改进和完善工资总量调控与管理

按照工资总量与单位经济效益挂钩的原则，完成所属单位2002年度工资总量的考核、结算工作。制定下达所属单位2003年度临时工资计划，拟定下达2003年度工资总额调整计划。同时根据国家对集团公司的工效挂钩办法，编制集团公司2003年度工资总额计划。加强与国资委主管部门的联系，争取得到理解和支持，并按要求编制上报集团公司2003年度工效挂钩方案。

2. 稳步推进基本工资制度改革

在总结完善现行岗位技能工资制的基础上，提出引入劳动力市场价位理念，调整不同类型、不同岗位人员之间的分配关系。突出岗位劳动要素，强化工资激励职能，建立以岗位工资为主的基本工资制度。制订《集团公司基本工资制度改革方案》、《集团公司基本工资制度改革方案实施细则》，对企业领导人员实行由岗位基薪、效益年薪构成的年薪制；对中层及以下管理和专业技术岗位人员实行岗位等级工资制；对操作服务岗位人员实行岗位技能工资制；对企业急需的各类紧缺人才及通用工种和易替代岗位上的人员实行协议工资制。筹备召开集团公司工资分配制度改革电视视频会议，对工资分配制度改革工作进行具体安排和部署。制订工资制度改革实施方案联合会审制度，促进各单位配套改革工作的推进。

3. 进一步健全企业领导人员年薪制

根据国家关于推行企业经营者年薪制的要求，结合集团公司实际，制定《集团公司企业领导人员年薪制管理办法》。该办法与《集团公司企业领导人员综合业绩考核办法》一起，构成了一个完整的薪酬决定体系，实现“管人与管薪酬、考核与奖惩相一致”。对所属单位纳入集团公司年薪制实施范围的近400名企业领导人员2002年度的收入和津补贴发放情况进行认真调查，拟定2004年度企业领导人员效益年薪发放意见。按照国资委的要求，对“中央企业负责人年薪制实施办法”进行认真研究、模拟测算，并多次参与国资委的相关调研，提出修改建议。

4. 进一步完善业绩考核制度

下发《集团公司企业领导人员综合业绩考核暂行办法》，进一步强化企业领导人员的综合业绩与其任免、奖惩及薪酬之间的联系，建立健全企业领导人员激励约束机制。组织各单项考核部门研究提出2004年度企事业单位综合业绩考核主要指标的设置意见，拟定“集团公司企事业单位综合业绩考核责任书”文本。按照国资委经营业绩考核工作会议和有关文件的要求，协同财务资产部、规划计划部研究拟定《关于集团公司经营业绩考核目标建议值的说明》，并行文报国资委审定。完成2002年度企事业单位领导班子成员业绩考核及业绩奖金兑现工作，提出总部机关2002年度业绩奖金兑现和2003年度奖金发放意见，进一步发挥奖金的激励作用。

【社会保险】

1. 稳妥推进企业基本保险制度改革

积极协调，争取政策，向劳动和社会保障部反映情况，主动协助企业与地方有关部门沟通情况，稳妥解决所属企业有偿解除合同人员领取失业保险金的问题。截至2003年末，已有35万有偿解除劳动合同人员领取失业保险金，占总人数的94.5%。指导企业参加所在地区的基本医疗保险，到2003年末，有142.8万在职职工和退休人员参加基本医疗保险统筹，占应参保人数的94%。

2. 初步完成集团公司补充保险方案设计

通过对四川、长庆及辽宁石油石化等企业进行广泛调研，掌握石油企业退休人员待遇、补充保险开展情况以及有偿解除劳动合同人员保险接续中存在的政策性问题，对建立补充保险的可行性、国家政策、资金列支渠道、人员范围及可能产生的不稳定因素进行细致分析和方案测算、对比，制订石油企业补充保险初步方案。

3. 认真做好在京单位及机关的社会保险管理与服务工作

做好政策宣传和解释工作，协调解决参保人员就医及报销过程中遇到的各种问题，为集团公司机关、股份公司机关人员办理工伤保险，并进行部分人员工伤认定和待遇标准的确定。

【基础工作】

1. 学历、学位检查清理工作取得初步成效

根据中央和国家有关部委的要求，开展企业领导人员学历、学位等信息检查清理工作。对14545名处级以上领导人员学历、学位进行检查清理，学历、学位认定的13856人，待认定的218人，初步否定学历、学位的471人，否定人数占全部人数的3.2%。基本完成学历、学位的检查清理任务，严肃了干部人事工作纪律，维护了人事信息的严肃性，健全完善了相关制度。

2. 统计与信息工作取得新进展

全面完成向中共中央组织部、国家人事部、劳动和社会保障部、国家统计局、中央编制办公室及国资委分别报送统计报表任务，集团公司被中共中央组织部、国家人事部评为2002年度“全优干部统计报表单位”。开展统计分析工作，统计分析水平有所提高。强化统计基础工作，推进统计工作的规范化。加强统计培训，统计人员业务素质不断提高。加强部门网站维护，配合中心工作及时开设有关专题，发布有关的重要通知、工作动态和工作经验。同时，配合做好集团公司信息化建设工作，完成集团公司外部网站人事劳资板块的建设。

3. 人事档案管理水平有新提高

下发《关于集中统一管理集团公司机关人事档案的通知》，协助有关部门收集人事档案及材料，办理交接手续，建立联系制度，规范机关人事档案管理工作。对48个管档单位的目标管理等级进行检查验收，晋升目标管理一级标准的单位有38个，二级标准的单位有8个，三级标准的单位有两个。根据中共中央组织部目标管理的新规定，对党组管理的领导人员和机关工作人员以及代管单位在职人员的400多份档案进行重新整理，并对离退休、流动、无头、死亡档案全部进行清理，使档案管理更加规范。

【自身建设】　按照中共中央组织部在全国组织系统开展以公道正派为主要内容的“树组工干部形象”集中学习教育活动的部署，集中半年多时间在集团公司组织人事系统开展集中学习教育活动。根据“学习文件、深化认识，征求意见、查找差距，总结经验、完善制度”三个阶段的活动要求，通过组织举办组织人事处长培训班，开展“树组工干部形象”征文活动，参观爱国主义教育基地，召开专题座谈会，广泛征求意见查找差距等一系列活动，健全完善公道正派建设的规章制度，促进公道正派意识的进一步强化和公道正派机制的不断健全。其中，在全系统开展的“树组工干部形象”征文活动中，各级组工干部踊跃投稿，两个月内共收到近190篇征文，展示了组织人事队伍的良好政治思想素质和精神风貌。

人事劳资部根据活动要求，制定《关于加强人事劳资部自身建设的意见》，提出“公道正派、严谨认真、团结和谐、清正廉洁、开拓创新”的部门精神和“政治意识、学习意识、创新意识、大局意识、人才意识、服务意识”的部门意识；明确部门建设的指导思想、奋斗目标、工作机制、主要内容和重要措施，部门自身建设进一步加强。

（集团公司人事劳资部　人事服务中心）

股份公司人事管理

【概述】　2003年，股份公司人事工作以党的十六大精神和“三个代表”重要思想为指导，主动服从和服务于股份公司发展稳定大局，克服“非典”造成的不利影响，大力加强领导班子和后备干部队伍建设，全面实施人才强企战略，精心构筑“人才高地”，增强了各级领导班子的凝聚力和战斗力，形成了有利于提高市场竞争力的人力资源优势。

【领导班子建设】

1. 突出班子建设重点，为基层选好配强“一把手”

按照集团公司党组和股份公司管理层的工作安排和要求，2003年人事部共考核调整领导班子25个，任免干部58人，其中，对大庆油田、长庆油田、华北油田、西南油气田、兰州石化、大庆石化、锦西石化、大连西太平洋公司、资本运营部、炼化研究中心、监事会办公室等11个单位领导班子的党政主要领导进行了充实调整，涉及调整的“一把手”23人。在班子调整的过程中，能够辩证地、实事求是地处理有关政策问题，既注意大胆使用年轻干部，又注意调动和发挥各个年龄段干部的积极性，在班子中形成了合理的年龄梯次配备。在党政主要领导职务设置上，注意从单位班子建设实际和工作需要出发，宜兼则兼，宜专则专，有的党政主要领导实行分设，有的实行“一肩挑”，不搞“一刀切”。其中，华北油田、西南油气田由“一肩挑”变为“党政分设”，兰州石化、大庆石化由“党政分设”变为“一肩挑”。在班子配备中，特别是主要领导的调整配备上，能够就地提拔的就地提拔，没有合适人选的就异地交流。通过调整充实，涉及调整的单位“一把手”平均年龄从51.5岁下降到47.5岁，比调整前下降4岁，一批年富力强、经验丰富、实绩突出、群众公认的干部走上了领导岗位，形成了有利于推动企业争创一流业绩的领导优势。

2. 选拔、竞聘的形式多样化

2003年在行政副职的选拔任用上，根据各单位的不同情况，有的是打破现职和“后备”的界限，实行行政副职全员竞聘，有的是对补充人选实行差额竞聘；有的是到需要调整的单位面对面地开展考核、竞聘工作，有的是通过“电视电话会议”形式进行异地公开竞聘。在“非典”防治期间，为保证国际（勘探开发）公司、资本运营部、炼化研究中心三个新组建单位行政副职尽快选拔到位，采取电视电话会议的形式组织了竞聘工作。有24人报名参加六个空缺岗位的竞聘。根据应聘人员分布情况，在北京总部机关设立了主会场，在吉林石化、大庆石化、兰州石化、辽阳石化、辽河石化、前郭石化等六个地区公司设立了分会场，召开了三场竞聘报告会，24名竞聘人员、考评委员会成员和主分会场工作人员，以及这些单位领导和人事处工作人员共100多人参加。通过视频系统进行异地公开竞聘、公开提问、公开答辩，经考核审批后，为这三个单位配齐了班子。既克服了“非典”影响，保证了人选尽早到位工作，又严格了竞聘程序，做到了公开公正，还节约了成本，并且为跨地区开展竞聘工作探索了新路子。

3. 做好地区公司领导班子后备干部队伍的充实调整

为进一步提高地区公司领导班子和干部队伍建设的水平，从组织上保证股份公司持续有效快速发展基本方针的贯彻落实，制定下发了《关于做好后备干部充实调整工作的通知》，从总的原则、选拔程序、结构要求、选拔数量和条件以及培养管理措施等方面提出了具体要求。各单位按照通知要求，对后备干部队伍进行了调整充实，形成了一支数量充足、素质较高、结构合理的后备干部队伍，并在此基础上，结合班子建设实际，提出未来三年地区公司领导班子新老接替建议计划，为做好领导班子组织建设奠定了坚实的基础。

4. 制度建设和基础管理工作取得了显著成绩

参与了集团公司人事工作会议的筹备，研究提出了《中国石油天然气股份有限公司人才战略构想》。起草了《关于控股、参股公司股东代表、董事、监事选派及管理的意见》、《关于领导班子职务职数设置和职数管理的暂行规定》等政策性文件，并以股份公司文件印发实行。按照中央《关于干部学历、学位清理审查的实施意见》和集团公司党组有关要求，完成了有关领导干部的学历学位、出生日期清理清查工作。

在充实完善了领导班子和领导干部工作卷等正常基础性管理工作的基础上，继续完善"高级管理人员信息管理系统"，初步搭建起了一个安全、便捷的网络信息共享平台，实现了基本信息维护、干部日常管理、综合统计分析、办公信息管理等方面的信息化和自动化。

【业绩考核】

（1）为使股份公司《高级管理人员业绩考核办法》更加科学合理，向50家单位发出了《关于〈业绩考核办法〉修改完善意见调查问卷》，广泛听取总部有关职能部门、专业公司、地区公司和科研规划单位等各方面的意见和建议，在此基础上，起草了股份公司《高级管理人员业绩考核办法》、《总裁班子成员业绩考核办法》，形成了一套以业绩为基础、覆盖全员、具有中国石油特色的业绩考核管理体系。按照股份公司领导指示和总裁办公会精神，起草并印发了《关于搞好2004年度业绩合同制定及2003年度业绩指标完成情况的考核工作有关问题的通知》，并组织有关部门召开了专门会议，安排和部署了2003年度高级管理人员业绩考核工作和2004年度总裁班子成员、专业公司、地区公司党政主要领导业绩合同制定工作，保证了业绩考核工作的顺利实施。

（2）在与有关部门和单位多次沟通、协商，逐一征得股份公司管理层每名副职同意并经总裁审查后，形成了总裁班子成员和专业公司总经理（党委书记）2003年度的业绩合同。组织协调专业公司分别制定所属地区公司高级管理人员业绩合同，与总裁班子、专业公司领导业绩合同文本汇总后，形成了《高级管理人员2003年业绩合同（合订本）》。组织承办了股份公司年初工作会、管理层和地区公司高级管理人员业绩合同签字仪式。向股份公司董事会、监事会、考核与薪酬委员会提交了总裁班子成员2002年度业绩完成情况和2003年业绩合同起草情况的报告。

（3）通过层层签订业绩合同，把完成业绩指标的压力层层传递，形成了人人有指标、层层负责任、用人看业绩、奖惩凭贡献的新局面。按照牵头抓总、宏观指导、统筹协调的职责要求，组织实施了股份公司对各专业公司和专业公司对地区公司2002年的业绩考核和兑现工作，加强了对各专业公司和地区公司日常工作中的业绩跟踪与指导，组织实施了2003年的中期业绩考核，促进了股份公司2003年业绩目标的实现。

【劳动力管理】

1. 进一步改进和完善内部组织机构

根据股份公司发展的需要，对现行的组织机构进行了改进和完善。组建了资本运营部和中国石油天然气股份有限公司炼油化工技术研究中心；成立了中国石油天然气股份有限公司西气东输销售分公司，与西气东输管道分公司合署办公，实行"一个机构，两块牌子"。

2. 继续推动地区公司内部组织结构调整，实行扁平化管理

积极推进地区公司构建扁平化的内部组织机构，进一步理顺内部管理体制，压缩管理层次，强化管理职能。油田地区分公司积极推行"地区公司—采油厂—作业区"管理模式；炼化地区分公司撤销分厂或车间，合并生产单元；成品油销售地区分公司实行配送制，积极推行销售代表制，研究摸索出一些切实可行的经验和做法，收到明显效果。2003年共有6个单位进行了内部组织结构调整，共减少二级机构16个，减少车间、队机构107个。

3. 持续做好减员增效和员工总量调控工作

配合装置的关停和结构调整工作，积极做好人员分流安置工作；各油田分公司、炼化分公司在油水井数、产量、工作量不断增加的情况下，通过加大内部挖潜力度，盘活劳动力存量和采取多种形式的用工制度等方式，有效解决了劳动力紧张的问题，确保了员工总量不增加。

4. 坚持抓好劳动定员标准的制定工作

劳动定员定额管理是企业各项管理工作中非常重要的基础工作，制定了《股份公司劳动定员定额工作标准体系表》，坚持科学先进性、实用性、适用性的原则，完成了油田热注工程、油田集输系统、炼油生产装置、炼油化工储运系统四项劳动定员标准的制定工作，为地区公司劳动定员工作提供了科学的依据。

5. 积极开展技能鉴定工作，加强技能人才队伍的开发与建设

积极引导地区公司开展技能鉴定、岗位练兵、技能竞赛等活动，广泛开展一岗多能的培训，充分调动员工学技术、学业务的积极性。建立了高技能人才的培训基地，制定了五年的技师培训规划和年度计划，拟对现有技师、高级技师进行分期分批岗位培训，进一步提高其操作技能、革新水平和技术创新能力。举办了首期采油技师培训班，取得了很好的效果。修订了《股份公司技师、高级技师管理办法》，审批了542名技师，62名高级技师职业资格。

【薪酬管理】

1. 重新制定下发了2003年薪酬总额与经济效益

挂钩办法

为了使薪酬激励机制既能做到符合实际，真正体现效率优先、兼顾公平，又能保持政策的相对稳定，在总结2000—2002年工效挂钩办法经验的基础上，本着既保证职工基本收入，又加大挂钩考核力度；既保证公司整体考核的公平性，又体现业务板块的特点；既考虑工资基数确定的合理性，又考虑考核指标完成难易程度的指导思想，重新制定下发了薪酬总额与业绩指标挂钩办法。该办法的实施，充分考虑了以前年度部分单位效益不佳的一些客观因素，既克服了平均分配，又避免了单位之间差距过大。主要有以下几点变化：

一是引入薪酬总额基数概念，考核指标与薪酬总额基数全额挂钩；

二是对挂钩指标做了调整，主要考核利润指标，并增加了投资资本回报率指标，旨在引导公司追求利润最大化和公司价值最大化。同时辅以成本等其他指标；

三是指标设置上兼顾了业务板块特点，即利润指标全公司保持一致，以利比较、体现公平；其他技术指标设置体现板块特点，以增强板块对地区公司完成业绩指标的推动作用；

四是考核过程中，充分考虑了指标基数大小对完成率的影响，对完成指标难易程度在薪酬总额兑现时予以体现；

五是薪酬总额基数根据股份公司及地区公司效益情况有所变化。

六是薪酬总额基数确定后，年初只下达85%，剩余15%根据考核结果分别于年中、年底兑现。

2. 实行基本工资制度改革

2003年，在内外部环境较为有利的情况下，经过精心准备、周密筹划、夯实基础工作后，股份公司基本工资制度改革政策正式出台。本次改革较以往工资制度改革有以下几点突破：一是建立起了突出体现岗位劳动要素、岗位业绩贡献的岗位工资制度；二是引入了劳动力市场价位理念，使工资分配关系更趋合理，促进了职工分配观念向岗位价值分配、与劳动力市场价位接轨观念的转变；三是工资制度与人事制度综合配套改革紧密结合，对股份公司组织机构，岗位设置的优化，竞争、竞聘上岗和评聘分开以及岗位考核工作的落实起到了促进作用。

3. 制定下发了高级管理人员年薪制管理办法

为进一步建立健全与现代企业制度相适应的高级管理人员激励与约束机制，根据国家关于推行经营者年薪制的总体要求，结合股份公司实际，制定并下发了高级管理人员年薪制管理办法。年薪制的实施，对于坚持管人与管薪酬、管考核、管奖惩相一致的原则，对于逐步理顺经营者的年度收入，逐步规范收入渠道、加强民主监督，都会起到积极的作用。

4. 制定下发了地区公司分类管理暂行办法

股份公司上市以来，即对所属地区公司实行了分类管理，并按类别确定公司领导者的年度收入，考核兑现，收到了较好的效果。2003年，参照国际通行的评价指标体系，采用资产总额、利润总额、主营业务收入、员工人数四项指标，并根据实际情况调整了各项指标的权重，重新对所属各地区公司进行了分类。对地区公司进行合理分类，更好地体现各地区公司管理幅度、管理难度和贡献大小的不同，为进一步规范和完善公司内部管理，逐步取消用行政级别管理企业的办法，打下了很好的基础。

5. 调整和完善了岗位基薪工资制度

股份公司重组分立以来，即根据销售企业的生产经营特点和实际情况，建立了与原石油企业不同的、更切合市场实际的岗位基薪工资制度。随着石油企业基本工资制度改革方案的出台，我们对原岗位基薪制度的结构和标准进行了调整和完善，使之更趋于合理。调整完善后的销售企业岗位基薪管理办法，与公司基本工资制度改革方案已同步实施。

【员工培训】

（1）积极探索培训管理运行机制改革。建立了“培训前公开考试选拔、培训中竞争淘汰”的竞争机制，使广大员工都有申请参训的机会，不仅促进了优秀人才优先培训的落实，而且调动了参训人员的学习积极性。为了充分利用国内外优秀培训资源，实现由封闭式培训向开放式培训的转变，2003年对总部机关和专业公司16个重点培训项目通过招投标方式确定了承训单位，保证了质量，降低了成本，取得了很好的培训效果。

（2）2003年，股份公司共培训员工571299人次，其中培训高级管理人员504人次，经营管理人员41695人次，专业技术人才78759人次，操作人员450341人次，人均培训时间超过5天；同时组织股份公司总部职能部门、专业公司培训项目73个，培训员工8638人次，员工队伍素质得到了进一步提高。

【人才队伍建设】　推进专业技术人员管理制度改革。为充分调动和发挥广大专业技术人才的积极性、创造性，启动了新的专业技术人员管理机制，实行“评聘分开”；推行分类分级管理，对专业技术人员实行岗位管理制度，研究制定了《中国石油天然气股份有限公司关于深化专业技术人员管理制度改革的指导意见》，对专业技术人员的管理制度进行了重大改革。围绕推进核心人才队伍建设，制定了股份公司《高级技术专家管理办法（试行）》，开展了两级技术专家的选拔、推荐工作。选拔推荐中国科学院院士候选人1名，中国工程院院士候选人2名，享受政府特殊津贴人员12名。推行职业资格制度，完善了职称量化评审体系。组织了股份公司教授级高级职称评审，77人通过了专业组评审。逐步扩大了技师、高级技师的考评范围和数量。

（股份公司人事部）

规划计划管理

【概述】 2003年，规划计划部紧紧围绕全面建设具有国际竞争力跨国企业集团的战略目标，牢牢把握加快发展这个第一要务，认真践行部门文化理念，提出“着眼长远抓规划、立足全局抓发展、转变职能抓服务、规范运行抓管理、提高素质抓队伍”的总体工作思路，较好地实现年度工作目标。

在抓规划上，主要部署研究六个方面的战略规划，进一步明确集团公司特别是未上市企业下一步的发展目标和工作方向，增强工作的预见性和主动性。在抓发展上，明晰发展思路，加快年度投资计划下达，规范投资项目论证，改革初步设计管理，为领导决策做好参谋，加快经济发展，体现科学发展观的要求。在抓服务上，按照规范、效率、促进的原则，明确服务目标，并以机电产品进出口办公室为试点，做出服务承诺，各项服务工作都取得新成绩，并在服务中都实现各项业务的新发展。在抓管理上，规范内部行政管理，规范业务管理制度，规范内部管理规程，严格岗位责任制，优化内部组织结构，使各项工作做到有章可循，实现管理规程的透明化和内部流程优化再造，为下一步开发综合管理信息系统打下基础。在抓队伍上，按照集团公司人才强企战略，围绕革命化、职业化、国际化目标，以支部建设为核心，着力加强思想、作风、学校、家庭四项建设，努力打造一支讲政治、懂技术、精业务、爱岗位的工作队伍。

【战略研究和中长期规划】 按照集团公司党组要求，从2003年3月开始，组织集团公司、股份公司机关有关部门和单位、经济技术研究中心、勘探开发公司，经过两个阶段近9个月的协同研究，编制《集团公司建设具有国际竞争力跨国企业集团战略纲要》，描绘集团公司的未来发展蓝图，为贯彻集团公司战略目标提供行动依据；认真落实中央“支持东北地区等老工业基地加快调整和改造，支持以资源开采为主的城市和地区发展接续产业”的总体要求，在集团公司领导的组织下，与股份公司有关部门一起具体组织大庆地区六家企业，研究提出实现产业接续和就业接替的基本思路、部署和保障措施，编制完成《大庆地区石油石化企业可持续发展行动纲要》，探索油田独立矿区可持续发展的新路子，为指导和推动大庆地区石油石化企业贯彻集团公司战略目标，整体协调可持续发展提供有力保障；按照集团公司工作会议要求，部署未上市企业结合内部条件和外部环境的变化，编制2003—2007年滚动计划，实现企业发展目标和工作部署的滚动调整；坚持滚动推进的原则，编制2003—2007年油气田合作开发、钻井、物探、测井、井下作业、机械制造、化工延伸加工、热电、勘察设计9个专业规划，明确相关专业的发展方向，奠定年度计划安排的基础；编制2003—2005年信息化工作计划，重点部署实施信息门户建设、办公应用系统建设、ERP建设、产业信息化、信息资源建设、标准规范建设、基础设施建设和工作队伍建设等八项信息化工程；重点研究未上市企业化工业务发展规划，制定未上市企业化工业务发展指导意见，解决部分企业化工业务出现的重复建设、贪大求多的苗头。通过上述战略规划研究，进一步明确集团公司的发展目标和工作方向，增强工作的预见性和主动性。

（陈望远）

【项目管理】

1. 基础工作

为加强项目前期管理，合理评价项目，编制下发《关于可行性研究报告中增加综合效益测算等内容的通知》、《中国石油天然气集团公司固定资产投资项目可行性研究管理暂行办法》、《中国石油天然气集团公司建设工程初步设计审查管理办法》、《中国石油天然气集团公司建设项目（工程）竣工验收管理办法》、

《中国石油天然气集团公司建设项目后评估管理暂行办法》和《未上市企业国内固定资产投资项目经济评价方法与参数》。为规范项目可行性研究报告的编制，根据项目特点，编制《一般工程建设项目可行性研究报告编制大纲》、《非安装设备新购项目可行性研究报告编制大纲》、《非安装设备更新项目可行性研究报告编制大纲》、《油气合作开发项目可行性研究报告编制大纲》，使项目前期管理更加规范化、科学化。

（岳　鹏）

2. 工程技术服务

为调整重点装备结构、优化资源配置，促进工程技术服务业务的全面、协调、可持续发展，编写《非安装设备购置、油气合作开发项目可行性研究报告编制大纲》和《石油工程技术服务成套装备估算指标》，提高项目决策科学化、项目运行规范化水平。2003年共论证工程技术服务项目72个。

3. 油气合作开发

为进一步促进油气合作开发业务发展，制定《中国石油油气开发新技术新工艺先导试验项目技术合作工作管理暂行办法》，扩大油气合作范围，规范项目运作程序，实现油田分公司和地区服务公司互利双赢，共同发展。大庆、吉林、辽河、大港、冀东、长庆、青海、四川、新疆9个油田开展油气合作开发工作，取得可喜的成果。2003年共钻井405口，进尺59万米，新建和恢复原油生产能力54万吨/年，生产原油80万吨，分别比2002年增长20%和100%；生产天然气1.6亿立方米，较2002年增长330%；实现销售收入10.2亿元，较2002年增长149%。

（罗卓辉）

4. 化工延伸加工

2003年，集团公司共批复未上市企业化工延伸加工项目14项，项目总投资14亿元。重点项目有：大庆石油化工总厂10万吨/年ABS专用树脂改造工程、辽阳石油化纤公司8000吨/年薄型纺粘非织造布装置、吉化集团公司1万吨/年异丁烯及3000吨/年高活性聚异丁烯项目、兰州化学工业公司7万吨/年苯胺装置、兰州炼油化工总厂3万吨/年甲乙酮装置和乌鲁木齐石油化工总厂30万吨/年复合肥装置，这些项目的建设，将有力地改善未上市企业化工延伸加工业务的资产质量，促进未上市企业的扭亏解困工作。

（岳　鹏）

5. 机械制造

围绕勘探开发及管道建设，按照有效益、有市场、有技术的原则，批准济南柴油机股份有限公司柴油机生产线扩建、北京石油机械厂顶驱生产线建设、大港油田集团有限责任公司螺杆钻具及石油钢管生产线改造、华北石油管理局直缝焊管生产线建设、宝鸡石油钢管有限责任公司钢管辅料生产线建设等项目，提高产品质量，增强企业的市场竞争能力。

（尹成昌）

6. 供热供电

按照《中油集团节油代油“十五”计划》，热电行业继续以燃料结构调整为主线，实施“以煤代油”、“以气代油”工程，推进节约和替代燃料油工作。2003年批复大庆石油管理局东风地区集中供热工程、辽河石油勘探局热电厂燃油锅炉改造二期工程和大庆石油化工总厂410吨/小时燃煤蒸汽锅炉扩建工程的修改方案。截至2003年底，集团公司所属各企业已投产代油项目32项、代油量104.7万吨/年；在建项目10项、投产后代油量68.72万吨/年。预计可提前一年实现替代燃料油168万吨/年的“十五”计划目标。

以提高生产服务保障能力、降低运行成本、节能降耗为目标，批复长庆石油勘探局靖边燃气发电厂二期扩建工程、青海石油管理局花土沟基地、敦煌基地东区供暖系统调整改造项目、玉门石油管理局水电厂热电技术改造工程。

（冯立彬）

【年度业务发展计划】

1. 完善相关管理制度

为进一步加强固定资产投资计划管理，规范投资行为，提高投资效益，制定、下发《中国石油天然气集团公司固定资产投资计划管理暂行办法》；根据国家产业政策，集团公司发展战略和产业定位，对2000年发布的未上市企业投资方向指导目录进行修订，下发《未上市企业固定资产投资方向指导目录（2003年修订）》；研究制定并下发《中国石油天然气集团公司下属企业矿区配套建设投资管理办法》。

2. 汇总集团公司2003年业务发展计划

按照“生产经营计划和固定资产投资计划、上市业务发展计划和未上市业务发展计划”相结合的原则，以股份公司业务发展计划和未上市企业主要生产经营指标为基础，从投资、收入、利润、油气产量和储量、原油加工量、炼油化工产品产量、技术服务与生产服务工作量等方面汇总集团公司2003年业务发展计划。

3. 编制下发2003年固定资产投资计划

在未上市企业固定资产投资安排中，按照市场导向和效益原则，坚持把加快发展作为第一要务。在投资方向上，重点安排技术服务装备更新改造、生产服务设施完善配套、加工制造项目规划建设、油气合作开发和海外油气勘探开发。按照项目基本建设程序和分级管理权限，2003年分四批共下达投资292亿元，其中工程技术服务70.9亿元，生产服务40.8亿元，加工制造23.9亿元，合作开发11.4亿元，海外投资业务127亿元。

4. 加强投资计划执行情况的监督和检查

继续实行固定资产投资计划执行定期报告制度，跟踪和了解重点项目进度和存在的问题，加强计划执行的过程控制和信息反馈，及时制订调整措施和解决方案。

委托审计服务中心从“投资决策程序、集团公司投资使用、项目招投标、钻机结构调整、小轿车更新”等五个方面，对28家未上市企业2002年固定资产投资计划执行情况进行审计调查，调查单位包括油气田地区企业13个，炼化地区企业11个，专业公司4个，涉及项目和非安装设备总投资额113.4亿元。通过坚持执行投资审计调查制度，有效地规范企业的投资行为，提高投资管理水平。

5. 按时组织上报国民经济和社会发展计划、经济适用住房建设计划

根据国家有关部门要求，汇总集团公司固定资产投资、工业主要产品产量、境外投资项目等主要计划指标，并于2003年10月15日按时上报集团公司2004年国民经济和社会发展计划；及时组织上报和转发2003年经济适用住房建设投资计划，为集团公司所属26个单位申报经济适用住房建筑面积319.9万平方米，有力解决了企业职工住房问题。

【招投标管理】 招投标管理工作认真宣传贯彻国家有关的法律法规，进一步落实各企业招投标的规定和制度，规范招投标程序，加强内部监督检查。从2003年4月到9月，会同集团公司纪检监察部开展招投标管理效能监察工作。加强招投标管理工作，有力地促进各企业不断规范内部市场，增强内部队伍的市场竞争能力，提高集团公司和企业的经济效益。

（陈望远）

【机电产品进出口管理】

1. 完善制度，规范管理

依据国家法律法规，结合集团公司实际，修改机电产品进出口管理办法。2003年7月10日印发《中国石油天然气集团公司货物进口管理实施细则》，明确集团公司货物进口管理工作的原则，采购的程序、方式、手续的办理以及减免税等工作。8月6日印发《中国石油天然气集团公司设备联合集中采购管理办法》，规定开展集中采购的内容，以及相应的机制，集中采购要实行总部引导、企业自愿、统一组织、各方受益的原则。

2. 积极争取国家有关政策，为企业服务

一是根据集团公司所属企业进口设备的实际情况，配合财务资产部向财政部申报“开采石油（天然气）新增免税进口物资清单”，共计10类58项。通过这项工作，扩大免税设备的范围，维护企业利益。二是根据集团公司重组后的实际情况，向海关总署申报“中国石油天然气集团公司2003年执行项目单位情况”。2003年，集团公司所属企业和股份公司所属地区分公司总计29个单位，在16个项目中进行勘探开发进口设备均可免税。在这些单位中，包括新组建的中国石油集团测井有限公司和中国石油集团东方地球物理勘探公司。通过这项工作，增加享受免税政策的单位，维护企业利益。

3. 依法规范机电产品国际招标工作，为企业节约采购成本

2003年，共举行机电产品国际公开招标96次，中标合同总金额2.7亿美元，列全国招标机构第9位，扩大集团公司招标机构的影响。所有项目都按照《中华人民共和国招投标法》和《机电产品国际招标投标实施办法》（原对外贸易和经济合作部七号令）的要求，规范操作，没有发生违规事件，树立集团公司良好形象。2003年96个招标项目，企业委托金额3.4444亿美元，实际签订合同总金额2.7531亿美元，节约采购成本6913万美元。

4. 认真办理符合国家政策的减免税项目，成效显著

2003年，共办理免税项目938项，涉及进口金额39195万美元。其中办理鼓励项目确认书36份，涉及进口金额8209万美元，特定地区免税合同902份，涉及进口金额30986万美元。经测算，免征关税2.6亿元，增值税5.9亿元，共计免征进口税收8.5亿元。

5. 货物联合集中采购工作

一是在2003年3月下旬开始准备柴油发电机组集中采购工作，由于“非典”的影响没有能够实施，但是取得了一些经验。二是2003年6月25日，组织大庆石油管理局、辽河石油勘探局、华北石油管理局三个单位进行固井水泥车联合集中采购，最终确定采购美国哈里伯顿公司的设备，基本做到买方和代理方

双方满意。

6. 举办机电产品进出口人员培训班

2003年4月21—25日在石油物探培训中心举办机电产品进出口人员培训班。当时正处在“非典”时期，集团公司所属石油企事业单位共93人参加培训。在培训班上，商务部机电司招标处的同志和中招国际招标公司的专家讲解国家法律、法规和招投标的具体操作。北京海关关税处甄处长讲解免税政策和程序并进行答疑。

7. 提出并履行服务承诺

为落实集团公司党组提出的为基层企业服务的要求，落实规划计划部的核心文化理念，2003年，以规划计划部文件的形式，做出《规划计划部进出口管理窗口服务十项承诺》，明确工作的原则、服务的标准、服务的质量要求、服务的时间要求等，接受企业的监督。对基层企业提出服务承诺，被授予2003年集团公司机关为基层服务十件实事之一。

（史彦清）

【综合统计】

1. 进一步完善综合统计指标体系

按照大统计的概念，从摸清集团公司基本情况入手，对集团公司的跨国经营指标体系、未上市企业主要业务单元的内部资源状况和生产经营成果指标体系进行了补充和完善，努力适应为建设具有国际竞争力跨国企业集团提供内外部综合经济信息支持。

2. 强化综合统计的服务职能和服务功能

坚持为领导决策服务，为企业发展服务，为部门管理服务的发展方向，把服务作为综合统计工作的第一职能。为集团公司领导提供分省（市、区）的集团公司所属企业生产经营情况。利用集团公司规划计划部网页及时将未上市企业统计月报在网上进行公布，使所属企业能够更方便快捷地查阅。对未上市企业2002年主要生产经营指标按单位性质、分专业进行排序，方便所属企业开展对标分析，以提高经营管理水平。

3. 优化管理流程，强化工作体系

为进一步夯实统计工作基础，拟定《集团公司综合统计工作管理暂行办法》（讨论稿），明确综合统计工作的任务、统计机构、统计调查、统计分析、统计评价、统计发布以及统计检查等，它是指导综合统计工作的根本法则。制定综合统计月报、年报工作流程，建立统计工作负责制和休息日联络制度，明确综合统计数据三级审核制度，从而确保综合统计工作顺利、有序地开展，综合统计数据及时、准确地上报。

4. 加快统计队伍职业化建设步伐

按照年初培训计划，举办统计人员任职资格培训班。培训以加快统计队伍职业化进程为目标，按照“讲政治、懂技术、精业务、爱岗位”的要求，加强统计队伍作风建设和业务建设，提高统计队伍素质。

5. 开展纪念《中华人民共和国统计法》颁布20周年活动

2003年8月，按照国家统计局统一部署，开展纪念《中华人民共和国统计法》颁布20周年活动。集团公司下发文件，对活动进行具体部署，要求各单位积极组织，抓好落实，并以此为契机，认真开展自查自纠工作，全面提高统计工作水平。组织集团公司总部机关、综合统计任职资格培训班学员共700多人参加了《中华人民共和国统计法》颁布20周年竞赛答题；在《中国石油报》上刊登启事，开展有奖征文活动，收到稿件30余件；经过逐级考核推荐，认真评选，对杜文艺等307名长期从事统计工作、做出突出贡献的统计人员进行表彰。

（肖修文）

【土地管理】

1. 协助大庆石油管理局解决重组遗留的萨南萨中地区土地权属问题

萨南萨中地区的土地（通称20万亩）权属争议，既是1999年重组遗留的土地问题，又是大庆油田会战初期的历史遗留问题。经过大庆油田近40年的开发建设，这块土地已成为大庆油田的主力采油区。但由于油田与政府对土地权属来源的合法性认识不一致，致使大庆油田一直未能取得土地的合法权属。1999年重组时，这块土地上报评估的14万亩中，政府仅确认了10%。因此，要解决重组遗留的土地问题，必须首先解决这块土地的合法权属。2003年5月，经大庆石油管理局与大庆市土地局多次协调，双方达成共识。本着“尊重历史，面对现实”，“地上服从地下”，“保障油田安全生产”和“服从政府统一管理”的原则，成立联合确权领导小组，制订确权登记工作方案，依法开展土地权属登记工作。在确权工作中发扬大庆精神，克服时间紧、任务重、用地现状复杂等困难，到2003年12月底，完成地籍调查、宗地测绘和登记发证工作，并于年底召开总结表彰大会。大庆石油管理局取得683本国有土地使用证，确权的土地面积总计11.7万亩。萨南萨中地区土地确权工作解决了争议近40年的土地权属问题，保护了企业的土地合法权益，为解决重组遗留土地问题奠定了基础，对大庆油田可持续发展具有深远意义。

2. 加大土地管理工作力度，规范企业用地行为

经过集团公司重组后几年的土地工作实践，基本理清集团公司及所属企业土地管理部门的职责、土地管理工作内容和土地管理方式；理清改制企业与存续企业的土地产权关系。2003 年 7 月，集团公司下发《中国石油天然气集团公司土地管理办法》。从管理机构和职责、土地使用权界定、改制企业土地处置、新增建设用地、土地登记和土地管理档案等方面，都做出明确规定。从而使企业土地管理工作有章可循，有法可依。对规范企业用地行为，提高集团公司土地管理整体工作质量和工作水平产生了很大影响。

（冯立彬）

【工程勘察设计】

1. 队伍现状

集团公司现有甲、乙级工程勘察设计企业 33 个，其中甲级 19 个、乙级 14 个；主营石油天然气工程设计的 20 个、石油化工工程设计的 8 个、工程勘察专业类资质乙级 3 个、通信工程设计的 1 个、建筑工程设计的 1 个。以上企业中，工程勘察综合类资质甲级 3 个、工程勘察专业类资质甲级 11 个、工程勘察劳务类资质 5 个。

2003 年末，甲、乙级工程勘察设计企业共有固定职工 11038 人，其中专业技术人员 8888 人，高、中、初级人员分别占 26%、47%和 27%。

2. 生产经营

2003 年末，甲、乙级工程勘察设计单位资产总额 22.83 亿元，负债总额 10.443 亿元。全年完成工程勘察合同 602 项，合同额 1.66 亿元；工程设计合同 2808 项，合同额 13.67 亿元；完成初步设计投资额 179.99 亿元，完成施工图投资额 1053 亿元，完成施工图建筑面积 290 万平方米；完成工程咨询合同 525 项，合同额 1.33 亿元；完成工程总承包合同 27 项，合同额 3.58 亿元；完成工程监理合同 173 项，合同额 0.58 亿元。全年营业收入 23.23 亿元。

（李春兴）

【工程建筑施工】

1. 队伍现状

集团公司资质管理的建筑业企业 55 个，其中特级施工总承包企业 3 个、一级施工总承包企业 23 个、一级施工专业承包企业 29 个。施工总承包企业中，主营化工石油的 20 个、房屋建筑的 1 个、公路工程的 3 个；施工专业承包企业中，主营化工石油设备管道安装的 10 个、管道工程的 1 个、电信工程的 2 个、无损检测的 8 个、防腐保温的 2 个。

2003 年末，一级以上施工企业共有职工 114091 人，其中专业技术人员 19313 人，占职工总数的 17%；施工项目经理 4736 人，其中一级 1942 人，二级 1286 人，三级 1535 人。

2. 技术装备

2003 年末，集团公司管理的建筑业企业共有生产设备 60232 台，设备总功率 192 万千瓦，动力装备率 15.5%。

3. 生产经营

2003 年末，集团公司管理的建筑业企业资产总额为 360.34 亿元，负债总额为 185.75 亿元，完成建筑业总产值 192.2 亿元，利润总额 5.3159 亿元。

（吴延华）

【工程建设监理】

1. 队伍现状

集团公司资质管理的工程建设监理企业 34 个，其中甲级 23 个、乙级 11 个。截至 2003 年底，建设监理企业从业人员 4048 人，其中高级职称 815 人，占 22.7%；中级职称 1862 人，占 49.4%；初级职称 879 人，占 19.8%。现有国家级注册监理工程师 1006 人。

2003 年度，集团公司所属监理企业中，大庆市兴工工程建设监理有限公司晋升甲级、兰州石油化工工程建设监理公司等 7 家甲级监理企业申请通过部分甲级和乙级增项资质。

2. 生产经营

2003 年完成监理费收入 3.05 亿元。

（李明光）

【工程质量监督】

1. 队伍现状

石油天然气工程质量监督总站所属 29 个监督站中有 21 个行政隶属于中国石油天然气集团公司，8 个行政隶属于中国石油天然气股份有限公司。截至 2003 年末，工程质量监督系统共有从业人员 420 人。其中，高级职称 83 人，占 19.8%；中级职称 251 人，占 59.8%；初级职称 66 人，占 15.7%，其他辅助人员 20 人，占 4.7%。拥有各种检测仪器设备总价值约 3900 多万元，基本满足石油工程质量监督工作的需要。

2. 监督管理

据不完全统计，2003 年共完成监督项目 620 项，投资总额约 466 亿元。监督过程中共签发质量问题整改（停工）通知单 578 份，在监单位工程合格率 100%，把住合格工程投入使用关。

为确保国家重点工程建设质量，西气东输工程质量监督项目部继续组织对西气东输工程实施质量监督管理，认真履行监督职责，为保证东段“十一”向上海送气一次成功做出突出的贡献。特别是“非典”肆虐期间，在总站的统一协调领导下，用实际行动认真履行了党中央“一手抓‘非典’防治，一手抓经济建设”的战略部署，建立每天定时疫情上报制度，在做好自身“非典”防护的同时，坚持随线监督。工作中严抓狠管，同时又寓监督于服务之中，受到建设单位和各参建单位的一致好评，被誉为“八千里路上的国字号守门员”。

3. 队伍建设

按照政府工程质量监督改革的基本思路，结合石油天然气工程质量监督工作实际，制定或修订《石油天然气建设工程质量监督管理办法》、《石油天然气建设工程质量站资质管理暂行规定》、《石油天然气建设工程质量监督人员资格管理暂行规定》等3项管理制度，使石油工程质量监督工作在新时期有了基本健全的行为准则。

为进一步加强石油工程质量监督管理工作，经报请集团公司领导批准，由集团公司、股份公司工程建设主管部门和总站共同成立石油天然气工程质量监督工作协调小组，并召开第一次工作会议。

第一批石油工程质量监督工程师走上工作岗位。经过培训和资格考核，有165人取得一级质量监督工程师任职资格，有185人取得二级质量监督工程师任职资格。

加快监督站向独立法人转变的改革进程，截至2003年底，总站及大庆等16个监督站完成事业法人登记工作。

（宗　伟）

【定额管理】　（1）2003年4月3日，集团公司批准发布《四川油气田钻井系统工程预算定额（试行）》，作为四川油气田合理确定、有效控制钻井系统工程投资和规范关联交易的指导性计价依据，自2003年1月1日起试行。

《四川油气田钻井系统工程预算定额（试行）》颁布试行，一是规范了四川油气田的关联交易。双方依据定额共同制定了《钻井系统工程结算办法》，理顺了关联交易价格，基本消除了前几年关联交易中出现的各种矛盾和争端，为四川油气田顺利签订3年关联交易合同提供了重要依据。二是促进了四川油气田的整体发展。股份公司规划计划部依据《四川油气田钻井系统工程预算定额（试行）》调增了2003年计划投资，结算价格基本到位，维护了四川油气田双方的共同利益，促进了企业的全面、协调、可持续发展和职工队伍的稳定。三是开创了油气田定额编制和实施的良好局面。《四川油气田钻井系统工程预算定额（试行）》颁布试行，为其他油田钻井定额编制和实施提供了实践经验，对大庆等9个油田定额编制和实施工作起到了指导和示范作用。

（2）《石油物探工程预算定额》自2003年1月1日起试行，集团公司、股份公司有关部门为实施《石油物探工程预算定额》做了大量的组织和协调工作，为定额的试行创造了良好的条件；油田双方按照整体发展、合作双赢的理念，积极做好《石油物探工程预算定额》试行工作。从2003年试行总体情况看，《石油物探工程预算定额》发布试行，对进一步理顺和规范关联交易价格、促进油田双方合作双赢、维护企业稳定和发展起到了重要作用。

（陈晓平）

股份公司规划计划管理

【概述】　2003年是全面贯彻党的十六大精神的第一年，也是实施“十五”计划关键的一年。股份公司规划计划工作紧紧围绕集团公司2003年工作会议精神和股份公司的工作目标和总体部署，在管理层的领导下，在机关各部门和专业公司的配合下，以提升公司价值和增强公司成长性为宗旨，以“前瞻性、综合性和科学性”为指针，突出战略规划，加强项目前期，强化投资管理，搞好总量平衡，加强基础工作，提高队伍素质，充分发挥“决策参谋、综合平衡、协调服务、组织管理”的作用，全面完成了既定工作目标。

（岳　巍）

【战略研究与中长期规划】

1. 同总裁办共同组织成功召开了股份公司高层战略研讨会

2003 年是我国能源发展的总体战略规划之年。年初，针对股份公司发展所面临内外部环境的新变化，规划计划部提出了召开股份公司高层研讨会的建议，得到股份公司管理层的批准。根据领导的批示，起草了《关于召开股份公司高层战略研讨会的通知》，并召开了三次准备会议，为高层战略研讨会成功召开打下了良好的基础。

本次高层战略研讨会是股份公司组建以来召开的第一次高层战略研讨会。会议分两个阶段展开：第一阶段，听取 BP 公司、剑桥能源公司和国务院发展研究中心专家的专题讲座，使与会领导进一步开阔了思路，扩展了视野，了解了国外大公司为了促进自身成长，不断进行战略研究、战略调整和战略转型，从而在国际竞争中超前制胜的经验和做法；第二阶段，高层领导集中时间和精力研究股份公司较长时期的发展方向、发展重点以及相应采取的方针、政策和举措等。通过研讨，对当前和今后一个时期公司面临的形势进行了全面分析，进一步增强了加快发展的责任感和紧迫感。

2. 牵头组织了《中国石油天然气股份有限公司发展战略纲要》的编制

根据高层战略研讨会上领导的要求，牵头成立了编写小组，组织了《中国石油天然气股份有限公司发展战略纲要》（以下简称《纲要》）的起草。编写小组基于高层战略研讨会的成果，在事关股份公司长远发展的一些重大问题上，进一步统一了思想，达成了共识，形成了《纲要》初稿。经过股份公司领导、各专业部门、国际公司、国际事业公司、中国石油勘探开发研究院、中国石油规划总院和总部机关各职能部门领导和相关人员多次讨论，六易其稿形成了《纲要》修改稿。

3. 完成了《中国石油天然气股份有限公司2003—2007 年业务发展计划》的制定

在组织关系股份公司成长性有关问题研究的基础上，编制完成了《中国石油天然气股份有限公司2003—2007 年业务发展计划》（以下简称《五年计划》）。《五年计划》通过分析公司发展的内外部环境、国际大石油公司的战略变化及我们可以借鉴的经验教训，确定了股份公司新的经济增长点，研究了提高股份公司投资资本回报的措施，提出了股份公司海外业务发展的整体战略初步设想和近期发展目标、策略、效益标准等。同时，还加强了业务发展的经济性分析和风险性分析。

4. 加强了区域规划研究

加强了区域规划研究，进一步明确了区域发展方向、重点和发展措施，强化了公司上下游协调发展，提高了规划的统筹性和可操作性。围绕市场、资源、效益，开展了系列重大区域规划，完成了西部和东部两个区域产炼运销整体规划、东北老石化工业基地改造规划和天然气上中下游协调发展整体规划等区域规划。

（申　炼　张礼安）

【项目管理】

1. 勘探开发项目管理

继续加大了勘探开发项目前期管理。根据股份公司勘探开发一体化工作的要求，完成了一批重大油气田开发项目（含海外项目）的上报、审查和批复工作，为油气田顺利开发打下了基础。

获国家发改委批复的项目有：罗家寨气田飞仙关鲕滩气藏开发方案、塔里木盆地克拉 2 气田总体开发方案、大港油田孔南合作区块总体开发方案、冷家堡油田总体开发方案、参与美国赫斯公司印尼加邦区块的权益转让项目等。

获股份公司批复的项目有长庆西峰油田 100 万吨/年开发工程可行性研究报告、忠县净化厂可行性研究报告等。

同时，为规范国内勘探开发对外合作项目管理，出台了《中国石油天然气股份有限公司国内勘探开发对外合作项目管理暂行办法》。

2. 油气管道及系统工程项目管理

加大了油气管道及系统配套工程的前期工作力度，股份公司一批重大油气管道和系统工程项目获得上报、批复及开工建设，油气管道建设进入快速发展阶段。

上报国家发改委审批的项目有：陕京二线输气管道工程预可行性研究、塔里木沙漠公路防护林生态工程方案设计。

获国家发改委批复的项目有：俄罗斯—中国（东北）原油管道可行性研究报告。重庆忠县—武汉输气管道工程列入国家 2003 年第十批新开工固定资产投资大中型项目计划，获准开工建设。

获股份公司批复的重大项目有：罗家寨、渡口河净化气外输管道工程，彩南燃气电站工程，塔里木沙漠公路防护林生态工程方案设计，涩北—西宁—兰州输气管道白银供气工程可行性研究报告。

西气东输管道工程东段（靖边—上海段）于 2003 年 10 月 1 日正式投产运行，将长庆天然气输送到上海。

（刘爱国）

3. 炼油化工项目管理

进一步加强了股份公司炼油化工项目前期管理工作，加大了前期工作研究力度，提高了项目前期工作的研究质量，一批重点项目获得批复。全年共批复重点炼化与销售项目41项，炼油销售项目25项，化工销售项目16项。其中经发改委批准的重点项目有：辽阳石化80万吨/年PTA改造及配套工程、大庆石化80万吨/年乙烯扩能改造工程、兰州石化60万吨/年乙烯扩能改造工程、大庆石化50%化肥扩能改造工程、宁夏石化二化肥50%扩能改造工程等。其中辽阳石化80万吨/年PTA改造工程、大庆石化80万吨/年乙烯扩能改造工程、大庆石化50%化肥扩能改造工程等被列入国家振兴东北老工业基地第一批计划项目，现已开工建设。

2003年还先后组织完成了《独山子石化加工哈油改造及配套乙烯建设》、《四川60万吨/年乙烯工程建设》等重点项目可行性研究报告的编制工作。

（李　军）

4. 项目后评价工作

突出抓好了项目后评价工作，采取地区公司自我评价和咨询中心评价论证相结合的方式，对四个业务板块、8家地区公司共9个项目开展了项目后评价。其中勘探项目2个：准噶尔腹部三个泉凸起勘探项目、柴达木盆地北缘勘探项目；开发项目3个：塔中4油田开发项目、永乐油田开发项目、大天池气田开发项目；炼化项目2个：克石化30万吨/年润滑油高压加氢工程、大庆石化48万吨/年乙烯改造工程；管道项目2个：鄯乌输气管线和库鄯输油项目。通过开展建设项目后评价工作，实现了项目全过程闭环管理，达到了规范和改进项目管理，提高项目决策水平的目的，为提高股份公司投资效益发挥了积极作用。

（张礼安）

【投资计划管理】　继续贯彻落实四大发展战略，坚持投资回报标准，突出勘探开发、炼化结构调整和销售网络建设，确保西气东输等重点管道工程，坚决压缩非生产性投资。经过调整，全年资本支出达到843亿元，有效地保证了股份公司2003年生产经营目标的实现。主要做好了以下四项工作：

一是保证了国内勘探开发业务稳步发展。油气资源基础和储采结构得到改善，原有产量稳中有升，天然气产量快速发展、总体油气当量同比增加。

二是保证了炼化及销售业务竞争实力的提高。建成了兰州、大连两个千万吨炼油基地，二次加工配套能力增加465万吨；乙烯生产能力由165.5万吨/年提高到173万吨/年，合成树脂专用料比例由27.44%提高到28.99%；全年新增成品油零售能力350万吨/年。

三是保证了天然气及管道业务快速发展。西气东输工程东段于10月1日正式投产，忠县至武汉输气管道工程完成投资65%以上，陕京二线输气管道控制性工程开工建设，天然气市场得到进一步拓展。

四是保证了海外勘探开发业务取得实质性进展。成功收购了印尼赫斯公司所持加帮区块50%的股权，使股份公司在加帮项目的股权由30%提高到45%。

（宋晓丹）

【概算管理】

1. 概算审查

认真贯彻股份公司低成本发展战略，严格把关，严格控制工程投入，认真把握工程建设的标准和水平，确保了概算审查的准确性和合理性。2003年初共审查批复限上项目初步设计及概算60项，上报总投资254.6亿元，批复总投资224.4亿元，净核减投资30.2亿元。审查情况详见表1。

表1　2003年概算审查情况　　单位：万元

序号	各专业公司	审查项目	可研估算控制投资	报审初设概算投资	批准初设概算投资	审核调整		
						小计	增加	减少
1	天然气与管道分公司	15	697031	745460	686338	－59122	26319	85441
2	勘探与开发分公司	6	239684	251323	218104	－33219	3080	36299
3	炼油与销售分公司	12	213647	221969	199384	－22585	6946	29531
4	化工与销售分公司	12	394181	388253	365569	－22684	8427	31111

续表

序号	各专业公司	审查项目	可研估算控制投资	报审初设概算投资	批准初设概算投资	审核调整		
						小计	增加	减少
5	规划计划部	13	639992	570023	405869	-164154	3767	167921
6	调整概算	2	390577	368735	368274	-461		461
自年初累计		60	2575112	2545763	2243538	-302225	48539	350764

从表中可以看出，批复概算投资全部控制在可研估算范围之内，批准投资总额比可研降低11.7%，比上报概算投资总额降低11.9%。

2. 造价管理

一是加强基础工作，不断完善工程计价依据体系。强化《石油建设安装工程概算指标》的贯彻执行和动态管理，及时调整不合理的取费内容或指标内容。适应工程建设新形势的需要，组织编制了《石油建设工程检维修定额》、《石油建设工程其他费用的补充规定》。

二是进一步规范招投标工作程序，全面推行工程量清单招标规则。工程量清单招标规则的推广应用是股份公司工程造价与国际惯例接轨的重要举措，通过在西气东输等长输管道项目上的全面推行和部分炼化企业的试点，《石油建设工程量清单招标规则（A版）》的施行取得了显著成果，大力推进了工程建设招投标工作的规范发展。

三是加强造价管理系统的交流和培训工作。通过召开座谈会、举办培训班、出版期刊等多种灵活有效方式，树典型带全面，以交流促发展。促进了股份公司造价管理工作全面均衡发展和整体水平不断提高。

（翁中原）

【油气产销平衡】

1. 积极争取政策

向国家有关部门争取到了对股份公司生产经营有利的政策：原油、成品油、燃料油、石蜡、石油焦等进出口配额和登记证明共计2800万吨；大港油田1000万立方米天然气价格“平转高”，增效500万元；非国营贸易原油不进入地方炼厂，以及非国营贸易单位不进口汽柴油，减少了对国内市场冲击。

2. 优化资源配置

一是制定了《国内对外合作原油配置及结算管理办法》，并规范了部分企业其他销售原油的销售秩序，为实现原油全口径配置管理创造了条件。

二是减供系统外炼厂原油，全部增供给股份公司炼厂。

三是增加吉化、辽化等炼化一体化企业俄罗斯原油供应量，使其增产石脑油16万吨，减少了原料外购，优化了乙烯原料，提高了乙烯装置效益。

四是增加大庆石化、吉林石化、独山子石化轻烃原料供应量，确保了对优质乙烯原料的需求。

五是增加兰州石化、乌石化、宁夏石化、大庆石化天然气供应量，确保了化肥企业用气量。

3. 精心运作加工方案

一是组织开发了生产经营周报系统，对生产经营动态进行实时监控，为领导及时决策提供依据。

二是抓住2003年成品油需求旺盛，下游业务经济效益大幅好转的契机，将全年加工量增加到9255万吨，努力增炼增销增效。

三是组织编制了应对美伊战争和“非典”影响的预案。美伊战争预案为3月份、4月份高油价下增产原油30万吨，以及加大国外份额油运回国内的数量和进口原油的数量，确保国内原油供应稳定；“非典”预案按市场需求削减5月、6月两个月加工量285万吨，确保“非典”期间成品油市场稳定。

（吴建国）

【综合统计】

1. 统计管理运行机制进一步理顺

按照“统一领导，分工协作，各方配合，信息共享”的原则，对股份公司、专业公司、地区公司之间的业务流程做了进一步规范。

一是建立健全了各项统计工作标准，修订了统计工作目标评比办法，统计科研课题、统计论文、统计分析评比办法等，使统计工作有章可循。

二是改革统计调查内容，进一步修订了核算制度，尤其是在调查内容和调查范围上做了进一步的科学分工，统一计算口径，规范计算范围，理顺统计核算、业务核算、会计核算的关系，建立起“条块结合、纵横交错、功能健全、灵敏高效”的统计网络体系，促进了股份公司统计工作整体有序发展。

2. 统计信息服务多层次、差别化

统计部门始终牢固树立服务意识，努力为股份公司总部领导决策服好务、为基层分公司发展服好务、为机关部门实施管理服好务，不断改革统计指标体系、报表体系、工作体系，提供多层次、差别化的统计信息服务，取得成效。

一是满足对外信息披露的需要。提供了香港版年报、美国版年报、管理层出国路演、季度对投资者信息披露的生产经营数据。

二是统计信息产品形式的多样化。根据股份公司生产经营管理和领导决策的需要，大力生产适时对路的统计信息产品，满足多层次、不同方面对统计信息的需求。编印了统计年报、统计摘要、统计分析集锦、生产经营运行监测报告、统计简报等统计咨询产品。

3. 综合统计管理信息系统建设稳步推进

实现了股份公司总部—专业公司—地区公司三级联网、两级建库，及统计数据的采集、传输、处理、存储、输出、总部信息发布等工作的自动化，大大提高了统计工作的质量和效率，为股份公司管理层、业务管理部门和基层单位提供了大量的信息服务，保证了统计集中管理的实施，使统计管理向国际化、科学化、标准化迈出了一大步。

4. 统计科研取得重要成果

紧紧围绕企业管理和改革中的新情况以及统计工作中亟待解决的新问题进行统计科研攻关，取得了重要成果。其中《股份公司综合统计指标体系改革方案研究》经过艰苦努力，组织专门力量进行科研攻关，较好地完成了课题研究，从而基本建立了一套适应社会主义市场经济需要，符合可持续发展要求，与国民经济核算体系相衔接的、与国际接轨的、满足股份公司生产经营管理需要的、系统、规范的综合统计指标体系及指标解释，保证股份公司统计核算更具科学性、规范性和准确性。并根据需要配套编写出版了《股份公司综合统计指标解释》。

5. 统计培训取得成效

进一步加强统计队伍的业务建设和人员培训工作，提高培训工作的广泛性、针对性和实效性。紧密联系实际，丰富培训内容，接受培训人数达到200多人，收到了显著效果。在做好国内培训的同时，组织好骨干人员到国外进行学术交流和考察，开阔视野，了解和掌握国际统计科学研究的最新动态和发展趋势，促进了统计工作和统计科学研究水平的提高。

6. 统计法制意识得到增强

2003年是《中华人民共和国统计法》颁布20周年，为了进一步宣传统计法，推动统计“四五”普法工作，在股份公司总部组织了《统计法》普法知识竞赛活动，地区公司也结合实际工作，利用多种形式开展统计普法教育活动，都取得了较好的效果。

（孙效娴）

【土地管理】

1. 跟踪协调国家用地政策，为生产建设创造良好环境

一是参与国土资源部管道通过权相关政策的前期工作。协助国土资源部到江苏、河南等管线建设现场调研；组织相关单位参加国土资源部管道通过权座谈会并提出我们的建议意见。积极向国土资源部介绍管道建设的特点，并多角度、多方面阐述我们的观点，力争客观公正地通过权政策出台。

二是协助国家做好政策执行情况的调查。对《划拨目录》执行中的问题进行调查，提出解决建议，为石油划拨用地进一步提供政策支援。

三是协助国土资源部召开西气东输管道用地第三次协调会，对管线永久性用地报批进行部署要求，在管线东段（靖边—上海）通气前完成审批手续。

2. 夯实基础工作，完善内部管理

一是为规范和加强土地管理工作，完成了《股份公司石油用地管理暂行规定（征求意见稿）》，并广泛征求了相关部门意见。

二是做好土地管理数据库软件的培训和推广工作。经过对数据库软件的试用和再开发，2003年要求油（气）田分（子）公司和销售分公司必须使用土地管理数据库软件，并对软件进行了培训。以推进信息技术在土地管理中的应用，实现股份公司与地区公司信息互通、资源共享。

三是组织土地信息系统与管理知识培训。共44家地区公司、121名学员参加了培训。通过培训，学员们掌握了软件应用的知识，增强了对土地政策的把握和应用能力，促进土地管理系统综合素质和管理水平的提高。

（李　娥）

【技术设备引进管理】　坚持从维护股份公司整体利益出发，以确保重点建设项目顺利实施为中心，实行引进项目全过程管理，主要抓了四项工作：

一是建立机电产品国际招标评审专家库。经过层层推荐，专业公司初审，涵盖股份公司油气勘探、开发、炼油、化工、管道、销售六大类、13个专业、324名专家组成的专家库已初步建立起来，其中推荐

国家级专家126名。

二是开展引进管理人员培训工作。举办一期国际招标培训班，聘请商务部官员和国际招标专家，结合国家法律法规，对招标过程的关键环节、容易出现的问题和解决办法进行讲解，使73名基层业务骨干基本掌握了相关知识和操作技巧。

三是积极主动地为企业和重点工程服务。本着既坚持政策、又实事求是的精神，协调解决了西气东输主供气田克拉2、吉拉克桑南气田开发中引进设备对外采购方式问题，妥善处理了招标评标过程中出现的热点难点问题，保证了重点工程和生产经营的正常进行。

四是认真审查和办理机电产品进口许可证和减免税确认书等有关手续200多项，为重点建设项目的顺利实施创造了条件，维护了股份公司的利益。

（宋晓丹）

财务资产改革与管理

【概述】 2003年，集团公司财务资产部按照党组工作部署，认真学习贯彻集团公司工作会议精神，围绕集团公司建设具有国际竞争力跨国企业集团战略目标，进一步加强资金管理与内控制度，确保集团公司改革与发展的资金需求和使用的安全、有效；强化预算管理工作，确保年度生产经营目标的完成；组织实施新《企业会计制度》，并在炼化企业推行会计集中核算，促进会计信息的真实完整；及时深入研究与落实财税政策，为集团公司生产经营争取有利的外部政策环境；加强国有资产管理与扭亏解困工作，加强财会基础工作和队伍建设，财务资产管理工作水平得到进一步提高，财务状况进一步改善，全面完成以"筹融资、预决算、政策信息服务"为重点的部门各项工作任务，为集团公司改革发展与稳定做出了积极的贡献。2003年，集团公司实现销售收入4753亿元，利润总额737亿元，实现税费813亿元，国有资本保值增值率112%，处于石油化工行业优秀水平；在2003年度《财富》世界500强公司排名中，集团公司排名69位，位于上榜中国公司的第1名。

（万　钧）

【资金管理】

1. 以所得税退税为重点，积极筹措资金，确保总部现金收入

规范内部各单位及控股公司所得税入库，加强对单据的传递管理，积极协调财政、税务等部门，确保退税资金应退尽退和及时到账。2003年，共计收到所得税缴款书932张，实际取得退税155.98亿元，超额完成年初集团公司确定的退税目标；积极协调财政部、科技部等国家有关部门，办理财政资金请款取得国家财政资金1.6亿元；积极协调，全年取得股份公司股利254亿元（其中2002年下半年股利97亿元，2003年上半年股利157亿元）；严格把关，全年收取其他参、控股公司分派的股利以及应上缴利润单位上缴的利润1.4亿元；此外，为企业申请并取得国家对开拓海外市场贷款贴息、外贸发展基金等项资金。

2. 发挥集团公司整体优势，降低筹资成本

与中国银行签订100亿元人民币授信协议；为国际工程公司办理保函和信用证计18亿元；为勘探开发公司办理保函和信用证计10亿元。通过办理以上业务，节约支出约2500万元。

3. 强化资金监管工作

组织开展货币资金内控制度执行情况专项检查活动，采取各单位自查与集团公司抽查相结合方式，重点对违规设立"小金库"、健全与落实资金管理制度及资金管理岗位设置等情况进行了检查；组织开展银行账户情况调查工作，对所属企事业单位及各级控股子公司开立银行账户情况进行调查，摸清二级以下单位开户数量多、异地开户及资金存储分散等存在的问题；建立外投外借数据库，及时跟踪管理各企业外投外借情况；此外，对新疆石油管理局、中国华油集团公司、中国石油集团工程设计有限责任公司及吉林燃料乙醇公司等单位的资金运作、外投外借、资金管理内部控制的建设等情况进行专项调查，对中国石油集团科学技术研究院、中国石油集团工程技术研究院和中国石油集团经济和信息研究中心的科技经费预算资金使用情况进行专项审计。

4. 及时实施股转债

在集团公司领导的组织带领下，经过艰苦谈判，先后与国家开发银行、中国银行、中国建设银行和信

达资产管理公司签订股转债协议。实施股转债后，2003年全年支付利息12.7亿元，归还本金31.6亿元。集团公司对股份公司的持股比例由79.5%增至90%，增强集团公司的控制力。

5. 组织进行国库集中支付改革试点工作

密切跟踪国家财政有关改革动态，积极争取有利于集团公司的国库集中支付改革试点政策，经过努力，落实所得税退税资金的原政策、原渠道保持不变的政策。同时，按照国家试点工作要求，开展除所得税以外的国家预算收支相关账户的开立、操作流程设计等配套工作，并组织有关单位进行业务培训。

（吕连浮）

【预算管理】

1. 加强对预算执行过程的管理

在预算指标的确定上，按照既定的环比增长机制确定各企业的预算利润指标，按照所占用的净资产并参照同行业净资产收益率平均值确定公司制企业的预算利润，按照“谁受益、谁付费”和财政资金不挤不占、集团公司补贴维持2002年不减的原则确定事业单位的经费预算，同时将科技经费投入回报等新建机制纳入预算指标确定与管理。在预算执行上，制定并下发《关于建立预算执行情况定期分析报告制度的通知》，建立季度预算执行情况跟踪报告制度、半年预算执行情况分析报告制度和全年预算执行情况分析报告制度，及时跟踪了解企业预算执行情况；协调处理东方物探、中油测井等专业化重组中财务遗留问题。经过上下共同努力，集团公司实现收入和利润双增长，未上市企业实现主营业务收入1483亿元，比2002年的1147亿元增加336亿元，增长29.2%；实现利润17.5亿元，比2002年亏损6.5亿元增利24亿元，比预算1.6亿元增利15.9亿元。

2. 确定2004年的预算利润目标

继续坚持预算利润环比增长机制和“两下一上”的编制方法，将科技经费投入回报和返哺资金投入回报增效纳入预算。按照实现“十五”末经营目标的总体要求，从2003年8月开始组织研究确定2004年预算基本思路、原则和主要参数，9月25日向集团公司党组汇报2004年财务预算框架安排，11月份召开预算审核会，审核51户企事业单位上报的2004财务预算，12月11日向党组汇报预算指标审核落实情况。未上市企业2004年预计可实现利润22亿元，比集团公司确定的预算利润增利10亿元，比工作目标增利3.8亿元。

（陈　忠）

【组织实施《企业会计制度》】　经国家批准同意，处理资产损失。在2001年财产清查的基础上，2003年组织力量对吉化集团公司等六户企业未纳入财产清查范围的资产重新进行清查核实，增加新制度损失43.8亿元，剔除变化因素，集团公司向国资委报损原制度损失104.5亿元，新制度减值损失162.4亿元，合计266.9亿元。经国资委国资评价函［2003］317号文批复同意全额核减国有权益266.9亿元，财政部和国资委分别批复集团公司从2003年1月1日起执行《企业会计制度》，使集团公司成为第一家执行新会计制度的国有特大型企业集团。

制定实施新制度的配套制度办法。为顺利实施新制度，按照《企业会计制度》的要求，及时制定《新旧会计制度衔接有关调账问题的处理规定》和《资产减值准备计提与核销管理暂行办法》等有关规定和办法；按新制度新准则要求，修订集团公司《会计核算办法（2003）》；适应海外石油勘探开发项目的需要，组织力量适时制定《中国石油天然气勘探开发公司涉外业务会计核算办法》，从制度上提供坚强的保障。

组织新制度新准则知识的培训。在“非典”时期，邀请国家有关部门参与新制度新准则制定的专家等，分五期对总部全体财务人员进行新制度的系统讲解；2003年8月中下旬，通过视频系统对基层单位领导与骨干会计人员约1.1万余人次开展培训；集中对各单位负责会计核算的处长、会计业务骨干进行新制度实务强化培训；根据集团公司统一制定的培训大纲，组织企业自行举办多轮次培训。大面积的强化培训，普及新制度新准则的知识，为《企业会计制度》的实施奠定了扎实的理论基础。

经国资委批准处理新旧会计制度损失266.9亿元，并全额冲减国有权益，涉及集团公司所属48户二级企业，解决了企业历史包袱，夯实了企业资产，更为真实地反映企业经营成果，利于划清企业经营责任，促使其轻装上阵，积极参与市场竞争；损失的核销为国家今后公平公正地考核评价集团公司和所属企业经营效绩奠定了坚实的基础，为全面统一执行《企业会计制度》扫清了障碍；同时，集团公司全面实施新的会计制度，实现上市与未上市企业、国内与国际会计标准的统一，有利于促使企业更大程度和更大范围地加快“走出去”步伐，尽早实现集团公司具有国际竞争力的跨国企业集团战略目标。

（严　九）

【会计核算】　完成集团公司2002年度会计决算的汇编上报工作。审核汇总61户所属企事业单位的财务会计报告，决算审核时重点关注国有权益变动因素，要求各单位在会计报告中逐项披露国有权益增减变动及其原因，为顺利通过国有资产保值增值考核提供详实、准确的基础资料。做好决算对外报告的同时，还认真进行决算情况的解剖分析，继续提升会计的内部管理职能，分析结果分六个部分向集团公司党组全面汇报了全年度的财务状况和经营成果。

完成2003年度的月度财务快报汇编上报工作，重点分析季度生产经营和经济效益情况，及时上报集团公司领导和国资委、财政部。2003年4月，国务院国有资产监督管理委员会挂牌成立。从6月份开始，集团公司增加向国资委报送月度快报，同时继续向财政部报送。为做好这项工作，一方面加大对企业月报的考核力度，实行通报制度，严格数据质量控制，实现月报报出时间比2002年平均提前一天；另一方面认真做好月度报表审核分析，以提升会计信息使用价值。每季度的生产经营和经济效益情况分析，为领导决策及时提供信息支持，每季度向国务院办公厅报送的经济运行分析资料，为国家及时掌握企业的经济运行情况提供了保证。由于对该项工作抓得紧，资料报送及时、准确，集团公司受到财政部的通报表扬。

贯彻落实国家监管要求，做好2003年财务决算部署工作。2003年决算体现出国家对国有资产监管的新形势、新变化和新要求，集团公司需分别向国资委和财政部报送决算；其中国资委企业财务决算报表48张，财政部企业会计决算报表11张，两者的差别主要是国资委设计增加了一套监管企业补充指标报表，而且两套口径的决算报表均要求按三级单位上报，数据量大增，数据间的逻辑性关系和勾稽关系变得更为复杂。对此，一方面认真学习领会国家对财务决算部署的精神和总体要求，发现主要的变化内容。另一方面综合国资委、财政部和监事会的要求，统筹安排集团公司的年度决算布置。按照“简练有用”的原则，以国资委企业报表为基础，融合各方需要，集团公司设计布置出企业类、事业类和境外企业类三类决算报表。其中，制定详细规范的财务情况说明书、报表附注和决算汇报提纲模板，要求企业分别对市场分布、利润变动、现金流量、会计制度影响等重大问题进行披露或向集团公司报告，以提高财务信息的有用性。再一方面以全面实施新制度为契机，严把质量关，保证决算信息真实可靠，对有关专项问题进行研究并做出统一要求。如严格规范合并会计报表范围，提出凡是符合合并条件的子公司，一律纳入会计报表合并范围，保证决算的完整性，防止合并过程中的随意性；严格限定会计报表年初数的追溯调整，不符合要求的不得随意调整年初数。此外，为减少企业工作量，保证决算数据的准确性，积极做好中油财务管理信息系统与财政部、国资委的报表软件的结合工作，由财务资产部统一提取转化到财政部、国资委的报表软件中，避免出现多套报表、多套系统并行的局面。

（房树旺）

【清理应收应付往来款项】　集团公司2002年决算报表显示往来款项余额较大，往来账管理与核算存在较多问题，如核算不规范、内部核算链条过长、合并抵消不干净、虚增债权债务、结算流程过于繁琐、相对重视应收款清理、不重视应付款以及只挂账不清理等，对企业的经营造成较大影响，影响集团公司合并会计报表的信息质量。为了进一步夯实企业的资产负债情况，真实反映企业的财务状况和经营成果，强化应收、应付款项的管理，2003年集团公司组织进行了往来款项的调查核实和清收、清理工作。

（1）建立相关制度，选择重点进行调查清理。2003年5月26日集团公司发出《关于积极清理并加强应收应付款项管理的通知》（财资字［2003］50号），建立往来款项月度报表制度。对各单位2003年本年的往来款项进行跟踪监控，发现异常及时做出调查分析，期间集团公司对2003年往来款项的升降情况进行通报，并对往来款项清理工作做得较好的单位进行经验介绍。7月8日，针对六户重点企业下发《关于选择六户企业进行往来账调查分析的通知》（财资函字［2003］60号），组织会计师事务所进行专项审计调查，出具专项审计报告，集团公司据此全面了解六户重点企业的往来款项情况，并提出整改要求。

（2）召开专题视频会议，全面组织进行调查清理。2003年10月13日集团公司专门召开清理往来款项的网络视频会议，此后历时一个月时间组织未上市企业的往来款项摸底调查，并为此专门召开网络视频会议，要求各企业认真落实2002年往来款项余额情况，总结出往来款项中存在的主要问题，强调往来款项调查清理的重要性以及各单位在往来款项上的经验教训，会后各企业认真组织人员对往来款项进行全面的清理核实，摸清2002年决算往来款项的真实情况，保证2003年决算数据质量，取得良好的效果。

决算严把应收、应付款项的审核关。2003年决算审核中，在10月往来款项摸底调查的基础上，集团公司对各单位往来情况每一笔往来款项进行详细的调查和分析，监督各企业的往来款项清理工作，严审核、细把关，使往来款项的情况如实反映在2003决算会计报表中。

经过一年的努力，往来款项清理初见成效，应收款项下降39亿元，其中集团公司未上市企业下降41.1亿元。应付款项在生产经营扩大的情况下，做到基本与2002年持平，其中集团公司未上市企业下降56.2亿元。在往来款项核算方面，已经做到规范核算，核算串户的情况从根本上得到纠正，内部往来抵消不净的情况基本消除。

（白建辉）

【扭亏解困】 加强监控，帮助六户特困企业实现了扭亏解困阶段目标。一是由财务资产部领导和有关处室参加，先后深入到大庆石油化工总厂、吉化集团公司、吉林石油集团有限责任公司等企业开展现场调研，在听取三家企业扭亏解困工作汇报的基础上，现场考察了各企业扭亏解困项目的建设情况、重点装置的生产情况，及时了解企业的扭亏解困进展情况以及存在的主要问题，指导企业开展扭亏解困工作。二是按照年初集团公司六户特困企业扭亏解困座谈会精神，及时落实扶持政策，包括解决四川石油管理局扭亏解困专项资金5亿元、吉化集团公司0.5亿元；帮助吉林石油集团有限责任公司开展债务重组给予委托贷款2.4亿元，批准吉化集团公司流动资金贷款2亿元等。三是建立了六户特困企业扭亏脱困季度分析报告制度。此外，协调处理了四川石油管理局新编钻井定额实施后遗留的1.74亿元成本差异。六户特困企业紧紧抓住管理、发展、改革、市场、稳定五个环节，认真开展"管理增效年"活动，突出抓好精细管理，目前六户特困企业都踏上了扭亏解困的步伐，全部完成了扭亏解困阶段性目标。其中，吉化集团公司和吉林石油集团有限责任公司分别实现利润1477万元和5601万元，考核利润连续两年实现不补贴、不亏损；四川石油管理局、兰州炼油化工总厂、兰州化学工业公司和大庆石油化工总厂四户企业在三项费用补贴前实现控亏6.1亿元，比预算减亏6880万元。

【企业办社会职能移交】 开展了集团公司企业办社会情况的调查，基本摸清了所属单位办社会职能的基本情况，并建立了办社会职能基本情况数据库，向财政部等国家有关部门报送了集团公司企业办社会情况资料；紧密跟踪国家在社会职能移交方面的政策，按照既符合国家政策又有利于集团公司稳步移交的原则，对有关的财务政策进行研究，积极稳妥地推动企业办社会职能移交工作的开展。

（陈　忠）

【监事会监督检查】 2003年是国务院原派出集团公司第一届监事会（第37办事处）任期的最后一年。2月8日，进驻集团公司监事会主席先行进行了调整，新任主席为姜增伟同志。

2月19—26日，监事会成员分赴吉林省松原地区现场检查吉林石油集团有限责任公司和股份公司吉林油田分公司等两户企业，2月27日至3月5日现场检查吉化集团公司和股份公司吉林石化分公司等两户企业；3月10—14日，完成对中国石油天然气勘探开发公司现场检查；3月18—23日赴河北省任丘地区现场检查华北石油管理局、股份公司华北油田分公司和华北石化分公司等3户所属企业；4月1—5日，完成对河北省廊坊地区所属中国石油天然气管道局和股份公司管道分公司等两户企业的现场检查；4月8—17日，完成对股份公司总部的检查。从2003年起，监事会现场检查方式有所变化。为加强现场检查力量，提高检查效率，除由总部派出专人陪同检查外，应监事会要求，集团公司还分别从大庆油田、辽河油田、抚顺石油化工公司、大港油田和华北油田等单位抽调多名财务骨干参与并配合监事会的监督检查工作。

在总结2002年《企业基础材料》编报情况的基础上，适应国家对国有企业监管的新形势，根据国有企业监事会办公室《关于报送2003年度〈企业基础材料〉的通知》（国监办发［2003］13号）要求，继续组织集团公司所属单位向监事会报送2003年《企业基础材料》，同时组织集团公司各部门分工合作，共同完成总部《企业基础材料》的编报。内容详实、质量明显提高的企业基础资料保证了监事会对集团公司监督管理的需要。

（肖文建）

【年报社会审计】 为了推行《企业会计制度》的顺利实施，进一步提高会计信息质量，2003年，集团公司未雨绸缪，提前组织安排落实年报注册会计师审计工作。8月20日，召开2003年度年报注册会计师审计工作会议，对2002年的审计工作进行总结，对2003年的审计工作进行部署。2003年年报注册会计师审计工作主要采取三项措施。一是通过调查问卷资格审查等方式对各会计师事务所的总体情况进行评估排名，在安排2003年审计工作时，对审计质量高、规模大的事务所继续委托审计，对规模小、审计力量薄弱的4家事务所提出了黄牌警告，淘汰一家审计力量薄弱、审计质量不能保证的会计师事务所；二是改革审计委托方式。独立性是注册会计师职业的灵魂。

为增强独立性，使会计师事务所敢于负责，提高审计质量，集团公司2003年改变以往的审计委托方式，按照“统一组织、统一委托、统一付费”的原则，与会计师事务所直接签订审计业务约定书。集团公司为委托人，会计师事务所为受托人，直属企业按照要求提供审计所需要资料，并接受审计，审计费用由集团公司统一承担；三是结合对企业的专项审查和抽查方式，决定对会计师事务所审计质量进行评估确认，质量不高的以后不再安排其参与集团公司的任何审计工作。

除中国华铭国际投资有限公司和北京华昌置业有限公司两个新成立单位及北京石油管理干部学院等三个事业单位未安排注册会计师审计外，会计师事务所对57户企业出具的是标准无保留意见审计报告，对3户企业出具了带说明段无保留意见审计报告，对1户企业出具了保留意见的审计报告，北京信永中和会计师事务所对集团公司合并报表出具了标准无保留意见审计报告。

（肖文建）

【会计集中核算及信息系统建设】　信息系统建设方面，2003年中油财务管理信息系统财务分系统由FMIS 5.5版本升级为FMIS 6.0版本，从技术手段到功能应用都有很大的提高。首先，在技术上突破了以往的C/S双层模式，采用了C/S与目前流行的B/S相结合的三层模式，解决了远距离单位无法实现集中管理的难题。在数据库结构方面选用更高版本的主流sybase数据库，提升了系统性能。其次，在功能上引入“责任中心”概念的核算体系，使业务核算在集中的基础上又有各自的分离，既能满足上级集中管理的需求，又实现了各业务单元自身的独立核算。在原有的账务、报表、财务预算和成本核算功能模块的基础上新增综合查询、集中报账和内部交易等功能模块，在继承以前版本优点的基础上，实现更加方便自由的查询和内部业务的合并抵消。整合了报表模块，将数据汇总并入报表管理。上级单位可以根据自身需求生成总表，也可以汇总下级单位生成总表；既可以按业务单元出表，也可以按部门分类出表，使报表形式更加多元化。

会计核算集中方面，首先，以软件为依托，积极推行会计集中核算。新版软件可通过登录互联网的方式实现对财务数据库的访问，使财务集中管理成为可能。为实现公司的扁平化和集约式管理，减少核算和报告层次，提高财务信息传递的时效，实现数据集中和信息共享，降低管理成本，获得集约效益，集团公司于2003年在全系统范围内大力推广会计集中核算。其次，配合会计核算集中工作的开展，加大财会人员的培训力度。先后举办6期会计集中核算的相关培训，内容涉及FMIS 6.0的操作使用、会计集中核算工作的整体思路和新型业务流程的设计。再次，更新软硬件设施，提升系统运行效能。为使FMIS 6.0更好地服务于会计集中核算工作的需求，帮助油田单位和炼化企业实施系统改造，本着降低采购成本的原则，统一组织各单位的服务器招投标工作，严格筛选服务器供应商，组织和安排对服务器到货后的统一安装和调试工作。最后，加强制度建设，下发相关实施细则，确保会计集中核算工作制度化和程序化。先后制定并出台了《炼化企业会计集中核算指导意见》、《存续企业会计集中核算指导意见》和《集团公司内部往来单位编码表》等操作细则。

（陈　荣）

【国有资产管理与评估】

1. 整体带资分流改革中的资产评估备案工作

一是严格按照集团公司规定，把好企业改制过程中的资产处置关和做好一次性优惠比例的测算确定等工作。二是规范改制过程中的资产评估工作，按照财政部的有关规定，对所属企业进行资产评估的程序、立项手续以及备案等提出了具体要求。全年共完成资产评估报告备案29项，涉及账面资产总额45亿元，负债28亿元，净资产17亿元；评估后资产总额46亿元，负债28亿元，净资产18亿元。净资产评估增值1亿元，增值率3.4%。积极研究和规范改制中的财务行为，保证了整体带资分流改制工作的顺利开展。

2. 国有产权登记管理工作

按照财政部《关于做好2002年度企业产权登记年度检查工作有关部门问题的通知》要求，结合集团公司实际，研究制订了《集团公司产权登记年度检查工作方案》，确定了集团公司及其所属的55个单位进行的长期投资企业作为这次产权登记的范围。全年共审理了所属55个单位的480户企业产权登记资料，其中已办375户、补办105户；办理变动登记的企业142户，注销登记的企业13户，办理年检登记的企业为462户。通过产权登记的年检工作，摸清了占有国有资产的企业户数，国有资产的使用与资产经营状况，为加强国有资产管理、考核国有资产的保值增值奠定了基础。

（吴盛龙　周　晶）

【财税政策】

1. 落实了石油工程技术专业化重组企业统一计算缴纳所得税和增值税政策

专业化重组后的东方物探和中油测井两个公司生产流动性强、作业地点分散，尤其是跨地区经营如继续适用现有的税收政策，将使其公司内部形成多个增值税和所得税纳税人，增加企业的税收负担。通过深入分析这两个公司涉及的纳税问题，研究制订了专业化公司整体税收筹划方案，并多次向国家税务总局汇报沟通。经过积极努力，国家税务总局先后下发了《关于中国石油天然气集团公司所属东方物探公司和中油测井公司缴纳企业所得税问题的通知》（国税函［2003］1119号）和《关于中国石油天然气集团公司所属石油工程技术服务公司增值税管理问题的通知》（国税函［2003］1193号）等文件，具体明确了以下政策：跨地区专业化公司所得税纳税地点为总机构所在地、所属非独立核算的事业部和分支机构由总机构以汇总纳税方式统一计算缴纳企业所得税；专业化公司由总机构统一计算缴纳增值税，统一增值税专用发票的领购、开具和管理等内容，解决了各地对跨地区经营的专业化公司的税收争议，为专业化重组企业的改革和发展赢得了较宽松的税收征管环境。

2. 争取到了渤海湾赵东对外合作项目进口物资免税政策

财政部、海关总署和国家税务总局下发《关于中国石油天然气集团公司所属赵东项目进口税收问题的通知》（财税［2003］207号）明确：集团公司渤海湾赵东项目，比照老项目规定办理进口物资免税手续，进口石油开采专用机器、设备和零附件及材料免征进口关税和进口环节增值税。该项政策的落实，当年节税5500多万元。

3. 争取到了国际工程公司税前提取总机构管理费政策

《国家税务总局关于中油国际工程有限责任公司所属企业2002年度总机构管理费扣除标准的通知》（国税函［2003］284号）明确：国际工程公司2002年度向所属企业提取1700万元的总机构管理费，准予在税前扣除。

此外，落实了《财政部、国家税务总局关于2003年度中国石油天然气集团公司勘探开发海洋和陆上特定地区石油（天然气）项目认定的通知》（财税［2003］177号），争取到了集团公司成员企业凡从事勘探开发特定地域油气项目而进口的规定物资，均可免征进口关税和进口环节增值税的政策；落实了《国家税务总局关于龙源等生产销售的溶剂油、石脑油不征消费税的通知》（国税函［2003］1176号），龙源石化公司等未上市企业生产销售溶剂油免征消费税，2002年为成员企业节税4245万元，以后年度也均可纳入免征消费税计划。

（桂王来）

【纳税筹划】 组织对东方物探和中油测井两个专业化公司进行纳税筹划。研究提出理顺公司内部经营管理的模式，通过流程再造实行一级法人扁平化管理的组织结构筹划方案。具体内容是总部对人财物、产供销实行集约化管理，统一组织大宗物资的采购与配送；统一对外筹融资和签订合同；实行资金集中管理，推行“现金收支两条线”，一切收入直接汇入公司总部账户，各事业部仅可保有经费支出账户，并作为公司总账户的分户；会计集中核算，由总部统一核算收支和盈亏；异地设非法人的事业部，仅归集直接成本费用，不独立计算盈亏。通过实施专业化公司纳税筹划，提高了经营管理效率，节约了费用支出，对今后集团公司专业化持续重组起到了示范和促进作用。

（王集杰）

【工程技术服务价格】 编印了《国际石油工程技术服务价格信息分析报告（第一期）》，采取点、面结合的方式收集、整理了苏丹穆格莱得盆地、哈萨克斯坦滨里海盆地和委内瑞拉马拉开波盆地的石油物探、钻井工程服务的有效的价格信息，以油藏的“生、储、盖”和开发条件为基本指标，遴选出了国内与上述海外三盆地可以直接简单对标的目标盆地，作为价格比较分析的基础，分析、确定了影响技术服务价格的主要敏感性因素。这一信息对了解和参与国际石油工程技术服务竞投标、提出合理报价具有一定实用性，也对国内石油工程服务价格起到了参考作用。

（何　焰）

【财会队伍建设】

1. 加大对高级财务管理人员的培养力度

与人事劳资部研究制订了《加快企业总会计师队伍建设方案》，在北京国家会计学院组织举办了集团公司第一期高级财务管理人员培训班。该培训项目借鉴了哈佛“CFO”培训内容并参考了国际“EMBA”培训思想，设计了包括国际最新财务会计理论知识、国家颁布的新会计准则与制度、国际资本运营新模式等在内的10多个教学模块。这次培训为期9个月，共有35名同志参加（未上市企业28人，股份公司7人），改善并优化了集团公司财会队伍特别是高层次管理队伍结构。

2. 加强培训工作，促进提高财会人员的业务素质

一是组织开展新制度、新准则培训，各单位共举办这类培训班300余个（期），约有1.7万人次参加。二是组织财务处级干部岗位任职资格培训班和财会骨干人员培训班，培训人员230人。此外，按照国务院机关事务管理局的要求，财务资产部牵头组织举办了12期在京单位会计人员继续教育培训，培训人员2100余人，被评为中央国家机关会计人员继续教育先进单位。

3. 组织开展会计职业道德教育活动

在全体财会人员中组织开展了以“爱岗敬业、诚实守信、廉洁自律、客观公正、坚持原则、提高技能、参与管理、强化服务”为内容的职业道德宣传教育活动。活动分为三个阶段即组织学习、查找问题与整改落实。各单位结合实际和财会人员职业道德现状，制订了职业道德教育活动方案，分层次、有计划地开展教育活动，抓住整改落实这一重点，建立健全内部控制制度建设，取得了明显成效。

（万　钧）

【制度建设】　2003年，从加强制度建设入手，组织制定、修订和完善了一系列财务资产管理制度，进一步规范了财务资产管理工作，主要包括《关于规范对外投资、对外借款及对外担保管理的补充通知》、《关联交易结算管理试行办法实施细则》、《集团公司科技经费投入回报管理试行办法》、《集团公司返哺资金管理办法》、《集团公司钻井系统成本核算与管理办法》、《集团公司资产减值准备计提与核销管理暂行办法》、《集团公司内部会计核算办法》等8个管理办法。此外，修订了《集团公司固定资产目录》，并准备择机出台。

（胡宝顺）

股份公司财务管理

【概述】　2003年财务工作不断向建设“一流的财务管理体制，一流的财务管理队伍”的总体奋斗目标迈进，积极转变观念，克服困难，认真贯彻国家财经法规和政策，严格遵循会计准则和制度。完善了以投资回报、利润目标为中心的全面预算管理体制，强化了预算委员会的职能。进一步加强资金管理制度建设，制定了《中国石油天然气股份有限公司资金计划管理办法》、《中国石油天然气股份有限公司银行承兑汇票管理办法》、《中国石油天然气股份有限公司规范使用网上银行业务的规定（暂行）》等管理办法。财务信息披露工作向规范化运作又迈进了一步，在公司范围内组织编制了《中国石油天然气股份有限公司对外披露主要经济技术指标定义手册（试行）》，确立了一整套披露指标体系。深化资产管理，建立一套职责明确、信息化、效益型的资产管理体系，下发了《资产报废及处置实施细则》，研究起草了《转资管理办法》和《资产修理管理办法》，开展了资产集中管理系统的试点。加强财务基础工作和制度建设，使财务管理工作更加标准化、制度化、规范化。

（孟晓玲）

【预算管理】　2003年股份公司预算管理工作继续围绕《中国石油天然气股份有限公司预算管理暂行办法》确定的原则、内容和管理模式，进一步完善和加强了以投资回报、利润目标为中心的全面预算管理体制，强化了预算委员会的职能。一是按进度完成了2003年预算编制和分解下达工作。按照全面预算管理的要求，根据专业公司的业务特点，试点推行了按投资回报确定预算指标的方法，将一切收支纳入预算管理，组织编制了2003年预算，经公司管理层审查后的预算方案报公司董事会审议。根据董事会批准的预算方案，对预算目标进行了层层分解，与专业公司、地区公司分别签署了业绩合同，保证了各项预算指标的落实。二是加强预算监督和分析，及时反映公司及所属地区公司的预算执行情况及存在的问题。按照年度确定的预算指标和投资回报率标准，及时发现问题，提出解决问题的建议，强化了预算预警机制，形成较为完整的月度预算执行情况监控制度，为公司管理层经营决策提供信息和依据。三是深入研究公司业绩考核机制，强化预算激励约束作用。2003年补充完善了业绩指标考核办法，减少了生产经营中的一些考核剔除因素，突出了经营成果的有效考核。四是加强资金预算管理，保证地区公司资金使用按照预算进行。五是适时进行公司经营情况滚动预测，及时掌握公司全年盈利水平，为公司管理层经营决策提供信

息支持。

（洪海军）

【资金管理】　2003年进一步加强资金管理制度建设。制定了《中国石油天然气股份有限公司资金计划管理办法》、《中国石油天然气股份有限公司银行承兑汇票管理办法》、《中国石油天然气股份有限公司石（炼）化企业资金收支两条线管理办法》、《中国石油天然气股份有限公司规范使用网上银行业务的规定（暂行）》等管理办法。

深化资金集中管理，稳步推进资金收支两条线工作。2003年，股份公司总部对所属21个炼化企业全面实施了资金收支两条线管理，并对炼油销售系统的资金管理工作进行内部整合，为下一步对37个炼油销售企业实施资金收支两条线管理奠定了坚实基础。通过资金收支两条线管理，规范和优化股份公司资金运行。一是实现资金全额集中，充分发挥总部资金蓄水池的作用，优化资金配置；二是规范账户设置、锁定资金收支路径，加强资金源头治理；三是严格资金计划管理，强化过程控制，规范地区公司资金收支使用行为；四是实现网上银行运作，提高资金运行效率。

加强管理、积极协调、进一步完善货款封闭结算网络。将股份公司内部单位之间的天然气互供纳入货款封闭结算，并确定了"首站买断、当日计量、当日结算"的运行模式，明确了管线运行中交易各方的权、责、利，有力地保证了天然气内部结算的正常进行，维护了股份公司整体利益。

（刘　岩）

【债务管理】　股份公司2003年继续加强债务集中管理，各项关键业绩指标顺利完成，确保了生产经营债务性融资需要和大型重点项目的融资需求，同时加强创新研究和制度建设，使债务管理工作提高到了一个新的水平。

（1）细化参股控股公司债务管理，为各级参股控股公司提供委托贷款、贷款担保等财务资助。在《非全资附属公司债务融资管理办法》的指导下，公司向参股控股公司提供委托贷款或贷款担保继续规范运作。2003年底总部对参股控股公司提供委托贷款余额60.7亿元，提供贷款担保余额4.95亿元，一方面加强了对参股控股公司债务的管理，减少合并报表债务余额，另一方面减少了参股控股公司财务费用支出，提高了股份公司整体收益。

（2）取得金融机构授信额度1153亿元，保持了良好的银企关系，为确保股份公司当前和未来融资需求奠定基础。截至2003年底，股份公司共取得有效授信总额1153亿元（财务公司300亿元、中国银行200亿元、工商银行273亿元、建设银行180亿元、交通银行100亿元、进出口银行100亿元），已使用授信额度376亿元，未使用777亿元。足够的授信额度保证了股份公司生产经营债务性融资的需要，降低了流动风险。

（3）开拓海外融资渠道，筹措1.6亿美元，保证股份公司海外项目发展的资金需求。筹集7100万美元保证国际公司HESS项目的顺利收购，筹集1100万美元，保证印尼项目日常运行筹款资金的需要。2003年底，为国际公司印尼项目2004年现金流缺口安排了8000万美元银团贷款。协助国际公司归还了DEVON项目收购时的中行贷款2000万美元，做到了境外贷款的灵活安排。为海外项目准备了7.8亿美元的短期融资额度，境外贷款余额为3.4亿美元，可用余额为4.4亿美元。与进出口银行签署的100亿元授信额度全部用于海外项目投资，其优惠的贷款利率保证了海外项目能在最短的时间内筹集到充足的低成本资金。

（4）提前归还10.6亿元外汇贷款，节约当年利息支出3600万元，节约以后年度利息支出1.5亿元。协调地区公司和银行，提前归还独山子英国政府出口信贷5500万英镑，意大利买方信贷、西班牙出口信贷、商业贷款等外汇贷款2700万美元，提前归还吉化股份公司中行国际商业贷款700万美元和5.5亿日元。不仅节约了利息支出，还减少了日元、欧元和英镑升值带来的汇兑损失。

（5）圆满完成15亿元中国石油企业债券的发行。2003年10月28日，圆满完成了股份公司15亿元石油债券的发行工作。石油债券期限10年，债券票面利率4.11%，是近年来同等期限企业债券发行利率最低的，在不利的市场情况下，与财务顾问、主承销商和承销团协商，保证在发行期内顺利发行完毕，15亿元资金顺利到账。

（6）突破银行借款年限约束，提出有利于股份公司发展的融资方案。与金融机构签订跨年度短期循环借款协议，突破了银行短期借款的年限约束，尽可能降低融资成本。

（范　暄）

【资本市场业务管理】　2003年财务信息披露工作向规范化运作又迈进了一步。在公司范围内组织编制了中国石油天然气股份有限公司《对外披露主要经济技术指标定义手册（试行）》，确立了一整套披露指标体系，规范描述重要指标的定义、口径、计量单位、报告频度、数据来源和归口部门。

起草股份公司“截至2002年12月31日之全年业绩公布”和“截至2003年6月30日之中期业绩公布”，公布时间均比2002年同期有所提前。起草2002年度和2003年中期董事会利润分配预案（含派息方案），拟定派息时间表并计算H股股息港币与人民币兑换率。

协助董秘局收集公司香港版“2002年度报告”、“2003年中期报告”和2002年度美国版年报（20-F表）的有关财务和经营信息，并根据新的披露要求和实际情况的变化对有关内容进行了适当调整：一方面由于收购加油站的影响，追溯调整了2000年炼油与销售分公司销售量等指标及2001年与2000年的经营业绩对比分析；另一方面，在对收入、成本费用和损益的定性分析基础上，较多地补充了相应的定量分析数据。

2003年继续开展国债回购业务。建立了国债回购数据管理系统，提高了国债回购业务的效率和数据统计的准确性。扣除交易费用后，全年实现投资收益4.32亿元，折合年本金收益率2.34%，高于同期存款利率1.62个百分点。同时继续少量尝试开展资产委托管理业务。

2003年，对国内外资本市场的热点问题进行了专题分析研究。

（王晓峰）

【资产管理】　2003年陈耕总裁在集团公司工作会议上提出了“深化资产管理，建立一套职责明确、信息化、效益型的资产管理体系，盘活存量、优化增量、控制总量”的资产管理总体要求，7月份王国樑总监在股份公司财务工作会上提出了资产管理是“全员、全过程管理”的管理理念及严格把握资产形成关口，逐步建立起公司统一的资产管理信息系统等具体要求。结合公司实际，资产管理工作坚持“先规范后提高、先打基础再向生产过程延伸”的原则，全年主要工作如下：

一是深化资产管理，加快制度建设步伐。下发了《资产报废及处置实施细则》，研究起草了《转资管理办法》和《资产修理管理办法》。

二是编制了股份公司资产分类与编码体系，为资产信息化奠定了基础。3月份财务部成立了资产分类与编码项目组，对八个地区公司的66个主要作业现场进行了调研。

三是推进资产管理信息系统功能建设。根据公司提出的总体思路及财务工作会议工作安排，提出了完善资产管理信息系统功能的方案，并在抚顺石化进行了试点，为逐步建立起公司统一的资产管理信息系统进行了有益的探索。

四是完成了股份公司炼化资产重估工作。按照国际准则规定，公司应定期对资产进行重估，确定只对炼化企业的生产装置进行重估，以最小的代价满足了审计及外部监管的要求。

五是协调处理炼化企业结构调整中的有关问题。按照股份公司炼化结构调整的统一安排，积极协调处理兰州石化西区、大庆炼化林源生产区、前郭石化综合利用厂等相关装置关停及善后处理工作，对优化公司资源配置，提高资产收益起到了积极作用。

六是举办资产管理培训班，提升资产管理人员业务水平。结合资产管理现状，深入贯彻落实国家、公司有关资产管理的规章制度和公司对深化资产管理的要求，贯彻了公司“全员、全过程”的资产管理理念，收到了良好的效果。

七是组织协调了中国船舶燃料有限责任公司项目的审计和评估工作。在该合资项目中，经多次谈判，最终确定由中国远洋（集团）运输总公司选定审计机构、我方选定评估机构，确保了公司利益。

（马平原）

【会计核算】　2003年，为了向公司管理层和其他信息使用者提供及时、准确、可靠、有用的会计信息，股份公司一贯坚持“诚信为本，操守为重，遵循准则，不作假账”，始终视会计信息质量为会计核算工作的生命线，进一步细化和规范会计核算，不断深化财务报表分析，会计信息质量进一步提升，审计师连续5年出具无保留意见审计报告。一是进一步强化会计工作的基础和核心作用，不断提高财务信息质量，以满足公司管理层和投资者正确决策的需要。二是为了增强股份公司会计信息的可比性、一贯性和可集成性，为公司的会计核算提供一个统一的、科学的运行方案，股份公司财务部组织编写了约50万字的《中国石油会计手册（初稿）》，为提高公司会计核算水平、规范会计工作奠定了坚实的基础。三是在严密组织、科学部署的基础上，继2001年、2002年股份公司年度财务报告提前10天后，克服重重困难，又提前10天保质保量地完成了公司2003年度财务决算报告编制工作。四是认真贯彻会计准则、规范会计核算行为，普华会计公司出具无保留意见审计报告。五是为规范核算，按照《企业会计准则》、《企业会计制度》的规定，并根据地区公司实际情况研究相关会计事项的确认、计量方法，下发了《预提费用核算办法》、《其他应收款核算办法》、《炼油与销售分公司销售企业批发及零售核算管理办法》，对预提费用、其他应收款以及销售企业的批发和零售业务的会计核算、确认、计量方法进行统一，进一步规范了会计核算，提高了会计核算水平。六是开发财务模型系统，强化财务分析工作。股份公司财务部与ORACLE公司合作开发了中国石油财务模型系统，利用数据仓库的“简单、快捷的数据穿透查询功能，完善的财务分析功能，实现了月度、季度财务报告一次生成，使不同用户能够通过财务模型这个平台实现数据共享，为决策者提供更丰富、更准确的财务信息。七是完成销售公司核算职能上转，研究相关核算问题。按照领导关于销售公司资金、核算职能上转财务部的要求，积极稳妥地完成了炼油销售公司核算职能上转工作。八是圆满完成全年各期会计报表编制工作，月度财务报告提前一天通过进一步优化财务报告流程，股份公司财务部在以前工作的基础上，将月报又提前1天，于每月7日上午12时前提交公司管理层，大大提高了会计信息的及时性。九是积极配合公司的发展战略，参与西气东输管道项目核算办法、国内对外合作项目中方账会计核算暂行办法、联合账会计核算暂行办法的制定工作以及国内对外合作项目清理整顿工作。十是组织各公司财务工作业务骨干，学习《企业会计制度》、会计准则的新内容、萨班斯法案、股份公司的会计核算要求以及会计职业道德规范，提高了参加人员的业务素质，增强了职业道德观念，为进一步规范会计核算、提高公司财务管理起到了积极的推动作用。

（荆宝森）

【财税及价格政策】

（1）争取销售公司纳税申报环节上移涉及税收政策。2003年国家税务总局下发国税函［2003］1313号文，文件明确“中国石油天然气股份有限公司所属华东、华北、东北、西北、西南等大区销售公司和大连海运公司本部及所属全资单位的所得税，不再通过中国石油销售有限责任公司在北京市预交，统一集中到中国石油天然气股份有限公司本部合并缴纳”。这项政策的取得，一方面达到了股份公司对销售公司资金统一运作的目的，另一方面也使销售公司系统规范纳税提供了政策依据。

（2）继续争取西气东输项目涉及的税收政策。向总局报送了请求给予西气东输上游垫底气和库存气不作销售计征增值税、管道运输产生的营业税在注册地缴纳等政策。2003年11月，国家税务总局以国税函［2003］1213号文明确：长庆油田分公司和塔里木油田分公司在移送上游垫底气和库存气时不缴纳增值税。如按18亿立方米气和0.48元/立方米价格水平计算，含增值税约1亿元，按经营期40年、5年以上流动资金贷款利率5.76%计算，相当于取得40年期无息贷款，豁免2.3亿元的贷款利息。而各结算口可统一使用注册地的营业税发票，突破了国家现行属地管理的规定，减少了结算环节，加快了结算流程，该方案已通过了国家税务总局流转税司的确认。

（3）圆满完成西气东输项目定价工作。2003年9月28日，国家发改委下发了《关于西气东输天然气价格有关问题的通知》（发改［2003］1323号），核定西气东输天然气出厂基准价格为每立方米0.48元（含增值税），全线管道平均运价（含储气库费用）为每立方米0.79元（含营业税），西气东输定价工作取得阶段性成果，按其工作进度安排，提前3个月完成。

（4）理顺新疆液化气价格、努力实现计划内液化气价格与计划外并轨。经过多次与新疆自治区政府价格主管部门协商，2003年4月，新疆自治区政府下发了《关于石油液化气价格及有关问题的通知》（新计价能［2003］602号），明确自2003年2季度开始，同意执行国家发改委关于计划内液化气价格3年并轨的规定。初步估算，2003年股份公司在新疆企业计划内液化气价格放开后，全年可增收3700多万元。在新疆自治区政府下发计划内液化气与计划外价格并轨文件的基础上，6月23日，国家发改委下发《关于新标准汽油价格等有关问题的通知》（发改价格［2003］594号），在此文中重新确定了液化气与新标准汽油的比价关系，发改委价格司对此的解释是，计划内液化气价格自此以后已与计划外价格并轨，其价格统一参照与新标准汽油0.83∶1—0.92∶1的比价关系确定。

（5）向国家发改委申请提高了新标准汽油价格。为争取适当提高新标准汽油价格，2002年11月，向国家发改委正式上报了《关于进一步完善国内成品油定价有关问题的请示》（中油股字［2002］487号），申请提高新标准汽油的品质比率。2003年6月，国家发改委下发《关于新标准汽油价格等有关问题的通知》（发改价格［2003］594号），将“90#高标准清洁汽油”作为新标准汽油的标准品，新标准汽油供军队出厂价由原来的2920元/吨提高到3010元/吨，提高了3%。各省（市）汽油零售中准价也作了相应调整。

（王春鹏）

【中国石油财务管理信息系统】 2003年信息系统建设重点工作是推进油田公司财务集中核算，做好炼油销售公司集中核算试点，完成财务模型原型开发，开展资产集中管理系统的试点。

2003年我们全力推进油田公司集中核算，13家油田公司基本实现一级核算。通过集中核算，减少了会计实体和核算层次，缩短了财务报告流程，减少作业单元编制上报报表工作量，报表时间提前2—3天，规范了会计核算，统一了业务流程、标准编码和报告流程，统一数据口径，提高了信息质量，强化了预算分析控制，推进了财务管理扁平化和职能转变，不断向生产经营过程延伸。积极推进炼油销售公司集中核算扩大试点，促进了销售公司的资金集中管理，提高了资金使用效率，极大地提高了信息的及时性和共享性。

完成财务模型第一期工程，通过仓库数据的模型化、规范化、程序化处理，大大减轻了分析报表的编制工作量，满足了股份公司总部基于统一的数据平台、统一的分析模式、统一的数据口径的多层次、多角度应用分析需求，提高已有数据的利用率和信息系统的决策支持水平，并使月报时间提前一天。

开展了资产集中管理系统改进升级工作，2003年先后在塔里木油田和抚顺石化进行试点，优化了资产集中核算业务处理流程，进行了数据集中升级，改进了信息系统软件等。目前，系统能够完成不同管理部门对各种产权、存量、账务和报表等方面业务内容的管理，实现资产使用的静态、动态数据查询、统计、分析等，为资产集中管理积累了宝贵的经验。

初步完成FMIS与销售管理系统集成软件，在甘肃销售公司进行了试点工作，实现了两个系统的对接。简化了核算过程，减轻了加油站人员及财务人员的重复工作量，保证了销售数据与财务数据的一致性、准确性。

进行了办公自动化平台升级，实现了第二次系统平稳切换，满足了股份公司信息门户网站对财务信息共享的要求。

（闵广富）

【关联交易】 2003年，是股份公司重组上市后关联交易运行的第四年。股份公司与集团公司较以往对关联交易的认识都有了明显的提高，关联交易中出现的问题正在逐步得到解决，运作方式日趋规范，工程技术、维修、检修等各项服务的市场开放程度进一步加大。

为使关联交易更加规范透明，股份公司严格遵守国家法律法规，认真履行香港、美国等上市地关联交易监管要求，全面执行与集团公司签订的各项关联交易协议和合同，积极推进工程技术服务市场开放工作。首先，年初伊始，股份公司即着手落实与中油香港2004—2006年关联交易豁免申请工作，整理豁免申请所需历史数据，测算未来交易的豁免上限，及时向香港联交所提交关联交易豁免申请所需的各项资料，按期完成了与中油香港2004—2006年关联交易豁免申请工作。其次，为提高关联交易协议签订工作效率，降低管理成本，进一步规范关联交易行为，制定下发了《关联交易协议签订管理暂行办法》。为了完善关联交易结算程序，规范结算行为，维护关联双方利益，制订下发了《关联交易结算管理办法实施细则》；为了逐步建立有序竞争市场机制，进一步规范关联交易行为，制定下发了《工程技术服务市场准入管理办法》。为及时协调解决关联交易和市场开放工作运行中出现的矛盾和问题，进一步促进关联交易和市场开放工作的规范运行，股份公司与集团公司定期召开关联交易联席会。再次，为努力实现关联交易市场全部开放的目标，股份公司积极推进关联交易市场开放工作。既有效控制施工作业队伍素质，保障工程项目质量，同时也发挥市场机制作用，鼓励适度竞争，规范关联交易运作，降低工程施工成本。各地区公司根据股份公司的统一部署和指导，不断加大市场开放力度，为股份公司进一步推进市场开放工作积累了宝贵的实践经验。

总之，在各项制度建设不断加强和市场化程度进一步提高的情况下，股份公司2003年关联交易工作更加规范，关联交易中存在的矛盾和问题逐步得到解决，关联交易运行平稳。

（辛　欣）

【基础工作】 为进一步提高办公效率，将办公自动化推向深入，2003年推行了费用报销电子化的办法。实行电子化报销提高了远程服务的能力，使费用报销不再受时间、地点等条件的限制，改变了支付方式，简化了手续，提高了资金的安全性。同时，贴近了股份公司以及银行信息化发展的进程，适应了信息化发展的要求。

机关费用报销采用银行POS机逐笔划转和一笔支付统一划转方式，费用报销不再采用现金支付，通过银行信用卡或灵通卡刷卡支付。在编制会计凭证的同时，自动生成数据库，将报销的费用项目、金额以电子邮件形式通知报销经办人，便于进行核对。

在股份公司临时出国人员经费的会计核算上初步实现网上办公，通过网上办公，使股份公司外事办、财务部机关财务处能够同步看到每个出国团组的申请报告、预算、换汇、报销结算、费用划转等各个环节，提高借款、报销、结算效率。

加强对财务人员的培训，把人员培训作为队伍建设的首要内容，组织选拔了13名财务人员到美国参加了为期一年的跨国财会人员培训班，保证了业务发展需要。同时，要求财务人员要加强学习，既要学习各项法律法规，也要学习石油化工专业知识，组织财务人员到油田炼厂实地学习，了解采油工艺流程。要求每一名财务人员都要不断学习金融、税收、信息技术、外语等各方面知识，掌握现代管理方法，努力成为一专多能的复合型人才。加强财务队伍的职业道德教育，培养财务人员的敬业精神，努力建设一支品德高尚、业务精通的财务管理队伍。

（于江华　孟晓玲）

资本运营

【概述】 2003年，资本运营部经营职能分离出去之后，按机关职能部门设置，行使管理职能。按照集团公司对本部门职能定位的要求，突出做好主辅分离辅业改制、出资人行权体系建设、股权投资管理工作，积极发挥资本运营功能，努力为集团公司建设具有国际竞争力跨国企业集团做出贡献。

【股权管理】 为完善公司制企业法人治理结构，有效维护集团公司股东权益，2003年集团公司继续加强出资人行权体系建设。

1. 实行专职董事专职监事制度

为加强出资人行权体系建设，促进公司治理结构的完善，探索并实行专职董事、专职监事制度。2003年4月，提出《对部分所投资公司配备股权代表、专职董事、专职监事的意见》。集团公司按照总体考虑、分步到位的原则，对所投资公司首批配备3名专职董事，分别出任集团公司直接投资的18家控股、参股公司的股权代表、专职董事。专职董事的定位是信息员、分析员、参谋和代表。专职董事、专职监事制度的建立，是集团公司股权管理的创新，是对出资人行权体系的完善，为有效维护集团公司股东权益，推进董事和监事的专业化起到积极的作用。

2. 依法行权，维护股东权益

加大对集团公司参股、控股公司的股东会议案审核力度。对集团公司20家（控股公司9家、参股公司11家）公司制企业召开的26次股东会的92项议案逐一审核，按照集团公司股权管理决策程序形成表决意见并由股东代表进行表决，依法行使出资人权利，确保集团公司股权投资收益的实现。经审核，对2家控股公司和1家参股公司提出调增年度净资产收益率预算指标的意见、1家控股公司修改年度利润分配方案的意见，经股东代表参会表决获得通过，有效维护集团公司股东权益。

3. 指导所属企业规范公司制企业管理

为指导企业开展规范公司制企业管理工作，集中力量组织研究起草《公司章程指引》、《董事监事手册》等规范性文件，汇编《国有股权管理法律法规汇编》工具性资料，共计130万字，作为加强公司制企业管理和完善公司治理结构的制度规范，印发给集团公司所属企业。

【股权投资管理】 股权投资管理遵循集团公司发展战略和企业产业定位，坚持以整合资源和发展优势产业为出发点，引导企业资金投向。2003年，共审核对外股权投资项目41项，批复同意22项，其中新投资项目7项，增资项目9项，股权转让项目6项。抚顺石油化工公司、青海石油管理局先后以设计院资产入股工程设计公司，进一步整合集团公司工程设计资源，提高市场竞争能力；吉林石油集团有限责任公司和四川石油管理局华油公司通过受让地方天然气公司股权，实现产业链向天然气下游市场的延伸。

【资产重组】 为加快建立符合现代企业制度要求的管理体制和运行机制，2003年积极推进以主辅分离、辅业改制为重点的产权制度改革工作，在重点做好主辅分离、辅业改制总体规划的基础上，全面推进两个分离，稳步实施辅业改制。

1. 进一步完善政策，加强政策宣传

2003年，集团公司先后制定《关于贯彻落实〈关于国有大中型企业主辅分离辅业改制分流安置富余人员的实施办法〉的实施意见》、《关于进一步明确主辅分离、辅业改制有关问题的通知》等政策性文件，在保持试点政策连续性和一致性的基础上，对改制分流政策进行重要补充与完善，为全面推进主辅分离、辅业改制奠定政策基础。同时，为宣传改制政策，加强对企业主辅分离改制分流工作的政策指导，一年来，汇编完成《地方企业产权制度改革政策文件选编》，研究编制《企业主辅分离、辅业改制分流安置富余人员工作宣传提纲》、《主辅分离、辅业改制知识手册》、《主辅分离、辅业改制案例汇编》等，共计110万字。

2. 编制集团公司主辅分离改制分流总体方案

根据原国家经贸委等八部委文件精神，集团公司开展主辅分离、改制分流总体方案的编制工作。总体方案的编制采取总体部署、自下而上的组织形式。集团公司所属的50家企事业单位编报总体方案。集团公司在对企业总体方案逐家审查并认真分析辅业资产的基础上，根据集团公司总体发展战略和目标，编制了集团公司总体方案。方案明确集团公司2003—2005年主辅分离、辅业改制的总体目标和分年度实施计划。2003年10月3日，集团公司向国务院国有资产监督管理委员会、财政部、劳动和社会保障部报送《中国石油天然气集团公司主辅分离改制分流总体方案》。

3. 年度改制总体情况

2003年完成辅业改制分流单位9个，涉及资产5.01亿元，参加改制职工1534人，其中完成整体分流改制单位5个，涉及资产1.64亿元，参加改制职工1311人；完成辅业国有控股改制4个，涉及资产3.37亿元，参加改制职工223人。重点推进并基本完成主业与辅业、生产服务与社会服务在企业内部的分离，并对辅业实行内部独立核算、分灶吃饭。同时，按照有利于发展和减少同业竞争的原则，对一些适宜集中管理的业务进行重组整合，提高生产的集中度和资源利用效率。通过改制，俊峰公司在2003年底，按市场交易规则，引入物探装备业的巨头——法国SERCEL公司控股经营，进一步优化改制企业股权结构，增强可持续发展能力；华北石油管理局在完成二机厂改制的基础上，进一步探索不同规模的改制试点，2003年资产规模较大的商业公司完成整体分流改制，分流职工789人，规模相对较小的第二综合服务处机修厂整体分流改制已立项，预计有84人参加改制。

（集团公司资本运营部）

股份公司资本运营

【概述】　2003年3月29日，股份公司董事会通过了公司管理层《关于组建资本运营部的议案》，并以董决字［2003］6号文下发《第二届董事会二次会议通过关于组建资本运营部的决议》。4月22日，人事部以石油人字［2003］第84号文件下发了《关于组建资本运营部的通知》。资本运营部筹备组配合人事部组织了对部门行政副职和处室负责人的竞聘，并采取双向选聘方式聘用一般员工，同时根据董事会的决议制定了部门职责。具体包括：根据公司总体发展战略，制定资本运营业务的战略规划，经批准后组织实施；制定公司资本运营业务的规章制度和管理办法；负责公司的股权管理工作；负责国内外油气行业资本市场动态的研究追踪工作。部门业务范围主要有股权管理业务、资产处置业务、海外收购兼并业务、股本融资业务、上市公司整合业务等。

【股权管理】　按照公司“加强、规范股权管理，提高公司的投资回报率”的要求，以实现股权管理的责任化、制度化、专业化和信息化管理为工作目标，进而建立并完善有关规章制度，努力促进股权管理工作的规范和高效。一是组织各地区分（子）公司全面开展股权投资业务的清查工作。2003年6月下发了《关于清理整顿长期投资、规范股权管理的通知》（石油资字［2003］142号），通过清查，截至2002年底，股份公司共有账内长期投资项目800多项，投资成本总额236亿元。由于长期的分散管理，普遍存在着投资人缺位、管理不规范等现象，多数项目规模小、寄生主业、长期处于亏损状态，资本运营部对存在的问题形成了书面汇报材料，向公司管理层做了专题汇报，陈耕总裁、王国樑财务总监均做了重要批示。为进一步推动股权管理工作，11月26日召开了全公司范围内的视频会议，通报了股权清理工作情况，并对下一步工作提出了明确的要求和具体的措施。二是明晰业务流程，完善股权管理制度。组织修订了《股权管理暂行办法》，起草上报了《关于股份公司向所投资公司委派股权代表、专职董事和监事问题的建议报告》。三是夯实基础工作，建设股权管理信息系统，实施股权管理工作的信息化。在没有任何额外投资的情况下，依托股份公司的现有网络系统，初步建成了股权管理信息系统。10月25日成功举办了股权管理信息系统培训班，系统于11月5日正式启动，11月30日之前，各地区公司完成了初始化工作。四是参与重大股权投资项目的前期可研评审工作。先后参与了中油BP、中国船舶燃料有限责任公司和中油黑龙江农垦石油有限责任公司合资项目的前期谈判、资产评估、可研报告的评审等工作。同时，2003年，资本运营部共处理业务报告数十份，内容涉及股权日常事项管理、长期投资项目的变现清理与整合、股权投资项目的可研审批和股东纠纷处理等。

【资本运营战略】　资本运营部从资本运营职能出发，以高层战略研讨会为契机，探索通过外延式发展模式，解决公司上游后备资源不足、下游市场竞争劣势等重大战略问题的途径，超前做好资本运营战略企划及方案细化工作，科学分析潜在可进入地区和领域，并认真做好海外购并的各项准备工作。甄选资本运营切入点，探索公司跨越式发展模式。资本运营部在股份公司高层战略研讨会上，提出了“立足市场、开拓合作、一体优化，使公司真正成为中国经济快速增长主要受益者”的公司资本运营战略构想，提出立足市场，以市场换资源，快速推进海外扩张；开拓合作，善予善取，全方位提升竞争力；做好天然气产业链和南方跨国大区两个一体优化，实现公司价值最大化等战略措施。

【资本市场与股本融资】　面对巴菲特大幅增持公司股票以及公司基本面良好直接对公司股价走势强劲构成支持的有利时机，针对市场比较模糊心态下中石化股价的追涨，资本运营部及时提出了进行适度后续发行的建议。为此，资本运营部积极稳妥地筹划公司股票后续发行策略，本着有利于公司整体利益及长远利益最大化的原则，在对发行时机、发行程序、发行方式以及发行规模等进行分析的基础上，资本运营部提交了“公司股票境外快速后续发行的建议报告”。

（股份公司资本运营部）

物资采购与电子商务

【概述】　2003年电子商务工作在各级领导和有关单位的大力支持下，各项工作取得新的进展。主要包括电子商务业务稳步增长，2003年电子采购完成132.9亿元；对重点物资和大型工程项目采购进行整合，见到突出效果，如集团公司历史上规模最大的23.5万吨石油专用管的网上集中采购获得成功，成交价格与出厂价相比降低13.2%，节省采购资金1.83亿元，与原网上价格相比降低5.86%，节省采购资金0.814亿元；实施物资分类管理，建立新的工作机制；进一步完善供应商管理，保证网上资源；研究探索电子销售，完成电子销售54亿元；拓展电子商务平台功能，加强信息化建设。

【业务指标】　两年来，中国石油电子商务共实现电子交易388.9亿元，其中电子采购238.9亿元，电子销售150亿元。2002年电子采购工作目标100亿元，实际完成106亿元；2003年电子采购工作目标126亿元，实际完成132.9亿元。各地区公司认真执行股份公司下达的业务计划，38个考核单位全面超额完成任务，为股份公司实施电子商务做出了重要贡献。

【采购业务量】　2003年股份公司电子商务系统和集团公司的相关单位通过“能源一号网站”采购的主要物资有：普通钢材36.3亿元、石油专用管35.8亿元、石油专用设备10.3亿元、石油专用化工产品9.4亿元、三剂9.02亿元、阀门3.53亿元、炼化专用设备2.91亿元、通用机械设备2.8亿元。

【招标选择部分物资供应商】　电子商务部为进一步丰富“能源一号”网上Ⅰ类物资的品种，增加竞争性，节约采购成本，2003年3月份组织第五期“能源一号”入围招标。经过近半个月的准备和实施，组织了抽油机、抽油泵、抽油杆、聚丙烯酰胺、电机、变压器和电缆等七个大类的产品招标，有173家生产厂参加了投标，经股份公司招标小组评审，有109家生产厂入围。

此次招标的一些电缆产品，在铜、PVC等电缆原料涨价的情况下，新中标厂家的产品价格仍比原网上价格低10%左右。三抽产品比原网上价格低5%

左右。

【重点物资采购】 电子商务部在2003年，加强对股份公司重点物资集中统一采购。3—4月，指导配合塔里木油田、长庆油田分别进行了2.3万吨特殊石油专用管网上动态招标。针对每项技术和商务细节都进行了认真的研讨，并确定了谈价议价方式的交易规则。经过国外几大钢厂的竞价和与国内厂家的谈判，节约采购资金2000余万元。

7月中旬，电子商务部组织部分油田在网上进行了1万吨进口专用管的招标采购。此次招标采购规格品种多、个别产品批量小、供货周期短、质量要求高。由于发挥了批量采购的优势和紧张有序的前期准备及网上竞价运作，取得了较好效果，四个厂家中标，总交易量为1.04万吨，节约采购资金200多万元。

进入9月份，按照年初股份公司专用管领导小组的统一安排，电子商务部对国产API标准的石油专用管进行了集中采购计划，在网上采取谈价议价的采购方式，由石油专用管领导小组成员和几个大的油田存续供应处处长共同担任评委，并对招标方案采取统一评审的方法。此项工作涉及13个油田的股份公司采办和存续企业供应处，近40项品种，采购金额近20亿，经过前期认真准备，10月中旬实施了网上谈价议价的动态采购，并与各厂家的多次交流协商，在涉及到套管和油管近24万吨招标中，实现了节约采购金额近8500万元的成果。电子商务部邀请审计部、监察部、质量安全环保部、财务部派人参与，对整个招标过程进行了全方位监督，体现了公开、公平、公正的采购原则。这项成绩是在国内管材价格普遍上涨，石油专用管市场竞争异常激烈，中国石油第一次集中大批量采购的情况下取得的，充分显示了批量采购的优势。

股份公司炼油与销售分公司在2002年加油机采购整合上网后，根据各厂家的交易量和业绩排序，又对加油机的网上价格进行谈判，并淘汰了若干家交易量小、服务一般的厂家，使加油机网上价格在2002年的基础上又降低了8%，产品质量和售后服务都得到可靠的保证，促进了供应商网上交易的积极性。7月上旬，电子商务部配合炼油与销售分公司召开了油库、加油站主要物资设备集中采购供应商入围评标会，各销售大区公司积极响应，组成四个评标小组，对阀门、泵、装车鹤管、配电盘、铝浮盘、仪器仪表等19项专用物资进行供应商入围评定工作，此项工作在9月份已全部完成。

【网上物资采购管理】 为加强和规范股份公司物资管理与电子采购业务工作，充分发挥整体优势，提高管理水平，降低经营成本，电子商务部4月中旬下发了油商字［2003］99号文件，成立了若干个由地区公司牵头或参与的电子采购管理小组。各管理小组都分别积极开展工作，并取得了一定成绩。专用管管理小组年初召开了第三次小组会议，研究确定了工作任务和目标。通过两次大的招标，进口专用管现行价格比原网上价格下降了3%—5%，三抽小组仅从已完成的几个油田抽油机价格对比就使网上价格降低了10%，高相对分子质量聚丙烯酰胺通过大庆采办组织的招标，比原网上价格降低了16%。电机、变压器管理小组和电缆管理小组也都发挥了自己的职能，保证了价格的合理性。

石油专用管和输送管是股份公司的关键物资，质量好坏直接影响工程质量和正常生产。对此，电子商务部和集团公司石油管材研究所多次进行交流，对已入围企业根据成品质量状况、结合年度抽检，定期或不定期地进行工厂质量保证体系审查，并提交年度产品质量监督检测报告。

【电子商务技术平台建设与发展】 2003年，“能源一号”平台电子商务平台平稳运行并稳步推进。为确保平台安全高效运行，对“能源一号”网络系统实施了扩容改造。将接入石油网的带宽由2M提升到1000M，将接入互联网带宽由2M扩展到10M，为买卖双方在网上实施交易提供更高效的支持。为进一步加强对平台的管理，编制了“能源一号”电子商务网站运行维护手册，为全面、及时、准确地维护与管理平台提供了第一手技术资料。在保障网上交易系统平稳运行的基础上，2003年继续对“能源一号”网站的应用系统进行了功能完善与拓展，完善和增强了交易系统中目录搜索功能、目录权限的访问控制功能、价格组的访问控制功能；扩展了供应商/会员管理系统、交易管理系统、动态交易供应商名称标识对照表、交易分类统计表、分区管理等功能。

【供应商、采购商培训】 为更深入有效开展电子商务培训工作，2003年组织编写了“能源一号电子商务网”采购用户手册和“能源一号电子商务网”供应商手册，规范了培训教材；在“非典”期间，组织制作了电子商务系统在线培训教程。

2003年共组织实施电子商务培训33期，培训人数达1200多人次。其中中国石油电子商务用户培训4期，150人次；采购供应商电子商务技术培训8期，360人次；协调地区公司组织Ⅱ类供应商技术培训21

期，700人次。同时，为规范培训工作，制定了电子商务应用技术培训管理流程和技术培训考核体系。

【石油物资分类与代码】 石油物资分类与代码数据库是物资管理和物资信息化建设的重要基础工作。物资分类与编码数据库（网站）自投入运行一年多以来，经历了一个逐步由地区公司认识到被地区公司的管理系统所应用的过程，为能源一号网站及地区公司上载产品提供了数据库资源。

2003年，继续不断丰富完善物资分类与编码数据库，网站累计有60个大类、635个中类、3242个小类、18462个品种、884818项物资明细码信息。网站逐步得到各地区公司的使用，2003年不同程度地应用在各个地区公司，拥有各类用户901个。大庆油田公司、大庆物资装备、辽阳石化等单位相继将原物资信息系统的物资分类与代码转换为中国石油物资分类与编码网站60大类18位编码数据库，并普遍应用于物资管理的各项业务当中。

【机关采购】 股份公司机关在2002年成立了由王福成副总裁为组长、总裁办、计划、财务、审计、法律、电子商务等部门参加的机关采购领导小组。2003年，组织会审了《关于选聘资产评估机构的报告》、《关于续聘2003年律师事务所的报告》以及《关于机关复印纸类产品采购项目的报告》等项目；对《关于选聘国际律师参与印尼AMERADA HESS公司资产收购的报告》、《关于东帝汶油气资源研究项目的报告》以及《关于财务FMIS系统项目资金管理核算信息模块项目的报告》等十个项目进行了审批。2003年审批项目累计总金额达7100多万元人民币，节约经费12.7%，直接经济效益900多万元人民币。

（股份公司电子商务部）

审计监督

【概述】 在集团公司党组和各级领导的重视下，2003年审计部克服“非典”疫情的影响，依法履行审计监督职责，取得较好的管理效益和经济效益，对推动各企业和集团公司生产经营任务的完成、加强企业管理和监督、维护财经纪律、促进党风廉政建设、保证企业深化改革顺利进行等，都发挥十分重要的作用。

全年完成审计项目6570个，审计资金5615亿元，审出并纠正违纪违规问题金额37.4亿元，占审计资金的0.66%。取得直接经济成果26.7亿元，其中：基本建设审减额7.22亿元，经济合同审减额2.57亿元，油田、炼化企业内部收缴、罚款1.05亿元，调减成本费用、调增收入及以前年度损益12.4亿元，审计人员人均取得直接经济成果140.1万元。移交纪检监察和司法部门立案查处20人。

同时，集团公司对所属单位的经营成果考核和财务收支审计覆盖面继续保持100%。所属单位如大庆、辽河、新疆、四川、吉林、长庆、塔里木、大港、青海、玉门、吐哈、冀东等油田服务企业，吉化、兰炼、兰化、锦西、锦州、抚顺、林源、前郭、辽阳化纤等炼化服务企业，还有勘探开发公司、东方地球物理勘探有限责任公司、管道局等也都达到了100%。审计覆盖面的扩大，使内部审计真正成为一项制度，突出了内部审计的职能作用。另外，对基建工程预、结（决）算和经济合同的审计覆盖面也在不断扩大。

【主要审计活动】

（1）2003年1月7日，集团公司审计部下发《2003年审计工作要点》，对集团公司2003年审计工作提出具体要求。

（2）2003年1月21日，集团公司审计部下发《关于2003年审计计划的通知》，对集团公司2003年审计工作做出具体安排部署。

（3）在各企事业单位评选推荐的基础上，审计部按照集团公司优秀审计项目评选办法，在无锡紫京饭店召开优秀审计项目评审会，对2003年度优秀审计项目进行评审，评选出集团公司2003年度优秀审计项目60个，其中：一等奖11个、二等奖20个、三等奖29个；另外，表扬审计项目8个。

（4）2003年6月23日，审计部按照中国内部审计协会要求，报送石油审计协会参加国际内部审计师协会会员名单，石油系统共有52人成为国际内部审计师协会会员。

（5）2003年7月9日，集团公司下发《关于学习贯彻〈审计署关于内部审计工作的规定〉的通知》，对内部审计工作的地位、作用、职责和审计机构设置等方面做了明确规定，并要求各单位认真学习，抓好落实，采取有力措施，切实保证《审计署关于内部审计工作的规定》的贯彻执行。

（6）2003 年 8 月，审计部在北戴河召开集团公司部分审计处长座谈会，听取各单位的工作汇报，就贯彻落实《审计署关于内部审计工作的规定》等问题进行讨论，并取得共识。

（7）2003 年 8 月，审计部对十多年来制定的各种规则、制度、办法等进行汇编，出版《中国石油审计制度汇编》，并发放到各企事业单位。

（8）2003 年 9 月，审计部在湖南省张家界召开会议，对集团公司近 3 年评选出的优秀审计项目进行精选，将 50 篇优秀审计项目修改、完善后，于 2003 年 12 月出版《优秀审计项目选》第三集。

（9）2003 年 10 月 29 日，集团公司下发《关于经营成果审计确认有关问题的通知》，针对执行新会计制度时对经营成果确认产生的影响，明确确认年度经营成果审计采取的不同政策，使经营成果考核审计更加准确、真实地反映各单位的年度经营成果。

（10）2003 年 10 月 30 日，审计部在海南省三亚市召开《事前、事中审计研究课题》研讨会，承担子课题的单位和有关审计专家参加会议，对基建项目跟踪审计、物资采购审计、科技经费审计及经济责任审计等进行认真的研究和探讨。

（11）2003 年 12 月 2—4 日，审计部在中国石油审计服务中心召开部分单位审计处长座谈会，听取有关单位 2003 年审计工作汇报。审计部主任陈维忠同志做重要讲话，并对 2004 年的审计工作提出具体要求。

【重大审计成果】

1. 考核兑现和财务收支审计

2003 年集团公司对各单位进行经营成果考核兑现审计和财务收支审计，覆盖面达到 100%，审计资金额 2300 多亿元。下达考核指标的 41 个单位，除一个单位未完成考核指标外，其余均完成考核指标。各油田、炼化服务企业也都对所属单位进行经营成果考核兑现审计和财务收支审计，多数单位覆盖面达到 100%，为考核兑现提供依据。对没有完成指标或有违纪的单位，在经济上采取相应的措施。大庆石油管理局对 9 个未完成考核指标的单位，取消年终兑现奖和评比先进的资格。长庆石油勘探局调减 6 个单位内部利润，调增近 20 个单位 2004 年的 1400 多万元考核指标，收回 1 个单位 1400 万元工资总额。四川石油管理局考核审计纠正问题 2.65 亿元，内部收缴 1260 万元。东方地球物理勘探有限责任公司调整考核收支差异 3.71 亿元。

从审计的结果看，经营成果考核审计和财务收支审计审出的挤占、虚列成本 4.8 亿元，少计成本 9.3 亿元，隐瞒、截留收入 9.6 亿元，“小金库”1300 多万元，计划外工程 5.14 亿元，也发现还有少量擅自外投的问题。在内控制度方面，有的单位控制不严，甚至有的将不相容岗位的印鉴全部由出纳一人保管，存在资金失控的风险。集团公司和所属单位两级审计部门对这些问题都下达了审计决定或意见书，作了纠正。

2. 基建工程预、结（决）算审计

2003 年，共审计基建工程 1980 项（含维修），预、结算额 76.8 亿元，审减支出 2.31 亿元。审计中心完成 8 个油田、炼化服务企业的 12 个基建项目决算审计，审计资金 26.4 亿元，审出基建违纪违规资金 1.98 亿元，其中，审减支出 1547 万元。大庆石油管理局审计基建项目 29 项，审计基建资金 7.27 亿元，审减支出 4526 万元。辽河石油勘探局在外包工程审计中，有效地控制了工程投资，审减支出 3794 万元。华北石油管理局审计基建资金 7.73 亿元，审减支出 2900 万元。大港油田集团有限公司完成外包基建审计项目 80 项，审计基建资金 3.6 亿元，审减支出 1300 万元，并要求将“以合同价款 10%作为预留审计保证金，以甲方审计部门审定的工程造价进行结算付款”写入外包工程合同，避免了法律纠纷。

另外，其他单位如新疆石油管理局、青海石油管理局、四川石油管理局、吉化集团、锦西炼化、兰化公司、辽阳化纤等单位，在基建审计中也都取得很好的成果。

3. 专项审计和审计调查

2003 年，共开展专项审计和审计调查 329 项，不仅查清了问题，有的调查还为企业改革改制提供了依据。

集团公司审计中心根据规划计划部的委托，开展固定资产投资计划执行情况审计调查，共调查 28 个单位，涉及资金 103.9 亿元，发现计划外工程项目 50 项，投资 2.14 亿元，计划外非安装设备购置 1672 台（套），投资 1.54 亿元。另外还发现一些招投标不合规、投资超计划及一些管理问题，为计划部门加强投资管理及时提供真实信息。

一些单位针对影响企业效益的问题开展专项审计调查，为企业改制、扭亏增盈提供依据。四川石油管理局对亏损单位运输总公司进行专项审计，揭示了亏损的主要原因，提出了扭亏的建议，局领导十分重视，对运输总公司进行了重组，重组后的运输公司当年实现减亏 1056 万元。国际工程有限责任公司审计部在对一个公司进行专项审计时，及时发现一项即将过期的出口退税，避免 1200 多万元的损失，并对加强出口退税的管理提出建议。

4. 离任经济责任审计

2003 年，共开展领导干部离任审计 464 项，其中涉及局级、副局级干部 8 名，处级干部 250 名。通过离任审计，正确评价干部的业绩，揭示违规违纪问题，明确经济责任，为干部任用提供依据。吉林石油集团有限公司在对某单位经理离任审计中，查出潜亏、坐支货币资金等违纪违规问题金额 6000 多万元。华北石油管理局在某单位离任审计中，发现潜亏金额 1200 多万元。对这些问题，既明确责任，也为接任者划清经济界限。对离任审计中发现的严重违纪问题，进行严肃处理。如兰州炼油化工总厂审计处在对某院长进行经济责任审计时，发现该院长指示财务人员从财务账转出现金，以院长和有关财务人员的名义办理存折几十个，存放现金 300 多万元，还将一辆顶账小轿车过户自己名下。兰炼领导十分重视，经过审计、监察的共同努力，收缴了小金库，没收了小轿车，对该院长给予了党纪和行政处分。

5. 经济合同审计

2003 年共开展经济合同审计 540 项，审计合同额 94.3 亿元，审减 9690 余万元。辽河石油勘探局严格执行“不经审计，不得签约”的规定，严把签约关和结算关，审减合同额 2300 万元；物装系统审计各种支出合同 7.3 亿元，审减支出 1400 多万元。一些单位还把经济合同审计扩展到外付款审计。长庆石油勘探局全年审计外付款结算资金 13.2 亿元，审减额 1412 万元。吉林石油集团有限公司审计外付款资金 27 亿元，审减 1165 万元。

6. 海外公司（项目）审计

集团公司先后对分布在亚、非、拉、美的六个国家和地区进入开发阶段的十几个海外项目进行审计，对于督促海外公司进一步规范运作，保证资金安全发挥积极作用。勘探开发公司在对所属委内瑞拉公司审计时，对委方近几年拒付款 6000 多万美元进行审计分析，发现主要原因是我方没有按照委方设定的苏比系统进行运作，预算外打井、作业比较多。针对这种情况，他们提出了严格预算管理，按苏比系统认真操作的审计建议。后来，不仅没有发生新的拒付，而且还收回过去对方拒付款项 3700 多万美元。他们在对另一海外公司进行审计时，发现所得税重复计算 200 万美元，对纳税申报表进行调整，避免了损失。国际工程有限责任公司、大庆石油管理局、东方地球物理勘探有限责任公司、辽河石油勘探局、管道局等单位也开始对海外项目进行审计。

7. 为股份公司提供审计服务

2003 年，审计中心为股份公司提供审计服务 27 项，其中经营审计 10 项，联合账簿审计 10 项，基建工程审计 7 项。对 7 项基建工程，审计资金 58.6 亿元，审减额 1.02 亿元。吉林石油集团有限公司、吐哈油田服务公司、锦西炼化等单位，也为股份地区公司提供了审计服务。

【审计业务培训】　全系统共举办各种审计培训班 30 期，培训审计人员 951 人。集团公司审计部针对不同层次审计人员的实际情况，先后举办基建预算、电算化审计等岗位培训班。一些油田炼化服务企业在举办培训班之外，还根据各自的实际情况，组织在岗业务学习。通过培训和学习，提高审计人员的业务素质。

【审计学会工作】

（1）2003 年 1 月，学会下发《2002 年学会工作小结及 2003 年工作要点》，对 2002 年的学会工作进行总结，明确 2003 年学会工作的重点，确定审计研究的方向，对论文写作提出“观点明确、概念准确、紧扣中心、富有创意、语言精炼”的原则。

（2）根据工作需要和人员变动情况，经广泛征求各会员单位意见后，学会秘书处对石油审计学会第四届理事会组成人员进行调整，于 2003 年 5 月发文公布调整后的人员名单。

（3）为便于管理和监督中国内部审计协会石油分会的会费，按照审计协会领导的安排，学会秘书处对 2002 年会费使用情况做了报告，并要求各会员单位监督会费使用情况。

（4）2003 年 8 月，石油审计学会在黄山召开优秀论文评审会，审查评选出 2003 年度石油审计优秀论文 80 篇，其中，一等奖 3 篇；二等奖 11 篇；三等奖 66 篇。同时选拔出参加中国内部审计协会石油石化协作组审计专业研讨会的论文。

（5）2003 年 10 月，中国内部审计协会石油石化协作组在江西省南昌市召开石油、石化、海洋三个单位的优秀论文评审会。经评选，石油审计学会推荐的论文有 3 篇获得一等奖，3 篇获得二等奖，3 篇获得三等奖。

（6）2003 年，中国内部审计协会石油分会编辑出版《中国石油审计》四期，刊登稿件和获奖论文一百多篇，约35万字，在宣传石油内部审计，开展石油内审理论研究和交流实务经验等方面发挥了重要作用。

（武　君　左建东）

股份公司审计监督

【概述】　2003年股份公司的内部审计工作以“突出重点、更有成效、标本结合、规范控制”以及“全面开展内部控制审计，推进公司的规范化管理”为指导，各级审计组织认真履行评价、监督、咨询、控制的职能，在加大财务收支等基础审计力度的基础上，抓住公司管理中的重点、难点积极开展了内部控制审计，为充分发挥内部审计置身于企业内部的优势，大力开展了事前事中审计项目，使公司的内部审计工作从传统的查错纠弊向管理审计转变。为了解决审计机构分级设置与公司高度集权管理之间的不适应问题，通过实施“大审计”，加大了对地区公司的审计力度，为公司规避经营风险和规范化管理，保证公司经营目标的实现和公司价值的提升发挥了积极作用。同时，在内部控制审计的理论研究与实践上迈出了突破性的步伐，使公司的内部审计工作再上一个新台阶。

【主要审计成果】　2003年，股份公司各级审计机构共完成各类审计项目1934项；投入现场审计工作日126258个，人均年现场审计工作日169个；共对755个单位进行了审计，审计单位覆盖率达到85.41%，其中不少地区公司覆盖面达到了100%。

通过审计防止或挽回资金流失8.6亿元，其中，审减各类不合理的工程款4.42亿元；审减不合理的合同价款2.28亿元；调减成本费用和调增收入1.69亿元；收回追回各项资金0.2亿元；联合账簿发现不合理支出2482.19万元。

审计人员人均取得直接经济成果108万元。两级审计组织针对审计发现的管理上的缺陷或不足，提出审计建议4289条，被采纳3887条，采纳率为91%。股份公司总部相关部门采纳审计建议出台和补充完善了13个制度规定。

2003年股份公司审计部自行组织或实施的各类审计项目73个，其中事前事中审计项目占89%；对34个地区公司进行了全面审计；基本建设工程结算审计审减额4465.77万元；审计建议采纳率为100%；违纪违规事项及时处理率为100%。全面完成了各项业绩考核目标。

2003年公司的内部审计理论研究也取得了新的成果。

【主要审计活动】　2003年3月26日，股份公司召开了2003年审计工作电视会议，公司的陈耕总裁、王福成副总裁、财务总监王国樑以及监事会主席李克成等领导参加了会议，并做了重要讲话。会议总结了过去一年公司内部审计工作开展情况，对今后的工作提出了要求。会议对三年来涌现出的大庆油田有限责任公司等15个内部审计先进单位和葛宪忠等26名先进工作者进行了表彰。

2003年6月，审计部以［2003］油审字157号文，印发了《对电子商务部内部控制审计报告》，以进一步推进公司内部控制审计工作开展。

2003年8月17日，邀请中国内部审计协会秘书长马怀平、福建省审计厅副厅长、厦门大学教授王光远、西安交大冯均科教授，以及中国石化、中国电信、中国石油有关部门的专家，对“股份公司内部审计模型、机制研究”项目进行了评审验收。

2003年8月14日，股份公司下发了《关于公布2002年度股份公司优秀审计项目评选结果》。

2003年9月22—28日，审计部在杭州进行了处级干部内部控制审计培训。

2003年11月22—27日，公司在四川成都承办了中国内部审计协会“上市公司内部审计理论研究”研讨会，中国审计署副审计长董大胜、中国内审协会会长郑力、副会长王国盛、秘书长马怀平，以及中国石油天然气股份有限公司副总裁王福成等领导到会，并做了重要讲话。全国各省市自治区各行业的140余名审计人员参加了会议。会议在研讨交流的基础上，对优秀论文进行了评选，共评选出一等奖3篇，二等奖13篇，三等奖28篇，优秀奖27篇，特等奖1篇。其中，中国石油天然气股份有限公司审计部提交的《在创新中发展，积极探索新形势下内审工作路子》获得了特别奖，大庆油田有限责任公司提交的《上市公司内部审计研究》获一等奖，炼油与销售等四个分公司提交的4篇论文获二等奖，新疆油田等五个分公司提交的5篇论文获三等奖，长庆油田等两个分公司提交的2篇论文获优秀奖。

2003年12月28日，大庆油田有限责任公司审计部代表中国石油参加了在云南昆明召开的第三届海峡两岸内部审计研讨会，其内部控制审计论文得到了与会审计专家、学者的充分肯定与好评，郑力会长称赞这一成果为大陆内部审计争了光，并评价中国石油的内部审计理念与实践已处于国内前沿。

【重要审计项目及成果】

1. 内部控制制度评审

2003年两级审计组织共完成内部控制制度评审项目97项。通过实践，总结出了具有公司特点的内部控制制度评审的三种模式（即：专项审计、在开展其他审计项目时对被审计事项进行内部控制测试评价、运用分析性审计程序定期对所做的审计项目从内部控制角度对审计发现做综合分析）、两个切入点（即：从被审计对象的岗位职责或被审计事项的管理程序、业务流程切入，从其他审计发现的偏差及错弊现象切入），以及建立一套评价指标体系的认识和方法。使公司的内部控制制度评审有了一个好的开端。

开展了科技项目管理审计。审前，审计部与科技信息部就开展科技项目管理审计进行了多次讨论，确定了审计重点，制定了实施方案；在组织地区公司自查的基础上，审计部组织力量对大港油田、管道公司、抚顺石化、兰州石化等四个单位进行了重点抽查。经过汇总分析，向管理层提交了审计情况报告。通过审计，基本搞清了公司科技项目的管理状况，审计报告揭示了科技管理体制、项目经费与资产管理、外协项目管理、项目评估等方面的管理缺陷，提出了八个方面21条建议和措施。这个项目的开展为公司完善科技管理制度、理顺科技管理体制、加强基础管理与规范科技经费核算将起到积极的推动作用。公司的陈耕总裁、苏树林高级副总裁、王福成副总裁都对审计报告做了重要批示。

开展了股权投资管理审计。2003年审计部与地区公司结合，组织了对372个股权投资项目的审计调查，通过审计，揭示了投资项目的整体经营状况，找出了“维权意识淡薄，对外再投资、借款、担保缺乏监管，部分项目存在大量不良资产和经营风险”等带倾向性的问题，并提出了有针对性的建议。向管理层提交的审计情况报告，公司领导给予了充分肯定，陈耕总裁、王福成副总裁、王国樑财务总监做了重要批示，为加强股权管理提供了支持。

开展了对公司有关专业管理的审计，主要有：电子商务部的内部控制制度评审、公司纳税情况的审查。通过对电子商务部内部控制制度的评审，提出了“完善物资管理制度体系，加强电子商务管理力量；建立健全物资管理统计指标体系；进一步理顺内部处室的职能划分，把各项职责落到实处；制定电子销售管理办法”等有针对性的建议。王福成副总裁批示印发各专业公司和地区公司。

2003年，各地区公司在开展内部控制制度评审方面也做了大量的工作：大庆油田重点抓了其他类别审计中进行内部控制的测试和评价工作，实施率已达到50%；青海油田在实施对长庆油田风险勘探项目内部控制制度评审时，邀请勘探开发专业技术人员参加审计组，提高了审计建议的专业性和可操作性；抚顺石化分公司从“资本性支出、检维修项目、‘三剂’”的管理程序切入，对“计划、招投标、合同审批、预结算、甲方供料、工程施工”等方面进行跟踪测试、评价，为进一步理顺管理程序，优化作业流程提供了参考依据；长庆油田分公司实施的采购与付款、销售与收款内部控制制度评审，从组织机构、计划预算、岗位职责、授权批准、人员素质等八个方面进行测试分析，在正面评价的同时，找出了控制不到位的环节，并从管理体制、外部环境、市场因素等三个方面提出了六条建议，促进了控制状况的根本性改变；四川销售分公司通过“商品、投资、资金、人力资源”等管理业务内部控制的遵循测试，针对管理制度线条粗、可操作性差、不少过时的制度条文尚未清理废止，以及内部控制制度重条条、轻块块等缺陷和薄弱环节，出台了八个新的管理办法，对四个规定进行补充。

2. 基本建设工程审计

2003年两级审计组织共完成基本建设审计项目843个，审计工程建设资金388.7亿元，审减资金4.45亿元。在工程建设审计工作中，下大力气改变片面注重审减额、忽视过程监督的做法，把建设期审计作为了主要审计方式，2003年的基建工程事前事中审计项目就达到了89%，变事后审计为事前事中监督，将工程施工、质量、结算等管理方面存在的不足及时与有关部门沟通，力争将隐患解决在萌芽状态，避免了资金流失和不规范行为的继续和蔓延。

3. 西气东输跟踪审计

2003年，派驻西气东输的审计人员，认真履行跟踪审计的职责，在财务收支及内部控制、合同、工程结算、招标的等审计中，以及为该工程的竣工决算审计收集资料等方面做了大量的工作，特别是在对招标标的审查中，采用监督标底编制过程与督促编出合理标底同步进行的方法，为选择施工队伍控制工程造价发挥了积极的作用。

4. 对外合作项目的审计

2003 年，审计部在对外合作审计人员严重不足的情况下，将合作项目管理审计调查与联合账簿审计统一实施。2003 年共安排与实施了 11 个项目，涉及资金额约为 23.5 亿元。通过审计，发现“部分项目中方管理人员尽职尽责不够，合作项目预算管理薄弱，没有制定统一的会计制度，工作订单程序执行不严格，合同履行不规范、不严肃”等问题。通过分析，提出了建议，促进了管理水平的提高。

5. 预算执行、成本费用、经营效益等审计

2003 年两级审计组织共完成预算执行、成本费用、经营效益等审计项目 316 个，项目实施中，努力在做深做细上下功夫，为不断降低成本做了大量的工作：华北油田分公司在开展预算审计时，从预算编制抓起，对金额较大的成本费用项目深入到队站班组去调查，通过测算、对比、分析、评价，为基层的预算管理提供了帮助；辽阳石化分公司针对公司的实际情况，将煤炭消耗作为一个重点，从管理初始环节审起，对采购计划、合同、价格、质量、消耗、存货管理进行全面审计，从各个环节上为降低成本费用提供了改进的依据。

6. 经济责任审计

2003 年两级审计组织完成了 178 项经济责任审计，有的地区公司还将事后审计改为任期审计，加强了对在职领导经济责任的监督。东北销售分公司在审计中，将任期责任目标与存在问题进行对比分析，增强了任职者的责任心。

7. 合同审计

2003 年，两级审计组织对 33053 份合同进行了审计，审计合同价款 332.5 亿元，审减额 2.29 亿元，审减率为 0.69%。广大审计人员从合同立项、条款、标的额，以及合同管理程序、合同履行等方面的审查，通过参与重要合同的谈判，在规范合同管理、监督资金支出、维护公司利益上发挥了积极的作用。

8. 坏账核销审查

2003 年两级审计组织共对 2592 笔坏账进行了审查，通过深入现场检查取证，严格把关，防止了国有资产的流失。

【培训】　2003 年两级审计组织共举办各类培训班 64 个，511 人次接受了培训，占总人数的 63%。其中总部举办的财务信息系统、对外合作审计和基建工程项目审计三个培训班，就有 189 名学员参加了学习。另外，广大审计人员通过自学及参加各类培训，促进了审计人员的知识更新。截至 2003 年末公司内审队伍中具有大学本科及本科以上学历的人员达到 350 人，具有高级职称的 58 人，中级职称的 438 人；一级预算人员 41 人，二级预算人员 43 人，三级预算人员 37 人，造价工程师 43 人。2003 年全公司又有 22 人通过了国际注册内部审计师的全部课程考试，从而使具有这一资格的人数达到了 55 人，占总人数的 7%，为审计工作向更高层次发展，创造了有利的条件。

【优秀审计项目】　2003 年在各地区公司推荐申报 2002 年度优秀审计项目的基础上，公司审计部按照股份公司优秀审计项目评选办法，组织人员进行评审，评选出 2002 年度优秀审计项目 56 个，其中特等奖 1 个，一等奖 7 个，二等奖 15 个，三等奖 33 个，并对 18 个审计项目给予了表扬。

【审计标准化工作】　业务标准是提高审计工作质量的基础，股份公司标准化的审计规范，在过去两年已经发布了 20 项的基础上，2003 年又对 5 个审计规范进行了发布，主要是：第 21 部分“审计处理”；第 22 部分“后续审计”；第 23 部分“联合账簿审计”；第 24 部分“审计作业控制”；第 25 部分“审计文件控制”。并且提出了《联合账簿审计》的 7 个中英文对照格式文件。

（樊玉英）

其　他

【机关行政事务】　集团公司机关行政事务中心（简称中心）于 2002 年 12 月 17 日成立，下设办公室、行政处、文印处、通信处、人防办及车队。办公室作为中心的综合协调管理部门，其他处、办、队是为集团总部机关提供各类行政事务的专业服务单位。中心现有职工 119 人。根据中油人劳字［2002］502 号文

件精神，成立目的是“为了精干综合管理部门，同时加强行政事务服务”。组织属性是“作为集团公司机关附属机构”。管理模式是“业务工作由办公厅归口管理，独立运作”。人事劳资关系由人事劳资部直接管理；财务管理由办公厅财务处负责；党、团、工会组织关系由直属党委直接管理。主要职责是根据办公厅的要求，编制总部机关所需低值易耗品及相关行政费用计划，编制行政事务新增专用设备、设施投资计划并组织实施；管理好各类行政事务设备、设施及器具，为总部机关提供交通保障、通信保障、办公用品保障；负责办公区域的空间、视觉、听觉、微气候环境管制；做好文印质量及电子公文传输管理；根据国家有关政策法令及集团公司有关规定，做好集团公司所属在京单位人防工程、计划生育、交通安全管理及相应的社会公益事业组织。

主要工作如下：

（1）围绕集团公司战略目标，理清工作思路，理顺管理体制。

中心成立伊始就确立工作的总体思路，即按照集团公司改革、发展、稳定工作的总体要求，紧紧围绕着为集团总部机关提供安全、优质、高效服务的工作目标，狠抓队伍的思想、作风、能力建设，牢固树立质量第一的宗旨；加强制度化、规范化、标准化建设，努力谋求服务工作的持续改善；不断改进管理方式、服务方式，强化服务功能、提高服务层次，为建设具有国际竞争力的跨国企业集团总部提供有力的后勤保障。根据这一总体思路并结合中心的实际业务架构和功能定位，初步构建起一个与其业务庞杂、关联度差、专业跨度大、非加和性强等特点相适应的管理架构，进而为中心工作的平稳起步和良好开局奠定基础。

（2）从思想、作风、能力建设入手，努力培养出一支勇于奉献、奋发有为的行政事务队伍。

培养和造就一支任劳任怨、勇于奉献的行政事务队伍，是实现行政事务安全、优质、高效服务目标的根本保证。中心一方面按照集团党组要求，通过深入持久地开展“形势、目标、责任”主题教育活动，不断强化干部职工的服务意识、责任感、使命感，并重视和力所能及地组织职工参加各种培训学习，提高职工的业务技能和职业道德。另一方面，根据集团公司机关机构改革和人事制度改革的总体部署，在人事劳资部的具体指导下，结合中心的管理模式、工作性质和业务内容的实际特征，认真组织并圆满完成岗位编制的“五定”工作和全员的岗位聘任工作，为中心进一步提高管理水平奠定坚实的管理人才基础。

（3）加强制度建设，促进服务的不断改进。

管理制度是管理思想、管理理念、管理内容、管理方法和管理手段的综合反映。长期以来，中心十分重视各项事务管理制度的建设和强化制度执行刚性。2003年，中心建立起行政事务预算管理制度、各级管理层及各类事务人员工作目标责任制度、行政事务例会制度、劳动合同年度履约年检制度、服务设备设施管理制度、服务品采购管理制度、服务质量回访制度、安全管理制度、安全责任制度、定期安全自查和安全检查制度等等。这些制度的建立，强化约束，规范中心的服务行为，加强管理的有序化，增强服务的有效性，使中心初步形成一种按制度办事，规范服务；靠制度管人，规范行为；从制度出发，服务于大局的良好局面。

（4）改进管理方式，提升管理水平。

改进管理方式，提升管理水平是提高服务质量和服务效率的有效途径。2003年，我们重点在目标管理、人事劳资管理、安全管理方面加大工作力度。

在目标管理方面，根据中心的功能定位、职责范围、工作性质和服务内容，在充分调查研究的基础上，建立起一套较适合中心各处室工作实际的目标责任考核体系。通过目标责任的层层分解，强化系统责任链的传导功能，有效地防止目标责任的悬空现象，较快地提升中心的整体管理水平，聚合组织运动势，提高中心工作运转效率。现在，中心已经逐步形成各项管理工作和各项事务活动都以目标为依据，建立起以工作目标为导向，以人为中心，以服务成果为标准的目标管理模式。

在人事劳资管理方面，根据集团公司人事劳资部的有关规定，制定岗位聘任办法，并坚持公平、公开、公正、竞争、择优的原则，严格按照规范程序运行，选拔一大批政治素质好、工作能力强、作风正派的人员，充实到干部队伍，加速干部队伍建设。

在安全管理方面，一年来，我们始终把安全生产当做头等大事来抓。重点在行车安全、通信畅通、库房防火防盗、人防设施安全等方面狠抓安全责任和安全措施的落实。一是狠抓安全管理制度的建立和完善，重在责任制的落实上下工夫，把安全管理工作系统纳入年度目标责任考核体系，与第一责任人年终奖励直接挂钩，增强责任心和关切度。二是结合“五定”和各处室的工作实际，以强化服务安全与质量管理为目标，科学、合理地设置内部管理机构。三是定期开展安全大检查活动，督促安全责任制落实。

（5）改进服务方式，提高服务质量。

搞好服务工作是中心各项工作的落脚点，加强队伍建设、制度建设、改进管理，其最终目的，就是为了能够提供“安全、优质、高效”的服务。2003年，中心坚持上门服务和全天候服务方式，逐步完善日常服务召唤、服务受理、服务执行的程序，不断改进服务方式，延伸服务范围。实现集团公司机关处级以上领导干部办公电话来电显示功能；配合办公自动化实现网上预订会议室服务；基本实现对机关处级以上人员出差接送飞机场和在北京地区办公提供公务用车服务等。

（6）改善服务设施，增强服务功能。

为进一步完善服务设施、增强服务功能、提高服务层次、延伸服务内容，更好地为集团公司总部提供安全、优质、高效的服务，2003年，在集团公司领导及有关部门的支持下，通过中心的努力和争取，组织完成通信楼改造、采取技改方式增加通信来电显示、建设中心网页、完善办公自动化设施、更新21台车辆、部分人防工程及车队车场得到翻修、总部办公楼部分空调供风系统和制水系统得到改造。这些项目的顺利实施，在一定程度上改善了中心的服务设施，为强化服务功能，提高服务层次，打下良好的物质基础。

（7）加强党建工作，保障中心各项工作顺利进行

中心成立之后，在机关党委的支持下，及时成立中心临时党总支。党总支和各支部积极响应机关党委号召，组织广大党员干部开展“形势、目标、责任”主题教育活动，并结合中心工作的实际，开展各种形式的组织活动，使党组织建设得到进一步加强，较好地发挥党组织战斗堡垒作用。

在廉政建设方面，中心始终把塑造清正廉洁、规范高效的干部队伍作为一项大事来抓。把廉政建设工作与各项业务工作紧密结合起来，做到同部署、同落实、同检查、同考核，将党风廉政建设责任具体目标，系统纳入中心及各处室年度责任目标书，并逐级签认，严格考核。总之，中心以学习教育为基础，强化廉政意识，按照直属党委的要求认真组织党员干部开展党纪、政纪条规专题教育学习和廉政建设自查自检活动，从思想上筑牢拒腐防变的堤防；以制度建设为根本，强化防范机制，规范管理行为，把廉政建设寓于各项制度之中，做到防范于未然，逐级、逐步建立起一套有效、便利、管用、有约束力的防范机制，确保中心各项工作健康、顺利地展开。

（刘俊戈　庞玉洁）

【综合治理工作】　2003年中国石油天然气集团公司（以下简称集团公司）综合治理工作，坚持以“三个代表”重要思想和党的“十六大”精神为指导，认真贯彻中央有关综合治理各项方针、政策，在集团公司党组正确领导下，紧紧围绕集团公司中心工作，坚持“稳定压倒一切”的工作方针，按照“齐抓共管，综合治理”的工作思路。狠抓责任制度和安全措施落实，在2003年初，面对突如其来的“非典”疫情，我们沉着应对，措施到位，扎扎实实开展各项工作，完成了工作目标，保障了机关良好的治安秩序。

针对油气区及管道企业局部恶化的治安形势，2003年7月25日国务院召开了全国专项行动电视电话会议，公安部等8部门联合行动。集团公司十分重视专项行动工作，各油气区和管道企业按照八部委电视电话会议精神和集团公司的统一部署，精心组织，从实际出发，积极开展综合治理工作。

一、以防为主，坚持安全检查，“看好自己的门”，确保万无一失

为了保证集团公司总部机关办公、治安秩序良好稳定，在集团公司机关综合治理工作中，始终把增强机关办公区的门卫管理、登记验证工作作为一项重要工作来抓，确保了机关广大干部职工及正常外来办事人员有一个高效安全的办公环境。截至12月底，办理机关临时出入证1740个；工作时间登记允许进楼联系工作人员35199人次，另有登记外宾进楼456人次；非工作时间登记进入办公区工作人员23518人次；登记进出办公楼后院车辆5408台（次）；查验物品出门条366张，查出冒用他人证件3人；拦阻推销等不该进楼人员121人次，拦阻上访人员冲击办公楼3068人次；机关“110”报警服务中心接技防设施报警193次，出警193次；协助有关部门押送现款2000余万元。

2003年9月15—17日，我们联合机关人防办成立检查组，共同对机关及在京单位的地下空间消防安全专项治理工作进行了检查验收。先后检查了机关的老干部活动中心、文体中心等16家单位，76处重点防火部位。工作重点是人员密集场所和地下空间工程的疏散通道、安全出口是否畅通，安全指示标志、应急照明设施、灭火设备是否齐全有效等。经检查，各单位总体情况良好，工作开展认真、积极，有预案，有工作记录。有些单位还多次进行自检复查，务求不留工作死角；有些单位专门请来驻地武警消防中队，请专家以专业标准进行自查自改工作。真正做到了防患于未然。

二、抓住机遇，配合公安部等8部门开展油区及管道企业生产治安秩序专项行动工作，成绩显著

全国专项行动开展后，集团公司号召各参战油气区和管道企业抓住这次难得的机遇，在地方党委、政府统一领导下，积极配合，主动出击。通过周密部署，积极工作，截至年底专项行动已取得明显成绩。

1. 成立组织机构，加强工作领导，专项行动工作开展扎实，细致

2003年7月25日全国电视电话会议后，集团公司、股份公司成立了由集团公司党组成员、副总经理以及股份公司高级副总裁苏树林同志担任组长，有关部门领导任成员的专项行动工作领导小组。在集团公司办公厅保卫处和股份公司总裁办综合处设立专项行动工作领导小组办公室（以下简称办公室）加强督导，并做了以下主要工作：（1）为更好地协调专项行动顺利开展，办公室先后组织召开东、西部油区及管道企业3个专项行动座谈会，及时了解各企业工作进展；（2）对各企业传达贯彻全国及集团公司两个电视电话会议精神，对开展专项行动工作、专项行动中存在困难和问题等情况进行调研；（3）积极与8部门专项行动部际协调机制办公室联系沟通，为各企业的工作排忧解难，奔走呼吁；（4）做了大量信息收集反馈，下达上报工作，编写专项行动简报49期，并适时写出阶段工作总结，为领导和上级组织机构的决策提供详实准确的依据。

2. 开展声势浩大的宣传活动，进行摸排工作

据不完全统计，各企业共召开各种宣传动员会1243场次，散发各种宣传品178271张，在生产生活区及邻近地区张贴宣传品74045条、悬挂横幅1340幅，印制并发放宣传手册219998册，接受宣传教育的职工群众达3167538人。同时，为鼓励全员参与专项行动，各企业出台了相应的奖励办法，表彰积极提供线索，协助破案的职工、群众。据不完全统计，截至11月，各企业共接到职工群众提供的违法犯罪案（事）件线索789条，依靠这些线索破案187起。

各企业共摸排梳理案件767起；排查非法小炼油厂（炉）、小化工厂、小轧钢厂、非法采油点、化油点等共1244个；掌握废品收购站点情况669个；登记非法盗气点191个；排查占压管道违章建筑物及危害管道安全运营问题14489处。

3. 专项行动取得阶段性成果

据不完全统计，专项行动开展以来，各企业共投入经费1002. 4万元，投入公安保卫警力57192人次，出动车辆16221台（次）；共破获刑事案件914起，其中涉油案件852起；查处治安案件566起；破获积案174起；共抓获违法犯罪分子1440人，逮捕196人，刑事拘留485人，治安处罚666人，取保候审62人；批捕逃犯81人，抓获网上逃犯40人；摧毁犯罪团伙99个，373人；收缴原油6084. 5吨，缴获涉油犯罪车辆946台；收缴款物折合1411. 12万元，其中没收非法贩运原油所得174万元；清理取缔土炼油厂（炉）443个、非法化油点90个、非法采油点38个、盗电盗气点1926个、非法收购点93个；拆除占压管道违章建筑3494处；为企业挽回经济损失1934. 5万元。

4. 认真开展企业内部“六项清查”工作，积极探索建立防范长效机制

各企业以此次专项行动为契机，不断深化企业内部防范监控体系。在落实8部门《工作方案》和集团公司电视会议精神关于加强内部管理，提高防范意识，开展“六项清查”工作，努力探索建立防范长效机制方面，各企业加大力度，查隐患，堵漏洞，定措施，严格管理，分别取得一定成效。

（1）认真开展内部“六项清查”，夯实企业防范基础工作。

在这次专项行动中，各油气田和管道企业重点在六个方面深入开展一次内部治安保卫工作大检查：一查单位领导对内部保卫工作重视程度，是否与生产经营等工作做到同部署、同检查、同奖罚；二查单位内部保卫机构是否健全，责任是否到位；三查各项保卫制度是否完善，执行是否到位；四查内部保卫工作在管理上还存在哪些漏洞和薄弱环节；五查内部保卫工作中人防、技防、物防等措施是否落实；六查企业内部职工内外勾结盗窃油气资源和油气田物资情况。

为确保“六查”工作见到实效，各单位做到以下几方面：

一是加强组织领导，各企业层层动员，抓落实。实行主要领导负责，主管领导带队，认真检查隐患，落实整改措施，实行奖罚并举的工作机制。

二是注重对企业干部职工守法爱厂教育。如大庆油田工作中着力干部职工法制教育，培养爱厂护家观念，并签订了不参与侵害油田犯罪的协议。辽河油田各单位广泛开展“珍惜人生路，远离涉油犯罪”警示教育，增强广大职工的法制观念，牢牢树立“不想违、不能违、不敢违”的观念。

三是明确工作范围与工作方法，侧重解决检查中发现的带有普遍性、倾向性的问题。工作中，各企业突出重点，兼顾全局，结合企业自身实际，采取重点

部位紧密查，一般部位盯着查，日常工作重点查，非常时期全面查，棘手问题跟踪查以及明察暗访等方法，查找漏洞，消除隐患，完善制度，落实各项防范措施，深化内部监控体系。

四是切实做好发现问题的整改工作。对在“六项清查”中发现的问题，各企业领导亲自督办，责任到人，签署整改责任书，将工作做到了实处。据不完全统计，“六项清查”工作中，各企业共发动集中检查826次，发现隐患1873处，现已整改1478处，对一时难以整改的，正在落实措施限期整改。

(2) 标本兼治，积极探索企业建立防范长效机制。

一是狠抓治安防范制度及基础工作建设。各企业在建立防范长效机制工作方面，能从实际入手，结合企业生产特点，夯实防范工作基础。玉门油田努力构建点面结合、专群结合的治安防范体系，制定了《玉门油田治安防范体系三年建设实施方案》。重点抓四条防线建设：①建立以基层治保会、民调组织为主体的治安防范第一道防线；②建立以重点要害部位值班看守、单位值班门卫为主体的治安防范第二道防线；③建立在生活、生产区组建治安巡逻队、护厂队为主体的治安防范第三道防线；④建立以基层经保组织领导下的区域联防队伍和经济民警为主体的治安防范第四道防线。通过制度及基础工作建设，治安防范工作开展起来更加高效有序。

二是将企地联手严厉打击侵害企业利益违法犯罪活动，维护企业治安秩序与加强企业“三防”建设相结合，努力提高企业综合治理防范水平。为了更有效地开展专项行动工作，发挥企地合力优势，各企业十分注意政企的有机结合，积极与当地党委、政府及周边市县取得联系，确立了沟通协调制度。一方面通报情况，交换意见；一方面争取支持，求得帮助。尤其是专项行动开展以来，进一步加强了协作，取得了巨大成效。多年来，大庆油田企地双方领导都把维护油田治安稳定当作促进油田与地方经济发展的大事来抓。专项行动以来，大庆市委、市政府主要领导带队来到油田，现场解决专项行动和拆除违法违章建筑工作中的难点问题，有效地推进了油田专项行动的顺利开展。在吉林油田领导亲自出面协调下，油田与吉林省大安市建立打击盗油联席会议制度。大安市委、市政府准予油田专项行动机构与当地公安机关联合执法，对在大安市境内正在进行的涉油犯罪活动直接采取行动，为及时有效地打击涉油犯罪创造了条件。

在以严打整治为手段，始终对违法犯罪分子保持高压态势的同时，各企业也不断深化人防、物防、技防“三防”工作建设。大庆油田时刻注意对企业经保队伍的净化整顿，不护短、不徇私。目前，对已查实涉及涉油犯罪的8名经保人员依法进行了处理。对不适合经保岗位工作的150余人进行了调换，又补充200多名新同志，进一步纯洁了队伍。在物防建设方面，辽河油田对所属曙光采油厂、沈阳采油厂、高升采油厂等单位投入100多万元，配备了警用设备和执勤车辆，并对井站上的变压器安装了防护铁栅栏。各企业在技防工作方面做了很大努力，充分发挥技术设备的稳定性、准确性，消除防范工作盲区。大港油田开展专项行动以来，在部分偏远油区井站安装了红外监视仪23套，为经警及巡逻蹲守人员配备了夜视仪16台，推广应用防盗井口488井次。抚顺石化分公司针对多年来成品油管道被不法分子钻孔盗油造成的危害及损失，加大了“三防”工作力度，沿成品油管线埋设标志柱和警示牌；在管线埋设较浅和沟渠处，增设管道保护套管和保护涵。同时采取先进技术，使用管道内窥检测器；与科研单位联合开发“成品油长输管道泄露报警系统”，并购买了英国“雷迪400”精密地下管线探测仪、电火花测试仪等。另外，实施企地联控联防，成效显著。辽河油田欢喜岭采油厂职工马曙光通过不断摸索，自行研制成功了远红外自动报警装置。该装置利用红外感应原理，设置在井站的路障及设备上，当有人移动或损坏这些路障和设备时，该装置通过事先设置的手机信息，将报警信号传送到手机持有人，可以是一人，也可以是多人。通过领导重视，措施到位，群策群力，各企业的“三防”工作普遍上了新的台阶。

三是通过共建等形式，调动地方积极性，让其真正参与到维护企业利益的工作中。截至年底，各企业与地方共签订共建协议2042个，组建联防队伍380支，创建安全文明小区509个。其中，大庆、长庆等油田通过与驻地签订《工农共建公约》、《企地有偿管护协议》，聘用当地人员参与企业生产经营的治安看护工作，并尽最大努力为乡镇地方解决实际困难，使油区及管道沿线当地各级组织及民众真心来保护我们企业财产，形成互惠双赢的局面，从而有效地减少了侵害企业案件的发生率。

【保密工作】　2003年，在集团公司正确领导下，按照中央保密委员会和国家保密局总的工作部署，集团公司保密委员会尽职尽责地开展了工作，保障了集团公司保密工作正常地进行。

一、健全组织，保密工作有序开展

集团公司保密委员会根据机构调整及人员变动等

情况，保密办起草了《关于调整中国石油天然气集团公司保密委员会成员及办公机构的意见》，对原保密委员会的成员单位进行了人员调整和补充。调整后的保密委员会成员从25人增加至28人，从而保证了集团公司保密工作机构健全，人员落实。

为了进一步做好保密工作，2003年6月10日，集团公司保密委员会组织召开了两机关保密办工作会。会上总结了近几年集团公司保密工作的开展情况，分析了当前保密工作面临的新形势和新任务以及存在的问题，研究了下半年保密工作的任务。根据此次会议精神，保密办起草了《关于加强集团公司保密工作的报告》，制定了《中国石油天然气集团公司保密委员会办公室工作职责》和《保密办工作制度》。

将保密办有关"涉密文件资料密级鉴定"等几项主要工作以工作流程图形式加以规范。

二、开展了对涉密计算机上国际互联网问题的保密检查

1. 立即将中保委的《通知》以办公厅（办字［2003］31号）文件转发所属各企事业80多个单位和机关各部门学习

要求各单位要严格按照中保委和国家保密局的《通知》要求，会同信息管理等有关部门认真组织、严格检查、狠抓落实。

2. 召开保密工作情况通报会

2003年9月5日，保密办公室召开了机关各部门和在京单位保密工作情况通报会。30多个单位办公室（综合处）或保密办负责人参加了会议。会议传达和学习了中央保密委员会和国家保密局近期下发的有关文件、通知和情况通报，部署了对用涉密计算机上国际互联网问题进行自查和抽查的工作。收看了国家保密局制发的保密宣传教育片《严峻的挑战——信息领域的安全与保密》。

3. 保密办分别组织抽查工作

在所属各企业、机关各部门和在京直属单位自查的基础上，保密办会同集团公司办公厅机要室、规划计划部信息办公室、人事劳资部、人事服务中心、信息中心等部门有关计算机和信息管理方面的同志和技术人员，召开联席会，统一思想，形成共识，成立了保密工作检查组，以相关规定为检查标准，先后于2003年9月和11月分两次抽查了集团公司办公厅、监察部、规划计划部、财务资产部、人事劳资部、科技发展部等6个部门和中油国际工程公司、工程建设公司、石油物资装备（集团）总公司、石油经济技术研究中心、石油科学研究院等5个单位。

根据各单位自查和抽查的情况，保密办分别以两期《保密工作简报》形式，向保密委员会各位领导和机关各部门及在京单位通报了抽查的结果。同时起草了《关于贯彻中保委、国家保密局文件精神，对用涉密计算机上国际互联网问题进行检查的情况报告》，针对发现的隐患和普遍存在的问题，对下一步如何加强管理，提出了整改意见。

三、认真完成了各项日常保密工作

按照中保委、国家保密局关于保密工作的要求，一年来，共收到和办理中保委、国家保密局及有关部门来文53件（次）。起草或转发有关文件30余件（次）。《关于征求中华人民共和国保守国家秘密法修订草案（征求意见稿）意见的通知》（国保函字［2003］139号）等有关文件印制100余份转发所属各单位贯彻执行。汇总各单位结合实际提出的意见和建议，共整理出15条修改意见，分别以保密办函件的形式上报国家保密局。

另外，先后承办国家保密局、北京市保密局和中科院文献情报中心等部门交办的对有关材料进行密级鉴定的事项11件，涉及文字材料350页。承办机关各部门及有关单位人员出国携带文件资料、物品等保密审查工作，开具出境报关《审批表》7件。收到并办理所属部门和企事业单位来文100余份。

（张世显）

【信访工作】 2003年是集团公司建设具有国际竞争力的跨国企业集团、实施"两个转变"，广大干部职工经受严峻考验、战胜各种困难并取得显著成绩的一年。集团公司正确处理改革发展稳定的关系，高度重视维护企业和社会的稳定工作，全面落实稳定工作责任制，努力化解各种不稳定因素，确保了集团公司大局的稳定。

1. 集团公司党组对稳定工作给予了强有力的领导，有力地推动了集团公司信访工作的深入开展

集团公司党组认真贯彻落实党中央、国务院关于做好稳定工作的一系列指示精神，高度重视企业在改革发展中保持稳定的问题，把改革发展稳定工作统筹安排、统一部署。按照全面、协调、可持续的发展观，明确提出建设具有国际竞争力的跨国企业集团、实现"两个转变"的总体目标，把发展作为第一要务，从根本上保证和促进了企业和社会稳定。在研究全系统的重大问题时，始终把改革的力度、发展的速度和职工群众的承受程度统一起来；在出台涉及职工群众切身利益的重大决策时，始终把职工群众的利益放在首位，深入调查研究，反复权衡利弊，审慎做出

决策。2003年非典过后进入下半年的一个时期，部分地区群众进京上访问题比较突出。胡锦涛总书记等中央领导同志作了重要批示。对中央领导同志的指示精神，集团公司党组都认真学习。集团公司维护稳定工作领导小组多次召开会议，传达学习中央精神，研究制定贯彻落实的具体措施。2003年集团公司领导先后40多次对企业稳定工作作出批示；深入企业和基层调查研究，根据实际情况研究制定妥善处理的措施办法；协调有关部委和省市区党委、政府，帮助企业解决影响稳定的实际问题；专门建立地区性石油石化企业工作协调机制，统一负责协调同一地区集团所属企业的维稳工作。集团公司领导对信访工作给予了极大的关心、重视和支持，有力地推动了集团公司信访工作的深入开展。

2. 进一步建立完善工作责任体系，落实稳定责任制，把维护企业和社会稳定作为企业各级党组织的首要政治任务

各企业党委认真按照集团公司党组的部署要求，进一步明确各级党政一把手是稳定第一责任人，把维护企业稳定的责任落实到基层和每一名领导干部，全面加强和组织本单位稳定工作的开展。各企业多次召开各级稳定工作会议，分析形势，部署任务，落实责任，明确要求。同时，进一步强化企业稳定工作组织领导机构和工作机构，层层签订《维护稳定责任书》，建立健全日常工作和联系报告制度，组建了近千个稳定工作组或督导组深入基层单位指导解决各类实际问题，确保了企业稳定工作目标的实现。

3. 加大排查工作力度，及时掌握态势，主动出击超前开展工作，及时化解和解决信访问题

各企业都结合自身情况，定期滚动式进行摸底排查，了解掌握各类不稳定因素和存在问题，有针对性地超前开展工作。主动排查苗头掌握信息，主动深入基层化解矛盾，主动深入群众解决困难，主动提出办法超前解决问题。针对信访问题变化了的情况，各级组织及时调整自身的信访工作重心，有针对性地及早及快地给予化解和解决，赢得了职工群众的拥护和赞赏，保证了企业和当地社会的稳定。

4. 加大宣传教育和思想政治工作的力度，发挥党组织和思想工作的政治优势，群策群力做好稳定工作

针对各个群体的不稳定因素和信访问题，各企业党委充分利用报纸、广播、有线电视、宣传栏和宣传手册等多种手段，广泛深入地宣传党和国家的有关法律法规、方针政策、集团公司的形势、目标等相关精神，努力营造和形成人人讲发展、家家谈发展、层层谋发展的良好氛围，引导职工群众正确理解改革、自觉支持改革、积极投身改革，树立新的贡献观、优势观、创业观和就业观。各级组织深入开展“包保”、“帮扶”等活动，组织党员干部登门入户、挨家走访，面对面地与群众谈心对话，交流思想，宣传政策，沟通感情，增强了思想工作的针对性，收到了良好的效果。

5. 把解决实际问题与解决思想问题结合起来，尽职尽责为群众办实事，进一步增强稳定工作的实效性

各企业把群众切身利益的维护和实现作为信访工作的出发点和落脚点，认真扎实负责地解决群众的实际问题。在抓再就业工作中，各企业通过抓培训提高再就业技能、抓宣传树立正确就业观念、抓清理挖掘再就业岗位、抓对推动再就业工作全面落实等四个方面，使这项工作开展得有声有色。在送温暖活动中，一些企业明确提出：“不让一户生活困难职工过不下去、不让一个困难职工的子女上不起学、不让一个困难职工看不起病”，起到了温暖困难职工、教育广大群众的作用。

6. 畅通信访信息渠道，建立完善信访信息网络系统，掌握信访工作的主动权

2003年办公厅和企业一起，依托集团公司石油专网和机关办公自动化系统，在经济技术研究中心的帮助下，建立起了集团公司信访管理子系统，重点构建了集团公司机关和企业两级信访电子信息传输网络。由于狠抓了信访信息日报告和电子传输网络的应用，使得各种信访信息及时、快速、准确地在第一时间上报，为集团公司领导决策指挥和机关各部门协调处理提供了保证。

7. 认真处理来信来访，妥善处理信访问题，增强就地解决问题和化解矛盾的能力

2003年集团公司办公厅受理群众来信703件(次)，接待进京上访309起。集团公司机关各部门和有关企业把妥善处置进京上访作为关系首都稳定的大事来抓，上下左右形成合力，学习研究政策，严格掌握原则，共同接待上访，妥善处理信访问题。各企业狠抓信访基础工作，增强基层就地化解矛盾的能力。2003年集团公司各企业共受理群众来信5496件(次)，接待来访14270起，大量信访问题解决在了基层，有效保障了职工群众的合法权益，及时化解了矛盾，确保了企业和社会稳定。

8. 高度重视和加强企业信访工作机构和干部队

伍的建设

各企业均成立了维护稳定工作领导小组，各级维稳和信访工作机构进一步得到充实和加强，信访部门的管理规范和工作制度进一步健全和完善。各企业在重视信访干部的思想政治工作和作风建设的同时，注重对信访干部的教育和培训，并注意把政治素质高、专业知识好、工作能力强、有基层工作经验、年轻的同志充实到各级信访部门，使信访干部队伍的政策水平、业务理论和接访能力有了进一步的提高，基本构成了一个较为完善的信访稳定工作格局。

（于　飞）

【档案工作】　2003年，集团公司档案工作以“三个代表”重要思想为指导，围绕企业加快结构调整和深化改革的中心任务，发挥档案信息资源的优势，为企业的生产管理、科技进步、经营决策等提供优质服务。档案人员按照现代企业制度的要求，发扬“求实、进取、开拓、创新”的精神，努力拼搏向上，各项工作取得优异成绩。涌现出以大港油田档案馆、吉林吉化档案馆为代表的全国档案工作先进集体和一批省市档案工作先进集体。

（1）增大档案收集力度，强化基础业务建设。按照集团公司关于做好“三篇文章”的工作目标，对撤销、合并单位档案、境外公司（项目）档案、土地管理档案和重点工程项目档案等加大监督指导和收集的力度。为防止撤销与合并单位档案的损毁与流失，加强了资产与产权变动单位档案处置，对于在机构调整中档案归属、移交实行面对面监督指导，防止改制企业和产权变动单位档案擅自处置转移。随着集团公司“走出去”战略的实施，企业境外项目档案日趋增多，境外项目档案收集工作的重要性逐渐显现。根据《中国石油天然气集团公司境外公司（项目）管理办法》，各企业结合实际制定境外文件（档案）管理细则及相关办法，使境外文件归档工作得到有效控制，并向制度化、规范化方向发展。为维护土地使用权的合法权益，根据《中国石油天然气集团公司土地使用权和土地档案管理暂行规定》，实行土地档案集中统一管理。为确保工程项目档案的完整、准确，档案人员深入施工现场为施工人员讲解施工资料收集与工程进度同步进行，案卷的整理、目录的编制等方面的要求，由事后控制改变为事前控制。从根本上保证了工程项目档案的齐全与完整。2003年，集团公司各级档案部门共接收档案1557760卷（件），其中照片档案87665张、底图643987张和电子档案270736张（盘）。丰富档案馆（库）藏，为开发档案信息、实现档案资源共享奠定物质基础。

（2）结合实际开展档案工作理论研究，积极探索档案管理新路。随着集团公司各企业深化改革、机构调整，档案管理工作遇到严峻的挑战。面对档案工作传统管理及被动服务方式与企业现代化管理不相适应的现状，以创新档案工作理念、利用信息技术拓宽档案信息服务领域，以档案管理、适应现代企业制度为主要内容，在集团公司企业开展档案工作理论研究，组织档案人员积极探索现代企业制度下档案管理新模式。2003年基层企业向集团公司推荐参评档案论文67篇。据不完全统计，石油企业档案人员撰写的90余篇论文分别在省、市论文评选会上获奖。这些研究成果，提高了档案人员的理论水平，拓宽了档案工作思路，有力的促进档案管理水平的提高。

（3）档案信息化建设取得显著成效。按照国家档案局《关于全国档案信息化建设实施纲要》的要求，集团公司加快档案信息化建设步伐。2003年，总部机关办公系统已进入试运行，随着该系统中档案管理子系统的投入使用，总部机关实现电子公文自动归档、档案信息网上查询即可实现。科学技术研究院、吉化集团公司档案管理工作基本实现计算机管理，并由单机管理逐步转向网络化管理；大庆石油管理局档案馆、华北石油管理局档案馆、大港油田集团有限责任公司档案馆、四川石油管理局等单位在本企业内推行“中油档案信息系统2.0版”应用，有力地促进档案信息化建设的进程；管道局档案馆的“管道档案管理系统”已在试点单位进入试运行阶段，吉林石油集团有限责任公司、东方地球物理勘探有限责任公司档案馆建立和完善了各类档案目录数据库，为实现档案信息资源共享、远程查询奠定基础。利用信息技术提高档案管理水平，有力地促进集团公司档案信息化建设发展进程，并取得良好的实效。

（4）开发档案信息资源为企业做好服务。集团公司企业档案部门共保存各类档案23131594卷（件），其中各类底图2050220张、音像档案188206盘、照片档案949116张和电子档案1298550张（盘）。利用档案信息为企业发展服务是企业档案工作永恒的主题。广大档案工作人员自觉增强服务意识，更新服务观念，不断完善服务手段，创造性地开展档案信息服务工作，建立科学的档案信息检索系统，多方位、多角度、方便快捷地提供档案信息，为企业的生产经营、科技创新、市场竞争提供详实可靠的依据。2003年，集团公司各级档案部门共提供、利用档案3697137卷（件）/397929人次；提供各类资料

367023册/85042人次。在为新区勘探、老井挖潜、工程项目招投标、国内外市场开发、ISO 9002认证和HSE换版升级等工作中发挥了不可替代的作用。

档案人员围绕企业中心任务积极做好档案信息开发工作，2003年共利用档案形成编研成果979种、253773万字，其中公开出版的42种、78300万字。

（续桂春）

【股份公司文档工作】 2003年股份公司文档工作按照文档一体化和文档数据化管理、网络化服务的要求，积极探索，扎实工作，不懈努力，取得了可喜的成果。本年度公司所属企业共有档案机构592个，其中档案室584个、档案馆8个。有专职档案人员1220人，兼职2763人。案卷排架长度20.59万米。以件为保管单位的档案有785.93万件，排架长度3.77万米；电子档案54.06万盘。档案利用人数19.07万人次，利用档案总计71.35万卷次、162.14万件次。编研档案资料：公开出版18种，783万字；内部参考453种，17.16万字。档案库总建筑面积14.01万平方米、计算机1184台、服务器117个。

1. 以“中油档案信息管理系统”推广应用为契机，加快推进股份公司档案计算机管理进程

2003年，股份公司档案工作紧紧抓住档案信息化建设这个“龙头”，以档案信息化建设促活其他建设，带动整体跃升。在股份公司机关及所属企、事业单位全面推行“中油档案信息管理系统”（升级版）。3月份组织了股份公司“中油档案信息管理系统V2.0”推广应用会议，共有57个单位档案部门的负责人及档案信息系统管理人员和技术维护人员共计236人参加了会议。会议采取以会代训的形式，对中油档案信息管理系统V2.0的安装、配置、数据转换及使用进行了培训。通过培训，基本掌握了中油档案信息管理系统V2.0的使用方法，为做好系统的推广应用工作奠定了基础。11月份组织了股份公司“机关文书人员培训班（中油档案信息管理系统V2.0）”，共有16个处、室的文书人员共计20人参加了培训。培训内容包括收发文登记系统和档案信息管理系统。通过培训，实现了文件登记计算机化，制发公文全文电子归档，实体档案网络化归档、计算机检索，初步建立了文档一体化和数据化管理、网络化服务模式，在信息共享方面取得了实效，为实施文档一体化管理奠定了基础。各级档案部门为全面推广使用中油档案信息管理系统2.0版，进一步加快数据资源建设，实现各种类型档案信息的综合管理，培养一批熟练掌握档案计算机管理的核心骨干，辽河油田、华北油田、冀东油田、大庆炼化、辽宁销售、陕西销售等单位采取短期集训、举办讲座、业务交流等形式，积极开展档案信息系统业务培训，参加培训的所属二级单位90家，共有学员542人，培训内容包括：中油档案信息管理系统V2.0的安装、配置、数据转换及使用；电子文件归档与管理规范等。各级档案部门扎扎实实地抓好信息资源，开发利用和网络平台等基础性建设，共录入档案数据167万多条，提高了公司机关和各地区公司档案数据化管理和网络化服务的水平。完成了《股份公司管理规程》（2002卷）约240万字的收集、出版、上网工作，提供了很好的信息服务。完成了《年鉴》大事纪要、专稿2万多字的编纂工作。

2. 加强档案基础业务建设，不断改善工作条件

（1）档案基础业务进一步加强和规范。各级档案部门充分利用档案资源，发挥档案部门的能量，根据本单位的中心任务，找准档案工作的最佳切入点，按照标准化、规范化的要求，加强档案基础业务的建设，从提高档案归档率、完整率、准确率入手，为各项工作提供全方位、多层次、高水平的服务，充分运用声像、电子、网络等多种先进技术手段和史志等多种有效服务形式，及时为股份公司各项工作提供方便快捷、丰富多彩的档案信息服务，使档案的归档工作逐步走向规范化、制度化。为了进一步做好“中油档案信息管理系统V2.0”的推广应用工作，各级档案部门按要求配备了系统所需软、硬件环境，配置了服务器、条形码打印机、扫描仪、刻录机等，更新了计算机，为档案工作的发展和数字档案创造了良好的运行环境。

（2）档案保管条件进一步改善。各单位将档案的安全保管放在第一位，十分重视档案的完整与安全，严格按照档案“八防”要求管理档案，改善档案的保管条件，按照档案建筑规范要求建造和调整了档案库房的面积，安装了档案密集架，配置了档案必备设施，办公室、库房、阅览室三分开，使档案的保管条件日趋完善，为档案工作的发展创造了良好的硬件基础。

3. 切实抓好股份公司国家重点建设项目档案资料管理工作，开展档案工作目标管理认定工作

根据国家档案局和股份公司的有关规定，加强跟踪指导、监督、检查，进一步做好建设项目档案管理工作。在股份公司档案系统的业务指导方面，我们重点加强了西气东输管道建设项目档案的管理工作，尤其是在强化工程建设与工程竣工档案同步管理方面取

得了可喜成绩。

（1）制定竣工档案编制办法、相关标准，确定各专业组卷内容及方法，确保参建单位竣工资料编制有章可依。

（2）开展竣工档案培训工作，使所有参建单位熟悉、了解竣工档案编制的相关办法、规定，加快竣工档案编制进度。

（3）制定合理竣工档案检查工作计划，加强指导、监督、检查工作，确保竣工档案管理工作与工程建设同步。

（4）参加工程交工验收，对各参建单位竣工档案进行检查、规范，协调解决竣工档案编制过程中存在的问题。

（5）以合同为源头，加强建设单位内部竣工档案的管理和控制。

（6）充分发挥地区管理处和监理的协调、监督、管理作用，共同做好竣工档案管理工作。

（7）适应现代化管理需要，坚持更新档案管理和服务手段，提高服务质量和效率。

完成了新疆引额济克克拉玛依引水工程、独山子石化分公司22万吨/年乙烯改扩建工程建设项目竣工档案验收工作。同时组织完成了新疆油田分公司重油开发公司、吐哈油田分公司工程技术中心的企业档案工作目标管理国家二级的认定工作。

（尚　真　张桂珍）

第九篇

精神文明建设

第一篇
总　述

第二篇
油气勘探开发生产

第三篇
油气储运、炼化与销售

第四篇
对外合作与交流

第五篇
工程技术服务

第六篇
科 技 发 展

第七篇
质量安全与环境保护

第八篇
企业改革与管理

第九篇
精神文明建设

第十篇
机构与人物

第十一篇
上市企业概览

第十二篇
未上市企业及事业单位概览

第十三篇
中国石油天然气集团公司大事纪要

第十四篇
附　录

党建与党群工作

【概述】　2003年，面对错综复杂的国内外市场竞争形势和企业改革发展稳定的新情况，集团公司上下一心，团结奋进，各项工作都取得了新的成绩。各级党组织按照集团公司党组的工作部署，认真学习贯彻党的十六大、十六届三中全会精神和“三个代表”重要思想，坚持“围绕中心，服务大局，开拓创新，求真务实”的工作方针，深入开展“形势、目标、责任”主题教育活动，以改革创新精神加强和改进党的建设和思想政治工作，着力推进以党的建设为核心的基层建设，大力宣贯《集团公司企业文化建设纲要》，有力地保证和促进了集团公司的改革发展稳定和各项生产经营目标的实现。

【理论学习】　2003年，各级党组织坚持把理论学习作为加强党的思想政治建设的首要任务，深入学习贯彻“三个代表”重要思想，努力把“三个代表”重要思想和党的十六大精神贯彻落实到企业改革、发展和稳定的各项工作中去，理论学习上升到新高度。

按照党中央和国资委党委的《通知》要求，集团公司党组下发了《关于认真学习〈“三个代表”重要思想学习纲要〉，兴起学习贯彻“三个代表”重要思想新高潮的通知》和《关于贯彻落实〈中共中央关于在全党兴起学习贯彻“三个代表”重要思想新高潮的通知〉的实施意见》，对学习贯彻“三个代表”重要思想做出了全面具体的安排。7月31日至8月9日，集团公司在北京连续举办了两期企业中层领导干部学习贯彻“三个代表”重要思想培训班，每期用3—4天时间，集中轮训了集团公司所属各油田、炼化、销售企业和各直属单位的党政主要领导和党委副书记，部分大单位的宣传部长，集团公司、股份公司总部机关副处级以上干部及集团公司机关离退休老干部党支部的支部书记等，共860余人。这次集中培训，党组高度重视，精心组织。党组书记、总经理马富才同志亲自主持了第一期培训班开幕式，对学习轮训进行了动员，并两次亲临培训班作了《学习贯彻“三个代表”重要思想，牢牢把握国有企业改革发展方向》的宣讲报告。此次培训班安排了高层次、权威性的理论辅导讲座，促进了企业领导人员对“三个代表”重要思想的深刻理解。集团公司党组领导吴耀文、任传俊、陈耕、苏树林、郑虎、李克成、贡华章全部参加了轮训班，听取了中央“三个代表”重要思想宣讲团成员的宣讲报告。通过集中培训，进一步提高了广大党员干部对党中央关于兴起学习贯彻“三个代表”重要思想新高潮重大意义的认识，进一步加深了对“三个代表”重要思想的时代背景、实践基础、科学内涵、历史地位、精神实质的理解，从而更加坚定了贯彻落实“三个代表”重要思想的信念和自觉性，更加增强了搞好国有企业的信心和责任感、使命感。同时，各级党组织按照集团公司党组《实施意见》，在认真组织学习江泽民同志《论“三个代表”》、胡锦涛总书记“七一”重要讲话、《“三个代表”重要思想学习纲要》等重要著作和文献的基础上，采取集中学习、专题发言等多种形式，迅速兴起学习贯彻“三个代表”重要思想新高潮，广大党员和干部职工的思想武装进一步加强。

在理论学习中，各级党组织坚持中心组学习制度、基层干部年度轮训制度、党员领导干部党校定期培训制度、机关干部培训制度，保证了学习内容、时间、人员的落实。通过集中学习与自学相结合，学习与专题讨论相结合等灵活多样的形式，紧紧围绕深入贯彻“三个代表”重要思想，坚定搞好国有大中型企业的信心这个主题，进一步形成了“学理论、议大事、出思路、谋发展”的领导干部学习理论新格局。

各级党组织重视党员干部理论学习工作，加大理论培训力度，通过各种方式对党员干部进行理论培训，重点提高干部的思想政治素质、综合决策能力和领导经济工作的能力。在理论培训中，普遍建立了各项学习制度，加强考核，保证了学习质量，共培训了中层以上干部近900人次；集团公司党校和石油管理干部学院共举办89个各类培训班，培训领导干部达8920人次。直属机关团委连续开展了13周的“网上学习每周一题”活动，共有650人次参加，进一步推动了“三个代表”重要思想的学习。

【党建工作】　2003年，各企事业单位党组织结合实际，以庆祝中国共产党成立82周年为契机，大力开展党员先进性教育，党组织的凝聚力和战斗力有了新的提高。在重组改制中，坚持加强和改进党的建设，积极探索新形势下党建工作的新思路。

各企事业单位党组织积极探索新形势下加强基层党组织建设和党员管理的有效途径。针对企业改革中党员管理、党组织隶属关系和企业管理体制、工作机构、用工制度等方面发生的变化，各级党组织认真分析新情况，研究新问题，探索新方法，基层党组织建设基本做到了“三同时”，保证了组织的健全。在重点工程建设中，石油天然气管道局、管道分公司、西气东输管道分公司等单位党委积极探索了业主与施工单位联建，施工单位前线与机关联建等工程前线党组织组建新模式和党员活动新方式，建立健全了施工一线党组织。在海外项目上，勘探开发公司、国际工程公司、国际（勘探开发）公司、国际事业部等单位贯彻落实集团公司党组《关于进一步加强境外单位党建工作的意见》，按照“三种模式”及时组建境外单位地区党委 4 个、党总支 4 个、联合党支部 15 个，为发挥集团公司的整体优势和海外事业的发展起到了保证作用。东方地球物理勘探有限责任公司党委推行参与项目施工的党员持《党员流动证》参加活动的办法，加强了对流动党员的管理。炼油与销售分公司党委针对社会用工比例高的实际，积极探索社聘员工党员的教育管理工作，全年发展党员 66 名，接转了 505 名签订一年以上正式劳动合同的社聘员工党员组织关系。物资装备（集团）总公司全面实施了基层建设“五个一”工程，基层党组织建设水平进一步提升。

各级党组织大力开展“一个党员一面旗”、“党员先锋岗”等多种形式的创先争优活动，广大党员在企业改革发展稳定中发挥了中流砥柱的作用，党员的先锋模范作用进一步得到发挥。奋战在海外项目的共产党员发扬“为国争光、为集团公司争气、为海外石油事业争荣”的精神，用“天天都有闪光点、周周都有好成绩、月月都有新贡献”的要求激励自己艰苦创业，创造了辉煌的业绩。为了确保西气东输工程东段“十一”进气的目标，西气东输管道分公司党委协调和组织参建单位开展了“高扬党旗，决战百日”活动，号召全体党员积极行动起来，带领广大参战员工以坚定的信心和高昂的士气，投身百日决战，推动了工程建设目标的实现。中油财务公司广大党员带领全体职工发扬团结拼搏的精神，创造了在全国同类企业中资产规模、资本金和利润“三个第一”的业绩。在抗击“非典”的战斗中，面对恐惧与死亡的威胁，广大党员始终站在抗击“非典”的最前沿，坚守生产一线岗位，带领职工群众团结奋战，夺取了抗击“非典”和生产经营的双胜利。集团公司办公厅、机关行政事务中心、离退休职工管理局、直属工会，股份公司总裁办、党群工作部、华油（北京）服务总公司等单位和部门经过 80 多天的连续奋战，出色地完成了两个机关、职工住宅区和近 700 名离退休职工防治“非典”的任务。

为进一步加强基层建设，9 月 14—16 日，集团公司召开了基层党的建设工作会议，系统总结了重组改制五年来集团公司基层建设工作的主要成绩，科学概括了基层建设工作的经验，认真分析了基层建设工作面临的新形势，强调了在新形势下加强以基层党的建设为核心的基层建设工作的极端重要性，提出了在建设具有国际竞争力的跨国企业集团进程中，集团公司基层建设工作的指导思想、主要目标和工作任务。在这次会上，集团公司隆重表彰奖励了“百面红旗”基层单位，交流了 30 个企事业单位加强基层建设的经验，举办了“红旗论坛”，并组织了“百面红旗”单位代表赴大庆学习观摩。为表彰和宣传先进基层单位的事迹，总结和推广基层建设的经验，充分发挥典型示范作用，进一步激发基层的创造力和战斗力，经过各企事业单位的推荐、评审组的评审，集团公司研究决定，授予 115 个基层单位为集团公司“百面红旗单位”荣誉称号。

1. 物探测井系列

大庆石油管理局物探公司 2287 地震队；

大庆油田有限责任公司地质录井分公司海拉尔录井队；

辽河石油勘探局测井公司综 8 队；

新疆石油管理局测井公司东部分公司测井中队；

四川石油管理局地质调查处地震 248 队；

大港油田集团有限责任公司测井公司 5701 队；

吉林石油集团公司物探公司 2244 地震队；

东方地球物理勘探有限责任公司西部勘探事业部塔里木经理部 247 地震队；

东方地球物理勘探有限责任公司西部勘探事业部北疆经理部 277 地震队；

中油测井公司华北事业部 3700－6 队。

2. 钻井系列

大庆石油管理局钻井二公司 1205 钻井队；

大庆石油管理局钻井二公司 1202 钻井队；

辽河石油勘探局钻井一公司 32467 钻井队；

新疆石油管理局钻井公司 50582 钻井队；

长庆石油勘探局钻井工程总公司 30533 钻井队；

四川石油管理局川东钻探公司川钻 1 队；

华北石油管理局第二钻井工程公司 32894 钻井队；

大港油田集团有限责任公司钻井工程公司 GW60 钻井队；

吉林石油集团公司钻井二公司 30567 钻井队；

青海石油管理局井筒工程公司 40519 钻井队。

3. 采油系列

大庆油田有限责任公司第一采油厂中十六联合站；

大庆油田有限责任公司第二采油厂 48 队；

辽河油田分公司曙光采油厂作业六区；

辽河油田分公司沈阳采油厂作业一区；

新疆油田分公司采油三厂呼图壁采气作业区；

长庆油田分公司第一采油厂杏河作业区 04 井区；

西南油气田分公司输气管理处合江天然气运销部；

塔里木油田分公司开发事业部塔中作业区联合站；

华北油田分公司第二采油厂岔河集南部工区；

大港油田分公司第一采油作业区 2 队；

吉林油田分公司新立采油厂 5 队；

吐哈油田分公司吐鲁番采油厂红连采油班；

青海油田分公司采油一厂花土沟作业区；

冀东油田分公司采油作业三区；

玉门油田分公司采油厂四区队 603 岗。

4. 油田作业系列

大庆油田有限责任公司井下作业分公司一大队 102 队；

辽河石油勘探局沈阳工程技术处作业 8 队；

新疆石油管理局井下作业公司井下酸化压裂砂罐队；

长庆石油勘探局井下技术作业处压裂大队 5 队；

塔里木油田分公司塔西南公司勘探作业 6 队；

华北石油管理局井下作业公司第二试油大队 14 队；

大港油田集团有限责任公司井下作业公司试油 506 队；

吐哈石油勘探开发指挥部井下技术作业公司压裂 1 队；

冀东石油勘探开发公司井下作业公司 10 队；

玉门石油管理局油田作业公司常规作业大队 4 小队。

5. 炼油系列

玉门油田分公司炼油化工总厂常减压车间；

大庆石化分公司炼油厂催化重整车间；

吉林石化分公司炼油厂重油催化车间；

抚顺石化分公司石油三厂分子筛脱蜡车间王海班组；

乌鲁木齐石化分公司炼油厂炼油一车间；

独山子石化分公司炼油厂润滑油车间；

大连石化分公司储运车间；

锦西石化分公司重油催化车间；

大连西太平洋石油化工有限公司重油催化裂化装置；

哈尔滨石化分公司催化车间。

6. 化工系列

大庆石化分公司化工一厂裂解车间；

吉林石化分公司聚乙烯厂乙烯车间；

抚顺石油化工公司腈纶化工厂丙烯腈车间；

抚顺石化分公司洗涤剂化工厂生产分厂；

辽阳石化分公司尼龙厂己二酸—成盐装置；

兰州化学工业公司有机厂苯胺车间；

兰州石化分公司化肥厂成品车间；

宁夏石化分公司合成一车间；

大庆炼化分公司聚合物厂丙烯酰胺装置；

锦州石化分公司异丙醇车间。

7. 油品销售系列

新疆乌鲁木齐销售分公司红山路加油站；

辽宁沈阳销售分公司昆山加油站；

甘肃兰州销售分公司榆中兴隆加油站；

内蒙古呼伦贝尔销售分公司呼伦加油站；

云南销售分公司小菜园加油站；

上海销售分公司振兴加油站；

北京销售分公司天成加油站；

四川绵阳销售分公司董家沟油库；

东北大庆销售分公司龙凤油库；

深圳中石油美视妈湾油港油库有限公司。

8. 科研系列

大庆油田有限责任公司勘探开发研究院勘探研究一室；

辽河油田分公司钻采工艺研究院油井防砂中心；

新疆油田分公司采油二厂油田地质研究所；

长庆油田分公司勘探开发研究院油气勘探室；

塔里木油田分公司勘探开发研究院开发所；

兰州石化分公司石化研究院炼制所；

东方地球物理勘探有限责任公司研究院库尔勒分院；

中国石油勘探开发研究院石油地质研究所；

中国石油勘探开发研究院油气田开发研究所；

管材研究所研究开发中心。

9. 工程建设系列

大庆石油管理局建设集团管道工程公司管道工程处；

长庆石油勘探局建设工程总公司新疆四分公司；

四川石油管理局油建三公司第三工程队；

大庆石油化工总厂工程公司第一安装公司李树林班；

吉化集团公司化建自动化工程公司；

兰州炼油化工总厂建设公司一分公司；

大连石油化工公司建筑安装工程公司电气公司；

管道局管道第二工程公司第二安装公司；

管道局穿越公司功勋穿越处；

中油国际工程有限责任公司一建第二工程处铆焊2队。

10. 保障系列

大庆石油管理局电力总公司星火一次变电所；

大庆石油管理局供水公司西水源；

塔里木石油勘探开发指挥部物资贸易公司生产服务中心；

吐哈石油勘探开发指挥部哈密物业管理公司维修中心；

辽阳石油化纤公司机械厂容器分厂；

锦州石油化工公司仪表检修安装队；

锦西炼油化工总厂维修车间；

管道分公司兰州输气分公司德令哈输气站；

物资装备（集团）总公司宝鸡石油机械公司结构分厂；

石油天然气运输公司沙漠运输公司工程机械大队。

11. 海外项目系列

中油国际（尼罗）公司1/2/4区油田作业区；

中油国际（苏丹）炼油有限公司催化装置；

中油国际（阿克纠宾）油气股份公司销售处；

中油国际（委内瑞拉）公司卡拉高莱斯作业区；

中油国际长城钻井公司中哈钻井公司；

中油国际工程建设（集团）公司苏丹分公司；

中油国际中国石油技术开发公司独联体部；

中油国际测井公司测井事业部；

东方地球物理勘探有限责任公司国际部0111地震队；

中国石油国际事业有限公司（中联油）大连中石油国际事业有限公司。

各企事业单位党组织充分认识在建设具有国际竞争力跨国企业集团的进程中加强基层建设的极端重要性，认真落实集团公司基层党的建设工作会议精神，制定了加强以党建为核心的基层建设的主要目标、工作任务和主要措施，进一步提高了基层党建工作的水平。

集团公司党的各级组织不断健全，党员队伍在结构、素质方面不断改善和提高。经统计，到2003年底，集团公司共建有党委1710个，党总支2184个，党支部27735个。各级党组织贯彻“坚持标准、保证质量、改善结构、慎重发展”方针发展新党员，2003年共发展新党员14716名，占党员总数的3%。其中，专业技术人员6180名，占新党员总数43%，企业生产一线新党员8831名，占新党员总数60%，保持了党员的先进性。

【宣传思想工作】　2003年，集团公司各级党组织认真贯彻落实中央的精神和党组的部署，把握改革、发展和稳定中职工的思想脉搏，围绕中心，服务大局，大力加强和改进思想政治工作，在保证改革发展的顺利进行和保持职工队伍稳定中进一步加强。

为进一步动员全体干部职工为实现十六大确定的目标而努力奋斗，全面推进具有国际竞争力的跨国企业集团建设，按照集团公司党组的要求和部署，从2003年年初以来，在全系统深入开展了“形势、目标、责任”主题教育活动。教育活动分三个阶段进行。第一阶段，认真学习集团公司统一编写下发的《“形势、目标、责任”教育读本》和《宣讲读本》，紧密围绕主题，把握灵魂，掌握精髓，深入学习领会党的十六大精神、十六届三中全会精神和集团公司工作会议精神。第二阶段，开展宣讲和群众性大讨论活动。结合部门工作实际和干部职工的思想实际，在深入学习的基础上，围绕“党建、思想政治工作、企业文化、群团工作在建设具有国际竞争力跨国企业集团发展战略中如何发挥作用，我们承担着什么责任?”、“如何做一个与具有国际竞争力跨国企业集团相适应的总部机关工作人员?”等8个专题进行讨论，并分专题进行宣讲和交流。第三阶段是总结阶段，对主题教育活动进行认真总结。通过组织开展“形势、目标、责任”主题教育活动，广大党员和干部职工在解放思想中统一了思想。

各级党组织围绕中心，继承创新，坚持“正面宣传、团结鼓劲”的方针，利用电视、报纸、网络等各种媒体和渠道，加大宣传力度，以发展的思路凝聚职工，以改革的成果引导职工。着力宣传了党和国家的一系列方针政策，宣传集团公司发展战略及面临的形势和任务，向广大干部职工进行集团公司发展重大举措和相关政策的宣传解释。做到了党和国家的重要精神宣传到位，集团公司的重大决策宣传到位，重大先进典型宣传到位，重点工程和项目宣传到位，重大部署宣传到位，重大活动宣传到位，实现了全年重大事项无一遗漏的宣传报道，对内极大地鼓舞了干部职工的士气，对外树立了集团公司的良好形象，营造了更加有利的改革发展氛围。

各级党组织及时宣传报道了中央领导集体对石油企业和石油职工的亲切关怀，进一步鼓舞干部职工。新一届中央领导集体十分关心石油企业的改革发展稳定。中共中央总书记、国家主席胡锦涛同志于2003年5月底至6月初首次出国进行国事访问，集团公司党组书记、总经理马富才同志陪同出访，并签署了中俄、中哈石油合作项目。自5月初至6月初，中共中央政治局常委温家宝、贾庆林、吴官正、李长春等同志先后考察集团公司下属企业，看望石油界科学家，对深化改革、加快发展、发扬大庆精神、推进技术进步、抗击“非典”提出明确要求。这些充分体现了中央领导同志对集团公司的亲切关怀，是对我们的巨大鼓舞。宣传部门及时通过报纸、电视、简报等多种形式将中央领导同志的关怀传达给广大党员、干部和职工群众。

在抗击“非典”战役中，充分发挥宣传鼓动作用，动员组织干部职工夺取抗击“非典”和生产经营的“双胜利”。面对突如其来的“非典”疫情，各级党组织积极响应党中央的号召，动员和组织广大党员和干部职工大力弘扬“万众一心、众志成城、团结互助、和衷共济、迎难而上、敢于胜利”的精神，一手抓防治“非典”，一手抓生产经营，夺取了“双胜利”。在抗击“非典”期间，政治思想工作部、直属党委共编发了12期简报，反映各单位抗击“非典”的工作和事迹。直属工会及时向机关职工发放预防“非典”药品、防护用品及宣传资料。

各级党组织积极做好对外宣传工作，充分利用电视、报纸网络等各种媒体和渠道，大力宣传集团公司的发展目标、改革措施、经营业绩鼓舞职工，树立企业形象。集中力量组织中央各大媒体集中开展了集团公司年度经营业绩、集团公司成立五年来改革发展成果、纪念铁人诞辰80周年、集团公司基层党的建设、西气东输长江盾构隧道穿越、沁河穿越、延水关黄河穿越以及靖边“十一”进气、集团公司干部职工为重庆开县“12.23”特大责任事故受灾群众捐款等专题报道，树立了集团公司良好的企业形象。

集团公司影视中心充分发挥电视宣传的优势，制作《中国石油报道》52期，组织了西气东输工程全线航空拍摄，制作《西气东输电视月刊》两期光盘，深受工程前线将士欢迎。实施了二期石油网络工程，召开了第四次石油电视协会代表会议，举办了两期采编业务骨干培训班，评比表彰了2002年度中国石油电视新闻获奖节目、第二届“十佳百优”石油电视新闻工作者。

【精神文明建设】　2003年，集团公司系统各单位贯彻中央及集团公司精神，制定本单位精神文明建设规划，坚持两个文明一起抓，把精神文明建设同生产经营和业务工作一起部署、一起落实、一起考核，全方位开展群众性精神文明创建活动，进一步提高企业的文明程度和职工的文明程度，职工队伍在改革与发展的进程中保持了昂扬向上、开拓创新、知难而进的精神风貌，确保了集团公司和石油石化企业继续走在全国和所在省市区精神文明建设的前列。

2003年，集团公司、股份公司机关各部门积极贯彻落实党的十六大、十六届三中全会精神，以“三个代表”重要思想为指导，按照集团公司党组的部署和要求，坚持为企业改革发展服务、为基层服务，切实加强机关建设，积极发挥“两个表率”作用，进一步转变工作作风，加强调查研究，认真解决基层存在的问题和困难，取得了显著成绩，受到了基层单位普遍好评。集团公司、股份公司机关各部门想基层所想，急基层所急，针对企业深化改革、生产经营中出现的新问题、新情况，创造性地开展工作，为基层解决实际困难，取得了较好的经济效益和社会效益，为集团公司实现“两个转变”，建设具有国际竞争力的跨国企业集团做出了贡献。在总结工作的基础上，对帮助基层解决关键问题、难点问题取得较好效果的实事，采用各部门申报、初评委员会评审、终评委员会审定的程序，评选出2003年“机关为基层服务十大实事”：

（1）集团公司党组纪检组、监察部为辽阳化纤公司挽回经济损失的实事。

（2）股份公司规划计划部为基层积极争取东北老工业基地国债项目的实事。

（3）集团公司财务资产部为集团公司海外项目发展签订百亿元授信额度筹集低成本资金的实事。

（4）股份公司财务部为基层加油站协调解决上门收款难的实事。

（5）股份公司勘探与生产分公司帮助受灾油气田尽快恢复生产的实事。

（6）集团公司办公厅、股份公司总裁办为油气田和管道企业专项治理周边生产环境的实事。

（7）集团公司规划计划部实行十项服务承诺制为基层减轻负担的实事。

（8）集团公司国际事业部为基层出国人员提供优质便捷服务的实事。

（9）股份公司炼油与销售分公司指导帮助基层推行配送制和销售代表责任制的实事。

（10）集团公司科技发展部帮助苏丹、哈萨克斯坦海外项目进行成藏研究和钻井技术攻关的实事。

各在京单位贯彻集团公司党组加强精神文明建设的部署，坚持“两手抓、两手硬”，把加强精神文明建设作为促进生产经营、加强管理、提高效益、加快发展的大事来抓，把精神文明建设纳入发展总体规划，坚持两个文明一起部署、一起检查、一起落实，按照中央国家机关文明单位标准，健全组织，落实措施，形成了党政工团齐抓共管，全体干部职工齐创共建的良好局面，精神文明建设取得了良好的成果。集团公司机关、股份公司机关、物资装备（集团）总公司、规划总院、北京华油天然气有限责任公司、勘探开发公司、中油国际工程有限责任公司、长城钻井有限责任公司、中油测井技术服务公司、中国石油技术开发公司、华油物业管理公司、北京石油管理干部学院、勘探开发研究院共13家单位被授予“2003年度中央国家机关文明单位”称号。其中，中国石油规划设计总院、北京华油天然气有限责任公司获得“首都文明单位”称号，中国石油物资装备（集团）总公司获得中央国家机关文明单位标兵、首都文明单位标兵称号。

【群团工作】　2003年，群团工作全面活跃，各级工会和共青团等群众组织充分发挥各自特点和优势，互联互动形成合力，充分调动了职工群众参与企业改革发展的积极性。

各级工会组织认真学习贯彻落实全国工会十四大精神，紧紧围绕提高经济效益这个中心，认真贯彻党的全心全意依靠工人阶级办企业的方针，切实履行维护、建设、参与、教育四项职能，着重抓好民主管理、建功立业、送温暖三项工作，继续加大民主管理、民主监督的力度，加大依靠职工办企业的工作力度。

加强了新形势下的工会组织建设，严格按照有关文件要求建立和完善各级工会组织和职工代表大会制度。直属工会召开了第二次会员代表大会；物质装备总公司工会完成了换届选举，石油工业出版社、经济技术研究中心召开了首届职工代表大会。

各级工会组织适应新形势新任务的要求，大力推行厂务公开民主管理制度，以改革精神继续加强思想、组织、作风建设，使工会组织的吸引力和凝聚力不断增强。大力推进“职工之家”建设，2003年复查验收了9个模范职工之家和46个先进职工之家。

各级工会组织坚持不懈为职工办实事做好事。继续开展送温暖活动，把党组织的温暖、领导的关怀送到职工的心坎上。特别是元旦、春节期间，直属工会在党政领导的高度重视和大力支持下，共出资46万元，走访慰问困难职工、劳动模范468人。同时，各级工会组织帮助解决职工文化生活、健身娱乐、子女上学等方面遇到的实际困难和问题。直属工会成功举办了集团公司直属机关第三届职工运动会，展示了直属机关干部职工的精神面貌。机关文体中心坚持为机关职工服务的宗旨，组织开展了丰富多彩的文体活动，充分发挥了机关“职工之家”的作用。

集团公司各级团组织认真学习贯彻共青团十五大精神，围绕企业改革发展中心任务，坚持服务大局、服务青年，不断深化青年创新创效以及“号、手、者”等青年建功活动，切实加强团的自身建设，团的工作呈现出整体推进、全面活跃的良好局面。

青年创新创效活动成效显著。各级团组织把青年创新创效活动作为服务企业生产经营、服务青年成长成才的有机结合点，精心组织，扎实推进，吸引广大青年职工积极参与，涌现出了一批创新成果，产生了良好的经济效益、社会效益和人才效益。集团公司与团中央联合举办了集团公司首届青年创新工作法大赛，组织专家评选了青年创新创效“十佳”和“百优”项目，并在集团公司网站上举办了青年创新工作法大赛获奖项目网上成果展。集团公司有6名青年获得“全国青年创新创效奖”，集团公司直属机关团委被评为“全国青年创新创效大赛组织工作先进单位”。

青年文明号创建活动持续深化，进一步规范了青年文明号创建行为，不断提高青年文明号的科技含量、文化品位和服务水平，先后涌现出“杨庆机组”等多个优秀青年文明号集体。2003年，东方地球物理勘探有限责任公司国际勘探事业部、中油国际（尼罗）有限责任公司、（苏丹）炼油有限公司被团中央命名为“全国级青年文明号集体”。中油销售华北分公司北京销售公司南湖加油站被命名为“中央企业青年文明号集体”。

青年岗位能手活动扎实推进，青年志愿者活动健康开展。各级团组织以提高青工队伍整体素质为目标，紧密围绕生产经营工作，通过岗位练兵、拜师学技、技术比武活动，激励广大青年钻业务、学技术，提高职业技能和岗位效益，扎实有效地推进青年岗位能手活动。2003年3月，在抚顺召开了集团公司“弘扬雷锋精神、深化志愿服务、岗位建功成才”青年座谈会。会上，命名表彰了集团公司“学雷锋青年志愿服务十大标兵”。各级团组织和广大青年志愿者积极行动，以生动扎实的实践活动为企业树立了良好的社会形象。在集团公司直属机关已经建成了具有一定规模的青年志愿服务阵地网络，形成了一支数量可观的青年志愿者队伍，在企业发展和精神文明建设等方面发挥了积极作用。

各级团组织注重发挥共青团的育人职能，不断加大双推优工作力度，建立推优档案，严格推优标准，优化推优流程，完善推优程序，坚持“成熟一个、推荐一个”，为党组织不断输送新鲜血液。

2003 年，管道局团委被团中央评为“全国‘五四’红旗团委”、勘探开发研究院团委被中央企业团工委评为“中央企业‘五四’红旗团委”、管道分公司团委书记孙鸿被评为“全国优秀团干部”。

【企业文化建设】 2003 年，各单位弘扬“爱国、创业、求实、奉献”的企业精神，在继承石油工业优良传统的基础上，不断创新，加强企业文化建设，企业文化建设取得了新的进展，有力地推动了企业改革发展。

企业文化建设是集团公司“十五”期间重点实施的“十大工程”之一，按照“代表先进文化前进方向”的要求，在继承中国石油文化优良传统，吸收借鉴国内外优秀企业文化精华的基础上，集团公司党组制定下发了《集团公司企业文化建设纲要（试行）》。该《纲要》将“爱国、创业、求实、奉献”的大庆精神赋予新的时代内涵，作为集团公司统一的企业精神，在新的历史条件下加以继承和弘扬；以“诚信、创新、业绩、和谐”作为统一的核心经营管理理念，在培育和弘扬中予以升华；规范使用统一的企业形象标识。

集团公司以纪念铁人诞辰 80 周年为契机，大力宣传和弘扬大庆精神、铁人精神。在大庆筹备召开了集团公司纪念铁人诞辰 80 周年大会；编辑制作了电视专题片《铁人王进喜》，并在中央电视台播放；石油文联编辑出版了《铁人王进喜》画册，集中收集了铁人生前的工作生活照片 160 幅，画册文字简洁、图片生动、装帧精美，具有很高的文化品位和独特的文献价值。

石油政研会针对企业和职工队伍出现的新情况、新问题，与时俱进，勇于创新，认真探索实践新形势下企业党的建设、思想政治工作、企业文化建设新的规律、途径和办法，加强研究，总结出一批富有指导意义的政研成果，组织评选出了“第二届思想政治工作创新奖”10 个；“优秀政研成果”一等奖 10 个、二等奖 10 个、三等奖 15 个；“企业文化优秀成果”一等奖 10 个、二等奖 10 个、三等奖 15 个。《石油政工研究》版式和质量有了新的提高。

2003 年，集团公司石油文化体育活动蓬勃发展，取得了新的成绩。石油文联坚持党的“二为”方向和“双百”方针，坚持以“服务大局、围绕中心、发挥作用”的宗旨，紧密结合企业深化改革、提高经济效益的实际，贴近石油、贴近基层、贴近生活，积极开展以群众为主、以基层为主、以小型多样为主的丰富多彩的文化艺术活动，弘扬了集团公司企业精神，有效地推动了两个文明建设。各级石油文联召开了“中国石油西气东输歌曲创作座谈会”，在报纸上公开征集歌词。组织所属协会围绕集团公司改革发展的中心任务开展文化艺术创作，取得了丰硕的成果。召开了中国石油文联第四次代表大会，顺利完成了换届选举工作。

石油体协认真学习贯彻党中央、国务院《关于进一步加强和改进新时期体育工作的意见》，努力实施《全民健身计划纲要》第二期工程，开展了全民健身月活动，组织参加国家、行业和国际比赛，不断提高石油职工体育竞技水平，宣传展示了集团公司的企业形象。

（集团公司政治思想工作部）

股份公司党建与群众工作

【学习贯彻“三个代表”重要思想】 2003 年是贯彻落实党的十六大、十六届三中全会精神，兴起学习“三个代表”重要思想新高潮，努力实现股份公司持续有效快速发展，建设具有国际竞争力的大型石油公司战略目标的一年。根据集团公司党组及股份公司管理层的部署，股份公司机关各部门、专业公司、直属单位及各地区公司党组织，认真学习贯彻党的十六大、十六届三中全会精神，开展“形势、目标、责任”主题教育活动，加强对广大党员、干部职工的教育，不断将学习贯彻活动引向深入。

一是兴起学习“三个代表”重要思想新高潮。中共中央相继下发《关于印发〈“三个代表”重要思想学习纲要〉的通知》和《关于在全党兴起学习贯彻“三个代表”重要思想新高潮的通知》后，各地区公司党组织认真贯彻《通知》精神，按照集团公司党组、股份公司管理层的要求，制定周密的学习计划，结合本单位实际，分层次有重点地组织好广大党员干部的学习，带动了职工群众的学习。根据管理层要求，股份公司直属机关党委及时下发文件，对机关各部门、各专业公司、直属单位学习《纲要》做出部署安排，组织了系列专题讲座，举办了直属机关学习“三个代表”重要思想知识竞赛。7月下旬，股份公司直属机关党委配合集团公司直属党委，分两期组织了机关处级以上干部、直属单位局级干部和地区公司党政主要领导参加“三个代表”重要思想培训班。直属机关党委还专门召开会议，听取各单位学习情况汇报，对学习活动进行指导，使理论学习向纵深发展。

二是领导班子率先学习，带动了干部职工的学习。各级领导班子、领导干部坚持学习制度，带头学在前面、用在前面，努力做持久学、深入学的表率，政治理论水平和解决实际问题的能力进一步提高。按照陈耕总裁的要求，股份公司管理层中心组举办了学习“三个代表”重要思想专题报告会，请中央党校王怀超教授做《“三个代表”重要思想学习纲要》的学习辅导。并组织了十六届三中全会精神的学习，收看了中央党校韩保江教授的辅导报告录像。管理层中心组还结合实际，先后开展了ERP知识、财务知识、资本市场知识等专业知识的学习，提高了管理能力和领导水平。各单位领导班子坚持学习制度，采取不同形式进行理论学习，结合股份公司和本单位实际，围绕党组提出的“八个深刻领会”、“六个深入思考”分专题深入研讨，学以致用。为贯彻十六大提出的“走以信息化带动工业化，以工业化促进信息化的新型工业化道路”和“代表先进文化的前进方向，全面贯彻‘三个代表’重要思想”的要求，股份公司直属机关党委、科技与信息管理部、人事部共同举办了两期信息化与企业文化知识培训班，对直属机关领导干部及相关岗位干部300多人进行了培训。各地区公司也不同程度地以处以上领导干部为重点组织了学习培训、专题讲座，在职工中开展了知识竞赛等活动。

三是广泛开展主题教育活动。根据党组《关于在全体干部职工中开展“形势、目标、责任”主题教育活动的通知》精神，各级党组织紧紧围绕集团公司建设具有国际竞争力的跨国企业集团和把股份公司建设成为国际一流石油公司的奋斗目标，紧密结合本单位生产经营和各项业务工作的实际，突出重点，有针对性地认真开展主题教育活动。辽河油田分公司大力开展“认清新形势、锁定新目标、明确新责任、再创新业绩”主题教育活动，突出在思想观念上做到“四个清楚”、明确“四个责任”，在工作思路和具体实施上搞好“四项研究”、抓好“五个方面挖潜增效”的重点，制定宣讲提纲，组成宣讲团，深入各个基层单位向职工宣讲，并与基层干部一起分析潜力与机遇，制定目标和措施。同时，重点抓好“油田发展机遇在哪里、工作目标思路是什么、创造新业绩责任是什么”群众性大讨论，通过举办报告会、座谈讨论会、有奖征文、知识竞赛、演讲比赛、征集人生格言等多种形式的活动，促进了主题教育活动的深入，取得了较好的效果。锦西石化分公司重点搞好“五个结合”，紧密围绕“管理效益年”活动和职代会提出的12项目标、6项重点工作，编印宣讲材料供基层职工学习，并通过开展以“如何增强企业盈利能力”为主题的群众性大讨论，对照检查存在问题，制订整改方案与措施，收到明显成效。在主题教育活动中，股份公司直属机关党委下发了《关于在股份公司直属机关开展主题教育活动的安排》，召开专门会议进行动员部署，提出要求。机关各部门、专业公司、直属单位按照要求分别制定主题教育活动实施计划，结合本单位实际，利用各种形式深入开展主题教育活动。首先在股份公司机关抓好集团公司工作会议精神和股份公司工作部署的学习贯彻，针对当时出差同志较多的实际情况，直属机关党委通过办公网络轮番滚动播放集团公司、股份公司领导在集团公司工作会议上的报告及讲话。组织学习贯彻十届全国人大一次会议精神，宣传股份公司2003年工作目标与任务，使干部职工统一思想，认清形势，明确责任，提高了工作的责任感和使命感。

【党的建设】　各级党组织认真贯彻落实党的十六大、十六届三中全会精神，坚持用“三个代表”重要思想统领企业党建工作，坚持“围绕中心、继承创新、突出重点、讲求实效”的党群工作十六字方针，紧紧围绕股份公司生产经营及本单位中心工作，大力加强和改进企业党建工作。

一是加强领导班子建设。各单位以“三个代表”重要思想为指导，切实加强领导班子思想政治建设，努力提高班子成员科学判断形势、驾驭市场经济、应对复杂局面、依法治企和总揽全局的能力，充分发挥企业党委在生产经营中的政治核心作用。股份公司机关及直属单位以坚持立党为公、执政为民的根本要求，深入学习贯彻“三个代表”重要思想，进一步加强领导班子及领导干部思想政治建设为主题，召开民主生活会，按照“八个坚持、八个反对”的要求，认真查找和解决领导班子和领导干部在思想、工作、学习、作风方面存在的突出问题，收到了较好的效果。

二是加强基层党组织建设。各级党委把加强基层党组织建设放到党建工作的重要位置，随着企业持续重组和机构调整，及时健全基层党的组织，进一步制定完善党建责任制和领导班子廉洁自律等一系列制度规定，紧紧围绕生产经营的中心工作，充分发挥基层党组织的战斗堡垒作用。大庆油田有限责任公司坚持把工作的重心放在基层，制定出台了《基层党支部工作细则》，明确了八个方面的内容，涵盖了生产、经营、管理、科技、安全、文化和队伍建设等各个方面，较好地实现了党建工作和生产经营的紧密结合；油田党委把配齐配强基层班子、提升基层干部素质作为重中之重来抓，除按照“四个同步”的要求选配好基层干部，明确“一岗双责”，实行竞争上岗、交叉任职和换岗交流外，加大了对基层干部培训的力度，使基层干部队伍素质不断提高。长庆油田分公司党委修订完善了《加强和改进基层党建工作实施意见》、《党组织建设工作流程》、《基层党建工作考核办法和标准》，编印了《党组织建设工作文件汇编》，通过健全制度来保证抓好抓实基层党建工作。股份公司直属机关党组织也随着机构调整和业务发展的需要，进一步调整、健全党的各级组织，理顺党组织关系，加强基层管理，建立和完善党内各项制度。2003 年，化工与销售五个大区公司党的关系划转由化工与销售分公司党委管理，新组建了国际勘探开发公司党委，成立了资本运营部党支部，国际事业暨中联油公司、国际勘探开发公司在海外成立了党支部。目前，股份公司直属机关共有党委 53 个（其中局级党委 17 个），党总支 12 个，党支部 420 个，党的各级组织机构比较健全。

三是结合生产经营实际开展“创先争优”活动。各级党组织紧密围绕股份公司及本单位生产经营目标，加强对党员的教育与管理，广泛开展主题教育和“创先争优”活动，开展向“百面红旗单位”学习活动，充分发挥党支部的战斗堡垒作用和共产党员的先锋模范作用，保证了生产经营及各项工作的完成。塔里木油田分公司党工委在四个红旗单位开展了以“珍惜荣誉、再创佳绩”为主要内容的“让红旗更红”主题活动，激励职工戒骄戒躁，争创一流业绩。中国石油勘探开发研究院党委按照“一部三中心”的定位要求，在科研生产中充分发挥基层党组织的战斗堡垒作用，把党的基层组织建设工作的着力点放在人才培养上，创造性地提出“把科研骨干培养成党员，把党员培养成科研骨干”的工作方针，培养了一批优秀人才。西气东输管道分公司在全线开展“高扬党旗，决战百日”活动，围绕工程建设任务，广泛开展党支部“达标创优”活动，以开展党员先进性教育、增强党员艰苦奋斗意识和实践“三个代表”重要思想自觉性为重点，加强党员队伍建设，促进了工程建设任务的顺利完成。2003 年直属机关在“创先争优”活动中，共有 55 名同志被评为集团公司直属机关优秀共产党员，有 21 名同志被评为优秀党务工作者，有 36 个党支部被评为先进基层党组织，有 5 名同志被评为廉洁自律模范干部，有 4 名同志被评为模范纪检监察干部；有 5 项工作被评为集团公司直属机关“机关为基层服务十大实事”；有 5 个基层党支部被授予集团公司基层建设“百面红旗单位”的称号。

【防治“非典”工作】　在突如其来的“非典型肺炎”疫情面前，各级党组织把职工群众的身体健康和生命安全放在首位，在股份公司管理层的领导下，沉着应对，坚持一手抓预防“非典”这件大事不放松，一手抓经济建设这个中心不动摇。把以人为本落实到党组织的具体工作中，积极组织职工抗击“非典”，保证了各单位正常的生产经营和生活秩序。

一是加强组织领导，主动搞好防范。“非典”疫情在全国多省区发生后，各级党组织加强领导，及时建立防治“非典”领导小组及相应机构，制定防治方案、采取果断措施，群防群治。北京是“非典”重点疫区，在股份公司“非典”防治工作领导小组的领导下，直属机关党委与总裁办公室、质量安全环保部、财务部、人事部紧密配合，协调奋战。在 3 月下旬刚刚得知“非典”疫情的有关信息时，直属机关党委就对直属机关综合处长、办公室主任进行防治“非典”的培训，并对各级党组织和全体党员提出，在抗击“非典”中要充分发挥“两个作用”，即党组织的战斗堡垒作用和共产党员的先锋模范作用；对全体干部职工提出要增强“三种意识”，即大局意识、自我防范意识和社会公德意识；对各级领导干部和防治“非典”联络员提出要做到“两个极端”，即对工作极端的负责任，对职工群众极端的热忱，在抗击“非典”中充分显现了党的政治优势。华北油田分公司面对周边省市疫情的严重威胁，党政领导亲自抓，及时制定防治工作总体方案和具体工作实施细则，并层层建立了责任制，统一指挥、协调联动，把防治“非典”工作做深、做细、做实。

二是落实具体措施，保证职工安全健康。各级党政组织认真实施“非典”防治预案和各项措施，“非典”领导小组认真执行24小时值班和疫情零报告制度，严格执行“早发现、早报告、早隔离、早治疗”的规定。同时，注意人文关怀和科学精神的统一，把思想政治工作和做好职工预防紧密结合起来。各单位积极为职工发放预防药品和防护用品，注射防疫针剂，加强物业管理，对办公及生活区域定期消毒，治理改善生产生活环境，利用广播、电视、网络、简报、橱窗等传媒，对职工及家属进行宣传，增强防疫意识，使生产生活秩序井然。

三是预防“非典”与生产经营两不误。各地区公司按照集团公司党组和股份公司管理层的要求，坚持一手抓抗击“非典”，一手抓经济建设，在抓好职工预防的同时，积极安排好生产经营，做到“两手抓”、“两不误”。在疫情紧张的时候，股份公司及各地区公司充分利用信息网络、视频会议、电子邮件等电子信息系统开展业务工作，起到了较好的效果。华北销售分公司在抓好预防“非典”的同时，认真抓好油品销售，在华北疫情紧张，严重影响成品油销售的情况下，号召员工越是在困难的时候，越要做好油品销售，保障各地政府和人民群众抗击“非典”的油品供应。他们在提高服务质量和零售上大做文章，在当时疫区的建筑工地、机关、企业、村庄纷纷实行“封闭式管理”的时候，主动把服务送上了门，从而保证了“非典”时期的油品销售工作。

【企业文化建设】　2003年《集团公司企业文化建设纲要》正式颁布实施。各单位结合实际认真贯彻落实《集团公司企业文化建设纲要》精神，开展企业文化的学习、研究和《集团公司企业文化建设纲要》的宣贯工作，深入贯彻“爱国、创业、求实、奉献”的企业精神和“诚信、创新、业绩、和谐”的核心经营管理理念，规范企业标识的管理。很多单位成立了企业文化建设工作领导小组及其办事机构，指导协调本单位的企业文化建设工作，组织编写本单位《企业文化建设规划》和《企业文化手册》。在组织编写过程中，各单位做好职工群众的思想动员，广泛发动职工积极参与，献计献策，开展了大规模的征集活动。通过组织开展企业文化知识讲座、知识竞赛、征文和人生格言征集等普及活动，营造了浓厚的企业文化氛围。

在企业文化建设中，各单位坚持在继承中创新，在创新中发展，从理念创新入手，一方面对过去的文化理念进行回顾、挖掘，另一方面根据企业发展目标、发展战略和企业文化发展的新趋势，突出时代特色和企业个性，对企业发展的精神、理念、作风等方面进行总结和提炼。大庆油田有限责任公司党委高度重视《集团公司企业文化建设纲要》的宣传贯彻，积极引导员工树立新观念，在通过宣讲、培训交流和知识竞赛等多种方式，将《集团公司企业文化建设纲要》宣传贯彻到每个基层单位、生产环节和每名职工群众的同时，按照“企业文化建设要弘扬时代精神，重在创新”的原则，提出了以“素质高低使用不一样、管理好坏待遇不一样、技能强弱岗位不一样、贡献大小薪酬不一样”为主要内容的“四个不一样”的管理理念，推动了员工观念的进一步转变，促进了管理水平的提高。大庆油田有限责任公司认真贯彻“统一企业精神、统一核心经营管理理念和规范使用统一的企业形象标识”的要求，进一步强化“三统一”，并下发通知，对原来使用的标识进行整改清理，实现了规范管理。长庆油田分公司积极构建了“一切服务发展、一切以人为本、一切注重实效”的特色企业文化建设体系，大力培育“报效国家、奉献社会、发展公司、回报员工”的企业价值理念，坚持“以目标理念引导人、以制度建设规范人、以温暖关爱凝聚人、以典型模范鼓舞人、以环境形象感召人”，大力开展企业文化建设，提高了企业的凝聚力，提升了企业的社会形象。兰州石化分公司针对重组合并的企业生产经营、管理模式、文化传统的不同特点，把继承“两兰”优良传统，建立公司统一的企业文化作为企业发展的重要战略来抓，形成了公司企业文化的基本框架，突出了企业经营目的的全面性、企业和员工价值取向的一致性、管理思想和方法的科学性、企业家文化和员工文化的统一性的鲜明特点。吉林石化分公司面对扭亏为盈的严峻形势，立足于树立新的理念，培育新的精神，锤炼新的作风，在全公司树立起“高标准创业、高水平创新”的创业理念，“以人为本，从严精细管理”的管理理念，“发展慢了就要被淘汰”的发展理念，“只有破产的企业，没有破产的行业，市场是无限大”的营销理念。大庆炼化分公司一直把构建具有自己特色的企业文化作为谋求企业可持续发展的重要力量，融入到企业生产经营之中。坚持“同化于优”整合企业的理念，坚持“融化于情”，建设炼化团队，坚持“内化于心”，铸造企业之魂，坚持“外化于形”，提升企业美誉，坚持“物化于制”，强化企业管理，促进了企业凝聚力和创造力的不断增强，促进了企业文化氛围和人文环境健康发展，促进了公司经济效益的进一步提高。管道分公司完成了新体制下的管道文化整合，明确了以“运营能源管网，振兴中国石油”为公司使命，以“强化优势、拓展主业、科技领先、安全至上”为经营理念，将“管道为业、四海为家、艰苦为荣、野战为乐”赋予新的时代内涵，作为二次创业的管道精神，从而基本形成了管道分公司的文化体系。

为了加强企业文化的宣贯，进一步推进企业文化建设，直属机关举办了两期信息化与企业文化知识培训班，并利用报纸、刊物、网络宣传企业文化建设情况和典型经验，在机关举办了企业文化建设知识竞赛。总裁办公室、质量安全环保部等部门编制了股份公司《视觉形象识别手册》。炼油与销售分公司专门下发通知，对各销售企业学习贯彻《集团公司企业文化建设纲要》进行部署，组成编写组，到19家知名企业和地区公司考察，总结和提炼销售企业文化理念，正在编制《销售企业文化手册》，拟形成销售企业共同的价值观念、管理理念和行为准则。各销售企业在组织学习《集团公司企业文化建设纲要》的基础上，对本单位企业文化形态进行全面审视，把企业文化建设纳入企业发展的总体目标，制定企业文化建设规划和《企业员工手册》。

【机关作风建设】　直属机关各单位认真贯彻陈耕总裁关于机关要树立“五项作风”、“十个字的行为准则”和李克成书记对机关作风提出的要求，针对存在问题，制订改进措施，下大力气加强总部机关的作风建设。

勘探与生产分公司广泛征求各方面意见，深入进行思想教育，制定实施多项改进措施，在加强作风建设方面取得较为突出的成效。他们落实首问负责制，提高办公行文质量，整治办公环境，并积极推进信息门户建设，将生产决策需要的104个关键数据落实到处室，基本实现了自动生成日报、周报，提高了数据的真实性和一致性，大大减轻了油田的负担。

根据股份公司领导把现代管理方法引入机关作风建设的要求，由直属机关党委、总裁办牵头，人事部、监察部参加，聘请社会咨询机构设计完成了股份公司机关作风评价体系，年底对机关14个部门和4个专业分公司的作风状况进行了评价。评价结果呈现以下特点：一是整体水平比较高。这次评价的总样本总平均分为86.82分。在18个部门、专业公司中，总样本总平均分在85分以上的有15个，占83.33%。二是各单位水平接近，很多项目上得分相差无几；三是各有所长，特点突出。从整体上看，机关在为领导决策服务，遵守股份公司章程和各项管理制度，贯彻落实上级指示精神、树立全局观念，讲原则、办事公道，遵守廉洁自律各项规定，不以权谋私等方面整体评价较高。评价结果也暴露出一些机关作风上存在的迫切需要解决的问题。在20个评价项中，以“工作思路和工作方法创新”、“努力学习，具备市场经济和现代企业管理所需的观念与意识”、“办实事，为基层解决实际问题”三项得分最低。“调查研究”、“办事效率”和“工作实绩”三项得分也比较低。这说明虽然总体上总部机关作风建设水平有所提高，但在勤奋创新、优质服务和规范高效三个方面还存在比较明显的差距，需要在今后的工作中进一步改进。

根据集团公司直属党委《关于评选“机关为基层服务十大实事”的通知》要求，股份公司直属机关党委组织机关各部门、专业公司认真申报，经审核推荐，评委会认真评选，股份公司财务部、规划计划部、人事部、勘探与生产分公司、炼油与销售分公司等五个单位热心为基层排忧解难，取得显著效果的实事，被评为集团公司机关2002年度“机关为基层服务十大实事”。

【工会工作】　各级党组织加强对工会工作的领导，支持工会围绕中心积极开展各具特色的活动，充分发挥工会在股份公司生产经营中的主力军作用，使他们成为联系职工群众的桥梁和纽带，从而调动了职工群众在生产经营等方面的积极性、创造性，促进了企业的发展。

各级工会组织认真贯彻落实“三个代表”重要思想和“全心全意依靠工人阶级”的根本方针，紧密结合股份公司生产经营和本单位中心工作，采取多种形式对职工进行党的十六大、十六届三中全会精神和中国工会十四大精神的宣传教育，围绕生产经营目标和任务，开展一系列教育活动，使职工群众认清形势，明确责任，提高了工作的责任感、使命感。根据集团公司党组《关于认真学习贯彻中国工会十四大精神的通知》要求，各级工会组织工会干部和职工认真学习工会十四大文件和修改后的《中国工会章程》，举办辅导报告，开展学习工会十四大精神知识竞赛活动。股份公司直属机关工会和部分地区公司工会及时举办了工会干部学习工会十四大精神培训班，请参加十四大文件起草的全国总工会有关领导进行工会十四大精神的辅导，对工会干部进行新形势下工会工作的学习培训，使工会十四大提出的目标任务得到具体的落实。

各级工会认真贯彻“依靠”方针，以厂务公开为重点，以职代会为基本形式，以拓宽民主管理、民主监督、民主参与为主渠道，积极探索职工民主管理的新途径。华北油田分公司经过几年实践，基本形成了以党委统一领导，党政共同负责，行政机关部门为主体，有关部门齐抓共管，纪委、工会监督检查，广大员工共同参与的厂务公开机制。基本形成了以职工代表大会为基本公开形式，以其他各种会议、各种文件材料、信息网络、新闻宣传媒体、公开栏等为辅助形式。从公司、厂院到工区（大队）、班站的纵向到底、横向到边的厂务公开网络格局。黑龙江销售分公司等一批炼油销售企业坚持企务公开、廉政公开、热点难点问题公开，坚持企业经营活动全面接受职工群众的参与和监督，最大限度地把职工参与改革、支持改革的积极性发挥出来。四川销售分公司坚持企业民主管理，通过大力宣传大庆精神、铁人精神和先进模范人物，提高了广大员工的思想道德素质。以专题讲座、知识竞赛、技术比武、教育培训等多种形式开展了营销、财务、法律、HSE等方面知识的普及，不断提高员工队伍素质。按照“政治上保证、制度上落实、素质上提高、权益上维护”的要求，充分维护职工了解和参与企业民主管理与监督的权利。

各级工会紧密围绕全年工作目标，开展多种形式的劳动竞赛活动。锦西石化分公司围绕公司全年生产经营奋斗目标和重点工作，找准工会工作贴近企业经济建设的最佳切入点，开展了“精管理、保安全、降成本、增效益”竞赛活动。紧扣生产经营目标，以物耗、能耗、产品质量、生产成本、管理费用、安全生产为主要内容，坚持月考核、季评比，收到了良好的效果。国际事业暨中联油公司连续四年坚持开展“合理化建议月”活动，职工提出合理化建议上千条，参与率达100%。规划总院工会配合节能中心组织节水知识竞赛，增强了职工节能意识。

各级工会突出维护职能，真心实意为职工群众办实事，大力改善职工生活环境和条件，开展丰富多彩的职工业余文娱体育活动，为职工办理疗养和体检，开展“送温暖”活动，解决职工的后顾之忧，激发了广大员工献身石油的积极性。玉门油田分公司坚持为员工办实事、办好事，为采油、炼化边远艰苦岗位和研究院、设计院的重点工程项目及科室配备了电冰箱、电视机、电烤箱、洗衣机，解决了职工喝水难、吃饭难、娱乐难的困难。辽河油田分公司开展情感、知识、民主、文化等“四个建家”活动，完善了区站小伙房、值班室、规章制度等软、硬件设施，把区站建成员工团结友爱、文明健康、温馨和谐的“小家庭”：建成开展遵纪守法、勤俭节约、争先创优活动的“小阵地”；建成展示员工聪明才智、精神风貌、实现人生理想和价值的“小舞台”，增强了员工爱站如家的凝聚力。中国石油勘探开发研究院牢记“群众利益无小事”，深入开展“送温暖工程”，建立特困职工和困难职工档案，做好困难职工的第一知情人、第一报告人、第一帮助人，想方设法解决职工子女特别是新调入的研究生、博士生、博士后子女入学问题。开展“健康工程”，落实职工疗养休假制度，组织“一保三为主”的体育健身活动，增强了科研人员的身体素质。

【共青团工作】　各级共青团组织在党组织的领导下，贯彻落实党的十六大、团的十五大精神，把加强对广大团员、青年思想政治教育放在首位，紧紧围绕生产建设的中心，开展一系列青年员工喜闻乐见的教育活动，使团员青年思想素质进一步提高。

为贯彻落实共青团十五大精神，加强和改进新形势下的共青团和青年工作，股份公司党群工作部于10月21日至29日，在南昌举办股份公司共青团干部培训班，对14个油田公司、20个炼化企业、23个销售企业、管道分公司和直属单位的70余名共青团干部进行了培训。共青团中央青工部副部长张良驯、中央团校公共管理系副教授吴庆、党群工作部副主任王益岭、中国石油勘探开发研究院党委副书记周灏分别在培训班上做了报告。在青年工作论坛上，党群工作部二处处长秦刚做了主题发言，大庆油田等15家单位围绕青年工作创新进行了经验交流。与会同志就加强和改进新形势下股份公司共青团和青年工作进行了讨论。党群工作部主任刘敏星对股份公司共青团和青年工作提出了希望和要求。大家普遍反映，培训班内容丰富，组织严密，既学习了理论，又交流研讨了工作，对股份公司共青团和青年工作具有重要的意义。大庆油田有限责任公司几年来连续不断地在团员青年中开展各种学习教育活动，结合油田重组改制，围绕公司党委“解放思想、谋划发展”主题教育，开展了“我与改革”、“转变观念，适应发展”、“献计献策”等系列教育活动；围绕大庆精神、铁人精神再教育，开展了“四个不一样”管理理念的学习教育活动，使广大团员青年思想素质不断提高。

各级共青团组织充分发挥工作的主动性和创造性，紧紧抓住培育四有新人这一根本任务，坚持服务企业，服务青年，积极开展“号、手、者”活动，大力推进青年创新创效工作，努力创建“五四”红旗团组织，为股份公司改革、发展、稳定做出了突出的贡献。管道分公司团组织围绕中心深入开展“争当青年岗位能手”、“创建青年文明号”以及“创新创效”等活动，各基层团组织以提高青年素质为目标，通过导师带徒、岗位练兵、技能大赛、技术比武、岗位培训等活动，进一步促进了青工由适应型向开发型、由单一型向复合型的转变。陕西销售分公司在创建“青年文明号”加油站活动中，在“赛”字上做文章，围绕经营管理水平和经济利润指标开展“三比三看一降低”和“企业在我心中，效益出自我手中”劳动竞赛活动；在“创”字上求突破，率先推出了一些新的工作模式和管理方式；在“优”字上求信用，在普遍推行“青年文明号服务卡”承诺活动的基础上，坚持诚信为本，开展信用建设，发挥文明号集体在回报社会方面的积极作用，实现了经济效益、社会效益、人才效益的有机统一。

（张　弛）

纪检与监察工作

【概述】　2003年，集团公司各级组织和纪检监察部门以邓小平理论和“三个代表”重要思想为指导，紧紧围绕企业改革发展稳定的大局，认真贯彻落实中央关于党风廉政建设和反腐败工作一系列部署要求，企业领导人员廉洁自律、查办违纪违法案件和效能监察工作进一步落实，从源头上预防和治理腐败工作进一步加强，反腐倡廉制度建设有了新的发展，党风建设和纪检监察工作不断取得新的成果。

【党风廉政建设责任制】　2003年，各企事业单位领导班子和领导干部认真落实党风廉政建设责任制，各级党政主要负责人认真履行第一责任人职责，坚持“一岗双责”，既抓好业务范围内工作，又履行好责任区内的党风廉政建设工作，对责任区内出现的不廉洁苗头和问题，及时进行谈话提醒和诫勉。各级党政主要负责人以签订党风廉政建设责任书（状）、落实党风廉政建设责任制承诺书等形式，明确责任，层层抓好落实。许多单位对党风廉政建设实施目标管理，量化考核，制订百分制考核方案，将党风廉政建设责任制内容纳入领导班子、领导干部年度业绩目标考核中，在签订经营目标责任状的同时，签订党风廉政建设责任状，实行严考核、硬兑现。2003年，集团公司所属企业共签订党风廉政建设责任书、责任状45394份。各单位进一步加大责任追究力度，制定了一批党风廉政建设责任追究方面的制度和办法，确保了纪律的严肃性和责任追究的威慑力。据统计，全公司有238名科级以上党员干部因违反党风廉政建设责任制受到责任追究，其中受到党政纪处分171人，组织处理67名，党风廉政建设责任制得到有效落实。

【领导干部廉洁自律】　2003年，领导干部廉洁自律工作，按照中央纪委第二次全会精神和集团公司纪检、监察工作部署，主要开展以下三方面工作：

一是开展领导干部廉洁自律重点工作检查考核。按照集团公司《关于开展2003年领导干部廉洁自律若干重点工作检查考核的意见》的要求，确定检查考核的重点是落实中央纪委对国有企业领导人员“五个不准”新要求执行情况；遵守《国有企业领导人员廉洁自律若干规定》情况；遵守中央纪委、集团公司关于制止奢侈浪费及其他廉洁自律有关规定的情况。从2003年7—11月，党组纪检组结合巡视和调研工作，在各企事业单位自查基础上，先后对26个油田、炼厂、销售企业进行抽查。据统计，全公司有115个企事业单位开展这项工作，共有630名在职局级领导干部对照廉洁自律十项内容进行了自查、自评、自纠，自评较好以上的占99.1%；有16100名处级领导干部写出廉洁自律自查报告，43900多名科级以上干部向职代会进行个人述职述廉；各单位召开以廉洁自律为主题的各级领导班子民主生活会12784次；有432名科级以上干部主动上缴礼品、礼金或有价证券价值335.27万元；查处违反规定收受现金及有价证券23人，收缴金额100.44万元；查处用公款大吃大喝18人；清查、清理超标配备小汽车29辆，处理6人。2003年，全公司因违反廉洁自律规定被诫勉谈话的党员干部有5356人，通报批评376人。

二是加强制度监督，党风廉政建设和领导干部廉洁自律各项制度进一步完善。集团公司以党组文件下发了《中国石油天然气集团公司党组纪检组监察部负责人同所属企事业单位党政主要负责人廉政谈话制度》。各单位围绕财务管理、工程发包、物资采购、产品销售、廉政谈话等方面，结合自身实际，新制定和完善党风廉政建设与领导干部廉洁自律方面的各项制度333项，如建立完善了《企业领导人员廉洁自律行为规范》、《责任追究制度》、《述廉述职报告制度》、《纪委负责人同下级党政主要负责人谈话制度》、《重点部位和关键岗位人员交流轮岗制度》、《领导干部廉政家访制度》、《领导干部廉政档案制度》等。进一步加强各级领导干部行为的监督和制约，为抓好党风廉政建设各项工作的落实，加强源头治理腐败提供了制度保证。

三是开展党风廉政宣传教育，增强各级干部廉洁自律意识。各级党委、纪委坚持以学习“三个代表”重要思想与加强党纪政纪条规学习教育相结合，把立党为公、执政为民的宗旨作为各级干部廉洁自律的基础，以多种形式开展了权力观、道德观、利益观教育，开展了党纪条规、勤政廉政、典型宣传、案例剖析、上岗前警示教育等，不断强化领导干部廉洁自律意识，从思想上筑牢拒腐防变的防线。党组纪检组在全公司党员干部中开展了“依法经营，廉洁从业”党风党纪知识学习和测试活动，使各级党员干部受到一次廉洁从政教育。各单位还注重发挥先进典型的示范作用，大力选树和弘扬廉政典型，用身边的事迹鞭策人，用党员干部的良好形象激励人。2003年，全公司共宣传表彰廉洁自律先进典型2009人，剖析典型案例1316个；组织收看各种廉政教育片10501场次，收看人数500595人次；组织党风廉政建设知识培训和讲座3002期，参加培训155276人次。

【查处违纪违法案件】　2003年，集团公司各级纪检监察部门认真研究新形势下案件发生的特点、规律和趋势，不断调整办案思路，加强组织协调，紧紧围绕企业生产经营实际，加大查处违纪违法案件的力度，查办了一批影响企业改革与发展的案件，使腐败现象得到有效遏制，为企业的改革、发展和稳定提供了坚强的政治纪律保障。

1. 信访举报与初查核实情况

2003年，各级纪检监察部门共收到群众信访举报3790件（次），同比减少415件（次），下降了9.8%。举报总件数中有检举控告类3565件（次）、申诉类33件（次）、批评建议类69件（次）、其他类123件（次）。

在检举控告类的信访件中，有反映局级以上干部问题的信访件269件，反映处级干部问题的信访件1127件，反映科级干部问题的信访件1257件，反映一般干部问题的信访件578件，反映其他人员问题的信访件334件；检举控告类中，反映经济问题的最多，共有2427件（次），占64%；信访件总数中，有重复信访545件、署名举报291件（次）。

2003年共初查核实线索1470件，初核率为39%，与2002年基本持平。经初核，转立案243件，了结1151件，占初核总数的78%；其中失实627件，做适当处理524件，其余线索在核查中。

2. 立案与结案情况

2003年，各级纪检监察部门累计办案542件（内含遗留案件60件）。其中，本年度新立案件482件，同比减少72件，下降了13%。在新立案件中，经济类案件278件，占案件总数的57.7%，其中有贪污案45件、贿赂案53件、索取收受财物礼品案9件、挪用公款案8件、违反规定从事营利活动案4件、违反金融政策法规案59件、其他类经济案100件；失职类案件109件，占案件总数的22.6%，其中经济活动造成损失案20件、安全生产事故案46件、其他失职案43件；违反社会主义管理秩序类案件35件，占案件总数的7.3%；违反组织人事类案件7件，占案件总数的1.5%；其他类案件53件，占10.9%。

2003年，共结（销）案479件（销案3件），综合结案率88.4%。结案共处分593人，其中有局级干部2人、处级干部74人、科级干部227人、一般干部192人、其他人员98人。有322人受到党纪处分，其中179人受到撤销党内职务以上的重处分；有416人受到政纪处分，其中37人受到撤职以上的重处分；有147人受到党纪政纪双重处分，有17人被免予处分，还有22人被移送司法机关追究刑事责任，受刑事处理116人，受组织处理77人。通过查办案件，共挽回直接经济损失2623.42万元。

3. 查处大要案情况

2003年共立案查处大要案133件，比2002年减少43件，占立案总数的27.6%。在查处的大要案中，有5万元以上大案122件，其中涉案金额5万—10万元的案件55件；10万—50万元案件41件，50万—100万元案件10件，100万—500万元案件14件，500万元以上案件2件。处以上领导干部要案54件。

2003年，立案、结案总数名列前10名的单位依次是：大庆石油管理局、辽河石油勘探局、新疆石油管理局、华北石油管理局、抚顺石油化工公司、吉林石化分公司、大庆油田有限责任公司、四川石油管理局、大港油田集团有限责任公司、长庆石油勘探局。

【效能监察】　2003年，效能监察工作坚持“围绕中心、突出重点、统分结合、注重实效”的工作思路，紧紧围绕集团公司改革和发展的中心工作，深入开展效能监察工作，取得较好的成果。

（1）重点组织开展招投标管理效能监察工作，同时继续组织开展外投外借资金清查工作、财产清查损失处理工作、住房分配货币化改革工作效能监察等项工作。据统计，全公司共开展效能监察2031项，检查发现问题14219个，整改问题11603个，发现案件线索46个，立案查处19件，其中大案要案7件，给予党政纪处分66人，经济处罚195人，移送司法机关3人，追究领导责任47人，为企业挽回经济损失21426.36万元，避免经济损失59537.46万元，协助建章立制628项。

股份公司以推进管理体制和工作机制畅通为目标，以降本增效为目的，开展重大项目投资管理、化工产品、润滑油基础油销售管理及网络建设、西气东输西部管线施工质量以及电子商务网上采购等重点内容的效能监察；立项699项，完成671项，通过开展效能监察发现各类问题10233个，提出并被采纳建议2157条，整改问题8946个，挽回经济损失1.43亿元，避免经济损失3.97亿元；协助企业有关部门建立完善规章制度1085项，查处违纪资金15.1亿元，发现案件线索5个，立案5件，处理人员115人，推广先进典型56个。

（2）牵头会同规划计划部组成联合检查组，用一个半月的时间，重点对大港油田集团有限责任公司、兰州化学工业公司、新疆石油管理局三个单位的招投标管理工作情况实施检查。共抽查工程项目16项，涉及金额11734万元；抽查国内货物采购项目267项，涉及金额98384万元；抽查国际货物采购项目31项，涉及金额2255万美元。查看经济合同及招标、谈判过程相关的各类资料3427份，与有关人员谈话147人次，察看现场17处，编制效能监察工作底稿56份，查出问题152个，针对检查中发现的管理问题，提出意见和建议54条。三个单位对检查组指出的问题和提出的建议十分重视，及时召开专题会议研究切实可行的措施，认真进行整改。这次检查达到了预期的目的，促进了被检查单位的招投标管理和效能监察工作。

（3）加强效能监察制度建设。制定了《效能监察工作管理办法》、《效能监察工作实施办法》和《参与特别重大事故调查工作制度》等，转发了中纪委监察部《中国行政监察机关在工程建设领域监察工作手册》，制定下发了《关于统一使用有关监察文书的通知》等。

（4）效能监察的基础工作。进一步修改完善效能监察综合报表，于2003年4月11—14日分别在长庆石油勘探局、大连石油化工公司召开西北、东北两个片会。这是集团公司首次专门分片、区召开的效能监察报表工作会议，共有30个单位37名人员参加；会上总结了近两年效能监察统计报表工作，对报表填报内容和统计口径进行了讲解，并提出具体工作要求。集团公司纪检组监察部（简称组部）效能监察室，还对1991年以来的效能监察档案资料进行整理、归档。

（5）开展效能监察理论研究。2003年11月，召开了全公司效能监察工作研讨会，会上交流论文23篇，评出获奖论文13篇，对效能监察有关理论问题进行了深入研讨。特别是组部领导的讲话，对统一大家认识，创新企业效能监察理论，进一步规范和深化效能监察工作起到了很好的促进作用。另外，有6篇论文在国务院国有资产监督管理委员会纪委监察局召开的中央企业效能监察研讨会上进行了交流。

（6）加强与机关有关职能部门的协作与配合，参与研究修改有关部门管理办法及规定。

【源头治理】　党组高度重视反腐败抓源头工作，提出以建立自律、防范、监督“三个机制”、规范事权、财权、人事权、物权“四项权力”为核心，构建现代企业源头治理新机制的工作要求。职能部门从实际出发，围绕权力的规范与约束，进行制度创新、管理创新。完善投资管理机制，实行投资决策分级管理和投资回报承诺制度；改革财务管理与监控体制，实行资金集中管理，强化预算控制，完善资金管理责任制度；加快人事制度改革步伐，进一步健全企业领导人员选拔任用、业绩考核等综合配套制度；规范企业内部市场，物资购销采用电子商务，工程建设实行招投标；海外勘探开发及技术服务按照国际化管理要求，形成了一整套严格的管理监督体系。各有关部门和企事业单位，十分重视在管理创新中加强机制和制度建设，把源头治理的要求贯穿到企业管理之中，有效地防范了腐败现象的发生。

【党内监督巡视】　2003年6月，集团公司党组纪检组下发《关于开展党风廉政建设巡视工作的通知》，对2003年巡视工作的时间、主要内容、组织形式以及巡视工作的方式方法等方面进行部署，提出明确要求。8月，集团公司党组下发《中国石油天然气集团公司巡视工作制度（试行）》，进一步明确集团公司巡视工作的指导思想、职责和任务、组织机构、方式方法、实施程序和工作纪律。8月下旬至9月下旬，党组纪检组牵头，会同人事劳资部等部门和有关单位组成3个巡视组，分赴东北和西北地区，对部分油田、炼厂和销售企业进行党风廉政建设工作巡视。巡视组认真深入地开展工作，通过听取被巡视单位的专题汇报、召开民主测评大会和座谈会、广泛谈话、查阅资料、交换意见等方式，达到了年度巡视工作的预期效果。

【队伍建设】 按照“政治坚强、公正廉洁、纪律严明、业务精通、作风优良”的要求，部分单位对纪检监察岗位人员进行充实调整，选配了67名同志充实到纪检监察岗位，工作力量得到加强。各企事业单位采取多种形式加强对纪检监察干部的业务培训，2003年举办各类培训班82期，培训干部2636人次。组部先后组织所属企业纪委书记（监察处长）岗位任职资格和案件检查等3期培训班，培训纪检监察专职干部162人。充分利用现代信息技术，推进纪检监察网络建设，实现资源共享，提升工作的质量和效率。

【理论研究】 按照中国监察学会章程，换届改选石油分会领导机构，重新确认65个单位会员和61名个人会员，修订印发《石油分会工作规则》，组建划分5个活动片区，明确了研究的方向和重点，积极开展党风建设和纪检监察理论研究。石油分会以效能监察理论研讨为重点，召开效能监察工作研讨会，推动效能监察工作的创新与发展。同时，编发《源头治理》专刊，在《中国石油报》上开辟“党风建设”专栏，交流理论成果和工作经验。在中央纪委、国务院国有资产监督管理委员会纪委分别组织的“贯彻十六大精神、推进反腐倡廉高层论坛”和“三个代表在国企”征文活动中，集团公司上报论文25篇，其中，有5篇论文获得奖励。1部专题片获中央企业党风廉政建设电化教育优秀专题片奖，6篇效能监察论文在国资委纪委组织的研讨会上交流发言。

（集团公司党组纪检组、监察部）

股份公司纪检与监察工作

【概述】 2003年，股份公司各级纪检监察部门认真贯彻落实党的十六大、十六届三中全会、中纪委二次全会精神和集团公司纪检监察工作部署，以“三个代表”重要思想为指导，紧紧围绕股份公司生产经营、改革发展稳定的大局开展党风廉政建设和反腐败工作，领导干部廉洁自律、查处违纪违法案件、效能监察、源头治理等四项重点工作不断深化，党风廉政建设责任制进一步落实，依靠体制机制制度创新预防和治理腐败工作又有新的进展，纪检监察干部队伍自身建设进一步加强，反腐倡廉工作取得明显成效，有力促进了股份公司生产经营目标的实现。

【党风廉政建设责任制】 2003年，股份公司各单位把党风廉政建设责任制作为促进领导干部廉洁自律的一项重要工作，通过签订责任书、责任状和承诺书等方式，明确领导干部党风廉政责任，并采取有效措施抓好责任制的检查与落实，进一步增强了各级领导干部抓好党风廉政建设的责任感。

1. 各级党政主要领导认真履行“一岗双责”，基本形成了党风廉政建设责任网络

股份公司总部机关、专业公司和各地区分公司认真落实党风廉政建设责任制，以责任状、责任书、责任区等形式，在签订生产经营业绩合同的同时，签订党风廉政建设责任制，将责任制的内容纳入党政领导班子、领导干部年度业绩目标考核之中，与业务工作有机结合，与薪酬兑现挂钩，股份公司系统基本形成了党风廉政建设责任网络。2003年，各单位共签订局、处、科三级党风廉政建设责任书、责任状21966份。

2. 完善党风廉政建设责任配套制度，促进责任制落实

各单位在落实党风廉政建设责任制的同时，结合实际，制定了《责任追究制度》、《责任考核制度》等配套制度123项，并认真落实党风廉政谈话制度、诫勉谈话制度和述职述廉制度，促进责任制的落实。全年共进行廉政谈话和诫勉谈话2238人次。

3. 加强责任制落实情况的检查考核，加大责任追究力度

各单位在业绩考核的同时，对领导班子和领导干部落实党风廉政建设责任制情况一并考核，对不认真履行党风廉政责任，以致在责任区内发生大案要案、重大责任事故、造成重大损失或恶劣影响的领导干部，采取纪律处分、组织处理和经济处罚等形式追究责任。2003年各单位共对597个二级单位落实党风廉政建设责任制情况进行了考核，绝大多数单位落实

责任制情况比较好。同时，对216名违反党风廉政建设责任制的党员领导干部进行了责任追究，其中局级干部2人，处级干部36人，科级干部154人。

【领导干部廉洁自律】 2003年，股份公司各级纪检监察部门把落实中央纪委二次全会提出的国有企业领导人员廉洁自律“五不准”新要求和《关于中央企业领导人员廉洁自律若干规定的实施办法（试行）》作为领导干部廉洁自律的重点内容，把局、处、科三级领导干部和关键部门、要害岗位管理人员作为重点对象，突出抓好廉洁自律规定的学习、落实和监督检查三个环节，不断强化领导干部廉洁自律意识，从思想上筑牢拒腐防变的防线。

1. 开展形式多样的党风廉政教育，筑牢思想道德防线

各单位将兴起学习“三个代表”重要思想新高潮与党纪政纪条规学习教育相结合，开展形式多样的党风廉政教育。一是开展“岗位树形象”、“家庭助廉洁”等廉洁自律主题教育活动。二是开展先进典型示范教育。共评选表彰廉洁自律先进典型814名，其中，处级干部190名，科级干部624名。三是开展典型腐败案例警示教育。全年共剖析典型案例483个，组织播放各类教育片3051场次，20多万人次观看。四是开展党风廉政知识测试活动。股份公司直属机关纪委在总部机关开展了“党员领导干部廉洁从政”知识测验活动，各单位普遍开展了“依法经营、廉洁从业”知识测试活动。五是充分利用互联网开展党风廉政教育，扩大教育面和教育的实效性。

2. 采取有效措施，抓好廉洁自律各项规定的落实，促进领导干部廉洁自律

一是抓好中央纪委二次全会提出的企业领导人员廉洁自律“五个不准”新要求的落实，规范领导干部职务行为。二是认真贯彻中纪委、监察部《关于坚决刹住用公款大吃大喝歪风的紧急通知》，加强业务招待费管理。三是召开领导干部民主生活会，从遵守廉洁自律规定到履行“一岗双责”等方面，进行认真总结和对照检查，开展批评和自我批评，制定和落实整改措施。2003年各单位共召开局、处、科三级领导干部民主生活会4914个，其中局级57个，处级1035个。四是建立和完善领导干部廉政档案。

3. 加强监督检查，保证廉洁自律各项工作的落实

根据集团公司纪检组的统一安排，股份公司各地区公司认真组织开展了领导干部廉洁自律重点工作检查考核。从检查考核的情况看，股份公司系统党风廉政建设和领导干部廉洁自律情况是好的，绝大多数领导干部能够严以律己，自觉遵守廉洁自律有关规定，没有发现明显的不廉洁问题，群众对领导班子、领导干部的满意率均在90%以上。通过检查考核，各级领导干部特别是局处两级领导干部普遍受到了一次党风党纪教育、廉洁勤政教育、典型示范教育，廉洁自律的意识和自觉性进一步提高，“一岗双责”得到进一步落实，有效促进了党风廉政建设。

【查处违法违纪案件】 2003年，股份公司系统各级纪检监察部门坚持从严治党的方针，认真对待群众信访举报，严肃查处违纪违法案件，突破了一些有影响的大案要案，惩处了腐败分子，纯洁了干部队伍，教育了干部员工，保护了开拓进取、锐意改革、成绩显著的领导干部，为企业生产经营和改革发展稳定的大局提供纪律保证。

1. 信访举报与初查核实情况

2003年，股份公司各级纪检监察部门共收到群众信访举报985件（次），比2002年减少24.1%。其中，来信889件，来访16次，电话举报80件；检举控告类944件，申诉类2件，批评与建议类9件，其他类30件。在检举控告件中，涉及局级干部40件，处级干部300件，科级干部328件，一般干部182件，其他人员94件。涉及党员538人，监察对象238人。

初查核实线索592件，初查核实率为60.1%。其中，涉及局级干部25件，处级干部167件，科级干部227件，一般干部132件，其他人员41件。经初核，转立案48件，了结494件（其中失实297件，做出适当处理197件，组织处理72人），信访举报综合办结率为98.6%。

股份公司监察部、直属机关纪委直接受理信访举报192件（次），占信访总数的19.5%，比2002年同期下降26.4%。其中，涉及局级干部29件，处级干部101件。

2. 查办案件情况

2003年，股份公司系统纪检监察部门共办案129件，比2002年同期增加10.32%。其中，新立案件128件，2002年遗留案件1件。新立案件涉及局级干部1件，处级干部25件，科级干部41件，一般干部32件，其他人员29件。

在新立案件中，经济类75件，占58.6%，比2002年同期增加27.1%，其中，贪污11件，贿赂16件，索取收受财物礼品2件，挪用公款2件，违反规定从事营利活动3件，违反财税政策法规10件，违反金融政策法规1件，其他经济类30件；失职类34

件，占26.56%，比2002年同期减少8.11%，其中，经济活动造成损失4件，安全生产事故14件，其他失职类16件；组织人事类1件；侵犯党员权利公民权利类1件；严重违反社会主义道德类3件；违反社会管理秩序类6件；其他类8件。

全年结案128件，综合结案率为99.2%。结案处理198人，比2002年同期增加30.3%。其中局级干部2人，处级干部38人，科级干部66人，一般干部42人，其他人员50人。受党纪处分104人，其中开除党籍48人；受政纪处分140人，其中行政开除23人；受党纪、政纪双重处分48人。

3. 查处大要案情况

2003年，共查处大案要案39件，占办案总数的30.2%；比2002年同期减少9.3%。其中，要案26件，大案25件，既是大案又是要案12件。违纪金额在5万元以上的经济案件25件，其中，5万—10万元8件，10万—50万元11件，100万元以上6件。

股份公司监察部继续加大自办信访案件力度，特别是对反映地区公司领导班子成员和股份公司总部机关局处级领导干部的重要信访件，由监察部领导挂帅，认真组织核实。继2002年查处了股份公司总部机关李志伟贪污110万元案（李被判处有期徒刑8年）后，2003年又集中力量，查处了刘某某（正处级）擅自私分出国团组应上缴的节余经费12524美元，其个人侵占7907美元的大要案。刘某某受到了留党察看和行政撤职处分。

通过信访和查办案件，共挽回经济损失769.52万元。

【效能监察】 2003年，股份公司效能监察工作按照“将监察工作融入到企业生产经营和管理中，坚持标本兼治，注重体制、机制和管理创新，加大从源头上预防和治理腐败的力度”的要求，以推进管理体制和工作机制畅通为目标，以降本增效为目的，主要开展了重大项目投资管理，化工产品、润滑油基础油销售管理及网络建设，西气东输西部管线施工质量以及电子商务网上采购等重点内容的效能监察。通过开展效能监察，有效地监控了重大项目投资规范运作，推进了化工产品、润滑油基础油销售、电子商务网上采购等新的管理体制和运行机制的顺利实施，完善了制度，堵塞了漏洞，促进了管理增效，推动了廉政建设，为实现公司利润最大化发挥了重要的保证作用。

全年共开展各类效能监察项目699项，完成671项。通过效能监察发现各类问题10233个；提出加强管理的建议2292个，被采纳2157个，整改问题8946个，挽回经济损失1.43亿元，避免经济损失3.97亿元；协助企业有关部门建立完善规章制度1085项；查处违纪资金15.1万元，发现案件线索5个，立案5件，处理人员115人；推广先进典型56个。

各地区公司按照股份公司的统一部署，紧紧围绕低成本发展战略和生产经营目标，结合企业生产经营中心工作，针对经营管理中的薄弱环节以及管理层、员工关心且亟待解决的热点问题，从效益、质量、安全、管理入手选题立项，坚持把制约企业生产成本的难点和经营管理的薄弱点，作为效能监察选题立项的重点，认真组织开展效能监察，使效能监察融入到企业生产经营管理活动中，增强了效能监察的针对性和实效性。一是开展重大项目投资管理效能监察，确保重大项目资金的规范运作。二是开展物资采购及电子商务效能监察，促进网上采购的顺利进行。三是开展专项效能监察，推进新的管理体制和运行机制的顺利实施。股份公司监察部全年共牵头组织进行了7次专项效能监察。四是开展清欠和货款回收管理效能监察，强化资金回收工作力度。全年共收回欠款1.27亿元。

【源头治理】 各单位坚持标本兼治、重在治本的方针，认真抓好自律机制、防范机制、监管机制的建立和完善，不断规范事权、财权、人事权、物权，建立和完善规章制度，加大源头治理力度，有效促进了党风廉政建设和领导干部廉洁自律。

1. 不断加大体制机制改革力度，进一步规范权力运作

各单位以规范四项权力为核心内容，以制约权力运作为着力点，重点抓好人事、财务、物资采购等方面改革。在选人用人方面，普遍实行了公开招聘、任前公示、竞争上岗等制度；在财务管理方面，普遍实行了财务资金集中统一管理、货款封闭运行等办法；在物资采购方面，实行了公开招标、电子商务网上采购等措施，取得了较好效果。

股份公司监察部充分发挥纪检监察部门在源头治理工作中的组织协调作用，重点抓了四项工作。一是组织召开了部分单位源头治理和查办案件座谈研讨会，总结了股份公司成立四年来源头治理和案件查处工作经验，探讨了加强和改进纪检监察工作的方式方法，提出了进一步抓好源头治理和查办案件工作的要求。二是制定了《股份公司直属机关纪委关于实行党风廉政谈话制度的暂行办法》，在股份公司总部机关和直属单位实行廉政谈话制度，全年对新提拔的2名正局级和7名副局级干部进行了廉政谈话。三是对部

分单位关联交易中甲方廉政建设情况进行了调研，制定下发了《关于加强关联交易中甲方廉政建设的意见》，提出了加强关联交易中甲方廉政建设七个方面要求，重申了规范甲方领导干部及管理人员行为的廉洁自律“五个不准”。四是制定了《股份公司事故责任追究暂行规定》，规范了事故责任的调查和处理程序。

2. 建立完善关联交易制度，规范关联交易行为，抓好甲方廉政建设

各单位对关联交易工作重视，主要采取成立关联交易协调领导小组和管理机构，建立决策审批制度；建立完善关联交易有关工作制度和规定，严格程序，规范管理，约束行为，保证关联交易正常、有序、规范运作；建立关联交易协商、联席会议制度，及时、妥善解决关联交易中出现的问题；建立关联交易业务集中公开办事制度，提高工作效率，避免暗箱操作和不廉洁问题的发生等措施，规范甲方管理人员行为，有效促进了关联交易协议的执行和各项任务的完成。

【队伍建设】 各级纪检监察部门不断加强自身建设，努力发挥纪检监察在党风廉政建设和反腐败工作中的组织协调作用。

1. 加强学习培训，提高纪检监察干部业务水平和综合素质

全年共举办各类培训班 106 期，培训纪检监察干部 2361 人次，纪检监察干部的业务水平和综合素质进一步提高。股份公司监察部举办了计算机及网络知识培训班，对各单位综合岗位的纪检监察干部进行了培训。通过培训，拓展了纪检监察干部的知识面，提高了计算机操作技能，促进了股份公司纪检监察系统信息化建设。

2. 加强纪检监察系统信息化建设，提高工作质量和效率

根据股份公司信息化建设的总体部署，股份公司监察部制定下发了《关于加强股份公司纪检监察系统信息化建设的意见》，提出了股份公司纪检监察系统信息化建设的总体设想和工作目标，成立股份公司纪检监察系统信息化建设领导小组，具体负责系统信息化建设工作的组织、协调。各单位积极推进纪检监察信息网络建设，共建立纪检监察网页 43 个，累计浏览 28 万多人次。

【理论研究】 2003 年股份公司所属各地区公司共开展调研 264 次，调研单位 1091 个，调研课题 228 个；开展理论研讨 86 次，征集论文 1182 篇，其中，有 58 篇论文获省部级以上奖励。有 8 个地区公司参加了中国监察学会石油分会在海南省召开的效能监察理论研讨会，提交的 9 篇研讨论文得到了与会领导和会议代表的充分肯定，其中，一篇获优秀论文一等奖，两篇获二等奖。

（股份公司监察部）

第十篇

机构与人物

中国石油天然气集团公司组织机构

（机关部门 14 个，机关附属及挂靠单位 4 个，控股、全资、参股公司及直属企事业单位 70 个）

一、集团公司机关（14 个） 北京市

1. 办公厅
2. 发展研究部
3. 规划计划部
4. 财务资产部
5. 资本运营部
6. 人事劳资部
7. 科技发展部
8. 国际事业部（外事局）
9. 市场管理部
10. 质量安全环保部
11. 审计部
12. 党组纪检组、监察部
13. 政治思想工作部、直属党委
14. 离退休职工管理局（老干部局）

二、机关附属及挂靠单位（4 个） 北京市

1. 人事服务中心
2. 机关行政事务中心
3. 奥伊尔投资管理有限责任公司
4. 中国石油学会

三、控股公司（10 个）

1. 中国石油天然气股份有限公司 北京市
2. 中国石油集团东方地球物理勘探有限责任公司 河北省涿州市
   东方地球物理勘探有限公司技术发展中心（研究院） 河北省涿州市
   中油油气勘探软件国家工程研究中心有限公司 河北省涿州市
3. 中国石油集团测井有限公司 陕西省西安市
4. 中国石油集团工程设计有限责任公司 北京市
5. 深圳石油实业有限公司 广东省深圳市
6. 中油财务有限责任公司 北京市
7. 吉林燃料乙醇有限责任公司 吉林省吉林市
8. 塔里木石油化工有限责任公司 新疆库尔勒市
9. 中国华铭国际投资有限公司 北京市
10. 北京华昌置业有限公司 北京市

四、全资公司（6 个）

1. 吉林石油集团有限责任公司 吉林省松原市
2. 大港油田集团有限责任公司 天津市

3. 中油国际工程有限责任公司	北京市
中国石油工程建设公司	北京市
中国石油技术开发公司	北京市
中油长城钻井公司	北京市
中油测井有限责任公司	北京市
中国石油天然气第一建设公司	河南省洛阳市
中国石油天然气第六建设公司	广西桂林市
中国石油天然气第七建设公司	山东省胶州市
中国石油天然气华东勘察设计研究院	山东省胶州市
4. 中国石油天然气香港有限公司	香港
5. 中国石油集团庆阳炼油化工有限责任公司	甘肃省庆阳市
6. 中国石油集团宁夏大元炼油化工有限责任公司	宁夏银川市

五、直属企事业（43个）

（一）油田勘探、生产服务企业（12个）

1. 大庆石油管理局	黑龙江省大庆市
大庆石油管理局电力总公司	黑龙江省大庆市
2. 辽河石油勘探局	辽宁省盘锦市
3. 华北石油管理局	河北省任丘市
4. 四川石油管理局	四川省成都市
5. 长庆石油勘探局	陕西省西安市
6. 玉门石油管理局	甘肃省玉门市
7. 青海石油管理局	甘肃省敦煌市
8. 新疆石油管理局	新疆克拉玛依市
新疆石油管理局独山子石油化工总厂	新疆克拉玛依市
新疆石油准东地区管理委员会	新疆乌鲁木齐市
中国石油天然气集团公司新疆职工培训中心（新疆石油学院）	新疆乌鲁木齐市
9. 吐哈石油勘探开发指挥部	新疆哈密市
10. 塔里木石油勘探开发指挥部	新疆库尔勒市
11. 冀东石油勘探开发公司	河北省唐山市
12. 中国石油天然气勘探开发公司	北京市
南方石油勘探开发有限责任公司	广东省广州市
中油中亚石油有限责任公司	
艾尔瓦哈有限责任公司（绿洲公司）	
中油国际（苏丹）有限公司	
中油国际（尼罗）有限公司	
中油国际（哈萨克斯坦）公司	
中油国际（委内瑞拉）公司	
中油国际（阿克纠宾）公司	
中油国际（加拿大）公司	
喀土穆炼油有限公司	
中美石油开发公司	

（二）炼油化工服务企业（14个）

1. 中国石油大庆石油化工总厂	黑龙江省大庆市
2. 中国石油哈尔滨炼油厂	黑龙江省哈尔滨市

3. 中国石油大连石油化工公司	辽宁省大连市
4. 中国石油抚顺石油化工公司	辽宁省抚顺市
5. 中国石油辽阳石油化纤公司	辽宁省辽阳市
6. 中国石油林源炼油厂	黑龙江省大庆市
7. 中国石油前郭炼油厂	吉林省松原市
8. 吉化集团公司	吉林省吉林市
9. 中国石油锦州石油化工公司	辽宁省锦州市
10. 中国石油锦西炼油化工总厂	辽宁省葫芦岛市
11. 中国石油乌鲁木齐石油化工总厂	新疆乌鲁木齐市
12. 中国石油兰州炼油化工总厂	甘肃省兰州市
13. 中国石油兰州化学工业公司	甘肃省兰州市
14. 中国石油宁夏化工厂	宁夏银川市
（三）科技企业（4 个）	
1. 中国石油集团科学技术研究院	北京市
廊坊中石油科学技术研究院	河北省廊坊市
中国石油集团科学技术研究院江汉机械研究所	湖北省荆沙市
中国石油集团科学技术研究院江汉测井研究所	湖北省潜江市
中国石油集团西北地质研究所	甘肃省兰州市
中国石油集团杭州地质研究所	浙江省杭州市
2. 中国石油集团工程技术研究院	天津市塘沽区
3. 中国石油集团经济和信息研究中心（中国石油集团经济技术研究中心）	北京市
4. 中国石油天然气集团公司咨询中心	北京市
（四）专业公司（6 个）	
1. 中国石油天然气管道局	河北省廊坊市
中国石油天然气集团公司中心医院	河北省廊坊市
2. 中国石油物资装备（集团）总公司	北京市
济南柴油机厂	山东省济南市
宝鸡石油机械厂	陕西省宝鸡市
宝鸡石油钢管厂	陕西省宝鸡市
西安石油勘探仪器总厂	陕西省西安市
咸阳石油钢管钢绳有限责任公司	陕西省咸阳市
承德司达石油装备开发公司	河北省承德市
3. 中国华油集团公司	北京市
华油实业开发总公司	北京市
中国石油化学公司	北京市
上海浦东华油实业有限责任公司	上海市
中油建材总公司	河北省廊坊市
中油优特高级润滑油联合公司	河北省廊坊市
4. 华油北京服务总公司（中国石油天然气集团公司机关服务中心）	北京市
5. 中国石油天然气运输公司	新疆乌鲁木齐市
6. 中国石油天然气集团公司通信公司	河北省固安县
（五）事业单位（7 个）	
1. 中国石油天然气集团公司管材研究所	陕西省西安市
2. 中国石油天然气集团公司广州培训中心（广州石油培训中心）	广东省广州市

3. 中国石油审计服务中心	河北省廊坊市
4. 北京石油管理干部学院	北京市
石油教育与人才研究所	北京市
中国石油天然气集团公司考试中心	北京市
5. 石油工业出版社	北京市
6. 中国石油报社	河北省涿州市
7. 浙江石油勘探处	浙江省杭州市
六、参股公司（企业）（11个）	
1. 中联煤层气有限责任公司	北京市
2. 中油和黄信息技术有限公司	北京市
3. 华夏证券股份有限公司	北京市
4. 华证资产管理有限公司	北京市
5. 国泰君安证券股份有限公司	上海市
6. 国泰君安投资管理股份有限公司	上海市
7. 交通银行	上海市
8. 中国石油天然气第八建设有限责任公司	辽宁省抚顺市
9. 中银国际证券有限责任公司	上海市
10. 银河基金管理有限责任公司	上海市
11. 中国长江电力股份有限公司	北京市

（集团公司人事劳资部）

中国石油天然气股份有限公司组织机构

一、机关（14个）

（一）董事会、监事会机构（2个）　　北京市

1. 董事会秘书局
2. 监事会办公室

（二）总部职能部门（12个）　　北京市

1. 总裁办公室（外事办公室）
2. 规划计划部
3. 财务部
4. 人事部
5. 监察部
6. 法律事务部
7. 审计部
8. 质量安全环保部
9. 科技与信息管理部
10. 电子商务部
11. 资本运营部
12. 党群工作部（企业文化部）、直属机关党委

二、专业公司（4个）　　北京市

1. 中国石油天然气股份有限公司勘探与生产分公司

2. 中国石油天然气股份有限公司炼油与销售分公司
3. 中国石油天然气股份有限公司化工与销售分公司
4. 中国石油天然气股份有限公司天然气与管道分公司

三、地区公司（59个）

（一）勘探与生产板块（15个）

1. 大庆油田有限责任公司	黑龙江省大庆市
2. 中国石油天然气股份有限公司吉林油田分公司	吉林省松源市
3. 中国石油天然气股份有限公司辽河油田分公司	辽宁省盘锦市
4. 中国石油天然气股份有限公司大港油田分公司	天津市
5. 中国石油天然气股份有限公司华北油田分公司	河北省任丘市
6. 中国石油天然气股份有限公司新疆油田分公司	新疆克拉玛依市
7. 中国石油天然气股份有限公司西南油气田分公司	四川省成都市
8. 中国石油天然气股份有限公司青海油田分公司	甘肃省敦煌市
9. 中国石油天然气股份有限公司长庆油田分公司	陕西省西安市
10. 中国石油天然气股份有限公司玉门油田分公司	甘肃省玉门市
11. 中国石油天然气股份有限公司吐哈油田分公司	新疆哈密市
12. 中国石油天然气股份有限公司塔里木油田分公司	新疆库尔勒市
13. 中国石油天然气股份有限公司冀东油田分公司	河北省唐山市
14. 中国石油天然气股份有限公司浙江勘探分公司	浙江省杭州市
15. 中国石油天然气股份有限公司对外合作经理部	北京市

（二）炼油与销售板块（32个）

1. 中国石油天然气股份有限公司哈尔滨石化分公司	黑龙江省哈尔滨市
2. 中国石油天然气股份有限公司大连石化分公司	辽宁省大连市
3. 中国石油天然气股份有限公司锦州石化分公司	辽宁省锦州市
4. 中国石油天然气股份有限公司前郭石化分公司	吉林省松源市
5. 中国石油天然气股份有限公司锦西石化分公司	辽宁省葫芦岛市
6. 中国石油天然气股份有限公司大港石化分公司	天津市
7. 中国石油天然气股份有限公司华北石化分公司	河北省任丘市
8. 中国石油天然气股份有限公司呼和浩特石化分公司	内蒙古呼和浩特市
9. 中国石油天然气股份有限公司辽河石化分公司	辽宁省盘锦市
10. 中国石油天然气股份有限公司长庆石化分公司	陕西省咸阳市
11. 中国石油天然气股份有限公司克拉玛依石化分公司	新疆克拉玛依市
12. 中国石油天然气股份有限公司润滑油分公司	北京市
13. 大连西太平洋石油化工有限公司	辽宁省大连市
14. 中国石油天然气股份有限公司西北销售分公司	甘肃省兰州市
15. 中国石油天然气股份有限公司东北销售分公司	辽宁省沈阳市
16. 中国石油天然气股份有限公司西南销售分公司	四川省成都市
17. 中国石油天然气股份有限公司华东销售分公司	上海市
18. 中国石油天然气股份有限公司华北销售分公司	北京市
19. 中国石油天然气股份有限公司黑龙江销售分公司	黑龙江省哈尔滨市
20. 中国石油天然气股份有限公司吉林销售分公司	吉林省长春市
21. 中国石油天然气股份有限公司辽宁销售分公司	辽宁省沈阳市
22. 中国石油天然气股份有限公司大连销售分公司	辽宁省大连市
23. 中国石油天然气股份有限公司陕西销售分公司	陕西省西安市
24. 中国石油天然气股份有限公司甘肃销售分公司	甘肃省兰州市

25. 中国石油天然气股份有限公司青海销售分公司　青海省西宁市
26. 中国石油天然气股份有限公司四川销售分公司　四川省成都市
27. 中国石油天然气股份有限公司重庆销售分公司　重庆市
28. 中国石油天然气股份有限公司内蒙古销售分公司　内蒙古呼和浩特市
29. 中国石油天然气股份有限公司新疆销售分公司　新疆乌鲁木齐市
30. 中国石油天然气股份有限公司西藏销售分公司　西藏拉萨市
31. 中国石油天然气股份有限公司宁夏销售分公司　宁夏银川市
32. 中国石油天然气股份有限公司大连海运分公司　辽宁省大连市

（三）化工与销售板块（地区公司 9 个，销售单位 13 个）

A. 板块归口管理的地区公司（9 个）

1. 中国石油天然气股份有限公司大庆石化分公司　黑龙江省大庆市
2. 中国石油天然气股份有限公司吉林石化分公司　吉林省吉林市
3. 中国石油天然气股份有限公司抚顺石化分公司　辽宁省抚顺市
4. 中国石油天然气股份有限公司辽阳石化分公司　辽宁省辽阳市
5. 中国石油天然气股份有限公司兰州石化分公司　甘肃省兰州市
6. 中国石油天然气股份有限公司乌鲁木齐石化分公司　新疆乌鲁木齐市
7. 中国石油天然气股份有限公司宁夏石化分公司　宁夏银川市
8. 中国石油天然气股份有限公司独山子石化分公司　新疆独山子
9. 中国石油天然气股份有限公司大庆炼化分公司　黑龙江省大庆市

B. 化工销售单位（13 个）

1. 中国石油天然气股份有限公司化工与销售华北分公司　北京市
2. 中国石油天然气股份有限公司化工与销售东北分公司　辽宁省沈阳市
3. 中国石油天然气股份有限公司化工与销售西北分公司　甘肃省兰州市
4. 中国石油天然气股份有限公司化工与销售西南分公司　四川省成都市
5. 中国石油天然气股份有限公司化工与销售华东分公司　上海市
6. 中国石油天然气股份有限公司大庆化工销售中心　黑龙江省大庆市
7. 中国石油天然气股份有限公司吉林化工销售中心　吉林省吉林市
8. 中国石油天然气股份有限公司抚顺化工销售中心　辽宁省抚顺市
9. 中国石油天然气股份有限公司辽阳化工销售中心　辽宁省辽阳市
10. 中国石油天然气股份有限公司兰州化工销售中心　甘肃省兰州市
11. 中国石油天然气股份有限公司乌鲁木齐化工销售中心　新疆乌鲁木齐市
12. 中国石油天然气股份有限公司独山子化工销售中心　新疆独山子
13. 中国石油天然气股份有限公司宁夏化工销售中心　宁夏银川市

（四）天然气与管道板块（3 个）

1. 中国石油天然气股份有限公司管道分公司　河北省廊坊市
2. 北京华油天然气有限责任公司　北京市
3. 中国石油天然气股份有限公司西气东输管道分公司（西气东输销售分公司）　上海市

四、其他单位（5 个）

1. 中国石油天然气国际（勘探开发）有限公司　北京市
2. 中国石油国际事业有限责任公司（中国联合石油有限责任公司）　北京市
3. 中国石油勘探开发研究院　北京市
4. 中国石油规划总院　北京市
5. 中国石油炼油化工技术研究中心　北京市

（股份公司人事部）

中国石油天然气集团公司领导

序号	姓名	职务
1	马富才	中国石油天然气集团公司党组书记、总经理
2	任传俊	中国石油天然气集团公司党组成员、副总经理
3	陈　耕	中国石油天然气集团公司党组成员、副总经理
4	苏树林	中国石油天然气集团公司党组成员、副总经理
5	郑　虎	中国石油天然气集团公司党组成员、副总经理
6	周吉平	中国石油天然气集团公司党组成员、副总经理
7	段文德	中国石油天然气集团公司党组成员、副总经理
8	王宜林	中国石油天然气集团公司党组成员、副总经理
9	李克成	中国石油天然气集团公司党组成员、党组纪检组组长
10	贡华章	中国石油天然气集团公司党组成员、总会计师

中国石油天然气集团公司其他在职部级领导

序号	姓名	职务
1	侯祥麟	中国石油天然气集团公司高级顾问
2	邱中建	原中国石油天然气总公司副总经理、中国工程院院士
3	阎三忠	原中国石油天然气集团公司副总经理、第十届全国人大环境与资源保护委员会委员、中国石油天然气集团公司咨询中心主任
4	黄　炎	原中国石油天然气集团公司副总经理、第十届全国政协委员、中国石油学会理事长
5	吴耀文	原中国石油天然气集团公司副总经理、政协第十届全国委员会委员

中国石油天然气集团公司总经理助理

序号	姓名	职务
1	谢志强	中国石油天然气集团公司总经理助理
2	刘海胜	中国石油天然气集团公司总经理助理
3	曾玉康	中国石油天然气集团公司总经理助理

中国石油天然气集团公司机关部门主要领导

序　号	单　　位	主任（局长、书记、组长）
1	办公厅	许永发
2	发展研究部	严绪朝
3	规划计划部	江夕根
4	财务资产部	温青山
5	资本运营部	李庆毅
6	人事劳资部	郑　虎（兼）
7	科技发展部	刘振武
8	国际事业部（外事局）	章　欣
9	市场管理部	刘兴和
10	质量安全环保部	王海森
11	审计部	陈维忠
12	党组纪检组、监察部	祖凤鸣
13	政治思想工作部、直属党委	关晓红
14	离退休职工管理局（老干部局）	蒿　成

中国石油天然气集团公司所属企事业单位主要领导

序　号	单　　位	局长（经理、指挥、所长、厂长、校长、院长、主任、社长）	党委书记
1	大庆石油管理局	曾玉康	苏玉添
2	辽河石油勘探局	王　革	宋道堂
3	新疆石油管理局	唐　健	王宜林
4	华北石油管理局	张宝庄	单祥国

续表

序　号	单　　位	局长（经理、指挥、所长、厂长、校长、院长、主任、社长）	党委书记
5	大港油田集团有限责任公司	朱敬成	郭德宝
6	四川石油管理局	陈应权	陈应权
7	长庆石油勘探局	孙玉辰	孙玉辰
8	吉林石油集团有限责任公司	何树山	单纪宽
9	塔里木石油勘探开发指挥部	范垂明	徐会举
10	吐哈石油勘探开发指挥部	杨盛杰	张国栋
11	青海石油管理局	李建青	郑玉宝
12	玉门石油管理局	田玉军	高玉江
13	冀东石油勘探开发公司	张国旗	张国旗
14	浙江石油勘探处	薛静诚	叶　舟
15	中国石油集团东方地球物理勘探有限责任公司	徐文荣	王小牧
16	中国石油集团测井有限公司	李剑浩	饶永久
17	吉化集团公司	张晓霈	李志深
18	中国石油抚顺石油化工公司	耿承辉	玄昌伟
19	中国石油大庆石油化工总厂	赵伯超	郑怀义
20	中国石油辽阳石油化纤公司	栗东生	孙洪来
21	中国石油大连石油化工公司	马平凡	马平凡
22	中国石油锦州石油化工公司	陈青松	赵增和
23	中国石油锦西炼油化工总厂	张维君	田庆峰
24	中国石油兰州化学工业公司	王庭富	谢延凯
25	中国石油兰州炼油化工总厂	姚志强	姚志强
26	中国石油乌鲁木齐石油化工总厂	杨炳升	杨炳升
27	中国石油哈尔滨炼油厂	孙淑红	刘守信
28	中国石油宁夏化工厂	许　飞	许　飞
29	中国石油林源炼油厂	李殿敏	刘自强
30	中国石油前郭炼油厂	刘　迪	宫云喜

续表

序　号	单　　位	局长（经理、指挥、所长、厂长、校长、院长、主任、社长）	党委书记
31	吉林燃料乙醇有限责任公司	王学泠	王学泠
32	塔里木石油化工工程建设指挥部	王俊岭	韩建业
33	中国石油集团庆阳炼油化工有限责任公司	刘文学	辛克庆
34	中国石油集团宁夏大元炼油化工有限责任公司	焦学义	焦学义
35	中国石油天然气勘探开发公司	汪东进	史训知
36	中国石油天然气管道局	苏士峰	苏士峰
37	中国石油物资装备（集团）总公司	王　涛	史习盐
38	中国石油天然气运输公司	刘　志	刘　志
39	中油国际工程有限责任公司	许大坤	
40	中国石油工程建设公司	张纬九	张纬九
41	中国石油集团工程设计有限责任公司	迟尚忠	刘　毅
42	中国华油集团公司	王煌今	王煌今
43	华油北京服务总公司	王忠华	王忠华
44	深圳石油实业有限公司	陶玉春	李华林
45	中油财务有限责任公司	梁　萍	
46	中国华铭国际投资有限公司	穆华东	
47	中国石油审计服务中心	孙先锋	孙先锋
48	中国石油天然气香港有限公司	王明才	
49	中国石油集团工程技术研究院	冯星安	冯星安
50	中国石油天然气集团公司管材研究所	杨　龙	杨　龙
51	北京石油管理干部学院	李玉平	李玉平
52	中国石油天然气集团公司广州培训中心	戴向东	戴向东
53	中国石油集团经济和信息研究中心	严绪朝（兼）	张振明
54	石油工业出版社	白泽生	韩世全
55	中国石油报社	肖　平	肖　平
56	中国石油天然气集团公司咨询中心	阎三忠	

（集团公司人事劳资部）

中国石油天然气股份有限公司董事会成员

序　号	姓　名	职　　　务
1	马富才	中国石油天然气股份有限公司董事长
2	吴耀文	中国石油天然气股份有限公司副董事长
3	任传俊	中国石油天然气股份有限公司副董事长
4	陈　耕	中国石油天然气股份有限公司董事
5	苏树林	中国石油天然气股份有限公司董事
6	郑　虎	中国石油天然气股份有限公司董事
7	贡华章	中国石油天然气股份有限公司董事
8	王福成	中国石油天然气股份有限公司董事
9	邹海峰	中国石油天然气股份有限公司董事
10	董建成	中国石油天然气股份有限公司独立董事
11	刘鸿儒	中国石油天然气股份有限公司独立董事
12	Franco Bernaba	中国石油天然气股份有限公司独立董事

中国石油天然气股份有限公司监事会成员

序　号	姓　名	职　　　务
1	李克成	中国石油天然气股份有限公司监事会主席
2	陈维忠	中国石油天然气股份有限公司监事会监事
3	温青山	中国石油天然气股份有限公司监事会监事
4	白新贺	中国石油天然气股份有限公司监事会监事
5	孙崇仁	中国石油天然气股份有限公司监事会监事
6	张佑才	中国石油天然气股份有限公司监事会独立监事
7	吴志攀	中国石油天然气股份有限公司监事会独立监事

中国石油天然气股份有限公司总裁班子成员

序　号	姓　名	职　　　务
1	陈　耕	中国石油天然气股份有限公司总裁
2	苏树林	中国石油天然气股份有限公司高级副总裁
3	段文德	中国石油天然气股份有限公司副总裁
4	王福成	中国石油天然气股份有限公司副总裁
5	王国樑	中国石油天然气股份有限公司财务总监
6	刘宝和	中国石油天然气股份有限公司副总裁
7	贾承造	中国石油天然气股份有限公司总地质师

中国石油天然气股份有限公司机关部门主要领导

序　号	单　位	总经理（主任、书记）
1	董事会秘书局	李怀奇（秘书）
2	监事会办公室	徐丰利
3	总裁办公室	李华民
4	规划计划部	刘宏斌
5	财务部	周明春
6	人事部	覃国军
7	监察部	陈　明
8	法律事务部	郭进平
9	审计部	陈桂儒
10	质量安全环保部	贺荣芳
11	科技与信息管理部	刘希俭
12	电子商务部	李　斌
13	资本运营部	于毅波
14	党群工作部（企业文化部）、直属机关党委	刘敏星

中国石油天然气股份有限公司专业公司主要领导

序　号	单　位	总经理	党委书记
1	勘探与生产分公司	胡文瑞	胡文瑞
2	炼油与销售分公司	蔺爱国	李润生
3	化工与销售分公司	孙　立	孙　立
4	天然气与管道分公司	黄维和	黄维和

中国石油天然气股份有限公司地区公司主要领导

序　号	姓　　名	总　经　理	党委书记
1	大庆油田有限责任公司	王玉普	孙淑光
2	辽河油田分公司	王春鹏	孙崇仁
3	新疆油田分公司	王宜林	王宜林
4	华北油田分公司	苏　俊	郭开旗
5	大港油田分公司	姚和清	姚和清
6	西南油气田分公司	李鹭光	张书铭
7	长庆油田分公司	王道富	王道富
8	吉林油田分公司	王永春	王永春
9	塔里木油田分公司	孙龙德	孙龙德
10	吐哈油田分公司	蔡志刚	蔡志刚
11	青海油田分公司	黄立功	黄立功
12	玉门油田分公司	孔繁瑾	孔繁瑾
13	冀东油田分公司	徐中清	徐中清

续表

序号	姓名	总经理	党委书记
14	浙江勘探分公司	叶　舟	
15	吉林石化分公司	于　力	于　力
16	抚顺石化分公司	刘　强	刘　强
17	大庆石化分公司	勾振东	勾振东
18	辽阳石化分公司	沈殿成	韩述岐
19	兰州石化分公司	喻宝才	喻宝才
20	大连石化分公司	蒋　凡	蒋　凡
21	大庆炼化分公司	董孝利	于宝祥
22	锦州石化分公司	吕文君	吕文君
23	锦西石化分公司	王洪斌	王洪斌
24	乌鲁木齐石化分公司	郑明禹	郑明禹
25	独山子石化分公司	徐福贵	徐福贵
26	宁夏石化分公司	康建华	康建华
27	哈尔滨石化分公司	李正光	李正光
28	前郭石化分公司	曾宪君	曾宪君
29	呼和浩特石化分公司	李文勖	李文勖
30	华北石化分公司	刘存柱	
31	大港石化分公司	庞晓东	杨彦东
32	辽河石化分公司	李占宁	刘文华
33	长庆石化分公司	张喜文	张　锋
34	克拉玛依石化分公司	张友林	张友林
35	宁夏大元炼油化工有限责任公司	焦学义	焦学义
36	庆阳炼油化工有限责任公司	刘文学	辛克庆
37	大连西太平洋石油化工有限公司	于国文	朱廉宝
38	东北销售分公司	董仁平	李绍双
39	西北销售分公司	郭文祥	张贵生
40	西南销售分公司	杨宁海	王建中
41	华东销售分公司	瞿国忠	瞿国忠
42	华北销售分公司	李万余	李万余

续表

序　号	姓　　名	总　经　理	党委书记
43	黑龙江销售分公司	刘松林	王世清
44	吉林销售分公司	王振刚	顾希山
45	辽宁销售分公司	郭秀竹	杜　斌
46	大连销售分公司	沈庆凯	纪士寅
47	内蒙古销售分公司	卢乃洪	张慧清
48	陕西销售分公司	卢济新	曹俊文
49	宁夏销售分公司	严进元	
50	甘肃销售分公司	张德义	何能祯
51	青海销售分公司	杨顺义	封希声
52	新疆销售分公司	王梓桐	刘战明
53	西藏销售分公司	唐胜云	阿　丁
54	四川销售分公司	杨顺成	胡兴东
55	重庆销售分公司	项平生	
56	大连海运分公司	张本良	
57	管道分公司	刘　磊	张加林
58	化工与销售东北分公司	霍建中	
59	化工与销售华北分公司	杨天奎	
60	化工与销售华东分公司	靳永清	
61	化工与销售西南分公司	秦明星	
62	化工与销售西北分公司	黄克平（负责人）	
63	吉林化工销售中心	刘　羽	
64	抚顺化工销售中心	张培华	
65	大庆化工销售中心	黄国春	
66	辽阳化工销售中心	祖国繁	
67	兰州化工销售中心	黄克平	
68	宁夏化工销售中心	戴良才	
69	乌鲁木齐化工销售中心	杨继胜	
70	独山子化工销售中心	刘玉新	

中国石油天然气股份有限公司在京单位主要领导

序　号	单　　位	总经理（院长）	党委书记
1	中国石油国际事业有限责任公司（中国联合石油有限责任公司）	王立华	王立华
2	中国石油勘探开发研究院	贾承造（兼）	李学志
3	中国石油规划总院	王功礼	
4	中国石油炼油化工技术研究中心	吴冠京（主任）	
5	中国石油天然气国际（勘探开发）有限公司	寿铉成	薄启亮
6	中国石油西气东输管道公司（中国石油西气东输销售公司）	黄维和（兼）	黄维和（兼）
7	北京华油天然气有限责任公司	刘　勇	刘　勇
8	中国石油润滑油公司	廖国勤	梁国藩
9	油气储量评审办公室	萧德铭（主任）	
10	中油燃料油股份有限公司	吴国志	

（股份公司人事部）

中国石油天然气集团公司两院院士名单

序　号	单　　位	姓　　名	院士类别
1	中国石油天然气集团公司机关	侯祥麟	两院院士
2	中国石油勘探开发研究院	李德生	科学院院士
3	大庆石油管理局	王德民	工程院院士
4	中国石油天然气集团公司咨询中心	翟光明	工程院院士

续表

序　号	单　　位	姓　　名	院士类别
5	中国石油勘探开发研究院	郭尚平	科学院院士
6	中国石油集团东方地球物理勘探有限责任公司	李庆忠	工程院院士
7	中国石油勘探开发研究院	戴金星	科学院院士
8	中国石油勘探开发研究院	胡见义	工程院院士
9	中国石油勘探开发研究院	田在艺	科学院院士
10	中国石油天然气集团公司管材研究所	李鹤林	工程院院士
11	中国石油天然气集团公司机关	邱中建	工程院院士
12	中国石油勘探开发研究院	韩大匡	工程院院士
13	中国石油勘探开发研究院	贾承造	科学院院士
14	中国石油勘探开发研究院	苏义脑	工程院院士

注：按当选时间先后排序。

（集团公司人事劳资部）

（本篇资料截至日期：2003 年 12 月 31 日）

PetroChina 中国石油

抚顺石化分公司

公司总经理、党委书记　李若平

做强是做大的基础

做强决定企业的盈利能力和发展空间

PetroChina 中国石油 抚顺石化分公司

中国石油抚顺石化分公司是集"油、化、塑、洗"为一体的大型石油化工联合企业，在中国石油石化工业中具有重要的地位和影响。公司位于中国东北的辽宁省抚顺市，作为全国重要的工业基地，抚顺市城市基础设施完善，通信设施先进，交通便利，地理位置优越，距大连港430千米，距营口鲅鱼圈港260千米，距沈阳桃仙机场39千米。

主控室

抚顺石化是我国炼油工业的"摇篮"。抚顺石化分公司前身为抚顺石油化工公司，于1982年3月经国家经委批准成立，当时称抚顺石油工业总公司。1983年2月划归中国石油化工总公司，更名为抚顺石油化工公司。原公司成立时由当时隶属国家石油工业部的石油一厂、石油二厂、石油三厂（分别于1928年、1939年、1936年建厂）和隶属抚顺市地方的抚顺化纤厂及化塑厂联合组成。经过长期建设和发展，相应组建了乙烯化工有限公司和腈纶化工厂(现已划归未上市公司)；接管了原隶属于国家轻工总会的抚顺洗涤剂化学厂，使公司由成立之初以石油炼制为主的企业发展成为"油、化、纤、塑、洗"一体化的特大型石油化工联合企业。

纵观抚顺石化70多年的发展历程：第一阶段是从1928年开始加工油母页岩生产人造石油，仅1959年生产页岩油达72万吨，占全国80%以上，使我国页岩油工业居世界领先地位；第二阶段是1960年大庆油田的开发，抚顺石油工业便由生产和炼制页岩油向加工大庆原油转变，中国炼油工业"五朵金花"中的催化裂化、催化重整、延迟焦化这三朵就诞生在抚顺，并为全国输送了6000多名优秀人才；第三阶段是20世纪90年代在炼油基础上发展了化工，形成了"油、化、纤、塑、洗"加工手段较齐全的产业格局；第四阶段是1999年公司重组改制，分别组建了抚顺石化分公司和抚顺石油化工公司（未上市公司），各自独立运作。

公司机关大楼

目前，公司现拥有3个大型炼油厂、3个大中型化工厂、1个油品集输储运公司和1个电子商务中心，公司机关共有17个职能处室和附属中心。

公司资产总额116.4亿元，其中流动资产23.95亿元、固定资产90.95亿元、其他资产1.5亿元。负债总额为43.06亿元，其中流动负债35.65亿元、长期负债7.41亿元。所有者权益为73.3亿元。资产负债率为37%。

公司年销售收入220亿元以上，2002年列中国化工百强企业第5位；2003年实现利润5.1亿元，实现销售收入225亿元，列中国1000家大工业企业第28位，列中国石油炼化企业第一位。公司成立21年来，累计加工原油1.72亿吨，实现利税267亿元。

公司现有员工9916人，平均年龄36岁，其

150万吨/年重油催化裂化装置

成品油在营口鲅鱼圈码头下海外运

20万吨/年烷基苯装置夜景

6万吨/年苯乙烯装置

中，大专以上学历3693人，工程技术及其他各类管理人员2678人，高级操作工2736人，公司领导班子有6名成员，平均年龄42.3岁，8个直属单位领导班子成员平均年龄41.5岁。

公司原油一次加工能力1000万吨/年，二次加工能力800万吨/年。公司主要原料为大庆原油、沈北原油和进口原油。年产汽、煤、柴油600多万吨。化工生产装置装备和技术大部分从国外引进，具有一定的规模和产品特性优势，具有年产60万吨的化工生产能力。

主要生产汽油、柴油、航煤、润滑油基础油、石蜡、石油焦、液化气、聚乙烯、聚丙烯、环氧乙烷、乙二醇、烷基苯、脂肪醇、苯乙烯、高抗冲聚苯乙烯等150多种石油化工产品，远销50多个国家和地区。蜡的年产量为71万吨（其中含石蜡45万吨），石蜡产量和出口总量居全国第一；烷基苯年生产能力20万吨，为亚洲第一。主要商标有“远航”、“双菱”、“尔驰”、“迪源”、“四达”。

现有主要生产装置60套，设备71197台，设备新度系数56%，其中，炼油系统共有设备45312台，设备新度系数58%；化工系统共有设备25885台，设备新度系数为53%。

公司总占地面积600万平方米，抚顺至营口鲅鱼圈成品油管线输油能力270万吨/年，抚顺至沈阳桃仙机场航煤管线输油能力30万吨/年。现有原油储存能力38万立方米，原料油储备能力79万立方米，成品油储存能力67万立方米。共有内部厂际互供管线86条，总长度达到500多千米。

公司目前有石蜡、石油炼制、临氢催化、表面活性剂、树脂等5个专业研究所，拥有中型试验装置6套、小型试验装置18套，仪器设备原值近3750万元。近年来完成科研成果202项，替代进口20余项，其中有15项成果获国家级奖励，25项成果获省部级奖励，新开发BOPP、MDPE、聚苯乙烯27系列、166系列，聚乙烯、聚丙烯纺丝用料等新产品十几项，并拥有专利30多项。

公司通过了质量、健康、安全、环境管理体系（三标一体）认证。

面对新的形势和任务，公司将更好地肩负起国有大型骨干企业的责任，抓住振兴东北老工业基地的历史性机遇，按照中国石油天然气集团公司和中国石油天然气股份有限公司的总体部署，围绕“炼油做精、化工做强”，深化企业改革，加快技术进步，充分发挥资源优势，优化产品结构，推进炼化一体化，全力打造技术先进、特色鲜明、竞争力强的“千万吨炼油、百万吨乙烯”世界级规模的炼化生产基地，为中国石油的做强做大和建设全面小康社会再立新功、再创伟绩 。

公司举行第三届练兵比武活动

公司开展安全伴我行汇演

地址：辽宁省抚顺市新抚区凤翔路45号
邮编：113008
电话：(0413) 2433312
传真：(0413) 2420988

中国石油吉林油田分公司

总经理、党委书记　王永春

求真务实、真抓实干的公司领导班子

新时期广大员工展现出了积极向上、勇往直前的精神状态，
为吉林油田各项事业实现持续、有效、较快发展提供了坚强保障

充分体现“以人为本”的管理理念，保障员工的知情权，
厂务公开工作扎实有效

原油产量即将踏上五百万吨水平线，
吉林油田分公司展现出大发展的良好前景

公司获得全国精神文明建设先进单位荣誉称号

丰富多彩的业余文化生活展现员工的精神面貌

在基层站队慰问演出

中国石油天然气集团公司总经理陈耕在吉林油田分公司调研

2003年，吉林油田分公司坚持以十六大精神和“三个代表”重要思想为指导，认真贯彻落实中国石油天然气集团公司和中国石油天然气股份有限公司总体部署和要求，紧紧围绕实现全年各项工作目标，解放思想，与时俱进，各级管理者始终保持迎难而上、奋发有为的精神风貌，众志成城，合力攻坚，克服了来自勘探突破、开发上产、成本削减、投资控制四个方面的巨大压力，战胜了乾安油田快速降产、突如其来的“非典”疫情和严重洪涝灾害三个始料不及的重大挑战，圆满地完成了中国石油天然气股份有限公司下达的各项业绩指标。

突出勘探龙头地位，油气勘探取得重要进展。全年新增探明石油地质储量4299万吨、控制储量5924万吨、预测储量6946万吨，三级储量位居中国石油天然气股份有限公司所属油气田前列。原油产量持续增长，油田开发创造了新水平。坚持“稳定老区、发展新区、优化措施”的方针，加大开发管理力度，原油产量连续三年保持持续增长势头，原油产量目标圆满完成，产量再创历史新高。全年共生产原油475.09万吨，完成年度计划指标的101.95%，比2002年增产31.06万吨，增长速度为7%，三年净增100万吨的目标圆满实现，增长幅度列中国石油天然气股份有限公司所属油气田第三位。

全年实现销售收入69.3亿元，同比增加15.4亿元。实现国际准则利润25.88亿元，同比增加7.37亿元，实现预算口径利润11.93亿元，比考核指标增加1.85亿元。实现税费10.9亿元，同比增加3.49亿元，全年单位油气操作成本控制在5.20美元/桶，比2002年下降0.04美元/桶；油气开发成本4.2美元/桶，与考核指标持平；储量发现成本1.56美元/桶，与考核指标相比降低0.24美元/桶。

坚持“两手抓”方针，精神文明建设和企业文化建设开创了新局面。2003年，公司有12个所属单位进入省市级精神文明建设先进单位行列，吉林油田分公司被评为全国精神文明建设先进单位，新立采油厂采油五队被中国石油天然气集团公司授予“百面红旗”单位称号。

现代化的办公大楼

岩性油藏勘探理论和勘探开发一体化的成功实施，
为吉林油田分公司带来了勃勃生机

现代化的油气集输站

坚持科技创新，充分发挥人才优势和资源优势

战胜自然灾害，确保油田增储上产

吉林油田原油产量创历史新高，
原油年产三年净增一百万吨

地址：吉林省松原市沿江东路 1219 号
邮编：138000　电话：(0438)6258503

总经理　王春鹏

党委书记　孙崇仁

——辽河油田分公司提高企业核心竞争力纪略

中国石油天然气股份有限公司辽河油田分公司(简称辽河油田分公司)，是以石油、天然气勘探开发、油气销售为主营业务的国有特大型企业。公司现有员工29300余人，总部坐落在辽宁省盘锦市，下设采油、科研、集输、销售等20个厂、院和公司，地跨辽宁、内蒙古两省区13个市（地)、34个县（旗)，是全国最大的稠油、高凝油生产基地。重组改制以来，公司累计完成销售收入674亿元，实现税费总额153亿元，连年超额完成中国石油天然气股份有限公司下达的各项业绩考核指标，上缴利税始终位于辽宁省前茅。先后荣获了“全国五一劳动奖状”、“全国精神文明建设先进单位”、“全国重合同守信用单位”、“全国管理现代化创新成果一等奖”、“全国企业文化建设优秀单位”、“辽宁省2001年度最有影响企业”、“辽宁省纳税百强企业”等称号。

辽河油田分公司以降本创效为目标，以区站建设为重点，努力夯实管理基础工作，大力推进管理创新，油田整体开发管理水平稳步提升

凝聚和谐 创新超越

——主营业务有新思路，发展水平不断提高

结合油田实际，确立“深化盆地、加强海上、突破外围、开辟新区”的勘探工作思路，积极寻找经济可采储量，并大力加强油藏评价和滚动勘探，实现勘探的跨越式发展，主要在雷家地区、沈阳潜山和龙湾筒地区有了新的突破。4年新增探明石油地质储量2.12亿吨，新增可采储量4046万吨，控制储量2.22亿吨，预测储量2.62亿吨。同时，持续加强油田开发管理，坚持“整体部署、分批实施、跟踪分析、及时调整”的成功做法，按照“实施一批、研究一批、准备一批”的工作程序，积极推进产能建设全过程管理和老区三级综合治理，实现每年覆盖石油地质储量11多亿吨，每年原油产量超计划10万吨的目标，进一步夯实了稳产基础。

辽河油田分公司总经理王春鹏（左四）、党委书记孙崇仁（左三）在生产一线调研

——科技进步有新突破，技术创新成果显著

坚持依靠科技进步，按照“研究一批、试验一批、推广一批、储备一批”的工作思路，加大技术攻关和新技术推广力度，加大成熟配套技术的推广和规模实施力度。转换开采方式和提高采收率技术在试验区取得了成功，掺活性水降粘技术、锅炉改烧煤技术、稠油污水回用热注锅炉技术、超稠油管道输送技术、管道泄漏自动监测系统、深部防砂技术、深层水力压裂技术等8项技术创新取得新突破，为油田的增产增效提供了强有力的技术支持。

作为全国最大的稠油、超稠油生产基地，辽河油田分公司坚持继承和发扬石油工业的优良传统，与时俱进，开拓创新，以优异的成绩为发展中国石油做出了应有的贡献

——企业管理有新进展，经济效益又创新高

坚持把管理创新作为实施低成本战略的重要举措，按照中国石油天然气集团公司“管理增效年”工作要求，以“基础管理创新，增储降本创效”活动为主线，组织实施以“五优化、五加强、五控制”为主要内容的“三个五”工程，不断降低成本，提高经济效益，每年可提高原油商品量近百万吨；努力做好“优化”、“简化”两篇文章，在全公司大力实施“关、停、并、转、减”工程，优化内部运行，每年可降低生产运行成本千万元；积极推广“单井效益分析”系统，在生产管理精细化方面迈出了一大步，不仅加深了对油田生产规律的认识，而且有效地提高了生产决策的科学性；广泛开展以“金点子”工程为主要载体的群众性节约挖潜活动，每年实现挖潜增效2亿元的工作目标。

辽河油田分公司采油小站

辽河油田分公司“以区站为重点的油田企业文化建设”荣获第十届全国企业管理现代化创新成果一等奖，人大代表、“全国五一劳动奖章”获得者、全国创业企业家、中国企业2003年度十大新闻人物、辽河油田分公司总经理王春鹏（左三）代表获奖企业作互动发言

全国企业文化建设先进工作者、中央企业优秀工作者、党委书记孙崇仁（前排中）荣获“第十三届半月谈思想政治工作创新奖”

——队伍建设有新举措，企业凝聚力进一步增强

按照“继承、融合、创新”的原则，坚持“有理、有情、有形、有效”的工作思路，积极探索新时期党建思想政治工作的新方法、新途径，切实做到了思路新、载体活、切入准、效果好。坚持一年开展一个主题教育，把形势任务教育作为激发工作活力的有效手段；坚持一年组织一个创建活动，以有效的载体搭建创新工作的平台；坚持一年

辽河油田是全国最大的稠油、超稠油生产基地

召开一个大型现场会，用典型引路来推动工作向纵深发展。在全公司先后推广了“知、答、解、聚”桥梁工程、“五率”管理机制、“绿色管理”创优载体等一大批典型经验，进一步激发了基层创优创新的热情。改进创新基层党建工作，积极推进党内“创三优”活动。突出党风廉政建设责任制的落实，积极开展“岗位树形象、家庭助廉洁”活动，把监督领域从8小时以内向8小时以外延伸，从“工作圈”向“生活圈”和“社交圈”延伸，从工作岗位向家庭延伸，使队伍的整体素质得到了不断提升。

辽河油田分公司丛式井生产

——企业文化有新成果，队伍面貌焕然一新

以激发基层活力为目标，把企业文化建设的重点直接聚集到基层区站，大力推行情感、知识、民主、制度等“四个建家”模式，编撰《企业文化手册》，组织开展“定、讲、学、评、践”人生格言活动，积极培育“爱国、创业、求实、奉献”的企业精神，着力培养“诚信、创新、业绩、和谐、安全”的核心经营管理理念，努力塑造“凝聚和谐，创新超越”的团队精神，员工队伍的精神面貌焕然一新，特色鲜明的油田企业文化已经形成，为辽河油田分公司的规范运作和持续稳定发展注入了强劲的文化动力。以区站为重点的油田企业文化建设成果先后荣获辽宁省企业管理进步一等奖和第十届全国企业管理现代化创新成果一等奖，辽河油田分公司荣获全国企业文化建设先进单位。

辽河油田分公司以创新为动力，以科技为先导，积极实施“加快海上”的战略部署，加大海上勘探开发力度，不断增加后备资源储量

地址：辽宁省盘锦市
电话：(0427)7298001
传真：(0427)7298663
邮编：124010

中国石油大港油田分公司

党委书记、总经理　姚和清

大港油田勘探开发建设始于1964年1月，时称“六四一”厂，当时包括大港、任丘、渤海、冀东四部分。1976年3月，大港、任丘、渤海分开，1988年4月，冀东从大港划出。1999年6月，根据中国石油天然气集团公司重组改制方案，油田核心业务分开、分立，成立大港油田分公司，隶属于中国石油天然气股份有限公司。

大港油田东临渤海，西接冀中平原，东南与山东毗邻，北至津唐交界处。勘探开发范围包括黄骅坳陷中部与南部的陆地、滩海、极浅海和沧县隆起东半部、埕宁隆起西部，地跨津、冀、鲁25个区、市、县，总面积18499平方千米。根据我国第三次油气资源评价，大港探区石油资源蕴藏量20.6亿吨，

领导班子成员

天然气资源蕴藏量3800亿立方米。目前，公司原油年生产能力400万吨，天然气年生产能力3.2亿立方米。截至2003年底，累计探明石油地质储量9.1亿吨，探明天然气储量720.2亿立方米；累计生产原油1.2亿吨，生产天然气157.8亿立方米。目前，公司拥有资产总额133亿元，在职员工12000人。

大港油田分公司是环渤海经济圈的重要组成部分。公司总部位于天津市东南60千米，距首都北京190千米，距天津新港40千米，距天津国际机场70千米，地理位置优越，海陆空交通发达，往来便捷。

2004年是大港油田勘探开发第四十个年头，原油产量将创造历史最好水平，力争达到500万吨。今后一个时期内，大港油田分公司将大力实施可持续发展战略、低成本战略、管理创新战略、科技领先战略、人才超前战略，立足陆上、推进滩海、加快合作、开拓新区，保持油气储量稳定增长。按照规划，从2005年开始，油气当量500万吨稳产到2010年。

近年，大港油田分公司先后与美国阿帕契公司成功开展了赵东合作区块风险勘探开发，与加拿大泛华公司合作开发了孔南未动用储量。

在新的世纪，大港油田分公司愿与国内外朋友友好往来，精诚合作，共谋发展。

地址：天津市大港区三号院
邮编：300280
电话：86－22－25971708
传真：86－22－25915115

公司办公大楼

聚合物驱油装置

赵东港海一号钻井平台

大港油田晨曲

中国石油天然气国际有限公司

蒋洁敏总裁视察赵东项目平台

中国石油天然气国际有限公司(英文名称为：PetroChina International Limited，对内称“国际（勘探开发）有限公司”，简称“国际公司”)，是经中国石油天然气股份有限公司(以下简称“中国石油”)董事会审议通过，报国家外经贸部批准，在英属维尔京群岛注册成立的境外全资子公司。国际公司是中国石油开展境外投资和经营活动的载体，归口管理并具体组织实施中国石油境外勘探开发业务。

2002年9月3日股份公司对外合作经理部与国际公司合并。依据《中华人民共和国对外合作开采石油资源条例》，经中国石油天然气集团公司授权，具体负责所属国内石油天然气资源对外合作各项合同的执行和管理。

国际公司于2002年4月至2003年4月一年多的时间里，先后收购了美国、马来西亚等公司在印尼的油气资产，并在印尼设立中国一石油国际印度尼西亚项目公司(PetroChina International Companies in Indonesia)。收购的资产共有七个区块，中国石油在七个区块的工作权益占17%−50%，平均为30%。2003年完成作业产量243万吨油当量，权益产量102吨。

中国石油国内陆上勘探开发对外合作始于1985年，截至目前共与45家境外公司签订石油合同52个，现正在执行的合同14个。累计引进合同规定义务工作投资11.7亿美元，实际完成投资14.2亿美元，勘探项目探明储量4810万吨，培训员工2570人次。2003年合作项目生产原油248万吨、生产天然气3.28亿立方米，累计生产原油1528万吨、生产天然气16.3亿立方米。

按照中国石油战略部署，国际公司解放思想，加大对外合作力度，认真学习和总结国外的先进技术和管理经验。为提高现有项目的执行水平和经济效益，将重点抓好印尼、赵东等项目的开发生产，努力增加油气产量。同时，对确实能够为中国石油提供先进适用技术和管理经验的外国公司及高风险项目，将继续寻找对外合作的机会，扩大对外合作成果。坚持“引进来，走出去”和利用国内外两种资源、两种资金、两个市场的既定方针，积极稳妥地开拓国内外石油天然气勘探开发合作市场，为中国石油国际化经营，促进中国石油从国内石油公司向跨国石油公司转变，从重组型公司向成长型公司转变，发挥应有的作用。

地址：北京市东城区安德路16号洲际大厦8层
邮编：100011
电话：86-10-84886872
传真：86-10-84886871

中国石油润滑油公司

KunLun
LUBRICANT
昆仑润滑油

中国石油润滑油公司是集润滑油研究开发、生产、销售于一体的专业化公司。现有 1 个研发中心、9 个润滑油厂、6 个销售中心，总资产 30 亿元人民币，固定资产 14 亿元人民币，员工 3300 多人。

中国石油润滑油公司能够生产 13 大类 300 多个牌号的润滑油（剂）产品。润滑油科研开发能力在国内处于领先水平，营销、服务、信息网络覆盖全国市场。

公司组建运行三年来，在中国石油天然气股份有限公司“资源统一配置、产品统一标准、网络统一布局、价格统一管理、科研统一组织、集中力量推出名牌”的“五统一、一集中”经营战略指导下，全新推出了立足高档润滑油市场的“昆仑”润滑油，旗下的“飞天”、“七星”、“大庆”润滑油多年来在国内外市场享有良好的声誉，均为国家首批“中国名牌产品”。

中国石油润滑油公司以“优良资源＋优势技术＋优质服务＝高品质昆仑产品”为质量方针，2002 年通过了 ISO 9001 质量管理保证体系。多种车用油产品先后获 API 美国石油学会的认可，并分别被中国一汽集团、东风汽车公司、长安汽车公司、沃尔沃公司、MARK 公司、MAN B&W 公司等国内外多家汽车及设备 OEM 厂商选为装车与服务用油。

公司三年历程，实现了三个持续——销售总量持续增长、产品结构持续调整、经济效益持续提高。2003 年公司实现扭亏增盈，市场竞争能力有所增强，公司步入良性发展轨道。

中国石油润滑油公司愿与国内外业界同仁、客户开展更为广泛的合作，携手共创美好明天！

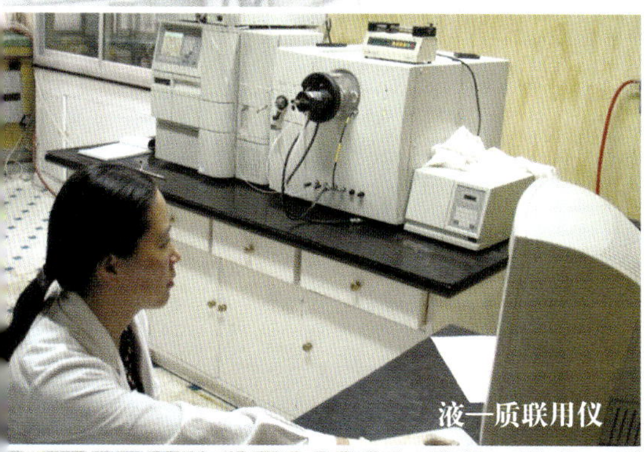
液—质联用仪

昆仑油罐装线

地址：北京市朝阳区北辰东路 8 号北京国际会议中心八层
邮编：100101
电话：(010)84990999
传真：(010)84990760

发展中的冀东油田分公司

总经理、党委书记　徐中清

党政领导班子

科研攻关

冀东油田分公司是中国石油天然气股份有限公司直属地区公司，主营石油、天然气勘探、开发及销售业务。

油田地处京津唐“金三角”地区，总部机关设在唐山市区繁华地段。冀东油田分公司工作区域，北起燕山南麓，南至渤海5米水深线；西起涧河，东至秦皇岛一带；近几年又取得了在江苏洪泽凹陷、大丰—兴化以及广东三水盆地等地区的探矿权。总工区勘探面积16085平方千米，油气总资源量近7亿吨。

近年来，冀东油田分公司坚持以邓小平理论和“三个代表”重要思想为指导，认真贯彻执行集团公司、股份公司一系列指示精神，大力弘扬“三高一靠前”的企业精神，积极实施“科技兴油、低成本、人才开发”三大战略，开拓创新，积极进取，扎实工作，各项工作都有新的进展。

连续八年，资源接替实现良性循环，油田发展基础更加坚实；油田开发水平不断提高，原油产量稳中有升，2004年计划生产原油95万吨，2005年原油产量将突破100万吨；经济效益不断提高，2003年实现利润20871万元；注重环境保护、确保生产安全、关爱员工健康，文明生产水平在提高；不断加强和改进党建与思想政治工作，坚持不懈地抓好政治理论学习，用邓小平理论和“三个代表”重要思想武装干部员工的思想，队伍整体政治思想素质在提高。

“十五”后三年，冀东油田分公司将继续沿着十六大指引的方向，认真贯彻集团公司、股份公司一系列指示精神，继续实施三大战略，团结一心，开拓进取，扎实工作，努力实现“1811”（即到2005年新增探明储量1亿吨；新建原油生产能力80万吨；2005年原油产量突破100万吨；投资回报率2005年保持10%以上）的奋斗目标，为股份公司实现持续、有效、快速发展做出积极的贡献。

钻井会战夜以继日

员工文化生活丰富

油田一角

地　址：河北省唐山市光明西里51号甲区　　邮　编：063004
电　话：(0315)8766041　　传　真：(0315)8766065

中国石油长庆油田分公司

2003年1月24日，中国石油天然气集团公司副总经理、中国石油天然气股份有限公司总裁陈耕在股份公司勘探与生产分公司总经理、党委书记胡文瑞，长庆油田分公司总经理、党委书记王道富的陪同下视察西峰油田

2003年，中国石油长庆油田分公司认真贯彻落实中国石油天然气股份有限公司工作会议精神以及集团公司、股份公司领导陈耕年初来长庆油田现场办公会精神，辛勤工作和不懈奋斗，各项业绩指标全面完成，踏上了实现“31599”和“三步走”目标的步伐（即2003年至2005年三年中，每年新增石油探明储量1亿吨、天然气探明储量500亿立方米，到2005年原油产量达到900万吨，天然气产量达到90亿立方米），2010年油气当量力争达到2000万吨，2010年以后油气当量向3000万吨目标奋进。

长庆油田分公司继续实践“油气并举、协调发展”的战略方针，取得重大阶段性突破。2003年11月29日，油气年产（当量）突破千万吨大关。全年生产原油719.56万吨，生产天然气51.85亿立方米，油气（当量）达到1133万吨，进入千万吨级大油田行列，实现了历史性跨越。

2003年10月1日上午10时18分，“西气东输”东段靖边—上海段进气仪式在长庆气田靖边压气站举行

长庆油田分公司把保证向国家重点工程“西气东输”管线按时正点供气作为一项重大政治任务，狠抓天然气生产，做到了安全、平稳供气。10月1日，长庆气田开始向“西气东输”靖边—上海段管线进气，10月6日，长庆“先锋气”顺利到达上海白鹤站。至此，长庆天然气已向北京、天津、上海、西安、石家庄、银川、呼和浩特等大中城市供气。天然气开发业务跃居中国第二位。

长庆油田分公司新增石油探明储量1.1亿吨，控制储量1.4亿吨，预测储量1.8亿吨；新增天然气探明储量3132亿立方米，控制储量1460亿立方米，预测储量1611亿立方米。累计探明石油地质储量11.9亿吨，天然气地质储量11142亿立方米（国家储委审定），拥有4个储量上千亿立方米的大气田，是我国第一个储量上万亿立方米的大气区。

2003年12月1日，长庆油田分公司庆祝油气当量突破1000万吨庆功大会在西安举行（图为庆功会主会场）

长庆油田分公司曾获得“全国思想政治工作优秀企业”、“五一劳动奖状”等荣誉，全国劳动模范9人，获得省部级先进集体荣誉90多项，省部级劳模75人。2003年，“苏里格大型气田发现及综合勘探技术”荣获国家科学技术进步奖一等奖。公司总经理、党委书记王道富，党委副书记、纪委书记、工会主席包方钧荣获“全国五一劳动奖章”。

2003年9月28日，长庆油田分公司在西峰油田举行150万吨产能建设工程开工仪式

地　址：陕西省西安市长庆光隆园4区
邮　编：710021　　电　话：(029) 86591279

塔里木油田分公司

总经理　孙龙德

中国石油塔里木油田分公司隶属中国石油天然气股份有限公司，基地位于新疆库尔勒市，拥有资产总量152.39亿元，员工12300余人，是一家在塔里木盆地从事油气勘探开发、炼油化工与油气销售上下游为一体的大型石油公司。

塔里木盆地是我国最大的含油气沉积盆地，面积56万平方千米。据最新资源评价，盆地可探明油气储量当量123亿吨，其中石油60亿吨、天然气8万亿立方米，被中外地质学家称为21世纪中国石油战略接替地区。

塔里木油田借鉴国际油公司的成功经验，确定了“采用新的管理体制和新的工艺技术，实现塔里木石油会战的高水平和高效益”的两新两高工作方针，以及“依靠行业主力，依托社会基础，统筹规划，共同发展”的20字方针，来组织塔里木石油会战。经过15年的探索与实践，形成了与国际接轨的油公司管理体制，取得丰硕的勘探开发成果。

到2003年底，共探明28个油气田，累计探明石油地质储量4.01亿吨、天然气6579亿立方米，油气三级储量当量18.3亿吨，年均增长1.2亿吨。特别是克拉2、迪那2等大型气田的发现，直接促成了西气东输工程的加快启动和建设。天然气三级储量1.38万亿立方米，可确保西气东输塔里木年输气200亿立方米、稳定供气30年以上。2003年8月27日西气东输塔里木气田产能建设开工，2004年9月1日塔里木天然气已开始向西气东输管道供气。

到2003年底，已投入开发塔中4、哈得4等12个油气田，原油产量由1989年的3.38万吨增长到2003年的525万吨，累计生产原油4242万吨，实现销售收入500亿元、利润113亿元、税金59亿元，在风险勘探阶段为国民经济发展做出了贡献。其中，2003年经营业绩达到最好水平，销售收入89.45亿元，利润35.08亿元，上缴税费11.36亿元。

15年的会战使塔里木油田进入了规模化加快发展的新阶段。展望新时期，塔里木油田正瞄准“1521”的新目标加快发展。“15”就是到2010年每年新增探明石油储量1亿吨、天然气储量500亿立方米；“2”就是到2010年油气当量超过2000万吨；“1”就是建成一流的现代化油气田。

克拉2气田站外22铬管线焊接现场

克拉2气田开工仪式

沙漠公路

山前钻井

地址：新疆库尔勒市　邮编：841000　电话：(0996)2171208　传真：(0996)2171210

青海油田分公司

中国石油青海油田分公司是隶属于中国石油天然气股份有限公司的地区分公司，其主营业务包括石油、天然气勘探，石油、天然气生产、销售，石油炼制，油气化工生产、销售，石油天然气管道运营，石油天然气勘查、研究、技术服务等。截至2003年底，青海油田分公司已累计探明石油地质储量3.05亿吨，累计探明天然气地质储量2513亿立方米，涩北气田已成为全国陆上四大气区之一；建成了尕斯库勒油田等218万吨原油产能、涩北气田等15亿立方米天然气产能、格尔木100万吨炼油厂、花土沟至格尔木436千米的输油管道，并对花—格输油管道进行了扩能改造，2004年建成后年输油能力可达到300万吨；建成了10万吨气体分馏、2万吨聚丙烯、10万吨甲醇三项石化工程；建成了涩—格、涩—敦、仙—花、涩—宁—兰四条输气管道，形成了盆地外供气至西宁、兰州、格尔木、敦煌，盆地内东西部天然气联网互供的局面，具备了33亿立方米的管输能力。累计生产原油2748万吨，生产天然气55亿立方米，加工原油1095万吨。国家统计局在2003年年底按新标准划分1588家大型工业企业中，青海油田分公司名列第229位，跻身全国大型工业企业前列。

2000年，青海油田分公司顺利完成了重组改制、分开分立工作。四年来，青海油田分公司步入了快速发展轨道，2000年生产油气当量230万吨，2003年生产油气当量350万吨。2003年上缴税费5.6亿元，青海油田分公司已连续9年成为青海省财政支柱企业，利税第一大户。

未来几年是国家全面建设小康社会、实施西部大开发、青海实现富民强省发展战略的关键时期，也是青海油田分公司谋求勘探大突破、实现油田大发展的关键时期。面对新的形势和任务，青海油田分公司将把发展作为企业的第一要务，认真落实全面、协调、可持续的科学发展观，力争"十五"末在油气勘探上获得重大突破，找到1—2个5000万吨级以上的优质储量，为"5355"打好基础，做好战略接替的准备，在"十一五"全面实现年产油气1000万吨的发展目标。

青海油田分公司党政领导班子

格尔木炼油厂生产装置

花—格段组焊

油砂山露头

花—格输油管道中间站

油田一角

地址：甘肃省敦煌市七里镇　　邮编：736202　　电话：(0937)8926811　　传真：(0937)8926812

新疆油田分公司

——中国西部第一个千万吨大油田

中国石油天然气股份有限公司新疆油田分公司是我国西部地区最大的石油生产企业，主要从事油气勘探发、集输及勘探开发研究等业务。共有员工15000余人，总资产325.26亿元；原油产量持续稳步增长，连续年居中国陆上石油工业第四位，2002年原油产量突破1000万吨大关，建成了中国西部第一个千万吨大油田。20年上缴的税费为26.45亿元。新疆是中国陆上石油工业“积极调整东部，加快发展西部”的重要战略接替地

新疆油田分公司的主要勘探开发区域——新疆准噶尔盆地油气资源总量达到103亿吨。目前石油探明率仅20.4%，天然气探明率3.47%，勘探前景十分广阔，发展潜力巨大。

新疆油田分公司紧紧抓住西部大开发的历史机遇，大力实施加快发展战略、低成本战略和科技创新战略，朝着加快发展的“三部曲”目标奋进。2002年第一部曲目标顺利实现，建成了中国西部第一个千万吨大油田；二部是到“十五”末，年产原油1200万吨、天然气30亿立方米；第三部是到2010年，年产原油1500万吨、然气50亿立方米。

新疆油田分公司党委围绕加快发展“三部曲”奋斗目标，积极探索新体制下党建、思想政治工作和企业文建设的新形式、新途径、新方法，在实践中逐步形成了具有新疆油田特色的企业文化，精神文明建设取得了累硕果。2002年新疆油田分公司荣获“全国五一劳动奖状”，在2002年全国大型工业企业中居第46位，在新疆吾尔自治区居30强企业之首，2003年荣获“中央企业厂务公开先进单位”荣誉称号和全国重合同守信用单

新疆油田分公司这颗西部明珠，已迈入加快发展的快车道。

新疆油田分公司勘探开发研究院计算机中心

地址：新疆克拉玛依市迎宾路66号　　邮编：834000　　电话：(0990)6865841　　传真：(0990)68877

勘探又获新突破

沙漠明珠石西油田

69区污水处理站台

采油工巡井

这里的黄羊不怕人

PetroChina 中国石油

中国船舶

China Marine

价值理念

中燃企业宗旨：为航运提供永恒的动力
企业目标：中燃走向世界，世界拥有中燃
企业价值观：服务最优，回报最大
企业精神：思考、创新、务实
企业道德：诚信
企业作风：团结、拼搏、严谨、高效
企业经营方针：价格与国际相对接轨
服务与国际绝对接轨

公司董事会、监事会组成人员

公司经营管理班子成员

中国船舶燃料有限责任公司（原中国船舶燃料供应总公司，简称中燃）成立于1972年，公司的主营业务是为到港的国内外船舶供应燃油、润滑油和淡水；从事燃料油的进口贸易和各类油品的运输及仓储；开展各类油品的代储、代供、代销、代运及综合贸易，为世界各地的船东、投资者和设备厂商提供全方位服务。

30多年来，经过几代中燃人的艰苦奋斗和经营发展，中燃已成为拥有30余家海内外公司、4000余名在职职工的国有大型企业。目前全系统拥有各类船舶90余艘；油库15座，库容量达近百万立方米；拥有设施完善的油码头和供油管线及泊位。中燃在中国沿海和长江主要港口建立了完善的销售网络体系，具有较强的接卸、储存、供销和运输能力，是中国国内最大的水上燃油供应企业。

为了适应市场经济发展需要，中燃确定了“以市场为导向，强化主业，打响中燃品牌，进行制度和机制创新，开拓新的利润增长点和全面开展企业文化建设”的战略。2002年中燃总公司通过了ISO 9001质量管理体系、ISO 14000环境管理体系和OHSAS18001职业健康与安全管理体系的综合认证，并在全系统建立了“中燃服务保障体

INTEGRATING

与中燃携手，

FASTER,

燃料有限责任公司

Bunker (PetroChina)Co.,Ltd.

系”，利用电子化、信息化改变现有经营方式，提高企业科技含量，促进企业科技进步。为了进一步提升企业综合实力，中燃自2000年开展企业文化建设，制定印发了中燃系统企业文化建设发展规划，确立了中燃企业核心理念，明确了中燃发展方向和员工行为准则，大力加强队伍建设，努力使中燃公司由一个中国水上供油企业逐步发展成为一个全球性的供油企业。

2003年，为落实十六大报告中关于深化国有企业改革会议的精神，中燃认真研究以建立现代企业制度为目的的资产重组，实施实现股权多元化，建立有限责任公司的企业改制工作。3月8日，中远集团和中国石油联合签署了关于合作开发燃油水上销售市场的《合作框架协议》，决定以增资扩股的形式将中燃总公司改制为双方共同出资的有限责任公司。12月26日，中国船舶燃料有限责任公司在人民大会堂隆重揭牌。

中国船舶燃料有限责任公司的成立，标志着现代企业制度在中燃的建立，为中燃做大做强国内外供油业务，实现企业持续发展提供了保障，为实现中燃跨入国际知名公共供油企业行列的宏伟目标注入了更加强劲的发展动力。合资以后，中国石油的资源保障将为中燃进一步开拓市场提供强有力的物质基础。中燃要充分发挥中国石油和中远集团两大股东在资源、资金、网络、市场和管理等方面的优势，充分发挥中燃现有设施的生产潜力，运用现代化信息技术改造和提升企业管理水平，面向全球客户，加大终端市场开发力度，提高水上市场份额，为客户提供及时、优质、周全的供油服务，为股东投资的回报最大化作出贡献。

地址：北京市朝阳区安贞西里5区2号
　　　仟村商务大楼A座13层
邮编：100029
电话：(010) 64411718
传真：(010) 64430669
网址：www.chimbusco.com.cn
E-mail：office@chimbusco.com.cn

WITH CHIMBUSCO,MAKING THE SHIPPING

让航行更快，更远，更安全

FARTHER AND SAFER

克拉玛依石化分公司

中国石油克拉玛依石化分公司是中国石油天然气股份有限公司所属集炼油化工为一体的年加工能力为350万吨的燃料油—润滑油—沥青型石化企业；是一个加工手段灵活，工艺技术先进，产品种类齐全的特色炼化企业。公司具有30多年润滑油生产历史，润滑油加工装置完善、配套，工艺先进齐全。经过长期的摸索、实践，克服了稠油酸值高、粘度大、腐蚀设备严重、加工难度大、流程长、成本高等困难，总结出了一套合理的稠油加工工艺路线，产品质量高，稠油加工工艺居国内领先水平。

克拉玛依石化分公司目前可生产各类石油化工产品160多种，其中28种产品获省、部优产品称号，L—DRA/A46冷冻机油等5种产品荣获国家银质奖；翼龙牌高等级道路沥青获得国家新产品称号。环烷基橡胶油产品被中国质量协会评为2003年“全国用户满意产品”，重交通道路沥青被自治区评为2003年“新疆名牌产品”。公司于1997年通过中国船级社ISO 9000质量体系认证，2002年5月又通过了ISO 14000 环境管理体系认证。2003年4月1日通过了健康、安全体系认证。2004年8月15日QHSE体系开始运行。

公司连续11年保持了新疆维吾尔自治区“文明单位”荣誉称号。近年来，公司先后荣获自治区“模范职工之家标兵单位”、“促进就业和再就业先进单位”、自治区“守合同、重信用企业”等诸多荣誉称号，公司2003年荣获了国家工商总局授予的全国“重合同、守信用企业”荣誉称号，获得新疆维吾尔自治区总工会颁发的“开发建设新疆”奖状，并被自治区评为自治区30强工业企业（集团）。2004年4月被全国总工会授予“五一劳动奖状”。

◀总经理、党委书记张有林

▼团结奋进的公司领导班子

◀稠油集中加工及配套工程施工现场

▼采用UOP先进技术的催化裂化装置

地址：新疆克拉玛依市
邮编：834003
电话：(0990)6833414
传真：(0990)6991149
E-mail:jlb@ksh-cn.com

中国石油天然气股份有限公司

总经理、党委书记 勾振东

有着40年发展历史的中国石油天然气股份有限公司大庆石化分公司(简称大庆石化分公司)是中国石油天然气股份有限公司的地区分公司，是以大庆油田原油、轻烃和天然气为主要原料，从事炼油、化工、化肥、化纤生产的特大型石油化工联合企业，是我国重要的炼油、化工生产基地,科研基地和中国石化行业的骨干企业之一。

大庆石化分公司共有6个生产厂(炼油厂、化肥厂、化工一厂、化工二厂、塑料厂、腈纶厂)，2个辅助生产厂(热电厂、水气厂)，1个研究院和1个储运公司，总资产94亿元，员工1.3万人。原油加工能力600万吨/年，乙烯生产能力60万吨/年，聚乙烯36万吨/年，聚丙烯10万吨/年，腈纶纤维6.5万吨/年，合成氨33万吨/年，尿素56万吨/年，可生产42个品种105个牌号的产品。

大庆石化分公司在发展中形成了自身的优势，企业的竞争能力不断增强。炼油系统经过多年的发展，生产规模处于国内同行业企业的前列，能耗和物耗等指标处于全国同类装置领先水平。化肥系统占有原料产地和产品市场的双重优势，并保持着优质产品的优势，盈利能力和竞争能力处于行业第一。以乙烯为龙头的塑料、化纤生产，上下游结合紧密，产品质量好，成本低，差别化率高，在国内同行业中竞争能力和盈利能力处于前列。

大庆石化分公司以开拓创新、超越自我为己任，不断追求卓越的技术。在科研开发上，公司有近百项科研成果实现了工业化应用，140多项科研成果通过了技术鉴定，5项重大科研成果获国家奖励。

大庆石化分公司视质量为企业的生命，把创造优质品牌作为公司的目标。公司整体通过了“质量、健康、安全和环境管理体系”的“三标一体化”国际认证，被评为全国质量管理先进企业。近年来，公司每年都有新品种或新牌号的产品投放市场，是国内石油化工产品种类最全的生产商之一。产品出厂合格率始终保持100%，100个牌号采用了国际标准。轻柴油系列7个产品、腈纶短纤、石油苯被评为全国用户满意产品；1号灯煤和5000S聚乙烯获国家优质产品金奖；“大庆牌”尿素荣获西班牙马德里国际质量管理金杯奖，并获得中国名牌产品称号；石油产品、化工产品、塑料产品、腈纶产品等系列产品荣列全国市场同行业“产品质量、服务质量无投诉用户满意品牌”。公司在市场上树立了依

炼油催化重整装置

低压高密度聚乙烯装置

丁辛醇装置

大庆石化分公司

法经营，诚实守信，创新高效的良好形象，被评为国家“守合同，重信用”企业。

在生产优质产品的同时，大庆石化分公司也打造了独具特色的企业文化，培育了素质过硬的员工队伍，形成了“互利双赢，共同发展”、“尊重别人就是尊重自己，相信别人就是相信自己，帮助别人就是帮助自己”的基本价值观，确立了“帮助客户实现愿望，帮助员工实现价值，帮助企业创造效益”的经营理念。在“人才成就企业，企业造就人才”和“不求人才为我所有，但求人才为我所用”的现代人才观的作用下，众多人才加盟公司，为企业的持续发展积攒了充足的后劲，公司成为技术密集、人才密集的现代化企业，先后荣获了“全国五一劳动奖状”，全国思想政治工作优秀企业，黑龙江省文明单位标兵等称号。

乙烯裂解装置

展望未来，大庆石化分公司将不断超越自我，追求卓越。面对入世后国际国内石化行业新的发展态势，公司审时度势，面对现实，谋求发展，确定了“做好、做强、做大，建设具有国际竞争力的石化企业”的发展目标。在三到五年内，公司将对炼油、化工、化肥三大系统进行扩能改造，成为中国石油重要的聚烯烃树脂生产基地、天然气化工利用和聚烯烃树脂研究开发基地，将以更加优异的业绩回报顾客、回报股东、回报员工、回报社会，实现公司价值的最大化。

公司发展目标

做好、做强、做大，建设具有国际竞争力的石化企业

公司经营理念

帮助客户实现愿望，帮助员工实现价值，帮助企业创造效益

公司作风

面对现实，谋求发展，立即行动，不做空想

地址：黑龙江省大庆市龙凤区
邮编：163714
电话：(0459)6767025
传真：(0459)6767025
网址：www.dqsh.com.cn

化肥装置

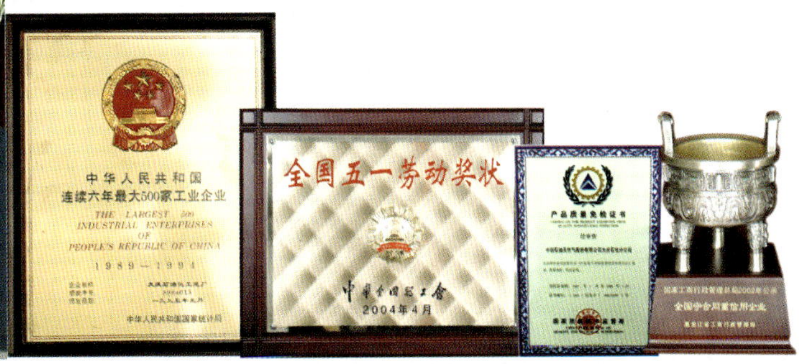

中国石油吉林石化分公司

总经理、党委书记　于力

60 万吨乙烯签字仪式

年产 18 万吨 ABS 产品包装线

中国石油吉林石化分公司坐落在中国东北部风光旖旎的吉林市，是集油、化、胶、塑、洗于一体的特大型综合性石油化工生产企业。其前身是吉林化学工业公司（简称吉化），是国家“一五”期间兴建的以“三大化”为标志的全国第一个大型化学工业基地。1954 年开工建设，1957 年建成投产。

吉化的发展，大体上划分为四个阶段。20 世纪 60 年代中期，在原“吉林三大化”的基础上，经过不断改造、扩建，发展成为以煤化工为主的国有大型化工生产基地，完成了第一次创业。20 世纪 80 年代初，以 250 万吨／年炼油装置和 11.5 万吨／年乙烯及其配套装置建成投产为标志，发展成为煤化工和石油化工两条原料路线并举的特大型国有企业，完成了第二次创业。20 世纪 90 年代，以 30 万吨／年乙烯及其配套装置建成投产、重组改制和淘汰一大批落后装置为标志，完成了第三次创业。进入 21 世纪，以重组整合、结构调整、深化改革、强化管理、扭亏为赢

年产 38 万吨乙烯装置

有机硅装置区

▼ 公司夜景

中国石油
大庆炼化公司

总经理　董孝利

党委书记　于宝祥

中国石油大庆炼化公司是按照中国石油天然气集团公司、中国石油天然气股份有限公司持续重组战略，于2000年10月18日由原大庆油田化工总厂和林源石化公司合并重组而成的中国石油天然气股份有限公司所属地区分公司。下辖林源和马鞍山两个生产区，总占地面积14.57平方千米，员工7184人，平均年龄30岁，其中，大专以上学历的占员工总数的35%，研究生学历的占员工总数的1%，中级以上职称的专业技术人员占干部队伍总数的52%。公司机关设9个处（室），下辖14个二级厂（公司）和17个直属单位。企业固定资产原值108亿元，拥有550万吨／年原油一、二次加工能力和7.3万吨／年聚丙烯酰胺、20万吨／年润滑油、10万吨／年石蜡、3万吨／年腈纶等生产能力。可生产16种100多个牌号的石油化工产品。现有主体生产装置32套。其中，1999年投产的180万吨／年ARGG装置，为炼化一体奠定了基础；从美国雪佛龙公司引进的20万吨／年润滑油异构脱蜡装置，使润滑油基础加工工艺达到世界先进水平；从美国BP公司引进的5万吨／年丙烯腈、从日本三菱公司引进的5万吨／年丙烯酰胺、从法国SNF公司引进的5万吨／年聚丙烯酰胺以及自主研发的1.3万吨／年高抗盐聚丙烯酰胺装置，共同构成了世界最大的聚合物生产基地，为大庆油田三次采油提供了强有力的支持。2003年10月，世界单套最大的30万吨／年聚丙烯工程成功奠基和100万吨／年ARGG装置改造投产，为建设世界聚丙烯基地打下了坚实基础。

地　址：黑龙江省大庆市让胡路区马鞍山　邮　编：163411　电　话：(0459)5689275　传　真：(0459)5616111

公司全景

公司举行建国 55 周年献礼仪式

年产 24 万吨丁辛醇改扩建成投产庆典仪式现场

为重点，以建设 100 万吨／年延迟焦化、7 万吨／年苯胺等一系列重点技改项目和 60 万吨／年乙烯改扩建工程为标志，进入了吉化发展史上的第四次创业。

吉林石化分公司现有生产装置 100 套，具有国际水平的装置 20 套，国内先进水平的装置 58 套，国内一般水平的装置 22 套。主导产品 13 种。ABS、丁苯橡胶、乙二醇、苯胺、AES、醇醚、丁辛醇、醋酸、醋酐、苯乙烯、乙醇、乙丙橡胶 12 套装置生产能力位居全国第一；苯酐、有机硅、聚乙烯 3 套装置生产能力位居全国第二；苯酚丙酮、丙烯酸及酯 2 套装置生产能力位居全国第三，同时也是国内惟一的乙丙橡胶、MDI 级苯胺、工业乙醇生产厂家。

2003 年，吉林石化分公司实现利润 8 亿元，同比增长 12 亿元；实现销售收入 196 亿元，于 2001 年相比增长 52%；公司工业总产值、销售收入、产品产量等生产经营指标同比增长幅度都在 30%以上，并创出了公司成立以来历史最好水平，结束了连续 6 年巨额亏损的历史，提前一年实现了扭亏为盈的目标，翻开了吉化发展史上崭新的一页。

年产 38 万吨乙烯装置主控室

吉林石化分公司坚持以发展为第一要务，立足于当前，着眼于长远，不断优化调整，确定了公司的总体发展设想：优化调整做大做精炼油，改造创新做大做强化工，分两步走实现发展目标，把吉林石化分公司建成中国石油最大、国内一流、国际有影响力的综合性石油化工生产基地。

公司装置区夜景

地址：吉林省吉林市龙潭大街 9 号
邮编：132021
电话：(0432)3976997
传真：(0432)3068982

求精、做特、图强

——前郭石化分公司

前郭石化分公司是中国石油在吉林省西部的惟一一家炼化企业。毗邻吉林油田，吉林原油管输进厂，有优越的原料来源、水资源和便利的交通运输条件。

公司始建于1969年5月。目前主要有：250万吨/年常减压，100万吨/年重油催化裂化，16万吨/年气体分馏，4万吨/年聚丙烯，2万吨/年MTBE，重整加氢联合装置等6套主要生产装置；并拥有比较完善的辅助生产设施和公用工程系统。

主要产品有汽油、煤油、柴油、聚丙烯树脂、石油液化气等近30个产品品种。

公司占地总面积1.92平方千米，固定资产原值为12.77亿元，员工总数1423人。

公司成立35年以来，始终保持盈利。近年来，企业先后获得全国模范职工之家、全国环境优美工厂、省模范集体、省三好企业、国家守合同重信用企业等省级和国家级光荣称号30多个，两个文明建设硕果累累。截至2003年末，实现工业总产值（不变价）218.02亿元，上缴税费52.13亿元。

在国家实施东北老工业基地改造振兴的历史机遇期，致力于谋求更快更好的发展，努力实现“求精、做特、图强”的发展目标，为用户提供质量一流的产品和一流的服务，为中国石油石化工业和地方经济建设做出新的贡献！

地址：吉林省松原市宁江区石化街56号
邮编：138008
电话：(0438) 6135223
传真：(0438) 6135229

公司总经理、党委书记 曾宪君

250万吨常减压装置

100万吨重油催化裂化装置

装置区一角

4 万吨聚丙烯装置

蒸馏装置

乙烯装置

铁路专用线

热电厂

登高眺望独山子石化

中国石油宁夏石化公司

总经理、党委书记　康建华

二化肥合成氨装置

中国石油宁夏石化公司位于素有“塞上江南”美誉的宁夏回族自治区首府银川市，拥有两套大化肥生产装置，员工1300多人，是全国最大的百万吨尿素生产企业之一。

2000年公司完成了第一套大化肥装置——化肥单系列气化炉渣油改烧天然气技术改造，2003年成功实施了二系列油改气等重点技改项目，实现了一化肥全部以天然气为原料，公司第二套大化肥合成氨装置以陕甘宁盆地天然气为原料，1999年9月底建成投产。年增产50%扩能改造项目目前正在建设中，投产后将进一步提高企业的规模效应和核心竞争力。

公司1999年重组改制以来，获得了“宁夏回族自治区先进企业”、“民族团结进步先进集体”等荣誉，涌现出了“全国五一劳动奖章”、中华全国总工会“模范职工之家”等先进代表，有力地推进了公司各项工作不断取得新业绩。

一化肥合成氨装置

二化肥尿素装置

一化肥装置全景

地址：宁夏银川市北京西路1338
邮编：150026
电话：（0951）2972311
传真：（0951）2021379

大连石化分公司

公司地址：辽宁省大连市甘井子区山中街1号
邮编：116032　电话：(0411)86670557　传真：(0411)86672517
http://www.d1pec.com　　E-mail:d1pec@pub.d1pec.com

中国石油天然气股份有限公司大连石化分公司是我国大型炼油化工生产企业，有炼化生产装置59套，能生产石化产品200多种，年原油加工能力1050万吨，是中国石油集团首座千万吨级炼厂。公司海陆运输条件完善，是我国重要的石化产品出口和转运基地之一。

总经理、党委书记　蒋凡

公司领导班子

公司坚持“以人为本，以质取胜，诚信至上，持续改进”的质量方针，产品出厂连续24年100%合格，自1996年整体通过ISO 9002质量体系认证以来，连年通过复评，并于2002年同时通过了ISO 9000质量体系2000版的换版认证和ISO 14000环境管理体系认证。

“国内争排头，国际创一流”是公司进入新世纪的新目标。“十五”二期，公司将新建8套装置，到2006年加工能力将达到2000万吨/年。“十五”期间，公司将继续全面推行低成本战略和扁平化管理，以促进企业管理水平、盈利能力不断提高。

2003年公司资产总额达到78.77亿元，实现销售收入217亿元，实现内部考核利润6.3亿元，经济效益名列股份公司炼化板块首位，荣获全国、辽宁省重合同守信用企业称号，还获得全国首批企业管理金马奖、“全国五一劳动奖状”等20多个国家级荣誉称号。

亚洲最大的350万吨/年重油催化裂化装置

厂区

在发展中提高

领导班子

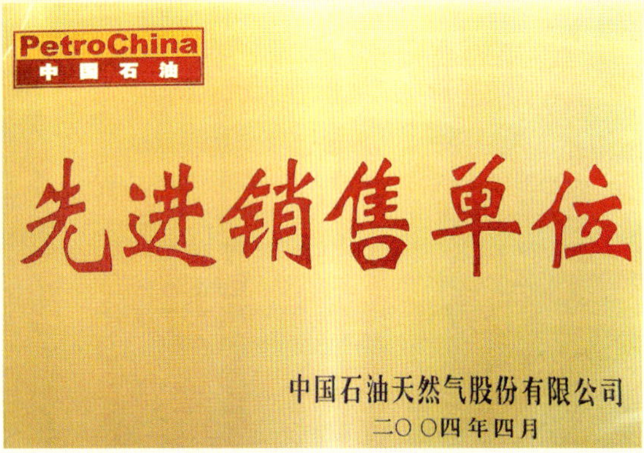

广州销售分公司被评为中国石油先进销售单位

2004 年 4 月，中国石油天然气股份有限公司华南销售分公司宣告成立，这是中国石油从战略全局发展需要所作出的重大决策。华南销售分公司负责中国石油在广东、福建、海南三省的成品油批发、零售和网络开发业务，并将中油—BP 公司纳入业务管理范畴。华南销售分公司总部设在广州市。公司领导班子成员为：总经理佟福财，党委书记王立学，党委副书记兼纪委书记黄永祥，副总经理马生荣、刘树志、王明富，总会计师董磊。

华南销售分公司机关设总经理办公室、营销处、加油站管理处、调度运输处、油库管理处、规划计划处、工程建设处、财务资产处、质量安全环保处、人事处、党群工作处、审计监察处、综合管理处、信息化管理处等 14 个处室。辖广州、深圳、珠海、福州、厦门、海口等 26 家地市级分销公司和中油仓储、海南宝源、深圳通达、高要中油等 11 家控股分销公司，现有员工 13000 余人。

目前，华南销售分公司拥有一、二级油库 34 座，加油站 1000 座，基本形成了“一级分散、二级分销、三级零售”的销售网络，年销售成品油 700 多万吨，年销售收入达 250 多亿元，是华南地区主要的油品供应商。

2004 年是华南销售分公司的开局之年，整合和创新是公司一切工作的主旋律。

在整合过程中，公司贯彻陈耕总裁关于“新成立的华南公司，要坚持采用新体制、新机制，努力创出高水平、高效益”的指示精神，遵照“组织扁平化、业务专业化、管理垂直化、权责清晰化”的指导思想，坚持充分论证，局部试点、全面推开的原则，对现有的物流、资金流、信息流进行优化，减少中间环节，明确公司权责，通过从市场营销、投资开发、仓储物流、财务管理四条专业线推进改革，达到了销售结构

中国石油五星级加油站——东莞新联加油站

中国石油五星级加油站——福建森茂加油站

中油—BP 加油站以先进的管理和优质的服务深得消费者信赖

在创新中前进

——华南销售分公司

优化、开发力度加大、核算层次减少、物流成本降低的目的，全面提高了公司的核心竞争能力。通过积极稳妥地推进“四化”管理体制改革，华南销售分公司有效地整合了公司优质资源，完善了公司治理结构，积极应对复杂变化的市场，取得了良好业绩。截至9月底，公司共实现销售成品油532万吨，同比增长47.5万吨；其中零售完成199万吨，同比增长39.2万吨；共实现利润7.3亿元，提前完成了全年效益指标。预计全年将销售成品油702万吨，将达到零售270万吨。

为保证经营目标的实现，公司强化内部管理，进行了以提高领导力为核心的班子建设，着重提高班子成员的政治鉴别力、战略决策力、统筹协调力、组织执行力和清廉自律力五种能力，切实提高了领导班子的领导艺术和执政水平。在队伍建设方面采用了市场化的用人机制，全面推行岗位竞聘，让能者上、庸者下；大力加强党风廉政建设，提高干部队伍拒腐防变的能力。

通过改革创新和持续的发展，预计到2007年华南销售分公司年销售能力将达到1000万吨，市场份额达38%左右，加油站数量达1500多座，年利润达10亿多元。

中国石油强力打造百面红旗油库

热情的服务、规范的操作赢得了客户的赞誉

花园式的加油站——深圳先进加油站

丰富多彩的业余文化生活

发展用之不竭的能源

璀璨的油港、先进的大型码头是成品油中转的强劲引擎

地　址：中国广州市珠江新城花城大道66号中国检验检疫大厦西塔楼16层

邮　编：510623

电　话：86-020-38291375/86-020-38291300

传　真：86-020-38291301

中国石油甘肃销售分公司

中国石油天然气股份有限公司炼油与销售分公司总经理蔺爱国视察甘肃销售分公司加油站

中国石油甘肃销售分公司固定资产总额16.3亿元，营运21座油库，成品油库容总量达23.23万立方米。公司在甘肃14个地州市均设立销售分公司。拥有资产型加油站980座，其中已培育万吨加油站7座，培育星级加油站157座，在276座加油站是开展非油品经营。目前，拥有在册员工3805人；在岗员工平均年龄36岁，其中大专以上文化程度的占员工总数的22.6%。

公司连续两年被甘肃省人民政府授予“甘肃省优秀企业”称号；被甘肃省质量技术监督局授予“甘肃省产品质量用户满意企业”荣誉称号；被甘肃省工商管理局评为甘肃省“守合同、重信用”企业。2004年被中国石油天然气股份有限公司评为“先进销售单位”。2004年9日，被国家人事部、国务院国有资产监督管理委员会授予“中央企业先进集体”荣誉称号。

奋斗目标：建设一流的石油销售企业，实现中国石油天然气股份有限公司提出的“中油排头、国内一流”的目标，即一流的队伍、一流的管理、一流的服务、一流的品牌、一流的业绩。

保障措施：以经营销售为主线，扩大零售为重点，网络建设为关键，增强企业核心竞争力为根本，挖掘人力资源潜力为支撑，居安思危，防骄破满，正确处理改革发展与稳定的关系，推动企业体制创新和管理创新，扩大企业的生存空间、发展空间和盈利空间，巩固公司在甘肃境内的成品油销售主导地位。

市场开发战略：巩固和扩大已控制的市场，积极开发潜在市场，紧紧抓住机遇市场，千方百计抢占新市场。

核心经营理念：诚信、创新、业绩、和谐、安全。

加油站站训：顾客至上，诚信服务。

地 址：兰州市城关区甘南路702号　　邮 编：730030　　电 话：(0931)8448004　　传 真：(0931)8448002

员工自编自演的文艺节目

隆重表彰技术比武先进个人

华东销售分公司

总经理　刘合合

中国石油华东销售分公司于1998年5月成立，按照中国石油天然气集团公司、中国石油天然气股份有限公司的整体发展战略，主要负责中国石油下游成品油的经营销售以及市场开发、网络建设等工作，确保东北油田、炼厂后路畅通，确保中国石油整体效益实现。

公司下设浙江、上海、江苏、安徽、江西五个省级分公司，到2004年6月共有员工9000余人，公司总部设在上海浦东陆家嘴金融贸易区。六年来，公司累计投资额达30多亿元，其中，一、二级油库40座，总库容达59万立方米，加油站1200多座，销售网络遍及东南沿海地区，初步形成了一级集散、二级批发、三级零售的成品油销售体系。依靠中国石油在资源、品牌、质量、服务等方面的优势，目前公司年销售能力800万吨左右，已经具有相对稳定的市场份额及合理配套的集散分销能力。

上海振兴加油站

（五星级，日销量42吨，集团公司百面红旗单位）

浙江甬江加油站（四星级，日销量28吨）

地址：上海市浦东新区东方路969号

邮编：200122

电话：（021）68671696

传真：（021）68755556

油库罐区

延伸

输送

东北销售分公司

——联系东北地区成品油生产与销售的枢纽

总经理、"全国五一劳动奖章"获得者　董仁平

党委书记　李绍双

东北销售分公司是隶属于中国石油天然气股份有限公司的地区公司之一，是中国石油天然气股份有限公司炼油与销售分公司在东北地区的派出机构。

东北销售分公司组建于1998年6月，公司在东北三省和河北省下辖哈尔滨、滨江、大庆、吉林、松原、大连、鞍山、抚顺、盘锦、锦州、葫芦岛、秦皇岛和自备车管理分公司等13个分公司，在职员工2100多人，机关本部设在沈阳。

公司的主要职能是：负责东北地区12家直属炼化企业成品油、化工轻油、燃料油的统一收购、配置、调运和结算任务；负责东北三省、大连市、内蒙古（东部三市、一盟）石油销售公司成品油销售业务的管理、指导、协调、监督、检查；负责东北地区22家地方炼油厂成品油销售业务的规范管理。

公司组建6年来，在集团公司党组、股份公司管理层及炼油与销售分公司的正确领导下，认真履行"资源配置中心、调度指挥中心、结算中心和信息中心"职能，充分发挥联系成品油生产与销售、产品与市场的枢纽作用，始终不渝地优化运行，深化改革，强化管理，控本降费。6年累计实现油品销售总量1.7亿吨，销售收入4000亿元，上缴税费17.6亿元，切实保证了东北地区油田和炼化企业的正常平稳生产，保证了各地区销售分公司资源的均衡供应，为提高中国石油的整体效益、振兴东北地方经济做出了积极贡献。

现代化的调度指挥中心

花园式的油库

公司党政领导班子

东北销售分公司曾先后被授予“中国石油先进销售单位”、“省级文明单位标兵”、“辽宁省五一劳动奖状”、“辽宁省学习型企业”、“辽宁省思想政治工作先进单位”等荣誉称号，公司党委荣获了国务院国资委“中央企业先进基层党组织”、“辽宁省委先进党委”、“辽宁省企业工委先进党委”等荣誉称号，所属大庆分公司被评为集团公司“基层建设百面红旗单位”之一，龙凤油库被评为“中国石油十大标杆油库”之一。

面对未来的发展机遇和挑战，东北销售分公司决心不断开拓创新，与时俱进，求真务实，团结拚搏，为促进中国石油工业的发展，促进国民经济繁荣而不懈努力。

地址：沈阳市沈河区惠工街239号　邮编：110013　电话：(024) 88559988　传真：(024) 88559609

油轮在港口装油作业

油龙待发

内蒙古销售分公司

精诚团结、开拓创新、锐意进取的领导班子集体

内蒙古自治区地跨“三北”，土地面积118.3万平方千米，人口2300多万，全区有12个盟市、100个旗县区。

中国石油天然气股份有限公司内蒙古销售分公司(简称内蒙古销售分公司)是中国石油天然气股份有限公司在内蒙古自治区设立的销售企业，经营范围主要为汽油、煤油、柴油、润滑油脂的销售。公司现有正式员工7792人，下属12个盟市公司、83个旗县级销售分公司和经营部、一个直属油库。

截至2003年底，公司共有油库60座，总库容56.2万立方米，其中：在用油库48座，库容55.1万立方米；自有汽油油罐车数量297辆；公司现有加油站1072座，公司资产总额20亿元。

2003年内蒙古销售分公司完成成品油销售178万吨，零售128.5万吨，实现利润2.3亿元。

落实《规范》，加油员严格按照“十三部曲”操作

流动加油车送油到用户

精细化管理，工作之余擦拭加油机

红绿相映，和谐统一——花园般的油库

地址：内蒙古自治区呼和浩特市北垣街41号　邮编：010010

电话：（0471）6965629　传真：（0471）6905319

PetroChina 中国石油

西南销售分公司

总经理　杨宁海

集团公司党组成员、纪检组长李克成考察公司职工食堂

总经理杨宁海（左）、党委书记王建中（右）为云南分公司小菜园加油站百面红旗单位揭牌

西南销售分公司五年来在集团公司、股份公司和炼油与销售分公司的正确领导和亲切关怀下，认真贯彻集团公司区外开发战略，紧紧围绕市场营销和网络开发中心工作，励精图治，勇于开拓，各项工作取得了长足发展和提高。

——营销网络初具规模。

截至2003年底，公司用于销售网络建设的总投资达11.695亿元，公司在云南、广西和贵州已拥有全资、控股等资产型油库10座，总库容18.768万立方米，拥有全资、控股、租赁加油站262座。

——成品油销售量逐年大幅增长

随着销售网络的建立、完善和配套，销售量逐年大幅度提高。五年累计销售成品油636万吨，平均每年增长47%。

——市场占有率稳步提高

在滇、黔、桂三省区的市场占有率由1999年的9.5%上升至2003年的26.25%，市场占有率稳步提高。

——零售量大幅增长

零售比例由2000年的13.8%上升至2003年的39.39%。

按照股份公司销售工作会议精神和具体部署，公司提出了未来5年公司发展的指导思想和主要思路，即：以网络拓展为基础，以销售增长为龙头，以管理创新为动力，以人才优化为支撑，实施快速扩展、管理创新、人才兴企三大战略，打造现代营销企业，不断提升企业竞争能力和盈利能力，实现中国石油在西南成品油市场持续快速发展的总体目标。

到2010年，西南销售分公司年销售量实现390万吨，市场份额38%；零售力争200万吨，加油站总数达到1000余座，零售比例50%；销售网络进一步完善，公司油库总座数将达到20座，总库容40万立方米，为中国石油在西南市场上的经营销售提供强有力的支撑和保障。

地址：云南省昆明市
青年路389号志远大厦26楼
邮编：650031
电话：（0871）3160117
传真：（0871）3163068

中国石油四川销售分公司

中国石油四川销售分公司是中国石油天然气股份有限公司在四川设立的销售分支机构。公司现有在册员工6768人，拥有在用油库25座（有9座油库可以接收兰成渝输油管道管输油品），总库容65万立方米；拥有资产型加油站1281座，营销网络遍布四川城乡，是四川成品油市场供应的主渠道。

总经理　杨顺成

近年来，四川销售分公司认真贯彻落实集团公司、股份公司的工作部署，把发展作为企业的第一要务，确立了“建设主导区域市场、具有核心竞争能力和持续盈利能力的成品油销售企业”的发展战略目标，大力实施“市场领先、体制创新、管理增效、人才强企、文化兴企”五大发展战略，盈利能力和竞争实力逐年提升。与1998年相比，2003年销售汽柴油258.98万吨，增长41.78%，市场占有率达到80.19%，提高6.64个百分点；零售汽柴油152.56万吨，增长202.04%，零售市场占有率达到63.57%，提高25.38个百分点；实现利润40061.40万元，增长25.41倍。企业由过去资不抵债发展到2003年底资产总额35.39亿元，资产负债率仅为54.55%，资产结构和资产质量得到根本改善，步入了持续有效快速协调发展的新阶段。

加油站

油　库

地址：四川省成都市顺成大街206# 邮编：610015 电话/传真：（028）86520001

PetroChina 中国石油

独山子化工销售分公司

中国石油天然气股份有限公司独山子化工销售分公司的前身是中国石油独山子化工销售中心，成立于2002年元月，隶属于中国石油天然气股份有限公司。主要负责中国石油合成塑脂新疆区域市场，独山子石化公司合成橡胶、基础有机化工原料及铬系列新产品全国市场的销售工作。

独山子化工销售分公司

主要产品有：线性聚乙烯、高密度拉丝聚乙烯、高密度注塑聚乙烯、高密度中空聚乙烯、高密度管材料等；拉丝聚丙烯、共聚注塑聚丙烯、丁二烯橡胶、有机化工原料乙二醇、二乙二醇、三乙二醇、甲醇等。2003年，销售化工产品23.1万吨，实现销售收入13.5亿元。

中国石油独山子石化公司“千万吨炼油、百万吨乙烯”大发展工程为公司的发展提供了广阔的前景。公司始终坚持为地区公司服务、为用户服务“两个服务”的营销理念。诚信经营，致力于提高服务质量，树立良好的品牌形象，竭诚与忠诚、信誉用户结为“双赢”的战略伙伴，共谋发展。

独山子石化乙烯生产装置

独山子石化销售库房

独山子石化科技信息楼

地址：新疆独山子天利高新13楼　　邮编：833600　　电话：(0992)3655996

中国石油乌鲁木齐化工销售公司

中国石油乌鲁木齐化工销售公司是隶属于中国石油天然气股份有限公司的专业化销售机构，主要承担中国石油乌鲁木齐石化公司生产的石油化工及化工产品的销售任务。公司下设化肥部、化纤部、管理部、财务部、综合部、扩销部六个部门。公司主要销售的产品有“天池”牌尿素、化纤、复合肥、地膜等石油化工产品，产品销售覆盖全国20多个省市、自治区。依托中国石油乌鲁木齐石化公司生产的“天池”牌尿素产品的品牌优势和中国石油乌鲁木齐化工销售公司强大的市场网络优势，公司在新疆伊犁、博乐、奎屯、焉耆、石河子、库尔勒、阿克苏、库车、哈密、吐鲁番设立了销售服务部，向广大农资单位、农牧团场及农民朋友提供优质的农资、化肥产品以及物流配送业务和农业科技咨询服务。公司在为广大用户及各级经营单位提供一流的服务中，树立了卓著的市场信誉。

按照中国石油天然气股份有限公司提出的“实现两个转变”，“做强化工，做大、做好销售”的指导思想。“十五”期间，中国石油乌鲁木齐化工销售公司将继续坚持以经济效益为中心，以扩大销售和网络建设为主攻方向，坚持以强化管理和降低费用为重点，坚持以改革为动力，与时俱进，奋发有为，努力建成“管理一流，实力雄厚，效益突出”的现代化营销企业，为提高中国石油天然气股份有限公司整体竞争和盈利能力而不懈奋斗。

中国石油乌鲁木齐化工销售公司愿与国内外同行真诚合作，共创美好明天！

总经理　杨继胜

朝气蓬勃的领导班子

石油化工产品

“天池”牌尿素

地址：中国新疆乌鲁木齐市东山区
邮编：830019
电话：(0991) 6902285　6901585
传真：(0991) 6902007　6911616
邮箱：wlmqzx@petrochina.com.cn

中国石油勘探开发研究院

贾承造
中国石油天然气股份有限公司总地质师、中国石油勘探开发研究院院长、党委副书记、中国科学院院士

李学志
中国石油勘探开发研究院党委书记、副院长

中国石油勘探开发研究院（RIPED）成立于1958年，主要从事海内外油气勘探开发战略决策支持研究、技术支持与服务、应用基础理论与装备技术研发以及科技人才培养工作。

40多年来，中国石油勘探开发研究院参与了我国大多数大中型油气田的勘探开发研究工作，获得了国家和部级自然科学奖、科技进步奖和技术创新奖500余项，取得了良好的经济与社会效益，培养造就了一大批优秀的科技人才，为我国石油工业的发展和科技进步做出了重大贡献。

中国石油勘探开发研究院包括北京院、廊坊分院、西北分院、杭州地质所、江汉机械所、北京石油机械厂等6家单位，现有职工3000余人（含上市和非上市），专业技术人员近2000人，拥有中科院院士5名，工程院院士3名，毕业研究生比例达到30%。

中国石油勘探开发研究院在油气勘探开发研究领域形成了一批特色技术和配套技术，包括层序地层学工业化应用技术、精细油藏描述与精细数值模拟技术、特殊钻井工艺技术及装备研发等；拥有各种先进配套的仪器设备和一批重点实验分析、研究室，以及丰富的科技文献、数据资料，配有先进的计算机软硬件资源及强大的信息网络系统。

中国石油勘探开发研究院研究生部具有博士、硕士学位授权点14个，设有“地质资源与地质工程”、“石油与天然气工程”两个博士后流动站。

作为中国石油上游主要的综合性科研机构，中国石油勘探开发研究院的定位是：要成为油气勘探开发战略决策参谋部、勘探开发技术支持与服务中心、重大高新技术研发中心和科技人才培养中心（即“一部三中心”）。据此中国石油勘探开发研究院确定了长期发展方向，即：“一个方向”：建设世界一流的油公司上游研究院。“两个战略”：坚持以“技术立院”为核心的创新战略和以“人才立院”为核心的人才战略。“三个目标”：达到一流的技术学术水平，一流的勘探生产实效，一流的专家人才队伍。“四项中心工作”：中国石油总部上游机关业务决策支持，油气勘探开发技术支持服务，油气勘探开发新理论新技术研发，上游高水平科技人才培养。

在新的世纪里，中国石油勘探开发研究院将坚定不移地沿着建设世界一流油公司研究院的发展方向，全面推进“一部三中心”建设，为中国石油的繁荣与发展做出更大的贡献。

地址：北京市海淀区学院路20号　邮编：100083
电话：（010）62097210　传真：（010）62097046

吉林油田分公司

新立采油厂

中国石油天然气股份有限公司吉林油田分公司新立采油厂位于吉林省松原市的西北部，坐落于有圣湖之誉的查干湖畔，1983年1月7日创建，现有员工1753名，下属17个基层单位，2个科研单位。新立油田含油面积139平方千米，动用含油面积81.6平方千米，已探明地质储量5971万吨，动用地质储量5692万吨，可采储量1666万吨，油田综合含水为68.78%，采油速度0.86%，采出程度20.65%。

新立油田共有油水井1440口，其中油井1058口，水井382口，固定资产26.09亿元。至2004年8月已累计生产原油1175万吨，累计创造工业总产值40多亿元，实现利润10亿元以上。目前油田日产油量为1356吨，年生产能力近50万吨，年创产值7.2亿元，成为吉林油田分公司石油开发的主要基地之一。

自1983年建厂当年生产原油12万吨开始，至1987年止，每年以12万吨以上的产量递增，特别是1988年年产量达70万吨的历史最高水平。从1985年至2002年实现稳产40万吨以上长达18年，为吉林油田的持续稳定发展做出了重大贡献，曾两次被中国石油天然气集团公司评为“高效开发油田”的光荣称号。

21年来，经过几代新立人艰苦奋斗，将昔日的荒原建设成技术先进，管理科学，效益良好，环境幽雅，治安稳定，通信发达，交通便利，生活富裕，娱乐健康的美丽家园。

爱岗敬业的员工

巡井归来

油田夕照

厂机关办公楼

厂领导深入基层检查工作

操作人员认真检修设备

团结务实，开拓进取的领导班子

员工文化娱乐生活丰富多彩

电话：（0438）6231310　传真：（0438）6231530

中国石油天然气股份有限公司管道分公司

总经理 刘磊

党委书记 张加林

中国石油天然气股份有限公司管道分公司（简称中国石油管道公司）是建设和运营长距离、大口径、高智能化管道，具有输送多品种介质能力的专业化公司，在中国管道运输领域占主导地位。

中国石油管道公司基础雄厚，资产优良。目前运营管理的原油、天然气、成品油管道 9000 多千米，总资产达 170 多亿元。

中国石油管道公司具有严密的组织机构和精干的员工队伍。公司总部设在河北省廊坊市，下辖大庆、长春、沈阳、大连、锦州、丹东、秦京、中原、长庆、塔里木、乌鲁木齐、兰州、兰成渝 13 个输油（气）分公司和管道工程第一项目经理部、第二项目经理部、第三项目经理部、第四项目经理部，科技中心，廊坊油气储运分公司以及山东中油天然气有限责任公司，东银输油有限责任公司，中油华中天然气有限责任公司。所属单位分布在全国 22 个省、自治区、直辖市。5955 名员工中，中专以上学历和中级专业技术职称及技师以上职业资格的各类人才占员工总数 45.9%，管理和专业技术人员占 37%，操作服务人员占 63%，平均年龄 36.3 岁。

中国石油管道公司具有先进的管理和科技水平。油气干线管道和新建管道已实现了运用 SCADA 系统对油气干线管道进行集中调度指挥，ISO 9000 质量管理体系已通过国家认证。在科学技术领域上，已形成了油气储运工艺、管道化学添加剂、管道完整性、管道工程与运营管理、输气生产安全高效优化等五大核心技术。管道不停输封堵技术填补了国内空白，科技成果转化率在全国石油行业居于前列。

中国石油管道公司经过 30 多年的历史积淀和与时代同步的实践探索，形成了独具优势的管理规范和管理理念，以此为基础的企业文化体系正在形成。公司全体员工以建设具有强大竞争力的专业化管道公司为目标，为中国石油的发展做出应有贡献。

地址：河北省廊坊市广阳道 87 号甲　邮编：065000　电话：(0316)2170810　传真：(0316)2170808

第十一篇

上市企业概览

第一篇
总　述

第二篇
油气勘探开发生产

第三篇
油气储运、炼化与销售

第四篇
对外合作与交流

第五篇
工程技术服务

第六篇
科 技 发 展

第七篇
质量安全与环境保护

第八篇
企业改革与管理

第九篇
精神文明建设

第十篇
机构与人物

第十一篇
上市企业概览

第十二篇
未上市企业及事业单位概览

第十三篇
中国石油天然气集团公司大事纪要

第十四篇
附　录

大庆油田有限责任公司

【概述】　大庆油田有限责任公司（以下简称大庆油田公司）是中国石油天然气股份公司下属的全资子公司，是以石油、天然气勘探开发为主营业务的国有控股特大型企业。1999年11月与大庆石油管理局分开分立，2000年1月正式成立，注册资本475亿元，资产总额858亿元，员工90346人。

2003年，大庆油田公司以经济效益为中心，以两大工程为龙头，坚持科技和管理创新，实施企业可持续发展战略，继续保持了良好的经营态势。

全年预测石油地质储量11054万吨，控制石油地质储量9289万吨，探明石油地质储量6726万吨；预测天然气地质储量352.12亿立方米，探明天然气地质储量65.18亿立方米，均超额完成了计划指标；生产原油4840.03万吨，超产10万吨，生产天然气20.3亿立方米，油气当量继续保持5000万吨；实现总收入855.52亿元，总支出312.05亿元，利润543.47亿元（国际准则581.48亿元），利税总额688.31亿元。

【实施勘探开发两大工程】　大庆油田公司实施的油气勘探“5671”和油田开发“11599”工程，是旨在缓解资源紧张矛盾、深化控水挖潜的事关全局的系统工程。2003年，是这两大工程的开局之年，也是成果丰硕的一年。油气勘探捷报频传。松辽盆地北部中浅层石油、深层天然气和海拉尔盆地三大勘探领域均取得重大突破，新发现了3个5000万吨级储量区块，徐家围子地区呈现出1000亿立方米的天然气资源前景，全年提交的油气总储量创大庆油田公司历史之最。控水挖潜成效显著。全油田年底综合含水88.72%，其中喇萨杏油田水驱年均含水89.75%，低于计划指标0.17个百分点，控制含水上升速度创“十五”以来最好的水平；全油田水驱自然递减率9.45%，其中喇萨杏水驱10.4%，比2002年下降0.58个百分点；全油田聚合物驱年产油量1234万吨。特别是以“三低”为特色的外围油田，围绕老区自然递减率大，扶杨油层开发效益差，未动用储量开发难度大的矛盾，开展科技攻关，大胆挑战极限，全年提交新增探明储量6727万吨，生产原油433万吨，创历史新高。两大工程初见成效，不仅为2004年的工作赢得了主动，而且为“十一五”的勘探开发奠定了坚实基础。

【喇萨杏油田开发成绩斐然】　喇嘛甸油田、萨尔图油田、杏树岗油田作为大庆油田公司的主力油田，承担着全油田主要生产经营指标。搞好喇萨杏油田开发调整，不断提高采收率，是大庆油田公司稳定发展的基础。2003年喇萨杏油田各采油厂在认真分析油田发展现状和潜力的基础上，解放思想，刻苦攻关，突破“瓶颈”，开展了一系列调整工作。通过不断深化储层精细地质描述，对复合砂体进行单一河道砂的识别，指导了厚油层的剩余油挖潜；开展对14个区块多学科油藏研究，指导了加密井网的部署、注水方案的调整和措施方案的优化，现场应用后取得明显的效果；积极开展水驱精细调整，通过完善注采系统，搞好细分注水、细分压裂、细分堵水和厚油层周期注水等工作，注采结构得到调整，产量递减率和含水上升率得到有效控制；通过加大调剖、分注和抗盐聚合物应用力度，搞好对注聚合物方案、油井措施的跟踪调整工作，聚合物驱开发效果进一步提高。在大庆油田公司占主导地位的喇萨杏油田，全年实现原油产量4201万吨、天然气19亿立方米，分别占总产量的86.6%和95%。

【科技攻关步伐加快】　大庆油田公司通过试行课题制管理，配套完善有关激励政策，特别是重奖有突出贡献的科技人员，构建起有利于多出成果、快出成果的技术创新体系，营造出攻大难关、克大难题、做大贡献的浓厚氛围，加快了重点项目的攻关进程。松辽盆地北部中浅层精细地质研究，基本搞清了葡萄花油层为构造油藏、构造—岩性油藏、岩性油藏三种类型的分布特征；深层勘探方向研究，确定了安达等5个天然气聚集有利区带；海拉尔盆地复杂断块高产富集区预测及勘探目标选择研究，进一步深化了对断块、潜山油气藏勘探的认识；“两三”结合井网部署研究，基本明确了井网加密的主体思路和结合方式。此外，在多学科油藏研究、数字化油田建设、树脂砂压裂解堵技术、螺杆泵举升工艺等方面，也都取得了许多新成果，企业核心技术能力进一步提升。

【以财务经营政策为导向，全面预算管理取得成效】 大庆油田公司立足于提高经营管理水平，努力推进全面预算管理体系建设，初步建立以激励为主的政策导向型预算管理机制。进一步完善预算管理机制，对原油生产单位推行“级差定额”预算管理办法，使预算编制更加科学合理，重点考核油气单位操作成本和内部利润指标，同时按照投资运营一体化原则，实行老油田改造投资回报政策；对技术服务单位实行弹性预算管理，下达成本占收入比例的考核指标，鼓励技术服务单位自求平衡、自我发展，提高资产创效能力；对科研单位下达经费总量控制指标，增强其效益意识。靠政策刚性约束，严格控制成本，重点加强对成本指标的刚性控制，实行成本超支一票否决。规定大庆油田公司所属各单位在完成成本指标和上交内部利润指标后，才能够按照实现的节余奖励兑现，使成本压力层层传递，并得到进一步落实。依靠政策激励增效，逐步提高兑现比例，完善成本与收益挂钩的考核办法，分别从节支和增收两个方面进行奖励并逐步提高了兑现比例，水、电等成本节余按50%奖励兑现，增产收入节余按40%奖励兑现，激发了广大员工挖潜降耗、增收节支的积极性和创造性。

【实施低成本战略，成本控制取得新突破】 大庆油田公司面对操作成本大幅度削减、生产规模不断扩大的状况，牢固树立过“紧日子”的思想，大力实施低成本战略，使操作成本得到了有效控制。下沉控制点，完善目标成本管理体系。在完善大庆油田公司、厂（分公司）、矿（大队）、小队、班组和岗位六级成本控制网络的基础上，进一步加大厂控费用下放力度，使成本控制点进一步下沉，初步实现成本发生点、控制点、考核点相一致。同时，改进成本核算方法，逐步建立起以费用要素为主、作业过程为辅，以区块、井站为核算单元的作业成本核算体系。突出重点，加强对关键成本要素的控制，把财务资产管理与生产运行管理紧密结合起来，在生产规模逐年扩大的情况下，使水电消耗上升趋势得到了有效控制。以管理创新降低成本支出，推广作业区管理模式、物资招标采购和扁平化管理等，有效地降低了厂矿管理费和材料费支出；加强对技术项目的经济论证，使技术进步在控制成本方面切实发挥作用。

【以提高资产回报为目标，推行效益型资产管理模式】 大庆油田公司坚持以效益为中心，以回报为目标，以“优化增量、盘活存量、提高质量、控制总量”为原则，努力推进全员、全方位、全过程的资产管理体系建设，成效显著。一是加强投资论证，优化装备配置。按照“国际水平、国内水平、油田水平”三个层次，对大庆油田公司装备进行了优化配置。对新购装备从技术、经济、生产、安全、环保等方面进行综合论证，保证了装备投资决策的科学性。对装备采购，实行了集中采购和资质、价格公示；对重大装备实行效益跟踪责任制，保证了装备投资决策责任的落实。二是加强运营管理，提高资产回报率。通过开展存量资产质量调查、实物资产清查工作，摸清了全油田存量资产的质量和总量。在此基础上，积极盘活闲置低效资产，提高资产利用率；通过开展对设备运营成本写实工作，探索了控制运营成本的新途径；通过对主要设备技术状况量化评价工作，掌握了现有设备技术状况。三是加强设备管理，提高运行水平。积极推广状态监测与故障诊断技术，构建了设备状态维修新模式；实行设备修理档案化管理，建立了设备修理信息数据库；加强设备润滑管理，降低了设备有形磨损；推行ISO 9000管理程序，使设备管理按国际通行标准运行，提高了设备生产保障能力，使设备完好率达到97.68%。

【以管理创新提升企业经营水平】 2003年，大庆油田公司坚持与时俱进，着力管理创新，吸收借鉴成功企业先进管理经验，在确立新的管理理念、实行文本管理、完善成本控制体系、加强监督管理、搭建信息化管理平台等方面，都取得了新的突破，使大庆油田公司朝着建立管理科学、运作规范的现代公司制企业目标又迈出了一大步。全面推广“四个不一样”管理理念，在领导干部的使用中，实施组织把关、群众评判等做法，实现“素质高低使用不一样”；在基层单位管理中，资金投入、设备配备、物质奖励、荣誉指标等向管理水平高的单位倾斜，实现“管理好坏待遇不一样”；在“三岗”动态管理中，根据能力、技术的动态发展适时调整岗位，并把学习培训作为对员工的奖励，实现“技能强弱岗位不一样”；在薪酬分配中，将责任大小、管理好坏、任务轻重以及效益完成情况同工资收入挂钩，奖励科技人员，让科技人员成为队伍中的高收入群体，实现“贡献大小薪酬不一样”。推进以文本为载体的管理制度体系建设，大庆油田公司机关各部门完成97项主要管理流程和工作规范的制定工作，明确了各部门的工作职责，理顺了各项业务的工作程序，使企业管理向规范化、标准化和科学化迈进。推行先进管理模式和优化成本控制措施，对原油生产单位推行级差定额预算管理办法，完善了从大庆油田公司、采油厂到矿（作业区）、小队、班组、岗位的六级成本控制网络，降低了生产运行能耗，大力推广先进的工艺技术，提高了综合运行效率。强化监督力度，确保规范运作。通过进一步加大审计力度，扩大了审计覆盖面，使相关领域存在的问题得到了及时发现和解决；围绕堵塞管理漏洞，抓好效能监察，提高经济效益；在民主管理上，按照内容具体化、形式多样化、运作程序化的思路，完善办事公开制度，突出公开重点，畅通公开渠道，使员工充分行使知情权、参与权和监督权，提高了民主管理水平。信息化建设成效显著。在主营业务方面，基本建成勘探、开发、地面工程三大数据库，形成大庆油田公司、厂、矿、队四级生产数据管理体系；在财务管理方面，开发推广中油资产管理系统和价格定额信息管理系统，实行价格定额规范化、信息化管理；在物资管理方面，将现有的物资管理系统与电子商务平台在电子技术与业务运行上进行全面无缝对接，不断发挥内外优势，使管理更加科学顺畅。

【实施人才强企战略】　按照党管人才的原则，坚持以《人才观》为指导，牢固树立人才强企观念，切实加大了人力资源开发力度。完善以竞聘为主的用人方式，出台了以能力为主的人才选拔管理办法，理顺了以业绩为导向的内部分配机制，并从优化配置、改善结构、提升素质出发，采取内请外派、校企合作等多种形式，加强核心、骨干人才培养。全年共评选出技术专家65人，向股份公司推荐高级技术专家25人；培养主体专业硕士、博士研究生96人，并选送18人赴国外著名高校学习深造，选拔84人参加涉外知识专门培训。全油田还举办各种培训班1000多个，培训员工83000多人次，员工培训面达到90%以上。目前，大庆油田公司人才队伍结构正向知识化、年轻化、专业化方向发展。

【厂务公开内容丰富，形式多样】　2003年，大庆油田公司积极探索厂务公开的新途径、新方法，努力将其融入企业经营管理的各个领域，为员工依法行使参与企业民主决策、民主管理、民主监督权力提供了保障。结合实际，不断丰富厂务公开工作内容。抓住企业生产经营中的重点、热点问题进行公开，在财务预决算、基建工程招投标、物资采购、大型设备采购、科研立项等重大问题，以及资金分配、职称评聘、评优选干、员工疗养、劳动用工等涉及员工切身利益的问题进行公开，赋予员工以知情权、参与权、监督权。采取各种形式，加大厂务公开力度。发挥职代会的主渠道作用，把厂务公开的内容纳入职代会所行使的各项权利之中；发挥各种议事程序的民主决策作用，严格遵守《党委（扩大）会议制度》、《厂长（经理）办公会议事规则》、《领导干部廉洁勤政准则》以及干部民主评议制、差额竞聘制、任前公示制、责任追究制等制度；发挥群众的参与作用，利用新闻媒体、企业网以及厂务公开栏、公示栏等形式，及时公开员工关注的热点问题，并通过设立意见箱、公布举报电话和举报网站等形式，收集员工的意见和建议，进一步增强了公开的透明度。2003年，大庆油田公司第五采油厂被中纪委、中组部、全国总工会等五部委评为“全国厂务公开先进单位”。

【建立横向沟通互动机制】　大庆油田公司按照合作双赢、共同发展的原则，以建立沟通互动机制为保障，切实加强了同地方政府和大庆石油管理局等兄弟企业的团结合作。以关联交易为纽带，坚持同大庆石油管理局政治责任同担、经济发展齐抓、技术攻关联手、社会稳定共促，使互利、双赢的局面有了进一步发展。一年来，大庆石油管理局在施工作业、物资供应、后勤保障等方面，为大庆油田公司提供了优质服务，有力地保证了大庆油田公司各项生产经营任务的全面完成，截至2003年12月，大庆油田公司支付大庆石油管理局关联交易款131.48亿元；以联席会议为依托，寻求与地方政府思想上的共识和行动上的统一，使企地关系进一步融洽；在大庆地区协调组的统一协调下，创建了与石化企业携手并肩、共谋发展的良好局面。战略伙伴关系的不断加强，有力地促进了区域经济的协调发展。

【企业文化建设获3项大奖】　大庆油田公司在企业文化建设中坚持吸纳传统精华，融入时代内涵，构筑特色文化，增强企业凝聚力，使企业文化在继承中得到创新，在创新中得到发展，为企业的可持续发展提供了强有力的精神动力和智力支持。特别是大庆油田公司全面推广的“四个不一样”管理理念，推进了企业员工的思想解放、观念更新，为企业的改革、发展和稳定营造了良好的思想和文化氛围，成为国企企业文化建设实践的成功范例，在中国企业文化研究会主办的“企业文化与21世纪中国企业发展——中外企业文化2003年青岛峰会”上荣获中国企业文化建设20年“设计案例奖”，大庆油田公司获得中国企业文化建设20年“建设实践奖”，大庆油田公司党委书记孙淑光获得中国企业文化建设20年“个人贡献奖”。

（权哲珠）

中国石油天然气股份有限公司吉林油田分公司

【概述】　2003年，中国石油天然气股份有限公司吉林油田分公司坚持以十六大精神和"三个代表"重要思想为指导，认真贯彻落实中国石油天然气集团公司和中国石油天然气股份有限公司总体部署和要求，紧紧围绕实现全年各项工作目标，解放思想，与时俱进，圆满完成了股份公司下达的各项业绩指标，全年新增探明、控制、预测三级储量1.71亿吨，位居股份公司所属油气田前列。坚持"稳定老区、发展新区、优化措施"的方针，不断加大开发管理力度，保持原油产量持续增长势头，原油产量再创历史新高。全年共生产原油475.09万吨，完成年计划466万吨的101.95%，同比增长31.06万吨，增长速度7.0%，三年净增100万吨的目标圆满实现，增长幅度列股份公司所属油气田第三位。2003年实现工业总产值107148万元，与2002年相比增长8183万元，增长速度为8.3%。主营业务收入69.32亿元，比2002年同期增加15.44亿元。实现国际准则利润25.83亿元，比2002年同期增加7.31亿元，实现预算口径利润12.05亿元，比考核指标增加1.97亿元。实现税费6.79亿元，同比增加2.01亿元。吉林油田分公司各项事业继续保持良好发展势头，正朝着"十五"规划目标胜利挺进。

【油气勘探】　吉林油田分公司突出勘探龙头地位，油气勘探取得重要进展。2003年，吉林油田分公司的勘探工作坚持以效益为中心，以寻求勘探重大突破和发现为目标，进一步突出预探和外甩勘探，继续实施勘探开发一体化方针，取得了一系列重大成果。全年完钻探井69口，试油有32口井42层获工业油流。新增探明石油地质储量4299万吨、控制储量5924万吨、预测储量6946万吨。通过深化向斜找油理论，发现了乾安向斜区、大布苏、红岗北三个大面积岩性油藏规模效益储量区带，证实了长岭凹陷"满凹含油"的预测，形成了"超大型岩性油藏"储量前景。西部斜坡勘探见到新苗头，预测区形成可升级控制储量2000万吨以上，镇赉地区揭示3000万吨以上储量前景。星119井获工业气流，揭示伊通地堑西北缘良好勘探潜力。深层天然气勘探成果扩大，坨深3井于泉一段获2万立方米工业气流；坨深5井首次于侏罗系获油气流；榆深2、坨深6井钻遇良好气显示。扶新隆起带发现一批高效储量区块，整体连片趋势更加明朗。

1. 2003年勘探工作量完成情况

全年勘探工作的主要任务是控制石油地质储量5500万吨，预测石油地质储量6000万吨。设立了松辽盆地南部石油、松辽盆地南部天然气和伊舒地堑三个勘探项目。计划勘探工作量：二维高分辨率地震1820千米，三维地震1300平方千米；计划钻井61口，进尺12.68万米，实际钻井69口，总进尺13.16万米。计划勘探总投资76749万元（包括加快投资11420万元）。全年实际完成勘探工作量如下：

（1）物探完成工作量。①地震采集：2003年动用三维队伍六个（外雇一个），在中央坳陷区完成三维地震偏前满覆盖面积1318.12平方千米，在西部斜坡区完成二维地震1362.53千米。②地震资料处理完成老资料七块、新资料六块。其中，二维老资料完成大老爷府西、大老爷府北4号、榆树断陷岔路口、扶余Ⅱ号、海坨子、塔虎城、红岗西地区；三维新资料完成大情字井南、双阳、木西南、海坨子、大安北地区、乾安地区。③地震资料解释：三维新资料解释完成大情字井南、木西南、双阳地区、海坨子、大安北、乾安六个地区。老资料解释完成八个地区。其中，二维完成大老爷府西、大老爷府北4号、榆树断陷岔路口、扶余Ⅱ号、海坨子、塔虎城、红岗西地区；三维完成伊通昌8井区。全年共发现圈闭269个，面积215平方千米。

（2）地质录井完成工作量。完成仪器录井69口，录井见油气显示井有68口。

（3）探井完成工作量。勘探全年动用钻机25台，探井开钻71口，完钻69口，完井69口，进尺131567米，占年计划的104%。其中，预探井60口，评价井9口。取心探井36口，取心进尺649.04米，岩心长638.35米，平均收获98.35%。本年度下油层套管井 67 口，占当年完井总数的 97%。当年探井成功率 59.38%，探井综合成功率 54.39%。

（4）测井完成工作量。全年探井完井测井 69 口，测井解释有油气层井 68 口。

（5）试油完成工作量。全年动用试油队 19 个和测试队 3 个，探井试油结束井 51 口，完成 127 层。其中，压裂试油 51 口 81 层；测试 18 口 26 层。地层测试占试油总层数的 19%。当年井获工业油气流井 19 口，占当年完井数的 28%，全年累计新获工业油气流井 31 口。

2. 油气储量完成情况

（1）全年新增探明两个区块，主要集中在大情字井地区和南山湾地区，新增含油面积 129.7 平方千米，新增探明石油地质储量 4299 万吨。其中大情字井地区（黑 95、黑 96、黑 120、花 9 等），新增探明含油面积 121.7 平方千米，石油地质储量 4159 万吨。大情字井油田实现超亿吨级探明储量规模，同时发现一批高产井和高效开发区块，进一步带动了大情字井油田整体规模效益开发。该地区累计探明石油地质储量已突破亿吨大关，达到 1.26 亿吨；南山湾地区的嫩 303 新增探明含油面积 8 平方千米，新增探明地质储量 140 万吨。

（2）控制石油储量共有两个区块，主要集中在乾安前缘带、扶新构造带，年计划完成 5500 万吨，实际完成 5924 万吨，完成年计划的 107.71%。其中，大情字井地区情南黑 139—黑 123 区块控制石油地质储量 1806 万吨，控制含油面积 70.2 平方千米；乾安西北地区石油地质储量 4118 万吨，控制含油面积 115.4 平方千米。

（3）预测石油储量地区有三个区块，主要集中在西部前缘带红岗北、木西南、海坨东，年计划完成 6000 万吨，实际完成预测储量 6946 万吨，完成计划 115.77%。其中，海坨子东地区预测石油地质储量 1307 万吨，含油面积 42.1 平方千米；西部前缘带红岗北地区预测石油地质储量 4296 万吨，含油面积 160.1 平方千米；木西南前 55 地区预测石油地质储量 1343 万吨，含油面积 37.4 平方千米。

3. 主要勘探成果

2003 年，吉林油田分公司在乾西北、情字井周边、红岗北、套保稠油区和伊通地堑等地区勘探取得重要进展，完成控制预测二级储量 1.3 亿吨，保证了油田稳定发展对资源的需求。

（1）在中央凹陷，发现向斜找油理论，发现了乾西北、扩展情字井、外甩黑帝庙取得重要进展，揭示了长岭凹陷“满凹含油”的预测，形成了“超大型岩性油藏”储量前景；突出岩性勘探，西部前缘带勘探取得重要进展。大布苏、红岗北地区大面积岩性油藏规模效益储量区带的重要发现，提供了新的勘探领域。

（2）西部斜坡展示出广阔的勘探前景。伊通一鹿乡断陷西北缘获得了重要突破，通过对星 119 井的钻探和区带评价，大南凹陷勘探有新进展。

（3）深层天然气勘探成果不断扩大，其中坨深 5 井首次在侏罗系获油气流，榆深 2、坨深 6 井钻遇良好气显示，为天然气勘探和油气并举，实现资源接替和勘探战场接替奠定了良好基础。

（4）扶新隆起带发现一批高效储量区块，整体连片趋势更加明朗。全年新增探明可采储量 889.3 万吨，三级储量继续保持大幅增长势头。

【油气田开发生产】　2003 年，吉林油田分公司原油产量持续增长，油田开发创造了新水平。

（1）全年计划生产原油 466 万吨，实际年累计产油 475.09 万吨，完成年度计划指标的 101.95%。比 2002 年增产 31.06 万吨，增长速度为 7%。将原油产量计划按产量构成分解，实际老井综合产油 412.29 万吨，完成计划的 101.8%；实际新井当年产油 62.8 万吨，实现计划的 102.96%。国有区全年计划产油 416 万吨，实际产油 409.61 万吨。合作区全年计划产油 50 万吨，实际年产油 65.48 万吨。

（2）天然气产量、销售量同步增长。2003 年，计划生产天然气 1.9 亿立方米，全年实际生产天然气 2.3202 亿立方米，完成计划的 122.1%，与同期相比增长 1492 万立方米。完成天然气销售 6356 万立方米，完成年计划 3500 万立方米的 181.6%，与同期相比增长 1730 万立方米。

（3）以有效注水为核心，加大老区综合治理力度，在操作费和投资十分紧张的情况下，先后筹措 8293 万元用于注水工程建设，着力解决影响注水效果的主要矛盾。2003 年全公司计划注水 3316 万立方米，实际年注水 3221.4 万立方米，完成计划的 97.1%，比 2002 年增加 95.8 万立方米。其中，国有区年注水 2989.4 万立方米，完成计划的 96.6%；合资合作开发区年注水 232.01 万立方米，完成计划的 105.5%。全公司有效注水合格率达到 70.6%，动态分注率达到 53.5%，同比分别提高了 10.1 和 4.9 个百分点。剔除洪涝灾害影响，国有区自然递减控制在 9.2%，同比下降 0.5 个百分点。全年措施增油 24 万吨，同比增加 9 万吨；平均单井措施增油 150 吨，同比增加 21 吨；措施经济有效率 76.8%，同比提高 10.8 个百分点。油井免修期比 2002 年延长 80 天，达到 423 天。全年综合递减控制在 5.0%，比 2002 年减缓 1.8 个百分点，全油田有六个单位实现综合不递减，五个单位综合递减控制在 5%以内。

（4）面对产能建设中遇到的新情况，吉林油田分公司沉着应对，及时调整部署思路和方案，科学把握产能建设节奏，紧密衔接生产运行的各个环节，全年新钻开发井 827 口，新建产能 69.24 万吨，产能到位率 100%，低效井控制在 4.8%。通过努力，在消化年初配产、乾安降产、洪涝灾害影响因素的情况下，原油产量再创历史新高。

（5）2003 年构成内增产措施 1611 井次，累计增油 24.69 万吨，平均单井次增油 153 吨。比 2002 年措施井次增加 446 井次，增产量增加了 9.68 万吨；单井增油量增加 24 吨，增长 18.6%。国有区 2003 年构成内增产措施 1484 井次，累计增油 23.38 万吨，平均单井次增油 158 吨；合作区 2003 年构成内增产措施 127 井次，累计增油 1.31 万吨，平均单井次增油 103 吨。

（6）2003 年，吉林油田分公司计划安排测产液剖面 200 口，实际全年测产液剖面 349 口。计划安排测吸水剖面 500 口，实际全年测吸水剖面 573 口。计划安排碳氧比测井 30 口，全年实测 58 口。计划安排油井定点测压 850 口，全年实际定点测压 1135 口。计划安排注水井测压 200 口，全年实测 227 口。计划安排井下技术状况监测 160 口，全年实测 364 口。计划示踪剂 10 口，全年实测 20 口。

【经营管理】　各项业绩指标圆满完成，经营管理成果十分显著。围绕实现全年各项业绩指标，抓住影响经济效益的关键要素，推进管理创新，强化基础管理，企业创效能力和管理水平显著提升。

全面强化财务管理。坚持把预算管理作为关键，优化成本结构，层层分解费用指标，逐级落实控制责任，形成了完善的成本控制体系。全年单位油气操作成本控制在 5.26 美元/桶，比 2002 年下降 0.04 美元/桶，与考核指标持平；油气开发成本 4.2 美元/桶，与考核指标持平；储量发现成本 1.56 美元/桶，与考核指标相比降低 0.24 美元/桶。坚持把资金管理作为核心，加强销售结算、清欠、备用金及各类预付款管理，当年货款回收率达到 100%，各类陈欠由 2002 年的 3.3 亿元下降到 2.3 亿元。全年累计利用闲置资产 3102 万元。

重点加强投资管理，严格投资决策程序，严把资金投向关、项目前期论证关、方案设计关、过程控制关、竣工决算审查关，切实提高投资质量和效益。全年完成投资 30.26 亿元，审查工程决算 24.8 亿元，审减 6293 万元，投资资本回报率 6.25%，比考核指标提高 0.51 个百分点；百万吨产能建设投资控制在 19.80 亿元。

加快信息化建设步伐，网上办公条件已经具备。加强市场准入、招投标及合同管理，内部市场进一步规范，全年审查有 48 家单位被清出油田市场；组织招标 181 项，节约资金 5463 万元；签订合同 5785 份，合同三项审查率达 100%。整合物资采办业务，推行电子商务采购，实行重点物资集中采购，全年完成网上采购额 5.2 亿元，节约资金 3221 万元。加强了制度建设和基础管理工作，法律、审计、效能监察领域进一步拓展。质量、安全、环保工作得到加强，实现了“五个杜绝”的目标，轻伤事故、交通事故和各类事故损失同比分别下降 47%、33%和 25%。积极配合国家、地方政府有关部门，深入开展打击盗油盗公、整治治安环境专项活动，全年共破获、制止各类盗油盗公案件 109 起，收缴被盗原油 3000 吨，挽回经济损失 525 万元，生产建设外部环境有所改善。

【开展“521”工程节约挖潜成效显著】　以“管理增效年”活动为契机，坚持眼睛向内挖掘潜力，全面组织开展了“521”创效工程。通过开展区块和单井效益评价，减少无效井 135 口，综合治理六个低产低效区块，累计节约操作费 2296 万元；加强自用油管理，节约自用油 2.01 万吨，创效 2315 万元；从技术和管理入手，强化用电管理，在新投产 590 口油水井，增加 3 座中转站、218 千米集输管线的情况下，全年节约电量 7000 万千瓦·时，同比下降 2668 万千瓦·时，用电总量实现了负增长，创效 2800 万元；狠抓延长油井免修期工作，全年同比减少作业工作量 1512 口，创效 2113 万元；加强物资采购、设备修理、土地、运输管理，节约资金 2033 万元。“521”工程共节约创效 1.15 亿元，为吉林油田分公司今后挖潜增效指明了方向。

【科技攻关】　切实加大攻关力度，技术创新实现重大突破。针对低渗透油藏特点，积极开展早期注水试验，见到显著效果。新立 119、乾北 118 区块和 21－11区块实施早期注水后，试验区单井产能与临近非试验区相比提高了 2—3 倍。这项技术的突破，为薄互层低渗透油田开发找到了一条有效途径。经过两年技术攻关，套保油田稠油出砂冷采技术获得成功，单井日产是常规冷采的4倍，投资形象、开发效益大幅提高，打开了套保稠油开发的新局面。加强油层改造技术攻关，积极发展压裂配套技术，压裂成功率93.1%，同比提高2.1个百分点；重复压裂有效率85.1%，同比提高0.8个百分点；平均单井增油158吨，同比提高11吨。在油气勘探上，通过深化向斜找油理论，发展高分辨地震技术，应用先进测井技术等适用有效主导技术，综合探井成功率达到54.3%。

【深化改革】 完善经营机制，内部改革迈出新步伐。坚持以改革促发展的方针，有重点、有步骤，积极稳妥地推进各项制度改革，企业发展活力进一步增强。

(1) 深化薪酬分配制度改革。完善了目标和职责一致的业绩（绩效）考核体系，将全年奖金分为业绩考核奖、原油承包奖、原油超产奖和专项奖，重点加大在降低自然递减、延长油井免修期、节能降耗、提高措施经济有效率以及勘探重大发现、高效完成产能建设任务等方面的奖励力度，有力驱动了公司业绩指标的顺利实现。

(2) 推进劳动用工制度改革。以实现扁平化管理为目标，在全面开展采油队专业化管理的基础上，积极探索实施作业区管理模式。针对部分采油单位管理分散、规模小、产量低、成本高、效益较差的实际，加大劳动组织机构改革、调整力度，对邻近采油厂进行优化整合，采油单位由原来的14个减少到10个，减少采油队11个，合并班组21个，实现了资源合理配置，提高了机构运转效率，降低了管理成本。

(3) 加快干部人事制度改革。全面推行公开竞聘上岗制度，提高队伍整体素质和管理水平。同时，按照股份公司的部署，顺利完成了综合利用厂的划归和平稳关闭。

【精神文明建设】 2003年，吉林油田分公司有12个所属单位进入省市级精神文明建设先进单位行列，吉林油田分公司被评为全国精神文明建设先进单位，新立采油厂采油五队被集团公司授予“百面红旗单位”称号。

（赵 晶）

中国石油天然气股份有限公司辽河油田分公司

【概述】 中国石油天然气股份有限公司辽河油田分公司（以下简称油田分公司），开发区域横跨辽宁、内蒙古两省区、13个市、34个县旗，油田分公司机关在辽宁省盘锦市。全公司有员工29336人，其中，高、中级以上职称的技术人员3285人，初级技术职称的4639人；有中专以上学历的员工11816人。到年底油田分公司累计探明石油地质储量221738万吨，累计探明天然气地质储量1883亿立方米；累计生产原油30449.26万吨，生产天然气446.25亿立方米。全油田有各种井22250口。拥有固定资产原值563亿元，净值251.8亿元。

【主要生产经营指标】 2003年，油田分公司全年完成二维地震采集385.98千米，三维地震采集709.68平方千米；完钻各类探井69口，完钻评价井46口。完成新老井试油160口、244层，其中103口、118层获工业油气流。探明石油地质储量3018万吨，可采储量630.9万吨，分别完成年度计划的107.8%和104.1%。其中，新区探明石油地质储量1837万吨，可采储量352.8万吨，分别完成年度计划的102.1%和90.7%。老区滚动探明石油地质储量1181万吨，可采储量278.1万吨，分别完成年度计划的118.1%和128.2%。完成控制石油地质储量6602万吨，预测石油地质储量8273万吨，分别完成年度计划的102%和138%。

全年生产原油1322.1万吨，生产天然气11.13亿立方米，完成商品气8.03亿立方米，完成外供商品气4.97亿立方米，生产轻烃12.93万吨，各项经营指标全面完成。

投产新井692口，日产油水平4657吨，年产油117.57万吨。老井措施7397井次，增加日产油水平9296吨，年增油257.19万吨。投转注水井101口，复注125口，新增分注井184口。完成注水2392.2万立方米，注水油田年注采比0.84。稠油注汽1542.65万吨。

全年完成企业增加值（现价）1333647万元，主营业务收入1658940万元，完成利润总额870922万元。

【新区勘探】 按照“跨越式发展”的总体要求和“深化盆地、加快海上、突破外围、开辟新区”的工作思路，以发现和突破为重点，全年部署探井45口，完钻39口，完成新老井试油36口88层，其中17口26层获工业油气流，完成控制石油地质储量6602万吨，预测石油地质储量8273万吨，主要取得了6项成果。

一是通过沈257、沈253、沈262三口井钻探成功，在大民屯凹陷西部斜坡带元古界潜山和沙三、沙四段新增控制石油地质储量2187万吨，预测石油地质储量3301万吨，沈262井在元古界潜山试油，10毫米油嘴求产获日产129吨的高产工业油流。

二是通过铁17井钻探在东部凹陷西部斜坡带北段沙一、沙三岩性油藏勘探取得成功，控制石油地质储量2037万吨，预测石油地质储量3026万吨。

三是通过坨32井和坨33井钻探成功，首次在西部凹陷北部牛心坨构造中生界勘探获得新发现，新增控制石油地质储量1474万吨，预测石油地质储量1946万吨。

四是通过马古1井钻探成功，在西部凹陷兴隆台构造太古界潜山勘探获得重要突破，年底12毫米油嘴自喷生产，日产轻质油18.2吨、日产气5万立方米，油压4兆帕，套压6.4兆帕。

五是通过葵花18井和太阳9井钻探，使葵花岛—太阳岛构造带天然气勘探取得新进展。

六是积极开展南海南部海域探矿权申请登记工作。

【老区滚动勘探】 按照“发现新层系、扩展新边界、评价新目标、认识新区带”的总体思路，以“三老”资料复查和油藏精细描述为主要手段，全年部署滚动探井48口，完钻30口，实施开发井兼探井9口和老井侧钻加深5口。完成新老井试油83口105层，获工业油气流54口60层，初步探明石油地质储量1600万吨、天然气地质储量4亿立方米，上报探明石油地质储量1181万吨，主要取得了5项成果。

一是老区扩边勘探取得新进展。在齐40莲花、包14九佛堂、曙一区馆陶、洼60沙三、沈625元古界等区块新增探明石油地质储量765万吨。

二是老区新层勘探获得新发现。通过加强构造精细解释和开发井兼探，在锦611于楼和兴隆台、锦2-4-3006大凌河、雷11莲花、曙一区17-63大凌河、齐2-22-13杜家台、锦2-更6-007大凌河等区块探明石油地质储量291万吨，初步探明天然气地质储量4亿立方米。

三是老区新块勘探获得较好效果。在锦624、黄01-6、于606、冷115、欢2-46-041等区块探明石油地质储量125万吨。

四是通过静1、安71、安602等10口老井的试油试采，为下步老区勘探提供了新的目标，储备探明石油地质储量300万吨以上。

五是对滚动探井分类管理，实施开发井和老井侧钻加深兼探，节约投资4800万元；加强研究项目外协管理，节约投资1500万元。

【油田开发】 针对新老区产能建设目标日趋复杂的实际，加强前期研究部署，科学组织实施，紧密跟踪，优选投产方式，产能建设取得良好效果。全年完钻新井634口，投产612口，平均单井日产能力8.7吨，高于设计指标1.4吨；新井累计产油127.5万吨，产能建设当年贡献率95.9%，高出股份公司指标20.9个百分点。加强精细油藏描述和油藏经营管理，科学编制治理方案，狠抓各项措施落实，三级综合治理区块年产油880.4万吨，达到预期目标。实现了产量的基本稳定。全年恢复长停井1132口，增油50.3万吨；完成注水工作量2392万立方米，注汽1542万立方米。油田自然递减率29.72%，综合递减率10.86%，综合含水上升率1%。加强新发现资源评价，科学组织天然气产能建设，深化老区措施挖潜，积极推广高效节能设备、套管气回收、停炉、控温等措施，基本满足了天然气内供外销需要。加强开发管理，优化新井方案设计，全年实现少钻进尺2.12万米，节约投资3500万元。

【油藏评价】 2003年是股份公司开展油藏评价工作第一年，按照“积极评价、谨慎实施、大胆实践”的工作要求，全年部署评价井53口（不含滚动探井），完钻46口，试油41口51层，获工业油气流32口32层，完成预探井探明储量1837万吨，评价探明未动用储量3741万吨，评价后可动用2350万吨，主要开展了五项工作。

一是建立健全油藏评价组织机构和工作流程及管理程序，保证了油藏评价工作顺利进行。

二是紧跟预探发现，评价工作早期介入，在铁17、坨33、沈257、沈253等预探新区部署实施评价井15口，试油7口11层，获工业油气流3口3层，探明石油地质储量1456万吨。

三是在以往工作基础上，在沈229、沈635、包

14、锦 611 等 5 个区块部署评价井 17 口，完钻 16 口，试油 15 口 21 层，获工业油气流 11 口 11 层，探明石油地质储量 381 万吨。

四是在小 22、曙一区超稠油、洼 83、牛 74、冷 10、包 22 等难采区块部署实施评价井 21 口，试油 19 口 19 层，获工业油气流 18 口 18 层，为下步经济有效开发提供了可靠依据。

五是加强评价井地质、工程设计审查与实施监控，节约投资 3000 万元。

【老区综合治理】 针对老区稳产基础薄弱的实际，按照“准备一批、研究一批、实施一批”的原则，认真开展“油田分公司、厂、区”三级综合治理工作，全年安排三级治理区块 73 个，覆盖石油地质储量 11.3 亿吨，计划投转注水井 138 口，复注 43 口，新增分注井 121 口，实际投转注水井 86 口，复注 41 口，新增分注井 95 口；计划投产新井 337 口，实施油井措施 3773 井次，恢复长停井 396 口，实际投产新井 381 口，实施油井措施 3790 井次，恢复长停井 412 口。通过一年的实施，老区综合治理工作取得了较好效果，73 个区块全年生产原油 880.4 万吨，高出治理目标 6.1 万吨，自然递减率 28.33%，综合递减率 10.42%，分别低于治理目标 0.97 和 0.34 个百分点。

一是油田分公司资金支持的 18 个典型治理区块，按照“实现注水、恢复注水、完善注水、有效注水”的工作思路，认真编写综合治理方案，通过精心组织实施、紧密跟踪实施效果、严格资金管理，综合治理成果显著。18 个区块全年生产原油 155.3 万吨，与 2002 年持平，高出治理目标 2.3 万吨，自然递减率 17.21%，综合递减率 6.87%，同比分别下降 6.77 和 6.56 个百分点，含水上升率 0.1%；增加水驱储量 1610 万吨，水驱控制程度由治理前的 67.5%提高到年底的 77.9%，水驱动用程度由治理前的 63.5%提高到年底的 71.5%；增加可采储量 262.2 万吨，提高采收率 1.12%，取得了较好的治理效果。

二是针对锦 45、齐 40 等 17 个热采稠油区块层间矛盾突出和边底水侵入及出砂、井况差等问题，规模实施大修侧钻、分注选注、防砂、堵水等措施 1778 井次，年增油 102.6 万吨，年产油 360.5 万吨，自然递减率 38.41%，综合递减率 12.63%，分别下降 1.6 和 1.9 个百分点，储量动用程度由 76.4%提高到 79.2%。

三是针对曙一区杜 84、齐 108、洼 38、冷 42 等 4 个厚层块状稠油油藏进入高轮次吞吐，地层压力水平低、吞吐效果差的实际，开展了 10 个井组的一注多采试验，年底已完成 6 个井组，与试验前对比，原油产量基本稳定，油汽比从 0.58 提高到 0.86。

四是对锦 99 区块、边台潜山等 34 个稀油区块，通过完善注采井网、加强分注、开展周期注水、严格实施动态调配等一系列措施，年增油 24.3 万吨，年产油 224 万吨，自然递减率 20.69%，综合递减率 10.6%，同比分别下降 2.1 和 1.7 个百分点，水驱动用程度由 72.6%提高到 76.4%。

【天然气生产】 针对天然气可采储量采出程度高达 82%、老区挖潜难度逐年加大、产能建设资金严重不足、内供外销矛盾日益突出的实际困难，始终坚持以开源节流为主线，大打进攻仗。

一是由股份公司支持资金，钻气井 11 口，初期日产气能力 61 万立方米，建成天然气生产能力 0.9 亿立方米，有效弥补了老区递减。

二是应用中子寿命测井和放射性测井等技术，实施老井挖潜措施 129 井次、有效 70 井次，增加日产气能力 73 万立方米。

三是强化套管气回收管理，日均回收套管气 90 万立方米；继续推广高效节能火管炉、节能火嘴和停炉、控温等措施，平均日节约天然气 15 万立方米。

四是强化内供外销协调，针对不同季节的不同需求，分轻重缓急调整内供外销，让有限的气量发挥最大效用。

五是积极筹措资金，认真组织天然气劳动竞赛，在较短的时间内，为安全越冬储备天然气 60 万立方米/日以上。

【采油工艺】 从研究和解决开发生产难题入手，以改善开发效果、降低操作成本为目标，开展了 7 项工作。

一是规模实施项目完成 3574 井次，增油 63.7 万吨，节汽 18 万吨，节约用电费 1100 万元，节约外协资金 1000 万元，延长检泵周期 9 天。

二是齐 40 区块蒸汽驱和锦 90 区块非混相驱扩大试验进展顺利。

三是“关、停、并、转、减”工作创效 1.48 亿元，节省员工 531 人，有效提高了集输系统效率。

四是欢三联、曙四联、洼一联稠油污水深度处理取得初步成功，日回用处理污水进锅炉 2 万立方米，年创效 6200 多万元。

五是完善规章制度，加强作业监督，减少无功低效作业 540 井次，节约作业费用 1500 多万元。

六是优化注汽参数，加强注汽管理，节约注汽量

48万吨。

七是完成了太阳能加热、活性污泥无害化处理、套损井修复防砂等6项技术储备。

【产能建设】 针对新老区产能建设目标日趋复杂的实际，产能建设工作始终坚持"超前准备、精细研究、优化部署、分批实施、跟踪分析、及时调整"的原则，认真组织实施，取得了较好效果。全年计划钻新井643口，建原油生产能力131.9万吨，实际完钻634口，平均单井钻遇油层64.9米、8.7层，投产612口，日产油能力4779吨，平均单井日产油能力8.7吨，高于方案设计指标1.4吨，新井年产油127.5万吨（含2002年提前实施井产量），平均单井年产油2083吨，对全年原油超产起到了重要作用。

一是超前准备、提前实施，提高了新井生产时率。从2002年10月开始，筛选440口井提前实施，年底完钻223口，投产94口，增加日产油水平660吨，保证了2003年原油生产平衡运行。

二是对深层及特殊岩性油藏坚持"完钻一口、研究一口、投产一口、安排下一口"的实施程序，有效降低了低效井比例，钻井成功率达到100%。

三是对沈229、小22、雷64、锦611、雷家新老区等特殊岩性油藏、复杂小断块和低阻油藏，针对产能建设过程中发生的变化，及时应用储层裂缝分布预测、VSP垂直地震、激发极化电位等新技术，进一步搞清构造、储层发育和产能变化规律，及时调整产能建设部署方案，缓钻36口，增布42口，提高了油层钻遇率。

四是按照产能建设方案总体要求，优化射孔方案和投产方式，产能贡献率达95.9%，高出股份公司指标20.9个百分点。

五是优化新井开发方案设计，全年减少钻井进尺2.12万米，节约投资3500万元。

【企业管理】 全公司扎实地开展"管理增效年"活动，全面强化企业经营管理。以成本控制为重点，加强全面预算管理和资金计划管理，实行成本分类控制和财务集中核算，提高了财务管理水平；加强投资管理和项目前期工作，认真组织经济评价，优化投资方向，提高了投资效益；加强内控制度建设，加大法律合同、物资采购、市场、概预算、审计、效能监察和结算等管理力度，规范经营行为，堵塞管理漏洞，有效地维护了企业利益；加强治安综合治理，严厉打击涉油犯罪，减少了油品流失。优化内部生产资源配置，科学组织实施"关、停、并、转、减"系统工程，全年关闭联合站、计量站等各类站41座，关停负效井317口，停并低效装置441台（套），转换生产方式50项，设备减级50台，降低生产运行成本8000万元以上。加强能耗管理，积极推广节能降耗技术设备，全年用电量18.97亿千瓦•时，与2002年同比下降5.9%，全年节水1132万立方米，实现了水、电用量的负增长；加强资产管理，盘活资产存量，设备挖潜增效1500万元以上。持续实施"三个五工程"，深化群众性节约挖潜活动，各单位和各级工会组织广泛开展单井成本核算、单井效益分析、员工合理化建议、"金点子"等活动，全年实现节约挖潜增效2亿元以上。

【企业内部改革】 严格标准、强化考核、加强管理和交流，全年对12个二级单位、7个机关部门领导班子进行了充实调整，干部队伍结构进一步优化，整体素质有了新的提高。干部人事制度改革取得新进展，在实行副处级干部竞聘的基础上，积极探索党务副职干部在闭会期间公开选拔、竞争上岗的新路子。将生产系统调整与组织结构、队伍结构调整相结合，与劳动组织改革、劳动力管理相结合，优化人力资源配置，全年分流531人充实一线生产岗位；通过劳务输出、推行井站承包，实现劳动力挖潜1700多人。按照集团公司、股份公司统一部署，顺利完成基本工资制度改革和住房补贴分配工作。积极与辽河石油勘探局、兴隆区政府协调，努力安置待业子女就业，已有两个独立矿区的131名子女走上工作岗位，解除了员工的后顾之忧。

【安全环保】 按照上市公司与国际接轨的要求，继续稳步推行HSE和ISO 14001管理体系。健全完善各项安全环保规章制度，坚持实行目标管理考核，量化考核标准，严格事故责任追究，有效地保证了安全环保责任制的落实。强化监督检查和隐患整改。

【科技增油】 针对制约油田发展的关键技术难题，开展科研攻关和新技术推广。稠油转换开采方式提高采收率、掺活性水降粘、热注锅炉改烧煤、稠油污水回用热注锅炉、超稠油管输、管道泄漏监测、深部防砂和深层水力压裂等8项技术取得重要突破。加强接替技术研发，太阳能加热、稠油水热裂解、稠油稀化、活性污泥无害化处理、套损井修复防砂和高温作业等6项技术已投入现场实验。积极推广低成本工艺技术，提高注汽系统效率、降低能耗、提高泵效等技术在生产中得到广泛应用，全年节约成本9000万元以上。加大成熟配套技术的推广和规模实施力度，全年累计实施稠油分注分采、油井深抽、细分注水、机械防砂、高温测试、深层压裂和提高机采系统效率等

7 项技术 3500 多井次，实现科技增油 60 万吨以上，促进了生产发展和效益提高。

【关联交易与合作开发】　按照双赢互利、共同发展的原则，与辽河石油勘探局加强联系，定期协调，妥善解决运行中出现的各种具体问题，保证了关联交易平稳运行，并逐步走上制度化、规范化轨道。全年累计完成关联交易总额 58.92 亿元。经股份公司批准，与辽河石油勘探局积极协作、密切配合，在难采区块、低产井捞油、油水井大型措施等三个方面开展了有效合作，全年累计合作生产原油 32.1 万吨，油田分公司获得份额油 13.2 万吨。

【基层党建工作】　油田分公司从事党建工作的个人和单位中，先后有 2 人和 1 个基层单位受到辽宁省委的表彰，曙光采油厂采油六区、沈阳采油厂采油一区和钻采工艺研究院油井防砂中心等 3 个基层党总支荣获了集团公司“百面红旗单位”称号，油田分公司党建工作经验还在集团公司和股份公司基层党的建设工作会议上进行了典型交流。

【党风廉政建设】　油田分公司党委坚持以落实责任制为党风廉政建设工作主线，以领导干部和重要岗位人员为重点群体，以权力和资金运作为重点监督领域，以签订责任状和承诺书为基本载体，坚持从教育入手，从完善配套制度抓起，把提高素质、预防违纪作为工作的着力点，立足自律，强化他律，定期检查考核，严格责任追究，并组织开展了党建、党风廉政建设百题知识学习测试活动，在 3500 多名处、科两级干部及配偶中开展了“岗位树形象、家庭助廉洁”千人主题教育活动，为科级以上干部的配偶送了“一封信、三本书”，发动各级干部的配偶协助党组织做好家庭助廉工作，把监督领域从 8 小时以内向 8 小时以外延伸，从“工作圈”向“生活圈”和“社交圈”延伸，从工作岗位向家庭延伸，有效地预防了党员干部违法违纪案件的发生。同时，大力开展案件查处和效能监察工作，全年初核案件 37 件，立案查处 13 件，案件综合查结率达到 91.2%；党员干部年度违纪率控制在 1.56‰，低于考核指标 3.44 个千分点；开展专项效能监察 142 项，为企业避免和挽回经济损失 9336.19 万元。纪委监察处被评为集团公司纪检监察模范集体，油田分公司效能监察管理模式荣获了第十六届石油企业管理现代化优秀成果一等奖。

【企业文化建设】　油田分公司企业文化建设的探索和实践，荣获第十届国家级企业管理现代化创新成果一等奖，油田分公司还被评为全国企业文化建设先进单位，并有 2 项区站文化建设成果被推荐为集团公司优秀企业文化研究成果。

（杨振喜）

中国石油天然气股份有限公司
大港油田分公司

【概述】　2003 年，中国石油天然气股份有限公司大港油田分公司在调整理顺各种关系的基础上，立足当前，着眼未来，确立了可持续发展思路。以多渠道增加可采储量、多途径提高采收率、大力推进技术进步为重点，努力实现生产经营良性循环，各项工作取得了新的进展。其中，新增控制石油可采储量 520 万吨，新增探明石油可采储量 259.5 万吨，分别为年计划的 130.1%和 105.9%；生产原油 421 万吨、天然气 3.57 亿立方米，分别完成年计划的 103.7%和 104.9%。全年油气单位勘探、开发、操作成本分别为 1.62 美元/桶、5.01 美元/桶和 5.75 美元/桶当量，均控制在中国石油天然气股份有限公司下达指标之内。按照国际准则，全年实现主营业务收入 68 亿元，实现利润 26.4 亿元。用电总量连续 4 年保持负增长。安全生产管理取得了 4 大控制类事故为零的好成绩。

【机构和人员状况】　截至 2003 年底，大港油田分公司设有机关处室 14 个，机关附属 10 个，直属单位 14 个，所属单位 12 个。员工总数 12536 人，其中，大学本科以上学历 1624 人，专科学历 1737 人，中专学历 2299 人；各类管理和专业技术人员 4694 人；具有高级专业技术职务人员 432 人，中级专业技术职务人员 1352 人，初级专业技术职务人员 2072 人。

【油气预探】　大港油田分公司 2003 年预探工作指导思想是：以经济效益为中心，依靠科技进步，强化凹陷斜坡区岩性油气藏预探，有效推进滩海预探，积极开展中生界砂岩潜山和中央隆起带预探，努力实现勘探新发现、新突破和储量新增长，为油田持续稳定发展奠定基础。2003年共完成王徐庄、舍女寺、钱圈、张巨河等三维地震采集430.53平方千米。完成乐陵、南方新区二维地震采集和王徐庄、张巨河等三维地震二维实验线采集共计670千米。全年共计完钻探井25口，完成进尺62769米。完成试油井21口，新获工业油气流井14口，成功率66.7%。全年新增控制含油面积19.7平方千米，控制石油地质储量2256万吨，控制可采储量520万吨，新增控制天然气地质储量7.99亿立方米，控制天然气可采储量4.79亿立方米，折合新增控制油气可采当量558.7万吨，完成年计划的139.7%，新增预测含油面积11平方千米，预测石油地质储量1509万吨，为年计划的100.6%。其中，滩海预探在埕北断阶区发现5000万吨级优质储量区块；岩性油气藏预探在歧南凹陷西斜坡形成千万吨级勘探战场；精细勘探中央隆起带，在港中一六间房、小集、沈家铺、大中旺等地区新增控制地质储量1400万吨。

【油藏评价】 按照勘探开发一体化四阶段管理模式，油藏评价工作坚持“精、细、准、真”的工作方针，建立运行机制，理顺工作接口，优化业务流程，提高实施效果，超额完成了油藏评价任务。全年完成三维地震采集100平方千米，部署实施评价井位21口。在北大港、孔店等七个油田19个断块新增探明地质储量942万吨、可采储量213.8万吨，分别完成年计划的117.8%和125%。其中，一般评价新增探明地质储量625万吨、可采储量130.3万吨，分别完成年计划的125%和104.2%；滚动评价新增探明地质储量317万吨、可采储量83.5万吨，分别完成年计划的105.6%和111.3%。未动用储量评价落实可动用地质储量256万吨、可采储量45.7万吨，均完成年计划的100%。

【产能建设】 按照“五个并重、五个着力于”的工作原则，即：新老区并重，着力于新资源的投入；油水井并重，着力于注采井网的完善；质量与速度并重，着力于增加可采储量与提高生产力；单井投产与整体开发并重，着力于整装建设；技术创新与常规技术并重，着力于新技术的应用。新区产能建设坚持优化实施方案，优化井位设计，加大新技术应用力度，积极开展报废井、长停井侧钻利用，探索应用水平井钻井技术，有效缓解了投资缺口大、井位分散带来的困难，较好地完成了2003年的新建产能任务。全年投产油井175口、投注23口，建成生产能力45.1万吨。2003年新井累计生产原油23.2万吨。

【开发生产】 2003年油田开发继续贯彻“以精细油藏描述为基础，以适宜的配套技术为手段，以提高二次采收率为重点，以不断扩大三次采油的规模为依托，努力增加开发可采储量，大幅度提高老油田采收率，夯实油田稳产基础，确保原油产量稳定，促进油田可持续发展”的指导思想。优化生产组织运行，积极开展精细油藏描述、有效注水、老油田综合治理及控水稳油等工作，全面完成了油田开发各项任务指标。截至2003年底，大港油田分公司自营区已有16个油气田投入开发，动用含油面积377.89平方千米，石油地质储量60367万吨，可采储量16011.92万吨；动用天然气储量770.5亿立方米，天然气可采储量343.2亿立方米。对外合作区动用含油面积38.7平方千米，石油地质储量11728万吨，可采储量1871.8万吨。

截至2003年底，大港油田分公司共有油气水井4304口，其中，采油井3024口、注水井1280口。油气井开井2100口，日产油水平12517吨，油田综合含水86.36%，年产油421万吨，累计产油12233万吨，地质储量采油速度0.71%，采出程度20.54%，可采储量采油速度2.98%，可采储量采出程度79.75%，剩余可采储量采油速度11.9%；工业天然气日产水平92.2万立方米，年产气3.57亿立方米，累计产气157.8亿立方米，天然气采气速度0.7%，采出程度32.7%。

注水井开井820口，日注水平76214立方米，月注采比0.71，年注水2756万立方米，累计注水49672万立方米，累计注采比0.72。

第一轮精细油藏描述任务全面完成，累计描述已开发储量56449万吨，增加可采储量1190万吨。所取得的显著成果引起了股份公司的广泛关注，股份公司在多次听取大港油田分公司汇报的基础上，专门组织中国石油13家地区公司在大港油田分公司召开典型经验推广会，并对精细油藏描述下步工作的重点、技术标准、管理方式等开展了广泛的讨论，制定、形成了股份公司精细油藏描述的技术标准。

老油田控水稳油及综合治理，以解决注采矛盾为重点，共在20个区块实施油水井措施877井次，综合递减下降8.7个百分点，自然递减下降6个百分点，增油18万吨。以提高注水质量为核心的有效注水工程，通过实施注水井网完善、层间治理、动态调配等措施，油田注采井数比由1∶2.35提高到1∶2.33，注采对应率由62.6%提高到64.3%，油层动用程度由64.71%提高到65.0%。主要开发指标明显好转，自营区自然递减仅为13.25%，与2002年同期对比下降了3个百分点，为近年最好水平。

【科技进步】　2003年大港油田分公司科技工作紧密围绕油气勘探开发这一中心任务，有效整合了科技资源，推进了科研生产一体化，调动了科研人员积极性，提高了项目研究质量。推广应用地震勘探技术系列，取得了滩海、岩性油气藏预探的重要突破。首轮精细油藏描述全面完成，增加可采储量1190万吨。开展投球调剖等多项先导试验获得成功，解决了生产中的技术难题。2003年共完成重点科研课题53项，有8项荣获省部级科技进步奖。

截至2003年底，上游生产信息管理系统油藏子系统研发工作全部完成，目前日数据能够在规定时间内入库，各级管理所需的报表也能够及时上网发布。该系统的正式运行，标志着大港油田分公司在信息化建设方面已经进入了专业数据集成阶段。

【企业管理】　2003年大港油田分公司以QHSE管理体系的有效运行为核心，深化精细管理，增强企业发展活力，各项管理水平不断提升。

贯彻“质量为本，健康至上，安全第一，环境达标”的QHSE方针，以细化管理为主旨，融合四个延伸，深化体系运行，加强风险管理，提高监督管理水平。取得了责任事故死亡率为零、百万元以上责任事故为零、特大环境污染责任事故为零、废水外排达标率97.7%的好成绩。

组织开展“管理增效年”活动，更新了管理观念，创新了管理方法，规范了管理行为，投资控制体系、预算管理体系、成本控制体系不断完善，区块效益评价不断深化，管杆治理初步实现闭环管理，用电总量连续四年保持负增长。

根据股份公司人事、劳动、分配三项制度改革指导意见，提出并实施了《大港油田公司岗位设置标准及“五定”工作方案》，全面推行职能、机构、岗位设置及“五定”工作，明确各单位职能机构设置和定员核定，规范管理、专业技术、操作三个岗位类型的设置序列和设置标准。积极稳妥地实施了工资分配制度配套改革，完善了业绩考核与薪酬挂钩兑现的考核政策，规范了高级管理人员和技术专家薪酬兑现方式。继续推进劳动用工项目管理试点工作。

积极探索加强基层建设新方法、新路子，改进和加强“三基”工作。2003年大港油田分公司共有中国石油天然气集团公司级红旗采油队1个、大港油田分公司级红旗队（站）12个、甲级采油队（站）13个、甲级输注队（站）4个。操作人员持证上岗率由重组前的不足60%上升到80%以上，中级、高级工分别达到48.4%和6.8%，分别提高36.4和5个百分点。

【综合治理】　2003年大港油田分公司圆满完成了“四类井”清理回收工作，847口“四类井”、137口抢占井全部收回。借助全国油气田专项整治行动，加大了对偷油盗气等不法行为的打击力度。全年共破获刑事案件249起，摧毁犯罪团伙65个，抓获犯罪嫌疑人860人，查获各类盗油车辆440余台，收缴原油750余吨。有效震慑了不法分子，油区治安状况整体呈现好转趋势。

【对外合作】　大港油田分公司对外合作勘探开发自1993年起步，合作双方历经10年的不懈努力，赢来了收获季节。赵东合作区于2003年7月份投入开发，共投产油井12口、注水井6口，平均日产水平2098吨，至2003年底，累计生产原油28万吨，成为大港油田分公司原油产量攀升的新的增长点。孔南合作项目，顺利完成开发先导试验任务，进入开发期方案实施阶段。

【员工培训】　2003年大港油田分公司紧密围绕可持续发展战略和年度生产经营目标，依照《员工培训管理程序》，深入开展年度培训需求调研，组织制订年度培训计划，强化培训计划的审批、实施和培训效果的评估。2003年，通过自办培训班和选派参加外部培训等方式，共培训员工23002人次。其中：决策层41人次、经营管理层663人次、专业技术层3356人次、操作层18942人次。

（李春艳　陈凤萍　王松华）

中国石油天然气股份有限公司华北油田分公司

【概述】　中国石油天然气股份有限公司华北油田分公司（以下简称公司），是中国石油天然气股份有限公司的地区分公司，主要从事石油天然气勘探、生产、集输、储运销售，以及勘探开发工艺研究和规划研究等石油勘探开发业务。公司拥有油气资产原值212.99亿元，净值77.49亿元。公司的油气勘探区域主要集中在冀中地区、内蒙古中部地区和冀南—南华北地区等三大探区。自华北油田会战以来至2003年底，已累计探明石油地质储量11.39亿吨，天然气地质储量273.65亿立方米；累计生产原油2.19亿吨，天然气66.59亿立方米；累计工业总产值（现价）852.45亿元。公司共拥有56个油气田，油气集输管线3000多千米，年原油生产能力437万吨，天然气生产能力6亿多立方米。

华北油田分公司机关设在河北省任丘市。公司机关设有公司（党委）办公室、生产运行处、规划计划处、财务资产处、人事处（组织部）、科技与信息管理处、质量安全环保处、企管与法规处、监察处、审计处等10个职能处室，下属7个直属单位、6个采油生产单位和3个科研单位。

截至2003年底，公司共有员工13874人，其中，专业技术人员3639人，占26.2%（正高级专业技术人员7人，占专业技术人员的0.19%；副高级专业技术人员353人，占专业技术人员的9.7%；中级专业技术人员1356人，占专业技术人员的37.26%）。在员工队伍中，获国务院特殊津贴的4人，获研究生以上学历的43人，大学文化程度的1351人。

2003年，公司新增探明石油地质储量1580万吨；油气可采储量当量785万吨，为年计划的174%；探井成功率53%。生产原油435.20万吨，为年计划的100.05%，天然气5.75亿立方米，为年计划的100.81%；原油商品量410.8496万吨，为年计划的100.04%，原油商品率94.4%；外供天然气4.5373亿立方米，其中向北京、天津供气3.6038亿立方米，分别为年计划的105.52%和96.69%，天然气商品率78.97%；新建原油生产能力55万吨，为年计划的100%，天然气生产能力0.6亿立方米，为年计划的100%。

【油气勘探】　2003年，公司勘探工作积极实施预探战略和“4931”部署方案，强化隐蔽油藏勘探，圆满完成了各项勘探任务。

（1）超额完成了储量任务和效益指标。完成二维地震资料采集839.10千米，三维地震资料采集409.36平方千米，为年度计划的88.33%和74.43%。完成各类探井48口，进尺12.4万米，分别为年计划的100%和102.1%。完成试油作业井31口77层，新获工业油气流井27口，预探井成功率53%。全年新增预测石油地质储量4111万吨，为年计划的343%；新增控制石油地质储量4064万吨，可采储量785万吨，分别为年计划的177%和174%；新增探明石油地质储量1580万吨，为年计划的121.56%，实现了年度储采平衡。

（2）油气勘探成果突出。冀中探区饶阳凹陷留西构造带南翼岩性油藏勘探取得重要发现，总体控制和预测储量达5000万吨以上。廊固凹陷西部带勘探取得新进展，旧州构造新增控制石油地质储量1221万吨，并已建产7.5万吨。在霸县凹陷高家堡构造沙一段、饶阳凹陷蠡县斜坡中北段以及武强—杨武寨地区，分别展示了三个1000万吨以上储量规模的勘探场面。二连探区巴音都兰凹陷勘探取得新进展，新增控制储量1785万吨，为宝力格油田25万吨产能建设提供了新的资源基础。吉尔嘎朗图凹陷宝饶洼槽预测储量规模达到1500万吨。乌里雅斯太凹陷斜坡带阿尔善组基本控制含油面积22.6平方千米，地质储量1470万吨。

（3）隐蔽油藏勘探理论和实践结出丰硕成果。面对高成熟探区勘探难度不断加大的实际，勘探系统在认真总结隐蔽油藏勘探成功经验的基础上，积极创新，开拓思维，提出了以“互补论”为核心的一系列新认识，总结出了一套成熟的隐蔽油藏勘探思路，经反复实践，确定了寻找隐蔽油藏勘探的五个工作步骤，并分别形成了“隐蔽油藏区带优选评价技术方法”等五项技术方法系列，在勘探实践中取得丰硕成果，开创了华北油田隐蔽油藏勘探的新局面，使隐蔽油藏成为储量构成的主体。2003年，隐蔽油藏储量占总储量的87%。华北油田隐蔽油藏勘探的成功经验已在股份公司系统全面推广。

（4）勘探管理日趋精细。强化勘探项目从部署到圈闭井位研究，从现场实施到竣工验收结算的全过程管理，确保了勘探项目优质高效运行。精细勘探经营管理，强化勘探投资项目控制责任制，严格招议标，加强合同管理，深化勘探经营动态分析，优化了勘探工作量和投资。精细勘探生产技术管理，提高了勘探成效。2003年，探井成功率比计划指标高出了13个百分点。

【油气开发】　2003年，公司努力优化开发和建设方案，强化生产组织管理，积极推广应用新工艺新技术，油气生产实现了平稳运行，油田开发水平不断提高。

（1）全面完成年度开发工作任务。截至2003年底，华北油田动用油气田 56 个，动用石油地质储量 95616 万吨，动用石油可采储量 26527.2 万吨，剩余石油可采储量 4637.4 万吨，油田平均采收率 27.7%。年度新区块增加石油地质储量 1580 万吨，增加石油可采储量 373.7 万吨，老区通过“调水增油”等综合治理增加石油可采储量 112.4 万吨，新老区合计增加动用石油可采储量 486.1 万吨，储采平衡系数为 1.12。公司共有开发井 6364 口，其中采油井 4652口，注水井 1631 口，观察井 81 口。采油井开井 3283 口，累计产油 21889.84 万吨；注水井开井 1061 口，全油田砂岩注水 2102.3 万立方米。全年完成各类油水井动态监测工作量 1898 口 2742 井次，完成年度计划的 103.7%。2003 年生产原油 435.2 万吨、天然气 5.7459 亿立方米，分别为年度计划的 100.05%、100.81%，合计生产油气当量 481 万吨。

（2）以调水增油为重点的老油田综合治理效果显著。在深化地质基础研究，重建地质模型，精细油藏描述的基础上，完善注采井网，对注水量进行动态优化配置，平面调整和剖面调整相结合，调水增油效果显著。岔 12 等六个重点治理区块油藏产液量稳定，产油量增加，自然递减和综合递减分别比治理前减缓 6.6 和 7.9 个百分点。重点治理油藏良好的开发效果，促进了油田开发形势的改善，油田年自然递减和综合递减分别比 2002 年减缓 1.74 个百分点和 1.79 个百分点。

（3）油藏评价工作取得突出成效。建立了油藏评价管理网络，制定并实施了《中国石油华北油田油藏评价管理办法》等一系列规章制度，以“三个层次”的评价为重点，积极推行项目化管理，大力应用先进适用的新技术、新方法，油藏评价工作成效显著。全年新增探明石油地质储量 1580 万吨，完成计划的 121.56%。

（4）产能建设和滚动增储保持了良好态势。继续坚持打破新老区产能建设界限，打破新建产能与恢复产能界限，圆满完成了产能建设任务，百万吨建设直接投资为 21.52 亿元。宝力格油田产能建设和配套的三大工程进展顺利，已建成 17 万吨年产能力，电力、通讯和输油管道已投产运行。坚持区带整体评价，立体滚动，在滚动中建产，在建产中滚动。全年滚动探明地质储量 1129 万吨，完成年计划的 225.8%。

（5）三次采油工作稳步推进。重点在蒙古林砂岩油藏北部、岔河集等六个断块应用弱凝胶调驱技术，实施后见到了较好的增油效果。其中，蒙古林砂岩油藏北部效果明显，日产油量由 16 吨上升到 56 吨，含水由 96.2%下降到 89.3%。全油田全年三次采油增油达到 6.6 万吨，初步形成了断块油田撬装式可动凝胶驱替配套技术。

（6）采油工程管理水平和工艺技术水平不断进步。加强抽油井的日常管理，有效减少了人为因素造成的躺井，重复检泵井次工作量同比减少 27%，提高了生产时率。在推广应用找卡水、稠油举升方式、管式泵同步分层采油、油井防砂、解堵、油层保护等先进技术的同时，把提高抽油机井系统效率作为重点，建立了文 31 等 11 个示范区，通过一年的实施，示范区抽油机井系统效率提高了 5.1 个百分点，年累计增油 3874 吨，节电 207.3 万千瓦·时。同时大力实施老油田简化及节能降耗技术，取得了重大经济效益。

（7）天然气产量与效益实现了同步增长。在加强天然气产能建设的同时，对主力气藏低部位进行堵水上返补孔，对高含水气井实施排水采气，效果良好，在没有新的气藏投入情况下，保证了天然气生产任务的完成。加强伴生气管理，充分发挥天然气效能，见到了良好的经济效益。

【科技与信息工作】　2003 年，科技工作始终坚持贴近油田生产，服务油田生产的宗旨，加强科研攻关和新技术推广，强化科研项目管理，加快信息化建设步伐，较好地发挥了第一生产力的作用。全年共组织实施股份公司级课题 12 项（包括跨年课题 6 项）、油田公司级科研课题 77 项。通过一年的刻苦攻关，科研和新技术推广取得新成果，共完成科技专题 105 项，完成率达到 92%，科技成果优秀率达到 66%以上。表现在：

（1）应用技术研究和新技术推广成绩突出。

（2）科技项目管理严格规范。

（3）信息化建设步伐不断加快。

【改革与管理】　公司按照建立现代企业制度的要求，进一步强化精细管理，增强了企业的发展活力。

（1）生产运行管理不断加强。围绕公司勘探开发工作，严密生产运行组织，及时协调解决生产中出现的问题，迅速处理突发事件，确保了公司油气生产的平稳运行和勘探、开发工程的顺利实施；加大反盗电和技术节电工作力度，油田用电村全部转入地方电网，全年用电量同比减少 5064 万千瓦·时。以国家整治油气田及输油气管道生产治安秩序专项行动为契机，严厉打击偷油盗电活动，案件同比下降 18%，油区外部环境进一步好转。

(2) 规划计划管理更加完善。在继续下放“三项权力”的基础上，进一步完善投资激励和约束机制，充分调动了二级单位增产、增效的积极性；强化项目管理，强化投资管理，提高了投资效果。

(3) 财务管理效果明显。开通了“网上银行结算系统”；加强了成本分析与调研，精细成本管理，油气操作成本控制在股份公司下达指标以内；加强资产管理，规范资产处置程序，提高了资产使用效率；合理进行税费筹划，维护了企业利益。尤其是在强化股权管理上，包括股权信息上网工作得到了股份公司的肯定和表彰。

(4) 市场管理日趋规范。严格市场准入审核，加强对市场主体的监督和考核，确保了内部市场管理规范运行；加强合同管理，积极推进市场合同信息化建设，严格市场合同监督检查，合同管理水平不断提高。过去，公司的合同工作每年不到24亿元。2003年，通过强化合同管理，合同金额结算达到30亿元，是重组改制以来最多的一年。

(5) 劳动人事制度改革不断深化。积极推进劳动组织改革，优化岗位设置，进一步完善收入分配机制，充分发挥了薪酬在调动员工积极性，驱动公司业绩增长方面的杠杆作用；积极推进全员培训，提高了员工素质；制定员工管理办法，规范了员工行为，增强了刚性约束力。

(6) 审计监督工作作用突出。以经营管理审计为主要内容，较好地发挥了审计的评价、监督、咨询、控制职能。全年共查出问题金额2563万元，已纠正处理整改1567万元。

(7) 效能监察工作取得较好成效。通过效能监察，全公司实现降本增效2843万元。

(8) 油气储运销管理得到进一步加强。严格执行股份公司原油配置计划，加强调度管理，原油储运销实现了平稳运行；加大天然气销售管理力度，积极推动天然气价格上涨，全年净增收入3400万元；加大原油、天然气款回收力度，实现了当年油气款全部回收，同时回收陈欠款340万元。

(9) 电子商务工作取得良好成绩。进一步完善电子商务网络，规范采购业务，完善采购形式，全年共完成电子商务采购3.3348亿元，完成股份公司考核指标的107.58%。

(10) 钻井工程监督管理积极有效。进一步优化钻井工程设计，完善钻井工程监督方式、监督程序和监督措施，严格做好工程竣工验收，促进了钻井施工的顺利进行。钻井工程管理根据集团公司、股份公司联合下发的《石油与天然气钻井井控规定》结合油田实际，与华北石油管理局共同制发了《中国石油华北油田石油与天然气钻井井控实施细则》，保证了钻井井控、工程质量、油层保护，使事故及钻井复杂率下降到历史最好水平。

(11) 推行“四位一体”管理方法，实现工程造价全过程控制。从源头抓起，优化设计，努力提高工程设计质量和设计水平，降低工程造价；严细工程设计和实施物资价格动态管理，为物资采购和编审工程概预结算提供依据；严把工程预算结算审查关，努力做好关联交易工作，为控制投资和提高效益做出了积极贡献。

(12) 基础管理工作扎实深入。以“基础资料数据管理、员工基本技术技能、基层班组建设”为内容的“三基”管理工作进一步夯实。

【质量安全环保】　2003年，公司不断加强HSE体系的运行管理，强化质量安全环保监督检查工作，实现了安全生产无事故、环境保护无污染的目标。全面实现了股份公司下达的安全环保质量业绩考核指标。

(1) 完善制度，推进HSE体系的运行。清理规章制度332项，其中修订和完善62项，制发了《预防硫化氢中毒事故管理规定》、《关于规范使用生产现场安全标志、标志牌的通知》以及《重大突发事件应急预案》等一些新的安全管理制度。在各油气泵站的HSE“两书一表”已普遍运行的基础上，组织开展了生产要害部位风险评价和事故预案的编制、完善工作。对外来施工队伍和进入油气生产场所的相关产品进行“QHSE资格审查”和监督管理工作，抓住重点环节，做好高压容器等特种设备的管理工作。加大了领导干部生产要害部位安全责任承包工作的力度，严格动火管理和监护工作。

(2) 全面实行《全员安全生产连带责任累计积分考核办法》。《办法》实施后，公司各级领导、职能部门、管理人员、岗位员工的安全责任感进一步增强，安全工作主动性、自觉性增强，违章行为明显减少，按规程操作成为员工自觉行为，促进了安全管理水平的提高。

(3) 广泛开展安全教育活动。公司选派了85名安全监督员参加了专职安全监督培训；组织了《特种设备安全监察条例》、《危险化学品安全管理条例》、《工伤保险条例》、《安全生产违法行为行政处罚办法》等四项法律法规的宣贯，并将其汇编成册，下发到员工手中。在安全月活动期间，共张贴《安全生产法规系列挂图》385套，安全标语、传单5000张，发放安全学习小册子5200本，举办安全知识竞赛5场，进行消防演习28次，展出板报330块，收集宣传稿件231篇，播放安全生产专题讲座58场次，3200多人参加了安全生产知识答卷。同时，各单位还认真收集整理各类事故案例54起，在广大员工中开展对事故的再回忆、再分析、再教育活动。

（4）提倡人本管理，关爱员工安全和健康。2003年，对740名员工进行了非职业性健康体检，对2839名有害作业岗位的员工进行了职业性健康体检对408个有害作业场所进行了卫生检测工作，并对8个噪声超标的值班室进行了治理。研制开发了公司“健康管理信息系统”，使公司健康管理工作走上资源共享、系统化管理的轨道。

【企业文化】　公司以贯彻落实集团公司《企业文化建设纲要》为契机，大力加强企业文化建设，并赋予企业文化新的内涵，不断增强公司发展的活力。

着力营造人本管理和能本管理相结合的创新文化氛围，在人才成长、人才使用、人才激励等方面制定了一系列措施，为人才能够脱颖而出创造了良好条件，充分调动了广大干部员工为实现公司发展战略和基本工作目标，立足岗位做贡献的积极性和主动性。同时，还将企业文化典型案例收集、整理、汇编成册印发，组织员工结合工作实际进行学习，并分系统、分专业、分层次选树企业文化、生产经营活动中表现突出的先进集体和个人，营造了自觉实践公司企业文化的浓厚氛围。

（杨启彪）

中国石油天然气股份有限公司
新疆油田分公司

【概述】　2003年，中国石油天然气股份有限公司新疆油田分公司认真贯彻落实中国石油天然气集团公司工作会议精神和中国石油天然气股份有限公司的总体部署，科学防范“非典”，精细管理油田，以油田生产经营为中心，全面完成了各项年度业绩考核指标。

2003年，新疆油田分公司新增探明石油地质储量5811万吨（可采储量1533.7万吨），新增控制油气地质储量9342万吨（当量），新增预测油气地质储量16053万吨（当量），超额完成三级储量任务。全年生产原油1060.1万吨，完成年计划的101.31%，比2002年增产50.1万吨，保持了连续23年的稳定增长；生产天然气22.1亿立方米，完成年计划的101.97%，比2002年增产1.9亿立方米。单位油气操作成本4.06美元/桶，与2002年相比下降了0.17美元/桶。全年完成总投资549317万元，完成年度计划的97.13%，投资回报率3.71%。

2003年末，新疆油田分公司在册职工人数15552人，其中，干部4806人、工人10746人，少数民族3678人。管理和技术人员4791人（包括未聘任人员），其中具有高级专业技术职务506人，中级1804人，初级2313人。操作和服务人员10882人。

【油气勘探】　2003年，新疆油田分公司继续坚持“突出预探、重在发现，择优探明、注重效益”的十六字勘探工作方针，按照“强化腹部主战场，深化西北缘、准东油区，突破南缘山前带”的工作部署开展工作：在准噶尔盆地南缘霍尔果斯背斜预探获得重大突破，重点探井——霍10井获高产油气流，日产原油44.5立方米、天然气3万立方米，实现了准噶尔盆地南缘山前带新领域、新层系勘探的重大突破，新增控制加预测油气当量2.18亿吨，被中国石油天然气股份有限公司列为2003年度第二大勘探成果；在准噶尔盆地腹部盆1井西凹陷东环带预探获得新发现，重点探井——莫8井和莫11井分别喷出高产工业油气流，莫北至莫索湾5000万吨探明储量已确定；在达巴松凸起的达1井、西北缘乌夏断裂带的夏72井、盆地东部阜康断裂带的牧7井均见到了良好的油气显示。勘探开发一体化在油藏评价与预探、产能建设紧密衔接、降低勘探开发成本、缩短建设周期、提高勘探开发的整体效益、新区和老区滚动勘探等方面取得重要进展。新区评价探明石油地质储量2696万吨、强采储量781.8万吨；老油区滚动探明石油地质储量2165万吨，可采储量516.8万吨；难采储量评价落实可动用难采储量698万吨，当年动用474万吨。

【油气生产】　2003年，新疆油田分公司油气生产全面完成各项生产任务。全年生产原油1060.1万吨，完成企业计划100%，比2002年净增50万吨，是近16年增产量最大的一年，实现了原油产量连续23年持续增长，并继续保持资源投放大于产出的良好势头，原油储采比9.6，为油田的可持续发展提供了可靠的基础。全年共生产天然气22.1亿立方米，完成企业计划的100.5%，比2002年净增1.9亿立方米。新建原油生产能力184.01万吨，完成企业计划的118.7%；新建天然气生产能力4.45亿立方米，完成企业计划的148%。通过优化注水注汽，增加产油量11.1万吨，减少产水量18.4万立方米，全油田含水基本稳定，稠油油汽比保持在0.20以上。完成各类老井增产措施4963井次，全年增产油量95.3万吨。

2003年新疆油田分公司坚持油气并举，天然气综合利用成效显著。2003重点工程——盆5气田开发方案于4月通过中国石油天然气股份有限公司的专家审查，确定规模为150万立方米/日；工程实施项目管理，保证了质量与进度，焊接合格率连续三次检验均达到100%，于7月29日建成投产，日产天然气137.6万立方米、轻烃290多吨，当年累计外输气1.43亿立方米。稠油热采用气量比2002年增加2.0亿立方米，减少烧渣油13.2万吨。新建八区乌尔60万立方米天然气处理站、改造克75井天然气处理站等工程按时投产，解决了稠油开采冬季烧渣油的问题。从6—7月开始，分别向独山子石化和乌鲁木齐石化供天然气，平均日外输气70万立方米，并与独山子、昌吉、呼图壁、新捷公司签订了天然气购销合同，年累计外输天然气0.87亿立方米。

截至2003年底，共完成新钻井1431口，钻井进尺175万米；投产新井1395口，建成原油生产能力184.1万吨、天然气产能4.45亿立方米，新井年末产油水平5730吨。完成新建或必建原油处理站2座，天然气处理站2座，稠油热采供热站7座，计量站83座；铺设各类管线580.25千米，通讯光缆93.11千米；新建变电所1座，安装杆架式变压器475台，架设电力线365.39千米；修筑油田公路58.46千米，建成油田公寓1座。全年共完成开发钻井进尺174.94万米，建成产能井1410口，当年投产新井1395口，新井累计产油达107.6万吨，年末日产水平4511吨。截至2003年底，拥有原油年生产能力1087.59万吨，其中，稀油729万吨，稠油358.59万吨；天然气气层气年生产能力13.89亿立方米。

截至2003年年底，新疆油田分公司共有采油井13415口，开井10863口，日产液108028吨，日产油水平30474吨，平均井日产油2.5吨；盘库水平28140吨，综合含水71.8%，综合气油比117立方米/吨，采油速度0.9%，剩余可采储量采油速度9.8%，采出程度17.3%，可采采出程度67.3%；油田地下注采保持平衡，地层压力保持稳定，油田递减减缓，2003年油田油量自然递减率、综合递减率为16.55%和8.47%，高于2002年的15.3%和6.86%；年平均综合含水71.8%，与2002年70.3%相比上升0.9%，含水上升速度有所减缓。

【企业改革与经营管理】　2003年，是中国石油天然气集团公司工作会议确定的“管理增效年”。新疆油田分公司认真贯彻落实中国石油天然气集团公司的统一部署，将管理定位为：管理是企业发展永恒的主题。提出了管理的核心是经营，经营的核心是决策，决策的核心是创新，创新的关键是管理者素质高低的管理理念。

2003年，新疆油田分公司通过开展专题研究和系统优化，进一步完善规划和投资计划管理及项目管理体系，提高了规划的前瞻性、系统性和可操作性。第一，加强了企业的发展战略研究，科学编制出企业中长期发展规划。完成了2003—2007年企业发展计划，重点开展了油气集输、注水、供电、天然气利用等方面的专题研究，编制出了《老油田调整改造规划》；第二，在优化投资结构和投资规模方面，全年完成勘探开发直接投资56.02亿元，比2002年增加9.7亿元。加大了水电气等效益工程的投入，全年投入33969万元，实施“以气换油”、“以污水换清水”、“以气换电”三大效益工程。全年共组织项目可研及方案审查37项、初设审查17项，确定了钻井及地面建设投资控制目标。新建油田建设工程推行标准化设计。强化预算在生产运行过程和成本管理控制的指导作用，提高了资金计划的准确性和严肃性，保证了资金使用的平衡与有序。全面修订了合同管理办法，强化了合同管理在企业管理中的作用，为油田公司顺利完成各项业绩指标提供了有力的后勤保障。2003年新疆油田分公司被国家工商总局评为全国“守合同，重信誉”企业。同时新疆油田分公司还注重对油田服务队伍和供应商的业绩进行考核，建立了长期合作伙伴关系，提高了油田市场服务质量和产品供应质量。物资采购方面，充分盘活库存物资，减少了资金占用，降低了采购成本，全年电子商务网上采购8.94亿元，完成考核指标的108%，促进了生产效率和效益的提高。深化“两分两合”的思想，2003年与新疆石油管理局共同探索联合降低生产成本的有效途径，实现了关联交易互利双赢、共同发展。注重企业人才队伍的培养和建设，提高了职工队伍的整体素质。

2003年，新疆油田分公司实际资本支出65.75亿元，实现总收入118.25亿元，利润17.1亿元。其中勘探开发投资49.19亿元，占总投资76.44%。勘探开发板块投资回报率为7.2%，高出业绩指标1.58个百分点。全年勘探成本0.94美元/桶当量，比预算指标低0.07美元/桶当量；全年油气单位操作成本4.05美元/桶，与考核指标持平；油气单位储量发现成本1.55美元/桶，比考核指标低0.19美元/桶；油气单位开发成本2.81美元/桶，比考核指标低0.41美元/桶。

【安全生产】　2003年，新疆油田分公司认真贯彻党的十六大精神，坚持“安全第一，预防为主”的方针，全面落实安全生产责任制，对员工进行安全教育培训，增强全员安全意识。强化生产现场的监督检查、安全基础工作和事故隐患整改，推进HSE管理体系，改善员工现场作业环境。全年实现了“杜绝重、特大员工伤亡事故，杜绝重、特大火灾爆炸事故，杜绝井喷失控和井喷着火事故，杜绝锅炉压力容器爆炸事故，杜绝一次性事故经济损失30万元事故，杜绝一次性跑油10吨环境污染事故”等七项中国石油天然气股份有限公司安全生产业绩考核指标，本年度再一次实现了“无重大生产死亡事故”的安全生产工作目标。

2003年，新疆油田分公司安全生产工作措施：第一是落实安全生产领导负责制。全年新疆油田分公司各级领导所承包的要害部位，检查到位率达100%。第二是实施岗位员工安全合同管理制。新疆油田分公司实施了全员安全合同管理，对新分配来的员工和转岗员工也及时签订安全合同。第三是严格安全准入管理制。建立油田施工单位安全考核档案，对申请进入油田建筑市场的施工单位落实安全责任情况跟踪调查，对不符合安全要求的施工单位进行清理。全年与技术服务单位、承包商共签订安全生产合同1037份。对违反安全合同有关条款的12支作业队伍给予了停工整顿、经济等处罚。第四是完善安全生产管理体系。2003年对安全、质量、标准、环保等方面的规章制度进行了全面整理，并分印成册，下发给所属单位和相关承包商，累计整理22个规章制度。第五是安全生产关口前移，对工程项目、产品质量进行监督检验。严格审查进入油田市场产品的准入，加强对钻井助剂等产品质量和压力管道等工程项目施工的监管力度，保持与生产单位的信息交流，有效防止假冒、伪劣产品和不具备保证施工质量的队伍进入油田市场。第六是提高设备设施安全技术水平。投资4000万元对生产设施和消防系统进行改造，投资500万元用于生产单位购置更新安全检测仪器和设备，为实现安全生产提供了有力的保障。

【科技创新与成果】　2003年，新疆油田分公司科技工作围绕油气勘探、开发主营业务发展计划，针对制约新疆油田分公司生产经营中的难题和实际需求，按照“突出重点、抓关键技术，加大新技术推广应用力度，不断提升新疆油田分公司核心技术创新能力，控制总量”的原则，确立年度科研项目48项221个课题，项目分勘探、开发、勘探开发工程技术、信息和其他技术等5个方面。其中，勘探科技项目11项，开发科技项目11项，勘探开发工程技术项目13项，信息科技项目8项，其他类科技项目5项，投入科研总经费1.45亿元。2003年度科技与信息工作各项业绩考核指标达到了中国石油天然气股份有限公司考核的要求：国家级、股份公司级科技与信息项目计划任务完成率达100%；油田公司级科技与信息项目计划任务完成率达95%以上；科技与信息项目优良率达60%以上，科技与信息项目成果应用率达90%以上。新疆油田分公司等7家单位共同完成的“低渗透油田高效开采配套技术”获得国家2003年度科技进步二等奖；新疆油田分公司的13项优秀科技成果获自治区科学技术进步奖，其中“提高砾岩油藏中高含水期开发效果的研究”项目获得一等奖，“莫北油气田莫北2井区三工河组带气顶油藏技术开发”、“油气勘探生产信息系统”两个项目获得二等奖，“准噶尔盆地侏罗系油气成藏条件及勘探战略研究”等10个项目获得新疆维吾尔自治区科技进步奖三等奖。

油气勘探方面广泛应用勘探新技术，不断提高勘探经济效益。重点开展的“准噶尔盆地含油气系统研究”、“准噶尔盆地南缘前陆盆地天然气富集规律与勘探目标评价”、“不同勘探、开发阶段测井配套评价技术研究与应用”、“提高勘探效益的钻井技术研究”、“录井、试油适用技术研究”等关键技术攻关，形成了单项成熟技术的集成与配套，降低了储量的发现成本，拿到了更多的油气资源。

油气田开发生产以降低成本、提高经济效益为目标，坚持勘探、开发紧密结合，大力推行勘探开发一体化、开发研究提前介入的工作方法，加快新区产能建设步伐。加强对已开发油田的跟踪研究；注重老油田的挖潜增效和增储上产，提高了油气田开发整体动用程度和开发水平。重点开展了“新疆油田公司滚动勘探开发技术研究”、“新疆油田稳产技术研究”、“稠油、超稠油开采技术研究”、“提高油藏采收率技术研究与应用”等项目研究以及“采油工艺技术研究与应用”、“地面管线防腐、阻垢技术研究与应用”、“地面工程改造及优化技术研究”、“节能降耗技术研究与应用”等关键技术的攻关，实现科研增油30万吨。

（朱维亚）

中国石油天然气股份有限公司西南油气田分公司

【概述】　2003年底，中国石油天然气股份有限公司西南油气田分公司（以下简称分公司）有员工21313人，所属二级单位17个，分公司机关150人，设有11个处室，另有5个机关直属单位。有集输（配）气站、增压站1300座，天然气净化厂8座，天然气净化能力73亿立方米/年，80万吨炼油厂1座，10万吨甲醇厂1座，集输气管线1.2万千米。有资产总值159.5亿元，其中，固定资产原值312.9亿元，净值123.6亿元，流动资产15亿元，负债81.5亿元，资产负债率51.2%。其总资产居四川工业企业第四位，销售收入居四川工业企业第五位。天然气年产量约占全国天然气总产量的27%，占川渝总产气量的84.4%，是目前全国最大的天然气生产、销售企业。经过近50年的勘探开发，分公司已在四川盆地发现地面构造259个、潜伏构造488个，获气田104个、油田14个，形成了重庆、蜀南、川西北、川东北四个气区和川中油气区。截至2003年底，分公司天然气探明储量累计7068亿立方米，剩余可采储量2590亿立方米，天然气剩余可采储量的储采比为27.7∶1，剩余控制储量1946亿立方米，剩余预测储量2961亿立方米，三级储量之和达1.2万亿立方米。同时，还有圈闭资源量1万亿立方米，推测资源量5万亿立方米，总资源量为7.2万亿立方米，具有较大勘探潜力，良性循环的资源储量序列已经形成。四川盆地已列为中国石油优先发展的气区之一。

【主要生产经营指标】　全年生产天然气91.88亿立方米，完成年工作目标的102%，比2002年净增4.27亿立方米，天然气产量创历史新高；原油产量13.7万吨，完成年计划的101%。按国际准则计算，全年实现报表利润3.44亿元；按股份公司考核口径计算，扣减原油价差等因素，实现考核利润4.54亿元。完成投资规模36.05亿元；实现销售收入77.81亿元，比2002年增长9.33%，创历史新高；实际上缴各种税费3.9亿元。

【油气勘探】　全年完成二维地震6184千米，新获油气井12口，新获油气藏5个，含油气构造4个，新发现或查明圈闭21个，新获麻柳场、宜宾和古佛山3个气田。新增天然气探明储量441亿立方米，完成年计划的147%；新增天然气探明可采储量234亿立方米，完成年计划的111%；新增天然气控制储量501亿立方米，完成年计划的167%；新增天然气预测储量562亿立方米，完成年计划的140%。新增石油预测储量1243万吨，完成年计划的124%。在川东北、川西、重庆、蜀南和川中地区的勘探均取得重大突破，在复兴场、观斗山、高荀、潼南和大窝顶等5个构造取得重要新发现；在龙女寺、鹿角场、白马庙、丹凤场、滚子坪和邛西等6个构造或地区取得重要新进展；在龙门山—米仓山的地震勘探取得新成果。其中复1、潼南1、高荀1、窝1、丹浅1和鹿浅1井等6口一字号井的相继获气，进一步展示了盆地内良好的勘探前景。邛西4井、川东罗家9井、蜀南麻柳场一批探井和开发井、渝东复1井等的钻探成功，得到了股份公司的高度评价。

【开发建设】　油气田开发钻井方面，全年完成三维地震430平方千米，二维地震690千米；完成试油井59口，获工业气井29口，获工业油井9口，在蜀南气矿的麻柳场、同福场和重庆气矿的沙坪场共获5口无阻流量上百万立方米的大气井；在麻柳场、同福场、沙坪场、充西、白马庙和临南—梁董庙等6个构造获得重要新发现，深化了地质认识。产能建设方面，完成了以乐山和川西地区供气工程为代表的一批跨年续建项目，罗家寨、渡口河净化气外输管道石桥—龙门段、渡舟—两路输气管道复线等重点主体工程完工，提前开展了麻柳场、八角场、邛西构造外输管道工程，温泉井、黄龙场气田先后投入试生产，效果良好；全年新增天然气配套产能 8.4 亿立方米/年，完成年计划的 106%。油气田管理方面，获得了以纳 59 井、七里 14 井等为代表的一批工艺措施效果显著井；全年共开展油气工艺措施挖潜 487 井次，净增产天然气 15.2 亿立方米、原油 4100 吨，其中当年新上措施井 219 井次，增产天然气 4.8 亿立方米。天然气净化方面，完成了引进分厂三套净化装置的中修、川中净化厂和长寿分厂装置大修和几个净化厂的临时停产抢修工作；完成了忠县净化厂建设工程可研和初步设计，现场土建工程进展顺利，平场工作已告结束；完成了罗家寨气田开发方案的编制上报，经国家发改委审查批复，正进行罗家寨净化厂工程基础设计的招投标准备工作。

【市场营销】 加强用气合同计划管理，根据生产计划和用户增减用气量的要求，下达年度和月度供气计划，严格遵循供气原则，全年分公司实现天然气商品量 87.74 亿立方米，比 2002 年净增 4.22 亿立方米，天然气商品率较 2002 年提高了 0.16 个百分点。加强用气结构调整，与 2002 年相比，化肥用气降低了 3.49 个百分点；工业用气提高了 2.92 个百分点；民用气提高了 0.56 个百分点。有控制、有选择地发展用户，把重点放在了潜力大、效益好的工业、商业和民用气的终端市场发展上。全年共审批新用户 46 家，年用气规模 19.95 亿立方米。到目前为止，已开发天然气终端项目 26 个，全年共销售天然气 5.16 亿立方米，比 2002 年增长 1.96 亿立方米，经营情况普遍较好。加强天然气推价和货款清收工作，通过不懈努力，继重庆、云南、贵州实施管输按里程收费之后，在四川省也全面推行了这一政策；在眉—夹—乐等管线上实行了“新线新价”；加强对欠款用户的监控，重视供气与预收款工作的衔接，辅之以法律诉讼、以物抵欠等方式，应收账款下降率达到 50%。通过优化用气结构、提高天然气商品率、促进天然气价格到位等措施，天然气均价较 2002 年有所提高。

【炼油化工】 全年，加工原油 50.66 万吨，生产甲醇 10.23 万吨，炼化系统实现销售收入 14.63 亿元，实现了整体盈利。南充炼油化工总厂加大了原油进厂工作的外部协调力度，努力降低铁路运费，开辟了原油引进新渠道；大力调整产品结构，多产高标号汽油、柴油、高中档润滑油和石蜡产品；切实依靠科技进步，研制开发了 CNG 发动机润滑油等五个新产品，汽油产品在全国率先达到欧Ⅱ标准；全力抓好常减压和重催装置新技术应用技改项目，喷油投产一次成功。川西北甲醇厂认真抓好日常生产运行管理，精甲醇等产品出厂合格率达到 100%。成都天然气化工总厂积极开拓市场，获得了全国首批压缩、液化气体产品生产许可证。

【钻井工程】 通过狠抓钻井工程运行管理，和 2002 年相比，从井位申报到开钻的周期，每口探井平均缩短了 75 天，每口开发井缩短了 59 天；全年新开钻井 115 口，完成井 86 口，完成钻井进尺 31.8 万米，比 2002 年增长 74%。组织相关部门和单位对钻井设计进行会审，对重点井或施工难度大的井，专门组织设计方案论证，保证了设计质量。建立了以项目经理负责制为基础的现场监督体系，共派驻现场监督 338 井人次，保证了设计的有效执行，促进了工程质量的提高。开展了培育日产百万立方米天然气井的工艺试验，在集团公司、股份公司的大力支持下，在罗家 11H、罗家 16H 井进行了水平井、丛式井等多项新技术和新工艺试验；在邛西、潼南和公山庙等构造成功地进行了欠平衡钻井、不压井起下钻、取心、测井、下油管等五项新工艺、新技术配套推广应用，均发现了高产工业油气流；在正坝 1 井、核桃 1 井和矿 2 井进行的空气、泡沫钻井技术试验获得成功；在井浅 2 井、麻浅 1 井成功运用天然气钻井技术；完成了磨 38H、磨 50H 水平井的钻井施工和储层改造，产量是该地区直井的 4—7 倍。

【科技进步】 科研攻关方面，全年，共安排科研与新技术推广及试验经费 4500 万元，新开展科研项目 80 项，安排新技术推广项目 12 项，接转项目 86 项，接转新技术推广项目 5 项；“有水气藏油藏工程方法”荣获国家科技进步二等奖；获四川省科技进步一等奖和三等奖各 1 项；认定分公司专有技术 6 项，办理专利申请 2 项。国家“十五”科技项目“川东飞仙关组鲕滩气藏富集区带预测与目标优选”和“川西前陆盆地油气富集规律研究与勘探目标评选”攻关研究通过了国家验收，被评为 A 级以上；开展了股份公司重点项目“罗家寨气田高产井及高效开发配套技术”研究，在罗家寨气田进行试验并取得良好效果；实施了液相氧化还原脱硫技术开发，在蜀南沈 17 井建成了自主设计的第一套工业试验装置，其成果水平居国内领先；在国内首次成功进行了天然气直接制甲醇的室内试验；“天然气按里程收费”等软科学研究也取得好成果。信息化建设方面，建成了分公司企业信息门户，完成了分公司主干网络的拓宽及财务专用网的建设，进一步加强了网络管理特别是网络安全管理，实现了部分专业应用的数据集成，提高了信息资源的有效利用率。科技管理方面，制定了科技项目管理实施细则，组织召开了全国天然气学会年会等4个大型学术交流会。

【质量安全环保】 以贯彻落实《安全生产法》等国家安全生产法律法规为契机，组织安全培训1.4万人次。强化安全生产监督，向800余项重大施工作业项目派驻HSE监督近2000人次，共签订工程服务安全生产合同1100多份。先后对加强暑期、雨季和冬季交通运输安全工作提出了具体措施和要求，确保了特殊季节无重大事故发生。南充炼油化工总厂、重庆天然气净化总厂、川中气矿和川西北气矿进行了QHSE整合认证。组织专门人员清理天然气管道安全距离内违章安全隐患，积极配合地方政府督促相关部门和单位对隐患进行整改，扎实开展油气田及输油气管道生产治安秩序的专项行动整治工作。由四川石油管理局川东钻探公司承钻的罗家16H井发生“12.23”特大井喷事故后，认真组织开展井喷抢险救援工作，先后下发了一系列确保安全生产和稳定工作的明传发电，组织开展了安全生产大检查。全年，13个二级单位实现了“零事故”的安全生产目标。通过加强质量管理，南充炼油化工总厂的天府牌0号轻柴油和车用无铅汽油、川西北气矿的佳信牌工业甲醇、成都天然气化工总厂的六菱牌氦气、重庆天然气净化总厂的长征牌硫磺，获得或保持了四川省或重庆市名牌产品称号。高度重视高酸性气田开发标准的研究和制定。通过加强环保管理，各类污染物排放量均控制在考核范围以内，没有发生重特大污染事故。

【企业管理】 继续坚持行之有效的管理办法，不断强化规划和项目前期管理，强化投资效益考核的硬约束，努力提高项目管理水平，完善成本管理体系，搞好效益评价工作，积极探索电子商务采购的运作模式，确保了企业生产经营的有序运行。强化预算跟踪分析，实施了三级级差预算管理模式，加强预算的动态管理，采取增产激励措施，鼓励低成本区块增产，全年节约操作成本3300多万元。强化审计监督，围绕资金管理、物资采购、基建工程招投标等方面加强内部控制与监督，对财务、结算中心的印鉴、支票税票的管理进行审计检查，对罗家寨外输管道、忠县净化总厂等工程项目进行了重点跟踪监控。加大业绩考核力度，完成了“五定”编制、管理人员竞聘、工资套改和基本工资制度改革方案的制订，成为股份公司第一家完成基本工资制度改革实施工作的单位；修订了《薪酬总额与业绩指标挂钩考核办法》，对亏损单位提高了薪酬挂钩权重，对费用单位增加了净收入挂钩权重。对预算目标利润大、实际超额利润大且对分公司贡献大的单位，实行“贡献分”奖励制度，将薪酬总额分为固定薪酬和变动薪酬，更好地调动了员工的积极性。规范关联交易运行，建立关联交易和市场开放联席会议制度，不断细化协议及合同条款，合理调整关联交易服务项目，创新结算工作办法，保证了关联交易合理合法地实施；不断拓展合作空间，在欠平衡钻井完井技术、低效气藏的高效开发上加强合作。全年签订关联交易分协议37份，分协议及其他具体分项协议（合同）金额33.73亿元，累计支付关联交易款49.72亿元。

【精神文明建设】 在企业文化建设方面，认真抓好《集团公司企业文化建设纲要》的学习贯彻，修改完善了《西南油气田分公司企业文化手册》。据不完全统计，分公司各单位在各类报刊杂志上发表宣传企业两个文明建设成果的稿件200多篇，扩大了企业的知名度和美誉度。2003年，分公司荣获“全国五一劳动奖状”殊荣。

（谯华平）

中国石油天然气股份有限公司青海油田分公司

【概述】 中国石油天然气股份有限公司青海油田分公司（以下简称油田公司）是隶属于中国石油天然气股份有限公司的地区分公司，其主营业务包括石油、天然气勘探，石油、天然气生产、销售，石油炼制，油气化工生产、销售，石油天然气管道运营，石油天然气勘查、研究、技术服务等。2003年底，国家统计局按新标准划分 1588 家大型工业企业中，油田公司名列 229 位，跻身全国大型工业企业前列。

2003 年，油田公司紧紧围绕“创新突破逼进大场面，持续发展油气三百五”的工作目标，克服了勘探突破和原油上产的严峻考验和“非典”疫情的影响，勘探开发、生产经营和精神文明建设保持了良好的发展势头。全年生产原油 220 万吨，天然气 15.05 亿立方米；生产甲醇 11 万吨，聚丙烯 1.55 万吨；管道输油 206.5 万吨；加工原油 65.03 万吨，生产汽油 22.57 万吨，生产柴油 26.41 万吨；外销原油 144.2 万吨；完成二维地震 1580.68 千米，三维地震 360.44 平方千米；钻井进尺 27.5 万米，其中，探井进尺 3.51 万米。新增探明石油地质储量 1628 万吨，新增控制石油地质储量 3059 万吨，新增预测石油地质储量 3708 万吨；新增控制天然气地质储量 203 亿立方米。实现销售收入 45 亿元，上交税费 5.6 亿元，按国内会计准则计算实现利润 9.56 亿元，按国际会计准则利润 10.15 亿元；成本和投资控制在股份公司下达的业绩考核指标以内。油气产量、实现利润和上交税费等指标均创造了青海油田发展史上的新纪录。首次实现了利润加折旧大于投入，标志着青海油田实现了从投入型向产出型企业的历史性转变。2003 年，油田公司再次荣获青海省“财政支柱企业”首位；油田公司总经理、党委书记黄立功荣获全国“五一”劳动奖章、“2003 青海十大年度经济人物”和“第四届青海省优秀企业家”称号。

【油气勘探】　2003 年，油田公司继续将油气勘探作为各项工作的重中之重，坚持突出石油勘探，优化天然气勘探，强化目标优选的勘探原则；按照“突出预探，油气并举，择优探明，注重效益”的勘探思路和柴西第三系立足碎屑岩，柴北缘侏罗系立足中浅层，天然气立足生物气的勘探工作方针，分层次、有重点地加强了制约盆地油气勘探关键地质问题的研究，并通过加大基础研究和科研攻关和区域甩开勘探力度，实现了在马海古隆起带马北 1 井的重大突破，并获得高产工业油气流，对 887—890 米井段用 4 毫米油嘴求产，日产原油 32.4 立方米，用 6 毫米油嘴求产，日产原油 49.06 立方米，用 8 毫米油嘴求产，日产原油 63.71 立方米，油压稳定在 3.7 兆帕；日产天然气 4063 立方米。在中国石油 2003 年 12 项重要发现中，第 8 项就是“马北 1 井喜获高产油气流，柴北缘获得重大突破，揭示了柴达木盆地柴北缘油气勘探的良好前景”。通过对柴西南区三维地震资料精细解释、储层预测与综合评价，柴北缘冷湖构造带西段石泉滩构造冷 103 井发现侏罗系大段含油储层，冷湖五号构造 E_3^2 发现含油气新层系，预测石油储量 2000 万吨。通过进行新老井试油、四性关系、储层认识、油藏工程研究，油砂山油田、砂西区块 E_3^1 油藏、红柳泉油田滚动勘探开发取得较好成果，新增探明石油地质储量 1628 万吨。通过对伊克雅乌汝构造生物气藏的评价研究工作，提交天然气控制储量 128 亿立方米。

为进一步加快柴达木盆地的油气勘探步伐，解决制约青海油田油气勘探的关键问题，油田公司承办了中国石油 2003 年油气勘探年会，并在会议期间召开了柴达木盆地油气勘探技术研讨会，通过会议的研讨和交流，进一步深化了认识、转变了观念，理清了思路，明确了勘探方向，为早日实现柴达木盆地油气勘探大突破、形成大场面打下了良好的基础。

【油气生产】　针对油田开发进入中高含水期，原油稳产上产难度不断加大等不利因素，油田公司按照“精雕细刻、稳油控水、限量开采、长期稳产”的开发原则，通过实施综合治理和完善井网，减缓了油田产量递减，地层压力逐步恢复，含水上升率有所下降，自然递减率由 2002 年底的 18.3%降至 14%，综合递减率降至 6%左右，使尕斯主力油田稳产的基础得到进一步巩固；按照“早筹划、早准备、早上钻、早投产”的原则，及时安排部署开发调整井井位，加快产能建设步伐；强化生产运行管理，加强动态分析；采取风险共担、利益共享的合作开发新机制，加大难采储量开发力度；积极推广应用新工艺、新技术、新材料，试验了跃进二号油田长效防砂配方和七个泉油田水基压裂配方，实现了原油产量稳中有升。

坚持以天然气市场需求为导向，以产能建设和提高单井产量研究为重点，加大了产能建设力度，新增生产能力 2 亿立方米；配合兰州输气处加大市场开拓力度，最大限度地提供高峰供气量；继续组织提高单井产量研究工作，累计 30 口井平均日增产 4 万立方米，累计日净增产 120 万立方米，取得了很好的经济效益，并受到了青海省的嘉奖；加强油田内部天然气管线的运行管理，保证了敦煌、格尔木、花土沟三个基地的正常供气，实现了天然气产量和商品量大幅度增长。

【重点工程】　2003 年，为加快油田的发展步伐，油田公司集中资金、集中力量，启动和建设了花—格管道改扩建、花土沟 50 万吨联合站、尕斯油田污水处理系统改造、格尔木炼油厂临氢降凝装置改造、格尔木末站 6 万立方米原油储罐建设等六项重点工程。

花—格管道改扩建工程于 2003 年 3 月 15 日开工，当年完成管线组对焊接 330.3 千米，管线下沟 322.27 千米，管线下沟回填 320.2 千米，超额完成了计划工作量。花土沟 50 万吨联合站工程于 2003 年 10 月 8 日投油一次成功，各项参数达到设计要求，缓解了花土沟油田原油处理紧张的矛盾，为加快动用其新增地质储量奠定了基础。尕斯库勒油田污水处理系统改造工程于 11 月中旬投产。该工程首次采用气浮选技术、双滤料过滤技术和玻璃钢污泥处理工艺，提高了污水处理能力，保证了回注水质标准。格尔木炼油厂临氢降凝装置改造工程于 7 月 30 日投产一次成功，8 月份生产出了合格的 - 35# 柴油，增加了格炼的产品品种，扩大了市场份额和竞争力，填补了青藏地区无生产此产品的空白。格尔木末站 6 万立方米原油储罐建设工程于 9 月 30 日完工，该项目的投产进一步提高了青海油田原油储备能力，增加了原油销售调节的手段。随着这些重点工程相继建成投产，已使青海油田产、运、销、炼、储的关系更加顺畅，提高了抗市场风险、环境保护和安全生产的能力，为油田加快发展打下了良好的基础。

【改革与管理】　2003 年，油田公司坚持以改革和管理促企业发展，大力开展精细管理和科学管理，促进了油田公司整体经济效益的提高。

通过进一步规范完善各项管理制度，严格投资控制，强化项目前期工作，积极推进财务集中核算，顺利实现了中油财务管理信息系统从 5.0 到 6.0 的平稳过渡和安全运行。大力实施低成本发展战略，有效控制了成本。进一步规范油田市场，规范招投标行为，引入竞争机制，节约了生产成本支出和工程建设支出。积极推行电子商务网上物资采购业务，降低采购成本。

落实 QHSE 管理体系，油田公司 11 个二级单位建立健全了质量管理体系，通过了 ISO 9000 体系认证。坚持安全生产思想严肃、管理严格、制度严密、组织严谨和纪律严明“五个从严”，推进安全管理工作向科技延伸、工艺延伸、市场延伸和个人延伸“四个延伸”，实现了六个杜绝、四个为零、一个稳定的安全生产奋斗目标，达到了清洁无害化生产。

采取科技与生产相结合，内引和外联相结合的方式，大力开展勘探开发、生产技术的科研攻关，开展科研项目 107 项，完成 50 项，成果应用率达到了 94%以上。其中“柴达木盆地涩北一号气田提高单井产量现场试验攻关研究”项目和“柴达木盆地藻灰岩油气藏特征及勘探目标评价研究”项目分获青海省 2003 年科技进步一等奖和二等奖。进一步完善了科研项目管理体系，正式挂牌成立了青海省石油天然气技术研究开发中心，使多学科技术攻关工作在组织机构和运行机制上得到进一步保证。

（刘义发　宗福军　胡明广　唐日君）

中国石油天然气股份有限公司
长庆油田分公司

【概述】　中国石油天然气股份有限公司长庆油田分公司（以下简称公司）是中国石油天然气股份有限公司辖属的地区公司，公司总部设在中国西安。主营鄂尔多斯盆地（行政区划称为陕甘宁盆地）石油、天然气及共生、伴生资源和非油气矿藏的勘探开发和生产、油气集输、储运、炼油化工、油气产品销售、勘探开发规划和科研等业务，主要工作区域横跨陕、甘、宁、内蒙古、晋五省（区），勘探面积达 37 万平方千米。

截至 2003 年，累计探明石油储量 11.9 亿吨，拥有四个储量上千亿立方米的世界级气田，天然气储量 11142 亿立方米（国家储委审定），成为我国第一个储量上万亿立方米的大气区，在世界排名 15 位以内。累计生产原油 6504.02 万吨，原油年产居全国第四位；累计生产天然气 170.06 亿立方米，天然气年产居全国第二位，已向北京、天津、上海、西安、石家庄、银川、呼和浩特等大中城市供气。油气年产当量突破千万吨，石油探明储量和油气产量在中国石油天然气集团公司均排名第 4 位，净增长量居首位。

累计获得科技成果 2776 项，其中国家发明奖 2 项、国家科技进步奖 16 项、省部级科技成果奖 104 项，科技发展跃入全国石油系统先进行列。

2003年，实现销售收入153.85亿元，国际利润73.11亿元。投资回报率达到17.79%。油气单位操作费控制在股份公司下达的4.17美元/桶以内。完成基本建设投资106.5亿元。公司拥有资产总额365.87亿元，油气及固定资产290.94亿元。

截至2003年底，公司用工总量23321人。管理和专业技术人员4139人，其中高级技术专家273人，中级技术人员1013人，博士5人、硕士76人。

【生产指标完成情况】　2003年，为贯彻中国石油天然气集团公司工作会议精神和陈耕总裁年初来长庆现场办公提出的要求，公司全体员工辛勤工作、不懈奋斗，各项生产指标全面完成，踏上了实现“31599”目标的步伐。

全年新增石油探明储量1.1亿吨，控制储量1.4亿吨，预测储量1.8亿吨；新增天然气探明储量3132亿立方米，控制储量1460亿立方米，预测储量1611亿立方米。

建成原油生产能力206.5万吨；建成天然气生产能力27亿立方米，油气当量421.64万吨。

生产原油719.56万吨，生产天然气51.85亿立方米。油气当量达到1133万吨，比2002年实际净增长203万吨。

加工原油59.16万吨，生产甲醇9.44万吨。

安全、环保指标控制在计划指标之内。

【石油天然气勘探】　2003年，油气勘探又获得新的突破。

天然气勘探。按照“着眼盆地、适度甩开、优选区带、突出评价”的工作部署，在榆林南部及两侧的统万城、镇北台地区取得重大进展，发现了上古生界高产富集区，使榆林气田含气面积扩大了2863平方千米，储量规模达到1400亿立方米；靖边潜台东部的下古生界气藏继续向外扩展，发现了500亿立方米的储量规模；神木千5评价勘探也取得新成果。

中生界石油预探“三个层次”的部署均达到预期目的。在白马、镇北、白豹、姬塬地区实施战略展开，取得重大进展，提交优质控制储量1.4亿吨；在西峰董志、宁县—合水、姬塬地区取得战略突破，新增预测储量1.8亿吨；在盐池—定边地区实施战略准备，开辟了长2勘探的新领域。

中生界石油评价及滚动评价。在西峰油田储量升级和陕北连片两个方面均取得重要进展，落实了七个油田10个区块的探明储量，并发现侏罗系主力高产油藏。

【油气田建设】　2003年，长庆油田分公司面对十分繁重的油气产能建设任务，建立了“统一部署、统筹规划、分级管理、规范运作、过程控制”的工作机制，充分发挥市场机制在资源配置中的优势，积极调动各生产单位的能动性和创造性，上下联动，形成合力，有力地推动了产能建设任务顺利完成，公司的发展能力进一步增强。

油田产能建设。坚持“效益优先、评价优先、滚动建产、灵活调整”的原则，勘探、评价、产建短线衔接，成果共享，全年建油井1159口、水井369口，配套建成原油生产能力206.5万吨，单井初期日产达到5.9吨。现场实施效果说明，西峰油田长8、靖安油田长4+5、长6等油层分布稳定，试油、试采产量高；安塞油田杏河东北、王窑东油层厚度大，建产前景良好。

气田产能建设。坚持“整体规划、区块接替、配套建设”的原则，重视开发布井、气层保护和储层改造，快节奏、高质量建设。在9月底以前完成日处理量400万立方米和300万立方米脱硫、脱碳装置扩建工程，完成76座集气站的改建和新建工程；建气井193口，平均单井日产4.2万立方米，钻井成功率达到80.8%；配套建成27亿立方米天然气生产能力，使长庆天然气生产能力累计达到73亿立方米。

重点工程建设。靖惠输油管道工程和西—马、塞39—靖一联、南一华、侯—王复线等管线的建成投产，18万立方米储罐建成投运，进一步完善了公司的原油集输系统，增强了生产系统的安全性，极大地提高了公司抵抗自然灾害和市场风险的能力。

【原油、天然气生产】　2003年，长庆油田分公司继续实践“油气并举、协调发展”的战略方针，取得重大阶段性突破。生产原油719.56万吨，生产天然气51.85亿立方米，油气（当量）达到1133万吨，进入千万吨级大油田行列，实现了历史性跨越。

原油生产以老油田稳产为基础，加大新井上产力度，重视措施增油和管理增产，陕北油区油田开发形势良好，陇东老油田大幅度递减的趋势得到遏制，西峰油田开发速度加快。采油三厂年产原油率先突破200万吨。公司原油产量保持快速增长，净增长量超百万吨。

天然气生产。公司把保证向“西气东输”管线按时正点进气作为一项重大政治任务，2003年10月1日开始向“西气东输”管线供气，10月6日长庆天然气顺利到达上海白鹤站，做到了安全、平稳、足量供气。生产天然气51.85亿立方米，比2002年净增长12.71亿立方米。长庆天然气开发业务跃居中国第二位。

【油藏开发水平分类】 2003年，油藏分类及开发水平分级结果统计，参加分类的92个油藏，可采储量15718万吨，年产油量623.7万吨。其中一类油藏63个，比2002年增加3个，可采储量12990万吨，年产油量580.2万吨，占参加分类总产量的93.2%；含水44.6%，可采储量采出程度为34.7%。二类油藏19个，可采储量1745万吨，年产油量31.5万吨，占参加分类总产量的5.1%；含水为61%，可采储量采出程度为41.9%。三类油藏10个，可采储量985万吨，年产油量10.7万吨，占参加分类总产量的1.7%；含水79.8%，可采储量采出程度为55.8%。一类和二类油藏产油量比例为98.3%，说明油田开发总形势是好的。

12月底，长庆油田油井开井7220口，井口日产油水平21373吨，单井日产油水平3吨；综合含水50.7%；地质储量采油速度0.92%，采出程度8.62%，剩余可采储量采油速度5.85%；开注水井2250口，日注水平65081立方米，平均单井日注水量29立方米；月注采比1.29，累积注采比0.96。

【炼油化工】 炼化单位把安全放在第一位，进行技术改造，加大化工助剂产品研发和成本控制的力度，单位现金加工成本比预算下降了7.19元/吨，综合收率达到89.26%。甲醇厂抓住市场机遇，平稳组织生产，强化内部管理和市场营销，实现了扭亏增盈的目标。

【科技创新】 2003年，长庆油田分公司十分重视科技进步，投入2.1亿元，加大对上古生界气层和特低渗透油层的科研攻关力度。按照股份公司要求，开展苏里格气田开发配套技术攻关，积极探索简化工艺、降低投资、提高单井产量的途径，进一步证明了苏里格气田储量的可靠性和连片富集区存在的可能性。通过特低渗透油层攻关试验，在渗透率0.3×10^{-3}平方微米油层的储量动用和开发上取得进展，动用储量8800万吨，建成了南梁西区、吴410井区、安塞沿1井区等三个区域、10.3万吨的生产能力。同时，以增储上产和老油田改造为目标的实用技术在现场得到有效推广。实施油水井措施974井次，累计增油25万吨、增注32万立方米。

2003年，获得国家科技进步一等奖1项，陕西省科技进步一等奖1项，集团公司科技创新奖3项，公司技术创新奖69项，提升了公司的核心竞争力。

【企业改革与管理】 2003年，公司党委、公司坚持以深化劳动用工、人事制度和基本工资制度改革为中心，加大配套改革力度，增强了公司持续、有效、快速发展的活力和动力。

一是抓住人事配套制度改革的有利时机，全面推进"五定"工作。并在炼油化工单位继续推行管理扁平化，在采油单位全面推行"井区管理"模式，用标准化模式对公司机关及附属的机构设置和定员编制进行调整，优化了岗位设置。

二是改革传统劳动用工方式，劳动用工市场化、科学化、制度化。不断理顺各种劳动关系，将已经聘用的临时工、轮换工整体转入劳务公司管理，建立团体保险，稳定了队伍。

三是深化基本工资制度改革，搞活薪酬分配机制。公司坚持推广业绩合同制度，通过业绩考核拉开收入差距，建立了具有竞争力的薪酬分配制度。全面启动基本工资制度改革，建立了以岗位工资为主的有效激励、严明约束的基本工资制度，达到了稳定核心骨干队伍、吸引高层次人才、控制一般用工成本的目的。

四是深化专业技术人员管理制度改革，强化人才培养。制订了《技术资格评定暂行规定》，进一步规范了职称评审工作；加大了高级专业人才的选拔培养力度；制定并完善了科研联合体管理制度；成立了长庆油田公司博士后科研工作站，引进3名博士后进站工作，提升了油田科研工作水平和层次。

【综合治理】 2003年，持续开展了"严打"专项斗争和油区生产治安专项整治行动，积极配合全国整治油气田及输油管道生产治安秩序专项行动，先后八次开展"严打"专项斗争，共破获各类刑事案件977起；打掉违法犯罪团伙61个，涉案353人，查处违法犯罪人员1247人；取缔土炼油炉88座、非法收油窝点98处，查处盗贩原油车辆1101台，追回原油2634吨，收回侵权油井21口。使危害生产的案件比2002年同期下降了46%，输油管线打眼盗油案件下降了44%，矿区刑事案件下降了23.4%，保证了油田生产建设的顺利进行，油区外部环境有所好转。

【企业文化建设】 2003年，公司党委、油田公司对公司企业文化进行了系统总结，继承和发扬了符合长庆实际的"攻坚啃硬、拼搏进取"、"一切注重实效"、"三步走"发展目标和"三个重新认识"等企业理念，并与集团公司"爱国、创业、求实、奉献"的企业精神、"诚信、创业、业绩、和谐"的核心经营管理理念对接、整合，统一了企业文化建设的方向，形成了企业文化建设的总体指导思想。

【工会、共青团工作】 公司各级党委牢固树立依靠员工群众办企业的思想，高度重视工会、共青团等群众工作，支持工会、共青团等群众组织独立自主地开展工作，不断增强工会、共青团等群众组织的活力，桥梁纽带作用得到了充分发挥。

【党的建设和精神文明建设】 2003年，党的建设和精神文明建设取得新成果，为公司的持续发展奠定了坚实的思想基础。

（1）加强思想建设。

（2）加强基层党组织建设。

（3）注重管理者队伍建设。

（4）加强党风廉政建设。

（5）深化效能监察和审计工作。

（郭弘涛　尹寿银）

中国石油天然气股份有限公司玉门油田分公司

【概述】 2003年，在青西勘探开发困难多，油品市场波动大和“非典”疫情冲击影响的不利形势下，中国石油天然气股份有限公司玉门油田分公司（以下简称公司）上下围绕全年业绩目标，遵循“快发展、低成本、高效益、可持续”的战略方针，团结一心，顽强拼搏，集中力量打好突出预探、老区稳产、新区上产、炼化增效等攻坚仗，取得了喜人的成绩。全年原油产量继1961年（71.5万吨）之后，再次重上70万吨新台阶，原油加工量完成229万吨，外进原油165.89万吨。

2003年，玉门油田分公司设九个职能管理部门，八个二级单位，直属机构五个，截至年底共有职工4892人，固定资产原值37.2亿元，净值19.9亿元。

【油气勘探】 油气勘探按照“加快酒西，拿下窟窿山，准备酒东”的方针和遵循“多做地震、多研究，慎重打井”的原则，突出预探，明确目标，强化地质综合研究，使油气预探取得了新的进展。

（1）突出重点，窟窿山逆掩推覆带预探和评价勘探取得良好进展。一是窿9井在下白垩统下沟组见较好油气显示。由于该井地质条件极其复杂，钻探难度大，钻探时间长，引起中国石油天然气股份有限公司的高度关注。该井从2002年4月开钻，于2003年11月完钻，井深4500米，期间共见油气显示100米共30层，表明窟窿山构造南翼油气富集程度较高，逆掩推覆带内仍有较大的油气勘探潜力。二是窿110井在构造东部的低部位获得油气流，不仅证实构造东翼是一个独立的油藏系统，而且展示出该构造高部位和砂砾岩体是下步油气预探与评价的有利地区。三是窿114井在构造轴部中沟组发现新的油气层，进一步拓展了窟窿山新的勘探层系。

（2）深化研究、预探目标和主攻方向进一步明确，前陆冲断构造带成为酒泉盆地的重要勘探领域。开展了以预探为主的地质综合研究，在整体评价的基础上，已证实了盆地南部逆掩推覆构造带构造—构造岩性复合油气藏勘探领域。该构造带油源条件丰富，储层条件好，剩余资源潜力大，成为盆地最有利的勘探领域。其中位于该构造带的窟窿山构造带，呈北西西向展布，发育有窟窿山、金东、金海子构造。位于酒东坳陷南缘金佛寺逆冲带，经山地地震攻关和初步评价，背斜构造面积较大、幅度高，是下一步重点勘探目标。此外，武威、民乐、昌马盆地通过加深研究，成为下步勘探的后备领域。

（3）区域展开，部署实施了一批预探目标，使预探工作向新区带、新领域延伸拓展。在综合研究和地震准备的基础上，经过精心部署、目标优选和评价，2003年在窟窿山东西两翼、青头山构造、金海子构造和酒东营尔凹陷祁连构造部署实施了五口预探井。通过钻探，为勘探领域的扩展提供了依据。

【油气开发】 油田开发坚持“稳定老区、发展新区”的工作方针，依靠常规工艺和科技进步，加快油藏的综合研究与地质认识，加强综合调整治理，优化措施结构，挑战采收率极限，老油田开发水平不断提高，青西油田持续上产，原油产量实现稳步增长。

（1）老油田原油产量稳中有升。为确保完成70万吨原油生产任务，油田老区精心实施了稳油控水综合调整治理措施，加大产能建设力度，优化措施结构，完善注采井网，相继开展了水平井钻井、侧钻水平井、径向水平井以及老油田外围区块的潜力调查和技术研究。全年老区新钻井19口，成功率100%，生产原油33.29万吨，超计划3.29万吨，为原油生产任务的完成做出了应有的贡献。

(2) 青西油田加快上产步伐，联合站开厂一次成功。针对底水锥进加剧、稳产难度加大等诸多困难和挑战，加大油藏综合研究力度，加强新工艺新技术的完善配套，精心优选井位，突出新井投产方案的整体优化，对重点高产井实施跟踪动态分析，制定合理的工作制度，确保了重点井稳产。全年新区生产原油36.71万吨，同比增产6.58万吨，新建产能9万吨。尤为可喜的是青西联合站轻烃回收系统顺利开厂投运，一次生产出合格的液化气，液化气日产量达到40吨以上，取得了较好的经济效益。

【炼油与销售】 2003年，炼油与销售在原油、成品油价格波动、挖潜增效任务加大等困难形势下，不断优化产品结构，稳步提升产品质量，盈利能力、竞争实力逐步增强。

(1) 坚持把三个优化贯穿到生产系统的全过程，不断加强工艺管理、优化装置操作，开炼水平进一步提高。在精心开好常减压装置，千方百计提高总拔出率的基础上，合理调整加工工艺及加工路线，关停Ⅰ套催化装置，大幅降低能耗损失；采取调整催化剂活性、降低反再系统温度等有效措施，掺渣率达到31.77%。加强产销衔接，加大创效产品和高附加值产品生产力度，特油产量达到2.57万吨。攻克航压油腐蚀不合格等影响效益的突出难题，生产出特5#沥青、70#微晶蜡及80#真空封泥。特别是15#航空液压油用在中国首次载人航天“神州五号”飞船上，展现出祁连品牌的特色与实力。

(2) 依靠技术进步与科技创新挖潜增效。先后实施的油品直输、糠醛自产蒸汽外输，重整更换新火嘴等22项投入少、见效快的技改项目，提高了产品质量、降低了加工损耗，取得了较好的经济效益。同时，50万吨/年柴油加氢、25万吨/年航煤加氢联合装置已顺利中交并实现了投料、试车一次成功，使柴油、航煤质量有了质的飞跃。特别是经过坚持不懈的努力，80万吨/年重油催化裂化装置改造已通过股份公司审批立项，为炼化加快发展、实现重油优化加工创造了有利条件。

(3) 以增效创利为重点的营销工作成绩斐然。积极发挥产销一体化优势，严格执行油品配置计划，加强非配产品销售，取得了比较好的效果。

【内部改革】 为适应现代企业制度的新要求，在组织机构和队伍结构调整、劳动组织形式变革、管理层次压缩、岗位和人员优化组合、搞活内部分配等方面做了大量艰苦细致的工作。特别是按照股份公司“一级法人、行政两级管理、业务三级管理”和减少管理层次，推行扁平化管理的要求，对组织机构进行调整改革，撤销采油厂，按照地质单元组建成立了青西、老君庙和鸭儿峡油田三个作业区；将采油工艺研究所与采油厂抢险队、测试队、助剂厂等，整合成立油田工程技术研究与服务中心；将勘探开发处与采油厂技术部门归并成立油田开发事业部；将炼化处与炼化总厂相关技术部门及炼化工艺研究所相关业务整合，设立一套机构；集中物资采购管理业务，将采油厂、炼化总厂物资采购部门整合，组建成立物资采购管理中心；将公司工会、团委与各单位工会、团委办事机构组建成立群工处；将采油厂、炼化总厂公安科合并，组建成立公司综合治理办公室。使公司组织机构得到精简，员工队伍逐步精干，营运效率进一步提高，向集约化和专业化迈进了一步。在机构调整改革的同时，适时开展了以“定编、定岗、定责、定员、定岗位规范”为主要内容的“五定”工作，明确了基层单位的机构设置、岗位定员、职责范围和岗位的用人标准及工作标准，优化了人员配置，规范了业务分工和业务流程。业绩考核进一步强化。实行单位薪酬总额与实现利润、降低成本等指标挂钩的考核办法，建立业绩与薪酬挂钩机制，层层签订业绩合同，形成了单位薪酬总额随效益好坏上下浮动的激励机制。

【企业管理】 (1) 深入开展“管理增效年”活动，使管理工作向规范化方向迈进了一步。(2) 建立健全预算责任体系，加大预算执行的刚性约束力度，细化量化预算指标，从源头上控制了各项费用的支出，提高了资金使用效率。(3) 全面推进HSE管理，加强日常安全教育和技能培训，落实安全生产责任制，严格安全制度和操作规范；推进领导干部安全挂点承包制和两级监督、三级管理的到位；加大关键装置、要害部位的监管力度，做到现场安全监察不间断，专项整治管理不放松，处理违章违纪行为不手软，形成了全员重视安全生产的良好氛围。

（梁从晖）

中国石油天然气股份有限公司吐哈油田分公司

【概述】　中国石油天然气股份有限公司吐哈油田分公司是集油气勘探、开发、油气销售和科研为一体的现代化石油企业，勘探领域包括吐哈、民和、三塘湖、银额等盆地。

2003年，吐哈油田分公司共有员工3578人，其中管理人员497人，专业技术人员1674人（高级专业技术人员167人，中级718人，初级789人），操作服务人员1407人；机关设处室9个，有12个基层单位；截至2003年底，累计探明石油地质储量27198万吨，凝析油654.9万吨，天然气381.21亿立方米，溶解气464.34亿立方米。目前共动用石油地质储量19367万吨，先后配套建成了鄯善、温米、丘陵、红连、葡北等16个油气田，油田现有联合站6座，气处理装置7套，共有油水井1660口；累计生产原油2768.05万吨，天然气69.8亿立方米；拥有固定资产原值122亿元，净值55.68亿元。

2003年是吐哈油田分公司提出并实施加快发展计划的第一年，也是“稳油、增气、提效，保持经济总量稳步增长”发展战略取得长足进步的一年。全年探明石油地质储量1363万吨，可采储量376.6万吨，分别完成年计划的113%和120%；探明天然气地质储量78.84亿立方米，可采储量52.92亿立方米。生产原油235万吨，完成年度计划指标；生产天然气12.3亿立方米，液化气18.3万吨，分别完成年计划的102%和113%，油气当量达到360.5万吨；生产成品油6.6万吨，完成年计划的115%。销售原油212万吨，销售天然气7亿立方米，销售液化气18万吨，销售成品油6.6万吨。全年实现销售收入45.7亿元，上缴股份公司国内准则利润19.19亿元，上缴折旧、折耗8.98亿元，上缴税费5.76亿元。投资资本回报率达到9.99%，社会贡献率达到42.3%，人均劳动生产率128万元/（人·年），保持股份公司先进水平。

【油气勘探】　2003年，吐哈油田油气勘探工作按照“立足吐哈，油气并举，精细勘探侏罗系，大力突破二叠系，加快准备民和等外围新区盆地”的部署思路，深化地质综合研究，精细勘探部署，强化重点领域关键技术攻关，全年完成二维地震2306.01千米，三维地震403平方千米，完钻探井46口、进尺137477米；勘探总投资59213万元。2003年对22个圈闭进行了预探和评价，在四个圈闭4口井获得工业油气流，探井成功率21.1%，圈闭预探成功率22.2%。全年新增探明石油地质储量1363万吨、可采储量376.6万吨，分别完成年计划的113%和120%；新增探明天然气地质储量78.84亿立方米、可采天然气储量52.92亿立方米；新增控制石油地质储量1545万吨；新增控制天然气地质储量65.64亿立方米；新增预测石油地质储量2004万吨；新增预测天然气地质储量48.45亿立方米。

2003年，油气勘探在三个重点领域取得了新成绩：积极探索胜北富油凹陷斜坡带隐蔽油气藏，开辟了油气勘探新领域。评价认识胜北凹陷南斜坡三大鼻隆油气藏形成条件，部署3口战略探井，火北1、苏砂1井发现油气层，葡砂2井获高产工业油气流，火焰山北坡有望形成一个3000万吨级的油气富集区；整体评价红台地区中上侏罗统岩性气藏，按照岩性油气藏勘探思路，沿红台西斜坡下洼找气，通过精细岩性油藏描述与气藏预测，部署探井4口，红台204、疙8井获高产气流，红台地区天然气三级储量达到213亿立方米；强化吐哈盆地二、三叠系预探与突破，重点解剖库木—连木沁古凸起，部署的玉西1、玉西2、玉西101井均获得稠油发现，新增预测含油面积12.8平方千米，新增稠油储量3642万吨，进一步扩大了二、三叠系稠油储量规模，鲁克沁稠油储量达到了1.23亿吨，稠油富集带规模进一步扩大。

【油气田开发】　2003年，油田开发通过总结油田一次井网调整的经验，结合油田多套层系的特点，实施二次井网调整初见成效，有效遏制了油田产量递减的势头。全年生产原油235万吨，生产天然气12.3亿立方米。

油田二次井网层系调整基本达到了方案要求。按照“整体部署、分步实施、适度集中、整体见效”的原则，全年新钻调整井150口，投改注57口，调整、完善了八个区块，调整区块基本形成了五点法面积注水格局，新增可采储量195万吨，调整井平均单井增加可采储量1.55万吨，调整区块建产能25万吨。

以强化注水为核心的油田综合治理进一步见效。全年共实施措施增注264井次，累计增注达到47.3万立方米；实施完善注采关系措施92井次，调整井组配注254井次，加强注水6100立方米/日，控制注水3800立方米/日；共完成油井措施480井次，措施增产23.7万吨；共实施井下调参、工况参数优化604井次，增产1.1万吨。通过综合治理，鄯善、温米、丘陵、吐鲁番油田全年综合递减分别控制在10.1%、18.3%、28.7%和3.3%，含水上升率分别控制在1.7%、1.9%、5.5%和5.5%，鄯善、温米油田主力区块地层压力分别恢复0.66兆帕和0.56兆帕。

滚动勘探开发成绩突出。全年钻评价井28口，21口井获得商业油气流，扩大了温吉桑、雁木西油田储量规模，新增探明储量1363万吨，可采储量376万吨。优选雁木西、温五东块和温南三区块投入产能建设，建产能10万吨，全年生产原油5.1万吨。

天然气开发进度进一步加快。完成2003—2007年天然气开发规划和开发方案编制，落实了250亿立方米的资源基础；完成丘东、温西十、温八区块产能建设，动用地质储量38.4亿立方米，新建产能2.8亿立方米，油田工业气年产能力达到14.5亿立方米。加快天然气地面工程配套步伐，温西十集气站、神泉20万立方米气处理装置建成投产。

【科技进步】　2003年，吐哈油田分公司大力实施科技创新战略，充分利用内、外部两支科研力量，加强基础理论研究和关键技术攻关，广泛开展技术交流活动，积极推广先进适用的新工艺、新技术，油田勘探、开发和生产的主导技术获得重要进展，部分技术达到了国内一流水平。

勘探关键技术在重点领域获得进展。三大勘探领域地震技术攻关取得突破，吐哈盆地二叠系和三叠系、民和盆地获得了能满足构造解释的地震资料；胜北次凹、条湖凹陷首次采用宽方位三维地震技术，获得了高品质的地震资料。低孔低渗油气层保护、识别及压裂改造技术、小井眼优快钻井技术、低孔低渗储层测试等技术取得进展；全程液氮伴注大型压裂技术达到了国内先进水平。

油田开发技术初步形成了适应吐哈油田的技术体系。发展了开窗侧钻小井眼水平井、定向井技术，侧钻水平井单井产量达到了直井的2.5倍。推广两级两段和两级三段分层注水技术，实现了3000米井深的分层量化注水目标。配套应用机杆泵优化、抽油井防气、注塑杆防蜡、示功图远传技术，油田平均泵挂达到2173米，平均泵效40%，检泵周期413天，有杆泵采油达到了国内先进水平。葡北油田注气提高采收率技术填补了我国在注气混相驱矿场实践领域的空白，开展了温五区块注天然气非混相驱提高采收率先导试验。

滚动勘探发展和完善了“亮点”技术、储层反演技术、三维资料精细解释技术、变速成图技术，在台北凹陷滚动增储中取得了很好效果。

地面工程坚持推广自动控制技术，油田地面系统实现了生产全过程自动监控，油气集输密闭率、天然气利用率、原油损耗率、污水回注率等七项主要技术指标达到了国内行业先进水平。

【企业管理】　吐哈油田分公司围绕管理一流目标，加快内部改革进程，持续推进管理创新，创建吐哈管理模式取得了五个方面的新进展。

岗位工作用车费用补贴改革工作顺利完成。车改后减少专职驾驶员114名，实现了“不养专职司机、不留车队”目标，工作用车费用同比降低1006万元，降低率达18%，经济效益明显。同时，对加强企业党风廉政建设，进一步密切党群、干群关系，提高企业管理水平具有积极的推动作用，更重要的是促进了员工思想观念的进一步转变，调动了员工的工作积极性。

扁平化劳动组织结构全面建立。吐哈油田分公司所有单位都顺利完成了劳动组织结构的扁平化改造，形成了“吐哈油田分公司—采油厂—基层班组”的组织架构，达到了压缩中间管理层次、缩短信息通道、降低人工和管理成本、提高管理水平的目的。

财务实现了统一核算。集中管理减少了财务管理费用，使会计核算更加规范，会计信息的反馈更加及时准确，预算管理水平不断提高，真正实现了资金的集中统一管理，提高了对财务运行的控制能力。

信息化建设继续向前推进。网络基础设施建设、数据库建设与集成、应用系统建设取得明显成效。勘探岩心地质图文信息数据库、地震数据库、测井数据库建设取得进展；开发数据库完成了开发生产信息采集系统建设，开展“数字油田”应用系统建设，并在鄯善采油厂试点加载运行；人事管理数据库建成并投入运行；新建了井场数据采集和远程传输系统、储运销生产调度系统；所有重点生产单位工业电视监视系统全面建成；自动化办公系统、电子邮件系统、企业信息门户系统、视频会议系统实现正常运行。

市场管理不断规范。建立了统一管理、归口审查、分级负责的合同管理体系，加大市场监管力度，扩大招投标范围，全年共组织招标35次，招标金额1.58亿元，节约资金3000多万元。加大物资采购与电子商务管理，通过招投标、比质比价和市场询价，共节约采购费用1456万元，实现网上采购2.12亿元，完成年计划的133%。全年审计项目357项，审减金额2764万元。严格执行关联交易协议，做到工作量优先安排、合同优先签订、费用优先结算，全年为吐哈石油勘探开发指挥部提供价值工作量16亿元，吐哈石油勘探开发指挥部综合市场占有率达到78%，实现了互利双赢、共同发展。

【增收节支】 营销增效不断创新。甲醇销售开创了崭新的“专业化运输和特定区域代理销售相结合”的双赢模式，解决了铁路运输制约甲醇销售的问题，掌握了销售的主动权，疆内市场占有率达到100%。不断开拓液化气销售和天然气末端销售市场，充分利用市场机制和价格杠杆，有效提高产品销售利润。全年销售天然气7亿立方米，比2002年净增1亿立方米。全年通过产品增量和价格增效，累计增收2.64亿元。

培育了新的经济增长点。甲醇装置和余热发电装置先后于2003年2月和2003年9月投运成功。全年生产甲醇4.4万吨，销售4.2万吨，实现销售收入5993万元。余热发电机组日发电量达到11万千瓦·时，全年发电1106万千瓦·时，基本实现了甲醇生产“零购电”目标，节约电费支出770万元。

全面预算管理的刚性控制能力得到增强。加强全面预算管理，层层分解财务预算指标，坚持以预算控制支出，认真做好财务预算执行的监督检查和信息反馈，结合实际提出控制和调整措施，将各项成本控制在预算之内。

低成本战略得到全面落实。油田开发在滚动建产、二次井网调整过程中，推行优化建站、依托已有集输系统就近进站、低产井两井一线等方式，减少计配站扩建规模，单井投资由原来的100万元减少到60万元。各采油厂采取优化注水结构、调整低产井工作制度、推广节电新技术等措施，水电费支出得到有效控制，全年节约水电费支出455万元。鄯善、温米、丘陵、吐鲁番采油厂立足内部挖潜，主动承担低压线路检修、抽油机一二级保养、新井投产、转抽转注等工作量，节约劳务费310万元。工程技术中心测试工作量从2000年的不到5000井次，上升到2003年的8000多井次，超额完成内部创收计划。物资管理中心全年修复油管1.3万根，节约成本1100多万元。

【精神文明建设】 吐鲁番采油厂红连采油班被集团公司命名为基层党的建设“百面红旗单位”；吐哈油田分公司荣获自治区“厂务公开先进单位”；吐哈油田分公司工会荣获“全国模范职工之家”称号。

（翟红国　朱晓龙　濮玉华）

中国石油天然气股份有限公司
塔里木油田分公司

【机构队伍】 2003年，中国石油天然气股份有限公司塔里木油田分公司机关设油田分公司（党工委）办公室、生产技术处等11个处室，有项目评价中心、审计中心等9个机关附属单位，有塔西南勘探开发公司、勘探事业部等9个直属单位。塔里木油田分公司共有员工9740人。其中塔西南勘探开发公司7439人，油田分公司本部2301人。

【生产经营概况】 2003年，塔里木油田分公司生产原油525.28万吨，天然气10.89亿立方米，液化气8.39万吨；加工原油32.22万吨，生产汽油11.81万吨，柴油16.45万吨，尿素42万吨。主营业务收入894482万元，其中油气主营业务收入779407万元，炼油主营业务收入70175万元，化工主营业务收入44900万元。生产经营支出436214万元，上缴利润350855万元。本年应缴税101627万元，已缴税95825万元，年末资产总额1523878万元，负债年末总额559913万元，上级投入资金及股东权益年末总额963965万元。油气单位操作成本每桶2.65美元，炼油现金单位加工成本每吨209.37元。

2003年，塔里木油田分公司油气勘探开发和炼油化工生产建设投资计划400386万元，年末实际投资支出403315万元。年末生产用固定资产原值377368万元，净值243992万元，其中本年增加固定资产原值9469万元，净值9395万元；本年减少固定资产原值3856万元，净值25028万元。

【油气勘探】

（1）油气储量。2003年，塔里木油田分公司新增探明石油地质储量4734.5万吨（含凝析油336.5万吨），完成年计划的215.2%，累计探明石油地质储量33044万吨、凝析油地质储量7054.6万吨；新增控制石油地质储量9735.8万吨（含凝析油496.8万吨），完成年计划的162.26%，新增预测石油地质储量6381万吨，完成年计划的67.2%。

新增探明天然气地质储量116.43亿立方米，完成年计划的58.22%，累计探明天然气地质储量6224.07亿立方米，溶解气地质储量355.23亿立方米；新增控制天然气地质储量141.7亿立方米（含溶解气37.95亿立方米）；新增预测天然气地质储量1108.75亿立方米，完成年计划的110.9%。

（2）物探。2003年，塔里木油田分公司共完成地震项目22个。投入二维地震队27个，其中山地地震队19个；完成二维地震7703.09千米，占年计划9360千米的82.30%，其中山地二维地震4151.07千米。投入三维地震队6个，完成三维地震1532.7平方千米，占年计划的102.87%。共完成5个非地震勘探项目，投入非地震勘探队5个，完成重力勘探3929.5千米、7351点，磁力勘探3361.5千米、7280点，电法勘探1802.7千米、4558点，化学勘探211.6千米、1178点。VSP测井13口。井位测量70口次。解释二维地震资料37.12万层千米，其中物探研究院库尔勒分院解释二维地震资料16万层千米；解释三维地震资料22429平方千米，其中物探研究院库尔勒研究分院解释三维地震资料15800平方千米。发现和重新落实圈闭70个，圈闭总面积5919.9平方千米；储备圈闭99个，圈闭总面积7168.5平方千米；落实和较落实圈闭64个，圈闭可靠性91.4%。圈闭石油资源量24.95亿吨，天然气资源量30383亿立方米。提供勘探井位39口，被塔里木油田分公司采纳27口。

（3）探井。2003年，塔里木油田分公司共钻油气勘探井50口，其中预探井29口，评价井21口；当年开钻井41口，跨年度钻井9口。当年完钻井37口，完井35口。探井评价井钻井总进尺188648.28米，取心进尺1446.82米，取心收获率96.76%。获工业油气流井16口。油气勘探取得2个重大发现：一是乌什凹陷乌参1井白垩系获油气流，预测天然气地质储量1108.75亿立方米；二是满东1井加深钻探志留系获工业油流，预测天然气储量规模约1000亿立方米。4项重要进展：一是哈得4油田通过勘探开发一体化，新增探明石油地质储量2890万吨；二是塔中多目的层勘探取得进展，预测石油地质储量6381万吨；三是轮古潜山油藏评价成绩显著，控制石油地质储量6574万吨；四是柯克亚油气田下第三系凝析气藏评价获重要进展，新增探明加控制天然气地质储量150.1亿立方米，凝析油718.8万吨。2个重要苗头：一是轮南东斜坡轮南62井石炭系获低产油流；二是英东2井在寒武系见良好油气显示。

（4）录井。全年勘探动用9个录井公司，29台录井仪器，录井作业30口井，录井总进尺58213.39米，录井总天数2627天。

（5）测井。全年探井测井施工作业182井次，其中组合测井44井次，对比测井42井次，固井质量测井34井次，新技术测井53井次，其他（或单项）测井9井次。

（6）试油。全年在38口探井试油，试油地层101层。其中完井试油56层，中途测试34层，老井复试11层；射孔作业10口井22层，酸化作业5口井5层，压裂作业7井次，其他作业16口井67层。乌参1井、满东1井、塔中62井等16口井试获工业油气流。

【石油钻井】　2003年，塔里木油田分公司共钻井108口（含跨年度井），其中探井29口、评价井21口、开发井58口。当年开钻井87口，完钻井79口，完井78口，平均完井井深4696.07米，平均钻井周期96.25天，钻井进尺366928.39米，钻机270.28台·月，机械钻速5.10米/小时，钻机月速1358.25米/(台·月)，取心进尺1645.21米，取心收获率96.79%，生产时效89.28%，进尺工作时效61.26%，纯钻时效36.89%。

【油气开发生产】　2003年，塔里木油田有油井502口，其中塔里木油田本部429口，塔西南公司73口。全年生产原油525.28万吨，其中塔里木油田本部生产原油505万吨，塔西南公司20.28万吨。生产天然气10.89亿立方米，其中塔里木油田分公司本部6.07亿立方米，塔西南公司4.82亿立方米。生产液化气8.39万吨。注水318万立方米，注气10.11亿立方米。

2003年，塔里木油田实施科学管理，大打原油生产攻坚仗和科技攻关仗取得显著成绩。一是油气生产迈上新台阶。原油产量525.28万吨，比2002年增长4.43%。液化气产量8.39万吨，比2002年增长2.95万吨。二是通过实施结构调整，改善了老区开发效果。轮南油田全年实施措施44井次，措施增油8.35万吨。东河油田通过提高水驱储量动用程度，改善了注采结构。塔中4油田通过增加CI油层油井点和补压开采，启动CI注气非混相驱先导试验，增强了原油生产能力，减轻了主力单元的压力；三是加快新区产能建设，2003年，投产新井50口，产油41.58万吨。哈得4油田滚动扩边计划部署9口井，投产油井13口，新建产能15万吨，实际投产油井13口，产油23.77万吨。四是科学管理开创新局面。2003年完成油气单位考核操作成本为2.19美元/桶，钻井单位考核成本为4044元/米，成本管理成效显著。

【西气东输上游建设情况】 截至2003年底，塔里木已发现克拉2、吐孜洛克、迪那2、牙哈、英买7、羊塔克、玉东2、红旗、吉拉克、吉南4、提尔根、塔中6、和田河、柯克亚14个气田。累计探明天然气储量6579.3亿立方米，三级储量1.38万亿立方米。

2003年8月27日，西气东输上游产能建设工程——克拉2气田产能建设开工。

2003年，克拉2气田产能建设地面工程开工建设的主要工程有：克拉2气田中央处理厂场平、克孜尔河大桥、盐水沟隧道、110千伏和10千伏输电线路、外输管线伴行路及生活公寓等。2003年8月开工以来，设计、监理、钻井、土建等各类施工队伍共10个专业33家队伍4000余人协同作战，其中现场施工队伍27家3500人。物资采购涉及国内130家厂家，国外50个厂家。2003年底，已建设完成克孜尔河大桥和克拉气田中央处理厂场地平整工程。

【油气及化工产品销售】 2003年，塔里木油田分公司销售原油497.97万吨，天然气35880万立方米，液化气8.38万吨，轻质油7.43万吨，汽油11.81万吨，柴油16.35万吨，尿素42万吨，全年实现工业销售值89.41亿元。

【炼油化工生产】 全年加工原油322299吨，占加工量100%，生产汽油118120吨，其中90#汽油106015吨，93#汽油12105吨，生产柴油164516吨，生产液化气11563吨，生产炼油部分干气23485吨。生产尿素42万吨，比2002年增长68.2%。

【油田建设】 2003年，塔里木油田分公司实施基建项目19项，其中2002年跨入2003年项目4项，2003年新建项目15项，至2003年底开工项目19项，完工14项，有5项跨入2004年。全年油气勘探开发和炼油化工生产建设计划投资400386万元，年末实际完成投资支出403315万元。重点工程有：克拉2气田产能建设工程，塔中4油田绿化工程，塔中1号公路工程，铁门关水电厂天然气一级调压计量间工程，牙哈—轮南输气管道工程，牙哈、轮南、哈得油田固体废料处理场工程，库尔勒石油基地防洪堤改造工程。

【科技工作】 2003年，是塔里木油田分公司的“科技管理年”和“勘探突破年”，共开展勘探、开发、钻井试油、数字油田、综合类及博士后工作站科研项目（课题）六大部分，32个子项目、149个课题（专题）。其中国家“十五”重点科技攻关课题2个；中国石油天然气股份有限公司重点课题3项，结转2002年科研课题5项。当年结题122个，其中自研课题70个。全年投入科研资金11820万元，其中自研经费5625万元。

2003年10月14日，塔里木油田分公司等单位共同承担的国家“十五”重点科技攻关课题“中国油气资源发展关键技术研究”下属课题“塔里木盆地大型气田勘探开发关键技术研究”及所包含的4个一级专题，29个二级、三级专题，通过了国家科学技术部和国家“十五”重点科技项目攻关办公室组织的专家组中期检查验收，课题评为A级成果。塔里木油田分公司等单位承担的国家“十五”重点科技攻关课题“塔里木沙漠公路防沙与绿色走廊建设关键技术开发”课题已进入评估总结阶段，规定完成期限为2004年11月。2003年塔里木油田分公司承担的中国石油天然气股份公司3项重点科技攻关课题及接转2002年的课题进展顺利，其中有3项通过中国石油天然气股份公司组织的专家阶段检查验收，有1项被评为优秀成果。

【关联交易】 2003年，塔里木油田分公司与塔里木石油勘探开发指挥部（以下简称塔指）全年共签订关联交易合同23份，关联交易总协议1份，塔指向塔里木油田分公司提供产品和服务专项合同21份，塔里木油田分公司向塔指提供产品专项合同1份，按照价格和工作量，塔指向塔里木油田分公司提供实际结算总额为39640.40万元，比2002年结算额减少817.32万元，减少额占结算额的2.02%。

【环保与安全生产】 2003年，塔里木油田分公司在环境保护方面，一是落实建设项目环境影响评价制度和“三同时”制度，当年开展了桑南油田开发建设工程，塔西南石化厂炼油装置技术改造项目，沙漠公路生态防护林工程，固体废弃物填埋场和污水处理改扩建等项目的环境影响评价，环评率100%。二是加大污染治理力度，实现哈得作业区采油污水处理完全回注。三是开展了环保科研，2003年8月高含氯工业废水COD测定方法研究项目通过国家及专家验收，9月30日国家环保总局将其转化为国家标准。与加拿大开展了清洁生产合作项目，制定了清洁生产审计标准和规范。2003年，塔里木油田分公司哈得4油田开发建设工程和牙哈凝析气田开发建设工程获得国家环保总局首次组织的国家环境保护工程奖。2003年国家正式立项塔里木沙漠公路防护林生态工程正式开工建设，这项工程全长436千米，总体宽度72—78米，总投资21861.11万元。

在安全生产方面，塔里木油田分公司加大安全宣传、培训和安全生产监督检查力度，开展安全专项治理，落实各项安全防范措施。一是制定了年度HSE工作宣传计划和宣传重点，在《塔里木石油报》常年开辟专栏宣传安全生产，组织了以人人事事保安全为主题的安全知识竞赛、演讲、及板报比赛等一系列活动，营造出浓郁的安全生产氛围。二是举办了井控、电工、HSE内审员，交通安全知识、义务消防等多项培训、培训2482人次。三是强化制度建设，先制定下发《塔里木油田分公司安全监察员管理规定》等一系列规章制度。基层生产指挥、组织协调人员实行生产指挥安全资质证，操作员工实行操作安全资质证制度，加大了对违反生产操作规程的处罚力度，违章现象得到有效遏制。四是组织全油田以防触电、防雷击、防油气火灾爆炸、防井喷、防人身伤亡、防锅炉压力容器爆炸等为主的“十防”大型安全检查2次，开展井控安全，民爆物品和消防安全等专业安全检查5次。五是开展了锅炉压力容器，危险化学品、输油气管道、交通、消防等安全专项治理活动。

2003年，塔里木油田分公司全面完成中国石油天然气股份有限公司下达的生产指标，连续5年实现了安全生产，先后被评为完成中国石油天然气股份有限公司和勘探与生产分公司、新疆维吾尔自治区2003年度安全生产先进单位。

【企业文化建设和精神文明建设】 2003年塔里木油田分公司有6个党支部荣获中国石油天然气集团公司“百面红旗单位”称号；荣获全国青年创新创效活动先进单位和新疆维吾尔自治区十大团建目标考核先进集体；连续6年获新疆维吾尔自治区文明单位称号。

【油田帮助地方抢险救灾及扶贫情况】 2003年，塔里木油田分公司共援助地方资金1471.41万元，其中油田分公司（本部）援助地方经济建设和社会发展项目18项，注入资金942.37万元，捐助救灾资金256.78万元；塔西南援助地方资金272.26万元。

2003年，塔里木油田分公司按照新疆维吾尔自治区提出的“今年解决19万特困人口温饱，3年解决44万特困人口的温饱，10年使大多数低收入人口步入小康的总目标的要求。根据对口扶贫县的实际情况，统一领导，统筹规划，精心组织，完成了“三县一乡一厂”（尼勒克县、墨玉县、洛浦县、若羌县瓦石峡乡和巴州陶瓷厂）的扶贫工作，其中为三县一乡一厂注入资金248.53万元，援助物资40吨。

（年鉴办公室）

中国石油天然气股份有限公司冀东油田分公司

【概述】 2003年，中国石油天然气股份有限公司冀东油田分公司（以下简称公司）以党的十六大精神和“三个代表”重要思想为指导，以“提高工作水平和工作质量”为主线，认真贯彻落实中国石油天然气集团公司、中国石油天然气股份有限公司一系列指示精神，积极实施科技兴油、低成本、人才开发三大战略，实现了“储量大增长，产量换7字头，成本换5字头”的工作目标，全面完成了一届四次职代会决定的各项工作。新增探明石油可采储量530万吨，为股份公司考核指标的353%；新增控制石油储量5190万吨，为股份公司考核指标的346%；新增预测石油储量6698万吨，为股份公司考核指标的335%。生产原油 74.8 万吨，为股份公司考核指标的 106.8%；新增原油生产能力 14 万吨，为股份公司考核指标的 116.7%；生产天然气 4370 万立方米。投资资本回报率 10.83%，比股份公司考核指标增加 3.22 个百分点；实现利润 2.0871 亿元，比股份公司考核指标增加 0.8871 亿元；油气勘探成本、开发成本、操作成本分别为 1.04 美元/桶当量、4.19 美元/桶当量、5.96 美元/桶当量，分别比股份公司考核指标下降了 58.6%、5.0%、0.33%；实现销售收入 127923 万元，实现工业增加值 83560 万元，上缴税费 27607 万元。

【地质勘探】　2003 年勘探工作紧紧围绕战略展开、战略突破、战略准备三个勘探层次，在南堡陆地、南堡滩海和外围三个战场展开，完成二维地震采集 500 千米，三维地震采集 680 平方千米，预探井 11 口，进尺 3.11 万米；评价井 5 口，进尺 1.85 万米。实现了储量大增长，认识新提高。

一是岩性油藏勘探取得重大突破，柳赞油田形成 5000 万吨级规模。高柳、北堡、老爷庙都存在岩性油藏的勘探目标。柳北地区构造背景上岩性油藏勘探取得重大突破，探明优质石油储量 1711 万吨，柳赞油田三级储量累计超过 5000 万吨。高柳地区共识别了 37 个沉积体，叠合面积 107.2 平方千米，通过初步优选，高柳、老爷庙共有 9 个岩性圈闭可供钻探。形成了一套适合南堡凹陷地质特点的岩性油藏勘探工作思路和研究方法，为今后岩性油藏勘探的大发展创造了条件。

二是高南中浅层勘探取得重大突破，高南地区中浅层储量达 1 亿吨级规模。通过老井复查、新井钻探和强化综合研究与评价，东营组新增预测石油储量 3126 万吨；明化镇、馆陶组新增控制石油储量 3464 万吨，预测石油储量 3572 万吨。

三是高柳深层沙三段油藏评价获重要进展。通过高 120x1 井和高 191x1 井的钻探，在高尚堡沙三段初步预测含油面积 2.4 平方千米，新增控制石油储量 400 万吨，逐步实现了高尚堡构造带深层整体含油连片。柳东断鼻柳 24 断块通过柳 122x1 井的钻探，初步预测柳东新增控制石油储量 340 万吨。

四是洪泽地区勘探获得新进展。管镇地区发现了三个油藏，预测石油储量 2000 万吨。

五是唐海断鼻有了新认识。唐海断鼻发育在西南庄断层下降盘，有利勘探面积 40 平方千米，储层发育，勘探潜力大，成为勘探的重点。

六是南堡滩海落实了具有重大意义的勘探目标。明确了北堡西、南堡、蛤坨和马头营构造带，有第三系低幅度构造、地层超覆和岩性圈闭、前第三系潜山。南堡构造带经评价为最有利的勘探目标。

七是大丰—兴化具有勘探潜力。明确白驹凹陷是构造主体，已经发现 8 个圈闭，累计面积 252.5 平方千米，资源丰富。第三系、中生界、古生界为重要勘探目标。

八是三水盆地明确了构造格局，落实了圈闭。有宝月背斜构造带、河口断裂、马头岭断裂构造带，69 个圈闭，累计圈闭面积 142 平方千米。

总结这几年勘探开发工作的经验，可归结为：解放思想、实事求是的指导思想；高质量、高水平的物探信息；多学科的综合地质研究和勘探开发一体化的管理方式“四大法宝”。

【开发生产】　已开发油田总体综合递减趋缓。抓动态监测，深入开展“一井一法”，稳住单井产量；跟踪动态分析，“一块一策”稳住区块产量。提液、解堵、防砂为主导措施，措施成功率达到 80.9%，较 2002 年提高了 2.3 个百分点，工艺措施增油量占措施总产量的 73.7%，比 2002 年提高了 10 个百分点，油井平均免修期达到 371 天，年措施增油 9 万吨，油田综合递减由 7%降到 5.3%。

水平井在油田开发中优势突显。水平井使柳 102 区块的年生产能力由 9 万吨升至 15 万吨，采收率由 29%提高到 40%。2003 年实施的 12 口水平井效果良好，单井产量较定向井提高了 2—5 倍，采收率提高了 10%—15%。水平井防砂、解堵工艺逐渐配套，双作用泵和螺杆泵更使水平井如虎添翼，进一步证明水平井在提高储量动用程度、解决层间矛盾、提高单井产量和降低开采成本上具有独特优势。

产能建设指标突破，为 2004 年提产创造了条件。钻开发井 45 口，进尺 12.4 万米。平均单井日产 20 吨，为设计指标的 150%，新建年生产能力 14 万吨。

高 104－5 区块整体调整效果明显，年产油 20 万吨，采油速度 1.05%，平均采收率达 25%以上。8 号、12 号、13^2 号主力层各为独立开发单元。12 号层以边水调剖为主，配以提液、解堵、防砂，调剖受效区综合含水下降 5%，日产油较 2002 年底增加 45 吨，使区块年产 10 万吨稳产。8 号层水平井开发，可建产能 4 万吨，采收率可达 34%。13^2 号层水平井调整，可建产能 6 万吨，采收率将达 36.6%。

调整后的柳北分三个层系注水开发，建产能 20 万吨，采收率 36.5%，将一跃成为油田主力区块。高南浅层调整可建产能 10 万吨。

洪泽探区工艺上突破出油关，试采前期工作已开始。

提升五大系统效率成绩斐然。与2002年相比，机采系统效率提高了2.33个百分点，集输系统效率提高了0.22个百分点，注水系统效率提高了3.21个百分点，加热系统效率提高了0.38个百分点，电网网损下降0.5个百分点，万元产值综合能耗为5.51吨（标煤），比2002年减少0.36吨（标煤）。

工程质量保持高水平。井身质量合格率100%，固井质量合格率100%，重点工程质量合格率100%，新井投产一次成功率100%。

2003年开了一次成功的科技座谈会，展示了累累硕果。每个成果都带来了认识上的深化，或储量的增加，或产量的增长，或效率的提高，或效益的增长。也正是这些物质和精神成就，证明了科技成果的有效和先进，使我们再次深信科学技术是油田发展的推动力。

【企业管理】 内控有序，生产经营运行有效；依法维权，经营环境转好。适应新管理体制，油田内控制度经过几年磨合形成运行轨道，上下级之间、部门单位之间、甲乙方之间关系协调融洽、行为规范。尽管2003年产量增长、投资增加、成本下降、战线拉长、工作量大幅增加，生产经营活动仍然保持较高的效率，见到好的效果、好的效益。

财务实现了一级核算，会计信息准确及时有效。财务预算年初就把费用控制在指标之内，跟踪动态分析，总量控制，必要调整，保证生产经营活动正常开展。

滚动计划，储备项目，抓紧前期准备，重视项目后评估。项目跟着效益走，资金跟着项目走，出现了一批工期短、造价低、质量优的项目。

落地油、轻烃竞卖，网上采购，坚持经济运行程序。

动员各级组织和员工贯彻“预防为主”方针，全面实施HSE管理体系B版程序。完成柏各庄油田、北堡油田、柳一联污水生化处理站等环境影响评估，洪泽、三水地区环境评估正在进行。开展安全知识讲座和编写典型事故案例教材，制订生产安全事故应急救援预案。

经常性地进行HSE执行情况检查监督，哪里有生产经营活动就检查到哪里，监督到哪里，发现问题及时纠正，发现隐患立即整改。

审计监察对生产经营活动主要环节旁站监督；工程预结算关口前移；例行审计监察全覆盖；突出重点效能监察，查找漏洞。

油田被评为省级“重合同、守信用”单位，树立了企业良好的外部形象。

积极参与参控股公司的管理，掌握公司经营动态，促进公司的健康发展，维护了我方利益。

依法诉讼16起，挽回经济损失300多万元。由于生产活动使当地群众利益受到影响，都依法进行赔偿。

积极配合地方公安部门，深入开展油区治安秩序专项整治行动。

对员工无偿法律援助，既推动普法，又解油区员工之忧，挽回经济损失13万元。

慎重操作引入劳动力市场价位，全员竞聘上岗，建立了符合市场经济体制发展要求的分配新机制。

建立补充医疗保险，解决了员工后顾之忧。调整基层单位作息时间，方便了员工的生产生活，提高了工作效率。

按照“一岗精，二岗通，三岗能”的要求，“干什么、学什么，缺什么、补什么”，立足岗位培训。开展岗位练兵、技术比赛等活动，进行技能鉴定和持证上岗培训，既满足油田发展需要，又提高了员工岗位竞争力。

立足长远，储备技能，支持员工参加继续教育。

【思想政治工作】 2003年面对产量与成本、工程进度与质量、任务重与人员紧、安全与生产、局部利益与全局利益、甲乙方利益之争、原则性与灵活性、深化改革与队伍稳定、员工的需求高于满足的可能、员工之间利益平衡、突发事件等多种矛盾的交织，各单位、各部门都比较好地处理了这些矛盾，使工作有效推进。

2003年上半年“非典”突然冒出、肆虐，危及员工的健康与生命，引起恐惧。党委立即按照上级要求，做到思想认识、组织领导、宣传教育、积极预防、应急预案、督促检查和企地联防到位。组织捐款支援政府，取得了抗“非典”胜利，保证了生产经营活动正常开展。

【党的建设】 党的建设从党员入手，从党支部入手。多年实践证明，在党内开展“创先争优”竞赛活动是加强党支部建设、提高党员素质的一种好形式。2003年党委明确把“创先争优”活动作为加强基层党建的载体，并对活动内容和评比办法进行了完善。

组织党员学习新党章，通过党的知识竞赛提高学习效果。入党积极分子队伍壮大，新党员素质提高。

2003年党内民主生活会的质量进一步提高。会前准备充分，写好书面材料，会上畅所欲言，认真地开展批评与自我批评。对群众关心的问题统一思想、提高认识，得到了比较好的处理。民主气氛好，加强了班子团结，增强了凝聚力。

【工会共青团工作】　工会共青团组织紧紧围绕油田党委的中心任务、依照各自章程开展工作。落实全心全意依靠职工群众办企业的方针，坚持职工代表大会制度，坚持厂务公开制度，民主监督，民主决策落实。

（付建华）

中国石油天然气股份有限公司浙江勘探分公司

【概述】　2003年中国石油天然气股份有限公司浙江勘探分公司（以下简称公司）共有员工66人，其中，高级工程师18人、工程师38人。机构设置有总经理办公室、人力资源部、计划财务部、勘探生产部四个机关职能部门；有研究所、天然气公司、杭州南华技术开发公司、浙江中油销售公司四个基层单位。

【油气勘探】

1. 南鄱阳坳陷东区

完成2002年跨年度的二维地震勘探430.70千米，为年计划的100.14%；共生产9790炮，其中一级品率83.01%、二级品率16.11%，合格率99.12%。

对新老地震资料进行精细高保真处理，共完成处理剖面850千米，其中老的二维地震剖面450千米。

采用背靠背的方式进行地震资料构造解释和有利勘探区带评价，共完成了850千米地震剖面的综合构造解释和有利构造区带的评价优选工作。

2. 南鄱阳坳陷西区

完成1口区探井——鄱参1井，由华北石油管理局第三钻井分公司实施。鄱参1井设计井深3580米，2003年1月28日开钻，因提前钻遇变质岩，于2003年6月24日完钻，2003年7月6日完井，总进尺3040米。

鄱参1井随钻开展的电测、VSP测井、中途测试等配套工作，由大港油田地质录井公司、江苏油田地质测井处、斯伦贝谢测井公司、东方地球物理公司华北物探公司VSP队和华北石油管理局测井公司五家单位共同实施。

3. 沅江凹陷

完成二维地震概查测线20条、满覆盖长600千米，其中一级品率85.06%，二级品率14.43%，废品率0.51%。

同时，对20世纪90年代初对外合作期间采集的24条数字测线老资料进行了重新处理。

4. 加快对外围新油气勘查区块的资料搜集和前期评价研究

重点是加强对“苏北盆地泰州—姜堰地区”等在南方有一定油气勘探前景区块的资料搜集、前期勘探调研和评价工作，系统收集了钻井、地质、地震、试油等资料，对地震老资料进行重新处理和综合构造解释。

【信息化建设】　2003年建立起了法律合同管理信息系统、股权投资管理系统、勘探数据信息系统、能源1号电子商务平台、纪检监察信息系统，开通了石油主干网和视频会议系统。

根据油气勘探工作的实际需要，结合公司信息与计算机及其附属设备的配置现状，增加了12台电脑和附属配套设备及相应的应用软件，对公司范围内的计算机和网络资源进行了统筹调配。

【合同管理】　2003年，公司继续强化勘探项目的合同管理和过程管理，逐步完善甲乙方管理模式，包括工程招议标方法和程序、工程费用测算、合同范本、设计审查与审批、工程监督与验收、项目竣工与决算等，严格按规范要求操作。认真搞好合同管理基础工作，及时把公司签订的合同于次月5日前录入合同管理信息系统，同时建立完整、规范的台账，实行分类、分期管理，确保文档资料完整、归档及时、查阅方便。特别强调签订勘探项目合同必须同时单独签订安全生产合同，全体员工也按照股份公司的要求签订员工安全生产合同，明确安全职责，确保安全生产。严格按照股份公司勘探项目管理的有关规定，公司勘探项目实行市场准入制度、招投标制度和授权签约制度，勘探市场100%开放。法律合同管理人员和有关合同项目执行人员一起在合同签约过程中积极参与、认真负责，维护公司的合法利益和市场信誉。2003年公司签订的各类勘探项目合同共计40份，涉及金额3400万元，没有发生一起合同纠纷。

【工资改革】　2003年公司推行基本工资制度配套改革，本着公平、公正、公开的原则，在充分调查摸底，广泛征求员工意见的基础上，制订改革方案，报经股份公司审查批准后，稳妥组织实施。

具体办法是，根据公司"五定"方案，对机关管理人员进行履职测评，然后公布各岗位职数，组织员工报名竞聘，在此基础上通过各单位、部门党政正职由公司总经理提名，报党委研究同意；行政副职及各管理、技术、操作岗位由部门、单位行政正职提名等一系列规定程序重新聘任，共有62人聘任上岗，其中专业技术职务实行评聘分开，共有27人被聘任到管理岗位，27人被聘任到专业技术岗位。

【安全管理】　认真贯彻股份公司安全生产电视会议精神和有关文件精神，定期开展交通安全法律、法规学习，确保行车安全；加强安全监督检查，特别是对易燃、易爆的加油站，天然气田等要害单位和部位建立了突发事件应急处理预案，设立了突发事件警示牌，进行了突发事件演练，并对这些部门加强监督检查，及时发出整改通知，杜绝各种安全隐患和漏洞，2003年，公司无一安全生产责任事故发生。

天然气田的气管线老化严重，废弃井较多，是公司安全隐患的重点部位。在安全管理上，坚持每天的巡井制度，及时排查和处理漏气、管线被破坏等安全隐患；妥善处理各种废弃井，2003年分两批进行封堵了37口停用井和分散探井。

（谢乃强）

中国石油天然气股份有限公司哈尔滨石化分公司

【概述】　2003年，是中国石油天然气股份有限公司哈尔滨石化分公司（以下简称公司）实现较快发展的一年。在中国石油天然气集团公司和中国石油天然气股份有限公司的正确领导下，企业坚持以人为本、创新发展的方针，积极实施"精炼油、细化工、特色发展"的战略，全年加工原油215.5万吨，其中大庆原油198.47万吨，俄罗斯原油17.03万吨，全年实现销售收入51.23亿元，实现税费5.7亿元，实现利润1.7亿元，超额完成了股份公司下达的各项经营任务。

【主要生产指标】　综合商品率91.04%，比预算提高了1.04个百分点；轻质油收率80.99%，比预算提高了0.54个百分点；原油加工损失率0.94%，比预算降低0.06个百分点；综合能耗90.16千克（标油）/吨，同比下降3.12千克（标油）/吨；单位能量因数耗能12.67千克（标油）/（吨·因数），比预算降低0.33千克（标油）/（吨·因数），同比下降0.22千克（标油）/（吨·因数）。

【主要产品】　全年共生产汽煤柴油品177.94万吨，同比增长2.83%；其中，汽油78.70万吨，同比增长4.93%；柴油94.27万吨，同比增长1.67%，柴汽比1.2；航空煤油4.97万吨，同比少产0.34万吨；精丙烯5.67万吨；聚丙烯3.45万吨，同比少产0.14万吨；MTBE2.62万吨，同比少产0.55万吨；液化气10.77万吨，同比增产0.65万吨。

【工程建设】　标志着公司建设炼化一体化特色企业的3万吨/年甲乙酮项目已完成5000万元的投资，设备基础及地下管网全部完工，为设备安装及"6.30"机械中交奠定了基础。企业还投资1000万元新建了职工餐厅，可容纳千名员工同时午餐，使就餐环境和条件发生了历史性变化。

【企业改革与管理】　2003年，企业在经营管理中主要抓了以下六方面的工作：

（1）理清发展思路，打造特色炼化企业，谱写企业发展新篇章。在集团公司战略调整的背景下，企业引导职工在思想上树立"只要有一家炼厂不亏损，我们就不能亏损"的奋斗目标。在只有发展才能保生存的理念支配下，我们逐步完善"精炼油、细化工、特色发展"的内涵。即炼油项目要做精，主要是在产品质量、品种、附加值和化工资源上大做文章；化工项目要做细，主要是充分依托现有资源，细分市场，生产适销对路的化工产品，走炼化一体化发展道路，全力打造"精品型炼化企业"。

（2）精心组织生产，强化现场管理，装置运行再上新台阶。2003年以来，在强化生产管理方面，企业一是加强以安全生产责任制为主要内容的各项制度的落实，通过员工缴纳安全风险抵押金等形式提高全员的安全意识，落实安全责任；二是加强现场管理。全面实行24小时不间断电子巡检及“15：00时联合检查”制度，及时发现生产装置的重大险情，避免了重大事故的发生；三是加强设备维护保养，延长运行周期。三催化烟机组连续运行22个月，达到国内最好水平，余热锅炉连续运行16个月，热效率较设计值提高7.9个百分点，装置有望实现三年一修的长周期运行目标；四是优化生产结构，生产围着市场转，全年根据市场需求调整生产方案34次，实现了增产增收增效。

（3）强化产销衔接，抓住市场机遇，努力拓展盈利空间。2003年，计划、生产、销售、财务部门密切配合，使产品价值和经济效益得到最大程度的提升。一是积极落实资源，努力提高装置的加工负荷。企业在完成原有计划的基础上，先后争取到4.2万吨的渣油资源和12.25万吨的俄罗斯油资源，为实现较好的效益奠定了基础。二是按市场需求以销定产、以销保效。根据市场变化，努力增产低凝点柴油和高标号汽油，柴油完成配置计划的105%以上。其中市场急需、效益好的－35#柴油累计生产了7.83万吨，同比增产0.95万吨。三是密切关注化工产品市场行情，加强效益测算，合理安排聚丙烯、液化气、丙烯、丙烷等化工产品的生产和销售，以甲乙酮装置的开工建设为契机，组建化工产品销售中心，对化工产品销售集中管理。

（4）立足内涵改造，持续推进技术进步，为企业发展注入活力。根据汽油质量升级的要求，企业组织了低烯烃清洁汽油生产的技术攻关，到2003年4月1日企业所有牌号的汽油已全部达标，20万吨/年乙醇汽油调和项目的投用，填补了哈尔滨市场的空白；年初确定的30个技改项目、18个节能项目全部完成，气柜回收液态烃项目完成后年可回收液态烃组分1320吨，增效300万元。油品442#、444#罐安装了内浮盘，每年可减少俄罗斯油挥发损失800余吨，价值达100万元等，为节能降耗奠定了基础。

（5）开展“六查六整顿”活动，提升企业管理水平，努力完成挖潜增效任务。根据“六查六整顿”工作的要求，企业结合自身特点从“抓管理、转作风、降成本、提效益”上落实上级的要求。一是明确责任。总经理与副总经理、副总经理与各车间部门、车间与班组个人等层层签订业绩合同，形成了全员责任与风险意识。二是加强制度建设，制定了《员工行为准则》和《干部行为规范》，约束了员工的行为，转变了管理人员的工作作风。三是鼓励员工参与企业生产经营，提出合理化建议。在“六查六整顿”活动中，各单位提出并实施近300项措施，创经济效益1450多万元。全年财务费用比预算下降1600万元；降低库存节约资金515万元；清仓利库节约资金519万元。

（6）深化内部改革，推进机制创新，加大对专业人才的培养力度。以创建学习型企业为目标，建设一支高素质的人才队伍。一是鼓励员工在职学习，目前企业已有16名管理人员被录取为管理或工程类硕士研究生；在职攻读本科、专科的员工人数达到50多人。二是鼓励岗位成才。设立了专业带头人和装置专家岗位，在生产运行处、技术发展处、机动设备处设立了主任工程师岗位，激发广大专业人员去努力钻研专业技术。三是对中层管理人员实行动态考核末位淘汰制，强化竞争和激励机制，增加内部活力。四是加大科技人员集中部门的改革力度，计算机和设计部门实行了费用承包。五是为培养系统操作员，将三套催化车间合并为一个车间，使员工可以有效流动，集中力量解决生产上难题。

（王　林）

中国石油天然气股份有限公司大连石化分公司

【概述】　中国石油天然气股份有限公司大连石化分公司（以下简称大连石化）现有炼油生产装置51套，化工生产装置8套，能生产石化产品200多种，年原油加工能力1050万吨，是中国石油天然气集团公司首座千万吨级炼厂。2003年末公司在册职工4536人，固定资产总额78.77亿元。

2003年是大连石化主要经济指标实现历史性飞跃的一年。在2002年实现加工能力千万吨级跨越基础上，通过强化管理，优化经营，充分发挥优势，扩大加工规模，加工量达927万吨，销售收入达217亿元，实现了3年之内销售收入连续突破100亿元和200亿元的跨越式发展；实现考核利润6.3亿元，超出中国石油天然气股份有限公司考核指标2.2亿元，盈利水平继续保持股份公司炼油板块之首。

【生产经营】 2003年是大连石化加工能力提升至1050万吨/年后的第一年，为经受住千万吨级炼厂运行的考验，公司着力做好原油采购与产品销售工作，保证生产运行的需要。全年进口原油到港达到92船共计500万吨，比2002年增加2.6倍。在深水泊位满负荷的条件下，充分利用其他泊位，全年发运各类产品1709船，比2002年增加212船；发运槽车达到23680辆，比2002年增加13740辆。累计销售各类产品894万吨，比2002年增加近45%。在原油加工量比2002年增加252万吨，石脑油产量增加7.2倍，航煤、柴油产量增加近50%的条件下，保证了产销平衡。在做好生产方案的优化方面，由于“十五”过渡阶段受加工手段所限，公司还不能加工高硫原油，适合公司加工的低硫原油在国际上资源有限，产地分散、数量少且价格高。2003年，公司共加工进口原油22个品种，其中有11个品种是首次加工。原油品种的频繁变换，给生产平稳运行带来了压力。公司精心调配进口原油品种，优化生产运行方案，强化操作管理，保证了生产安全、平稳运行，使各项经济技术指标全面提升。与2002年相比，轻油收率提高了6.55个百分点，加工费降低了13.98元/吨，综合商品率上升了2.42个百分点，为全年效益的实现奠定了基础。此外，公司积极做好油品储存、移动、计量体系自动化建设，努力降低生产成本。年内，先后完成了自动采样、密闭装车和油品自动调合三大计量软件的开发，实现了罐储油品相关数据的自动处理和计算，对12个油罐安装了自动采样器，完成了甲苯、二甲苯、石脑油及汽油密闭装车等系统改造，实现了汽油自动在线调合，成为国内第一家拥有在线自动调合系统的炼厂，使汽油调合达到国际一流水平。与传统调合工艺相比，效率提高了一倍。这些先进措施，增强了操作安全性，降低了损耗和成本，显著提高了劳动效率（见表1、表2）。

表1 大连石化分公司2003年主要经济技术指标完成情况

指标名称	2003年	比预算	比2002年（%）
原油加工量（万吨）	927.29	37.29	37.47
销售收入（万元）	2176183	365163	64.98
内部考核利润（万元）	63218	1410	64.97
资产总额（万元）	787714	—	−10.81
资产负债率（%）	35.39	—	−6.87（百分点）
出口创汇（亿美元）	3.77	—	68.60
现金单位加工费（不含期间费用）（元/吨）	78.41	−13.98	−15.13
单位能量因数耗能（千克（标油）/(吨·因数)）	13.5	−0.51	−2.03
综合商品率（%）	92.4	3.55	2.42（百分点）
轻油收率（%）	75.32	7.17	6.55（百分点）
加工损失率（%）	0.6	−0.1	0

表2 大连石化分公司2003年主要产品产量

产品名称	产量	比2002年（%）
汽油（万吨）	215.6	12.57
煤油（万吨）	35.38	45.90
柴油（万吨）	337.36	43.99
燃料油（万吨）	43.10	−10.23
润滑油基础油（万吨）	30.34	2.95
化工轻油（万吨）	103.56	723.87
石蜡（万吨）	24.20	0.62
商品液化气（万吨）	41.61	26.13
丙烯（万吨）	16.77	31.94
聚丙烯（万吨）	15.85	16.46

【工程建设】 2003年，公司克服各种不利因素的影响，各项工程建设按期完成。

(1) 污水处理场改造项目建成投用。该项目于2002年6月动工，历经11个月的改造建设，4月25日实现中交，并于6月25日开工投入运行，该装置是2002年11月建成投产的350万吨/年重油催化装置的配套项目，采用具有国际领先水平的法国得力满公司工艺和设备，日处理工业污水能力12000吨，污水设计排放标准达到国内一级标准。该装置的建成投用，将会确保公司在炼量提高后污水排放仍达到国家排放标准。

(2) 己烷装置扩能改造工程顺利投产。随着公司60万吨/年连续重整装置的投产，抽余油大量增加，原4000万吨/年的己烷装置已无法满足生产的需要。为此公司于7月22日对己烷装置进行了扩能改造，10月3日顺利实现一次开车成功，向国庆节献了一份厚礼。改造后的己烷装置加工能力由4000万吨/年扩大到1.5万吨/年，并增加了己烷、溶剂油两种产品品种，产品质量达到并超过了国家标准要求，该装置的建成投产将为公司创造可观的经济效益。

(3) 石蜡加氢装置扩能改造工程竣工。2003年11月15日，公司将原5万吨/年石蜡加氢装置停工进行扩能改造，12月28日工程竣工并实现一次开车成功。改造后装置的处理能力由5万吨/年提升至10万吨/年，使公司总体石蜡加氢精制能力提高了三分之一，提高了石蜡产品质量，增强了公司在国内外石蜡市场的竞争力。

【信息化建设】 2003年，公司在信息化建设方面取得了丰硕的成果，公司投资约1亿元，初步形成了以网络为基础的信息化管理和控制系统，公司的信息化水平大幅提高。

(1) 国内首套汽油在线调合及移动自动化系统投入运行。公司经过一年半时间开发实施的汽油在线调合项目于11月27日正式投入运行，使公司成为国内第一家拥有在线自动调合系统的炼厂。该项目在借鉴国外先进储运工艺的基础上，结合自身特点，自主开发了汽油在线调合系统的工艺流程，并引进美国霍尼韦尔公司（Honywell）的调合优化、控制及移动自动化软件，实现了国内生产工艺与引进软件系统的有机结合。该系统的投用彻底改变了老的储运模式，降低了近一半的油品库存，最大限度降低了质量过剩，提高了生产效率，并可根据不同的市场情况优化产品结构，增强了企业的应变能力。

(2) 调度优化系统投入运行。2003年9月，公司开发的调度优化系统投入运行。项目引进了美国阿斯本公司（AspenTech）先进的ORION软件。该系统能够通过处理各种生产条件，自动生成最佳调度作业计划，并预测在此调度作业计划下全公司的生产运行情况，从而达到根据生产情况和库存情况科学合理地找出原油的最佳配比，最大限度降低库存，减少质量流失及储运延误损失，优化生产方案，彻底改变了以往生产调度人员凭借经验制定作业计划的管理模式。

(3) 建成实验室信息管理（LIMS）系统。为提高化验分析的准确性和及时性，公司开发了实验室信息管理系统，于2003年底投入运行。该系统引进了美国LabWare公司先进的LIMS软件，可为公司的质量控制和信息管理提供准确、快速的分析数据，为生产及时提供反馈信息。它的投用大幅提高了实验室的自动化程度和现代化管理水平。

【安全生产】 为保证全年各类重大事故为零的目标的实现，2003年，公司开展了安全月及HSE宣传月等活动。结合贯彻《安全生产法》、《环境保护法》、《职业病防治法》、《危险化学品管理条例》对员工进行培训，提高了员工的HSE意识。实现了HSE管理的“一岗一责”。为加强“操作、施工、交通”三个现场的管理，在操作现场上，严抓巡回检查制度的落实，严肃劳动纪律和工艺纪律的执行。在施工现场上，做到“一加强、四到位”，即加强直接作业环节的管理，确保施工作业前风险识别到位，防范措施落实到位，应急措施准备到位，现场检查监护到位。在交通管理上，实行了生产区封闭管理，整顿了交通秩序，实现了全年各类交通事故为零的目标。同时，加大环境监管力度。公司将定期定点采样改为定监测次数随机采样，对全部污染源基础资料实行动态管理，建立环境管理记录37项。对部分装置增加污水预处理设施。全年，污水排放合格率达到98%，实现了责任事故死亡率和重大环境污染责任事故为零的目标。

【人力资源】 顺利完成了基本工资制度改革及奖励体系的理顺。通过薪酬体系的调整，较好体现了责、权、利三者关系；完善激励机制，积极推进进行以竞聘上岗为基本原则的用人制度改革。结合公司“十五”扩能建设用人增加的需要，公司本着提高素质，不增加定员的主导思想，对员工进行多层次、多方位的培训。先后组织了英语、电子商务、在线调合、计算机应用、在线质量检验、项目管理、预决算、计量、法律、安全技术等专业培训和特种作业人员上岗培训，举办了百名班长和中层干部工商管理培训班，开展了以获得第二岗位资格为目标的轮岗培训等。有效提高了员工业务技术水平。

【科学管理】　结合股份公司开展的“管理增效年”活动，广泛开展“六查六整顿”工作，2003年，共查摆问题1275项，整改1256项，从中挖潜增效8000万元，既强化了基础管理工作，促进了各部门工作水平的普遍提高，又进一步完善了公司的管理体系。

（李　玢）

中国石油天然气股份有限公司
锦州石化分公司

【概述】　2003年中国石油天然气股份有限公司锦州石化分公司（以下简称分公司）全体员工面对伊拉克战争、国际石油市场的震荡，企业外部经营环境和市场激烈竞争的挑战以及突如其来的“非典”疫情等多方面困难的冲击，在企业内部“9.12”特大人身伤亡责任事故的发生，面对内部、外部的不利因素和困难，没有退缩，而是勇敢正视困难，勇于进取，奋发向上，立足自身，经受住了严峻的考验，取得了显著的成绩。

2003年锦州石化分公司在认真落实中国石油天然气集团公司和中国石油天然气股份有限公司的生产经营决策及各项工作安排，全体员工同心同德，奋力拼搏，努力落实年初职代会确定的“抓管理、促优化、保安全，实现炼量500万；提三率、降四耗、压五费，确保利润1.45亿”的奋斗目标。立足结构调整，优化运行，强化管理，以提高炼量为突破口，以增加盘活存量，实现了原油加工量、销售收入、主要产品产量、加工损失、现金单位加工成本等主要技术经济指标再创历史最好水平，全面超额完成了各项生产经营及业绩指标，企业总体发展趋势步入积极、稳定、健康的轨道。

【2003年主要工作】

1. 超额完成主要生产经营指标及生产运行指标

2003年，锦州石化分公司根据股份公司全年挖潜增效指标，紧紧围绕市场需求和产品价位的变化，按效益最大化的原则，及时调整优化生产方案。按照分公司确定的生产经营总目标和分阶段的调整措施，计划和财务部门狠抓了市场、效益、成本的测算与监控。根据分公司加工油种的多样化，不断优化调整加工流程，使资源配置与装置能力，技术水平相匹配，达到精耕细作。同时加强资金结算和成本控制与考核，实现了加工量与效益的同步增长。

2003年完成原油加工量522万吨，比2002年增长4.3%。其中加工辽河油232万吨，大庆油105万吨，进口油、海洋油和其他各种原料合计185万吨。在上半年原油减量限产的不利条件下，外油、海洋油比股份公司全年下达计划增购34万吨，确保了原油油量比2002年净增加22万吨，实现了历史最好水平。

2003年完成汽煤柴溶四大类商品总量352.87万吨，比2002年增长3.6%；石油工业焦产量27.4万吨，其中煅烧焦产量合计7.45万吨；化工、添加剂产量合计16.83万吨；主要装置加工量和技术经济指标全面完成预算目标并再创历史最好水平。

2003年完成轻油收率69.33%，比预算目标提高0.89个百分点；完成综合商品率88.75%，比预算目标提高0.70个百分点；完成加工损失率0.84，比预算目标下降0.06个百分点；完成柴汽比1.85，比预算目标提高0.36个百分点。全年炼油现金单位加工费85.98元/吨，比预算目标下降0.89元/吨；含期间费用的炼油现金单位加工费141.98元/吨，比预算目标下降5.07元/吨。全年其他各项费用支出控制在预算目标之内，企业运营成本及主要原材料消耗比2002年又有所降低。

2003年完成固定资产投资2.42亿元。八套装置检修按计划停开并保质保量完成了检修内容，五套装置实施技术改造，一批安全隐患治理项目按计划投用。这些项目的完成和投用对全年优化生产运行，确保效益目标的实现发挥了重要的作用。

2003年实现工业总产值34.15亿元，比2002年增长8.9%；实现销售收入111.5亿元，比2002年增长23.16%；完成上缴税金7.4亿元，实现考核利润2亿元。通过全体员工的奋力拼搏，在全年的生产运行中分公司审时度势，不失时机的提高加工量，装置实现满负荷生产，根据市场需求预期调整优化产品结构，保价促销，使销售收入历史上第一次突破百亿元大关，企业经济总量和整体实力有了明显的提升。

2. 捕捉市场机遇，优化外油运作，调整产品结构，经济效益再创新水平

根据2003年国内外市场的总体走势，下半年股份公司要求锦州石化分公司开足马力生产。由于国内陆上原油增量空间有限，进口原油又有较大的风险，为确保效益目标，分公司建立了进口原油定期测算优选的操作机制，将适合本分公司炼制加工的外油油种从原油评价、加工流程到品质收率和综合效益进行系统的方案优先比较，实现了油种选择、价格锁定、船期安排，装置加工等多个要素的优化运作。全年实际外购进口油151万吨，占加工总量的29%，与同期加工大庆油相比增加效益6800万元；全年实际外购海洋油27万吨，与同期加工大庆油相比，增加效益440万元。针对全年国际成品油市场价格一路走高，分公司及时调整催化加工方案，扩大汽油出口，全年出口90#无铅汽油42.6万吨，比2002年增长20.68%，与同期产品内销价格相比，增加收入1325万元，实现了低成本、高效益。此外，分公司还积极上措施开好加氢、重整，采用化学精制的方法对柴油进行改质，解决了氧化沉渣、胶质、储存安定性等质量问题；采用降烯烃催化剂和MGD工艺，最大限度地降低汽油烯烃含量，确保出厂产品符合新标准要求；积极落实少外售商品渣油，重油进焦化深加工的优化措施；努力增产芳烃、溶剂油、异丙醚、异丙醇等高附加值产品；实现顺丁橡胶的扭亏；从而保证了考核利润的完成和销售收入突破百亿元大关；经济效益再创新高。

3. 围绕实施降低成本战略，狠抓落实工作，节能降耗、降本增效再创佳绩

2003年，锦州石化分公司围绕实施低成本战略，狠抓节能降耗、降本增效开展工作。通过积极开展技术革新和技术攻关，完成了三催化烟机节电，优化外取热器和余热锅炉操作，中压蒸汽发汽量上升10吨/小时，实现了三催化单套装置加工成本下降1350万元；解决了二催化气压机振动问题，消除了瓶颈；新余热锅炉投用、添加剂磺酸盐解决浊度问题，降低生产成本；清污分流、配电间系统的改造，实现污水回用等15项技术措施。在优化换热流程，大机组平衡运行，加热炉降低能耗，提高设备运行效率；进一步节约水、电、汽、油等无功消耗方面取得明显的效果。

2003年，锦州石化分公司综合能耗完成106.89万大卡/吨，比2002年下降4.01万大卡/吨。其中分公司充分用足用好外购电政策，降低自发电成本，仅此一项就创经济效益达2000多万元。全年进一步落实了成本考核指标，对生产单位的物料消耗，从单釜投料、油剂转换等细微处抓起，严格考核，奖罚兑现。两套催化装置催化剂消耗与2002年相比分别下降了2.68%和6.5%。异丙醇丙烯单耗下降0.58%，顺丁胶耗丁二烯下降0.14%；全年主要原材料消耗与2002年相比，节约成本支出600万元。由于实行了全员、全过程的成本控制，把管理优化措施落实到生产组织运行的主要环节，全年含期间费用的炼油现金单位加工费比预算目标下降5.07元/吨，仅此一项就增效2655万元，为锦州石化分公司节能降耗增加经济效益做出了贡献。

4. 科技开发、科技攻关工作取得新成果

2003年，锦州石化分公司围绕生产优化和确保平衡运行，解决产品质量升级等课题，加强科研攻关，加大成熟配套技术的推广应用力度，促进了生产发展和效益提高。取得的主要成果是：完成了股份公司立项“提高焦化液收、降低焦碳硫含量”课题的中试；CIMS系统应用完成了16套装置的数据采集，物流平衡系统完成模型编制和计量数据传输并已在生产管理中试运行；与中国石油润滑油分公司合作项目CC/CD/SF内燃机油复合剂已生产出合格产品；与中科院长春应用化学所联合申请的两项稀土胶专利，已被国家知识产权局受理，企业自行研制开发项目：高分子量无灰剂通过高级成果鉴定，形成批量生产；新工艺低碱值磺酸盐和抚顺基苯一步法生产高碱值磺酸钙通过中试；硼化无灰产品研制小试成功，具备了工业放大条件；针焦原料预处理工艺，通过过滤或切割的方法使原料质量明显改善。

5. “十五”规划的实施及技改工程项目取得新进展

2003年，锦州石化分公司根据全年生产运行特点，确定了主要装置检修与技改项目同步进行的指导思想，科学组织、周密安排，顺利完成了八套装置正常停工检修和五套装置的技改工作，重点解决为630万吨炼量配套延深加工能力不足及产品质量等瓶颈问题。其中二催化装置改造后经开工标定，达到设计能力。焦化装置改造采用目前国内最大塔径和先进的加热炉技术，在48小时设计负荷标定中，控制精度准确，系统运行稳定。分公司为了进一步的完善系统配套，完成了污水回用、液化气脱硫改造等项目；在安全隐患治理方面完成了高压消防水系统完善、硫化氢隐患治理。西山罐区、管线改造完成了119柜管架和20千米管线的改向上架，两台2万立方米成品油储

罐、两台5千立方米异丙醇成品储罐投用，两台5万立方米原油储罐提前进入罐本体安装，为锦州石化分公司整体发展增添了后劲。

6. 实行内部结构调整，改革又有新突破

2003年，锦州石化分公司积极落实和推行股份公司关于企业组织结构扁平化管理的要求，上半年对原化工三厂、添加剂厂进行劳动组织整合，成立了化工一、化工二、化工三和添加剂4个直属车间，实行行政和技术两条线管理。10月份又对原油炼油一厂、炼油二厂进行劳动组织整合，成立蒸馏等8个直属车间，有效压缩了管理层次，强化了炼油、化工的专业化管理。分公司在总结化工三车间和运销公司部分管理岗位公开竞聘经验的基础上，对技术中心和生产技术处部分管理岗位又实行了公开竞聘。同时，重新核定了基层单位领导班子职数，按照宜兼则兼，宜专则专，科学分工，避免职责重叠的原则，对生产车间领导班子中主管生产、技术的岗位实行合并，增设车间生产技术、设备负责人。部分装置设置主管、装置设备工程师等技术管理岗位，规范设置后使基层领导班子的专业构成，技术含量和年龄结构均得到进一步的优化，推进了直属单位领导干部知识化、年轻化的进程，既强化了基层的管理，又利于员工队伍的建设。

7. 企业内部管理取得新成效

2003年，锦州石化分公司坚持以提高经济效益和发展质量为目标，着力推进管理方式的转变，高度重视内涵发展和企业素质的提高，广泛深入地开展“管理增效年”和“六查六整顿”活动。经营实际将挖潜增效指标层层分解落实，加强对预算执行情况的监督考核，严格控制成本费用支出，堵塞管理漏洞，使全体员工精细化管理，集约化经营意识普遍增强，出现了管理水平和经济效益上升，成本费用下降的好局面，各专项管理工作得到进一步加强。全面推进QHSE管理体系的建立和运行，全年结合企业生产完成51套装置、22套辅助装置的质量、健康、安全、环境危害辨识及风险评价，建立了应急措施和风险削减机制，完善了程序控制文件，形成了QHSE一体化管理系统。12月份经国家方圆标志认证中心的外部审核，顺利通过了质量和环境管理体系认证。

2003年，锦州石化分公司还以强化安全管理、设备管理、现场管理，抓好各类问题及隐患的整改，确保实现安全生产目标为主要内容，组织进行了第六次和第七次岗检；根据“9.12”事故后，股份公司的要求及吸取事故教训，落实隐患整改措施的需要，深入开展了“反三违、查隐患、保安全”百日安全无事故活动。2003年通过开展“六查六整顿”活动，落实挖潜增效措施和整顿治理低标准问题571项，创效益2000多万元。通过两次岗检和百日安全无事故活动整改各类安全、设备隐患和现场管理问题1057项，推进了基层管理，提升了企业综合管理水平。

（吴　浩）

中国石油天然气股份有限公司前郭石化分公司

【概述】 中国石油天然气股份有限公司前郭石化分公司（以下简称公司）是中国石油天然气集团公司在吉林省西部的惟一一家石油化工企业。毗邻吉林油田，吉林原油管输进厂，有优越的原料来源、水资源和便利的交通运输条件。

2003年6月，中国石油天然气股份有限公司为落实炼化业务战略性结构调整的重大决策，进一步提高股份公司整体经济效益和综合竞争能力，关闭了前郭石化分公司综合利用厂，人员整体划归吉林油田分公司管理。目前有250万吨/年常减压、80万吨/年重油催化裂化、16万吨/年气体分馏、4万吨/年聚丙烯、2万吨/年MTBE和重整加氢联合装置（在建）等六套主要生产装置。

主要产品有汽油、煤油、柴油、聚丙烯树脂、石油液化气等近20个产品品种。

公司总占地面积1.92平方千米，固定资产原值为12.77亿元，员工总数1423人。

【主要经济技术指标完成情况】 2003年，共加工原油146.93万吨；综合商品率达到了90.76%，较预算提高0.2个百分点；轻油收率达到了77.6%，较预算提高1.61个百分点；炼油加工损失率降到了1.2%，较预算降低0.09个百分点；单因耗能达到了

12.40千克（标油）/（吨·因数），较预算降低1.6个单位；含期间费用的炼油现金加工费为146.52元/吨，较预算降低2.01元/吨；柴汽比达到了1.14，较预算提高0.05个单位。主要生产技术指标均创历史最好水平。实现销售收入33.77亿元；剔除关闭综合利用厂的损失和资产报废等因素，超额完成股份公司下达的挖潜增效指标。

【安全生产】 2003年，全面落实股份公司2003年安全生产电视电话会议上陈耕总裁提出的“五严”要求，积极推进QHSE管理体系建设，多次组织并邀请有关专家授课，举办学习班，并对体系建立与开展情况进行检查和指导，体系建设均衡开展，有力地推动了安全管理的规范化、标准化和科学化。我们非常重视安全隐患治理工作，总投资达到630万元。对碱渣仪表、电器系统及操作间进行改造、搬迁，对消防水系统进行完善，在成品油罐区安装可燃气体计算机数据采集与监控系统等，使安全管理从硬件上得到了保障。全年不间断地开展形式多样的安全生产大检查，严格落实安全生产责任制，与员工层层签订安全生产合同，加大《安全生产法》宣传力度；狠抓现场管理；会同松原市消防部门，多次组织了事故预案的修订和现场演练，增强了应对处理突发事故的能力。连续三年实现安全生产“六个为零”。同时，获得“股份公司2003年度安全生产先进单位”荣誉称号。

【生产经营】 一年来，我们以效益最大化为原则，积极调整产品结构，优化生产运行，实现了装置高效生产。一是主要炼油装置连续创造了加工量、优化控制的历史最好水平。常压装置轻油收率达到30.46%，比挖潜增效指标提高0.95%，综合能耗下降到9.05千克（标油）/吨，达到历史最好水平；二催化装置全年累计加工常压渣油82.6万吨，创投产以来历史新高。二是优化产品结构，生产高附加值产品，取得了良好成效。全年生产柴油55.65万吨；调合生产93#汽油6.15万吨；在液化气价格上升之际，努力增产液化气，生产液化气8.88万吨。同时，积极抓好丙烯供应，抓住聚丙烯树脂价格居高不下的有利时机，从整体利益出发，一边积极调整内部多产丙烯生产方案，一边努力抓好外购丙烯进厂，保证了气分、MTBE、聚丙烯装置满负荷生产。气分、聚丙烯装置日加工量均创造了历史最高水平。三是加强设备管理，为实现装置的稳定优质运行奠定良好基础。一年来，我们建立并严格执行设备信息汇报工作制度，积极推行干部“走动式”管理、工人不间断巡检、操作100%达标等行之有效的管理办法，加强抢维修管理和设备润滑管理，强化设备隐患改造和进口设备配件国产化，采用新技术，有效提高了设备运行质量，使设备管理、维护更加到位。四机组安全运行358天，余热锅炉安全运行356天，全年发电近294万千瓦·时。四是抓好重整加氢装置搬迁改造，加快产品质量升级步伐。五是认真抓好技术进步。炼油生产方面，通过积极改善原料质量，稳定优化操作，使催化剂单耗降低到1千克/吨以下，汽柴油质量达到了国家新标准；化工生产方面，基本完成了4万吨聚丙烯装置先进控制技术的开发和应用，进一步优化了生产操作。

【六查六整顿】 一年来，我们以开展“管理增效年”活动为契机，广泛开展了“严管理、找差距、搞整改、创一流、增效益”的主题活动，学习推广吉化“六查六整顿”经验，对照“五个标准”，认真查找企业在管理工作中存在的差距和问题，全方位地抓好整改。在活动开展过程中，建立、修订完善了294项管理制度，共查摆各类问题2722项，最终筛选、整理公司级问题782项，并且一项项讨论，一项项落实，进一步提高了各项工作管理水平。尤其是从第四季度，紧紧抓住市场有利时机，大力开展“保安全、创效益，大干50天”活动，连续三个月加工量突破历史最高水平，有效地扭转了公司亏损的不利局面，为全年各项经济技术指标的实现起到了较大的促进作用。

【企业管理】 财务管理方面，一年来，我们积极推行全面预算管理，各项费用得到了有效控制。实行了“资金收支两条线”管理，合理调度资金使用，同时，加大对外清欠力度，总计清缴陈欠款额达2040.48万元，为企业挽回了较大的经济损失。

在物资管理方面，建立健全物资管理制度，严格实行集中采购和网上采购，网上采购超额完成股份公司下达的指标；大力推行招标采购和框架采购，对许多供应渠道和价格比较稳定的物资进行了议价压价；积极认真抓好重整加氢装置建设物资的采购，确保施工进度。通过这些有效措施的落实，全年共节约采购成本860万元。

在营销管理方面，积极同上级部门有关单位协调联系，保证了高质量原油的进厂和丙烯供应，为装置高负荷运行创造了条件。同时，紧密跟踪市场变化，强化产销衔接，有效实现了产品销售效益的最大化。全年原油管输损失率降到1.13‰，创历史最好水平。

在质量管理方面，在没有根本的质量升级装置的条件下，积极抓好DOCO新型低烯烃催化剂的使用、柴油非加氢精制系统运行和柴油新型稳定剂的应用，确保了产品质量合格。在股份公司及省技术监督局的数次产品质量抽检中，抽检合格率均达到了100%。

在审计管理方面，进一步加强工程造价管理，加大施工预结算审查力度，严把工程造价审计关，全年审减额103.94万元；深化效能监察，发挥内审优势，突出事前事中审计的作用，全年审减各种不合理结算金额35.33万元。

（孟祥涛）

中国石油天然气股份有限公司锦西石化分公司

【概述】　2003年，是中国石油天然气股份有限公司锦西石化分公司（以下简称锦西石化）变化最大，进步最快的一年。按照中国石油天然气集团公司、中国石油天然气股份有限公司的安排，顺利完成了领导班子的新老接替；进行了机构调整，实施扁平化管理；召开首届党代会，选举产生了新的党委、纪委领导成员；完成了工资制度改革任务。2003年，锦西石化又创造了10个历史最好水平：原油加工量534万吨；销售收入实现115亿元；实现考核利润3.1亿元；进出口工作创历史最好水平；综合商品率、轻油收率、加工损失率均创历史最好水平；主要产品产量创历史最好水平；主要装置加工量创历史最好水平；企业炼油专业达标和装置达标全面完成；节能大机组实现长周期运行；安全生产工作完成了股份公司下达的指标，千人负伤率达到0.785‰，创历史最好水平。

【生产情况】　锦西石化2003年完成原油加工量534万吨。比2002年多加工33万吨，增长了6.6%，综合商品率91.20%，同比上升2.82%，比预算提高1.18%；轻油收率72.29%，同比上升6.17%，比预算提高4.68%；加工损失率0.78%，同比及与预算相比均降低0.01%；柴汽比1.80，同比降低0.01个单位，比预算提高0.05个单位；现金单位加工费108.53元/吨，同比降低2.64元/吨，同比降低0.36元/吨，比预算降低0.16元/吨。

2003年，由于“非典”疫情等一系列因素的影响，月原油处理量很不均衡，为平稳装置运行，锦西石化一方面根据原油品质不断优化生产方案。2003年是进口原油最多的一年，各装置在加工进口油时，根据外油的特点，采用分储分炼，保证了生产高质量高效益的产品。另一方面从产品的经济效益和市场需求出发，大力优化产品结构，力求效益最大化，2003年重催、焦化等装置的柴油收率都有明显提高，各骨干装置轻质油收率和高附加值产品产量均超过计划指标，能耗、物耗、加工损失、单位加工费等指标全面刷新历史最好水平。现锦西石化是京津地区高标号清洁汽油的主要供应厂家。

2003年，锦西石化安全环保工作情况较好，千人轻伤率为0.785，5万元以上的环境污染事故为零。2003年9月，锦西石化作为东北地区炼油企业首家一次通过QHSE管理体系认证。

【重点工程和技术改造】　2003年，锦西石化先后完成了催化二套双提升管扩能改造工程、气体分馏扩能改造工程、高压消防水改造工程、航煤加氢改造、南酮苯节能改造、罐区计量及安全控制系统改造、四泵房改造、353#和354#轻油罐改造。

在工程建设施工过程中，锦西石化严格制度管理，将工作重心前移，加大了工程建设项目的全过程管理力度，不断强化安全意识与质量意识，努力降低物资采购成本，加大审核力度，各项工程项目全部高质量按期完成。

2003年，锦西石化在抓好技改技措项目的同时，在工艺管理、节能降耗、装置达标、科技开发等方面取得了很大成绩，锦西石化结合“六查六整顿”活动，对水、电、汽、风、氮、燃料的日常考核制定了详尽的方案和严格的制度。为全面推进装置达标工作，公司达标领导小组和各基层单位的达标领导小组按要求严格检查、考核，北蒸馏、重油催化、焦化、连续重整和二加氢五套股份公司考核的装置全部实现达标。

【经营销售】　2003年锦西石化实现了产销率100%，完成销售收入115亿元。

2003年，初原油价格上涨，成品油市场价格波动频繁；3月份、4月份、5月份，遭遇“非典”疫情，全国油品市场全面萎缩；第四季度铁路方向受限，运力紧张。面对种种困难，锦西石化及时调整营销策略，准确做好市场预测，为生产提供了准确的产品信息。在产品的调、运、装方面，严格管理，提高效率，缩短装卸时间，减少自备车辆占用时间，提高单车装载量，高效的营销工作，为企业打通了后路，保证了生产平稳运行。

【内部管理】 2003年，锦西石化以提高经济效益和降低成本为中心，以提升企业管理的科技化含量为目标，企业内部的财务、计划、人事、计量等方面管理工作得到了进一步加强。

财务工作坚持以预算管理为主线，坚持效益优先和责任落实的原则。加强资金管理，建立新的资金运行模式和管理机制，坚持资金“日预算、月平衡”制度，规范资金收支行为，实施资金动态管理，保持了资金的良性循环。根据股份公司要求，严格执行资金收支两条线管理，减少了资金沉淀，充分发挥了资金的使用效益，确保了本年度财务费用指标的完成。

计划部门及时掌握市场变化，协调生产平衡，降低原油采购成本，在原油资源紧张的情况下，充分考虑价格和各种费用变化，保证了进口油的企业效益，同时确保了原油均衡进厂。2003年，锦西石化先后完成了收集和建立原油数据资料库工作，建立了原油市场分析管理系统，实现了实时准确掌握市场。启动了企业现代化办公系统工程，实现了无纸化办公。

增加了计量设施的投入和计量监督手段的完善，从把住原料、产品计量关入手，相继完成了调合罐区计量系统改造任务，二套催化、气分装置物料计量仪表的改造，进一步完善了能源计量系统。原油进厂、成品油出厂损失率大幅度降低。

按照股份公司人事工作新机制的要求，积极稳妥地开展了劳动组织和绩效考评工作。实施了扁平化管理，有计划地安排了停车装置人员的工作，完善新的用人机制，平稳实现工资制度改革。

【党建工作】 2003年，锦西石化重油催化车间党支部，被评为中国石油天然气集团公司“百面红旗单位”之一。

成功地召开了锦西石化成立以来的第一次党代会，在大会上选举产生了锦西石化新一届党的委员会和纪律检查委员会，并对企业今后一个时期的发展提出了指导性和方向性的意见。

（李牧民）

中国石油天然气股份有限公司
大港石化分公司

【概述】 中国石油天然气股份有限公司大港石化分公司（以下简称公司）位于天津东南，渤海之滨，地处油田、面临海港、身在高效市场，周边地区经济发达，基础设施完善，公路、铁路、海路和空中交通便利，区位优势得天独厚。公司始建于1965年，2000年从大港油田分离出来，成为股份公司直属的地区公司，经过近40年的发展建设，现配套加工能力250万吨/年，固定资产原值23.46亿元，净值14.74亿元。公司拥有燃料油、润滑油两条生产线，燃料油生产线加工大港混合原油，主要生产汽油、柴油、液化气等产品。有11套生产装置：250万吨/年常压蒸馏装置，30万吨/年减压蒸馏装置，120万吨/年重油催化裂化装置，30万吨/年汽油催化重整装置，50万吨/年催化柴油加氢改质装置，20万吨/年液化气气体分馏装置，30万吨/年干气、液化气脱硫装置，90万吨/年液化气、汽油脱硫醇装置，1万立方米（标准）/小时催化干气氢提浓装置，65吨/小时污水汽提装置，0.2万吨/年硫磺回收装置。润滑油生产线加工大港低凝环烷基原油，主要生产各种润滑油，共有三套装置：20万吨/年常减压蒸馏装置、8万吨/年糠醛白土精制装置和10万吨/年氧化沥青装置。

2003年，公司上下以扭亏增盈为目标，以挖潜增效为主旋律，坚定不移地执行既定工作方针和各项部署，在强化生产经营管理、优化发展环境、培育新的效益增长点等方面做了大量卓有成效的工作，实现了经济效益的大幅增长，实现利润16934万元，同比增加13238万元，吨油利润70.01元/吨。

截至2003年底，大港石化分公司员工总数1903人，女员工795人，占员工总数的41.78%；35岁以下员工1180人，占员工总数的62.0%。从学历结构看，大学本科以上学历 300 人、大中专学历 576 人、技校生 568 人、高中生 97 人、初中以下 362 人。职称结构为，高级技术职称 63 人，中级技术职称 247 人，初级技术职称 215 人，技师 38 人。

【主要经济技术指标】 2003 年，大港石化分公司加工原油 241.87 万吨；轻油收率 58.70%，较计划提高 2.24 个百分点；加工损失 0.93%，较计划降低 0.04 个百分点；综合商品率 89.01%，较计划提高 0.01 个百分点；单位能量因数耗能 13.98 千克（标油）/（吨·因数），较计划降低 0.02 千克（标油）/（吨·因数）；现金单位加工费 92.62 元/吨，较计划降低 20.65 元/吨。实现销售收入 50.48 亿元，完成利润 16934 万元，同比增加 13238 万元。

【资源优化与结构调整】 调整优化生产流程，停运 10 万吨/年馏分油催化装置和 20 万吨/年催化装置，优化了催化原料，使 120 万吨/年催化装置负荷达到 116.7%，实现了关小开大，单套高负荷运转；通过优化操作、加添加剂以及乳化柴油回炼等措施，增产 93# 汽油 25.18 万吨，增产柴油 2500 吨，共增加效益 5180 万元。优化全公司用能，停运了Ⅰ循环水场、部分机泵和锅炉热备用，降低成本 109 万元。

【技措改造】 通过严把采购关、施工关和质量关，保证了技改项目质量优良、按期到位，为 2003 年生产经营提供了强力支撑。30 万吨/年催化重整装置、50 万吨/年柴油加氢改质装置分别于 3 月底、5 月初一次开车成功，保证了汽、柴油产品质量按期升级。国内第一套双塔流程 20 万吨/年液化气气体分馏装置，于 7 月 4 日提前 87 天竣工投产，取得了当年建设、当年投产、当年收回投资的佳绩；共生产丙烯 3.19 万吨，创效 5000 多万元，为全年利润指标的完成发挥了重大作用。另外，凝结水回收项目 12 月份正式投产运行。

【企业管理】 大港石化分公司 1996 年 11 月通过了 ISO 9002 质量体系认证，1998 年 10 月建立了健康安全与环境（HSE）管理体系，2000 年合版形成 QHSE 管理体系。2002 年开始，公司又依据初 ISO 9000：2000、ISO 14000、OHAS 18000 标准，即 GB/T 19001—2000、GB/T 28001—2001 和 GB/T 24001—1996 标准建立了质量、职业健康安全与环境管理体系，并于 2003 年 11 月通过了长城（天津）质量保证中心的认证评审，实现了“三标一体化”认证。

完善制度体系，对岗位责任制和各项规章制度进行全面梳理，出台了《油品出厂管理制度》、《员工奖惩暂行办法》、《招投标管理暂行办法》等一系列新制度，促进了管理的规范化、制度化。

按照股份公司统一部署，大力开展了“六查六整顿”挖潜增效活动，共查摆问题 901 项，整改 887 项，为提高管理水平和效益水平发挥了重要作用。活动主要从以下六个方面展开：加强思想作风建设，开展“形势、目标、责任”主题教育活动，整顿思想观念和工作作风；加强制度建设，对各项管理制度进行全面梳理和修订，逐步健全完善制度体系和业绩考核体系，形成新的工作运行机制；加强现场管理，全面清查设备、计量、施工、安全环保管理等方面存在的漏洞和问题，并针对现场卫生、劳动纪律、油品进出厂流程，以及厂区周边环境等问题进行重点整顿；加强生产综合优化，重点围绕新项目投产、流程优化、操作参数优化、生产组织优化以及能源综合利用开展工作；加强成本费用控制，通过对费用支出、合同及招投标管理、项目投资、物资采购、物资使用等情况的全面清查整顿，堵塞效益流失的漏洞；加强市场开发，努力拓展产品市场，抓住产品直销率、回款率、储运损失、清欠工作等关键环节，在产品销售上拿到大效益。

【综合治理】 净化周边环境，2003 年在地方政府和执法部门大力支持下，彻底清理了周边 40 多家小化工厂，拆除各种违章建筑近 200 间，清理占地 6 万多平方米，保证了正常的生产经营秩序。堵塞油品流失漏洞，通过采取安装电子监视设备、禁止外来司机入厂、地泵房人员定期轮换、严格计量管理等措施，实现了从原油进厂到成品油出厂的全过程有效监控。

2003 年初春，一场突如其来的“非典”疫情使员工健康和生产经营受到严重威胁。公司迅速建立了严密的防控体系，及时向员工发放防治药品和防护、消毒用品，严防死守，保证了公司未出现“非典”病例和疑似病例。同时，在人员流动、物资运输受到严重影响的情况下，采取有效措施，千方百计保证了气分装置建设、装置小修和生产经营活动的正常进行。

【安全环保】 坚决贯彻执行《安全生产法》，严格落实安全生产责任制，充分发挥安全监督体系作用。同时针对 2003 年中国石油系统内部和天津地区多次发生重、特大事故的严峻形势，不折不扣地贯彻上级指示精神，以对企业、对员工高度负责的态度查摆问题、整改隐患，保持了连续 14 年无重大人身伤亡事故的良好局面。继续大力开展全方位环境治理，努力提高污水回用系统运行水平，基本实现了污水零排放目标，被评为天津市首批“环境友好企业”。

（郭勇刚）

中国石油天然气股份有限公司华北石化分公司

【概述】 中国石油天然气股份有限公司华北石化分公司（以下简称华北石化公司）是以炼油为主的中型石化企业，主要生产装置有：350万吨/年常压装置一套，100万吨/年催化装置两套，60万吨/年加氢装置一套，30万吨/年重整装置一套，30万吨/年气体分馏装置一套，6万吨/年聚丙烯装置一套。主要产品有汽油、柴油、液化气、溶剂油、聚丙烯、硫磺等。截至2003年底，华北石化分公司资产27.15亿元，员工1586人，设机关部室11个，19个车间和基层单位。

【生产经营】 2003年，华北石化公司全面贯彻落实中国石油天然气集团公司、中国石油天然气股份有限公司一系列指示精神，深入开展“管理增效年”活动，聚精会神、脚踏实地抓管理，推进技术创新，一心一意增效益。全体员工团结一心，奋力拼搏，战胜了春夏之交的“非典”疫情等重重困难，圆满完成了股份公司下达的各项业绩指标。全年加工原油253.95万吨，比预算增加8.95万吨，生产聚丙烯6.84万吨，比预算增加8400吨。以市场为导向，以效益为原则，突出资源优化，抓好产品结构调整。开发生产93#汽油、C_5、220#、190#溶剂油等新产品，增效1500多万元；聚丙烯新开发生产BOPP中、高速专用料和日用品注塑专用料，专用料产量比例达到75%以上，增效1000多万元。全年销售产品218.25万吨，实现销售收入59.86亿元，实现利润2.25亿元，超预算3000多万元。原油加工量、化工产品产量、炼油化工利润均创华北石化分公司历史最好水平。

【生产管理】 强化生产部门指挥及协调能力，全天候抓好日常生产管理，保证装置平稳运行。开展联合攻关，优化常压、催化装置运行，提高液收2%，同时加强现场综合治理，降低损失0.2%，增效3000多万元。投用设备自动巡检系统，机电仪每日做到三巡查，强化关键设备的特护，保证了设备的正常运行。强化产品质量管理，每周一次全面质量检查；产品方案调整、新装置、新工艺投产或开发新产品，增加检测内容和次数，确保产品质量。2003年股份公司质量抽查4次、地方抽查2次，产品质量合格率100%。

加强原油的多方协调，1月7日开通任京线，2003年引进大庆原油57.5万吨。7月建成投产20万吨/年原油汽车卸车系统，10月建成投产火车原油卸车装置。积极争取冀东原油资源，11月2日第一列冀东油进厂，后采用汽车拉运，2003年引进冀东原油3.87万吨。同时引进华北油田零散井原油2万多吨。任京线的开通使华北石化公司与股份公司原油管网连为一体，引进大庆、冀东原油，为华北石化公司发展奠定了基础。

2003年，春夏“非典”时期，华北石化公司与华北销售公司加强成品油促销、外运协调，周密部署产销工作，对产品销售早定措施、早作方案。通过网络加强与用户联系，开展网上销售。整改火车装车系统，提高铁路装运速度，增加华东、长江中下游地区调油能力。加强与地方政府的协调，为用户办理河北省公路运输一卡通，保证化工原材料的运输和供应，增加油气外运，大大降低了“非典”影响造成的损失。

【安全管理】 按照“安全思想要严肃、安全管理要严格、安全制度要严密、安全组织要严谨、安全纪律要严明”的“五严”要求，全面强化安全生产管理。全员签订安全生产合同，实行全员安全生产责任制；生产部门、车间人人签订风险抵押承包书，增强了员工安全风险意识。每月由公司主管生产领导带队，对全厂进行拉网式安全检查，强化了安全岗位责任制的落实。完成新消防水系统建设和调整，加强安全预案演练，进一步增强了事故防范能力。开展大机组安全运行、仪表控制系统、供电系统、铁路专用线、防雷接地设施、工程施工、消防系统及电力系统等专项治理活动，整改隐患600多项，同时加强了三机组、气压机等关键设备的安全运行措施，确保了安全生产。加强安全教育，编制建厂以来事故案例人手一册，总结经验教训，增强安全意识。加强施工安全管理，与施工单位签订安全施工合同，保证了安全生产。到2003年底，华北石化公司已实现无重大大事故安全生产十年半。

【科技创新和技术改造】 采用先进技术，优化调整全厂生产，提高装置的运行效率。采用催化顶循进轻柴、稳定汽油进重整、重整拔头、辅助提升管、新型降烯烃催化剂、催化裂化顶循环油进加氢精制等工艺技术，改善了操作，优化了产品结构，轻油收率提高2个百分点，综合商品率增加1个百分点，增效4000多万元。3月、4月建成投产了两台6000千瓦富余蒸汽发电机组，实现了全厂的蒸汽平衡，全年发电6000多万千瓦·时，增效2500多万元。开展技术攻关，新型催化汽油辅助提升管改质技术研究、催化裂化利用两段新技术等，通过了股份公司验收；DR法精制FCC柴油技术研究和应用、SDS系列脱硫剂的研究开发、液化气和丙烯膜法脱水新工艺、吸附低温联合法回收乙烯技术研究等4项新技术，取得了阶段性成果。大力开展小发明、技术革新等群众性科技活动，6月底召开首届华北石化科技创新和新技术推广总结表彰大会，评选2003年度科技进步一等奖6项，二等奖7项，优秀奖43项，调动了科技人员积极性。

【挖潜增效工作】 开展“六查六整顿”活动，查摆整顿各类问题7000多项，挖潜增效成果显著。改造、调整全厂蒸汽系统，改造催化低温热回收系统，综合利用中压蒸汽和低温热，增效2000余万元。改造3台CO锅炉，灭油火，烧瓦斯、烟气，年增效1000多万元。改造全厂凝结水回收、净化水回收、除盐水浓水回收等工艺，投用中水回用系统，实现了水资源的分级利用；循环水场联合协调运行，循环水提高浓缩倍数1.5，降低生产成本1500多万元。实施全面预算管理，各装置折旧费、财务费、化工原材料和水、电、汽、风消耗等生产成本指标层层分解，实行单体装置核算。加强生产经营全过程监督、控制和反馈，发现问题及时整改，有效控制成本。改善物资管理，建立公司级储备料库、余料库、修旧利废库及车间自留料库，盘活库存2000多万元。2003年吨原油耗水降到0.9吨以下，比2002年降低0.8吨，吨油耗电降至50千瓦·时以下，比2002年减少8千瓦·时，单位现金加工成本降至94.5元，比2002年减低3元/吨，能耗和单位现金加工成本创华北石化公司历史最好水平。

【重整加氢装置投产】 设计能力为加氢60万吨/年、重整30万吨/年、PSA18000立方米（标准）/小时的联合装置，于2002年春开工建设，2002年底主要设备安装完，开始调试，2003年1月主要设备单机试运完，系统完成吹扫试压，2003年2月仪表连锁调校完。2003年2月底实现中交。2003年1月公司成立投产指挥部，进入装置现场，3月中旬完成“三查四定”，整改尾项200多项。操作人员提前两个月进入岗位正常倒班，熟悉工艺流程、设备性能，开展操作规程岗位练兵和预案演练。投产过程中坚持高标准、严要求，严密组织，精心操作，稳妥推进。做好现场巡查和系统的协调，千方百计保油、干气和动力平衡，加强保运，关键点责任到人，专人值守，确保了安全投产。变压吸附、重整、加氢、分别于4月3日、17日、23日投产一次成功，结束了华北石化公司不能生产高标号汽油和高质量柴油的历史，实现了汽柴油质量的升级换代，为华北石化公司持续有效发展奠定了基础。

【精神文明建设】 总结提炼了“挑战极限，超越自我”的企业精神，制定完善了华北石化公司企业文化建设方案和发展纲要，编辑华北石化公司企业文化宣传片和宣传手册，现代企业制度建设取得了阶段性成果。开展“树形象、做贡献”活动，促进了双文明建设的协调发展。抓好“双廉”工作，建立了自律、防范、监管“三个机制”，规范了事权、财权、人事权、物权“四种权力”，加大了源头治“腐”的力度。植树绿化美化厂区，改善厂区工作环境。举办丰富多彩的文体娱乐活动，引导员工参加群众性的体育健身运动，培养了员工健康向上的精神风貌。

（葛增平）

中国石油天然气股份有限公司呼和浩特石化分公司

【概述】 中国石油天然气股份有限公司呼和浩特石化分公司（以下简称公司）现有职工1600人；设机关处室10个，机关附属单位7个，直属处所5个，分离公司4个，生产车间15个；原油一次处理能力达150万吨/年；固定资产值14.62亿元；产品有汽油、柴油、沥青、液化气、重油、聚丙烯等六大类20种，主要销往内蒙古中西部、山西北部、河北张家口等十几个地区，并出口蒙古国。

2003年，呼和浩特石化分公司克服外供渣油减利、原油运费居高不下、原油入厂不均及“非典”影响等各种困难，自我加压、奋力拼搏，较好地完成了各项生产经营任务。全年共加工原油119.54万吨，完成计划的99.61%；实现轻质油收率72.03%，比预算提高了4.15个百分点；综合商品率92.27%，比预算提高了0.49个百分点；加工损失率0.99%，比预算降低了0.11个百分点；原油入厂损失率0.81%；能耗12.13千克（标油）/（吨•因数），比预算降低了1.17千克（标油）/（吨•因数）；柴汽比1.16，比预算低了0.14；现金单位加工成本85.13元/吨，比执行预算降低了0.01元/吨，比预算降低了10.43元/吨；实现考核亏损7728万元，比执行预算减亏245万元，比预算减亏3772万元。比2002年减亏1147万元。化工板块现金单位加工费811元/吨，比预算降低了31元/吨，比2002年降低了93元/吨，全年化工板块盈利428万元，比预算增加13万元，比2002年增加277万元。

【安全生产】　公司上下牢固树立安全生产责任重于泰山的意识，严格落实安全生产责任制，保证了安全平稳生产。

2003年公司抓了以下工作：(1) 加大巡检力度，有效落实了走动式管理和不间断巡检制。(2) 突出安全生产责任制和事故责任追究制的落实。(3) 严格执行三级确认制和动火审批制。(4) 积极开展冬季安全生产与节能降耗劳动竞赛和季节性安全生产大检查活动。公司全年无一起上报事故，无一起非计划停工，实现了重大事故为零的目标。

【产运销有序衔接】

(1) 在原油资源十分紧张的情况下，特别是8月份以后，面对新疆油限制出疆、长庆油大部分保兰炼、长庆油供量紧张的不利形势，不断加大原油进厂工作力度，各级领导亲自抓，入厂进度按天抓，节假日重点抓，保证了装置均衡生产。

(2) 优化操作条件，严肃调度指令，狠抓物料平衡。针对原油入厂不均衡的情况，合理确定装置负荷，狠抓工艺纪律、操作纪律的落实，保证装置稳定运行，实现产销衔接，向平稳运行要效益。催化装置全年完成加工量72.01万吨，轻质油收率达到73.50%，创历年来最高水平。

(3) 根据市场需求变化，及时优化生产方案，合理调整产品结构。全年生产汽油39.20万吨，柴油45.63万吨，液化气6.26万吨，精丙烯2.11万吨，聚丙烯1.80万吨。全年销售汽油39.22万吨，柴油45.64万吨，液化气6.26万吨，精丙烯1105吨，聚丙烯1.79万吨，产销率达100.85%。

(4) 资源优化工作有了良好开端。在公司积极争取下，进口俄罗斯油申请得到了股份公司的批准，并做好了接卸俄罗斯油准备和加工掺炼方案等前期工作。经多方努力，12月份实现了加工进口325吨俄罗斯凝析油，为资源优化、改善原料结构奠定了基础。

【降本降费】　抓住成本重点深入挖潜，捕捉市场信息拓宽盈利空间，确保了全年执行预算的完成。

(1) 采取有效措施，加大节能工作力度。全年四机组共发电469.71万千瓦•时，余热锅炉产汽31.04万吨，循环水汽轮泵同比节电117万千瓦•时，变频调速电机同比节电127万千瓦•时；在节水工作上，采取从源头抓起、限额供水、严格考核的措施，新鲜水单耗创历史最好水平；鼓励车间多烧富余瓦斯，比2002年节约燃煤1.75万吨。全年在开满重整加氢装置的前提下，能耗比2002年降低了1.24千克（标油）/（吨•因数）。

(2) 把降低物耗作为降本降费的突破口，强化预算管理，按装置下达分解指标，努力降低“三剂”采购价格，妥善处理保证质量和降低物耗的关系，有效控制了物耗。

(3) 正确处理控制修理费与装置长周期平稳运行的关系，全年节约修理费138万元。做好设备状态监测和维护保养工作，严格检维修项目的三级审查制，准确率达95%以上，有效控制了修理费的支出，创建厂以来外委工程和维修费用最低。

(4) 以降低采购成本为核心，坚持“多家密封报价，同质低价中标”的采购原则，不断提高采购计划的准确性，对部分材料实施框架招标采购，实现了零库存，进一步加大网上采购工作力度，全年降低采购费用710万元。通过框架采购招标，六个大类近2000种规格的物资中标单价均创建厂以来最低，单价降幅最高达56.80%；实现网上采购1670万元，超额完成了网上采购任务。

(5) 为减少资金占用，加速资金周转，加强资金使用计划，千方百计清理三角债，节约财务费用576万元。加大不良资产报废力度，报废固定资产原值8500万元，减少折旧660万元。大力压缩管理费用，严格审批把关，杜绝预算外支出，节约管理费支出72万元。

(6) 及时捕捉市场信息，适时调整产品价格，努力追求效益最大化。根据原油和成品油市场预测，合理调整库存，千方百计提高非统配产品价格增加效益。液化气年均销售单价比执行预算提高了402元/吨，聚丙烯年均销售单价比执行预算提高了745元/吨，创历史最好水平。另外，对罐底污油、聚丙烯不合格料、废钢铁实行招标竞价销售，点点滴滴增加效益。针对原油入厂经过两段管输、两段铁路长距离运输，原油入厂损失多年居高不下的情况，加大管理力度，严格考核，原油入厂损失降低到0.81%，创近年来最好水平。

【六查六整顿】 按照吉化现场会精神，公司上下把抓好"六查六整顿"工作作为全年管理工作的主线，讲求实效，不走过场，管理水平有了一定提高。

(1) 各级管理干部带头开展"六查六整顿"活动，层层查摆问题，共集中查摆问题2125条，分门别类立项899条，严格整改责任制的落实，全年整改问题758条，整改率达到了84.30%。

(2) 建章立制，夯实基础工作。先后在公司机关和基层单位建立工作月报制度，提高了工作的计划性。制订实施了财务、物资采购、工程管理等多项内控制度，修订了全公司14个方面、200多项、100万字的企业管理规章制度，并汇编成册；狠抓班组经济核算工作，各项经济技术指标分解细化，公布上墙，与奖金硬挂钩，有效控制了生产成本。

(3) 加强审计监察，落实内控措施。全年进行财务专项审计8项，发现问题45个，提出审计意见37条，完成工程项目结算书审计417份，现场抽查工程签证单31份，核减工程结算额8.50万元。对公司人、财、物较为敏感的环节实施效能监察，起到事前控制、事中监督的作用。

(4) 把股权清理整顿作为加强管理的一项重要工作来抓。公司作为大股东，年初对控股的大青山股份公司进行了规范管理，改组了董事会、监事会，调整充实了管理层，健全了法人治理结构，派驻了14名股权代表。大青山股份公司以规范整顿为契机，从严内部管理，严肃预算控制，生产经营状况有所好转。

【人事劳动分配制度改革】 为合理设置机构，优化人才资源，充分调动员工的工作积极性，公司实施了机构改革和管理、技术岗位竞聘工作。机关处室由15个减为10个，减幅为33%，机关人员由118人减为78人，减幅达33.90%。基层车间只设置了装置主任工程师，工艺、设备专责工程师，安全、成本工程师五个岗位，管理人员由220人减为110人，减幅50%。

为确保改革成功和员工队伍稳定，公司周密制订实施方案，坚持公开、公正、公平的操作程序，有653人次参加竞聘，召开竞聘会8场，有341人次落聘，落聘人员90人。困扰公司多年、广大员工普遍关注的人事制度改革终于有了历史性突破，为企业生存发展提供了组织保证。

为保证基本工资制度改革平稳推进，认真做好文件的学习宣传和政策解释工作，充分听取各层面的建议，慎重研究，反复讨论，认真执行股份公司统一政策，顺利实施了基本工资制度改革，进一步理顺了内部分配机制。

【项目管理】 2003年，完成了炼油板块批复的4项、化工板块批复的2项技措技改项目及厂内自定的10项短平快项目，完成投资额3627万元。其中聚丙烯扩能改造、气分装置扩能改造及动力锅炉改造等项目都已投入生产，发挥了效益。

(1) 从源头抓起，把好立项关。对没有效益、不威胁安全生产的项目坚决不上，要求每个项目必须有项目建议书、专业部门审查意见和主管领导意见，最后由公司班子批准后方可立项，共削减投资141.50万元。

(2) 积极协调配合，加强现场施工管理。各项目组精心安排，详细部署，排出各个项目的施工网络图，敲准控制点。从生产、安全、设计、材料到工程进度和质量，都一一明确责任人，保证了施工进度与质量。

(3) 严格控制费用，确保投资不超。对技改项目要求限额设计、限额概算、限额采购、甲方供料，规定没有设计概算一律不准下达《计划任务单》。施工过程中精打细算，严把设计变更签证关，严格按概算组织施工。决算中做到了材料调拨单不全不审，与设计图纸不符不审，签证单手续不全不审，未做到一事一签、先签后干的不审，费率标准不明不审，2003年建安费报审值为2510万元，审核值为1823万元，审减了687万元，审减率为27.37%，使工程投资得到有效控制。

（李正智）

中国石油天然气股份有限公司辽河石化分公司

【概述】　2003年，中国石油天然气股份有限公司辽河石化分公司（以下简称公司）坚持内涵与外延双重发展的方针，贯彻依法治企的管理理念，落实科技兴企、降本增效的经营思路，实施以特色求生存和发展的特色战略，认真处理改革、发展与稳定的关系。公司的特色更加突出、效益更加良好、精神更加振奋、环境更加优美、发展更加快速、经营质量更加提高，一举甩掉了账面大幅亏损的历史，实现了催化改造、汽油质量升级的目标，原油加工量达到236万吨/年，100万吨/年延迟焦化项目建设进展迅速，厂区环境发生了巨大的变化，员工情绪和工作热情空前高涨。同时，通过“六查六整顿”和深化“三化”管理，公司各项工作步入“规范化、数据化、精细化”的正轨，管理水平有了质的飞跃。公司提出的“规模适度、特色突出、效益良好”的目标得以实现。

【炼油生产概况】　2003年，公司加大安全管理力度，解决环烷酸的腐蚀问题、低温腐蚀问题，准确掌握大型机组等关键设备的操作，保证了装置长周期运行；调整产品结构，优化生产运行，严格控制污油总量，采取有效措施降低能耗、物耗。2003年具体技术指标为：原油加工量236万吨，同比增加5万余吨；柴汽比达到2.73，同比上升0.37个百分点；炼油损失1.01%，同比有所下降；综合商品率95.09%，同比有所提高；综合能耗55.96千克（标油）/吨，同比下降1.23千克（标油）/吨；水、电等单耗指标都有不同程度的下降。

2003年沥青产量达到86万吨，同比增产22万吨；重油产量只有5.4万吨，同比减少12万吨；聚丙烯突破1.9万吨，同比增产5500吨；负号柴油产量同比增产5万余吨；污油量近4000吨，同比下降1800吨。

【各项经济效益指标】　2003年实现账面利润3000万元，完成考核利润1.5亿元；实现销售收入44亿元，同比增加3亿元。

【成品油销售】　销售系统本着“总量控制、把握节奏、推价到位、增加收入”的原则，全年销售量达211万吨，产销率达95.5%。

在销售工作中，扩展沥青销售的地域和时域，控制了东北和华北市场，站稳了河南等华中市场，并且成功打入了四川、云南和广东市场。

保定和内蒙古两个沥青中转站在“非典”期间的及时启用，缓解了生产压力、控制了投放市场的总量、保证了推价到位；“欢喜岭”品牌的影响力进一步提高；服务进一步改善，营销经验不断积累，营销人员业务素质日益提高，产销节奏把握得好，销售环境进一步改善。

从总量上看，公司继续占据了中国沥青第一大户的地位，全年沥青产量达到86万吨。1999年国家经贸委第一批贴息的重点项目——80万吨重交沥青产量的目标也超额实现。

从品种上看，公司相继增加了机场沥青、改性沥青、乳化沥青、水工沥青等品种，从而丰富了“欢喜岭”沥青品牌的内涵。其中SBS改性沥青已成功应用在青藏公路的建设工程和绥中军用机场跑道建设中、水工沥青已应用在嫩江尼尔基水利枢纽工程和河南红旗渠的建设、乳化沥青已在河北铺筑了实验路，效果良好。

公司的润滑油品种不断增加，特色也进一步突出，有些产品甚至可以取代进口产品。其中，25#、45#变压器油在国内质量领先，各种牌号的环烷基橡胶填充油和芳香型橡胶填充油畅销国内，高芳烃轮胎专用油成功打入天津诺曼底橡胶有限公司。

【炼油科技】　2003年，公司成立了26个科技攻关小组，对26个项目进行公关，完成效益6000余万元。科技攻关工作取得了良好的降本增效成果，更重要的是解决了生产运行中的瓶颈问题，提高了生产运行水平，改善了产品质量。催化装置两段提升管改造彻底解决了汽油质量升级的问题，创公司技术改造的最好水平，该项目前期把关好、施工改造好、车间开得好、运行效果好。

【油价回顾】　2003年，公司销售部及时了解市场行情，沥青一天一提价，沥青价格实现了全年不低于原油价格，而且一举突破 2200 元/吨大关，创历史之最。产品平均售价同比上升 375 元/吨，高于原油价格上涨水平，其中沥青价格同比上升 319 元/吨，重油价格同比上升 608 元/吨。在同期销售量减少 33 万吨的基础上，收入反而增加了 3 亿元。液化气的价格是同地区最高的。

公司调运部及时把握价格信息，调整调运节奏，极大地避免了跌价损失，增加了收入。特别是“非典”期间，由于汽车运输受阻，公司运输部、公司调运部、公司销售部密切合作，使火车外运沥青突破 3 万吨大关，创有史以来最高纪录。

【固定资产投资】　完成投资 1.9 亿元，全部投资均比概算有大幅度降低。发展上实现了质的突破、投资控制得到加强。具有里程碑意义的 100 万吨/年焦化项目进展理想，达到了“焦化建设初具形象”的总体进程目标；40 万吨/年加氢改质项目一次顺利投产成功；催化改造收到了预期效果，率先在公司成功工业化运用。

年初，公司提出了“三个一”的制度要求：“一切资金纳入预算、一切项目纳入计划、一切采购纳入供应”。支出控制收到了良好效果，供应部门严格按照比价采购和招投标的程序，全年节约生产物资采购资金 475 万元；节约工程采购资金 800 余万元；焦化项目对比概算节约 1000 余万元。

【计量管理】　落实规范化、精细化、数据化的“三化”管理要求，完善计量制度，加强日常计量管理。从原油进厂到成品油出厂，全过程实行一级计量管理。每天把全公司的计量数据进行汇总分析，每月对每套装置进行一次计量标定，及时修理和调换计量表；加强计量监督，做到监督在前、计量在后；月末计量盘库数据真实，避免油品在交接过程中的人为损失，避免了生产装置污油的产生。

（李　明）

中国石油天然气股份有限公司长庆石化分公司

【概述】　中国石油天然气股份有限公司长庆石化分公司（原咸阳长庆石油助剂厂）（以下简称公司）是“八五”和“九五”期间，按照中国石油天然气集团公司及长庆石油勘探局的安排部署，在陕西省计委和咸阳市政府的支持下，分阶段建设的炼油企业。1999 年 10 月，中国石油重组改制，更名为中国石油长庆油田炼油化工总厂。2001 年 5 月 18 日，上划中国石油天然气股份有限公司，成为直属地区分公司。

2003 年，长庆石化分公司全年实现销售收入 39.3 亿元，上缴税费 3.4 亿元，账面利润 1.009 亿元。公司被陕西省人民政府授予“绿色企业”和“绿色社区”称号，是 11 家受表彰企业和 16 家社区中惟一获双绿称号的单位，被推荐为“国家环境友好企业”创建单位；公司还被评为中国石油天然气集团公司、中国石油天然气股份有限公司和陕西省“安全管理先进单位”、陕西省“先进消防安全重点单位”，获咸阳市“文明单位标兵”称号。

【生产经营】　全年加工原油 150 万吨，主要经济技术指标创历史新高。与 2002 年相比，93# 汽油增产 7.4 万吨；柴油产量增加 3.13 万吨。原油加工损失下降 0.1 个百分点，增加商品量 1490 吨；原油进厂损耗下降了 0.01 个百分点，减少损失 149 吨；干气外销 4454 吨，提高综合商品率 0.3 个百分点；生产 4# 燃料油 8150 吨，提高综合商品率 0.5 个百分点；发电利用干气 2000 吨，提高综合商品率 0.13 个百分点。

综合能耗 72.9 千克（标油）/吨，同比下降 2.23 千克（标油）/吨。其中，吨油耗电 73 千瓦·时，比预算降低 2 千瓦·时，节电 292 万千瓦·时；吨油耗水 1.07 吨，比预算降低 0.03 吨，节水 4.38 万吨。

完成装置大检修和技措项目，完成检修项目 1279 项，自检率 62.89%，检修一次合格率 100%。年内安排的重催装置两段提升管改造等 5 项技措项目均已投运。

利润总额比业绩指标增加 4214 万元，比挖潜增效任务增加 2798 万元。现金单位加工成本（含期间费用）同比降低 7.88 元/吨，比业绩指标降低 7.36 元/吨，节约成本 1096.6 万元，人均 1.56 万元。

【管理创新】　公司创建的扁平网络化管理模式，采取“事业部—生产班组”的劳动组织形式，取消了车间（分厂）建制，减少了中间环节。这一管理模式已成为公司的一个新亮点，受到集团公司、股份公司领导专家的好评，先后在集团公司人事工作会议和海口全国炼化企业管理创新经验交流会上进行了交流，受到与会领导、专家和兄弟单位的肯定和好评。《重新设计组织机构，实现扁平与网络化》论文获第八届（2003年度）石油企业管理“现代化优秀论文”一等奖。

针对生产运行和设备管理上存在的薄弱环节，公司以炼油装置及专业达标要求为准则，突破传统思维模式，倡导极限管理，向低标准宣战。对关键的控制参数设定了理想值，并实行动态管理，根据装置实际情况和指标完成情况及时向更高的标准调整。设备完好率达到99.3%，同比提高0.7个百分点，A类设备完好率99.4%，同比提高0.5个百分点。其中催化烟机平稳运行7497小时，完好率98.7%，创1998年以来烟机运行的最好水平。

不断完善激励机制，把业绩合同考核重心下移，将指标和任务量化分解到区块（作业队），由区块（作业队）分解到班组岗位，将人事、党工团、综合治理统一到运行部考核，真正做到管理细化、指标明确。采取单项奖和特殊贡献奖等多种分配形式，搞活内部分配，并加大单项奖和特殊贡献奖的比重，向创效多、贡献大的人员倾斜，调动了员工的积极性。

【“六查六整顿”和挖潜增效】　以“提三率、降四耗、压五费”为目标，以“五个标准”为尺度，深入查找企业生产经营中存在的问题，共查摆出九大类1137个问题，并全部进行了整改。建立了绿色文明企业现场管理检查考核机制，纳入各区块的业绩考核，坚持每月进行检查通报。

围绕挖潜增效任务，制定了十个方面108条挖潜增效措施，全部组织实施。其中，重催装置采用石油大学（华东）两段提升管技术改造，轻质产品收率达到85.51%，干气和焦炭产率下降1.28个百分点，全年增效1000万元；新增催化重整和柴油加氢联合装置不凝气回收流程，将过去放火炬和当作燃料烧掉的C_3以上组分回收，使干气中C_3以上含量由40%降至6%，增效230万元；采用溴化锂制冷技术，提高低温热利用率和轻质产品冷却度，增产轻质油430吨，全年增效86万元；用蒸汽透平泵替代电动锅炉上水泵，对余热锅炉鼓风机进行变频改造，节电236万千瓦·时，增效90万元。

【质量管理】　公司坚持“以人为本，诚信至上；质量一流，顾客满意；为用户提供优质适用的石化产品，为社会创造丰富多样的清洁能源”的质量方针，抓好ISO 9001质量管理体系运行，以国际标准规范质量管理过程，明确各部门质量职责，落实各级质量责任，将质量、技术、操作、安全、环境、消耗等各类指标分解细化，确定最佳值、达标值，每周对照检查，每月考核兑现。装置操作工艺参数不断优化，馏出口平稳率和质量合格率明显提高，产品始终保持出厂合格率100%，季度产品质量监督抽查合格率100%。

【HSE工作】　公司认真贯彻《安全生产法》和股份公司2003年安全生产工作会议精神，确立了“思想重视、责任落实、制度完善、严格管理、奖罚分明”的20字工作方针。签订各级HSE业绩合同38份，并实行“干部走动式管理，员工不间断巡检”，开展了“严管理、反三违、查隐患、保安全、增效益”活动。HSE工作不断加强，进一步完善了管理手册、程序文件和考核办法，完成了HSE管理体系的运行发布。全年无职业病伤害、无事故，HSE/OHS管理步入股份公司先进行列。环保工作迈上一个新台阶，完成酸性水汽提装置搬迁并顺利投运，溶剂再生装置成功开车，污水、废气全部实现达标排放。

【基层基础工作】　公司对原有的规章制度进行了整理和完善，进一步夯实基础，确保管理工作高效运行，共整理制度78项，其中新建制度12项。重新修订了《管理制度汇编》，特别是新出台了《关于生产装置阶段性停产员工息工有关问题的暂行规定》等五项制度，在人事制度改革上进行了有益的探索。

顺利通过了ISO 9001和ISO 14001两个体系的监督审核，并进行HSE/OHS体系取证工作，10月份通过第一阶段现场审核。信息门户建设项目于3月17日正式启动，6月19日公司主门户及11个部门门户全部上线运行。截至2003年底，共上载各类文档716篇。

【技术创新与技术改造】　年内安排了五项技措项目：（1）重催装置两段提升管改造；（2）改造消防稳高压系统，增强消防应急能力；（3）重催装置气压机控制系统升级改造，增加了气压机的安全平稳运行系数；（4）建设投运了气分装置；（5）低温热利用及节电措施各一项，全部投入运行。

【构建学习型企业】　根据股份公司《2003年度培训项目计划》和各部门员工培训需求，编制了《长庆石化分公司2003年度培训计划》，并从多方面积极组织实施。一是强化体系培训。在年度员工培训计划中将体系培训内容专项列入，对HSE/OHS体系方针目标、手册和程序文件学习做了专门规定。二是采取多种形式，加强员工岗位技能培训。全年参加公司级以上正规培训员工 449 人次，占公司在岗员工总数的 71.38%。三是鼓励员工参加各类自学考试。继续办好非脱产工学硕士班，完成了 33 名学员的注册工作。对通过自学考试取得大专学历的 4 名员工给予了奖励。

【企业文化建设】 按照集团公司企业文化建设的要求，制定了《长庆石化分公司企业文化建设纲要》，贯彻集团公司"爱国、创业、求实、奉献"的企业精神和"诚信、创新、业绩、和谐、安全"的核心经营理念，展示"长庆石化、清新实佳"的企业风采，将企业文化融入到生产经营全过程。开展了"我爱中国石油、我爱长庆石化"、"共青团技术交流"、"改陋习、树新风"等活动，增强了队伍的凝聚力。

（刘宏远　殷　涛）

中国石油天然气股份有限公司克拉玛依石化分公司

【概述】 中国石油天然气股份有限公司克拉玛依石化分公司（原名克拉玛依石油化工厂）（以下简称公司）是中国石油天然气股份有限公司所属集炼油化工为一体的年加工能力为 300 万吨的燃料油—润滑油—沥青型石化企业。主体装置 34 套，可生产各类石油化工产品 160 多种，其中主导产品 40 多种；润滑油年产量达 40 万吨以上，其中中高档润滑油比例达 98.35%，是国内最大的环烷基润滑油生产基地。利用克拉玛依环烷基重质原油及先进的高压加氢工艺生产的"翼龙"牌变压器油、冷冻机油、高档橡胶油、BS 光亮油及高等级道路沥青是公司的拳头产品。28 种产品获省、部优产品称号，L－DRA/A46 冷冻机油等五种产品荣获国家银质奖。"翼龙"牌润滑油被中国质量管理协会评为"全国用户满意产品"，并被新疆维吾尔自治区人民政府评为新疆著名商标。公司于 1997 年通过中国船级社 ISO 9002 质量体系认证，并通过了 ISO 9001：2000 版质量认证，2001 年进行了 ISO 14000 环境管理体系认证。2003 年 12 月通过了 HSE 体系认证。

【炼油生产】 公司全年完成原油加工量 250.46 万吨，其中稠油加工 117.5 万吨，完成预算计划的 117.5%，同比增加 5.69%；主营业务收入 46.84 亿元；现金单位加工费 128.61 元/吨；炼油单位能量因数耗能 10.9122 千克（标油）/（吨·因数），在股份公司炼化企业中处于领先水平；商品总量 233.76 万吨，其中汽油、煤油、柴油合计完成 158.79 万吨，润滑油及基础油完成 33.16 万吨，沥青生产完成 43.02 万吨，热电厂全年发电 1.66 亿千瓦·时，供汽 71.9 万吨。

2003 年，公司在稠油加工量、沥青产销量、高标号汽油产量、低凝柴油产量、变压器油产量、柴汽比、发电量等多项经济技术指标均创公司历史最好水平。

【产品结构】 2003 年，公司上下紧密配合、相互协作，以经济效益为中心，根据市场、环保对产品品种、质量和数量的新要求，以高技术含量、高附加值产品生产和销售为主，进行生产方案调整和产品结构优化，实现了公司效益最大化，2003 年 93# 及以上标号汽油产量达 30.56 万吨，占汽油总产量的 72.16%，在西北地区同类企业排名第一，其中 97# 汽油也正在大批量推向市场已得到用户认可；低凝柴油产量达 34.01 万吨，占柴油总产量的 36.87%，同比提高 1.72%，成为西部地区最大的高档清洁燃料及低凝柴油生产企业；沥青产销量大幅度增加全年完成 43.03 万吨，其中重交沥青占沥青总产量的 80.65%，成为西部大开发高等级公路建设所用沥青的核心供应企业。公司在提高柴汽比方面，通过优化蒸馏、催化、焦化、加氢等一次、二次加工装置的操作，使柴汽比由 2002 年的 1.91 提高到 2.18；润滑油及基础油生产方面公司根据市场需求变化情况及时调整稠油减压侧线产品分布，优化工艺，提高变压器油、橡胶油、BS 光亮油三大主导产品产量，全年生产变压器油 7.73 万吨，橡胶油 12.86 万吨，BS 光亮油 6.8 万吨，目前已发展成为国内润滑油的核心生产企业。

【纪检监察】 电子商务交易和招投标的效能监察效果显著。2003 年公司按照《中国石油天然气股份公司关于物资采购与电子商务管理办法》及其相关规定，实行电子商务网上采购 3360 万元，按预算和同类物资的往年定价比，节约资金228万元，超额完成了股份公司下达的3000万元指标。通过采用招投标方式发包工程和采购设备、材料及技术服务等共计165项（次），按预算比，共计节约资金2000多万元。

外部清欠专项效能监察已取得了可喜的成果。

【计划财务管理】 2003年公司投资工作紧紧围绕股份公司业绩管理和投资计划管理的要求，一方面积极筹措资金，确保资金需求，另一方面加强具体项目的资金使用关键点的监督与控制，努力降低工程造价，充分发挥资金的使用效益，圆满完成了2003年各项投资任务。本年度共实施股份公司项目14项，投资计划安排资金16011万元，其中跨年续建项目4项，资金计划6492万元，新建项目10项；资金计划9519万元。50万吨沥青基地批复概算总投资9616万元，本年安排投资3616万元并全部转资，稠油常减压改造拨付投资1000万元，本年已完成投资项目8项，全年完成投资1.3亿元；润滑油高压加氢白油精制项目、消防系统改造、电厂无盐水改造等项目，500万吨/年稠油集中加工项目已筹集并支付资金4000万元。有力地保障了公司全年各项生产经营工作的顺利进行和各项业绩指标的完成。

【企业管理和营销】

（1）合同和法律事务工作。不断优化合同审批程序，特别是招标选择合同方的合同，实行一次性审批，不断完善合同履行监督体制，将以往在合同履行过程中以书面监督为主逐步向物资使用单位意见反馈监督过渡，提高合同履行监管质量。2003年共审批各类经济合同929份，合同金额42934万元。审批中因合同条款不完善或与规定不符，退回56份合同，有效地提前预防合同纠纷案件的产生。

2003年，经自治区工商局考评推荐，国家工商局认定，克拉玛依石化分公司首次荣获国家级“守合同、重信用”企业荣誉称号。

（2）市场管理。严格执行市场准入审查程序，优化调整准入结构，优先考虑资质实力较强的厂商入网，减少贸易公司的准入，强化服务方准入控制，组织了8个服务方向股份公司炼油与销售分公司办理市场准入手续，内部市场物资服务方准入308家，工程服务方准入20家，设计咨询7家。

按照招标管理办法共组织进行了251次招标、议标，预算金额为14559.8万元，招投标后合同签订金额与估算相比节约资金约2522.41万元。

2003年对7家工程、2家设计、193家物资服务方进行了业绩评价，有效起到市场准入服务方的售后评价工作。

【设备管理】 2003年是克拉玛依石化分公司“两年一修”最后一年，公司以不断提高设备的可靠性、经济性和实现炼油生产装置长周期为目标开展设备管理工作，有效保证了各套生产装置在临近检修的后期安全、平稳、高效运转；同时本年度也是公司的大修年份，在作好装置保运的同时，较好地完成了检修的各项前期准备工作，2003年检修是公司主体装置实现“两年一修”后的第二次大修，通过本次大修改造，消除了大量设备隐患和瓶颈，并对设备、工艺等方面进行了大量的技术改造，充分恢复和提高了设备性能，优化了工艺过程，为实现主要生产装置“三年一修”奠定了坚实的基础，为公司挖潜增效创造了有利条件。

2003年，全公司设备完好率达到了99.13%，静密封点泄漏率达到0.442‰，仪表自控率达到95%，保持了较高的水平。

【安全工作】 实现了与股份公司签订的业绩合同指标中：责任事故死亡率为零。实现了与自治区签订的《2003年安全生产目标管理责任书》中：职责范围内不发生企业职工死亡事故、不发生重大火灾事故、不发生重大交通事故的目标。安全考核得分96.5分，比2002年提高5.5分。公司职业健康安全管理体系通过认证审核，并颁发“职业健康安全管理体系认证证书”。公司大修改造工作圆满、高效完成，并实现“零事故、零伤害”目标。

截至2003年12月31日，公司炼化生产主体装置连续13年实现安全生产无重大人身伤亡事故，交通方面已连续5年实现安全运行无重大交通事故，公司累计安全生产已达4904天。

【职业健康安全环境管理体系】 2003年一季度，公司完成了（HSE）健康安全环境管理体系程序文件及手册的编制与修订工作，于3月15日正式发布，公司的（HSE）健康安全环境管理体系开始正式运作。并于12月29日取得了《职业健康安全管理体系认证证书》。

【产品质量监督检验】 2003年，公司接受克拉玛依市技术监督局、自治区技术监督局、股份公司组织的产品质量监督检验5次11个/批产品，检测结论均为“合格”。

【环境管理和污染治理】 2003年公司继续按照ISO 14001环境管理标准抓好公司各项环境管理工作，2003年公司重大环境污染及破坏事故为零，有效控制废气达标率为90%，废水综合合格率为98.1%，废渣处置率为100%，厂界噪声合格率为100%，环保设施投用率为100%。自治区环保局和克拉玛依市环保局对公司的环境监督抽查合格率达到100%。

2003年公司进一步加大环保投资力度，污染治理工作又上一个新台阶：2003年1月组织进行三泥脱水药剂的工业化试用和评价工作，选出了性能价格比优越的药剂。

4—6月份完成了4000立方米/日污水深度处理及回用装置的中试工作，7月份确定处理工艺，8月份开始施工，该项目投产后，将已经达标的污水经过深度处理后回用于循环水补水和厂区绿化用水，每年为公司节约100多万立方米新鲜水，项目预计2004年5月份竣工投产。

2003年7月配合自治区辐射中心站对公司热电厂的共21个放射源予以拆除，送到自治区放射源库，消除了公司一个重大安全隐患。

8月份公司干气脱硫装置建成投用，极大的减少了各装置加热炉烟气中SO_2的排放，为彻底解决SO_2的污染问题，2003年公司投资1500万元筹建硫磺回收装置，该项目已进入施工阶段，预计2004年6月份竣工。

9月份公司2万立方米低压瓦斯气柜正式投入运行，基本上消除了火炬燃烧产生的环境污染及能源浪费。

11月份公司建成并投用酸碱废渣池及固体废弃物渣池，使公司生产过程中产生的废液、废渣的处置和贮存符合国家有关法律法规的要求。

【科技项目与经费投入】　2003年，克拉玛依石化公司共开展科技项目38项，其中股份公司重点炼油科研项目19项，公司级科技项目19项。接到股份公司实际下达给公司的科研经费合计660万元。

【专利工作】　2003年，克拉玛依石化公司共申请专利11项。

（黄国强）

中国石油天然气股份有限公司润滑油分公司

【概述】　2003年，按照中国石油天然气股份有限公司领导对润滑油分公司（以下简称润滑油公司）2003年“强化统一、调整结构、规范渠道、巩固提高、增收节支、扭亏为盈”的要求，润滑油公司以“扩大总量、严控费用、改善结构、扭亏为盈”为工作方针，牢牢抓住扭亏为盈这个主题，深入开展“六查六整顿”挖潜增效活动，不断强化内部管理，大力调整产品结构，努力开拓市场，推行增量保价工作，2003年润滑油公司的各项工作都上了一个新的台阶，比较圆满地完成了各项工作任务。

（1）销售收入和利润大幅度提高，润滑油公司扭亏为盈。2003年实现销售总量136万吨，销售收入45.8亿元，比2002年同期43.8亿元增加2亿元。其中，大类散油销量74.28万吨，销售收入20.85亿元，特种油销量23.76万吨，销售收入8.01亿元，包装油销量18.8万吨，销售收入10.39亿元，扣除广告费用13269万元及各项减值准备13354万元，实际盈利7270万元，比2002年同期-22906万元增加盈利30176万元，比年初预算增加了6270万元。

（2）调整销售结构，增量保价工作有了很大进步。包装油销售18.86万吨，同比增长8.5%；高档油比例36%，比股份公司KPI考核指标31%高出5%，其中，SG以上汽油机油销量1266吨，同比增长69%；CD以上柴油机油1586吨，同比增长153%；变压器油13.2万吨，同比增长8.2%。平均销售价格达到了3361.17元/吨，同比提升了418.39元/吨，比年初预算价格高出342.17元/吨，增效4.6亿元。

（3）生产布局整体优化，大连、兰州和克拉玛依三大润滑油生产基地基本成型，润滑油公司生产布局基本完成。

（4）组织编制了“润滑油公司资源优化、结构调整和技术进步实施方案”。

（5）内部管理持续深化，不断创新，专业化管理的运行机制逐步走向高效有序。2003年根据专业化运营状况，在中心层面设置技术服务代表，进一步强化技术营销的理念，对现有销售体制进行了部分完善，特别是在2003年，润滑油公司质量管理体系的全面建立和持续改进，为润滑油公司提高综合管理水平，参与国内、国际市场竞争提供了有力的保证，专业化管理各项工作逐步走向高效、有序。

（6）“昆仑”品牌核心价值显著提升，树立了良好的品牌形象和企业文化形象。

【经营管理】 2003年，润滑油公司紧紧围绕“扭亏增盈”目标，全力开拓市场，努力扩大终端，不断完善技术服务体系，最大限度地扩大销量，最大限度地提升销售价格，使销售收入大幅增加。

1. 强化资源统一管理，推动中低档散油销售价格

（1）强化基础油资源衔接。股份公司在基础油管理方面，尤其是对资源统一问题给予了前所未有的高度重视，为润滑油公司提升销售价格、中低档散油实现获利提供了条件。

股份公司于2003年6月23日正式下发石油炼销字［2003］147号“关于印发《中国石油天然气股份有限公司润滑油基础油管理办法》的通知”，炼油与销售分公司制定了基础油结算体系，目前基础油定价参照国际市场、国内市场和基础油生产成本等因素，基础油价格管理逐步完善。

（2）结合市场形势，及时调整大宗散油销售价格。2003年，润滑油公司根据动态市场跟踪，认真分析市场走势，实施正确价格营销策略，加大价格监督与检查力度，很好地把握了市场变化，努力做到“推价到位”。全年大宗散油平均实现销售价格3199元/吨，比股份公司下达预算高了630元/吨，比润滑油公司内部预算高276元/吨，比2002年同期2752元/吨提高462元，增加销售收入25817万元。

2. 进一步实施专业化管理，专业用油行业合作方面取得积极进展

2003年，润滑油公司在专业化营销方面又前进了一步，在橡胶油、汽轮机油等品种上大胆创新，推行专业化销售，促进了特种油的销售。先后完成了与日本新日石的冷冻机油的合作项目，与加拿大石油公司、嘉德士中国公司就双方的合作项目进行了交流，交直流通用变压器油实现了工业化应用。橡胶油、汽轮机油及冷冻机油全年完成了25.47万吨，同比增长了6.41万吨，平均销售价格达到3796元/吨，同比增长了519元/吨。

3. 努力扩展终端，促进了包装油销售

2003年，润滑油公司在转变营销思路，适时调整营销策略，强化终端网络建设方面取得长足进步。

（1）技术服务和OEM认证工作得到加强。先后开展了中国第一汽车集团公司、东风汽车、奇瑞汽车、重庆重型汽车集团、江西昌河、北汽福田、洛阳一拖等OEM的认证工作。完成OEM技术准入9个，完成率128%；OEM商务准入8个，完成率160%。

（2）强化终端网络建设，全力构建终端市场。全年发展汽配店和换油中心等终端7600余家，比2002年增加5000家，终端网络建设初具规模。

（3）强化品牌规划与管理工作，提高了品牌的核心价值。2003年10月1日在中央台推出了昆仑润滑油广告，产生了较大的社会效应，“昆仑”的知名度迅速提升。参加了“全国名牌产品评选活动”，“飞天”、“七星”、“大庆”润滑油被评选为“中国名牌产品”。

【生产管理】 2003年，润滑油公司突出生产过程管理，优化资源配置，深入开展降本降费工作，全面提高经济效益和竞争力。

1. 加强生产优化和资源配置，努力做好产销衔接

（1）本着“以经济效益为先的原则”，综合运距、销售价格、成本、市场需求等多方面因素，制定计划，科学安排，保证了产品的合理发运。

（2）加大了计划的监督检查，规范完善了日调度报表制度，对各厂、中心的库存、销售计划、发运情况实施动态监控管理，为润滑油公司的生产经营决策提供了及时、可靠的依据。

（3）加大了计划的监督检查，基本上解决了区域串货现象的发生，较好地保证了计划的正常运行。

2. 加强添加剂等原材料成本控制，进一步降低生产成本

2003年，润滑油公司加快了经济配方的推广使用，同时细化了添加剂采购管理制度，有效地降低了产品成本，全年添加剂节约成本1008万元。

3. 细化生产过程管理，实现了安稳长满优生产

（1）高标准、严要求，强化工艺管理，优化操作，节能降耗明显。2003年全年润滑油公司动力消耗1581万元，完成年预算55.77%，检维修费4654万元，完成年预算88.48%，加工损失降到了0.1%。

（2）强化技术管理。完成了基础油目录和产品目录的编制，其中基础油6类148种，润滑油产品共18大类526种。制定了“昆仑”油的内控指标，使“昆仑”油的产品质量优异性初步得以体现。完成了优化配方的SC、CC、CD等工业试验。

（3）加强安全与设备管理，实现了安全生产无事故。

【内部管理】 2003年按照股份公司的总体部署和安排，润滑油公司以“六查六整顿”为契机，树高标准，狠找差距，深挖内部潜力，加大内部管理力度，严控费用，降低成本，堵塞了管理上的漏洞，为实现扭亏增盈奠定了基础。

1. 全面推行预算计划管理

（1）润滑油公司初步形成了较为完善的预算编制体系和运行机制，建立全面预算管理体系，建立健全对各项费用的管理制度。

（2）计划管理突出了关键指标控制，突出市场观念，突出效益观念。

（3）加强实施过程的分析控制，强化月度与季度经济活动分析。及时总结经验，找出差距，研究对策，促进了生产经营活动的有效开展。

2. 开展了运输专项整顿工作

逐步建立了适应市场要求的物流体系。全年降低费用1500万元。其中，租车费降低300万元，运输费降低1200万元。

3. 加强费用管理，期间费用大幅降低

（1）严控费用，强化财务专项治理，成本费用控制水平得到提高。

（2）积极利用相关政策，优化了资产和负债结构，降低了资产负债率。资产负债率降至44.99%，比年初降低了近5个百分点。

4. 落实责任，分解指标，加大了对清欠工作的管理力度

陈欠款降低19668万元，大大缓解了润滑油公司的资金压力，有效改善了润滑油公司资金经营状况。

【党建及企业文化建设】　党建及思想政治工作与生产经营密切结合，扎实有效。2003年，经润滑油公司班子研究，对机关职能部门和厂、中心领导班子进行调整和补充，班子成员团结敬业，以大局为重，以事业为重，得到了广大员工的支持和信任。通过“三先两优”评选等一系列活动，形成润滑油公司广大员工“步调一致谋扭亏，无私奉献筹发展”的工作氛围。

（孙兆文）

大连西太平洋石油化工有限公司

【概述】　2003年，大连西太平洋石油化工有限公司（简称WEPEC）（以下简称公司）领导班子带领全体员工积极实施“立足国内，开拓国际，适应加入WTO挑战”的经营策略，以市场为导向，以效益为中心，充分利用两种资源、两个市场的优势，精明营销，科学运作，强化管理，生产装置实现了安稳长满优运行，经济效益日益提高，两个文明建设取得了可喜成绩。全年实现工业总产值158.3亿元，比2002年增长22.7%；实现销售收入158.5亿元，比2002年增长27.34%；实现利润7.6亿元，比2002年增长111.1%（见表3）；被评为“大连市外商投资十大高销售额企业”、“大连市外商投资双优企业”。

截至2003年底，公司拥有员工1104名，其中，大中专以上学历员工551名，占员工总数的50%；高级技术职称87名，占员工总数的7.9%。

【主要产品】　2003年，公司生产煤油119.77万吨，比2002年增长2.99%；生产柴油163.27万吨，比2002年增长3.88%；生产汽油112.20万吨，比2002年增长0.96%；生产化工轻油113.10万吨，比2002年增长16.01%；生产燃料油105.86万吨，比2002年增长10.10%；生产聚丙烯10.22万吨，比2002年减少0.18%；主要产品远销日本、韩国、新加坡、地中海等十多个国家和地区。

表3　2003年主要经济指标完成情况

项　　目	实际完成	比2002年增长（%）
资产总额（亿元）	80.61	−3.77
工业总产值（1990年不变价）（亿元）	158.28	22.7
工业增加值（亿元）	16.05	24.79
产品销售收入（亿元）	158.5	27.34
产品销售率（%）	96.27	0.88
利税总额（亿元）	16	41.56
其中：利润（亿元）	7.6	111.1

【安全生产】　2003年，公司认真贯彻落实《安全生

产法》，建立、健全和完善各项安全管理规章制度，成立技术攻关组开展技术攻关，开展长周期安全运行评估，狠抓定期工作和方案化管理，加强安全技术培训，生产装置实现安全平稳大负荷运行，装置开工率达到或接近100%，被评为“辽宁省安全生产先进单位”、“辽宁省‘安康杯’竞赛优胜单位”。全年加工原油713万吨，比2002年增长6.9%，见图1。

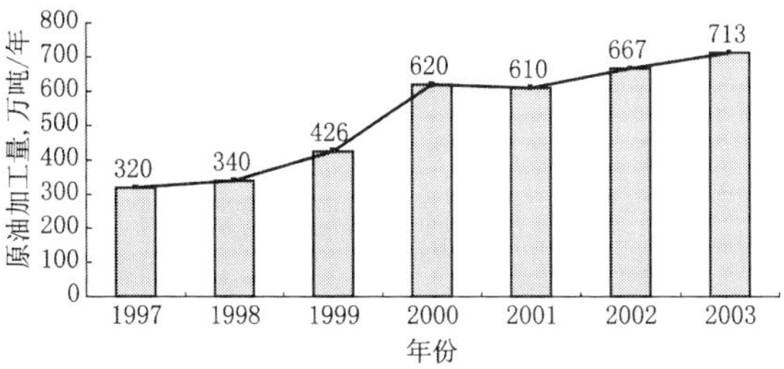

图1 1997年全面投产以来原油加工量变化情况

【市场开拓】 2003年，公司积极开拓国际市场，扩大成品油出口量；召开第五届外贸用户座谈会；全年出口成品油254万吨，比2002年增长1%；出口创汇7.8亿美元，比2002年增长24.43%；成品油出口量连续5年保持国内炼化企业第一名。

【财务运作】 2003年，公司积极加强财务运作，利用美元利率下调的时机，借入美元贷款，置换出部分高利率人民币贷款；实施严格的资金计划管理，控制各项费用支出；全年财务费用比预算节省5156万元，比2002年降低3962万元；资产负债率比2002年降低6.55个百分点；被评为大连市A级纳税信誉等级纳税人，大连市、辽宁省的纳税大户；连续5年名列大连市纳税大户第二名。

【成本管理】 2003年，公司积极采取措施，实施低成本管理战略，降低加工费和保本点。建立火炬排放汇报制度，定期检查各装置排放口，控制火炬排放量；启用汽油和柴油调和系统，降低质量过剩损失；建立混合点管理制度，避免窜油事故发生；加强化工原材料管理，降低各项消耗；加强与港口等的协调，降低出口费用。全年平均现金单位加工费比2002年降低6.49元/吨，保本点比2002年降低1.91美元/吨。

【人力资源】 2003年，公司坚持以人为本的人力资源管理指导思想，组织完成了140名领导干部聘任期满考核换届工作，其中，降职使用4人，解聘4人，职务晋升6人，横向交流23人，137名公司所属领导干部重新聘任上岗；同时，根据工作需要，又撤销了2个处，合并了3个处、4个装置（场），资源得到优化整合，工作效率进一步提高。

【发展规划】 2003年，公司积极采取措施，推进发展规划的全面实施。成立了发展规划建设指挥部；充实了指挥部人员；健全了指挥部组织机构；完善了项目管理办法；9月10日9点58分，一期改造标志性项目常减压装置80米烟囱建设破土动工；年底前，一期工程项目常减压、重整、煤柴油加氢、馏分油加氢改造准备工作就绪，待2004年春季装置停工检修期间全面组织实施。

【精神文明】 2003年，公司党委、工会、团委积极围绕企业的精神文明建设、企业文化建设开展工作，提高员工队伍的整体素质，收到了很好的效果。全年发展党员23名，党员总数达到289名，占员工总数的26%。公司被评为“大连市职业道德建设十佳单位”，荣获了“全国五一劳动奖状”；催化裂化装置被评为中国石油天然气集团公司“百面红旗单位”。

（王桂瑾）

中国石油天然气股份有限公司西北销售分公司

【概述】 中国石油天然气股份有限公司西北销售分公司（以下简称公司）是炼油与销售分公司派驻西北地区的资源配置中心、调运中心、资金结算和产销信息集散中心，主要负责对西北地区成品油资源的配置和陕、甘、宁、青、新、川、渝、藏、内蒙古（西三盟）九个省区销售分公司成品油销售业务的管理、指导、协调、监督、检查、服务。按照“四统一”和“配送制”的要求，组织西部辖区13家炼厂的成品油、化工轻油、燃料油的调拨和销售。

公司机关设九个处室，下辖九个直属分公司和一个控股公司——宝鸡西北运销公司。拥有成品油库五座，总容量为37.24万立方米。

【主要指标】 2003年，西北辖区加工原油2422.9万吨，同比增加137.96万吨，增幅6%；生产成品油1551.6万吨，同比增加80.7万吨，增幅5.5%。公司配置油品1545.3万吨，同比增加56.7万吨，增幅3.8%；结算油品1482.99万吨，同比增加74.78万吨；实现销售收入376.3亿元，同比增加68.9亿元；实现利润8176万元，超考核指标5176万元。

【大区管理与服务】

1. 认真履行大区公司职能，管理、服务的水平和层次有了明显提高

（1）深入开展促销、推价、降费活动。3月底，公司组织六个检查小组，对西北辖区八省25个地区的价格进行了一次专项检查，促进了价格到位和销量上升。6月份，为抓住成品油销售的黄金季节，确保辖区市场销量增加，库存不涨，价格到位，公司再次开展了辖区推价促量工作，统一协调省区交界市场的价格，防止系统内相互竞争。下半年，成品油需求增长强劲，进一步拉动了价格到位，提高了成品油销售量。全年，西北辖区90#汽油批发价格到位率为97%，零售价格到位率为99%，同比分别增加了3个百分点和1个百分点；0#柴油批发、零售价格到位率为99%，同比分别增加了3个百分点和1个百分点；辖区省区零售量达到了653.8万吨，同比增加了116.9万吨，增幅21.8%，市场占有率达到了86.3%，同比增加了2.6个百分点。

（2）开展储运设施优化。按照一、二级配送储运设施全过程优化和铁路、公路、管输运输方式整体优化的原则，从7月份到9月中旬，公司对西部八省一市154座油库进行了实地调研，并制定了储运设施优化方案。2003年底，辖区共关闭低效油库13座，库容3.71万吨，14座加油站开始实行跨省配送。

（3）产销服务做精。开展成品油市场调研，了解消费结构，找出了市场需求规律。举办了西北辖区计量工培训班，为辖区部分省区和炼厂培养了48名计量工。对华北销售、甘肃销售进行了两次HSE管理体系知识培训。对华东、西北等五省区3012座加油站进行了安全评估。举办了首届西部销售公司技术比武，共有九个单位的205名选手参加了五个项目的比赛，西北、甘肃及四川销售公司分获团体一等奖、二等奖、三等奖，有30名选手获得了炼油与销售分公司“技术能手”称号。

2. 持续进行“四项”优化，挖潜增效成果显著

（1）优化资源配置，提高整体效益。坚持资源配置向省区高效市场倾斜，加大省区配置量，千方百计完成省区配置计划，减少区外的调拨量，全力支持辖区省区公司的增销增赢。全年配置省区公司油品966.42万吨，配置计划完成率105%，同比增加了105.7万吨，增盈33172万元；配置西南公司133.7万吨，同比增加了20万吨，增盈2914万元。开展毗邻省区的优化配送，完善二级配送，辖区毗邻市场有五个加油站实行了跨省区间按合理经济半径优化配置，共配送油品6227吨，节省运费69.4万元。

（2）优化产销结构，向结构调整要效益。积极引导辖区产销企业按照市场需求和效益，调整产销结构。2003年，辖区13家直属炼厂全部都能生产高标号汽油，较2002年增加了五家。全年公司配置高标号汽油131.9万吨，同比增加52.6万吨，增盈6280万元，高标号汽油占汽油的比例达到了25%，同比增加了10.1个百分点。省区公司销售高标号汽油104.7万吨，同比增加了36万吨。为提高柴汽比，满足市场需求，公司在8月份第四次召开了一年一度的西部炼化企业经验交流座谈会，制定了各炼化企业生产柴汽比目标。全年辖区直属炼化企业生产柴汽比达到了1.82，较计划提高了0.12，较股份公司平均水平高0.06。

（3）优化运输组织，降低运输成本。发挥兰成渝管道优势，扩大管输品种，加大管输量。全年共管输油品305万吨。减少铁路班列计划，全年减少班列计划732列，节约运费2650.33万元。加强“双检尺”的管理和考核，铁路运输损耗较核定指标降低了437.76吨，减少损耗损失118.2万元。提高单车装载量，汽、柴油单车装载量同比分别提高了0.535吨和0.226吨，同比多拉运油品6万吨，降低运费1186.9万元。

（4）优化财务运行，向管理要效益。加强结算管理，缩短结算周期，结算周期控制在了3天以内，日均资金占用减少3000万元。强化应收账款和其他应收款的管理和考核，2003年底，应收款较年初下降了910万元，其他应收款较年初下降了10213万元。降低银行存款，2003年公司平均占用资金同比降低5.78亿元。通过以上措施，在2003年年结算量同比增加74.78万吨后，公司吨油财务费用同比降低了0.06元。积极做好保险保价的降费工作，全年共发生保险保价3028万元，同比降低1919万元。

【企业管理】

（1）QHSE管理体系运行进一步深入，安全和数量、质量管理有了创新。建立了油库八项经济技术指标评价体系，全面提升了油库管理水平。全年公司各油库八项指标均好于2002年同期，其中周转量增加3.3万吨，周转次数增加了0.11次，关键设备完好率达到了100%，人均周转量提高了62吨，综合损耗率大幅下降。西固油库还被评为炼销板块“十大标杆”油库。深入运行QHSE管理体系，10月份公司通过了ISO 9001质量管理体系审核认证。狠抓损耗管理，实现降耗目标。全年各油库周转量合计为327万吨，实际发生油品损耗908吨，低于定额266吨。

（2）完善激励、用人和分配奖励机制，人力资源管理有了创新。推行“三二三”优秀人才强企战略，稳定人才队伍。

（3）信息管理工作得到统一规范，信息化建设有了推进。对公司各类信息资料和统计报表进行统一规范，规范后公司现有刊物三种，各类报表42种，报表较原来减少了五种。在信息化建设上，及时改造升级网络基础设施，扩充了通信线路，搭建了统一的信息化高速公路。完成了视频会议系统建设，并正式启用。

（4）夯实管理基础，促进管理基础工作创新。完善各项管理制度，共废止了26项、修订了101项、新建了61项管理制度。

（5）纪检审计监察工作取得实效。全面落实党风廉政建设责任制；围绕经营工作，积极开展效能监察。

【党建和思想政治工作】　2003年，公司党委紧紧围绕公司中心工作，发挥组织保证作用，开创了党建和思想政治工作的新局面。公司党委领导先后深入10个基层单位、20多个班组开展宣讲活动，促进了十六大精神的贯彻。选树了4个“党员先锋示范科室”，5个“党员先锋示范班组”，31个“党员先锋岗”，丰富了党建工作载体。大力开展“创先争优”活动，一批先进党支部、优秀共产党员、优秀党务工作者受到了公司党委、省贸易经济合作厅党组和省直工委的表彰。配合地方政府，做好稳定工作，521名与公司有偿解除劳动关系人员已全部领取了失业证和救济金。积极抓好房改，公司成为首家集团公司批准的员工住房改革试点单位，共申请住房补贴资金2001万元，补贴员工人数1483人。规范后勤管理，提高服务质量。

（田永强）

中国石油天然气股份有限公司东北销售分公司

【概述】　2003年，中国石油天然气股份有限公司东北销售分公司（以下简称公司）广大干部员工紧紧围绕“一个中心，三个服务，两个确保”的工作指导思想和“建设一流企业、提早实现小康”的工作目标，团结一致，锐意进取，奋力拼搏，克服了“非典”疫情和市场波动等各种不利因素，承受了成品油产量大幅提高给运行带来的压力，全面超额完成了各项经济指标，公司实现了持续有效快速发展。

【主要生产经营成果】　2003年公司生产经营运行质量和效益显著提高，主要经济指标创历史最好水平。全年完成商品销售总量3401万吨，实现商品销售收入871亿元，报表利润1.31亿元，吨油现金营销成本94.73元，清回外欠款3785万元。

2003年企业改革取得了新的进展，销售业务进一步拓展，管理体制和运行机制改革进一步深化。企业管理取得了新的成效，通过深入扎实地开展了“管理增效年”和“六查六整顿”活动，取得挖潜增效成果1.61亿元。HSE管理体系运行有效，实现了责任事故死亡率为零、重大环境污染责任事故为零、一次漏油10吨以上事故为零。QHSE体系建立工作开始启动，企业管理基础工作得到了全面加强。基层建设取得了显著成果。

【2003年的主要工作】

1. 精心组织运行，注重运行效益，确保了股份公司整体效益的实现

一是健全完善了产销衔接机制。进一步健全完善了和炼油与销售分公司、产销企业间的快速反应机制，在供需矛盾十分突出的情况下，加强了组织和衔接，协调了价格、资源和计划的及时调整，确保了运行平稳。

二是积极做好资源优化配置和运输优化组织工作。资源配置上，向区内、进关高效市场倾斜。按照“梯次配置”原则，通过加大北部资源向辽宁地区配置量，增加直接下海量，节省运费1.66亿元。增大进关资源配置，进关比预算增加151万吨。调运组织上，重点开展了运输专项整治工作，全年节约费用1.24亿元。

三是加大了市场规范力度。协调铁路部门共同制定了《东北地区成品油铁路运输计划申报管理暂行规定》，在运输环节上对违规销售行为实现了更有效的控制。查处了管道局所属丹东石油运销公司违规销售自用油行为；查处了盘山县沥青厂违规自销行为，报请炼油与销售分公司停供了原油，进一步促进了区内市场的规范有序。

2. 突出发展主题，积极推进改革，向同行业一流企业的目标迈进

（1）深化了运行机制改革。一是扩大了产品统管范围。8月份和10月份，分别对乙醇汽油和燃料油实施了统管。二是健全了公司系统的运输管理体系。抚顺分公司接管了陆运和海运的运输管理职能，公司系统实现了运输统一管理。三是确定了区内市场调研方案和实施细则。

（2）深化了管理体制改革。按照“五定”原则，重新核定了公司机关和分公司的机构设置和干部配备指数。根据业务发展需要，对大庆、龙凤分公司进行了整合，组建了自备车管理分公司，构建了大庆地区企业发展的新布局。

（3）深化了人事制度改革。全面开展了两级机关中层管理干部的公开竞聘工作，全系统有309人报名竞聘197个处、科级岗位，176人受聘上岗。员工上岗实行了双向选择，并将技术干部纳入定编和考核管理。进一步健全完善了业绩与薪酬挂钩的考核分配机制，实施了股份公司统一的工资改革方案。

3. 以开展“六查六整顿”工作为重点，强化内部管理，企业管理水平再上新台阶

（1）“六查六整顿”挖潜增效工作成效显著。广大干部员工普遍增强了精细化管理、集约化经营的意识，创造了管理水平和经济效益上升、成本费用下降的“两升一降”的可喜局面。全年实施各类整改措施206项，新增管理制度117项，修订管理制度168项，全年挖潜增效1.61亿元，完成下达指标的375%。

（2）财务管理水平有了新的提高。预算管理进一步加强，加大了对分公司预算指标完成情况的监督考核力度。结算业务进一步集中。先后将林业、铁路机车用油和大庆对龙江、抚顺对辽宁的区内送货结算业务上移公司本部，使公司本部的结算量达到了全部结算业务的41%。实现了滨江、龙凤分公司的资金分户和收支两条线管理。公司系统年底短期负息资金比年初下降了21.91亿元，节约财务费用1100万元。

（3）HSE管理体系运行良好，QHSE管理体系建立工作开始启动。上半年，HSE管理体系顺利通过了环科院组织的监督审核；11月份，顺利通过了股份公司组织的体系审核，体系运行工作获得了审核组的高度评价。QHSE管理体系建立工作如期启动，已完成了组织准备、基础培训、初始评审等前三个阶段的工作。

（4）审计、监察和法律事务工作取得了新成果。全年开展专项审计85项，开展效能监察6项，取得监察效益26万元，规避损失200万元，维护了企业权益。全年审定收档法律合同348份，合同金额9.54亿元，没有发生新的法律事务纠纷。公司纪委、审计监察处被评为炼销系统先进单位。

（5）计量、质量和安全工作得到进一步规范和强化。建立健全了计量、质量纠纷处理台账、基础资料数据库和管理人员档案，定期整理编发《计量、质量工作月报》。加强了计量、质量工作人员的学习培训，组织了系统首届计量员、化验员竞赛，提高了从业人员的业务素质。全年妥善处理质量纠纷9起、计量纠纷317起，获得保险赔付336万元，维护了企业利益。进一步强化了安全工作，健全了安全管理台账体系，开展了4次安全大检查，加大了安全隐患整改力度，投入隐患整改资金919万元，全年没有发生重大责任事故。

（6）经济运行分析、统计和信息系统建设工作取得长足进步。规范了区内地区销售分公司、系统内各分公司的分析模式，分析质量进一步提高。信息系统建设全面加强。电子商务全年完成网上销售额19.41亿元。

4. 加强了党建、思想政治工作和企业文化建设，促进了企业的协调发展

加强了两级领导班子建设。以中心组学习为载体，强化了学习教育工作，提高了两级班子的“一个素养、六个能力”。进一步强化了民主集中制的贯彻落实，加强了领导班子的作风建设。改革了领导干部选拔任用机制，调整充实了部分分公司的领导班子，增强了基层班子的战斗力。加强了基层党组织建设。对分公司主要领导签订了领导干部廉洁自律承诺书，进一步落实了党风廉政建设责任制，全年没有发生重

大党风廉政问题。支持了工会和共青团组织的工作。职工代表大会制度得到有效落实，进一步推进了企业民主管理和司务公开。在团员青年中深入开展了形式多样的创新创效活动。大连分公司驻寺儿沟计量班被共青团辽宁省委命名为“青年文明号”。

（孙　伟）

中国石油天然气股份有限公司西南销售分公司

【概述】　2003 年，中国石油天然气股份有限公司西南销售分公司（以下简称公司）受“非典”疫情、美伊战争和国内外经济增长拉动的影响，成品油市场波动很大，正常规律被打破，造成“淡季不淡、旺季过旺、资源不稳定、资源供不应求”的复杂局面。公司面对复杂局面带来的种种困难，始终保持清醒头脑，冷静分析市场形势，果断调整销售策略，充分利用有利条件，努力转化不利因素，经营业绩再上新台阶，管理水平再上新台阶，党的建设和精神文明建设再上新台阶。

【基本情况】　2003 年，公司机关设六个职能处室：综合业务处、质量安全处、财务资产处、人事处（组织部）、审计监察处、经理办公室（党办）。公司下辖云南、广西、贵州等三个全资分公司和云南强林、云南雄海、成都新成石化、广西中油经贸、广西中油农机等五个控股公司。公司共有员工 4209 人。

到 2003 年底，通过全资收购、投资控股等方式收购和控股了 10 座油库、262 座加油站，已形成了集储运与销售、硬件与软件相互配套的一体化市场网络格局。

【主要经营指标】　公司全年销售成品油 180.66 万吨，完成年度计划的 109%，同比增加 18.13 万吨，增长 11.16%。其中，零售 71.63 万吨，零售比例为 39.65%，零售比例增加了 3.23 个百分点。实现销售收入 54.34 亿元，实现利润 9078 万元，利润完成年度计划的 302.6%，同比增加 427 万元，为公司成立以来实现利润最好的一年。吨油现金营销成本为 192.86 元，比年度预算低 1.65 元。吨油商流费 258.88 元，比年度预算低 13.04 元。

【经营管理】　一年来，公司以挖潜增效为中心，在经营管理各方面下了大功夫，取得了新成绩。

1. 在资源优化配置上下了大功夫

公司在计划资源的落实、油品的合理配置、市场发展的预测等方面做了大量的工作，资源向价格到位率高的市场倾斜，向加大开发力度的市场倾斜；各分公司在市场信息、配置计划、销售节奏、二次配送等方面夯实了基础，获得了很好的经济效益。资源一次到站率 96%，二次装卸、运输费用节约了 3011 万元，油品损耗同比降低了 489 吨。特别是四季度，受经济增长的拉动，国内成品油市场供不应求，市场资源告急，库存大幅下降，公司加大调运工作的力度，抓计划落实，抓铁路调运，抓销售节奏，保证了市场供应的正常进行，保证了公司整体效益的提高。

2. 在提高经营水平上下了大功夫

面对市场的复杂局面，公司采取了一系列有效的应对措施，一是狠抓了经营活动的分析工作，完善了《经济活动分析管理》等三个制度，建立了“经济活动分析机制和市场快速反应机制”，增加了对经营活动的“事前预测、事中控制、事后分析”的能力。二是针对不同的市场情况，提出不同的经营策略。一季度重点是推价促销上量，二、三季度重点是稳价促销保量，四季度重点是稳定销售、控制节奏。各分公司结合实际，因地制宜、因时制宜地实施不同的经营策略，实现了销量和利润的双增长。三是进一步强化“量价互动”策略，强调“量”是基础、“价”是保证、盈利是目的。四是与中国石油化工集团公司实施既竞争又合作的策略，实施局部范围的资源互供、信息共享、强强联合、全力推价到位，取得了良好的经营业绩。2003 年滇、黔、桂三省区市场需求量净增 32 万吨，公司销量净增 18 万吨，占 56%。公司在研究市场、应变市场、驾驭市场方面，运作是成功的。

3. 在网络建设上下了大的功夫

一是争取到了股份公司对公司网络建设加大投资的政策；二是明确了公司所处市场发展的方向；三是通过科研单位对公司所处的市场进行了全面分析研究，制定了发展的框架；四是公司上下都做了大量扎实的调研工作和政府攻关工作，公司网络建设取得了突破性的进展，已探明的库、站网点340多个，已完成或开始建设的库、站34座，为2004年网络建设奠定基础的库、站网点120多座。

4. *在增加终端销量上下了大功夫*

围绕提高加油站的管理水平、零售数量和经营效益，公司有针对性地提出了相关工作措施，各分公司结合实际狠抓了工作落实。云南分公司实施“市场细分、关系营销、差异化定价”策略，开展“一对一”销售政策，采用内部定期和不定期的检查、聘请中介机构进行“神秘顾客访问”等方式，对加油站经营管理工作进行检查考核，并把检查内容和经营考核指标结合起来，与员工薪酬奖惩挂钩，极大地调动了员工的工作热情，形成了各片区加油站在经营管理和亲情服务上“比、学、赶、超”的竞争局面。对年销量1000吨以下的低量低效站，采用承包经营等特殊措施，取得实质性效果。广西分公司销售价格紧贴市场，对竞争激烈的路段定价低于其他地区，对价格弹性较大的加油站适当降低价格，通过调整价格，保证稳定的零售量。同时，开展特色服务，吸引和稳定了大批客户。贵州分公司加大固定客户的发展力度，针对机构用户用油量少、不稳定的特点，采取建立健全用户档案、定期走访的措施，加强与客户的互访和沟通，大力推行“一站一策”和送货上门的服务。经过上下的共同努力，终端销量达到了56%，同比提高了7%，上了一个新的台阶。

5. *在规范管理、挖潜增效上下了大功夫*

公司以开展“六查六整顿”挖潜增效活动为契机，狠抓了横到边、纵到底的“查不足、找差距、提问题、抓整改、促提高”的管理工作。财务在集中核算、资金管理、争取税务政策等方面取得了较好的成效。公司“六查六整顿”共查摆出各类问题1400多项，整改率为97%；制定和修订规章制度500多个；办公、会议、差旅、业务招待、专业服务、公路运输、铁路返空等费用大幅度下降；清查申请报废资产225项，资产原值1630多万元；政府税务部门减免价格调节基金335万元；网上采购近300万元；销售价格效能监察涉及油品53万吨、金额15亿元，提出监察意见12条；对2002年经营情况审计涉及金额13亿元，实现直接经济成果15万元，提出五项整改建议；对公司管理的16个股权公司经营情况审计，涉及资金2.4亿元，提出整改建议11项；解决数量、质量纠纷260多起，涉及油品524吨，挽回经济损失120万元。

特别是安全管理上了台阶。新成公司102油库“2.18”人身伤亡事故发生后，公司顶着压力，严格按照事故处理“四不放过”的原则，在全公司开展了“三查、三学、三反”的安全生产教育活动。新成公司领导班子“痛定思痛”，在102油库组织开展了“百日安全生产会战”活动，狠抓员工思想教育，提高员工的安全意识，完善和制定了各类安全岗位责任制度12个，按HSE标准对油库设施设备的900多处进行了检测和完善，使油库的管理工作上了一个台阶。在集团公司及股份公司炼油与销售分公司先后三次组织的安全生产大检查中，都得到了检查组的充分肯定，扭转了安全工作的被动局面。公司全年共查出事故隐患569项，投入整改资金1570多万元，整改率为94%；对暂时不能整改的事故隐患，采取了有效的监护使用措施；共举办安全培训班63期，培训3170多人次，增强了各级领导班子重视安全工作的思想意识，增强了全体员工安全生产的意识，公司安全管理水平明显提高。

（杨德华）

中国石油天然气股份有限公司华东销售分公司

【概述】 中国石油天然气股份有限公司华东销售分公司（以下简称华东公司）隶属于中国石油天然气股份有限公司炼油与销售分公司，主要承担中国石油在华东及华南地区成品油的销售。截至2003年末，华东公司下设广东、福建、浙江、上海、江苏、安徽、江西七个省公司，在册员工11925人，其中高级职称53人，中级职称163人。

2003年，华东公司在遭遇“非典”侵袭、“伊拉克战争”的市场影响以及油品销售不畅、持续紧张的情况下，按中国石油天然气集团公司、中国石油天然气股份有限公司炼油与销售板块的统一工作部署，较好地实施了“一二四四六”工程，即以经济效益为中心，确保上游产品后路畅通，确保经济效益不断提高，做到油品安全、资金安全、生产安全、队伍安全，实施了市场开发、管理创效、改革创新、人才强企战略，全力做好了六项重点工作，克服种种困难和矛盾，圆满地完成了各项任务指标，创造了华东公司成立以来的历史最好成绩。

【主要指标】

（1）油品销售方面：2003 年销售成品油 1414 万吨，完成预算计划的 102%。其中，零售总量达到 591 万吨（含中油—BP140 万吨、特许销量 191 万吨），完成预算计划 107%；资产型加油站实现销量 400 万吨（含中油—BP140 万吨），完成预算考核指标的 115%；零售率达到 28.3%，同比提高 9%；机构用户销量 211 万吨，同比上升 8.2%。

（2）网络开发建设方面：2003 年累计完成投资 11.0645 亿元，其中新项目完成投资 7.9212 亿元；新增加油站 389 座，另外还有 212 座加油站通过了评审；完成可研年销售能力 114 万吨，累计可研日销量 3164 吨，完成板块要求可研日销售能力的 117%。

（3）加油站管理方面：截至 2003 年底，华东公司投运加油站 1008 座（不含移交中油—BP），并表加油站 924 座，其中 2003 年新投运加油站 171 座（含短租站 29 座），新增并表加油站 114 座，新增并表加油站实现销售量 27 万吨，占零售总量的 10%。资产加油站单站日销量达到 7.8 吨，同比增加 1.3 吨，增幅达 20%。

（4）财务资产管理方面：华东公司实现利润总额 8.3 亿元，为年初业绩考核指标的 296.4%，其中零售实现利润 8946 万元；吨油商流费 126.59 元，低于预算 2.98 元，同比下降 13.18 元；吨油现金营销成本 93.39 元/吨，批发吨油现金营销成本 73.32 元/吨，零售吨油现金营销成本 109.2 元/吨。

【市场营销】　2003 年，华东公司在市场变化剧烈的情况下，认真做好市场分析和营销研究，及时调整营销策略，努力掌握市场主动权。

一是在“非典”疫情蔓延，库存几乎达到极限的情况下，开展一系列卓有成效的促销工作。在积极发展销售代表作用的同时，加油站开展小批发业务，努力扩大销量。如所属安徽分公司购置一批小型加油车，到用户门口去加油，受到用户称赞。二是在资源极其紧张的情况下，积极组织协调调拨计划，控制各分公司销售节奏，严控批发，确保网络，保证了自有网络、大型机构用户、政府及公交车队油品供应，保证了正常的市场供应。三是利用资源紧张的机会，大力发展更加紧密的机构用户，油品自营比例继续得到增长。华东公司对社会及系统外经营单位的依赖程度继续降低，自身的竞争能力和抗风险实力正在不断增强。

【网络建设】　2003 年的投资计划与建设管理工作，主要是紧紧围绕“开发突出四个原则，投资遵循五个方针，建设强调六个重点，管理加强七个方面，工作狠抓八个落实”的管理思路进行，取得了八方面的突破。一是在网络开发、评审、付款等环节的工作效率有新突破；二是两级机关部门之间的横向沟通较以往有新突破；三是在投资计划管理程序方面有新突破；四是在华东公司发展规划编制统一格式上有新突破；五是在项目立项评审格式、评价参数上有新突破；六是解决投资超计划、工程建设超概算问题上有新突破；七是在协调各级地方政府关系上有新突破；八是在网络开发的方式上有新突破。

【加油站管理】　华东公司加油站管理工作坚持以提高零售量为重点，实施经营管理理念创新、管理体制创新、运营机制创新、管理手段创新、加油站辅营业务有所突破，提高加油站的市场竞争能力和盈利水平。加强投运并表工作，发展短租加油站，积极发展站外零售业务；狠抓加油站基础管理工作，对加油站账、卡、簿等基础台账进行了统一规范，实现零售信息快速准确的传递；组织两期加油站管理人员培训班，开展达标创星工作，已创五星级加油站 9 座，四星级加油站 11 座，三星级加油站 32 座，三星级以下及达标加油站 298 座。3000 吨以上级油站 577 座（其中万吨以上加油站 16 座）。同时，圆满完成“中国警察汽车拉力赛”的供油任务，极大提升中国石油在南方市场的影响力。

【企业管理】　按照现代企业管理的要求，华东公司全面推行了以配送制和销售代表制为主要内容的营销体制改革；修订完成了各项管理制度，特别是华东公司合同管理日臻完善，率先成为上海市企业合同信用促进会理事单位，并被上海市工商局授予 AAA 级合同信用单位；清理现有股权单位，分别建立了较为完备的股权单位档案和信息管理系统；对经营情况异常的被投资单位进行积极处理，顺利解决 4 家被投资单位股权转让、清算解体、收回投资的工作，消除了华东公司投资的潜在风险；围绕挖潜增效工作，深入发动群众，营造挖潜增效氛围，对查找出的723项问题进行整改，效果十分明显。

【精神文明建设】 2003年，在分销公司、加油站建立了11个党支部、18个党小组，培养入党积极分子162名，发展新党员52名。对获得集团公司"百面红旗单位"称号的深圳中国石油美视油库和上海振兴加油站进行大力宣传，有力地推动了华东公司基层建设工作。此外，认真开展"形势、目标、责任"主题教育活动，增强广大员工的主人翁责任感和使命感。开展了"五个一"先进典型选树活动，涌现出了一大批先进油库、加油站和优秀工作者。

（曾祥浩　夏飒飒）

中国石油天然气股份有限公司华北销售分公司

【概述】 中国石油天然气股份有限公司华北销售分公司（以下简称公司）成立于1999年5月，主要承担中国石油在北京、天津、山西、河南、河北、湖南、湖北等五省两市的成品油销售业务，销量占中国石油成品油总量的五分之一。截至2003年末，共有员工15948人，其中90%以上为社会招聘人员；总资产52.75亿元；资产型油库29座，库容46.1万立方米；营业加油站总数1158座；公司机关设13个处室、3个附属机构；下辖7个省市分公司，3个驻厂分公司，2个驻外办事处和部分控股公司等。

2003年是公司发展史上具有里程碑意义的一年。在公司和公司党委的领导下，以经济效益为中心，以扩大销售和网络开发为主攻方向，以强化管理和降低费用为重点，自加压力，响亮地提出了"117"奋斗目标，即油品销量突破1000万吨，加油站投运突破1000座，利润在3亿元考核指标的基础上，"保3争5奔6梦7"，通过一年来的奋力拼搏，公司整体运行平稳，供需基本平衡，价格逐步到位，销量大幅增长，利润实现新高，网络建设加快，队伍士气高昂，各项管理和企业文化建设都取得了新的进步，胜利完成"117"奋斗目标，实现了公司历史性的新跨越。

【主要指标】 2003年，利润实现6.35亿元，同比增加5.12亿元，增长416%。销售量完成1012万吨，同比增加123万吨，增长12.8%。零售量完成255万吨，同比增加44万吨，增长21%。资产型加油站销量完成136万吨，同比增加66.6万吨，增长95.7%。吨油现金营销成本平均201.9元，同比增加46.1元，增长29.6%。网络建设完成项目总投资13.8亿元，同比增长53.7%。新增投运加油站609座。新增投运油库6座、扩建油库3座，新增库容13万立方米，累计投运29座、库容达到46万立方米。质量安全环保取得好成绩，安全生产死亡责任事故为零，30万元以上经济损失责任事故为零，1万元以上环境污染责任事故为零，国家和股份公司质量抽检合格率均达到100%。

【市场营销】 2003年，公司营销工作以效益为中心，创造了新的业绩。一是制定灵活策略。根据市场行情，抢抓销售商机，分别确定了"应销尽销、低库运行、保价增量、停批保零"等符合实际的销售策略，并提出了"既能顺境乘风、也能逆风行船，全年不能出现亏损月"的口号，不但完成了销量，而且规避了经营风险，拿到了应得的效益。二是加强战略联盟。坚持与中石化联手推价，与社会用户携手保量，全年汽、柴油市场平均价格到位率达到99.6%和97.9%，同比分别增长9.9%和7.5%。三是加强资源调运。合理配置资源，精心优化运输流向，注重提高资源就近配置发运和路车使用比例。在资源配置不尽合理的情况下，同比降低运输费用1751万元。四是搞好油品零售。加大样板站培育力度，打造管理一流的加油站，促进了零售量的不断攀升，12月份突破17万吨，实现了零售工作历史性的重大突破。零售市场占有率和零售比例同比分别提高了1.8和5.1个百分点，单站销量平均提高了310吨。

【网络建设】 2003年，公司网络建设工作突出重点、抓住关键，实现了网络建设"超常规、跳跃式"发展。坚持"统一规划、合理布局、优选定位、分步实施"的指导思想和"以库辅站、以站包库、成片开发”的原则，以大中城市、高速公路、交通干道的城乡结合部为重点建设加油站。及时调整了网建方式和投资结构，进一步明确网络建设以收购、新建为主，控股、租赁为辅，延缓了油库投资进度，将有限的资金优先投向加油站建设。按照“选址科学化、手续合法化、建设标准化、回报最大化”的原则和“投运一批、开工一批、立项一批、选点一批”的方式滚动开发。加强了造价管理，对网建项目实行了全过程造价控制，审查新建、改扩建及安质改投资6.2亿元，工程预、结算审减幅度达19%。加大了基建管理力度，增加了库站外预制量，减少了库站内动火作业，加强了建设方案审查、物资设备采购等工作。网络建设出现了多、快、好、省的可喜局面，数量上呈现“多”字，库站规模不断扩大，数量迅猛增加。速度上呈现“快”字，全年共有398个加油站实现了当年立项、当年开工、当年投运，占总投运项目的38.5%。质量上呈现“好”字，全年已完工的油库项目全部一次通过验收，已完工的加油站项目验收合格率达到100%。投资上呈现“省”字，工程建设总投资压缩了4.5%。

【企业管理】　2003年，公司坚持以提高经济效益和发展质量为目标，以“管理效益年”活动为契机，着力推进管理方式的转变。

在基础管理方面，一是完善了企业激励与约束机制。制定了“以贡献论英雄，以效益定奖惩”考核兑现原则以及“年初划跑道，年终卡秒表，严格考核，阶段性兑现”的考核方式，在省市分公司、控股公司等七个方面建立绩效管理考核体系，全面开展了股权式联营企业清理规范工作，加强了法律风险源的分析与防范，避免了投资中的法律风险。公司被股份公司评为2002—2003年度“法律工作先进集体”。修订了30多个单行管理制度和办法。企业初步进入了依法治理、规范运作的发展新阶段。二是安全计量质量工作取得好成绩。强化安全生产目标管理，促进安全生产责任制的落实。整改安全隐患2359处，提高了库站本质安全系数，并为QHSE体系建设和示范库建设奠定了基础。推广实施了体积计量交接办法，有效避免了人为因素造成的经济损失。三是信息化工作见到初步成果。推广应用了成品油购销存等信息管理系统，实施了“IC卡加油系统”项目建设，初步实现了中油司机持卡加油、零售结算手段的现代化。四是抓了内部审计。组织开展了249座库站改扩建工程项目的决算审计，审减金额2529万元，审减率达7.8%。

在财务管理方面，加强了预算管理，推动了整体财务管理水平的提高；加强了投资管理，完善了投资管理程序，严格按照项目及进度拨付资金，对历年的投资完成情况进行了清理核对，有效防止了资金支付上的安全隐患；加强了资金管理，严格收支两条线管理制度，全面推行网上银行业务，财务费用得到有效控制，全年短期负息资金利息同比下降2413万元；积极推进会计集中核算和纳税工作，河南、山西分公司初步实现了地市级合并纳税的目标，为该项工作全面推广提供了宝贵的经验；狠抓清欠工作不放松，有11个分公司、24个控股公司全年未发生任何应收账款。清回应收账款2.3亿元。年末应收账款总额达到了股份公司综合指标要求。2003年，公司实现销售收入279亿元；吨油销售收入2755元，比预算增加473元；商流费用总额22.7亿元，比预算增加3.2亿元。

在人事管理方面，采取组织配置与竞聘上岗相结合的方式，选拔分公司和控股公司领导人员44人，调整37人。大力推行干部竞聘上岗制度，采取自上而下的办法在三级机关和加油站经理中全面开展公开竞聘上岗工作，共有81%的单位实施了竞聘上岗。加大了优秀人才培养力度，机关13名、基层单位8名员工进行了双向交叉挂职锻炼。积极引进人才，从炼化企业选聘了50名业务骨干充实各分公司。初步建立起了一支“团结、实干、公正、廉洁”的领导干部队伍。在劳动用工方面，开展了定责、定编等“五定”工作，三级机关干部从1328人压缩为1197人。全年减少不合理人工费用1000万元。加强薪酬总额管理，改革内部分配，制度管人、数据说话、效益分配。对所属分公司领导人员封存档案工资，按月发放生活费，年度考核兑现绩效薪酬。对业绩突出的单位庆功表彰，领导人员给予重奖，对业绩平平甚至亏损的单位实行集体述职，连续3个月亏损的，领导班子整体免职。这些措施有力调动了单位、经营者和员工三方面的积极性。加大了员工培训力度，选派318人参加了上级业务部门组织的培训，对585名加油站经理进行了半军事化培训，培训岗位操作人员8652人次，员工队伍的整体素质得到进一步提高。

（宋景龙）

中国石油天然气股份有限公司黑龙江销售分公司

【概述】　2003年中国石油天然气股份有限公司黑龙江销售分公司在中国石油天然气集团公司、中国石油天然气股份有限公司和炼油与销售分公司的正确领导下，在地方政府的大力支持下，在省、市公司两级班子紧密配合下，全省系统广大干部职工甘苦与共、苦干实干，紧紧围绕“干一流工作，创一流企业，做一流贡献”的奋斗目标，以发展为第一要务，以改革统揽全局，以稳定为可靠保证，不断提高企业营销力、竞争力和创销能力，强化管理，狠抓落实，企业经营管理和各项工作取得了显著成绩。

全系统成品油销售取得了突破性成果，销售总量完成236.29万吨，比2002年增长5.5%；零售量完成142万吨，比2002年增长5.6%。利润总额大幅度攀升，实现利润总额27000万元，比2002年增加14753万元。

【市场营销】　坚持以市场为导向，以效益为中心，树立现代营销观念，提高经营质量。面对复杂多变的市场形势，因势利导，以变应变，不断增强市场占有份额，奋力打造黄金终端。根据成品油市场资源波动、价格起伏、低价冲击等方面的变化，制定并实施一系列竞争手段：(1) 组建配送中心，优化业务流程，提高快速反应能力；(2) 调动优势资源，积聚冲击能量，形成高强打压；(3) 加大促销力度，开展“达标创星”活动，增强客户开发能力；(4) 选择100个加油站并在系统外展开点对点竞争，从而把握了全局竞争的主动性，扩大了局部竞争的优势；(5) 在销售代表工作的基础上全面推行客户经理制，使对客户的管理向组织化、制度化、规范化迈进，进一步提高了控制市场的能力。通过不断实施科学的营销策略，既保证了成品油市场的供应，又实现了利润的最大化。

【企业管理】　全面规范财务工作，以强化预算管理为手段，以树立科学的政绩为准绳，以建立自我发挥作用的长效机制为目标，全面、深入、持久地开展降本增效工作，取得了显著成效。管理费用支出22538万元，同比减少2216万元；财务费用支出6362万元，比2002年下降了4918万元；可控费用支出3515万元，同比减少支出913万元；2003年吨油现金营销成本由2002年的289元降到256元，全年同比减少5664万元。

深化企业内部改革，全面实行干部竞聘机制，干部竞聘工作在县、市、省三个层次全面铺开，分公司副职、县级公司领导班子成员、省市公司中层管理人员、油库主任和加油站站长都通过竞聘产生，真正实现了民主、科学、公平、公正的人才评价机制。

党群工作呈现丰富多彩的新面貌。制定学习计划，定期组织党委中心组学习；建立职工代表大会制度，企务公开定期开展；落实党风廉政建设责任制，坚持主要领导干部廉政报告，党风廉政建设有了很大进步。树立10位2003年度全省系统劳动模范人物和七个先进集体，大力开展学、比、赶、超活动，把先进典型的宣传工作深入推广，从而推动了企业的发展。

【网络建设】　制定完善网络投资管理制度，进一步细化投资拨款工作程序，并在坚持正确投资方向的前提下，坚持现场踏勘，严把立项、设计、招投标、施工质量、决算审计、后评估六个关口，网络建设始终保持了高起点、高水平、高质量的运行。2003年度全省系统新建加油站66座，收购36座，续建25座，完成投资额2.18亿元。

【库站管理】　健全安全监督体系，狠抓油库安全隐患治理和加油站安全评价工作，全年安全生产，责任事故为零，为系统的经营工作创造了安全的环境。全省加油站整体通过安全评价，为领取《危险化学品经营许可证》奠定了基础。计、质量管理方面，重新构造了计量管理体制，平稳完成了体积计量交接方式转变。进一步规范加油站的管理和服务。通过加强加油站员工的职业素质培养和实行站长竞聘制、吨油含量工资管理、末尾淘汰、升加油等改革措施和全面提升了加油站服务水平，激发了员工的工作积极性，提高了企业的竞争力和终端销售能力。

【信息系统建设】　坚持把科技作为第一生产力，加快信息网络建设步伐。在省公司机关实行办公自动化系统的基础上又在全省 18 个分公司建立了办公自动化系统，并实现了省、市公司机关联网。全省系统的公文流转、公共信息发布、历史资料的查询等都已在这套系统中实现，真正实现了无纸化办公。同时完成了高效的全省视频会议系统的建立，实现了业务、财务、办公系统的“三网合一”，节省了大量的费用，公司向现代化企业管理迈上一个新台阶。

（鲍瑞海）

中国石油天然气股份有限公司吉林销售分公司

【概述】 2003 年，中国石油天然气股份有限公司吉林销售分公司围绕挖潜增效工作目标，以“六新”为努力方向，以增量增收、降本压费为主线，以综合计划管理为重要管理手段，广泛深入开展了“六查六整顿”活动，全面加强了企业内部管理，经过上下共同努力，全系统绝大部分经济指标完成了挖潜增效目标，销售总量、零售量、资产型加油站销量、利润等主要经济指标均取得了重大突破，创造了历史最好水平。

吉林销售分公司销售汽柴油 168.2 万吨，为同期的 110.4%，超出挖潜增效指标 5 个百分点；汽柴油零售 128.3 万吨，比同期增加 27.5 万吨，比挖潜增效指标提高了 8.7%；资产型加油站销售 106.3 万吨，为同期的 116%；汽柴油零售比重 76.3%，比同期提高了 10 个百分点。主营业务收入 53 亿元，比挖潜增效指标超出 20%。商流费用支出 55316 万元，其中，营业费用发生 34469 万元，同比增加 5184 万元；管理费用发生 16134 万元，同比减少 583 万元；财务费用发生 4713 万元，同比减少 2881 万元；吨油现金营销成本为 235 元，同比减少 13 元，减幅为 5%；利润实现 23567 万元，顺利完成了挖潜增效指标；投资资本回报率为 26%，超挖潜增效指标 12 个百分点。

【市场营销】 2003 年吉林销售分公司积极响应上级公司号召，以挖潜增效为中心，结合企业管理增效工作要求，建立并逐步完善了适应市场竞争的营销体系，量利互动、增量增收，实现了效益最大化。

（1）狠抓资源落实，确保了销售任务的顺利完成。加强了对地炼油品的收购、调运和管理，并将炼化企业加油站自采油纳入了统一管理，全部予以收购。2003 年，地炼实际生产量 31.95 万吨，实际收购数量为 32.21 万吨，包括多收购的计划外成品油 3.77 万吨。

（2）优化了运输组织，有效降低了运费。各单位按照吉林销售分公司要求，对运输实行了内部承包或第三方承运，使全系统运费控制在了规定范围内。

（3）优化了库存结构，库存由年初的 16.3 万吨下降到年底的 12 万吨，大大降低了库存折价风险和财务费用。

（4）细分目标市场，制定了相应的营销策略。尽量控制批发，重点强调了资产型加油站的销售增长幅度，价格到位率 100%。与签订长期合同的机构用户和连锁加油站建立了稳固的供货关系，对年销量在 500 吨以上的重点机构用户采取了“一对一”的营销办法。11 月末，经过多次协商，同省内最大的连锁加油站经营商众诚公司签订了合作协议。

（5）进一步建立健全了销售代表代理责任制和相应的激励机制，全年通过销售代表销售成品油 28.38 万吨。

（6）对 3 吨以下加油站普遍实行了承包经营，销售量都有了较大幅度提高。

（7）润滑油销售有了较大起色。理顺了润滑油销售网络，实现了“五统一”，全年销售润滑油 1.13 万吨，是同期的 1.6 倍。高标号汽油销售 24.8 万吨，比同期增长了 39.7%。

【企业管理】

（1）2003 年通过全面预算管理，确保了企业经济效益最大化。2003 年，全系统利润指标创历史最好水平，吨油现金营销成本同比下降了 5%，各项挖潜增效指标均控制在了预算之内。

（2）加强了财务管理。一是通过各单位的财务工作互检，进一步强化了会计基础工作，加强了制度建设，减少了会计核算层次，降低了运营成本；二是以经济效益为中心，全面加强了成本费用控制；三是强化了资金管理。财务人员每日同批发中心、零售中心核对货币资金的回笼情况，通过对超合理库存部分双倍征收资金占用费，全年共节约财务费用490万元。

（3）继续深入贯彻落实《加油站管理规范》，不断强化了服务意识，提高了服务质量。吨级站培育工作基本实现了预期目标，全系统共培育万吨站2座，5000吨站21座。非油销售业务稳步发展，销售收入不断增加。

（4）加强了油品质量管理。各单位严格执行了上级公司质量管理标准，坚持定期和不定期抽检，严把接卸关，实现了管理目标，维护了企业形象。全年共抽检油库、加油站各44座，检定各类计量器具2000多支，吉林销售分公司没有发生一起质量处罚事件。

（5）进一步完善了信息管理运作模式。加强了购销存系统的运行维护，严格了运行制度，保证了信息上传的及时性、准确性。在市公司、经营处的400余座加油站和10座油库安装了油罐液位计量仪，实现了自动计量、自动传输等功能和加油站进销存的自动化管理。加快了IC卡的推广应用步伐。

（6）加强了内部审计。重点开展了对所属单位财务预算执行情况、成本费用开支等情况的综合审计。对基建投资项目实行了全过程监督控制，审减额达600多万元。全年共完成审计项目316个，审计金额26.8亿元，审计覆盖率100%，取得经济成果800多万元。

（7）强化制度，落实责任，确保了安全生产。2003年，吉林销售分公司按照股份公司陈耕总裁“五严”的工作要求，通过落实安全生产责任制、建立完善安全包保体系和安全监督网络体系、坚持安全生产大检查、进行隐患整改等措施，提高了安全防范能力，确保了安全生产。

（林　梅）

中国石油天然气股份有限公司
辽宁销售分公司

【概述】　2003年，中国石油天然气股份有限公司辽宁销售分公司“销量要有新突破、效益要上新台阶、管理要上新水平、改革要有新举措、党建要创新局面、位次要有新提升”的奋斗目标，精心谋划，狠抓落实，深化改革，强化管理，创新经营，挖潜增效，各项工作取得突破性进展。

【主要指标完成情况】　2003年，在挖潜增效的强力推动下，辽宁销售分公司各项主要经济指标均有较大幅度增长。

1. 销量实现新突破

全年销售成品油301.9万吨，完成预算的112.23%，比同期增加31.57万吨，增长11.68%；市场占有率达到83%，比同期上升1.6个百分点。其中成品油零售138.37万吨，完成预算的110.7%，比同期增加29.08万吨，增长26.61%；零售市场占有率达到66%，比同期上升10个百分点。零售比率达到46%，比同期上升6个百分点。销售总量和零售量均创历史最高水平。

2. 效益登上新台阶

全年账面实现利润1.67亿元，实际实现利润4亿元，完成预算的139.37%，比同期增加2.57亿元，增长180.78%；价格到位率达到97%，比同期上升4个百分点；费用率8.85%，比预算下降0.13个百分点，比同期下降1.17个百分点，均实现历史性突破。

3. 网络建设取得新进展

全年共完成投资7.3亿元，完成投资计划的100.8%。其中，网络投资6.1亿元，完成计划的101%；全年新增加油站205座，新增日加油能力1802吨。是省公司历史上投资额最高，加油站增加最多的一年。

4. 管理展现新水平

通过“六查六整顿”，全系统共查摆问题和差距6295项，归纳整理上报提案1161项，其中重要提案536项，提案整改消耗率达到92%。建立和完善企业各项规章制度1722项，其中新建制度596项，修改完善制度1126项，企业管理水平有了新的提高。安全管理无等级责任事故，连续实现第9个安全年，辽宁销售分公司被股份公司评为“安全管理先进单位”。

5. 改革推出新举措

撤销17个二级机构，减少管理人员和操作服务人员900多人，减少社会用工387人，比上级下达的指标多减36人。部分干部进行了横向交流。

6. 位次有了新提升

从炼油与销售分公司考核排名情况看，辽宁销售分公司主要经济指标位次明显上升，其中总销量、零售量、利润额均居销售企业省级公司前列。

【重点抓好的几项工作】　2003年，辽宁销售分公司主要经济指标实现历史性突破和跨越式发展，得益于省公司领导班子实事求是，求真务实，总揽全局，突出重点，着力抓好对经营管理和改革发展有牵动力、影响力的主要工作。

1. 以市场为导向，以销售为龙头，全力扩销增效

2003年，辽宁销售分公司出实招拓市场，下真功夫抓销售，举全力促发展，成品油销售创历史新高，并拉动各项经济指标全面增长。

（1）把宏观谋划与微观决策结合起来，扎扎实实开拓市场，扩大销售。

（2）细分市场，深挖潜力，努力培植新的销量增长点。2003年，辽宁销售系统成品油销量有较大幅度增加，细分市场起了大作用。

据统计，在“细分市场”的直接作用下，2003年，辽宁销售分公司系统城区市场大型机构用户达550家，同比增加31家，实现销量44.4万吨；水上市场实现销量8.33万吨，同比增加6.97万吨，海上加油站达到19座；农村市场实现销量75.98万吨，同比增加9.5万吨；在沈山高速公路租赁的8对加油站，2003年净增销量15万吨；润滑油销量13.94万吨，同比增加4.8万吨，居中国石油销售系统省级公司之首。

（3）理性竞争，规避风险，提高价格到位率。

2. 多管齐下，狠抓零售，提高核心竞争力

零售大幅增长，是辽宁销售分公司2003年最大亮点，此举标志企业从规模效益型向质量效益型的历史性转变，对实现可持续发展意义重大。

历史性的进步来自历史性的工作。2003年，围绕扩大零售，全系统狠抓重点，突破难点，着力抓好有决定意义的“五个环节”。

（1）强化“得终端者得天下”的经营理念，进一步把经营工作的重点由批发转向零售。

（2）抢抓有利时机，大力购建加油站，为扩大零售提供网络支撑。2003年，在终端网络的支撑下，按可比口径计算，全系统加油站日均零售量达到5.8吨，比2002年增加0.9吨。沈阳、鞍山、丹东、阜新分公司分别新增加油站45座、29座、37座和21座，零售量比2002年分别增长31.5%、22.7%、59.6%和52.11%。

（3）从改善服务入手，实现外延扩张与内涵增长有机结合，不断提高单站销量。2003年，车辆进站率、油箱加满率、顾客回头率分别达到4.5%、65.2%和71.4%，分别比2002年提高0.4个百分点、1.5个百分点和5.3个百分点，全系统涌现出5000吨级加油站54座，万吨级加油站19座，沈阳青年大街加油站年销量突破2万吨，创历史最高纪录。辽宁销售分公司继续成为中国石油集团辖区万吨级加油站最多的省份。

（4）非常时期，举非常之策，扩销增效攻坚战取得显著成果。2003年5月，“非典”疫情肆虐，商业、交通旅游、餐饮等行业受到严重影响，针对“非典”传播方式，广泛开展清洁卫生活动，天天对环境和机具设备做消毒处理，打造“放心加油站”，普遍对进站车辆免费消毒等。“非典”期间，加油站销量不但没有降低，反而有所增加。据统计，5月份，全系统完成零售量10.21万吨，比2002年同期增加4.38万吨。

（5）采取有力措施整治低效加油站，促进加油站增量达标。由于各种原因所致，2003年上半年，辽宁销售系统日销量在2吨以下的加油站有200多座，拖企业发展后腿。半年工作会议后，各公司运用经济和行政手段，大力进行整治，按销量定人员，定费用，强制减人增量。有的实行“夫妻式”，有的实行“驻站式”，有的实行“承包式”，收到良好效果。葫芦岛公司台集屯加油站，实行夫妻经营方式，销量提高3倍，费用下降70%。截至2003年底，全系统已有30%的低效加油站“摘帽”。

3. 强化管理，降本增效，为提高核心竞争力搭建平台

2003年，辽宁销售分公司系统主要经济指标连创佳绩，全方位、深层次、大力度、精细化的企业管理功不可没。通过狠抓五项工作，企业管理水平实实在在地迈上一个新台阶。

（1）上下一条心，狠抓“六查六整顿”，促进挖潜增效。

在“六查六整顿”的强力推动下，挖潜增效成果

显著，专项费用大幅下降。其中业务招待费比2002年减少475万元，差旅费比2002年减少164万元，会议费比2002年减少157万元，办公费报表体现比2002年增加781万元，若剔除安全隐患整改费用825万元，实际减少44万元。

（2）用创新精神狠抓财务管理，加快构建现代财务管理体系。2003年，辽宁销售分公司各项业绩指标完成比较好，全面推行预算管理是一个重要原因。目前，全系统银行账户已由试点前的154个减少到125个，银行存款日占用额由过去的2000万元降至500万元，仅财务费用一项就比2002年同期下降4175万元，实行上门收款的加油站和油库批发网点，由试点前187个增加到629个，占加油站和油库批发网点总数的79.2%。

（3）狠抓安全管理，以安全保效益、促发展。2003年，省市公司投入资金3460多万元，整改隐患119项，提高了油库、加油站抗灾害、御风险、防事故能力；各市级油库结合乙醇汽油改造，投入资金2076万元，整改隐患47项，全系统安全状况得到了较大改变，为实现第9个安全年打下了基础。

（4）以经营为中心，审计工作和效能监察富有成效。全年完成审计项目68项，审计覆盖面达到100%。针对经营管理的关键环节和薄弱环节选题立项，开展成品油销售效能监察，资金管理效能监察，网络建设效能监察，加油站管理效能监察，对违规赊销负有领导责任的干部进行严肃处理，确保经营管理健康发展。

（5）完善考核体系，推进管理创新。2003年，辽宁销售分公司将销售量、零售量、吨油销售收入、吨油销售毛利、吨油现金营销成本等可比指标充分量化，逐项测算，按月考核，统一排名，兑现工资，激发了各单位拓展经营、强化管理、挖潜增效、提升位次的积极性。

（6）加大力度深化改革，建立适应现代企业发展的新机制。

4. 紧密结合实际，扎实做好党建工作，为经营管理和改革发展提供思想保证和精神动力

2003年，辽宁销售分公司经营发展取得良好业绩，与党建工作全力保证、大力支持密不可分。

一是以十六大精神为主线，搞好经常性主题教育活动。

二是抓好基层党组织建设，夯实党的工作基础。

三是大力加强纪检工作，促进党风廉政建设健康发展。

四是强化思想工作和舆论引导，切实做好企业稳定工作。

五是根据企业发展战略，大力建设具有辽宁销售特色的企业文化。

六是加强党对群团工作的领导，积极发挥桥梁和纽带作用。

（吴　杰　曲长生）

中国石油天然气股份有限公司大连销售分公司

【概述】　中国石油天然气股份有限公司大连销售分公司（以下简称公司），直属中国石油天然气股份有限公司炼油与销售分公司管理，担负大连地区石油成品油市场的计划、供配及规范、管理等职能，总部位于大连市中山区昆明街200号。至2003年底，公司所辖县区公司6个、直属经营机构3个，职工1152人，资产总额16.5亿元，油库9座，储存能力16.65万立方米，铁路专用线7条，加油站230座，专用油罐汽车82辆，油轮3艘，油港2个。2003年全年销售成品油106.81万吨，实现利润18261万元。

【市场营销】

（1）及时调整经营思路，确立企业发展战略。适时提出了“巩固陆地市场求生存，开发近海市场，提高竞争能力和盈利能力”的企业经营发展战略。从宏观战略上，努力构筑三道防线，抵御外来油品，强化区块市场经营负责制，深度开发，消灭盲区，全面推行高品质成品油，取得了较好的效果。

（2）实施“计划就是库存”的营销策略。坚持“销”字当头，当月进货计划必须当月销售出去。根据库存、价格、销售、资源以及天气等情况，多方统

筹考虑，提高计划准确率，减少计划变更，科学掌握销售节奏，实现资源的最佳配置和效益的最大化。

(3) 建立销售代表制度，实行全员销售策略。实现销售代表和销售用户的代码制，并制定严格的薪酬管理办法，调动销售第一线员工的工作积极性，把中国石油的优质油品用优质服务送到用户手中，提升了客户忠诚度。

(4) 加强客户关系管理。把客户视为企业的一种资产，以“建立客户档案”、“开发大客户”、“一对一”等营销策略，强化客户关系管理，使企业真正形成“以客户为中心”的业务模式，提高了企业的市场控制能力和盈利能力。

(5) 规范内部经营行为，避免内耗，提高效益。禁止跨区销售；严格价格审批程序，推价到位；严格结算期管理，严禁赊销，有效地控制了内部损耗。

【网络建设】

(1) 大力做好网络开发工作，加快收购和新建加油站的速度。2003 年共编制加油站可研报告 87 份，召开加油站评审会 8 次，上会讨论加油站 71 座，通过评审 58 座，截至 12 月底签订合同 54 座，地区加油站达到了 230 座，形成了 50 万吨的零售能力。2003 年 9 月份公司历史上首次出现了零售量大于陆地批发量的销售结构，标志着公司的零售能力、市场控制能力进一步增强。

(2) 订立制度，落实责任，提高网络建设质量。先后制定了《投资管理办法》、《网络建设管理若干规定》、《项目评审例会制度》、《工程招投标管理办法》、《工程质量及安全施工处罚条例》、《新建改建和技术改造项目立项程序》等一系列规章制度，杜绝了投资过程中的盲目性和决策的随意性，做到工程项目前期过程有可研性分析、实施过程有跟踪检查、竣工投产前有验收审核。特别是 2003 年公司对台山油库、金州油库、瓦房店油库、庄河油库进行了乙醇改造工程，在时间紧、销售任务繁重、施工压力大等情况下，较好地完成了整个工程的改造施工，达到了上级公司的要求。

【企业管理】

(1) 深化内部改革，充分发挥激励、风险机制的优势。在推行配送制和销售代表制、重组业务流程的基础上，实行了机关全员竞聘上岗和双向选择。最终有 5 名处室正职和 10 名处室副职竞聘上岗，其中 1 名科员竞聘为处室副职，有 10 名机关处室副职或科员落聘。截至 2003 年底，公司管理人员平均年龄 38.02 岁，大专以上学历占管理人员总数的 65.3%，通过岗位竞聘，管理人员整体素质进一步提高，工作积极性和工作效率明显增强。

(2) 统一业务流程，强化企业管理基础。根据“六查六整顿”要求，注意抓好以资金流、物流和信息流为核心的基础建设，统一公司进销存各个环节业务流程，制定统一的物流、资金流、信息流流程，做到每个流程的每个环节都有章可循、有章可依、执章必严、违章必究，进一步规范管理，提高经营效率。

(3) 借助信息技术，提高管理水平与竞争能力。全面运行 FMIS6.0 系统，实现了全地区集中会计核算，保证了会计信息的及时性和准确性；应用成品油库存管理系统（2.0 版本）、加油站客存软件，使库存管理和客存管理更加规范；应用购销存接口程序，解决了销售发票二次录入问题，提高了企业管理水平与竞争能力。

【班子建设及两个文明建设】

(1) 班子建设。学习贯彻“三个代表”重要思想和十六大会议精神，开展“形势、目标、责任”主题教育活动，加强了领导班子建设和员工队伍建设。主要领导多次向广大员工宣讲几年来企业重组改制发生的变化，办公室也组成“宣讲小组”深入基层单位开展宣讲活动。各单位结合实际开展宣讲教育。宣讲教育活动使员工进一步了解了企业改革发展的历程，理解了企业改革发展中的困难和问题，统一了思想，提高了认识，增强了领导班子工作的透明度，使民主管理、厂务公开等工作进一步得到贯彻落实。

(2) 员工队伍建设。以“培训是最大的福利”为出发点，积极开展培训工作，努力提高员工素质。充分利用员工培训基地开办各类培训班，先后组织了业务核算、计算机基本知识、网络知识、销售代表、服务格式化、消防安全等培训，培训内容以实际工作中易出现的问题为重点，全年共组织培训 5662 人次，其中参加上级公司举办的培训班 210 人次；地方各类培训 351 人次；本单位组织培训 5101 人次。培训直接费用 248839 元。同时，针对网点多、人员分散、不集中等特点，努力办好《培训月刊》，以提高培训的范围，真正实现全员全方位培训。通过推行全员服务形式格式化，实施人才再塑工程。通过倡导“以文明为主调，以观念为导引、以真诚为内涵”的全新服务理念，使服务方式和服务内容、员工的仪容和仪表等焕然一新，树立了中国石油的品牌形象。

(3) 企业文化建设。通过建立《员工守则》、制定《企业内部制度汇编》等，为企业文化建设打下了良好的基础，同时出台了《2003—2005 年企业文化建设发展规划》，明确了企业文化建设发展的方向。

（4）党风廉政建设。坚持抓好党风廉政建设责任制的落实，基层单位中层以上的干部全部签订了党风廉政建设责任书，对全地区党风廉政建设责任制落实情况进行了两次考核，形成了一级抓一级、一级对一级负责的党风廉政建设责任制。制定了《党风廉政建设责任追究暂行规定》、《纪检监察工作定期联系制度》等，推动了党风廉政建设的落实，2003 年 9 月顺利通过了股份公司党风廉政建设巡视考核。

（吕　颖）

中国石油天然气股份有限公司陕西销售分公司

【概述】　中国石油天然气股份有限公司陕西销售分公司（以下简称陕西销售公司或公司）是中国石油天然气股份有限公司在陕西设立的地区销售分公司，由 10 个地市公司、87 个片区经营部、1 个润滑油公司和陕西省石油产品质检站组成。公司机关设有 11 个职能处室。截至 2003 年底，正式员工 7221 人，社聘员工 2896 人。在册员工中大专以上学历 1308 人，各类专业技术人员 1418 人；资产总额 22.46 亿元，其中固定资产净值 10.63 亿元。现有运营油库 21 座，库容 26.9 万立方米，加油站 919 座，其中运营加油站 851 座。

【经营业绩】　2003 年购进各类成品油 202.83 万吨，较 2002 年增长 16.43%，完成年计划的 107.37%；销售各类成品油 202.47 万吨，较 2002 年增长 8.09%，完成年计划的 107.13%；其中资产型加油站零售量 103.55 万吨，较 2002 年增长 21.54%，完成年计划的 105.66%。

全年实现商品销售收入 58.21 亿元，较 2002 年增长 27.29%。含超预算计提折旧、资产报废净损失、住房补助、补交上划中国石油天然气集团公司前欠交养老、失业保险费后，全年实现考核利润 7801.71 万元，完成全年 3981 万元挖潜增效利润目标的 195.97%。

2003 年，陕西销售公司实现了历史性跨越，成品油销售量首次突破 200 万吨大关，比 1997 年翻了一番；零售量首次突破 100 万吨大关，是 1997 年零售量的 5 倍。“两个突破”标志着陕西销售公司进入了一个新的发展阶段。

【营销工作】　陕西成品油市场较为复杂，为此，我们根据市场变化适时调整营销策略，提高销售质量和盈利能力。从年初至 4 月份实行以“推价”为主的营销策略。5 月份，针对“非典”疫情的影响，实行“稳价扩销”为主的营销策略，适当扩大了地市公司的价格浮动权，增强了主导陕西油品市场的控制力。四季度，针对区内资源严重不足，柴油资源缺口较大，果断采取“停批保零，禁止大单销售，推价到位”的销售策略，为确保油品不脱销、不断档奠定了基础。同时，做好直属炼厂和地方炼厂资源的平衡，全年完成配置计划的 117.42%。在润滑油销售上，所有资产型加油站全部销售“昆仑”牌润滑油，千吨以上加油站设立专柜。从 9 月份起，要求所属加油站全部停止销售中国石油以外品牌润滑油，全年润滑油零售量 6943 吨，同比增长 4.50%。

【加油站管理】　加油站管理水平逐步提高。一是加大骨干加油站培育力度，积极开展加油站达标创星活动。公司年初下达了培育骨干加油站的任务目标，截至年底拥有 3000 吨以上骨干加油站 66 座，较 2002 年增加 16 座。二是狠抓加油站三项制度改革，充分调动站长、员工的积极性。全省 851 座运营加油站全部通过竞聘上岗。对年销量 1000 吨以上的加油站站长普遍实行站长年薪制。对员工普遍推行升油含量工资制。这些措施极大地调动了站长和员工的积极性，加油站零售量大幅度提高。三是在坚持“六统一”前提下，对 500 吨以下的乡镇小型加油站推行“联量计费、承包到人”的管理办法。全省 185 座 500 吨以下的小型加油站推行了这项改革措施，占到该类型加油站总数的 74%，达到了用工减少、费用降低、销量增加、效益提高的目的。

【财务管理】　为了切实加强财务管理工作，主要开展了四个方面的工作。一是深入开展“六查六整顿”活动，严控费用开支。公司在进一步完善全面预算管理的基础上，坚持月度预算审批制度，凡费用超支的一律在下月扣回。在各单位的共同努力下，全年管理费用较预算下降 905.47 万元，较 2002 年下降 1800.47 万元。二是加强资金管理，资金使用效率大大提高。全省 10 个地市公司都与当地工商银行签订了《上门收款协议》。对货币资金实行限额管理，对费用、偿债资金按月预算、分次拨付，将地市公司存款额控制在最低点。全年总资产周转速度较 2002 年加快 16 天，短期负息资金较年初下降 2.38 亿元。三是加大清欠力度，降低应收账款。公司加大对清欠工作的奖罚力度，并积极探索清欠工作的有效措施，出台了招标清欠办法。年末应收账款较年初下降 3520.35 万元，降幅 29.90%；其他应收款较年初下降 1655.97 万元，降幅 12.50%。四是加快会计集中核算步伐，提高会计信息质量。年初实行了预算控制下的报账制，同时积极与省国税局协商解决了增值税集中缴纳问题，为实行会计集中核算创造了前提条件。

【网络建设】 合理布局，成品油营销网络进一步完善。在购建站计划实施中，公司始终坚持效益第一的原则，择优选址、合理布局，重点开发国道、省道、大中城市及新开路段的一类、二类加油站。对 2002 年财务决算的加油站运营情况、工程质量、竣工资料、档案完整情况进行了核查，重新核定了一类、二类、三类站的投资规模，制定了施工现场管理规定。全年完成购建、扩建加油站 169 座，完成投资 1.94 亿元。截至 2003 年底，全省加油站已达 919 座，其中已投入运营站 851 座。

【审计监察】 效能监察工作取得了好的效果。结合“六查六整顿”工作，上半年对全省运营加油站开展了专项效能监察活动，对存在赊销油品等 12 类违反《规范》操作的问题进行了整改。截至年底，赊销油品的 77 个站已全部收回欠款，纠正违反《规范》操作问题 394 个，有力地促进了全省加油站管理水平的提高，受到了炼油与销售分公司的充分肯定。

【企业改革】 企业改革不断深化。在薪酬管理方面，公司出台了《薪酬总额与业绩完成情况挂钩考核办法》，将地市公司工资总额的 30%与销量、利润挂钩，按月考核兑现。在用工管理方面，公司制定下发了《社会用工管理暂行办法》和《2003 年员工总量控制办法》，对社会用工实行用工总量和劳务费用申报双向控制，按月考核，使大部分单位用工总量得到了控制。截至年底，全省压缩用工 800 人，减少人工费用 366 万元。为了推进配送中心建设，关闭了部分低效县级分销油库，使运营油库从原来的 34 座减少到目前的 21 座。打破行政区划，对部分片区经营部实行了撤并整合，使片区设置更加科学合理，提高了组织效率。

【安全管理】 安全工作继续保持良好局面。公司在油库、加油站管理中，落实安全生产责任制，积极推行 HSE 管理体系。逐级签订了安全责任书，《员工安全生产合同》、《工程服务安全合同》签订率达 100%。在推进 HSE 管理方面，宝鸡公司福临堡油库按照 HSE 管理体系已进入运行阶段，初步形成 HSE 管理体系。汉中公司石马坡油库、渭南公司高田油库也都编制完成了 HSE 管理文件，油库管理正向 HSE 管理方向发展。

（王 惟）

中国石油天然气股份有限公司甘肃销售分公司

【概述】 中国石油天然气股份有限公司甘肃销售分公司（以下简称分公司）主要担负甘肃省石油成品油的配置、调运、供应和调剂任务，从事汽油、煤油、柴油、润滑油及特种油品的批发零售业务。拥有 3298 名员工，平均年龄 36 岁；资产总额达 17.24 亿元；在全省 14 个地（州）市设有分公司，拥有油库 21 库，总库容 23.23 万立方米；加油站 960 座，遍布甘肃城乡大地，占甘肃省内各类加油站总数的 80%以上。经过几年的发展，分公司销售网络进一步完善，经营策略日趋成熟，自动化、信息化系统广泛应用，并形成了“把最好的油品和最优质的服务送到顾客手中”的人性化经营理念和“爱国奉献、团结拼搏、求实创新”的企业文化。2001 年、2002 年，分公司连续两年被评为“甘肃省优秀企业”，被授予

“甘肃省产品质量用户满意企业”。

【经营指标】 全年销售四大类成品油163.48万吨，其中润滑油1.96万吨。销售完成年初预算137万吨的119.33%，与2002年相比增加了15.24万吨，增长了9.06%；完成零售126万吨，完成年初预算106万吨的118.87%，比2002年增加21.45万吨，增长21%；零售率为78%，比2002年提高8个百分点；单站日均零售量为4.59吨，比2002年增长0.50吨。全年实现销售收入495860万元，比2002年增加80950万元；上缴税金15544万元，比2002年增加4277万元。列入炼销分公司考核的效益类、营运类主要指标均在控制范围内。吨油现金营销成本达216.9元；全系统实现利润14720亿元（按国际会计准则口径计算），完成年初预算8900万元的165.39%，剔除不可比因素后，比2002年增长10.88%。

【经营工作】 面对成品油市场竞争主体逐步扩大、市场管理难度不断增大、油品价格大起大落、“非典”疫情影响、资源供应日趋紧张、挖潜增效任务十分繁重等不利因素，分公司紧紧抓住资源、调运、市场、用户、价格等几个关键环节，及时调整营销策略。准确把握市场动态及价格走势，广泛开展市场调研；建立了119家机构用户管理档案，加强对机构用户的控制力度；根据市场需求，从计划申报入手，分别制定不同的资源调运策略，较好地避免了高库存带来的经营风险，确保了市场供应。积极配合各级政府执法部门，加大市场监控力度。及时转变市场管理方法，使市场管理工作实现了由外部管理向内部管理的转变，由监督职能向服务职能的转变。在省、地（市）公安部门支持下，分公司及所属公司分别成立整顿石油市场秩序办公室。联合政府执法力量查获、封存692吨非配置油品，威慑了非法贩运油品行为。

【加油站管理】 围绕“巩固和扩大已控制的市场，积极有效地挖掘潜在市场，紧紧抓住空间市场”的经营思路，开展零售市场管理和加油站管理工作。逐级落实分管经理、片区经理、站长和加油员在加油站管理中的职责。采取“一站、一片、一公司”的方式，及时召开市场分析评价会，指导所属公司开拓零售市场。持续开展吨级加油站培育活动和“达标创星”活动，“先进管理流动杯”和“优质服务流动红旗”竞赛活动，月度“销售状元”和“优秀员工”的评选活动。坚持明查和暗查相结合、督查和指导相结合的方法，督促加油站落实《规范》。分公司有38座加油站先后列入吨级加油站培育对象，有23座完成了培育任务，其中万吨站已达7座。157座加油站加入星级行列，星级加油站比2002年增加73座。剔除承包站和开业未满3个月的加油站外，其他加油站全部达标，达标率为100%。树立26座样板示范站。成立甘肃好客商贸有限公司，下设326个便利店，开展非油品销售，全年实现利润35.7万元，达到了“以主带副、以副促主”的目的。

【挖潜增效】 为克服“非典”疫情导致销量下降的不利影响，全面消化2003年5月9日油品价格下跌带来的库存损失，制定了“两降两增一保”（降库存、降费用，增销量、增效益，保价格）10条措施。结合“六查六整顿”挖潜增效工作，分公司从成本费用、资源配置、零售市场管理等九个方面查出影响企业经济效益和管理水平的100条共性问题；所属公司查摆出个性问题1732条。经过三个月努力，整改问题1657项，整改率达96%。在挖潜增效工作中，坚持实施低库存策略，全年降低财务费用500万元左右；大力推行“升进升出”油品接卸交接制度，减少不合理损耗；打破行政区划，对49座加油站实行优化半径配送，平均运距缩短98千米，全年节省运输费用500多万元；清理、清退加油站及油库社会用工350人，节约人工成本240万元；对大宗物资、大宗设备、办公用品、劳保用品实行公开招标，合理节约采购费用；加大闲置资产盘活工作力度，全年盘活资产126.8万元。

【内部改革】 普遍推行“厂务公开”制度。完成了所属公司机关、销售片区、油库和加油站定岗定编工作。制定并实施《基本工资制度改革方案实施细则》。按照“一统三参三结合”的工作格局和要求，重点对工程建设招投标、成品油销售、加油站管理和驻炼厂办事处资金运用情况进行效能监察。建立了养老、医疗、失业保险制度。不断完善月度预算动态分析考核管理机制，突出全面预算管理在企业经营管理中的重要地位。在“二次分配”中强调加油站站长的分配权限，形成了激励与约束监督相统一的分配考核体系。

【财务管理】 全面贯彻实施“一个全面、三个集中”的财务管理体制和运行机制。每月对加油站库存商品进行盈亏盘点。逐级签订《资金安全管理责任书》。与工行甘肃省分行签订《银企合作协议》，686座加油站由银行上门收款服务，收款率占运营加油站的90%。开通“网上银行”，及时汇划回笼资金，缩短资金在途时间，每年减少短期负息资金占用2425万元，年节约财务费用110万元。坚持每半年一次的财产清查制度，保证国有资产安全、完整。逐级落实清欠责任，收回历年陈欠 623.87 万元。核销呆坏账 2832.98 万元。积极推行会计集中核算工作，顺利完成了会计集中核算和新的资金管理“收支两条线”的试点工作。

【安全生产】　以落实《安全生产法》为主线，加强全员安全教育，着力整改安全隐患，实现了安全等级事故为零的目标。按照“一岗一责制”原则，修订安全生产责任制考核制度。进一步完善安全生产管理体系，健全安全总监制度和风险抵押金制度，落实现场安全监督检查制度。继续推行领导干部定点安全承包制。与新上岗和转岗员工签订了《员工安全生产合同》，签订率达 100%。开展以“实施安全生产法，人人事事保安全”为主题的全国第二个“安全生产月”活动和“查隐患、反三违，保安全、增效益”活动。建立危险化学品安全管理制度和应急救援体系。对加油站安全工作进行全面评估，金昌公司油库荣获中国石油天然气股份有限公司“标杆油库”称号，天水、平凉、金昌公司通过了 HSE 管理体系内审。向股份公司申请理赔 16 起自然灾害损失，共获得安保基金金额 642 万元。

【网络建设】　投资 29348 万元，新建加油站 23 座，收购 96 座，改扩建 9 座；改造了定西、白银两座油库，新增库容 8000 立方米；为 27 座加油站安装了液位仪；新增高标号油罐 92 座，总罐容 3020 立方米；配置 63 台加油机；对 320 座加油站进行了形象包装；对 688 座加油站进行了 IC 卡联网改造。与社会加油站加强合作，全年共租赁、特许、联营社会加油站 155 座。对 14 个所属公司信息网络进行了全面整合。创建并投入使用分公司《企业信息门户》主页、档案管理系统、自动化办公系统和视频会议系统。股份公司财务及合同管理信息系统顺利启用，实现了股份公司、分公司及所属公司之间的信息资源的共享。

【人力资源开发】　公开选拔、聘用处级干部 16 人，交流干部 19 人。建立领导干部任前谈话制度、领导班子民主议事制度、决策失误追究制度、廉洁自律情况定期报告制度。修订、完善并落实《中国石油甘肃销售分公司员工奖惩条例》，26 名员工受到奖励，10 名员工受到处理。引进 12 名大学毕业生。加强对社会聘用员工的管理，建立配置市场化、管理合同化、保险社会化，人员能进能出、岗位能高能低、工资能升能降的用工机制。重视员工队伍素质的提高，5518 人次参加领导干部、管理人员、专业技术人员、操作人员业务培训。组织 204 人次参加了相关专业职称外语考试。评审政工、工程类专业技术职称 47 人。举办分公司首届技术比武大赛。组织参加首届西部销售企业技术比武大赛，获得团体第二名。

（朵银川）

中国石油天然气股份有限公司
青海销售分公司

【概述】　2003 年是中国石油天然气股份有限公司青海销售分公司（以下简称公司）经济效益又获丰收的一年，是工作成就再创佳绩的一年。在中国石油天然气股份有限公司的正确领导和青海省政府各部门的大力支持下，在公司领导班子的坚强带领下，经过公司全体员工的勤奋工作、艰苦努力，公司又一次圆满完成了全年的主要任务指标，再次取得了一系列显著成就。

截至 2003 年底，公司共有员工 750 人，存续公司 816 人，其中具有大中专以上学历职工 527 人；专业技术人员 316 人，具有高级职称的 5 人，中级职称的 83 人，初级职称的 228 人。资产总额 59093 万元；拥有大、中、小油库 5 座，总储容量 8.74 亿立方米，铁路专用线总长 4694 米；全公司共有加油站 185 座。

【主要经济指标】　2003 年全省石油公司汽、煤、柴、润滑油四大类油品购进 42 万吨，比 2002 年增长 16.8%；销售总量 40.68 万吨，同比增长 11.04%；其中零售量 25.5 万吨，比 2002 年的 22.5 万吨增长 13%。销售收入完成 12.5 亿元，同比增长 21.6%。全年上缴税收 4050 万元，再一次被青海省政府评为上缴税收先进企业。以上指标中尤为可喜的是，销售总量、零售量、销售收入、税收等主要指标，不仅超过了全年的预期目标，而且再次刷新了青海销售分公司历史的新纪录，成为青海销售分公司发展史上新的里程碑。

【经营管理情况】 2003年公司坚持科学化管理、精细化管理，各方面工作全面加强，主要表现在：

（1）经营工作进一步加强。对过去多年的长期股权投资项目17个、涉及金额4490万元做了清理核实，落实了公司的股权，为今后加强股权管理提供了依据。同时对全公司正在使用、闲置和报废资产进行了清理。另一方面，对多种经营结构进行全方面、系列性的改革调整，撤销了液化气公司，整合了新兴贸易公司和物业公司，使过去形成的多元化分散经营无收益、多方面投资无回报的问题从根本上得到了解决，使企业步入了健康、规范和良性的发展轨道。

（2）财务管理水平进一步提高。根据股份公司要求，经过大量工作，公司实行集中核算取得了实质性进展，为2004年1月1日正式实施创造了条件。同时经过争取，公司获得了按15％征收所得税的优惠政策，全年减免所得税60万元。

（3）网点建设继续加强。全年加油站网点由年初的176座增加到185座，同时，一批原有的加油站得到改造扩容。信息网络系统基本形成，已建立了油品营销、加油站IC卡、电子邮件、文件服务、视频会议、信息门户等系统。这些对提高工作效率产生重要作用。

（4）安全状况总体上平稳正常。建立健全了安全责任制和监督体系，组织安全教育培训80多人次，定期对安全隐患进行检查，全年没有发生等级事故、火灾事故和污染事故，为经营和效益提供了保障。

（5）新型人事、用工、分配制度逐步运行。建立能上能下的用人机制，在公开、公平、公正的原则下，对拟任岗位通过竞聘上岗方式，择优录用，实行干部聘任制，坚持干部任前公示制度。对新增人员一律实行聘用制，对所属公司班子成员和副处以上干部实行业绩考核和民主评议。加大业绩与薪酬挂钩力度，并认真考核兑现。职工普遍关心的工资制度改革实施办法已经职代会讨论通过，并得到上级审批，已开始执行。

（6）审计监察取得成效。全年对经济责任、财务收支、经济效益、内控制度等项目进行了审计，纪检监察部门开展了党风廉政建设方面的学习警示教育活动和效能监察，促进了规范经营。

【市场营销】 面对复杂多变的市场、激烈的竞争环境和诸多不确定因素，及时调整营销策略，建立适应市场机制的经营方针。

（1）在稳固发展的基础上，稳定批发业务，大力拓展终端销售。通过主观努力改变不利因素的能动作用进一步加强，抓好淡季的促销工作，变被动为主动。克服了一季度淡季和二季度“非典”带来的两大影响，达到了淡季不淡的效果，改变了过去多年形成的年初和年底由于季节造成两头销售不旺的局面。全年基本上做到了均衡销售。

（2）既抓扩销又抓降费双管齐下。在抓好扩销工作的同时，严格控制各项费用，开展挖潜降费，收到良好的效果。在增长类指标都有明显增长的同时，控制类指标得到了有效控制。全年除经营费用随销售扩大而适当增加外，管理费用同比基本持平，财务费用同比下降。

（3）实施低库存战略。全年一直保持了较为合理的库存，把勤进快销的速度转化为高效运营的质量，提高了经营实效，避免了库存风险。

（4）努力保价推价，灵活实行量价互动。稳健而熟练地驾驭经营管理的能力增强。全年首次实现了月月盈利，改写了长期以来一季度或上半年甚至全年出现亏损的局面。

（5）不断完善服务。抓好优质服务工作，从根本上赢得消费者的信赖和厚爱，收到了实效。

（刘文艺）

中国石油天然气股份有限公司
四川销售分公司

【概述】 中国石油天然气股份有限公司四川销售分公司是中国石油天然气股份有限公司在四川设立的地区销售公司（以下简称公司）。截至2003年底，公司机关设有12个处室。下属25个二级分公司，公司在职职工总数6846人（其中在岗职工5475人，内退职工1371人），短期社会聘用工6578人，离退休人员3507人；专业技术人员1401人，具有高级职称的8人，中级职称的370人，初级职称的1023人；拥有在用油库31座（其中全资26座），总库容69.8万立方米，资产型加油站总数1151座；资产总额35.3亿元（其中固定资产19.82亿元，流动资产3.61亿元，无形资产11.87亿元），企业资产负债率下降到54.52%，有息资金负债率下降到19.10%

2003年，是四川销售分公司建公司以来经营业绩最好的一年，也是发展史上具有重要转折意义的一年。一年来，公司始终坚持“科学销售、量效并重、效益优先”的经营方针，积极“促销、推价、降费”，营销策略更加贴近市场，区域市场主导地位初步确立，零售经营机制转换实现新突破，企业管理水平迈上新台阶，企业经营效益再创新纪录，企业步入了建公司以来最好的发展时期。

全年销售各类油品258.98万吨，比2002年增长9.09%，其中销售汽柴油254.33万吨，完成执行预算的108.23%，比2002年增长9.44%；零售油品（含特许）152.56万吨，比2002年增长23.64%，其中资产型加油站零售汽柴油131.31万吨，完成执行预算的106.76%，比2002年增长27.46%；实现销售收入81.09亿元，比2002年增长23.8%；实现考核利润（国际准则）40061.40万元，完成执行预算的328.37%，比2002年增长36.33%；实现税收33687万元，比2002年增长32.88%；投资资本回报率14.79%，比执行预算增加11.09个百分点；吨油现金营销成本226.5元，比执行预算节支2.82元。

【经营工作】　2003年，国际国内油品市场机遇与风险交织，但总体上呈资源偏紧、油价持续上涨态势。公司认真分析研究市场，科学把握进销节奏，及时调整经营思路、调整营销策略、调整销售结构，积极推动价格到位，营销工作水平明显提高，实现了等量销售利润最大化。

（1）调整销售结构，提高经营运行质量。批发销售下降，终端销售和高效品种销售已成为销售增长的主要支撑。全年批发销售汽柴油123.02万吨，比2002年下降4.91%；机构用户销售量44.23万吨，比2002年增长1.58%；高标号汽油销售量35.55万吨，比2002年增加11.56万吨，增长48.18%。一季度加大了需求计划申报量，购进汽柴油比2002年同期增加23万吨，销售汽柴油71.4万吨，比2002年同期增加18.29万吨，创历史最高销售纪录。4月份以后，面对国际国内油价大幅下滑和“非典”疫情影响，公司及时调整进货计划，防止了库存大幅上升，有效规避了经营风险，并及时将经营策略调整到“批发上量、零售保效”上来，二季度销售量比2002年同期增长5.71%，取得了抗击“非典”和经营工作的双胜利。8月份以来，在资源紧张、库存下降、价格持续上涨的市场环境下，加大资源调运力度，注重库存均衡摆布，坚持推价到位，采取“限批保零”、“停批保零”的经营策略，加强价格监管，严明销售纪律，在全国性资源紧张的情况下，防止了大面积脱销，保证了市场的稳定供应。

（2）不断创新零售经营机制和经营策略，着力扩大零售市场份额。2003年，公司始终把零售工作作为企业发展的第一要务，把零售工作置于企业经营管理的中心环节，认真研究解决批零矛盾，确立了零售业务的核心地位。积极开展加油站小额配送，全年资产型加油站配送油品11.13万吨，占资产型加油站零售量的9.24%。大力推行小站承包经营，对260座年销量500吨以下的加油站实行了抵押承包，小站承包后日均零售量增加131.91吨。积极推进加油站用工分配制度改革，给予加油站站长用工权、二次分配权和一定的经营自主权。适时调整零售经营策略和竞争策略，通过价格和服务手段展开主动竞争，推动了零售上量；对市场控制力相对较强的零售市场，确保零售价格到位，促进了零售增效；对口岸价值高、销售前景好的社会加油站，通过有意识地开展点对点竞争，创造条件进行收购。目前开展点对点竞争的113座加油站，单站日销量由原来的2.54吨提高到5.92吨，增幅达133%。2003年开展小额配送、小站承包、点对点竞争收到明显成效。全年资产型加油站零售比重52.41%，比2002年同期提高8.09个百分点，单站日销量3.56吨，比2002年同期增加0.63吨，零售市场占有率达到62.5%，比2002年同期提高3.93个百分点。

【加油站建设】　2003年，公司坚持“购建并举，以购为主、控股、租赁、特许兼顾”的多元化网建发展方针，坚持速度与质量并重的网建发展思路，加大了对重点地区和高效市场的加油站建设力度，抢抓了农村市场的网络布局，零售网络体系进一步完善。截至12月末，共审批立项新购建加油站236座（其中控股5座），租赁加油站40座，发展特许加油站33座，发展农村加油站点23个。

【企业管理】　2003年“六查六整顿”活动收到实

效，公司共查摆出各类问题 2271 个，整改率达 97.8%。新建完善规章制度 506 个，企业基层管理和基础管理工作得到了强化。企业专业化信息网络逐步健全，顺利实现了财务集中核算系统与成品油购销存系统的对接，正式启用了中国石油电子邮件系统，零售 IC 卡系统一期改造平稳运行，二期改造已进入试运行阶段。税企、银企关系进一步理顺，协调解决了社会用工劳务费所得税扣除问题，实现了公司财务集中核算，开通了网上银行，减少银行账户 76 个，对 605 座加油站实行了银行上门收款，财务费用较 2002 年同期降低 3155 万元。运输专项整治和用工专项整治工作收到成效，对 13 个二级公司交界区域的 23 座资产型加油站实行了跨区就近配送，在资产型加油站普遍推行了送货制，运输费用较 2002 年同期下降 1166 万元。对二级公司管理部门、油库、车队、加油站进行了逐岗定编，对社会用工进行了全面清理，截至 12 月末共减员 928 人，其中清退社会用工 876 人。审计和效能监察成效明显，纠正违纪违规金额 515.47 万元。全面推行合同三项审查制度，开展了法律风险源调查，合同管理机制进一步完善，法律风险防范意识明显增强。严格执行了新增欠款责任追究制度和滚动结算审批制度，继续加大陈欠清收和坏账核销，应收款项比 2002 年末下降 8291 万元。认真清理存续企业留存资产，存续企业管理工作进一步规范。

【安全生产】 2003 年全系统认真贯彻《安全生产法》和《危险化学品管理条例》，召开了全省安全生产紧急电视会议。严格落实安全工作“五严”方针和安全生产责任制，加强安全合同管理和车辆规范管理，严格落实安全工作“五严”方针，广泛开展了“大学习、大讨论、大排查、大整改”安全生产集中教育整治活动，对 106 座加油站进行了隐患整改，对 2 座油库进行了技术改革，发布试行了 HSE 管理体系文件，生产经营安全平稳运行，油库、加油站未发生三级以上等级事故。

【党建工作和企业文化】 四川销售分公司企业文化建设取得新进展，制定了《2003—2007 年企业文化建设规划》，涌现出了一批先进集体和个人，绵阳公司董家沟油库被评为中国石油天然气集团公司“百面红旗单位”、中国石油天然气股份有限公司“中国石油十座标杆油库”；有 3 名员工分别荣获“全国五一劳动奖章”和股份公司表彰的“中国石油十名模范加油站站长”、“十名加油状元”。

（刘华平）

中国石油天然气股份有限公司
重庆销售分公司

【概述】 2003 年是中国石油天然气股份有限公司重庆销售分公司（以下简称公司）快速发展的一年。在中国石油天然气股份有限公司的正确领导下，全体员工努力克服经营工作中的种种困难，坚持实施公司“五大发展战略”，始终以提高效益为中心，强化基础管理，扩大零售经营，拓展终端市场，积极稳妥地推进各项改革，企业经济效益大幅增长，安全生产形势良好，圆满完成了全年各项任务。公司全年共销售成品油 104 万吨，增长 8.22%；零售 70.33 万吨，增长 30.7%。实现销售收入 38 亿元，同比增加 7.7 亿元，增长 25.41%；利润总额 1.8067 亿元，增长 207.31%；吨油利润 173.72 元。新增加油站 72 座。各项指标均创历史最好水平。

【油品销售】 灵活运用多种营销策略和手段，强化业务经营的指挥调控，加强库存动态管理，优化资源配置，加强市场调研和对经营风险的预测分析，建立起分地域、分时段、分类别的信息、价格采集监测点，密切注意客户群体、竞争对手和市场的起落，加强对信息的提炼、分析与整理，正确处理批发与零售、市场与效益的关系，注意处理好量价关系，做到量价互动，谋求效益最大化，推行“零距离销售”、“客户经理制”等营销方式，销售量突破 100 万吨，市场占有率达到 80%。

【加油站管理】 狠抓加油站管理是提升零售水平的重要保证。以“达标创星”活动为载体，建立和完备加油站户籍档案，统一经营账册，规范加油站质量、计量及损溢管理；建立加油站进销存全过程动态跟踪检查体系；开通了服务热线电话；成立两级督查组加大加油站现场稽查力度，落实整改1857项，有力推动了加油站现场管理零售工作，取得了大的进展和突破，使零售工作得到加强，零售比率达到了67%以上，零售市场占有率达到了70%。

【内部管理】 认真贯彻落实股份公司挖潜增效工作会议精神，深入开展“六查六整顿”工作，强化企业内部管理。加强投资资金管理，进一进完善投资资金拨付流程；深入细致抓好财务和资金管理，实行运输单位招标，有效降低运输费用；开展各类审计效能监察工作，发现问题及时整改，切实提高企业的自我发现、自我控制和自我修复能力。强化信息系统建设、建立健全信息安全制度，完善进销存管理信息系统，组建公司大型局域网络，完善计算机病毒防护体系，推行无纸化办公、网上办公和IP电话网。信息化建设工作已逐渐融入实际经营工作中。

【安全管理】 认真贯彻“抓生产必须抓安全”的原则和“预防为主，防消结合”的方针，以贯彻实施《安全生产法》和建立QHSE体系为契机，进一步健全和完善了各项安全生产规章制度，落实了安全生产合同管理，建立了油库、加油站安全评价体系和员工安全档案，强化了安全教育培训，加大现场安全监督力度，完善加油站、油库重点部位的巡检制度和内容。全年无重大等级以上事故，一般事故比2002年下降76%，各项安全指标均在控制范围内，有效保证了经营工作正常进行。

【思想政治工作】 深入学习贯彻“三个代表”重要思想和党的十六大精神，狠抓队伍建设，全面实行干部竞聘上岗和任前公示制度，严格机关人员考核和测评。注重把抢抓机遇的拼打精神、上下一心的团队精神、不断追求的奋斗精神、关爱企业的主人翁精神渗透到经营、改革和发展的具体工作中。抓好基层组织建设和思想政治工作，进一步完善党风廉政建设责任体系，把反腐倡廉的要求贯穿于各项业务之中，形成了一级抓一级的工作格局。与市检察院联合开展预防职务犯罪工作，成效明显。正确处理企业改革、发展、稳定的关系。对稳定工作，党政工团齐抓共管，加强信息沟通，积极面对、释疑解惑、化解矛盾，有效地保证了稳定、和谐的内部环境。

（王国民）

中国石油天然气股份有限公司内蒙古销售分公司

【概述】 2003年，中国石油天然气股份有限公司内蒙古销售分公司（以下简称公司）全面完成了各项工作目标，被中国石油天然气股份有限公司评为先进销售单位。公司下属13个盟市分公司（库）、83个旗县级分公司和经营部，公司本部设8个专业处室，全系统共有员工1.2万人，资产总额20亿元。全系统有油库117座，其中，在用50座，有1086座加油站（点）及64台流动加油车，有汽车油罐车300台。

【主要指标】 2003年，销售总量完成178万吨，同比增长8.77%，完成目标107.88%；零售量完成128.5万吨，同比增长20%，完成目标109.8%；零售比重72%，同比增长7个百分点；网络建设完成租买建改加油站107座，完成率189%；吨油现金营销成本完成224元，控制在目标以内；实现利润2.3亿元，同比增长11.65%，完成年度目标1.71亿元的134.5%；零售比重排在中国石油省区销售企业第2名；实现利润排第3名；吨油利润排第2名。

【市场营销】

（1）大力开拓市场，扩大销售。年初将上级下达的挖潜目标作为业绩目标层层分解，签订合同，责任到人，狠抓落实。4月份以来，我区发生非典疫情，在交通运输车辆减少80%的情况下，各企业主动出击，采取了灵活有效的措施促进销售，将非典疫情对销售的影响降到最低程度。由于营销工作行动早、力度大，取得了较好的成效，全年销售量同比增加14.35万吨。

（2）抓好市场调研预测，精心组织资源购进，保持合理库存。针对下半年资源紧张的情况，全力抓好成品油采购调运，特别是紧缺品种的调运，基本满足了市场需要。

（3）认真执行中国石油各项营销策略，全力扩大零售。克服资源、市场、价格变化等诸多困难，针对不同的市场及消费群体制定不同的营销策略，按照区域市场的销售品种和资源状况进行市场区分组合，将高效和紧缺商品全部投向零售环节，执行到位零售价格，在确保市场份额稳步攀升的前提下实现经营效益的最大化。全年零售量同比增加21万吨，以占全区全社会37%的加油站，取得了78%的零售市场份额，实现了预期目标。

（4）加大机构用户的开发力度，按照市场区域的划分，实行“定人划片包干，落实责任制”的办法，采取量价互动，优先供应等营销措施稳定和扩大对机构用户的销售。积极协调政府部门，在政府集中采购投标中中标率达到95%。全年机构用户销售29.5万吨，同比增长26.88%。

（5）开展送油服务。64辆营运中的流动送油（加油）车全部出动，送油到田间地头、建设工地，到用户手中，全年共销售油品16万吨，填补了市场空白。

（6）按照股份公司的要求，实行成品油配送制、销售代表责任制和零售片区经理制。

（7）加强润滑油管理，全力促销压库，实行以销定进，有效经营，加大宣传力度，精心打造“昆仑”品牌，取得较好成效。

【企业管理】

（1）营销管理。一是完善营销管理体制和机制，提高对市场的快速反应能力；二是抓住几次价格上调的机遇，推价到位，全年价格平均到位率达到98.6%，获取最佳效益；三是实行加油站满罐制，油库库存够一定时期销售量的合理库存，既保证市场供应，又避免跌价风险；四是认真开展成品油运输专项整顿工作，优化运输方式，降低运输费用。

（2）财务管理。一是全面实行预算管理，包括旗县经营部在内均严格执行收支两条线，实行财务集中核算，资金管理得到优化；二是坚持每月的经营活动分析和通报制度，及时剖析经营中存在的问题，制定整改措施；三是强化费用管理，降低营销成本，特别是对管理费用严格控制，实行定额进度控制法，产生明显成效。2002年管理费用同比减少5400万元，下降31.36%，比执行预算低1119万元，经济效益创历史新高。

（3）干部员工管理。一是加强班子建设，实行竞聘上岗。通过竞聘共有7名年轻干部走上处级领导岗位，有3名副职转为正职，有6名干部易地交流，有4名同志落聘；二是加强员工管理，改革分配制度，激励和约束机制不断完善。完善工效挂钩办法，实行促销奖励办法，月考评、季兑现，形成以销售、效益为主要内容的收入分配机制，建立吨油人工成本、吨油工资含量、人均零售量、人均利润等指标考核体系，形成以销量、效益作为主要分配依据的收入分配模式，充分调动广大员工的积极性；三是在员工队伍建设上，抓好党的基层组织建设和全员培训工作，逐步提高员工素质。

（4）加油站管理。全面落实《加油站管理规范》，开展达标创星工作，推行单站模拟合算。狠抓现场精细化管理，提高规范服务水平，提高加油站管理水平。领导亲自深入基层一线，进行现场调研，针对加油站管理中存在的问题，召开电话会议予以通报，限期全面进行整改，在全系统掀起加油站精细化管理的热潮，提高了进站率、加油率、回头率，促进单站日销量提高。全系统平均单站日销量同比提高0.3吨。

（5）审计监察。强化审计和效能监察工作，对违纪违规行为进行有效的检查监督和处理，堵塞了漏洞。按照股份公司“全面审计，突出重点”的部署，紧紧围绕企业经营管理开展审计工作。注重资金收支两条线制度执行审计、加油站网络建设工程审计，突出预算审计、内控制度审计与经营审计，以及经理离任责任审计等各专项审计。全年完成审计项目335项，收效显著，为完成公司目标提供保证。开展效能监察，纪检监察审计的保证监督作用得到有效发挥，保持了员工队伍的稳定。

（6）“三基”工作。制定《专业对口考核评比办法》，按十个专业口的工作详细做出规定，切出专项奖励资金，开展专业对口考评工作，实行半年考核预兑现，年终全面考核兑现；制定《责任追究制度》，完善公司各部门工作职责，促进“三基”工作，基础管理水平有了新的提高。

【网络建设】　加油站建设步伐加快，零售网络得到进一步完善。按照“没有网络就没有市场，没有零售就没有利润”的营销理念，紧紧抓住市场放开前的历史机遇，加快加油站建设步伐，完成加油站建设107座，其中：新增55座、改造52座。2002年底全系统加油站总数达1080座，零售网络得到进一步完善，为扩大成品油零售创造了条件。

加强网络建设投资管理，制定《固定资产投资管理办法》，对每个项目进行实地考察，严格执行审批程序，确保工程建设质量，提高投资回报率，全年完成投资11893万元。

发展特许连锁经营加油站，提高终端市场控制能力和整体竞争能力。

【挖潜增效】　为确保挖潜目标的实现，出台了《内蒙古销售分公司开展"管理增效年"活动实施办法》等配套制度，对挖潜增效五个单项目标制定了具体措施和落实计划。

"六查六整顿"挖潜增效工作取得阶段性成果。一是认真贯彻股份公司"六查六整顿"工作会议精神，开展提合理化建议活动，共征集合理化建议近300条，增强了广大员工参与企业管理的意识；二是认真开展"六查六整顿"工作，全系统共查出六大类问题520条，涉及企业管理的方方面面、角角落落，对各类问题的整改率达到95%，降费增效完成3000万元，为全年挖潜增效目标的顺利完成奠定了良好的基础。

【安全生产】　抓好储运安全管理，安全生产平稳运行。一是认真贯彻落实《安全生产法》，加强各项制度的落实，认真搞好安全检查工作，加强安全防范；二是突出抓好储运设施、设备的现场走动式管理，加大监督检查、隐患整改、设备管理的力度；三是在签订建设工程施工合同的同时，签订安全生产合同，落实安全生产责任人；四是加强质量管理，保证油品合格率100%；五是加大各类交通工具安全管理的力度，签订《安全责任状》，严防交通事故的发生。

（陈文惠）

中国石油天然气股份有限公司新疆销售分公司

【概述】　2003年，中国石油天然气股份有限公司新疆销售分公司（以下简称新疆销售）紧紧围绕年初制订的"狠抓经营、强化管理、夯实基础，挖潜增效"工作方针，深入开展"六查六整顿"活动，层层制定挖潜增效措施，在市场激烈动荡和遭受"非典"疫情影响等困难情况下，仍取得了良好的经营业绩，销售总量、零售量又创历史新高。

截至2003年底，新疆销售共有职工10465人，其中，正式职工7069人，社会用工3396人；少数民族职工1634人。拥有运营油库25座，储存能力49.4万立方米；加油站811座，总库容16.4万立方米，其中：715座资产型加油站、27座租赁加油站、69座特许加油站。

【经营指标】　2003年，新疆销售完成销售总量245.31万吨，较2002年增长18.48万吨，增长率为8.15%。其中，汽油销售68.03万吨，较2002年减少0.84万吨；柴油销售176.97万吨，较2002年增长19.44万吨；销机构用户47.83万吨，同比增长5.74%。

全年完成零售115.93万吨，较2002年增长8.93万吨，增长率8.35%，单站日均销量达到4.52吨，有10座加油站年销量超万吨；剔除油田自用、铁路专项，零售率为60%，较2002年同期上升了2.08个百分点。

全年实现销售收入679481万元，同比增加110979万元；实现考核利润9951万元，完成年度预算的199.02%；吨油利润40.59元，其中批发利润2952万元，零售利润6999万元。

吨油费用319.15元，比预算减少12.36元，其中批发费用236.19元，零售费用175.55元；吨油现金营销成本262.70元，比预算节约5.96元。

【市场营销】　一是确立"以销售为中心，以收购为保障、以调拨为纽带，以效益为目的"的工作方针，对零售业务采取"量价互动、一站一策"的营销策略，对大型机构用户采取"一对一"服务，对年销售200吨以下的用户，通过提供增值服务促进向零售转化。二是大力发展特许经营加油站，进行成品油市场整顿，使销售价格到位率稳中有升，确保了经营效益的增长。三是优化运输，降低运输成本，2003年6月将原九道湾、昌吉、乌鲁木齐市、平顶山四个配送中心通过整合重组，成立九道湾物流配送中心，对乌鲁木齐、昌吉两地所有加油站、机构用户实行跨地区集中配送。四是通过精确调拨，减少北油南调3.75万吨，降低运输费用378万元。

【网点建设】　2003年，新疆销售按照"重点抓中心城市及县级城市的网点建设，关注城市新开发道路，精心谨慎挑选国道网点，适度开发乡镇网点"的网点建设方针，全面实行工程招标和施工准入证制度，建立和完善项目管理制度和流程，超额完成了网点建设任务。

2003年，新疆销售全年完成总投资25429万元，其中网点建设：续建网点4643万元，新增、扩建网点18071万元；油库改造706万元；加油站改造360万元。完成新增、扩建网点78座，竣工、投产70座，其中，新增网点68座；扩建网点10座；续建项目37座；完成油库改造12座；加油站改造15座。

【安全生产】 一是对安全生产各项规章制度重新进行了清理，并加强对基层库站安全管理工作的指导和检查，全员安全生产合同和工程服务安全生产合同签订率达到100%，健全了企业依法安全管理的新机制。二是全面建立和实施HSE管理体系，稳步推进健康安全环境管理体系建立的各阶段工作。体系第一阶段初始评审工作结束，第二阶段危害因素和环境因素识别及评价工作正在进行。三是完善和加强隐患管理制度，建立和完善隐患管理和隐患整改台账，重点对九道湾等10座油库自动化系统、输油设备等20个项目进行了改造，从根本上消除了7项重大隐患、13项一般隐患，大大提高了设备本质安全系数。四是做好加油站安全评价工作。五是加强油品质量管理，对15个油品化验室投入资金150万元，增添检验设备、充实检验人员，共培训油品化验人员37人。

【企业管理】

一是完善费用管理制度，先后下发了《修理费管理办法》、《办公费管理办法》、《通讯费管理办法》，有效控制费用支出。同时通过强化财务控制、规范会计核算、加强大额费用和专项费用的管理和整治、整顿广告费和财产保险费、专业服务费实行总会计师一支笔审批等一系列措施，各项费用指标较2002年同期相比有大幅降低。

二是对加油站实行差异化管理，集中力量做大做强星级加油站。在《加油站管理规范》的指导下，针对不同类型的加油站采取了不同的管理方式：对销量大、地理位置优越的加油站，牢牢掌握主动权，给予重点扶持；对加油站实际销量超过计划指标的，每超1吨奖励50元，全年共发放奖金291.81万元。2003年，新疆销售39座三星级以上加油站实现销量24.27万吨，平均单站日销量达到17吨。三星级以上加油站数量只占资产型加油站总数的5%，实现的销售量却占到了新疆销售全年零售总量的21%。对低效加油站实施吨油费用包干，实行竞标，包最低销量、包最高费用，将加油站的经营管理权下放到站长手中，使加油站管理的责、权、利更加清晰，层次更加明确，经营管理更加灵活，提高了加油站的销量，降低了管理费用。

三是组织实施了加油站计量统一管理，改变了计量人员的责、权关系，计量管理工作流程得到优化，堵塞了漏洞，使得监督机制科学化、计量工作专业化、库存管理合理化，不仅解决了计量人员短缺的问题，同时也降低了计量工作相关费用。

四是组织完成了中国石油天然气股份有限公司对三星级以上加油站的验收。在股份公司评选出的41座五星级加油站中，新疆销售占4座，76座四星级加油站中新疆销售占10座，在省级公司中名列前茅。

五是进一步改进干部选拔任用方式，继续完善公开选拔、竞争上岗、任前公示、差额考察、任职试用等制度。2003年7月，对下属塔城销售分公司经理、副经理在全系统范围内进行了公开竞聘。

（王　瑞）

中国石油天然气股份有限公司西藏销售分公司

【概述】 中国石油天然气股份有限公司西藏销售分公司（以下简称公司）隶属中国石油天然气股份有限公司，公司机关设5处1室、下设6个地区公司及1个市公司。公司现有从业人员1146人，成品油储备库11座，库容量18万立方米，销售网点116座，拥有固定资产8.9亿元。西藏销售分公司机关位于西藏藏族自治区拉萨市北京中路71号。

【经营指标】 2003年西藏销售分公司克服货源严重不足、运力十分紧张、“非典”疫情冲击等诸多困难，以成品油市场为导向，狠抓扩销增效，大力推进营销体制改革，加快加油站购建速度，严格预算管理，提高资金使用效率，企业的竞争能力和盈利能力明显提升。2003 年购进各类成品油 253358 吨，较 2002 年同期增长 12.53%，完成年度计划的 149.03%；销售各类成品油 236132 吨，较 2002 年同期增长 5.15%，完成年计划的 138.90%。其中零售各类成品油 155620 吨，占销售总量 65.90%，较 2002 年同期增长 17.6%，完成年度计划的 119.71%。实现商品销售收入 8.65 亿元，较 2002 年同期增长 16.11 %；商品流通费为 25310 万元，较 2002 年同期增加 2199 万元，上升 9.51%；扣除预算外费用 6189 万元，2003 年发生商流费 19121 万元，较 2002 年同期下幅 17.26%；吨油现金营销成本 929.65 元/吨，比预算下降 18.70 元/吨。实现利润 598 万元，较 2002 年同期增长 92.9%，完成年度计划的 130%。上缴税金 2576 万元，为西藏的经济建设做出了重大的贡献。

【营销管理】 把握市场需求，抓好购进工作，为扩销奠定了基础。2003 年，西藏销售分公司遭遇了进货、运输工作最为艰难的一年。资源严重不足，配置计划变更频繁，格尔木—拉萨输油管线因改造更新，管输压缩申报计划 42000 吨。针对如此严峻的形势，西藏销售分公司千方百计、克服重重困难，一方面与西北分公司联系，落实资源配置计划，先后从新疆购进 0# 柴油 4506 吨缓解了那曲地区市场供需矛盾，又从兰炼调集 0# 柴油 6616 吨，基本保证了自治区内 0# 柴油的供应。从新疆购进 -20# 柴油 18752 吨、玉门购进 90# 汽油 2558 吨，确保了自治区内 -20#、90# 油品供应。另一方面，加大与管输部队协调力度，2003 年接收管输油料总量 115386 吨，占输油计划 88000 吨的 131%，同比增长 17%。增输 27000 余吨，仅此节约公路运费 504 余万元。为了确保自治区内多品种油品供应资源，从 2003 年 4 月 10 日至年末，组织公路调运完成进货总量 25346 吨。其中：0# 柴油 15343 吨，-10# 柴油 629 吨，-20# 柴油 10 吨，90# 汽油 5540 吨，93# 汽油 3484 吨，灯煤 340 吨，在管输和公路调运工作中做了大量的工作。

加大市场开发力度，提高市场占有率。西藏销售分公司各地区公司在部分区域实施了油品配送。按经济区域优化物流、信息流，将油品直接从七二五油库配送直调到地市公司加油站、机构用户手中，减少了分运环节，节约了时间，降低了油品损耗。进一步加强市场营销管理工作，在客户管理上做精做细，通过建立健全用户档案，及时掌握客户现时需求，密切联系客户，对开发客户、稳定客户起到了积极的作用。各地区公司按藏油销字［2003］123 号文件精神，积极开展促销活动，成立了营销机构，明确了工作职责，采取了切实可行的促销措施，取得了较好的经营效果。各地区公司遵照西藏销售分公司《销售代表制实施方案》，积极开展工作。2003 年区内市场批发销售实现 11242 吨。同时，充分发挥价格杠杆作用，进行扩销促量。西藏销售分公司在认真分析市场、研究竞争对手的前提下，制定了行之有效的价格竞争策略，扩大了销售，夺回了部分丢失的市场。利用扩展多品种油品销售，培育效益增长点。各地区公司严格执行西藏销售分公司的经营策略，在宣传、推广、销售高标号汽油、0# 柴油的工作中做出了积极的努力。全年区内销售 0# 柴油 21900 吨；-10# 柴油 1207 吨，93# 汽油 632 吨。满足了市场需求，增加了效益，扩大了油品市场占有率，为西藏销售分公司整体经济效益的提高做出了巨大的贡献。

【加油站管理】 深入学习贯彻《加油站规范》，提高加油站管理水平，西藏销售分公司严格按《加油站规范》要求执行，并通过用《加油站规范》的先进经营管理理念、专业化服务操作规范引导员工行为，完善管理制度，优化了管理结构和程序，提高了加油站管理水平。各地区公司推行了加油站工效挂钩的办法，极大的调动了加油站员工的劳动积极性，进一步按藏油销字［2003］44 号文件精神，积极开展加油站达标创星活动，使加油站各项管理工作跃上新的台阶，提高了加油站的盈利能力和市场竞争力。日喀则公司在加油站积极开展了“销售红旗榜”劳动竞赛活动；拉萨公司在加油站开展了“加油状元”竞赛活动；格尔木公司开展了“加油员服务承诺”活动等，通过各项活动进一步提高了标准化、规范化服务水平，增加了加油站服务效益，并且以加油站为中心，拓展服务半径，拉萨公司有 15 座加油站推行了站内向站外延伸服务，主动走出去联系客户、登门结算，共配送油料达 4000 余吨，提升了加油站的服务含金量。西藏销售分公司注重开展维权活动，坚决打击盗用“中国石油”注册商标侵权行为，维护了中国石油的品牌形象，净化了外部经营环境。通过工作的开展，2003 年全区单站日销量达到了 3.92 吨，较同期 3.24 吨单站日销量增加 0.68 吨，全区终端销售量较同期增加 23290 吨。

【财务管理】 2003 年西藏销售分公司根据股份公司和炼油与销售分公司的工作要求，切实加强财务管理工作，使财务管理水平得到进一步提高，强化了预算管理，加强了成本费用的控制，改变了以往轻预算、盲目无序的成本费用控制办法，使全方位预算管理得以实施，形成了预算事前科学预测，事中严格监督控制，事后硬性兑现的管理体系。各地区公司严格执行预算，想方设法降低可控费用，取得了实质性的成效。进一步积极协调与当地有关职能部门的关系，争取政策效益。西藏销售分公司积极做好税务部门的工作，求得税务部门的支持，在全区范围内实行统一缴纳增值税，在这次实施增值税集中缴纳过程中，自治区国税局一次性解决了日喀则、山南、林芝、那曲、昌都、阿里、液化气公司期初增值税留抵数866万元。那曲公司少抵扣进项税283万元和少进以往年度损益35万元的问题也得到了当地税务部门的认可，并按自治区有关文件精神，从当地财政取得税收返还400万元，收回以往年度所得税返还599万元。财务资产处和液化气经销公司根据分公司安排，积极主动与金融部门协商，妥善解决了液化气储备库建设过程中的贷款问题，银行减免贷款利息及罚息达1755万元。同时，强化财务基础管理工作，为集中核算奠定了良好基础。西藏销售分公司积极与农行西藏分行协商，本着“利益共享，权责分明”的原则，签订了资金集中管理的“银企协议”，明确了双方的权利和责任。同时，为使6.0版财务软件正式启动，对地区财会人员进行了集中培训学习，强化了基层财会人员的业务素质，为实施“收支两条线”，集中核算铺平了道路，打下了坚实的基础。

【安全与质量管理】 切实加强库站安全管理，确保了经营安全工作的顺利进行。2003年，西藏销售分公司针对安全工作的特点，切实加强安全工作的管理力度，杜绝了事故的发生，确保了库站的安全。西藏销售分公司总经理与各地区公司一把手在每年年初都要签订《安全生产责任书》，各地区公司与各油库站主任（站长）也要签订《安全生产责任书》，落实了安全责任，使安全管理纵向到底，横向到边，形成一个严密管理的网络。为了认真开展安全大检查，杜绝违章作业，各地区公司加强了库站安全的检查力度，查找安全生产中的隐患和问题，制定整改措施，及时消除隐患和控制隐患，防止了事故的发生。并加强加油站建设、油库站安全隐患整改中施工质量检查力度，对施工过程中的质量问题责令停工处理，有力地保障了施工质量。同时，大力夯实安保基础工作，使安全生产管理工作步入规范化轨道。2003年，西藏销售分公司在炼油与销售分公司的大力支持下，对98座加油站进行了安全评价，对全区12座油气库和108座油气站进行了账面资产清理，建立了安保基金数据库，使此项工作与股份公司的要求接轨，为安保基金的及时缴纳和自然灾害事故赔偿工作奠定了良好的基础。进一步加大员工培训力度，提高员工安全生产防范技能。2003年，西藏销售分公司聘请西北销售分公司的业务技术同志赴藏授课，在拉萨举办了安全培训班，参加培训人员43名，各地区公司也开展了形式不一的安全生产培训工作，通过培训学习，提高了员工的业务知识和安全生产管理水平。为了加强隐患整改，2003年投入油库站技改资金2430万元，改造加油站31座，改造油库7座。先后完成了涉及重大安全生产隐患和部分老化陈旧设备设施的改造，在一定程度上改变了全区油库、站的陈旧面貌，确保了库、站全年安全无事故。

强化油品质量管理，维护中国石油良好的信誉。从强化管理入手，加强油库、站的收、发、存各环节的管理。严把进油质量关，视油品质量为营销工作中的第一生命，严格进、调油品质量。西藏销售分公司计量化验中心在人员没有增加，工作量增大的情况下，加班加点，坚持原则，顺利完成了管输、公路运输、储油设施、设备、运油罐车、调运计量手续等工作，并认真整改了一批质量安全隐患，堵塞了质量漏洞，确保了油品质量。

（成亚明）

中国石油天然气股份有限公司宁夏销售分公司

【概述】 2003年，中国石油天然气股份有限公司宁夏销售分公司（以下简称公司），紧紧围绕年初制订的“管理效益年”要求，以提高内部管理水平、提高经济效益为中心，以拓宽市场为重点，全体干部职工心往一处想、劲往一处使，团结协作、努力拼搏，总销量、零售量、利润等各项指标均创宁夏销售分公司建公司以来的最好纪录。各项工作成效显著。为企业进一步发展奠定了良好的基础。

【主要指标】　2003 年宁夏销售分公司销售四大类油品 39 万吨，创宁夏历史最高纪录；其中，零售 29 万吨，批发 10 万吨，实现销售收入 131057 万元，实现利润 1420 万元，新建加油站 17 座，投入运行 100%。加油站管理进一步规范，达标创星站上升到 109 座。劳动竞赛开展的红红火火，精神文明建设得到进一步加强。

【经营管理】　2003 年中国石油天然气集团公司工作会议之后，以挖潜增效指标为准，以“管理效益年”为总体指导思想。

（1）建立完善了相对公平的考核体系。制定了《宁夏销售分公司 2003 年薪酬业绩挂钩管理办法》，考核中体现了四个特点：一是将各单位的薪酬、劳务费同其他业绩完成情况直接挂钩；二是将各级管理人员和员工的效益工资分别同本单位、本人业绩挂钩；三是指标量化，便于操作；四是实现了逐月考核逐月兑现。通过实现量化、细化的公平考核，公司员工的劳动积极性空前高涨，企业效益和职工收入稳步提高。

（2）以“六查六整顿”为切入点，扎扎实实挖潜增效。2003 年，宁夏销售分公司将“六查六整顿”作为企业管理中的一条主线，贯穿于企业的整个经营管理过程。①专门成立了“六查六整顿”领导小组及办公室，抽专人负责该项工作，从组织上保证了“六查六整顿”工作不走形势、不走过场。②广泛深入开展“六查六整顿”宣传。并在公司开展了“四变四树立”即：转变等、靠、要的观念，树立奋发图强、自力更生的观念；转变计划经济企业永远生存的观念，树立市场经济企业优胜劣汰的观念；转变求稳畏难的观念，树立改革创新的观念；转变挖潜增效指标无望的观念，树立坚决完成任务的观念。③目标明确、责任落实，问题查摆深入。在经过层层动员的基础上各地市公司、机关各处长及全体员工按照挖潜增效总目标，每个机关处室、每个地市公司乃至每一个员工都详细制订出了自己的挖潜增效措施和目标；形成了全员查摆、全员整改、全员增效的良好态势；把一项项指标进行分解细化，大到管理费用、资源配置路线，小到一度电、一张纸，每一个环节都落实到具体的人，并制定了相应的激励政策，严格考核，严格兑现。共查摆问题 146 条，整改 138 条，整改率 94.5%。

（3）快速反应、量价互动，以市场规则应对市场变化。2003 年，宁夏销售分公司抓住了开发大西北、建设“大银川”提供的商机。在营销策略上，将市场细分，一市一策、一站一策，城市有城市的营销方法、乡镇有乡镇的营销特点，快速反应、量价互动。在抓实、抓好零售的前提下，大力开拓机构用户和区外市场。同时，在营销上采取低库存运行策略，全年平均库存保持在 2 万吨以下，不但降低了经营风险，全年还节约财务费用 200 万元。

（4）加强加油站管理、规范一线经营。2003 年，宁夏销售分公司在 2002 年加油站达标创星的基础上进一步加大力度，从硬件上按《规范》配齐设施，从软件上按《规范》加强培训；大到洗车机、发电机，小到床单、被罩，因地制宜的开展各项便民服务；并继续加大对员工培训的力度。达标创星站由 2002 年的 54 座上升到 2003 年的 109 座，占到了营运加油站的 50%，达标创星站的销量占宁夏销售分公司总销量的 80%以上。

【网络建设】　2003 年，宁夏销售分公司将网络工作重点放在银川。在争取项目上，不管是“百花齐放”，还是“一枝独秀”。一句话，只要有利于公司的网络延伸，宁夏销售分公司都想方设法进行争取。由于城市规划，2003 年拆迁停业的加油站达 6 座之多，但宁夏销售分公司都争取到新的建站地址。对在城市规划中新增加的加油站争取全部拿到手，注重选址和投资回报。2003 年，宁夏销售分公司共建加油站 17 座，改造 10 座。为 2004 年零售量的增加提供了保障。

【安全管理】　本着对安全工作常抓不懈的原则，宁夏销售分公司在“谁主管、谁负责”的指导思想下，实行安全监督制，抓学习、抓宣传、抓落实，以“安全生产周”、“安全生产月”为契机，以各级下达的加强安全工作的通知精神为指导，切实有效地开展各项检查和隐患整改。自 9 月末股份公司召开安全紧急会议之后，宁夏销售分公司立即行动，采取地市公司互派安全人员交流检查，对查出的 1828 项问题及时进行了整改，整改率达 96%，没有整改的也制订了监控措施和整改方案，条件成熟后立即整改。重庆“12.23”事故之后，集团公司、股份公司及炼油与销售板块相继下发了关于加强安全生产的五个明传电报，宁夏销售分公司再次召开了安委会会议，各公司又对自己辖区的安全工作进行了一次拉网式的检查。安全，为经营销售提供了良好的环境。

（胡张兴）

中国石油天然气股份有限公司大连海运分公司

【概述】　2003年，中国石油天然气股份有限公司大连海运分公司（以下简称公司）在中国石油天然气股份有限公司和炼油与销售分公司的领导下，经过公司全体员工的共同努力，全面超额完成了股份公司下达的各项经济指标。截至2003年底，全年总运量达1629万吨，比业绩指标1506万吨超出123万吨，增幅达8.16%；实际吨油运输成本为73.83元/吨，比业绩指标75元/吨节约1.56%；实现利润总额为8882万元，比业绩指标2000万元超额完成6882万元，增幅达344.1%。

2003年上半年，按照股份公司和炼油与销售分公司“六查六整顿”挖潜增效工作的统一部署，公司上下树立过紧日子的思想，认真分析形势，及时调整工作方针，全面细化经济指标，主动加压，积极挖掘生产、经营管理等各个方面的潜力。同时和全国人民一道，众志成城，抗击“非典”。特别是在“非典”期间，公司通过开展丰富多彩的文体活动，有效地调动了员工的积极性，充分展示了公司职工队伍不畏艰难、奋发向上的精神面貌，有利地保证了公司“六查六整顿”挖潜增效工作的顺利进行。下半年，尤其是进入四季度以来，由于国际石油价格动荡等因素，导致国内油品市场的极度紧张。在资源严重不足的情况下，公司克服重重困难，始终保持运力稳定、调配及时，为保证中油市场的稳定做出了积极的贡献。

【成绩】　在一年来的生产经营实践中，大连海运分公司加强了资源、船型和流向的合理配置，并及时调整代理公司业务，充分发挥代理公司的积极性。

积极配合上级公司制订《中国石油天然气股份有限公司成品油海上运输船舶租赁管理办法》，严格执行相关规定，进一步规范了中油成品油海上运力市场。

在“安全第一，预防为主”的方针指引下，顺利执行了3527个航次，实现了全年安全运行，无重大差错事故。

充分发挥安全、计量与质量管理工作的保驾护航作用。

通过上述各项工作，有效地控制了海上运输成本，稳定了海上运力，确保中国石油海上运输通道的畅通。

根据股份公司和炼油与销售分公司的指示精神，公司于2003年12月份对2004年定期租船进行了招标工作。这项工作是自公司成立以来的第一次招标工作，为公司立足市场、适应市场、开拓市场做了一次有益的尝试。

（谢宏伟）

中国石油天然气股份有限公司大庆石化分公司

【概述】　中国石油天然气股份有限公司大庆石化分公司（以下简称公司）是集炼油、化工、化肥、化纤生产于一体的特大型石化企业。2003年底，总资产94亿元，原油加工能力600万吨/年，乙烯生产能力48万吨/年，聚乙烯36万吨/年，聚丙烯10万吨/年，腈纶纤维6.5万吨/年，合成氨33万吨/年，尿素56万吨/年，可生产42个品种105个牌号的产品。

2003年，大庆石化分公司生产经营保持了良好的发展态势，实现销售收入170.7亿元，同比增长27.9亿元；实现利润6.98亿元，同比增长9.6亿元，超额完成了中国石油天然气股份有限公司下达的3.4亿元利润预算指标。炼油系统实现考核利润2.59

亿元，化工系统实现考核利润 4.75 亿元，超额完成炼油、化工板块的考核利润指标，盈利水平位居股份公司炼化企业前列。炼油系统，汽、柴油等七种产品产量创历史最好水平；化工系统，乙烯产量自 1999 年扩能改造以后，再次突破 50 万吨大关，乙烯、丙烯、聚乙烯树脂、腈纶丝、合成氨、尿素等几大类产品均超额完成全年奋斗目标。质量、职业健康安全、环境管理体系通过国际标准认证，实现了年初提出的安全、质量、环保重大事故为零的目标。以 120 万吨/年加氢裂化改造项目和聚乙烯专用树脂改造工程为代表的一批扩能改造项目全面展开，工程进展顺利。80 万吨/年乙烯改造项目得到批复。

截至 2003 年底，大庆石化分公司员工总数为 13245 人，其中，男员工 8633 人，女员工 4612 人。各类专业技术人员 2785 人，其中，高级专业技术职务 288 人，中级专业技术职务 941 人，初级专业技术职务 1556 人。公司大专以上文化员工 4466 人，平均年龄 37 岁。共有炼油厂、化肥厂、化工一厂、化工二厂、塑料厂、腈纶厂 6 个生产厂，热电厂、水气厂 2 个辅助生产厂，1 个研究院和 1 个储运公司。公司机关设置经理办（党委办）、人事处（组织部）、财务处、计划经营处、生产运行处、技术发展处、机动设备处、质量安全环保处、审计监察处、法律事务处、企业文化处（党群工作部）、工程项目管理部、电子商务部、预算中心等 14 个处（室）。

【主要产品产量】　2003 年，大庆石化分公司全年实现工业总产值（不变价）76.03 亿元，完成年计划的 111.66%，其中，炼油厂 26.35 亿元，完成年计划的 107.53%；化肥厂 4.73 亿元，完成年计划的 103.75%；化工一厂 4.71 亿元，完成年计划的 172.45%；化工二厂 11.10 亿元，完成年计划的 133.76%；塑料厂 22.28 亿元，完成年计划的 102.30%；腈纶厂 6.71 亿元，完成年计划的 108.63%；热电厂 0.03 亿元，完成年计划的 80.25%。全年完成原料加工量 576.60 万吨，完成年计划的 103.89%；四大类产品总量完成 356.23 万吨，完成年计划的 101.78%；轻质油总量完成 427.18 万吨，完成年计划的 103.24%。加工原油 565.84 万吨，完成年计划的 102.88%；油田气进厂 59790 万立方米，油田轻烃进厂 60.72 万吨。合成氨完成 38.97 万吨，完成年计划的 103.38%。腈纶丝总量完成 6.50 万吨，完成年计划的 108.38%。乙烯完成 50.81 万吨，完成年计划的 101.61%；丙烯完成 32.12 万吨，完成年计划的 106.37%；丁二烯完成 5.94 万吨，完成年计划的 98.96%；MTBE 完成 3.36 万吨，完成年计划的 104.85%；化工苯类完成 3.30 万吨，完成年计划的 103.06%；丁辛醇完成 9.59 万吨，完成年计划的 108.99%；丙烯腈完成 6.94 万吨，完成年计划的 105.17%；聚乙烯总量完成 42.08 万吨，完成年计划的 100.91%，其中，高压完成 7.61 万吨，完成年计划的 109.44%，低压完成 25.29 万吨，完成年计划的 98.78%，线性完成 9.18 万吨，完成年计划的 109.27%；聚丙烯总量完成 11.40 万吨，完成年计划的 101.78%；发电量 143025 万千瓦·时，完成年计划的 105.17%，炼油厂动力站完成 8228 万千瓦·时，完成年计划的 102.85%。

【生产经营】　在生产方案优化上，确定了立足当前，努力实现“每一个时点最优”的思想。一是积极协调原料配置计划，优化原料平衡。年初股份公司控制原油加工量，一季度原油进厂计划 123 万吨，资源严重不足，积极与炼油板块、管道板块和大庆油田加强协调，使得原油比配置计划多进厂 7 万吨，缓解了原油不足的矛盾。此后，注重协调季度原油配置计划，使得后三个季度计划能够满足装置满负荷生产的需要。2003 年原油进厂量 571 万吨，比预算增加了 21 万吨，比挖潜目标增加了 1 万吨，是 1993 年以来加工量最多的一年。同时，加强与炼油板块、化工板块和东北公司的协调，积极争取石脑油的配置计划，有效地缓解了原料不足的矛盾。二是充分发挥油化联合优势，优化化工原料。本着将“低价值的油品转化成高价值的化工产品”的原则，努力增产化工轻油，累计生产化工轻油 64.85 万吨，同比增加 10.35 万吨。在“非典”时期控制成品油产量，限制原油加工量的情况下，少产成品油对化工轻油的生产发挥了积极作用。根据液化气市场情况，决定液化气去向，累计炼油厂液化气供乙烯做裂解原料 4.37 万吨，成为液化气市场资源和价格的有力调控手段，保证了效益最大化的实现。三是积极调整产品结构，优化资源配置。炼油方面：调整产品结构，增产化工轻油、石蜡、液化气、丙烯等高附加值的产品，减少成品油产量，保证原油加工量的增加，同时也保证了经济效益的提高。尤其是丙烯的增产，还带动了化工区丙烯加工装置的增产增效。累计化工轻油、石蜡和丙烯同比分别增加 18.98%、22.75%和 22.01%。化工方面：重点是原料结构优化。根据市场价格变化情况及时对生产经营方案进行优化测算，指导资源配置和产品结构调整，按照最佳路线组织生产，指导原料的外购。四是加强产销衔接，实现低库存下的产销平衡。同时还针对产销中存在的问题，规范了腈纶、石蜡和塑料产品的产销管理。

【节能降耗】 2003年，大庆石化分公司节能降耗与2002年相比增效17015万元。主要采取的措施：一是加大考核力度，将节能降耗指标完成情况列入KPI指标考核体系，按照贡献大小和同比降低幅度兑现奖金。二是优化燃料结构。化工系统，对乙烯辅助锅炉装置火嘴进行了改造，提高烧气量，减少燃料油消耗，减少热电厂烧气量。三是优化动力运行方案。根据季节特点和装置运行情况，及时调整动力运行方案，使蒸汽用量大幅度下降。热电厂根据管网的蒸汽需要量，及时调整锅炉运行负荷，减少炼油厂外购电量，有利于热电厂优化运行方案，2003年比2002年同期多转供电量2513万千瓦·时。对节水工作加强综合管理，努力提高节水和水资源综合利用。2003年外购源水6426万吨，比2002年同期少购226万吨，按单耗计算2003年比2002年同期节约用水430万吨。

【长周期生产】 2003年，大庆石化分公司在“向生产管理极限挑战，向精细管理要效益”的理念指导下，不盲目追求产量，而是用长周期、均衡生产保证良性循环，制定了生产装置非计划停工及长周期考核办法，将指标分解到厂、车间，加大了奖惩力度，并严格按分解指标进行考核，对生产装置长周期运行设立了阶梯目标，实行逐级奖励，从而带动了各项技术经济指标稳步提高。全公司非计划停工次数和损失大幅度降低，59套主要生产装置累计非计划停工52次，比2002年减少50次，停车时数减少419小时，影响产品产量比2002年同期减少11724吨。在统计的22种主要产品中，有20种产量超过2002年同期，76项能耗物耗指标中，有49项同比下降。二重催、二制蜡、B1/B2装置、乙醛、丙烯腈、塑料高压、低压A/B线、腈纶聚合B釜、纺丝五线、热电3#、4#炉等13套生产装置（生产线）都创出了长周期运行的历史最好纪录。其中，B2装置连续运行超过580天、一空分装置连续运行超过350天。

【装置达标】 2003年，共安排股份公司级达标装置16套。其中，丁辛醇、丙烯腈、醋酸、化肥、腈纶、一套常减压、二套常减压、二重催、催化重整及延迟焦化10套装置全面完成达标目标，公司综合达标率达到63%。化工一厂裂解装置损失率为0.53%，创历史最好水平。化肥、腈纶、线性等3套装置物耗创历史最好水平。14套装置能耗实现达标，12套装置能耗创历史最好水平。

【科研工作】 2003年，大庆石化分公司在“做好、做强、做大，建设具有国际竞争力石化企业”的总体发展战略指引下，深化改革，转变作风，强化管理，完成了全年科研任务，取得了新的成绩。

年内承担各种科研项目97项，其中股份公司课题39项，大庆石化公司课题13项，研究院内探索课题15项，设计、分析及软科学课题35项。VAH气相醛加氢催化剂的研制、羰基合成弛放气回收工艺项目分别获得中国石油天然气集团公司科技创新一、二等奖。硫氰酸钠回收工艺获黑龙江省科技创新三等奖。有3个项目的科研成果通过了大庆市科委组织的技术鉴定，有7个项目通过了中国石油天然气股份有限公司的验收，建立企业产品和分析标准9项，参加起草国家标准3个。

【新产品开发】 2003年，为加大新产品开发力度，大庆石化分公司修订了《新产品开发管理细则》，为新产品开发提供了有效的制度保证。年内开发生产新产品6个，其中，塑料产品5个，腈纶产品1个。分别为高速BOPP专用料T37F，电缆护套料5305E，高透明薄膜料SY1715，小中空容器料5000B，透明聚丙烯TX30G和腈纶扁平纤维。腈纶纺丝5线上成功地开发了黄色、鸵色、浅黑和深黑四种颜色6个品种的凝胶染色腈纶纤维。

【技术改造】 2003年，全年共有11个项目实现工业应用，增效1380万元。其中重点项目有：

(1) 炼油厂蜡脱油装置过滤系统改造，采用计算机过程控制，经过攻关试验，在国内同类装置中首次实现了过滤机液位、溶剂温洗的自动控制，过滤机真空度提高了20千帕，脱油蜡收率提高了7.6%，装置加工能耗降低了12.74千克（标油）/吨原料，年经济效益为980万元。

(2) 与中科院自动化所合作，进行了炼油厂汽油自动优化调合模型及系统技术开发。将对炼油厂汽油调合流程进行改造，实现自动调合后，可解决汽油质量过剩问题，提高一次调成率，对现有调合组分进行优化，最大限度地减少低标号汽油产量，提高高标号汽油产量，年经济效益为800万元。

(3) 腈纶纺丝挤水装置在纺丝线上得到开发应用，降低了油剂蒸发系统的负荷，从而降低蒸汽的消耗，达到节能降耗的目的，年创经济效益100多万元。

(4) 热电厂双层混床改造为三层混床，周期制水量达到改造前的3倍，出水质量高，使用的多功能单向节流滤水帽专利技术为国内首创，各项指标均达到了国内先进水平，年创经济效益120万元。

（5）化肥厂应用无模型控制技术控制合成氨装置氢氮比，克服了装置负荷变化带来的调节滞后影响，增加了合成氨的产量，年创经济效益180万元。

（6）研究院乙烯齐聚合成1－已烯工艺研究，2003年重点进行了工艺软件包设计和中试补充试验，通过工艺优化，使1－已烯选择性由85%提高到92%，1－已烯纯度由96%提高到99%，聚合物生成量进一步降低，整体指标达到国外同类技术水平。

（7）在聚烯烃催化剂开发方面，完成了低压SZ－1催化剂的中试，聚丙烯球形催化剂的小试，进行了单茂催化剂的合成研究，显示了较好的工业应用前景。

【工程建设】　2003年，大庆石化分公司积极推进重点工程建设，实行目标管理和项目经理负责制，抓好重点建设项目的总体部署和动态管理，工程安全、质量、投资、进度始终处于受控状态。年内，批复28个工程项目（其中置换项目11项），总投资156518万元。到年底，120万吨/年加氢裂化装置及配套工程机械完工，20万吨/年高压聚乙烯装置土建施工完成90%，乙烯装置两台裂解炉除炉管外全部安装到位，热水锅炉和丙烯腈扩能改造当年建成投产，年内创效益近2000万元。

【安全生产】　2003年，大庆石化分公司精心组织安稳长满优生产，深入开展“QHSE管理年”活动，认真落实“安全第一，预防为主”的安全生产方针。建立和完善激励机制，实行安全风险抵押，修订了47项安全生产管理制度，加强安全生产合同管理，建立了发现隐患和避免事故奖励机制，制订了《员工发现安全隐患奖励办法》，重新修订了安全生产责任制考核办法和考核标准，将安全责任落实到每一名员工身上，将安全工作与员工切身利益紧密联系起来。进一步加强安全管理，重点抓好检修、施工中的安全工作和安全专项治理工作。在安全专项治理方面，加强锅炉、压力容器、管道和特种设备管理，严格按照安全监察规程进行安全监察。年内，取得了危险化学品生产的《安全批准书》。加强隐患治理，抓事故的防范，抓事故隐患的排查治理，抓危险源的监控。加大了安全隐患治理力度，落实隐患治理资金2600多万元。对股份公司装置安全评估组查出的炼油厂加氢操作室设在易燃易爆区、化肥厂合成操作室门窗朝向装置、化工二厂冰机电机不防爆等六大安全隐患，落实了整改计划。对关键生产装置、重点要害部位进行评估，确定了高温、高压、剧毒和生产工艺过程复杂及对生产影响大的48套关键生产装置和42处重点部位，制定了安全管理规定和实施细则。对关键生产装置、罐区、装车栈桥、毒品区等易燃易爆、易中毒危险场所等重点要害部位的安全管理工作进行重点部署，建立和完善事故应急预案，进行事故预案演练，收到明显的效果。在QHSE工作方面，经过全公司的共同努力，完成了质量、职业健康安全和环境“三标一体化”整合工作，顺利通过了上海质量体系审核中心第三方审核，并于2003年10月29日获得上海质量体系审核中心颁发的质量管理体系ISO 9001：2000认证证书（包括美国、荷兰证书）、环境管理体系ISO 14001：1996认证证书（包括美国证书）和职业健康安全管理体系GB/T 28001—2001认证证书。全年实现重大火灾、爆炸和重大人身伤亡事故三个为零，共避免重大事故26起，百万工时负伤频率为0.185，完成年初制定的小于1的目标。

【环境保护】　2003年，大庆石化分公司重视环保工作，加强污染治理设施运行管理，四座污水处理场和处理废碱液的关键设施连续保持平稳运行，主要污染物排放得到有效控制，进一步加大污染治理力度。全年外排废水总量3548万吨，比2002年减少109.5万吨。工业废水综合合格率含NH_3－N项96.1%，不含NH_3－N项98.6%，完成股份公司排水合格率大于95%的环保指标要求。外排污染物总量分别为：石油类排放总量59.6吨，较2002年同期减少22.4吨；CODcr排放总量3814吨，较2002年同期减少416吨。万元产值CODcr排放量为4.84千克/万元，较2002年同期降低1.1千克/万元；实现综合利用产值9427万元，清洁生产工作全面加强，在十套装置中开展清洁生产试点工作，共筛选出无/低费方案122个，95%得到实施，中/高费方案61个，已实施29个。

【内控管理】　2003年，大庆石化分公司进一步完善以财务、物资采购、材料修理费、投资预算和审计、法律等方面为主要内容的内控体系，增强内控能力，挖掘内部潜力，提高了精细管理水平。把财务管理工作渗透到生产经营全过程，抓好全面预算管理，细化成本费用核算，加大资金管理力度，可控成本同比降低1.79亿元。强化物资采购控制，以降低物资采购成本为目标，进一步规范招标、定价、验收等物资采购程序，推行招标采购等方式，强化物资采购控制，采购价格同比平均降低5.2%，节约采购资金9200万元。强化材料修理费控制，材料修理费同比降低5000万元。强化预算管理，成立了预算中心，突出事前预算和造价控制，全年结算金额8.7亿元，审减1.02亿元，审减率10.5%，有效地控制了投资，堵塞了漏洞。强化审计监控，注重向事前审计和事中审计转移，避免和挽回经济损失970万元。强化法律监控，建立了较完备的法律工作体系，突出法律工作的参谋和预防作用，共审签合同5800多份，通过法律手段收回陈欠款和降低债权数额1180万元。公司荣获国家级“守合同、重信用”单位称号。

【人才培养】 2003年，大庆石化分公司制定了五年员工培训规划，确立了总体目标和培训管理体系升级、员工素质升级、优化人才成长环境三个方面的预期目标，确定了培训工作原则，突出了基本任务、重点工作和保障措施，建立了科学合理的培训质量考核、评估、检查体系。全年公司人事处共举办各类培训班90期，培训23836人次。其中，培训专业技术人员4986人次，操作服务人员18166人次。不仅立足各二级单位的自主培训，还对2165人进行了特殊工种培训，并做到了教学与实践相结合，内部培训与外部培训相结合，增强了培训效果。在引进人才方面，加强与高等院校沟通，出台引进人才的优惠政策，并采取宣传公司的人才观，选人、用人、育人理念等措施，吸引了大批优秀的大学毕业生来公司工作。在北京石油大学化工学院设立了“大庆石化公司学生课外科技创新基金和奖学金”，用于学生课外科技创新项目、相关专业优秀学生奖学金和学生社会实践。在研究院挂牌成立了石油大学（北京）硕士、博士研究生联合培养工作站，进一步加强了校企共建，实现了优势互补。

【企业文化建设】 2003年，在企业文化建设上，大庆石化分公司坚持以先进的文化引导人、培育人，全力打造以家园文化和竞争文化为核心的企业文化，文化体系进一步完善，文化氛围更加浓厚，许多新的理念被员工认同和接受，并变成员工的自觉行动，激发了员工的工作热情，培育了员工的敬业精神，形成了企业发展的强大动力。积极转变管理观念，从制度管理向以人为本的管理转变，把企业的发展建立在人的发展上，以思想引领员工的行动，引领企业的发展。积极推进自主管理，自主管理与从严管理相结合，把从严管理作为推进自主管理的基础和保证，先规范，后养成，用严格的管理规范员工的行为，使执行制度成为习惯，队伍向心力和企业凝聚力明显增强。

（谷　丰）

中国石油天然气股份有限公司吉林石化分公司

【概述】 中国石油天然气股份有限公司吉林石化分公司（以下简称吉化公司）是隶属于中国石油天然气股份有限公司的集油、化、胶、塑、洗于一体的特大型综合性石油化工生产企业。1998年划归中国石油天然气集团公司管理。1999年经过新一轮重组改制，重组为中国石油天然气股份有限公司吉林石化分公司（含吉化股份公司）和吉化集团公司。

吉化公司现有生产装置100套。具有国际水平的装置20套，国内先进水平的装置58套，国内一般水平的装置22套。年原油加工能力650万吨，乙烯年生产能力53万吨。生产110种石化产品，其中苯胺、苯酚、丙酮、丁醇、辛醇、甲基环硅氧烷、丁苯橡胶、乙丙橡胶、汽油、柴油、乙二醇、聚乙烯、ABS 13种产品为公司的主导产品。

至2003年末，吉化公司在册人数为25196人，总资产为221.15亿元。

2003年，吉化公司完成原油加工量565.9万吨，同比增长24.1%；实现销售收入195.7亿元，同比增长46.3%，创历史最高纪录。实现股份公司考核利润8亿元，名列中国石油天然气股份公司化工板块第一，提前一年实现了扭亏为盈目标。

【主要产品】 见表4。

表4 吉林石化分公司部分主要产品产量完成情况

单位：吨

序号	产品名称	2003年	2002年	同比增减（%）
1	苯胺	96032	72687	32.1
2	苯酚	71431	60595	17.9
3	丙酮	44491	37831	17.6

续表

序号	产品名称	2003年	2002年	同比增减（%）
4	丁醇	84423	64092	31.7
5	辛醇	50145	58463	－14.2
6	冰醋酸	187133	175754	6.5
7	醋酸酐	54931	49786	10.3
8	甲基环硅氧烷	8079	7844	3.0
9	醇醚	53086	42327	25.4
10	AES	26279		
11	乙烯	574826	509755	12.8
12	苯乙烯	159840	128377	24.5
13	丁苯橡胶	106668	87968	21.3
14	乙丙橡胶	20427	20034	2.0
15	纯苯	213842	172949	23.6
16	汽油合计	1050880	801441	31.1
17	柴油	2127932	1354512	57.1
18	乙二醇	171130	137787	24.2
19	聚乙烯	233819	181400	28.9
20	ABS	171816	130121	32.0

【结构调整与技术进步】　2003年，按照总部和板块的要求，吉化公司围绕六条发展主线，确定了一批投资少、见效快、回报率高、技术先进、产品有市场、符合公司发展方向和国家产业政策的技改项目。较好地完成了18万吨/年ABS、100万吨/年延迟焦化、7万吨/年苯胺等17个重点技改项目和155个短平快项目建设，并全部实现了一次开车成功。这些项目的投产，彻底解决了炼油二次加工能力不足的问题，结束了多年外销渣油造成效益流失的历史，同时也在一定程度上解决了化工上下游不匹配等一系列结构不合理的问题，促进了公司内部资源和产品结构的优化，实现了以少量的增量激活较大存量的目标，全面增强了扭亏为盈和加快发展的支撑力。

【内部改革】　2003年，吉化公司在体制、机制创新和内部改革上实现了新的突破，进一步增强了扭亏为盈和加快发展的带动力。

在体制和机制的创新上，明确提出了公司新的管理定位，对审计、合同等10大经营环节全部实行集中统一管理，形成了“公司经营管理高度集权、重点强化管理监督，基层单位强化生产、重点抓好执行落实”新的管理模式。在此基础上，科学合理设置管理机构，大幅度压缩中间管理层次和管理人员，调整优化三级管理人员，精干队伍、精简岗位，实现了扁平化与传统管理机构的综合集成，初步建立起了科学决策、竞争激励和监督约束三大机制。

在干部制度改革方面，实施科级以上干部末位淘汰，增强了全体干部的责任感和使命感。实施厂（处）长见习助理制度，起到了快速培养人才、发现人才、留住人才的作用；优化调整厂（处）级干部，推进了干部“四化”进程。在用工制度改革方面，全面强化劳动用工合同管理，加大违约解除合同力度。在分配制度改革方面，按责任、贡献、风险的大小，实施了《全员目标责任风险抵押管理办法》；拉开分配档次，把奖金分配与扭亏增效指标的完成情况直接挂钩，有效地发挥了奖金的杠杆作用，较好地解决了收入能高能低的问题。

【经营管理】　在2002年取得良好工作成果的基础上，2003年，吉化公司进一步加大企业整顿和整体优化工作力度，重点在赋予新内涵、创新方法上下功夫，取得了显著的管理效益。

一是向现场整顿要效益，提高文明生产水平。按照高标准要求，狠反现场的低标准，全面提高文明生产水平。共清理整顿“四小”（小浴池、小破房、小院墙、小仓库）1485项，消除跑冒滴漏38199项。同时，积极主动取得市、区两级公检法系统的支持，清除厂区周围的不法业户43家，打掉盗窃团伙14个。通过现场全面整顿，不仅使厂容厂貌发生了巨大的变化，而且每年可增加效益4000万元以上，真正达到了以少量的投入获得成倍回报的目的。

二是向生产优化和节能降耗要效益，提高生产管理水平。2003年，共掺炼俄罗斯油112.5万吨，创效4508万元；乙烯原料优化增效4148万元；优化产品结构方案292项，创效3685万元；努力提高柴汽比，增产增销丁苯橡胶、环氧乙烷等效益好的产品，增效4632万元；累计消除了27个重大生产技术“瓶颈”，解决了50多项重大生产技术难题，累计挖潜增效达8.3亿元。参加股份公司板块达标考核的18套装置全部达到了考核要求，有526项经济技术指标再次刷新历史最好水平；在商品总量增加137万吨的情况下，同比节水4016万吨，节汽56万吨。

三是向经营环节整顿要效益，提高集约化管理水平。紧紧抓住财务、供应、销售等重要经营环节，突出强化业务、管理、监督三线并举运作，取得了显著的规范运作效益。2003年，公司自还有息债务达30

亿元，可比总成本降低 9.74 亿元，资产负债率由2002 年的 79.48%下降到 49.55%。加大生产、基建物资保供力度，采购原油、石脑油、纯苯等 9 个品种大宗原料 665 万吨，采购三剂 7.33 万吨、煤炭 106 万吨、钢材 3.85 万吨、机电设备 15 万套，满足了生产和基建的需要。严格执行“五公开”，加大招标采购力度，强化监督和审计，使采购的各环节随时处于受控状态。共清除 659 家供应商，取消了 297 个品种的中间环节，实现代储代销及零库存品种 800 个以上，利库 13471 万元，降采增效 29476 万元。进一步强化新的营销理念，紧跟市场变化，做到降价及时保市场、涨价到位保效益，充分发挥储运销一体化优势，努力做到以优质的服务感动用户，以一流的质量吸引用户，以双赢的理念拉住用户，进一步扩大了产品市场份额，产销率和回款率都达到了 100%，仅乙丙橡胶的市场份额就提高了 10.9 个百分点；2003 年公司产品销售总量同比增长了 28%，应收账款余额下降了 32952 万元。通过企业整顿和整体优化，公司的整体经营水平和效益水平得到了迅速提升。

【党建和精神文明建设】　2003 年，吉化公司在党建和思想政治工作上坚持以邓小平理论和“三个代表”重要思想为指针，坚持三个文明一起抓，两个成果一起出的原则，紧紧抓住观念转变，坚持在统一思想、统一行动上下功夫，全面加强思想建设；紧紧抓住关键环节，坚持在优化结构、增强活力上下功夫，全面加强组织建设；紧紧抓住从严管理，坚持在树立正气、打击邪气上下功夫，全面加强作风建设；紧紧抓住警示预防，坚持在警钟长鸣、标本兼治上下功夫，全面加强廉政建设；紧紧抓住形象塑造，坚持在内提素质、外树形象上下功夫，全面加强思想政治工作和企业文化建设，注重引导好、保护好、发挥好广大干部员工的积极性和创造力，全面加强“四支队伍”建设，引导广大干部员工牢固树立与企业同创价值的价值观，与企业共谋生存的生存观、与企业合力发展的发展观。正确处理好扭亏为盈与改善员工工作环境和生活条件的关系，大力整治厂区环境，美化、绿化工作场所，坚持后勤服务到岗位，全面改善员工的食宿条件，进一步提高员工的收入，有效地激发了广大干部员工的工作热情。2003 年，公司处级以上领导干部自愿加班加点平均累计达 6 个月以上。在 2003 年末民主测评中，公司班子的优秀率比 2002 年 5 月份提高了 43.2 个百分点，公司厂（处）级干部测评优秀率提高了 28.6 个百分点，三级班子的凝聚力和战斗力大大增强，广大员工的士气不断高涨，在全公司上下形成了“厂厂创优、人人争先、积极奉献”的工作局面。

（张　颖）

中国石油天然气股份有限公司
抚顺石化分公司

【概述】　中国石油天然气股份有限公司抚顺石化分公司（以下简称公司）是中国石油天然气股份有限公司所属的地区分公司。现有三个大型炼油厂、三个大中型化工厂、一个油品集输储运公司和一个电子商务中心，是一个大型石油化工联合企业，在中国石油石化工业中具有重要的地位和影响。公司原油一次加工能力 920 万吨/年，二次加工能力 787 万吨/年。现有主要生产装置 60 套。主要原料为大庆原油、沈北原油和进口原油，年可产汽、煤、柴油 500 多万吨。化工生产装置装备和技术大部分从国外引进，具有一定的规模和产品特性优势。具有年产 60 万吨的化工产品生产能力，年可产乙烯 18 万吨、烷基苯 20 万吨、润滑油基础油 35 万吨。公司石蜡年产量居全国第一，烷基苯年生产能力居亚洲第一。公司总占地面积 600 万平方米，抚顺至营口鲅鱼圈成品油管线输油能力 240 万吨/年，抚顺至沈阳桃仙机场航煤管线输油能力 30 万吨/年。共有内部厂际互供管线 86 条，总长度达到 500 多千米。设备 71197 台，设备新度系数为 56%。公司主要生产汽油、煤油、柴油、润滑油、喷气燃料、石蜡、石油焦、高抗冲聚苯乙烯、聚乙烯、聚丙烯、环氧乙烷、乙二醇、烷基苯、脂肪醇等 150 余种石油化工产品。主要商标有远航、双菱、尔驰、迪源、四达等。公司产品畅销国内，并远销世界 50多个国家和地区。截至2003年末，公司资产总额为116.4亿元，资产负债率为37%。公司现有员工9916人，平均年龄36岁，其中大专以上学历3693人，工程技术及其他各类管理人员2678人，高级操作工2736人。

【主要经济技术指标完成情况】　2003年，公司加工原油850.3万吨，比2002年增加28.9万吨，创公司历史最高。实现销售收入225亿元，比2002年（以下同）增加44亿元；实现税费总额13亿元，增加2亿元；实现利润5.1亿元，增加2.6亿元，其中，炼油盈利3.1亿元，化工盈利1.7亿元。综合商品收率90.74%，提高1个百分点；总损失率1.32%，降低0.08个百分点；加工损失率0.78%，降低0.07个百分点；轻油收率74.49%，提高3.75个百分点；自用率8.6%，降低0.25个百分点；柴汽比1.83，增加0.14；炼油综合能耗93.06千克（标油）/吨，降低6.36千克（标油）/吨；有31套装置能耗达到历史最好水平，10套装置完成了中国石油天然气股份有限公司达标任务。圆满地完成了股份公司下达的15项KPI指标。

【安全生产】　公司将持续推进生产优化作为提高效益的重要手段，通过优化资源配置，及时调整生产方案，炼油、化工装置实现了高负荷生产：全年生产汽煤柴551万吨，增加48万吨，化工产品108万吨，增加8万吨，厂际互供总量达到370万吨，增加107万吨；通过优化乙烯裂解原料，双烯收率达到47.68%，创全国最好水平；首次成功产出52#全炼蜡和70#微晶蜡。特别是通过焦化柴油加氢生产分子筛料，实现了分子筛料自给自足，全年生产烷基苯20.5万吨，增加3万吨；大线输油255万吨，增加了37万吨。两套蒸馏、一套催化停工后全年节约（标油）2.5万吨，厂际送瓦斯4.4万吨，创效5300万元。强化了安全责任意识，对化工厂电气系统等隐患进行了治理；加强了设备及动力运行管理，完成了四套装置检修，设备完好率、大机组运行状况等创历史最好水平，在运水场全部达标。

【改造发展】　公司2003年共开展技术改造12项，完成资本性投资2.57亿元。40万吨/年酮苯装置顺利建成，20万吨/年石蜡加氢项目完成了“三通一平”，乙苯装置扩能改造按期完工，环管工艺生产PP-R管材专用料取得成功，填补了国内空白，烷基苯磺化项目可研报告得到股份公司批复，渣油悬浮床加氢工业化试验装置全面开工建设，醚化装置建成并进行了试运行。备受瞩目的重油接触裂解制乙烯工业化试验解决了10多项关键性的技术难题，实现了长周期运转，顺利通过了股份公司专家组的现场评估，受到了中国石油天然气集团公司、中国石油天然气股份有限公司领导的充分肯定。编制完成了三年发展规划实施方案和五年滚动发展计划，基本确立了“三步走”的发展目标。温家宝总理、曾庆红副主席先后到公司视察，对重油接触裂解制技术工业化试验给予了极大关注，更加坚定了公司实现再造一个抚顺石化目标的决心和信心。

【经营管理】　公司加大了对资源、资金、销售、供应集约化经营力度。把生产经营活动纳入全面预算管理，突出了计划、财务对生产经营的指导作用，实现了物流、资金流、信息流的合一、畅通。积极争取加工资源，确保了全年原油资源足额到位，根据效益测算将9万吨俄罗斯原油调整为大庆原油；坚持按月开展经济活动分析，及时根据市场变化和生产实际优化生产方案，提高了经济运行的效益和质量。在股份公司的支持下，注资23.7亿元归还负息资金，有效地改善了公司资产负债结构；首次实现进口设备退税1290万元，争取到乙烯公司2.77亿元以税还贷政策；组织开展了资产清查盘点工作，规范了资产管理；采取多种方式，清回应收账款现金3400万元，圆满完成了股份公司下达的清欠任务。千方百计促进产品销售，商品总量达到了767万吨，增加88万吨，累计出口产品94万吨，增加32万吨，首次实现润滑基础油出口。抓住了下半年市场价格走高的时机，增产市场旺销产品，产品整体价位保持在较高水平：增产石蜡4万吨，增产双聚产品2万吨；石蜡价格由年初的3520元/吨持续推价到年底的4400元/吨，苯类、石油焦、液化气等自销产品价格均高于东北其他炼厂。物资供应有效保证了生产建设需要，全年采购总额达到了9.44亿元，其中电子商务采购达到3.05亿元，节约采购资金1.05亿元，煤炭采购在以质论价等方面取得了较大突破。

【挖潜增效】　按照集团公司“管理增效年”活动要求，开展了以挖潜增效为核心的“六查六提高”活动，取得显著成效，全年实施挖潜增效措施261项，创效6.7亿多元。成本费用得到有效控制，各项主要指标全部超额完成预算目标，炼油现金单位加工费105.8元/吨，比预算（以下同）降低11.9%；含期间费用化工吨商品现金加工成本1000.8元，降低16.5%；现金管理费6.35亿元，降低0.84亿元；财务费1.7亿元，降低1.5亿元；现金营业费1亿元，降低1400万元；修理费4.1亿元，得到有效控制；三剂费用下降3360万元。挖潜增效为公司经济效益的大幅度提高起到了重大作用。

【企业改革】 围绕公司作为效益中心、各厂作为成本中心的定位，进一步推进了公司业务整合和流程再造，深化了财务系统业务整合，彻底实现了扁平化管理和一级核算；对物资装备系统实行全面改革，成立了公司电子商务中心，由机关处室管理序列调整为公司直属单位管理序列，强化了服务职能；本着分工不同、各有侧重的原则，对技改、科研系统进行了业务调整，突出了公司在规划发展上的职能，强化了各厂生产技术管理职能。事关员工切身利益的住房分配货币化改革进展顺利，房改方案得到集团公司批复，基本工资制度改革全面完成；对各类检查方式和标准进行了规范，实行了创新达标考核办法，设立了专项奖励基金，改进了风险抵押管理办法，员工月综合奖平均增加16%。按照规范化、科学化的要求，对资本性支出项目、检维修和“三剂”管理三大流程进行了调整完善；制定出台了《市场准入管理制度》、《授权管理办法》等30多个新的规章制度，有效制约了管理中的人为因素。信息化、标准化建设取得新成效，完成了86个信息门户的建设，顺利通过了环境、质量和职业安全健康管理体系复审。监察、审计、预算、法律等专业部门认真负责、严格把关，有效维护了公司利益。

【党建和思想政治工作】 公司党委荣获了辽宁省先进党委称号，在集团公司基层党建和纪检监察工作会议上，公司党委分别做了经验介绍和典型发言，石油三厂王海班组、洗化厂生产分厂被评为集团公司基层建设“百面红旗单位”，石油三厂王海班组还荣获“全国五一劳动奖状”。

（王玉杰）

中国石油天然气股份有限公司
辽阳石化分公司

【概述】 2003年，是中国石油天然气股份有限公司辽阳石化分公司各项事业高歌猛进，生产经营硕果累累的大丰收年。一年来，在中国石油天然气集团公司、中国石油天然气股份有限公司的正确领导下，在省市政府的亲切关怀下，全体员工戮力同心，团结拼搏，内抓管理，外树形象，以扭亏增盈为目标，以管理增效为主线，积极推进改革，谋求发展，各项工作取得了令人瞩目的成绩。特别是，面对上半年“非典”肆虐的严峻挑战，全体员工迎难而上，毫不退缩，迅速掀起了声势浩大的“非典”阻击战，齐心协力保扭亏，大干五十天，最终取得了战斗的胜利。总结起来有四方面重大成效。

一是胜利实现了提前一年扭亏为盈的奋斗目标，一举甩掉了压在头顶五年的巨额亏损帽子，一跃成为股份公司炼化企业的盈利大户。公司全年加工原油344.81万吨，销售收入首次突破百亿元大关，达到101.64亿元，比2002年增长27.56%。实现考核利润4.48亿元，其中炼油板块0.65亿元、化工板块3.83亿元；在消化资产处置的当期损益后，账面利润为3832万元，公司的核心竞争能力明显增强。

二是长远发展工作如愿取得了突破性的进展，重点规划项目推进速度大大超出我们的预想，建设中国最大化纤原料基地的“三大战役”正在全面推开。“十五”规划化工部分的重点发展项目已经得到全部落实。投资达29.2亿元的80万吨/年PTA及配套原料工程，作为振兴东北老工业基地国务院批复第一个石化项目，于2003年9月28日正式拿到了批文。其中，新增45万吨/年PX项目的工艺包引进合同、新增53万吨/年PTA项目的基础设计引进合同正式签署生效。目前，整个工程的商务谈判已经结束，设计工作全面铺开。总体目标是：PX建设部分将在2005年10月竣工投产，PTA建设部分将于2006年初建成投产。此外，投资近5亿元的14万吨/年己二酸改扩建工程将于2004年10月份建成投产，20万吨环氧乙烷/乙二醇项目可研报告已经通过股份公司专家组的评估，炼油部分正在向建设500万吨/年规模炼厂的目标稳步迈进。

三是有效提升了公司的企业形象和信誉度，对外公共关系得到明显改善，公司正以一个崭新的、盈利的、充满信心的形象呈现在人们面前。

四是如期兑现了大幅提高员工收入的承诺，员工队伍的精神面貌发生了深刻变化，企业的向心力和凝聚力得到空前增强。

【主要产品】 全年生产成品油 167.9 万吨，比 2002 年增长 16.4%，其中，柴油产量达 160.5 万吨，同比增加 21 万吨；溶剂油产量达 2.5 万吨；煤油产量达 4.98 万吨。生产化工轻油 76.6 万吨；化工化纤产品 62.21 万吨，其中，聚乙烯 8.74 万吨，聚丙烯 1.39 万吨，尼龙 66 盐（含精己二酸）7.21 万吨，聚酯 35.18 万吨，涤纶长短纤维 9.69 万吨。

【生产经营】 公司以最佳业绩为目标，最大限度挖掘生产经营内部潜力，努力提升公司价值。

第一，坚持求真务实，不断深化班组成本核算工作，向深层次管理要效益。从元月一日开始，公司全面推开了新一轮的班组成本核算工作。在具体操作上，力戒形式，但求实效，只把那些一线员工具体控制的指标如产量、消耗、质量等分解下去，目的就是让每名岗位员工做到“干什么、管什么、算什么”。同时，还不断总结经验，发现典型，推广了先进经验和好做法，通过拉开奖罚档次，使员工切实体会到了自己的每一项操作都直接关系到公司的效益和自身的收入。随着班组成本核算工作的扎实推进，“效益在我心中，成本在我手中”逐步深入人心。由于班组成本核算工作卓有成效，从而促进了生产运行水平的稳步提高，各项消耗指标都在稳步下降，全部好于公司的内部控制计划。在公司统计的 21 项技术经济指标中，有 18 项创造了历史最好纪录。其中，吨油现金加工费降到 67.19 元/吨，在全股份公司炼化系统名列第二位；炼油加工损失为 0.71%；轻油收率为 74.83%，比 2002 年提高 2.77 个百分点。综合商品率为 93.24%，比 2002 年提高 1.36 个百分点。乙烯综合能耗由原来的 993.6 千克（标油）下降到 884.2 千克（标油），裂解加工损失降至 0.99%，均为历史最佳。

第二，坚持优化出效益，不断向生产管理极限挑战。全年共组织进厂原油 345 万吨，并且优化了原油品种，调换成本低的辽河油达 18.3 万吨。公司还组织进厂了充足的优质化工料，其中乙烯原料 2.3 万吨，芳烃原料 14.5 万吨，为生产优化提供了很好的调整空间。芳烃装置的“三苯”总收率也达到 64.36%，比 2002 年提高 1.38 个百分点。公司还通过狠抓平稳生产，不断向生产极限挑战，装置运行质量有了明显提高。非计划停车时间同比下降 2665 小时，七种主要产量均打破了历史纪录，超产总量达 37.6 万吨。

第三，坚持预防为主，从严执法，狠抓安全管理不放松。公司始终从讲政治、保稳定、促发展的高度，坚持“安全第一”思想不动摇，把安全作为头等大事来抓。一是提出了安全管理“谁抓都不越位，怎么抓都不过分”的全新理念。公司 QHSE 管理体系也顺利通过认证程序，进一步规范了安全管理程序，使安全管理工作步入新的发展阶段。二是全面推广了“干部走动式管理，工人不间断巡检”的安全管理模式。三是坚持“严”字当头，以铁的纪律保持安全管理的高压态势。严格执行《员工奖惩条例》，处理违纪人员不留情面，使员工遵章守纪意识明显增强。四是通过强化关键装置和重点部位的安全监控，全面推行“零事故车间”和“零事故工厂”的建设，事故苗头得到有效遏制。同时，公司还投入 3000 万元专项资金，消除了加氢裂化装置压缩机控制系统、裂解装置 F106 炉腐蚀问题等 43 项事故隐患。

第四，坚持以我为主，效益优先，不断做大收入这块“蛋糕”。公司始终强调“销售是一线”。要求各部门把销售作为“风向标”，调动一切资源，努力把收入做大。公司每天 7∶45 的早会，都要通报产销信息和价格动态，分析和判断数据的每一丝变化，及时做出针对性的策略调整。销售部门较好地贯彻了“以我为主”的方针，在促销增收上，面对国外进口产品的冲击，销售人员主动跑市场、找用户，注意把握己二酸、聚酯、聚烯烃产品的市场需求动向，工作总是能够做在前头，增收效果十分明显。在服务环节上，大家坚持走出去，直接服务到现场，认真听取用户意见，服务意识和质量有了很大改进。在价格制订上，既做到了不伤面子，又做到了锱铢必较。在 2003 年国际市场 PX 价格快速变化期间，由于信息准确，工作始终保持主动，生产上加大了供应量，销售上及时跟住了价格，高价销售 PX 达 1.83 万吨，增效超过 274 万元。正是由于思路对头，措施得力，公司不仅有效化解了“非典”的巨大冲击，而且销售收入始终保持了强劲的增长态势，全年首次突破百亿元大关，创造了新的历史纪录，为公司提前一年扭亏增盈做出了巨大贡献。

第五，坚持精细管理，制度约束，有效降低企业运营成本。公司把降低运营成本作为获得竞争优势的关键环节，作为提高整体管理素质的突破口。采购是成本控制的源头，公司通过完善权力制衡机制，规范采购业务流程，全方位推行招标采购方式。公司还加强了物资进厂后各个环节的跟踪控制，使库存状况更加真实，物流管理有了新的提高。2003 年，公司的物资采购招标率达到 68%，备件采购招标率 27%，累计降低采购成本 1.78 亿元，物资库存总量下降

1960万元，下降幅度达28%，超额完成了年初确定的工作目标。修理费的使用更有针对性，同时，广泛推行预知维修技术，超前决策，严把检修质量关，收到了很好的效果。全年修理费支出控制在3.68亿元以内，同比下降16.2%。在管理费使用上，公司继续坚持“勤俭持家”，从上到下，层层分解，包干使用，压缩一切可以避免的支出。全年公司办公费同比减少31万元，可控管理费总额压缩达362万元。

【科研与施工】　公司坚持贴近生产实际，推进科技进步，提高生产技术含量。首次采取了课题招标新举措，44项全部招标成功。其中，橡胶型氯化聚乙烯L1260P、均聚型氯化聚乙烯L0860P、挤塑级聚乙烯LH5000S等五个新牌号聚烯烃产品已经实现批量生产；聚酯热罐装、碳酸饮料瓶也具备了投入市场的条件，可口可乐认证工作正进入收尾阶段。公司在工艺节能方面进行了重点投入，完成了15项技改项目，改善了装置运行状况，节能效果都非常明显。其中，通过常减压换热流程改造，使装置综合能耗降低2.86千克（标油）/吨，降幅达23.8%。通过常减压—焦化热联合改造，实现了焦化热进料，使焦化能耗降低2.1千克（标油）/吨，降幅为6%。通过芳烃热集成工艺改造，使装置能耗降低40千克（标油）/吨，降幅为8.5%。2万立方米燃料气柜建成投用的运行一年来，回收燃料气，实现干气制氢，替代石脑油3万多吨，仅此一项就可节省成本6000多万元，年综合效益可超亿元。在能动系统技术人员的攻关下，热电厂实现了主变分接开关合理调优，大幅降低了利率电费，年可节省成本1000万元。公司还引入新型水处理药剂，在全公司循环水场试用成功，使循环水浓缩倍数已经达到6以上。从统计结果看，在炼量大幅提升的情况下，公司总的动力消耗却在下降。其中，与2002年同期比，原煤消耗减少3.4多万吨，生产日均耗水量同比下降4.3万吨，取水比下降了5.24万吨/日，实现了生产日耗水12万吨以下的目标。

【企业改革】　公司还坚持外抓结构调整，内抓基础建设，迅速提升企业的综合素质。通过积极努力，密切沟通，争得了总部的大力支持，通过削减债务、处置资产和分流人员，在结构调整上取得了重大进展。2003年，公司又报废处理资产6.86亿元，资产与收入比率更趋合理，由2000年的56.21%提升到64.88%；资产总量达到156.67亿元，资产负债率下降到22.95%，资产运营质量明显提高。

（马龙兴　冯长生）

中国石油天然气股份有限公司兰州石化分公司

【概述】　中国石油天然气股份有限公司兰州石化分公司（以下简称公司），是在中国石油天然气股份有限公司持续重组的过程中，2000年10月由原兰炼、兰化的主营业务部分合并组建的。新组建的兰州石化公司集炼油、化工和化肥生产为一体，是中国西部地区最大的炼油化工联合企业。公司拥有原油一次加工能力1050万吨/年，乙烯生产能力24万吨/年，合成氨30万吨/年，尿素52万吨/年，塑料树脂32.2万吨/年，合成橡胶6.3万吨/年，炼油催化剂3.5万吨/年，沥青45万吨/年，石蜡4万吨/年，能生产汽油、煤油、柴油、润滑油基础油、石蜡、沥青、苯类、合成树脂、合成橡胶、合成纤维、化肥、有机化工原料、无机化工原料及催化裂化催化剂等多品种、多牌号的石化产品。目前，公司有14个业务处室，14个二级单位，13000余名员工，并为股份公司托管两个合资公司（兰港公司、兰炼中旅公司），公司总资产值达123亿元。

【生产经营】　2003年，在中国石油天然气集团公司和中国石油天然气股份有限公司的正确领导下，兰州石化公司紧紧围绕扭亏脱困、改革发展和强化管理三大任务，按照“在保证安全的前提下，向生产管理极限挑战，向精细管理要效益”的生产管理理念，优化资源，调整结构，降低消耗，消灭浪费，努力实现经济效益的最大化。公司发挥炼化一体化优势，实施原油资源、乙烯原料等六项优化措施，提高了公司整体效益；大力调整产品结构，按照边际贡献，向效益好的装置和产品倾斜资源，努力增加高附加值产品，实现增产增收；进一步优化存量资产，提高资产质量，减少资产折旧和维护费用，降低了公司经营成本，使生产经营健康发展，提高了整体盈利能力和竞争能力，为企业持续、有效、快速发展奠定了坚实的基础。全年加工原油694万吨，同比增加59万吨，实现炼油化工原料互供59.65万吨；汽、煤、柴油总量完成402.8万吨，同比增加33.5万吨；生产乙烯17.5万吨，同比增加0.5万吨；化肥46万吨，同比增加8万吨；合成树脂32万吨，同比增加1.86万吨；炼油催化剂3.43万吨，同比增加0.62万吨。主要产品产量创出历史新高，主要技术经济指标都好于计划和2002年水平。实现销售收入178亿元，同比增加33亿元；上缴税费14.5亿元，同比增加1.5亿元，完成了股份公司下达的考核利润指标。

【重点工程】 2003年是兰州石化发展史上具有重大历史意义的一年。根据集团公司的总体战略部署和股份公司业务发展计划，公司按照“保工期、保质量、保安全、严格控制投资”的要求，精心组织，统一指挥，与设计和施工单位团结协作，昼夜兼程，奋力拼搏，完成6000吨/年超稳分子筛、24万吨/年乙烯改造、300万吨/年重油催化、500万吨/年常减压四项重点工程建成投产，使兰州石化的催化剂生产能力由2.5万吨/年增加到3.5万吨/年，乙烯生产能力扩大了50%，催化裂化加工能力提高了1.25倍，成为西部第一个千万吨炼油基地。兰州石化的规模经营能力、整体优化能力、市场应变能力和盈利能力均得到显著增强。与此同时，在集团公司和股份公司的关心和支持下，大乙烯项目获得国务院批准，标志着兰州石化将进入一个新的重要发展时期。

【科技进步】 兰州石化坚持依靠科技进步，大力推进技术创新，科技创效能力不断增强，科技增效成果显著。公司广泛应用“四新”技术，努力解决生产技术难题，使企业在适应市场需求，开发技术含量高、附加值高、竞争对手轻易不能模仿的技术、产品和服务方面树立了新的理念。全年实施短平快项目17项，完成第二代降烯烃催化剂和丙烯酸催化剂工业应用试验、2万吨/年ABS板材工业试生产、粉末丁苯橡胶工业试验等20余项工业化试生产，实现科技增效3600万元；以石化研究院为依托，成立了中国石油石化知识产权中心，并开通了石化专利技术信息网，建成了兰州石化分公司博士后科研工作站并已开展工作；加快企业信息化建设，完成了公司、机关处室和各二级单位门户站建设和应用，开发投用了公司办公自动化系统、合同管理系统，初步实现了企业办公自动化的目标，提高了办公效率和管理水平。一年来，获集团公司2003年度技术创新一等奖1项，甘肃省科技进步奖4项，有8项科技项目通过股份公司验收，9项通过甘肃省科委鉴定，申请职务发明专利22件，授权14件，组织申报国家知识产权局“第八届中国专利奖”4项。

【内部改革】 2003年，兰州石化加快业务整合力度，规范企业经营行为，完善内控机制，创新干部用人制度，内部改革取得新的突破。一是整合财务、采购、销售三项业务，实行集中统一管理。在财务业务整合上，撤销了15个二级单位的财务科，划归财务处集中统一管理，内部实行一套账目核算、一个机构管理，形成了事前预算控制、事中核算分析、事后考核监督的财务管理体制。在物资采购业务整合上，将原油、天然气、煤炭、化工原材料、成品包装物及备品配件采购业务划归采购部管理，收回了原委托兰炼和兰化两个存续企业的物资采购职能，逐步完善了公司内部物资采购和物资管理的工作流程及相应的规章制度，重点加强对采购计划准确率的控制，严格推行招标采购、网上采购等方式，进一步降低采购价格，节约采购资金，杜绝越权采购、变通采购、盲目采购等问题，全年降低采购成本842万元，实现网上采购3.08亿元。在销售整合业务上，将炼油、化工、催化剂三块销售业务整体划归销售部集中统一管理，为公司调整营销策略和加大市场开发力度打下了良好基础。二是完善内控机制，加大监控力度，规范企业行为。公司坚持“集中、理顺、统一、加强”的原则，按照“简化管理，弱化权力，强化监督”的管理思路，调整了部分专业职能，进一步完善了内控体系，强化财务、审计、法律监督控制，实行规范运作。三是加大人事工作改革力度，建立新的干部任用机制。按照干部“四化”方针和德才兼备的原则，建立对领导干部实行民主推荐、公开竞聘；对两级机关和专业技术人员实行双向选择、竞聘上岗；对空缺岗位实行公开招聘，择优聘用的“三种模式”，打破“五个界限”，初步形成了公开、平等、竞争的用人机制，在推进人事制度改革方面取得了实质性进展。通过考核、评议和竞聘，一批年富力强、知识结构合理、具有创新精神的年轻干部走上领导岗位，为兰州石化改革和发展增添了新的动力。

【企业管理】 2003年兰州石化坚持以人为本的管理思想，夯实管理基础，创新管理理念，提高了企业整体管理水平，在推行自主管理方面进行了有益的探索，企业管理有了新的进步。一是认真贯彻集团公司“管理增效年”活动要求，对照“五个标准”，开展了以“四从严四提高”为主要内容的“六查六整顿”活动，查找安全生产、工艺技术、设备运行、动力保障、降低成本和资源优化等方面存在的问题，有针对性地制定整改措施，抓好落实工作，使企业的基础工作得到进一步夯实，现场管理水平有了明显提高。二是坚持在“继承中创新，在创新中发展”，提倡以人为本的管理思想和理念，大力推行自主管理，企业的整体面貌发生了翻天覆地的变化。公司明确提出管理的更高境界是自主管理，各级领导把尊重、理解、关心、信任、依靠和激励员工作为工作的出发点和落脚点，加强领导与领导、领导与员工、员工与员工之间的沟通，创造和谐的工作环境和氛围，最大限度地发挥每个员工的潜能，明显增强了企业的向心力和凝聚力。三是按照“简化流程，规范管理，职责清晰，接口严密，沟通有效，配合有力，执行到位，持续改进”的要求，根据国际通行的管理标准，积极推进质量、健康安全和环境体系综合认证“三标一体化”工作，加大安全生产奖励和责任追究力度，落实各项规章制度，确保了安全生产。

【企业文化建设】　兰州石化提出了建设具有自身特色、融合公司优良传统和精神风貌的先进企业文化这一战略目标，积极推进企业文化建设，以先进的思想和文化引导与激励企业的发展，提高企业持续竞争能力和盈利能力。公司明确提出，经营企业的目的就是要建设先进文化，创造高效组织，培育优秀员工，集中全体员工的智慧和力量实现共同的愿望。公司结合实际积极展开了对发展目标和思路、企业宗旨、基本价值观和作风、经营理念、生产管理理念、人才理念、QHSE理念、员工行为准则等方面的总结和提炼，编制了《企业文化手册》。用先进的企业文化引导人、鼓舞人、教育人和启迪人，规范员工的行为，培养员工的敬业精神，激发员工的工作热情，鼓励员工的创新行为，创造最终实现企业目标和员工的共同愿望的良好企业文化环境，增强了企业凝聚力和向心力。

【关联交易】　2003年兰州石化分公司坚持“互利双赢，共同发展”的原则，全力以赴帮助两个存续企业增强造血机能，支持他们尽快走上快速发展的健康之路，实现“三兰”的共同发展。进一步建立健全了关联交易组织领导体系和协调制度，明确了关联交易工作总体思路和指导方针；夯实了关联交易管理基础，建立起了具有兰州石化分公司特色的“一级管理、两级运作、集中审核、统一对外、分口把关、相互制约”的关联交易管理机制；认真贯彻集团公司和股份公司的相关规定，不断规范关联交易业务，促进“三兰”共同增强服务意识，提高服务质量；积极配合两个存续企业，共同做好改善员工住房条件、社区环境绿化及社会治安综合治理工作，改善周边社会环境，使兰州石化分公司真正成为一个现代化的企业。

（段廷甲　樊春江）

中国石油天然气股份有限公司乌鲁木齐石化分公司

【概述】　2003年，是中国石油天然气股份有限公司乌鲁木齐石化分公司（以下简称乌石化公司）迎难而上，增产增收，提升实力，确保“十五”规划得以实现的关键一年。乌石化公司领导班子率领各族员工按照年初确立的“聚精会神练内功，求真务实办实事，全力以赴谋发展，凝聚合力塑形象”的工作思路，齐心协力，奋勇拼搏，大力推进中国石油天然气集团公司“管理增效年”活动，深入开展“六查六整顿”工作，加强基础管理，狠抓安全生产；同时乌石化公司坚持以人为本的管理思想，面向基层，多办实事，大力实施企业文化建设，取得较好成绩。全年原油及原料油加工量突破380万吨，销售收入达到80.69亿元，再创历史新高。

截至2003年末，乌石化公司固定资产原值近81.84亿元，拥有员工4544人，其中专业技术人员911人，占总人数的20%。乌石化公司机关设12个处（室）。乌石化公司下设炼油厂、化肥厂、化纤厂、热电厂、净化水厂、原料处、经销公司、科研所等10个二级单位。炼油厂设计原油加工能力为500万吨/年；化肥厂尿素生产能力为110万吨，是全国最大的氮肥生产基地之一；化纤厂现有三套生产装置，是目前西北地区最大的化纤生产企业；热电厂总装机容量为

10万千瓦·时，蒸汽发生能力为850吨/小时，为炼化各装置及生活区提供蒸汽和电力。2002年，乌石化公司在集团公司系统内率先通过质量、职业健康安全、环境三项体系认证，构筑起具有乌石化特色的QHSE体系。目前乌石化公司可生产九大类56种石油化工化纤产品。

【生产及效益指标】　2003年，乌石化公司全年原油进厂355.05万吨，天然气4.11亿立方米，加工原油及原料油380.31万吨，生产轻质油274.09万吨，合格率100%，生产PX5.59万吨，合格率100%。

生产尿素113.12万吨，其中一化肥生产尿素54.46万吨，合格率100%，二化肥生产尿素58.66万吨，合格率100%。

生产PTA7.57万吨，合格率100%。生产聚酯5.28万吨，合格率100%。生产短丝2.07万吨，合格率100%。三套装置均提前、超额实现产量达标。

全年发电7.97亿千瓦·时，产汽892.3万吨，圆满完成了全年发电产汽任务。

全年销售汽、煤、柴油总量231.20万吨，比2002年增加0.2万吨。销售尿素106万吨；销售化纤产品9.08万吨。

全年实现工业总产值32.01亿元（90年不变价）；实现税金7.17亿元。实现内部考核利润2.77亿元，比2002年增加2400万元。

【质量健康安全环境管理】　按照质量、职业健康安全、环境管理体系要求，乌石化公司2003年细化安全目标管理，将传统的安全生产年度目标转化为安全生产控制指标和安全生产管理指标，并将原安全生产“四个为零”的控制指标细化为八项具体考核指标，将安全生产管理细分为六项指标，为强化安全生产管理奠定了基础。各基层单位通过工艺设备巡联检等多种形式，及时发现、评价和消除隐患。乌石化公司安全管理部门逐步推行隐患动态管理，加大隐患治理力度，全年争取资金6445万元，完成了消防水系统改造、完善了炼油厂高低液位报警系统、二化肥控制室防爆改造等九项重点隐患治理项目。

在确保安全生产的同时，乌石化公司进一步加强质量、环保管理。净化水厂实施污水集中管理后，环保设施得到有效利用，污水外排合格率、回用率等均有所提高。各生产厂积极优化工艺、开展技术攻关，废气、废渣治理成效显著。

乌石化公司狠抓质量全过程监控和产品质量售后服务工作，大力开展创名牌活动，有效提升了质量管理水平。乌石化公司获得了“新疆质量管理奖”，“天池”牌轻柴油获2003年度新疆名牌产品称号，“天池”牌尿素获2003年度中国市场化工行业最具竞争力十大名牌。另外，科研所完成了国家实验室认可复审和转版工作。计控中心在新疆率先完成了法定计量检定机构的考核认证，为QHSE体系运行提供了更加完备的体系支撑。

【生产管理】　乌石化公司认真分析形势，努力争取原油配置计划，积极寻找原油资源，提高炼量，降低成本，力争利润最大化。

在物料供应方面，公司整合资源，重点抓好原料进厂管理，为增产增效奠定了基础。计划部门认真执行原油配置计划，原料处创新工作方法，督促落实原油计划，同时多方协调，“找米下锅”。在物资采购供应方面，乌石化公司进一步规范了物资采购招投标管理，积极探索实行年度框架议标采购。同时乌石化公司大力实行网上采购，全年网上采购量达到9018万元，大大降低了采购成本。

在生产组织方面，重点落实增产增收、降本降耗工作。在积极争取和落实原油、成品油配置计划的同时，结合价格趋势，优化产品生产流程，努力提高柴汽比。在原油多样化、重质化的条件下，坚持分储分炼，炼好每一滴油，争取每一分效益。2003年，乌石化公司还进一步细化非计划停工管理及考核办法，加强专项整治，保证了装置平稳运行。坚持抓好装置达标管理，2003年中国石油天然气股份有限公司考核达标装置有11套，实际达标6套，达标率为55%，股份公司考核的123项达标指标，有114项达标，达标率为92.7%。坚持抓好基础管理，加强生产日常运行分析，积极开展技术攻关等活动，各项技术经济指标达到最优，尤其重催催化剂单耗、二化吨氨综合能耗、PTA耗醋酸等技术经济指标以及新水消耗均较2002年同期有大幅度下降。

在产品营销方面，坚持以增加销售，增创利润为重点开展工作。经销公司和中国石油天然气股份有限公司化工与销售分公司乌鲁木齐化工销售中心通力协作，与财务、计划等部门加强沟通，坚持实行每周定价制度，确保了价格到位、量价合理。同时大力增产增销高附加值产品和小化工产品，确保了销售收入大幅度增长。经销公司实施“大营销”战略，在统筹制定自销产品营销策略的基础上，加强与销售中心的沟通与协作，共同努力，开拓市场，切实做到“足量交货、主动推价、及时结算”，确保二次创效。

【专业管理】　在设备管理方面，2003年，乌石化公司首次全面完成了特种设备登记、发牌工作。设备管理部门狠抓电气巡检等工作，确保了装置长周期运行。在检维修费用非常紧张的情况下，乌石化公司安全正点完成了一常、蜡催、一化、二化、氧化装置以及热电厂1$^{\#}$炉、3$^{\#}$炉、机检修任务。通过认真筛选检修项目，加大工程现场签证抽查力度，加强工程预决算审核等，严格控制费用，使检维修费用最大限度满足生产需要。

在技术管理方面，乌石化公司2003年编制了企业重组改制后的第一个科技规划，完成了重点科技项目的框架设计。在周密部署“科技兴企”战略的同时，狠抓技术基础工作。首次组织了全生产系统的用能核查工作，掌握装置能耗状况，摸清了装置节能潜力。技术部门牵头组织了全公司水平衡测试，健全了水资源利用数据库。公司还继续加强信息化建设工作，全面启动CIMS系统。目前办公自动化（OA）已全面实施，生产经营等数据共享工作正在有序进行。

在财务预算管理方面，进一步完善了财务集中管理和一级核算。各级财务部门坚持资金收支两条线，强化财务基础管理。乌石化公司财务处加强财务分析、优化资金结构，经多方协调，提前归还了引进装置的国外借款，有效降低了财务费用。乌石化公司坚持与乌石化总厂同步发展原则，进一步规范了关联交易内容，推动了关联交易规范运行。

【技术改造】　2003年乌石化公司以科技为先导，加大基建和技改力度。重点调整工艺流程，优化生产，完善装置配套，消除生产“瓶颈”，全年完成技术改造投资22104万元。通过实施一化肥原料气代油改造、芳烃异构单元更换新型催化剂等，优化了原料、产品结构，资源得到充分利用。通过开展延迟焦化扩量改造、化肥空分装置改造等，提高了生产负荷，完善了装置配套；通过实施一化肥脱碳装置H_2S浓缩尾气CO_2回收改造、一化肥变换工艺冷凝液回收改造等项目，不仅有效地降低了物耗能耗，而且改善了环境；通过实施公司电网35千伏保护系统改造，增加了电网运行的安全性和可靠性。另外，乌石化公司还积极发挥新峰公司独立运作优势，大力实施“短、平、快”技改项目，在完成丙醛、戊烷油项目后，又启动了硫酸钾、甲醇等项目，为充分利用有限资源创效益奠定了基础。

【人力资源管理】　按照股份公司统一部署，乌石化公司人事部门以“五定”为基础，认真宣传、周密部署，积极稳妥推进机构设置优化，实行了工资制度改革。为推动技术进步，进一步鼓励和保护科技人员的积极性，将技术创新奖的奖金额度翻了一番，一等奖奖金达到了10万元。同时乌石化公司继续以业绩考核为基础，积极探索和完善激励机制，把奖金分配向一线员工、技术骨干和责任重、风险大的管理者倾斜。

实施“人才强企”战略，加强人才队伍建设。乌石化公司大力组织员工培训，提高员工素质。2003年完成了首轮员工职业技能鉴定工作，首次开展了高级技师评聘工作，并将调整工人技师、高级技师上岗津贴。还开展了合成氨、常减压、化验等七个工种的职业技能比武活动，化肥厂陈刚在股份公司化工与销售分公司组织的合成氨工种职业技能竞赛中夺得了第一名的好成绩。热电厂樊旭东获得“集团公司岗位技术能手”称号。科研所展江宏获得“全国十大杰出青年岗位能手”称号。2003年公司组织科级干部轮训班、入党积极分子培训班、中青班以及特种作业培训班，共计培训2681人次。另外，积极开拓人力资源市场，通过双选引进大学生；大力盘活现有劳动力资源，尝试向苏丹喀土穆炼油厂输送技术骨干和管理人才，并在乌石化公司范围内组织干部交流46人次，加强交流，相互学习，有效促进了企业管理水平不断提高。

【党群工作】　2003年，乌石化公司荣获了“开发建设新疆奖”和“全国模范职工之家”称号，炼油厂一车间党支部获得集团公司党的基层建设“百面红旗单位”称号。

（孙　正）

中国石油天然气股份有限公司宁夏石化分公司

【概述】　中国石油天然气股份有限公司宁夏石化分公司（以下简称公司）位于宁夏回族自治区银川市，

员工1200多人，资产总额20.46亿元，资产负债率33%，是全国最大的百万吨尿素生产企业之一。公司重组改制以来，经济效益显著增长，累计实现销售收入50多亿元，实现利税近3亿元，年年超额完成中国石油天然气股份有限公司下达的KPI指标，企业获得了宁夏回族自治区“先进企业”、中国石油天然气股份有限公司“安全生产先进企业”和化工与销售分公司“优秀达标企业”等殊荣。

【生产经营】 2003年，宁夏石化分公司按照“化工板块要万众一心，背水一战，坚决打好扭亏脱困攻坚战”的目标要求，结合公司重点工作和中心任务，在下达的年度KPI指标的基础上，进一步研究制定挖潜增效方案，尽最大努力多创效益，通过全面动员和深入发动，向全体员工提出了“争创新业绩、实现新突破，为实现公司长远发展而努力”的工作思路，分层次签订了业绩指标责任状，通过严格的目标管理考核，进一步增强了公司全体员工的责任感和紧迫感，牢固树立各级领导干部的责任意识和全局观念，确保各项指标的完成。与此同时，深入、扎实开展“管理增效年”活动，加强“形势、目标、责任”主题教育的要求和部署，并结合股份公司在炼化企业开展“六查六整顿”活动的要求，围绕挖潜增效的目标和措施，在公司内部深入开展了“学（先进）、查（问题）、改（抓整改）、创（业绩）”活动，努力建设优秀的员工队伍，创造优异的工艺指标，保持优越的产品形象，争创优良的经营业绩，通过学先进，查问题，抓整改，不断提高工作水平，创造优良业绩，取得了较好的成效。公司全年生产合成氨60万吨，产品尿素103万吨，实现销售收入11.3亿元；安全生产顺利跨越1000天，全年实现安全生产1149天，一化肥实现了装置跨年度连续运行29个月，创同类装置新纪录，二化肥装置实现跨年度长周期运行441天，创历史最好水平，达到同类型装置较好水平；实现账面利润4691万元，实现KPI指标考核利润8365万元，全面完成了各项生产经营指标，企业逐步迈向良性循环的轨道。

【生产管理】 在安全管理上，坚持把安全稳定作为保证完成各项经营指标的基础和生产组织的主线，按照“五严”要求，全面推行HSE管理体系，充分发挥“五级”安全监督网络作用，通过表格化巡检和新“三件宝”的检查手段，严格了三级巡检和四方联检制度；制定发现隐患避免事故奖励办法、事故连带追究等制度，加大安全管理和现场监督力度，全年公司内部各类事件、故障总数比2002年同期下降20%。全年共投入资金2000余万元，实施了电气隐患等安全隐患治理21项，实现了质量、安全、环保事故“三无”目标。

在生产组织上，以安全稳定为基础，以提高长周期质量为手段，以减少非计划停车为重点，以增产降耗为目标，全面推行标准化工作流程和设备预知检修制度，强化特护设备运行状况的动态分析和检测预警制度，认真做好两套装置的水、电、蒸汽、液氨、天然气等物料的综合平衡，加强装置和专业达标工作，实现了两套装置的安全稳定长周期运行。一化肥通过实施蒸汽、尿素互串调整及合理调整油气比等方式，不断优化系统工况，保持稳定生产，装置运转率达到95%，负荷率达到98%，尿素优等品率达到98.93%。一化肥停车大检修期间，大修与技改项目交叉进行，检修项目多、周期长、难度大，经过精心组织，狠抓落实，如期完成了1394项大修任务，实现了检修质量、安全、环保事故“三无”和一次开车成功。二化肥经过不断优化系统工况，装置各项消耗指标进一步优化，吨氨耗天然气1078立方米，吨尿素耗氨570千克。装置降本增效优势进一步显现，11月份，装置月负荷合成氨达到109%，尿素达到110%，平均日产合成氨935吨，尿素1530吨，是投产以来运行最稳定、收益最好的一年。

在计划财务管理上，紧紧围绕KPI指标和挖潜增效指标，充分发挥计划、核算等专业管理优势，完善了物资出入库管理制度，加大了对各单位月计划及公司重点技改项目进展和完成情况的检查考核，并适时对装置生产负荷、合成氨产量等指标及时调整计划，特别是一化肥二系列油改气后，对装置油气平衡点从效益上进行测算，为原料结构优化调整提供了科学的决策依据。

在质量管理上，严格ISO 9001体系管理，对产品质量进行全过程的监督检查，保证了产品出厂合格率100%，未发生质量投诉事件。“宁化牌”尿素继续保持了产品质量国家免检称号，再次荣获自治区“名牌产品”称号，公司获得了“全国质量管理小组活动优秀企业”。全年共有19人次获得了国家、自治区质量管理及QC攻关先进个人、先进集体殊荣。

在劳动人事管理上，以基本工资制度改革为切入点，以落实“五定”为基础，继续深化劳动用工、人事、分配三项制度改革力度。制定了《员工行为准则》和《岗位规范》，进一步理顺了部门、岗位工作职责，推进规范化管理。为了进一步调动工程技术和操作人员的积极性，成立了公司专业（学术）委员会，制定了科学技术进步奖实施方案，完善了专业（学术）带头人和岗位技术能手选拔管理办法，评聘了6位专业（学术）带头人和11位岗位技术能手。

【科技发展】　在技改技措上，实施并成功投运了一化肥装置二系列油改气、空分分子筛、DCS、电气隐患治理等为重点的30多项技改项目，对二化肥仪表空压机、107－J等设备进行了更新，完成了二化肥变换冷凝液回收、脱盐水反渗透浓水回收等“三节”项目投运工作，并通过对外加强水、电、汽使用的检查，细化对“跑、冒、滴、漏”的监督考核，降低了生产成本，保障了安全生产。针对技改项目投运后存在的问题，及时组织攻难关、消瓶颈，各项技术经济指标达到或接近设计值，技术改造达到了预期的目的，吨尿素单位制造成本同比降低100元左右，为装置今后进一步降低生产成本、增强竞争能力奠定了良好的基础。二化肥扩能改造项目取得重大进展，获得了国家批复，成立了项目建设领导小组，各项工作全面展开。在技术开发方面，充分发挥公司科学技术委员会的作用，完成了公司中长期资源优化、结构调整、技术进步、提高效益实施方案，在以合成气为中间产物的天然气“轻变重”技术上取得了突破，为企业的长远发展奠定了基础。

（陈平仓）

中国石油天然气股份有限公司独山子石化分公司

【概述】　中国石油天然气股份有限公司独山子石化分公司（以下简称公司），是中国石油天然气股份有限公司所属的大型炼油—化工一体化企业，是中国西部重要的石油化工基地。公司下设炼油厂、乙烯厂、热电厂、研究院等13个二级单位和九个专业管理处室。现有员工5788人，大专以上学历占44.3%，中级以上职称980人。固定资产原值107亿元，资产负债率35.5%。具备每年600万吨原油一次加工能力和22万吨乙烯生产能力，有13.5万千瓦发电能力和1400吨/小时供汽能力。

2003年公司紧紧围绕“炼油增盈、乙烯扭亏”这一主攻目标，全面推进“走西口、低成本、差别化、持续发展、科技创新和人才开发”六大战略，圆满完成了股份公司下达的KPI指标，各方面工作取得了巨大进展。

【主要指标】　全年加工原油400万吨，同比提高12%；生产乙烯23.6万吨，超设计能力7%；实现销售收入93.05亿元；整体实现考核利润5.7亿元，超额完成增盈扭亏指标。其中炼油盈利3.6亿元，比预算增盈1.6亿元；炼油可比综合商品率94.18%，同比提高0.43个百分点；轻油收率79.36%，同比增长0.95个百分点；加工损失率0.84%，同比降低0.06个百分点；化工盈利2.1亿元，比预算增盈2.6亿元。双烯收率45.10%，同比提高1.24个百分点；裂解加工损失率0.51%，同比降低0.39个百分点。

【主要产品】　生产汽油74.67万吨，同比提高20个百分点；柴油163.73万吨，同比提高6.11个百分点；苯类产品17.16万吨，同比提高35.29个百分点；生产聚乙烯树脂19.03万吨，同比提高52.51%；聚丙烯树脂10.45万吨，同比提高57.30%；乙二醇5.95万吨，同比提高35.50%；顺丁橡胶3.22万吨，同比提高92.14%。

【措施和成果】　开展“增盈扭亏”攻坚，提升了企业价值。2003年，中国石油天然气股份有限公司要求公司化工全面扭亏。年初测算实现化工扭亏需消化2.6亿元减利因素。为调动全员力量，力保指标完成，公司拟定六大类25项挖潜增效措施，全面分解KPI指标和2.6亿元的减利因素，确定“加工原油400万吨，生产乙烯23.5万吨，成本费用压缩10%”的总体控制目标，发动全体员工，万众一心，背水一战，通过采取一系列超常规、强有力的措施，超额完成了增盈扭亏指标，取得了增盈扭亏攻坚的胜利。

【生产与安全】　提高装置负荷率和运行平稳率，夯实了盈利基础。炼油生产优化加工方案和产品结构，狠抓蒸馏—重整—芳烃、蒸馏—催化—柴油加氢、蒸馏—丙烷—焦化的优化匹配，提高柴汽比，努力增产石脑油、三苯和柴油等高附加值产品，控制沥青产量，提高轻油收率和综合商品率；根据边际效益排序及市场需求，合理组织润滑油系统的生产。主要经济技术指标居股份公司前列。乙烯生产在轻质原料比2002年增加3倍的有利保证下，狠抓满负荷平稳生产，增产增收。应用加热炉结焦抑制、大型机组优化控制、原料优化调配等技术，挖掘装置潜力，挑战生产极限，乙烯日产量不断提高，最高达到730吨/天以上。聚乙烯铬系新产品试产成功，化工专用料比例超过51.5%。热电厂以保障炼化生产和生活需要为宗旨，着力抓好安全生产和经济运行，全年发电8.5亿千瓦·时，产汽624万吨，同比分别增长31%和26%。此外，优化燃料结构，成功引入天然气，替代液化气、燃料油作燃料，日均用量达到4万立方米。

【改革与管理】　推进管理创新，为公司发展注入了动力。完善业绩合同，科学设置考核指标，形成了覆盖全公司的绩效考核评价体系，使KPI指标成为与员工收入关联、灵活调控生产经营活动的重要手段。ISO、HSE和OHSMS管理体系有效运行，成为日常管理的重要手段。全面预算管理不断深化，预测性指导性进一步增强。财务集中管理顺利完成。开展电子商务，加大网上采购力度，全年网上采购5500万元，有效降低了采购成本。法律、审计和效能监察工作突出重点，搞好服务和监督，控制和防范风险，取得明显成效。“六查六整顿”和“远学吉化，近学炼油”见到效果，查找整改各类问题4000多项。成本得到有效控制，原油单位现金加工成本125.8元/吨，吨化工产品现金加工成本1106元/吨，同比分别降低7.5元/吨和188.6元/吨。机关可控费用降低10%。

【科技与人才】

（1）推进技术创新，为扭亏增盈提供了强力支持。“汽车专用料开发”等3项国家“863”项目开发取得新进展。股份公司级科研项目13项全面完成，申报专利9项。蒸馏常三线利用、乙烯原料脱砷等12项公司级攻关项目顺利完成。催化汽油选择性加氢脱硫、降烯烃工艺技术应用完成研究工作，丙烷预切割技术逐步完善。聚乙烯冷凝液和铬系催化剂技术投用后，生产的HD3902、HD4801深受市场欢迎。DCS优化控制技术正在逐步推广。装甲车辆油CD/5W/40进入实车试验，三蒸馏腐蚀防护进行了新材料试验，焦化一套加热炉完成扩能改造。信息化建设取得新进展。“生产集成系统”硬件搭建完成，电子商务物资管理系统、原油评价数据库网上利用项目投用。信息门户网站建设受到股份公司表扬，局域网运行正常，获“自治区信息化建设先进单位”称号。荣获中国石油天然气集团公司技术创新二等奖和青年创新工作法大赛百优奖。

（2）推进“人才强企”战略，提高了队伍整体素质。按照建立一线操作专家队伍、技术专家队伍和经营管理专家“三支队伍”的要求，推进“人才强企”。对一线操作层，加大操作专家的培养力度，通过设立一线特殊贡献奖和提高工人技师待遇等手段，营造爱岗敬业、勤练技术、岗位成才的学习氛围，造就了一批操作专家和岗位能手，连续三届在全国及石油石化系统职业技能大赛中取得好成绩，展示了职工队伍过硬的技术素质。开办远程工程硕士培训班，申办博士后科研工作站，邀请国内知名专家来公司开展学术交流，与著名科研院所开展科研项目合作开发，为技术专家提高水平、快速成长提供了平台。开办机关中层干部和车间主任中高级管理人员学习班，对机关高级管理人员定期组织MBA培训，培养了管理专家。经过不断引进、培训、锻炼和提高，公司人才结构逐步优化。培养了股份公司级和公司级技术专家5名，两级拔尖人才44名，集团公司（股份公司）级技术能手10名，全国技术能手3名。中级职称777名，高级职称146名，硕士以上学历28名。技师62名，高级技师10名。

【建设与发展】

（1）加快重点项目建设，增强了公司综合实力。以“炼油完善配套，乙烯逐步靠近经济规模”为目标，以“大小结合，齐头并进”为原则，加速重点工程建设。标志着炼油工艺革命的60万吨/年馏分油加氢裂化工程完成了土建和加热炉主体及部分动静设备和工艺管线安装，实现投资3.5亿元。热电厂4#汽轮发电机项目，完成了设备材料订货，开始建筑安装。干气脱硫—硫磺回收装置产出合格产品。裂解DPG单元二反系统改造等10个短平快项目，当年施工、当年投产、当年创效2200万元，成为公司的增效亮点。高效组织完成乙烯小修，解决了扩建遗留问题，消除了安全和效益瓶颈，提高了装置运行的可靠性和灵活性，降低了运营成本。2003年，新增资产2.3亿元，资产负债率由65%下降到35.5%，实现税金9亿元。在新疆维吾尔自治区确定的30家重点企业排序中列第二位，在全国1500多家大型工业企业排序中列第87位，对地区经济带动作用显著。

（2）不断扩展国际化业务，拓宽了企业发展空间。实施《“面向中亚，两头在外”战略纲要》，资源进口和产品出口并驾齐驱。资源进口由原油进口扩展到其他资源，哈油进口量呈现增加趋势。全年进口哈油65万吨，哈油掺炼比大幅提高，最高达35%，掺炼技术已成为独山子石化公司特有炼制技术。石化产品出口同比增加一倍，达12.27万吨。

【企业文化建设】　独山子石化分公司2003年荣获全国“安康杯”优胜企业、中国石油天然气集团公司基层党建“百面红旗单位”、“全国青年文明号”、“开发建设新疆奖章”、“新疆维吾尔自治区级文明单位”等多项荣誉，并第三次蝉联“设备管理国优单位”和“全国质量效益型企业”。

（刘晓玲）

中国石油天然气股份有限公司大庆炼化分公司

【概述】　2003年，是中国石油天然气股份有限公司大庆炼化分公司（以下简称大庆炼化公司或公司）改革发展取得重要成果的一年，在突出主业优势、推进产业结构、组织结构和资产结构的调整中，把技术创新、管理创新作为企业发展的新动力，积极实施低成本战略，经济效益创新高。

截至2003年底，在册员工总数7208人，其中，专业技术人员1177人，占员工总数的16.33%。公司机关设总经理（党委）办公室等9个业务处（室），下设14个专业厂（公司）、15个直属单位。拥有主体生产装置32套，固定资产原值107.18亿元，净值65.22亿元。具备550万吨/年原油一、二次配套加工能力和7.3万吨/年聚丙烯酰胺、22万吨/年润滑油、10万吨/年石蜡、3万吨/年腈纶等生产能力。2003年10月，世界单套最大的30万吨/年聚丙烯工程奠基、100万吨/年ARGG装置改造投产，为建设世界级聚丙烯生产基地打下了坚实基础。

【经济技术指标完成情况】　2003年，大庆炼化公司认真贯彻落实中国石油天然气集团公司工作会议精神，深入开展“六查六整顿”工作，克服了市场复杂多变和“非典”疫情带来的不利影响，团结一心，攻坚克难，取得了较好的成绩。累计加工原油512.45万吨，生产汽柴油372.15万吨、润滑油8.88万吨、石蜡7.51万吨、丙烯14.86万吨，生产聚丙烯酰胺6.29万吨、腈纶3500吨；实现销售收入125.5亿元，税费12.34亿元，实现考核利润2.4亿元，超额完成了中国石油天然气股份有限公司下达的挖潜增效利润指标。

【结构调整】　为保证林源生产区关停工作的平稳实施，实现原油集中加工，重点做了三个方面的工作。一是努力搞好宣传教育引导工作。印发了结构调整工作宣传提纲，公司主要领导多次深入林源生产区进行调研，把公司在结构调整中力争做到“人人有岗、人尽其才、各得其所”的总体思路传达给每一位员工，解除了员工的后顾之忧，稳定了队伍。二是提前进行原油集中加工配套改造，克服了出图晚、工期紧，作业空间小、施工交叉多及“非典”疫情等诸多困难，仅用6个月时间，就完成了正常施工需要18个月才能完成的100万吨/年ARGG扩能改造工程，创出了国内同类装置建设工期最短的新水平；完成了循环水改扩建工程及其他配套改造项目，保证了原油集中加工后，林源地区生产、生活不受影响。三是努力实现人员妥善安置。出台了《林源生产区机构及人员安置方案》，对人员择岗意向进行了调查摸底，按照专业对口、自愿选择的原则，把林源生产区600多名员工妥善安置到马鞍山生产区的相应单位，截至2003年7月5日，1198名干部员工全部安置到位。

【基建项目】　2003年，大庆炼化公司稳步实施发展战略，加快世界级聚丙烯和油田化学品基地建设。一方面完成了30万吨/年聚丙烯工程的立项、技术引进、基础设计工作。3月28日与外商签订了技术引进合同，8月21日完成了工艺包审查，11月末完成了基础设计审查工作，12月底完成了初步设计审查工作和挤压造粒机、压缩机等长周期设备的订货工作。另一方面，油田化学品基地建设也有了新的进展。完成了抗盐聚合物生产线改造，全年生产抗盐聚合物2.2万吨，满足了油田生产需要，回注油田污水670万吨，缓解了环境保护的压力；8月18日，成功地承办了股份公司油田化学品技术推广座谈会，交流了国内外油田化学品信息，推广了聚合物系列产品及表面活性剂产品，明确了油田化学品下一步的研发方向，标志着“两个基地”建设迈出了实质性步伐。

【降本增效】　2003年，大庆炼化公司大力强化成本控制，盈利能力不断增强。通过加强生产管理，强化成本控制，大大降低了炼油化工生产成本，炼油现金单位加工费99.05元/吨，比预算降低13.5元/吨。通过细化管理和优化改造，动力单耗大幅度降低，炼油动力费用降低6168万元；通过提高装置负荷，改进聚合物引发剂品种，取消高成本的共聚生产法等措施，降低了聚合物生产的各项能源及物料单耗，使聚丙烯酰胺单位成本较预算降低32%。此外，实现了网上采购5.06亿元，节约采购资金6866万元，预结算核减工程款2078万元，审计核减工程造价519.5万元，效能监察核减工程款305万元，应收账款下降5940万元，可比口径降低管理费用及财务费用2539万元。与2000年同口径比较，企业重组三年总计降本增效12.2亿元。

【科技发展】　2003年，大庆炼化公司努力追求科技创新，科技含量逐步增加。一是科研工作取得显著成果。缔合聚合物的研究项目已经完成了实验室小试；后水解技术生产超高相对分子质量聚合物的研究项目实现了工业化生产，应用该技术生产的3840吨超高相对分子质量聚合物全部应用于油田生产，产品质量得到了大庆油田公司的认可，保证了该品种在大庆油田的市场份额；成功研究了相对分子质量3800万的超高相对分子质量抗盐聚合物，并在生产线上实现了工业化生产；复合离子污水调剖体系配方研究取得了进展，目前正在进行矿场试验；石油磺酸盐表面活性剂的研究项目正按照计划进度进行；研究出“抗盐聚丙烯酰胺细粉再生技术”，实现了抗盐聚合物细粉产率由10%降为0的目标，解决了抗盐细粉问题，工业化应用效果良好。变压器油、聚苯乙烯填充油、橡胶填充液三种新产品已全面推向市场，创造了可观的经济效益，科研成果转化全年累计增效1.36亿元。二是技改技措项目有效实施。围绕节能降耗、优化产品结构、提高产品质量、降低生产成本、提高经济效益的目标，结合用能结构不合理、工艺余热没有充分利用以及结构调整等要求，2003年投资1.5亿元实施了26项攻关项目和108项技改技措项目，投用后预计年增效5000万元左右。

【基础管理】　2003年，大庆炼化公司夯实各项基础工作，管理水平稳步提高。深入开展了“六查六整顿”工作，从思想观念、制度建设、生产经营、队伍建设等方面，对照“五大标准”，全员、全方位地强化各项管理。共查摆各类问题达2980项，整改完成率95%以上，查摆整改工作的广度和深度都是前所未有的，全面促进了企业管理水平的提高。开展了两次岗位责任制大检查，促进了岗位责任制的落实，消除了管理上的很多薄弱环节，取得了实效。大力加强安全教育与技能培训，深入落实各级安全生产责任制，实施全员合同管理，强化质量管理体系、职业健康安全管理体系和环境管理体系的监督检查，HSE管理体系运行合格率97.03%；污水排放综合达标率99.86%；施工作业风险评价合格率100%。强化生产管理，提高技术水平，100万吨/年ARGG装置、3万吨/年腈纶装置顺利投产，产品质量得到优化升级，生产技术指标得到有效提高，轻质油收率73.03%，比年度预算高1.92个百分点；可比综合商品率91.93%，比年度预算高1.54个百分点；加工损失率0.81%，比年度预算低0.09个百分点；炼油单因耗能12.41千克（标油）/（吨·因数），比年度预算低0.09千克（标油）/（吨·因数）。强化日常设备维护，解决设备瓶颈问题，抓好检维修工作、设备及仪表三率均在控制指标之内。设备完好率99.7%，主要设备完好率100%；仪表完好率99.5%，控制率98.5%，使用率99.2%；关键设备故障停机率0.53%；装置动静密封点泄漏率0.23‰。

（任美珏）

中国石油天然气股份有限公司管道分公司

【概述】　2003年，是中国石油天然气股份有限公司管道分公司（以下简称公司）改革发展的重要一年。一年来，公司以饱满的工作热情、科学的工作态度和方法，克服了在役管道运营风险加大、新线建设任务繁重以及突如其来的“非典”疫情影响等困难，圆满完成了全年各项工作任务，并取得了公司利润大幅度增长的可喜经营成果。截至2003年底，公司在册员工5955人，其中具有大专以上文化程度的占员工总数的41.9%，专业技术人员比例为23.7%，总资产170多亿元，运营管道9000多千米。年输油能力7100多万吨（其中成品油500万吨），输气能力80多亿立方米。

【主要指标】 2003年，中国石油天然气股份有限公司管道分公司输送原油4069.3万吨，为年计划的100.1%；输送天然气15.52亿立方米，为年计划的102.8%；输送成品油305.1万吨；各项输差损耗控制在股份公司下达的指标以内。全年实现销售收入6079657万元；完成固定资产投资171234万元，剔除股份公司考核调整因素，实现盈利14146万元，大幅度超额完成股份公司下达的28万元的利润指标；员工总量控制在指标以内；全年未发生上报责任事故，保持和发展了安全生产的良好局面。

【安全生产管理】 采取有力措施，确保了在役管道安全平稳运行。一是加强和规范了生产运行管理。以安全、高效为目标，采用综合处理输送工艺，做好生产过程的实时监控；完善操作规程，加强生产巡检和运行工况分析；对油气供销不平衡管网，搞好收、输、销平衡衔接及安全运行调控；强化调控中心功能，提升管道输送自动化控制水平。二是强化了设备和管道管理工作。以提高设备运行效率、降低在役管道运行风险为目标，加强了管道阴极保护。及时修补漏铁点，阴极保护率达100%，阴极保护设备开机率达98%。对腐蚀较为严重的地下管网，实施了区域性阴极保护，较好地完成了管道更新改造和大项目修理。完成了管道大修80.8千米；管线整治和水工保护工程94项；管道内检测1023千米；大罐和加热炉大修31台（座）；其他生产设施大修127项。通过技术改造，管道运行可靠性得到了提高。推进了管道维抢修体系建设，新添置了维抢修装备、机具，修订了山区等重点难点管段应急预案，进行了人员培训和事故处理演练。狠抓了管道保卫工作，在秦京线、铁大线安装了管道泄漏检测定位系统，提高了技防水平；以国家开展“整治油气田及输油气管道生产治安秩序专项行动”为契机，与地方政府和公安部门密切配合，加大了反打孔盗油工作力度。全年公司共发生管道打孔盗油案件64起，发案率与2002年相比下降了30%。三是狠抓了以“四查一整改”为主线的安全管理工作。针对公司安全管理工作的实际情况，扎实开展了贯穿全年的以“查认识、查制度、查管理、查隐患和整改事故隐患”为主要内容的“四查一整改”安全生产专项整治活动。全公司共查出各类安全隐患684项，整改了657项，其余各项已纳入计划，陆续进行整改；查出需制修订的规程、规范、规章制度251项，完善了220项，其他各项将做进一步深入研究，陆续完善和制定。通过“四查一整改”和经常性的安全教育，有力地促进了全员安全意识的增强。与此同时，认真贯彻“安全第一、预防为主”的方针，加强了安全管理基础工作。制定、修改了《原油管道输送安全规程》和《油气管道储运设施有限空间作业安全规程》等企业标准；强化了生产改造过程中的安全管理。

【工程建设】 管道工程建设实现了预期目标，2003年公司主要实施了忠武输气管道建设和惠宁线增输改造两项重点工程。

忠武输气管道工程是继西气东输之后又一项国家重点工程。管道“一干三支”，总长1371.8千米，全线设工艺站场21座，线路截断阀室50座，总投资49.8亿元。2003年8月28日，工程全线正式开工建设。遵循“质量第一”的原则，全面推行QHSE管理体系，加强了工程施工的现场管理和全过程控制。2002年共完成投资141490万元。截至2003年12月31日，全线累计焊接596.4千米，下沟393千米，回填294千米；射线探伤48386道口，一次合格率96.2%；防腐补口42965道，一次合格率99.5%。控制性难点工程中忠县长江穿越已完成；军山长江穿越完成总工程量的95%；红花套长江穿越完成总工程量的70.89%；城陵矶长江穿越完成总工程量的20%。全线26处山区隧道，已完工13处，其余13条隧道正在按计划施工。

为适应长庆油田上产要求，提高马惠宁线输量和运营效益，2002年对马惠宁线惠宁段进行了增输改造。工程共投资1.279亿元，新换管线42千米，对惠安堡、石空、滚泉三个站进行了工艺改造，新建两座2万立方米储油罐。改造工程历时7个月，于2003年10月31日按期进油投运。

与此同时，组织完成了庆铁线、铁秦线改造工程的验收和沧淄线、兰成渝线验收前综合检查；完成了库鄯线参评部优工程资料准备工作。工程技术与项目管理基础工作得到进一步完善。

【主业拓展】 主营业务拓展迈出实质性步伐，在主营业务拓展上，主要是成功保障了西气东输管道东段按期投产、安全运行。公司把承包西气东输管道生产运行作为拓展主营业务的起步性工作。针对西气东输管道采用国际先进的高新设备，国内口径最大、距离最长、工艺最为复杂的特点，首先在人员上进行了充分准备，自2月份开始，先后安排了近500人次的各类培训和现场实习。247名运行人员，自4月初至7月底分五批提前进入现场；又在全公司范围内选拔了13名优秀专业技术人员派驻各场站，承担保产任务；其次在技术上做好了充分准备。受业主委托，编制完成了43项设备操作维护规程和10项管理制度共计53项技术标准，并提前配备给岗位人员。出色完成了包括维抢修方案、进气置换方案在内的多种方案的编制任务，得到了业主和专家的好评。2003年10月1日，西气东输管道东段1485千米管线进气投产。投气置换场站22座、阀室61个，操作上千次无差错，实现了投产一次成功。

此外，拓展管道下游业务取得了初步进展。兰州输气分公司、中原输气分公司开展了所在区域内可开发的CNG项目和城市燃气项目建设的前期工作。

【企业管理】 2003年，公司全面开展了“管理增效年”活动，针对企业管理中的重点、难点问题，从理顺内部关系、规范运作程序入手，制定了一系列切实可行的措施，取得了明显成效。一是进一步深化了投资和财务管理。按照“以规划指导年度计划”的工作思路，完成了公司《2004—2006年固定资产投资、大修理项目滚动计划》和《2005—2007年滚动业务发展计划》，建立了公司三级项目储备库；2003年计划项目投资控制率达到95%以上。财务全面预算管理继续深化。实行收入、支出全额资金预算，预算成本、费用指标层层分解并与业绩考核挂钩。完善内控制度，清理、撤销泵站一级账户28个，压缩了资金占用，保证了资金安全，提高了资金运营效益。加强成本分析和调控，对兰成渝管道运行成本进行了写实分析；对公司重点工程项目派驻财务总监，规范了财务核算程序，工程成本控制与监督得到加强。二是稳步实施了企业内部改革。完成了库鄯输油管理处与塔里木输油气有限责任公司的合并重组工作，公司机关进行了机构调整和业务整合。在新线推行了“四新”管理模式，即：新的管理体制、新的生产运行方式、新的用工制度以及新的薪酬分配制度。扎实稳妥地进行了工资改革，建立和完善了全员业绩考核体系，强化了内部薪酬激励机制，有效地调动了各单位及管理人员的积极性。完成了全公司“五定”工作，使富余人员进一步显现化。加强了员工培训，完成了41个培训项目，共培训1758人次。建立了公司优秀人才数据库。三是规范了法律事务和合同管理。为有效地控制与防范法律和经营风险，加强了对外投资、合资合作、关联交易及劳动纠纷处理方面的法律服务，规范了合同管理，加强了合同审签工作。全年公司共审批签署合同299份，总金额163013.30万元，没发生任何问题。推进了电子商务与物资采办业务整合，全年共进行网上公开招标13项（国际招标网）、邀请招标39项、网上采购36项，电子商务网上采购71905万元，完成电子商务采购指标的102%。四是深入开展了审计和效能监察。突出过程审计，重点进行了新建管线工程项目财务审计、结算审计和更新改造、大修理项目审计。对在建重点工程、重大更新改造工程、大修理、油电消耗、物资采购等项目实施了效能监察。制定了《关于忠武输气管道工程、惠宁输油管道增输改造工程建设效能监察的实施意见》。全年公司效能监察立项23项，其中，公司立项2项，所属单位立项21项；监督工程类招标和物资采购招标60项。在开标过程中，有5家投标商因不符合招标文件和招投标要求，投标资格被取消。

【科技进步】 围绕公司主营业务发展，狠抓了重大核心技术攻关，在超低输量管道输送技术研究、原油泄漏检测与定位系统研制、成品油减阻剂研制等方面取得了重要成果。在任京线进行了加剂低输量运行的正反输现场试验，为任京线安全运行和降低能耗提供了技术保障。完成了东北管网庆铁、铁大、铁秦三线2003—2007年低输量热力分析和热力配置改造方案研究报告，东北管网工艺参数监测及运行分析报告，东北管网低输量运行事故隐患调研及事故预案分析报告，为东北管网实现低输量安全运行提供了重要依据。原油泄漏检测与定位系统在秦京线、铁大线进行了试点应用，自动定位平均相对误差为0.89%，为打击打孔盗油、实现快速抢修提供了重要的技术保障。完成了室内成品油减阻剂配方的研制和技术路线的确定，形成了可供工业生产和工业应用的具有自主知识产权的系列减阻剂产品及配套应用技术。该成果填补了国内空白，产品性能达到国际先进水平。目前已完成成品油减阻剂中试生产工艺流程的设计，2003年将进行中试生产。

【QHSE与信息化建设】 2003年，公司持续推进QHSE管理体系和信息化建设步伐。各输油气分公司全部纳入贯标范围，新纳入的二级单位共有11个。3月份公司进行了2003年第一次管理评审；7月份进行了2003年度第一次内部审核，并对审核过程中发现的具有代表性的问题，按照内审程序制定了改正措施。目前，公司已完成了输油生产、工程管理和科研QHSE管理体系的认证工作。另外，针对天然气管道业务成长迅速和运行市场竞争日趋激烈的形势，为取得拓展主营业务、抢占输气市场的“通行证”，在兰州输气分公司进行了 ISO 9000 质量管理体系认证试点工作，并取得了成功。在信息化建设方面，按照股份公司的要求，积极推进信息门户建设，搭建各类信息门户 33 个，为公司各种管理数据的传输提供了便捷通道。

（秦思哲）

北京华油天然气有限责任公司

【概述】　2003 年北京华油天然气有限责任公司（以下简称公司）全体职工坚持以经济效益为中心，以安全生产为重点，全面贯彻“十五”规划发展目标，在中国石油天然气股份有限公司和北京市政府的领导下，团结奋斗、开拓进取，各项生产经营指标和基本建设任务都取得了好成绩。全年累计输气 27.36 亿立方米，比年计划增加 2.96 亿立方米，超额完成 12.1%；实现利润 62340 万元，比预算利润增加 6964 万元，超额完成 12.58%；单位运营成本控制在 78.73 元/千立方米，与预算单位运营成本持平；投资回报率达 11.51%，比预算投资回报率增加 1.04 个百分点；应收账款实现 100%的收回。天然气市场进一步扩大，全年新增供气量 6.88 亿立方米，比 2002 年增长 33.6%；公交车全年累计加气 2605 万立方米，比 2002 年增长 24.5%；重点建设项目投资控制率达 100%。实现工程建设项目验收一次合格，做到重伤、死亡、火灾爆炸、直接经济损失 30 万元以上的工业事故和重大交通事故以及 10 万元以上的环境污染事故“六杜绝”。职工总数控制在定员之内。党建和思想政治工作进一步加强，职工队伍稳定，人员综合素质明显提高。

【安全供气】　公司在坚持领导干部安全承包责任制的基础上实行了风险抵押金制度，增强了各级干部狠抓安全生产的责任心。根据《安全生产法》的有关规定，公司层层签订了安全生产合同，使各项安全生产指标逐级分解落实到人。公司通过加强与上下游单位的联系和沟通，保持了气量供需平衡；通过对输配气的优化运行，保证了地库足额注气和各用户对天然气的需求；通过加强对各种设备的监控和维护保养，使设备完好率始终保持在 99.9%以上，提高了运行的可靠性；通过对现有设备、工艺、通信、自控、电气等专业进行改造，进一步完善了压气站和储气库系统，使现有管道和站场能力明显提高，有力地保证了北京市 2003—2004 年冬季的用气和调峰需要；通过管道内检测工作，及时查找出管线存在的缺陷和安全隐患，为管道补强提供了依据。按照清管方案，在不影响用户供气和地库注气的同时，顺利完成了全年的清管工作，清管里程达到 1337 千米无一差错；通过加大现场动火作业的审批管理和监护力度，做到安全无事故，全年现场动火 335 次，动火点 974 个；公司继续完善了全线险工、险段的水保工程，落实了各项防汛措施，使管线经受住了“百年一遇”特大洪水的严峻考验，同时，强化了抢修队伍的思想、组织和作风建设，加强了业务培训，开展了应急抢修演练，落实了抢修预案和各项防范措施，使应急抢修能力大大提高，公司配合地方公安部门做好各项安全防范工作，加强了线路巡查和站场的安全保卫，确保了沿线在“两会”期间和元旦、春节的输气安全。

【企业管理】　公司通过 QHSE 贯标工作，重点加强了环境因素影响与危害的识别和评价，同时将调控中心、抢修大队、公司 EAM 系统、红外监控系统和地库应急抢修等项内容纳入管理体系，对体系文件进行了升级换版，并分别通过了 HSE/OSH 和 ISO 9001 两个体系的年度外审，以及 QHSE 和 HSE 两个体系的年度内审；通过围绕输气生产存在的各类突出问题，选择立项了七个科技课题，经过中期考核和验收，均完成了年度计划并取得一定成果；通过开展“节电、节水、节气、节油”等项工作，强化了各类消耗定额的统计分析与管理，使管线运行中的各类能耗进一步下降；通过对各类计划项目实行程序化、目标化及动态跟踪管理，增强了计划的科学性和可靠性；通过科学借贷和对投资及成本的监控，满足了生产、建设对资金的需要，并使投资和运行成本得到了有效控制；通过大量的调查研究和上下有效的沟通，2002 年及时处理了各种报废资产，不但减轻了企业负担，还有效盘活了闲置资产，使资产实现了保值、增值。公司按期对计量设备进行了标定，严格控制了计量输差，确保了计量准确无误。公司全年共签订物资采购合同606份，完成采购金额1.8亿元，并实现了网上采购，合同履约率达到100%，满足了生产、建设需要；公司通过进一步完善信息化基础工作，实现了所有站点的数据传输，为实现信息化管理奠定了基础；公司应用多种信息化手段，加强、指导和完成了与生产运行、基本建设和日常管理有关的一系列工作，2003年被国家有关部门评为“中国企业信息化百强企业”；公司通过加强对文秘、治安保卫、安全保密、车辆、档案和后勤等项工作的管理，保证了公司行政工作的需要和办公楼各项设备的正常运转，改善了食堂伙食，保持了公司内部环境的清洁美化。

【人事劳资制度改革】　公司在实行“五定”的基础上全面推行了人事、劳动和分配制度综合改革：引入竞争机制，对中层以下管理人员实行了竞聘上岗；健全完善了中层管理干部业绩考核评价体系，逐步加大了业绩考核力度；根据生产需要进一步优化了人才结构；进一步深化了劳动用工制度改革；根据股份公司工资制度改革方案的有关要求，实行了以岗位为基础的薪酬分配制度改革；根据生产实际相继开展了多个专业的技术学习和培训。这样，公司职工队伍的综合素质有了新的提高，基本适应了天然气管道输送技术迅猛发展的需要。

【基建工程】　公司克服了“非典”疫情给各项工程的实施带来的不利影响，有关部门和各项目部精心组织安排，狠抓各项工程的开工和建设，提前完成了年度施工计划。一是按期完成了2003年冬季增输工程，主要有：新建灵丘压气站、榆林压气站新增一台机组、府谷压气站更换叶轮等，并分别于11月初投运，增加日输量100万立方米以上；大张坨地库增加3口加密井、新建500万立方米/日处理装置、板876地库露点装置和配套系统进行改造，并分别于11月初投用，使应急调峰能力分别提高到1000万立方米/日和300万立方米/日。二是加快了“三库”（板中北高点）项目建设。在2002年完成各项前期准备工作的基础上，2003年上半年先后完成6口注采井、27口老井的修井和封堵，以及站外管线系统、集注站、压缩机系统和注气系统的施工，并于6月底开始注气；下半年又陆续完成了采气系统的施工，11月初已具备投产条件。三是通过了股份公司审计部派出的审计组对板876地下储气库工程进行的竣工决算审计，储气库工程的各项工作得到了审计部门的充分肯定。四是狠抓了陕京二线工程各项前期准备工作。先后完成《预可研》上报评估、可研初步审查、初步设计B版编制、控制性工程施工图设计、隧道工程和监理招标以及部分钢材的采购。2003年7月，黄河、大梁山隧道和崾岘以及施工便道等控制性工程动工，11月份局部石方段工程动工。截至年底，崾岘工程和施工便道已完成当年的施工计划，两个隧道工程分别完成33.1%和43.92%的工作量，局部石方段工程正在有序进行。

在党建和企业文化建设方面，2003年公司继续被授予“中央国家机关文明单位”和“首都文明单位”称号。

（许允同　郭海青）

中国石油天然气股份有限公司西气东输管道分公司

【概述】　西气东输工程于2000年2月启动，2002年7月4日全线开工，2003年底靖边到上海段建成，2004年1月1日实现鄂尔多斯盆地天然气向上海商业供气，2004年底全线贯通，2005年初由新疆塔里木天然气向上海商业供气。

西气东输工程作为一项上中下游一体化的特大型国家基础工程，对我国西部大开发战略的实施，能源结构的调整，促进西部经济发展，提高管道沿线人民生活水平和质量，都具有重要的现实意义和深远的历史意义。

中国石油天然气股份有限公司西气东输管道分公司成立于2001年3月。截至2003年，定员200人，正式在册人员84人，借聘人员153人；设总经理办公室（党委办公室）、人事处（党委组织部）、计划与投资处、财务处、工程调度处、技术处、生产运行处、质量安全环保处、合同与文控处、征地办公室、采办处、联合监督办公室、市场开发与销售部、对外合作办公室14个处室；新疆管理处、甘宁管理处、陕晋管理处、豫皖管理处、苏浙沪管理处、储气库管理处6个管理处和上海办事处。设党支部15个，党员人数161人，占总人数的68.5%。

【2003年各项工作目标】 2003年，是西气东输工程建设极不平凡的一年。西气东输工程建设、生产准备、市场开发和对外谈判工作全面进入攻坚阶段。西气东输管道分公司领导班子在中国石油天然气集团公司党组和中国石油天然气股份有限公司管理层的领导下，以实现中国石油郑重承诺为目标，动员和组织全体参建单位团结协作、艰苦奋战，完成了预期工作目标。工程建设取得阶段性重大成果。东段按期建成投产，西段线路主体焊接完工，长江、黄河控制性工程全部完成；生产运行实现东段一次投产成功。10月1日陕西靖边按期进气，10月7日天然气气头顺利抵达上海，2004年1月1日正式向上海商业供气；市场开发取得突破性进展。与豫、皖、苏、沪三省一市的18家用户签订了照付不议销售协议，累计销售天然气4300多万立方米。

【2003年主要工作】

1. 全面完成各项工程建设任务，建设优质工程

2003年，西气东输工程拉开了东段建成投产、西段全面开工建设的序幕。面对"非典"疫情、长江淮河流域特大洪水、江南持续高温以及陕晋地区50年不遇的连续秋雨和甘肃地震等自然灾害的袭击，西气东输管道分公司沉着应对，周密部署，瞄准东段10月1日进气、西段年底主体完工的目标，进一步完善和实施以项目执行计划为龙头的进度控制管理体系，制定了"2003年6月东段主体管线试压完成，8月底站场、阀室完工，9月干燥和调试完成，年底西段主体完工"的详细施工计划，日协调、周安排、月调整，全力确保项目总体计划整体向前稳步推进。在工程建设中实行"先东段后西段、先干线后支线、快速通过新疆无人区"的线路施工方案和"先陕晋后豫皖、苏浙沪、先主体后辅助工程"的站场建设部署。"非典"时期坚持一手抓"非典"防范，一手抓工程建设，克服了"非典"疫情给工期带来的极大影响。从6月份开始在全线参建员工中开展了"百日决战"活动，夺回被耽误的工期，保证了工程施工和试运投产的顺利进行。9月初，西气东输管道分公司领导班子成员分别带队，组建了工程保驾、物资保证、生产试运、市场谈判、总体指挥五个团队，奔赴现场组织协调，促进了东段管道投产一次成功。西气东输管道分公司还突出抓好重点难点工程，针对长江盾构、黄河顶管两大控制性工程风险高、难度大的特点，集中力量攻克难关，加强长江、郑州黄河两个难点重点的攻关，指派专人死看死守，集中优势力量打"歼灭战"，使之胜利实现贯通。

实现东段投产一次成功和安全平稳试运。西气东输管道分公司一手抓工程建设，一手抓生产准备。年初，西气东输管道分公司确定了管道运行的管理模式、组织机构、工作职责和人员安排原则，并成立了生产运行处，制定投产准备执行计划，建立生产运行体系，精心组织制定投产方案，搞好人员培训，准备投产物资。在陕西靖边10月1日进气后，西气东输管道分公司各级干部和广大员工坚守岗位、日夜奋战，保证了试运投产的顺利进行，实现了一次投产成功。截至2003年底，东段干线已升压至4.0兆帕，共有18座干线、支干线站场完成了置换，已分别向七家用户试供气，累计进气8836万立方米，向用户供气4300多万立方米。

市场开发成果显著。西气东输管道分公司成立销售合同谈判领导小组，按照西气东输管道分公司统一部署要求，由市场部牵头，生产、技术、财务等部门配合，组成城市燃气和直供大用户两个谈判组，采取重点突破与分片包干相结合的方式开展谈判。经过半年多的艰苦努力，于9月份分别同河南、安徽、江苏、上海、浙江的19家用户草签了合同文本。国家发布价格方案后，于10月16日开始向签订销售协议的用户试供气。到年底，共与18家用户签订照付不议销售协议，2007年年合同用气量达到71亿立方米。

2. 加强QHSE管理，建设绿色工程

视质量为生命，进一步完善全面质量控制和质量终身负责制，全线工程质量始终处于受控状态，实现焊接平均一次合格率98.3%。坚持科技进步，大胆采用全自动焊接、全自动超声波检测和管道干燥等新技术、新工艺，创造了单机组全自动连续焊接2092道焊口一次合格率100%的新纪录，提升了管道施工水平，确保了工程质量。

在安全管理上，坚持"以人为本"的管理理念，将人本理念贯穿到包括业主、承包商、设备供应商在内的HSE管理体系中，贯穿到管道沿线实行的健康、安全、环境社会标准及工程管理中，将全面落实HSE资源和责任纳入党建工作考核的目标之中。全力推进适应项目建设需要的人本化管理体系。牢固树立"安全第一"思想，越是工期紧越高度重视工程建设质量和安全生产，组织开展了"珍惜生命、爱护环境"为主题的安全生产示范岗和"安全生产月"活动，促进了"安全人人讲、人人讲安全"工作机制的

形成，全体员工没有因自然灾害、现场施工和交通事故发生伤亡，全年工程百万工时死亡率0.035，低于国际同类管道建设水平。制定和采取一系列措施确保投产试运和交通安全，全年没有发生交通安全事故。西气东输管道分公司荣获股份公司年度安全生产先进单位称号。

在环境保护上，实施“多给戈壁留点绿地，给动植物一片蓝天”的绿色计划，制定穿越保护区、古长城的严密措施，积极开展地貌恢复、复耕复垦、水土保持和弃土弃渣专项整治，成功实施了安西极旱荒漠、沙坡头等自然保护区的穿越，九次顺利通过长城等保护文物，构建山西、陕西生态试点工作初见成效，保护野骆驼、救治黑鹳等珍稀野生动物行动被传为佳话。工程建设至今未发生环境污染和生态破坏事故，全年未发生环境污染和生态破坏事故，实现了能源与环境的和谐。

在健康管理上，充分注重员工健康，开展全员健康教育，认真实施包括员工体检、加入国际SOS体系、“非典”防治等健康保障措施，加强有毒场所监控，搞好应急计划演练，重点抓好西部无人区和东段投产的医疗急救体系建立，全线2万多名建设者无一人感染“非典”、没有一个单位爆发群发传染性疾病。在管道保护上，与沿线政府有关部门共同清理管道占压物163处，保证了管道安全投产和运行。

3. 强化投资控制，建设阳光工程

西气东输管道分公司树立“今天的投资就是明天的成本”理念，通过招投标节省建设资金，全年有65个工程项目实行了招投标，在国内外钢材价格大幅上涨的情况下，节省了大量资金。全年进口机电设备免税4400多万元人民币。全面采用合同制，严把资金支出关，全年共签订各类合同1100份，总金额80多亿元。充分发挥审计监督作用，加大对预决算、招投标、经济合同、土地补偿、财务收支等环节的检查和审计，确保工程费用大幅度降低。强化过程监督，从源头上有效预防了腐败的发生。大力推行有利监督的电子商务采办，全年完成网上采购18亿元，占全年物资采办总额的50%。建立领导干部廉洁责任制，实行责任追究制度，提高了队伍拒腐防变的能力。三年多来，共开展财务收支、经济合同、工程结算审计项目39项，审计资金覆盖率达100%，其中审计各类合同2315份，非招标项目工程结算审减率1.2%。建立具有竞争性的招投标机制，把好设计和造价关，择优选择承包商，精心组织施工，不断优化方案，发挥合同约束作用，降低了各项费用。

（朱沈洪）

中国石油国际事业有限责任公司（中国联合石油有限责任公司）

【概述】 中国石油国际事业有限责任公司（中国联合石油有限责任公司）（以下简称公司）是中国石油天然气股份有限公司（简称股份公司）的专业外经外贸公司。主要职责是统一归口管理和经营股份公司的原油、成品油、天然气、石化产品和技术装备的国际贸易业务。负责中国石油系统境外除勘探开发项目以外的炼油、化工、储运设施、加油站、运输工具的投资、建设、经营管理、经营进料加工和“三来一补”业务，经营中国石油海外分成原油销售、对销贸易和转口贸易，自营进口、易货贸易换进的商品的国内外销售、原油及其他石化产品的销售，同时，从事原油、成品油境外期货业务。

公司总部设有10个职能部室，即：总裁办公室、企业文化部（党委办公室）、人力资源部、财务计划部、风险控制部、对外合作部、信息部、原油部、成品油部、石化与技术装备部；下设17家分支机构，其中，国内9家，即：大连公司、青岛公司、上海公司、广东公司、大庆公司、锦西公司、锦州公司、抚顺公司、西北公司；海外8家，即：香港公司、新加坡公司、日本公司、美国公司、伦敦公司、哈萨克斯坦公司、莫斯科办事处、委内瑞拉办事处。

【经营指标完成情况】 2003年公司成效显著，实现经营额640亿元，实现利润较2002年同期增长189%。在利润构成中，境外国际贸易收入达62%，中国石油系统外收入比例达63%，充分说明公司开拓创新的能力和参与国际市场竞争能力得到了进一步增强。

2003年公司完成实物工作量达4056万吨，其中，完成原油业务量2949万吨，成品油贸易量1036万吨，石化产品贸易量达71万吨，技术装备贸易额4818万美元，租船运输达2249万吨。

【主要工作】

1. 实施对标分析，明确发展方式，制定发展规划

2003年，在中国石油全面建设具有国际竞争力的跨国企业集团目标的指引下，公司立足国内发展的同时，大步向海外挺进，努力做到“两个转变”。通过认真分析自身的规模实力、技术能力、经营水平、盈利能力和业务特点，与竞争对手在运作模式、发展目标和管理方法上找差距，制订了有效竞争计划并付诸实施。2003年公司重点深化了对标分析，制订了“2233”发展规划，明确了具体经营目标：2005年经营规模达到5700万吨，经营额达到100亿美元；2010年经营规模实现1.0亿吨，经营额达到200亿美元。通过借鉴先进的管理经验，吸纳一流人才，培训员工队伍，以投资、参股、并购等各种形式强化国内、发展海外，快速建立销售网络，增加经营手段，控制资本和市场，从而将公司建设成为具有科学管理体制、一流员工队伍、完备的经营手段、先进企业文化、与中国石油国际化经营规模相匹配的国内领先、国际知名的一流石油外经外贸公司。

2. 持续改进、勇于创新，为企业注入新的活力

（1）原油业务单元在组织好原油进出口业务、确保中国石油各炼化企业正常生产的同时，大力开拓国际贸易转口业务，扩大期货市场的运作力度，积极参与印尼和苏丹原油销售投标工作，提高海外上游销售效益，通过各种手段加大对境外资源的掌控，有效利用国际石油期货、现货市场和国内市场，控制风险，取得骄人的业绩。同时在苏丹原油、西非原油、北海原油进出口、转口、租船业务上不断创新，加强了西非、黑海地区出运原油的租船运输工作，利用租用超级油轮进行原油分销和转口运输业务，尝试租船包运合同和期租合同，提高了贸易技术含量，降低运输成本，获取了更好收益，原油业务单元实现利润较2002年同期增长206%。

（2）成品油业务单元重视调整业务结构，在保持出口业务顺利进行的同时，加大了贸易的运作深度，进一步深化汽油出口业务的运作力度，加大了海内、外租赁仓储设施的利用，在广东、上海开展了燃料油内销业务，在新加坡采取租罐方式开展海外成品油批发业务和汽油普氏报价窗口交易。同时，成品油业务单元首次参加苏丹汽油招标获得成功，并将其转口到区外市场。2003年底还成功运作柴油进口，为中国石油开展轻油进口奠定了基础。

（3）为增强业务单元的力量，谋求实现更快发展，2003年初公司将石化产品部与技术装备部进行合并，成立了石化与技术装备业务单元。一年来，石化与技术装备业务单元积极开拓市场，寻找新的经济增长点，充分利用公司境内外各分支机构，发挥整体优势，开拓了塑料、丁二烯、甲醇等进口业务，为今后开发更多化工品进出口业务积累了宝贵经验。

此外，各分支机构在开拓市场，开发新品种上下功夫，西北、锦西、锦州等分支机构先后开辟了石脑油、重油、润滑油、基础油、沥青、次氯酸钙、氯化钙等新项目的出口。海外投资项目也取得了突破性进展，成效显著，公司开展境外仓储设施建设，顺利完成了哈萨克斯坦首批加油站和油库的接收工作，并通过调整油品结构，理顺供应渠道，差异化定价等策略，使加油站油品销售量与收购前有较大幅度增加，实现平衡接收、安全运营。

3. 加大整合力度，提高管理水平

为增强业务单元力量，谋求更快发展，对公司机构进行了整合，将石化产品部与技术装备部合并，并增设了信息部，加强公司信息化建设。公司人力资源部改变原有工作方式，对人力资源进行整合，通过加强公司人力资源优化配置，制定人力资源发展规划和年度培训计划，制定明确岗位职责，积极开展人员考评，实施员工持证上岗、干部竞聘上岗，使原来单纯选拔、考核变成自我推荐，竞争上岗与组织考核相结合，为员工的上岗创造了更加公平、透明的机制。公司发挥整体优势，对资金进行整合，在系统内推行资金统一管理，一体化运作，统一调剂余缺，利用利率杠杆，有效运筹资金，降低资金成本，取得显著成效，实现了公司境外融资“全球共享”，为公司经营提供了强有力的资金支持。2003年，公司根据业务发展需要重新审核业务流程、进行整合，通过调整业务流程，修订了公司《合同管理办法》，进一步规范了程序，缩短了审批周期，提高工作效率。

4. 注重风险控制，提高业务运作质量

公司坚持月度分析报告制度，加强合同管理，实现有效经营。通过对境内九家分支机构的合同管理工作和合同文本进行检查，并结合国家最新的法律法规，重新修订了一套适合公司业务特点的标准合同文本，规避合同中的法律风险。公司的保险业务管理也更趋规范，制订了《保险业务集中管理试行办法》，

通过认真挑选保险公司，优化组合，合理设计保费，统一管理，降低了公司保费支出，取得良好的效果。

5. 加强财务管理，落实低成本发展战略

一年来，公司加强财务制度化建设，制定《客户资信调查暂行管理办法》、《资金统一运作管理办法》、《会计核算手册》等一系列管理制度，完善了公司财务软件，实现财务管理规范化，收付款差错率为零的质量目标。同时，公司财务加强了对市场、业务性质、成本、管理费用的构成、盈利方式、业务单元的分析，对公司业务发展中的问题深入分析，较好地发挥了管理会计的功能，促进了公司整体财务报告水平的提高。在做好服务的同时，公司财务根据公司业务的进展情况，核算系统货款额度，及时办理货款手续，确保公司资金需求，合理安排信贷资金，争取资金使用的最优方式，减少了财务费用，降低了贷款规模。

6. 加强信息建设，管理水平普遍提高

公司信息建设取得了显著成绩，2003 年完成了视频会议系统、业务台账管理系统的开发、测试、调试和培训工作，并投入正式运行。在已有的原油、成品油《市场商情》等信息资料基础上，又新增加了《液化石油气/天然气/煤炭商情周报》，为股份公司领导及相关炼厂了解市场和决策提供了更多的参考资料。

公司已连续五年的持续、快速、稳健发展鼓舞了广大员工的斗志，我们有决心、有信心将公司建成国内领先、国际一流的石油贸易公司，给股东最优的回报。

（中联油总裁办）

中国石油勘探开发研究院

【概述】 中国石油勘探开发研究院（以下简称研究院）北京总院研究机构分为勘探一路、开发一路、工程一路众多研究所和研究中心及公益研究单位、生产单位等；京外研究机构有：廊坊分院、西北分院、杭州地质研究所、江汉石油机械研究所。全院共有职工 3096 人。根据国家科委统计，中国石油勘探开发研究院的科研综合实力在全国科研院所中名列第三位。

【研究院的定位和发展方向】 在 2003 年中国石油天然气集团公司工作会议上，中国石油天然气股份有限公司进一步明确了研究院要成为油气勘探与开发技术支持与服务中心、重大高新技术研发中心和科技人才培养中心。这就决定了研究院要按照“一部三中心”的要求，建设具有自身特色的、兼顾生产应用和基础研发的油公司上游研究中心。

经过认真研究，确立了研究院长期发展的方向：“一个方向”、“两个战略”、“三个目标”、“四项中心工作”。即：建设世界一流油公司上游研究院；坚持以“技术立院”为核心的创新战略和以“人才立院”为核心的人才战略；达到一流的技术学术水平，一流的勘探生产实效，一流的专家人才队伍；是股份公司总部上游机关业务决策支持，油气勘探开发技术支持服务，油气勘探开发新理论、新技术研发，上游高水平科技人才培养的中心。

【工作思路与举措】 研究院 2003 年的工作思路：（1）坚持“技术立院”、“人才立院”，全面推进“一部三中心”建设；（2）进一步深化改革，整合科研业务，调整科研机构；（3）分清层次，突出重点，全力抓好重大科研生产项目，力争年底出一批重大成果；（4）完善科研管理体制，对科研项目实行分类管理、分类考核，推行项目管理试点；（5）健全激励机制，加大奖励力度，调动科研人员的积极性；（6）加强和改进党建和思想政治工作，做好生产、经营、管理等各项工作，共同开创改革与发展的新局面。

按照这一思路，主要采取了六项举措：（1）整合科研业务，调整科研机构；（2）突出工作重点，抓好重大项目；（3）全面落实经费，加强经营管理；（4）完善科研体制，实行分类管理；（5）健全激励机制，加大奖励力度；（6）进一步加强党建和思想政治工作。

【科研工作及成果】

一、圆满完成了科研生产任务，取得了丰硕的科研成果

根据年终科研检查考评结果，研究院所有在研项目全部按计划完成了 2003 年的科研任务，优良率超过 80%，取得了一批以“院十大科研生产成果”和“院科学技术成果”为代表的重要成果。这些成果在理论、技术、方法等方面取得了创新，在勘探生产中得到了推广应用，并获得了良好的经济效益。

1. 评选出北京总院十大科研生产成果

根据创新水平和经济效益，评选出 2003 年北京总院十大科研生产成果，它们是：

(1)“股份公司主要含油气盆地资源评价项目”完成；

(2)“岩性地层油气藏核心技术研发”取得重要进展；

(3)“中西部盆地油气成藏理论等石油地质基础研究”取得重要进展；

(4)“英坨东油田油藏评价及产能建设技术”保障百万吨油田快速建设成功；

(5)“股份公司勘探生产计划及滚动规划编制”有力地支持了股份公司上游业务发展；

(6)“CGMWD 新型正脉冲无线测量系统”研制成功；

(7)“套管钻井与套损井修复技术”现场工业性试验成功；

(8)“弱碱表面活性剂与 TS 系列聚合物研制”取得重大突破；

(9)“PetroChina 电子邮件系统”全面投入使用；

(10)“苏丹 3/7 区勘探开发配套技术研究”在海外获得重大成果。

2. 获得国家、省部级等科技成果奖励

(1)获得(含待批)国家科技进步奖三项：“苏丹 Mugiad 盆地 1/2/4 区高效勘探的理论与实践”获得一等奖、“低渗透油田高效开发配套技术”和“煤层气勘探技术研究与试验”获二等奖。

(2)获得(含待批)省部级技术创新奖 11 项：一等奖四项、二等奖五项、三等奖两项。

一等奖是：“高压凝析气田循环注气开发技术”、“玉门青西深层复杂岩性裂缝性油藏储层表征及开发技术”、“陆相隐蔽油气藏有效识别技术及应用”、“梳形抗盐聚合物研制”。

(3)评选研究院科学技术成果奖。经各专业评审组初评和研究院学术委员会评定，评选出 2002—2003 年度研究院科学技术成果奖 42 项，其中，特等奖 1 项、一等奖 17 项、二等奖 24 项。

特等奖是：“股份公司主要含油气盆地资源评价”。

一等奖 17 项是：

(1)测井处理解释一体化网络技术；

(2)哈萨克斯坦肯基亚克油田盐下油藏特低渗透储层与高产带地震预测；

(3)准噶尔盆地前陆冲断带构造特征及油气勘探方向；

(4)四川盆地三叠系飞仙关鲕滩与开江—梁平海槽储层预测勘探目标优选；

(5)英坨东油田油藏评价及产能建设技术研究；

(6)高精度全自动油气水三相流量测量系统研制；

(7)中国石油电子邮件系统及局域网标准研究；

(8)苏里格气田复杂储层的识别与控制因素研究；

(9)玉门青西地区提高钻井速度研究与应用；

(10)TS-65 型耐温抗盐聚合物研究；

(11)四川盆地北部飞仙关组鲕滩储层分布预测与有利区带优选；

(12)哈萨克斯坦扎纳若尔油田碳酸盐岩储层压裂酸化技术研究与应用；

(13)鄂尔多斯盆地上古复杂低渗气藏成藏与勘探技术研究；

(14)鄂尔多斯盆地延长组石油地质综合评价与预探区带优选；

(15)塔里木盆地轮南桑塔木地区奥陶系地震储层描述与目标评价；

(16)中国石油矿权数据库图形库建立与应用；

(17)采油平台修井机改造成钻机的配套技术研究及设计。

3. 专利申请和论文发表取得较好成绩

2003 年研究院被授权的专利有 6 项，其中，发明专利 3 项、实用新型专利 3 项；同时，申请专利 95 项。

一年来，研究院在国内外各种刊物上发表论文 228 篇，其中，在国外期刊杂志和国际会议上发表 20 篇，有 4 篇被 ISTP 收录、15 篇被 EI 收录、17 篇被 SCI 收录；另外，还出版了 13 部专著。

4. 获得一批崇高荣誉

2003 年是研究院荣誉“大丰收”的一年，主要包括：

(1)贾承造院长当选中国科学院院士；

(2)苏义脑教授当选中国工程院院士；

(3)赵文智副院长荣获“李四光地质科技研究者奖”；

(4)袁士义副院长荣获国家“回国人员成就奖”；

(5)地质所、开发所双双荣获集团公司“百面红旗单位”称号。

二、调整机构，明确方向，在推进“一部三中心”建设中做出勘探一路的贡献

1. 工作思路及主要举措

一年来，勘探一路认真分析新形势、新任务的要求，确定并认真贯彻了新的工作思路，即：(1)顺应形势，深化改革，进行调整机构和业务整合；（2）转变意识，明确方向，确定各研究所的定位和目标；（3）强化三方面工作：规划研究、基础研究与地质物探一体化，谋求勘探一路新的发展；（4）突出重点，抓好重大项目的组织，力争出几项重大成果；（5）积极做好机构调整工作，营造良好的团队氛围，追求科研生产与精神文明建设"双丰收"。

一年来，勘探一路各项工作成效显著，呈现出五个新的局面：（1）勘探技术的影响力以及在股份公司总部和油田的地位与作用进一步提高；（2）人才成长节奏明显加快；（3）科研成果的分量明显加重；（4）理论创新和技术研发出现明显增量；（5）成果应用效果明显提高。与此同时，队伍的精神面貌发生了根本性转变，各研究所呈现出新的气象。

2. 取得的主要成绩

一年来，勘探一路全面完成了科研生产项目74项，其中，有9项取得了突出成果，包括5项重大成果：三次资源评价、重大预探领域目标优选、岩性地层核心技术、天然气层识别技术、前陆油气成藏理论；4项优秀成果：年度规划与部署、吉林长岭凹陷东坡预探目标优选、复杂地表静校正技术、低孔低渗低阻油层识别技术。

（1）股份公司主要含油气盆地资源评价。摸清了股份公司矿权范围的油气资源总量、质量与分布，对勘探重点领域选择与部署具有重要指导意义，为国家油气战略研究和"十一五"战略规划编制提供了科学依据。

（2）预探领域与目标优选。推荐了岩性地层油气藏、前陆冲断带和叠合盆地中下组合三大领域作为预探的主体，开展了重点地区的目标评价，在八个地区提交了20余口井位。

（3）岩性地层油气藏核心技术开发与应用。形成了岩性地层油气藏勘探的两大核心技术：地震储层预测技术和层序地层学技术工业化应用，对下一步岩性地层油气藏勘探具有重大意义。

（4）天然气藏地震精细描述与有效识别技术。将小波衰减属性和多属性定量气层识别技术应用于苏里格气田苏6井区，进行了钻前预测，与钻后评价的符合率达到80%。

（5）中西部盆地油气成藏理论。提出了高效气源灶的概念，前陆盆地油气成藏与构造几何学研究取得新进展，建立了准噶尔盆地南缘霍尔果斯背斜的三维构造模型，经过钻探，获得了亿吨级规模的储量发现。

（6）碳酸盐岩潜山多信息融合地震储层精细刻画与评价技术（西北分院）。明确了塔中地区深部岩溶储层发育的有利区带，4口建议井被采纳，塔中169井在志留系获工业油流，塔中58井见到良好显示。

（7）准噶尔盆地腹部侏罗系沉积体系研究（杭州地质所）。分层系预测了有利岩性地层油气勘探区块，为岩性地层油气藏勘探指出了有利地区。

三、不断进取，突出重点，开发一路在股份公司实现原油产量稳步增长中发挥科技增效作用

1. 工作思路及主要举措

一年来，开发一路紧紧围绕"一部三中心"建设，贯穿了以下工作思路：（1）按照"一部三中心"定位要求，做好决策支持和技术支持；（2）贯彻"技术立院"、"人才立院"，做好技术创新和人才培养；（3）按照建设世界一流油公司上游研究院发展方向，努力争取达到"三个一流"。

一年来，开发一路主要采取了八项保障措施，有力保证了工作的顺利开展：（1）贯彻研究院工作思路，明确形势、目标、责任；（2）加强与总部沟通，分析油田形势，有针对性地做好决策支持和技术支持；（3）加强业务整合，保证重点业务，明确发展目标，多学科配合，利用综合实力解决重大问题；（4）加强科研管理工作，主抓重大项目、重点课题和重大成果；（5）激励措施向科研骨干倾斜，充分调动科研人员积极性；（6）协调好院、所、项目组的关系，充分调动多方积极性；（7）注重人才培养，采取压担子、油田锻炼、业务培训、攻读在职研究生等措施；（8）改善科研条件，尽可能提高收入水平，帮助职工解决各种问题。

2. 取得的主要成绩

一年来，开发一路全面完成了年度科研计划，取得了一批重要成果，完成科研生产课题109项，取得了突出成绩，呈现出四个特点：战略规划决策支持总部满意、生产技术支持服务效果显著、基础研究和技术研发取得重要进展、软件和信息化技术支持见到成效。

（1）油气开发滚动规划及年度计划编制。圆满完成了"股份公司2003—2007年油气田开发滚动规划和年度计划"的编制，同时开展了多项油气开发战略规划研究工作。

（2）克拉玛依油田八区下乌尔禾组油藏调整方案研究。提供了总体调整部署方案，已实施新建产能50万吨/年，效果显著。调整后的年产量将由40万吨最高可上升到170万吨以上，在150万吨以上可保持3年，最终采收率可提高7%以上。

（3）吉林英坨东地区油藏评价及产能建设研究。确定了开发原则、开发层系和开发方式，采用了优选富集区块和优化开发布井技术，为实现该区稳产100万吨的目标提供了强有力的技术保障。

（4）耐温抗盐聚合物与弱碱表面活性剂的研制。合成出两种新型梳形抗盐聚合物，在大庆油田进行了污水配置聚合物驱试验，取得良好效果；研制出弱碱表面活性剂，基本解决了强碱配方出现的问题，为三元复合驱大规模应用奠定了基础。

（5）辽河油田稠油蒸汽驱技术研究。开展了齐40块汽驱扩大试验动态跟踪及调整研究，见到明显蒸汽驱效果，预计可提高采收率30%以上，为辽河油田1.87亿吨的蒸汽吞吐储量找到了接替技术。

（6）套损机理及防治技术研究。在大庆油田首次发现了导致成片套损的主要原因，对新井、目前注采井、套损井提出了相应的套损防治对策，初步取得了良好的效果。

（7）信息化技术和软件技术支持服务。开展了中国石油地区公司局域网方案设计，为股份公司近1500家单位搭建了企业门户，完成了中国石油电子邮件系统的运营维护；勘探数据总库建设取得重要成果，建成了股份公司地震、测井资料数据库。

四、工程一路励精图治，奋发图强，实现科研生产工作的快速发展

1. *工作思路及主要举措*

一年来，工程一路积极面对新形势，认真贯彻落实研究院工作思路和工程技术座谈会精神，突出业务整合和专业优化，紧紧抓住技术支持和技术服务不放松，以重点项目为突破，确保高水平技术支持、高质量研究成果和高素质人才的涌现。经过充分研讨，重新确定了各单位的定位，并对其研究业务进行了全面整合。一年来，工程一路积极采取有效措施，有力地保证了各项工作的顺利开展。

2. *取得的主要成绩*

一年来，工程一路共承担了各类课题32项，圆满完成了科研生产任务，在技术支持与技术服务、基础研究与技术研发和产业化工作三个方面取得了重要的进展。

（1）CGDS-Ⅰ型地质导向钻井系统研制。“CG-MWD新型正脉冲随钻测斜仪”研制获得重大突破，成功地实现了首次下井实验；“NBLOG-Ⅰ型近钻头地质参数测量短节”完成了下井实验，并取得了良好进展。

（2）逆掩推覆体及高陡构造防斜打快、防漏治漏等复杂深井钻井提速配套技术。在玉门油田进行了现场试验，获得了明显的效果，与2002年相比，钻速提高了11%，钻井周期缩短了21%。

（3）套管钻井技术。解决了套管连接方式、套管驱动头等关键技术及工具，在吉林油田套保地区成功完成了我国陆上第一口套管钻井、完井施工过程。

（4）可膨胀管套损井修复技术。研制了利用可膨胀管修复套损井的成套技术，具有成本较低、修复后可获得最大通径等特点，在大庆油田成功地进行了现场试验。

（5）多分支井完井技术研究。在小井径多分支井技术方面取得了多项突破性进展，在渤海埕北成功地完成了施工，成为我国应用自己的技术，在海上完成的第一口分支井。

（6）勘探与生产工程监督。编制完成了“钻井监督管理办法”等规章，建立了股份公司工程监督人力资源库，组织开展了监督资格评审注册和监督培训，参与了玉门、大港等油田的现场调研分析。

（7）标准化工作。承担了六个方面的标准化研究和7个标准起草项目，组织完成了132个行业标准、84个企业标准的制订与修订，开展了“集团公司企业标准体系研究”等多项研究工作，取得了较好进展。

（8）石油机械厂经营情况良好，产值首次超过亿元，各项经营指标均创历史新高。震击器、减震器等新产品打入了国际市场，信息化建设成果显著，被集团公司列为示范单位。

（9）顶驱产业化。初步实现了顶部驱动装置的产业化，达到了年产顶驱20—25套的生产能力；组装成功三台样机，与四川油田、长城钻井公司、辽河油田等单位签订了销售合同。

五、海外研究与技术支持工作取得突出成绩，为集团公司和股份公司海外业务发展做出重要贡献

工作思路及主要举措。

一年来，海外工作确立并贯彻了明确的工作思路，不断加强中心建设，加强科研管理和人才培养，理顺各方面关系，向“国际一流油公司研究中心”目标迈进。

海外研究中心（一部）承担了集团公司所有海外勘探开发项目的研究与技术支持工作，完成了各类综合性研究和评价项目100多项，主要包括苏丹、哈萨克斯坦等老项目的技术支持，苏丹3/7区等4个油田年产能1200万吨的开发方案编制，26个国家100多个区块和油田的新项目评价等，其中，苏丹3/7区油田开发方案编制项目取得了重要成果。按照主力区块Palogu油田年产800万吨及全区1000万吨的目标，开展了综合研究，完成了开发方案，顺利通过了Petrodar公司的验收和苏丹政府的批复。

海外研究中心（二部）完成了中国石油印尼区块勘探部署研究和开发调整方案编制，提供了良好的技术支持；开展了新项目的可行性研究；中俄管道项目完成了天然气管道项目可行性研究，并通过审查。在印尼项目中，优选了预探目标，部署的7口井被印尼公司采纳，首批钻探的3口井均获得高产油气流；完成了五个油气田的开发调整方案或综合调整建议，为印尼公司稳产、上产提供了强有力的技术支持。在河南温县黄河管道穿越工程发挥了关键的作用。

六、公益一路发动群众献计献策，积极为“一部三中心”建设做贡献

（1）档案管理处积极推进档案管理工作的信息化管理，不断深化和完善基础业务建设，认真做好档案资料的接收整理、借阅查询以及编研工作，为全院的科研生产工作和油田分公司的勘探开发提供良好的服务和支持。

（2）科技文献工作优化信息资源配置，提高办刊质量。《石油勘探与开发》杂志荣获“第二届国家期刊奖百种重点期刊奖”和“第二届中国百种杰出学术期刊奖”，在全国38种能源类刊物中是惟一同时获得两项大奖的刊物；数字化图书馆建设初见成效，实现了“中文科技期刊数据库”等三个数据库的网上检索。

（3）研究生教育与培训工作控制规模、调整结构、提高质量，为高水平科技人才培养做出了贡献。

研究生部与培训中心圆满完成了教学工作，教学质量进一步提高，培养了博士生16人，硕士20人，有13人留研究院工作。

完成各种培训17项共24期，培训1300余人次。其中，完成研究院内培训6期，培训300余人次；首次开展了科技项目管理培训班，受到科研人员的好评。

七、发挥优势，突出特色，京外各单位取得了新的成绩

1. 廊坊分院

一年来，廊坊分院围绕天然气、低渗透、环保三大专业，突出天然气勘探开发理论与技术的研究与服务，优化配置规划战略、应用技术和超前储备三个层次的研究力量，进一步加强支持与服务力度，以“技术创新发展年”为契机，狠抓技术创新。全年承担了各类科研项目130项，取得了一批较好的成果。

编制了股份公司天然气年度业务发展计划和发展规划，完成了西气东输配套储气库研究、忠武线储气库可行性研究。

完成了川西天然气勘探有利目标的评价与优选，煤层气勘探开发综合研究在沁水盆地取得重要成果，低渗透油气藏改造在长庆油田获得良好效果。

初步形成了天然气勘探开发、低渗油气田改造等五个技术创新发展方向，并在核磁共振岩心分析仪研制、储气库选址综合研究等方面取得了较大进展。

成立了海外工程分中心，在哈萨克斯坦等国家开展了现场工程技术服务，取得了显著的压裂施工效果。

2. 西北分院

一年来，西北分院的科研工作取得了较为显著的进步：

勘探目标选择、有利区带评价研究跨上了新台阶。以“柴达木盆地石油预探区带与目标评价研究”为代表，鄂尔多斯、准噶尔等重点探区的预探区带优选、勘探目标选择等多项研究，都取得了新的进展，优选了一批有利目标，对推动青海、长庆、新疆的油气勘探做出了重要贡献。

岩性地层油气藏、隐蔽油气藏前期评价研究成果显著。在大庆、塔里木、华北等油田开展了评价研究，见到了较好效果，提供了29口建议井位，有12口井获得工业油气流。

3. 杭州地质所

一年来，杭州地质所科研工作取得了丰硕成果，获得了省部级科技进步二等奖、三等奖各一项。主要成果有：通过准噶尔盆地腹部侏罗系、柴达木盆地第三系、川中侏罗系沉积体系、层序地层和储层等研究，指出了岩性地层油气藏有利勘探区块；通过塔中奥陶系碳酸盐岩储层研究，指出了有利储集区带，建立了碳酸盐岩高频层序地层学分析方法，为进一步开展层序地层与储层评价预测研究打下了基础；通过全国油气矿权及勘探动态分析、海域油气资源调研，为股份公司进军海域做了前期准备。

4. 江汉机械所

一年来，江汉机械所经过努力，各项工作有了长足进展，科研工作全面完成计划任务，生产经营产值比2002年增长82%。

一年来，江汉机械所进一步巩固技术优势，积极培育技术增长点，同时加强与油田的密切合作，加快科研成果的转化节奏，结合热点、难点问题开展工作，努力为集团公司的勘探开发和重大工程项目提供有力的技术支持。全年承担了科研项目9项，申请专利5项。其中，“快速制浆装置”项目在河南温县黄河管道穿越工程中发挥了关键的作用。

【机关工作】 机关各职能部门积极转变观念，努力提高工作水平。

（1）研究院办公室坚持三高标准，在增强工作的主动性、提高职工的积极性方面取得成效。

（2）科研管理处加强科研管理，进一步完善科研管理体制。

（3）人事劳资处开拓创新、扎实工作，为建设一流油公司研究院提供了人才保障。

（4）计划财务处严格管理，规范运作，保证了全院计划财务工作的圆满完成。

（5）企管法规处积极思考，进一步完善研究院管理运行机制和业绩考核制度。

（6）国际合作处加大工作力度，加强国际合作网络建设。

（7）安全环保处加大治安综合管理力度，着重解决了一些重点、难点问题。

（刘兴汉　吴克伟）

中国石油规划总院

【概述】 2003年，中国石油规划总院（以下简称总院）紧密围绕中国石油天然气股份有限公司建设国际一流石油公司的目标，坚持以发展为第一要务，立足大局，突出战略研究，强化决策支持，努力克服“非典”疫情的影响，全年生产业务、改革管理和精神文明建设各项工作取得显著成绩。

一年来，全院工作的突出特点是，完成的战略研究和重点工程建设项目前期研究成果影响大、采纳率高，是近年来项目数量最多、研究领域最广、任务最重的一年，全年共运行项目337项，业务量与2002年同比增加了44.6%，仅油气管道线路踏勘就超过10万千米，直接向中国石油天然气集团公司党组和中国石油天然气股份有限公司管理层汇报达29次之多。院内改革稳步推进，各项管理进一步加强，继续保持了良好的发展态势。

【生产业务工作】 2003年，中国石油规划总院围绕股份公司建设具有国际竞争力的大型石油公司战略目标，精心组织开展各项业务工作。

（1）下大力气抓好战略研究工作。深入作好有关战略研究是总院2003年业务工作的一个突出特点。一年来，我们按照“世界眼光，战略思维”的总要求，加强对具有前瞻性、综合性、全局性的一些重大问题开展研究，取得了《引进哈油及西部地区产炼运销整体规划方案》、《引进俄油及东部地区产炼运销整体规划方案》、《天然气上中下游协调发展整体规划》和《四大气区上中下游协调发展实施方案》等一批涉及集团公司和股份公司长远发展的重大研究成果。

一是为股份公司高层战略研讨会提供技术支持。根据有关部门的要求，对《股份公司可持续发展战略》、《股份公司国际化经营发展战略》、《股份公司炼油化工发展战略》、《股份公司天然气业务发展战略》、《股份公司科技发展战略》、《股份公司节能发展战略》等专题做了深入的研究。特别是总院在会上所做的《投资—发展战略的支点》报告，以新的视角审视股份公司发展战略，引起与会领导和专家的强烈反响。这些研究成果的核心内容得到了管理层和主管部门的认同，为《股份公司发展战略纲要》的形成发挥了重要作用。

二是围绕俄油和哈油引进，对东北和西部地区资源、炼厂、管道、市场的整体优化布局第一次做了全面深入的研究。从国家西部大开发、股份公司整体炼化调整的发展战略出发，充分考虑西部原油资源上产、市场潜力较大等因素，对西部原油整体进行了科学的配置，对产品的目标市场和竞争力进行了深入分析，提出了股份公司东北和西北地区5—10年的发展思路，很好地体现了股份公司发展战略意图，对国家实施西部大开发和振兴东北老工业基地战略都将产生重要的影响。

三是对股份公司天然气上中下游一体化做了深入研究。充分借鉴国内外发展天然气工业的经验，分析业务发展外部环境和内部核心能力，提出了天然气的长期发展方向、规划方案。股份公司领导两次听取汇报，对研究范围、思路和主要成果给予肯定。

四是对全国油气管网重新进行整体规划。先后完成了《股份公司原油管网规划》、《股份公司成品油管网规划》、《股份公司天然气管网规划》，构建了全国油气输送骨干网的架构，其中天然气管网规划直接指导了西气东输与陕京二线、忠武线等联络线建设的实施。

五是适应“两个转变”要求，为拓展海外业务提供技术支持。完成了苏丹六区燃气电站、澳门合资建设加油站、收购新加坡油田公司和哈萨克斯坦油库、加油站的可研工作，承担了中国石油与道达尔合资开发成品油零售市场、印度尼西亚塞拉特·盘江（SP）区块石油开发合作项目可研工作。

（2）精心做好国家大中型项目的前期研究工作。按照股份公司长远发展的整体布局规划，认真做好重大工程项目前期研究是总院2003年业务工作的又一特点。

一是圆满完成陕京二线预可研、可研工作。统一考虑了陕京线、陕京二线及华北地区在役天然气管线、储气库以及新建储气库之间的衔接以及统一管理、调配和优化运行等问题。该项目是继西气东输工程之后总院承担的又一条大型输气管道建设前期研究工作。

二是哈中油管道前期研究在哈中双方专家的共同努力下，取得了高水平的研究成果。目前，哈中气管道前期研究也已全面展开。

三是中俄油管道前期研究对中俄原油长期购销合同、运营协议以及近期由铁路进口俄油的配置、运输方案进行了深入研究，提出的方案已被集团公司领导采纳。

四是中俄气管道前期研究通过了中俄韩三方审议，取得重要阶段成果。共出版中英文研究报告16册，约200万字，专家评价，这是具有国际水平的高质量可研报告。

五是西气东输与陕京二线联络管道工程（冀沪线）前期研究取得高水平的研究成果，核心内容、战略思想已被股份公司采纳。

六是两条出疆管线前期研究取得阶段性成果，先后3次向集团公司规划计划部进行汇报。

七是高质量完成了大连石油战略储备基地可研报告的编制。对基地选址、油品来源及流向分析、油库工程建设方案布局、投资估算和财务评价等方面做了深入研究，目前，报告提出的建设方案已被国家发改委采纳。

八是完成了独山子和长庆石化两个改扩建工程前期研究工作。独山子石化项目是由总院牵头，4家设计院共同参与完成的一项大型石化工程建设的可行性研究，该项目年炼油能力1000万吨，年生产乙烯100万吨，是国内目前最大的乙烯工程。长庆石化改扩建项目，总院承担了从炼油工艺方案到投资全过程的研究工作，在推荐出技术合理的炼油方案的同时，还提供了化工原料方案，为西部前沿炼油基地的建设及西部乙烯原料的提供做出了贡献。两个大型石化项目的研究，大大增强了总院石化工程建设项目前期工作的能力。

（3）深入开展超前性专题研究和科技开发。积极与大庆设计院联合开展油气田地面技术的研发工作，加强与国内外科研机构合作，跟踪和掌握国际大石油公司的发展动态和各项最新前沿技术，深入开展超前性专题研究，完成了一些具有较高科技含量和创新思想的专题研究成果。

老油气田“简化”和新油气田建设的“优化”项目。通过对大庆、辽河、新疆、长庆、华北、青海等九个新老油田40个区块的调研，系统总结了新老典型油田在调改、优化等方面的经验和教训，提出了老油气田简化和新油气田优化的思路、原则以及简化、优化的措施和建议。

扶余油田集输系统、注水系统、集中处理系统三个调整改造可研。解决了多年困扰老油田如何进行调整改造的难题，为老油田地上和地下综合整体改造摸索出了一条新的路子。勘探板块将把吉林油田的调整改造作为股份公司老油田调整改造的一个创新典型，以点带面，对其他老油田调整改造具有方向性、示范性、推广性。

经济专题研究在内容、深度上有所创新。《中俄气整体经济评价模型研究》第一次对天然气项目的上中下游进行了整体经济评价；《哈中油管道竞争力分析》提出了管道竞争力和竞争油价的新思想；《国外开发项目可研报告编制方法研究》、《建设项目经济评价参数研究》等项目在表现形式和研究方法上都有所创新。

中国石油油气管网调控中心规划方案研究。针对股份公司油气管网集中监控、优化管网生产运行、统一调配油气资源、减少中间管理环节、提高整体效益，提出了比较优化的方案，得到集团公司和股份公司领导的认可。

基础工作得到进一步加强。以总院数据库系统、股份公司主营业务现状及战略部署电子显示系统开发和工程设计统一技术规定编制为重点的基础工作项目取得了很好的成果。总院数据库系统第一次实现了总院各专业数据库平台和标准的统一；电子显示系统也初步构建起了展示股份公司主营业务现状及战略部署的综合信息平台；工程设计统一技术规定规范了院内初步设计的设计内容和深度。这些成果都成为院内重要的基础资源，其产生的效果将逐步得到显现。院信息门户建设不断充实完善，协同工作组等功能得到很好的应用。

（4）积极做好技术服务和技术支持。主动贴近总部机关，贴近各项业务，贴近生产一线，全方位为股份公司做好各项技术支持服务是总院2003年业务工作的一个亮点。

一是造价管理完善基础工作，推进工程计价改革。填补了计价依据重大空白，完成了3项（共23册）修缮工程计价依据及“国外石油工程投资参考指标”的编制、修订工作，《工程量清单招标规则》推广应用已经展开，举办了两期培训班。独立承担了西气东输黄河穿越内管安装等12项估价表和标底的编制；参加了西气东输卫星通信设备、忠武线工程物资采购等14项评标和重大项目竣工审计。

二是节能示范工程和节能潜力研究得到深入开展。大庆油田示范工程项目已通过股份公司评审，新疆油田示范工程项目已施工完毕，这两个项目对油气田的节能技术改造具有普遍的指导意义。标准工作强化归口管理，落实有关标准的编制任务，并制定了相关的工作程序。已通过评审的《原油和天然气工程设计防火规范》，是由总院牵头组织编写的一个影响很大的重要国家标准。

三是做好咨询评估工作。坚持预审查制度，在整体技术方案、投资控制以及机构设置和人员编制等问题上严格把关，加强现场调研，提高评估质量，共完成各类咨询评估项目60项，评审项目投资累计达251.7亿元，核增投资2.4亿元，核减投资18.6亿元。

四是继续做好股份公司信息化建设技术支持和服务。与国际咨询公司合作完成了“管道生产系统、炼化运行系统、先进计划系统及加油站管理系统”4个专业应用系统建设的可研及试点方案设计，其中管道生产系统试点项目已经正式启动实施。中国石油视频会议系统新增13个点的建设和维护工作都已圆满完成。在做好视频会议常规维护的基础上，提出了拓展、完善电视会议功能的具体意见，特别是在“非典”期间，视频会议系统发挥了显著作用。从2月初起，共为53次会议提供了服务，电视会议系统带来的直接经济效益得到了充分体现。

五是销售领域的研究业务有了新的拓展。承担了《股份公司加油站项目后评价报告编制规定》、《西气东输统一销售公司可研》、《20座加油站后评价》以及财务部委托课题《销售企业现金营销成本定额》的研究，突破性地完成了《中油成品油在西南市场竞争力分析及发展规划》、《中国石油华北销售分公司销售网络发展规划》、《中国石油华东销售分公司销售网络发展规划》等项目。

六是积极为专业公司和地区公司做好技术服务工作。配合勘探生产板块完成19个项目设计审查，核增投资1.27亿元，核减投资4.46亿元，使项目投资降低了13.28%。同时，还先后开展了白银油库改造工程施工图设计和甘肃销售公司5个油库及西南销售公司大理、贵阳、柳州油库的前期研究工作，完成了湛江油库工程的图纸修改并积极做好现场服务工作。

2003年业务工作实现了“突出战略研究，各项工作再创新佳绩”工作目标和要求，精品战略的思想已经贯穿于全院各项业务工作之中，不仅项目的数量、质量和业务领域的拓展有新的突破，而且整体技术水平、技术实力和对外影响也都有新的提高。通过广泛合作开展研究，充分体现股份公司的发展战略意图，使总院的牵头和拿总作用得到发挥。总院各项研究成果的核心内容越来越多被采纳，技术支持和服务正逐步得到各方认可。

【改革管理】　加强规章制度建设，改革管理再上新台阶。

2003年，各职能部门在强化管理、改进服务上下功夫，认真履行各项管理职责，健全和完善了一批规章制度，由管理规章制度体系、质量体系、企业标准体系共同构成的院制度化体系初步形成，有效地促进了各项管理工作的进一步规范，管理工作水平有新的提高。

（1）继续强化质量管理。随着2000版体系文件的发布执行，ISO 9000的管理理念已逐步渗透到全院各项管理工作中，促进了质量管理工作的制度化、规范化。在质量月活动期间，通过开展项目成果质量抽查、顾客满意度调查、设计回访和知识竞赛等活动，使质量理念深入人心。2003年评选出院科技成果获奖项目34项，获集团公司优秀工程咨询成果奖一等奖3项、二等奖2项。

（2）全面实行分配制度改革。根据集团公司、股份公司关于基本工资分配制度改革的工作部署和要求，制定和修改了《基本工资制度改革方案实施细则》、《“五定”管理办法》、《专业技术人员管理办法》、《专家管理办法》等10余项管理制度，以制度创新促进人事及分配制度改革，基本工资制度改革得到顺利实施。按照有关规定做好医疗、养老等保险工作，还为全院员工办理了工伤保险。

（3）计划财务管理工作进一步规范化。对项目计划运行管理的各个环节，做了更为具体的规定，策划准备会质量进一步提高，操作性进一步增强，制定了临时任务管理办法。财务工作进一步细化预算管理，出台了资金授权、财务报销补充规定，制订产值确定与分配具体细则，预见性更强，准确率比往年有较大提高。会计核算对会计科目设置更为合理，更加符合总院具体实际。

（4）经营与合同管理工作得到强化。把经营工作向项目立项和验收交付两头延伸，效果明显。法律合同工作严格执行股份公司的规定和要求，办理了所属公司的法人变更法律手续，开展了合同专项检查和自查，全年共办理合同 137 件，没有发生一起合同纠纷。同时按审计部要求，对 2002 年科技项目管理及经费进行自审。

（5）加大培训和技术交流的力度。通过知识讲座、技术交流、学术报告会等多种形式，对员工的外语、业务技能、执业资格等方面开展培训。全年院外培训 66 人次，院内和部门培训 562 人次，人均培训时间和次数大大超过往年。其中油气田所还在所内举办了第一届学术交流会。创建学习型组织正成为全院员工的自觉行动。继续做好学术技术带头人和项目负责人队伍的培养工作，5 名学术技术带头人在院内举办了报告会。在充分挖掘内部潜力的基础上，加大了利用外部人力资源的工作力度，人力资源紧缺的矛盾有所缓解。

（6）档案、保密、外事和资质管理得到进一步强化。完成了图书管理系统的改造，全年为 3341 人次提供了服务，图书档案一体化管理的优势得到了体现；严格执行商业秘密保护规定，加大了保密教育和保密检查的力度；资质管理取得新的突破，完成了工程设计资质在北京市的备案，顺利通过工程咨询单位资质换证，压力管道设计资质通过了集团公司的审查；外事管理全年为 26 次 92 人出国提供了服务。

此外，《石油规划设计》、《油气田环境保护》两个期刊按照新的考核办法，加强自身经营，办刊质量不断提高。

（范　宁）

井下侧钻　　报废井开发利用

管道施工　　职工运动会

真空加热炉　　油田运输

吉林燃料乙醇有限责任公司

总经理、党委书记　王学泠

吉林燃料乙醇有限责任公司（简称“吉林燃料乙醇”）是中国和亚洲最大的玉米生化产业发展商及新兴能源供应商之一，是中国政府批准建立的国内第一个大型燃料乙醇生产基地。吉林燃料乙醇注册资本12亿元，由中国石油天然气集团公司、吉林粮食集团有限公司和中国华润总公司共同出资组建，出资比例分别为55%、25%和20%。

吉林燃料乙醇创立于2001年9月19日，地处中国东北部风景秀丽的吉林市，位于吉林经济技术开发区中心地带，占地140公顷。公司的发展基础是国家“十五”期间新兴能源的试点、示范工程——吉林60万吨／年燃料乙醇项目。

公司办公楼

公司2004年9月一次通过了ISO 9000质量、ISO 14000环境和OHSAS 18000职业安全健康三项体系国际和国家级认证，得到了英国国家质量认证机构审核与注册的3个国际认证证书（UKAS证书）和国内认证机构授予的3个国家级体系认证证书。公司产品定位三大系列：即以燃料乙醇为代表的乙醇系列产品；以饲料和生物有机肥为代表的玉米深加工系列产品；以乙酸乙酯为代表的精细化工系列产品。

质检中心

“搭建产业桥梁，点燃绿色希望”是吉林燃料乙醇衔接工农两大产业，发展新兴绿色能源的真实反映，公司也着实摸索了一条促进“三农”问题、能源问题和环境问题解决的绿色通道，开辟了多个玉米生化产业发展的全新领域。

推广使用燃料乙醇是国家的一项战略举措。可以预见，在不久的将来，燃料乙醇会成为全球性的战略能源，燃料乙醇工业将很快发展成为我国的重点新兴产业和重要支柱产业之一，并将有力带动农业、化工、汽车、建材等相关各个产业的迅猛发展。吉林燃料乙醇真诚期待与海内外各界共创美好未来。

生产装置区

地　址：吉林省吉林市经济开发区
邮　编：132021
电　话：(0432) 3501035
传　真：(0432) 3501011

锦西炼油化工总厂

领导班子成员

隶属于中国石油天然气集团公司的锦西炼油化工总厂(以下简称总厂),1999年重组后拥有能源供应、油品储运、工程技术服务、炼油服务、社会服务、多种经营等六大系统46个直属单位，横跨二、三产业，资产总额20亿元。

总厂现有职工6950多名，大专以上毕业生1000多名，有400多名中高级技术人才在炼油服务、机械加工、工程设计、软件开发、文教卫生等领域发挥着重要作用。

总厂拥有装机容量7.5万千瓦的大型火力发电厂一座，年发电5.3亿千瓦·时；位于锦州港的油品储运基地，仓储能力40万吨，在葫芦岛港建有6200立方米成品油输转设施；拥有国内一流的现代化大型加油站，年销售各种油品10万吨以上；在石油化工装置的检维修、电气、仪表安装和维护方面技术精湛；在金属检测、计量器具检定、信息数据采集、软件开发等方面设施齐全、技术先进；在机械加工，一、二类压力容器制造方面力量雄厚；在工程建设和设计方面具有国家工程施工总承包一级资质和石油化工甲级设计资质；总厂生产的石油煅烧焦、碳酸二甲酯、油漆、涂料等产品远销俄罗斯、加拿大、墨西哥、日本、伊朗等国家。

目前，总厂按照党的十六大精神和集团公司工作部署，切实加强“两个从严”管理，发扬“爱国、创业、求实、奉献”的企业精神，为集团公司建设具有国际竞争力的跨国企业集团而努力工作。

总厂办公大楼

总厂热电公司

总厂油品储运基地

地　址：辽宁省葫芦岛市新华大街42号

电　话：(0429)2178015　　*传　真：(0429)2177777*

E-mail:jxlh@jppcc.com.cn　　*邮　编：125001*

厂长、党委书记傅德新在一线调研

工程设计人员在生产装置现场研究改进方案

独山子石化总厂

向强势企业集团迈进

独山子是我国石油工业的发祥地之一，已有近百年的石油开发史和68年的石油加工史。

独山子石化总厂现有资产32.62亿元，在岗职工6000人，其中大专以上学历员工2243人，占在岗职工总数的37.4%。管理先进，通过了ISO 9001、ISO 14001和QHSE体系认证；水资源丰富，有四个水源地，年供水量达1亿立方米；交通便捷，国道312线与217线在此交汇，与乌奎高速公路的终点连接，欧亚大陆桥横贯厂区北缘；环境优美，绿化覆盖率达38.2%。

重组改制4年来，独山子石化总厂克服资产较差、盈利能力较弱等困难，在为炼化主业服好务的同时，一方面进行内部整合和产业结构调整，加强管理，不断压缩成本，另一方面做大做强主营业务，提升核心竞争力，使企业步入良性发展阶段。

积极强化工程技术服务能力。独山子石化总厂目前形成了集工程管理、工程设计、工程施工、工程监理、物资供应、公路运输、机械加工于一体的工程技术服务队伍，具有国家化工石油工程施工总承包一级资质，AR2、AR3类压力容器制造及球罐现场组焊资质，GA+GB+GC类压力管道施工安装资质，工程设计乙级（部分甲级），工程咨询乙级，建筑设计乙级，一、二、三类压力容器及管道设计资质，炼油化工，房屋建筑甲级，水利道路乙级资质。拥有国家进出口企业资质证，可对外开展进出口贸易；拥有自治区对外经济合作经营资格证书，取得了独立承包境外化工石油工程及参与国际招标工程的资格。

不断寻求新的增效项目。2001年至今，独山子石化总厂先后建成投产集中供热锅炉、天利实业1.5万吨预焙阳极、3万吨/年甲醇等项目，扩建了天利实业碳素厂，增强了企业的盈利能力和发展后劲。由总厂控股的天利高新股份有限公司自2000年12月25日在上海证交所挂牌上市以来，立足石化，发展精细化工，建成了全国最大的甲乙酮厂和西北最大的无纺布生产基地，荣获2002年度新疆上市公司综合评比第一名，一直保持高成长性。

重视企业文化建设。坚持“以人为本”，打造一流的环境、一流的文化，在戈壁滩上建起的西部大型国有企业，拥有了可持续发展的“文化底蕴”。

企业形象不断改善。先后获国家人居环境范例奖、开发建设新疆奖、全国石油石化行业职业技能竞赛优胜单位、“安康杯”全国优胜单位、全国“守信用、重合同”企业、自治区文明单位等荣誉称号。

当前，独山子迎来了新的更大的发展机遇，独山子石化总厂将按照中国石油天然气集团公司的统一部署，继续做精做强主营业务，做大做强精细化工、乙烯后加工，力争在3—5年内把总厂建设成为强势企业集团。

员工在检修生产装置

独山子石化总厂全景

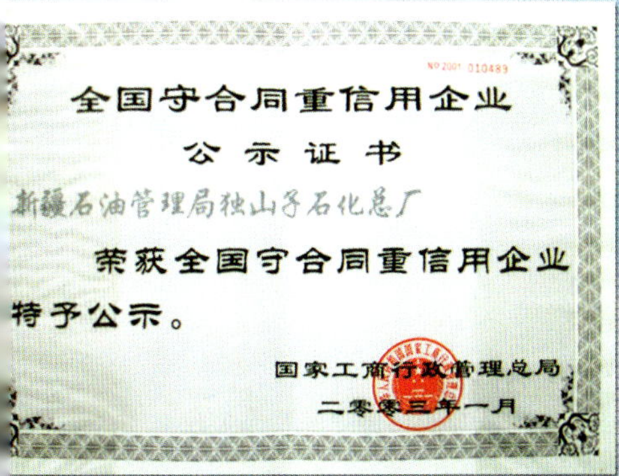

全国守合同重信用企业

公示证书

新疆石油管理局独山子石化总厂

荣获全国守合同重信用企业

特予公示。

国家工商行政管理总局

二零零三年一月

化总厂被评为全国“守信用、重合同”企业

3 万吨 / 年甲醇装置

职工生活区环境优美

地址：新疆独山子

邮编：833600

电话：(0992) 3871037

传真：(0992) 3871033

Email: zc_xcb@dszsh.com.cn

职工业余文化生活丰富多彩

中国华油集团公司

中国华油集团公司(简称华油集团)于1998年12月组建，是中国石油天然气集团公司直属专业公司之一，以难动用储量开发、城市燃气建设、浅层天然气开发、成品油经销等油气相关产业和酒店旅游业为主要发展方向，新型建材生产与房地产开发、高级润滑油生产与经销、国内外贸易等多元发展的大型综合性企业集团。注册资本84403万元，到2003年底资产总额248791万元。华油集团成立5年来，在集团公司和董事会的领导下，坚持以效益为中心，深入实施效益、管理、人才、形象“四大工程”，积极开展资产、投资、资金、经济实体“四项清理”，不断加大调整、改革、管理、队伍建设“四个力度”，团结一心，艰苦奋斗，创造了经济实力大大增强、经济运行质量不断提高、主营业务日益突出、经营环境明显改善的持续高速发展局面。5年来共创造效益两亿多元，利润年增长幅度均超过25%。2003年实现利润4674万元，同比增长41.17%，创造了历史最好水平，全面完成了集团公司下达的利润指标。截至2003年底已生产原油近5万吨；酒店旅游业资产总量15亿元，酒店5座，其中四星级3家；在北京、山东、湖南、河北、海南等省市开发了城市燃气市场，城市燃气中、低压管线已经超过250千米，居民、工业、服务业用户及协议用户已超过10万户，年供气量超过3500万立方米。

▲ 位于上海浦东的四星级中油大酒店

▲ 常州中油国际大酒店

华油集团所属企业包括华油实业开发总公司、上海浦东华油实业有限责任公司、中国石油化学公司、中油建材总公司、中油优特高级润滑油联合公司、中油旅游集团公司、北京华油房地产公司、北京华油联合燃气开发有限公司等。

▲ 为北京经济开发区供应天然气

在吉林开发难动用储量 ▶

地址：北京市西城区六铺炕　邮编：100724　电话：(010)62094116　传真：(010)62094245

上海浦东华油实业有限责任公司

上海浦东华油实业有限责任公司（以下简称上海华油公司）是由中国华油集团公司等16家石油单位出资设立的有限责任公司，公司注册资本86336万元，主业为旅游酒店业和石油化工业，公司所属控股、参股公司共有8家。上海华油公司坚持以效益为中心，强化内部管理，降本增效，坚持以人为本，大力推行用工和分配制度改革，完善激励机制和约束机制，充分调动了全体员工的积极性，推动公司迈上了增效发展的快车道，2003年公司实现主营业务收入12578万元，安全生产、投资管理、财务管理、营业指标及廉政建设均达到了集团公司的要求。

上海中油大酒店（中国石油大厦）是上海华油公司下属的四星级涉外酒店，位于上海浦东陆家嘴金融贸易区东方路969号，商业繁华，交通便利，距浦东国际机场、虹桥机场仅需30分钟车程。酒店1997年8月对外营业，2000年被上海市旅游事业管理委员会评定为四星级酒店，现有员工487人。酒店总建筑面积59957平方米，拥有各类客房376套，高档写字楼8500平方米，各类配套会议、餐饮、娱乐设施齐全，是中国石油在华东地区的标志性建筑。

常州中油国际大酒店坐落常州市中心地段——常州怀德中路45号，是由上海华油公司投资兴建的四星级涉外酒店。酒店于2001年10月正式开张营业，委托康年国际酒店集团进行管理。2003年常州中油国际大酒店四星级正式挂牌，现有员工361人。酒店总建筑面积63800平方米，拥有各类客房333间（套），国际会议中心、中西餐厅以及网球场、游泳馆等各类配套设施齐全。

地址：上海市东方路969号上海中油大酒店　邮编：　200122
电话：（021）68752698　传真：　（021）68757678

抚顺石油化工公司

党委书记　玄昌伟

总经理　耿承辉

抚顺石油化工公司是中国石油天然气集团公司一级企业。截至2003年底，公司资产总额53亿元，下辖8家生产企业、9家专业公司，有全民在册职工2.2万人，离退休职工1.2万人。北天集团公司（10家集体企业）资产总额为7亿元，有在册职工1.2万人，退休职工6000人。

公司的主营业务包括制造加工、生产服务、工程技术服务、社会服务四大板块。主要从事炼化产品延伸加工、精细化工、非油化工产品生产，供水供电供汽、生活后勤服务等。有主要生产装置39套，可生产腈纶、丙烯腈、甲乙酮、催化剂、BOPP、蜡制品、白油、溶剂油、军用特种润滑油和润滑脂等十几个系列、上百种产品，是我国目前最大的石油化工贵金属催化剂生产和蜡制品加工基地。

2000年以来，抚顺石油化工公司始终将加快发展放在首位，坚持"在发展中推进改革，在改革中保持稳定"，兼顾在岗职工与离岗职工的利益，励精图治，抢抓机遇，艰苦创业，在结构调整、产业转型、体制创新、职工精神面貌等方面都发生了实质性的变化。与重组之初相比，公司炼油化工产品总量增长3.5倍，主营业务收入增长2.5倍，年均增长6亿元以上，企业的自立能力和抗市场风险能力显著增强，锻炼出了一支有高度的政治责任感和大局意识，主动追求发展，积极支持改革，

厂区鸟瞰

自觉维护稳定，在困难面前不气馁、不服输、不言败，昂扬进取、勇争上游的职工队伍。2002年，公司荣获全国精神文明建设先进单位称号。2003年，荣获“全国五一劳动奖状”和中央企业先进集体荣誉称号。

从2004年开始，抚顺石油化工公司将投资45—50亿元，重点建设两台13.5万千瓦发电机组、10万吨丙烯腈、6万吨腈纶、4万吨固体氰化钠、8万吨C_9综合利用、甲乙酮扩能、5万吨蜡制品、260吨聚丙烯催化剂等项目。到“十一五”末期，公司将实现资产和收入“双百亿”目标，达到中国石油集团上市公司中等水平，成为集团公司炼化未上市企业的旗舰。

引进美国UOP公司技术建设年产3000吨催化剂生产线签字仪式

腈纶/毛条生产线

2万吨/年BOPP生产线

催化剂生产线

热电厂主机房

法人代表：公司经理 耿承辉
公司地址：辽宁省抚顺市新抚区东二街3号
邮政编码：113008
电　　话：(0413) 2625777
传　　真：(0413) 2629892
网　　址：WWW.FSPCC.COM

腈纶化工厂

公司机关办公大楼

中国石油机械装备研发制造基地

——宝鸡石油机械

董事长　冯振清

总经理　雷庆平

宝鸡石油机械有限责任公司始建于1937年，位于中国西北宝成、陇海、宝中铁路交通枢纽交汇——宝鸡市，占地近80万平方米，拥有员工2900余名，总资产9.8亿元，各类制造设备2000余台，钻机总装配套试验井场3个。经过近70年的发展，公司已成为集科研、开发、制造、销售、服务于一体的大型石油机械研发制造基地，名列中国机械制造500强第149位，是高新技术企业。

公司设计、制造适应各种工况的陆地和海洋钻机、顶驱钻井装置、抽油机、F系列泥浆泵、石油特种工程车、泥浆净化装置、井口装置、防喷器、地层测试器、螺纹量规等各类石油钻采设备及配件，共计53大类、600多个品种、1000多个规格。其中8大类58项产品获美国石油学会API会标使用权，是世界上获API授权产品最多的企业之一。

公司是国家一级计量单位。通过了2000版ISO 9001质量管理体系和ISO 14001环境管理体系国际认证。先后荣获全国企业管理金马奖、“全国思想政治先进单位”、“陕西省厂务公开先进单位”、“陕西省企业政治管理示范单位”、“陕西省文明单位标兵”、“陕西省企业信息化建设示范单位”等称号，公司结构分厂荣获中国石油天然气集团公司“百面红旗单位”称号。

公司具有完善的科研开发体系和完备的制造工艺——拥有从铸造、锻造、热处理到机加工、检测、装配、总装试验等完备的工艺手段；拥有大型钻机部件试验台、泥浆泵试验台、防喷器和井口的高压试验间、万米钻机试验场、成套负荷检测装置以及大型拉力、压力、传动试验台等试验检测装置；主要产品实现二维、三维计算机辅助设计，计算机技术已广泛应用于工艺和材料研究；拥有各类专业技术人员700余名，公司技术中心是省级企业技术中心，中国石油物资装备（集团）总公司石油装备研究中心分支机构。

近年来，公司获得了46项国家和省部级新产品奖，30余项产品列入国家重点新产品或火炬计划，65项产品获国家、省部级科技进步奖。“宝石”牌钻机、F系列泥浆泵被中国质量协会评

有限责任公司

ISO 9001： 2000证书
ISO 14001： 2000证书、2004年500强证书

为“全国用户满意产品”，电驱动钻机、F系列泥浆泵2003年再次被评为“陕西省名牌产品”，ZJ50D钻机等5项产品列入“中国企业新纪录”。公司研发生产的ZJ70D钻机承担了“大陆科探一井”的钻探任务，最新研制的ZJ70DB钻机是我国第一台全数字控制的交流变频电驱动钻机，采用了交流变频单轴齿轮传动绞车等多项新技术，代表了我国钻机研制的最新水平，与世界先进水平保持同步。

作为行业的龙头企业，公司生产的“宝石”牌产品，从国内市场看，占有率在50%以上；从国际市场看，产品的外销量不断增加，出口产品从品种单一、少量的零配件，发展到成批量、成套钻采设备，公司与70多家厂商有着商务和技术往来，“宝石”牌产品远销美国、加拿大、墨西哥、中东及东南亚等20多个国家和地区，泥浆泵等产品已成为国际石油设备市场公认的中国品牌产品，在国际市场享有较高声誉。在海洋石油工程与装备市场方面，公司与合作伙伴共同参加南海和东海石油项目的竞标，一举中标“惠州项目”和“春晓项目”，是国内第一家为海洋石油工程提供国产化成套石油钻采设备的生产供应商。

公司以向用户提供精品和优质服务为宗旨，以不断创新、促进石油装备的发展为己任，愿与国内外客户和厂商、社会各界建立良好的合作关系，共同发展，共创美好的明天。

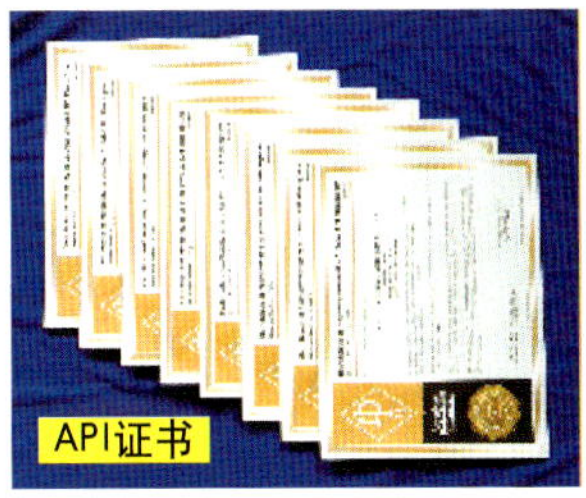

API证书

文明单位标兵证书

企业管理示范单位证书

高新技术企业证书

500强奖杯

公司生产的F1600泵

公司生产的海洋钻机模块

地址：中国陕西宝鸡市东风路2号
邮编： 721002
电话： (0917) 3215599
传真： (0917) 3212829
网址： www.bomco.com.cn

中国石油集团

RESEARCH INSTITUTE OF

院长、党委副书记　屈建省

党委书记、副院长　刘希和

中国石油集团工程技术研究院（简称研究院）主要从事固井、防腐、保温、焊接、工艺及自动化、特种工程材料等方面的研究开发；承担石油天然气行业地面建设工程标准化研究及制修订、质量监督等行业服务工作；设有集团公司油井水泥及外加剂质量监督检验中心、防腐保温产品质量监督检验中心、石油工程建设专业标准化委员会秘书处、施工分委员会秘书处、石油天然气工程质量监督总站、《石油工程建设》编辑部等行业技术服务机构。

中国石油集团工程技术研究院拥有高、中级专业技术人员 340 名，客座院士 5 名；先进的科研仪器设备 1600 台（套）；5 个通过国家技术监督局认证的检测中心和实验室；2 个集团公司重点研究室；具有科技产品进出口自营权等各类资质 24 项；拥有国家专利 43 项，国家级重点新产品 13 项；1999 年通过了 ISO 9001 质量体系认证，2002 年又通过了 2000 版的换版认证。

中国石油集团工程技术研究院拥有先进的自动化生产设备和完善的质量保障体系，具有可年产符合 API 标准的油井水泥外加剂 10000 吨、防腐蚀涂料 5000 吨、建筑涂料 10000 吨、预制高（中）温直埋保温管 100 千米的生产能力。

高温管道直埋保温技术

【产业化项目——高温管道直埋保温技术】

高温管道直埋保温技术具有国际先进水平，拥有 5 项专利技术，已经形成年产 100 千米的预制和配套的施工能力，其产品的应用量和覆盖面居全国首位。

【防腐保温技术】

追踪国际防腐保温的前沿技术，形成了材料研究、工艺与装备开发、质量监督与检测领域的技术优势，质量稳定、性能优良的防腐涂料和功能性涂料广泛应用于各个行业。

【固井技术】

在深井和超深井、低压易漏长封固段、欠平衡钻井、堵漏防窜以及其他复杂疑难井固井技术领域形成了技术优势，拥有十大系列 60 个品种的固井材料，在长庆、大港等 15 个油田固井 1000 余井次，并且在伊朗 TABAK 区块、委内瑞拉油田和我国渤海 PHILLIPS 等项目中大量应用。

固井水泥外加剂出口伊朗

【AV-01 天燃气管道减阻耐磨涂料】

AW-01 天然气管道减阻耐磨涂料是应国家“西气东输”项目需要，据集团公司要求，由研究院立项研究成功的。项目于 2002 年初通过鉴定，鉴定认为项目研究处于国际先进水平，涂料各项性能指标符合 API RP5L2 规定的要求，具有良好的减阻、增输效果。自 2002 年 5 月份起在西气东输项目的辽阳钢管厂、镇江钢管厂、宝鸡钢管厂、玉门钢管厂应用了 150 吨，各项技术指标均达到了西气东输项目对减阻内涂料的各项检验要求，并得到了用户的认可和好评。目前 AW-01 天然气管道减阻耐磨涂料又成功中标陕京二线。

地址：天津市塘沽区津塘公路 40 号　　邮编：300451
电话：(022)66310568 66310305 66310709　　传真：(022)25344876

工程技术研究院

ENGINEERING TECHNOLOGY OF CNPC

多年来，中国石油集团工程技术研究院的发展一直受到各级领导的关注。1995年时任中国石油天然气总公司总经理的周永康同志来到研究院检查指导工作，指示科研成果一定要产业化，并亲自为研究院科技产业公司命名、勾划未来。现如今，由当年周永康总经理亲笔题名的“渤星”品牌产品年产值已过亿元。图为当年周永康总经理（左起第七人）及随行人员与研究院各级领导合影

研制开发的水下不分散混凝土絮凝剂，中标秦山核电三期海底取水口建设工程

【西气东输工程配套技术】

AW-01天然气管道减阻耐磨涂料填补了我国天然气输送管道内涂层的技术空白。经国内外权威检测机构检测，增输效果在15%以上，性能指标达到了英国Copon BP2306涂料及德国Permecor337涂料的水平。该涂料在西气东输工程的投标中平抑了进口涂料的价格，降低工程造价3600万元。目前，减阻耐磨涂料已经在西气东输工程中应用。

【西气东输工程配套技术】

APW-Ⅱ型外环缝自动焊机性能稳定，控制技术先进，适应坡口组对公差和仰焊位置的能力超过了国外同类产品，抑制了进口自动焊机的价格，目前在西气东输工程中有28台（套）在应用，焊接1000余道焊口，合格率达98.9%，是目前工程施工中性能稳定的外环缝自动焊机。

APW-Ⅱ型外环缝自动焊机在西气东输山西段施工应用现场

【特种工程材料技术】

“水下不分散混凝土”的工程强度可达到90兆帕，“土质固化剂”的工程强度可达到4.5兆帕，技术指标处于国际先进水平，分别在涩宁兰管线上进行了“水下稳管施工”和“护坡”工程试验，不仅提高了质量，还使成本降低15%—30%。其中水下不分散混凝土还在秦山核电站等重点工程中进行了应用，该产品已经占领国内市场的85%以上。

新建成的万吨涂料生产线

西气东输减阻耐磨涂料管材

中国石油天然气 第八建设有限公司

中国石油天然气第八建设有限公司是中国石油成员单位，系国家建设部批准的化工石油设备管道安装工程专业承包一级建筑企业。拥有三类压力容器设计许可证书；A1级压力容器制造许可证书；美国ASME四项授权证书和规范钢印；A级锅炉（专项）制造许可证书；GA1级、GB类、GC1级压力管道安装许可证书，并通过了ISO 9001质量体系认证。主要从事各类石油化工设备制造安装、油田湿蒸汽发生器设计制造安装及炼化装置、动力管网、油田地面建设工程的施工安装、高压弯头、翅片管加工和货物运输等业务。服务范围遍布国内各大油田、炼厂。服务领域涉及石油、化工、冶金、机械、采矿、烟草、市政等行业。其中，1982年自行设计制造湿蒸汽发生器，填补国内空白，产品分别获国家科学进步二等奖、原石油部优秀科技成果一等奖和辽宁省金鹰一等奖。现已形成各种规格、各种等级的系列产品，市场占有率逐年扩大。同时，先后开发重整进料立式换热器、加氢精制反应器和螺纹环锁紧式换热器。2003年，公司研发高干度球形汽水分离器，再一次填补国内空白并申请国家专利。多年来，公司先后获中国建设企业信誉AAA级单位；辽宁省信誉优秀企业；辽宁省安全生产达标单位；全国500家最佳经济效益建筑企业；中国最大经营规模建筑企业石油工业系统第22名等荣誉称号。进入世纪之交，公司进行了产权制度改革，奉行"用户得到满意；企业增加效益；员工实现价值"的经营宗旨，为用户、为社会提供更加优质的服务。

董事长兼总经理　韩建荒

公司2003年研发高干度球形汽水分离器，申请国家专利

公司自行设计制造油田湿蒸汽发生器，填补国内空白，现已形成系列产品

地址：辽宁省抚顺市顺城区高山路114号
电话：(0413)7722259
传真：(0413)7722873
邮编：113006

为西安石油化工总厂制造中压汽水分离器

无缝弯头系列产品

为青岛炼油厂制造重整进料立式换热器

为哈萨克斯坦制造GW2500–Y/1.6–Q加热炉产品

工程研究中心有限公司

软件开发机房

国家科技进步二等奖

计算机软件著作权证书

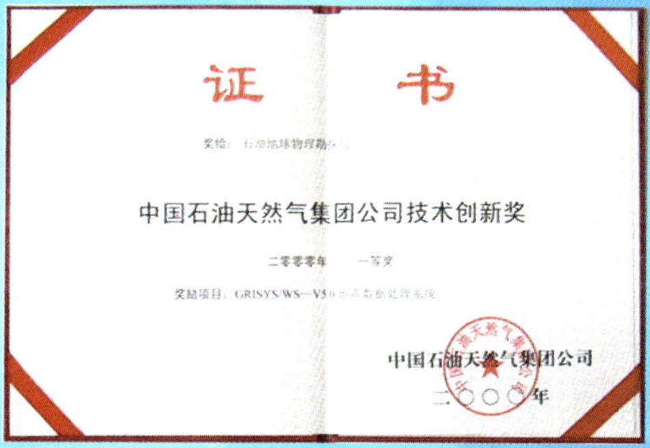

中国石油天然气集团公司技术创新一等奖

产品推广应用情况

GRISYS和GRIStation两大软件系统广泛应用在国内各个油田和探区，同时在地矿、煤炭行业也有应用，并已进入国际市场。尤其是GRISYS地震数据处理系统，支撑着中国石油集团东方地球物理勘探有限责任公司在伊朗、苏丹、尼日利亚、印尼等国家的资料处理计算站的运行及海外十几个野外地震数据采集队资料采集的现场质量监控。

中国软件行业协会中国优秀软件产品奖

电话：(010)62532558　传真：(010)62532553

四川石油管理局
钻采工艺技术研究院

ZUANCAIGONGYIJISHUYANJIUYUAN

成功处理辽河油田海南二号平台油井大火

四川石油管理局钻采工艺技术研究院是中国石油天然气集团公司重点研究院所之一，是一家专门从事石油天然气钻采工艺技术与工具装备研究及技术开发服务的综合性研究单位，擅长解决复杂地质条件下钻井工程中的特殊问题，在深井及超深井、定向井、从式井及水平井、井控、油气井抢险灭火、欠平衡钻井、特殊工艺取心、地层测试、钻井液及堵漏等多项技术领域独具特色，其中欠平衡钻井、井控及油气井抢险灭火、特殊工艺取心等多项技术居全国领先地位。

深井复杂气井钻井技术：针对四川复杂地质和储层条件，形成了一套克服喷、漏、塌、卡、井斜、含硫等复杂情况的深井复杂气井钻井技术；通过中国石油天然气集团公司钻井工程设计资质认证，全面承担四川天然气探井、开发井的钻井工程设计，设计符合率达 85% 以上。

定向井水平井技术：拥有多套 MWD 随钻测量工具等世界先进仪器设备，专业队伍通过中国石油天然气集团公司资质认证，在国内外进行了 300 多井次的定向井、水平井技术服务。在复杂地质条件、欠平衡条件下钻定向井、水平井以及定向井、水平井取心等方面居全国领先地位。

欠平衡钻井技术：国内独家拥有全套自主开发的欠平衡钻井技术及系列装备，拥有威廉姆斯

全国第一口气体钻水平井白浅 111 井获成功，比同井场同产层直井增产 22 倍

井控培训现场讲解

钻井设计资质及成果

扁 1 井高温高压试油测试

根据现场反馈信息改进取心工具设计

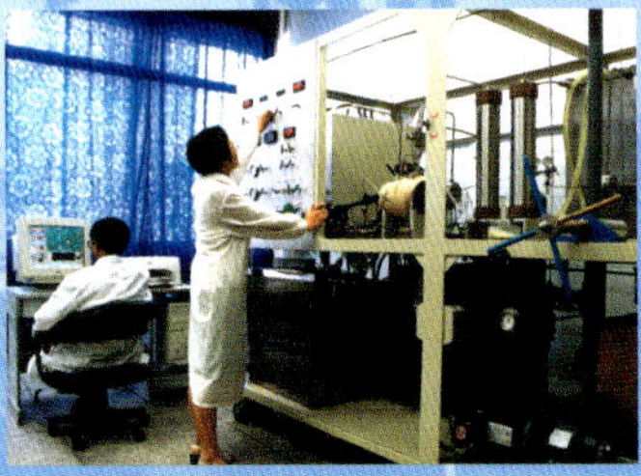

钻井液性能试验

包浅 4 井天然气钻井获工业气流

邛西 3 井全过程欠平衡作业打开低渗低产储层新局面

7100 旋转防喷器和兰德撬装式 70 吨不压井作业装置等引进设备，可在各种压力、井深和钻机条件下进行全过程欠平衡钻井、修井作业，已成功打井 70 余口，发现大批气藏。

油气井抢险灭火：拥有全国惟一的油气井抢险灭火专业队伍，实力达世界先进水平，经验丰富、装备精良，在全国各油田及科威特等国内外数十口井成功实施抢险灭火作业。

国家科技进步一等奖

井控技术：集井控装置开发设计、制造、维修租赁和井控技术培训、咨询于一体，其开发的井控装备广泛应用于全国各油田，并为全国各油田培训井控技术骨干 2 万余人次。

地层测试：具备中国石油天然气集团公司“甲级测试队”资质，引进 70 兆帕防硫 APR 全通径测试工具、105 兆帕防硫 POTV 全通径测试工具，具有年 DST 测试、地面测试计量、封隔器完井 80 层次以上的能力。

院办公大楼

深井钻井液及堵漏技术：可提供深井磺化钻井液、深井聚合物重泥浆、改性钻井液及防漏治漏等多项技术服务和 14 个品种的钻井液处理剂、堵漏剂。拥有多项国家重点新产品，尤其擅长复杂井漏的处理。

四川石油取心中心：主营川式系列取心工具、取心钻头及其他石油钻采产品，提供钻井取心技术服务，属“四川省高新技术企业”，通过 ISO 9001 和美国 API 认证。

sichuanshiyouguanliju

zuancaigongyijishuyanjiuyuan

地　址：四川省广汉市中山大道南二段
邮　编：618300
电　话：(0838)5104259　5151365
传　真：(0838)5104259
E—mail：　dpri@tom.com

中油鸿力投资集团

董事长　陈义和

中油鸿力投资集团是中石油系统企业改制而成的股份合作企业，是集石油天然气管道投资建设、城市燃气管网投资建设及燃气运营管理、燃气汽车改装及天然气综合开发利用于一体的经济实体。

近年来，中油鸿力投资集团依托石油天然气行业优势和技术开发应用优势，相继在国内投资建设了几条天然气长输管道、多个城市燃气管网工程及双燃料汽车改装工程。

目前，中油鸿力投资集团在内蒙古包头市投资建设的“天然气发展大厦”、“双燃料汽车改装、检测”、“天然气加气站”等系列项目正在实施。在湖南投资5亿元的湘潭—衡阳天然气长输管道工程和衡阳市城市天然气管网项目已全面展开。投资14亿元的“长—呼工业天然气输气管道”项目已获立项。在浙江、江西、河北、内蒙古等地投资的城市燃气管网工程正在建设中。

董事长陈义和视察施工现场

中油鸿力投资集团具有从事石油天然气管道工程建设实践经验十年以上的高中级技术人才30多名。其中具有管道工程专业一级项目经理资质的高级工程师8名；富有油气运营管理经验的管理人员50多名；各类专业技术人员及管理人员200多名，占公司员工总数的50%以上。

中油鸿力投资集团对天然气管道和城市燃气管网建设以招标方式聘请国内权威机构进行规划设计；聘用一流的专业施工队伍及专业监理机构进行天然气工程施工和监理；建立了物资采购的技术、质量准入制度，A类物资实行统一采购；建立了城市运营安全系统（SCADA）和地理信息系统（GiS），从而保证燃气系统规划合理、技术先进、质量可靠、监控到位，确保系统运营安全。中油鸿力投资集团的天然气汽车改装项目，获得国家专利，其相关设施、设备，已广泛应用于燃气汽车行业。

包头市双燃料汽车检测改装厂

中油鸿力投资集团决心在“全面建设小康社会”的新的历史时期，以“三个代表”重要思想为指导，认真贯彻集团关于“建设具有国内一流竞争力的企业集团”的宏伟目标和发展战略，坚持“营销网络建设与企业文化建设”并重的战略方针，开拓创新，与时俱进，全方位增强企业发展后劲，以崭新的姿态迎接市场挑战。

气站

地　址：北京市西城区安德路甲104号

邮　编：100011

电　话：(010) 82286844　82286845　82287076

传　真：(010) 82286854

E-mail:admin@zyhl.link263.com

http://www.zyhl.com.cn

大庆石油化工总厂

厂长、党委书记　郑怀义

大庆石油化工总厂（以下简称总厂）隶属于中国石油天然气集团公司，始建于1962年4月，1999年9月实施重组。重组后的总厂主要从事部分化工生产和化工延伸加工、复合肥料生产、大型石油化工及民用建筑公路工程的设计施工、石油化工建筑安装、工程监理、设备维修、机械仪表制造与加工、计算机软件开发利用、网络管理、客货运输、物资采购、物业管理、文教卫生和多种经营等业务。下属二级单位21个，机关职能部门13个，资产总额86亿元。职工20695人，其中管理人员2568人，专业技术人员3588人。

具备从石油化工工程项目可行性研究、论证到设计、施工、设备安装直至投料试车、正式投产全过程工程总承包能力。大庆石油化工设计院持有工程设计、工程总承包、工程咨询、工程造价咨询等多项国家甲级资格证书，三类九种《压力容器设计单位批准书》和《压力容器设计许可证》，通过国家ISO 9001质量体系认证，并获英国皇家认可委员会颁发《UKAS国际标准认证证书》，年设计能力15亿

化工三厂

元。大庆石油化工工程公司具备国家工程施工总承包一级资质，通过国家ISO 9002质量体系认证，相继建成850万吨／年大庆炼油厂、大庆30万吨／年合成氨、48万吨／年尿素、大庆30万吨／年乙烯及二、三期改扩建和福建泉州500万吨／年炼油厂工程总承包施工任务。创各类优质工程1327项，其中大庆30万吨／年乙烯工程获国家优质工程金牌奖，乙烯装置、丁辛醇装置和顺丁橡胶装置分获国家优质工程鲁班奖。

化工生产有年产6万吨苯乙烯装置、年产2.5万吨聚苯乙烯装置、年产5万吨ABS装置、年产5万吨顺丁橡胶装置和年产1.2万吨丙烯腈装置等5套主体生产装置以及相配套的公用工程装置，年产量30万吨的复合肥装置。

在大型石油化工机械、自动化仪表、电器制造和安装方面具有较强实力；工程公司所属的建筑安装公司、设备制造公司和仪表安装公司，持有国家颁发的一、二、三类及高压容器制造、安装许可证，通过了国家ISO 9002质量体系认证，设备制造公司还持有美国机械工程师学会压力容器“V”钢印制造许可证，年设备制造能力6500吨。计算机开发公司能够承担石油化工装置控制系统组态设计安装、软件开发、化工流程模拟、仿真培训等任务。

地址：黑龙江省大庆市龙凤区
邮编：163714
电话：(0459)6752114
传真：(0459)6250208
网址：www.dqpc.com.cn

运动会场

复合肥厂

办公楼

检修现场

哪里有广汇
GUANG HUI
做实事　讲实效
新疆广汇液化天然气发展有限责任公司
地址：新疆乌鲁木齐市高

哪里就有发展
广汇
LNG

北京中油华电石

总经理 张晋龙

公司领导重视企业文化建设，图为公司员工在2003年度中国石油华北销售分公司春节联欢会上表演京剧选段——贵妃醉酒

北京中油华电石油销售有限公司（以下简称中油华电）成立于2000年5月，是中国石油天然气股份有限公司的控股企业，出资比例为中国石油天然气股份有限公司占60%，华北电力物资总公司占40%，隶属于中国石油华北销售分公司管理。

中油华电是中国石油惟一一个专向电力行业供应油品的石油销售公司。主要面向北京、天津、河北、河南、山西、湖南、湖北五省两市的电力市场。把火力发电的点火助燃用油、水力发电及电力相关企业的生产用油作为重点确保对象。油品销售以柴油为主。

公司自建立以来，面对电力市场分散、战线较长、到站多、批量少、用油随机性较强的行业特点，依托“中国石油”的优质品牌，依靠华北销售分公司的有力支持，充分发挥高效、灵活、精干的专业营销特点，克服重重困难，形成了公司经营四年，经济效益连续增长四年的喜人局面，共获纯利4000余万元。

截至目前为止，公司在五省二市内共向中国五大发电公司及地方、外资的49个发电厂供应了油品；同时在各省电厂较为集中的区域建立了5个以油库为中心、12个销售机构为代表的公路配送体系，采取以点带面，辐射周边电力市场的销售策略，全面保证了电厂的安全发电用油，被30多个电厂誉为“电力行业最佳油品供应商”。

面对新的形势，中油华电将继续坚持以经济效益为中心，以扩大电力市场销售和网络建设为主攻方向，依靠中国石油的品牌、资源优势，采取贴近用户的服务和诚信的营销理念，保持中油华电稳定健康的发展。

中油华电公司愿与社会各用户真诚合作，风雨同舟，共创美好未来。

加油站

储油罐

油销售有限公司

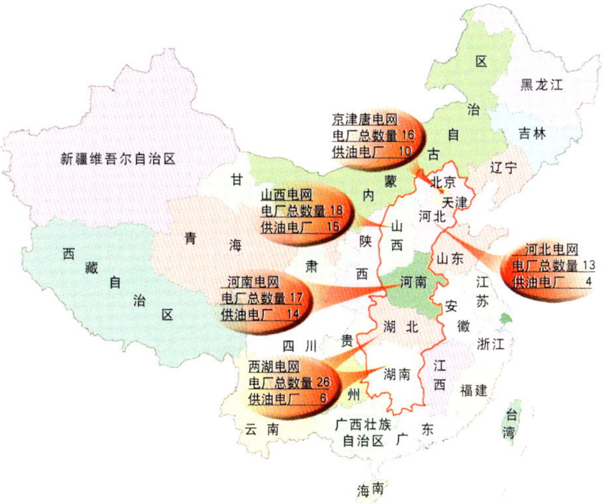

五省二市电厂供油分布图

立足电力市场，创行业供油新路，以确保电力生产用油为己任。精诚合作，携手并进。

地址：北京永外南木樨园 83 号
邮编：100075
电话：(010)87204811
传真：(010)87204810
E-mail:bjhd@petrochina.com.cn

“缘结石油，情系三峡”，为三峡水电建设工程、葛洲坝水电建设工程供应油品，以优质的服务赢得“三峡山水美，华电精神佳”的美誉

公司在河南电力市场以诚信和服务赢得了电厂的信任和支持，被电厂授予“结中国石油，用放心油品”的称号

“解燃眉之急，保安全发电”确保京、津、唐及河北电网电厂的安全发电和新机组投产运行，赢得了电厂的广泛赞誉

公司通过顽强拼搏，打开了山西电力的供油门户，被电厂授予了“立足三晋电力市场，创造中油华电品牌”的称号

中国石油兰州化学工业公司

经理、党委副书记　王庭富

党委书记、纪委书记、工会主席　谢延凯

中国石油兰州化学工业公司（简称兰化公司）是中国石油天然气集团公司实施战略重组后的服务公司。主要从事有机助剂、石油树脂、胶乳和特种橡胶的开发、研制、生产销售，石油化工工程的设计、建筑、安装以及为相关行业提供多种服务等业务。截至2003年末，公司总资产为12.5亿元，共有职工12700余人。

近几年来，兰化公司竭力在困境中寻求生路，通过加强企业管理、创新运行机制、加大扭亏脱困力度、大力培育新的经济增长点、加快移交企业办社会职能以及多种形式的重组改制，使企业逐步摆脱了困境，初步摸索出一条适合自身改革发展的新路子。现在，兰化公司广大干部职工正满怀信心按照企业发展目标和产业定位方向，努力建设一个主营业务突出、经济总量适当、资产创效能力较好、市场竞争能力较强、管理科学、持续发展的新兰化。

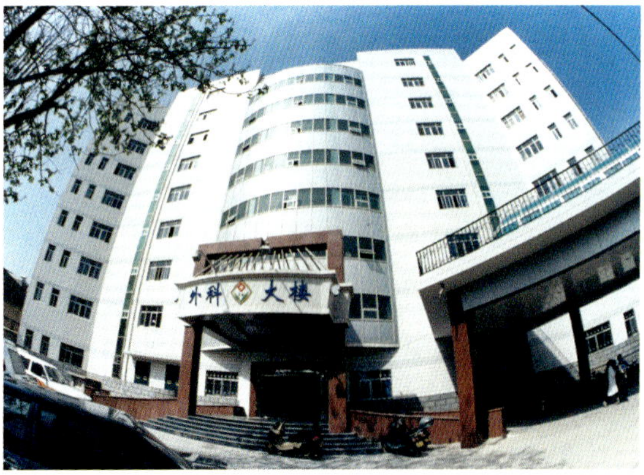

兰化职工医院外科大楼

兰化维达建筑安装公司在生产现场检修生产装置

建设中的兰化7万吨/年苯胺生产装置

地址：甘肃省兰州市西固区
邮编：730060
电话：（0931）7984380　7555851
传真：（0931）7555851

第十二篇

未上市企业及事业单位概览

第一篇 总　述

第二篇 油气勘探开发生产

第三篇 油气储运、炼化与销售

第四篇 对外合作与交流

第五篇 工程技术服务

第六篇 科 技 发 展

第七篇 质量安全与环境保护

第八篇 企业改革与管理

第九篇 精神文明建设

第十篇 机构与人物

第十一篇 上市企业概览

第十二篇 未上市企业及事业单位概览

第十三篇 中国石油天然气集团公司大事纪要

第十四篇 附　录

大庆石油管理局

【概述】 大庆石油管理局（以下简称管理局）是中国石油天然气集团公司所属的大型石油企业。其经营管理范围包括地球物理勘探、钻井、基建、油气生产服务、供排水、发供电、物业管理、房地产开发、精细化工、机械制造、农副产品生产加工以及文化教育、卫生、公共汽车、消防等诸多领域，其中，钻探、基建、供排水、发供电为主营业务。截至2003年底，管理局共有职工11.5万人，局属单位51个，拥有资产总额391.7亿元，国有固定资产原值267.4亿元，净值171.6亿元，资产负债率27.81%。2003年是企业谋求持续发展的重要一年。全局广大干部职工以党的十六大精神为指针，按照集团公司战略部署，确定2003年为“推进发展年”，进一步弘扬铁人精神，创新发展理念，深化改革调整，大力外拓市场，全面构建加快发展的平台，企业进入以战略管理为引领的新阶段。各项事业竞相发展，取得较好成绩。在部分关联交易价格降低、返哺递减、职工增资的情况下，全局实现主营业务收入274.41亿元，同比增长8.25%，实现利润3.02亿元，为实现管理局“十五”预期目标争得主动。

【生产经营情况】 围绕“推进发展年”的工作重点，全局干部职工齐心协力，开拓进取，在生产、科研等各方面都有一定的收获。钻探系统共完成钻井2173口，测井8660井次，固井3738口；基建系统完成750项工程项目，实现生产经营总值36.18亿元，局外市场施工产值突破10亿元；生产服务系统经营总值65.76亿元，完成总供电量109.31亿千瓦·时，自发供电量39.50亿千瓦·时，总供热量974万吉焦，总供水量22551万立方米，物资供应总额达53.79亿元；机械加工制造系统实现生产经营总值28.82亿元；多种经营系统强化内部管理，优化产业结构，实现生产经营总值80.83亿元；社会服务板块精简管理组织，集中优势资源，实现生产经营总值11.65亿元。科技创新领域，全局共组织开展53项重大项目研究，共取得科研成果179项，集团公司科技创新二等奖两项，专利申请量125项，国内外技术服务和新产品销售合同额25.1亿元。对外合作开发有了新进展，小油气田2003年投产新井69口，生产原油66031吨，生产天然气626万立方米，实现营业收入8556万元，实现利润2963万元。

【强化战略管理】 2003年，管理局把加强战略管理，从更高层次把握未来发展方向，作为全局上下着力探索的一项重大任务。为了使各项战略更好地指导发展实践，管理局党委和管理局认真贯彻落实党的十六大精神，结合集团公司“管理增效年”工作要求，规划二次创业的目标任务，确定全局产业定位，明确以外部拓展为主导的新的战略组合；搭建指导思想、发展思路、产业定位、战略组合、企业文化和稳定环境等有利发展的平台，全局战略体系更加完备，发展目标更为明确。管理局的发展战略，得到中央领导、集团公司以及社会各界的高度关注和充分肯定，也得到全局干部职工的一致认同。在管理局战略总体框架下，局属各单位准确把握主营业务定位，认真谋划符合实际的发展战略，走上以战略引领企业发展的正确轨道。全局上下认真落实“推进发展年”部署，呈现出千帆竞发、百舸争流的良好态势。企业发展的实践凝聚和调动广大干部职工思发展、求发展的积极性和创造性，形成共促发展的喜人局面。在抓好战略管理的引领下，全面加强预算管理、投资管理、物资管理等基础管理工作，努力增强管理创效能力，存货同比降低21.5%，全局重大闲置资产盘活12.7%，有效降低新上项目的投资成本，保证投资收益。

【新的发展观】 2003年，管理局坚持把解放思想，转变观念，作为确保战略顺利实施，推进企业健康发展的首要前提，倡导树立六种发展观。即树立依托油田不依赖油田求发展的观念；树立两种资源，两个市场求发展的观念；树立市场份额与效益并重的观念；树立靠比较优势求发展的观念；树立合作促发展的观念；树立全面发展的观念。通过广泛深入地教育引导，新的发展观逐步深入人心，有力地指导和推动企业闯市场、谋发展的实践。密切与油田公司的战略伙伴关系，加强与其他石油石化企业的合作，服务的层次和水平进一步提高；全局干部职工对形势的理解和把握更加深刻，视野更加开阔，立足两种资源、两个市场求发展的信心更加坚定；在拓展市场方面，内外市场并进，眼前利益与长远利益兼顾，巩固与拓展结合，使走出去的步伐更为坚实；全局发展定位切合实际，比较优势更加突出，市场竞争能力有效提升；对外合作的范围和领域不断扩大，发展的途径进一步拓宽；在经济总量增长的同时，职工群众物质文化生活日益改善，发展环境更加健康和谐，促进企业全面协调发展。观念的转变推动企业发展，企业发展的实践又促进观念的更大转变。在新的发展观引领下，全局干部职工思想活跃，精神振奋，士气旺盛，干劲十足，极大地推动各项事业的蓬勃发展。

【企业改革】　2003年，管理局按照中央关于国企改革的要求和集团公司的安排部署，加大改革调整的力度，不断强化改革。加快企业改制步伐，细化完善管理局整体改制方案，局属电泵公司、龙南医院等单位改制工作切实推进，二级单位多种经营企业三年改制计划已经完成。加快科技体制创新，对全局科技资源持续整合，组建化工技术研究院，加大对重点实验室的设备更新力度，科研条件得到改善。技术中心和科研单位两个层面的积极性有效发挥，促进重大科研攻关项目的顺利进行。稳步推进主辅分离辅业改制，编制管理局主辅分离辅业改制总体方案，部分多种经营单位和辅业单位实现“四分开”，企业办社会部分条件成熟的单位顺利移交。大力实施结构调整，持续整合资源，组建油田总医院集团、化工集团和石油装备制造集团，产业集中度进一步提高；已组建的集团持续进行内部整合，强化经营管理，整体运营能力明显增强。接续产业项目和燃料结构调整稳步推进，产业结构不断优化。通过持续的改革调整，全局管理体制和运行机制进一步理顺，资源配置更趋合理，为继续深化改革，加快调整奠定了坚实基础。

【外拓市场和关联交易】　2003年，围绕拓展外部市场，全局在资金、人力资源、组织设计等方面全面进行调整，加强力量配置。组建国际工程公司，强化驻外机构市场开发功能，完善市场开发网络和信息系统。通过全局上下奋力开拓，企业经营领域日益扩大，市场空间不断拓展。钻探、基建等工程技术服务业务，在巩固原有市场的基础上，积极开辟新的目标市场，中标委内瑞拉奥里乳化油、沈大高速公路等一批国内外工程项目，化工、机加、建材等产品外部市场占有率不断提高。全局外部市场完成合同额82.4亿元，实现收入74.62亿元，同比增长15.03%，创历史最好水平。特别是经过闯市场的艰苦实践，积累了宝贵的经验，队伍经受了很好的锻炼，培养了一大批适应外拓市场需要的复合型人才，成为企业谋求更大发展的坚强保证。在开拓外部市场的同时，以提高服务质量和服务水平为重点，巩固油田内部市场，全年实现关联交易收入147.18亿元。

【投资管理】　2003年，在基础管理方面，管理局共完成固定资产投资25.55亿元，同比增长44.02%。全局在投资上继续坚持效益优先、规模经济、比较优势、增量带动存量和高科技含量的投资原则，突出五个重点投资方向，发挥投资导向作用和推动作用，促进全局业务结构进一步优化。为保证各项工程项目按计划优质进展，管理局严把投资各关键环节，强化项目全过程管理。一是加强前期管理，严格评审制度，提高项目决策科学性；二是严格设计审查，强化概算审查，确保项目经济合理性；三是严格计划检查，强化过程监管，加大计划调控力度；四是加强施工组织，严格基建程序，确保工程施工质量；五是强化收益管理，严格回报制度，建立投资风险约束机制。通过采取这些措施，全局2003年建设的各项重点工程项目进展良好，执行符合率达100%。其中，合成氨技改已完成初步设计预审查；醋酸项目可行性研究报告已上报国家发改委，待批复；戊烷精分装置已于2003年10月中旬竣工投产，成为国内最大的戊烷发泡剂生产基地；青岛2万吨/年BOPP薄膜项目投产后运行状况良好；杏北、图强、登峰地区燃油改燃煤锅炉房工程已竣工；矿区环境综合整治工作也取得良好进展。

【安全环保】　2003年，管理局按照集团公司2003年安全生产、环境保护工作的总体部署，加强领导，落实责任，全面落实安全目标管理，进一步完善安全管理和监督体系，安全生产和环境保护管理水平有了明显提高。切实加强领导，完善管理体系，努力实现安全、环保工作标准化、系统化；从实效性、削减风险和研究标准入手，建立健全HSE管理体系；不断加强教育，强化法制宣传贯彻，增强干部职工安全生产环境保护的法律意识；以预防为主，加强隐患治理，确保生产施工现场的安全；同时，抓好示范，创建绿色企业，全面推进企业的清洁生产，树立良好的企业环保形象。通过以上措施，2003年全局共发生工业生产上报事故3起，死亡两人，重伤1人，千人事故死亡率0.014，千人事故重伤率0.007，千台车死亡率0.39。有控废气达标率98.78%，有控废水达标率97.58%；废弃物有效处置率100%，各项安全、环保控制指标都好于集团公司下达的考核指标。

【企业党建和思想政治工作】　2003年初，结合集团公司开展的“形势、目标、责任”教育，以纪念铁人诞辰80周年为契机，管理局深入开展“全面贯彻

'三个代表'重要思想，学铁人，立新功，为推进企业发展做贡献"主题教育活动，掀起学习贯彻"三个代表"重要思想的新高潮。通过举行铁人事迹巡回报告会、摄制铁人纪念片、组织纪念大会等十项大型纪念活动，在油田营造弘扬大庆精神、铁人精神的浓厚氛围，广大干部职工思想上受到深刻教育，极大地激发了投身二次创业的热情，充分展示出万众一心谋发展的良好精神风貌，得到全国总工会、国资委和集团公司等上级领导和外界的肯定。按照"五个一"工程要求，深入开展"三级联创"活动，提高基层党组织建设水平，有6个单位获得集团公司"百面红旗"荣誉称号；强化"六种素质"教育，有力地促进各级干部自身素质的提高；深入抓好廉洁从业教育，加大违法违纪案件查处力度，党风廉政建设切实加强；以推行服务承诺制为重点，进一步转变党员干部和两级机关工作作风；充分发挥工、青、妇等群团组织作用，形成推进发展的合力。

【职工群众利益的维护与实现】　按照"三个代表"重要思想和胡锦涛总书记立党为公、执政为民的要求，管理局努力为职工群众办好事、办实事，维护职工群众的根本利益。健全和完善职工代表大会制度，坚持厂务公开，不断加强企业民主管理。实行有薪休假制度，调整医疗保险标准，提高广大职工的福利水平。大力实施送温暖工程、用户满意工程、民心工程和安居工程，职工工作生活条件和矿区环境明显改善。深入开展"1127"和"一帮一，帮扶再就业"工程，努力帮助20863名有偿解除劳动合同人员实现再就业；通过法律途径解决退养家属生活补贴问题；落实离退休人员的"两项待遇"及相关政策；采取市场化用工和劳动力市场纳入市政府统一管理等措施，缓解待业子女就业压力。深入开展油田社会治安综合治理和与"法轮功"邪教组织的斗争，保证油田正常生产生活秩序。此外，全局上下，万众一心，取得抗击"非典"疫情的全面胜利。

（陈立民）

辽河石油勘探局

【概述】　辽河石油勘探局（以下简称勘探局）是集团公司所属的大型综合性地区工程技术服务企业，主要业务分为石油工程技术、生产保障、社会服务和多种经营四大板块。截至2003年底，勘探局有在职职工66600人，离退休职工25959人；拥有资产总额144.67亿元，固定资产原值122.57亿元，净值69.95亿元。

2003年完成钻井878口，进尺159.6万米；完成二维地震1630千米，三维地震741平方千米；实施各类测井作业8144井次；地质录井818口，常规录井1065口，综合录井235台·月；完成井下作业28841口，试油62口；勘察设计409项；建井口装置40套，建站37座，安装管线404千米，架设电力线44千米，修筑道路174千米，建桥涵376米/13座；完成供水量4589万立方米，自发电量4.23亿千瓦·时，供电量23.34亿千瓦·时。2003年实现总收入145.9亿元，上缴税费7.8亿元，其中，主营业务收入88.96亿元，上缴税费5.8亿元；多种经营销售收入51.46亿元，上缴税费2亿元。

【主营业务市场份额不断扩大】　主营业务系统进一步深化"精品工程"、"满意服务"活动，以向甲方和业主提供优质工程、优质产品、优质服务为宗旨，建立、完善进入市场的竞争机制，巩固市场的末位淘汰制和质量追究责任制，通过开展创建名牌施工作业队伍和创优活动，在地区市场上有力支持油田分公司增储、增产、增效和业绩指标的完成，在外部市场上树立辽河队伍的良好形象，赢得信誉，市场份额不断扩大。

钻探系统有77支钻井、录井、测井、作业队伍在国内市场作业施工，在长庆油田苏里格、靖南和榆林地区的气井钻井市场取得大的突破。境外市场2003年新增钻机2部、修井机3部以及相关配套设备和队伍。基建系统先后中标西气东输第10标段和支线穿越工程、西南成品油管线工程、沈丹高速公路、内蒙古大通道等10个大的工程项目和一批大中型勘察设计项目，承揽合同金额16.33亿元，比2002年增长29.6%。截至2003年底，有9部钻机、3部修井机、104台（套）物探、固井、测井、筑路等设备，在苏丹、委内瑞拉、伊朗、印度、巴基斯坦等国家施工作业。2003年签订境外工程合同4585万美元，比 2002 年增长 13.4%。井身、固井、测井、录井等质量合格率及地面工程一次验交合格率均达 100%，作业一次交井合格率 99.5%，地震数据优级品率 85%，基建工程设计优良率 90.5%，施工优良率 85%。

全局实现国内社会市场总产值 14.25 亿元，比 2002 年增加 2.59 亿元。其中，基建系统完成产值 12.02 亿元，比 2002 年增加 1.91 亿元；钻探系统完成产值 2.23 亿元，比 2002 年增加 6800 万元。国际市场实现收入 4300 万美元，比 2002 年增加 2000 万美元。

【科技创新】　2003 年，勘探局科技系统围绕集团公司"全面建设具有国际竞争力跨国企业集团"的发展战略，坚持以市场为导向，结合市场环境、内部资源及科技发展趋势的需要，大力研发和推广完善具有辽河特色的工程技术，发展新产业的关键技术，努力提升企业的核心竞争力。2003 年安排科技项目 64 项，勘探局直接投入科技资金 3612 万元，各二级单位科技投入匹配资金约为 5000 万元，承担集团公司技术创新项目 11 项，集团公司补助经费 877 万元。全局科技项目完成情况良好。"多底分支井钻井、采油技术"、"深井钻井综合配套技术"、"提高侧钻井小井眼固井质量技术"、"录井信息综合应用系统建设与配套技术"等 10 项重大项目的技术研究攻关有重大进展。"高压油气水井带压作业技术"、"地化录井技术"及"氮气采油"等 28 项推广转化项目进一步配套完善，在服务地区市场、开拓外部市场中发挥重要作用。2003 年取得重大科技成果 46 项，实现科技创效 9310 万元。"凝析气田地面工艺及配套技术研究"获集团公司技术创新一等奖，"松散地层取心技术研究与应用"、"中国含油气系统与油气分布规律"及"超稠油集输技术试验与应用"获集团公司技术创新二等奖。2003 年申请国家专利 75 项，授权 52 项。

【企业管理和改革紧密结合】

（1）压缩过剩生产能力，在定量调配施工队伍的同时，用市场的手段，将 14 支效益水平低、管理水平低、队伍素质低的钻井、作业队伍停产整顿培训，使企业生产要素配置趋于均衡合理，解决队伍干好干坏、干优干劣一个样的问题。

（2）在加强市场和矿区准入管理的基础上，综合运用经济、行政、市场手段，大力整顿市场秩序，拒签队伍准入 60 支，清理挂靠结算 34 项，金额 1800 万元。

（3）对局内工作量实行相对集中控制，计划配置局主体施工队伍工作量，按照施工、采购等项目额度与资质诚信挂钩进行分类配置。2003 年实施引进项目和百万元以上项目招标 144 次，招标率 100%，招标总额 4.62 亿元，中标总额 4.31 亿元，节约率 6.7%。

（4）整合组织机构，强化职能作用，先后组建油气合作开发处、西部市场开发管理部、苏丹项目管理部、委内瑞拉公司，调整国际合作部职能配置。

【实施人才强企战略】　勘探局着眼于激烈的市场竞争对队伍素质技能的新要求，初步形成经营管理、专业技术、操作技能 3 支人才队伍的长效培训机制。对 3300 名中高层经营管理者进行工商管理、法律法规等市场经济相关知识的系统培训；对 10400 名科技人员进行专业技术知识培训和继续教育；62360 人（次）参加岗位轮训、技术练兵、技能大赛，占职工总数的 83.3%，队伍整体素质明显提高。在国家专业机构、集团公司和勘探局开展的资质认证、技术升级考评和名牌施工作业队伍创建活动中，全局工程技术系统的 13 个企业、537 支基层队伍通过认证，基建系统各单位相继取得 39 项国家高等级施工、设计资质。

【开展"管理创新增效"活动】　按照集团公司关于开展"管理增效年"活动的部署，立足于增强企业持续发展的后劲。2003 年初，勘探局把开展"管理创新增效"活动作为全局工作的主线和推动各项工作的载体进行部署安排。坚持将创新发展理念、思路和方式、方法，纳入生产经营、市场开发、改革管理、科技进步等各项工作任务，细化分解为 28 项具体指标，纳入年度经营承包考核体系，分别落实到各个二级单位和机关部室，明确相应的激励政策和考核办法，分阶段进行典型宣传、成果展示、经验交流和总结考评，充分调动全员参与的积极性和创造性，对确保实现 2003 年生产经营预期目标起到积极的推动作用。

【企业基础管理工作整体上水平】

（1）严格执行资金预算制度，实行货币资金集中管理。对 82.7 亿元应收、应付款项进行集中清查，有效规范财务收支行为。搞好关联交易结算工作，资金回笼额比 2002 年增加 8.4 亿元，保证企业资金周转需要和使用效益的提高。加大清欠力度，清理回笼长期外借款 1500 万元。

（2）落实目标成本责任制，扩大降成本、降费用的广度和深度，非生产性支出、物资采购成本等 6 项指标综合降低 6%。

（3）全年固定资产投资控制在 14.1 亿元计划之

内，重点投资方向是主营业务装备更新改造，新产业、新产品开发，油气合作开发，矿区配套建设及维护。

（4）全面推行质量管理体系，顺利通过 ISO 9001：2000 质量管理体系认证。

（5）全年修订资金、物资、成本、营销、劳动用工、现场管理和涉外项目运行等管理制度 36 项，初步形成由人控制转变为制度、政策、机制控制的内控体系。勘探局获集团公司“质量管理奖”。

【安全环保工作全面达标】　勘探局以全面贯彻执行《中华人民共和国安全生产法》为主线，以深化实施整合后的 HSE 体系一体化管理为中心，以安全生产专项整治为载体，以安全科技创新为先导，以提高职工素质为根本，以规范多种经营企业安全生产为重点，不断加强安全生产管理工作，为勘探局生存发展创造一个良好的安全环境和工作秩序。落实国务院 302 号令，认真履行安全生产第一责任者的职责，真正把安全生产各项工作落到实处。组织召开安全生产委员会 4 次，研究部署解决重大安全问题 10 个。实施“分级管理，分系统负责”制度，层层签订《安全生产承包责任书》。实施局处两级领导干部承包安全生产要害部位和重点单位制度。继续实行重点要害部位消防安全双向承包管理、安全生产风险抵押金和保证金、安全生产奖罚和事故责任追究等制度。开展第 7 届“素质杯”活动和以“实施安全生产法，人人事事保安全”为主题的“全国安全生产月”活动。组织春季、雨季、冬季和节假日安全检查，坚持开展日常安全生产监督检查。2003 年发生工业生产上报事故 16 起，死亡 1 人，重伤 2 人，直接经济损失 26.8 万元；发生工业火灾事故 1 起，直接经济损失 3.11 万元；发生交通责任事故 2 起，直接经济损失 4 万元。各项事故指标都控制在集团公司下达的安全生产先进企业指标之内。

贯彻执行《中华人民共和国环境保护法》、《中华人民共和国清洁生产促进法》，贯彻落实集团公司《2003 年环境保护工作指导意见》和安全、环保、健康工作会议精神，组织实施勘探局《2003 年度环境保护工作计划》，推行清洁生产和 ISO 14001 和 HSE 管理体系，坚持从严管理，依法保护环境，努力实现企业生产经营的经济、环境和社会效益协调发展。勘探局所属的固定工业污染源能够平稳达标排放，杜绝较大环境污染与生态破坏事故的发生，2003 年排放化学需氧量 76.17 吨，二氧化硫 1122.29 吨，烟尘 547.34 吨，分别为盘锦市政府下达控制指标的 26%、25%和 14%；产生固体废物 37.86 万吨；产生粉煤灰、炉渣 11.14 万吨，综合利用率达 100%。在“非典”防控期间，勘探局下发《关于加强“SARS”病毒污染污水和废弃物应急处理的通知》，各职工医院制订相应的应急方案，有效地预防“SARS”病毒的传播。勘探局被集团公司评为安全生产、环境保护先进企业。

【多种经营规模效益扩大】

（1）集中力量抓新项目开发和可行性论证。甲醇技术改造、污水处理等项目投产运行；铀矿开发项目与外方合作进入地浸实验阶段，见到商品油。多方融资 3.1 亿元，开发 PE 大口径缠绕管、邻甲酚、超市、酒店等 50 个高附加值和劳动密集型、社会产品型项目。2003 年实施项目 26 个，年可增加收入 6.3 亿元。

（2）积极主动开展外引内联工作。2003 年实施合资合作项目 6 个，引进外部资金 6410 万元，其中与国内厂商合资开发玻璃纤维制品、纸制品等项目，引进资金 2239.8 万元；与日本、韩国、香港的厂商合作，投资兴建油井套管、电机节能控制器、彩涂钢板等项目，利用外资 305 万美元。

（3）集体企业改制工作全面完成。全局 150 家骨干集体企业完成改制，吸收职工投资 1.76 亿元，量化集体净资产 3.59 亿元，总股本达到 6.61 亿元。从业人员 11703 人，其中职工股东 11604 人，职工平均募股率达到 99%，职工个人股占总股本的 81%。

（4）进一步规范改制企业的法人治理结构，经济运行质量有了新的提高，2003 年实现销售收入 39 亿元，占系统总收入的 78%，实现利润 7000 万元，占 93.3%。

【领导班子建设】　优化领导班子结构，推进干部队伍“四化”建设，局党委和勘探局按照干部选拔任用程序，2003 年调整充实 49 个二级单位、局机关部室及直属单位的领导班子，新提拔正、副处级领导干部 62 人，调整交流 54 人，改善领导班子年龄、知识和专业结构。对国际合作部的 3 个副职领导岗位实行公开招聘。按照集团公司的部署和安排，积极开展企业领导人员年度业绩考核试点工作。2003 年底，制定企业领导人员人事制度改革实施意见和基本配套制度，并在条件成熟的 4 个单位进行试点，为全面启动新一轮企业领导人员人事制度改革创造条件。

【职工生活进一步改善】

（1）在企业总体经济效益提高的基础上，职工工资收入总量有较大增长。

（2）实施住房补贴政策，为无房户、未达标住户发放补贴资金4.6亿元。

（3）多方筹措资金2.8亿元，启动85－1型住宅楼加固维修工程，当年完成191栋。勘探局投资1.39亿元，用于生产生活基础设施配套及改造、矿区绿化和各类市政设施的建设与维护，教育、医疗基础设施建设和设备更新。2003年新增绿化面积117万平方米，绿化覆盖率达到35.6%。

（4）在地方政府支持下，1151名职工子女在新机制下实现就业，383名特困家庭子女实现就业。

（5）局和二级单位设立总金额近千万元的扶贫专项基金，127名贫困学生得到资助，88.4万元用于走访慰问军烈属、残疾人、特困户。

（6）基础教育规模扩大，高中入学率70%，提前、超额完成辽宁省“十五”城镇高中入学率总体目标，高考总上线率达到92.3%。

（7）医疗设施升级，救治能力提高，诊断符合率、患者满意率分别达到98%和96%。物业管理用户满意率达93%。截至2003年底，全油田共有7个小区获“全国物业管理示范住宅小区”称号，12个小区获“全国物业管理优秀住宅小区”称号，23个小区获“辽宁省物业管理优秀住宅小区”称号，4个小区获“集团公司物业管理优秀住宅小区”称号。勘探局获“全国人居环境奖”和“全国绿化模范单位”称号。

【精神文明建设和企业文化建设】 贯彻《公民道德建设实施纲要》，广泛开展群众性精神文明创建活动。在工程技术服务单位，继续开展创建“优质、安全、文明工程”活动；在窗口行业和单位，开展“创建精神文明示范单位和先进个人竞赛评比”活动；与盘锦市兴隆台区联合开展“创建文明社区、争做文明居民”活动；在油田矿区广泛开展各类群众喜闻乐见的文化体育活动。结合防控“非典”，组织开展“防非典、讲卫生、讲文明、树新风”活动。

坚持党政工团一齐上手，认真抓好职工职业道德建设和技能培训工作。全局组织开展以“培育诚信、以质取胜、打造品牌、创新增效”为主题的第三届“精品工程”、“满意服务”活动，引导职工牢固树立“爱岗敬业、顾全大局、优质服务、诚实守信”的职业理念和道德规范。通过脱产轮训、岗位练兵、技术比赛、倡导自学成才、签订师徒合同、开办职工夜校和评先选优等多种有效形式，促进职工队伍技能素质的提高。

根据集团公司关于加强企业文化建设的部署要求，制定《辽河石油勘探局2004—2005年企业文化建设实施规划》，明确企业文化建设的指导思想、基本原则、工作目标和主要任务。在实际工作中采取典型宣传、经验交流、专题研讨、成果发布等形式，充分运用报纸、电视、板报等载体，认真宣传贯彻集团公司统一的企业文化建设体系，在全局初步形成企业文化建设氛围。

深入开展“四五”普法教育，加强社会治安综合治理，加大同“法轮功”邪教组织的斗争，依法打击各种违法犯罪活动，维护油田矿区政治稳定和治安秩序。

勘探局被评为“辽宁省思想政治工作先进单位”，9个二级单位分别获得“全国用户满意企业”、“全国优秀施工企业”和“辽宁省用户满意先进单位”称号。30个单位、30名职工被辽河油田评为“窗口”行业精神文明建设示范单位、标兵。勘探局荣获“全国‘五一’劳动奖”和“全国守合同重信用企业”荣誉称号。

（牛丽波　初良尧）

华北石油管理局

【概述】 华北石油管理局（以下简称管理局）是中国石油天然气集团公司所属的集工程技术服务、生产服务、物业管理、社会服务和多种经营为一体的特大型国有企业。总部位于河北省任丘市，工作区域主要分布在河北、陕西、内蒙古、新疆、甘肃、青海等9个省、市、自治区以及委内瑞拉、印尼、苏丹等国家的石油天然气勘探开发区内。

管理局以工程施工作业为核心业务。2003年底，全局共有不同专业类别的直属单位（企业）57个，其中二级单位46个，局直属单位11个；职工51693人，其中女职工17092人，大专以上文化程度15036人，专业技术人员10256人；年末资产总额93.25亿元，其中流动资产45.87亿元，固定资产37.32亿元；拥有装备和辅助生产设施2553台（套），主要专业设备完好率94%，主要专业设备综合利用率62%；建成一批功能齐全的国家级和省级优秀物业管理小区。

2003年是管理局确定的“管理效益年、打造精品年、全面发展年”。全局上下紧紧围绕“改革、发展、稳定”这一主题，开拓进取、扎实工作，经受了“非典”的严峻考验，克服预算执行中各种特殊因素造成的困难，使各项工作都取得长足进展，取得好于预期的经营成果。

按照2003年工作部署，管理局在全局范围内组织开展“讲诚信、出精品、创品牌”活动，广泛深入地进行形势任务教育，增强职工诚信服务、争创一流的意识。在各个市场树立“华北石油”的品牌形象。

【生产经营】　2003年，管理局克服预算执行中3个特殊因素造成的困难，即抗“非典”增加的支出和造成的损失多达9000余万元，工资制度改革增加支出1.7亿元，电和成品油涨价增加成本4000多万元，圆满完成年度预算目标。全局实现主营业务收入631298万元，完成年度预算的114.3%，其中本地区关联交易实现收入264620万元，完成年度预算的111.6%，国内工程技术市场实现收入125652万元，完成年度预算的111.1%，国外市场实现收入40115万元，完成年度预算的124.3%。主营业务成本605251万元，完成年度预算的116.3%，收支基本按预算运行。集团公司三项费用补贴59851万元到位后，实现内部利润43119万元，完成年度预算的101.9%。

2003年，全局共完成投资74027万元。其中，集团公司投资15150万元，企业自有资金58877万元。按业务板块划分，工程技术服务板块37668万元，生产服务板块22763万元，加工制造板块2757万元，社会服务板块7839万元，其他板块3000万元。

【市场开发】　2003年，该局积极适应市场变化，不断优化资源配置，先后进行钻井工程队伍和市场布局整合，成立塔里木、吐哈、冀东三个市场领导小组；坚持诚信服务，施工作业质量和技术水平不断提高，在钻井、录井、测试、井下作业、管道施工、钢管销售等业务领域都树立了良好的市场信誉，并获得可观的市场份额。

（1）关联交易市场。各工程技术服务单位按照市场完全开放条件下的高标准做优每项工程、提供优质服务和产品，保证油田公司勘探开发和石化公司炼化生产的需要。同时，进一步完善华北油区关联交易协调机制，促进市场规范运作，2003年实现关联交易收入26.5亿元。

（2）国内市场。管理局坚持以钻井为龙头，不断完善产业链；以技术为先导，积极破解甲方难题，进一步巩固和拓展服务领域。在长庆市场，进入的钻机由20台增加到23台，2003年共开完钻214口井（其中气井18口），完成钻井进尺439609米（其中气井64834米），实现经营收入25062万元，加上录井、固井、管具、井下作业、地面工程建设、运输、供应等专业服务队伍一条龙运作，形成一定的规模优势，市场份额进一步扩大，共实现创收31320万元。在塔里木市场，华北队伍充分发挥技术优势，市场占有率上升到30%；在吐哈市场，抓住增储上产有利时机，扩增占有份额，2003年创收1.25亿元；在冀东、青海等市场，加强诚信服务，争创精品工程，保持较好的发展势头；管道施工市场，完成西气东输15标段和8标段A管线施工任务，并承揽长呼、南芜、忠武等管道施工项目，创出较好业绩。

机械加工制造单位抓住管道建设对钢管需求上升的大好时机，大干快上，产品质量和经济效益全面提高，利润突破亿元大关。水电、通信等生产服务单位，在开拓市场上也取得新的成绩。

（3）海外市场。管理局积极实施“走出去”的战略方针，充分利用设备、技术和人才优势，积极开拓海外市场。2003年共有9个钻井队、12个修井队、2个录井队、2个油建队伍、1个运输队计26个队伍，分别在苏丹、委内瑞拉、印尼、蒙古等9个国家从事钻井、修井、地面建设等石油工程技术服务。2003年海外完钻井78口、进尺113273米，修井618口，录井17口，运输1033车次，并建成一个150万吨联合处理站和两个小型储油罐。海外项目经营收入达40115万元人民币，同比增长31.8%。

为了加大力度发展海外石油工程服务，增强海外竞争实力，管理局加强海外技术装备的配套和人员技术素质的培训。根据不同国家的政治经济形势和经营环境，研究分析深层次的法律问题，规避海外项目的风险。海外队伍以过硬的技术、较高的服务质量、踏实的工作作风，完善的企业管理服务于海外市场，在委内瑞拉、苏丹、埃及、印尼等国家曾获得过“金鱼奖”、“技术奖”“明星钻机”等荣誉，呈现出稳步良好发展的新局面。

【生产建设】　钻井是管理局工程技术服务的龙头行业。2003年全局共动用钻机100台，开钻井692口，完井687口，完成钻井进尺165.8万米。其中，关联交易市场开钻338口，交井346口（地质录井346口），钻井进尺810000米，完成年度目标的101%。冀中、二连地区完成井平均井深2428.27米，比2002年同期深83.28米。机械钻速13.53米/小时，比2002年同期增加0.42米/小时。钻机月速为3349米/（台·月），比2002年同期增加113米/（台·月）。井身质量、固井质量均为100%。生产时效96.66%，比2002年同期提高0.26个百分点。事故和组停时效分别为1.03%和0.83%，分别比2002年同期上升0.26和降低0.09个百分点。主要钻井技术指标好于往年，特别是机械钻速和钻机月速两项指标，较2002年又有一定提高，达到历年最好水平。

2003年主要工作量完成情况为：

（1）钻井完成总进尺165万米，完成全年预期工作量的110%；其中探井进尺25万米，完成2003年预期工作量的119%；开发井进尺140万米，完成2003年预期工作量的108%。

（2）录井完成544口，完成2003年预期工作量的102%。

（3）井下作业完成3862井次，试油533层，大修581井次，压裂46井次，分别完成2003年预期工作量的102%、101%、148%和131%。

（4）油田建设完成施工价值工作量75229万元，完成2003年预期价值工作量的103%。

（5）供电量完成100965万千瓦·时，完成2003年预期供电量的96%；供水量完成1889万立方米，完成2003年预期供水量的102%。

（6）运输完成35293万吨·千米，完成2003年预期工作量的110%，完成产值1.06亿元。

（7）通信实现收入1483万元，完成年度目标的123%；油田道路大修产值4903万元，完成年度目标的318%。

（8）机械加工和维修完成工作量2588万元。

【技术进步】 全局年度科技计划下达项目为：科研66项，新技术推广7项。到2003年底申请评价项目54项（科研43项、推广11项）。立项课题进度达标率92%，项目验收合格率预计超过95%。共下拨科技项目经费1248万元，其中集团公司科技开发项目经费253万元，管理局科技项目经费995万元。用于工程技术服务方面的投入占经费总额的90%。

2003年，全局有5项技术成果获得河北省和集团公司的奖励（“深井超深井钻井配套技术”、“可循环微泡沫钻井技术”、“曲游梁抽油机”3项成果获河北省科技进步三等奖，“X70大口径螺旋管国产化及评价”、“酸化压裂配套工艺技术研究与应用”两项成果获得集团公司技术创新二等奖）。管理局参与的“煤层气勘探技术研究与实验”项目获国家科技进步二等奖。“X70大口径直缝埋弧焊管研制”被集团公司评定为西气东输工程技术成果杰出贡献奖，“CYW-1219垂直液压弯管机（冷弯）研制”被评定为西气东输工程优秀技术成果。2003年11月6日，在北京“中国国际石油、石化、化工工程技术与设备展览会”上，管理局专利产品——曲游梁抽油机获得金奖。2003年申请职务专利6项，认定专有技术6项。

2003年，管理局重点攻克一批制约发展和市场开发的技术难题。承担的5个集团公司技术开发课题，按计划进度完成3项，其中“测卡松扣仪研制”取得重大突破，已通过集团公司验收，认为“仪器的整体水平达到了国际先进水平。该课题属国内首创，填补了国内在该项技术方面的空白，并可取代国外同类产品”；“探边测试综合评价技术与特殊工艺井测试技术研究取得重大突破”，该课题各项技术在华北、大港、四川、伊朗等地区应用20多井次，为拓宽市场份额提供了技术支持；“3PE用共聚物底胶的研究”打破了进口产品垄断市场局面，在西气东输、忠武线等大型管道工程中累计应用超过1400吨，创利税1400多万元。

管理局工程技术服务队伍大量走向其他油田施工，科技工作也及时跟进，为企业出精品、创品牌、拓展市场空间提供有力的技术支持。在塔里木钻井市场开展的“薄油层长裸眼水平井配套技术”、“深井钻井液技术研究应用”项目，为进一步站稳和扩大该区域市场提供技术支持。在长庆市场进行的“气体膨胀水泥浆体系研究”、“低密度水泥浆体系研究”、“粉煤灰固井液体系及固井技术研究”项目，支持队伍打入长庆固井市场。测试公司应用“非自喷井试油试井新技术研究”成果进入长庆、冀东、吉林测试市场。井下作业公司通过开展“中高渗透地层的压裂工艺技术研究”攻关，使压裂工艺技术水平上了一个新台阶，依靠这项技术进入青海市场，稳固了蒙古国的SOCO市场。工程建设公司围绕西气东输管道工程进行的“大口径管道全自动焊接工艺技术研究”项目，把取得的成果作为指导施工的焊接工艺参数标准，对焊工进行强化培训，保证工程施工的高速度、高质量。

管理局积极实施人才强企和科技兴企战略，完善人才政策，强化激励机制，2003年又重奖了一批有突出贡献的科技人员，充实了两级技术专家队伍。

2003年实施科研和技术推广项目73个、完成课题49项，攻克一批制约生产和市场开发的技术难题，特别是水平井钻井、复合钻井、尾管固井、系列化水泥浆、防漏堵漏、中高渗透地层压裂等先进技术工艺的研究应用，为巩固老市场、开辟新市场、扩增市场份额提供有力的技术支撑。

【装备配套与设备更新】　管理局持续加大装备更新改造和技术配套力度，大力推动技术创新。在前三年先后投入13.7亿元进行设备更新改造的基础上，2003年又制定实施了装备技术配套三年规划，当年投入资金4.78亿元，其中用于装备更新改造3.9亿元，重点对钻井、井下作业和油建设备进行更新改造。2003年共更新改造设备750台（套），购置交流变频电动钻机4台、40吨以上修井机15台、挖掘机和推土机17台、储罐自动焊机12台（套）等一大批先进设备，还改造了1台大庆130钻机。

为进一步提升华北施工作业队伍的技术装备水平，2003年投资8780万元对施工作业系统进行技术配套，并为搞好这项工作而成立技术配套工作小组。2003年安排工程技术配套项目13个。其中，引进项目5个，国内项目8个。截至2003年底，大部分装备和技术配套项目已投入使用，并已显露出技术优势，提高了技术档次，增加了市场开发的科技含量和竞争实力。

装备的不断更新换代也促进了设备管理制度的不断完善和设备现场管理水平的不断提高。2003年，管理局被评为“全国设备管理优秀单位”。

【安全生产】　2003年，管理局坚持“安全第一、预防为主”的方针，积极推行HSE管理体系，调整HSE委员会，加强安全生产组织领导，不断强化监督检查，广泛开展安全知识培训和教育活动，保持安全生产的平稳态势。严格落实责任制，坚持执行安全事故领导责任追究和重特大工程事故领导责任追究制度及要害部位领导承包制度。同时，管理局根据各市场的不同情况，对外拓市场队伍实行HSE统一管理、检查和考核，有效解决外部市场施工队伍远离基地、安全监督力量相对薄弱的问题。

2003年开展两次全局性安全生产大检查，下达隐患整改通知书145份；开展两次井控大检查，对关联交易和国内市场所有正在施工的钻井、井下作业队伍逐一进行检查；开展锅炉压力容器、特种设备、节日期间车辆“三交一封”、人员密集场所消防等安全专项检查，促进全局安全生产工作的深入开展。

2003年，重新发布实施45个作业文件，进一步补充和完善安全管理制度；有重点地开展HSE管理体系认证工作，按照2003年初确定的工程技术服务单位HSE认证的目标，通过严格运行考核，钻井、井下作业公司等10个单位通过HSE和OSH体系审核认证；全局1205个基层队、站（车间）、90多个多种经营厂点实行HSE“两书一表”，增强抵御风险的能力。

为加强安全生产、降低工程事故的发生，2003年加强井控管理工作。针对局内外发生井喷事故的教训，结合施工作业队伍的具体情况，制定钻井、井下作业井控实施细则，成立管理局、二级单位、施工作业队的三级井控管理网络，并抓了探井、重点开发井和气井的二开以上验收工作。由于各项工作落实，2003年未发生重大钻井（井喷）事故，实现安全生产。

“12.23”罗家16H井井喷事故发生后，管理局按照集团公司12号明传电报的指令和要求，立即召开安全生产紧急会议，在全局布置开展以井控、锅炉和液化气充装站、防火、供电为主要内容的4个专项检查，并采取措施对查出的问题全部进行整改。此后，全局又在持续贯彻集团公司四个明传电报精神的基础上，开展以岗位责任制为中心的安全知识教育和检查活动，进一步提高广大职工“安全责任重于泰山”的认识。

在日常安全教育方面，企业对岗位员工广泛开展以HSE基础知识为主要内容的培训；对特种作业人员，进行以风险识别、避险技能为主要内容的培训，先后培训2820人；对各级安全管理人员，进行以法律、法规及体系文件为重点的培训；开展主题为“实施安全生产法，人人、事事安全”的“安全生产月”活动，通过印发宣传资料、组织宣讲团、剖析事故案例、开展应急演练、组织安全知识竞赛、开展征文活动等形式，对职工进行了一次系统的安全知识教育，使广大职工的安全意识明显增强，安全技能进一步提高。2003年，全局没有发生重特大工业生产、火灾、环境污染和对等以上责任交通事故，实现“四个杜绝、四个不超、一个确保”的工作目标，顺利通过集团公司安全生产先进企业和环保健康达标验收。

【企业改革与管理】　2003年，管理局按照地区服务公司的定位和发展方向，以“做专做强主业、放开搞活辅业”为主线，大力推进主辅分离、专业化重组、结构调整和改制分流工作。在深入调研的基础上，编制上报管理局公司制改造框架方案，进一步明确组建华北石油集团的总体思路；完成两个油建公司、两个新闻单位、四所院校的专业化重组，优化资源配置，理顺内部关系；大力推进产权制度改革，完成辅业单位改制7家，其中整体分流1家、国有控股改制6家。商业公司整体带资分流，改制为职工控股、管理局参股的有限公司，789名职工与管理局解除劳动关系；完成原综合二处机修厂整体分流改制的各项前期准备工作；完成橡胶研究所国有法人控股改制工作；基本完成多种经营企业的公司制改造，该类企业由原来的322家重组改制为97家；对运输公司进行主辅分离，成立汽车维修服务中心，为运输系统重组创造条件；第一机械厂柴油机大修业务及资产、人员整体划归济南柴油机厂；顺利完成工资制度改革，实现工资结构性调整，职工工资水平普遍得到提高。

在企业管理方面，按照集团公司要求，积极开展"管理增效年"活动，努力推进管理创新。在投资管理上，优化投资结构，突出投资重点，扶植长呼管道建设等一批发展性项目，加大与职工生产、生活密切相关的矿区设施改造项目的投入；在财务管理上，完善动态预算管理，细化预算项目，严格预算控制，强化预警制度；加强资金集中管理，开通网络银行，提高资金使用效率；在大部分单位推行会计委派制，强化会计监督，加强成本控制，减少非生产性支出，提高经济效益；在设备管理上，适应装备更新改造后的管理要求，建立完善设备管理规章制度，狠抓"十字"作业，加强现场管理，提高设备管理水平和使用效率；在职工队伍管理上，进行竞聘上岗、末位淘汰的动态管理试点，调动广大职工的积极性，并加强职工学习培训，促进队伍素质提高。

【矿区建设与物业管理】 管理局在前几年集中进行大规模矿区基础设施更新改造的基础上，2003年又制定实施新的"办实事项目"三年规划。一是安排1.2亿元工作量，实施绿化美化及补充"五路一排"工程。二是安排资金8800万元，继续实施锅炉改造增容和集中供热工程。三是实施会战道两侧容貌治理工程。四是完成菜市场改造工程，在任丘矿区，按照统一规划，建成投用阳光大街、供应和运输三个菜市场。五是投入8031万元，实施文教卫生系统设施更新改造，改善办学和医疗条件。新建的总医院门诊大楼于2003年9月破土动工，到2003年年底已完成地基工程。

在不断改善矿区基础设施和环境面貌的同时，物业管理单位积极加强管理，为矿区居民提供优质服务。各综合（物业）服务（管理）处普遍推行服务承诺制度，广泛开展创建文明小区活动，服务水平和满意率不断上升。热情为离退休人员服务，较好地落实他们的政治、生活待遇。各类学校积极进行教育教学改革，办学质量和育人水平逐步提高。医疗卫生系统加强医德医风建设和医疗技术研究应用，为患者提供良好服务。社会保险、计划生育等工作的服务水平也有了新的提高。

【稳定工作】 2003年，管理局认真贯彻落实集团公司信访（稳定）工作的部署和要求，扎实有效地做好稳定工作，使稳定工作水平较2002年又有新的提高，上访总量同比减少16%。全局未发生一起赴省、进京集体上访，确保队伍和企业的稳定，为矿区各单位创造良好的生产经营环境，为广大职工居民营造和谐安定的生活氛围。

2003年，全局共接待群众来访330起，524人次；处理人民来信162件，330人次。

在2002年解决有偿解除劳动关系人员医疗保险的基础上，2003年又加大了工作力度，为无业人员提供就业信息，组织进行实用技能培训；积极对外联系劳务项目，组织劳务输出；与地方政府联系协商，为矿区特殊困难的有偿解除劳动人员办理最低生活保障。各级信访部门深入细致的工作，得到职工群众的信任和好评，多次收到表扬或感谢的电话和信件。

【精神文明建设】 2003年，管理局以弘扬"求实创新、争优图强"的团队精神和"一切适应市场需要"的经营理念为核心的企业文化建设不断深入，围绕管理局生产经营中心开展的"讲诚信、出精品、创品牌"活动，培育职工良好的职业道德和行为习惯，精神文明建设水平又有新的提高。

按照管理局《企业文化建设实施意见》，2003年重点做了四项工作：（1）从宣传树立先进典型入手，弘扬企业精神和经营理念；（2）从制定推行职工行为规范入手，加强职业道德建设，努力培养职工遵章守纪、严格执行操作规程、追求卓越服务的良好职业作风；（3）从加强对外宣传入手，积极利用媒体手段宣传企业，树立良好企业形象；（4）从贯彻集团公司《企业文化建设纲要》入手，推动企业文化建设深入开展。

各级工会组织丰富多彩的活动，如"创建文明家庭"活动，以"科学锻炼，有益健康"为主题的"全民健身月"活动，以"春色满油城"为主题的文艺晚会、焰火晚会、职工游艺活动。"非典"过后，管理局及时组织第二届社区文化（体育）艺术节，共举办各类文化体育活动1642场次，满足不同层次的文化需求。

各级共青团组织广泛开展形势、任务、责任宣讲教育活动，2003年举办形势任务报告会190多场次。全局485个志愿者服务队、8094名志愿者长期活跃在石油矿区，深入开展青年志愿者活动和重大节假日大型便民服务活动。

企业关心广大职工，为困难职工排忧解难。春节期间，管理局开展“送温暖”活动；“非典”期间，又组织各级慰问团深入施工一线、基层队伍、艰苦岗位，看望和慰问职工把“关爱、凉爽、文化、健康”送到职工身边。

（李玉屏　解高岩）

四川石油管理局

【概述】　四川石油管理局是中国石油天然气集团公司下属的一个主营油气田工程技术服务、机械制造和油气合作开发，享有独立对外经济贸易和技术经济合作业务权的地区综合服务公司、国有大型企业。

截至2003年底，四川石油管理局有从事油气勘探、机械制造、施工作业、科研设计、多种经营、文教卫生等业务的局属二级单位47个；有从事地震勘探、钻井、试油、测井、井下作业、压裂酸化、油气田建设安装等施工作业队223个；有独立核算的多种经营企业214家；有在册钻机、数字地震仪、电测仪、综合录井等设备145台（套），有工程机械197台（套）、运输车辆1354台、动力起重设备591台（套）、金属切削机床621台，设备新度系数0.54；全局资产总额76.22亿元，所有者权益总额48.65亿元，负债总额27.38亿元，资产负债率35.93%，资本保值增值率99.14%；全局有在册职工42846人，其中教授级高级职称8人、高级职称864人、中级职称4172人。

2003年是四川石油管理局实施3年扭亏脱困工作的第二年，面对复杂的经营环境和“非典”疫情带来的不利影响，全局坚持以扭亏脱困为中心，深入开展“管理增效年”和“形势、目标、责任”为主题的教育活动，大力开拓川渝和外部市场，深化企业改革，加快技术进步，各项工作取得了新的进展。全年实现主营业务收入61.69亿元，较2002年增长39.35%；四川石油管理局与西南油气田分公司签订关联交易分协议37份，协议金额33.73亿元；完成企业增加值19.04亿元，固定资产投资6.50亿元；多种经营收入26.64亿元，利润1.65亿元；全年在中国石油天然气集团公司拨给的“三项费用”补贴从2.8亿元减少到1.8亿元的情况下，实现利润5765万元，超额完成中国石油天然气集团公司下达的扭亏持平的考核指标，取得了自1999年重组改制以来最好的经营效果。四川石油管理局荣获了“全国五一劳动奖状”。

【主营业务】　2003年，全局以贯彻“力保川渝市场，稳固外部市场”为指导思想，以优质的服务、合理的价格、良好的质量确保了关联交易方西南油气田分公司生产任务的完成。全年在本油区市场实现关联交易收入37.94亿元，较2002年增长27.14%；在外油区实现产值23.7亿元，较2002年增长65%。全年完成二维地震8717千米、三维地震636平方千米；开钻井206口，完成井177口，钻井进尺57.96万米；测井1066井次，固井243口、557井次，合格率100%，井下作业452井次；建筑业总产值10.39亿元，汽车运输货运量196.78万吨，通讯服务产值8282万元，物资供应服务总值20.16亿元。油气田建设完成“西气东输”工程16标段施工、8B标段、南芜支线、中卫黄河跨越管桥工程及忠武线输气管道等重点工程主体施工。

机制机修加工制造专业全年产值5.33亿元，销售收入5.19亿元，产销率97.37%。主要产品“川石”牌三牙轮钻头、天然气压缩机、螺旋焊缝钢管、钻井固控设备、钻机井场供配电装置的制造与销售稳中有升。被列为国家重大技术装备创新研制项目的ZJ50DBS钻机通过国家发展与改革委员会组织的鉴定，该钻机在国产5000米钻机上首创数字化、信息化、智能化平台，总体性能达到国际同类产品先进水平，批量出口乌兹别克斯坦；新开发的KQ78×65－105（70）井口装置、F35－70防喷器组、节流压井管汇等系列新产品进入国际市场；CSF－1000钻井泵赢得了美国用户和代理商的赞誉，再度批量出口美国。

钻井、物探、测井、固井等主营业务除进入国内反承包市场外，还在印尼、巴基斯坦、委内瑞拉、苏丹等国外市场保持一定的份额。涉外经营全年实现收入2.92亿元，较2002年增长13.62%。本油区低效油气开发、老井挖潜取得进展，油气业务板块开始形成。

【扭亏脱困与综合服务】

1. 抓管理促效益，扭亏脱困成效显著

2003年，四川石油管理局围绕全力推进扭亏脱困工作，确保实现扭亏脱困目标，在全局范围内开展了以"精细管理为主题，强化管理基础工作为重点，提高经济效益为目标"的"管理效益年"活动。

(1) 落实目标责任，健全管理制度。2003年初，管理局与各二级单位签订了经营目标责任书，层层落实了生产经营目标责任制；全局健全完善了预算管理、成本管理、项目投资管理、产权管理等13项管理制度；制定出台了物资采购、工程项目招投标等148个管理办法。

(2) 主营业务单位扭亏增盈成效显著。2003年，全局33个主营业务单位，有22个单位实现了增盈。其中，有19个单位提前1年实现扭亏为盈的目标。

(3) 加强资金运作，经济效益明显。通过实行投资预算执行情况全过程跟踪管理，加强统计监测预警分析、资金运作、内部控制和效能监察，全年审计项目178项，审出问题金额6.37亿元，取得直接经济成果1.78亿元。

(4) 还清债务，亏损减少。2003年，全局在保证生产经营的条件下，按期还清了全部债务11.8亿元；亏损额从2002年的2.74亿元减少到1.22亿元，减幅为55.47%。

2. 力保川渝稳固外部，抓住市场搞好服务

2003年，四川石油管理局根据川渝地区工作量大幅度增加，生产任务较重的实际，提出"力保川渝市场，稳固外部市场"的指导思想。

(1) 加强与西南油气田分公司的协调配合，及时从外部市场抽调队伍投入川渝油气勘探市场，确保关联双方生产经营的正常运行。全年实现川渝关联交易37.9亿元，较2002年增加27%。

(2) 立足把四川石油管理局建成中国西部最具实力的综合性油气工程服务企业的产业定位和发展方向，做专做强物探、钻井、测井、试油修井、录井、井下作业、油气田地面建设等八项工程技术服务业务；做优做精石油专用装备机械制造、物业管理、通讯、钻机搬迁、运输、大宗物资及石油专用器材供应；放开搞活社会通用性运输、机械制造、多种经营。全年，在队伍总量减少的情况下，外部市场的工作量在中石化西北、西南、中南局及塔里木油田等有大幅度增长，五大专业施工作业单位在外部市场的工作量，有的占了40%以上，最高的达到60%以上。

(3) 全年有11部钻机，9套测井、固井装备在印尼、泰国、伊朗、巴基斯坦、苏丹等国市场施工作业。

(4) 全局共有17个单位通过ISO 9001质量管理体系认证，8个专业化公司通过HSE体系认证，5个单位通过ISO 14001环境管理体系认证，259个施工作业队通过了集团公司资质认证审核。

(5) 全年有3个单位保持了"全国精神文明建设先进单位"称号，3个基层队荣获集团公司"百面红旗单位"称号，1个单位获"全国厂务公开先进单位"称号，全局所属各二级单位全部跨入当地文明单位行列。

【结构调整与改制】　2003年，全局继续以发展为主题，以结构调整为主线，加大力度，重塑主业，着力构建新的经营格局和管理体系，初步形成主营业务日益突出的经营板块。截至2003年底，全局分散的28个工程技术服务单位，已收缩精干为8个专业化公司，物探、钻井、测井、井下作业、油建等五大支柱专业突出，33个主营业务单位的构架基本形成，"小而全"体制初步解体。局对天驰公司、科宏公司、运输总公司、总医院和南充医院实施持续重组，完成井下作业专业化重组的准备工作和川西北矿区的综合性矿区结构调整的试点工作；局成立了产权管理中心，规范了全局产权制度改革工作；制定了股权管理办法，积极探索对投资前景好的项目实施增资扩股、债转股等资本运作方式。全年，全局投资4.48亿元对11台钻机等工程技术服务装备进行了更新改造。顺利完成全局新一轮"五定"和从局机关开始实施全员双向选择、竞聘上岗。年内移交、关闭学校5所，撤并减少医院1所，移交公安分局1个。6个物业管理公司获得了具有独立法人资格物业管理企业资质证。

【多种经营】　作为四川石油管理局多元开发重要组成部分的多种经营企业，经过从2000—2003年的重组、改制和整合，初步解决了多种经营企业小、散、弱的问题，多种经营业务集中度逐步提高。截至2003年，全局多种经营企业共改制23家、整合47家(其中2003年整合15家)、关闭49家，形成以凯源公司、宏华公司、宏发能源公司、兴能燃气公司为代表的具有一定规模、产品结构合理、市场效益较好的多种经营企业。2003年，全局多种经营收入26.64

亿元、利润 1.65 亿元，分别比 2002 年增长 16.08% 和 99.32%。

【科技创新与应用】　2003 年，四川石油管理局坚持"科学技术是第一生产力"，围绕依靠科学技术解决生产中的技术难题，组织全局工程技术人员大力开展技术攻关，不断提高和发展科学技术水平。全年完成科研项目 60 项，申请专利 21 项。其中，获四川省科技进步二等奖 1 项、三等奖 2 项和中国石油天然气集团公司技术创新二等奖 1 项；局参建的塔里木牙哈凝析油田产能建设工程和陕京输气管道工程分别获国家金质、银质奖章。局在欠平衡钻井、定向井、水平钻井、小井眼钻井、防斜打快、空气钻井、充气泡沫钻井、充气钻井液钻井、深井加砂压裂、大口径管道穿越等工程技术攻关上，都取得不同程度的发展和突破。特别是在 35 口井上应用欠平衡钻井技术研究成果获得成功，有力地促进了川渝地区乃至国内油气井欠平衡钻井技术和装备的发展，并为西南油气田分公司增储上产做出了贡献。

【"12.23" 特大井喷事故】　2003 年 12 月 23 日 21 时 55 分，由四川石油管理局川东钻探公司二公司川钻 12 队承钻的位于重庆市开县高桥镇晓阳村的罗家 16H 井，在起钻至井深 209.31 米时发生溢流，继而发生强烈井喷失控事故，喷出高含硫化氢的天然气。12 月 24 日 14 时井口停喷，15 时 55 分井场放喷管线点火成功。12 月 25 日，胡锦涛、温家宝、黄菊等中央领导同志做出重要批示，要求地方和有关部门全力搜救中毒和遇难人员，防止有毒气体继续扩散，尽量减少伤亡，组织疏散周围群众，安排好群众生活，做好善后工作。12 月 25 日，国家安全生产监督管理局组成的事故调查组抵达重庆市开县。12 月 26 日，国务委员、国务院秘书长华建敏同志率领国务院有关部门组成的工作组到达重庆市开县井喷事故现场。12 月 25 日，中国石油天然气集团公司总经理马富才赶赴事故现场。罗家 16H 井失控后，由于喷出高含硫化氢的天然气在井场周围迅速扩散，加之地形、气候和事故发生在晚上等不利群众疏散等因素的影响，导致 243 人中毒死亡，其中，包括两名石油职工。在国务院、中国石油天然气集团公司的领导下，经由集团公司、四川石油管理局、西南油气田分公司、川东钻探公司、川东北气矿的 14 名专家及技术人员组成的抢险前线总指挥部和 75 名抢险队员组成的抢险施工组的奋力抢险，12 月 27 日 11 时，压井作业成功，险情排除。

（陈世良）

长庆石油勘探局

【概述】　长庆石油勘探局（以下简称长庆局）工作区域主要在鄂尔多斯盆地及其周边地区。截至 2003 年底，局直属单位有 34 个，国有全资企业 1 个，控股企业 3 个，参股企业 1 个，托管企业 3 个；局机关设 17 个职能处室，机关附属单位 10 个。全局有职工 34696 人（含内部退养人员 3862 人），其中干部 11080 人，占职工总数的 31.9%；工人 23616 人，占职工总数的 68.1%。全局有离退休职工 11844 人，有偿解除劳动关系人员 6425 人。全局有基层党委 31 个，党总支 115 个，党支部 909 个。其中，在职党员 9091 人，占党员总数的 48.2%。

截至 2003 年末，长庆局共拥有资产总值 87.57 亿元。其中，所有者权益 39.06 亿元。全年主营业务收入 58.88 亿元，同比增长 11%；主营业务成本 57.96 亿元，同比增长 10.7%；完成企业增加值 19.4968 亿元，同比增长 1.70%；完成全员劳动生产率 56395 元/（人 · 年），同比增长 10.8%；上缴税费 5.1 亿元，同比增长 7%。

2003 年，长庆局积极落实集团公司的工作部署，贯彻"两条基本思路"，实施"四大发展战略"，凸现"十二字企业理念"。全年主营业务收入再创历史新高，生产运行安全高效，经济效益平稳增长，改革改制稳步推进，市场开发领域不断拓宽，科学创新能力进一步增强，科学管理水平显著提高，思想政治工作再上新台阶，职工生活水平明显提高。2003 年是生产经营双丰收、油气当量上千万、温饱有余大局稳、防非抗洪保安全的"四喜盈门"的一年。

【工程技术及生产服务】

（1）钻井生产：2003 年开钻 919 口，完井 918 口，完成钻井进尺 190.48 万米。钻机月速度 3445 米/（台 · 月），井身质量合格率 100%，平均建井周期 21.63 天，生产时效 94.35%。完成固井口数 895 口，比2002年同期少完成93口。油层套管固井合格率100%，平均动用固井队年效率220口/（队·年），固井队利用率81.2%；完成录井906口，比2002年同期少完成93口。平均动用录井队年效率20口/（队·年），录井队利用率78.07%。

（2）试油压裂及井下作业：2003年完成试油922层，比2002年同期下降9.78%，试油交井1002口，比2002年同期少315口。平均动用试油队年效率61层/（队·年），试油队利用率71.43%；完成井下作业13503井次，与2002年同期相比增长21.25%。完成维护性作业10827井次，与2002年同期相比增长29.47%。

（3）建筑施工：2003年承揽工程合同金额13.41亿元，与2002年同期相比增长35.2%。总承包工程完成产值10.40亿元，与2002年同期相比增长8.7%，创历史新高。自行完成施工产值8.11亿元，与2002年同期相比增长0.51%，创历史新高。最终建筑产品优良品率98.9%，竣工率100%，一次交验合格率100%。

（4）供水供电：2003年完成供水量1632万立方米，与2002年同期相比增长7.58%。供水商品率94.24%，供水损失率1.54%；完成发电量19990万千瓦·时，与2002年同期相比增长14.99%，供电量90066万千瓦·时，与2002年同期相比增长13.01%。负荷率82.35%，网损率4.68%。

（5）运输：全年完成货运量170.7万吨，与2002年同期相比下降2.45%，完成货运周转量37389万吨·千米，与2002年同期相比下降6.15%。完成客运量292.3万人次，同比增长2.57%。客运周转量29273万人·千米，同比增长5.90%，车辆完好率92.65%，车辆工作率74.81%。

（6）机械制造：全年完成现价工业总产值2.0662亿元，与2002年同期相比下降10.50%，完成现价工业销售产值1.8529亿元，与2002年同期相比下降12.36%。

（7）物资供应：2003年完成物资购进量26.15亿元，与2002年同期相比下降0.47%。完成物资售出量27.30亿元，与2002年同期相比增长4.28%，物资周转次数7.88次。

（8）通信信息：2003年末交换机总量已达68056门，同比净增7500门；实装单机52580台，同比净增1844台；中继线路6700路，同比净增800路；互联网用户达10938户，比2002年同期净增4203户，中继电路长度2685千米（其中，微波电路长度1024千米，光缆电路长度1661千米），与2002年同期净增176千米。

【市场开发】　2003年，长庆局充分利用“两种资源”，积极开拓“两个市场”。承揽和完成社会市场价值工作总量大幅增长，市场份额明显扩大。全年主营业务收入58.8亿元，其中社会市场收入8.8亿元，占15%。

国际市场开发取得了显著成果。2003年境外项目运行良好，三维地震工程项目已全面验交。向厄瓜多尔国家石油公司提交了7500万桶的石油探明储量和3200万桶的石油预测储量；优选了7口开发井、3口勘探井和1口评价井井位；钻井已完井五口（含合同外一口）；中央发电站和输变电建设按计划推进，装机容量11兆瓦的发电机组已开始安装。业主对这一部分工作的进度和质量十分满意，并主动要求再增加2台5万千瓦的发电机组。全部合同金额近1亿美元，累计完成价值工作量4017万美元。

【科技进步】　2003年，长庆局积极探索“效益科技”之路，投入科技经费3663.6万元。安排重点科技项目52项，其中技术攻关创新项目16项，新技术与新产品开发应用项目26项，软科学项目10项，项目计划进度完成率95.5%。获局级科学技术进步奖81项；申请国家专利13项，其中发明专利2项，实用型专利11项。“储油罐自力式防爆自动灭火装置”和“多功能天然气过滤器”两个科研项目获得国家专利，并形成了一批具有长庆特色的先进实用技术，为提升勘探局的技术实力做出了贡献。

（1）天然气欠平衡钻井技术：实施小井眼天然气欠平衡钻井2口井，其中苏39-14-1井，欠平衡钻井进尺783.7米，平均机械钻速达到20.87米/小时；苏39-14-4井在下部井段钻井进尺1091米，创造了国内天然气欠平衡钻井进尺新纪录。

（2）小井眼低成本快速钻井技术：小井眼钻井液钻井技术试验2口井，单井成本较常规钻井单井成本降低80万元，降低幅度达12.7%。

（3）低渗透油田老井重复改造技术：端部脱砂压裂改造工艺技术实施应用60口井，增产幅度达到130%。在此基础上，深化研究工作，不断探索新工艺，初步形成了堵水—压裂重复改造技术和多级充填压裂新工艺，试验应用效果良好。

（4）乌兹别克斯坦复杂地层水平井钻井技术：研究采用“环空悬浮钻井液钻井法”等多项新技术，顺利完成了复杂水平井350井的钻井施工。

（5）天然气复合钻井工艺技术：该项技术先后在

25个井队推广应用，累计完井58口，平均钻具失效由以前的2.08次/口降低到0.5次/口，较常规钻井平均机械钻速提高0.70米/小时，钻井周期缩短3.95天。

（6）新技术的试验与应用：针对西峰地区地层特点和技术难题，应用可循环泡沫及充气钻井液等多项新技术，实施钻井162口，与2002年相比，在平均井深增加67.76米的情况下，平均机械钻速提高了0.83米/小时，钻井周期缩短1.58天；为西峰油田经济有效开发和提高钻井速度提供了一套实用技术。

（7）低温集气工艺技术：该项研究攻克了节流膨胀制冷、低温分离、气液聚结等一系列关键技术，形成了以小压差、大面积换热、节流制冷低温分离为核心技术的低温集气工艺配套技术，在榆林、乌审旗等气田得到成功应用。为大规模开发低产、低渗、低含凝析油气田提供了一种成功模式。

（8）湿陷性黄土地区管道施工生态水工保护技术：研究试验形成一套适应黄土塬地区生态水工保护技术，该技术在西气东输工程B14A标段得到成功应用，经受住了罕见的“6.18”和“7.4”洪灾的考验，并在西气东输管道工程陕晋段推广应用。

（9）无线传输、有线接入数据传输系统：研究试验成功了无线传输、有线接入数据传输技术，在钻井工程总公司72个钻井队投入试运行，系统处于有序运行状态。初步实现了钻井数据的及时采集和远程传输，效果良好。

（10）油气田新产品研发：针对油气田市场特点，研发新产品、新装置，形成具有自主知识产权的钻井液固控设备、油田三抽设备、天然气田地面设备等四大类10余种新产品，创产值约1.2亿元，取得了良好的经济效益。

同时，科技人才开发见到成效。全局建立了近百人的局一级学术（技术）带头人队伍；选拔了15名局级技术专家，上报集团公司一级学术（技术）带头人5名；选送了40名干部参加工商管理硕士研究生学历培训和1名赴加拿大攻读MBA；参加集团公司及有关省（部）级单位或部门举办的各类培训53期，176人参加了培训，并在全局树立了优秀技术人才“十佳形象”。目前，全局共有各类工程技术人员4741人，占职工总数的13.7%；从事科技研发人员374人，占全局工程技术人员的7.9%。人才结构逐步得到优化，队伍整体素质明显提高。

【改革、改制】　2003年，长庆局在前几年内部专业化整合重组和改革试点的基础上，以建立现代产权制度和现代企业制度为目标，主要做了三项工作，即：扩大改制试点面、大力实行公司制改造及深化三项制度改革，并取得了显著成果。

（1）国有企业改制有了实质性进展。2003年国有企业组织实施项目4个，其中公司制改造2个，整体带资分流1项，组建新公司1个。涉及账面国有净资产240.3万元，分流国有职工239人，新公司注册资本3600万元。其中，国有股本600万元，投资中心股本275万元，职工个人（包括持股会）股本1043.8万元，其他法人股本1681.2万元。

（2）多种经营企业公司制改造基本完成。根据多种经营企业实际情况，将现有企业分为四类，并视具体情况进行整治。经过改制，长庆局多种经营产权多元化局面初步形成，并向“归属清晰、权责明确、保护严格、流转顺畅”的现代产权制度，迈出了至关重要的一步。

（3）股权及股权代表管理得到进一步加强，初步建立了内部产权管理与交易“两个平台”。加强了勘探局控股、参股的32个公司的股权管理，完善了股权管理体系，制定了股权管理实施细则、控股公司业绩考核办法、股权代表管理办法等一系列股权管理办法；初步搭建起了“产权交易”及“资本运营”两个平台；已明确的权益性投资3.09亿元，并已形成9个控股公司、23个参股公司。

（4）主辅分离、辅业改制分流试点工作全面启动。根据国家经贸委等八部委和集团公司有关文件精神，制定了《关于整体带资分流改制工作的指导意见》、《关于主辅分离、辅业改制分流工作的若干意见》，编制了《主辅分离、改制分流总体方案》，启动了辅业改制分流的第一批项目。

（5）“三项制度”改革见到了实效。在人事制度改革中，继续实行并扩大了干部公开竞聘的范围和巡视员监督的力度；开展了管理人员、专业技术人员和操作服务人员的全员竞聘（竞争）上岗，变身份管理为岗位管理；在劳动制度改革上，积极推行人事代理、劳务工、临时工等灵活多样的用工形式；在分配制度上，逐步引入劳动力市场价位的理念，并为职工取得合法的非劳动性收入搭建平台。

（6）分离企业办社会工作迈出了关键步伐。物业管理改革，将部分费用由“暗补”变为“明补”，向市场化运作迈进了一大步。按照集团公司的统一部署，全面启动了油田住房分配货币化改革和油田独立工矿区社区化管理试点工作。经过两年来的实践和摸索，龙凤园小区初步建立了共驻、共投、共享、共管的全新管理模式；同时，与社会联合办学、办幼儿园等工作也取得了较大进展。

【多元经济】 2003年，长庆局多元经济形成六大支柱产业，共有86个法人企业，安置从业人员达15416人，其中国有职工4344人。全年完成生产经营总值24.7亿元，同比增长13.9%；经营销售收入23.4亿元，同比增长11.8%；实现利润总额9348万元，同比增长51.4%。全系统实现利税3.0045亿元，增加值6.2511亿元；销售利润率3.99%；资产保值增值率109.79%；人均增加值44862.53元/（人·年），工业产品市场占有率25.01%，成本费用利润率4.19%，资产负债率77.41%。

2003年末，多种经营总资产31.69亿元，其中国有企业31886万元，集体企业14986万元，股份制企业为266360万元，其他类型企业为3692万元，分别占总资产的10.1%、4.7%、84%和1.2%。与2002年同期相比，国有、集体企业资产比例下降，股份制企业比例上升。全年固定资产完成投资2.4298亿元，新增固定资产2.4212亿元。

【安全、环保、质量】 2003年，长庆局认真贯彻落实国家和集团公司安全、环境与健康工作会议精神，坚持“安全第一、预防为主”的方针，以“精细管理”的思想统筹安全、环保工作，以法治化、体系化为主线，积极推进HSE管理体系建设和清洁生产，加大安全、环保监管力度，加速安全、环保科技进步，取得良好的工作业绩。全局各类上报安全责任事故共25起，同比下降24.2%，其中死亡人数和重伤人数分别下降了58.4%和28.6%；全局工业生产实现零死亡，交通安全杜绝了特大事故，重大事故得到有效控制，34个二级单位实现了交通事故零死亡。经集团公司现场考核，长庆局取得了集团公司安全生产先进企业和环境保护先进企业资格，是历史上安全指标完成最好的一年。

环境保护方面，12个主要生产单位建立了HSE管理体系；5个单位通过了多套管理体系整体认证；388个基层队实施HSE“两书一表”。由于按HSE管理体系严格管理，所以在生产施工中污染物排放浓度总量控制稳定达标，有控废气排放达标率为96%，有控污水排放达标率为95%，固体废物有效处置率为93%，全年杜绝了重、特大环境污染与破坏事故的发生。

2003年，在质量、计量、标准化方面制定了《质量管理考核办法》，编制了《质量手册》，以切实落实质量责任制；推进“质量目标管理、名牌战略、用户满意、队伍资质认证”四大工程，切实完善质量管理体系；开展产品质量监督检查，保证产品质量稳中有升；制定名牌战略发展规划，创建具有国际、国内先进水平的钻井、压裂、试油、修井及建设工程队伍，并以抽油机、压力容器、钻井液添加剂、固井材料、压裂酸化添加剂为主，争创省（部）级名牌产品，已有20种产品获得“3C”认证。

【财务管理】 2003年，长庆局在财务管理中，围绕管理提升年活动，强化预算动态管理，加强资金管理，推进会计集中核算，完善内部控制制度建设，全面实施“三位一体”的成本动态控制体系；抓好国有资产管理及财税政策的研究与落实工作，加强财会基础工作和队伍建设，努力提高财务资产管理工作水平，确保长庆局改革与发展目标的实现。

2003年，报表（母公司财务情况）反映亏损23683万元，在集团公司解决“三项费用”补贴后，减亏1292万元。主要财务指标为：资产负债率55.39%；流动比率1.07；速动比率0.88；存货周转率6.30；资本保值增值率102%。

【设备管理】 截至2003年底，长庆局共有设备3983台（套），期末设备资产原值24.25亿元，期末净值16.62亿元，新度系数0.69。主要专业设备综合完好率96.08%；主要专业设备综合利用率73.55%；主要专业设备故障停机率0.21%；设备特、重大责任事故发生率0‰。

2003年，集团公司批准固定资产投资规模为5.76亿元，完成投资5.76亿元，其中非安装设备购置投资规模3.36亿元。当年非安装设备购置计划实施的重点仍是提高工程技术服务单位的设备配套和施工能力，钻井、试油（气）、井下作业等工程技术服务单位的设备购置投资额占总投资的82.73%。其中，钻井工程总公司占46.81%，井下作业技术处占18.31%，三个采油技术服务单位占17.61%。在非安装设备购置过程中，坚持“技术配置要高，配套范围要全，成交价格要低”的原则，使购置的大型成套设备，达到了集团公司“先进、可靠、安全、实用、经济”的要求。

【教育卫生】 2003年，长庆局普通教育教学质量及办学水平继续提高，高考录取比率再上新台阶，全局大专以上录取1108人，比2002年增加89人，录取人数连续8年在百位数上换“字”头，录取率达到64.64%。本科录取733人，录取率达到42.77%。有6名考生分别被清华大学和北京大学录取。会考成绩超过所在省区省会城市水平，接近或超过省区重点中学水平。

全年共诊治病人 53.88 万人次，抢救危重病人 850 多人次，抢救成功率达 97%以上。为职工体检 33000 多人，巡回医疗约 6100 多人次；对 2465 名从事有毒、有害作业人员进行上岗前及预防性健康体检，对有毒、有害作业场所实施监测 367 个，设置监测点 3618 个。

【精神文明建设】　2003 年，长庆局企业文化、精神文明建设取得显著成效。制定了《企业文化建设 2003—2007 年规划》；确定了 8 个部级爱国主义教育基地；开展了创建学习型企业活动，培育具有长庆特色的制度文化、管理文化、品牌文化。持续实施企业文化建设“六大工程”，对企业形象识别系统进行了整体设计，大幅度提升了 CPEB 的品牌价值。加强党的基层组织建设，出台了《关于进一步加强基层党支部建设的意见》，表彰基层建设“红旗单位”28 个。共青团、青年工作在各级党委的领导下，创造性地开展工作。各级团组织认真贯彻局党委《关于加强共青团及青年工作的意见》，广大团员青年在生产建设中发挥了突击队的作用。

同时，第三采油技术服务处荣获“全国五一劳动奖状”称号；建设工程总公司荣获“全国精神文明建设先进单位”荣誉称号；长庆局局长、党委书记孙玉辰荣获“全国五一劳动奖章”；局工会女职工委员会和第三采油技术服务处工会女职工委员会被中华全国总工会授予“全国先进女职工集体”光荣称号；第三采油技术服务处工会主席刘永林荣获“全国优秀工会工作者”称号；钻井工程总公司 30533 钻井队、井下技术作业处压裂大队压裂五队、建设工程总公司新疆分公司三个单位被评为集团公司“百面红旗单位”；兴隆园小区又被评为陕西省创建文明社区先进单位。

（张宏鹏　李三卫　赵玉华　高生珠）

玉门石油管理局

【概述】　玉门石油管理局 2003 年共有职工 7979 人，下设 23 个独立核算单位，主要担负着水电热供应、油田作业、建筑安装、机械制造、客货运输、通信信息、物资采供、公路筑路、物业管理、农业牧业、教育培训、医疗卫生、离退休职工管理、公安消防、新闻电视、宾馆餐饮等综合服务业务和社会公益事业。截至 2003 年底，总资产 23 亿元，所有者权益 11.7 亿元。

【完成指标】　2003 年，全局上下直面“非典”影响，挑战市场疲软因素，求新思变、自强不息，众志成城、奋力拼搏，全年实现营业收入 8.96 亿元，完成年度计划的 105 %，同比增长 11 %；完成企业增加值 2.92 亿元，同比增长 8.1%；在集团公司“三项费用”补贴到位后，实现利润 174 万元，较好地完成了集团公司下达的各项经营指标。

【服务油田】　全局各单位理念上主动嬗变，市场上拾遗补缺，工作上精益求精，质量上不留瑕疵，能力上提高层次，有力地支持了油田的快速发展。水电厂适时组织设备检修和线路春检，对青西 20 多千米线路进行扩容改造，满足了青西油田产能建设的需要。油田作业公司集中力量提升服务能力，强化浅井钻井，质量、速度、效益大幅度提高；修井作业优质高效，缩短占井时间，完井、交井合格率达到了 99%，较好地支持了油田的稳产上产。机械厂成功研制出新型抽油机、高压井口装置、串联反馈杆式泵等新产品，受到了用户的欢迎。建安处积极承揽钻前工程施工工作量，确保了油田生产需要。物资处贴近现场，靠前组织，为油田勘探开发和炼化技术改造提供了质优价廉的物资供应。综合处完成了制桶、制气、塑料编织等生产线的技术改造，增加了产品品种，提升了产品档次。通信公司与中国网通合作，开展 ADLS 数据传输业务，解决了各作业区的数据上传问题。

【市场开发】　全局上下将市场开发作为发展的第一要务，用国际化经营的眼光把握机遇，用稳健的操作运营项目，使全局的市场开发工作充满生机和活力。一是热电技术改造工程已获集团公司批准立项。经过全局上下的不懈努力，使重组以来全局最大的发展项目热电技术改造工程得以立项。项目环评、委托设计、设备招标订货和旧厂房拆除等工作已经结束。密切关注西部管道建设筹备进程，提前介入，多方争取，设计单位已同意将供电负荷 1.3 万千瓦的加压站建在玉门附近，又为基础产业的成长壮大添上了浓墨重彩的一笔。二是对外合作成效显著。合作领域已从单纯的油田作业领域，进入机械产品加工和润滑油代理加工领域。土库曼斯坦项目部不仅创造了较好的经济效益，而且树立了“玉门石油”的良好形象，共增产原油 4.7 万吨，为我局创造效益 143 万元。成功中标阿塞拜疆油田市场，标志着我局在中亚地区建立起第二个战略支点。机械厂在哈萨克斯坦阿克纠宾油田，已建成抽油机、抽油泵组装生产线，迈出海外建厂的重要一步。通信公司与中国联通达成全面合作协议，为公司改制和酒泉基地通信系统建设创造了条件。三是区外市场开发步步深入。油田作业又有两支队伍进入塔里木和塔河油田市场，目前已有 7 支作业队伍奋战在塔里木盆地。建安处争取到了西气东输管道 118 千米的伴行路和水工保护项目，为全面完成生产经营指标奠定了基础。机械厂三抽产品进入青海、克拉玛依油田市场。物资处承担西气东输物资接卸中转、代理保管业务，共接卸、外运输气管道 4.46 万根 513 千米，创造了很好的效益。四是社会市场开发佳音不断，建安处争取到了嘉—玉—赤公路施工权，价值工作量达 1500 万元；与大港油田路桥工程有限公司合作，成功中标清水—嘉峪关 12 千米的高速公路标段，价值工作量达 6000 多万元。综合处与日本加藤公司合作，组建加藤工程机械设备维修中心，填补了西北地区的空白。通信公司渗透周边市场，实现了区外市场承包通信工程的首次突破。科达公司化工产品首次打开青海和克拉玛依油田市场，超微细碳酸钙产品销往吐哈油田，销售量同比增长了 3 倍。物业公司与大业草业集团签订供货合同，苜蓿种植面积达到 5500 亩。新闻中心加强周边市县和驻玉单位的宣传报道及广告承揽，报纸发行量和广告效益持续上升。教培中心成功创办外国语学校，有力地提升了油田教育的层次，教学质量稳步攀升，高考成绩再创历史新高。职工医院发挥专科优势，聘请专家来院诊治，治疗保健水平和经济收益有了明显提高。

【企业改革】　按照投资主体多元化、股权多元化、分配多元化和企业化经营、市场化运作、社会化服务的原则，各单位积极主动，创新管理体制，转换经营机制，通信公司、物业公司、教培中心、职工医院四个单位已完成了股份制改造。坚持业务集中、优化配置的思路和原则，撤销酒泉疗养院，将有关业务分别划归综合处、物业公司和职工医院；优化河西油气销售网络，将退管中心张掖加油站划归综合处统一管理。改善机关职能，强化薄弱环节，将设备管理职能从生产运行处划出，成立机动处，加强了全局的设备管理；适应酒泉基地搬迁的需要，将原房产管理中心和房产资金中心合并，组建了油田房产管理中心，为加强酒泉基地和矿区的房产管理提前做好了组织准备。

【人力资源开发】　积极实施人力资源开发工程，着力培育企业持续发展的智力资源，选派了一名处级干部赴美攻读 MBA；选派了部分中青年干部和 30 名处级干部赴京学习，进行新思想、新观念、新知识、新方法的理论培训，进一步提高了领导干部认识问题、分析问题和解决问题的能力。投资 168 万元，为成人外国语学校配备了教学设备；开设业余英语培训班，为进军海外市场培训人才、发现人才；选派了 12 名专业技术人员分别赴国内高校、俄罗斯、乌兹别克斯坦，进行为期一年的英语、俄语、阿拉伯语培训。开展了第七届职工技术比武大赛，掀起了学技术、学业务的热潮。招录了 77 名大中专毕业生，为全局的发展注入了活力。加大干部交流力度，调整配备领导班子，二级单位班子的年龄结构和文化层次明显改善。

【企业管理】　坚持从严治厂、从严管理，下发了《坚持艰苦奋斗、强化经营管理的通知》，各单位的管理意识、管理力度和管理效率有了新的提高。完善财务科长委派制，财务信息的真实性和资金的使用效率、运作效率更加有效。严格项目管理，工程质量、工程造价和建设成本得到有效控制，监督到位率、受监委托率和工程竣工备案率均达到 100%。适时开展 62 次岗位责任制大检查，堵塞漏洞，夯实了管理基础；修订《破坏性地震应急预案》，提高了地震应急处置能力；加大科技投入，鼓励科技创新，开展专利、专有技术的清理、登记和认定工作，科技管理日臻完善；机械厂研发的 norris（诺瑞斯）抽油杆获集团公司科技创新二等奖；坚持诚信经营、至诚服务，建安处、油田作业公司被省工商局评为“重合同、守信用”单位。树立安全第一的意识，开展“安全生产月”活动，建立和推行 HSE 标准示范岗，推行安全生产状况评估，强化日常安全工作，生产事故和交通事故明显下降。

【基地建设】　酒泉基地建设克服“非典”带来的不利影响，精心准备，精心组织，精心管理，精心施工，锅炉房主厂房、辅助厂房主体封顶，安装工作量完成 90%；主系统主要项目相继开工；玉兰园、兆祺园、怡静园建设进展顺利，小区 30%住宅已封顶；学校、医院正在建设；办公大楼破土动工；房改方案通过集团公司审查。各单位在支持、服务基地建设上付出了艰辛努力，水电厂提前制定电力供应方案，积极协调各方关系，有关工作正在加紧进行。机械厂塑钢门窗、暖气片、开关柜等生产线生产出合格产品。物资处急事急办、服务到位，确保物资供应。建安处根据基地建设需要，生产合格预制构件，满足基地建设需要。综合处发挥运输优势，合理组织，拉运建设物资；超前规划，初步完成了商贸步行一条街和周边商业门点的开发方案。通信公司抢占基地通信市场，完成了基地通信网络建设方案设计。物业公司为基地绿化提前做好准备，已培育各类花卉苗木 23 个品种 78 亩 11 万株。

【精神文明建设】　深化企业文化体系建设，征集、提炼企业理念用语，编发了《企业理念识别系统》和《企业员工手册》；邀请著名词曲作家创作企业歌曲，振奋队伍精神；“玉门石油”图形商标通过国家工商总局初审，提高了“玉门石油”的知名度和无形资产价值。坚持心系职工，为民造福，真心实意为职工谋利益，投资为油田作业公司吐哈项目部职工建设生活公寓，为青海项目部改善生活居住条件，解决了前线职工长期以来的生活困难；建设酒泉离退休基地老年娱乐中心和兰州离退休基地活动室，丰富了老职工的业余生活；千方百计创造就业岗位，为 100 多名待业职工子女解决了就业问题。在“非典”期间，拨专款 40 多万元，免费为返回油田的 1702 人和家中隔离观察的 282 人进行严格的体检和诊治，保持了一方净土。开展“送温暖”和扶危救困活动，资助困难学生和特困职工家属。同时，公安、信访等部门强化信访信息工作，有效地制止了集中上访。退管中心在保持油田整体稳定上做出了积极的努力。工会、共青团、女工、武装、保卫等组织，紧密围绕全局中心工作，做出了积极的贡献。全局荣获国家级“精神文明单位”称号，精神文明建设走在全国的前列。

（卜鹏洲）

青海石油管理局

【概述】　青海石油管理局（以下简称管理局）是中国石油天然气集团公司所属的从事石油天然气工程技术服务、生产技术服务和基地服务业务，兼营其他业务的综合服务公司。主要生产工作区域位于素有“聚宝盆”之称的青海柴达木盆地。主要经营范围包括：石油天然气钻井、固井、试油、井下作业，钻井液及化工原料研制、销售；建筑安装、油田建设、工程总承包、工程监理、特种工程施工；机电设备制造、加工、修理；水、电、暖生产与供应；客、货运输；建筑建材生产和销售；物资采购、存储、批发、零售；锅炉压力容器除垢及修理；通讯工程；中小学、幼儿教育，医疗卫生，社区物业管理，生活后勤服务，旅游服务，多种经营等相关服务。

截至 2003 年 12 月底，全局共有职工 13004 人。其中：管理及专业技术人员 3939 人，占职工总数的 30.3%。全局有硕士研究生学历 3 人，大学本科学历 844 人，大专学历 1887 人，中专学历 1469 人。全局教授级职称 3 人，高级技术职称 175 人，中级技术职称 1402 人，初级技术职称 1932 人；高级技师 16 人，技师 337 人；操作人员中高级工 2334 人，中级工 3375 人，初级工 1731 人。拥有固定资产原值 25.17 亿元，净值 14.92 亿元。组织结构为“一个机关、两个模拟公司、三个经济责任中心”的管理体制，即：局机关、石油天然气工程技术服务总公司和昆仑实业服务总公司两个模拟公司，投资、利润、成本及回报三个经济责任中心。局机关共有 10 个业务部室，9 个直属单位，3 个直管单位，全局共有 45 个二级单位。

【生产经营】　2003 年，全局上下在油田公司发展的带动和大力支持下，充分依靠各级组织和全体干部职工，努力克服和消除“非典”疫情对全局生产经营带来的影响，赢得企业整体稳步推进的局面，保证生产经营的健康发展，实现 2003 年初确定的工作目标。2003 年，经营收入 156021 万元，同比增加 13305 万元，增长 9.32%；关联交易收入 134911 万元，同比增加 11381 万元，增长 9.21%；上缴税费 15996 万元，同比增加 4922 万元，增长 44%。全局外部市场经营收入 17600 万元，同比增长 12.2%，占管理局总收入的 11.3%。油田内部市场份额达到 80%，同比增长 8.17%。低效油田生产原油 12012 吨，同比增加 7196 吨。完成钻井进尺 20.476 万米，其中探井进尺 23852 米；试油 105 层组；维护作业 1361 井次，大修作业36井次，压裂酸化95井次；固井354井次；管理局及青海油田职工持股会控股、参股的法人企业年收入4483万元；多元开发单位年创收16095.47万元；费用单位年创收11776.55万元；驻外机构年创收627.31万元。

【企业定位和发展方向】　2003年，在集团公司的正确指导下，按照解放思想，实事求是，与时俱进，开拓创新的精神，管理局进一步明确“从事石油天然气工程技术服务、生产技术服务和基地服务业务，兼营其他业务的综合服务公司。通过结构调整、产业整合、资产重组，使管理局由以工程技术服务型为主的企业，成为工程技术服务与拥有自主产品的企业，实现企业转型，增强企业的市场竞争能力、市场应变能力和化解市场风险能力，真正成为自负盈亏、自主经营、自我积累、自我发展的现代企业，为集团公司的发展做出应有的贡献”的企业定位和发展方向，理清了工作思路，完善了企业的发展战略。

【人员培训】　2003年，管理局积极实施人才强企战略，编制完成“经营管理人才、专业技术人才、操作技能人才、国际合作人才”四支人才队伍培训方案，制定出台配套的人才培训、使用、待遇、考核一体化的管理办法，通过实行“强制培训”和“鼓励自学”相结合的形式，2003年共培训各类人员11835人次，其中经营管理人员工商及岗位任职资格取证培训180人，“四支”人才队伍培训2333人，国际井控、技能鉴定、焊接等行业取证培训2359人，为实现管理局的战略目标打下人才和智力基础。

【企业管理和改革】　2003年，管理局认真开展“管理增效年”活动，积极推行HSE、ISO 9000质量管理体系的认证和运行，强化岗位标准化管理，严格落实安全生产责任制，安全事故比以往有所下降；加强纪检、监察和审计工作；进一步完善财务预算管理，启动运行内部模拟银行，提高资金的使用效率，取得管理水平和经济效益提高、生产成本和费用下降的较好效果。同时，通过积极推进改革与结构调整，企业适应市场的能力不断增强。完成并上报主辅分离、辅业改制总体方案和部分办社会职能的移交工作。勘察设计研究院加盟中国石油集团工程设计有限责任公司，油田公安分别移交到青海、甘肃两省管理。在改进企业领导干部选拔任用方式、完善分配激励机制和业绩考核办法等方面进行探索。

【重点项目】　花土沟燃机电站正式投入运行，发电5900多万千瓦·时；低产低效油田合作开发取得进展，获份额油9500吨，实现收入1379万元；西宁1万吨PVC项目销售收入3554万元（不含税），实现收支平衡，略有盈余；昆仑山矿泉水年销售收入129万元。甘—青—藏旅游项目积极推进，已在西宁、拉萨设立青海石油旅行分社。螺旋藻下游产品开发项目稳步进行并成功实现藻蓝蛋白和藻多糖的工业提取。5万吨氯酸钠项目已报集团公司审批。

【市场开发】　2003年，管理局加快产业结构升级，加大市场开拓力度，使企业生存发展空间进一步扩大。投资3.6亿元用于钻井、井下作业、发电、施工建设等主营业务单位设备的更新改造，提高了队伍装备的整体水平。加快队伍资质提升，7个单位建立QHSE管理体系，48个石油工程施工作业队伍通过集团公司的资质认证。围绕油田增储上产控制成本和花格输油管线改扩建、30万吨产能建设等重点工程，通过实施创造最大价值工程，推行项目管理，提高施工质量，得到甲方好评。中标玉门、新疆等油田的酸化压裂、投产维护、化工产品部分项目，完成西气东输工程一个标段198千米的物资中转工作量；在道路建设、供电、吊装热洗、生活后勤等社会服务市场中均占有一席之地，特别是路桥公司在青海省道路施工中已初步创建品牌，赢得信誉。

（刘志刚）

新疆石油管理局

【概述】　新疆石油管理局（以下简称新疆局）是中国石油天然气集团公司所属的地区综合服务公司，是中国西部最大的、在国内外市场具有较强竞争实力、在区域经济中占有举足轻重地位的大型石油技术服务企业。主要从事石油及天然气的钻井、录井、测井、试油、井下作业、钻采工程技术服务和工程建设、机械制造、公路运输、发供电、供排水、通讯等业务。局本部设在新疆维吾尔自治区克拉玛依市，局机关设18个处室，机关直属、附属单位18个；局属单位43个，其中局级单位1个（独山子石油化工总厂），副局级单位1个（中国石油天然气集团公司新疆职工培训中心），厂处级单位41个（其中副处级4个）。有石油工程技术队伍309个，其中钻井队83个、录井队47个、井下作业队100个、试油队22个、测井队57个。

2003年末，全局职工总数55586人，有各类专业技术人员19569人。其中，具有高级专业技术职称的1203人，中级7464人。拥有资产总额139.53亿元，其中：固定资产原值103.44亿元，净值67.88亿元，净额61.60亿元。拥有主要专业技术装备5000多台（套），其中钻机90台（套），测井设备58台（套），综合录井设备35台（套），井下作业设备171台（套），工程建设机械装备407台（套）；自备发电厂总装机容量171兆瓦；通信程控交换机总容量11万部；有3座水库，总库容11310万立方米。

【生产经营】 2003年，围绕建设“强、精、特”特色现代企业的战略任务和四届五次职代会暨2003年工作会议确定的工作目标，加快建设主营业务，大力提升竞争能力和盈利能力；加强市场开拓力度，努力培育长期稳定的战略市场；继续深化企业改革，建立符合市场经济规律的运行机制；广泛开展“管理增效年”活动，不断提高管理水平；克服“非典”疫情带来的影响，全面完成各项指标和任务，主营业务更加突出，竞争能力不断增强，各项工作呈现出较好的发展态势，迈入发展的快车道。

2003年，实现总收入85.94亿元，实现企业增加值31.2亿元，增加值劳动生产率5.61万元/(人·年)，全面完成集团公司下达的经营目标，实现利润848万元。在全局45个经营考核单位中，42个完成生产经营目标，占考核单位的93%。2003年完成钻井进尺202.6万米，试油132层，测井8650井次，地质录井1722口，井下作业大修3408标准井次，小修45692标准井次。与2002年相比，主要实物工作量均有不同程度的增长，钻井、测井、井下大小修、发供电、货运周转量均创历史最好水平。此外，新疆局与新疆油田公司密切合作，积极探索合作开发的新思路和新机制，实现低效油气资源的合理开发。2003年完成投资3.6亿元，新建产能13.8万吨，合作生产原油26.74万吨，在推进主营业务快速发展方面发挥重要作用。

【科技创新与技术改造】 以解决工程技术难题和开发、推广应用新技术新产品为重点，取得科技成果90项，获得集团公司、自治区科技奖励42项，开发新技术、新产品40项，申请专利20项，科技成果应用率达到95%，科技进步贡献率、成果转化率分别达到50%和75%，显著提高新疆局在钻井、测井、录井、酸化压裂、管道建设等领域的技术水平和技术实力。南缘复杂地质钻井取得了重要突破，承钻的东湾1井各项指标均创该区最好纪录；测井具备复杂构造带测井解释和水平井、小井眼井等特殊井测井能力，解释符合率达到86%，高于行业标准11个百分点，达到国内领先水平；在西气东输管道工程中应用的长输管道全位置自动焊接工艺技术，填补了国内空白。

工程技术服务装备技术水平进一步提升。2003年投资4亿元，配备ZJ70DB电动变频钻机、2000型压裂车组、ZJ40DBT电动变频钻机、空气雾化钻井设备等一批具有国内一流、国际先进的关键设备，报废销毁一批高消耗、工艺技术落后、有安全隐患的装备，主要装备的新度系数有所提高。与2002年相比，固井质量合格率由98.9%提高到99.2%，测井优质率由98.6%提高到99.1%，探井解释符合率由87.7%提高到91.8%，其他主要技术指标均有较大幅度的提高。

【企业管理】 2003年，全局上下在生产上精耕细作，在技术上精益求精，在经营上精打细算，在管理上精雕细刻，企业管理朝着科学化、精细化的方向迈进。

在财务管理上，继续实行资金的高度集中管理，合理运作资金，2003年节约财务费用2650万元。加大对往来款项的清欠力度，明晰新疆局的债权、债务状况，对现有资产进行彻底清查，完善资产管理办法。针对跨地区劳务和海外项目增加引起的税收问题，以企业所得税和流转税为重点，做好企业税收筹划，降低企业税收成本。

在投资管理上，相继完善投资管理、招投标管理等规章制度，规范投资管理程序；在项目决策上，实施严格的经济技术论证，形成集团公司、管理局局务会、管理局专业审查会“二层三级”的决策制度；严格实行投资回报制度，进一步落实项目管理责任，提高投资收益。

在市场管理上，以落实关联交易为重点，在“两分两合”、“实现双赢”等基本原则的指导下，明确2003年“关联交易规范化、转移费用价格化”的工作方针，落实关联交易联席会议制度，与新疆油田公司签订为期三年的关联交易分项协议，建立新型的战略合作关系。

在法律事务管理上，建立法律事务管理网络，完善法律防范体系。加大合同管理力度，2003年新疆局分别被国家工商总局和商务部授予“守合同、重信用企业”和“中国诚信500家信用体系指定示范单位”荣誉称号。

在人才培养上，与企业需求相结合，加强经营管理、专业技术和操作人员队伍建设工作，重点做好专家与学科带头人队伍、对外合作人才队伍和高层次复合型人才队伍建设。建立以技术专家和学科技术带头人为龙头、专业技术骨干为主体的专业技术人才队伍，选拔10名管理局技术专家、27名学科技术带头人和253名专业技术骨干。选派42人到国外院校进行外语和专业培训，共培养对外合作人才210余名。选送80余人到重点院校攻读博士、硕士学历学位。充分发挥企业博士后科研工作站的借智引智作用，吸引4名博士进站工作。以提高职工的文化和业务技术素质为重点，在操作人员队伍中强化岗位技能和实用技术培训，选拔4名集团公司级技术能手和46名管理局级技术能手，培训高级技师78人、技师226人，壮大高级操作技能人才队伍。此外，加强与国内重点院校、科研单位及科技人才密集地区的人才智力交流与合作，积极做好企业紧缺人才的引进工作，吸引200余名大学生来局工作。启动新疆石油奖学金，为优秀毕业生的引进工作打下坚实的基础。

在质量管理上，坚持“以质取胜”方针，认真开展创精品活动。共有19个单位通过质量管理体系认证，质量管理水平不断提升。钻井井身质量合格率保持100%，取心收获率、固井质量合格率有新的提高。工程建设公司在西气东输工程中连续1205道焊口一次拍片合格率达100%，创造施工质量新纪录；参建的“牙哈凝析气田产能建设工程”，获国家优质工程金奖。2003年8月25日，霍10井获得重大发现，固井、录井、测井、试油等工程技术服务队伍在施工过程中精心设计、精心组织、精心施工，为这一历史性突破做出重要贡献。

【企业改革】　2003年，新疆局企业改革工作取得新的进展，一些长期困扰企业发展的深层次问题正在逐步得到解决。

在加快主辅分离与政企分开方面，按照集团公司批复通过的产业定位和体制格局目标，编制《新疆石油管理局主辅分离辅业改制分流总体方案》，明确辅业改制分流的工作目标，并初步完成辅业单位和主业单位辅业部分的业务、资产、人员、管理的“四分开”工作；启动工程咨询中心、独山子监理公司等中介机构的改制分流工作；与政府协商一致，对教育局等七家合署办公单位的61名工作人员及资产进行分离划转。

在规范多种经营企业方面，对全局的多种经营单位进行全面清理，完成六家多种经营企业的改制工作，分流职工559人；已完成改制一批的六家多种经营企业，正在积极运作改制前各项筹备工作；依法注销12家没有条件改制、只能依赖主办单位生存的多种经营企业。

在工资制度改革方面，按照集团公司的统一部署制订和实施《新疆石油管理局工资分配制度改革方案》，引入市场劳动力价位理念，建立以岗位工资为主的基本工资制度，体现岗位责任、履岗能力、岗位业绩与收入的相对统一，有效地发挥工资的激励作用。

在人事制度改革方面，配合工资制度改革，建立管理岗位、专业技术岗位和操作服务岗位分级分类管理的岗位管理制度，打破企业员工的身份界线，实现由身份管理向岗位管理的转变，初步建立竞争机制和激励约束机制相结合的人事管理制度。另外，制定各级专家和学科带头人的补贴制度，为留住和吸引人才起到重要作用。

在独立工矿区的管理方面，经集团公司批准成立中共新疆石油准东地区工作委员会和准东地区管理委员会，对准东地区的经济、社会、文化发展和企业、社会政治稳定负总责，统一协调处理准东地区事务。这一重大举措，在独立石油矿区的体制创新与管理创新上做出有益探索，对准东地区的稳定和发展起到重要作用。

【市场开拓】　“巩固传统市场，开拓外部市场”的市场方针得到落实，油区内市场占有率稳中有升，外部市场收入稳步增长。

在油区内市场，通过联合技术攻关和对口服务等措施，配合新疆油田分公司做好准噶尔盆地腹部、西北缘等重点区块的勘探工作和老区稳产、新区产能建设工作，为新疆油田分公司实现年度勘探开发工作目标提供有力的技术支撑和后勤保障，巩固市场份额。钻井、测井、录井内部市场占有率稳定在90%以上，测试、射孔、压裂、试油继续保持100%。2003年获得关联交易收入54.36亿元。

国内以天山以南市场为重点，稳步拓展塔里木、塔河、青海、长庆等油田市场，积极参与西气东输、忠武线等管道工程建设。2003年，外部市场的国内部分实现收入5.45亿元，其中天山以南市场实现收入3.05亿元，增长29.2%。

国外以钻井和工程建设、设计为龙头，在中亚、中东、南美洲、非洲等四个地区的九个国家开展技术服务和施工建设，有9个单位、24支队伍、500余名技术人员与国内外强手同场竞技。在阿曼PL－43井钻井施工的新疆局GW110钻井队，创造该区块作业以来的多项新纪录。阿曼甲方公司、中石油勘探开发公司、长城钻井公司分别发来贺电，称“为中国石油人争了光”。哈萨克斯坦肯基亚克盐上项目提前完成主要工作量，工程调试投产一次成功，并顺利通过业主和当地政府的验收。国际市场目前已由投入期进入收获期，实现收入3.36亿元，比2002年增长112%。

2003年，外部市场共实现收入8.81亿元，占主营业务收入的13.2%，比2002年增加0.8亿元，增长10%。

【安全环保】　2003年，新疆局充分认识安全生产的极端重要性，进一步增强安全生产工作的责任感、使命感和紧迫感，采取多种措施落实安全生产责任制，夯实安全工作基础，加大安全管理力度。

深化HSE体系建设，制订HSE创优升级实施方案，自上而下成立考核小组开展工作。截至2003年底，全局共有12个单位通过HSE管理体系和职业安全健康体系认证，5个单位通过环境管理体系认证，自上而下已建立起完善的安全管理网络，形成横向到边、纵向到底的三级安全管理网络。探索不同生产作业性质的监督模式，结合实际情况，探索推行钻井“单井监督”、井下作业“巡回监督”、工程建设“项目监督”、运输“动态监督”、电厂“安全运行分析监督”五种监督模式。

加强石油勘探开发过程中的生态环境保护，施工作业队伍认真实施清洁、无害化生产，积极消除污染。2003年，新疆局首先在钻井、井下作业、试油、油建等14个施工作业队伍中进行“绿色”作业试点。钻井公司、井下作业公司在施工作业中积极实施“环保作业，绿色井场”活动，自觉地消除工业污染，有效的保护了环境。

应用环保科技，治理工业污染。钻井公司与各大专院校进行合作，研制环保型钻井液，基本解决对地层及地表造成的污染问题。实施《优化钻井岩屑处置，提高钻井废液回收利用率管理方案》，使废液回收率由原来的60%提高到80%以上，有效地解决废液产生的污染问题。

开展交通安全“爱自己、爱他人、爱岗位”的“三爱”教育活动，严格执行“两封、一停、三交”和局内部驾驶员上岗证制度。在车队中开展创建“零事故”车队、“百万公里”优秀驾驶员评选以及降车速、反违章等为主要内容的交通安全活动。推广使用“道路行车仪”，试点安装了车辆“道路行车记录仪”，初步实现车辆行驶监控自动化，数据采集科学化，由过去的路检路查转变为对车辆行驶进行科学的数据采集诊断的管理模式。

2003年，新疆局有效遏制了重、特大事故的发生，一般生产事故同比下降17%，千台车死亡率为4.6‰，同比下降50%，安全生产和环境保护各项指标均控制在自治区和集团公司下达的考核范围内，分别被自治区、集团公司授予“2003年度安全生产先进单位”和“集团公司安全生产环境保护先进企业”的荣誉称号。

（陈　鹏）

吐哈石油勘探开发指挥部

【概述】　2003年是吐哈石油勘探开发指挥部（以下简称指挥部）各项工作取得丰硕成果的一年，是多项生产经营指标创历史新高的一年，是“十五”计划取得阶段性重大进展的一年。一年来，指挥部认真贯彻十六大精神，深入实践“三个代表”重要思想，坚持发展主题不动摇，以“五个一流、强精特优”为目标，大力实施“市场开发、国际化经营和凝聚人心”三大战略，齐心协力，共谋发展，国内外市场捷报频传，各项事业蒸蒸日上，两个文明建设协调发展。

截至2003年底，指挥部拥有资产总额603230万元。其中，固定资产原值487937万元，净值294156万元。职工总数12450人，其中干部4070人，占职工总数的33%；机关处室15个，直属单位3个，二级单位34个，其中驻外办事处10个（含3个离退休职工管理部和太湖度假村）。

【经营情况】　2003年，实现收入289926万元。其中，工程技术服务实现收入139494万元，占48%；生产服务实现收入87775万元，占30%；加工制造收入16469万元，占6%；社会服务等单位实现收入33972万元，占12%；科研开发实现收入12216万元，占4%。应上缴税费13873万元。集团公司三项费用补贴后利润为876万元，超额完成了全年盈亏持平的经营目标。

【主营业务工作量完成情况】 2003年，钻井开钻230口，完成220口，进尺671818米；试油94层，完成井下作业1843井次，其中地面压裂、酸化462井次；录井393井次；油建筑路完成价值工作量35697万元；供电量35573万千瓦·时，完成供水量2128万立方米；完成物资供应量129084万元；运输实现客运量10845万人·千米，货运周转量11634万吨·千米；机械制造与维修实现工业总产值19787万元，销售产值19862万元；顺酐生产8177吨，销售7085吨。

【市场开拓】 2003年，指挥部紧密围绕油田公司加快发展战略，积极配合原油上产会战，开展劳动竞赛，强化生产组织，发挥整体优势，提供优质超值服务，优先保证内部市场队伍和装备需要，队伍数量达到重组以来最多，内部市场主体地位进一步凸现。在外部市场，正确处理规模与效益的关系，以结构调整为主，周密部署队伍和装备，适当调减东部市场作业动力，加大西部市场开发力度，持续不断推进市场开发战略。外部增加钻井、井下队伍6支，总数达到30支，市场布局进一步优化，服务领域有了新的突破，总体保持稳定增长势头。以西气东输、地方基础设施和市政建设为主的社会市场进一步拓展。全年共开钻230口，完成进尺67.2万米，完成年计划的146%，同比增长50%；创造了经济总量、动用钻机数、钻井总进尺等多项新纪录，实现了历史性突破。井下公司内外市场进一步扩大，全年动用钻、修机组69部，比2002年增加12部，其中内部市场增加7部，外部市场增加5部。钻采工艺研究院内部市场稳中有升，主要技术服务项目占有率达70%以上；周边市场扩大到玉门、青海、塔河、塔里木、中国石油化工集团公司新区指挥部等区域；全年收入1.28亿元，实现了历史性跨越。地质研究院积极为吐哈油田提供技术支持，市场占有率80%以上，收入同比增长20%。录井工程公司为确保内部市场需要，及时从长庆、青海抽调队伍，使其市场占有率达90%以上；玉门工作量增长34.7%，塔里木增长40.8%，塔河和阿塞拜疆获得准入，内外市场稳步拓宽。油建工程公司重返塔河，突破青海，挺进酒泉基地，稳定社会市场，完成西气东输管道施工任务，焊接质量一次合格率为99.17%；外部工程占56%。物资供应处、运输公司、机械厂积极实施跟随战略，在服务油田、稳定内部的同时，西出东进，拓展外部，市场开发取得新进展。物资供应在做好西气东输管材仓储转运等相关业务的同时，抢抓商机，进入地方物资营销市场，提高了仓储服务效益。运输公司积极配合钻井搬安、原油转运和客运交通，为西气东输和中原、华北钻井搬安提供配合，千方百计扩大外部市场。机械厂调整市场开发策略，积极扭转不利局面，内部市场工作量上升31%。供水供电处、技术服务公司、哈密物业公司走出吐哈，外部市场实现了突破。供水供电处完成了胜利油田河口110千伏变电所施工任务。技术服务公司抢占先机，积极进入克拉玛依热洗市场。哈密物业公司加强软硬件建设，获得物业管理国家二级资质和锅炉维修、电梯维修安装、绿化工程施工等三级资质，外部市场取得新突破：承接乌鲁木齐近10万平方米物业管理项目，实现了物业管理走出吐哈的夙愿；花卉、肉食品、建材等产品打入社会市场。信息产业处、技术监测中心、鄯善物业公司着眼全国大市场，外部市场发展势头良好。信息产业处坚定不移走产业化发展之路，形成了乌鲁木齐—吐哈—西安—深圳“四点一线”发展格局，收入突破亿元大关。技术监测中心实现了监督、监测、监理三大业务整体推进，在稳定吐哈、玉门的基础上，实现了塔河、酒泉、青海、贵州四省7个地区的重大突破。鄯善物业公司全力打造“坎儿井”品牌，纯净水产销两旺，被评为乌洽会名优产品，首次进入北京人民大会堂，展示了良好发展前景。

指挥部积极开拓两个市场，利用两种资源，适时调整“三大战略”，把国际化经营放在战略地位予以高度重视，加快建设国际化队伍，加大工作力度，境外市场日益扩大；劳务输出初具规模，科技服务稳步发展，油气综合项目顺利起步；外贸业务持续增长，海外事业保持了强劲发展势头。2003年，新增阿塞拜疆和印尼市场，业务扩展到7个国家；增加服务队伍7支，累计达到24支。国外钻、修机数达到19部，全年钻井30口，进尺6.9万米，修井50井次；油气综合项目正在运行，哈萨克斯坦物资仓储供应、机修服务项目进展顺利。同时，技术服务迅速发展，成为拓宽国际市场的又一个亮点。钻采工艺研究院不断扩大哈萨克斯坦气举技术服务项目，新增了本井气气举、气举排液、气举投捞和水平井技术服务，气举收入增长129%；与阿塞拜疆签订技术研究与开发一揽子协议，与里海石油公司、巴迪士公司达成了水平井合作协议；海外收入增长113%，占其总收入的25%。地质研究院先后对乌兹别克斯坦、格鲁吉亚两个油气区进行地质、油藏、钻井等方面的深入研究，并取得了新的认识，为开发海外市场提供了有力的技术支撑。

【技术创新】 指挥部密切跟踪分析目标市场技术需求，注重技术集成和应用，深入开展"特色、创新、储备"三个层面的技术攻关和创新活动，研究开发和应用了一批具有吐哈特色的新技术、新工艺，为加快形成特色技术序列和实现工程技术的更新换代打下了坚实基础，进一步增强了指挥部核心竞争力。全年共开展了41项技术攻关和新技术应用，其中国家级创新项目两项，集团公司级重点攻关课题3项，课题完成率95.7%，获省部级成果5项、国家实用新型专利授权5项，科技成果应用率90%，科技创效1.5亿元。

(1) 科技创新氛围日趋浓厚。指挥部加大对获奖技术创新成果的单位和个人的表彰力度，有效调动了科技人员的积极性和创造性。进一步增强了技术创新的使命感、责任感和紧迫感，形成了用科技创新统领生产经营、带动市场开发、锻造新型企业文化、加快发展的新思路，技术创新与生产经营优化整合，科技管理和技术开发力量得到加强，目标和方向更加明确，形成了浓厚的科技创新氛围。

(2) 特色技术开发应用效果显著。形成了复合钻井技术、PDC钻头优快钻井技术、新型钻井液体系和固井完井等特色技术，平均机械钻速提高10%—40%，钻井周期缩小20%。井下公司小井眼开窗侧钻又创新水平，取换套技术扬名青海油田，大型混气压裂技术创5项全国新纪录，高砂比压裂技术在鄯善油田使用后平均日增油6.7吨，一批抽油井使用该技术后转喷，为吐哈油田稳产发挥了重要作用。

(3) 重点项目研究取得新突破。国家级课题中低渗透油藏气举采油技术研究进展顺利，完成了扎那诺尔防硫化氢气举工具的研制及气举采油工程实施方案的编制，并进行了10口井的连续气举现场试验。短半径水平井钻井技术在鄯南1C井现场试验取得成功。

(4) 技术交流协作进入新阶段。积极开展学术交流活动，举办三次大型技术座谈会，交流经验，拓展视野，提高了技术创新的起点。以加强技术储备为契机，与石油大学、武汉化工学院、CGG公司联合，建立3个合作发展的技术联盟，逐步实现从应用性技术创新向具有自主知识产权的特色技术研发转变。钻采工艺研究院与钻井公司、地质研究院与录井工程公司建立两个技术联合体，促进了科研与生产相结合。供水供电处进一步完善钻机电网供电系统，取得了两项国家专利。组织技术人员赴目标市场开展技术交流，增进了解，展示了形象，促进了市场开发。

【多元发展】 多元板块在抓好石化厂投产、原有业务稳定发展的同时，积极拓展新领域，超额完成了全年生产经营任务，步入良性发展轨道。2003年3月15日，石化厂一次开工成功，生产出了第一批国标优级产品，创造了国内以正丁烷为原料、全套装置国产化的顺酐投产一次成功的先例。全年生产顺酐8177吨，产销率达到86.6%；自备发电机开车一次成功，日发电达12000千瓦·时，实现了良好的经济效益。能源公司积极应对市场巨大冲击，开拓市场，狠抓营销，注重安全，优质服务，积极扩大"吐哈石油"品牌效应，销售总量创新高，收入增长40%以上。恒升公司多渠道组织原料，加快装置改造，强化生产组织，狠抓产品质量，一举扭转连年亏损局面，产销两旺。吐哈石油大厦集团成为世界金钥匙酒店联盟成员，"非典"时期采取有效措施，赢得"全国卫生保障饭店"称号；采取积极营销策略，努力创收增效，收入同比增长80%。广州办事处有效消除"非典"影响，抓住旅游旺季，收入再创新纪录。其他各驻外办事机构都采取积极措施，努力创收增效。与此同时，指挥部加快新项目论证步伐，投入一定力量对乙烷回收等6个项目进行调研论证、编制项目建议书和可行性报告，及时向集团公司汇报，积极培育新的经济增长点。

【安全生产】 2003年，指挥部狠抓安全生产，人身伤亡事故损失有所降低。

(1) 突出安全生产培训和现场监督检查，以全国"安全生产月"活动为重点，组织开展安全知识竞赛、安全教育巡回展览、HSE管理体系培训等活动，增强全员安全意识。加强日常的现场监督和抽查，每季度对各单位进行有重点的检查考核，发现问题，及时整改，见到了良好的效果。

(2) 加强交通安全管理，开展"反违章、降车速"交通安全专项整治和百日交通安全大整治活动，加大路查力度，对违章者采取现场批评教育、媒体曝光、举办培训班等措施，杜绝了重大交通事故。运输公司从预防入手，加强管理力量，加大内查外巡，狠抓现场监督管理，违章现象得到有效控制，事故明显减少。

(3) 严格落实井控管理制度，抓好钻井井控车间的规范化管理和井下作业过程的井控工作，与油田公司联合组织井控检查，落实整改措施，受到上级检查团的好评。

（4）狠抓外部市场安全管理，组织玉门、青海、塔里木市场安全环保和基础工作大检查，事故得到有效控制。

【企业改革】 2003年，指挥部主要做了以下几方面的工作。

（1）按照集团公司统一部署，研究编制指挥部主辅分离辅业改制分流总体方案，对指挥部现有业务进行主辅业划分，摸清三类资产的范围和数量，制定分年运行计划。将吐哈石油宾馆和吐哈石油公寓划归吐哈石油大厦集团，实行专业化经营，集团化管理。

（2）扎实开展“五定”工作，对227个岗位进行现场测试写实，重新编写5262个岗位工作规范，为工资制度改革奠定基础。鄯善物业公司等单位积极进行分配制度改革试点，为指挥部深化改革做了有益探索。

（3）坚持存量保留，增量拉开，进一步搞活经营机制，钻井单井完全费用承包、井下单机利润考核、油建单项工程核算、运输单车经营核算等经营方式不断完善。

（4）改革干部选拔任用机制，严格对领导干部考核管理，1名不胜任干部被解聘，两名基本胜任干部受到黄牌警告；加大优秀年轻干部的选拔力度，先后对钻井、录井、运输、机械厂、地质研究院和国际合作处等单位和部门行政副职进行公开竞聘，选拔10多名优秀年轻干部到领导岗位。钻井、井下等单位对基层38个队（站）长岗位实行公开竞聘，为优秀干部脱颖而出提供平台。

【内部审计】 坚持“全面审计，突出重点，抓住典型，跟踪落实”的工作方针，充分发挥审计工作的监督职能和服务职能，严格落实必审制度，扩大审计覆盖面，不断向内控制度审计和评价经营性现金流延伸，完成审计单位31个，完成审计项目113项；已审资金总额500601.74万元，审计资金覆盖面达100%；建设工程审计项目9个，审计资金3526.42万元，净审减金额76.74万元；提出审计建议208条，被采纳198条，审计建议采纳率为95.19%；取得经济成果合计2318.72万元。

【纪检监察】 2003年，纪检监察工作主要包括：

（1）加强教育，规范用权行为，促进领导干部廉洁自律。

（2）严肃执纪，严格追究，惩治严重违纪违法行为。2003年，指挥部初核案件线索29件（次），办结29件（次），办结率达到100%；转立案查处4件，涉案10人，给予党纪处分6人、政纪处分6人，挽回经济损失134.86万元。

（3）突出重点，加强效能监察，推动管理水平和效益的提高。重点开展清理积压物资、清查外投外借、加强招投标管理、规范物资采购专项效能监察。特别是通过对钻井公司、井下公司、物资供应处等13个单位的积压物资、闲置资产（设备）和商贸中心积压商品的清理清查，共调剂处理和盘活积压物资达1175.16万元，这项工作被评为“集团公司优秀效能监察项目”，受到集团公司党组、集团公司的表彰奖励；经过艰苦努力，全年收回外投外借资金215.67万元；推行“用户监督法”，完善物资采购监督制约体系，物资采购工作进一步规范。

（4）标本兼治，强化治本措施，加大源头防腐的工作力度。一是完善决策规程；二是加快人事制度改革步伐；三是加强财务管理与监控；四是规范企业内部市场；五是加强职工民主监督，厂务公开进一步深化和拓展。

【精神文明建设】 2003年，指挥部被中央文明委授予“全国精神文明建设工作先进单位”称号，荣获“全国厂务公开工作先进单位”荣誉称号。

【后勤及社会化服务】 2003年，指挥部新建钻井、油建职工宿舍、运输办公楼，扩建塔里木生活点等项目，进一步改善前线职工生产生活环境；扩建基地液化气站和鄯善生产点的锅炉房，加快校园网络、高级中学塑胶操场建设，充实医疗设备，完善哈密基地工业区道路建设、环境绿化、文体活动等设施，6区园林公园建成投用，哈密基地的生态环境得到进一步改善，顺利通过“全国城市物业管理优秀示范住宅小区”复查验收。配合地方政府做好再就业工作，发放《再就业优惠证》2238个，172名“协解人员”实现再就业；为2265名“协解人员”发放失业期间的医疗补助金333万元，为1889名“协解人员”接续医疗保险。关心离退休职工和生活困难家庭，积极开展“送温暖”活动，帮助弱势群体解决具体问题。成立治安协管大队，完善社区治安网络，维护社区稳定。按照地方政府统一部署，积极抗击“非典”，“非典”防治办公室、职工医院、保卫处、哈密物业公司以及社区居民全体动员，严防死守，做了大量扎实有效的工作，保障职工群众生命健康安全，同时还支持哈密、吐鲁番地区防治“非典”工作，受到地方政府高度赞扬。建立企业补充医疗保险制度，提高医疗保障水平。普通教育水平进一步提高，高考整体上线率达95.3%，外国语学校被教育部批准成为“全国外国语实验学校”。

（韩剑锋　陈来军）

塔里木石油勘探开发指挥部

【概述】　2003年，塔里木石油勘探开发指挥部（以下简称指挥部）机关机构有：指挥部办公室、计划经营部、财务资产部、生产协调部、质量安全环保部、人事劳资部、党群工作部、审计监察部、工程房产部、市场开发部。基层单位有：工程技术服务公司、物资贸易公司、经济发展总公司、物业管理公司、运输有限责任公司、通信有限责任公司、塔里木华油公司、设备租赁公司、消防支队、职工医院、教育培训中心、电视文体中心、离退休职工管理中心、北京联络处、乌鲁木齐办事处、广州办事处。截至2003年底，指挥部共有职工2120名，其中，干部1019名，工人1101名。集体家属工834名。

【企业经营管理概况】　2003年，指挥部确定的工作目标是：（1）经营效益稳定增长：实现经营收入9.5亿元，经营利润3300万元，力争完成3700万元。（2）企业改革稳步前进：积极稳妥地推进改革，开展主辅分离改制试点，进行结构调整，推进制度创新，实现高效、规范运作。（3）管理成效更加明显：扎实开展企业管理创新增效活动，重点加强成本、质量、安全管理，完善管理制度，进一步提高管理水平。（4）职工生活稳步提高：进一步改善生活条件，提高生活小区服务水平，保持职工人均收入的稳定增长。（5）基层建设上新台阶：按照“十五”期间基层建设的总体要求，继续开展基层队站达标活动，巩固现有基层队站达标成果，实现60%基层队站达标。

根据这些目标，指挥部落实产业定位方案，积极推进内部业务整合和重组，通过做强工程技术服务业务，做优物资、物业服务业务，做专生产、生活服务业务，优化了产业结构；通过巩固关联交易市场，扩大油田服务市场，拓展外部油田市场，规范企业内部市场，加大了市场开发力度，拓展了企业发展空间；通过新项目开发、项目升级、技术改造和装备更新，以及加强项目管理和资本经营，培育了新的经济增长点；通过加强战略管理、决策管理、财务管理、质量管理和安全管理，进一步提高了企业管理水平；通过优化人力资源配置，健全人才培训机制，完善人才开发政策，促进了人力资源开发，为企业的发展提供了保证。

按照现代企业经营管理理念，指挥部经营管理工作赋予了新的内容。在财务管理方面，加强财会人员、审计人员企业会计业务的培训；加强财务检查和收支审计，坚持客观反映经营情况；修订定额标准，制定合理的价格体系；落实成本控制和资金管理措施，提高资金的使用效益。在质量管理方面，健全质量管理体系，修订质量手册，通过质量管理体系的监督审核；配备质量和计量的检测、监控设备，加强过程的质量管理控制；积极推进质量认证，全面完成ISO 9000质量管理体系的认证工作，促进产品质量和服务质量。在安全管理方面，落实领导干部安全生产责任制；建立职业健康、安全、环境管理体系的认证，积极推行HSE管理体系，加强安全整改，做到安全生产，无重大安全事故。在加强队伍建设方面，34个基层队站通过达标验收；两级领导班子整体功能得到有效发挥。在改善职工生活方面，投资626万元，维修生活小区住宅楼，优化美化小区环境；在企业增效的同时，较大幅度提高职工人均收入。

根据集团公司开展“管理增效年”活动的安排，指挥部着力解决企业管理上的突出问题。（1）加强战略管理。强化职能建设，结合结构调整，开展战略研究和政策研究。（2）加强决策管理。实行集体决策、责任追究制度，进一步明确决策权限，规范决策行为。（3）加强项目管理。进一步规范投资程序、基建程序、招投标程序，强化工程预算和项目监督，确保工程项目按计划组织实施。（4）加强市场管理。对进入指挥部市场的外部队伍，实行市场准入制度，严格进行资质审查。（5）根据内外部环境的变化和经营管理的需要，对27项管理制度进行修订、完善；对定额标价进行修订，制定科学合理的价格体系；对指挥部所属资产进行核实、界定、划拨，为实现资产经营责任制创造条件。（6）根据集团公司加强安全生产工作的“突出重点、全面检查、堵塞漏洞、落实责任、强化管理、防止事故、推动工作”的总体要求，对

11个单位、33个基层站点进行安全专项检查，整改隐患问题；恢复基地消防中队，加强油田消防设备维修；停产整顿大二线液化气储备站；对基地高层住宅楼实行电梯升降限制措施；对12层公寓消防系统、职工医院消防系统、乌鲁木齐办事处空调机房配电柜等存在的安全隐患制订整改方案。

指挥部全年实现经营收入16.17亿元，完成年度预算的121.55%；实现经营利润4602万元，完成年度预算的138.52%。

【主辅分离与干部制度、工资制度改革概况】 2003年，指挥部按照集团公司批复的产业定位方案，编制指挥部《主辅分离辅业改制分流总体方案》，对主业、辅业进行合理划分，明确辅业改制分流的工作目标。编制主辅分离、辅业改制分流总体方案，本着业务、资产、人员、管理四分开的原则，积极推进主业与辅业、生产服务与社会服务的分离工作。主要对经济发展总公司印刷厂、经济发展总公司轮南碳黑厂、洁能科技开发有限公司、安达胶带防腐有限责任公司四家单位进行分流改制试点；对运输有限责任公司进行国有法人控股改制方案的调研论证；对通信有限责任公司国有法人控股改制进行探讨；对华油公司和四个驻外机构的宾馆、旅游业务进行整合和吸收社会资金的可能性，进行探索；对学校、医院改制方式进行调研。成立改制工作组，按照整体规划、重点突出、循序渐进的原则，探索符合现代企业制度要求的组织形式、管理体制和经营机制，制订整体改制方案和配套措施。

在干部制度改革上，总结前三年干部工作经验，积极推进干部交流和聘任机制的建立，包括机关部室和二级单位副职差额竞聘、易岗易薪，单位和领导班子分级分类管理、综合评价考核等，分别制定相应的办法。按照集团公司人事工作会议精神，编制指挥部"五定"方案，核定各单位用工总量，界定机关部室的职责。通过对各单位资产规模、经营收入等五项指标综合测算，对所属单位实行分级管理，制定新的考核体系。对二级单位、机关部室领导班子及成员进行全面考核，为班子调整做前期工作。制订全员竞争上岗指导意见，建立以竞争机制为主的人事管理制度，为开展全员竞聘奠定基础。

在工资制度改革上，根据集团公司人事会议精神，制订《指挥部基本工资制度改革方案》及实施细则，进一步探索管理与技术人员岗位等级工资制、操作与服务人员岗位技能工资制等多种分配形式，完成基本工资套改工作。建立以岗位工资为主的基本工资制度，体现岗位责任、履岗能力、岗位业绩与收入的相对统一，进一步完善收入分配机制，有效地发挥激励作用。

【市场开发概况】 2003年，指挥部进一步完善激励机制，加大市场开发力度。（1）巩固关联交易市场。按照团结合作、共同发展的原则，认真履行关联交易合同，严格执行质量标准，加大监督、考核力度。对关联交易服务中存在的质量问题，认真研究分析，制定整改措施。关联交易服务质量明显提高，满足油田勘探开发的需要。（2）新增油田服务项目。加大人力、技术、资金的投入，增加套管头、采油树及井口试压配套服务等油田服务项目；与西气东输项目经理部签订服务协议，组织克拉2气田地面建设专用道路工程第一、第二合同段4.9千米、伴线道路工程第四合同段31千米的道路施工。（3）拓展油田外部市场。在保证关联交易完成的基础上，指挥部继续加大外部市场开发力度，主要是中国石油化工集团公司西北石油局市场、中国石油化工集团公司西北新区勘探指挥部市场，以及进入长庆油田、西气东输等市场的调研和前期准备工作。钻具租赁服务、钻井液技术服务、物资代理服务、物业管理服务、生活服务在中国石油化工集团公司西北分公司市场份额逐年扩大，外部市场开发收入逐年提高，已占到指挥部总收入的12.3%。（4）规范企业内部市场，对进入指挥部市场的外部队伍，加强资质审查，严格招投标程序。全年审查各类施工、设计队伍125个，对73个队伍颁发市场准入证，取消52个队伍准入资格。规范内部各类施工、服务队伍组织管理，确保质量和效益。

【基层队站达标工作概况】 根据《指挥部基层队站达标实施细则》，指挥部基层队站达标考核验收小组对第一批达标的13个基层队站进行复查验收，对各单位申报的第二批27个基层队站进行考核验收。9个基层队站通过复查验收：物业管理公司幼儿园、工程技术服务公司工具分公司、井控欠平衡分公司、通信有限责任公司服务中心、物资贸易公司生产服务中心、仓储中心、油品部、运输有限责任公司接待车队和华油公司石油宾馆。25个基层队站通过考核验收：物业管理公司商饮服务公司、电力工程公司、大二线物业管理公司；工程技术服务公司无损检测公司、泥浆服务公司、机修分公司；经济发展总公司油田维护项目分公司；通信有限责任公司设备运行部、电力队；运输有限责任公司小卧车队、越野车队、客货车队、综合车队；物资贸易公司生活保卫部、回收调剂中心；电视文体中心文体乐园、俱乐部；华油公司总务服务中心、商务中心、中油塔里木旅行社；职工医院手术室、外科住院部、儿科住院部；消防支队轮南消防队。

【党建与思想政治工作】　2003年，（1）加强思想政治工作，发挥各级党组织政治核心作用，妥善处理发展、改革、稳定中的热点、难点、疑点问题，保证职工队伍和大局的稳定。（2）广泛开展“形势、目标、责任”主题教育，激发广大职工爱岗敬业、奋发向上的工作热情，增强队伍的凝聚力和战斗力。（3）加强党风廉政教育，开展领导干部廉政建设和案件查办工作，收到明显效果；全年未发生重大经济案件。（4）继续开展基层建设活动，推动基层建设水平的提高，25个基层队站被指挥部授予达标队站。（5）积极开展双文明建设活动，物资贸易公司生产服务中心被集团公司党组命名为“中国石油天然气集团公司百面红旗单位”，19个基层单位被评为双文明先进集体，81名员工被评为双文明先进个人。（6）切实关心职工生活，安排200多万资金，对职工进行身体健康检查；“非典”期间，拨出45万元专款用于购置防“非典”急需的设备和物资，对公共场所进行定期消毒，保证正常生产经营和职工生活；全年组织职工疗养12期、312人次，发放疗养金300多万元；建立困难职工档案，走访慰问困难户，发放救济金，关心离退休职工生活，全年共发放各类补贴金69.66万元。

（郝贵平）

冀东石油勘探开发公司

【概述】　2003年，冀东石油勘探开发公司（以下简称冀东石油）经历集团公司提前两年取消“三项费用”补贴、“非典”影响和人工成本增加等实际困难和严峻挑战，紧紧围绕年初确定的各项目标，迎难而上，奋力拼搏，圆满完成各项工作任务。

截至2003年底，冀东石油共有职工2210人，其中大专以上学历750人，占职工总数的34%；中级以上职称335人（其中高级36人），占职工总数的15%；党员694人，占职工总数的31%。另外，退休人员995人，有偿解除劳动合同人员1208人。资产总值11.83亿元，其中国有及国有控股资产总值9.51亿元；集体资产总值2.32亿元，集体资产负债率66%。

共有22个二级及直属单位，主要分为三大板块。一是石油开采及工程生产技术服务板块，主要从事难采未动用储量开发、面向油区的井下作业、交通运输、油田建设、物资供应、通信信息等业务。二是多种经营板块，主要从事油气报废井开发利用、机械制造、油（日）化产品开发、生（种）猪养殖、工程建筑施工、餐饮服务、印刷等业务。三是社会服务板块，包括医院、学校、公安处、物业公司、社区管理中心等单位，主要承担油区唐海、唐山基地的后勤服务工作。

主要产品有新远牌加热炉、正田牌生（种）猪、节能型双驴头抽油机、油（日）化产品和轻质油、液化气等。

【主要指标】　全面实现2003年初确定的各项工作目标。（1）效益增长。实现经营收入7.56亿元，完成年计划的134.9%，同比增加26.6%；实现利润2040万元，完成年计划的156.9%，同比增加50.1%，成为集团公司首批取消“三项费用”补贴后盈利的单位。（2）安全生产。全年没有发生上报集团公司的重大事故，实现“三个为零、两个确保”的安全工作目标。（3）改革深化。有14个单位改制为有限责任公司，对经营者实施业绩考核和动态管理，运行机制和管理体制得到进一步理顺。（4）市场开拓。全年油区以外市场收入1.74亿元，同比增长74%。（5）队伍稳定。职工收入水平同比增长14.2%，队伍团结稳定，没有发生越级上访等群体性事件，“双文明”建设合格率达到100%。

【市场开拓】　面对严峻的经营形势，冀东石油始终坚持“立足油区市场求生存，开拓社会市场谋发展”的思路，努力拓展生存发展空间。

在油区内部市场上，自觉摆正位置、搞好服务，牢固占领油区内部市场。坚持以确保冀东油田分公司（以下简称油田公司）业绩指标完成为己任，不断强化油区整体意识和大局观念，本着“双赢互利”的原则，积极抓好关联交易协议的签订和落实工作，确保油区内部市场份额的落实和生产经营的平稳运行。紧紧围绕油田生产建设需要，加大新技术的引进力度，积极开展井下作业、油建工程施工等技术的研究与攻关，推广应用水平井作业技术，扩大内部市场占有份额。投入资金1610万元，对井下、运输、油建等生产技术服务单位的设备进行完善配套，提升装备水平，增强施工作业能力。到2003年底，井下作业日常动力数由年初的14部增加到20部；运输设备新度系数也较2002年提高9%。加强与油田公司的沟通与协调，定期进行质量回访，针对收集到的反馈信息，制定整改措施，改进服务，提高水平，油区内部市场进一步巩固。坚持“油田公司勘探开发到哪里，主动跟踪服务到哪里”，牢固占领洪泽、三水两个作业市场。2003年，油区内部市场占有率始终保持在85%以上，形成油区共同发展的良好局面。

在油区外部市场开拓上，坚持内抓管理，外树形象，不断扩大外部市场占有份额。新远牌真空加热炉产品继续保持热销，2003年销量达到180台，形成品牌效应；民用锅炉市场开发也取得突破性进展，2003年共生产销售民用锅炉12台。“冀东油建”的市场形象初步树立，油建管道施工市场份额进一步扩大，油建外部市场收入达到总收入的43.3%。冀东石油在外部市场开发上，形成真空加热炉及民用锅炉生产销售、油建管道施工、生种猪养殖及深加工产品销售、餐饮服务、工程设计等业务竞相发展的良好局面。

【低产低效油气资源开发】　冀东石油始终坚持以油气为依托，不断加大低产低效资源合作开发力度，取得显著效果。

（1）加强与油田公司的协调，最大限度地扩大合作领域。认真贯彻“以效益为中心、油区共同领导、共同受益、共同发展”的工作原则，努力拓宽未动用难采储量合作开发空间。到2003年底，合作开发油井数已达30口，形成日产原油60多吨、天然气1万多立方米的生产能力。同时，报废井的开发利用也取得新的进展，原油产量始终保持稳定。全年共生产油气当量7.32万吨。

（2）坚持实施科技兴油战略，积极推广应用新技术。在低产低效资源开发上，牢固树立科技是第一生产力的思想，积极推广应用新技术，先后引进应用堵防结合、稠油井举升、水力深穿透、水淹油层识别等新工艺、新技术，取得显著效果，2003年实现科技增油7100吨。

（3）强化精细管理，实现平稳运行。针对低产低效资源开发井站位置偏远、管理难度大的特点，研究制定《特护井管理办法》等一系列精细科学的管理制度，加强对油井的日常管理，确保油井生产正常。

【企业改革】　按照集团公司深化改革的总体部署，积极稳妥地推进内部各项改革，为企业发展增添强大动力。

（1）进一步理顺管理体制和运行机制。按照现代企业制度的要求，将油化与日化业务进行兼并重组；将普通运输进行股份制改造，全部完成8个集体企业的改制工作；对职工医院实行模拟法人运作；通信业务实现与唐山网通公司的合作经营，探索改善通信硬件设施的有效途径。

（2）积极开展工资分配制度改革。以机械公司为试点，率先进行工资分配制度改革，按照市场价位的原则，实行岗位（技）薪级、同工同酬的工资分配制度。按照集团公司有关政策，在反复调研论证的基础上，针对基层单位的具体情况，分别制订《基本工资制度改革实施方案》和《基本工资制度改革实施细则》，做到不同层次人员利益的基本平衡，确保新的工资分配制度顺利实施。

（3）完善人事制度配套改革。以工资分配制度改革为契机，优化组织结构，规范岗位设置。完成冀东石油机关工作人员的评聘工作，机关初步建立岗位类别、岗位职责和岗位薪酬相统一的管理体制。出台《劳动用工管理暂行办法》，建立较为科学的劳动用工管理体系。

（4）稳妥推进基本医疗保险制度改革。按照河北省基本医疗保险实行属地管理的要求，研究编制医疗保险改革方案。将职工、子女、退休人员和有偿解除劳动合同人员的医疗保险一并纳入唐山市统筹。同时，根据集团公司有关规定，建立职工补充医疗保险和重大疾病商业保险，确保医疗保险实行属地管理后职工的医疗待遇水平基本不减。

【经营管理】　深入开展“管理增效年”活动，提高经营管理水平。将“现金净流量”作为考核指标纳入经营业绩考核体系，增强各单位增加资金积累的自觉性和主动性，确保各单位尤其是改制企业的健康发展。加强对各单位资金和票证的管理，堵塞漏洞。严把投资审查论证关，严格控制投资规模。进一步强化审计的内审监督作用，取得直接经济效益570多万元。物资集中采购制度得到较好坚持，2003年节约采购资金110万元。加强对重点工程建设项目的监督和管理，严格落实项目长负责制，认真执行项目预算，避免计划外支出。同时，采取租赁等形式加大闲置资产的盘活力度，2003年收益260万元。强化质量管理，增强核心竞争力。加大对质量管理的考核力度，制定《质量工作考核细则》。对冀东石油质量事故、质量损失等情况进行全面调查分析。强化对质量管理重点单位的监督，加强对关键点、关键工序和重要过程的质量控制，启动用户满意工程。积极开展QC小组成果评选活动。2003年，共评选出QC小组优秀成果12项，其中1项获中国石油质协QC成果一等奖。

【科技创新】 召开首次科技工作会议，从28项科研成果中，选出12项获得显著经济效益的项目进行重奖，调动科技人员的工作积极性。按照“应用为主、技术创新、远近兼顾、专群结合”的原则，加大新技术的研究攻关和推广应用力度，确定实施“油藏工程、采油工程、石油装备、油田化工”等4个专业7个科技项目；并将已经通过验收的油层产量预测研究与应用、新型三相分离器研制、原油流动改性剂研制与应用、硅稀释稳定剂的研制与应用等4项技术投入生产运行，取得良好效果。加强对知识产权的管理与保护，及时做好知识产权的申报和注册工作。2003年获授权国家专利5项，新申报专利4项，同时完成4项专利补助的申请和20项技术秘密的上报工作。

【安全生产】 始终坚持把安全生产摆到第一的位置上，认真吸取“12.23”事故教训，狠抓安全工作的落实。

（1）严格实行目标管理，落实安全环保责任。通过采取签订安全环保责任书、合同书和缴纳安全风险抵押金等形式，将指标逐级分解，把任务层层落实。加大了安全环保工作的考核力度，制定完善《安全环保工作季度考核细则》，坚持每季度对各单位安全环保工作情况进行量化考核，并将考核结果在全公司进行通报，实现安全环保全过程控制。

（2）规范HSE管理体系的运行，严格落实“两书一表”。制定下发冀东石油《2003年HSE管理体系实施计划》和《关于ISO 14001、OSH与HSE管理体系整合实施意见及整合技术规范》，对HSE管理文件进行整合和换版。按照HSE管理体系有关要求，对有关单位多年来的事故原因进行研讨分析，总结经验教训。在重大施工作业中，严格落实“两书一表”，确保安全生产。2003年，共实施大型运输搬迁、工业动火、机械组抽700余次，没有发生安全生产事故。

（3）加大检查和监督力度，消除安全事故隐患。2003年共组织局级检查考核9次，查出各类问题438个。局处两级共投入事故隐患整改资金300多万元，治理事故隐患项目60项。“12.23”特大井喷事故发生后，立即组成三个专业检查组，对18个安全生产重点单位的56个重点现场进行全面检查。

（4）强化宣传教育和员工培训，营造安全环保文化氛围。广泛开展“安全月”等形式多样的主题活动，营造良好的氛围。采取内部培训和外出进修相结合的方式，共举办各级干部、安全管理人员培训班7期，培训人员达481人次。

【精神文明建设】 召开冀东石油第二次党代会，深入贯彻落实“三个代表”重要思想，提出今后几年发展的“六大目标”，明确保证措施。大力加强精神文明建设。积极做好职工群众的思想政治工作。切实加强干部队伍作风建设。

（刘金平　吴常安）

中国石油天然气勘探开发公司

【概述】 中国石油天然气勘探开发公司（CNODC）（以下简称勘探开发公司）是中国石油天然气集团公司的全资子公司，按集团公司授权，负责中油集团公司海外石油投资项目的管理与运作。

勘探开发公司经过十余年的艰苦探索和实践，海外石油事业得到了快速发展，在国际石油领域开拓了市场，积累了经验，锻炼了队伍，赢得了信誉，取得了较好的经济效益和社会效益。海外业务正在成为集团公司新的经济增长点。目前，勘探开发公司形成了中东及北非、中亚及俄罗斯、南美等三个具有规模的投资区域。海外业务涵盖了油气田勘探开发、地面建设、长输管道、石油炼制、石油化工和油品销售等领域。2003年，海外原油作业产量达到2300万吨，获得权益原油产量1202万吨、天然气产量16亿立方米。

CNODC除了在苏丹、哈萨克斯坦、委内瑞拉、秘鲁投资石油项目获得成功外，还先后在加拿大、泰国、缅甸、土库曼斯坦、阿塞拜疆、阿曼、伊拉克等十多个国家签署了包括产品分成、合资、租让、服务等石油合作项目协议。

2003年，CNODC又在哈萨克斯坦、阿塞拜疆、叙利亚、阿尔及利亚、尼日尔、乍得等国，分别新获12个勘探开发项目合同。

【海外业务概况】

（1）国际化经营经历三个阶段。CNODC的国际化经营自1993年以来可划分为三个阶段。其中，1993—1996年为探索起步阶段。其间，勘探开发公司通过签订加拿大、秘鲁等几个小型项目，进行了多种合作模式的实践，开始实质性走出国门参与海外石油勘探开发。1997年，以签订的阿克纠宾、苏丹和委内瑞拉三大项目为标志，勘探开发公司的海外业务进入了迅速成长阶段。从2003年开始，勘探开发公司的海外业务进入了加快发展的新阶段，2003年原油的作业产量和权益产量分别突破2300万吨和1200万吨。

（2）国际化经营取得丰硕成果。历经十年的发展，勘探开发公司的海外业务从无到有，由弱到强，不断壮大。截至2003年底，勘探开发公司的海外业务范围已扩展到世界四大洲18个国家，执行着42个石油合同。已初步形成了中东—北非、中亚—俄罗斯和南美三个海外油气生产基地，拥有勘探区块面积75.3万平方千米，海外原油和天然气的生产能力已分别达到2800万吨/年和30亿立方米/年。2003年原油作业产量和权益产量较1997分别增长了23.3倍和16.7倍。截至2004年5月，累计生产原油9296万吨，累计获得权益原油4868万吨；累计生产天然气75.8亿立方米，累计获得权益天然气48.1亿立方米。

勘探开发公司的国际化经营现已形成了上下游一体化的业务体系，目前海外的炼油能力达350万吨/年、聚丙烯生产能力为1.8万吨/年、加油站19座，成品油库2座、输油管线2684千米，年输油能力3000万吨。

（3）建立了一套国际化经营的管理体系。建立了一级法人治理机构，对海外大多数公司采用子公司注册、分公司管理模式；参照国际惯例并结合公司实际情况，制定了一系列管理规定和制度131项，同时建立了严格的项目评价与决策程序；实行了严格的资金集中管理和全面预算管理；实行分级授权（LOA）、筹款制（CASH CALL）和单项工程审定单（AFE）等行之有效的内部管理方法；实行招投标、第三方工程作业监理和内部审计监督制度。

与此同时，勘探开发公司始终注重抓好HSE管理工作，按照国际惯例，建立了较为完善的HSE管理和运行体系，同时抓好监督落实工作，取得了较好成效。

（4）国际化经营取得较好的经济效益。在储量规模和生产规模显著增强的同时，海外项目取得了良好的经济效益，部分油田开发投资已经回收，其他项目也已陆续进入投资回收期。海外项目的经济效益还体现在具有较强国际竞争力的成本优势方面，目前平均发现成本和平均操作成本分别为1.08美元/桶和2.1美元/桶。

（5）取得明显的连带效应。通过CNODC在海外项目的投资和运营，带动了集团公司技术、装备和服务队伍走向国际市场，大大加快了集团公司技术服务队伍“走出去”步伐。到2003年底，中方在各海外项目承包工程、出口物资、装备共计52亿美元。

（6）培养锻炼了一批高素质的国际化经营人才。经过苏丹、哈萨克斯坦和委内瑞拉等大型项目锻炼，目前勘探开发公司拥有一批能胜任海外项目总经理、部门经理以上职务的高级经营管理人才，熟悉国际法律、经济、财务、采办业务的商务人才，以及技术过硬、实践经验丰富的石油各专业的技术人才。这支精干高效的人才队伍已成为集团公司海外业务进一步发展的宝贵财富。

（7）形成了具有自身特色的技术支持体系。目前CNODC的海外项目运作已初步形成了以海外石油勘探开发技术研究中心、物探分中心、工程技术分中心为依托，中油集团公司各研究院、各油田研究机构为辅助的技术支持体系，发展并形成了海外石油勘探开发十大独特技术系列，在海外石油事业的开拓发展中不断发挥着重要作用。

（8）树立了集团公司海外良好的国际形象。CNODC海外业务在全球范围内的不断拓展和项目的成功运行，初步展现了集团公司跨国经营的实力，树立了集团公司海外良好的国际形象，也受到了资源国政府和我国领导人的好评。1998年9月，吴邦国副总理访问委内瑞拉时，为公司题词：“团结求实，开拓进取”，并希望中石油探索出一条中国国有企业“走出去”的成功之路；1999年8月30日，在庆祝苏丹首船原油外运出口时，苏丹总统巴希尔称“对苏丹贡献最大的是中国，干得最好的是中国石油天然气集团公司”；2003年，哈萨克斯坦共和国总理访问阿克纠宾公司并视察新油气处理厂，称“中国石油天然气集团公司是在哈最好的投资者”。

（9）走“双赢”的国际化发展之路。CNODC海外项目的成功运作，不仅为促进当地社会经济的发展做出了贡献，也为当地政府、人民群众生活水平的改善做出了应有的贡献。苏丹项目为苏丹建立起了上下游一体化、技术先进、规模配套的石油工业体系，使苏丹由原油进口国一跃为原油出口国，极大地促进了整个国家的经济发展。目前苏丹石油工业的收入占到整个国家经济收入的40%以上，对苏丹乃至整个非洲都产生了很大的影响。

在项目成功的同时，注重在资源国积极开展社会公益事业活动。在苏丹，建学校，解决附近儿童上学问题；打水井、修水池，改善群众饮用水的条件。建医院、诊所，为当地居民提供基本医疗保证。在哈萨克斯坦阿克纠宾州，建造全光温室大棚，使当地居民在冰天雪地的冬季吃上了新鲜蔬菜；在卫国战争胜利纪念日，向老战士捐赠了住房等。通过开展社会公益事业活动，有效地改善了与当地政府和人民群众的关系，从而也为项目的顺利运作创造了良好的外部环境。

（王俊仁）

中国石油大庆石油化工总厂

【概述】　中国石油大庆石油化工总厂（以下简称总厂）主要从事部分化工生产和化工延伸加工、复合肥料生产、大型石油化工及民用建筑公路工程的设计施工、石油化工建筑安装、工程监理、设备维修、机械仪表制造与加工、计算机软件开发利用、网络管理、客货运输、物资采购、物业管理、文教卫生和多种经营等业务。截至2003年底，总厂共有职工20695人，其中管理人员2568人，专业技术人员3588人。

2003年，总厂生产经营取得重大突破，全厂干部职工精诚团结，锐意进取，以“振兴东北老工业基地”为契机，加快改革和发展，取得喜人成绩。2003年实现主营业务收入28.97亿元，控亏3.08亿元，全面完成集团公司下达的控亏指标。

【核心竞争能力增强】　2003年，化工生产、重点项目建设、工程技术服务三大主战场同步推进，使总厂核心产业进一步凸显，核心竞争能力进一步得到巩固和提升。

（1）总厂化工厂化工生产创历史最好水平，实现了建厂以来首次盈利。化工装置在“安、稳、长、满、优”生产的基础上，各项工艺指标、运行参数均创历史最好水平。全年共生产合格产品29.63万吨，超过计划3.8万吨，同比增加5.27万吨；装置“两耗”大幅下降，生产成本进一步降低；资源配置更趋合理，有效稳定了国内原料供应渠道，实现了下游石化生产原料、销售两头在外的格局，为充分利用国际资源，走向国际化经营做出了有益尝试；完善营销机制，建立产销一体化格局，始终保持了较低库存，做到效益最大化，实现销售收入12.4亿元，全成本核算赢利5077万元。

（2）复合肥项目建设优质高效完成，开创总厂重点项目建设的新局面。作为总厂扭亏脱困“希望工程”的30万吨/年复合肥项目，在集团公司大力帮助和扶持下，经过全体参建职工共同努力，顺利实现自行设计、自制部分设备、自己组织安装投产的目标。在短短的150天里，完成主要工程及设备的建筑安装，实现开车一次成功，生产出合格产品，各项指标均符合国家标准。复合肥装置的建成投产为二期工程扩建奠定了坚实基础。另外，10万吨/年ABS专用树脂改造项目、410吨/时燃煤锅炉及5万千瓦发电机组项目得到集团公司批复，8万吨/年顺丁橡胶装置扩建项目已通过专家评估。8万吨/年炭黑、XPS板材、70万吨复合肥等项目，开始前期工作。

（3）工程系统集团化优势得到充分显现，业务市场不断拓宽。重组后的工程系统，立足大庆石化，实施“一主四专”战略，广开活源，以工程管理、项目监理为切入点，挺进省外大型石化基地。坚持发挥自身优势，盯住重大项目不放松，较好完成了大庆石化分公司装置改扩建、炼油系统装置检修以及总厂复合肥厂参建等任务。先后在甘肃、广东、青海、安徽、河南和省内各地取得工程项目，促进了工程建设系统自我积累、滚动发展的良性循环。2003年，工程系统共完成总产值9.9亿元。

【企业改革】　产业结构进一步优化。对总厂所属两个物业公司、两个职工医院进行合并重组，实现了管理要素优化配置。研究探索主辅分离、辅业改制，上报总体方案；配合地方政府，完成分离企业办社会的前期准备；住房分配货币化改革取得积极进展；以突出岗位劳动要素，实现以岗定薪，逐步引入以劳动力市场价位为核心的工资制度改革全面实施。深入开展“管理增效年”活动，不断完善内控机制，精细化管理、集约化经营意识普遍增强。推行全面预算管理，严格按照预算组织生产经营活动，有效减少计划外支出，促进财务集中管理程度的提高。不断规范采购行为，采购成本大幅下降。充分利用现有资源，大力开展代理销售、代办产品运输、仓储、配送等业务，向现代物流运行体系建设迈出了重要一步。严格落实各级领导干部的安全生产责任制，牢固树立质量经营理念，认真开展环境保护和职业卫生活动，安全质量环保工作扎实推进。2003 年，总厂在化工生产和工程建设任务异常繁重的情况下，未发生任何安全责任事故。企业整体通过国家方圆标志认证中心认证，以及阿斯米设备制造国际认证，取得了进军国际市场的"通行证"。

【技术创新】　大力实施技术创新战略，加快科研成果转化，科研开发进展顺利。2003 年，总厂承担了 5 项集团公司科研开发项目，其中"DQ3002 自动电子定量秤研制"和"石油化工企业生产计划编制优化软件系统"两项已经通过集团公司专家委员会评审验收，"耐热、多峰、着色 ABS 树脂开发"等项目取得实质性进展。启动了改善顺丁橡胶产品质量的新工艺研究、黑龙江主要区域测土施肥及 NPK 专用复合肥开发与生产等项目。科研成果转化和新产品开发效果明显。SAN 装置大负荷生产、ABS 新产品开发顺利通过总厂级鉴定，其中 ABS－750A 已经转化为主导产品，大批量投入市场；弛放气丙烯、丙烷回收工艺获集团公司技术创新二等奖。加快"三剂"国产化进程，提高"三剂"产品质量，进一步降低了生产成本。

【基础设施建设】　随着基本工资制度改革的深入，职工的收入有了较大幅度上升。年初确定的"民心工程"基本得到落实。在总厂和公司共同努力下，建成并投用了功能齐全、设施先进的乙烯体育场。完善了石化体育馆室外活动设施，新建了网球场、羽毛球场及健身房等场馆。对兴卧地区道路、照明设备及地下管网进行了全面改造，完成沥青混凝土道路摊铺 36 万平方米，人行道板铺装 35 万平方米，安装路灯和庭院灯 1850 盏，给水、热水及采暖管线铺设 100 千米。绿化工作取得了明显成效，在厂区、生活区植树 20.8 万株，完成了道路总长 19.2 千米的绿化建设，对生活区 26.4 万平方米绿地进行了改造，使大庆石化小区绿化建设达标率上升到 80%。2003 年总厂继续保持全国绿化先进单位的荣誉称号，由集团公司申报全国绿化模范单位。通过"民心工程"建设，彻底改变了总厂所在兴卧地区多年来落后的市容面貌。

物业管理、文教卫生、社会治安工作都取得了新进步。物业管理水平和服务质量得到社区群众好评，管理经验在全省同行业内推广；高考超额完成年初奋斗目标；社区医疗服务体系逐步完善，特色专科门诊带动医疗水平不断提高，患者收治率明显上升；努力改善企业治安环境，坚持重拳打击，保持社会治安的持续稳定，进一步增强了广大职工群众的安全感。

【稳定工作】　坚持把稳定工作放在一切工作的首位，立足于解决职工群众的实际困难，认真从根本上抓好抓实，为卧龙地区提供了稳定和谐的生产生活环境。加强外用工管理，规范用工行为；提高退养家属生活补贴标准，改善退养家属生活条件；加强再就业指导，总厂再就业指导中心正式挂牌成立，通过及时收集发布用工招聘信息，开展职业介绍，千方百计为失业人员创造就业机会。2003 年，实现再就业 700 余人，招收临时用工 675 人，为保持大庆石化地区的整体稳定作出了积极的贡献。坚持做好"送温暖"和"一帮一"扶贫解困活动，对特困户和困难户进行了经济救助，补助金额 20 万元。为 29 名患有重大疾病的职工或家属、47 名学生捐赠 14 万元。建立"应急救助"基金，通过捐款、总厂工会拨款形式筹措资金 72 万元，及时为 26 名特殊困难职工进行了救助，赠送救助金 7 万元。

【党建和双文明建设】　全面启动"党建三年工程"，制订了"党建管理年"和"六个好"党组织创建活动方案，拓宽基层党建的新思路，激发基层党组织和广大党员干部争先创优的积极性，涌现出了工程公司"李树林班"、万隆物业保洁公司等集团公司"百面红旗"单位。大力推行厂务公开，不断完善民主监督机制，有效调动职工群众参与民主管理的积极性和创造性，年内总厂被评为全国厂务公开先进单位。加强党风廉政建设，进一步转变干部和两级机关工作作风，密切与职工群众的联系，努力为职工群众当好表率，树立领导干部新形象。全面启动企业文化建设，确定了企业文化建设的思路和目标，印发总厂《企业文化建设发展纲要》和《企业文化建设实施方案》，初步设计了总厂《企业文化手册》。在全厂掀起学习"三个代表"重要思想的新高潮，深入开展"以人为本、二次创业"主题教育活动和"形势、目标、责任"大讨论，对于凝聚人心、鼓舞斗志、振奋精神发挥了重要作用，职工队伍保持了奋发向上的精神状态。

【复合肥厂建成投产】　总厂复合肥厂组建于 2003 年 5 月 29 日，一期工程总投资 1.4 亿元人民币，工程采用法国 K－T 公司的尿基复合肥生产工艺。主要设备由法国、德国、日本引进，生产上采用 DCS 自动控制，年设计生产能力为 30 万吨，是目前国内具有世界先进水平的复合肥生产装置。10月15日，总厂召开复合肥装置开工动员大会，组织、制订开工方案和各种事故预案，制订操作规程和单机试运、联运等方案。组织力量对进入厂内的所有管线进行气密吹扫等工作。在装置进行中交前，开展“三查四定”工作，并对查找出的问题及时进行处理和整改。11月6日，复合装置顺利实现中交。装置中交以后，对200多台设备进行调试，使各种设备达到符合装置投料开车的要求。11月25日，复合肥装置开始系统投料运行，26日产出合格产品150多吨，经化验、检测各项技术指标完全符合国家技术质量标准，复合肥装置开车一次成功。

【工程公司产值创纪录】 通过总厂对工程系统重组和内部持续性重组，大庆石油化工工程公司形成了规模效益，施工能力明显增强。2003年，大庆石油化工工程公司创利润1246万元，七个直属公司有六家实现盈利。第一安装公司完成产值3.52亿元，建筑安装公司完成产值3.58亿元，计算机开发公司完成产值1468万元，生产服务公司完成产值1.19亿元。工程公司共完成产值9.9亿元，比2002年增加产值5.4亿元，创造了重组前各单位年产值总和的最高纪录。

（赵　超）

中国石油哈尔滨炼油厂

【概述】 中国石油哈尔滨炼油厂成立于1999年10月，主营业务为工程技术服务、成品油销售服务、生活后勤服务等，企业占地面积102万平方米，截至2003年底企业在册职工802人，现辖办公室、生产经营处等七个职能处室，建安公司、华安公司、物业公司三个专业公司及消防、内保、医疗、运输、技术培训等专业机构。

2003年，哈尔滨炼油厂在集团公司的正确领导和哈石化分公司的大力支持下，按照年初职代会确定的各项任务，以挖潜增效，优化服务为中心，深入开展工程技术服务、品牌创建、基础设施改造、企业文化等四项建设活动，企业全年实现销售收入1.52亿元，实现利润302万元，连续三年实现三项费用补贴前盈利。

【经营指标】 截至2003年底，企业资产总额2.29亿元，较重组之初增长45%，全年实现销售收入1.52亿元，比预算提高54%，比2002年增长20%。实现利润302万元，比预算增盈289万元。其中工程技术服务克服外部市场萎缩、关联交易业务量减少的不利因素，实现收入1340万元。成品油销售克服“伊战”和“非典”的影响，2003年共销售成品油3.05万吨，实现销售收入9800万元，同比增长52%。认购中油财务公司股份2190万元，投资预计回报率14%。

【工程建设】 2003年，企业工程建设主要围绕与哈石化分公司签订的关联交易合同和企业基础设施改造进行，其中关联交易固定结算600万元，由于企业长期坚持“优质服务、抢抓市场”的方针，企业工程技术服务实际业务量较计划实现较大增长，实现收入1340万元。企业基础设施改造投资1227万元。

【安全生产】 2003年，企业继续坚持“安全第一、预防为主”的方针，认真贯彻集团公司的各项安全工作措施，夯实安全工作基础，切实开展各项安全专项活动，自1999年起连续四年未出现任何安全事故。在安全管理上，着重开展以下几方面的工作。

（1）组织以“安全责任重于泰山”为主题的安全生产月活动。企业以内部宣传媒介为载体，组织全体员工学习《安全生产法》，并根据现有的《应急处理预案》，开展消防灭火、气防急救演习等活动，切实提高全员安全教育水平，增强企业抵御重大恶性事故的能力。

（2）全面开展安全检查活动。2003年，在例行的节前、季度安全检查基础上，先后开展“春季防火安全检查”、“危险化学品整顿检查”、“锅炉压力容器安全检查”等专项活动，活动共检查出各类安全隐患70项，隐患全部得到整改落实，消除了企业安全管理上的盲点与死角。

（3）逐级签订HSE目标管理责任状。2003年，哈尔滨炼油厂HSE目标管理采取各级安全第一责任人逐级签订目标管理责任状的形式，由厂长、安全总监、车间管理人员到普通职工层层推进，做到横向到边，纵向到底，不留死角。这种方式将安全生产责任落实到人头，为企业建立安全生产长效机制奠定了基础。

【企业改革与管理】 2003年，是企业改革与管理工作逐步深化，取得较大成绩的一年。企业正确处理改革、发展与稳定的关系，着力于部门重组、市场开拓和主辅分离、辅业改制的工作，在生存中求发展，在发展中突出稳定，成为企业连续三年实现补贴前盈利的根本保证。

1. 重组整合推动辅业改革

2003年，将厂容、房产、行政等辅业部门进行整合，成立面向职工服务的物业公司，物业公司管理人员通过竞聘上岗并承担三年扭亏的任务指标。物管部门的成立为辅业部分逐步开拓外部市场，实现社会化服务、企业化经营、市场化运作提供借鉴。

2. 市场开拓提升主业效益

2003年，企业继续坚持"做大、做强"主营业务的方针，工程技术服务克服季节性、周期性等不利因素的影响，努力向开拓外部市场要效益。成品油销售打好"品牌创建"与"资本运作"两张牌，在市场价格剧烈波动的前提下，销售收入较2002年同比增长52%。自营铁路槽车抢抓市场信息，通过合理调配降低了闲置率。主业效益的提升为企业的快速有序发展提供有力支撑。

3. 党群工作确保企业稳定

发挥思想政治工作优势，使之服从、服务于企业改革发展的大局，是企业确保稳定的一贯政策。2003年，企业党群部门坚决贯彻"一项制度"，开好"两个会议"。即党群干部执行下基层联系点制度，通过与职工建立平等顺畅的对话机制，及时召开党群例会、支部书记例会，解决企业改革中出现的突出矛盾与问题，形成党群部门、基层支部齐抓共管的合力，为企业发展与进步营造良好的氛围。

（于　洋）

中国石油大连石油化工公司

【概述】　截至2003年末，中国石油大连石油化工公司（以下简称公司）国有在册职工4357人，比重组时减员1677人，离退休职工为3610人。资产总额为29.9亿元，比重组时增加3.3亿元。公司下属的生产经营性单位有：港务公司、油品储运公司、液化气石油总公司、国际贸易公司、水源公司、建筑安装总公司、工程监理公司、有机合成厂、物资仓储公司等11个专业公司。三大主营业务是以港务、油品储运为主的生产服务业，以石化设备安装维护为主的工程技术服务业和以塑料深加工为主的石化产品延伸加工业，还有石化产品销售、海水淡化、工程监理、物资仓储等项业务。公司拥有"七星"品牌，是中国驰名商标。公司经营4座码头，共有5千吨级至10万吨级的泊位13个，可接卸原油、重油、丙烯及装运汽油、柴油、润滑油、液体石蜡、液化气等各种石化产品，年吞吐能力1800万吨，是东北亚国际航运中心重要的专业油港。

【经济指标】　公司2003年实现总收入15亿元，按可比口径计算，比重组时的2000年增长40%以上；在计算集团公司三项费用补贴的情况下，实现利润超过2295万元，比重组时的2000年翻了一番还多，超额完成集团公司下达的业绩指标，达到重组以来最好水平。

【生产经营】　公司坚持以效益为中心，继续稳固内部市场，大力开拓外部市场，取得新的成效。

（1）内部市场继续稳固。关联交易固定项目收入继续稳固在8000万元以上，加上非固定项目收入和投标项目获得的收入，2003年关联交易额超过1亿元。

（2）外部市场份额增大。在站稳西太平洋炼油厂装置检维修及保运市场的基础上，开拓竞争激烈的大连北良港市场有突破性进展，建筑安装总公司、工程监理公司在多个项目的竞标中取胜，工程质量、进度及服务质量深受业主好评。国际贸易公司、液化气石油总公司、油品储运公司、控股的星源燃油公司等单位，发挥自身优势，抓住机遇，主动出击，扩大社会市场份额，取得较好的经济效益。

（3）项目实施有效进展。为解决大连石化分公司进行2000万吨/年原油加工扩能改造后淡水用量激增的矛盾，目前国内规模最大的5500吨/日海水淡化装置于2003年11月份在公司建成投产，不仅为大连石化分公司提供锅炉用水，同时产生很好的社会影响。这套装置的投产运营对缓解大连城市缺水状况、开发利用新的水源具有深远意义。港口主要输油臂更新、消防系统改造、东海岸码头消浪室整改等项目按期完工，港务作业设施与功能进一步完善。2003年，吞吐量首次突破1千万吨大关，达到1221万吨。泉水加油加气站建成，成为大连市规模最大、设施最全的标志性加油加气站。有机合成厂2000吨/年新型塑料薄膜生产装置基本建成，2004年一季度即可投产。面积近万平方米的设备抢修基地也已建成使用。与北京康吉森公司合作的Triconex系统大连技术服务培训中心在公司落户，对提高职工的操作技能，保证股份公司生产装置平稳运行具有重要意义。

【企业改革与管理】 公司坚持以改革促管理、促发展，工作取得新进展。

（1）产权制度改革稳步推进。公司主辅分离、辅业改制总体方案获集团公司批准，经报请集团公司和大连市政府批复，2003年又有运输公司、石化设备配件厂、齐兴电子公司、海隆沥青厂4个单位实行了整体带资分流改制，东山热力公司职工集体与公司有偿解除劳动合同，共分流职工200多人。

（2）移交办社会职能有新突破。经集团公司和省政府批准，公司职工医院2003年5月顺利移交辽宁省政府，并成功地与大连医科大学附属二院重组。这种移交形式在辽宁省和集团公司是第一家，开辟了企业移交办社会职能的新途径。

（3）“五定”工作初见成效。根据集团公司要求，结合公司产业定位，调整组织机构，简化管理层次，划定单位级别，设置管理、专业技术、操作服务三大岗位系列，规范并编制出部门及岗位说明书，开展转岗培训，实施全员考核竞聘上岗，为基本工资制度改革顺利实施以及继续深化公司人事、用工、分配三项制度改革奠定坚实的基础。

（4）企业管理日趋规范。继续建立健全各项规章制度，认真落实安全生产责任制和岗位专责制，公司连续四年被评为集团公司安全生产先进单位。财务实行集中管理和集中核算，资金得到有效利用，资金收益提高。投资实行公司统一决策，物资采购和工程项目实行招投标，生产经营实行指标考核，定期组织经济分析活动等，促进企业降本增效。

【党建和企业文化建设】 公司党委围绕公司经营发展，积极探索国有企业党建工作的新路子。总结推广了电气公司“既抓市场，又抓思想”，港务公司“既抓服务，又抓党务”的基层党建工作新经验。2003年公司发展新党员33人，轮训党员870人，首次组织模范党员标兵和劳动模范标兵外出学习、考察活动。公司继续保持了省市“文明单位”、“全国模范职工之家”、大连市“红旗党委”、“红旗团委”、“纪检监察系统先进集体”、“治安综合治理标兵单位”等荣誉。电气公司荣获集团公司基层党建“百面红旗”单位称号，建筑安装总公司首次被评为大连市先进党委，达到集团公司党组提出的直属企业精神文明建设走在地区前列的要求。

（高金华）

中国石油抚顺石油化工公司

【概述】 中国石油抚顺石油化工公司（以下简称公司）是中国石油天然气集团公司未上市部分一级企业。截至2003年底，公司有全民企业资产总额53亿元，集体企业资产总额7亿元，下辖9家生产企业、9家专业公司及集体企业性质的北天集团（下辖10家集体企业）。重组后，有3300多名全民职工和1.3万名集体职工与企业有偿解除劳动关系。现有全民在册职工2.2万人（退养职工4400人），离退休职工1.2万人。集体企业有在册职工1.2万人，退休职工6000人。2003年，公司荣获“全国五一劳动奖状”。

公司主营业务包括制造加工、生产服务、工程技术服务、社会服务四大板块，主要从事炼化产品延伸加工、精细化工、非油化工产品生产，供水供电供气、生活后勤服务以及医院、学校等；主要生产装置39套，可生产腈纶、丙烯腈、甲乙酮、催化剂、BOPP、蜡制品、白油、溶剂油、军用特种润滑油和润滑脂等十几个系列、上百种产品，是我国目前最大的石油化工贵金属催化剂生产和蜡制品加工基地。

【主要经济技术指标】 2003年，公司共生产炼化产品31.4万吨，销售25.8万吨，同比分别增长32.4%和35.5%。实现总收入43.1亿元，其中主营业务收入30.8亿元，较2002年增加8.9亿元。实现现价工业总产值19.6亿元，同比增长20%；不变价工业总产值14.3亿元，同比增长13.4%。第三产业多种经营系统实现总收入4.6亿元，集体企业实现收入7.8亿元。与2000年比，公司的主营业务收入增长两倍多，资产负债率由37%下降到25%。制造加工业收入占主营业务收入的比例，由重组初期的24%提高到65%。公司的综合实力和抗风险能力实现重大飞跃，进入集团公司一级企业行列。

【安全生产】 公司立足于解决生产瓶颈问题，狠抓技术攻关和改造，安全生产水平有了较大提高。

突出效益最大化，主要装置实现经济运行。优化装置运行，加强技术操作和分析，强化以优化装置运行和产品提质升级为重点的精细管理，主要生产装置开工率和负荷率分别达到70%和96%以上，装置综合能耗、产品单耗同比均有较大幅度下降。切实抓好原料平衡和调度工作，与股份公司积极协调，保证C_4、丙烯等原料供应，提高资源利用率。强化设备管理，在用设备平均完好率达到99.7%；开展18项消瓶颈技术攻关，主要装置实现长周期运行。立足于抚顺石化两大公司的长远发展，开辟关山水库作为第二水源。经与抚顺市政府及电业部门积极协商，同意公司热电厂向西部石化新区跨区上网供电，实现“东电西送”，不仅满足自身生产建设需要，也将有力支持股份公司西部企业生产发展。

扎实开展安全管理，严格落实《中华人民共和国安全生产法》，严肃处理事故责任人。加大安全教育培训力度，全体职工的安全意识明显增强。开展“非典”防治工作，确保企业正常生产经营秩序。开展安全检查162次，查出安全管理问题326项，各类隐患36项，投入上千万元进行整改。进行安装行车记录仪试点，提高交通安全管理科技含量。制定《公司质量事故管理规定》。催化剂厂等6家企业通过ISO 9000—2000质量管理体系认证。各项环保指标均达到集团公司的要求。

【市场开拓】 面对持续波动的市场形势，坚持在加强市场信息反馈和提高应变能力上下功夫，公司积极实施“走出去”战略，拓宽企业生存与发展空间。完成销售集中整合，形成大市场、大服务的营销机制。实现销售计划、价格、结算、品牌“四统一”。通过建立大市场的开发机制，强化大服务的营销观念，实施产品组合营销策略及品牌战略，有效缓解产品产量大幅增加带来的销售压力。甲乙酮、腈纶等主要产品紧跟市场、及时调价，销售利润率比2002年有较大提高。同时，积极外找原料，提高骨干创效装置的生产负荷。公司工程建设公司积极参加工程市场招投标，承揽股份公司悬浮床加氢扩能改造等30多项工程，并在牢固占领内部市场的同时，成功开辟外埠市场。国际贸易公司积极实施“走出去”战略，与石化一厂一起大力开拓市场，特种蜡制品销量5000吨，同比有较大幅度提高，全部销往欧美市场，2003年实现销售收入2.68亿元，创汇325万美元。

【产业化发展】 2003年，公司实际完成投资4.1亿元，是2000年以来当年开工项目最多、建成投产最多的一年。2万吨/年BOPP、50MKwh煤代油二期改造等一批事关“十五”发展的重点项目全部实现一次开汽成功，公司主营业务的盈利能力得到提高，第一轮产业建设取得重要成果。蜡制品扩能、偏三甲苯分离、丙烯腈装置消瓶颈技术改造等项目，有效提高装置生产水平，改善公司产品结构，成为新的效益增长点。备受石化东部地区几万名职工及家属关注的采暖改造工程建成投用后，获得良好的社会效益。

积极推进对外技术交流与合作，进一步调整完善公司“十五”、“十一五”发展规划，编制《2003—2010年近、中期滚动发展计划》。与美国UOP公司合作引进通用催化剂生产线项目，目前已进入公用工程和主厂房施工阶段。项目建成后，将使公司催化剂生产制备技术达到国际同期先进水平，对早日建成集团公司催化剂生产基地具有重要意义。与意大利Basell公司就合作引进聚丙烯催化剂技术项目，与美国杜邦公司关于固体氰化钠的合作项目，与哈萨克斯坦关于降烯烃清洁燃料催化剂的合作项目都取得重大突破。特别是，着眼于抚顺石化两大公司的可持续发展，接受未来新加坡工业园区的辐射，规划占地1000亩的抚顺石油化工公司新区正式开工建设，拓展发展空间。

【企业管理】 为使公司的管理体制根本性地从计划经济模式下摆脱出来，建立起适应市场经济要求、整体控制力和应变能力强、能够最大程度优化内部资源配置的管理体制，公司强力实施以财务、物资采购和销售三大业务集中，使公司的管理体制发生深刻变化。

完成集中核算，实现财务管理科学化。高标准完成会计集中核算的各项工作，2003年7月1日正式成为集团公司未上市企业中，第一家应用《中油财务信息系统6.0版本》的单位。财务集中后，公司由原来的两级核算体系变为一级核算，各生产厂由过去的利润中心变为成本控制中心。公司实现对收入、支出、资金、损益等情况的实时监控，预算管理由事后控制真正转变为事中直接控制，成本管理由模拟市场倒推核算成本转变为更为先进的时点成本核算，具备财务日报表的条件。

强化物资采购管理。在采购业务集中的基础上，逐步健全采购、储备、调拨、使用、监督管理系统。对供货渠道重新认证，上网供货商由原来的1800家下降到900家；大力降低采购成本，坚持货比三家，比质比价，招标议标，实现所有大宗原材料网上采购和招标采购。特别是强化效能监察的作用，堵塞漏洞，充分利用公司办公自动化系统，将物资采购网接入效能监察部门，每月对30%的采购合同进行抽检，实现管理的闭路循环和物资采购工作的全过程控制。

扎实开展“管理增效年”活动，企业管理效率、效益和水平明显提高。在资金管理和资本运作方面，以财务资金、投资和成本管理为重点，初步形成全员、全过程降成本、降费用的有效机制。积极实施低成本扩张战略，以小搏大，并购地方企业资产工作取得重大进展，投产后每年可为公司新增收入数亿元。在战略管理方面，对关系公司发展的人才战略、营销战略、财务管理战略、企业文化战略等重大问题进行专题研究，明确指导思想、具体部署、基本原则和目标定位，形成公司总体发展战略初步方案，为公司向战略经营型企业转变奠定基础。在信息化建设方面，利用公司现有信息网络技术优势，在生产调度网、物资网、财务网、视频会议网等专业网基础上，积极搭建公司两级机关数字化办公平台。

坚持以人为本，实施人才强企战略。与高等院校联合培养在职研究生46名，是前两年的总和；2003年引进应届大学毕业生182名；开展多渠道、多形式岗位培训，完成110个工种、4000余名职工的技能鉴定；评聘技师71名，高级技师10名；有效改善公司人才结构，提高职工队伍的整体素质，为企业基业长青、实现可持续发展提供保障。

【企业改革】　着眼于建立现代企业制度，2003年落实多项改革措施。

持续重组，优化企业组织结构。着眼于优化制造加工业布局，将石化四厂、五厂分别并入腈纶厂和石化三厂，将工程、检维系统重组成立工程建设公司，有效提高主营业务集中度，产业上下游衔接更为紧密，规模实力明显增强，机构进一步精简。这次重组整合，尽管涉及公司半数以上企业、近万名职工，但由于方案经过反复周密论证，积极宣传，做到了科学合理，保持了整体稳定。

积极推进主辅分离、辅业改制工作。将各企业物业和燃气系统分离出来，实施专业化集中管理，重组成立物业中心和燃气公司。优化资源配置，形成人才、技术和装备上的优势，市场竞争力明显增强。公司设计院正式加盟CPE，完成战略性重组。第三产业多种经营单位积极寻找创效途径，在扩大承包经营、探索产权制度改革方面做出积极努力。10家集体企业在“三清三整顿”基础上，组建抚顺石化北天集团，为下步转制创造条件。

人事制度综合配套改革顺利推进，平稳有序完成“五定三岗”工作。公司两级机关和附属机构按照公开、公平、择优的原则全部实行竞聘上岗。全公司管理岗位精简13%，管理层次进一步压缩。有近200名工人因表现突出被聘用到管理岗位，有170名副科级以上管理人员落聘或低聘后转岗。在此基础上，顺利完成工资制度重大改革，调整分配关系，职工收入得到提高。

分离办社会职能取得实质性进展。积极与抚顺市政府协商，实现中小学校停止招生、萎缩办学，达成“一校一策”的分步移交方案。职工医院整体移交工作也取得积极进展。稳妥有序启动住房货币化改革。

【党建和精神文明建设】　全公司特色党支部数量由2002年的217个增加到279个，涌现出集团公司“百面红旗”单位腈纶厂丙烯腈车间党支部等一批先进典型。

各级共青团组织深化青工创新创效活动，评选优秀青年创新成果19项，选树推广全国青年创新奖等25名公司级以上先进青年典型，公司团委荣获“全国‘五四’红旗团委”称号。

（王　乔　李宪鹏）

中国石油辽阳石油化纤公司

【概述】　中国石油辽阳石油化纤公司是中国石油天然气集团公司直属的具有独立法人资格的大型国有企业，下辖化工化纤生产、加工制造、工程技术服务、生产服务、社会服务和多种经营等六个系统30家单位。截至2003年12月底，公司总资产26.19亿元，负债6.51亿元，所有者权益19.68亿元，资产负债率24.86%；职工15064人，其中在岗9087人，退养5977人。

2003年是辽化公司改革发展进程中承前启后的关键一年，公司上下以扭亏脱困为中心，以发展为主题，以改革为动力，进一步加强企业管理，较好地完成了全年各项任务目标。

【主要经营指标】 2003年，全公司实现主营业务收入58118万元，其中关联交易收入40133万元，社会收入17985万元；总成本支出80907万元，账面亏损22789万元。剔除集团公司单列考核的纤维厂和化工一厂亏损3878万元，以及提取减值损失9705万元等因素，实际利润亏损9172万元，较好完成了集团公司下达的9366万元年控亏指标。

【规划发展】 2003年，集团公司及股份公司总部批准辽阳石化分公司对九套严重亏损装置进行报废处理后，我们坚决服从集团公司决定，顺利完成原聚酯一厂长丝后纺装置、聚酯二厂DMT聚酯装置及纤维厂涤纶、锦纶、涤弹、丙纶、涤长、外观和公用装置的资产接收工作。公司全年完成固定资产投资6751万元，其中化工延伸加工2402万元，非安装设备零购2798万元，其他投资1551万元。规划重点项目进展顺利：年产8000吨涤纶纺粘无纺布和11万吨稀硝酸、4万吨浓硝酸项目初步设计通过审查，场平工作基本完成；公司抓住纤维市场行情上扬时机，组织纤维厂及时开车，纤维厂全年比预算减亏516.5万元；共混纳米材料改性尼龙66项目被国家科技部确定为国家级纳米开发基地，已组建为辽化工程塑料有限公司。已经实施的技改项目收效明显：机械厂AOD炉扩建改造项目攻克大型炉壳制造、减速系统蜗轮蜗杆极限等技术难关，单炉冶炼能力成倍提高；仪表厂GT-230可燃气体报警控制器获国家消防电子检验中心产品型式检验合格证书，已批量投入市场。

【深化改革】 坚持有进有退、有所为有所不为原则，进一步推进企业改革。公司产业定位和发展战略研究方案得到集团公司批复，主辅分离辅业改制分流实施方案修订完成；工程公司重组改制方案获集团公司正式批复并完成组织实施，为开拓外部市场奠定坚实基础；鑫达公司所属企业改制工作基本完成，六户企业成功改制成有限责任公司；公司对物供系统进行专业化整合，推进物资供应管理规范化、信息化和市场化工作全面铺开；公司对销售业务进行重组，形成较为合理的产销衔接及交割操作流程。

【企业管理】 公司把管理费可控部分同比压缩5%和收入成本率同比降低3%作为硬任务纳入经济责任制考核，严格控制维修、零购费用支出，并建立动态跟踪考核体系。公司以建立现代企业制度为目标，以财务、成本为中心，加强各项专业管理：对全公司财务进行集中管理，简化管理层次、规范运作程序、提高资金运转使用效率，有效地避免了国有资产流失；加强对各单位财务收支审计、亏损大户和超支单位的经营成果考核审计，建设工程和检维修工程预结算审计覆盖率达100%，审减率达到12%；对全公司车辆进行集中统一管理，进一步堵塞了效益流失的暗渠；坚持“预防为主、防治结合”的方针，制订HSE创优升级方案，较好完成了“四个杜绝”、“三个不超”和“一控双达标”安全生产目标；努力开展ISO 14000环境管理体系认证试点，在全公司范围内开展争创绿色车间和绿色作业队活动；牢固树立“质量是企业生命”观念，进一步加强过程控制，14个主体单位中已有12家单位取得ISO 9000质量体系认证。

【精神文明建设】 编制出台《公司企业文化建设规划》；对二级单位130名领导干部进行量化考核，并对物供、经贸等五个单位或部门缺员的处级岗位公开竞聘，领导人员选拔、任用新机制初步形成；公司纪委完善《领导干部防止腐败、廉洁自律管理规定》和《效能监察成果评估办法》等规章制度，强化党风廉政建设和反腐败工作，五件违法违纪案件得到有效处理；公司工会深入开展厂际创新达标竞赛和大检修现场立功等活动，发动职工提合理化建议1928条，有205人次立功受奖，创效1000万元；积极开展送温暖活动，补助特困职工512人次。公司团委积极开展争创“青年文明号”、青年创新创效等活动，三个青年集体荣获市级“青年文明号”，28项创新创效成果受到表彰。

（白锦松　周广智）

中国石油林源炼油厂

【概述】 截至2003年末，中国石油林源炼油厂拥有在册职工3000人，其中，在岗职工1980人，内部退养1020人，资产总额54111万元。企业主要业务涉及石油化工、炼化装置安装及检维修服务、社会及生活服务、轻纺制造等多个领域，拥有东北最大、世界一流的地毯织造和毛纱生产线及以食品级白油、精制乙腈、各种溶剂油、石化助剂为主的化工生产装置，化工、轻纺产品遍布全国各地并远销海外。

化工产品主要有：6万吨/年溶剂油、2500吨/年乙腈、3万吨/年白油、1000吨/年石化助剂；轻纺产品主要有：1800吨/年丙纶长丝及加捻定型丝、120万平方米/年各种丙纶、混纺、纯毛提花地毯和9000锭羊毛及混纺毛线、粗绒、针织绒、丝光绒线、超柔绒线。

【生产经营】　继续坚持精心组织，促进效益增长。主要开展了以下几个方面的工作：

（1）强化日常组织协调，保持生产平稳运行。从实际出发，及时根据来料、负荷等生产条件变化，协调组织化工生产。特别是，通过调整工艺参数、优化操作，确保产品收率的提高。与2002年同期相比，溶剂油收率由96.64%提高到96.65%，乙腈收率由82.6 %提高到93%，白油收率达到99.5%；源光助剂通过细化和调整各种参数，收率始终稳定在85%；地毯、毛纺也针对各自进口设备的特点，加强维护，精心生产，保持了长周期运行。全年累计生产溶剂油32373吨，乙腈1071吨，白油5109吨，各种牌号的石化助剂215吨；生产地毯33.28万平方米，长丝760吨，毛纺生产针织绒纱线212吨，各类产品产量稳中有增。

（2）以市场为导向，用订单牵拉生产负荷提高。轻纺及化工板块根据市场变化，加大产品结构的调整力度，生产适销对路产品，并坚持从订单计划、生产准备、物料平衡、系统协调、原料入厂等各环节入手，确保生产经营目标的实现。

（3）企业扭亏成效明显。毛纺、地毯作为轻纺板块的主要生产企业，经过三年的技术改造及新产品开发，市场占有率逐年提高，初步扭亏解困，并首次出现盈利。地毯公司实现考核利润22万元，毛纺厂实现考核利润17.5万元，为全厂实现集团公司提出的存续企业在三年基本平稳过渡，五年左右时间扭亏为盈的目标奠定了坚实的基础。

（4）提高服务能力和水平，搞好关联交易。各单位继续牢固树立大局意识、责任意识和服务意识，围绕炼化公司的主营业务发展，精心组织检维修作业和其他各项关联交易工作，进一步提供优质服务。在林源生产区一次、二次原油加工能力关停、内部关联交易市场转移的情况下，通过采取有效措施，赢得炼化公司的信任和支持，较好地完成关联交易活动。2003年共签订关联交易合同33项，实现关联交易收入16902万元。

（5）细化经营目标，注重实际效果。重点坚持强化经济责任制考核，搞好目标利润分解，按合同兑现内部奖惩。由于各单位不断加大工作力度，措施得当，取得良好的经营成果。全年实现主营业务收入47422.2万元，完成预算的113.6%；实现考核利润165万元，超额完成集团公司下达的考核指标。

【从严治企】　2003年初以来，按照集团公司开展“管理增效年”活动的要求，围绕内抓管理，外塑形象活动，坚持把“促进管理思想更新、方式转变、手段改进和增强企业内部消化各种困难、风险能力，提高经济效益”作为管理增效的重要途径，注重紧贴实际，抓准管理上的薄弱环节，突出以“找问题、查漏洞、严管理、增效益”为主要内容，促进管理创新和管理增效，有力地推动企业整体管理水平和经济效益的提高。

（1）抓资产管理，搞好整合运行。根据集团公司对企业产业定位的批复和关于主辅分离工作的精神，一方面，撤销龙源公司建制，将不良资产和应收账款划归资产办，将化工装置全部列为直属管理；另一方面，通过租赁等形式，盘活水泥、编织袋、润滑油等闲置和存量资产，实现创效增值。

（2）抓质量管理，严格推行ISO 9000标准。全厂六个质量体系在没有外请咨询队伍的情况下，依靠自我策划、自我撰写体系文件、自我整顿、自我检查审核，一次性通过换版。在ISO 9000标准指导下，轻纺行业通过开展“出精品，创品牌，增效益”活动，促进产品质量的提高。地毯一等品率达到了99%，比2002年提高了0.2个百分点；BCF长丝一等品率达到了99.71%，比2002年提高了2.7个百分点；“林源牌”机织提花地毯荣获国家质量监督机构抽查合格产品证书。毛纺产品五项主要指标始终保持国家优等水平，羊绒和羊绒混纺成品入库一等品率达到99.86%，其中纺纱一等品率为99.9%，染色一等品率达到98.58%；服务板块中，建安公司荣获国家质量监督检验检疫总局颁发的GA1级、GB类、GC1级三种压力管道安装许可证书。物业公司重组后，实力明显增强，并经建设部批准取得大庆市首家国家一级资质；化工板块充分发挥设备优势，稳定产品质量。白油多个牌号均达到食品级标准，并通过国家级鉴定。乙腈纯度可达到99.99%；各种牌号溶剂油、助剂的合格率也达到100%，质量有了新的保证。

（3）抓合同和商标执照管理，提高企业的美誉度和信誉度。通过严细管理，连续几年未发生合同纠纷，较好地维护了企业的声誉，并先后被评为大庆市、黑龙江省和国家级“重合同、守信用”先进单位。同时，结合企业实际，清理整顿建厂以来注册的产品商标71种，重新向国家商标局申请注册39种，检查整顿各种营业执照34个，使商标和营业执照管理走上了正轨。

（4）抓成本管理，努力挖潜增效。在管理增效活动中，通过积极采取有效措施和办法强化成本意识，严格控制原料采购、生产加工和产品销售三个关键环节，增强责任感，调动职工的积极性，有效降低成本。服务板块坚持从重组改制、做大做强的发展全局观出发，结合自身实际，努力在降低成本上下功夫，促进企业整体竞争实力和经济效益的提高，超额完成年初下达的预算指标。建安公司通过健全全方位、全过程和全员目标成本管理体系，收入和效益始终保持良好态势。物业公司突出“集中统一管理”，强化工作环节控制；轻纺板块大力实施严细管理，促进经营业绩的全面提升。特别是地毯公司，设立管理责任追究公示板，对出现的问题进行公示处罚，大大提高职工的责任感，促进管理水平的提高，有效降低成本；化工板块深入组织开展“挖潜创收”活动，保证效益的增长；其他各单位也采取许多行之有效的办法，挖掘内部潜力，并取得一定成效。

（5）抓现金管理，加快货币回笼。坚持从内部入手，严格资金的管理，加速资金周转和存货周转；继续加大货款清收力度，在确保当年无新增应收账款的前提下，清回重组前欠款400余万元；利用省级贴息贷款政策为项目筹措资金，节约资金支出200万元。通过采取上述措施，缓解现金流的不足，使有限资金发挥最大作用。

（6）抓审计监察管理，规范企业的经营行为。继续围绕企业经营管理过程中存在的效益、质量等方面的突出问题，开展专项审计和效能监察，做到事前预防、事中控制、事后纠正，保证企业生产经营的顺利进行。

（7）抓安全管理，为生产经营提供保障。继续坚持“安全第一，预防为主，全面管理，综合防治”的安全生产和环境保护工作方针，不断强化安全防范措施，全面落实安全生产责任制。以“安全生产月”活动和“安康杯”知识竞赛为契机，通过电视、系列挂图、板报等多种形式向全体员工和家属进行安全生产教育，并曾多次组织各单位进行《条例》和《安全生产法》大学习、大讨论，先后举办安全管理、特种作业、危险化学品及消防培训14次，进一步增强全员安全意识。认真开展专项治理活动，通过春防、冬防和密集场所消防安全、危险化学品等季节性、专项整治活动，确保良好的生产、生活环境，有效杜绝各类事故的发生。

（8）抓投资管理，保证项目顺利投产。由于在BCF生产线改造和白油加氢装置建设过程中实行项目指挥部交钥匙工程管理，既保证了工程质量，又大幅降低了造价，白油加氢装置节约资金450万元。

【努力改善基础环境】　从2002年开始提出创建健康企业目标以来，各单位严格按照班子与队伍建设、过程管理、产品（服务）质量、绩效指标、科技开发和企业文化等七个方面的基本创建要求，不断改进和完善自我，加大推进力度，使企业基础环境得到进一步改善。从四季度全厂健康企业检查考核总体情况看，建安公司综合达标率达到94.55%，较2002年提高8.84个百分点；物业公司综合达标率达到84.75%，较2002年提高5.5个百分点；地毯公司综合达标率达到82.54%，较2002年提高7.54个百分点；毛纺厂综合达标率达到79.37%，较2002年提高15.91个百分点。随着综合达标率的不断提高，为2004年全面实现健康企业目标作好了铺垫。

【企业改革】　一是根据集团公司批复，明确产业定位，并初步完成主辅分离总体方案，“发展一批、联合一批、退出一批”的经营战略更加清晰；二是在“五定”的基础上，细化上岗、试岗、待岗的动态管理；三是继续完善机构及职能调整，适应新形势下企业生产经营的需要；四是进一步加大弹性分配比例，通过联产联效计酬制、经营者年薪制等分配模式，充分调动职工和经营者的积极性。同时，按照集团公司要求，实现工资分配制度改革与人事劳动用工制度改革的配套联动。

【市场开发】　坚持强化市场营销，不断拓展生存空间。通过一手抓老市场稳定，一手抓新市场开发，取得较好的效果。地毯公司充分发挥设计优势，加大产品推介力度，最大限度地缩短与市场的融合期，抢占主流市场份额，扩大销量；毛纺厂通过开发国内大客户、启动东北市场等措施，销售业务逐步扩大；建安公司在巩固大庆炼化内部市场的同时，不断拓展外部市场，既锻炼了队伍，又积累了经验；物业公司目前已在深圳、福建等地设立物业管理项目，在大庆地区乃至全省开创企业与政府合作的先例；化工产品销售上，不断开发新的市场，份额逐步增大。目前，溶剂油市场相对稳定，乙腈国内、国际市场日趋平稳，白油市场虽尚处在培育阶段，也已占领一定的份额，潜力很大。

【科技强企】 2003年，企业相继在轻纺行业推出毛纺新产品四个系列及两纬一高纬密地毯、暖色调客房地毯等适应和引导市场的新产品，机织地毯还荣获国家绿色环保证书。

加强科技攻关和小改小革。全年累计攻克“不同纤维同色性染色技术、高比例绢丝抗静电纺纱技术、织造技术和化工工艺技术的开发应用及建筑施工装置检维修中一些关键技术”等11项成果，解决七项重大技术难题，为企业增加经济效益180余万元。

继续按照“重要人才重点培养，紧缺人才抓紧培养”的原则，加快人才储备。同时，通过岗位练兵、操运会等形式，有效提高职工的整体操作水平和业务技能。进一步加强与外部科研单位和大专院校高层次研究力量的合作，加快企业技术创新步伐，初步形成多方位的技术创新体系。

【坚持整体发展战略】 按照产业定位确立的发展方向和目标，积极开展工作，取得明显进展。

（1）在发展化工方面。经过几年的调研论证，向化工延伸业发展的思路更加清晰。目前，石化助剂和白油两个项目已按预期投产；10万吨/年分子筛脱蜡、10万吨/年干气制乙苯和聚丙烯塑料助剂等项目均已列入集团公司批复的《大庆地区石油石化企业可持续发展行动纲要》。

（2）在做强服务方面。建安、物业两个公司在原有基础上加快技术、装备更新和重组步伐。物业公司按照建立现代企业制度的要求，已经完成股份制改造；建安与炼化公司工程队伍的重组工作正在进行中，从而确保在集团公司关联交易内部市场全面放开的情况下，以优质的服务、合理的价格和良好的信誉继续巩固和加大内部市场份额。

（3）在轻纺创牌方面。主要是从整体角度出发，精心策划，统筹安排。为了改善产品结构，提高产品质量，投资1100万元从德国纽马格公司引进1200吨/年BCF生产线，并顺利投产。同时，毛纺、地毯在产品设计、产品质量、产品价格、产品宣传和市场营销等环节上，做了大量的、细致的基础工作，为培育和打造林源品牌，提升企业核心竞争力奠定了坚实的基础。

（张玉权）

中国石油前郭炼油厂

【概述】 中国石油前郭炼油厂现拥有总资产5.68亿元，其中国有资产3.86亿元；集体企业、三产企业、股份制企业拥有资产1.78亿元。共有生产装置两套：10万吨/年非选择性叠合装置、10万吨/年溶剂脱沥青装置。主要产品有聚丙烯树脂、车用液化气、石油沥青、建筑沥青、塑钢门窗、新型防水卷材等20多个品种。截至2003年底，企业共有职工3096人，其中，国有职工2282人，集体职工814人。共设机构56个，其中机关职能部门13个，直属二级单位43个。

【主要经营指标】 2003年，是前郭炼油厂新一届领导班子各项工作的开局之年，是全厂职工经受严峻考验、战胜各种困难、取得显著成效的一年。一年里，全厂干部职工立足当前、谋划长远，按照集团公司工作会议精神和企业年初工作部署，以发展为主题，效益为中心，服务创收为手段，紧密围绕“管理增效年”活动，扎实工作，艰苦创业，各项工作都取得了新的进展。特别是在生产经营形势不断变化、减利因素不断增加、上半年受“非典”疫情严重影响的情况下，全厂各级领导干部和广大职工，应对复杂经营环境和激烈市场竞争的挑战，上下一心，自强不息，全年实现总产值33034万元，比2002年增加392万元；实现利税1485万元，圆满完成了企业年初确定的经济目标和集团公司下达的经济考核指标。

【生产和销售工作】 生产车间采取科学、经济的运行方案，克服装置设备老化、技术落后等不利因素的影响，加强设备管理，提高设备可靠运行度，确保了装置的安稳运行，实现了增产增效。聚丙烯车间（聚丙烯装置是前郭石化分公司闲置装置，由前郭炼油厂租赁使用的，规模是1万吨/年）强化制度建设和生产作业环节管理，依靠科技进步，实施技术创新，开停工费用、水电气风等生产成本均降到历史最低水平。在此基础上，根据市场和季节变化，生产适销对路产品，使产品销量不断上升。装置全年加工原料首次突破10000吨，比2002年增加4584吨，增长72.8%。叠合车间在产品不符合国家新标准、吉林省乙醇汽油封闭运行、装置正常生产受到严重制约的情况下，调整产品结构，提高产品质量，并紧紧抓住市场信息，以销定产。月平均销售车用液化气达 1000 吨，创历史以来最高额度。在认真抓好装置生产的同时，前郭炼油厂还加大力度抓好产品销售工作，解决制约生产的瓶颈问题，产销率达 100%，实现了产销平衡，产销互动。

【安全生产工作】　前郭炼油厂始终坚持把安全工作放在各项工作的首位来抓，坚定不移地贯彻落实“安全第一，预防为主，全员动手，综合治理”的安全工作方针，坚持把生产安全、人身安全、交通运输安全和文化娱乐场所安全作为全厂安全工作的重点。一年来，在完善制度建设，夯实基础工作；开展安全教育活动，强化职工安全意识；加大资金投入，治理事故隐患；强化工艺纪律管理、施工现场管理、锅容管特管理和交通、消防安全管理的基础上，重点开展了安全检查和安全生产专项整治工作。突出对生产装置、文化娱乐场所、重点单位和岗位，进行了经常性的安全大检查，形成了班组日检、单位周检、厂月检的安全检查制度 。特别是认真贯彻落实党中央、国务院和集团公司关于安全生产工作的指示精神，进一步健全和完善了领导安全生产责任制，在全厂范围内推行了“三位一体”的安全责任保证体系，使安全管理工作进一步走上法制化管理的轨道，并实现了企业年初制定的安全生产控制指标和集团公司下达的安全工作目标。

【企业发展成果显现】　2003 年，前郭炼油厂在提升企业竞争能力，谋求企业长远发展上取得重大实质性成果，重点开发建设的 2 万吨/年聚四氢呋喃项目，获集团公司正式批准建设。重组改制至今，厂党政两个班子针对企业人多人工成本高、非经营性资产比例过大、创效手段单一等突出矛盾，始终坚持把发展作为主旋律，作为各项工作的重中之重，在各种困难面前，谋发展的信心不动摇，抓发展的力度不减弱，带领全厂职工万众一心搞发展。2003 年初，《聚四氢呋喃项目可行性研究报告》评估会成功召开后，按照集团公司规划计划部《关于项目前期工作的通知》要求，以及集团公司提出的三点意见，组织力量，集中精力围绕技术引进、原料来源、产品市场、效益规模等方面进一步深化项目的前期工作。该项目是前郭炼油厂的希望工程，项目建成投产后，既可大幅度提高经济效益，改变产品结构单一局面，又可为企业持续发展提供强大产业支撑。

【经营管理工作】　按照集团公司“管理增效年”活动的部署和要求，厂党政两个班子突出重点，狠抓落实，广泛发动群众，认真查找管理工作中的薄弱环节，加强和改善企业管理工作。一是加强内部管理，完善决策机制，成立了《产品质量管理领导小组》、《科技委员会》等组织机构，使企业各项决策的科学性和民主性进一步增强。二是强化经营运行，实施低成本战略，节约各项费用支出，取得了管理水平提高、经济效益上升和成本费用下降的效果。三是举办领导干部人力资源与开发培训班，提高干部队伍的管理水平。四是加强机动车辆维修管理，施行单车核算制度，仅修理费、保险费两项全年就节约资金 100 多万元。五是加强审计监督和效能监察工作，切实堵塞管理上的漏洞。六是采取走出去方式，学习兄弟单位的先进管理经验，有效促进了企业经营管理水平的提高。

【致力于服务创效益】　全厂各级领导干部和广大职工不断强化服务意识，提高服务质量，按照关联交易确定的服务内容和标准，积极为上市企业做好各方面服务。安装工程公司等工程技术服务单位，把检维修服务作为主营业务，自觉朝着做专做强的方向迈进，不断建立和完善服务保障体系，保证了上市企业生产装置的安稳运行。运输公司等生产服务单位，切实把服务作为一种经济行为，作为自己的本职工作，保证了上市企业工程建设、物资运输等各项工作的顺利进行。生活物业、教育卫生等单位以服务为大局，优质服务为手段，认真做好生活后勤、医疗卫生、技术业务培训和中小学基础教育工作。机关处室切实转变工作作风，发挥表率作用，全心全意为上市企业做好各项服务。由于全厂上下牢固树立两个企业共同发展思想，使两个企业始终保持了相互协作、团结融洽的工作气氛，保证了关联交易的规范运作和服务费用的顺利实现。2003 年，全厂共实现服务费用 5720 万元，比 2002 年增加 380 万元。

【深化内部改革】　贯彻落实集团公司关于深化企业改革的指示精神，按照改革的统一部署，结合企业实际状况，积极稳妥地推进内部改革的各项工作。一是进行了医疗制度改革。这是难度最大、力度最强的一项改革。《医改方案》出台并实施后，仅下半年全厂医疗费用就比 2002 年同期减少了 300 多万元。二是本着“精干高效”的原则，有序推进管理机构的改革。根据实际工作需要，增设了生产处，信息中心等新机构，并对人员少、职能多的业务部门，在力量上给予了适当的充实。三是对三产企业进行整顿和规范管理，对业务相近或相同的进行深层次整合，对扭亏无望、资不抵债的依法破产。四是加大人力资源开发步伐，制定了人才培养“十五”规划，为适应与国际接轨和企业长远发展的需要，做好人才储备工作。五是从改革、发展、稳定以及保护职工群众根本利益的大局出发，把三项制度改革从广度和深度上继续有序推进。

【关心职工群众生活】　厂党政两个班子本着为职工办好事、办实事的原则，克服资金紧张等诸多困难，在提高职工收入水平、改善生活条件和工作环境上做出了积极的努力。一是增加职工工资收入，人均实现收入比2002年增长5.2%。二是关心职工身心健康，利用三个多月时间，对全厂职工（包括离退休职工、退养职工和集体所有制职工）进行了身体健康普查。三是对聚丙烯车间由四班运行制改为五班运行制，降低了生产岗位职工的劳动强度。四是投资改造了中小学操场，为中小学生体育运动及职工家属强身健体提供了理想的场所。五是对条件较差的西家属区道路进行了维修，对平房供电隐患进行了治理，保证了职工家属的正常安全生活。六是切实关心离退休和退养人员的生活，成立了退养职工代表委员会，倾听他们的呼声，并热情帮助他们解决生活中的实际困难。

（卢雪峰）

吉化集团公司

【概述】　吉化集团公司（以下简称公司）是中国石油天然气集团公司的全资子公司，坐落在吉林省吉林市。其前身是吉林化学工业公司（简称吉化），1954年开工建设，1957年建成投产。始建以来，周恩来、邓小平、江泽民、胡锦涛、吴邦国等多位党和国家领导人曾视察吉化。1998年5月12日，公司划归中国石油天然气集团公司。2000年3月，公司与吉林石化分公司正式分立运行。2001年末，公司制订并实施以结构调整为突破口，以集约管理为基础，以技术改造为主线的“扭亏脱困三大攻坚”方案。2002年，公司实现盈亏平衡。

2003年，公司进一步深化改革、创新经营、强化管理、艰苦奋斗，在企业核心竞争能力、产业结构、资产收益等方面又取得新的突破性的进展。

公司业务范围涉及化工延伸加工、精细化工、机械仪表和工程技术服务等多个行业领域。公司下辖丙烯腈厂、高碳醇厂、精细化工厂、农药化工有限责任公司、建设公司、机械公司、仪表公司、进出口公司等企事业单位42个，设有机关部室19个，有职工20385人。2003年末，公司资产总额100亿元。

公司恪守“创业兴企、敬业报国”的企业精神和“忠诚于企业、诚信于用户、奉献于岗位、坦诚于同志”的群体价值观。未来几年，公司将发展成为以化工延伸加工和精细化工为主，工程技术服务为重要组成部分，业务构成多元化，产权结构多元化，具有生产经营和资本运营复合功能的地区综合性公司。

【主要生产经营指标】　2003年，公司全年完成主营业务收入43.8亿元，同比增长41.3%；扣除执行新企业会计制度因素影响，在三项费用补贴前实现利润1.1亿元；完成化工产品实物总量25万吨，同比增长56%；完成建安行业施工产值17亿元，同比增长16%；全员劳动生产率5.9万元/（人·年），同比增长41%。

【主要产品和服务】　丙烯腈、丙酮氰醇、乙腈、甲基丙烯酸甲酯、异丁烯、聚异丁烯、球型铝粉、铝银浆、高效低残留农药、三羟甲基丙烷、ACR、液体氰化钠、工业有机玻璃、EBA、甲基香兰素、乙基香兰素、丙烯酰胺、聚丙烯酰胺、2—3酸、2—萘酚、硫酸、硫铵、编织袋、塑料桶、铁道罐车、离心机、智能变送器以及建筑工程、施工安装等。

【具体措施】

1. 加快技术改造、推进科技创新，培育企业核心竞争力

公司坚持以增强装置创效能力为目标，加大技术改造力度，加快项目建设步伐。选定的丙烯腈、乙腈、丙酮氰醇、液体氰化钠、铝粉A线、铝银浆、异丁烯（聚异丁烯）、包装物（编织袋、塑料桶）、甲甲酯、硫铵、戊唑醇、草除灵乙酯、生物农药BT等20个技术改造项目中，有15个项目当年实现开车投产，其余5个项目于2004年1季度陆续建成投产。丙烯腈装置扩产改造工程于2003年3月18日开工建设，主装置于2003年11月12日正式投产，实现一次开车成功，并于11月14日产出合格产品，创造国内外同等规模装置建设周期的新纪录，比最快的建设

周期缩短10个月。这套装置扩产改造完成，标志着公司丙烯腈装置在国内将继续保持单套能力最大、总能力最大、消耗最低的优势。同时，公司坚持科研开发和解决生产问题相结合，加强“产、学、研”相结合，努力做到研发一代、投产一代、储存一代。到2003年末，具有自主知识产权的乙基香兰素、高活性聚异丁烯等科研成果实现产业化，异丁烯和聚异丁烯实现收入2600万元，实现利润260万元；乙基香兰素实现收入1127万元，实现利润200万元。

2. 强化精细管理、突出提质降耗，建立产品成本优势

深入开展“管理增效年”活动，突出抓好精细化管理，坚持把达产达标作为稳产高产、创效增效的根本手段，实现装置效益最大化。以装置设计指标为基础，努力保持安全、稳定、长周期、满负荷、优化运行。对所有物耗、能耗指标，逐项落实到公司、工厂、车间、班组、岗位，坚持上下一条线，高标准、严要求。坚持实行“日跟踪、周算账、月分析”，对产量、消耗、生产负荷、原料燃料、产品库存及设备检维修情况进行全面跟踪管理。通过开展小改小革、攻关革新活动，共解决影响装置优化运行的瓶颈问题122项，有28项公司考核的重点产品原料消耗达到历史最好水平，实现节能降耗3000万元；20套主要生产装置平均负荷达到102.6%，创造近几年的最好水平。不断强化预算管理，以严格审核财务预算为龙头，采取二级单位、主管部室、公司预算委员会三级审核制，实行资金支出集中统一管理，并设立资金管理办公室，统一对二级单位收支业务进行操作，进一步规范资金管理。集团公司在吉化召开“管理增效年”现场会，公司在会上介绍工作经验。

3. 加强市场营销、保证现金流量，提高经济运行质量

为进一步提高市场占有率，实现产销率100%目标，公司大力实施市场细分策略。在细分需求上，建立信息网络和产品预警系统，密切跟踪国内、国际市场相关产品行情，采取不同的营销组合策略，确定最佳产品流向。在细分用户上，以掌握用户类别、运营状态、资信能力为依据，对核心层用户实行计划发货、优惠定价、周期性付款，巩固和发展合作关系；对紧密层用户，实行市场价格、款到发货，慎重保持合作关系；对松散层用户，实行预付货款、浮动价格，最大限度降低经营风险。在细分服务上，全方位开展售前、售中、售后服务，努力以优质服务赢得用户、拓展市场。通过实施市场细分策略，主要化工产品销量同比增加7万吨，主要化工产品产销率平均达到100.7%。同时，全面推行与应收账款和存货因素相关联的“当量利润”考核办法，把生产经营净现金流量作为经济运行的重要支撑。全年主要产品销售回款率平均达到103%，销售回款额同比增加6.2亿元；企业生产经营净现金流量同比增加1.5亿元，进一步提高经济运行质量。

4. 调整产业结构，深化机制改革，增强企业运营活力

坚持推进“六个一批”，做强以丙烯腈为代表的化工延伸加工和精细化工产业链，全年化工板块的主营业务收入已占总收入的60%，增强了主营业务实力；加快建筑施工业的发展，建筑安装施工产值同比增长16%，公司所属的化建公司于2003年7月31日在上海证券交易所成功上市，为加快发展奠定坚实基础；积极剥离社会职能，37条道路已经移交地方政府；顺利完成龙潭山宾馆划转工作。同时，按照中油集团公司的总体部署，加快主辅分离、辅业改制步伐，对具备正式整体分流改制条件的企业，采取讲清政策、指明出路、坚持自愿、保证公平的办法，相继顺利实施了五户企业的整体分流改制，共分流人员434人，处置资产857万元。按照有利于盘活闲置资产、有利于安置富余人员的原则，在规范、合法、安全运作的基础上，对具备条件的部分内部关闭企业给政策、减补贴，组织实施生产自救。有三户内部关闭企业经过诉讼程序、进行资产置换后，成立有限责任公司，共盘活资产245万元，安置人员77人。持续推进事业单位企业化经营、市场化运作，进一步增强了自我积累、自我发展能力，全年八个事业单位实现减补1000多万元。

5. 发挥政治优势，保障职工利益，增强企业凝聚力、向心力

坚持在加快企业经济发展的同时，努力实现好、维护好、发展好职工群众的切身利益，真心实意帮助职工群众解决困难。工作中，坚持在制定事关职工群众切身利益的改革措施出台前，认真履行民主程序，广泛征求职工意见，并交职代会讨论，夯实企业改革发展的群众基础；坚持加大信访工作力度，变上访为下访，把稳定工作的着力点扎牢在基层，把问题解决在萌芽状态。坚持实施“扶贫送温暖”工程，由领导带头，党员干部、先进人物和党小组组成帮扶小组，与特困职工家庭结成帮扶对子，全年组织党员、干部捐款500多万元。特别是在2003年“两节”期间，公司向包括集体企业在内的困难职工发放扶贫款150

多万元，缓解他们生活中遇到的困难。坚持开展“就业、再就业工程”，通过对丙烯腈等生产装置实施技术改造，建设劳动密集型的包装制品公司，盘活高碳醇厂铝粉装置，组织内部关闭企业松北公司和江城公司开展生产自救，以及组织劳务输出等措施，先后安置三个年度待分配的复转军人348人和两个年度待分配的技校生302人，并解决1000多名下岗职工、有偿解除劳动合同人员的再就业问题，有效地维护企业和社会的稳定。

【健康安全与环境】　2003年，公司牢固树立“安全第一”的思想，把确保企业安全、平稳生产作为践行“三个代表”重要思想的具体体现。提出“四个杜绝、三个不超、两个确保、一个实现”的总体工作目标。与全部基层单位签订《安全生产承包合同》。制订以“提高安全意识、规范安全行为”为核心的安全管理考核办法，分层次制订各级管理人员和操作人员的实施方案和考核细则。对关键生产装置和重点要害部位实施走动式管理、不间断检查。扎实开展以“实施安全生产法，人人事事保安全”为主题的“安全生产月”活动。开展“我为工厂献一计”安全合理化建议征集活动，征集建议1246条，采纳767条。坚持发展生产与保护环境并举的原则，强化老污染源治理，积极推行清洁生产。通过技术改造、新建设施等方式，以新代老，综合利用，努力实现达标排放。定期对工作场所职业病危害因素进行监测，严格规定员工个人防护用品配备标准，在可能发生急性职业损伤的有毒有害作业场所设置报警装置、现场急救用品和冲洗设备，设立职业病防治公告栏和《危险化学品周知卡》。2003年，安全生产指标千人负伤率为0.81‰，千人重伤率为0.04‰，分别低于中国石油天然气集团公司1‰和0.3‰的考核指标，杜绝了重大职工伤亡事故、重大火灾爆炸事故、重大生产设备事故。COD外排达标率98%，石油类外排达标率100%，工业固体废弃物有效处置率100%。慢性职业病发病率为零，有毒有害作业场所监测率、射线作业人员职业健康体检率均达到中油集团公司规定要求。

【党建和精神文明建设】　2003年，公司所属化建自动化工程公司党支部被评为“中油百面红旗单位”称号；在抗击“非典”斗争中，职工医院党委被评为吉林市先进党委，刘健英同志被评为吉林省优秀共产党员；全年组织党员献工74341个工日，党员工程772项，提出合理化建议4987条，解决生产难题605个，节约创造价值约1700万元。公司再次被评为省精神文明建设标兵单位，所属7个单位被评为省级文明单位，22个单位被评为市精神文明建设先进单位；7个单位被市企业工委评为“十百千”创建活动的文明示范企业；公司有1名职工被评为文明市民标兵，99名职工被评为市文明市民。在2003年中国企业文化研究会举办的中外企业文化青岛峰会上，公司获得企业文化建设实践、设计案例、理论成果三项大奖。

（王昕利）

中国石油锦州石油化工公司

【概述】　中国石油锦州石油化工公司（以下简称公司）是隶属于中国石油天然气集团公司领导下的国有特大型企业。前身是石油工业部石油六厂（企业始建于1937年）。20世纪50年代初成功炼制出新中国第一滴人造石油，为我国填补了人造石油的空白。60年代后期企业开始改炼天然石油（原油）。经过“六五”至“九五”20多年的发展建设，形成了以原油加工优质高档车用燃料油，以轻油液化气为原料生产芳烃、溶剂油、异丙醇、正丙醇、环丁砜、偏三甲苯、顺丁橡胶、聚丙烯及各种润滑油添加剂产品，以渣油深加工生产石油焦、针状焦、煅烧焦等油头化尾、深度加工、综合利用的优化生产格局。也是我国顺丁橡胶成套生产技术的诞生地和润滑油添加剂的科研生产基地之一，为我国的石油化工工业做出了重要的贡献。

【企业基本情况】　公司按照中国石油天然气集团公司“主辅分离”的原则，于1999年7月，对原有企业进行了重组，将原锦州石油化工公司划分为“中国石油锦州石油化工公司”和“中国石油天然气股份有限公司锦州石化分公司”两个公司。重组后公司主要以工程技术服务、生产服务和石化下游产品加工制造等非核心业务为主。现拥有职工10826人，其中全民职工6090人，集体职工4736人；拥有各类专业技术干部1541人，其中高级专业技术人员139人，中级专业技术人员728人，初级专业技术人员674人。公司所属独立注册的法人企业27家，其中全民企业2家，集体企业9家，独立经营企业（全资子公司）10家，费用承包单位4家，控股上市公司1家（锦州六陆股份有限公司）、参股公司2家（锦州港股份有限公司、锦州节能热电股份有限公司）。截至2003年底，公司总资产为28.06亿元（其中国有资产为21.22亿元），总负债7.71亿元，资产负债率为27.49%。公司业务范围涉及供热、发电供电、工程施工、油品储运、液化气储运经销、精细化工生产、机械制造等。

公司工程技术服务板块拥有国家建设部颁发的化工石油工程施工总承包一级资质和两个专业承包一级资质、GA1级长输管道、GC1级工业管道安装资格证书；工业设计（有机化工工程、油气库工程）甲级、工程监理（化工石油工程、房屋建筑工程）甲级资质，并拥有工程质量监督站。年工程施工产值和设计概算投资额在3亿元以上。

公司生产服务板块主要包括石化产品仓储业务、液化气储运经销业务和煤代油热电项目。公司所属的六陆兴海油港分公司现有油品仓储能力为45万立方米/年，原油管输能力为850万吨/年，成品油及化工产品管输能力为445万吨/年，集海路、公路、铁路运输于一体，设施配套齐全，是辽西地区最大的原油、成品油、石油焦仓储基地。公司的液化气分公司拥有8000立方米液化气仓储能力，年周转液化气可达10万余吨，既可装船海运，又可汽车运输，还可火车槽车装卸，是理想的液化气储运经销基地。

石化下游产品加工制造板块是公司三大主营业务之一。目前公司拥有大小装置40多套，其中，国内最大的重整C_9芳烃深加工生产偏三甲苯装置，重芳烃加工能力达到4.5万吨/年，并联产1000吨/年高纯度均三甲苯。5000吨/年环丁砜装置是目前世界上较大的工业生产装置，质量达到国际同类产品先进水平，在与国外大公司激烈竞争的情况下，国内市场占有率一直保持在80%以上。3000吨/年高纯度异丁烯生产装置和40000吨/年焦化污油装置均为国内首创技术，并拥有自己的专利。此外还有1500吨/年异丙胺装置、500吨/年正丙醇装置、50000吨/年建筑沥青装置、30000吨/年二氧化碳装置和3000吨/年二氧化硫装置等。80000吨/年乙苯/苯乙烯装置新上项目已完成了可研报告，计划在2004年内立项开工建设。

总投资7亿余元的“十五”规划重点建设项目——“煤代油”热电厂技术改造工程，目前正在建设中，本期拟安装三台240吨/时锅炉和两台25兆瓦发电机组，发电量44200万千瓦/年，产汽量440万吨/年。计划于2004年年底建成投产，替代现有的锦州石化分公司燃油电厂，为锦州石化两公司的生产提供充足的能源。

【主要生产经营、管理指标】　2003年是极不平凡的一年。一年来，公司坚持一手抓改革和产业结构调整，一手抓生产经营，克服了前进过程中遇到的各种实际困难，实现了公司年初职代会上提出的“强化管理求创新，和衷共济谋发展；紧紧抓住‘二三八’，实现利润三百万”的奋斗目标，取得以下显著的经济成果。

在全年上报业务收入及克服税收免税政策到期、能源费涨价、自身消化1000多万元减利因素的情况下，全年完成收入69993万元，比2002年增收6474万元，实现内部利润472万元。公司在企业重组后已连续四年超额完成集团公司下达的内部利润考核指标，经济实力得到了进一步的提升。截至2003年底，公司资产总额为212211万元，流动资产90580万元，固定资产净值90034万元；资产负债率24.07%，与2002年同比降低3个百分点；公司非上报业务收入全年实现61810万元，与2002年可比口径相比实现利润316万元，同比增加157万元。

2003年，公司领导强化管理，抓好制度建设，对公司机关及直属单位核定的各种费用实行严格的控制，提高了资金的使用效率。2003年，公司管理费用比2002年减少了279万元，财务费用降低160万元。由于强化了财务制度上的管理，领导审批把关，合理使用资金，杜绝资金挪用，使公司的有效资金用到刀刃上，为公司的经济积累奠定了基础。

【企业改革和结构调整】　2003年，公司针对存续企业产权不清晰，出资人不到位、经营机制不灵活等弊端，年初，公司按照产业定位和专业化重组的要求，分三个步骤，先后完成对生活系统、工程系统和以天元公司为主体的集体企业的组织结构调整，完成公司机关各职能机构的调整，在公司机关及所属单位19个缺员的领导干部岗位和25个空缺的专业技术岗位实行公开招聘和竞聘上岗；制定下发《领导干部管理暂行办法》等四个文件；在六陆公司领导班子中试行年薪制；在设计院实行与设计收入挂钩的新的奖励分配办法试点；在武保部保安大队实行全员竞聘上岗；对职工医疗报销制度进行调整；完成两公司职工第二次住房补贴发放工作；按照集团公司的统一安排和部署，进行基本工资制度改革等。通过改革和调整，资源结构和组织结构进一步优化，初步理顺关系，突出主业的作用，使公司“十五”期间构建“四大基地”的设想已见雏形。这是重组以来公司力度最大、波及面最广、涉及职工利益最密切的改革。在全体职工与家属的默契配合下，整个改革调整过程实现平稳过渡。改革和结构调整给企业带来生机和活力。

【新项目开发和科研体系建设】 2003年，锦州石化公司积极组织力量编制公司五年滚动发展计划、化工延伸加工和热电专业两个专业的五年规划；组织召开环丁砜装置经济技术水平分析会；规划投资建设80000吨/年乙苯/苯乙烯和30000吨/年邻二甲苯装置的可行性研究报告已上报集团公司规划计划部等待批复。公司重点科研项目取得进展，MIBK正在进行工业化试验，均三甲苯制均苯三酸、丙烯水合制正丙醇等项目正在建设小试装置。

公司技术中心筹备工作正在进行，2004年正式成立。在公司和锦州石化分公司的共同努力下，公司博士后工作站获得国家人事部批准，2004年上半年将正式挂牌。

【新热电重点工程建设】 2003年，公司在新热电工程建设中实行小业主，大监理的创新管理模式。认真做好设备招投标工作，千方百计降低工程成本。2003年底，辅机和DCS招标共采购设备273台（套），其中邀请招标设备117台（套），议标设备106台（套），涉及热机、输煤、除灰、化水、暖通、电气、热控7个专业，合同价格6619万元。由于公司订货及时，规避了后期钢材价格大幅上涨的风险，仅在主机和辅机设备招标上公司与六个月后厂家订货价格相比就节约资金近4000万元。公司设备招投标工作经验，受到集团公司规划计划部领导的好评。在热电前期工作人员、工程监理人员及各部门的共同努力下，正在进行主机安装，为2004年11月竣工点火，赢得了时间，奠定了基础。

【实行财务集中管理，监管力度进一步加强】 2003年，公司通过积极推进会计核算体制改革和全面预算管理，促进了增收节支、降本增效。针对过去财务分散管理、多头开户，造成资金体外循环和效益流失的问题，公司从年初开始，成立了三个财务核算中心，实行公司财务集中统一规范管理，把原来分散管理的诸多单位的财务集中起来，加强集中监管；取消多头开户，清理撤销20个小公司，有效地防止资金流失、效益流失；对较大的独立核算单位由公司委派财务总监。各种可控费用核定指标落实到机关各处室和直属单位，实行定期通报，严格控制。采取上述措施后增收节支收到明显的效果。

【强化安全管理，进一步加强安全生产保障作用】 2003年，公司为了实现企业安全生产的长效运行机制，全面落实安全组织机构，在原安全设备处基础上，成立公司安全环保技术监督部，配备安全副总监，充实安全管理人员。公司所属的生产、工程二级单位由主管生产的副职领导兼任安全总监，安全科长兼任副总监。按照安全管理“四不放过”的原则，公司先后认真查处和严肃追究了两起“烟头事件”中严重违规违纪事件的责任人和对交通事故、施工安全隐患的检查与责任追究。公司组织力量，在较短的时间里编制完成《锦州石化公司应急救援预案》，并及时制定并下发《住宅区民用液化气安全管理规定》和《液化石油气工艺系统安全操作规定》。

（吴　浩）

中国石油锦西炼油化工总厂

【主要成绩】 2003年是中国石油锦西炼油化工总厂（以下简称总厂）从生存走向发展的具有转折意义的一年。企业外部市场日趋拓展，模拟市场运行机制，使企业管理水平进一步提升，深化企业改革给企业注入新的活力，企业在生存与发展的道路上迈出坚实步伐。概括起来，取得八项主要成绩：

（1）超额完成集团公司考核利润指标，实现2003年初职代会制定的不计“三项费用补贴”利润持平的奋斗目标。全年主营业务收入7.61亿元，实现考核利润2000万元，超额完成集团公司下达的100万元指标。

（2）热电公司运行良好，碧海公司创效显著。热电公司全年完成发电量5.1亿千瓦·时，销售电量3.9亿千瓦·时，向厂内供蒸汽105万吨，实现考核利润4680万元。碧海公司全年装卸油品353万吨，经营收入1.03亿元，能源、储运两大基地为总厂创效发挥了重要作用。

(3) 三套新装置当年建成投产，化工基地成功起步。碳酸二甲酯、粉煤灰综合利用和煅烧焦三期扩建工程全部在三季度前建成投产。煅烧焦扩建后，成为全国最大的同类产品生产厂家之一；粉煤灰综合利用项目将创造良好经济与社会效益；煅烧焦和碳酸二甲酯等产品成为总厂出口创汇的主导产品。

(4) 管理增效成果显著，模拟市场运行初见成效。总厂年初制定 840 万元的管理增效目标，经过全厂上下的共同努力，全年实现值超过 1000 万元。

(5) 关联交易进展顺利，协调机制进一步完善。总厂和石化分公司互相支持，互利双赢，2003 年又完善了协调机制和联席办公制度。全年实现关联交易额 5.5 亿元。

(6) 公司制改革方案上报集团公司，企业内部改革逐步深入。公司制改革方案经修订后年内上报集团公司。"五定"、岗位竞聘工作和基本工资制度改革等企业内部改革按期完成。内部劳动力市场已经形成并运转。

(7) 外部市场开拓步伐加快，新项目带来新的效益增长点。除三大基地建设外，供暖系统开发改造工程、轻钢彩板生产线、水磨超细碳酸钙等项目正逐步取得良好社会的效益和经济效益。开发公司、信息中心、监理公司、设计院等单位在开拓外部市场上取得可喜成绩。总厂在开拓外部市场上前景越来越广阔。全年外部市场收入达到 1.83 亿元，比 2002 年增加 7200 万元。

(8) 安全生产实现奋斗目标，抗击"非典"战役赢得胜利。安全生产实现"四个杜绝、三个不超、一个确保"的安全目标，即：杜绝重大火灾、爆炸事故，杜绝一次直接经济损失 50 万元以上事故；全员千人重伤率为零，千人负伤率为 0.8，千台车死亡率为零。在集团公司安全环保考核验收中获得好评。抗击"非典"工作组织到位，措施有力，受到地方政府表彰。

【优化热电公司生产，实现碧海公司创效新高】 2003 年是煤代油工程竣工投产的第一年。为开好装置，总厂加强工程收尾与整改工作，进行中压汽供给等一系列技术改造达 80 余项，综合效果显著。热电公司积极优化运行方案，加强设备维护，实施科学检修，努力降低自用电率，提高锅炉运行周期和效率，初步实现安全供电、供汽、供暖。截至 2003 年底，4# 锅炉运行周期创造 185 天的新纪录，达到国内最好水平，主要经济指标达到设计标准。全年实现考核利润 4680 万元，确立核心产业的地位。碧海公司 2003 年年装卸油品总量 353 万吨，经营收入 1.03 亿元，这两项指标创公司成立以来最好水平，已完全具备长周期、全天候、全方位接装各种油品的能力。2003 年总厂在碧海公司又新建一座汽车栈台，全年为北方沥青厂代理原油 50 万吨。

【增强企业发展后劲，建成投产一批新项目】 建设能源、储运和化工三大基地，是总厂"十五"规划的核心内容。重组以来，总厂完成能源基地建设，储运基地也初具规模。2003 年，总厂成功完成了煅烧焦三期扩建、碳酸二甲酯、粉煤灰制砖三个新建项目。其中，碳酸二甲酯项目实现化工基地的顺利起步。装置于 2003 年 3 月开工建设，8 月 23 日开车成功。全年生产碳酸二甲酯 2224 吨，丙二醇 1552 吨，实现收入 1300 万元。煅烧焦三期扩建工程历时 10 个月，于 2003 年 6 月中旬完成，加工能力由原来的4 万吨提高到 8 万吨，成为全国最大规模的生产厂家之一。全年共生产煅烧焦 5.35 万吨，销售煅烧焦5.2 万吨，实现煅烧焦收入 6535 万元，均超额完成年计划。粉煤灰制砖项目是国家政策支持产业，属环保项目，具有广阔的发展潜力。该项目于 2003 年3 月 1 日破土动工，9 月 25 日生产出合格产品。全年生产空心砌块 7000 块，步道砖 10 万块，彩砖 3 万块。

【全面尝试模拟市场运行机制，增强自我生存与发展能力】 2003 年下半年开始，总厂在企业内部全面推行模拟市场运行，目的是适应市场经济需要，引入市场竞争机制，让所有生产单位变成经营主体，把经营成果同职工收益直接挂钩，进一步调动职工积极性。经过尝试，证明是一条切实可行的内部管理办法，已经取得明显成效。

【进一步完善关联交易协调议事制度，促进双方互利双赢】 按照集团公司"整体发展战略"的基本思路，总厂在认真总结几年来关联交易经验的基础上，2003 年进一步完善协调机制和联席办公制度，从双方的共同利益出发研究和解决存在的问题，提高关联交易质量，促进双方互利双赢。同时依靠优质高效的服务，牢固站稳石化分公司市场。

【不断加大对国际国内市场的开拓力度，增加外部收入】 2003 年，总厂不断转变观念，增强市场意识和竞争意识，努力开拓外部市场，外部市场收入呈现逐年增加良好势头。全年外部市场收入为1.83亿元，比2002年净增7200万元，占主营业务收入的比例基本达到集团公司平均水平。一是发挥资源和技术优势，积极抢占市场。总厂抓住煅烧焦销售的良好势头，做好市场研发，全年实现煅烧焦收入6535万元。葫芦岛港油库投用后，装船量大幅度提高，全年共装船155艘，实现利润600万元，比2002年翻了一番。在做好关联交易，保住分公司市场的同时，总厂积极开拓外部市场，年内相继完成葫芦岛师院附中多媒体语音教室、市政府设备采购任务等项目，实现外部收入252万元，外部电话收入达350万元。二是树立竞争和服务意识，努力开拓市场。总厂监理部门多次参加有关单位的监理招标工作，2003年总厂承担辽宁石油化工大学新建教学楼和供暖、供水管网工程的监理工作，做到真正意义上的走出去。设计部门完成各类设计项目102项，并坚持走出去战略，年内承接省内外大小项目10余项。三是进一步开拓国际市场，扩大出口创汇。2003年，总厂煅烧焦出口形势较好，年内实现外汇收入8万美元。

【深化企业内部改革，实现企业可持续发展】

（1）推进公司制改革与主辅分离、辅业改制分流。2003年两个方案的制订工作已经完成，并提交集团公司有关部门。

（2）深化劳动人事制度改革。2003年，总厂全面开展“五定”工作，明确管理、专业技术和操作服务三大类共5405个岗位，科学合理地设置了岗位职级（岗序）。建立新的岗位管理机制，制定职工绩效考核办法，开展竞聘上岗工作，逐步建立企业内部劳务市场。进一步规范劳动用工，清理各类不正常上班人员72人。控制临时用工，临时工工资比2002年减少45万元。

（3）实行基本工资制度改革。按照集团公司基本工资制度方案及实施细则的要求，2003年，总厂引入劳动力市场价位理念，调整不同岗位人员的工资关系，稳定核心骨干队伍，吸引高层次人才，控制一般用工成本，突出岗位劳动要素，逐步建立健全有效的内部激励和约束机制。

【大力推进科技创新，提高科技应用水平】

（1）进一步健全科技管理体系。为加强科技进步和科研管理，2003年，总厂成立科技开发处，从建章立制入手，建立工艺技术管理的框架，工艺管理逐步走向规范化。

（2）加强科技开发应用。根据锦西石化分公司的资源情况，2003年总厂拟定准备深入做工作的一些项目。苯乙烯项目经过一年多的调研论证，年内可研报告已上报集团公司规划计划部；预焙阳极项目的工艺技术考察已经完成，对碳酸二甲酯下游产品的开发论证已完成；

（3）广泛开展群众性的科技创新活动。2003年，总厂征集科技论文845篇。有2篇论文参加中国科协学术年会，11篇论文报辽宁省科协学术年会。

【加强人力资源开发，打造高素质员工队伍】

（1）配齐配强领导班子和培养选拔领导干部。按照“四化”方针和德才兼备原则，2003年总厂调整班子16个（次）、干部55人次。

（2）加强专业技术带头人和专业技术骨干的选拔培养。总厂开展专业技术带头人和技术专家评聘工作，出台相关管理办法和奖励机制，调动专业技术人才队伍的积极性和创造性。吸引急需的专业技术人才进厂，年内已签约应届大学毕业生25人。

（3）全方位开展员工培训。2003年总厂培训部门举办各类培训班70期，培训职工5000人次，外培280人次。

【全面提高安全环保工作水平，打赢抗击“非典”关键战役】　2003年，总厂高度重视安全环保工作，加强安全管理新理念的贯彻执行，推进安全管理法制化—程序化—制度化，安全环保工作水平有了新的提高。一是抓HSE体系试点工作，工程公司通过三次内部审核、一次管理评审和外审，于2003年11月份通过集团公司HSE认证审核。二是新装置做到“三同时”。碳酸二甲酯和粉煤灰制砖装置在建设中，先后完成安全、环保、职业卫生的预评价，并通过审批。三是严格施工现场管理。2003年，两套催化和气分装置技术改造工作量大，时间相对较长。由于安全工作措施得力，组织到位，实现在45天工期内无一例事故的好成绩。四是加强安全基础工作，加大隐患整改力度，完善碧海公司的安全管理。2003年总厂安全工作实现“四个杜绝、三个不超、一个确保”。在集团公司安全、环保考核验收中获得好评。

在“非典”期间，整个工作领导重视，措施到位，为本地区“非典”疫情的有效控制做出了贡献。

（刘　新）

中国石油乌鲁木齐石油化工总厂

【概述】 2003年，中国石油乌鲁木齐石油化工总厂（以下简称总厂）在集团公司的关怀和支持下，在全厂各族职工的共同努力下，克服各种困难，抓生产、促经营、谋发展，胜利完成集团公司下达的经营任务。

经过重组后四年来的努力，总厂成功建设、管理、运营了一批新项目，生产经营形势有了明显改善。总厂现有化工厂、塑料厂、动力厂、设备安装公司、经销中心等20个二级单位和3个直属单位。全厂共有职工7998人，其中，专业技术人员2725名，党员3174人。截至2003年底，总厂资产合计13.95亿元，其中固定资产原值15.11亿元，净值10.05亿元；其中，房屋、建筑物、土地约占64.06%。所有者权益8.78亿元，资产负债率36.85%。

（1）生产单位。总厂下属的塑料厂现有3套年产共3400万条编织袋生产线，1套年产1800吨造粒生产线，1套年产5000吨模塑粉装置，1套在建年产4500吨土工制品装置。化工厂现有1套年产3万吨甲醛装置，1套年产1.2万吨三聚氰胺装置，1套在建30万吨/年高浓度复合肥生产装置。动力厂供水系统拥有采水单井27口，供水泵房2座，输水管线实际供水能力达到6500立方米/小时；供热系统拥有6台20吨/小时燃煤热水锅炉，1座高温水换热站；生产生活供电系统共有35千伏变电所3座，中小型配电室95个，全年转供量1.6亿千瓦·时以上。西峰集团拥有煅烧石油焦、SBS防水卷材、标准柴油等多套生产装置。

（2）工程技术服务单位。总厂下属工程公司、设计院、设安公司、监测中心、物装公司等单位，具有各类大型工程设计、物资采购、施工、监理、检测的成套服务能力和丰富业绩。信息技术中心具有大型通信工程和软件开发、网络建设的成熟经验。国际事业公司具有进出口贸易权，经营6大类40余种化工产品，同时承办口译、资料翻译等业务。运输公司具有各类型车辆215台，承担吊装、货运、客运等全方位的生产生活服务。

（3）经营销售单位。总厂新成立的经营销售中心，负责经销油品、化工产品、塑料制品等产品。目前拥有一座14000立方米油库、6座加油站，另有10座加油站正在建设中。经营销售中心组织机构新、机制活、人员精干，是总厂产销链上一支十分重要的生力军。

【主要生产经营指标】 2003年，总厂生产各种规格编织袋3179.82万条，完成年计划的107.54%；产新水2996.55万吨，完成年计划的90.80%；转供电18484.38万千瓦·时，完成年计划的123%；供热20.61万兆瓦；生产合格甲醛5418.88吨，完成年计划的108.38%；生产三聚氰胺8097吨，完成年计划的101.21%。2003年实现主营业务收入64095万元，同比增长73.3%。2003年实现企业增加值为20695万元，同比增长47.16%。

2003年，在集团公司费用补贴到位后，总厂实现内部考核利润358万元。

【主要产品】 总厂目前有10大类产品，主要有：各种塑料编织袋、模塑粉、土工布、土工格栅、三聚氰胺、甲醛、石油添加剂、均四甲苯、半精炼石蜡、石油酸、碳黑、中性油、1#—3#溶剂油、复合肥、专用肥、加气混凝土块、煅烧石油焦、各类压力容器设备等。

【主要措施和成果】

1. 立足优质服务，巩固和拓展内外部两个市场

对内稳定关联交易市场。2003年初，总厂和乌石化分公司在协商一致的基础上签订关联交易协议，并建立两个领导班子联系会议制度，勤沟通、勤对接、勤协调、勤商量，努力以优质服务、优质产品和优良工程的“三优”标准服务于乌石化分公司，巩固关联交易市场。2003年，关联交易收入同比增长了15%。

对外积极拓展产品销售和工程技术服务市场。产品销售方面，一是成立经营销售中心，统一产品销售，选拔一批优秀人员充实到销售工作岗位。二是建立供销工作例会制度，及时了解市场信息，进行周产品价格走势分析。三是在上海、广州建立销售业务部，设立异地仓库，通过实施“快、灵、准”的销售策略，大大提高产品的销售量。2003年，塑料制品外销收入同比增长18.6%，三聚氰胺销售收入同比增长578.34%，油品销售收入同比增长292.82%。工程技术服务市场方面，在塔里木成立设计分院，在西安、独山子、库车等地设立设备安装项目部，深入油田寻找监测项目，取得显著效

益。2003年，总厂工程技术服务板块实现社会收入18861万元，同比增长59.24%。

2. 以体系认证为契机，强化科学管理

在集团公司“管理增效年”活动总体部署下，总厂开展“服务管理年”活动。一是通过QHSE三项管理体系与总厂经营管理体系的有机结合，构建科学的管理平台。2003年12月，总厂8个QHSE三项体系认证单位通过审核，取得质量、环境和职业健康安全体系证书。二是在三项体系认证过程中，对机关的管理职责进行重新划分，明确界定各处室的管理职责和权限，有效改善多头管理和管理缺位的情况，各项专业管理得到强化。三是推进信息化管理平台建设。总厂投资422万元用于计算机主干网络系统及中油财务管理信息系统建设，使所属单位全部实现网络接入，为实现管理现代化创造有利条件。

3. 加强党的建设，提升队伍整体战斗力

总厂党委紧紧围绕“服务、发展、创效”三大方针，用“诚信服务，创新高效”的企业精神凝聚职工，把党建工作的重点放在“夯基础、固堡垒、抓廉政、求实效”上。

【科技开发】　总厂加强与科研院所合作，不断提高科技开发水平，先后与中国近代化学研究所、青岛大学、南京林科所等科研院所进行技术合作。2003年，总厂主要科技开发项目有三大系列：一是以三聚氰胺生产为龙头，开发三聚氰胺下游产品，其中包括三聚氰胺甲醛树脂模塑粉、三聚氰胺甲醛塑料发泡材料、新型三聚氰胺基阻燃剂（MBFR）等，目前模塑粉项目已进入工业化生产阶段，塑料发泡材料、阻燃剂正在小试阶段；二是以30万吨/年高浓度复合肥装置为基础，与本地的土肥科研院所联合，配制高产、稳产新型肥料；三是以苯、丙烯为主要原料，研究开发多羟基苯产品，并已通过集团公司小试验收。2003年，总厂实际安排科技开发项目13项，投入资金553万元。

技术成果转化方面：通过实施“供热系统经济性研究”科技开发项目使供热系统节能效果达到15%—22%；通过“钢质储罐壁涂层及阴极保护技术的评价筛选研究”项目的实施，使设备检测、监测市场得到拓展，经济效益显著。国家知识产权局已受理多羟基苯系列中的两项产品发明专利申请。

【工程建设】　2003年，集团公司批准建设30万吨/年复合肥装置、油品销售装置、模塑粉装置、塑料土工制品装置4个项目。总厂以高质量、高速度、低成本为目标，一是明确甲、乙双方各自的职责，严把工程质量关；二是严密制定进度计划，按计划时间倒排出详细的作业时间表和关键日期控制点，严把工程进度关；三是采取总费用包死，分专业包干控制的办法，严把投资控制关。截至年底，油品销售装置完成油库和两个加油站建设；模塑粉装置实现中交，进入试生产阶段；塑料土工制品装置于2004年2月建成投产；复合肥项目三通一平和铁路专用线前期施工按计划完成。2003年，总厂完成工程建设投资9190万元。

【质量安全环保】　安全管理方面，一是切实落实安全生产责任制，2003年初，与各二级单位签订全年安全目标管理责任书。二是强化安全教育和培训，先后组织厂长经理安全管理、危险化学品取证、特种工取证等多个培训班，有38名厂长经理取得安全管理上岗资质证，264名特种工、244名危险化学品工作人员取得上岗证。三是认真开展各种形式的安全大检查，2003年，组织开展8次安全、消防大检查。四是抓好隐患项目的整改和新建、改扩建项目的安全“三同时”，投入资金100多万元，保证隐患治理项目的落实。2003年，经考核总厂完成了全年“六个为零”（死亡事故为零，全年造成一次重伤2人以上事故为零，重大火灾、爆炸事故为零，一次造成直接经济损失10万元以上事故为零，交通特大事故为零和特大、重大污染事故为零）的奋斗目标。

质量管理方面，总厂共登记注册QC质量管理小组69个，积极开展质量管理活动，有4个QC小组荣获自治区优秀QC小组称号。通过强化质量管理，总厂产品经济技术指标显著提高，塑料产品合格率从2002年的97.1%提高到2003年的98%，甲醛装置自投产以来，产品生产合格率始终保持100%。

（陈　海）

中国石油兰州炼油化工总厂

【概述】　中国石油兰州炼油化工总厂（以下简称兰炼）前身为兰州炼油厂，是我国“一五”期间156个重点建设项目之一。1999年9月重组分立后，兰炼在反复调研并征求多方面意见和建议的基础上，确立“机械仪表制造、建筑安装维修、化工延伸生产、新型材料加工”四大主导产业，兼营物资供应、放开搞活通讯、小区物业管理、普通运输、文化教育、医疗卫生、商饮服务、农牧业及其他”的产业定位。截至2003年12月31日，兰炼在册职工总数为7609人，其中各类管理人员2900人、工人4709人；资产总额为16.67亿元，负债总额6.38亿元。

【生产经营】　2003年，兰炼紧紧围绕“安全稳定，扭亏争盈，改革发展，走出困境”的奋斗目标，突出改革发展，强化生产经营，狠抓安全稳定，提高服务质量，增强市场竞争能力，完成2003年各项业绩目标，主要经济和管理指标均创出重组以来历史最好水平：2003年实现主营业务收入18.80亿元，比年计划提高5.41亿元，提高了40.40%，比2002年实际提高2.66亿元，提高了16.48%；剔除物资转供收入10.00亿元后，实际实现主营业务收入8.80亿元，比年计划提高1.91亿元，提高了27.72%，比2002年实际提高0.86亿元，提高了10.83%；完成企业增加值2.44亿元，完成年计划的104.50%；完成工业总产值1.67亿元，完成工业销售产值1.69亿元，工业产品产销率达到101.40%；在集团公司“三项费用”补贴6800万元和剔除集团公司要求的坏账准备及减值准备后，实现考核利润78万元，完成集团公司下达的“盈亏持平”目标。

【市场开发】　2003年，兰炼进一步在提高市场竞争能力方面下功夫花气力。狠抓对兰州石化公司的工程技术服务、生产服务和生活后勤服务，完成300万吨/年重催、500万吨/年常减压等重点工程建设，完成国家重大技术装备研制项目3.3万千瓦烟气轮机的研制和试验，并顺利交付使用，为兰州石化公司千万吨炼油基地建设和正常的生产生活需要提供全力保障。在系统外市场方面，各主要经营单位及时捕捉市场信息，制定市场开发目标，外部市场建安工程量占全年工程总量的35%以上，机械、仪表、助剂、建材等产品的市场份额和销售量有较大提高，其他服务行业的服务范围也有所拓展，2003年来自于外部社会市场的收入达到1.54亿元（占全厂实际收入的17.19%），特别是重组后新建的四个项目全面实现盈利，共实现主营业务收入8566万元，比2002年增长1.4倍，增加利润154万元。在国际市场方面，以苏丹工程项目为依托，巩固双方的友好合作关系，达成进一步合作的意向，使海外市场开发方面取得新的突破，2003年收入达到2000万元以上。

【项目开发和建设】　2003年，兰炼围绕“机械仪表制造、建筑安装维修、化工延伸生产、新型材料加工”四大主导产业，进一步突出化工产业的发展，加强拟建项目的考察论证，提出3万吨/年异丙醇、2万吨/年正丁烷法顺酐等重点项目，为兰炼下一步的发展提供项目储备。2003年完成项目总投资1.94亿元，1万吨/年顺酐装置于2003年6月25日建成投产；引进生产智能变送器项目顺利建成投产，并生产出了合格样机；完成3万吨/年甲乙酮项目土建基础施工；大型吊车购置项目也初步具备招标条件。另外，2003年完成科研项目九项，其中国家重大技术装备研制项目3.3万千瓦烟气轮机完成研制和试验，达到国际水平，完成三等以上科研成果24项，进一步提升企业技术水平和增效能力。

【企业管理】　2003年，兰炼广泛开展“制度年”活动，正式颁布新修订的6大类、134项管理制度，巩固企业管理基础；根据企业管理需要，实施《兰州炼油化工总厂机构改革实施方案》，强化计划规划、技术质量、工程管理、物资采购、多种经营、资本运营等职能，实施财务、销售、物资和计划四个方面的集中统一管理，进一步健全完善组织机构和专业管理系统。积极设计会计集中核算业务流程，为全面实施会计集中核算奠定基础。在兰炼副科级以上干部中组织开展以“查思想、查责任、查纪律、整顿作风”为内容的“三查一整顿”活动，解决干部思想作风方面的突出问题，收到较好效果。另外，开展以对外投资、对外借款、对外担保、物资采购、住房分配货币化以及住房补贴发放为重点的效能监察工作。加快企业信息化建设，建成“兰州炼油化工总厂办公自动化系统”和“兰州炼油化工总厂物资供应系统”并开始试运行。

【企业改革】　对企业主辅分离改革进行研究探索，提出《兰州炼油化工总厂主辅分离改制分流总体方案》；按照“四分开”和“四交一清”的原则，对小公司、小法人实体进行清理整顿，通过关停撤并，使兰炼小法人减少为29个。以公开竞聘上岗为主要形式，进行大幅度领导干部调整换届，在全厂范围内招聘兰炼机关13个副处级岗位和部分二级单位领导班子16个副职岗位，23名处级干部因年龄原因退出领导一线。全面实施《兰州炼油化工总厂基本工资改革实施方案》，建立起以岗位技能工资为主的新型基本工资制度，同时规范、平衡兰炼操作和服务人员的岗位序列。出台《引进和激励高层次专业人才试行办法》，提出吸引外部人才的 6 项政策和调动激励现有人才的 9 条具体措施；在全厂范围内公开竞聘机械制造与研发等专业方面的 5 位技术专家。兰炼教育集团实现公司化运作，成为集团公司和甘肃省教育改革的试点单位，呈现出稳定发展的良好势头，教学质量和升学率稳步提高，参加 2003 年全国高考取得可喜成绩，本科上线率达到 80.11%，全省文、理科前 50 名中，兰炼教育集团考生达 6 人，在尖子学生培养上实现了历史性突破；启动集体企业改革试点，提出“分散求生存，集中谋发展”、“三步走，三年扭亏”的目标，将困难最多的三叶公司重组分立为三个单位，划小核算单位，有效地遏制亏损局面，三叶建安公司实现扭亏为盈，三叶公司、三叶精细化工厂也实现大幅减亏，三家企业合计比 2002 年减亏 1200 万元，比 2003 年预算减亏 380 万元。

（闫宗焕）

中国石油兰州化学工业公司

【概况】 中国石油兰州化学工业公司（以下简称兰化公司）现有 24 个二级单位，其中工程技术服务板块 4 个单位，生产服务板块 5 个单位，加工制造板块 3 个单位，社会服务板块 10 个单位，多种经营板块两个单位。兰化公司设有 13 个职能处室，主要从事有机助剂、石油树脂、胶乳和特种橡胶的开发、研制、生产销售，石油化工工程的设计、建筑、安装以及为相关行业提供多种服务等。

2003 年末，兰化公司在册全民职工 10792 人（在岗 7224 人、内退 3568 人），离退休人员 10857 人；另有集体职工 1936 人。

2003 年末，兰化公司总资产为 12.5 亿元，总负债 7.1 亿元，所有者权益 5.4 亿元，负债率为 57 %。

【生产经营】 2003 年，全年共生产苯胺 15147 吨、硝基苯 20105 吨，分别比 2002 年增加 19.31% 和 16.41%；生产促进剂总量 8005 吨、丁苯胶乳 8882 吨、液体橡胶 109 吨、碳五树脂 1875 吨。

完成建筑施工产值 1.62 亿元，完成关联交易合同结算额 1.65 亿元。

全年实现工业总产值（现价）2.8 亿元，比 2002 年增加 9.85%；实现营业收入 9.3 亿元，比 2002 年增加 14.82%；完成增加值 3.7 亿元。在集团公司“三项费用”补贴的情况下，实现内部考核利润 276 万元，实现了年初确定的盈亏持平的目标，企业扭亏脱困取得了阶段行成果。

【技术改造】 2003 年，完成固定资产投资 1.6 亿元，其中完成集团公司投资 1.1 亿元，实现了“一项投产、四项开工”。

在建项目：8000 吨/年碳五加氢石油树脂装置已建成中交，生产出了合格产品；2500 吨/年柴油降凝剂装置已实现中交；7 万吨/年苯胺装置得到集团公司批复并开工建设；5000 吨/年浸渍用羧基丁腈胶乳装置已建成并通过集团公司产业化项目中期检查评估。200 吨/年液体橡胶装置改造的可研报告得到国防科工委批复，已开始土建施工。此外，2500 吨/年柴油降凝剂装置、7 万吨/年苯胺装置的环境影响评价，分别通过甘肃省环保局和国家环保总局的审查。

项目前期：2400 吨/年防老剂 RD 装置改造的可研报告已上报待批，3.5 万吨/年丁苯胶乳装置的可研报告已经完成编制。乙烯装置副产碳五、碳九馏分综合利用、11 万吨/年丙烯酸及酯、10 万吨/年 TDI、8 万吨/年 MDI 等项目也正在从技术和市场调研等方面抓紧做前期准备工作。

科研开发：全年新开科研项目 16 项，其中促进剂 CBS 双氧水氧化合成新工艺、碳五石油树脂加氢催化剂、三种粉末丁腈橡胶产品工业化 3 个项目已被确定为集团公司重点科研开发项目；粉末丁腈橡胶品种开发已被列为国家重点新产品攻关项目。

兰化技术中心已经得到集团公司的确认，并正式授牌命名为“中国石油兰州化学工业公司技术中心”。

【系统管理】 安全管理：兰化公司认真落实各级领导安全生产责任制，实行安全风险抵押金制度，加强《中华人民共和国安全生产法》教育，开展危险化学品专项整治、“创零事故车间”、“无违章班组”和安全大检查活动，强化施工过程和新装置开车的安全监管。全年实现了“五杜绝、四控制、三达到、一确保”的安全生产目标；环保管理达到了“一杜绝、两达标”的治理目标；化工污水排放合格率、工业废气排放达标率、工业固体废气有效处置率均达到 95%

以上。安全环保工作通过了集团公司的达标验收，获得“三连冠”；危险化学品管理通过了甘肃省组织的安全评价。

设备管理：加强压力容器和计量器具的管理，开展电气春检和节能节水工作，加大对特种设备的管理力度，结合装置轮修，对重点设备进行整治，通过实施“三措一新”，优化工艺，保证了设备的安稳长满优生产。

质量管理：对兰化公司产品执行标准情况进行全面普查，签订7项质量增效合同，组织开展质量认证活动和QC小组活动，全年产品一次检验合格率达98.35％、总合格率为100％。

生产管理：兰化公司坚持以市场为导向，以效益为中心，以结构调整为主线，加强生产经营的组织和管理，强化调度指挥，做好沟通衔接，搞好物料平衡，优化资源和产品结构，尽力增产畅销厚利产品。生产服务抓好装置的日常维护和关键设备的特级护理，按期、优质、安全地完成了石化公司和兰化公司设备整治、重点检修、技改技措和基本建设等任务。工程技术服务狠抓工程进度和质量，完成4个总包项目、两个工程管理项目。

成本管理：兰化公司从开好新装置增加产量、加强资金管理降低资金占用、清理债权债务和处置不良资产、规范成本管理减少费用支出、积极开发新产品、搞好社会化经营、开展“双增双节”和合理化建议活动等7个方面挖潜增效，实现增效3690万元。

财务管理：在严格执行资金管理、资金授权管理、预算管理等办法和财务管理条例的基础上，严格现金提取、应收应付款清理的有关规定，加强投资决策和投资预算管理，严格控制预算外支出。结合实际，制定了《物资设备招投标管理暂行办法》和《固定资产投资管理办法》。对工程建设、物资采购以及废旧物资处理实行招标制；开展了以清查外投外借、处理财产清查损失、住房分配货币化改革为重点的效能监察；全年共完成审计项目1224项，取得经济成果475万元。

企业管理：按照集团公司的要求，实施业务整合，将兰化公司住房资金管理中心的职能归并到财务资产处，调整理顺了原计划管理处、生产经营处的管理职能；推行会计集中核算和物资采购集中管理；开展工程建设立功嘉奖竞赛活动；组织开展“查领导、查思想、查问题、查措施，整顿纪律作风”的“四查一整顿”活动。企业管理职能进一步理顺和优化。

【重组改制】 2003年，兰化公司继续对多种经营企业实施整体分流改制。兰达公司改制后的新公司已挂牌运营；三合公司的改制基本完成；宏达公司、翔鑫公司的改制也在积极运作。兰化公司从规范控股和参股公司的经营行为出发，成立了兰化股权管理委员会，制定了《股权管理实施细则》，加强对参股公司的监督。对参股公司中董事和监事届满到期的，及时提议按法定程序和公司章程进行换届改选，并积极帮助改制单位建立健全了改制法律文书。同时，编制上报了《兰化公司主辅分离辅业改制分流总体方案》；进行了公开竞聘选拔副处长以及公开招聘科长和管理人员的试点；实施了基本工资制度改革。

【队伍建设】 职工培训：兰化公司首先积极组织参加集团公司的处级干部工商管理知识培训及岗位任职资格培训，举办各类培训班123期，培训职工2139人次；完成职业技能鉴定1556人；组织开展了职业技能竞赛，有24人获得技术能手称号。

班子建设：兰化公司着重抓了班子的组织建设和思想建设，对全公司处级干部进行了考核评议，对后备干部进行了考察，在此基础上调整部分二级单位领导班子和部分处室负责人，处级干部的平均年龄由原来的46.8岁降为43岁，大专以上文化程度的由原来的86.2％提高到88.9％，干部队伍年龄结构、文化结构和专业结构有了明显改善。同时，在两级领导班子中开展“树立正确权力观”的廉洁自律教育，召开班子民主生活会，举办党风廉政建设学习班，与处级以上干部签订了党风廉政责任书，增强了领导干部的自律意识。

（田种才）

中国石油宁夏化工厂

【概述】 中国石油宁夏化工厂是中国石油天然气集团公司的直属企业，目前主要从事复合肥、新型建材、甲醛、水稳剂、原水等的生产以及检修安装、建筑施工、普通运输、园林工程、物业管理、医院、宾馆等服务。

截至2003年底，企业有职工932人，平均年龄为36岁。企业现有机关部门和直属单位25个，其中职能部门9个，直属单位16个；另有控股公司2个，参股公司4个。截至2003年末，企业总资产为156851万元，其中所有者权益143751万元，负债总额为13100万元。

【生产经营】　2003年，全厂共计实现生产经营总收入27950万元，完成年度计划的113.8%，比2002年增长26.2%，比1999年增长109.8%；其中坚定执行“走出去”战略，实现厂外市场创收比2002年增长32.6%，比1999年增长9.6倍，直接生产经营收入中对外创收占60.8%。全厂2003年实现利润1505万元，完成厂内计划的157%，比2002年增长4.3%，比1999年增盈2960万元。全厂劳动生产率等经济指标均处于较好水平。在全厂经济效益增长的前提下，职工收入也稳步提高。

【企业发展】　按照集团公司的部署，制定宁夏化工厂“十五”发展规划和产业定位与发展战略研究的报告，并得到集团公司批复。2003年初，厂里提出的“投产一个，开工建设一个，继续调研好一个”的年度目标均已实现。一是2003年5月15日，重组后第一个较大的基本建设项目——14万立方米/年粉煤灰混凝土建材全自动生产装置高质量建成投产。二是经过两年的精心工作，30万吨/年高效复合肥项目的初步设计经专家审核于10月通过，并于11月1日开工建设，力争2004年底建成投产。三是在建成一个、开工建设一个的同时，经过反复论证与技术市场分析比较，以煤化工为纽带的甲醇及其深加工产品项目为起点，包括多种精细化工产品链的建设规划和可行性研究报告已经编制完成。

【企业改革】　进一步完善经营机制，在内部推行分类、分级管理办法。完善厂属二级单位、法人核算的经营实体和模拟法人的内部独立核算等体制。全厂形成较规范的两级核算管理模式，已基本形成企业分配与效益挂钩，个人收入与贡献责任挂钩的经营机制。

不断推行干部岗位公开选拔、竞聘上岗。2003年在9个单位公开竞聘任用8名处级和42名科级干部，免职1人，降职1人。

按照集团公司的统一部署，形成宁夏化工厂主辅分离、辅业改制分流总体方案。宁化宾馆和宁化物业管理公司，实行企业化经营、社会化服务，并逐步培育实力，尽快具备“四自”市场生存能力。原宁化中学、宁化小学已于2003年9月29日移交银川市人民政府管理。

【企业管理】　以“管理增效年”为契机，从严治企，挖潜增效，努力推进科学管理。

全面落实质量、安全、环保责任制。经集团公司考核，厂HSE工作指标已经达标。2003年无“三废”污染事故和职业病发生，上报事故为零。

以财务管理为重点，继续抓好财务预算工作。2003年初步实现全面预算。严格执行集团公司有关投资的管理规定，充分发挥结算中心的控制作用，杜绝厂属单位乱投资的现象发生，并同厂属二级独立核算单位签订《宁夏化工厂资产委托管理协议书》。

树立先进基层建设典型，夯实基础管理工作。号召全厂向宁夏化工厂消防队学习，以消防队顺应重组改革形势、树立优质服务意识、强化党支部建设和提高业务技能为重点，总结、推广消防队的经验，全面加强基层建设。再版印制了“化工企业管理基础工作要点汇编”一书，下发全厂，人手一册，反复学习，继承发扬“三基”工作的优秀传统，同时在实际工作中不断创新，以促进全厂的科学管理工作。

【职工培训】　围绕企业发展、产业结构调整和职工队伍人才结构调整的目标，坚持把职工教育培训当做人才兴企的一件大事来抓。努力打造一个学习型的企业，培养一支知识型的员工队伍。年初确定的全年三个层次的职工培训计划逐项得到落实，2003年培训职工1452人次，基本实现全员培训。组织制定了《宁夏化工厂技术工人竞聘上岗实施细则》等多项制度。实施铆工、无损检测工、仓库保管工三个工种78人次的等级鉴定考核，通过率92.3%。加强特种工种人员培训，坚持持证上岗。组织进行厂、石化公司五个工种252人次、124课时的特殊工种作业人员的培训、考核，考核合格率100%，持证上岗率100%。开展技师、高级技师考评工作。全年举办了安全生产管理知识、HSE管理体系知识培训，WTO双基知识、工商管理知识、法律知识和ISO 9000质量体系知识、计算机网络知识培训等。11月，为期两年多的与西北大学共同举办的在职人员MBA课程培训班，全厂32名学员结业。

【党建工作】　2003年厂里先后被宁夏自治区党委、政府表彰为“民族团结先进集体”、“依法诚信纳税先进单位”。下属的工业公司荣获全区工业工作先进企业，宁夏化工厂医院、宁化宾馆又分别被自治区党委和区政府授予“抗击非典优秀基层党组织”、“中华人民共和国第七届少数民族传统运动会接待工作先进单位”等称号。

（王少平）

中国石油集团工程技术研究院

【概述】 中国石油集团工程技术研究院（以下简称研究院）主要从事固井水泥外加剂、特殊地带工程材料、防腐保温技术及材料、滩海工程技术、储罐及管道自动焊接技术等方面的研究开发；设有集团公司油井水泥及外加剂质量监督检验中心、防腐保温产品质量监督检验中心、石油工程建设专业标准化委员会、施工质量监督总站、石油工程建设编辑部等行业技术服务机构；已经通过 ISO 9001 质量体系认证。

（1）机构设置：机关职能部门6个：办公室、科技产业部、财务资产部、人事劳资部、后勤部、海外项目部；二级单位4个：技术中心、设计事务所、信息产业部、质量检验所；院直属单位有编辑部、离退处、卫生所、车队；控股公司1个：天津中油渤星工程科技股份有限公司。

（2）固定资产：净值5057万元，其中科研仪器设备3078万元，科研、办公建筑物1979万元。

（3）人员结构：研究院现有职工317人，其中高、中级专业技术人员占46%。

【工作要点】 2003年是研究院全面贯彻落实十六大精神的第一年，也是实施院"12451"发展战略的第一年。全院干部职工认真贯彻落实党的十六届三中全会精神和集团公司全面建设具有国际竞争力的跨国企业集团、实现"两个转变"的目标；坚持把科研、产业的发展作为第一要务，进一步深化改革，狠抓科技企业管理，加快技术创新步伐；大力开拓国内外市场；加强精神文明建设和院风建设，使我院保持改革和发展的良好势头。

1. 指标完成情况

在集团公司科技经费大幅度减少的情况下，院党政班子带领广大职工，在开展院定位和发展思路的基础上，统一思想、明确目标、加强管理、深化改革，经过全体干部职工的共同努力，完成了集团公司下达的利润额度和考核指标。2003年，完成产值和销售额12035.16万元，实现利润67.3万元。

2. 科技工作

2003年，研究院组织实施集团公司科技项目26项，有17项通过了集团公司或院级验收，有6项取得了突破性进展；获得授权专利5项，获省部级科技奖励6项；获得集团公司技术创新二等奖1项，天津市科技进步二等奖1项；申报专利9项，获得授权专利5项，获得天津市优秀专利奖两项；发表论文41篇（其中国际论文4篇）。

3. 集团公司技术中心建设

按照"一个整体、两个层次"的原则，完成了技术中心硬件建设和主要科研仪器设备的配置及管理办法制定等工作，现已通过了集团公司的验收。2003年11月，集团公司吴耀文副总经理为技术中心授牌，技术中心正式投入运营。

4. 国际市场开拓

针对集团公司海外勘探开发的需要，开展了"肯基亚克泥板岩地层长封固段固井技术研究"、"苏丹六区提高固井质量方法研究"和"伊朗复杂地层固井技术研究"等课题的研究，为解决海外不同地区复杂井况的固井难题提供了技术支持。在海外勘探开发中BXF－200L等一批新技术获得成功应用，提高了CNPC在海外市场的竞争力。固井外加剂已有10个产品打入哈萨克斯坦、苏丹、乌兹别克等海外市场。

为苏丹炼油厂建设项目开展了"防腐蚀涂料高温表面施工适用性研究"、"环氧煤沥青防腐蚀涂料的耐碱性改善研究"和"薄涂型隔热反射涂料的改性研究"等课题，重点解决苏丹高温环境、碱性土壤和防火的防腐蚀工程的难题，为海外工程建设做好了技术储备。

5. 服务于国家和集团公司重点工程

研究院研制的AW－01天然气管道减阻耐磨涂料和APW－2型管道全位置自动焊机在西气东输工程中2003年扩大了应用规模，大幅度降低了管道建设成本，行业效益显著。

针对西气东输工程中遇到的湿陷性黄土塬水工保护难题，在西气东输管道工程3个标段实施了固化土水工保护挡土墙、护坡、管道回填凹陷的现场应用试验研究。解决了黄土高原土质湿沉陷、易滑坡，对管线安全运行有重大危害的难题。

6. 发挥行业服务和技术监督作用

承担了西气东输等重点工程中70%的防腐蚀工程的监理工程量和全线工程的质量监督管理，保证了国家重点工程的质量。

7. 标准化

在国际标准化工作方面，研究院也取得了代表中华人民共和国作为 ISO/TC67/SC3 的 P 成员资格。

【改革与管理】

1. 加强科研经费管理

对项目实行了全成本核算，把预算管理、过程控制、成本核算与决算相结合。在项目实施过程中做到计划管理与动态管理相结合。课题组按科研工作内容进行项目经费年度资金预算，依据科研合同审核经费预算，作为全年经费拨付的指导性计划，做到科研工作计划与科研经费拨付相匹配。严格控制科研经费开支范围。

2. 加强企业管理，发挥财务监管作用

完善财务制度建设，规范财务管理。建立了《资金管理权限管理办法》等财务控制制度，合理有效地监控现金流量。按照现代企业制度的要求，规范公司管理，处理好研究院与股份公司、与所属单位的关系。管理方式由过程管理逐步转变为过程控制，把生产专业管理逐步转变为管方向、定政策、建制度、查实施。

3. 实行人才发展战略

认真贯彻落实“尊重劳动、尊重知识、尊重人才、尊重创造”的方针，变科技人才的身份管理为岗位管理，依照公开、公平、择优的原则，按岗聘用，竞争上岗。建立了解聘、辞聘制度，增强用人制度的灵活性。2003 年共向集团公司推荐了高级技术专家两名、一级技术专家两名，研究院评选出二级技术专家 6 名、三级技术专家 7 名。2003 年引进 5 名硕士研究生。

4. 加强领导班子和干部队伍建设

一是重视院级班子建设，把领导班子的建设工作作为首要工作进行研究、部署。为实现集团公司提出的后备干部队伍建设目标，在集团公司指导下，完成了两名院长助理的公开竞聘工作。

二是选配好二级单位的领导，对中层干部实行聘任制，能上能下，易岗易薪。研究院与二级单位签订指标责任状，按照风险与报酬相统一的原则，对干部严考核、硬兑现，对新提拔的干部采取试用期制和勤政、廉政谈话制度。同时，加强审计和效能监察，形成监督机制。通过领导干部队伍的思想素养、理论水平、依法管理、依法经营的能力的提高，基本建成了一支知法律、懂经营、会管理，勇于开拓，不断创新的干部队伍。

5. 安全生产与综合治理

在安全生产及综合治理方面，全年实现了“六无”目标，保障了科研、产业及其他各项工作的正常进行，继续保持天津市科技系统先进单位称号。

6. 双文明建设取得丰硕成果

获“全国五一劳动奖章”、“天津市抗击‘非典’先进个人”、“天津市优秀党员”称号；院党委获“天津市科技系统先进党组织”称号；研究院获“全国保密工作先进单位”称号，并连续 3 年 6 次被中共天津市委、市政府授予“天津市精神建设文明单位标兵”。

（张洪元　程殿玺　叶松滨）

中国石油集团经济和信息研究中心

【概述】　2003 年，中国石油集团经济和信息研究中心（以下简称中心）党政领导班子按照集团公司的总体部署和要求，带领广大干部职工统一思想，坚定信心，深化改革，强化管理，企业面貌发生很大变化，中心的发展开始进入新的阶段。

【机构人员情况】　2003 年，中心根据业务发展的需要和集团公司工资制度改革的总体要求，继续整合优化业务结构，年末业务部门调整为：信息研究部门 4 个，即科技研究室、公司战略研究室、海外资源与环境研究室、石油市场研究室；信息资源部门两个，即信息资源开发室、文献资料部；信息技术部门 4 个，即网络运行服务室、集团公司网站编辑室、机关应用服务室、软件开发室；行业服务部门 3 个，即知识产权处、科技信息管理处、石油工程造价管理中心（挂靠单位）；机关职能部门 6 个，即综合办公室（含离退休办公室、工会、纪检监察）、总工程师办公室、业务发展部（含经济研究课题管理办公室）、人事劳资部、财务资产部、经营管理部；其他业务部门 9 个，即北京实信物业管理有限公司、北京太科石油信息咨询服务公司、石油商报社、赛兰德科技评估中心、影视中心、北京中油联合信息技术有限公司、《国际石油经济》编辑部、《世界石油工业》编辑部、集团公司年报编辑部。年末中心职工总数272人，其中在岗局级领导6人，在职处级干部56人（平均年龄46岁）。专业技术职称人员总数220人，其中高级职称79人（正高6人，副高73人），中级职称108人，初级以下职称33人。

【计划完成情况】　2003年，中心从集团公司落实各类项目33项，落实股份公司关联交易项目7项，业务经费收入4057.26万元。

1. 项目完成情况

全年实际开展各类课题项目共124项，其中新开纵向项目52项，专项项目3项，2002年结转纵向项目22项。全年完成课题研究项目45项。

2. 信息监测报道

中心全年出版各类信息报道类刊物17种，共861期。其中，完成《石油情报》60期；出版《国际石油经济》、《世界石油工业》、《中国石油文摘》、《石油与天然气文摘》、《石油商报》等正式出版物82期；编辑《国际油价快讯》、《每周石油公司动态》、《石油股市日报》、《国外油气勘探开发快讯》、《石油综合信息》等综合信息监测报道资料719期；还完成《石油工业统计》（2003版），积累更新20万个数据。

3. 临时咨询

共完成集团公司及各司局下达的临时咨询任务70项。

4. 科技评估

完成各类科技查新咨询、科技成果鉴定等项目157项。

5. 计算机检索课题

完成课题检索452个。

6. 专利代理

完成170多件甲类专利申请形式的审查并报科技发展部审核，并对集团公司甲类专利及部分乙类专利申请代理质量进行监理。

7. 影视制作

完成为2005年世界石油大会准备的中国石油科技进步成果“低渗透油田高效开采配套技术”、“东部深层地震勘探技术”、“ERA2000成像测井地面仪”3部科技片的剧本编写；协助完成中央电视台采访中心专家谈世界石油形势与油价的节目制作。协助出版社制作集团公司对外宣传片；配合集团公司举办的苏丹国家石油工业成果展览会制作记录片及会标。为集团公司领导集体拍照，并为集团公司2003年年报提供照片等。

8. 文献采集服务

共采购外文报告80册，外文会议资料80套，收集国外大石油公司年报和公司资料100份，资料利用率达到90%以上；订购中文图书230册，中文期刊238种，中文资料378册和报纸36种。全年共接待读者约4500人次，通过邮寄、传真和电子邮件等方式提供服务，使文献服务量增加约5000篇。

【重点工作进展】　2003年，中心按照年初的整体工作部署，把发展作为第一要务，继续强化战略决策研究与服务，巩固和扩大信息工程与资源开发市场，放开搞活经营性工作，进一步理顺业务结构与内部管理，各方面工作取得显著成绩。

1. 信息研究工作发生重大转变

全年共承担各类信息监测和研究项目62项。其中，新开项目38项，现已完成45项，结转到2004年17项。与以往相比，信息研究工作有以下明显变化：一是研究工作更加贴近用户需求。研究课题紧紧围绕集团公司的发展战略，抓住事关集团改革与发展的重点和难点问题，在深入调查研究的基础上，提出了一些具有战略性、前瞻性和可操作性的对策建议。譬如，中心开展的中国石油集团与跨国石油公司对标分析研究，集团公司物探、测井专业化重组研究，以及发展现代物流企业的研究等，为集团公司领导决策发挥了重要的支持作用。同时，中心还针对集团公司和股份公司跨国经营需要，开展了从未涉足过的全球上游资产和公司并购交易隐含储量价值的研究，首次进入以公司整体和单项资产并购为目标的新的研究领域，初步形成了储量交易价值评估方法和储量价值参照基准体系，为跨国经营提供了较好的决策依据。二是研究工作逐步向高层决策拓展。2003年，中心参加了国务院委托中国工程院组织的“中国可持续发展油气资源战略研究”；参与了国家发改委、国资委组织的“中国油气资源开发利用战略研究”；组织进行了国外油气勘探规律及21世纪石油工业新技术、新进展的调研，为集团公司勘探和工程技术会议提供了相关科研报告；配合集团公司规划计划部开展了集团公司战略纲要的编写工作，参与完成了大庆油田可持续发展战略研究；配合发展研究部开展了跨国石油公司管理体制研究，对重点资源国的政治经济稳定性和财税政策进行了定量评估，并提出了有关的对策建议。三是研究工作更加注重新老结合、内外结合，变封闭式研究为开放式研究，重大课题与国内相关研究机构合作，聘请老专家担任课题组顾问，充分利用内外部力量，提高研究质量与研究水平。四是更加注重研究成果的开发和利用。全年将主要研究成果的重要内容编发了20期《领导决策参考》，及时提供决策信息服务，受到了领导的重视与好评。

2. 信息技术服务水平有了进一步提高

在集团公司领导的高度重视和规划计划部的统一协调下，中心按照“统筹规划、突出重点、整体推进”的原则，不断完善信息技术服务体系，提高服务质量，巩固和扩大信息工程技术服务市场，较好地完成了各项任务。主要表现在三个方面：一是组织实施了中心信息工作平台建设。二是加强了集团公司和股份公司内外网站建设。三是加强了石油信息网的运行维护工作，确保石油主干网、集团公司总部机关园区网、集团公司公共信息应用系统的安全运行。

3. 业务整合与组织结构调整取得重要进展

中心针对长期以来信息基础工作薄弱、信息资源开发和信息研究力量分散、机构层次过多、职能交叉等问题，继续进行业务重组整合，进一步加强信息资源开发和信息研究业务，并对部分专业处室进行了相应的调整。通过调整，进一步强化了主体业务，优化了内部资源，减少了机构层次，提高了工作效率。在此基础上，中心还结合工资制度改革，全面开展了“五定”工作，配套实施了人事、劳资和分配制度改革，有效地调动了广大干部职工的积极性。

4. 基础管理工作得到进一步加强

2003年是中心抓基层、打基础，整章建制、强化管理的重要一年。按照管理制度化、规范化和流程化的要求，中心重点抓了五项工作：一是加强了项目管理，制定下发了《项目管理办法补充规定》，由中心科技委员会牵头组织，对新开的40多项重点项目进行了开题论证，从立项的科学性、研究方向、研究内容、主要指标、经费预算等方面认真审查评议，进一步规范了立项审查程序。二是加强了合同管理，对全年签订的74份各类合同和协议进行了认真清理，涉及合同金额4952多万元，对清理中发现的签订合同不规范、履行合同责任不清等问题逐项进行了整改。三是加强了资金管理，制定下发了《资金审批管理办法》，对预算内、外资金的支出管理重新做了规定，明确了资金分级审批权限，初步形成了从项目组长到处室长，机关职能部门至分管领导、主管领导和中心法人代表的分级负责制，建立了资金管理责任制度和监督约束机制，保障了中心资金的合理使用和资金安全。四是加强了人事管理，制订并实施了中心《岗位管理实施方案》、《基本工资制度改革实施方案》及《中心技术专家管理暂行意见》等，使管理工作进一步向细化、深化方向发展。五是建立了各项重点管理工作流程，初步制定了中心办公综合管理、业务管理、财务管理、人事劳资管理等28项管理工作流程，进一步明确了管理职责和工作程序，为规范中心管理工作奠定了坚实的基础。

5. 经济效益和职工收入有了明显提高

按照集团公司对中心实行“事业单位企业化管理”的总体要求，中心坚持转变观念，强化管理，开拓市场，努力创收、挖潜、增效的工作思路，经过努力，全年实现总收入5199万元，同比增长10%左右；全年费用支出5194.5万元，在消化少数公司亏损223.5万元和福利赤字90万元的基础上，做到了收支平衡、略有盈余，超额完成集团公司下达的经济责任指标。各经营性公司依托中心资源和品牌优势，大力拓展内外市场和业务领域，努力创收增效，在消化“非典”等不利因素影响的前提下，全年共实现经营收入3180万元，其中外部收入占其总收入的50%以上，正在由内向型公司逐步向外向型公司拓展。在经济效益增长的同时，职工收入水平有了明显提高。2002年职工实际工资增幅为25%，是历年来增幅最大的一年。

6. 党建和队伍建设工作取得新成就

在班子建设方面，努力建设学习型、讲团结、求实创新的领导班子。在队伍建设方面，认真开展“形势、目标、责任”主题教育活动，树立“爱岗、创新、奉献”的企业精神和“诚信、业绩、和谐”的核心经营理念，培育职工队伍的爱岗敬业精神。同时，全年安排专业技术培训和干部培训50余人次，不断提高职工队伍的整体素质。

（王　虹）

中国石油天然气集团公司咨询中心

【概述】　中国石油天然气集团公司咨询中心（以下简称中心）是集团公司直属单位，成立于1993年，是全国第一批取得甲级工程咨询资质证书单位之一，是国际咨询工程师联合会（FIDIC）会员。中心设有：综合技术部、勘探部、开发部、炼化部、工程经济部，还设有专家委员会，中国工程咨询协会石油天然气专业委员会，具有石油天然气专业咨询行业管理职能。中心有石油天然气勘探、开发、炼油化工、地面工程技术经济等领域的知名专家70余人，其中工程院院士3名、教授级高工47名。中心拥有一支年轻的高层的在职职工队伍，有硕士6名、博士及博士后5名，现已形成由资深专家、中年骨干和高学历青年组成的专业咨询队伍。中心承担对油气勘探开发发展规划、重大勘探部署和油气田开发方案提供咨询意见；对油气田地面工程、炼油化工工程的大中型项目进行咨询评估；对战略性、方向性的重大发展战略、技术经济等问题进行调查研究和开展专题研究，并提出咨询意见；接受国内外企业及国内其他行业、单位委托的有关评估咨询工作。

【咨询评估】　中心的咨询评估工作，在为集团公司的科学决策提供依据，避免和减少失误，提高投资效益；优化建设方案，缩短建设周期，降低成本和保证建设进度，提高工程质量等方面发挥重要作用。中心自1993年成立以来，10年中，共计完成各类评估项目428项，完成各类调研和专题研究项目150多项。经过咨询调研和评估优化，进一步拓宽油气勘探新领域，提高油气田开发生产水平，改善下游炼化企业的盈利能力。据统计，在评估的400多项工程项目中，原定投资总额为6856亿元。经专家咨询和优化对比以后，为其中52个大型油气田开发和炼油化工项目压缩投资542亿元。除了直接为生产建设服务外，近几年还承担多项石油天然气上下游发展战略的研究，特别是参加由温家宝主持的《中国可持续发展油气资源战略研究》等国家级重大课题。2003年，中国工程院、集团公司、股份公司和其他单位委托中心的评估、后评价、调研和专题研究的项目共71项，其中完成60项，跨年度的有11项。完成的60项中，评估和后评价49项、调研和专题研究11项。项目总投资为544.5亿元。

【管理工作】　中心不断加强内部管理和各方面建设。中心的整体意识、大局意识得到不断增强，为领导服务、为专家服务、为企业服务的思想得到进一步确立，管理、协调、服务的水平得到不断提高。

2003年，中心进一步加强制度建设工作，建立和修改完善《咨询中心评估与研究计划项目管理办法》和《咨询中心关于财务管理及费用报销的若干规定》等5个方面的管理办法和规定。进一步加强石油天然气专业委员会工作，调整和补充专业委员会领导成员，加强专业委员会力量；为48个单位换发国家发展改革委员会颁发的新证书；组织注册咨询工程师（投资）认定工作，经评审84人获得证书；开展优秀工程咨询成果奖评审工作，评出石油天然气行业获奖成果95项，其中一等奖23项、二等奖28项、三等奖44项，获全国优秀工程咨询一等奖的有4项。进一步加强计算机和信息化工作，建立中心的网页、创建文档资料库、建立专家数据库。进一步加强内部管理工作，加强公文管理工作，建立请示汇报等工作制度和会议制度，加大对人员、财务、车辆和物品等方面的管理工作。

【专家工作】　专家围绕石油天然气工业的发展和重大工程项目建设做了大量的富有成效的工作，中心的主力始终是专家。中心开展的每一个评估项目，形成的每一份调研报告，取得的每一项研究成果，都凝结着专家们的智慧和心血。为了进一步发挥专家的作用，2000年3月21日第一届专家委员会正式成立，由44名专家组成，专家委员会下设油气勘探、油气开发、地面工程、炼油化工和经济分析等5个专业组，同时下发《中国石油天然气集团公司咨询中心专家委员会规定》。专家委员会的成立，进一步使集团公司的咨询评估工作步入正轨，有力地推动中心的建设与发展，各位专家在咨询业务中发挥十分重要的作用。根据规定，2003年对专家委员会成员进行调整换届，第二届专家委员会于2003年9月23日成立，由37名专家组成。新一届专家委员会下设勘探、开发、炼化和工程经济4个专业，同时下发《中国石油天然气集团公司咨询中心专家委员会章程》，使专家工作更加规范。2003年，专家委员会做了大量的工作，高质量、高水平地完成60项评估和研究任务，油气资源勘探、油气田开发、炼油化工和可持续发展等几个战略性课题取得重大成果和阶段性成果。2003年6月，提交的《中油股份公司油气勘探战略研究》，明确指出中国石油国内油气勘探的主要领域和方向，科学预测未来需求及2020年前油气勘探储量和产量的增长趋势，提出中国石油海外勘探战略，指出中油股份公司油气勘探的制约因素及其发展油气勘探工程的关键。这一思路、方案和措施已被股份公司采纳。特别是2003年上半年开题的《中国可持续发展油气资源战略研究》这一重大课题研究工作，由侯祥麟院士任组长，中心邱中建院士和翟光明院士牵头，并形成阶段性报告，报告科学地分析我国和世界油气资源现状及供需趋势，提出我国可持续油气资源发展的总体战略，以及实施这个战略的原则、举措和政策。2003 年 5 月和 10 月两次向温家宝总理作汇报，温总理给予高度的评价。

（刘炳义　吴云海）

中国石油天然气管道局

【概述】　2003 年，中国石油天然气管道局（以下简称管道局）以市场经济为导向，努力抓好市场开发、结构调整、科技创新、人才队伍建设和管理增效，把创新精神作为企业的灵魂，推进各项改革，促进企业跨越式发展。管道局获得建局以来最高荣誉“全国五一劳动奖状”，企业走上良性发展的轨道，经济效益大幅度提高。全年实现总收入 47 亿元，比 2002 年增加 47%；实现利润 1 亿元，是 2002 年的 2.7 倍；职工实际收入比 2002 年增加 15%以上。年末全局资产总额 80.96 亿元，负债 30.68 亿元，资产负债率 37.9%；全局在册职工 1.8 万人，下属二级单位 42 个。

管道局通过国家 ISO 9001 质量管理体系和 ISO 14001，HSE，OSH 三标一体化管理体系的认证审核；取得英国 UKAS 质量认证；获得建设部颁发的建筑企业特级资质证书，同时取得外经外贸权。

【企业改革】　建立和完善体制，通过强化市场开发、生产指挥协调和经营管理职能，使管道局成为国内外市场开发和对外经营的主体。为适应管理体制的变化，对局机关职能进行了调整，重点加强了市场开发，成立了工程部、国际部，对局本部的管理流程、管理模式和管理标准进行改造，制定了配套政策和管理办法，局本部的经营行为能力得到进一步提高。

继续实施专业化重组。在做大做强主营业务的基础上进一步做专做精，把具有发展潜力的业务独立出来组建专业化公司，实现优势互补，资源共享，不断增强市场竞争和整体盈利能力。一是对定向钻穿越业务进行重组，成立由 11 台大型定向钻机组成的国内最大的穿越公司，取得了规模效益；二是对相关业务和资源集中整合，对岩土路桥公司继续进行重组完善，提升了岩土路桥业务的专业化管理水平和市场竞争能力；三是在集团公司的支持下，完成管道通信电力工程总公司与集团公司通信公司的重组整合，成立了中国石油通信公司，为充分利用集团公司现有石油通信资源，拓宽业务领域，建设数字管道，实现石油通信产业的可持续发展创造了条件；四是将沈阳输油气分公司与丹东中朝友谊输油气分公司合并重组，将塔里木管道公司与维修抢修公司合并重组，减少管理机构，降低管理费用，实现了强强联合、优势互补、精干高效；五是在集团公司统一部署下，完成了基本工资制度改革，稳妥进行了住房分配货币化改革；六是坚持有进有退，有所为有所不为的原则，继续积极稳妥推行辅业改制分流工作，成功实施对下属中油管道京磁新材料有限责任公司的整体分流改制，产业结构得到进一步优化。

【生产建设】　管道工程有限公司 2003 年开展各类项目279 项，涉及长输管道、城市配气、大型储罐、市政建设等多个领域（其中，勘察项目 42 项，参与国际总承包项目 3 项，监理项目 17 项，自动化工程安装项目 14 项，消防安装项目 8 项）。管道一公司、二公司、三公司、四公司和通信电力总公司等管道施工企业全面完成年度生产计划，完成 5 项国内外大型管道安装工程和一些支线工程，总长度 3700 千米，储罐安装 60 多万立方米，完成 123 条江河穿越，总工作量创历史最高水平。国内重点工程建设方面，完成西气东输管道 1000 多千米主体焊接，900 千米管线试压，800 千米空气干燥，9 个站场、23 个阀室土建施工和工艺安装；完成忠武线 70%主体焊接和号称中国石油第一盾的红花套长江盾构工程；首次进入中国海洋输油气技术服务市场，完成中海油第一条陆上输气管道东方—洋浦—海口输气管道；完成部分城市管网和社会工程。国际工程建设方面，承担了苏丹 6 区块原油管道工程，PMC 管理咨询和 EPC（总承包）以及利比亚全长 1054 千米油气管道工程。该项总承包为管道局独立开发的第一个 EPC 国际项目。

设计施工企业在国内市场（包括行业内和社会市场）共中标 120 个，合同额 67 亿元；国际市场中标 5 个，合同额 3.3 亿美元，国内外市场合同总额超过 100 亿元人民币。管道工程有限公司巩固和开拓国内市场，培育和开发总承包市场，开拓国际市场，共参与投标国内项目 19 个，中标 11 个，中标项目包括醴陵城市天然气利用EPC工程、中海油广东LNG工程施工图设计、福建LNG工程概念设计和基本设计、湘潭—衡阳管道设计、西气东输冀宁联络线工程初步设计等。

在西气东输管道工程方面，充分发挥管道建设产业链优势，全方位参与工程建设。管道局是惟一参与全线工程的建设单位，承担了全线施工难度最大的水网地段、太行山区、百里风区、无人区的工程建设任务，以及长江、黄河、沁河的穿越施工；承担了70%以上的综合工作量；承担了全线的勘察和初步设计任务及大部分施工图设计；承担了全线27个标段中的14个标段的施工，占总量的52%；承担了38条大型江河穿跨越中的32条，占84%；承担了84个站场和阀室的安装，占45%；承担了100%的通信光缆硅管敷设，50%的工程监理，60%的物资配送，63%的无损检测，80%的进口钢管防腐，60%的东段干燥；承担了制管、弯管、质量监督等业务上相当的工作量。为把西气东输管道工程建成世界一流工程，在工程准备、投标报价、现场管理、工程索赔等环节按国际标准进行操作。一是采用先进的P3，EXP等管理软件，严格执行FIDIC条款，全面建立可操作的管理程序，对工程进度、质量、效益实施三位一体的立体型管理，不但提高了合同管理水平，同时也降低了费用成本；二是建立科学合理、运转高效的工程管理体系，成立工程建设指挥部和三个协调组，确立了“统一指挥，责权明确，激励到位，思想保证”的管理模式，做到政令畅通，步调一致，协同作业，运行高效；三是严格执行ISO 9000和HSE的要求，每个机组都设立HSE专职管理员，所有施工现场都按HSE的要求进行管理。

管道局钢管厂党委实施以“新起点、新形象、新管厂”为主题的企业文化建设活动，提炼出钢管厂新时期的企业精神，即：“诚信经营，奋发向上创新业；打造名牌，争雄国内闯世界”。把西气东输工程作为企业的生命工程、形象工程、精品工程和信誉工程，与国家、企业和个人的利益紧密挂起钩来，保证了企业全面超额完成全年工作目标，被授予“辽宁省思想政治工作先进企业”光荣称号。针对西气东输钢管生产要求时间紧、任务重、标准高的实际情况，坚持向科技要效益，向科技要生产率，完成了3个课题攻关项目：一是提高焊接速度研究，D1016钢管生产速度提高50%；二是刀块寿命研究应用于生产实际，使刀块寿命提高3—4倍；三是完成外焊双丝与内焊三丝的研究和装置制造，为提高焊接速度、保证厚板焊接质量提供了技术储备。此外，“X光射线工业电视图像自动检测识别系统”和“提高铣边机刀块寿命及新式铣边机的研究设计”两个项目分别通过部级和局级鉴定。2003年实现销售收入14321万元，比2002年增加7976万元，增幅125.71%；实现经营利润609万元，同比增加571万元；上缴各种税费876万元，同比增加349万元；2003年完成工业总产值12509万元，同比增加4605万元，增幅58%；生产12种规格钢管10.55万吨，完成年度计划的140%，比2002年同期增加43267吨，增幅63%；全厂人均收入比2002年增长39.75%。中油气管道机械制造厂结合企业实际情况，制定了“以技术创新为导向，实施低成本、高质量”的战略，经营形势不断好转，综合竞争力不断提高，市场领域不断拓宽。2003年共完成总产值5174万元；实现销售收入4264万元，在完成上缴减员增效额的指标基础上，实现经营利润4万元；账款回收率66.2%，国有资产保值率100%。开展技术创新，抓好新产品开发。依托加热炉生产的原有的技术优势，投入资金引进宁夏三新公司具有热效率高、寿命长、成本低、体积小、安全可靠的真空超导加热炉技术，增强了加热炉制造的技术优势，实现了产品的延伸，扩大了市场占有率。围绕燃气市场，进行燃气调压装置的设计，签订合同额215万元。通过三类压力容器的初审，为适应发展的石油市场，投资60万元自制型钢弯曲机，投资11万元进行三类压力容器罐的试制并对焊工进行了培训和考试，按照要求健全了相关记录，经过8个月的精心准备，成为廊坊市第一家通过初审的单位。廊坊中油管道特种汽车运输有限公司（简称特运公司）抓好油品配送市场的投入运行，巩固和扩大国内运输市场，积极开拓国际工程运输市场，取得国家二级运输企业资质，被廊坊市工商行授予“3A信誉企业”称号。2003年实现总收入5216万元，累计完成货物周转量2235万吨·千米，完成旅客运送量6237万人·车·千米，完成货运量15.5万吨，安全行驶1267万千米，职工年人均收入2.43万元。油品配送工作按照中油股份炼销公司的要求，在稳定原有配送市场的同时，努力扩大配送规模，重点理顺供求关系，逐步向其他省份配送市场迈进。与2002年同期相比，2003年新开发河南和内蒙两个市场，配送区域由过去的浙江、山东两个省份增加到目前的4个省份，配送点由过去的89个，增加到133个。西气东输管道工程在4、5标段建设中，围绕管材及设备运输任务，成立了西气东输管道工程项目部，为西气东输管道工程提供安全优质的运输服务。全年共运送管材 101 千米，计 2200 个车次，运送弯管 400 余根，大型设备 65 台（套）。积极开拓海外市场，特运公司为国内第一个进入苏丹运输市场的企业。2003 年 3 月到苏丹，以与当地最大的运输集团（纳菲利）合作的方式，参与苏丹六区富拉原油外运管道运输项目。共完成 6256 根管材运输任务，占整个运量的 10%；吊车完成 155783 根吊卸量，占总量的 70%以上。安全行驶 260 余万千米，创造 4 天往返 3200 千米的运行纪录，9 个月共实现产值 152 万美元。

【科技工作】　为加大对管道建设和应用的科技含量，保持管道前沿技术处于领先地位，成立了科技部，负责全局的科研管理、新技术推广、专利申报以及知识产权和工法管理等工作。结合管道局长远发展规划和总体指导思想，以西气东输及国外苏丹、利比亚等工程为依托，为科技工作实现由跟踪模仿向自主创新转变，由立足国内向海外拓展转变而努力，加强技术创新战略管理，加强科技项目和成果管理，进一步完善技术创新管理的新体制。2003 年开展研究的延续和新立科研项目有 114 项。其中国家经贸委科研项目 5 项，中国石油天然气集团公司科研项目 22 项，管道局科研项目 37 项，二级单位自行立项 50 项。共投入科研经费 3850 多万元，比 2002 年增加 28%。利用多方技术资源进行研发活动，组织邀请了美国环球公司、林肯公司、韩国普相公司、克尔逊公司的技术专家，就海洋管道设计、施工、施工装备，药芯焊丝焊接新工艺，高碳钢焊接工艺，玻璃钢材料的生产工艺及使用等新技术进行交流，管道局参加交流人数达 200 余人。西气东输管道工程中大量应用世界上先进成熟的技术，采用国际先进标准，加速材料和设备的国产化，大幅度提高了管道的科技含量和综合技术水平。自动控制技术，数字通信技术、卫星遥感和全球定位技术、数字仿真技术、地理信息技术和绿色植生带技术的应用，使西气东输管道成为 21 世纪世界一流的管道、科技的管道、绿色的管道。管道施工企业在西气东输管道江南水网地段、太行山区、百里风区、无人区和长江、黄河、淤河穿越施工中，首次采用自动焊技术，进行工法创新，创造出沙漠、山地、黄土塬和水网等特殊地质条件下的施工工艺和技术，通信硅管与管道同沟敷设技术。研制了大口径管道撬装式多功能管道外防腐作业线、内涂层涂敷作业线和大口径弯头生产及外防腐作业线，增加了大口径天然气管道干燥、打压、海水试压、氮气置换等新技术。2003 年有 28 项成果（其中含 3 项设计成果）被评为中国企业新纪录，5 项施工工法评为国家一级工法，获得专利 13 项。2003 年，科研成果有：大口径管道双焊头全位置自动焊机及单面双面成型焊接工艺研究，该项成果已申请 3 项专利；数控式内环缝自动焊机研制，该项成果实现了管道的内焊、外焊自动化焊接设备的配套化；苏丹新型降凝剂研制，该产品达到国际先进水平；X 射线工业电视图像自动识别系统，该成果填补了国内同行业空白；长输管道干空气干燥技术的应用研究；大胀力间隙可调式内对口器研制，该设备已申请 3 项国家专利；ϕ813 折叠封堵头研制；提高铣边机刀块寿命及新式铣边机设计研究；管道局人才战略工程研究。

【企业管理】　推行工程项目管理改革，制定《管道局工程项目管理改革实施方案》。完善经营责任制实施方案。

固定资产投资牢牢服务和服从于管道局产业定位和发展战略，调整和优化产业结构，提升企业核心竞争能力。2003 年共安排固定资产投资 2.6 亿元，通过投资进一步优化产业结构、增强企业核心产业的竞争能力。

在关联交易方面共签订 33 大类、240 份分项合同，总金额 50370.51 万元，合同签约率为 100%。下发《管道公司与管道局关联交易联席会议制度》。全年关联交易服务质量评价优良率高达 98.85%，比 2002 年提高 1.45 个百分点。

财务工作全力推行会计集中核算，做好新旧企业会计制度的衔接，加强企业内部控制制度建设，积极完善财务管理体制。强化成本管理，制定《管道局工程项目目标成本管理办法》和《管道局内部会计控制实施细则（试行）》。执行企业会计制度，加强管道局会计制度建设。制定下发《执行〈企业会计制度〉的调账处理规定》及《管道局资产减值准备计提与资产核销管理实施细则》及一系列配套政策。在此基础上，规范了海外项目部工程成本核算有关问题，完善了其财务管理。

在工程质量监督方面，石油天然气管道工程质量监督站成为国家压力管道安全技术委员会 12 个委员之一，并获得国家压力管道资格评审资质，是集团公司惟一的压力管道安装单位资格评审机构，同时也是全国具备 GA、GB、GC 全类别评审资格的三家机构之一。2003 年完成的主要工作包括：先后承担了国家重点工程西气东输苏浙沪段、豫皖段、甘宁段以及忠武线、湛江油库工程、陕京一线站场扩建工程、任京线改造工程、陕京二线隧道工程、房山消防热力改造工程、大张坨地下储气库扩建工程等13项工程质量监督工作，覆盖了3898千米长输油气管道工程；94万立方米储罐工程；63座站场工程；135处大中型穿跨越工程；多条隧道等项工程。承揽了忠武输气管道工程的飞行检测项目，这是首次承担大型重点工程的“飞检”任务；开展了对多家国有大型企业单位进行压力管道资格评审工作。

【安全、环保】　建立与实施HSE、OHS和ISO 14000管理体系，构筑管道局管理层的体系管理模式。4个施工分公司先后完成HSE、OHS、ISO 14001管理体系认证取证工作，其他施工单位和部分输油气技术服务单位在取得HSE和OSHMS认证基础上，全力运行ISO 14000环境管理体系。管道一公司、管道三公司完成创优升级和安全生产状况评估的试点工作。配合管道局取得的特级施工资质，在安全、环保与健康管理方面，组织对全局环境风险识别与评价，写出初始评价报告，完成“一体化”管理手册和程序文件的编写并已发布实施。2003年，管道局在国内外共建设输油气管道3000千米。不同地区的管道工程，环境各不相同，地形地貌有很大差异，气候变化呈多样性。但管道局始终遵循清洁生产的原则，针对不同情况，为搞好环境保护工作，采取不同的控制措施：

一是采取水工保护技术，保护农田水利设施。管沟开挖和回填时严格按照生熟土分离的方法进行，即先用人工将表土层揭开，用编织袋单独盛放，然后开挖地下土，回填时先回填地下土再回填表层耕种土，杜绝土壤流失，耕地在施工前后基本未发生变化。

二是实施环保施工控制水域污染，其中包括修筑作业带环保措施；防止机动设备漏油措施；低洼地带施工环保措施。

三是制订环保方案，控制特殊地段施工。(1)对于大型河流穿越，采用对地貌破坏较小的定向钻，穿越过程中，泥浆池采取防渗透措施，穿越完成后对穿越采用的泥浆按要求统一装车外运到指定地点处理。(2)尽量保持铁路固沙林场及地貌原样。(3)戈壁滩施工，工人们自觉保护环境，减少对地表土壤保护层的破坏；作业车辆在作业带内行驶，严禁驶出作业带，尽可能采用“一”字形作业，走同一车辙，减少对地表的破坏；管沟开挖时，先将地表砾幕移除，回填时再将砾幕盖回地表。(4)在沙坡头自然保护区，编制《沙坡头自然保护区环境保护方案》，与当地签订《保护环境、野生动物合同》，实施多种施工方案，做到既保护自然环境又保证顺利施工。在济源太行山猕猴保护区，研究猕猴保护区施工方案，编制猕猴保护区环境计划书，最大限度减少施工对猕猴栖息地环境的破坏和影响；在新疆野骆驼自然保护区，管道三公司项目部组织编制了《野骆驼自然保护区及生态保护管理措施》，施工中认真贯彻实施；在明代古长城遗址，为保护古文物，放弃传统且效率高的开挖埋管方法，采用顶管机顶管、预埋水泥套管穿越的方法进行施工。

四是利比亚输油气管道工程中，项目部积极做好当地环境保护工作。每个营地以各种生活垃圾、污水的处理为重点，均与当地环境保护部门建立合同关系，定期拉走垃圾污水并按照当地的规定对垃圾进行妥善处理，做到工完、料净、场地清；为每个工位提供一个垃圾回收桶，人员严禁乱扔各种废弃物，并设专人及时进行清理。

在交通安全管理工作方面，以遏制重特大交通事故为目标，强化基层车队管理，广泛开展交通安全宣传教育，在基层车队全面推行HSE管理体系和“两书一表”，确保交通总体目标的实现。西气东输工程中，要求各单位加强对驾驶员的职业道德、技术素质和事故预想、预控及临危避险能力的培训教育，针对山路、弯路、窄路及雨天、雾天等情况，制订出具体的行车方案，确保行车安全。

（李小伶）

中国石油物资装备（集团）总公司

【概述】　2003年，中国石油物资装备（集团）总公司（以下简称公司）在生产经营和各方面的工作持续稳步发展，各项工作均取得了较好的成绩。

【经济效益再上新台阶】　2003年，公司实现销售收入46亿元，比2002年增加3.3亿元；按集团公司考核计算，实现利润14550万元，比2002年增加了160万元，圆满完成了集团公司下达的年度利润指标，创造了公司成立以来的最好成绩。其中，公司本部实现营业收入 9.7 亿元，实现利润 5000 万元；地区公司实现营业收入 15.2 亿元，实现利润 1686 万元；直属机厂实现主营业务收入 21.1 亿元，实现利润 10612 万元。

【管理工作取得新成效】

（1）发展思路得以明确。公司确立了“贸易与制造并重，两翼齐飞，优势互补，有机结合，建设具有国际竞争力的大型企业集团”的指导思想，提出了“强化企业管理、推进贸易新发展、做强做大装备制造、大力培育三支队伍、推进企业文化建设”等五大工作思路，进一步统一了思想，振奋了精神，为公司今后一个时期的发展奠定了基础。

（2）治理结构得以健全。一是健全决策层、管理层、执行层三级管理架构，建立起相应的法人治理结构，并据此对公司本部有关部门进行了调整和组建；二是强化决策管理，组织成立了战略发展、预算管理、安全生产、科技进步、薪酬管理、保密等专门委员会作为决策支持系统，建立起专家参与、民主决策的决策体系，以提高决策质量，减少决策失误。

（3）管理体系得以完善。一是初步建立了公司的三级目标管理体系，将集团公司下达给公司的任务指标进行逐级分解下达，直至生产经营的班组和岗位，形成了公司完整的目标管理体系；二是建立了公司的薪酬管理和奖惩机制，从公司主要领导直至基层单位，分别建立了与目标管理体系相配套的、完整的薪酬管理和奖惩机制；三是健全了预算管理体系，预算的准确性和指导性进一步增强。

（4）管理增效成果显著。公司深入开展“管理增效年”活动取得成效：2003 年公司三项费用支出同比减少 1.88 亿元，比预算减少 0.37 亿元；应收款余额同比下降 3 亿元；存货余额同比下降 2.2 亿元，比预算下降 0.6 亿元。

（5）强化投资管理初见成效。公司把加强投资管理，特别是对外投资管理作为一项重点工作来抓，为此专门组建了投资管理处，明确了加强和改善投资管理的工作思路，制定了《固定资产投资计划管理暂行办法》和《对外投资管理办法》，并对全公司系统的对外投资进行了摸底调查，提出了股权代表调整和加强管理的初步方案。同时，加强了对投资项目从立项、建设、竣工以及投产后经营成果等全过程的监控和管理，取得明显效果。

（6）资金管理进一步强化。一是继续完善资金授权管理，加强资金的集中存储和统一调度，积极清理外投、外借和对外担保项目，出台了《关于规范生产经营行为、维护企业资金安全的八项规定》等几个重要文件，进一步规范了资金运营，确保资金安全；二是继续以降库和还贷工作为突破口，减少财务费用支出，2003 年公司的财务费用支出又有了大幅度下降，2003 年支出比 2002 年减少 2469 万元，为公司整体效益的提升做出了贡献。

（7）清欠工作取得显著成果。公司继续坚定不移地开展清欠工作，通过建立健全规章制度和落实奖惩政策，加快了资金回收。绝大多数单位债权规模较年初都有下降，全公司应收款下降幅度达 15.12%，一些单位还实现了新发生业务不欠、以前年度欠款陆续清回的可喜局面。

（8）资产处置进一步规范。通过近几年的努力，到 2003 年末，公司在 2001 年财产清查中经中介机构和集团公司认可的 16.8 亿元的潜亏和不良资产，已全部处理完毕。为了进一步规范对财产清查已核销资产的后续管理工作，公司在《关于处理以前年度潜亏和不良资产的有关规定》和《关于加强对不良资产的处置和管理的规定》两个文件基础上，又下发了《关于进一步加强对财产清查损失后续管理的规定》，对工作中存在的问题进行了规范和约束，取得了明显效果，得到了集团公司的充分肯定。

（9）工资套改工作有序进行。按照集团公司工资制度改革的安排部署，有序完成了公司本部和部分直属企业的工资套改工作。

（10）信息化建设步伐加快。公司主办的中国石油物资装备网建成。网站汇集了石油物资与装备领域信息资源，形成信息交流与共享的平台，促进了石油物资装备企业的发展，提高了公司的影响力。济南柴油机股份有限公司（以下简称济柴）、咸阳石油钢管钢绳有限责任公司（以下简称咸阳公司）的 CIMS 系统和宝鸡石油机械有限责任公司（以下简称宝石公司）的 ERP 系统建设均取得可喜进展，推动了业务流程再造，提高了企业生产组织和经营管理水平。

（11）安全生产工作得到加强。2003 年，公司继续完善 HSE 体系建设，继续下大力气抓安全生产工作，继续贯彻落实《中华人民共和国安全生产法》，认真整改安全隐患，坚持自查、互查和抽查相结合，深入开展安全大检查活动。特别是“12.23”井喷事故发生后，公司反应迅速，除及时传达集团公司关于安全生产工作的通知精神外，召开专题会议，研究公司的安全生产工作，并组成安全检查组，深入所属企业进行安全生产大检查，找问题，查隐患，层层落实安全责任制，督促建立完善重点部门和要害岗位的事故应急预案。通过努力，公司系统保持了良好的安全生产形势：职工千人死亡率为零，千人重伤率为零，千人负伤率0.0957‰，千台车死亡率为0.243‰，均低于年初下达指标。

【贸易业务又有新发展】 2003年，公司贸易业务在市场的变化中继续开拓新局面，实现了新的发展。

（1）中石油市场得到巩固。贸易业务积极应对中国石油天然气集团公司采购体制和市场格局的变化，以品牌和优质服务继续巩固中石油市场。一年来，整个贸易板块来自中石油市场的收入达到全部收入的63.8%，总贸易额持续上升，取得了较好成绩。

（2）代理业务不断推开。一是继续做好已有的代理业务；二是不断开辟新领域，代理品种从石油物资向社会各类物资扩展；三是下力气把代理业务做深、做专。通过努力，2003年本部经营部门签订代理协议34项，累计达到103项。特别是，"中油物装—宝钢钢管西部用户服务站"的成立，深化了公司与宝钢的战略合作关系；通用金属部、宝鸡石油钢管有限责任公司（以下简称宝管公司）和武汉公司联合成立的武汉代理公司，在推动贸易和制造有机结合、优势互补方面，进行了有益的探索，全年实现代理销售钢材近8.5万吨、销售额达22530万元，取得了良好的工作业绩。

（3）市场社会化和品种多元化继续推进。社会市场销售持续上升，经营品种继续增加。专用管材部系统外贸易额达到2.4亿元；上海公司开展了汽车销售，与四方锅炉厂共同开发的热采锅炉出口到哈萨克斯坦，贸易量中的社会市场份额已占到95%；昆山公司成功实现了由贸易型向制造型企业的转型，瓜尔胶产品打开了日化市场，并获得了自营进出口资格，2002年社会市场销售比重达到50%以上。在专用管销售比重有所下降的同时，普钢、化工、配件、机电产品等在部分地区公司成为优势经营项目，市场也逐步稳定。

（4）盘活资源拓宽收入渠道。各单位积极盘活房产资源，大力开展仓储、商检等业务，增加非主营业务收入，拓宽了收入渠道。沧州公司利用其仓储能力，抓住"朔黄铁路"复线建设机会，签订了多项代储钢材、水泥、电器的协议，吞吐量达5万多吨；天津公司发挥口岸优势，积极开展商检业务；上海、昆山、广州、西安等公司通过出租办公楼和部分闲置房产增加了收入，并成为稳定的效益来源。

（5）物流业务有了新的增长。公司积极研究现代物流的发展规律，发挥资源网络优势，通过对物流功能点的切入，寻求新的业务增长点。2003年，公司参加了集团公司现代物流研讨活动，为下一步的发展探索了经验；运输保险部积极探讨与中远公司的合作，寻求成立国际货运代理公司的可行性；沈阳公司适应现代物流业的发展形势，依托周边石油石化企业，成立了区域性物流配送中心，仓储收入同比增加27%；沧州公司依靠仓储优势搞国际物流，全年发往阿塞拜疆、哈萨克斯坦等国家300多个车皮，创收近百万元。

（6）跟踪大项目开展业务取得成效。公司认真做好机电设备和工程项目招标工作，业务水平不断提高，业绩在商务部授权的97个招标机构中排名第9位。2003年，公司围绕集团公司重大工程项目和炼厂改造项目开展工作，在进口代理、招投标等方面全力以赴做好服务，取得了很好的成效。全年为西气东输签订机电设备进口合同31个；为忠武线招标采购设备1572台（套）；为大庆石化分公司、兰州石化分公司、乌鲁木齐石化分公司、抚顺石化分公司等石化企业改造项目所需进口设备做代理；在股份公司的石油、石化进口设备及软件市场占有率超过80%。

（7）一级供应网络管理得到加强。公司通过多种形式办好订货会，做好一级供应网络的管理，为贸易业务搭建商务平台。多方探索订货会新形式，并组织了多种技术交流。公司2003年共召开订货会20次，为供需双方提供了订货、产品交流和新技术推广的机会，促进了集团公司物资供应市场的健康发展，提升了公司在物资流通领域的影响。

【装备制造呈现新局面】 宝石公司、宝管公司、济柴、咸阳公司四家改制企业以饱满的活力、崭新的姿态，分别在各自的行业中崭露头角。

（1）宝石公司全年销售收入81000万元，比2002年增长34.7%，创历史最好水平。完成主导产品钻机55套、钻井泵290台，主导产品国内市场占有率达到了50%以上，已成为全球最大的陆上钻机制造企业，并成功打入海洋市场。完成了重点新产品开发20余项，申请专利10项，其中70DB钻机首次应用引进技术也取得了成功。同时继续深化企业改革，强化市场开拓能力，特别是在现场管理、文明生产等各方面为其他企业树立了榜样。

（2）宝管公司全年实现订货32.5万吨，比2002年增长76.8%；完成钢管产量27.57万吨，比2002年增长93.68%；实现销售收入7.69亿元，比2002年增长115%。公司抓住西气东输的机遇，确立了在国内螺旋焊管行业中的龙头地位，成为螺旋焊管行业中质量最好、规模最大的企业。同时抓紧规划了企业的长远发展思路，着手创建钢管制造板块并取得进展，上海宝世威项目基本完成，辅料基地建设正积极筹备。

（3）济南柴油机厂全年快速发展，实现销售收入32787万元，比2002年增长23.8%，净资产收益率达到9%，均创历史新高。产品已经成功实现了升级换代，三大主导产品系列不断优化完善，扩大了变型范围和应用领域，新产品产值率达到65%。市场已从石油行业拓展到众多领域，集团公司以外市场销售收入持续增加，已达总销售收入的69.4%。外贸业务也有突破性进展，产品出口收入1700多万元。在兼并华北一机厂大修分厂基础上成立的河北分公司，正逐步建设成为石油动力设备修复中心，为动力制造板块的构建创造了条件。

（4）咸阳公司钢丝绳总产量达到26706吨，同比增长了9.9%，实现销售收入16638万元，比2002年增长10.7%。在巩固石油市场的同时，努力开拓煤炭、港口等重要用途钢丝绳市场，奠定了在重要场合用钢丝绳市场的龙头地位。钢丝绳出口也较去年同期上升50%。

【参与西气东输工程取得新成绩】　积极参与举世瞩目的西气东输工程，锻炼了队伍，积累了项目运作经验，展示了物装公司组织大项目运作的实力，提升了公司的品牌形象，为公司今后实施大项目运作奠定了基础。

2003年，公司贸易、制造两个板块全方位参与西气东输工程建设，在国内制管、防腐的生产组织、技术服务、进口材料代理、施工机具租赁、运输保险、物资中转、机电设备招标上做了大量工作：组织外商技术交流和来华现场服务共68次；国内外招标总金额18.67亿元；组织进口各类钢材112万吨、进口机电设备2510台/套；组织国内外运输39船；组织合同索赔150万美元；实现代理总金额49亿人民币，收入近4000万元。

物装公司良好的工作业绩，得到了集团公司及有关部门的肯定，被评为西气东输先进集体。宝管公司为西气东输工程生产钢管20万吨，占西气东输螺旋焊管总量的三分之一，产品质量多次得到项目部和现场施工队伍的好评，被评为制管、防腐行业的“优秀承包商”。运输保险部克服各种困难，兢兢业业，恪尽职守，扎实做好租船订舱、港口通关、内陆运输、现场督办等各个环节的工作，为西气东输建设发挥了重要保障作用。租赁公司通过近两年的租赁服务，保障了西气东输施工机具的租赁工作，在用户中建立了良好的信誉；同时还积极探索了设备转租等其他经营项目。郑州公司中转站从大局着眼，从小处入手，充分发扬不怕困难、艰苦奋斗、迎难而上的创业精神，无怨无悔地做好服务，赢得了施工单位的好评。沧州公司积极参与西气东输工程的建设，马鞍山、合肥、常州3个物资中转站，以优质的服务和吃苦耐劳的精神，取得了较好的成绩，7个单位赠送了锦旗，创出了沧州公司品牌。

【党建工作和精神文明建设取得新成果】　公司本部在连续四年荣获“中央国家机关文明单位”、连续两年荣获“首都文明单位”称号的基础上，又通过了中央国家机关文明单位标兵和首都文明单位标兵验收；宝石公司被评为“省级文明单位标兵”，宝管公司、沧州公司被评为“省级文明单位”；宝石公司结构厂分厂荣获了集团公司“百面红旗”光荣称号；公司所属12家企业被评为省、市、区级各类先进，精神文明建设继续走在所在地区前列。

（龙首敏）

中国华油集团公司

【概述】　中国华油集团公司（以下简称华油集团）是中国石油天然气集团公司直属专业公司，主要从事酒店旅游业、难动用储量开发、天然气的开发与利用、成品油经销、高级润滑油的生产与销售、新型建材生产与房地产开发、油田和炼油化学试剂生产及大宗贸易。其中以油气相关产业和酒店旅游业为主营业务。2003年底资产总额248791万元，所有者权益总额122022万元。2003年，在集团公司和董事会的领导下，华油集团认真贯彻落实集团公司2003年工作会议和华油集团一届五次董事会精神，不断加大调整、改革、管理、队伍建设“四个力度”，紧紧围绕经济效益，全力以赴开拓市场，千方百计挖潜增效，集中精力营造主业，经过各级经营班子和全体员工的艰苦努力，全面完成各项经营指标，各项工作取得可喜进展，为提前完成“十五”计划奠定坚实基础。

【生产经营指标】 2003年集团公司给华油集团下达的利润指标为4416万元，实际实现利润4674万元，为年计划的105.8%，同比增长41.17%。实现销售收入140637万元，比2002年增加29586万元，增长26.64%。安全生产未出现重大责任事故；环境保护、投资管理、财务管理达到集团公司要求；廉政建设无违法违纪行为。

【企业经营活动】

1. 难动用储量开发增产、增效、增后劲

2003年，生产原油21359吨，同比增长23.77%；实现销售收入3700万元，同比增长48.59%。

2. 城市燃气利用市场开发建设取得重大进展

2003年，城市燃气利用市场竞争呈白热化，充分发挥中国石油的优势，按照做大做强燃气产业的战略构想，加大市场开拓力度，在巩固和发展北京市场的同时，沿中国石油管线在湘、鲁、冀等省取得突破性进展，新占有湖南常德、河北永清、山东齐河、荣成、文登等城市市场，开工建设山东齐河、河北永清项目，同时在东北、海南等地为开发新市场做了大量前期工作。到2002年底城市燃气中、低压管线已经超过250千米，居民和工业、服务业用户及协议用户已超过10万户，年供气量超过3500万立方米，燃气产业的资产规模已经达到了2.5亿元。

3. 成品油销售量超过20万吨

全年经营成品油289863吨，实现销售收入93644万元。润滑油销售坚持以企业市场为主的战略，润滑油中高档销售比例达到86.85%，同比提高7.85%，全年利润增长36.9%。

4. 酒店旅游业市场竞争力明显增强

2003年，酒店旅游业克服“非典”影响，实现营业收入13176万元，利润水平也创造了历史最好成绩，充分表明酒店旅游业的市场竞争力明显增强。天坛饭店完成改造方案的设计，正式成立中油旅游开发有限公司，迈出整合华油集团酒店旅游资源的重要一步。

5. 优势产业创利能力进一步增强

近年来，华油集团大力营造主营业务的同时，巩固发展优势产业不放松，国内外贸易、房地产开发、油田化学剂和新型建材生产与销售等创利潜力得到进一步挖掘。

（1）国内外贸易市场迅速扩展。2003年大宗贸易实现销售收入3.98亿元，同比增长69.57%。

（2）华油集团在北京开发的房地产项目“习习景园”获得成功，已全部销售一空。该项目被北京房地产跨媒体合作联盟评为“北京市优胜投资楼盘”，并通过了结构长城杯验收。

（3）油田化学剂经销保持稳定收益水平，全年实现业务收入4742万元，同比增长168%。建材业在粉煤灰应用于砌块、砼制管技术、地砖模具改造、开发普通管产品等方面取得了新进展，增强了产品竞争力。

【企业管理和安全生产】 认真贯彻集团公司开展“管理增效年”活动的精神，全面部署，狠抓落实，精细管理、严格管理、科学管理的意识普遍增强，节约挖潜的措施切实有效，成本费用控制力进一步提高。2003年，华油集团成本费用的增长幅度低于利润增长幅度5.65个百分点，成本费用利润率为3.32%，比2002年提高了0.36个百分点。坚持“谁经营、谁负责”，“谁主管、谁负责”的原则，把安全生产责任制层层落实到人，不断提高安全意识，切实做到安全生产保效益。2003年召开了安全生产工作会议，促进了安全管理制度的建立健全，完善了安全运行组织体系，尤其是油气生产经营企业和酒店公用事业性企业的安全制度进一步完善。2003年底，华油集团领导班子成员分别带队到集团所属全部单位进行深入的安全生产大检查，消除隐患，督促整改，有力推进安全管理工作。

（中国华油集团办公室）

华油北京服务总公司

【概述】 华油北京服务总公司（以下简称华服总）承担着集团公司、股份公司两大机关的后勤保障任务，成立于1992年。经过十多年的发展，已成为集基本建设、房屋管理、物业管理、职工餐饮、宾馆接待、幼儿教育、医疗保健、石油化工产品与技术服务等项目于一体的综合性后勤企业。资产总额81735万元，所有者权益67122万元。下设七个公司及四个直属单位：工程公司、房地产公司、生活公司、中油宾馆、科隆公司、中聚公司、物业公司及门诊部、幼儿园、退休职工管理中心、农场。

【后勤服务】 2003年，华服总努力打造精品服务，以强有力的后勤保障确保了两大机关职能活动的正常开展。

1. 非典防治工作出色完成

2003年4月中旬，非典疫情突发。集团公司高度重视防治工作，华服总按照集团公司的指示，全力以赴投入到抗击非典的斗争中。门诊部及时购买中草药3700多千克，从4月中旬到5月中旬，加班加点煎药，保证了13000多人次的用药，还为机关及在京单位3500名职工注射胸腺肽。生活公司在十几个小时之内完成了由自助餐改为盒饭分餐的准备工作。在同时为两大机关服务，工作量增加了1倍的情况下，职工们每天工作在12小时以上，每日向两大机关及在京单位供应盒饭近2000份。物业公司先后抽调100多人，连续60多天，对机关近50万平方米的住宅楼进行消毒、封闭垃圾道、安装消毒设施等工作。由于防治工作到位，两大机关职工、所管辖的社区居民均无一人感染，华服总在抗击非典的斗争中发挥了不可替代的作用。集团公司副总经理任传俊指出："台上一分钟，台下十年功，华服总在关键时候干得如此好，是因为平时工作有好的基础；华服总队伍在关键时候拉得出，用得上，党组和机关对华服总的工作非常满意。"

2. 餐饮服务质量稳中有升

2003年，生活公司在米、面、油等30多种常用原材料价格涨幅较大的不利形势下，从采购到加工，从原材料成本计划到合理搭配使用，采取链条式管理，严格控制费用开支，在关联交易收费不变的情况下，服务质量稳中有升。

生活公司还把为老同志服好务作为2003年的一项重点工作来抓：为老同志专门开辟用餐区、为行动不便的老同志提供特殊服务、优先为老同志上菜、根据老同志的口味要求和身体情况配餐、为老同志提供健康营养饮食咨询等服务。11月4日，原石油部李敬老部长等22名离退休老干部把一面写有"石油机关食堂为老同志服务精益求精"的锦旗和一副李敬老部长亲笔书写的"饮食康而寿，滋味真且长"的对联送到生活公司，以此表达对生活公司为他们提供热情服务的感激之情。

3. 房改工作进一步深入

房地产公司通过网页、展板、发放宣传手册、设立政策咨询接待日等办法加大房改政策宣传力度。经过周密细致的核对测算，对职工住房进行三榜公示，顺利启动集团公司及在京21个单位的住房补贴发放工作。

4. 供暖工作连续十年获得奖牌

实施"煤改气"以来，管委会健全各项规章制度，严格落实安全责任制；加强培训，规范操作；努力在保证稳定、优质供暖的前提下，做到确保安全、控制成本、合理耗费，受到服务对象的好评，被评为"北京市2002—2003年度供热先进单位"，这是管委会连续获得的第十块奖牌。

5. 物业管理推行阳光服务

物业公司在坚持"电话叫，人就到"、"有困难，找物业"等一系列深入民心的好的做法的基础上，向在京石油社区3000户居民发放阳光服务卡，郑重承诺"一个满意、两个到位、三个畅通、四个严格要求"的阳光服务，努力解决住户关心、反应强烈的问题，物业管理进一步走向人性化。

6. 幼儿教育开设早教班

在兴趣班、蒙氏教育等形式的基础上，石油机关幼儿园面向0—3岁的社区散居儿童，开办早期教育班。老师们遵循婴幼儿的生理、心理特点开展游戏和锻炼活动，引导家长形成科学的育儿理念，早教工作受到有关专家肯定，幼儿园被授予北京市"学前教育示范基地"。

【生产经营】 在非典疫情蔓延时期，由于北京属疫区，华服总的经营工作蒙受了较大的直接和间接损失。在困难面前，华服总经营单位积极应对：中油宾馆采取严密的防范措施，对青工实施封闭管理，对公共区域严格消毒，确保了西气东输和工程公司近200名长住客人的健康和安全，以诚信服务赢得了客人的好评，宾馆全年营业收入再创新高；科隆公司、中聚公司通过邮寄或长途运输代理以及传真等形式签合同、催货款、提供样品，在疫情趋于稳定、得到控制后，对重点客户主动登门，尽其所能保住市场，保证了全年经营指标的完成。

【企业管理】 2003年是华服总的"管理增效年"，各单位在"严"、"细"管理和薄弱环节上狠下功夫，成效明显。

1. 规章制度不断完善

继前五年的规章制度汇编之后，华服总又对接下来五年（1998年4月—2003年4月）出台的规章制度进行汇总，编印成册，分发到各单位，做到科级以上干部人手一册，帮助职工更好地学习和严格执行华服总的规章制度。华服总各单位还初步建立以职业道德、业务技能、工作成绩和奖惩为主要内容的职工业绩考核档案。

2. “五定”工作平稳运行

根据集团公司统一部署，自2003年7月下旬至9月底，华服总开展“五定”工作，对机关及下属单位的机构设置和处、科级职数实行总量控制。处级干部及下属单位班子成员经过述职、测评和考核等程序，经党委研究同意后重新聘任；对测评与考核不合格者实行解聘，并对所产生的空岗实行竞聘。科级干部实行全员竞聘上岗，所有干部一律易岗易薪。经过测评，10名处、科级干部落聘或被调整岗位，1名副高职称被低聘，1人竞聘到正处级岗位，1人竞聘到副处级岗位，6人竞聘到科级岗位。华服总各级党组织以扎实的思想政治工作引导职工树立与市场经济相适应的分配观念，保证工作的平稳运行。

3. 安全管理常抓不懈

安全工作坚持“谁主管，谁负责”的原则，坚持各单位行政一把手负总责的制度，在重大节日前夕、“两会”期间和安全月活动中，对所属的14个地下空间和多处出租房屋进行4次安全大检查，发现隐患、下达整改通知书并督促整改问题47个，确保全年安全生产无事故。

（王　琼）

中国石油天然气运输公司

【概述】　中国石油天然气运输公司（以下简称运输公司）成立于1953年，是中国石油天然气集团公司直属的专业运输公司。运输公司主营业务为运输、修理和现代物流，兼营业务为基建工程、油田服务和多种经营。

截至2003年底，运输公司共有在职职工3770人，离退休人员1526人，有偿解除劳动合同人员2520人。运输公司机关有13个处室，下属33个生产经营和附属单位，主要围绕新疆三大油田、四大炼厂和石油销售公司服务。运输公司生产点分布在疆内乌鲁木齐、昌吉、克拉玛依、独山子、库车、库尔勒、吐哈等地，并在疆外北京、天津、上海、西安、重庆、武汉、广州等城市设立物流分公司（网点）。运输公司共有各种车辆1703台，固定资产原值4.65亿元，净值3.37亿元。

【主要生产指标】

运输产量：2003年，完成货运量320万吨，完成货物周转量45212万吨·千米。

经营收入：2003年完成各种收入91426万元，与2002年的61783万元相比，提高47.98%。

利润：2003年实现利润1656万元，与2002年的1067万元相比，提高55.2%。

质量：安全间隔里程为456.78万车·千米。

消耗：行车燃料消耗为34.23千克/（百车·千米），轮胎平均行驶里程为79016胎·千米。

成本：单位成本374.2元/（千吨·千米）。

劳动生产率：全员劳动生产率为12万吨·千米。

运输效率：车辆完好率为91.97%，车辆工作率为78.43%。

【经营范围】　运输公司经营范围包括原油、成品油、液化气和各种物资运输，汽车修理、机械加工制造，塑钢门窗、医疗用品和液氮生产，淡化水运行，果蔬仓储保鲜，特种安装服务，井口房制作，舟桥架设，钻具制作维修，钢结构和压力管道安装，加油站经营管理，试油采油作业，机泵维修，油田环保，驾驶培训，路桥建设，工程机械施工，工程设计，房地产开发，节水灌溉，装饰装潢，防腐维修，旅行社业务，计算机信息服务，水电暖系统维修，物业管理及生活后勤服务等。

【企业改革】　2003年，运输公司根据“专业化分工、集中化管理”的原则，对昌吉基地部分经营性资产进行调整，理顺内部关系，优化资源配置。按照“萎缩转型二、三公司”的战略构想，压缩过剩生产能力，分流车辆和人员。组建油田建设开发公司、王家沟综合开发公司、昌吉培训服务公司、昌吉建筑安装公司等6家单位。按照集团公司公司制改革试点的要求，制定重组改制思路和发展现代物流的框架方案，参加集团公司发展现代物流研讨会，参与集团公司发展现代物流实施方案的制订工作。

【企业管理】　2003年，运输公司开展“六清理三算一检查”活动。实施绩效考核与管理，公司正职与副职签订“业绩管理合同”，公司机关也实行目标责任管理，以业绩考核为中心的管理体系建设取得实质性进展。

【运输业】　运输公司坚持“以油田市场为主，以社会市场为辅”的方针，贴近油田抓信息，面向社会找活源。开拓中国石油化工集团公司（简称中石化）钻前施工、井队搬迁、原油运输等市场。申办新疆维吾尔自治区进出口贸易和国际货代经营资格，涉外车辆达到157辆，市场范围辐射到蒙古、巴基斯坦、哈萨克斯坦、塔吉克斯坦、乌兹别克斯坦和吉尔吉斯斯坦等周边国家，承运物资也由成品油、液化气等石油下游产品发展到石油器材（配件）、钻井和地震设备等上游勘探开发领域。

【物流业】　按照“先布点、后建网”的方针，运输公司加快疆内外物流网点建设步伐。疆外物流点已发展到北京、天津、上海、西安、重庆、武汉、广州，疆内物流点已覆盖乌鲁木齐、昌吉、伊犁、库尔勒、阿克苏、喀什、阿拉山口等城市和贸易口岸，市场随着物流网点的延伸而拓展。

【修理业】　修理业在保证内部车辆修理的前提下，大力实施“走出去”战略，以开展特约维修和协议维修为重点，努力开拓社会修理市场。与中石化、民航及疆内部分大型企业达成合作协议，特约维修已增至7家。同时，积极发展配件代销、油品经销和整车销售业务。修理业作为运输公司一个新的经济增长点显示出较好的发展态势。

【其他】　基建工程业重点开拓外部市场。住宅楼和加油站建设、水利、道路施工、节水灌溉、防腐维修、装饰装潢等工程不但锻炼了队伍，而且还扩大了运输公司的经营领域和创收增效途径。多种经营业在提高产品的市场竞争力上下功夫。医疗用品公司合资经营取得重要进展，医用针管产品已打开疆内各大医院市场。钢结构件和压力管道安装当年投产，当年见效。文教卫生和后勤服务单位坚持“一手抓服务、一手抓创收”，靠自身特色开拓外部市场，弥补经费不足。

【精神文明建设】　2003年，运输公司深入开展“形势、目标、责任”主题教育活动，大力加强具有行业特点、运输特色的企业文化建设，促进两个文明健康、协调发展，涌现出集团公司“百面红旗”先进基层单位沙运司工程机械大队和“技术能手”皮开忠等集体和个人。同时，狠抓社会治安综合治理工作，荣获“自治区社会治安综合治理先进单位”称号。

（朱海君　杨继兵）

中国石油天然气集团公司管材研究所

【概述】　中国石油天然气集团公司管材研究所（以下简称管材所）是集团公司的直属研究所，是集团公司和整个石油行业在石油管工程技术领域惟一的技术中心与核心科研机构，现有从业人员300多人，其中编制内职工130人。在编职工中，专业技术人员107人，占正式职工总数的82%，有中国工程院院士1人，国家及部省级有突出贡献专家4人，教授级高工和高级工程师42人，博士（含在读）12人。

截至2003年底，共完成国家和部省级科研项目100多项。其中34项（次）获部、省级以上科技奖励，包括10项获国家级科技奖励，6项成果被美国石油学会采纳修改API标准。完成质量监督项目约3000项，失效分析项目1000余项，揭示并解决一大批石油管工程中的重大技术问题和产品质量问题，大大提高进入油田管材的安全可靠性和使用寿命。

先后完成60余条油气长输管线和20多个城市天然气管网用钢管的驻厂监造，涉及国内厂家19家，国外18家，累计监造钢管300多万吨，总长度约5000多千米。完成20余条在役长输管线的检测与安全评价，在保证安全的前提下降低建设费用和维修费用。

管材所针对以“西气东输”为代表的油气长输管线用钢管开展卓有成效的工作，有效地促进石油管材的国产化进程和国产管材质量的提高，大大降低石油工业的采购成本，取得显著的经济效益和社会效益。

【资质与授权】　具有18项资质与授权。其中集团公司资质四项：集团公司石油管力学和环境行为重点实验室、集团公司石油管道与重大装备劳动安全卫生评价中心、集团公司石油管材及装备失效分析与预防重点研究室和中国石油管材无损检测人员资格考核和发证机构；石油行业资质三项：石油工业专业管材质量监督检验中心、石油工业专用螺纹计量检定站、石油工业标准化技术委员会石油管材专标委；国家资质六项：国家CNACL石油管材检测认可实验室、国家石油管材进出口商品检验实验室、国家安全评价机构资质认可单位、国家焊接钢管产品生产许可证审查部、国家放射工作卫生许可证单位和国家计量认证合格证认可单位；社会资质五项：国际标准化组织 ISO/TC67/SC1 中方技术归口单位、美国石油学会（API）标委会投票成员单位、中国科协失效分析和预防中心石油管材与装备分中心、API 质量认证资询单位和 ISO 9001：2000 质量管理体系认证单位。

【取得的成绩】　2003 年，全所各项工作都创出历史新水平，主营业务收入大幅度增长；研究开发取得具有市场前景和自主知识产权的技术四项，四项成果获省部级科技奖励，五项成果通过集团公司验收，四项成果申报国家专利；技术监督在股份公司电子商务和苏里格气田等重大工程的技术支持方面发挥重要作用，焊管生产许可证的审查范围进一步扩大，无损检测资质培训实现国际互认；驻厂监理在全面完成西气东输监造任务的同时，占有我国 90%以上的监造市场；以秦皇岛实验室为代表的产业化项目取得重要进展等。各项工作已驶入快车道，向着五年规划的发展目标迈出了坚实的一步。

【管理增效年】　在 2002 年“管理年”的基础上，积极落实集团公司的要求，进行精细管理、科学管理和严格管理，进一步强化管理工作，夯实快速发展的基础。

（1）对机关处室进行调整。成立市场发展处，加大开发市场、研究市场和培育市场力度；将原科技管理处职能与经营管理处内部管理职能整合，成立科技运行处，加强和理顺内部的运行管理。

（2）率先在机关实行岗位责任制，进一步规范机关各部门的职能和各岗位职责。从建章立制入手，制定和补充修订十余项管理制度，健全文件化的管理体系。

（3）调整完善后的各专业委员会对重大事务起到参谋、决策作用。安全管理委员会在安全生产管理方面发挥重要作用，实现 2003 年安全生产零事故；科技委员会在科研立项、项目评审等方面发挥重要作用；预算委员会在重大项目投资方面发挥科学决策作用。

（4）进一步加强“绩效考评”和人员评价工作。

（5）加强以财务预算为核心的财务管理，按月召开财务工作分析例会，定期对财务经营状况进行分析，发挥监督保障作用。

（6）扩大对外营销与市场宣传，建立与油田、钢管生产厂等客户的联系网络，提升在全行业的知名度；开展顾客满意度调查工作，为下步合作和开拓市场奠定基础。

（7）加强科技管理，发挥科技管理在科研立项、检查、验收、成果申报以及大型会议的筹备中的组织协调与管理作用；完善科研项目管理办法，启动课题制。

（8）加强质量体系管理。完成 ISO 9000：2000 质量管理体系的换版工作，并顺利通过内部和外部审核。

（9）加强设备管理，建立设备管理制度、网络和体系，基本解决设备管理中存在的问题。

（10）加强对投资企业的监管，初步实现投资企业的公司化运作；开展主辅分离、辅业改制分流的方案制订等一系列工作。

【素质培训年】　为全面提高职工的综合素质，把 2003 年作为“素质教育培训年”，以更新知识、提高岗位技能和资质为目标，加大对全所职工的教育培训力度，为实现五年发展规划目标奠定基础。

继续发挥集团公司无损检测人员资格考核和发证机构及螺纹检测技术优势，加强对各油田、各钢管厂质量检验人员的技术培训工作。2003 年举办六期无损检测和螺纹检测技术培训班，共培训学员 224 人。

【人才引进】　为保证业务发展对人员的需求，对人才引进制度进行改革，加大公开招聘人员的力度，同时实行人事代理制度，解决编制限制和人员需求之间的矛盾。2003 年各类形式的招聘达 10 余次。

【设立博士后科研工作站】　着眼于企业的长远发展，积极申请设立企业博士后科研工作站，于 2003 年 12 月获国家人事部批准。

【技术创新】　按照科技发展规划的要求和全所实际情况，初步制定技术创新体系和 3—5 年科研规划，明确研发工作今后的发展方向和目标。同时，加强与油田结合，开拓油田的科研和技术服务市场。

（1）2003 年，承担国家和集团公司纵向科研项目 24 项，国际合作项目 2 项，开展系统工程项目 6 项，承担油田和其他企业重大科研项目 8 项，共计各类研发项目 40 余项。其中，国家 973、经贸委和自然科学基金项目 5 项，集团公司应用基础、技术开发、软科学和中青年创新基金 19 项。所有项目进展顺利，重点科研项目取得一系列阶段成果。

（2）加强对科研项目的立项工作。要求科研项目立项必须具有产业化前景和广阔市场，必须与集团公司重大工程和油田实际相结合。由于立项方向正确，在集团公司新立科研项目 9 项，是历史上最多的一年。

（3）取得一系列科研成果。五项成果通过集团公司验收，四项成果申报国家专利，四项成果获省部级以上科技奖励，六项西气东输科研成果获科技发展部奖励，两项成果推荐申报国家科技进步奖，两项成果获国家专利授权，形成管道修复补强、管件开发、套管脉冲阴极保护、高温高压气井管柱设计等专有技术六项。

【成果转化】　科研对产业化的支持力度加大。与国内管件公司合作的大口径三通开发取得成功，实现该产品的国产化，在满足西气东输工程建设需求的同时，为所里产业化做出贡献。玻璃钢补强修复技术继靖西线应用之后，在新疆油气储运公司进一步推广应用。

【失效分析】　进一步加强和规范这项工作。组织召开失效分析工作专题会议，稳定技术力量，加强组织协调，失效分析质量和进度得到明显的改善。2003年完成失效分析项目51项。为管材的质量提高和合理使用提供良好的技术支持和服务。

【重点实验室】　召开重点实验室工作会议，对重点实验室的发展战略进行研讨，进一步明确和各分实验室的合作关系，为树立石油管力学和环境行为重点实验室的品牌奠定基础。结合中俄管线建设和罗家寨气田开发等重大工程，新立应用基础研究项目3项，项目进展顺利。

【技术监督】　组织召开以“品牌、资质、服务”为主题的技术监督工作会议，对技术监督工作的发展战略进行研讨，统一思想，明确工作方向，确定“稳定基础、转变观念、实现创新、寻求突破”的指导方针，强调优质服务。

（1）充分发挥职能，紧紧围绕集团公司油气勘探开发、油气管道建设等重大工程，积极开展质量监督检验与技术服务工作，为集团公司重大工程提供有力的技术支持。2003年累积完成质检项目375项，发出质检报告355份，商检报告64份，对38家企业的43种产品进行质量年度抽检，完成上级下达的各项任务，保证集团公司用石油管的质量。

（2）配合电子商务开展上网企业产品的质量监督工作，制定质量保证制度。

（3）焊管生产许可证审查范围进一步扩大，审核工作全面展开。完成《螺旋缝焊接钢管生产许可证换（发）证实施细则》的制定和修订，召开实施细则宣传贯彻会。完成31家生产企业的型式试验和11家企业的现场审核。

（4）螺纹量规计量站在石油工业的地位进一步得到巩固和提升。完成计量建标考核文件和不确定度实验报告，通过两项集团公司计量标准器和计量校准实验室评审考核，同时技术服务工作也取得突破，共校准量规2500多套（件），单项仪1047件，TM特殊螺纹技术服务、西气东输黄河穿越现场钻具检验等项目也取得良好的成绩。

（5）坚持既监督又服务的模式，积极满足用户多层次需求，横向服务市场取得突破，技术监督技术服务收入有所突破。

【标准化工作】　进行战略调整，提出石油管材标准化战略，完善石油管材标准体系，初步建立TGRC标准体系；组织完成6项标准的制修订工作，出色完成专标委和ISO/API归口管理工作。

【产业化发展】　2003年，共签订技术服务合同144项，实现经营收入的快速增长，产业化工作取得显著成绩。

（1）为落实“产业为标”的宗旨，召开以“研究市场、培育市场、开拓市场”为主题的市场工作会议，对未来几年的市场工作进行全面规划和部署，特别是对研究市场、培育市场、开拓市场进行具体安排。

（2）提出对近几年产业化发展具有举足轻重地位的七大产业化项目，公开招聘项目长，签订责任状，按照项目管理的方式规范运作，大部分项目进展顺利，在队伍建设、市场开拓等方面取得重要进展。秦皇岛实验室项目、西部油田分所建设等工作进展顺利；螺纹脂项目螺纹脂生产和销售收入创历史最好水平；环焊缝检测项目完成靖西环焊缝等三个检测项目；油井管驻厂监造项目完成新疆油田5万多吨的套管驻厂监造外，又新签订了克拉—2气田用套管等3个项目的监造合同；管道检测与安全评价项目争取陕京管线等6个项目的检测与安全评价任务；以中海油春晓项目为代表的防腐监造取得突破性进展，共开展了八条管线的监造。

（3）输送管驻厂监造业务得到进一步发展。2003年共完成西气东输、甬沪宁、陕京二线、渤南、忠武线、江苏天然气公司管线等33条重要管线的监造工作，累计完成26个生产厂的98万吨钢管、2000只弯管、3000件管件的驻厂质量监督，新签合同34份。

【油井管工程】

（1）为落实“油田为根”的企业宗旨，所领导带队深入油田调研，密切与油田的关系。目前已与长庆、塔里木、新疆、四川、辽河、中原等多个油田建立长期稳定的合作关系。

（2）围绕重大工程，深入油田做好服务。为苏里格气田开发、集团公司套管钻井试验、克拉—2气田开发、罗家寨气田开发等重大工程提供技术服务，提升管材所在油田的影响力。

（3）召开以“用户、合作、发展”为主题的“油井管工程发展战略高级研讨会”，形成建立油井管科研、标准化、质量技术监督体系以及油井管工程协会等一系列战略性决议和成果，增进油井管研究、使用和生产单位间的了解与合作，为油井管工程的发展奠定坚实的基础。

（4）成立油井管柱设计验证评价中心。业务范围包括油井管柱设计验证评价、油井管及其附件产品的开发、油井管工程及相关产品的标准化工作、油井管工程技术服务及对外合作。集中管材所油井管工程技术领域的力量及各大油田的技术专家、各石油院校的知名教授作为专家开展工作。

（5）为保证油田所用钢管的质量，对油井管实行驻厂监造得到油田的认可和欢迎。在完成新疆油田5万多吨的套管驻厂监造后，又承担克拉—2气田用套管等三个项目的监造工作。

【西气东输】　2003年，是西气东输管道驻厂监造最后攻坚阶段，管材所党委将西气东输工作作为一项政治任务来抓，全所一盘棋，齐心协力支持西气东输工作，为西气东输提供全方位技术支持和服务。2003年10月1日东段顺利进气，11月20日西段焊接完成，标志着管材所为西气东输工程承担的技术支持和服务结出硕果，高质量、高水平地完成任务，为西气东输工程做出应有的贡献。驻厂监理部先后两次被西气东输管道公司评为“QHSE先进单位”，驻宝鸡钢管厂监造组被评为“优秀监造组”，作为主要参加单位的“西气东输X70钢管研制与应用课题组”被国家西气东输工程建设领导小组和集团公司授予“国家西气东输管道工程先进集体”荣誉称号。

（1）从组织上对西气东输工作给予保证。加强西气东输工作领导小组的工作力度，经常性召开专门会议，及时协调和解决问题。

（2）及时提供技术咨询及服务，包括西气东输用板卷断口分析、管道现场环焊缝开裂原因分析、站场用管制管质量问题分析与处理等。共完成西气东输钢管商检任务17批次，检验黄河穿越钻具400余件，及时发现存在的产品质量问题，避免安全生产隐患。

（3）驻厂监造人员严格执行制管标准和监造质量计划，顺利通过各级检查团数十次的检查。2003年共投入人员110余人，完成国内外20个工厂166万吨钢管的监造任务，实现“出厂钢管100%受控，试压一次通过”的质量目标，保质保量完成西气东输工程的监造任务。

【对外合作】

（1）加强与油田和用户的合作。管材所领导带队先后走访新疆、塔里木、辽河、长庆等油田，与油田合作力度加大；与江苏、浙江、徐州等天然气公司建立密切合作关系。

（2）加强与院校和科研机构的合作。管材所领导带队先后对西安交通大学、西安石油学院、石油大学、西南石油学院、沈阳金属所就技术合作、人才交流等方面进行探讨，达成合作协议。

（3）加强与生产厂的合作。与天津钢管公司、宝钢、西姆莱斯等油井管生产厂签订战略合作或长期服务协议。

（4）国际合作取得突破性进展。与PII进行两次技术交流和合作谈判，达成合作意向；与POSCO合作开发X80管线钢项目，并完成第一批试制产品的性能测试；与日本第一高周波合作协议正在洽谈中。

（武子麒）

中国石油审计服务中心

【概述】　中国石油审计服务中心（以下简称审计中心）是中国石油天然气集团公司直属事业单位，始建于1990年，主要承担集团公司下达的内部审计任务，承接股份公司委托的部分审计项目，并为石油系统审计人员的业务培训提供服务。

审计中心2003年在册职工145人，其中高级职称人员12人，中级职称人员78人，初级职称人员33人，办公及培训用房1.1万平方米。办公、培训食宿等基础设施比较齐全，居住、生活环境恬静幽雅。按照“小机构，大服务”的原则，中心设置处级机构10个，其中职能管理部门3个：党政办公室、人事劳资处、计划财务处；业务部门7个：审计一处、审计二处、审计三处、审计四处、审计五处、基本建设审计处、审计业务综合处；另有经营性实体（廊坊市龙翔商贸实业公司）1个。

【审计工作】　审计中心是集团公司的专职内审部门。随着集团公司改革的进一步深化，现代企业制度的逐步建立和完善，以及全面推进具有国际竞争力的跨国企业集团建设的发展进程，内部审计的职责和作用更加明确，任务更加繁重。企业内部审计成为企业内部一个重要的管理部门，其主要任务是贯彻执行国家的财经法规，对企业执行财经法规和企业内部规章制度的情况进行检查监督，确保集团公司经济运行的安全和质量，为企业的改革发展和提高经济效益服务。审计中心认真落实集团公司2003年工作会议的部署和审计部《2003年审计工作要点》，继续坚持以改革为动力，以提高人员素质为基础，以提高审计质量为重点，克服“非典”造成的影响，较好地完成各项审计任务，使审计工作又上一个新台阶。2003年，共完成各项审计任务92项比2002年的88项多4项，完成16114个定额工作日，与2002年的13991个工作日相比增加2123个，人均审计工作日244天，比2002年的200天多44天；共查出12个方面180个问题，审出违纪违规问题金额45.91亿元，已纠正处理违纪违规问题金额28.67亿元；取得直接经济成果9.14亿元。审计人员人均取得直接经济成果1385万元，比2002年的352万元多1033万元，是2002年的3.93倍。在完成的审计项目中被集团公司评为2003年度优秀审计项目9个，其中一等奖3个、二等奖1个、三等奖5个。

【改革与管理工作】

（1）继续实行和完善审计工作目标责任制，实行任务包干。以处室为单位，把全年的审计任务分解到处室落实到人，审计任务、审计质量完成的情况与奖惩挂钩。审计中心领导分别与各审计处签订目标责任制书，由于任务明确，责任清晰，对提高审计工作的效率和质量起到比较好的积极作用。

（2）进一步完善分配制度，形成卓有成效的奖励激励机制，即继续坚持奖金分配向审计处室倾斜，向责任大、完成任务多的人员倾斜。一线人员的人均奖金高于机关处室人均奖金30%；实行超产有奖制度，超出定额工作量的收入按10%计提奖金；为了提高审计覆盖面，这样将有效地促进审计工作的效益和效率的提高，使审计人员在做出贡献的同时也得到实惠，在调动审计人员积极性方面发挥重要作用。

（3）开展“审计质量年”活动。建立一套规范的审计质量管理体系，提高审计中心的信誉，确保审计项目合格率100%、审计报告合格率100%、无重大漏审事项、审计工作实现规范化。

（4）实行漏审责任追究制。认真执行审计部关于《漏审责任追究指导意见》，使每一个审计人员都认识到提高审计质量，降低审计风险，杜绝审计中出现的重大漏审是审计人员的神圣责任，从而提高审计人员的风险意识和责任意识，工作中自觉从严从细，防止漏审问题发生。

（5）实行吸引人才、留住人才的鼓励政策。制定《技术职务补贴的有关规定》，凡是通过考评取得规定的专业技术职称且被中心聘用的，给予一定补贴。这项措施对吸引人才、留住人才、鼓励自学成才，发挥比较好的作用。

（6）进一步巩固和发展干部人事制度改革。结合审计中心的实际情况，继续抓“按需设岗、竞聘上岗、双向选择”工作，为建立能上能下、能进能出的用人机制，形成人才脱颖而出的用人环境，又向前迈进一步。

【培训工作】　审计中心在完成集团公司下达的审计任务的同时，按照年初制定的计划，继续狠抓业务人员的培训工作。2003年，在有关部门的精心组织和努力下，共举办培训班7期，培训学员424名。

（沈忠良）

北京石油管理干部学院

【概述】　北京石油管理干部学院是集团公司的高级培训中心和党校，成立于1984年，固定资产原值1.7亿元。

2003年，在学院班子的领导下，学院积极应对“非典”疫情等带来的困难和不利影响，迎难而上，以创新发展为主题，以服务为根本，以质量为生命，苦练内功，创出一流干部培训水平；高起点、高标准、高水平、严要求，充分发挥集团公司高级培训中心的作用，为提升集团公司人才竞争力做出积极贡献。

【战略管理】　集团公司党组成员、副总经理郑虎同志反复强调“管理干部学院一定要明确办学的指导思想，就是要以创新和发展为主题，以服务为根本，以培训为主线，以质量为生命，发挥优势，苦练内功，创一流干部培训水平”；提出“要把学院建成立足石油，面向社会，集培训、科研、咨询为一体，具有较高声誉、较强市场开发能力和自我发展能力。即国内一流、国际先进、特色鲜明、功能齐备的集团公司高级培训中心”。

按照集团公司统一部署，紧紧围绕集团公司建设具有国际竞争力的跨国企业集团，努力实现“两个转变”的发展目标，结合学院自身定位，认真开展“形势、目标、责任”主题教育活动，引导广大职工认真分析形势，确立目标，明晰责任。并在此基础上不断深化，学院领导亲自上手，专门组织科研骨干，研究制订“学院2003—2010年建设与发展战略方案”。方案中明确提出学院要“做杰出的培训服务提供者”，以“传播CNPC文化，促进CNPC发展”为学院的崇高使命，并提出“我们与学院共同提升”的核心价值观；全院上下力争用七年左右的时间，全力建设国内一流、国际先进、特色鲜明、功能齐备的集人才开发与政策研究于一体的高级培训中心。

战略方案在全院科级以上干部中作了宣讲，并开展了大讨论，为学院继续更好地服务于集团公司“人才强企”战略奠定良好的思想基础。

【培训与教学】　学院始终把创造一流的培训教学水平视为学院的生命线，围绕学院的战略方案，完善培训制度和教学方案设计，实施流程再造，加强过程控制管理，打造精品培训项目。2003年，在因“非典”中断四个月黄金培训时段的不利条件下，学院共举办各类培训班81个，培训8894标准人次，全面出色地完成集团公司下达的培训任务。

培训部门以项目开发为龙头，加大外部市场的开拓力度，计划外培训项目比例不断提高；全面推行培训管理和服务规范的不断创新，修订或建立培训、教学、学员管理及外聘师资管理的规范范本等一整套培训制度体系，本院教师教学量大幅上升；加大对培训过程的监控和测评，并根据测评情况，及时调整和改进，促进培训质量的提高。

教学部门完成40多个培训班的教学设计与管理工作，加强进行教学内容与教学方法的研究，互动式教学、案例教学方式不断趋于成熟，创造一批以国资委党校班、集团公司党校班、组织人事处长培训班、计划处长培训班为代表的精品项目，得到主办单位和送培单位的好评，取得良好的社会效益。

【党校工作】　集团公司党校举办两期局处级党员领导干部进修班，共培训192名局处领导干部，还承办一期中央党校国资委分校培训班，培训学员230人。党校领导亲自组织培训部的同志制定教学计划；严密组织、严格管理教学活动；周到热情地为学员服务，做到“热心、诚心、虚心、耐心”，为学员营造出愉快和谐的学习氛围。党校函授分院完成1733名学员的教学及考试组织工作以及133名学员的毕业组织工作。

【人事劳资】　积极推进各项制度创新和改革，推动整体健康发展。学院制定“教师工作量考核办法”、“教师岗位聘任实施办法”，将教师的工作量和教学质量与其经济利益挂钩，充分调动广大教师的积极性；学院抓住集团公司工资制度改革的有利时机，稳步推进人事制度改革。组织人事部牵头，开展“五定”、岗位竞聘等工作，并以“易岗易薪、分步实施”的原则，反复研究并拟定“基本工资制度改革实施方案”，基本工资改革迈出实质性的第一步，对进一步发挥职工工作积极性和能动性起到积极作用。

【财务管理】　财务部门先后制定《财务管理实施细则》、《资金管理实施细则》等规章制度，使财务管理工作更有成效；积极研究开源节流的办法，对学院采购进行集中管理和招标管理，有效地降低了采购成本。财务政策继续向教学科研倾斜，为主营业务办实事。

【科学研究】　共承担集团公司级课题三项（含结转课题）、股份公司课题一项、横向课题三项；年内有三项科研课题完成研究工作。其中，《青海石油管理层企业文化建设研究》、《塔里木石油勘探开发指挥部发展战略与策略研究》进展顺利，获得用户的较好认可；《完善和改进股份公司科技运行机制研究》，受到股份公司有关部门和专家的高度评价，形成的关于项目管理、对外合作规范和科技人才激励及科技成果应用与共享方面的配套管理办法已提交股份公司管理层审批。编辑部在完成资源整合的基础上，经过全体编辑人员的努力，完成《石油管理干部学院学报》、《中国石油财会》两份杂志的编辑出版工作；同时，还根据集团公司有关方面的要求，顺利地完成《石油教育》杂志的交接。

【服务支撑】　按照“三高一严”的要求，2003年狠抓工作程序化、管理规范化、服务标准化，学院整体运作更为高效有序。

后勤部门以为学员提供满意服务为己任，在培训量大，时间紧，任务重的情况下，团结协作，为培训工作提供良好的后勤保障。

物业部门发扬连续作战的精神，确保学一楼工程按期、保质交付使用；学院基础设施不断完善，校园环境不断优化；水、电、气等保障有力。

信息服务部门发挥技术优势，及时完成新建学一楼的信息化配套服务工程，学院的网页服务功能不断增强；更新多媒体教学设备，提高电化教学水平；图书馆为学员提供送书上门服务，受到学员欢迎；学院信息化水平有新的提高。

（郑明珠）

石油工业出版社

【概述】 2003年，石油工业出版社（以下简称出版社）全年重点抓了选题优化、营销回款、管理增效等基础性工作。在全社职工的共同努力下，克服“非典”造成的不利影响，全面完成2003年的各项任务。全年共出版各类图书和标准818种，其中新版图书447种、重印图书132种、新版标准174种、重印标准81种。出版品种总量同比增长11.4%；总印数292.2万册，同比增长16.6%；出版总码洋7260万元，同比增长11.5%；实现图书销售总收入2286万元，同比增长12.4%。有多种图书获奖，其中《石油测井新技术适用性典型图集》、《板块构造演化与含油气盆地形成和评价》分别获得第十一届全国优秀科技图书二等奖和三等奖，《石油的色彩》获得第五届全国优秀科普作品提名奖，《石油的色彩》和《国外油气勘探新进展丛书》获得全国2002年度引进版科技类优秀图书奖。《油气成藏机理研究系列丛书》等36种图书评为2003年度社级优秀图书。

截至2003年底，出版社拥有固定资产原值1.1亿元，固定资产净值0.78亿元，职工总数为244人。

【图书出版】 围绕把出版社做强做大的奋斗目标，2003年重点加强图书选题的优化和深度开发，一抓“开门办社”、深入调研，二抓选题管理组织和程序落实，三抓出版规划，四抓选题论证方法的改进，初步见到成效。全年出版新书447种，品种量同比增长10.3%。

全年共出版石油类图书288种，占新书品种的64.4%，其中油气勘探类111种，石油开发开采类70种，石油机械和炼油化工类11种，大中专及培训教材8种，石油经济和石油文化综合类88种，实现出版码洋3269万元。根据《石油科技图书三年发展规划》制定了2003年石油重点图书出版计划64种，实际完成66种。出版《中国深盆气田》、《油气科技展望丛书》、《油气藏机理研究系列丛书》、《中国油藏开发模式丛书·总论（英文版）》、《国外油气勘探开发新进展丛书》（二）、普通高等教育“九五”国家重点教材4种等一批重点书、精品书。同时完成标准、《年鉴》（2003卷）和《中国油气》、《中国石油勘探》杂志的出版任务。

全年共出版社会类图书159种，占新书品种的35.6%，其中英语类50种，计算机类8种，社科经营类101种，实现出版码洋3433万元。其中，MBA规范教材系列、英语词汇掌中宝系列、雅思系列、电脑小百科系列、神笔系列等在市场上引起较好反响。

【生产经营】 突出工作重点，充分挖掘内部潜力，千方百计克服“非典”造成的困难，超额完成全年经营目标任务。

图书发行、营销集中时间、集中力量打好营销和回款两个硬仗。按照“充分挖掘发行站潜力，努力扩大单书品种销售数量，加大直销工作力度”的思路抓好石油图书营销，使全年石油图书销售收入同比增长20%。以“抓客户维护、抓销售跟踪、抓图书回款”为工作重点，全力推进社会图书销售；参加北京、南京、上海、重庆等地举办的7个图书订货会，并积极探索社会书营销方式；先后组织《笑对非典》、《黄宏的非常日记》首发式和签名售书以及《80天攻克雅思》系列宣传活动，使社会图书全年销售收入同比增长17%。

印务生产实现销售收入1649.2万元，同比增长1.3%；完成加工产值801万元；实现内部利润同比增长9.5%。展览、广告、对外服务营业收入增长明显，全年实现营业收入共1269万元。其中展览工作收入586万元，对外服务收入420万元，广告收入263万元。后勤服务坚持服务与经营相结合，增收节支实现节余。加强版权贸易工作，全年引进版权17

种，输出版权 10 种，收入 11 万元。全社增收节支创新成绩，实现内部创收 740 万元，同比增长 4.8%，使经费自给率进一步提高。

【企业管理】　以集团公司深入开展“管理增效年”活动为契机，针对管理中的薄弱环节，建章立制，强化管理基础工作，使出版社的管理水平在原有的基础上有了新的提高。

在图书出版上，引入项目管理机制，制定新的图书运行单制度；建立图书选题和出版运行档案制度，强化图书运行程序管理；加强图书质量管理，进一步完善图书“三审、三校、一读”制度，并强化图书编校质量定期抽检制度，加大对图书质量监督检查的力度。

在图书发行上，对书库进行全面清理整顿，共搬迁清理图书 2118 种、213.98 万册，码洋 5679 万元，初步解决书库管理较混乱的问题；实行发行费用收支两条线制度，对加强发行费用管理、缓和编发矛盾、促进编发联动起到积极作用；开展大规模地清理整顿社会图书销售网络工作，进一步加强对网点的管理，挖掘各销售网点的销售潜力。

在经营管理上，充实调整出版社经营管理委员会和资金预算委员会，加强决策的民主化和科学化；强化资金管理，先后制定并实行《石油工业出版社资金管理办法》、《石油工业出版社会议费管理制度》、《石油工业出版社库存滞销图书报废管理办法》等；制定固定资产购置招投标管理办法，实行集中招标采购；开展固定资产清理盘点工作，共核实固定资产 1116 件。加强固定资产管理的基础工作和对重点项目的成本分析。

【党建与企业文化建设】　2003 年，认真贯彻落实集团公司党组、直属党委的工作部署，紧密围绕出版社改革发展实际，深入学习“三个代表”重要思想，贯彻十六大精神，加强党建、思想政治工作和企业文化建设，团结凝聚全社职工队伍，为各项工作任务的完成提供政治保证和精神动力。一是制定《加强领导班子建设“约法三章”》，建立《领导班子及其成员党风廉政责任制》，进一步加强社党政领导班子建设。二是在处以上干部和全体党员中深入学习“三个代表”重要思想理论，开展党员先进性教育活动，并制定《党支部委员会基本工作规范》，全面加强出版社党的建设。三是建立有五项内容的出版社企业文化建设体系，以抗击“非典”斗争为契机推动企业文化建设，使出版社凝聚力明显增强。四是在集团公司部署开展的“形势、目标、责任”主题教育中，结合实际，深入开展“我为出版社发展献一策”活动，全社处、科级干部和党员、骨干带头献计献策，提交征文 115 篇，调动职工积极性，促进深化改革。2003 年，还召开出版社首届职代会，加强民主管理；积极参与社区精神文明建设，荣获北京市朝阳区“计划生育先进单位”，以及安贞地区“综合治理、交通、安全、节水先进单位”等称号。

（柴燕军）

中国石油报社

【概述】　中国石油报社（以下简称报社）是中国石油天然气集团公司直属单位，是以编辑出版《中国石油报》为主，同时编辑出版《现代司机报》、《石油商报》、《塔里木石油报》三张报纸以及《中国石油画报》、《石油政工研究》、《新闻之友》、《地火》四个期刊，并主办一个新闻网站。

《中国石油报》是集团公司党组机关报，以宣传贯彻集团公司党组的决策和部署为己任，以报道石油勘探开发、炼油化工、石油天然气输送、油品销售为主要内容，以百万石油职工为宣传对象和主要读者群，并面向国内外公开发行。

2003 年，报社以“三个代表”重要思想为指导，适应集团公司及自身改革与发展需要，报纸进行了全面改扩版工作，由原来的周七刊对开四版改扩版为周五刊对开八版全彩色印刷，步入了厚报和彩报的新阶段。

在全年工作中，面对集团公司跨国经营和全国新闻改革新的机遇和挑战，报社开展了“跨国经营我们怎么办”、“新闻改革我们怎么办”的大讨论，开展了“三贴近”调研活动，开展了合理化建议活动，找出了影响报社改革发展的主要问题，进一步明确了报社改革发展的方向，确定了集中精力办好《中国石油报》的目标措施，确定了两个效益一起抓的发展战略。在报社党委领导和全社职工的努力下，主报和其他报刊工作，报业经营，改革与管理，党建和队伍建设均取得了新的进步。

【主报工作】　《中国石油报》坚持正确的办报方针，在做好全年常规新闻宣传工作的同时，紧紧围绕集团公司中心工作和重点工作，认真组织了一系列战役性报道，取得了显著的宣传效果。组织了宣传贯彻集团公司2003年工作会议精神，兴起学习贯彻“三个代表”重要思想新高潮，中外油气合作战略，石油职工抗击“非典”，纪念铁人诞辰80周年，“形势、目标、责任”主题教育活动，“管理增效年”活动，集团公司组建五周年成就展，西气东输工程建设，集团公司企业文化建设等十大战役性报道。这些报道经过精心策划，集中精兵和版面，多侧面全方位报道，形成了强大的宣传声势和效果。

改扩版初期，因思想和节奏不太适应等原因，报纸一度出现“散、平、浮”问题，报社组织职工认真查找原因，采取有力措施，进行了全面整改。通过加强新闻策划、科学选题，突出报道重点，解决“散”的问题；树立创新意识，鼓励和要求记者采写鲜活和有深度的报道，限制刊用缺少新意的报道，解决“平”的问题；要求记者2/3时间深入基层和实际，开展“新闻直通车”活动，按专业版块划分采访区域，解决“浮”的问题。经过不懈地努力，解决了存在的问题，实现了报纸质量和报纸规模的同步提升。

为集中精力办好《中国石油报》，报纸进行了全面改扩版，调配业务骨干回归主报，强化编委会的集体策划功能，协调子报子刊网站支持主报工作，加强北京编采力量，聘请专家学者作特约撰稿人，定期组织高层论坛，组建海外新闻宣传队伍，使主报工作得到全面加强。在印刷发行手段上，从国外引进了八色胶印轮转机，在北京建立了印刷分厂，继大庆、乌鲁木齐设置代印点之后，新设置了盘绵代印点，进一步提高了印报和发行的质量和时效。同时，加快编采自动化建设步伐，加大资金投入和培训力度，较好地实现了“无距化”、“无纸化”、“集约化”办报，这一成果在全国70多家行业报中居领先地位。

子报子刊网站和协会工作都各具特色，成绩明显。《现代司机报》自创刊伊始就按市场化运作，明确了以新闻文化促进油品销售的功能，发展势头良好。《石油商报》进一步突出商贸和科技信息特色，产生了广泛的影响，《塔里木石油报》坚持正确的舆论导向，很好地宣传了塔里木油田的改革发展和参战队伍的风采。《中国石油画报》实现了从双月刊到月刊的跨跃，影响力进一步扩大。《石油政工研究》的内容和形式全面改进，得到专家和广大读者的一致好评。《新闻之友》严谨务实办刊，深受新闻宣传人员欢迎。《地火》不断推出新人新作，受到普遍关注。中油网深入探索发展途径，成果显著。石油记协和石油作协秘书处的工作积极主动，卓有成效。

【经营工作】　报社在坚持社会效益第一的前提下，把经济效益摆在了重要位置，实行双轮驱动，两个效益一起抓，积极调整经营策略，在巩固石油内部广告市场的同时，大力开拓涉油社会广告市场。在经营管理上，设置经营管理部，实行新闻和经营业务等“两分开”，进一步落实广告经营“五统一”管理和“收支两条线”运作。对经营单位负责人实行风险抵押责任制，调动了经营单位和经营人员的积极性，实现了全年预期的经营目标。广告收入比2002年增加了320万元，净收入达到1100万元；报纸发行达到了党组提出的发行到科室、班组、加油站的要求，发行收入比2002年增加76万元，达到1300万元；印刷生产实现收入1260万元，比计划减亏23.9万元。报社经费自给率超额完成了集团公司下达的指标。

【改革工作】　针对影响报社发展的体制性障碍和结构性矛盾，按照集团公司整体改革部署，报社推进了六项改革。一是新闻和经营业务，管理者与经营者“两分开”改革，使其各司其责又良性互动。二是奖金分配制度改革，按系统和业绩考核兑现，解决了全社吃一个“大锅饭”弊端。三是工资制度改革及其配套改革，实现了职工从身份管理到岗位管理的重要转变。四是进行了劳动用工制度改革，启动了市场化、社会化用工新机制。五是进行了生活补贴货币化和物业有偿服务的改革。六是完成了主业和辅业分离的工作。这些改革都取得了明显的成效。

【管理工作】　报社从管理工作实际出发，具体抓了七项基础管理工作。一是在报纸方面完善了编务工作流程，编发了《记者工作手册》，形成了工作规范。二是经营单位实行经营承包责任制和过程管理，避免了经营责任的不确定性。三是社属单位实行不同形式的成本管理，使成本居高的势头得到有效控制。四是对贵重物资设备实行招标采购，降低了采购成本。五是完善会计基础工作，为全面实行新的会计制度做好了准备。六是完善各类档案管理，提高了行政工作效率。七是清理固定资产，提高了资产的使用效率。通过一年的工作，报社总体管理成本实现了降低10%的目标。

【党群工作】　报社进一步修订完善了党委议事规则，明确凡人、财、物等重要事项必须经党委集体决策的规定，保证了决策的权威性、科学性、民主性。调整党支部设置并进行了换届选举，使基层党组织得到进一步加强。逐级签订党风廉政责任书，积极开展效能监察，认真查处违纪案件，促进了党风和廉政建设。完善职代会制度，坚持职代会审议年度工作报告和重大事项，民主评议领导干部，推进了民主管理。工会认真履行职责，维护职工权益，引导职工参政议政，组织劳动竞赛，开展文体活动，职工队伍始终表现出健康向上的精神面貌，报社连续保持了“模范职工之家”的光荣称号。在“非典”突发期间，身处北京和涿州两个重点疫区的报社职工，为保证报纸稿件采写、编排、印刷、发行的正常运转和全体职工的健康安全，打破常规，严密组织，日夜奋战，创造性的工作，取得了防非和工作的双胜利，受到上级领导和地方政府的表彰。

（张文业）

浙江石油勘探处

【概述】 浙江石油勘探处（以下简称浙江处）主要经营业务是大地电磁测深、工程勘察和旅游疗养，辅助业务是机械加工、汽车修理及生活服务。下属主辅业单位共 8 个，处机关设 7 个部室。截至2003年底，全处有在册职工 208 人，其中在职职工125 人，退养职工 83 人，离退休职工 731 人，本处拥有固定资产原值 4956.47 万元，净值 3576.02 万元。

【生产经营】 2003 年，实现主营业务收入 1612 万元，同比增长 6.83%，营业外收入 185 万元，同比增长 4.64%；其他业务利润 210 万元，同比增长 43.84%；税费 98 万元，成本和费用支出 2190 万元；集团公司三项费用补贴后，节余 3 万元，年初确定的控亏目标得以实现。经营业务有：MT 勘探、工程及水文勘察、车辆保养维修、润滑油销售、机械加工、旅游疗养、房屋出租等。

【地球物理勘探】 浙江处 713 电法队现有职工 9 人，临时工 15 人，拥有 V5－2000 大地电测测深仪两套。2003 年完成三个项目，即胜利油田的郯庐断裂带电法（MT，CEMP）项目，大港油田勘探事业部部署在广西桂中的 175 个点的电法勘探，以及国家地震局地质研究所部署在大别山区的 160 个点的电法勘探。其中，胜利油田的项目经甲方验收为优质工程；广西的项目取得了本工区有史以来最好的资料质量。

【信息工作】 根据集团公司全面推进信息化建设的要求，为办公室、计划、财务、资产、人事等部门新购或更新了计算机，接通了电子邮件、电子公文传输、电子信息传输系统，与集团公司有关部门进行了联网，提高了效率，同时也改善了办公条件。

【改革与管理】 按照集团公司的统一部署，开展了三项改革工作：一是编制了浙江处主辅分离、辅业改制分流总体方案和试点单位改制初步方案。总体方案和试点方案集团公司均已批准。

二是住房制度改革。为职工建立住房档案，为无房职工、住房面积不达标职工发放一次性住房补贴 4768 万元，专项存储 589 万元。

三是完成了基本工资制度改革。初步建立了适应市场经济新形势、引入劳动力市场价位的新的基本工资制度。

管理工作赋予了新内容：（1）采取各种措施确保 2003 年经营目标的实现，如优惠提供生产资金，鼓励经营单位做大做强。在这条政策的推动下，我处的东风技术服务站当年实现经营收入 695 万元，比 2002 年增长 58%。（2）不断完善和强化模拟租赁经营、资产承包经营、定额补贴包干等责任制形式，调动经营者和广大职工的生产积极性。（3）重视并全力帮助经营单位办理各种证照，进行资质认证，使每个单位都能争取拿到闯入市场的通行证。2003 年 MT 队通过了甲级资质审验，办理了进入中国石油化工集团公司西部指挥部、胜利油田、大港油田承接项目和施工市场准入证，大地基础工程勘察院申领了工商执照和三级资质证书，东风站通过了 ISO 9001：2000 质量体系认证。

【安全生产】 在安全工作方面，我们主要开展了以“五个一”为内容的安全生产月活动；组织了 4 次安全生产大检查；制定了《驾驶员安全管理实施细则》，并根据细则与专（兼）职驾驶员签订了《安全管理合同》。

（王国良）

吉林石油集团有限责任公司

【概述】　2003年，是吉林石油集团有限责任公司（以下简称公司）实施彻底脱困和可持续发展战略、落实“两个跨越、两个翻番、一个改善”发展目标的第一年；也是战胜各种困难和经营压力，艰苦创业、开拓进取，各方面工作都取得显著成绩的一年。

1. 生产经营取得五个新突破

（1）经济总量实现新突破：全年实现经营总收入51.01亿元，比2002年增长了10.82%。

（2）主营业务收入实现新突破：全年实现主营业务收入36.88亿元，比2002年增长10.78%。

（3）外部市场开拓实现新突破：全年外部市场实现收入7.93亿元，比2002年增长93.89%。

（4）接续产业实现新突破：全年接续产业实现收入3.93亿元，比2002年增长23.2%。

（5）经济效益实现新突破：全年实现利润5598万元，比2002年增长58.63%。

2. 企业管理创造五个新水平

（1）企业财务状况创造重组分立以来的新水平：资产总额由2002年的70.27亿元增长到72.98亿元，流动负债由2002年的25.66亿元下降到23.1亿元，资产负债率由2002年的46.82%下降到44.9%，比重组时降低22.56个百分点。

（2）管理增效创造新水平：成本利润率由2002年的1.07%提高到1.54%，比重组时提高9.44个百分点；2003年与2002年相比，实现管理增效1.074亿元。

（3）在岗职工创收能力创造新水平：2003年共创收15.53万元，比重组时增加8.27万元，增长了113.9%。

（4）企业社会贡献率创造新水平：税费由2002年的2.93亿元增长到3.43亿元，比重组时增加1.14亿元，增长了50%。

（5）安全生产创造新水平：千人死亡率、重伤率和千台车死亡率全部为零。

3. 职工的物质文化生活呈现出五个新变化

（1）职工收入明显增长：年人均收入达到18850元，比2002年增长12.94%，比重组时净增9327元。

（2）职工居住条件明显改善：全年房建施工27.1万平米，比2002年增加7.7万平方米，是历年来建房最多的一年。

（3）矿区基础设施功能明显提升：投资1亿元对矿区的道路、供配电系统和住宅水电计量装置进行改造，使矿区面貌焕然一新。

（4）物业管理水平明显提高：又有3个住宅小区被评为吉林省优秀物业管理小区，目前32个小区中已有29个小区跨入省级以上先进行列。

（5）文教卫生事业明显进步：投入2328万元用于文化活动场所和教育、卫生设施改造；油田高考本科录取人数首次突破1200人大关，创历史最好水平；油田高中超过600分考生8人，位居吉林省第三；吉林石油总医院全年门诊量比2002年增长了56.85%，并被评为松原市抗击“非典”先进单位。

【生产经营】　2003年，公司加快市场开拓步伐，企业生存和发展空间进一步扩大。在油田内部市场，紧密围绕公司475万吨的原油生产目标，以“一口井就是一项工程”和“一百减一等于零”为市场服务理念，通过科学组织，超前运作，狠抓管理，确保油田内部市场占有率达到90%以上。

（1）物探生产：全年完成二维地震资料采集1385.5千米；完成三维地震资料采集1137.7平方千米、三维资料处理1046平方千米，分别比2002年增长34.2%和35%；共发现落实构造329个、面积285.78平方千米。

（2）钻井生产：全年在油田公司市场钻井891口，同比增加212口；进尺128.69万米，同比增加1.76万米（包括外部市场和油气合作项目在内，全年累计钻井1057口，同比增加306口；进尺150.48万米，同比增加15.82万米）。油层和表层固井分别完成1084口和837口，同比分别增加305口和164口。完成录井118口，同比增加43口；油气显示发现率、井位测放准确率、资料全准率、取心层位卡准率均保持在100%。完成测井 5509井次，同比增长 23.54%；测井生产井曲线优质率、解释符合率分别为 92.4%和 73.4%，同比分别提高 1.4 和 2.2 个百分点。完成试油 252 层，试油一次成功率达到了 98.9%。全年完成压裂 2188口/2886 层，同比增加 457 口/753 层。完成大修井 418 口，同比增加 74 口。完成小修井 13926口/14432口标井，同比增加 222 口/407.7 口标井。油井免修期由 2002 年的 342 天延长到 410 天，延长 68 天。油建施工产值工作量增长 12.1%，达到 4.2 亿元。

（3）辅助生产：钻井工程服务公司完成井场上撤电 1014 口、打水源井 880 口、井场供水 998 口、井场供热 1196 天，分别比 2002 年增长 37.4%、35.8%、32.5%和 35.5%。运输生产完成货物周转量 1.44 亿综合吨千米，完成井队搬迁 751 队次，同比增加 127 队次，增长 20%。供电生产累计安全运行电量 9.83 亿千瓦·时，线损比 2002 年减少 867 万千瓦·时。钻井工程设计完成 1510 口井，设计进尺 192.02 万米，同比分别增长 133.7%和 81.4%。勘察设计完成设计项目及单体 126 项，同比增长 15.6%；其中“大情字油田供电工程”获国家级铜奖，“锦江大街道路工程”获吉林省勘察设计一等奖。机械加工制造系统创效能力明显增强，同比增效 408.4 万元。物资供应完成出库工作量 14.6 亿元，年物资周转率达到 14.55 次，同比提高 3.31 次。通信服务加大运行维护与管理力度，服务满意率等四项指标创出历史最好水平。工程质量监督和监理单位全面完成所承担工程项目的质监和监理工作量，工程监督覆盖面达到 100%。客运服务完成旅客周转量 2.9 亿人千米，货物周转量 554 万吨千米，同比分别增长 16%和 60%。小车服务正点率和满意率均达到 100%。进出口业务全年实现出口创汇 10 万美元，同比增长 185.7%。公安、消防、社会服务单位和驻外办事机构等单位，发挥对外宣传、联络的窗口和纽带作用。2003 年，公司荣获集团公司安全生产先进单位称号。

【外部市场】 公司努力克服历史形成的装备落后和人才短缺等实际困难，加大装备更新改造力度，加快人才培养步伐，强化外拓市场工作的组织领导，实现区外和海外业务的跨越式发展。

（1）周边市场：完成产值 12510 万元，同比增加 5160 万元，增长 1.7 倍。

（2）国内市场：完成产值 12159 万元，同比增长 2.45 倍。其中，长庆钻井、固井、录井、测井共完成产值 5993 万元，西气东输项目完成产值 5374 万元。

（3）国际市场：完成产值 1114.5 万美元，同比增长 630.5 万美元，增幅 130.27%。其中，苏丹钻井项目实现 18 开 16 完，进尺 35488 米，完成产值 797.86 万美元；苏丹固井项目完成产值 270.92 万美元；阿塞拜疆、哈萨克斯坦、苏丹 3 个录井项目共完成产值 45.72 万美元。2003 年，公司进入国际市场的工程技术服务队伍已经达到 9 支，正在投标、洽谈的项目达到 7 个。

【主辅分离和专业化重组】

（1）剥离并重组依附于主营业务单位的社会服务、生活后勤等业务。将各直属单位的集体企业进行整体剥离，并对同类的经营厂点实施专业化重组，进一步增强创效能力。多种经营集体企业在消化工资上涨因素 180 万元的基础上，实现利润 200 万元，比 2002 年增效 269 万元。

（2）根据公路工程公司市场份额小、亏损严重的现状，着眼其长远发展的需要，将主营业务归并到建设公司，组建公路施工建设项目部。根据长春运输机械厂经营状况，为突出主营业务，实施专业化管理，将其重组为新的长春运输机械厂和长春化工工程设备厂，其他业务划相应单位统一管理。

（3）适应公司对采油厂实施整合和扶余油田加快调整改造的需要，完成对部分综合服务公司的整合归并和小钻重组工作，促进资源的优化配置和规模效益的发挥。将普通教育和学历教育统一管理，将石油技校、石油学校、职业高中与职工培训学校合并，成立职业教育中心，并纳入主营业务范围。

（4）积极稳妥地进行产权制度改革。对监理公司进行国有控股改制。将糠醇厂按照股份制方式改制为松原兴业糠醇有限责任公司。

【替代产业】

1. 狠抓已建成投产 3 个项目的管理

（1）热电联产项目：共发电 5.2 亿千瓦·时，上网电量 4.3 亿千瓦·时，供热 421 万吉焦。实现收入、净现金流、利润分别达到 29200 万元、9208.64 万元和 1565.9 万元，增幅分别达到 13.99%、18.8%和 180.8%。

（2）长春白水泥厂改造项目：共销售水泥 7.99 万吨，同比增长 0.8 万吨；实现收入 2000 万元、利润 106 万元。

(3) 矿泉水项目：已在长春、九台、德惠、双阳和松原建立12个销售网点，共生产矿泉水1700吨，实现销售额121万元、利润24万元。

2. 加快4个在建项目实施的进程

(1) 低产低效油气资源开发项目：全年共完成投资1.5亿元，动用石油地质储量244.4万吨；实现原油商品量3.6万吨；实现销售收入6408万元、利润1292万元，同比分别增加2908万元和1418万元。

(2) 天然气资源开发利用项目：现已在松原市改装车342辆，新建气站都已正式运营。全年共实现收入1200万元、利润220万元。

(3) 二氧化碳资源开发项目：投资1000万元新建二氧化碳提纯净化装置一套，即将进行设备安装和调试。原生产装置全年共生产二氧化碳液体3100吨，实现销售收入93万元。

(4) 粉煤灰利用项目：10月25日正式投产，建设规模为日产量20万块，现已生产成品砖107万块。

3. 加快两个新项目的论证实施

(1) 二氧化碳降解材料项目：项目室内研究、小样试验已经完成并出了样品，3000吨中试技术已基本过关，并于2003年12月30日与长春应用化学研究所签订合作协议。

(2) 糠醇厂资产盘活项目：根据糠醇厂闲置资产状况和东北地区糠醇市场需求情况，对糠醇厂的闲置资产采取股份制的方式进行盘活。

【经营管理】　公司深入开展“管理基础年”活动，大力实施“82558”管理系统工程，进一步提高管理增效的能力和水平。

(1) 以完善资产经营责任制和基本生产单元核算为重点，强化激励约束作用，促进管理水平的提高。在绩效考核指标体系中，进一步加大财务效益指标的权重，增加经营质量、施工质量和工作质量指标，完善促进直属单位管理增效的动力机制。扩大基本生产单元核算的覆盖面，实行硬指标、严考核、硬兑现。建立和完善目标成本控制与管理体系，与机关9个职能部门签订《部室重点成本费用指标纵向控制责任书》，明确材料费、燃料费、运输费、修理费等10项重点成本费用指标的责任部门及总体控制额度，同比压缩成本费用总额2.3亿元，综合压缩率达到7.02%。

(2) 实行严格的预算管理，加强资金的统一控制。对预算的执行情况，按月进行检查，每季度召开一次分析会，发现问题及时处理。加强现金流管理，强化内部监督约束机制，提高资金的使用效益。严格执行预算审批和资金使用稽核制度，加大审计工作力度，取得直接经济成果2194.86万元。

(3) 强化投资计划管理，确保投资收益。严格执行投资决策程序，对所有投资项目都进行周密的前期论证、评价，并实行投资回报承诺制度和投资超支责任追究制度。对基本建设项目和成本维修项目均实行项目管理，审计监察提前介入，进行全过程跟踪和控制。全年计划执行率达到99.5%，全部在计划控制以内，实现投资收益2825万元。

(4) 面对经营上的巨大压力，适时开展全员参与、上下互动的“学、摆、创”大讨论活动。全年实现管理增效1.074亿元；变动费用率由2002年的62.83%降为2003年的60.22%，下降2.61个百分点。在主要工程技术服务工作量同比有一定幅度增长的情况下，运输费、修理费分别发生18898万元和17209万元，同比分别下降393万元和1619万元。柴油、汽油万米进尺单耗分别为399.41吨、82.07吨，同比分别下降10.05%和13.31%。

(5) 注重制度先行，加强管理基础工作。补充完善105项长期执行的规章制度，并对目前正在执行的201项规章制度进行收集、整理、汇编成册。公司机关和8个主要生产、服务单位通过ISO 9001质量管理体系认证。以生产建设和交通运输为重点，严格落实HSE管理体系、安全生产责任制和安全总监制度，强化施工作业现场的安全管理和日常监督检查，实现全年安全生产无重伤以上事故。

【科技创新】　公司始终坚持把发展的基点牢固地树立在依靠科技进步上。2003年投入科技经费2500万元，实现科技创效5000万元，投入产出比达到1∶2。共承担集团公司科技攻关项目7项，开展公司级重点项目66项，申报专利16项，获得专利授权8项。其中，有5项技术取得重大突破，4项技术得到明显提升，3项技术填补国内空白。5项突破是：海坨子地区防漏堵漏技术取得重大突破，有效解决长井段多向裂缝并存的钻井液漏失问题，为搞清海坨地区下部地层情况及储量情况提供技术保障；扶余地区调整井固井技术取得重大突破，为扶余油田未来三年的调整改造提供技术支持；注水井不泄压修井作业技术取得重大突破，初步形成适应吉林油田各区块的注水井防喷作业体系，具备规模生产的能力；隐蔽油气藏预测技术取得重大突破，在前48区块布4口控制井均见到了明显效果，已钻井反演符合率达到80%；城区三维地震采集技术取得重大突破，具备在复杂地表进行地震勘探的能力。明显提升的4项技术是：大情字井地区钻井配套技术、二氧化碳系列增产技术、快速色谱分析录井技术和测井解释技术得到明显提升。填补国内空白的3项技术是：套管钻井技术现场试验获得成功；径向水平井现场试验取得多项技术成果；特低渗透油藏非常规开发形成高效配套技术并得到有效应用。

【基础设施建设】

（1）加大职工住宅建设的力度。2003年共建房27.1万平方米，已有18.1万平方米竣工交付使用。二期工程9万平方米，已完成桩基础工程施工。

（2）对矿区道路、供配电系统和水电计量系统等基础设施进行改造。在集团公司的大力支持下，基础设施改造共投资1亿元。其中，用于道路改造投资2001.1万元，共改造7条矿区道路，建成后的锦江大街已经成为油田的标志性道路；投资2167.9万元，对三条供电线路和两个变电所进行改造；投资2071万元对水电计量系统进行改造，初步改变矿区水电计量装置落后、水资源浪费严重的状况。

（3）规范生活区和工业区。将锦江大街两侧的单位和厂点进行拆迁并重新规划。完成职业教育中心和十二中的校址迁移，解决边远矿区中学生在市区就读难的问题，既盘活闲置资产，又优化资源配置，使江南的基础教育形成体系。

（4）加强物业管理工作。开展社区建设试点工作，推行便民服务承诺制度，供热、供电、供水质量明显提高。清理私接乱盖、占道经商等违规现象，宅区秩序文明井然。实行24小时保安巡逻，宅区治安状况明显好转，为广大职工营造一个质量和品味较高的生活环境。

【信息化与档案工作】

（1）加强档案管理和档案信息化建设。一是配合集团公司勘探数据总库做好吉林油田探井测井资料的整理、转储、数字化及数据库的工作。二是组织召开专业技术档案管理现场会，新立综合服务公司、钻井技术服务公司、油田职工医院，分别介绍了管理经验。三是组织全局档案人员参加吉林省档案局、人事厅举办的档案专业人员岗位资格培训班，106人参加，并取得岗位资格证。四是会同科技部门组织“档案信息化综合管理系统”的立项和研究开发工作。五是继续做好建立档案目录数据库工作。录入各类档案目录80688条。六是加强档案的利用和服务工作。档案馆全年提供利用档案5834卷，为660人次提供档案利用服务；各直属单位接收档案769083卷，提供利用档案49659卷，为14929人次提供档案利用服务；利用档案直接或间接创效2277万元。

（2）加强信息化基础工作。一是制定下发《吉油集团公司计算机网络系统管理规定》、《吉油集团公司网络信息发布暂行规定》、《吉油集团公司计算机网络建网标准》等相关管理制度，使公司信息化工作的基础工作得到进一步夯实。二是做好计算机网络维护管理工作，重点强化公司机关网络和直属单位网络的测试和监控，并详细填写网管日报，发现问题及时排除故障。全年共派出100余人次前往公司各直属单位，现场排除网络故障，帮助解决网络运行中遇到的实际问题，使公司机关和各单位的网络畅通率达到99%以上。三是加大网络服务力度，为油田生产提供了网络保障。全年共完成油田分公司8个采油厂的网络通道改造工程，改变以往通道的瓶颈问题。四是优化公司信息网主页设计，突出企业信息的管理，加强网页的综合应用。制作《内部文件》、《内控制度》、《信息传输》等实用性栏目。同时，根据公司领导要求，组织人员自主开发《网络信息综合传输系统》，并已投入运行。

【精神文明建设】　2003年，公司加强领导班子和精神文明建设，企业内在素质进一步提升。一是制定出台《关于在直属单位领导班子和机关部室副职中推行全员公开竞聘的实施意见》等五个政策性文件。通过公开选拔和公开竞聘，实现班子年龄结构、知识结构、专业结构的优化。二是认真落实党风廉政建设责任制，强化监督检查，加大案件查处力度，深入开展效能监察，从源头上加大预防和治理腐败工作的力度。三是认真做好人才选拔和培训工作。四是全力抓好稳定和再就业工作。五是进一步加强企业文化建设。按照集团公司《企业文化建设纲要》的要求，从实际出发，积极培育奋发向上的企业精神，树立全新的经营理念，塑造良好的企业形象。规范二级单位的名称，统一企业标识，制作公司宣传画册。《企业文化手册》已经形成初稿，并将付诸实施。2003年，公司荣获“吉林省精神文明建设标兵单位”等荣誉称号。

（杨克军　张占继）

大港油田集团有限责任公司

【概述】　截至2003年底，大港油田集团有限责任公司（以下简称油田集团公司）有在职职工38466人，平均年龄37岁。其中，管理人员7356人，专业技术人员7592人，操作及服务人员23518人；大专及以上学历10114人，中专、中技及高中学历16424人，初中及以下学历11928人。油田集团公司设职能部室19个，拥有二级单位32个、直属处级单位12个，拥有全资子公司6个、控股子公司10个及一批参股公司。油田集团公司资产总额达到78.80亿元，其中，流动资产41.58亿元，固定资产原值59.50亿元，净值32.44亿元；资产总额中负债34.52亿元，资产负债率43.81%，所有者权益43.85亿元。

2003年，面对突如其来的“非典”疫情和油区市场工作量种种不利因素的影响，油田集团公司沉着应对、排除干扰、迎难而上，深入贯彻“着眼发展增实力、着力市场增收入、着重特色增优势、着意创新增活力”的“四着四增”总体工作思路，坚持加快发展的目标不动摇，经过上下齐心的艰苦努力，圆满完成既定的经营目标。2003年实现营业收入40.5亿元，在中油集团公司费用化补贴到位的基础上，实现盈利339万元，2003年完成固定资产投资5.87亿元。

【市场开发】　在油公司的大力支持下，团结协作，努力克服油区工作量减少的困难，进一步规范关联交易，2003年油区市场收入实现24.29亿元。同时，及时调整部署，加大外部市场开拓的力度，2003年外部市场创收达16.16亿元，比2002年增长40%，有效弥补油区市场的损失。行业市场又有新拓展，集中力量主攻西部重点市场和东部冀东市场，分别进入队伍16支和15支，使市场布局进一步得到优化；国际市场连创好成绩，开辟和扩大阿塞拜疆、印尼和哈萨克斯坦三个市场，钻井、井下、定向井、录井、测井以及中成和新世纪等公司在国际市场开拓中均有建树，2003年新出国队伍10支，中标额同比翻番，超额完成预定的创收指标；社会市场创效额大幅攀升，工程建设公司和路桥工程公司市场覆盖面得到迅速扩大。

【科技进步】　强化科技管理，在管理办法上实施科研立项即需即立、成熟一个验收一个等举措，增添科技工作的生机与活力。调整科技工作思路，把科研攻关的重点转移到为市场服务上来，为提高钻速，开展套管技术的研究攻关，并在庄海8井打出97.63米/小时的机械钻速，创造国内领先水平。致力于“市场、科研、设计、生产、服务”一体化，有效带动上下游的市场开发，应用大位移水平井技术，继2002年成功钻探冀东北堡西3x1井之后，2003年又成功中标并钻探蛤1x1井；钻采工艺研究院、录井公司中标编制阿塞拜疆K&K油田开发方案，并引领钻井、井下、录井技术服务队伍整体进入该市场。大力开展技术研讨和宣传，成功组织西安水平井技术交流会和冀东—大港技术交流会，为市场开拓起到十分重要的作用。

【改革调整】　坚持围绕发展、推进、改革，见到实实在在的效果。根据中油集团公司要求，编制总体改革方案，使组织结构和产业结构调整有了明确的框架。为抢抓滩海勘探开发的机遇，设立滩海工程事业部，组建滩海工程研究中心，强化滩海综合服务能力。对部分辅助业务进行专业化重组，其中包括将文体中心、电视台、报社合并重组为新闻文化中心；将油田宾馆、北京办事处、南戴河培训中心、无锡休养院整合重组为接待服务中心；将港内6个生活服务公司重新组合，组成3个矿区管理服务公司；将职工总医院与各矿区卫生院、所归并到一起，成立社区卫生服务中心；撤销新工业区和中联煤层气公司。上述重组在优化组织结构、提高管理效率上见到很好的效果。按照中油集团公司的部署，实施工资分配制度改革。

【经营管理】　以“夯基础、促规范、增效益、谋发展”为主题的“管理增效年”活动有效推进，促进企业管理工作上水平。对建设项目审批程序进行修订和完善；进一步完善市场开发组织机构，制定新的市场开发策略，加强市场营销管理；D版QHSE管理体系顺利通过内外审核，体系运行的自我监督和改进机制不断强化，运行质量不断提高；围绕《安全生产法》的宣传贯彻，狠抓基层、狠抓现场，结合事故处理，开展以“抓培训、提素质，抓反思、增意识，抓查改、打基础”为主题的全员安全活动，施工作业过程控制得到全面强化；修改和完善经营责任制实施办法，全面实施新的企业会计制度，积极推进会计集中核算，加强财务管理；信息网络建设进一步加强，办公自动化有效推进。经过努力，经营管理工作取得较好成绩，实现“管理增效年”活动确定的油田集团公司整体增效4000万元、职工人均增效1000元的目标。

【新产业项目开发】　油田集团公司加强调研，精心筛选，科学论证，推进一批新项目的实施。抽油泵和抽油杆生产线改造两个项目建成投产；螺杆钻具技术改造、石油钢管加工生产技术改扩建、PDC钻头技术改造、防砂技术产业化升级改造等项目完成立项批复，高频直缝焊石油专用管生产线、直线电机驱动抽油机生产线等项目进行前期可研论证。难采储量合作开发范围扩大到长芦区块。油田集团公司制定推动加快发展新产业项目的政策，组织相关单位编制以发展新产业项目为主的远景规划，为新产业项目的加速发展奠定良好的基础。

【多种经营】　积极开展专业重组整合，组建多元投资的劳保服装有限公司；又有6家企业改制为规范的法人实体，使改制企业总数达到102家；对40个扭亏无望的企业进行关、停、并、转；加大引进开发力度，实施新建、改建、扩建项目19个。多种经营系统2003年实现销售收入12.82亿元、净利润1189万元、增加值3.4亿元，完成和超额完成既定目标。

【油区共建】　油田集团公司积极推动油区共建，在大港油田公司等各方力量的共同努力下，社区管理和服务水平有新的提高，又有9个小区被评为天津市优秀小区。为油区广大职工群众所办的7件实事好事全面得到落实：中心地区锅炉房改造工程、港西地区天然气上楼工程、东围堤道改造工程、团泊洼和港狮地区闭路电视微波工程、光明大道南段和幸福大道延伸绿化工程、老小区改造工程以及低压电路改造工程相继完工；文化教育和卫生医疗事业继续得到发展；油区各企业整体联动，严防死守，取得抗击“非典”疫情的阶段性胜利。

【稳定工作】　进一步落实稳定工作责任制，强化组织领导，对不稳定苗头早发现、早应对、早化解；充分发挥信访系统的窗口作用，认真办理群众来信来访，耐心解疑释惑；千方百计，广辟渠道，通过主业单位吸纳、劳务输出、劳务协作和社会化就业等方式，努力安置下岗、待业、失业人员，就业与再就业工作取得好的成绩；切实搞好为特殊群体的服务，大力开展助困济贫活动，想方设法帮助困难职工群众解决实际问题。通过艰苦努力，基本保持整个油区的稳定。

另外，在离退休管理、法律事务、社会治安综合治理、计划生育等方面，也做了大量工作，取得了较好成效。

（王红军　刘荣军）

中油国际工程有限责任公司

【概述】　中油国际工程有限责任公司（以下简称国际公司）是集团公司在深化改革、持续重组中，为进一步实施“走出去”战略，更好地发挥国际石油工程承包、技术服务以及物资装备出口等外经外贸业务的整体功能和优势，于2000年12月20日成立的一个集对外石油工程承包、技术服务和物资装备出口等业务为一体的国际工程技术服务公司。该公司代表集团公司统一规划、管理和协调对外工程承包、技术服务和物资装备出口等业务。在管理好所属单位经营业务的同时，充分发挥对外窗口作用，带动各地区公司的技术服务队伍、产品、劳务等进入国际市场，实现集团公司整体效益最大化。

国际公司下属四个从事海外业务的子公司，即中国石油工程建设（集团）公司（以下简称工程建设公司）、中国石油技术开发公司（以下简称技术开发公司）、中油长城钻井有限责任公司（以下简称长城钻井公司）、中油测井技术服务有限责任公司（以下简称中油测井公司），还有三个从事国内石油工程建设业务的施工企业，即中国石油天然气第一建设公司、第六建设公司和第七建设公司。

【经营范围】　承包境外石油、化工工程及境内国际招标工程；石油天然气勘探开发中物探、钻井、测井、地质录井、测试、完井以及相关工程技术服务；石油机电产品及境外工程所需设备材料的出口贸易；一般出口贸易和代理石油系统的出口贸易；派遣实施境外工程所需的技术、管理和劳务人员。

【经营业绩】　2003 年国际公司实现主营业务收入 1128764 万元（折合 136379 万美元），比 2002 年增长 87%；实现利润 50406 万元（折合 6090 万美元），比 2002 年增长 168%。其中，海外业务新签项目合同额 111684 万美元，比 2002 年增长 26%；完成合同额 121169 万美元，比 2002 年增长 47%；主营业务收入 933279 万元（折合 112760 万美元），比 2002 年增长 113%；实现利润 45964 万元（折合 5553 万美元），比 2002 年增长 184%。国内施工企业实现营业收入 195486 万元（折合 23619 万美元），比 2002 年增长 16%；实现利润 4442 万元（折合 537 万美元），比 2002 年增长 25%。

【重点工作】

1. 市场开发工作取得新成绩

2003 年，国际公司按照“以市场为导向，以管理为手段，加大市场开发力度，提高市场开发层次，不断加强经营管理，求真务实，真抓实干，努力形成实实在在的国际竞争力”的工作方针，着力加强市场开发基础工作，努力准确识别和充分发挥自身优势，实施重点市场战略和重点客户战略，加强对规模市场的整体开发，使原有市场不断得到巩固和扩大，新市场开发取得较快进展，工程技术服务领域不断拓宽，出口产品品种进一步向多元化发展。

（1）市场开发成效显著。随着公司海外业务快速增长，海外技术服务队伍从 2002 年的 112 支增加到 174 支；带出国钻（修）井机从 2002 年的 76 台增加到 100 台；工程技术服务项目从 2002 年分布在 26 个国家增加到 28 个国家；石油物资装备出口从 2002 年的 56 个国家扩展到 59 个国家。

工程建设公司全年参加 50 个项目的跟踪、资审和投标，总规模超过 30 亿美元，新签合同 22 项。除继续巩固苏丹、哈萨克斯坦、巴基斯坦等老市场外，在委内瑞拉取得突破，获得脱盐脱水项目。华东勘察设计研究院积极开拓海外工程设计市场，在阿尔及利亚获得炼厂改造设计项目。

技术开发公司大型成套设备出口规模进一步扩大，全年共发运并调试 14 台钻机；在做好传统石油物资装备贸易的同时，进一步发展石化和民品业务，从单一出口贸易公司开始向专业化国际贸易公司转变；实施依靠融资优势开拓市场、建立寄售中心占领市场、设立维修中心巩固市场的多元市场开发策略，收到明显成效。

长城钻井公司实现快速发展，带出国钻机连续三年超过 20 台，规模进一步扩大。在委内瑞拉、伊朗和哈萨克斯坦的钻井项目，通过优质服务为后续市场开发打下了坚实基础，并成功开拓了利比亚、阿塞拜疆和阿曼三个新市场。全年共投标 52 个，中标 22 个，中标率为 42.31%。

中油测井公司面对西方公司垄断市场、技术和配件供应的困难环境和激烈竞争，巩固集团公司投资项目和伊朗等老市场，在哈萨克斯坦成功进入其他油公司市场。在巴基斯坦测试服务项目中，成功解决西方服务公司一直回避的高压气井中高含二氧化碳、高含硫化氢等技术难题，树立了良好信誉。

（2）市场开发力度进一步加大。各单位继续紧密跟踪和巩固集团公司海外投资项目的工程技术服务市场，积极向集团公司海外投资项目以外市场扩展。针对中南美洲主要产油国综合服务项目特点，充分发挥集团公司的整体优势，积极参与综合服务项目竞争。加大对外宣传力度，通过举办大型技术报告会、参加国际会议和展览以及高层互访等活动，宣传展示集团公司工程技术服务的整体实力，推动工程技术服务市场的开发。

（3）市场开发层次进一步提高。市场集中度不断提高，年营业收入超 5000 万美元的规模市场达到 6 个，其中 1 亿美元以上的 4 个。通过增加技术含量、提高服务质量和作业水平，争取后续市场，委内瑞拉钻井项目、巴基斯坦测试等项目的成功运作，为后续市场开发奠定了基础。坚持以效益为中心，认真组织项目评价，因合同或技术条款引起的项目纠纷明显减少。主动认真筛选项目，在力争中标前提下努力实现效益最大化，市场质量明显提高。加强整体市场开发，努力形成规模市场。增强自主开发和控制市场的能力，逐步摆脱代理。加强市场开发与项目执行之间的衔接，项目前期准备时间明显缩短，项目启动更加顺利。沉着应对“非典”疫情、美伊战争和委内瑞拉全国大罢工等事件的影响，市场应变和处理突发事件的能力明显提高。

（4）市场开发基础工作得到加强。不断加强市场开发战略研究，加深对国际市场环境、市场容量、目标市场、目标客户和竞争对手的整体认识，提高市场开发的主动性和目的性。完善对外宣传材料，满足各种市场开发活动需要。推进市场信息内部共享工作，通过公司内部发布项目信息，提高潜在市场的可预见性；通过向地区公司及时通报市场信息，共享信息资源，增强互信互利。

（5）市场网络建设稳步推进。各单位进一步加大市场开发网络建设力度，全年在阿曼、阿尔及利亚、阿塞拜疆、墨西哥、叙利亚和厄瓜多尔等国家新设立13个办事机构，累计在31个国家设立了56个办事机构或项目部。认真清理海外机构缺少国内审批手续等遗留问题，为海外机构规范运作提供了必要条件。

2. 海外项目管理水平有新的提高

（1）项目管理力度加大，运作水平不断提高。随着经营规模不断扩大，各单位采取集中管理、规范管理等有效措施，加强对项目质量、进度和成本的控制，使项目运作水平和效益得到提高。长城钻井公司在委内瑞拉采取集中管理，与地区公司共同组成项目部，发挥专业公司熟悉国际市场、国际规范和项目运作程序的优势，发挥地区公司在装备、技术和人才方面的专长，调动各方积极性，提高管理效率，降低管理成本，树立了统一、高效的对外形象。CPECC优化内部管理资源，对海外项目推行矩阵式管理，EPC总承包功能逐渐增强，重大项目施工和管理能力明显提高。

（2）加强制度建设，海外项目运作更加规范。各单位不断完善各类管理制度、标准、规范和岗位作业指导书，使行之有效的经验变成具体可行的有形制度，初步形成一套符合国际标准、规范运作的有形管理技术系列。长城钻井公司进一步完善《项目钻井成本核算和管理办法》、《海外项目考核管理办法》、《月度满日费奖励办法》等一系列制度；中油测井公司修订《岗位操作规范》，清理并规范工具摆放，加强作业现场管理；技术开发公司以建立ISO 9000体系为契机，规范各项工作和管理流程；制定《工程物资采购管理办法》、《授权管理暂行规定》等制度，促进海外项目规范运作。

（3）进一步更新观念，逐步与国际市场接轨。各单位进一步增强“效益第一”、“合作双赢”、“充分发挥国产设备价格优势”、“人力资源当地化、国际化、市场化”等观念，以项目效益作为优选标准，正确处理与合作伙伴、业主、竞争对手的关系，促进海外项目管理水平的提高。在伊朗19+2钻井项目中，由于观念转变，促进项目从亏损转变为盈利，彻底扭转了项目初期的被动局面。中油测井公司推进设备和材料国产化，提高海外项目经济效益。各单位海外人员的当地化和市场化比例都有不同程度的提高，长城钻井公司和中油测井公司首次在巴基斯坦招聘130多名技术工人派往其他国家执行项目，探索了雇员国际化的新路子。

（4）发挥自身优势，保障海外项目顺利运作。在海外项目运作过程中，各单位注重充分发挥自身优势，解决项目中遇到的各种难题，保障海外项目顺利进行。长城钻井公司针对肯基亚克和扎纳诺尔油田岩性特点，组织国内外专家完成钻头优选和涡轮钻具等配套工具选型工作，年单台钻机在扎纳诺尔油田实现三开三完、在肯基亚克油田实现二开二完。中油测井公司面对世界知名公司在巴基斯坦MARI GAS项目多次测试失败的情况，组织力量展开技术攻关，成功完成该项目六口井的测试任务。

（5）重视岗位培养，加强项目运作队伍建设。各单位通过压担子、加责任，创造人才成长的环境，选拔有经验的管理人员进行系统培训，基本满足目前海外项目运作需要。长城钻井公司通过海外项目已培养180多名平台经理和40多名项目经理。工程建设公司巴基斯坦管线项目为其他项目输送了一批人才。中油测井公司通过海外项目培养大批技术人员成为业务骨干。技术开发公司一批海外业务人员走上中层领导岗位。

（6）HSE管理进一步加强。各单位在继续完善HSE管理体系的基础上，健全组织机构，落实管理责任，加大对作业现场HSE管理的培训、监管和奖惩力度，使HSE的管理规定逐步转化为员工的自觉行为。长城钻井公司与地区公司一起加强HSE管理体系建设，GW59队在委内瑞拉连续两年安全生产无事故，以其优秀的HSE记录荣获PDVSA颁发的安全生产特别奖。中油测井公司加大HSE贯标力度，针对项目和人员分散特点，组织HSE流动监督，多次到现场检查、落实、指导HSE工作，确保安全生产。技术开发公司作为贸易公司，也着手建立HSE管理体系，规范HSE管理工作。

3. 经营管理工作进一步加强

（1）预算管理得到进一步加强。各单位在完善预算管理制度和工作程序基础上，强化预算执行过程的监督与控制，降低成本费用，提高经济效益。工程建设公司落实预算审批和控制制度，初步建立项目部和机关职能部门共同管理预算的体制；长城钻井公司和中油测井公司加强资金预算管理和控制，对海外项目下达应收款回收指标和费用控制考核指标；技术开发公司将月度资金预算与业务部门收款情况结合起来，加大对欠款的清理力度。

（2）资金管理水平明显提高。随着经营规模不断扩大，各单位普遍加强海外项目资金管理，充分利用良好的金融信誉拓展融资渠道，为海外项目顺利运作提供资金保障。认真研究汇率变化，及时调整债务结构，降低资金成本。通过规范的大规模资金运作，各单位金融信誉进一步提高，融资能力不断增强，三年累计与金融机构签订各种授信额度89亿元，为海外项目融资40亿元，共减少财务费用约1.6亿元。

（3）税收筹划工作取得进展。近年来，在国内外税收政策发生较大变化情况下，公司及各单位为做好税收筹划工作，收集整理国家现有税收政策及相关国家税收法规，积极组织落实并采取相应措施，维护公司整体利益。工程建设公司在建立新的境外机构时，积极进行税收筹划；中油测井公司通过合理筹划，规避苏丹作业区税收风险；技术开发公司苏丹炼厂出口退税取得圆满成功。

（4）强化内部控制，规避经营风险。根据公司发展需要设立审计机构，研究制定内部控制规范及规章制度。推广完善ERP财务管理信息系统，扩大实时监控范围。通过开展审计活动，检查规章制度和经营目标落实情况，针对经营管理中的薄弱环节提出整改建议，提高规避经营风险能力。

（5）公司改制工作取得较大进展。建立以产权为纽带的法人治理结构，完成国际公司增资变更和长城钻井公司、中油测井公司改制工作。继成功转让中油三环公司股权后，完成剩余6个控股或独资子公司股权转让和对泰克公司的清理工作。

4. 人力资源工作取得新进展

（1）规范选聘程序，严把进人质量关。为保证海外业务人员素质，对于新进人员，在全公司范围内实行统一的基本要求、标准和规范的选聘程序。统一规范外语水平测试，严格考试纪律，在笔试达标前提下增加口语测试。还逐步规范应聘人员专业素质考评，努力使新进人员具有较高素质。

（2）加大培训力度，提高员工素质。充分利用集团公司、国际公司和各子公司三个层面培训渠道，加强协调，增加投入，扩大范围。针对海外项目需要，启动项目关键岗位人员培训，参加培训的地区公司人员比例逐步增加，并首次在国内举办外籍员工培训班。全年共举办各类培训班36个，培训人员达2223人次，使员工素质进一步提高，并在一定程度上缓解了海外项目管理和专业人员短缺的压力。

（3）进一步完善激励机制，努力调动员工积极性。在总结2002年经营考核办法实施情况的基础上，修订完善和制定建立以工作态度、工作能力、工作业绩为主要内容的领导班子考核办法和员工激励机制，有效调动了领导班子和广大员工的积极性。

5. 党的建设和企业文化建设取得新成绩

各级党组织认真学习贯彻“三个代表”重要思想和十六大精神，加强领导班子思想作风建设。围绕公司经营任务，深入开展“形势、目标、责任”教育，引导干部职工认清形势，明确目标责任，为加快海外事业发展做贡献。加强基层建设和海外党建工作，发挥基层党组织和广大党员作用，保证海外项目顺利进行，5个基层单位荣获集团公司百面红旗单位。大力推进企业文化建设，积极开展各种活动，培育团队精神，鼓舞职工士气，努力营造“忠诚、奋斗、合作、创新”的企业氛围，激励广大职工为实现公司发展战略和经营目标而勤奋工作、努力奋斗。积极开展文明单位创建活动，国际公司及在京4个子公司荣获中央国家机关文明单位，第一、第六、第七建设公司也都是所在地的省、市级文明单位。

（赵瑞华）

【中国石油工程建设（集团）公司】

一、概述

中国石油工程建设（集团）公司（以下简称CPECC）是以承包国际石油、石油化工工程为主业的大型国有企业。公司已有40多年的历史，1980年开始经营对外工程承包及劳务合作业务，是中油国际工程有限责任公司的子公司，现已发展成为中国石油天然气集团公司（简称CNPC）在国际油气工程建设领域最具有代表性的公司。

CPECC经济技术实力雄厚。拥有一大批熟悉国际惯例、技术水平高、经验丰富的专业技术和管理人才；拥有先进的技术、精良的设计与施工装备，具备在高原、沙漠、滩海等各种条件下，按照国际标准和惯例提供大型工程建设项目前期开发服务和设计、采购、施工、试运投产一条龙总承包服务的能力。

多年来，CPECC始终坚持“守约、重誉、保质、高效”的经营宗旨，经营业务遍及50多个国家和地区，先后在国内外承建了一大批油、气生产基地，大中型炼油厂、石油化工厂和化肥厂，长距离油气输送管道，大型油气储备站库，道路桥梁以及市政公用设施等工程，赢得了业主、项目所在地政府和有关金融机构的高度赞扬和信任，企业信誉日益提高。从1993年度开始，CPECC连年入选世界最大225家国际承包商之列，被中国对外工程承包商会授予“对外工程承包优秀奖”等荣誉称号。

二、经营成果

全年共签订合同22项，合同总额19938.44万美元。完成营业额50269.83万美元。全年共实现收入398884万元人民币，支出377329万元人民币，实现利润21555万元人民币。

三、在建项目实施

全年在建工程项目达20余项，以保工期、重质量、讲安全、创信誉、增效益为宗旨，强化项目管理，充分发动员工，克服了“非典”疫情和伊拉克战争带来的困难，确保了主要工程项目正常运行。

（1）巴基斯坦WOPP项目。该项目为一条长817千米、管径26英寸（660mm）的成品油管线，设计输量1200万吨/年。严格履行合同要求，大力加强项目联合体的协调和管理，截至2003年底总体进度达到72.43%，详细设计完成90%以上，基本完成全部设备和材料的订单签订；国内近10万吨板材的供货合同已全部完成，国际采购的部分设备材料已陆续运抵施工现场；施工全面展开，主管线2003年3月21日点火试焊，现已进入施工高峰期，截至2003年底焊接管线达501.1千米。

（2）苏丹油田项目。在建工程15项，规模超过1.8亿美元。项目点多、面广、战线长，分布在五个省市，纵横东西南北，管理难度很大。2003年提前或按期完工项目10项，其余5项均按计划正点运行。富拉油田EPC-1项目是2003年的重点项目，10月28日，中心处理站及集输系统提前三天实现机械完工，具备试投产条件。另外，CPF30万桶扩建和尤尼提电站二期扩建等重点项目，也按业主要求顺利实施。

（3）哈萨克斯坦项目。2003年，哈萨克斯坦项目部承建5项工程。采取人力资源属地化措施，内部挖潜，实行日夜交叉施工，确保了项目的施工进度，实现了新油气处理厂、原油脱硫醇工程、气举压缩机站等项目的按期或提前竣工投产，受到了业主的高度赞扬。

（4）苏丹炼厂项目。苏丹喀土穆炼厂扩建工程是以EPC总承包模式，按国际工程惯例要求运作的项目。一期工程详细设计已完成近93%，采购已发出90%的订单，土建已完成近80%的工程量，安装工作紧张进行。二期工程详细设计正常进行，各设计院交付中文图纸83套，英文图纸11套，采购工作启动，长周期设备的技术交流和询价工作全面展开。

（5）委内瑞拉项目。该项目是CPECC在南美承包的第一个项目。2003年11月12日项目正式启动，完成了设计的分包招标，正式启动了设计工作；收集了项目执行所需的大量法律法规文件，与当地银行、保险公司、清关代理、以及设计、施工、运输公司和供货商建立了联系；编制完成了文件、采购、人事控制程序和项目协调手册等文件。

四、重点工作

1. 市场开发

2003年，大力实施既定的经营战略和策略，着力营造关系公司生存与发展的市场经营基地，进一步加大市场开发力度，强化营销管理，不断提高市场开发层次和水平，使市场份额逐步扩大，任务资源储备明显增加。2003年追踪项目总规模超过30亿美元，对50个项目进行跟踪、资审和投标，新签订合同22项。

在北非，参加苏丹CNODC投资项目投标和议标16项，其中已授标的13项，重点跟踪了苏丹3/7区项目。利比亚WAHA项目通过资审，9月14日正式投标，目前正在进行第二阶段的技术澄清。完成了尼日利亚浮顶罐项目资审。还追踪了阿尔及利亚油田建设和炼厂建设项目、利比亚管线项目。

在中亚，追踪哈萨克斯坦CNODC投资项目4项，其中3项已授标。160千米输气管道项目和乌津油田建设项目已通过资审。土库曼斯坦LPG项目已完成项目合作议定书，并追踪了CNODC投资的阿塞拜疆油田建设项目。

在中南美，11月12日经业主授标，获得了委内瑞拉脱盐脱水厂项目，合同额3824万美元，工期16个月。完成了委内瑞拉SCADA和通信系统项目资审材料准备，还追踪了墨西哥MSC项目。

在中东，追踪了叙利亚卡比拉油田EOR扩建项目、伊朗烯烃和油田项目、阿曼油田建设项目、阿曼玻璃钢管线项目、中国化工进出口总公司投资的阿联酋陆上油田项目以及阿曼266千米管线项目。其中阿曼玻璃钢管线项目已通过业主评审，阿曼266千米管线项目通过资格预审。

在南亚和东南亚，追踪了巴基斯坦阿托克炼厂、ARL公司项目、206千米管线、印度管线、印尼油田建设和孟加拉22区块开发等项目。

2. 经营管理

2003年是CPECC管理上台阶、上水平的一年。在集团公司开展“管理增效年”活动的推动下，以项目管理为中心，以不断完善EPC功能为重点，围绕项目管理的需要，不断增强服务意识，大力加强业务和制度建设，认真履行部门职责，强化科学规范管理。

（1）优化整合：优化整合并充分发挥内部管理资源，促进项目矩阵式管理尽快实现。一是完善规范项目评估制度，公司项目评估委员会根据有关程序，组织总部有关部门和专家对委内瑞拉FF&DD项目、利比亚WAHA项目进行了效益和风险评价，在充分论证的基础上决定参加竞标，加强了决策的科学性和有效性，从源头上控制项目风险。

二是加强总部业务管理部门的协同合作，利用自身力量组织总部各部门联合编标，完成了委内瑞拉乳化油厂、油田地面建设和利比亚 WAHA 气体处理厂项目的国际竞标；检验和锻炼了公司总部协同合作的能力，在集合和发挥公司优势资源进行项目投标上进行了有益的尝试。

三是按照逐步实现项目矩阵式管理的要求，各业务管理部门受项目部委托，提供设计技术支持、采购支持、人力支持和资金支持，在优化整合内部资源，对项目实施专业化管理上迈出了可喜的步子。同时，通过实践，锻炼提高了总部业务管理部门管理 EPC 总承包项目的能力，促进了项目管理体制的逐步完善。

四是基础工作和制度建设不断加强，为项目的矩阵式管理提供了基本保障。总部各部门高度重视项目管理的制度化建设，围绕项目管理的需要，进一步加强项目管理的基础工作和制度建设，先后出台了一批管理制度，加快了各种业务数据库的建设。组织对现行规章制度进行了一次清理整顿，初步拟订了规章制度制定与修订的计划，并启动了公司门户网站的建设，提出了项目管理信息系统建设的方案设想并组织实施。项目管理的制度化体系正在逐步形成，各种业务数据库得到完善，信息现代化进程稳步推进。

（2）管理、监控、协调和服务：以项目管理为中心，总部对项目执行的管理、监控、协调和服务力度不断加大。公司总部各部门进一步增强了管理意识和服务意识，严格履行管理职责，行使管理职能，加大了对项目运行过程的管理、监控、协调和服务力度。

一是严格履行管理职责，加大监控管理力度。建立合同执行情况月报制度，加强合同执行过程的监控，组织或参与重要项目合同条款的谈判、起草以及合同评审；建立了一系列项目运行情况的报表制度、情况分析制度、信息反馈制度，加强了总部与项目部间信息的沟通，对项目运行实施了动态管理和有效监控；加强了对各项目部质量和 HSE 手册编制的指导和审核，结合认证和内审工作，深入现场对工程质量和 HSE 工作进行审核和控制；规范项目采购管理，开展了全面的项目采购监督检查工作，对大宗采购实行公开招标开标，接受业主代表和监察部门的监督，条件成熟的项目，由公司采购部直接实施项目采购；强化项目分包招标管理，加大了对项目承包的考核力度，进一步完善了考核奖惩办法，坚持每年考核一次，做到了严考核、硬兑现。

二是以项目管理为中心，进一步加大对项目的协调和服务力度。总部各部门普遍树立了以项目为中心的思想，服务意识明显增强，针对项目运行的需要，为项目提供全过程、全方位的支持和服务。

（3）加大管理力度，降低生产成本：以预算管理、资金管理和资产管理为重点，加大管理力度，低成本战略见成效。在预算管理上，进一步落实预算审批和控制制度，对费用控制预算科目进行细分，强化各预算管理部门对可控预算部分的责任。强化财务部门的审核力度，对公司预算管理体系运行状况进行监测，定期对预算执行情况进行考核、分析。

在资金管理上，加强资金计划管理，实行按月报送资金预算，没有资金预算的开支项目不予支付。加强资金周转，减少库存，借低还高，用美元置换人民币，逐步降低资金成本。加强资金的监控和统一调度，严格资金调拨审批权限，由公司统一对外借款和还本付息，调剂资金余缺，努力控制借款规模，不断提高资金使用效率。继续清理银行账户，实行开户集中审批管理，将境外项目开户、变更、撤销、授权集中在公司总部。

在资产管理上，在较短的时间内初步盘清了公司总部的资产情况，对项目资产实施了追踪管理，对项目境外资产进行了初步清理，做到了“摸清家底，明确家规”。

（4）质量体系和 HSE 管理适时调整，有序运行。质量体系与 HSE 管理体系持续有效地正常运行。质量管理体系完成了将华东设计院质量管理纳入公司体系的目标，增强了体系中的对设计质量的控制能力。

（5）召开项目管理暨思想政治工作研讨会：为进一步提升项目管理水平，起到了积极的推动作用。2003 年 12 月召开了项目管理暨思想政治工作研讨会。科威特、巴基斯坦、苏丹、哈萨克斯坦四个项目部就项目管理和思想政治工作做了专题总结，总部八个部门结合各自业务对完善和强化公司项目管理做了专题发言。会议实事求是地总结了 CPECC 成立以来在项目管理上取得的成绩，分析了今后面临的形势和任务，指出了存在的问题和困难，明确了今后项目管理的目标和要求，提出了加强和改进工作的意见和措施。

3. 人力资源开发与管理

大力实施人才培养工程，加大人才引进和招聘力度，加快人力资源属地化进程，不断优化人力资源结构，提升员工整体素质。全年共实施培训 24 项。一是继续举办针对全体员工的英语培训班，并加强了适应性和提高型培训，使外语达标率达到了 75%，比

2002年提高了14.14%。二是选派人员赴美国参加项目管理专业人员（PMP）和涉外财务管理培训，和在国内知名大学参加MBA学习，突出了培养的重点，提高了培养的层次。三是继续开展执业资格、专业技能、岗位知识和继续教育等专业性培训18项。

在队伍建设方面，不断扩大用人视野，拓宽用人渠道，积极探索新的劳动用工方式，充分利用人力资源市场配置机制，加大公开招聘力度，加快人才属地化进程。2003年共在国、内外招聘人员1174人，其中国内员工349人，外籍员工825人。

4. 思想政治工作和企业文化建设

继续探索国际化经营形势下思想政治工作的特点和规律，积极总结海外项目实施过程中涌现的优秀事迹，树立先进典型，改善员工精神面貌。继续开展精神文明创建活动，努力营造良好企业文化氛围。继续保持“中央国家机关文明单位”和“先进职工之家”荣誉称号。

（严　峰）

【中国石油技术开发公司】

一、概述

中国石油技术开发公司（以下简称公司）是中油国际工程有限责任公司的全资子公司，是国内最大的专门从事石油、石化物资装备和技术出口的国际贸易公司，代表集团公司统一规划、管理和协调石油、石化物资装备出口业务，发挥对外窗口作用，带动国内各机械生产企业的产品进入国际市场，实现集团公司整体效益最大化。

2003年，公司员工207人，部门15个，其中经营部门8个，管理部门7个。

公司的市场规模不断扩大，在海外设立了25个办事处和公司、4个寄售库、4个维修中心和两个组装厂，先后与55个国家和地区的近500家公司建立了长期贸易关系。在国内，组织建立了由130多家石油机械制造及炼油化工企业加盟的“中国石油物资装备出口网络”，建立了有300多家工厂组成的合格供方。

二、经营情况

公司大力开发海外市场，扩大经营业务，加强经营管理，提高经济效益，各项工作取得显著成绩。2003年，公司的合同额、收汇额以及利润等经营指标大幅度提高。签约额40671万美元，比2002年增长35%；主营业务收入26亿元，比2002年增长156%；收汇21401万美元，比2002年增长46%；利润6425万元，比2002年增长150%。出口产品结构不断优化，大型成套设备出口额继续增加。公司2001—2003年3年销售平均增长率达到87%，远远高于行业平均水平，说明公司的发展速度较快，反映了公司健康良好的发展趋势。

三、工作重点

1. 保持市场份额持续稳固发展

抓好大项目开发工作。重大项目是公司市场工作的重中之重，为此公司专门成立了重大项目部。同时，还就不同的项目由公司领导牵头成立项目领导小组。这种专项管理方式加大了重大项目的开发力度，提高了中标率。

2003年初，在苏丹6区管线招标项目中，公司发挥国内资源的组织能力，落实钢厂和制管厂的资源储备，并在充分评估的基础上，在开标前提前安排生产，使公司在竞标对手中交货期最短，最终一举中标。近几年，公司针对成套设备出口资金量大的特点，充分发挥集团公司整体优势，在国际公司的大力支持下，开展项目融资，有效地避免了激烈的竞争，为重大项目的开发开辟了新的途径。针对独联体地区国家普遍缺少外汇，实际市场规模经常受国家外汇限制的情况，公司利用政府间优惠贷款，成功运作了土库曼13台修井机项目和1台钻机项目。利用出口信贷，运作了乌兹别克10台钻机项目和土库曼4台钻机项目，2003年又利用出口信贷与土库曼签订了4台70D钻机合同，使市场得到持续发展。

2. 继续保持老市场的稳定发展

（1）深挖潜力开发老市场：2003年公司重新调整价格策略，拿到了苏丹大尼公司两年加1年的套管长期供货合同，全年供货1万多吨，基本包揽了苏丹三个区块的所有套管供货合同。2003年，公司全年在印度所有的抽油泵招标中全部中标，几乎占据了印度整个抽油泵市场。同时，在印度成功实现了30K钻机租赁，为公司租赁大型成套设备积累了宝贵的经验。公司与美国客户签订了40台钻井泵合同，这是公司第一次大批量将钻井泵出口到美国。

（2）采取寄售方式占据市场：建立寄售库，对零配件和消耗品采取寄售方式，不仅可以为用户提供便捷、快速的服务，而且有效地规避了市场竞争。这种方式在加拿大市场已经试行了几年，在巩固和扩大市场方面发挥了重要作用。2003年公司在独联体地区推广了寄售的营销方式，取得了较好的效果。在土库曼，公司建立了寄售库，大大缩短了钻头等零配件的供货周期，2003年与土库曼签订钻头合同357万美元。同时，公司与土库曼天然气康采恩签订了钻机配件长期寄售协议。在哈萨克阿克纠宾油田，公司利用寄售库，对全年供应该油田的1万吨套管全部采取寄售方式，不仅为用户提供了及时周到的服务，而且获得了稳定的市场。

（3）建立维修中心巩固市场：公司2003年在土库曼建立了维修中心。该维修中心既有力地保证了售后服务，又很好地宣传了公司，为土库曼后续4台钻机的签订以及扩大市场份额发挥了很好的支持和保障作用。

（4）多种方式开发新市场：公司在利比亚、阿尔及利亚新建了办事处，利比亚在建立办事处不久就拿到了钻头、焊条等订单，全年已经签订4个合同，初步打开局面。阿尔及利亚正在跟踪管线、炼厂等市场信息。阿塞拜疆是公司2003年紧随CNODC进入的新市场，由于方向明确、措施得力，已初步打开市场，全年已签约244万美元。土耳其是中东地区重点开发的新市场，公司已成为国家石油公司的供应商之一，并签订了4个合同。欧洲市场是这几年发展较快的市场，从开发至今短短三年的时间，已与挪威GLOW公司建立了稳定的贸易关系，出口的降阻剂和管件等产品得到用户的肯定，全年欧洲签约额达到200万美元。

3. 建立适应国际市场开发的资源体系

（1）积极开发国内新资源，充实资源体系：2003年，在巩固和稳定现有资源的基础上，公司加强了技术交流，积极了解国内新技术，开发新资源，以适应公司迅速发展的需要。全年组织了40多次技术交流和讲座，获得许多新产品和新技术的信息。公司对国内取得API认证的所有工厂进行调查和筛选，并实地考察了20多家工厂。加强资源体系的信息化建设，通过对资源厂家的调查、筛选和跟踪，对资源进行优化，建成公司合格供方资料库，囊括了246家合格供方的资料。

（2）巩固资源体系，建立战略联盟关系：公司致力于与工厂、油田等兄弟单位建立战略联盟关系，优势互补，达到双赢。公司与国内的一些油田、厂家等单位签订了《合作开发国际市场战略联盟框架协议》，建立了全方位的合作伙伴关系。利用公司的国际市场营销网络，发挥油田在设备制造和技术服务等方面的优势，联合开发国际市场，取得了很好的效果。

（3）拓展资源领域，建立海外资源体系：为适应国际贸易需求，公司对开发利用海外资源进行了尝试。2003年10月份，阿克纠宾石油机械联合（有限责任）公司正式挂牌成立，该合资厂是公司的第一个海外实业，扩大了公司经营范围，提高了核心竞争力。同时，苏丹摩托车厂也在2003年底建成，并具备生产条件。为开展第三国采购业务，公司对国际资源情况进行了调查和摸底，了解和掌握了许多第一手资料。

4. 做好项目管理和执行工作

（1）大型成套项目的执行工作：一是成套钻机出口项目。2003年，公司出口钻机项目成绩显著，出口钻机共计20台，其中哈萨克斯坦8台、土库曼4台、乌兹别克斯坦7台、墨西哥1台。在总结出口钻机取得的经验和教训基础上，2003年公司加强对钻机生产的监造和验收，加强技术资料和单据的整理和制作，加强对钻机运输环节的控制，充分发挥油田和配套厂家的作用。

二是苏丹管道供应项目。苏丹6区723千米管线供应项目是公司2003年执行的重点项目，合同金额1.12亿美元。公司克服时间紧、任务急、设计及工艺要求多次变更等困难，于7月份圆满完成供货任务，创造了大型项目当年签约、当年执行完毕的纪录。

三是苏丹炼厂扩建项目。2002年底开始的苏丹炼厂扩建项目，2003年到了执行高峰期。全年签订内贸合同79个，签约额6800多万元，第三国采购合同23个，为项目垫付资金5917万元。同时，公司充分发挥专业化国际贸易公司的优势和特长，努力降低采购成本，为项目节约了大量资金。

（2）为CNPC海外项目做好服务保障工作：2003年集团公司加大了海外投资力度，公司也乘船出海，努力为项目提供及时周到的服务。在努力做好苏丹管道项目、苏丹炼厂二期扩建项目等大型项目的执行工作外，公司还在完善服务手段，提高服务水平方面下了很大功夫。在哈萨克阿克纠宾油田，公司对2003年向该油田供应的石油套管全部实行了寄售方式，累计出库管材已有7000吨，金额约700万美元。2003年，公司为集团公司海外项目供应各类设备2.9亿美元，为项目垫付资金超过1亿美元，保证了项目的顺利实施。

5. 加强基础建设，提高管理水平

（1）开展质量管理体系建设工作：2003年公司内部全面开展ISO 9000体系建设工作。公司在实施过程中，领导重视，全员参与，保证了质量管理体系的顺利开展，取得了很好的成效。2003年11月份，公司在接受了DNV的评审后，一次性通过审核，并于12月份取得了ISO 9000证书。

（2）加强财务管理工作，为公司经营工作提供保障：2003年，国家实施了新的会计制度，按照新制度的总体要求，公司进一步规范了财务管理。加强对财务的内控管理，加强退税管理，保证了公司的效益。苏丹炼厂退税工作在集团公司和国际公司的支持下，得到国家税务总局批准同意解决。在公司财务部等相关部门的艰苦努力下，完成了退税申报工作，并于当年回收退税款90％以上。

（3）加强经营管理，发挥参谋指导作用：为加强经营管理，公司完善了《公司经营管理规定》，使经营流程更加顺畅。针对2003年国家调整出口退税政策，人民币面临升值等形势给经营工作带来的压力，公司积极研究相关政策，寻找突破口。对符合退税备案要求的合同顺利完成了区一级和市一级税务局的备案工作，共计12个合同，11812万美元。对出口退税率保留17％的机电产品的海关编码分别进行了整理、归类并提出建议，放在公司网站上，经营部门可随时查询。

6. 细化管理，强化机构职能

2003年公司对管理机构进行了调整，增设了审计部、资产管理部和实业部，分别负责公司内部的审计、资产管理和海外实业的管理工作。针对苏丹民品市场扩大和民品业务越来越繁重的情况，公司成立了民品部，进一步加大民品市场开发力度。为加强资源建设力度，公司还将原产品资源部一分为二，设立了资源开发部和产品管理部，分别负责国内外资源体系建设和询报价、质量监督和售后服务工作。

7. 加强培训工作，改进用人机制

2003年公司针对不同层次人员制订了不同的培训方案，又送出一名副总经理赴美国攻读MBA学位，再一次提升了公司领导班子整体素质。选拔两名中层干部参加了集团公司组织的PMP境外培训班，系统学习国外项目管理。对员工进行不间断的专业技能培训和外语培训。经营部门员工外语通过率达96％，公司员工外语通过率达到93.8％，公司加强了外销员培训工作，专门聘请有经验的老师为员工讲课，并定期组织员工参加考试，已有28人通过了外销员考试。同时，公司聘请厂家的技术人员、税务人员和公司的有关专业人员组织经常性的专业技术讲座、出口退税的相关政策讲座、合同管理系统知识讲座等，提高了公司员工的业务知识水平。

把建立新型的干部选拔机制和考核奖励机制作为重要工作来抓，提出了实施人才战略。大胆改革用人机制，大力推行岗位竞聘制度，中层干部和员工全部实行岗位竞聘，取得了很好的效果。

8. 加强思想政治工作和精神文明建设工作

公司党委被评为集团公司直属先进基层党组织，两名海外一线的党员被评为优秀共产党员，一名基层支部书记被评为优秀党务工作者。2003年，两个部门被评为国际公司先进集体，两人被评为杰出员工，3人被评为市场开拓者，25人被评为优秀员工。公司独联体部被授予集团公司“百面红旗单位”。公司的企业文化建设和精神文明建设不断加强，2000—2003年，公司连续被授予“中央国家机关文明单位”称号。

（杜　娟　杨德林）

【中油长城钻井有限责任公司】

1. 概述

中油长城钻井有限责任公司（以下简称长城钻井公司）隶属于中油国际工程有限责任公司，是从事海外钻井工程承包和技术服务的国际钻井公司。其主要业务范围包括钻（修）井和相关技术服务、设备租赁、石油勘探开发技术咨询和培训等。长城钻井公司总部共设13部1室，下辖钻井液分公司，有海外合资公司3个，海外项目部20个。现有职工400人，现有固定资产原值44796万元，固定资产净值32362万元。2003年是长城钻井公司重组后的第三年，公司按照集团公司和国际公司的决策和部署，坚定不移地实施“走出去”战略，广大员工顽强拼搏，开拓进取，在激烈的国际竞争环境下，充分发挥开拓国际钻井市场主力军作用，取得了显著成果，实现了重组后连续三年跨越式发展。

2. 重点工作

（1）坚持把开拓国际钻井市场作为长城钻井公司发展的生命线来抓，国际市场份额空前扩大，海外经营形成一定规模。目前，长城钻井公司组织钻井施工队伍在国际市场分布已由重组前的12个国家迅速拓展了一倍，分布非洲、南美洲、北美洲、南亚、中亚、中东等23个国家，服务领域已由原来较单一专业的钻井工程服务逐步扩展到钻井液、顶驱、取心、固井、定向井等多个专业的综合技术服务。到目前为止，长城钻井公司已经和正在为包括世界上一些著名油公司在内的上百个油公司提供钻井技术服务。现在由长城钻井公司组织的约5000名中外雇员、100部钻修机，同时为国际上40余个油公司提供服务，海外经营初具规模。凭着各方面的优良表现和良好业绩，长城钻井公司获得了良好的信誉，国际知名度显著提高。

（2）依靠和发挥整体优势，带领国内钻井队伍阔步挺进海外，不断提高组织指挥海外大兵团作战的能力。长城钻井公司重组一开始，就按照定位要求，以自身优势，发挥在开拓国际钻井市场中的主力军作用，以“缓解国内钻井技术服务队伍严重过剩的矛盾，建设国际化钻井专业服务队伍，提高整体效益”为目标，坚持把集团公司所属钻井专业化公司和地区公司两个方面的积极性融为一体，发挥整体优势，积极开拓国际钻井市场。新进入国际市场的钻修机覆盖了集团公司所属拥有钻井队伍的10个油田，成为长城钻井公司成立以来出国钻机数量最多，增长速度最快，覆盖面最大的发展时期。与此同时，在组织国内钻井队伍挺进海外的过程中，通过实践锻炼和经验积累，大大提高了同时组织指挥多个国家、多工种、多条战线和大兵团海外施工的能力。

（3）加强海外项目管理，确保海外项目顺利实施，提高集团公司整体效益。长城钻井公司坚持把海外项目管理、确保项目顺利实施，作为提高集团公司整体效益、维护中国石油在国际市场上的信誉，占领和扩大国际钻井市场中的一项核心工作来抓，加强领导，信守合同，严密组织，精心施工，安全、快速、优质、高效地完成了各项海外作业任务，海外项目始终规范平稳运行。

（4）精心组织，使国内先进实用的钻井技术在海外施工中发挥了巨大威力，提高了国际竞争实力。在伊朗19+2项目钻井施工中遇到罕见的喷、漏、卡、塌、地层压力系数低和大井眼钻井等技术难题。为攻克钻井技术难关，多次组织国内科研单位、技术专家和现场技术人员联合开展攻关，将国内空气和空气泡沫钻井等配套技术因地制宜地应用到施工中去，攻克了被甲方称之为世界级的钻井技术难题。哈萨克斯坦钻井项目肯吉亚克盐下油藏钻井技术难度非常大，前苏联在该地区所钻的42口井中只有两口井顺利打成功。为了提高该地区的钻井速度，确保集团公司油气项目增储上产目标的实现，组织国内专家现场调研，精心制订和实施科学的技术方案，不仅确保了口口井打成功，而且顺利钻穿了3000米厚的含气盐岩层。在8001井仅用5个月的时间就安全、高速、优质地打完了一口超深井，各项经济技术指标均创该地区最高纪录。

（5）引入竞争机制，培养造就了一支适应国际化经营的骨干人才队伍。开展中层干部选聘工作以及面向全国石油系统、面向社会招聘钻井操作人员的工作，从而进一步转换了用人机制，增强了广大干部和职工的紧迫感、危机感、责任感和竞争意识。通过积极努力，公司培养造就出了一批德才兼备、懂经营、会管理、专业精、外语好、适应国际钻井市场开发、海外项目管理和各项工作发展需要的高素质、国际化的人才，其中培养出钻井平台经理176人，项目经理43人，这支人才队伍已经成为最有价值的资源和提升企业核心竞争力的根本保证。同时，坚持把实现海外作业人员本地化、市场化工作作为与国际惯例接轨，提高经济效益的一项重点工作来抓，建立健全海外项目部外籍雇员管理机构，加强外籍雇员的招聘，采取多种形式强化外籍雇员的技术培训工作；与地区公司一起狠抓海外作业人员本地化各项措施的落实，通过艰苦努力，使海外作业人员本地化、市场化工作取得了显著成效。目前，长城钻井公司各海外项目外籍雇员占74％。

（6）坚持深化内部改革，强化管理，增强了企业的生机和活力，管理水平跨上新台阶。按照《中华人民共和国公司法》的规定和建立现代企业制度的要求，完成了公司改制工作，使公司开始按照新的体制和机制规范运行，增强了生机和活力。在强化管理方面，主要是建立健全和调整了内部组织机构，开展了“五定”和工作目标、工作程序的制定工作，做到了岗位明确、职责清楚、各司其责、有序运行；完善了预算管理体制，强化了财务预算、资金和成本管理，各项开支得到合理控制和有效使用；实行了目标经营责任制，严格考核兑现，促进了各项经营指标的完成；开展对外投资清理工作，搞好税收筹划和出口退税工作，依法节约税费支出，增加了新的经济增长点；加强商务管理，维护公司正当经济利益；建立HSE体系和与国际接轨的HSE作业文件并重点在海外项目运行，大大增强了员工的HSE意识，促进了安全健康环保整体水平的显著提高；建立健全了包括资金、财务、生产作业、HSE、信息、资产、人力资源、境外工资待遇等方面内容在内的配套管理制度，使公司各项工作逐渐步入制度化、规范化的轨道。

（7）坚持以“三个代表”重要思想为指导，加强党的建设，充分发挥党组织的政治核心作用，为长城钻井公司海外事业发展提供重要保证。中哈长城钻井公司被评为集团公司“百面红旗基层单位”。

（曹海霞）

【中油测井技术服务有限责任公司】

1. 概述

中油测井技术服务有限责任公司（以下简称CNLC）是中油国际工程有限责任公司的全资子公

司，具有国家颁发的对外经营合格证书，是以从事国内外测井、录井、测试、定向井/随钻测井技术服务为主的专业化服务公司。CNLC在集团公司和国际公司的正确领导下，深化内部改革，强化经营管理，加大市场开发力度，不断提高海外项目管理水平，努力实现公司“做精、做强、做大”的战略目标。

2. 生产经营情况

2003年，CNLC生产作业安全进行，国际市场份额得到了进一步拓展，对外整体服务质量有了一定提高，超额完成预期经营目标，提前两年完成了“十五”规划中的营业收入和利润指标，实现了公司的快速发展。

CNLC海外技术服务市场主要分布在苏丹、伊朗、委内瑞拉、哈萨克斯坦、巴基斯坦、阿塞拜疆、叙利亚等国家，2003年CNLC进一步加大市场开发力度，准确识别自身优势，及时调整市场运行体系，把精力集中在非洲、中东亚洲、美洲和独联体四个区域，派专人跟踪，实施重点市场战略和重点客户战略，成效明显，从而实现了海外市场的不断扩展。

在苏丹市场，CNLC加大了苏丹市场工作力度，在苏丹举办了大型技术报告会，在苏丹1/2/4，3/7和6区块签订了测井、录井和测试技术服务合同。

在伊朗，签订了测井、测试技术服务合同，完成了NIOC EXP海上两口井的测井服务、EDISON测井和测试服务、OEIC测录试服务等项目的投标工作。

在委内瑞拉市场，与PDVSA签订了西部生产测井技术服务合同，并参加了奥里乳化油定向井项目的投标，中标1个平台。

在哈萨克斯坦市场，CNLC已连续3年为阿克纠宾油田提供测井射孔服务。2003年，又与该油田签订了测井射孔合同；除了继续巩固已有市场外，加大了哈萨克斯坦新市场工作力度，相继进入Kazakhoil和TME公司部分测井和录井市场并签订技术服务合同。

阿塞拜疆市场是CNLC新开辟的国际市场，与SALYAN OIL LTD签订了测井及录井服务合同，并进行测井及录井作业。

在巴基斯坦市场，随着测井作业逐渐被客户认可，CNLC也探索进入了测试市场，经过艰苦的努力，与MARI GAS签订了测试合同，并于2003年12月顺利开工，实现了测试市场全面突破。

在缅甸市场方面，与CAL签订了试油合同。

在叙利亚市场方面，积极参加CNODC投资的Jbissah油田Gbeibe区块测井和录井服务投标并中标。

3. 重点工作

（1）进一步提高海外作业管理水平：2003年，在海外作业管理中，进一步转变观念，坚持以市场为龙头，牢固树立效益第一的观念，同时与国际项目管理接轨，按国际标准规范运作。随着海外新项目的增加、作业量加大，CNLC进一步完善了项目的运行和保障体系。生产协调办公室作为项目协调中心，事业部作为项目运行中心，物流管理部作为物资保障中心，统一协调和管理各项目的运行，确保了生产作业的顺利进行。

（2）经营管理工作进一步提升：2003年，围绕发展战略和经营目标，不断加强资金管理，提高资金使用的安全和效益。为降低采购成本和相关费用，推行目标成本管理，节约费用支出。完善内控审计，优化管理流程，对生产经营中的薄弱环节进行检查、监督和评价。通过审计物流管理现状，提出了针对性的审计报告，使公司建立了规范的物流管理体系和优化的工作流程，规避了经营风险，提高了管理水平。

（3）HSE体系建设突破性进展：2003年，把HSE体系的建立和推行作为重点工作来抓，在HSE体系设计上，坚持“高标准、高起点、与国际接轨”的原则，既体现指导性，又具有实用性。为了把HSE管理体系推行工作落到实处，结合公司作业项目和作业人员分散的特点，公司领导和HSE监督多次到苏丹、伊朗等作业区现场督导HSE体系的运行、检查和审核，并进行现场培训。按照HSE管理体系的要求，公司强化了生产作业的HSE管理，规范了标准工艺流程，特种工种持证上岗，规避了作业风险，提高了服务质量。

（4）人力资源管理工作取得新进展。公司把人力资源经营工作定位为公司的第一要务，2003年，公司外籍员工已占员工总数的42%。为调动员工工作积极性，建立了员工激励机制，加快了人才的合理流动，做到人尽其才。

2003年是公司的“培训年”，为提高员工素质，全年共组织开展技术培训、管理培训、HSE培训、外语培训、外籍员工培训和晋级培训等六类、54个培训项目，拓宽了员工的知识面，提倡一专多能，以克服人员严重不足的矛盾。

（5）加强党建工作和企业文化建设。

（姚玲玲）

【中国石油天然气第一建设公司】

1. 概述

中国石油天然气第一建设公司（以下简称公司）

成立于1954年1月，是新中国最早组建的炼化建设专业公司。经过50年的发展壮大，现已成为中国石油天然气集团公司的直属大型施工企业，是国内惟一一家具有化工石油施工总承包特级资质的炼油化工建设企业。公司现有员工4825人，固定资产原值26574万元，注册资金5.01亿元，总资产达8亿元。公司本部设有13个部室，负责公司的总体管理和协调；设有6个工程分公司和1个国际工程分公司作为公司的派出机构，负责在公司划定的区域内任务的资源开发、项目管理和协调工作，下步的目标是推动他们向事业部制发展。根据专业特点，设立了无损检测、球储罐施工、防腐衬里、建筑工程、设备租赁、石油化工设备制造等专业分公司（厂），实施工程的专业分包，开拓市场并为项目经理部提供专业支持；设有三个工程处，负责为工程项目提供合格的劳务作业人员。

2. 经营业绩

2003年公司的生产经营创下了历史新高，经济保持了良性循环，职工队伍保持了稳定，企业的经济指标和综合实力达到了全国施工企业先进水平。全年承揽资源14亿元，完成产值10亿元，实现利润3000万元。这三项主要经济指标分别是历史最高水平的167%、119%和122%，是一个大的突破。

3. 重点工作

（1）市场开发：在市场布局上继续占牢了原有的中国石油、石化、海洋和地方的经营阵地，获得了102个标段的任务资源，又新开发了惠州、龙口、驻马店、芜湖等新阵地；公司在集团公司以外承揽到的资源总量已经超过了50%。在工程对象上，新承揽到乙烯裂解炉、高压加氢、长输管线工程，进入了新的施工领域；在承包方式上，尝试了自行二次设计施工总承包和工程总承包。市场开发的新成果使公司的市场格局更加合理，生存空间得以进一步扩大。

（2）施工生产：所有的工程目标全部如期实现，合同履约率100%，在公司确定的重点工程中，面对复杂的施工环境和困难条件，打出了漂亮仗。100万吨ARGG工程创出了工期5个月的新纪录，又创新了10万立方米储罐施工技术，掌握了120万吨高压加氢、水网地带长输管线工程的施工技术。参建的新疆牙哈凝析油气工程被评定为国优工程，另有三项工程获得国家优秀焊接工程奖。陕京线加压站工程被称为全国进口压缩机组的大试验场，高质量地完成了全部10台天然气压缩机组的安装。2003年，公司的大庆炼化、大庆石化、浙江管道、兰州石化、东方化肥等主要工程新成果再次树起了公司的市场品牌新形象。

（3）体制与机制："扁平化"体制促进了劳动要素的优化配置，在管理跨度大、低价中标、人员比往年减少了三分之一的情况下，全部37个项目经理部127项工程施工得到有效的保证，全员劳动生产率提高到18.84万元/（人•年）。在生产大幅度上升的同时，管理费压缩了230万元，公司资金得到了有效积累，资金存量达2.1亿元。

（4）管理与技术进步：公司进一步完善了经营业绩考核体系，推行了定额标准和定额工值"两个统一"，在辽河、南阳等五项工程上进行了目标成本管理试点；完成了全公司范围3600名职工的技能鉴定和28期次主力工种和管理岗位的针对性培训，锻炼出了新的技能尖子。在"中国石油杯"全国焊赛中，公司选手分获A组、B组河南省第一和全国第五的成绩。公司技术进步推广了五项成果、开发了三项新技术，有两项成果获得了省级科技进步奖，公司机关将全面实现办公自动化。公司还新取得HSE体系认证资质和国家锅容管特无损检测资质证。在装备方面，全年投入1395万元购置481台（套）新型焊机等机具。

（5）精神文明建设：公司保持和获得了五好党组织、省级文明单位、全国模范职工之家等荣誉，第二工程处铆焊二队还被集团公司授予"百面红旗单位"称号。

（孙显杰）

【中国石油天然气第六建设公司】

1. 概述

2003年，是中国石油天然气第六建设公司（以下简称公司）积极向管理型施工企业转变关键的一年，公司面对改革发展的新形势和新特点，不断深化企业改革，提高企业管理水平，不断以提高企业竞争力和盈利能力为目的，加大市场开发力度，不断推进管理和技术创新，实施企业文化建设，积极稳妥推进改革步伐，广大职工干部共同努力，团结一致，勇于拼搏，克服困难，使各项工作取得新的突破。全年完成施工产值44646万元，上缴国家税费1180万元，是2002年的176.6%。工程交验合格率100%，单位工程优良率85%，顾客满意率90.66%，全年杜绝了重大伤亡事故、重大环境污染及破坏事故和职业伤害事故，实现了公司的质量目标和健康、安全、环境管理目标。

2. 重点工作

（1）市场开发有了新的突破。公司进一步加大市场开发力度，及时调整市场开发战略，建立有效市场开发运行机构，完善市场开发体系，加强了重点战略目标市场及重点项目的市场开发工作。公司在西北和东北的战略目标市场得到了进一步巩固，开辟了吉林石化市场。还成功地开发了外资潜在市场，中标了中海壳牌南海石化项目惠州高密度聚乙烯和聚丙烯两套装置，标志着公司在市场开发方面取得重大突破，这将对公司长远发展具有重大意义。

（2）工程建设取得新成绩。全年公司国内外施工项目共40个，其中有25个项目实现投产或中交。在项目管理中，公司积极运用和推广科学的项目管理办法，加强流程体系化管理，大力实施ISO 9000质量管理体系和健康、安全、环境管理体系，按照新编制实施《公司项目管理手册》，优化资源配置，精心组织施工，使各项工程施工管理达到优质高效。

（3）企业管理取得新成就。2003年，公司以“管理增效”为目标，大力实施“六查六提高”活动，加强了经营管理各环节工作。加大财务预算和资金管理，进一步规范资金预算管理，资金管理水平明显提高。流程性体系化管理稳步推进。ISO 9000质量管理体系6月份顺利通过了转版换证后的第一次外审。健康、安全、环境管理体系正常有效运行并在8月份通过外审。《整合ISO 14001、OSH、HSE三个体系，建立一体化的健康、安全、环境管理体系》先后获得中国石油企业管理现代化成果二等奖、全国工程建设企业管理现代化成果二等奖，《提高大型复合材料现场组焊一次合格率》获中国石油企业QC小组成果三等奖。信息化建设不断加强，进一步完善公司局域网，公司塑造了良好的企业形象。2003年公司还建立了视频会议系统。

（4）企业改革稳步向前推进。按照集团公司有关要求，公司今年深化改革主要是在围绕结构调整、理顺关系、提高效益等方面开展工作，进一步推进了辅业改革的步伐。制定了基本工资制度改革的配套措施及上报方案编制计划，为搞好工资分配制度的改革工作打下基础。

（5）科技创新和人才培养进一步加强。公司重新制定实施了《公司科技进步成果奖励办法》，进一步调动了广大科技人员开展技术创新的积极性。加大了技术装备投入，公司购进了25—250吨吊车共8台，3100吨级高架液压顶升吊装系统在2002年底已完成大部分部件的引进；此外，还购买了一批先进焊割设备，进一步提升了公司技术装备实力。加强人才培养和职工培训工作。选送人员参加外语脱产强化培训，参加工商管理培训，加强了其他管理人员的专业培训，强化岗位技能和实用技术培训，加快知识化进程。

（6）思想政治工作和企业文化建设取得新成就。

（黄刘胜）

【中国石油天然气第七建设公司】

1. 概述

中国石油天然气第七建设公司（以下简称公司）现有从业人员2849人，是国家化工石油施工总承包一级施工企业，2003年是公司全面实施第三次创业和“十五”发展的战略取得显著成绩的一年。

2. 主要经营指标

提前一个月完成了施工生产任务及主要经营指标。完成企业总产值4.7亿元，完成市场开发总量合同额8.63亿元，折合建安产值9.58亿元，全员劳动生产率23万元/（人·年），实现利税2319万元，其中实现利润950万元。这五项主要经营指标分别比上年增长15.3%、60%、16.7%、25.6%和96.7%。

3. 主业工程

全年主业施工分布在全国13个省区及哈萨克斯坦、叙利亚、苏丹等国家共34个施工点，承建各类工程60多个，竣工投产工程32项，中交2项，其中化工、炼油装置工程25个，国外工程14个，所有竣工投产项目全部达到安全稳妥一次投产成功，创出了一流的施工业绩。哈萨克斯坦扎那若尔油气处理新厂一年高水平建成投产13套油气处理装置，受到哈国政府总理的高度评价，为公司在海外市场赢得了信誉。

4. 加工制造

全年完成加工制造产品26000多吨，加工产值14000多万元。累计出厂钢结构产品14500吨，压力容器42台，风力发电风塔41台、挖掘机大臂208台、筑路机滚子535台。对外来料加工产品销往日本、新加坡、英国、叙利亚、哈萨克斯坦等国家。

5. 市场开发

全年共组织工程投标158次，中标率55%。签订各类工程合同176项，合同总额是年计划的157%，并且优势市场和目标市场双双取得新的突破，成功地进入了五个新的市场领域。加工制造市场开发取得显著成绩。与国内20多家客户签订了50多个加工合同，加工量达60000吨，合同金额4.37亿元，比2002年翻了两番；签订国外来料加工合同12个，加工量23000多吨，合同金额1048万美元，分别比2002年增长400%和670%，新增国外客户6家。

6. 管理增效

根据集团公司统一部署，开展了管理增效年活动，集中一个多月，组织了管理工作大检查，促进了各项管理工作的全面加强和经济效益的增长。通过采取比价采购、平衡代用材料、加强小型工器具管理、合理配置施工资源、修旧利废，加强索赔工作等管理举措，挖潜增效，取得显著成果，累计增效800多万元。

7. 企业改革

建立了宏观调控下的内部市场化经营机制，出台了内部市场化经营的价格指导体系，全面推行工程专业承包和切块承包制。改革了国外工程分公司管理体制。根据集团公司部署，制订了公司主辅分离改革的初步方案，并确定公司职工医院为公司首家整体分流改制试点单位。

8. 科技进步

全年共完成科技进步项目15项。有两项科技进步成果获集团公司级工法（二级），有3篇科技研究论文在全国石油化工大型储罐与管道工程技术研讨会上获奖。

9. 职工培训

对培训基地进行了改造，新增焊接培训焊位16个。举办各类技能、业务培训班28期，培训1784人次。完成焊工培训490人，取换证778项，职工素质明显提高。

10. 企业文化

公司首次被评为山东省文明建设先进单位。

（宓幼康）

【中国石油天然气华东勘察设计研究院】

1. 概述

中国石油天然气华东勘察设计研究院（简称EDI），成立于1974年，是国家石油炼制和油品储运综合性甲级设计院，是集团公司行业指导设计院，隶属中国石油工程建设（集团）公司，是全国百强设计院、山东省“十佳设计院”，1997年通过了ISO 9000质量体系认证，2003年又与工程公司联合取得了2000版的质量体系认证，是中油勘探开发公司的技术支持单位、中油股份公司炼油板块技术开发支持单位。EDI具有30年的石油炼制等工程设计经验，为我国石油工业的发展做出了较大贡献。

EDI具有国家颁发的化工石油医药行业、石油天然气行业、建筑行业、工程总承包、工程咨询，工程勘察测量、安全评价、环境影响评价和压力容器设计等15种甲级资质证书。生产经营范围包括：石油炼制、石油化工、油品储运、石油化工设备、土木建筑、公用工程、电器仪表等工程的咨询、设计，工程总承包以及工程勘察测量、工程监理、安全评价和环境影响评价等。

全院装备建有600个信息点的百兆到桌面的计算机网络系统，并配备了具有国际先进水平的大型Aspen工艺过程升级软件，Advant窄点分析软件、PDS三维设计软件、API大罐分析设计软件、FRN-5PC加热炉工艺模拟软件、储运设计软件、Pvelite2004压力容器整体设计软件、ANSYS分析设计软件与CAD系列软件等。

2. 生产经营

2003年，完成工程设计投资额约40亿元，产值14000万元；全年新签合同值10691万元，首次突破了亿元大关，同比增长75%。全年营业收入同比增长37%，实现利润370万元，超额完成了集团公司下达的各项考核指标。

3. 主业成果

2003年，以辽河80万吨/年催化裂化装置为代表的五套两段提升管改造项目一次投产成功，为两段提升管催化裂化技术的全面推广奠定了坚实的基础。玉门50万吨/年和大港50万吨/年柴油加氢改质装置投产成功，又一次谱写了新的篇章。苏丹焦化项目、苏丹Fula油田地面工程项目、阿尔及利亚炼油项目等工程设计任务的开展及哈萨克斯坦原油脱硫醇装置的投产成功，标志着EDI在国外工程设计市场中开创了新的局面。亚洲规模最大的大庆油田精细化工厂5万吨/年混合戊烷精细分离项目，一次投产成功，实现了当年设计、当年施工、当年投产、当年达标的既定目标，进一步提高了EDI在大庆地区的知名度。中国石油燃料油公司温州重交沥青、辽河石化沥青软包装及沥青中转站、四川盛马沥青、江苏镇江沥青等项目的设计、建设、投产，进一步巩固了EDI在沥青设计领域里的技术优势。

4. 科学管理

（1）全员岗位聘任制。

（2）“两个靠近”的激励机制：在设计人员中实行4级12档的岗位聘任制，打破了多年按照技术职务管理的陈旧模式。

（3）民营化低成本战略。加强财务管理，撤销各单位财务点，实行全院财务集中管理，资金统一使用，提高了资金使用率。

（4）外企化的人才战略。

（5）信息化管理战略。在组织上，突破国有企业金字塔式的组织构成，实行扁平化管理，减少中间层次，使得EDI从决策到实施的过程缩短，提高了效率。在手段上EDI充分利用现代科技成果，在人员考勤上，用磁卡考勤机，在信息化基础设施方面，开通了宽带因特网，与世界互动对话。院网已开通并利用Lotus办公自动化软件进行公文管理、信息与数据的内外传输，有效地提高了工作效率。

（王　丽）

中国石油集团庆阳炼油化工有限责任公司

【概述】 2003年，是中国石油集团庆阳炼油化工有限责任公司（以下简称公司）生产经营工作跃上新台阶，企业改革迈出新步伐，各项工作取得长足进步的一年；也是公司承前启后，继往开来，聚精会神地为全面完成扭亏任务而努力奋斗的一年。一年来，在集团公司党组和股份公司的正确领导下，在炼油与销售分公司的直接部署下，公司全体干部职工认真贯彻落实"三个代表"重要思想和集团公司工作会议精神，紧紧围绕十一届职代会既定的工作目标任务，齐心协力，开拓创新，细化管理，挖潜增效，使公司的各项工作都取得了较好成绩。

公司拥有资产总额8.22亿元，其中固定资产原值7.89亿元，净值5.79亿元。在册职工1755人，其中各系列专业技术人员605人，职工平均年龄38岁。管理机构设职能处室9个，二级公司7个，生产车间10个，基层单位33个。

【主要产品】 主要产品包括90#和93#车用汽油、煤油、0#和-10#柴油、200#溶剂油、石油液化气、4#燃料油、聚丙烯、MTBE、活性炭、水质稳定剂、破乳剂、洗涤剂、防冻液、纯净水、塑钢门窗以及甘草甜素系列产品。

【主要生产指标】 2003年累计加工原油53.03万吨，比2002年增长35.05%；加工重油27.05万吨，比2002年增长35.59%；加工液化气30659吨；加工原煤3549吨，比2002年增长20.33%。

生产汽油16.95万吨，比2002年增长21.96%；生产柴油25.48万吨，比2002年增长38.98%；生产液化气4.31万吨，比2002年增长92.98%；生产聚丙烯5704吨；生产活性炭528吨，比2002年增长14.76%。

【主要经营指标】 2003年完成工业总产值28618万元，比2002年增长44.27%；实现工业增加值11893万元，比2002年增长87.78%；实现主营业务收入128944万元，比2002年增长50.45%；实现税金11544万元，比2002年增长17.41%；职工年平均收入为13601元/人，比2002年增加2211元/人；全年累计亏损5438万元，较2002年减亏3449万元，其中从2003年9月份起已开始摆脱连续亏损的局面，11月份、12月份连续实现盈利。

【企业改革与管理】 一是按照年初制定的经济责任制和竞聘承包制的要求，取消了二级独立经营单位的法人资格，使其成为公司的分支机构。同时，分别同下属单位签订经济责任书，各二级单位分别采取竞聘承包的经营管理方式；对活性炭厂及炼油等生产车间采用财务集中核算形式；对机关处室采用工资总额与生产单位挂钩浮动的形式；经过一年来的实际运行，已收到了较好的效果。

二是全面贯彻落实炼油与销售分公司"六查六整顿"增盈扭亏工作会议精神，开展了为期3个月的"六查六整顿"活动。期间，共查摆各类问题198项，制定颁布了8项管理制度，修订了305项岗位职责、82项设备维护检修规程及20项公司通则，发布了两项操作规则、5项产品标准、32项检验标准。通过查缺补漏，整顿提高，收到了明显的效果。

三是围绕扭亏中心工作开展征集合理化建议活动，累计征集合理化建议512条。经评审筛选出83条，其中组织实施57条，有48条已产生经济效益284万元，为企业减亏起到了积极作用。

四是在全公司范围内开展了第十四次岗位责任制大检查活动，全面检阅了一年来各项管理工作成效，更为深入地从思想建设、作风建设、制度创新等方面进行扎实细致的检查整改活动，使基础管理和现场管理得到明显改观。

【科技创新与技术改造】 2003年，公司围绕装置挖潜降耗，提高效能为目的，充分调动和组织技术力量，集思广益，大胆创新，在技术改造方面做了大量工作。

一是常压瓦斯引入异构化装置分离处理，气相进入高压瓦斯管网作为燃料，液相回收进入异构化成品罐。

二是 MTBE 产品替代添加剂投入使用，效果较好。

三是常压、异构化加热炉燃料改烧油浆取得成功。

四是气分 C_4 和 C_5 改入异构化，经吸收稳定后 C_5 组分作为汽油组分，C_4 返回液化气，取得了明显收效。

五是 MTBE 装置增加原料预处理器作为预反应器，延长了催化剂寿命。

六是对采暖蒸汽、伴热蒸汽及机泵冷却水使用实行定量控制，使蒸汽冷凝水回收利用率显著提高。

通过工艺改进、优化操作流程、小改小革及强化用能监管等措施，综合能耗明显下降。维修费比上年降低 56 万元，冷凝水回收利用率由 37% 提高到 79%，辅材消耗基本控制在计划指标内。

为了提高产品质量，优化产品结构，实现物料平衡，降低能耗，节约原油运输成本，解决制约生产装置的瓶颈因素，11 月份股份公司批准了催化裂化降烯烃改造项目、完善催化余热锅炉系统项目、增加主风机—烟机系统项目、建设原油输送管线项目、建设酸性水汽提装置、改造循环水凉水塔等六个挖潜扭亏技改项目，计划投资 7650 万元，实施后可实现年增加效益 2908 万元。

【安全生产】　安全生产工作以股份公司《2003 年安全生产工作要点》为指导，严格落实安全生产责任制，强化安全目标管理，初步形成了“横向到边，纵向到底”的全员安全生产责任网络。2003 年初，公司同 18 个下属单位签订了《安全管理目标责任书》，并对 1467 名干部职工进行了安全考试。6 月份开展了“安全生产月”活动，举办了安全消防图画展和“安全在我心中”演讲赛，并与所有员工签订了《员工安全生产合同》。同时，认真开展安全生产大检查活动，加大事故隐患和违章行为的查处力度，共组织检查活动 24 次，查处事故隐患 66 条，下发整改通知书 31 次，整改 62 条；查处违章行为 13 人次。截至 12 月底，全公司未发生死亡事故、火灾事故、爆炸事故、多人中毒事故和重大设备事故。

【精神文明建设】　党员干部队伍建设有了新气象。精神文明创建工作再上新台阶。企业文化建设再展新亮点。

（庞玺邦）

中国石油集团宁夏大元炼油化工有限责任公司

【概述】　2003 年是中国石油集团宁夏大元炼油化工有限责任公司（以下简称大元公司）进入中油集团的第二年。面对原油价格居高不下、成品油价格不到位和“非典”疫情的影响等严峻形势和种种困难，大元公司广大干部员工在中油集团、中油股份公司各级领导以及自治区党委、政府的关心指导下，紧紧围绕年初制定的“加强管理、优化结构、装置达标、降低成本、营销为先、增创效益”的工作方针，坚持经济效益优先，以成本管理为第一要务，强化管理，从严治厂，全面完成了“两年一修”的大修任务，在较短时间内稳定了生产，大张旗鼓地开展了旨在挖潜、降耗、扭亏的“六查六整顿”以及装置达标工作，取得了较好的成效。2003 年，大元公司加工原油 81.56 万吨，完成工业总产值 196277.63 万元，实现销售收入 201722.53 万元，利润 -34326.71 万元。

【安全生产】　在经营形势异常严峻的情况下，保证装置安全平稳长周期运行成为大元公司的首要任务。为实现全年无重大事故的目标，大元公司全面加强了以《中华人民共和国安全生产法》为主要内容的各级、各类安全教育，重新修订了《宁夏大元炼化公司职业安全卫生管理制度》，全体管理人员参加了区、市组织的《中华人民共和国安全生产法》、《中华人民共和国消防法》学习班，取得了合格的上岗证书。大元公司还继续实行安全风险抵押制度，全面开展了关键装置和要害部位管理责任暨安全目标管理活动，同时加大了安全检查的频次和力度，坚持查隐患、重整改、严考核，消除事故隐患，有力地保障了安全生产。经过努力，大元公司全年无重特大人身伤亡事故，千人轻伤率为 0.29‰，比 2002 年降低 0.86‰。在中油股份公司安全检查组 9 月份的检查工作中，大元公司得到了较高评价。

【企业管理】 在2003年的管理工作中，大元公司紧紧围绕扭亏、挖潜、增效总目标，从优化生产管理、设备管理、资金管理入手，在全公司大张旗鼓开展了旨在整顿工作作风，严肃纪律，挖潜增效的“六查六整顿”工作。通过广泛动员宣传，仔细检查，认真整改，严格考核，采取对比、销号、滚动、查摆等方法，共检查出涉及工艺、设备、安全、质量、环保、现场管理等八大类1180项问题，整改率94%，达到了整顿工作作风，消除事故隐患，降低生产成本的目的，提升了企业管理的整体水平。

（1）优化能源管理。2003年，大元公司从优化能源管理入手，深入挖掘内部潜力，首先在一氧化碳锅炉的运行上加强管理，利用余热多产蒸汽，同时加强了采暖、蒸汽系统的改造，采取措施停运动力锅炉，使加工吨原油所耗水、电、汽、风指标大幅下降，综合能耗达到了集团公司要求的不大于98千克标油/吨的目标，创造了大元公司历史上最好的能耗水平，大大降低了生产成本。2003年，大元公司利用大检修时间完成了供电系统的改造，将两处变电所合二为一至第二总变电所运行，大大提高了功率因数，降低了电损、变损和线损，提高了用电效率，节约了用电费用。同时，大元公司还积极摸索优化重油催化以及常压装置的工艺操作途径，调节常压与催化之间的热量平衡，使柴汽比较2002年同期提高了0.11，多产柴油3.5万吨。

（2）强化设备管理。大元公司加强了对设备的日常维护管理，制定强制性计划检修维护保养措施，降低了设备检维修费用，减少设备事故的发生，确保了设备长周期运转。2003年，大元公司全年设备完好率达到98.1%，主要设备完好率98.7%，特大、重大设备事故率均为零。同时，大元公司还安全平稳、优质高效地完成了大检修任务，检修费用也比计划节约了71万元。

（3）加强资金管理，财务费用大幅下降，物资供应及产品营销工作有所改观。2003年，在集团公司的大力支持下，大元公司对外立足于区内外商业银行，大量采用资金成本最低的融资方式及渠道，降低了借款的利率，调整了借款期限；对内加强资金管理，转变融资理念，提高理财水平，降低了财务费用的支出，有效地提高了资金使用效率。2003年大元公司财务费用与2002年相比降低了1000多万元。

（4）加大物资管理和销售工作力度。2003年，大元公司对各单位小仓库进行了一次彻底清查，降低了库存，减少资金占用。全年降库232万元，处理核销物资121万元。同时，根据“指标到人、责任风险到人”的方针，初步建立了市场销售网络体系，重新划分了化工产品的销售片区，开辟了新疆、西藏、青海、四川等新市场，销售态势有所好转，尤其是公司氢氧化钾产品的销售打开了局面，产品还远销到了中东、欧洲和东南亚。

【技术进步】 在电费涨价、煤炭涨价、国家强制黄河节水以及市场影响的不利局面下，大元公司以市场为导向，以效益为中心，不断挖掘内部潜力，推动技术进步，使企业的盈利能力得到进一步提高。2003年5月，大元公司顺利完成了聚丙烯装置扩能改造，使聚丙烯粉料由原年产1万吨扩至1.5万吨，气分装置的加工能力由原年加工4万吨提高到6万吨。全年增产聚丙烯2300吨，增加产值近1000万元，取得了可观的经济效益。同时，根据市场情况，大元公司还组织技术骨干在较短时间内研发出了高熔指聚丙烯并生产了1119吨，增加收益近15万元。

【企业改革】 改革是企业发展的不懈动力，也是大元公司2003年的工作重点。2003年大元公司进一步深化了人事、干部、用工及分配制度改革，加快了主辅分离辅业改制步伐，进一步增强了企业活力，推动了企业的持续健康发展。

（1）在干部的选拔、任用方面，公司坚持“四化”和不唯文凭、不唯职称、不唯资历的用人观和人才观，对氢氧化钾车间、销售公司的副职进行了公开竞聘。同时，完成了公司后备干部的选拔，调整了部分班子，使公司干部队伍进一步知识化、年轻化，营造了“能者上、庸者下”，充分信任、尊重和关心人才的良好氛围。

（2）在用工及分配制度方面，公司制定并实施了《基本工资制度改革实施细则》、《干部管理条例》、《干部业绩考核办法》、《员工绩效考核办法》、《五定方案》、《员工奖惩条例》和《竞争上岗实施办法》等规章制度，充分调动了广大员工的积极性和创造性，营造“比技术、讲奉献”的氛围，一名员工还获得了集团公司技术能手的光荣称号。

（3）按照国务院八部委、集团公司的要求，2003年大元公司积极推进主辅分离、辅业改制工作，确定了第一批分离改制试点单位，制订了《主辅分离改制分流总体方案》以及《化肥分厂整体分流改制初步方案》、《宁夏石化环境监测中心站整体分流改制初步方案》，为下一步实施主辅分离辅业改制工作奠定了基础。

（朱　红）

中国石油集团东方地球物理勘探有限责任公司

【概述】　2003年，是中国石油集团东方地球物理勘探有限责任公司（以下简称东方地球物理公司，英文品牌BGP）正式运作的第一年，也是实施“三年发展规划”的开局起步之年。公司全体员工紧密围绕建设“国内第一，国际一流”地球物理公司的目标，认真贯彻落实集团公司2003年工作会议精神和东方地球物理公司2003年工作会议部署，充分发挥“国内找油找气战略部队和海外业务先行官”两个作用，大力实施“全球化、数字化、一体化”战略，全面启动“45538工程”，积极推动“五项改革任务”、落实“五项管理指标”，强化“六项战略性措施”，一手抓重组整合，一手抓加快发展，有效地克服了“非典”疫情带来的严重负面影响，圆满完成2003年承担的各项任务，综合竞争力进一步提升，重组优势逐步显现，为全面步入健康发展轨道奠定了坚实的基础。

截至2003年底，东方地球物理公司有长期职工19576人。主业勘探有地震队94支，VSP队7支，综合物化探队16支，作业区域国内覆盖13个省区、14个油田，海外18个国家和地区。公司总部驻地河北省涿州市。

【主要经济指标】　全年实现收入54.02亿元，实现利润1.36亿元，超额完成集团公司下达的年度经营指标。其中主营业务全年全球市场份额由9%提高到13%，陆地地震勘探市场占有份额达到37.03%，首次跃居全球第一位。

【地球物理勘探】　作为东方地球物理公司主营的业务，2003年二维作业投入钻机2946台，可控震源128台，地震仪102台（配置109614道），325.9个野外队月，完成二维资料采集36127千米，获得生产记录668528张。三维作业投入钻机866台，可控震源125台，地震仪75台（配置179750道），233.1个野外队月，完成三维资料采集14735平方千米，获得生产记录1197370张。非地震电法勘探完成3901千米，17795个物理点；重磁力勘探67224千米，107697个物理点；化学勘探495千米，4277个物理点。VSP测井60口，获得测井记录19031张。主营业务在合同履约、提交成果质量等方面均达到或超过甲方要求。

【国际勘探】　全年实现收入比2002年度增长50.3%，海外业务收入和利润连续4年保持50%的增长速度。年内新增作业国家和市场开发地区11个，新增作业队伍7支。海外业务发展到全球四大洲、18个国家和地区，作业队伍增加到34支，资料处理研究中心增加到8个，海外办事处达到22个。2003年国际勘探亮点是首次突破沙特、阿曼、阿联酋等中东市场，打破了西方几大地球物理公司长期垄断中东市场的格局。其中沙特S47区块二维地震采集项目，合同期4+1年；S49区块二维过渡带项目合同期2年，最低工作量5000千米。在墨西哥中标三维地震采集项目合同额9360万美元，成为近20年来全球最大的陆地地震采集项目。浅海过渡带勘探、资料处理解释和综合物化探业务进入海外市场取得重要进展，海外业务“一体”化发展初见成效。2003年还通过法国TOTAL和阿曼国家石油公司（PDO）的资质审查，为进入TOTAL和SHELL（壳牌）全球市场创造了机遇。

全年国际勘探二维作业投入钻机224台，可控震源49台，地震仪23台（配置37174道），73.4个野外队月，完成二维资料采集13068千米，获得生产记录328701张。三维作业投入钻机59台，可控震源45台，地震仪16台（配置37521道），85.8个野外队月，完成三维资料采集7602平方千米，获得生产记录539471张。非地震电法勘探完成248千米，1240个物理点；重磁力勘探6457千米，9274个物理点。VSP测井1口。

【国内勘探】　通过强化“一体化”服务，加大靠前研究和技术支持力度，加强客户回访和现场巡回技术服务，在2002年年底实现同股份公司勘探与生产公司签订技术服务协议的基础上，积极推动与塔里木、新疆、吐哈、青海、玉门、华北、冀东等油田分公司签订技术服务协议的工作，进一步密切了与各油田分公司相互信任、密切合作的良好关系。年内动用物探队伍65支（其中地震队55支），完成项目171个（其中地震采集项目134个），完成年度预算的103.2%，比2002年度增长8.9%。

全年二维作业投入钻机2722台，可控震源79台，地震仪79台（配置72440道），252.5个野外队月，完成二维资料采集23059千米，获得生产记录339827张。三维作业投入钻机807台，可控震源80台，地震仪59台（配置142229道），137.3个野外队月，完成三维资料采集7133平方千米，获得生产记录657899张。非地震电法勘探3653千米，16555个物理点；重磁力勘探60767千米，99423个物理点。VSP测井59口。

【资料处理】 二维地震资料处理合同工作量为65275千米，实际完成65565千米。三维地震资料处理合同工作量7379平方千米，实际完成满覆盖面积7713平方千米。

【成果解释】 2003年全公司资料解释和综合研究取得丰富的地质成果，经过对811275千米二维地震资料和三维50983平方千米满覆盖面积资料进行解释和综合研究，发现圈闭659个，圈闭面积20649平方千米，共提供井位744口，被采纳647口。其中累计解释二维地震剖面长度542699千米，发现圈闭264个，圈闭面积12274平方千米，提供钻探井位147口，被采纳86口；累计完成三维满覆盖面积地震剖面27491平方千米，发现圈闭196个，圈闭面积336平方千米，提供井位433口，被采纳431口；综合研究二维地震剖面268576千米，三维地震剖面23447平方千米，发现圈闭199个，圈闭面积8039平方千米，提供井位164口，被采纳130口。配合油田勘探开发，这塔里木乌参1井、准噶尔南缘霍10井、柴达木北缘马北1井及鄂尔多斯西峰油田两侧的重大油气发现做出了重要贡献。

【内部资源重组整合】 东方地球物理公司组建后，公司总部机关按照决策支持、综合管理、监督约束、党群工作四个系统，设立了13个职能部室。公司业务按照主营、非主营两大板块，共设11个直属单位。管理模式根据单位性质不同，分别采取集中管理与授权经营相结合、业务板块管理与专业化管理相结合的模式。至2003年年底，根据业务需要，将11个直属单位调整为12个，并按照公司总部批复的机构设置和人员编制方案，完成并进一步完善了事业部（院、中心）及下属单位组织机构的设置和内部管理体系的建立。

科技资源整合以研究院为基础，建立起统一的物探技术研发中心，成立海外业务部，组建和完善8个海外处理研究中心；成立乌鲁木齐、敦煌、长庆、大港4个研究分院和冀东、华北2个研究中心，靠前研究服务体系进一步完善。重组后的研究院技术研发能力、靠前服务能力、“一体化”支持保障能力显著增强。

主辅分离和相同业务集中管理的组织结构调整基本到位。钻井运输等专业化资源完成事业部层面的集中，主营业务的测量、仪器、物资供应业务和公共事业、多元开发等，在整合、划转的基础上，基本完成公司层面的集中统一管理。

行业重组的延续工作基本完成。对重组单位19685名员工的劳动关系进行了变更；对离退休人员、按月支付抚恤金的职工遗属、有偿解除劳动合同人员进行了核准和确认；对重组涉及的房产、土地产权、知识产权、企业股权和各类合同（协议）进行了产权或执行主体的变更；对重组单位的五项保险托管和物业服务问题，已同相关油田管理局签订托管或服务协议。分离企业办社会职能做了大量的基础探索性工作，为该项工作的继续推进打下了良好基础。

【行业重组主业勘探优势显现】 “一体化”优势得到有效发挥，勘探主业专业化运作带来劳动生产效率大幅度提高。国内地震队年平均产值超过3368万元，海外地震队年平均产值超过6246万元。其中年产值在亿元以上的小队达到12支，8000万元至1亿元的小队达到6支，人均年产值达到24.42万元，比重组前提高70.8%，海外地震队平均队年产值已接近全球第一的西方地球物理公司（WesternGeco）水平。东方地球物理公司不仅继续努力当好集团公司“走出去”的排头兵，而且在专业化重组、打造国际勘探劲旅方面也为建设具有国际竞争力的跨国企业集团做出了新的贡献。

技术支持与技术创新能力大幅度提升。到2003年年底，东方物探的海外靠前研究中心已由2002年重组改制之前的5个增至8个，国内靠前研究中心（研究分院）由13个增至17个，靠前服务科技人员由410人增至1900人，“一个整体、三个层次”的体系，使技术研发、技术攻关及综合利用地震、非地震、地质、测井、钻井等多种信息资料进行构造、地层、岩性、油气评价的综合评价能力显著增强，在集团公司2003年发现的5个亿吨级大油田中，有4个是东方地球物理公司配合相关油田公司提供的钻探井位。

【技术创新】 在加快科技资源整合、完善科技创新体系的同时，加大科技创新力度。全年组织科研立项60项，投入科研经费1.74亿元，着力完善“八大技术系列”，相继取得一批重要技术成果和重要技术进展。复杂区勘探技术，包括在采集质量快速监控技术、叠前时间（深度）偏移技术、宽方位角三维地震勘探技术、大沙漠区提高分辨率勘探技术、隐蔽性油气藏勘探技术、高密度地震勘探联合技术攻关等技术研究与应用方面取得一批新的成果。开发地震技术，包括多波多分量勘探、时移地震勘探及井中地球物理勘探新技术研究与应用取得可喜进展，引进国内第一台4000道三分量数字地震仪开展多波勘探，采集的资料质量有明显改善。物探软件研发投资1.4亿元的GEOEAST V1.0处理解释一体化软件研发项目取得多项阶段性成果，完成总工作量的40%；地震采集软件系统KLSeis3.0版本得到完善并投入KLSeis4.0版本的开发；浅海OBC处理技术、非地震CEMP技术和面向油田开发的井中电法技术研究与应用取得重要进展。全年新增先进采集设备50200道，检波器串169000串，各类车辆1019台（套），测量设备161台（套），工作站及服务器76套、224个CPU，PC-Cluster并行计算机集群系统3套、898个CPU，研制了具有自主知识产权的GPS授时遥测地震仪、滩海和沼泽运载设备，并启动了与西安仪器厂共同研制数字检波器、双检检波器、3DVSP仪器系统以及新型地震勘探仪器等勘探装备的合作开发项目，沙漠及黄土塬螺旋钻具改造和滩海沼泽链轨车研制取得明显效果。

重建公司知识产权管理组织体系，超前组织调研，全面摸清公司知识产权分布状况，在公司成立后立即着手知识产权归属变更工作，于2003年1月完成63项专利权、10项商标权的变更工作，有效保护了公司的各项知识产权。2003年公司新申请专利20项，登记软件著作权3项。年内认定登记的技术合同数为85个，金额达1.3亿元。为避免科研项目低水平重复和侵犯他人的专利权，2003年有47个科研项目进行立项、验收查新，对查新报告及附件的重视程度和利用率有很大提高。

【非主营业务】　全年实现收入9.6亿元，实现利润199万元。公共事业板块基地运行费用在补贴1.54亿元的基础上亏损1051万元。多元开发板块进一步优化产业结构，集中扶持发展优势企业，积极开拓社会市场，全年实现收入6.9亿元。旅游接待板块在受到“非典”严重影响的形势下，下半年通过强化市场营销，努力增收节支，全年实现收入1.12亿元。

【人力资源开发】　进一步加大人才队伍建设和人才培训力度，在内部现有工程技术人员中开展专家、技术带头人的考核聘任工作，重新聘任公司专家24名，技术科技带头人96名；外部通过引进和接收新分大学本科以上毕业生191人，其中博士生2人，硕士生17人。投入培训费用1427万元，组织外语、管理、技术等各类培训110期（次），参加培训3541人次，其中举办处级领导干部英语培训班2期，培训79人。建立和完善各级管理与技术人员绩效考核制度和考核体系，绩效考核工作由总部管理、技术人员，延伸到基层管理、技术人员和操作服务人员。

按照海外业务“中高级管理人才国际化，操作骨干本土化”的用人机制，进一步强化开放的用人机制，一批高素质的国际化人才分别进入国际部总部和地区（项目）经理部岗位，首批15名优秀海外雇员完成了在涿州总部的培训，国际化的用人机制在海外业务中初步建立。

【企业规范化管理】　围绕开展“管理增效年”活动，建立、完善各项政策、制度、标准，进一步强化有序的企业管理工作，有效保证了公司各项经营活动的正常运行。在充分调研的基础上，公司先后出台管理制度127项，修订和颁布工程技术及HSE标准7个部分101项，解决了重组单位之间存在的政策、制度差异问题。尤其是将重组7个单位的42项工资、补贴进行归并调整，建立和实行统一的工资和补贴制度。编制公司三年发展规划、五年滚动发展规划、十年发展远景规划及集团公司物探行业发展规划，进一步明确了企业的发展方向、思路和目标。加强投资决策管理的科学化和民主化，规范投资项目可行性研究和项目评价程序，建立投资项目的经济评价和风险评估制度，强化合同与资金管理，有效规避了企业经营风险。进一步规范会计核算体系，全面推行财务总监派出制和收支两条线制度，开通网上银行结算业务，加快了资金结算速度和资金周转，加大对税收筹划和管理的研究，实现了增值税和所得税在公司层面上的统一。组织开展资产清查，规范固定资产的实物与价值管理，建立设备、大宗物资集中统一招标、采办制度，将物资供应中心从物资装备事业部分离出来，按照“平进平出”的原则，对公司各单位的物资供应实行了集中采购、统一仓储、统一配送服务。QHSE管理措施得力，年内通过ISO 9001质量体系和环境、职业健康、HSE管理体系认证现场审核，安全生产指标均在规定的范围内，获得集团公司2003年质量先进企业、安全生产先进单位和全国“安康杯优胜企业”称号。推行领导干部离任审计制度，加大审计、监察监督力度，全年共开展各类审计项目32个，审计覆盖面达到100%，查处违纪违规问题金额5870万元。

【ERP项目】 ERP（企业资源计划系统）是建立在信息技术基础上以现代企业管理思想为企业提供决策、计划、控制与经营业绩评估的全方位、系统化的管理平台。东方地球物理公司于2003年2月21日正式启动ERP项目，成为集团公司系统内第一家“人、财、物、设备、项目管理”等模块同时全面实施ERP管理的大型企业，也是集团公司实施ERP的试点单位之一。经过招标，确定由毕博管理咨询公司实施东方公司ERP项目。按照整体规划、分步实施、突出重点、稳步推进、严格把关、务求实效的实施原则，ERP项目的实施由总部开始，自上而下，由点及面，完成包括财务管理、设备物资管理、项目管理、人力资源管理、QHSE管理等业务流程设计251个，重新制定东方地球物理公司的设备、物资编码体系。至年底通过在全公司范围内推广QHSE、客户关系管理、知识管理、ERP门户和OA办公系统集成等新功能的开发，完成ERP一期上线单位财务、物资、设备、项目、人力资源各模块所需要的大量系统数据的收集、准备和导入工作。

（周　宏）

中国石油集团测井有限公司

【概述】 2002年1月22—26日，集团公司在北京召开“中国石油天然气集团公司2002年度工作会议”，确定实施中国石油测井行业专业化重组战略。至此，测井专业化重组拉开序幕。

经过近一年的筹备组建工作，于2002年12月6日，中国石油天然气集团公司在北京举行隆重仪式，宣告中国石油集团测井有限公司挂牌成立。公司总部设在陕西省西安市。

中文注册名称：中国石油集团测井有限公司。

英文注册名称：China Petroleum Logging Co.，Ltd。

英文简称：CPL。

中国石油集团测井有限公司（以下简称公司）是中国石油天然气集团公司的子公司，是集测井技术研发、测井技术服务及资料处理解释为一体的技术服务公司。按照《公司法》和《公司章程》规定，公司设立股东大会、董事会、监事会。

公司下设长庆、华北、吐哈、塔里木、青海五个事业部和一个技术中心。共有员工3319人，各类作业队伍160个，资产总值10.5亿元，其中固定资产原值8.8亿元。

中国石油集团测井有限公司总部设在西安，公司办公地点暂时设在西安未央区中国电信大楼。其主要工作区域横跨陕西、甘肃、宁夏、内蒙、河北、新疆、青海、江汉等省（区）。其中，中油测井公司下属二级单位长庆事业部驻地陕西高陵县，华北事业部驻地河北任丘，吐哈事业部驻地新疆吐鲁番地区鄯善县，青海事业部驻地甘肃敦煌，塔里木事业部驻地新疆库尔勒市，技术中心部分驻地陕西西安，其余人员驻地湖北潜江。

公司董事会成员共计9人，其中股东单位7人，中油测井公司2人。

公司的企业精神为爱国、创业、求实、奉献。经营理念为诚信、创新、业绩、和谐。经营方向为测井技术研发、测井装备制造、测井技术服务一体化。企业的使命为全面推进具有国际竞争力的跨国公司建设，为用户提供高水平、低成本、全系列的测井服务，成为在全球范围内经营的跨国公司，成为让职工、用户、股东、公众认同的一流企业。战略目标为：公司的主要技术、企业规模（经过重组）、管理水平要在五年之内基本达到国际一流水平（哈里伯顿测井板块）。

公司现有部分经营收入在2002年5.2亿元基础上，争取到2007年要翻一番，达到10亿元，利润率保持在10%以上，国外收入比例达到15%—20%。公司的测井装备要用自己品牌的快速与成像测井装备（EILog）进行全面改造，在国际测井舞台上与知名公司同台比武。公司拥有适应跨国经营要求的服务队伍和站在世界测井技术前沿的研发队伍。建立起适应跨国经营的与国际标准接轨的管理体制、运行机制、管理制度。

【生产经营业绩】 2003年，共测井4845口（9880井次），射孔21563射孔米，录井134口。测井曲线合格率为100%，作业一次成果率99.05%，测井解释符合率为87.01%。没有发生人为重大安全事故。实现主营业务收入6.3931亿元，同比增长22.6%；实现利润8779万元，同比增长14.4%。内部市场占有率为94.83%。

【经营管理体制】 为适应跨地区经营的特点和灵活跟踪市场的变化，公司建立事业部制管理体制，实行总部、事业部、项目部三级管理。明确各级管理的责任，为实现公司长远发展目标打下坚实的基础。

公司根据市场的需要决定队伍的结构和数量，根据队伍的结构和数量决定管理的方式。各事业部对所在区域的市场开发负责，公司把作业区市场占有率、总收入、内部利润、质量和安全指标作为对事业部经营业绩考核的主要指标。

【技术创新体制】 公司将原江汉测井研究所和西仪厂研究所进行整合，组建测井技术中心（该中心同时还是CNPC的测井技术中心），健全了组织机构，为公司走装备研发和技术服务一体化道路奠定了基础。技术中心的基本定位是实施公司技术战略，研发先进的成套测井装备，实现研发、装备，服务的良性循环。对技术中心的具体要求是：根据服务需求立项，凝练技术项目；推行课题制，提高研发的效率；成果商品化后进行验收。

在项目立项上实行顶层设计，研究、开发先进成套的测井装备，提高研发层次。在项目运行上实行课题制，对重大科技项目的负责人通过招标确定，对项目组人员由负责人进行优化组合，项目负责人在规定的计划任务和预算范围内享有充分的自主权，提高研发效率。从科技经费中提取一定比例为重大项目研发人员发放津贴，提高研发人员的积极性。

经过一年多的研究，在以往研发工作的基础上，研制完成具有自己品牌的成套测井装备，经过室内和现场测试，主要技术指标达到或接近国际先进水平。该套设备包括：综合化的地面设备，集成化的常规测井，国产化的成像测井。综合化的地面系统能兼容现有所有测井仪器，且能很方便地配接要研发的测井仪器。仪器具有高可靠、易组合、高水平、低成本的特点。其配套的测井综合应用平台LEAD1.0是基于Windows 2000/XP的新一代测井资料处理解释软件，集成多学科研究成果，将成熟的测井处理解释方法与先进的计算机技术充分结合，实现多种仪器类型测井资料的快速处理，具有灵活的底层开发平台、集成化的应用模块、交互可视化的处理解释流程。能处理常规测井、成像测井和特殊测井等资料，满足储层快速直观解释、精细解释及综合评价的需要。集成化常规测井是对所有常规测井仪器全部进行改造，形成分辨率统一、探测能力提高、一次下井取全所有资料、现场给出解释结果的综合测井仪器。国产化成像测井主要是阵列感应成像测井仪、超声波成像测井仪和微电阻率扫描成像测井仪。这套设备解决了集成、遥传、兼容、快速处理等关键技术，实现了基本配套。

【流程化管理体系】 按照面向市场、创新管理、责权明确、管理科学、反应快捷、运作规范、激励与约束相结合的总体要求，从经营过程出发，提出综合流程和管理流程的设计思想，建立公司机关总部流程管理体系。

机关部门按市场、队伍（人员、装备）、成本的综合流程设置。按九个部门进行设计，暂组建七个，职能接近的部门合并办公，同时明确部门工作职责和业务范围。岗位按决策、执行、监督的具体管理流程设置，机关部门设置五个岗位等级，共有46个岗位，52个定员。明确各个岗位的岗位职责和任职条件、聘任方式、考核办法。经过民主选聘、竞聘上岗等程序，确定各岗人员，按岗位职责开展各项工作。

建立文件化的流程管理体系，包括职责、制度、流程，确保各项工作按规定的目标和程序高效运作。通过各部门和各岗位的职责描述，建立机关各部门、各岗位共53个岗位职责。首批建立29项管理制度，为各项管理工作规定统一标准，杜绝想怎么干就怎么干的现象。依据变分散为综合、变串行为并行的原则，对企业过程进行设计，为管理工作统一制定46项工作流程，使每项工作按事先规定好的步骤、方向传递信息和具体运作，明确什么时间，由谁，去干什么，以及怎么干，完成的标准是什么。

【激励约束机制】 公司与各事业部签订经营业绩责任合同，公司与各事业部签订年度经营业绩责任合同，明确目标，落实责任，确保各项经营目标的实现。把后勤服务人员分离出来成立基地服务部，为主业和社会提供服务，实行独立核算。强化对各单位和各单位领导班子的激励与约束，实现经营机制的转换。

通过预算确定考核指标，公司把作业区市场占有率、总收入、内部利润、质量和安全指标作为事业部经营业绩考核的主要指标，并根据预算确定各单位目标值。

以经营指标决定经营者，按实际完成指标兑现奖金额度。生产奖额度与预算收入直接挂钩，效益奖额度与实现内部利润直接挂钩。2003年，各事业部都不同程度超额完成生产经营指标，公司按合同和经营考核兑现方案实施第一年的效益，全公司职工平均收入同比增长20%。

为保证经营者完成经营指标，公司实行分级授权管理，明确规定公司各级领导干部在内部行政管理过程中的权限。被授权者要在授权范围内从事经营管理活动，既要尽职尽责，又不能越权行事。

【市场战略】 运用市场渗透战略，在内部市场上实现95%以上的市场占有率。在为油田公司创造更大价值的前提下，多测项目、增加井次，特别是增加生产井动态检测、剩余油监测、工程监测的工作量，运用市场开发战略，开辟新市场，开发新用户。在国际市场上，在2003年收入1245万元基础上，经过3—5年，要达到1.5亿—2亿元。在国内公共市场上，实现50%以上的市场占有率。运用产品开发战略，开发新产品和新设备，一方面用新产品和新设备去开发国内外市场，另一方面仪器制造三年之内力争收入达到1.5亿元。

【技术战略】 测井先进生产力集中体现在成套装备上，成套装备的发展进程要与时代紧密联系，吸收和利用当代最先进的技术成果。技术目标就是要发展先进的成套装备。技术路线有两条：一是用信息技术，包括最先进的计算机技术、微电子技术、网络通讯技术和软件技术，对测井装备进行全面的改造和提升。变分散的测井仪器为综合的测井仪器；变串行的测井作业流程为并行的测井作业流程；变一个采样点采一个数据为一个采样点采一个谱数据；变两个探测器补偿测井为阵列探测器的成像测井，全面实现测井技术阵列化、集成化，极大地提高测井水平和工作效率。二是以储层参数为核心，取准储层参数，提高解释符合率，提高解释精度。用最新的研究成果，优化探头设计，建立新的饱和度公式，在求准储层参数的基础上，建立解释标准，在解释标准和解释经验结合的情况下，开展精细解释和多井解释，提高解释符合率。

【人才战略】 人才资源是第一资源，公司的发展关键在人才。人才工作的重点是建设适应市场需求的经营管理和专业技术两支人才队伍，以人才市场化为原则，构筑人力资源开发体系。让不同地区的人员接受共同的职业培训，在普遍提高队伍素质的基础上，培养和造就一批有创新精神的高素质、高层次的技术人才和管理人才。以灵活多样的方式有针对性地引进人才，在满足研发和生产经营需求的同时，提高人才队伍的整体水平。以竞聘上岗、业绩考核的方式，选拔和使用各类人才，让人人都有发挥才华的机会。调整人才的队伍结构和地区结构，让人才有效地流动起来。

【QHSE管理】 公司坚持可持续发展战略，积极推动质量、职业健康安全与环境管理的全面进步。公司内部全面推行ISO 9000质量管理体系、ISO 14000环境管理体系、OHSAS 18000职业健康安全管理体系、HSE管理体系，并分别通过认证。测井重点实验室通过国家计量认证。

公司在总结各单位质量、安全管理的成功经验，借鉴国际测井行业的先进标准的基础上，对质量管理体系、环境管理体系和职业健康安全管理体系进行整合，建立较为统一、先进、实用的QHSE管理体系。

在质量管理上，公司以“三率”（资料优等率、作业成功率和解释符合率）为重点抓好服务质量。抓好作业一次成功率，以提高装备水平、操作水平和管理水平为重点，不断提高作业的整体水平。抓好测井曲线合格率，我们以刻度为核心控制质量，一是完善刻度装置，每种测井仪器都要有规范的刻度设施。刻度设施不完善仪器就不能投产。二是完善刻度规程，每一项主刻度、井场刻度都有规范的刻度标准。刻度结果不符合标准，仪器就不能下井测量。抓好解释符合率，通过求准储层参数，用储层参数建立解释标准，在解释标准和解释经验结合的基础上进行综合解释，不断提高解释水平。2003年，“三率”指标取得较高水平，作业一次成功率为99.05%，测井曲线合格率为100%，测井解释符合率为87.01%。各项指标均比重组前有提高，体现公司的良好形象和严谨作风。

对HSE体系的运行，公司提出以“三个确保”（确保放射性人员不受伤害；确保放射性源、火工品不失控；确保不因仪器遇卡造成井筒事故）为目标，搞好职业健康、安全和环保。在安全工作上，强调“两个层面”的安全责任制。一个是领导人员的安全责任，另一个是操作层面的安全责任。要求领导人员树立“安全第一、预防为主”和“安全责任重于泰山”的思想，抓好预防、培训、管理和安全承包责任制。对操作层面，公司为每一位操作人员编制发放安全手册，把安全工作落实到具体岗位和具体要求上。2003年，无重大安全责任事故发生。

【关联交易】 2003年，公司与中油股份勘探与生产分公司签订为期一年《油气田测井与射孔技术服务协议》，并以此为基础，公司各事业部分别与各所在地的油田分公司（长庆油田分公司、华北油田分公司、吐哈油田分公司、青海油田分公司）签订测井、射孔工程技术服务关联交易协议，其中长庆事业部与长庆油田分公司签订为期三年的技术服务协议。关联交易市场占有率达94.83%。

以储层评价为核心，为各油田提供最好的测井服务。最大限度发挥成套装备功效，最大限度满足用户需求，加大对各油田公司的质量回访和交流力度，深入了解油田勘探开发对测井的新需求，向油田分公司介绍测井重组的新优势，介绍公司研制的成套装备的新优势，表明提供优质服务的诚恳态度，做油田勘探开发系统信得过、靠得住、管长远的战略合作伙伴。一如既往地加强与油田勘探开发系统和钻井系统的紧密联系和良好合作，进一步密切与油田勘探开发系统和钻井系统的手足情谊和长期的合作关系。一如既往地把油田勘探开发中遇到的难点作为中油测井公司攻关的重点。经过双方的共同努力，关联交易工作平稳运行，规范运作，达到了双赢互利的目的。

（李华章　安维东）

中国石油集团工程设计有限责任公司

【概述】　中国石油集团工程设计有限责任公司（以下简称公司）是中国石油天然气集团公司第一家跨地区实施专业化重组成立的有限责任公司。2003年，公司全年实现经营收入53033万元，完成三年翻两番的奋斗目标；全年实现利润1323万元，同比增长100%。

【生产经营任务】　2003年，公司坚持“立足发展求生存”的发展理念，牢牢抓住高效快速发展这条主线，安排和部署各项工作，超额完成各项生产经营指标。

1. 市场开发不断取得新进展

认真贯彻“以市场为中心，一切围绕市场转”的市场理念，克服“非典”疫情带来的不利影响，市场领域不断拓展。全年共承揽项目1302项，新签合同额71555万元，分别比去年增长62%和107%。

一是承揽的项目大。先后承揽陕京二线输气管道、克拉2气田、吉林石化5万吨有机硅、宝力格25万吨油田地面工程、大连石化储运罐区改造等一批重点工程项目。

二是工程总承包项目多。东北分公司先后承揽松原大豆蛋白、吉林燃料乙醇玉米油精制装置等4项总承包项目，合同额超过1.3亿元；西南分公司密切跟踪忠县净化厂、忠武输气管道汉江穿越等项目，并在忠县净化厂项目上取得实质性进展；大连分公司继续开拓总承包业务，承揽大连石化海水淡化等4项总承包项目。工程总承包作为公司新的经济增长点，已初步显示出对营业收入的积极贡献。

三是市场领域不断拓展。公司总部积极开发集团公司化工领域设计项目，承揽大庆林源炼厂分子筛脱蜡项目；西南分公司积极参与长江三角洲、珠江三角洲及两湖地区城市气化工程的竞争，承揽湖州天然气中压管网等工程；北京分公司在华东地区、地方市政工程、天然气下游市场等新的领域取得较大进展；大连分公司区域外市场份额已超过50%。

2. 全面推行项目管理

公司全年共运行项目1439项，工作量同比增加63%。公司全面推行项目管理，所有大中型项目均实行项目管理，组织召开项目管理研讨会，制定项目管理办法，着手编制项目管理体系文件，认真落实项目经理的责、权、利，调动项目人员的积极性。经过努力。项目管理已成为调动一线员工积极性的主要措施。

公司在任务重、时间紧、人手短缺的情况下，加强生产组织协调，确保各项任务的圆满完成，员工的劳动强度明显增大，全员劳动生产率明显提高。西南分公司、东北分公司充分挖掘生产潜力，积极开展项目管理，提高项目运行效率，全员劳动生产率有了显著提高。

3. 国际化经营取得新进展

充分认识国际化经营对于公司发展的重要意义，认真贯彻落实公司年会提出的“努力实现国际化经营的重大突破”的要求，组织召开首届国际工程暨外事工作会议，提出“坚持一个中心，实现两个目标、实施三个战略、推行六个举措”的工作总体部署。同时，着手组建国际公司，努力打造国际化经营的专业团队。

公司积极加强与集团公司有关单位的沟通，依托集团公司整体优势，密切跟踪集团公司海外工程项目，承揽阿拉木图疗养院、苏丹六区50万吨油田开发、哈萨克斯坦肯基亚克稠油热采监理、哈萨克斯坦北布扎齐油田产能建设以及阿拉木图油库扩建等项目，全年新签合同额超过410万美元，海外业务收入超过500万美元。公司狠抓国际工程项目运作，加强与国外工程公司的合作，先后与加拿大VECO公司、美国UNIVERSAL公司、新加坡胜科公司等签订合作协议，并选派人员赴国外工程公司进行培训，为公司进一步开拓海外业务、加快与国际接轨做了有益的尝试。

4. 科技产业化稳步推进

坚持“培育核心技术，实现产业化”的科技理念，紧密围绕国内外油气田、油气管道、石油化工、石油炼制的生产实际，积极开展科研立项，组织开展“苏丹油田原油及污水处理先导试验研究”、“苏丹高酸原油环烷酸脱除技术探索性研究”、“苏里格气田低成本集输处理工艺配套技术研究”、“天然气脱水装置优化设计”、“无机传热高效加热炉研究开发”、“螺杆泵扭矩仪”等课题的研究工作。苏丹原油脱酸技术研究取得突破性进展，阶段成果受到集团公司领导和用户的高度重视和一致好评；“沙漠油田腐蚀监测技术研究”通过集团公司验收。2003年，公司共有21项专有技术通过集团公司认定，申报专利技术12项。

公司认真筛选产业化项目，其中单井原油连续计量工艺技术、钻井废弃液废水处理一体化设备等15项产业化项目已进入实施阶段，全年产值达到4125万元。科技产业化作为公司精心培育的新的增长点，已展示出勃勃生机。

【改革与管理】 2003年，公司坚持观念创新，不断推进改革，深化各项管理，逐步形成公司观念优势、政策优势和管理优势。

1. 积极稳妥实施各项改革措施

一是推进专业化重组。

二是优化资源配置。

三是全面实现主辅分离。

四是创新用工制度。

五是推进人事制度综合配套改革。

2. 推行“特色管理”和“星级服务”

一是积极推行“特色管理”。按照“规范、严格、精细”的特色管理要求，加大制度建设和贯彻执行力度，公司总部一季度就完成制度的修订完善工作，并编印《公司制度汇编》。各分（子）公司也狠抓制度建设，全年共制定、修订各类规章制度200余项，进一步规范各项管理工作。

二是积极推行“星级服务”。2003年3月15日，公司隆重举行星级服务发布会，在全公司范围内启动星级服务，编写《星级服务管理办法》，并组织开展现场服务检查。

三是努力建立学习型组织。大力倡导员工学习，为员工提供各种学习机会，培养员工学习的习惯。

四是全面加强质量管理。继续贯彻质量管理体系，组织开展质量管理体系内审和管理评审活动，并顺利通过中设认证中心的监督审核。

五是组织开展HSE管理体系认证工作。坚持以人为本的思想，积极开展健康、安全与环境管理，成立HSE管理组织机构，编制发布HSE管理体系文件，组织开展HSE管理体系内审及管理评审工作，并顺利通过中油HSE认证中心的认证审核。

六是切实加强财务管理。严格执行财务预算管理办法，强化成本控制，杜绝各种预算外支出；统一公司会计政策，狠抓资金管理，强化监督与检查，确保公司改革与发展对资金的需求；积极进行纳税筹划，加大往来账目清理力度，提高公司整体效益。

七是加强其他各项管理工作。积极改善办公环境，顺利完成大连分公司新办公楼装修搬迁工作；全面清查员工学历、学位；积极开展炼化建分会等协会管理；做好外事接待工作，认真办理员工出国手续；规范电子档案管理，推动网络建设；加强商业秘密保护，积极稳妥地推进住房制度改革；加强计划生育工作，各单位达标率100%；落实安全生产责任制，全年未发生安全责任事故；认真落实离退休职工的政治和生活待遇，积极组织开展丰富多彩的文化活动。

【精神文明建设】

1. “2356”人才工程

一是加强领导班子建设。抓好领导班子的思想作风建设，提高各级领导班子的政治理论水平和领导能力。全面推行竞聘上岗。

二是强化员工培训，初步建立员工分级分类培训体系。

三是积极引进各类人才。

四是加强专家队伍建设。

2. 主题教育活动

一是积极开展主题教育活动。2003年初，公司党委做出在全公司开展“明确形势、目标、责任，建设理想、事业、利益共同体”主题教育活动的决定，将主题教育活动作为党建工作的重要内容，要求全体员工紧密围绕集团公司建设具有国际竞争力的跨国企业集团的奋斗目标，全面完成公司年会提出的各项任务，努力把公司建成全体员工的理想、事业、利益共同体。

二是推进企业文化建设。

三是加强党建工作。公司党委认真贯彻落实集团公司基层党建工作会议精神，召开首届党建研讨会。

四是认真开展党风廉政建设和纪检监察工作。

五是积极参与集团公司职工运动会。

六是积极开展深入细致的思想政治工作。

（钟吉昌）

深圳石油实业有限公司

【概述】　深圳石油实业有限公司（以下简称公司）是1989年1月经深圳市人民政府批准成立，由集团公司及27家石油企业在经济特区创办的窗口公司。公司初始注册资本1000万元，1994年3月公司增资扩股，注册资本增加到15000万元，并改组为有限责任公司。1997年以后，集团公司加大对公司的投入，1997—1999年间累计增加投入26126万元，加上其他股东增资626万元，使深圳公司的注册资本增加至41752万元。集团公司在公司累计投资35126万元，持有84%的股份，为控股股东。

公司经过多年的发展与调整，经营业务已由单一的石油贸易，扩展为成品油及压缩天然气批发与零售、建筑材料的加工与销售、深海网箱的制造与销售、酒店经营以及委托理财试点等综合业务。

公司实行董事会领导下的总经理负责制，实施“以油为本、扎根特区”的发展战略。公司直接经营和管理的下属公司有：海南中油深南石油技术开发有限公司、深圳华油实业发展有限公司、深圳市中油大厦酒店有限公司、深圳市东方晨投资有限公司、深圳市鹏正实业有限公司和深圳市中油器材进出口有限公司。公司共有员工446人，其中党员87人，占员工总数的20%，大专以上学历154人，占员工总数的35%，具有中高级以上技术职称的124人，占员工总数的28%。

根据董事会批准的公司管理体制改革方案，公司适时进行“三项制度”改革，形成模拟“一级法人，分公司管理”的公司治理模式。公司机关本着精干的原则，设立企业管理部、财务部、审计部和综合办公室等四个职能部门及油品经销公司和房产管理公司两个模拟法人公司。公司机关仅有员工24人，其中具有大专以上学历的占84%，中高级以上技术职称的占83%。机关部室及控股公司主要负责人全部实行竞聘上岗。

【经营成果】　2003年是公司上下努力拼搏、战胜困难，实现持续发展的一年，也是公司加强管理、深化改革，开创各项工作新局面的一年。

在这一年里，公司坚持以市场为导向，以效益为中心，以发展为主题，以结构调整为手段，认真贯彻实施集团公司提出的低成本发展战略，切实加强以财务管理和审计监督为核心的各项管理工作，克服“非典”疫情的严重影响，保持了公司整体资本运营质量和经济效益的基本稳定。2003年完成销售收入21908万元，实现利润1342万元，超额完成集团公司下达的预算任务。

2003年底，公司资产总额已达77196万元，其中流动资产37664万元，占总资产的48.8%；固定资产31003万元，占总资产的40.2%。负债总额为21243万元，资产负债率为27.5%，所有者权益为48909万元。

【企业改革】　2003年，公司继续实施“人才强企”战略，坚持人本管理与能本管理相结合，认真学习贯彻集团公司人事工作会议精神，深化“三项制度”改革，公司于2003年3月17日召开公司人事工作会议。会议提出公司今后一段时期人事工作的任务：2003年重点对分公司经理竞聘上岗制度进行完善；2004年对部分分公司经理岗位进行社会招聘和团队应聘的试点，并把竞聘范围扩大到公司机关部门经理；2005年结合公司领导班子换届，将对公司副总经理岗位实行竞聘，“三项制度”改革其他方面也要配套进行。

2003年7月，公司通过竞聘方式选拔任用一名公司副总经理，提前将竞争机制引入公司领导岗位的选任程序。

通过形势教育和改革实践，使全体员工进一步理解“三项制度”改革的重要性和必要性，激发全体员工投身改革、勇于创新的热情，促进公司各项工作的开展。

【管理增效】　2003年，按照集团公司“管理增效年”活动的要求，公司坚持以经济效益为中心，按照严格管理和科学管理的原则，努力推进管理创新，使企业管理水平不断提升。

（1）预算编制的依据更加科学。公司加强预算管理以确保实现利润目标为重点，对分公司实行以净利润指标招投标方式确定承包任务，对公司机关实行预算费用包干管理办法，并以承包经营管理责任书方式加以明确。围绕利润指标的实现，对各项收支进行分解作为预算编制的依据，使预算的执行更具有权威性。同时，公司还大力推行全面预算管理，进一步规范和完善费用审批制度，使各项成本和费用的支出得到有效的控制和压缩。

（2）资金风险管理更加完善。按照集团公司的有关规定，公司在资金管理上制定“十准、十不准”制度，并把加强合同管理和应收款项管理作为资金风险管理的重点。公司油品经销和委托理财业务占用资金较多、资金风险较大，公司在抓好项目经理选配的基础上，通过筛选合作伙伴，规范经营合同来控制经营风险；通过加强资金运转的过程控制来规避资金风险，使公司近三年未发生一笔呆坏账。

（3）战略管理得到有效实施。根据“以油为本，扎根特区”的发展战略，针对公司业务多元化、主导产业不够突出的问题，公司在战略决策上，加大培育油气核心业务的投资力度。在抓紧海南天然气汽车项目建设的同时，不失时机地收购四川华油天然气股份有限公司的部分股权，并成为该公司第一大股东，迅速进入浅层天然气开发领域，为公司主导产业形成和快速增长提供重要条件。

（4）内控管理进一步强化。公司注重发挥审计监督与服务职能，把事前审计、专项审计、定期审计结合起来，坚持每月对各分公司进行一次财务收支审计，每季进行一次经营成果审计，对审计发现的问题进行认真分析，及时整改，保证公司经营工作安全、规范地运行。

（5）安全管理进一步加强。公司全面落实安全生产责任制，坚持“安全第一、预防为主”的方针，狠抓组织落实和制度落实，强化安全生产的指标考核和过程控制，建立安全生产的长效机制，实现安全生产无事故。

【科技开发】 2003 年，公司大力实施“科技兴企”战略，紧密围绕着公司产业结构调整和培育发展主导产业的目标，充分发挥科技作为第一生产力的作用，着重解决制约企业发展的技术瓶颈，先后选择技术含量高、经济效益显著、具有广阔发展前景的产业项目，积极组织科技攻关。2003 年，公司立项并开展研究的重点科技项目有三项，其中海南天然气汽车产业化先导试验项目通过了专家验收；高强度低松弛预应力钢绞线机组的研制、升降式深海抗风浪网箱养殖配套设施的研制与应用被列入集团公司 2003 年科技开发项目计划，得到集团公司科技发展部大力支持。这些项目经过精心组织和全力攻关，均按合同计划进度完成研究任务，并取得可喜的阶段成果。

【主业建设】 2003 年，公司按照“以油为本”的产业定位，注重从总体上规划产业布局、优化资源配置，在努力做好常规业务的同时，紧紧抓住新的发展机遇，加大油气主导产业的投资与建设力度。

（1）加快海南天然气汽车项目建设进度。依托南方石油勘探开发公司海南福山油田的天然气资源优势，公司与南方石油勘探开发公司、海口市煤气管理总公司和四川华油天然气汽车开发有限公司决定在海南联合开发天然气汽车项目。该项目具有无污染、成本低、技术成熟、效益好等特点，符合海南省建设旅游大省的产业发展方向，得到海南省政府和集团公司的大力支持。该项目一期工程包括建设日处理能力为 15 万标准立方米的天然气压缩站（母站）1 座、日加气能力为 1 万标准立方米的天然气加气站（子站）6 座，以及配套的储运设施。工程投产达到设计生产能力，可年获纯利 700 万元。

2003 年，海南天然气汽车项目的建设工作，在公司控股的海南中油深南石油技术开发有限公司和参股的海口大众天然气开发利用有限公司的共同努力下，大大加快工程进度，当年建成 1 座母站和两座子站，改装天然气汽车 300 辆。该项目一期工程计划 2004 年三季度全部建成投产，将为公司明年的利润增长做出贡献。

（2）完成收购四川华油天然气股份有限公司的操作。四川华油天然气股份有限公司是 1993 年由中国石油天然气总公司批准筹建，1994 年由国家体改委审查批准设立，并在国家工商局登记注册成立的跨行业、跨地区的股份制企业。由于多方面的原因，该公司至今未能达到上市的要求。经考察论证，该公司经过最近三年的调整，经营状况实现恢复性增长，资产质量进一步提高。四川华油天然气股份有限公司本身具备油气勘探开发资质，并已获得 40 平方千米油气构造的勘探开发权，具有较强的天然气资源优势和可直接利用的股份公司“壳”资源。现阶段收购该公司股份并最终达到控股地位，有利于公司低成本、低风险、高速度的形成以浅层天然气开发为龙头的主导产业和产业链。

本次收购活动，是公司通过控股的海南中油深南石油技术开发有限公司进行的。到 2003 年底，海南中油深南石油技术开发有限已持有四川华油天然气股份有限公司 33%的股权，成为该公司第一大股东。

【结构调整】 2003 年，公司以产品结构调整为主线，以国家级新技术成果——升降式深海抗风浪养殖网箱产业化为契机，对公司控股的深圳华油实业发展有限公司的传统产业进行技术改造和升级换代，并取得显著成效。

（1）实施百只深海网箱市场推广计划。升降式深海抗风浪养殖网箱是深圳华油实业发展有限公司参与国家“十五”科研攻关课题，已通过农业部的阶段验收。这种深海网箱的主框架是用该公司塑胶管材产品加工制造的。目前该公司是广东省海洋渔业局确定的全省惟一的深海网箱定点生产企业。广东省政府出于“科技兴海”和“渔民转产转业”的考虑，提出推广百只网箱的工作要求。该公司为此专门研究制定相应的工作计划和实施方案，并在湛江海区建立深海网箱养殖先导实验基地。到 2003 年底，已分别在珠海、深圳、湛江海区共安装 56 只网箱。从深海网箱的销售情况看，其产品收益率在 30%以上，是一个经济效益和社会效益兼备、具有广阔发展前景的好项目。为尽快解决深海网箱产业化配套技术问题，公司向集团公司科技发展部申请立项，并获得批准。

（2）扩大深海网箱产品的配套生产能力。为适应深海网箱产业化和国内天然气管网建设的市场需求，公司决定再引进两条聚乙烯塑胶管材生产线，将该产品的生产能力由原来的 0.4 万吨/年，扩大到 1.5 万吨/年；产品品种结构由直径 25—400 毫米，增加到 630 毫米；生产设备的技术状况达到国际先进水平。通过技术改造和升级换代，大大地提高深海网箱产品的产业化能力，并为塑胶管材产品的发展提供更为广阔的市场空间。

【企业文化建设】 2003 年，公司围绕改革与发展的目标，认真学习和贯彻集团公司党组关于大力加强企业文化建设，促进集团公司实现“两个转变”，全面推进具有国际竞争力的跨国企业集团建设的工作部署，把精神文明建设的各项活动作为企业文化建设的重要组成部分，进一步增强公司的凝聚力和战斗力。

（1）公司以“三个代表”重要思想为指导，组织开展多种形式的学习活动，进一步加强学习型组织的建设，激发干部职工爱岗敬业、奋发有为、多做贡献的工作热情。

（2）公司把集团公司统一的企业精神和经营理念，作为先进单位和先进个人评选的重要标准，更好地发挥先进单位和先进个人的典型和示范作用，促进公司物质文明和精神文明的同步提高。

（3）公司利用电子网络技术，建立并不断丰富内部网站，以社区论坛方式，为公司与员工、员工与员工之间搭建信息交流和沟通的平台，营造和谐、宽松的工作氛围。

（4）公司充分发挥党团和工会组织的作用，有组织、有计划地开展丰富多彩的文娱体育活动，锻炼身体、活跃气氛、增强团结，有力地促进公司各项工作的开展。

（曲永平 王兆凤）

中油财务有限责任公司

【概述】 中油财务有限责任公司（以下简称公司）是中国石油天然气集团公司发起，并有 35 家石油企业入股，经中国银行业监督管理委员会批准，国家行政工商管理局注册的一家非银行金融机构。公司成立于 1995 年 12 月 18 日，现有注册资本为 30 亿元人民币（含 12000 万美元）。

【公司机构设置基本情况】 2003 年底，公司本部设有八个部室：财务部、信贷部、国际部、证券部、营业部、管理稽核部、信息发展部、总裁办公室。为了适应集团公司的管理和公司发展的需要，公司在大庆、沈阳设立办事处，在西安、吉林设立代理处。为保证集团公司货款封闭结算工作顺利开展，先后在部分集团公司成员单位设立 29 个业务受理处。受理处的主要任务是：准确、及时、完整地传递结算原始凭证。

【公司经营范围】 公司经营以下本、外币业务：吸收成员单位三个月以上定期存款；发行财务公司债券；同业拆借；对成员单位办理贷款及融资租赁；办理集团公司成员单位产品的消费信贷、买方信贷及融资租赁；办理成员单位商业汇票的承兑及贴现；办理成员单位的委托贷款及委托投资；有价证券、金融机构股权及成员单位股权投资；承销成员单位的企业债券；对成员单位办理财务顾问、信用鉴证及其他咨询代理业务；对成员单位提供担保；境外外汇借款；办理成员单位之间内部转账结算业务。

【经营发展概况】 公司为不断强化经营管理，提高防范金融风险能力，增强市场竞争能力，满足监管部门的要求，经公司第二届董事会第七次全体会议和第十一次股东会同意，自2003年7月1日起公司资本金由18亿元人民币扩大到30亿元人民币，股东单位由28家单位扩大为35家股东，以上变更已得到中国银行业监督管理委员会批准和国家工商管理局的批准。

2003年，公司第二届董事会、监事会任期届满，依据《中华人民共和国公司法》和公司《章程》有关规定，经第十二次股东会选举产生公司新一届董事会成员13名、监事会成员4名。经第三届董事会第一次全体会议选举集团公司党组成员、总会计师贡华章同志为公司董事长、选举股份公司财务总监王国樑为副董事长。经第三届监事会第一次全体会议选举集团公司审计部主任孙先锋同志为监事长。董事会根据贡华章董事长的提名，聘任梁萍同志为公司总裁。

2003年底，公司资产规模达到1199亿元，与2002年同期相比增长22.74%，实现利润8.3亿元，与2002年同期相比增长20.38%，各项经济指标达到历史最好水平，其中总资产、资本金、实现利润等三项主要经济指标在全国73家财务公司排名榜首。

（中油财务有限责任公司办公室）

吉林燃料乙醇有限责任公司

【概述】 2003年是公司的决战年和投产年。一年来，公司上下围绕“一个首要目标，两个全力确保”的攻坚目标，团结一心，努力克服各种困难，扎实开展各项工作，圆满实现了工程的建成完工和装置的试车生产。

截至2003年底，累计完成投资116800万元。其中，本年完成投资62321万元，累计完成概算的57.17%。装置投产后，公司由基建期转为生产期，共生产燃料乙醇18010吨，变性燃料乙醇13279吨，酒糟蛋白饲料9209吨，玉米毛油1077吨。全年实现主营业务收入3836万元。扣除基建开办费一次摊销入账因素，当年实现盈利43万元。

为把工程建设好，公司以“三大控制”为主线，不分昼夜地推进工程建设。进入2003年，又实行了倒计时管理，在“非典”疫情干扰的情况下，也没有影响工程建设进度和质量。从4月末开始，各单项工程陆续完工、试车、投运，到8月31日，项目基本建成并投料开车试生产，工程建设实现预定的奋斗目标。

【生产运营情况】 项目建成投产后，公司理顺和转变了管理职能，对现行组织机构做出适当调整，并重新进行职能界定和划分。围绕确保实现安全、稳定生产，公司狠抓基建与生产的衔接，使计划协调、生产控制、产品质量、成本费用、营销管理、资金管理、安全管理很快转入正常运转，实现了公司工作重心的转移，整个过渡工作迅速、平稳。积极开展安全活动，深入现场加强安全检查，共下发隐患整改通知单140余份，直接制止违章、违纪现象400多起，避免了重大人身伤亡、火灾爆炸事故。积极协调外方技术人员和检修单位，累计完成电站、乙醇各装置工程尾项80余项，整改检修项目160多项，改造项目3项。完成了2004年大检修计划和更新零购计划的编制工作，并经过艰苦努力，使电站1#汽轮机组顺利并网发电。目前，生产装置部分瓶颈和缺陷已经逐步消除，整体上运行平稳，各项工艺指标已经接近设计标准。

通过深入研究国家有关政策法规，组织专门力量，积极协调国家有关部委和省市政府，使陈化粮政策、财政补贴政策、减免税费政策、上网售电以及乙醇汽油的封闭销售政策基本得到了落实。通过积极争取，减免契税935万元，免征土地使用税300万元，进口设备减免税费4371万元，财政预补贴资金3756万元及时到账。

【市场开发情况】 在玉米原料供应上，生产所需32万吨陈化粮调拨指标得到落实，并已经根据计划，分阶段组织进厂，玉米新粮收购工作逐步趋于成熟，生产原料的供应问题有了基本保证。在燃料乙醇产品销售上，积极配合吉林省、市政府开展推广使用工作，

2003年8月20日吉林市封闭运行试点工作正式启动，11月18日吉林省封闭推广全面展开，目前各项工作进展良好，辽宁省燃料乙醇封闭推广工作正在加紧进行协调。公司副产品酒糟蛋白饲料、玉米油的销售策略和营销网络已经确立，产品投放市场初期比较顺利。

【企业管理情况】 2003年，公司管理程序和岗位职责标准开始全面实施，目标考核体系建立并有序推进，有效保障了各项任务的落实。工程决算工作进展顺利，现已完成合同总数的70%。开通DCS生产实时系统，为有效开展生产指挥提供了便利条件。公司局域网已经全面运行，企业网站、邮件系统、资产和设备维护管理、办公自动化等子系统已经初步建成。积极组织人员开展岗位测评，完成了全公司210个岗位的测评工作，合理确定了岗位薪酬标准。全年接受各类财务审计8次，财务核算无违规、违纪现象。

（吉林燃料乙醇有限责任公司办公室）

塔里木石油化工工程建设指挥部
（塔里木石油化工有限责任公司）

【概述】 塔里木石油化工工程建设指挥部（以下简称塔石化）有长期员工380人，其中苏丹国工作人员35人，大学本科学历117人，大专106人，中专67人，高中以下93人，高级专业技术职务24人，中级131人，初级68人；塔石化设党政办公室、党群处、纪检监察处、人事劳资处、财务处、审计处、经营管理处、生产管理处、技术开发处9个机关处室及热电分厂、催化车间等13个基层单位；党组织设有一个机关党总支、15个基层党支部。

【主要工作】

1. 认真做好集团公司交给我们的“三大任务”

（1）看厂护厂和设备维护保养工作。看厂护厂和设备维护保养是塔石化近几年的首要工作任务，为了做好此项工作，主要从以下几方面开展工作：认真执行值班护厂制度，严格按照制定的交接班制、岗位责任制、巡回检查制等制度管理职工；制定了看厂护厂和设备维护责任区，大到一个装置、一个系统，小到一条管线、一台仪表都划分了责任区，并指定了责任人，保证了工作无死角；制定精细周密的设备维护保养措施，对仪表、管线、阀门、塔器等设备进行了分门别类，每类设备根据自身维护的标准进行维护保养，分别进行擦洗、涂油、盘车润滑、包扎等工作，对不同设备采取不同的维护措施，坚持做到大机组每月盘车一次、小型机泵每周或每天盘车一次；坚持做好设备防冻工作，针对本地区自然条件恶劣的实际情况，从2003年10月份开始，对可能积水的管线、阀门等设备进行了低点排凝和空气吹扫，对全部设备进行了包扎防护，为装置设备的安全过冬创造了条件；认真做好每月一次的设备检查维护评比工作，定期或不定期对责任区设备进行自检自查，每月组织一次设备维护大检查；及时对设备腐蚀情况进行跟踪检查，由于装置5年未开工，各种设备都存在不同程度的腐蚀现象，为了做好设备的保值工作，指挥部组织有关单位对装置机泵、换热器、塔器、管线的内外腐蚀情况进行了抽测检查，及时总结防腐经验，遏制了设备腐蚀程度的加重。

通过多年的艰苦努力，我们看厂护厂和设备维护保养工作取得了较好的成绩，凡是到过现场视察过的领导和专家都对我们的工作给予充分的肯定。今年十月底，国家发改委一行十多人对我们的设备维护保养工作给予了高度肯定。

（2）电站发电上网工作。继续抓好热电分厂的制度完善、人员培训、设备维护保养等工作，确保只要有命令就能够在1个月内顺利地发电、供电。但由于地方政府考虑到地方企业的切身利益，反对塔石化电站发电上网，致使我们争取发电上网工作一直未能取得实质性进展。我们将继续与地方政府协商，争取让塔石化电站成为南疆的调峰电源，能够发电上网。

（3）带好队伍方面的工作。多年来，塔石化党委认真贯彻落实党中央、集团公司党组的一系列指示精神，加大党建工作力度，积极做好思想政治工作，在职工待遇有所降低、工作环境较差等情况下，确保了职工队伍的稳定。

2. 积极配合集团公司规划计划部认真做好稠油

改质研究工作

一年来，在集团公司的大力支持下，指挥部组成了强有力的工作组，配合集团公司规划计划部组织开展稠油改质实验及可研工作，目前，塔里木稠油加氢改质项目已取得较大进展。

2003 年 1 月 6 日，石油大学提交了轮古稠油常压重油悬浮床加氢改质工艺研究报告。2 月 21 日，规划计划部组织召开了该项目的评审会，提出了开展可行性研究的推荐方案。4 月 29 日，塔石化正式委托北京设计院进行可研报告编制工作。5 月下旬，塔石化将 50 桶轮古稠油送到加拿大金奥尔公司进行加氢实验。5—10 月，北京设计院按石油大学的工艺研究报告完成了可研报告的编制；加拿大金奥尔公司的加氢试验由于轮古稠油盐含量过高而受阻，未能按预定时间完成实验报告，致使该部分可研报告的编制工作至今没有完成。10 月下旬，国家发改委组织国际咨询公司、投资协会、中石油、中石化等单位到塔石化及周边地区进行了现场调研，并认为应尽快盘活塔石化近 30 亿的闲置资产。11 月底，北京设计院完成了包括石油大学悬浮床加氢改质（两个）和焦化改质共三个方案对比的可行性研究报告的编制。12 月 19 日，规划计划部组织有关单位对“塔里木轮古稠油加氢改质可行性研究报告”进行了评估。

3. 劳动“五定”及工资分配制度改革情况

工资分配制度改革是国有企业深化改革的一个重要组成部分，是集团公司全面建设具有国际竞争力的跨国企业集团的一项重要举措，是集团公司 2003 年的一件大事。按照集团公司两次电视视频会议精神及下发的文件要求，指挥部主要从以下几方面着手，积极稳妥地完成了该项工作：一是成立了工资分配制度改革领导小组和办事机构，把集团公司领导的讲话发到每个单位组织学习的同时，组织专业人员到兄弟单位学习考察；二是在学习、考察的基础上重新界定各单位管理职责，并对现有的岗位进行整合、补充和平衡，重新设置全厂各岗位和岗位规范，在广泛听取职工群众意见的基础上，形成了塔石化工资分配制度改革方案和实施细则；三是将指挥部改革方案和实施细则在网上公布，广泛征求意见，同时，人事部门走访了所有单位听取反馈意见，并专门召开了 10 次座谈会答疑解惑，基本做到了人人皆知改革精神，使工资分配制度改革增加了透明度，保证了公开、公平、公正，得到了广大职工的拥护；四是遇到问题及时召开领导小组会议研究解决，保持了指挥部的稳定。

4. 精神文明建设

深入学习贯彻党的十六大精神，用“三个代表”重要思想武装全体干部职工；坚持“以党支部建设为核心的基层精神文明建设”考核和机关“三优一满意”检查评比；狠抓党风廉政建设和社会治安综合治理工作；工会、共青团等组织在营造企业文化氛围，促进精神文明建设和企业文化建设方面发挥了重要作用；加强职工培训工作，为塔石化的发展储备人力资源。

（黄焕益）

第十三篇

中国石油天然气集团公司大事纪要

中国石油天然气集团公司大事纪要

一　月

4日　东方地球物理公司在国际市场竞争中首次在沙特、阿曼等中东市场中标，开始打破西方几大地球物理公司长期垄断中东市场的格局。

8日　马富才总经理会见缅甸能源部部长龙迪（Brig－General Lun Thi）中将，双方就扩大石油合作领域交换了意见。

同日　吴耀文副总经理会见俄罗斯萨哈石油公司总裁施普科夫，双方就今后合作前景交换了意见。

同日　西气东输延水关黄河隧道贯通。该工程为西气东输三大控制性工程之一，位于陕西延川县峡谷中部，全长518米，于2001年9月18日开工建设。

9日　集团公司与机关领导人员签订劳动合同。集团公司副总经理郑虎主持签字仪式。签字仪式上，根据法定委托程序，集团公司法人代表马富才与集团公司总经理助理、机关部门副局级以上领导人员分别签订劳动合同。

11日　国家科学技术部在北京组织专家对股份公司塔里木油田分公司承担的国家“十五”攻关项目《塔里木盆地大型气田勘探开发关键技术研究》下属的4个一级专题和29个二级专题进行中期评估检查，项目全部通过评估验收，评价为A级。

15日　集团公司2003年工作会议在北京召开（详见专稿）。

同日　西气东输27标段贯通。27标段线路总长59.697千米，西起苏州市虎丘区十字洋河，东至上海市青浦区白鹤镇末站。管道二公司在西气东输全线27个标段首家完成施工任务。

21日　集团公司党组决定王道富同志为长庆油田分公司党委书记，免去胡文瑞同志长庆油田分公司党委书记、委员职务。股份公司任命王道富为长庆油田分公司总经理，免去胡文瑞长庆油田分公司总经理职务。

21—22日　集团公司西气东输工程工作会议在北京召开。国家西气东输办公室主任徐锭明出席会议。集团公司总经理马富才在会上作重要讲话，同时提出三项要求：一是以十六大精神指导工程建设，自觉为全面建设小康社会贡献力量；二是始终坚持建成世界一流管道的目标，按期、优质、高效、安全地完成西气东输工程建设任务；三是坚持技术创新和管理创新，努力把西气东输工程建设成为精品工程。参加会议的还有陈耕、苏树林、李克成等领导以及设计、施工、监理、检测等参建单位代表共200人。

23日　集团公司举行石油视频会议系统开通仪式。截至2003年底，全系统在97个企事业单位建成视频会议会场（详见专稿）。

24日　吴耀文副总经理会见花旗集团所罗门美邦（Citigroup）投资银行部全球能源组主席Alberto Verme，双方就在俄罗斯投资前景进行了探讨。

26日　中国科学院、中国工程院评选的2002年“中国十大科技进展新闻”揭晓，苏里格气田以“我国发现首个世界级大气田，探明储量6000亿立方米”为题入选。同时，苏里格气田的发现还被评为由国家科技部、科技日报社、中央电视台联合发起评选的“2002年公众关注的中国十大科技事件”之一。

28日　集团公司党组任命于国文同志为大连西太平洋石油化工有限公司党委副书记，免去蔺爱国同志大连西太平洋石油化工有限公司党委副书记、委员职务。股份公司任命于国文为大连西太平洋石油化工有限公司总经理，免去蔺爱国大连西太平洋石油化工有限公司总经理职务。

29日　川中地区潼南构造潼南1井香溪群组获工业油气流，完井裸眼测试，自喷日产油3.2吨、日产气5.3万立方米。这一成果展示了潼南构造良好的勘探前景，拓宽了川中地区的勘探领域。

30日　股份公司总裁陈耕、高级副总裁苏树林和股份公司有关部门领导，到北京华油天然气有限责任公司慰问并检查指导安全工作。

本月　中国联合石油有限责任公司首次成功地将3.65万吨国产汽油通过自租油轮直接出口销售到美国东部市场，提高了出口效益。

二　月

10日　马富才总经理就中俄能源合作有关问题接受俄通社—塔斯社记者采访。

同日　吴耀文副总经理会见美国帕森斯公司（Parsons）副总裁Slocum，双方就合作前景交换了意见。

11日　周吉平总经理助理会见俄罗斯远东投资公司总裁，双方就在俄远东地区油气合作的有关问题交换了意见。

14—18日　大港滩海埕北断阶带海庄2x1井喜获高产工业油流，试油日产油62.8立方米，投产日产油50吨左右，实现滩海勘探的新突破。

21日　集团公司向所属单位印发《关于贯彻落实〈关于国有大中型企业主辅分离辅业改制分流安置富余人员的实施办法〉的实施意见》（中油资字［2003］75号）。《意见》明确了改制分流的范围、主要形式、工作目标及相关配套政策，为全面推进主辅分离辅业改制奠定了政策基础。

26—28日　集团公司人事工作会议在北京召开（详见专稿）。

28日　中共中央、国务院在人民大会堂隆重召开国家科学技术奖励大会，集团公司《苏里格大型气田发现及综合勘探技术》荣获2002年度国家科学技术进步奖一等奖。党和国家领导人江泽民、胡锦涛、朱镕基等出席大会并为获奖代表颁奖。

同日　股份公司与微软（中国）有限公司在北京签署战略合作协议，股份公司总裁陈耕和微软公司董事长兼首席软件设计师比尔·盖茨出席了签字仪式。股份公司高级副总裁苏树林和微软（中国）有限公司总裁唐俊代表双方在协议书上签字。陈耕总裁表示：中国石油与微软公司的合作，将会推动中国石油信息化建设的步伐，加快中国石油国际化进程。

三　月

6日　集团公司直属党的工作会议在北京召开。集团公司党组书记、总经理马富才出席会议并作重要讲话。集团公司党组成员、纪检组组长李克成对会议作了总结并对下一步工作提出要求，集团公司直属机关党委常务副书记、政治思想工作部主任关晓红、纪委书记安志忠分别作了题为《深入贯彻党的十六大精神，开创直属党的工作新局面，为建设具有国际竞争力的跨国企业集团提供思想政治保证》和《深入贯彻党的十六大精神，与时俱进，开拓创新，努力开创集团公司直属机关党风廉政建设新局面》的工作报告。集团公司任传俊、陈耕、郑虎、贡华章等领导出席了会议。

7日　股份公司直属机关党的工作会议在北京召开，总部机关各部门党支部、各专业公司及直属单位党委领导和党群部门负责同志150余人参加会议。集团公司党组成员、股份公司总裁陈耕，集团公司党组成员、纪检组组长、股份公司监事会主席、直属机关党委书记李克成出席会议并作重要讲话。

10日　任传俊副总经理会见古巴基础工业部副部长Ricardo Gonzalez Sanchez，双方就今后合作的可能性进行了探讨。

11—22日　股份公司勘探技术座谈会在北京召开（详见专稿）。

15日　股份公司青海油田分公司花—格输油管道扩建工程开工。

18日　集团公司科技委员会工作会议在北京举行。集团公司副总经理吴耀文、集团公司副总经理、股份公司高级副总裁苏树林，集团公司总经理助理刘海胜，股份公司副总裁段文德，以及中国工程院院士翟光明、胡见义等参加了会议。会议主题为：大力实施技术创新战略。

同日　股份公司兰州石化分公司6000吨/年超稳分子筛装置建成投产。

19日　中国华铭国际投资有限公司成立。该公司由中国石油天然气集团公司、中国长城工业总公司及中国粮油食品进出口（集团）有限公司出资联合组建，出资比例为7∶2∶1，注册资本总额为1000万元人民币。主要经营范围为：实业投资及投资管理，承办国内展览、展销会，承办国际会议等。

20日　集团公司2003年科技工作会议在北京召开。吴耀文副总经理和集团公司所属单位科技工作负责人出席了会议。会议总结了集团公司2002年科技工作和技术创新成果，表彰了先进，交流了经验，部署了2003年的任务。

22日　股份公司辽河东部凹陷构造—岩性油藏勘探取得新突破，辽河探区岩性和构造—岩性油气藏勘探初见苗头。大湾—董家岗斜坡带铁17井于沙三段完井试油，试油 2 层分别获日产油 7.47 立方米和油 32.6 立方米、气 1678 立方米。

24 日　集团公司销售企业管理办公室成立。办公室设在股份公司，由股份公司实施全面管理并承担管理和经济责任。

25 日　集团公司副总经理任传俊会见法国斯伦贝谢公司董事长顾问 Rene Huck，双方就 QHSE 方面的合作前景进行了探讨。

28 日　股份公司第二届监事会二次会议召开，应到监事 7 人，实到 6 人（张佑才因事不能参加，委托李克成代为出席）。会议由李克成主持。会议听取了公司财务部、审计部、人事部、监察部和监事会办公室以及普华永道会计师事务所的有关报告，审议了《中国石油天然气股份有限公司监事会关于公司 2002 年度财务会计报告及利润分配预案审查意见书》、《中国石油天然气股份有限公司监事会对公司 2002 年度总裁班子成员业绩考核情况意见书》、《中国石油天然气股份有限公司 2002 年度监事会报告》和《关于聘用公司 2003 年度境内外会计师事务所的提案》四个议案。

同日　西气东输甘肃段开工典礼仪式在甘肃省嘉峪关市举行。甘肃段的开工，标志着继东段主体焊接完成后，施工主力已开始转战西部。股份公司高级副总裁苏树林、甘肃省常务副省长徐守盛等有关负责人出席了开工仪式。

29 日　股份公司第二届董事会二次会议召开。会议由马富才董事长主持，全体董事和董事会秘书出席了会议，公司监事和总裁班子成员列席会议。会议共有八项议题：（1）审议批准公司 2002 年度财务会计报告；（2）审议批准公司 2002 年度报告；（3）审议批准 2002 年度总裁工作报告；（4）审议批准关于总裁班子成员 2002 年度业绩考核情况和 2003 年度业绩合同制定情况的报告；（5）审议批准关于发行中国石油企业债券的议案；（6）审议批准关于组建资本运营部的议案；（7）审议批准关于授权董事会决定 2003 年中期利润分配方案的议案；（8）审议关于召开 2002 年度股东年会的议案。会议分别通过了董决字［2003］1 号、2 号、3 号、4 号、5 号、6 号、7 号、8 号决议。

30 日　原国家发展计划委员会印发了《国家计委办公厅关于塔里木盆地克拉 2 气田总体开发方案审查意见的复函》（计办基础［2003］313 号）。明确中国石油和外方共同编制的克拉 2 气田总体开发方案工程技术上合理可行，同意作为气田开发实施的指导性文件。

31 日　马富才总经理、陈耕副总经理赴香港进行股份公司路演，陈耕副总经理路演后访问印度尼西亚。

本月　股份公司与下属 73 个单位签订中国石油注册商标使用许可合同，中国石油注册商标的规范管理工作进一步深化。

四　月

8 日　川东滚子坪构造罗家 9 井飞仙关组获高产天然气流，滚子坪构造含气范围进一步扩大。对罗家 9 井 3103.7—3207.5 米井段进行测试，日产气 12.91 万立方米。

10 日　集团公司任命阎三忠为中国石油天然气集团公司咨询中心主任，邱中建不再担任中国石油天然气集团公司咨询中心主任职务。

11 日　股份公司 2003 年重点建设项目，独山子石化分公司 60 万吨/年馏分油加氢裂化及 2 万立方米（标准）/小时制氢工程正式开工建设。

同日　中共中央总书记、国家主席胡锦涛视察中国石油湛江油库工地现场，就中国和委内瑞拉合作开发奥里乳化油项目引进过程、国内市场开发应用，中国石油湛江油库的建设规模、使用功能、年周转能力等情况听取了中油燃料油股份有限公司的汇报。

22 日　股份公司组建资本运营部，负责资本运营业务及股权管理工作。

同日　集团公司总经理马富才和中国石油化工集团公司总经理陈同海进行了工作会晤。双方表示要加强交流、互信合作，联手拓展国内外市场，推动油气生产和销售业务的共同发展。

23 日　股份公司决定吴冠京任炼油化工技术研究中心主任，免去其炼油与销售分公司副总经理职务；于毅波任资本运营部总经理，免去其财务部副总经理职务；魏志刚任中国石油天然气国际（勘探开发）有限公司副总经理兼印尼项目总经理。

24 日　集团公司聘任王林为奥伊尔投资管理有限责任公司董事长、总经理（原职级不变），免去李庆毅奥伊尔投资管理有限责任公司董事长、总经理职务。

28—30 日　川西北构造南端邛西 4 井在须家河组获高产气流，对须家河组完井试油，获日产天然气

89.337万立方米，展现出邛西地区须家河组有望形成规模性储量场面。

本月　股份公司化工板块一季度实现整体盈利6.58亿元，创重组改制以来历史同期最好水平。

本月　股份公司国际勘探开发公司与Petronas公司联合收购Amerada Hess公司在印尼加邦区块拥有的30%权益，总权益达到45%，使得国际勘探开发公司在印尼的油气资产得到进一步扩大和优化。

本月　国内首套采用乙醛酸为主要原料的年产200吨乙基香兰素生产装置，在吉化集团公司研究试验厂建成投产。

本月　集团公司捐款2000万元支持防治非典型肺炎工作。其中，1200万元捐赠给国家卫生部，800万元捐赠给北京市。

本月　中国石油国际公司成功收购了美国赫斯公司的子公司赫斯印尼控股公司50%的权益。全部收购价约8200万美元。

五　　月

3日　中共中央政治局委员、书记处书记、国务委员、中央政法委副书记、公安部部长周永康到辽河油田视察工作，强调油田发展要与地方经济发展紧密融合，勉励勘探局和油田分公司团结协作，互利双赢，共同发展，再创辽河伟业。

4日　中共中央政治局常委、中纪委书记吴官正，在黑龙江省委书记宋法棠，省长张左己，中国石油天然气集团公司总经理助理、大庆石油管理局局长曾玉康和局党委书记苏玉添等人的陪同下，到1205钻井队视察工作，并作讲话。

同日　中共中央政治局常委李长春到大连西太平洋石油化工有限公司视察。

6日　国家发展和改革委员会下达《印发国家计委关于审批俄罗斯—中国（东北）原油管道可行性研究报告的请示的通知》（发改厅［2003］211号），俄罗斯—中国（东北）原油管道可行性研究报告获国务院批准。

12日　乌什凹陷第一口探井—依拉克构造乌参1井在白垩系中途测试获工业油气流，开辟了塔里木盆地新的勘探领域。

13日　马富才总经理会见俄罗斯驻华使馆公使冈查洛夫，就中俄能源合作有关问题交换了意见。

14日　北京市人民政府向中国石油天然气集团公司发来感谢信，对集团公司在抗击“非典”斗争中，给予首都人民的大力支持和帮助表示最衷心的感谢。

15日　中共中央政治局常委、中纪委书记吴官正到长庆油田分公司视察。

同日　集团公司任命姚志强同志任兰州炼油化工总厂党委书记，免去戴年喜同志兰州炼油化工总厂党委书记、常委、委员职务；任命谢延凯同志任兰州化学工业公司党委书记，免去时庆林同志兰州化学工业公司党委书记、常委、委员职务。

同日　东方地球物理勘探有限责任公司在墨西哥中标三维地震采集项目，合同额达9360万美元。该项目是全球物探市场近20年来数额最大的陆上地震采集项目。

16日　Jabung区块Ⅲ期开发工程EPC合同签字，项目建成后，中国石油天然气国际有限公司将成为印尼第二大LPG生产商。

同日　股份公司总裁陈耕一行到化工与销售华北分公司检查指导工作。

17日　股份公司“中国石油勘探与生产分公司储量管理委员会”成立。建立健全了两级储量管理机构，建章立制，使储量管理有了组织保障。

同日　青海油田35千伏高压输电线路因偷盗遭人为破坏，花土沟生产基地的自备电站厂用电中断，引起对外全面停电，造成青海油田分公司采油一厂、二厂、三厂、花格管道输油生产全部停产，共少产油3774吨。

19日　中国石油天然气集团公司企业文化建设纲要颁布试行。

同日　西气东输大型跨越工程——中卫黄河跨越正式开工建设。中卫黄河跨越位于宁夏中卫县境内，全长540米。

23日　西气东输郑州黄河顶管穿越共顶进2229米，3#沉井至4#沉井全段贯通，标志着西气东输三大咽喉工程之一的黄河顶管穿越工程取得阶段性重大进展。

同日　中国联合石油有限责任公司在新加坡签订了储罐租用合同，进行汽油调兑，开展油品批发分销业务。并于6月26日17：23时首次在新加坡公开市场进行92#汽油“窗口交易”，这是中国石油第一次出现在交易窗口，标志着中国石油开始介入和参与远东成品油市场价格的形成。

27日　股份公司高级副总裁苏树林主持召开会

议，听取北京华油天然气有限责任公司有关情况汇报，议定了陕京输气管道二线控制性工程开工前有关问题，对陕京一线冬季增输项目施工提出要求。

28日　马富才总经理在俄罗斯签署《中俄原油管道购销合同框架协议》和《中俄原油铁路贸易协议》。

同日　中俄两国最大的一项原油贸易合同签署。

同日　股份公司2002年度股东年会在北京召开。

29日　股份公司转发国家税务总局《关于调整2002年石脑油溶剂油生产及供应计划的通知》和《关于核发2003年石脑油溶剂油生产供应计划的通知》，要求各分公司严格按照国家税务总局有关文件规定，及时向石脑油使用单位所在地主管税务机关索取使用数量证明。

30日　中共中央政治局常委、全国政协主席贾庆林视察大庆油田，并到1205钻井队与钻井工人亲切握手、谈话。

本月　股份公司辽河石化分公司100万吨/年延迟焦化装置及系统配套工程开始建设。

六　　月

1日　中共中央政治局常委、国务院总理温家宝，在辽宁省省委书记闻世震、省长薄熙来的陪同下，到抚顺石油化工公司和抚顺石化分公司考察工作，并指出："围绕资源特点，推进技术进步。"

同日　中共中央政治局常委李长春到吉林石化分公司视察工作。

3日　马富才总经理在哈萨克斯坦签署《中哈原油管道分阶段建设可行性研究协议》和《中哈扩大石油合作协议》。

同日　印发《中国石油天然气集团公司建设项目（工程）竣工验收管理办法》。

4日　股份公司高级副总裁苏树林一行到石油规划设计总院检查指导工作，提出石油规划设计总院在从事规划研究工作中必须有"世界眼光，战略思维"。

同日　西气东输管道分公司召开"百日决战"电话动员大会。集团公司、股份公司领导苏树林、李克成等在主会场出席会议并作重要讲话。自此，西气东输"百日决战"的帷幕正式拉开，在4000千米管线上开展了一场全面攻坚战。为按期优质安全高效完成各项工程建设任务，保证2004年1月1日靖边向上海商业供气和2005年初把新疆塔里木的天然气送到上海打下坚实的基础。

10日　被称为西气东输"三大控制性工程"之一的延水关黄河穿越工程告捷。这是我国油气管道首次以隧道形式穿越黄河。

同日　印发《中国石油天然气股份有限公司薪酬总额与业绩指标挂钩办法》（石油人字［2003］132号），进一步完善了股份公司内部的薪酬激励与约束机制。

同日　股份公司中国联合石油有限责任公司与哈萨克斯坦阿克纠宾油田签署了CPC混合原油销售合同，开始进行CPC原油在地中海和欧洲区域的销售，推进了公司在地中海市场的租船业务。

11日　股份公司乌鲁木齐石化分公司展江宏同志获"全国十大杰出青年岗位能手"称号。

13日　股份公司召开炼化销售法律工作电视会议。会议对炼化销售企业全面加强法律工作提出了要求，同时也对加强销售工作提出了明确任务。股份公司副总裁王福成、段文德等领导出席会议，并作重要讲话。

13—17日　股份公司总裁陈耕到大庆油田有限责任公司调研，要求大庆油田把"加强勘探，努力增加油气可采储量"作为"十五"后三年的一项重点工作。

16日　股份公司中国联合石油有限责任公司首次以VLCC型油轮承运苏丹原油，开创了VLCC型油轮运输苏丹原油的先例，为优化运输方案，降低运输成本，开拓新业务领域提供了有力保障。

17日　集团公司总经理、股份公司董事长马富才、股份公司副总裁刘宝和一行到大港油田考察工作。在听取了大港油田分公司工作汇报后，要求大港油田分公司在继续抓好陆上油气勘探开发的同时，加大滩海区域的工作力度。

同日　股份公司总裁陈耕一行到大庆炼化分公司和大庆石化分公司进行工作调研。

同日　以传签的方式通过了《关于批准并授权董事会秘书签署2002年度20－F年报的议案》，形成了董决字［2003］9号决议，并形成了董事会文件。

19日　印发《关于做好股份公司总部机关高级主管、主管、主办岗位聘任工作的通知》，按照通知要求机关各部门完成了267名一般员工的岗位聘任工作，促进了员工由"身份管理"向"岗位管理"的转变，使总部机关管理功能建设得到了加强。

同日　股份公司独山子石化分公司乙烯厂乙烯车

间第一个短平快项目——汽油加氢一、二段并联操作技术投用。这项技术的使用，填补了国内加氢四台反应器同时联合投用的空白。

19—22日　股份公司总裁陈耕等一行8人对黑龙江销售分公司、哈尔滨石化、吉林油田进行了为期四天的调研。

20日　股份公司管道分公司马惠宁输油管道增输改造工程换管42千米及惠安堡、滚泉热泵站、石空末站三个站改造工程开工，其中石空末站增设两座2×10^4立方米原油储罐，惠安堡热泵站新增3台输油主泵，滚泉热泵站新设3台输油主泵及两台3000千瓦加热炉，工程共投资1.279亿元。该工程历时7个月，于2003年10月31日按期进油投运。

22日　吉林石化分公司举行100万吨/年延迟焦化、7000吨/年硫磺回收、30万吨合成氨三套装置一次开车成功庆典，股份公司总裁陈耕一行参加了庆典仪式。

23—24日　股份公司总裁陈耕一行到吉林石化、吉林乙醇燃料有限责任公司和吉林销售分公司调研。

26日　股份公司勘探与生产分公司印发《关于开展老油田"简化"和新油气田建设"优化"工作的通知》（油勘字［2003］51号），成立了"简化"和"优化"工作领导小组和两个专家组，正式拉开了"做好两篇文章"的序幕。

本月　集团公司对部分企业领导人员进行充实调整。汪东进任中国石油天然气勘探开发公司总经理、党委书记，周吉平不再担任中国石油天然气开发公司总经理、党委书记、委员职务；王仲才为中国石油天然气勘探开发公司副总经理兼中油国际（俄罗斯）有限责任公司总经理，蒋奇为中油国际（哈萨克斯坦）有限责任公司、阿克纠宾油气股份有限公司总经理。

七　　月

1日　股份公司兰州石化分公司300万吨/年重油催化联合装置于7月1日晚21时喷油，7月2日15时产品全部合格，一次开车成功。

同日　股份公司开始统一使用部分油田工程合同标准文本。

2日　股份公司总裁陈耕会见BP公司执行总裁乔士迪。

3日　位于二连探区乌里雅斯太凹陷苏布构造的太55井，在1996.6—2094.4米井段压裂试油，采用10毫米油嘴自喷，14毫米板孔测气，获日产工业油流50.22立方米，天然气8521立方米。该井压裂成功，是继2001年太47井在阿尔善组自喷工业油气流之后，该含油层系勘探的又一重大突破，进一步揭示了乌里雅斯太凹陷南洼腾一段、阿尔善组两套含油层系并举的格局。同时，初步展示了该凹陷具有4000万吨油气储量规模。

5日　股份公司批复惠安堡—中宁输油管道改造工程的初步设计，主要工程量包括新建30.6千米管线、新建两座2万立方米浮顶油罐、新增输油泵和加热炉等。

7日　美国《财富》杂志公布全球500强企业最新排名，中国石油天然气集团公司从第81位上升至第69位，成为排名中上升幅度最大的企业之一。

同日　格尔木炼油厂加氢降凝装置竣工，生产出了合格的－35#柴油，填补了青藏地区－35#柴油生产的空白。

8—11日　集团公司中国石油勘探与生产工程技术座谈会在北京召开。会议总结了近年来工程技术进步在增储上产中发挥的重要作用，深刻分析了当前和未来几年勘探开发工程技术发展的需求和主攻方向，并就甲乙双方联合组织工程技术攻关问题提出了建议。来自各油气田分公司和集团公司各专业、地区技术服务公司的领导和专家500多人参加了会议，马富才、吴耀文、陈耕、苏树林等集团公司和股份公司等领导出席会议并作重要讲话。

9日　股份公司开始启动法律风险源分析与防范、控制活动，在全面分析的基础上，提出了防范和控制法律风险的思路和措施。

10日　马富才总经理会见苏丹国民议会议长艾哈迈德·易卜拉欣·塔希尔，双方就合作前景交换了意见。

同日　印发《中国石油天然气股份有限公司高级管理人员年薪制管理办法（试行）》（石油人字［2003］169号），以建立健全与现代企业制度相适应的高级管理人员激励和约束机制。

同日　印发《中国石油天然气股份有限公司地区公司分类管理暂行办法》（石油人字［2003］170号），进一步规范和完善股份公司内部管理，逐步取消用行政级别管理企业的办法，充分体现各地区公司管理幅度、难度和贡献大小的不同，形成经营管理者责任、风险、贡献与收入相一致的机制。

同日　股份公司举办管理层中心组（扩大）学习

"三个代表"重要思想专题报告会，邀请中央党校王怀超教授作学习《"三个代表"重要思想学习纲要》辅导报告。股份公司管理层领导及直属机关各单位负责同志参加了报告会。

同日　股份公司批复了忠武输气管道工程的初步设计，该工程包括一条主干道和三条支线管道，设计输量30亿立方米，概算总投资约49.69亿元。

14—18日　克拉2气田地面建设工程初步设计通过审查。西气东输的源头——气田建设正式拉开序幕。

15日　集团公司召开企事业单位领导干部电视会议（详见专稿）。

16日　股份公司组建中国石油天然气股份有限公司炼油化工技术研究中心，负责炼油化工技术的研究及组织协调工作。

18日　中油燃气有限责任公司顺义气库正式投入运营，至此，中油燃气液化气年销售能力达10万吨。

20日　我国滩海地区第一个成功实施滚动勘探开发石油合同的赵东项目顺利投产。同年完成生产平台建造，完钻25口井，完成100万吨产能建设，比计划提前3个月，这是股份公司从"两种资源、两种资金、两个市场"出发，根据发展战略的需要，积极开展石油对外合作取得的重要成果。

21日　以传签的方式通过了《关于发行2002年中国石油企业债券的议案》，形成了董决字［2003］10号决议，并形成了董事会文件。

22日　马富才总经理会见国际能源署副署长威廉·拉姆赛，双方就国际能源市场的发展趋势交换了意见。

同日　吴耀文副总经理会见苏丹驻华大使萨利赫，双方就合作有关事宜交换了意见。

同日　吴耀文副总经理会见壳牌集团东北亚主席陈逸嘉，就双方合作事宜交换了意见。

23日　印发《中国石油天然气集团公司土地管理办法》。

24日　国务院副总理曾培炎到宁夏化工厂、宁夏石化分公司视察工作。

同日　中共中央政治局委员、国务院副总理吴仪到大连西太平洋石油化工有限公司视察。

同日　股份公司决定林青山任中国船舶燃料有限责任公司筹备组组长。

25日　股份公司监事会主席李克成一行到广东公司调研。李主席提出华东公司市场要做战略性考虑，建立现代营销体制，同时抓好企业文化建设和党的建设。

同日　国务院召开了全国整治油气田及输油气管道生产治安秩序专项行动电视电话会议，油气田及输油气管道生产治安秩序专项整治活动拉开序幕（详见专稿）。

26日　西气东输三江口长江盾构隧道贯通仪式在长江岸边举行。国家西气东输工程建设领导小组发贺信，表示热烈祝贺。长江盾构隧道工程在西气东输全部工程中是惟一采用设计、采办、施工总承包管理模式的项目，隧道贯通创造了我国首次用盾构方式穿越长江的伟大创举，实现了石油人穿越长江天险的多年夙愿。

27日　我国最大的气田鄂尔多斯盆地苏里格气田探明储量通过国家评审，新增天然气探明储量3131.77亿立方米，累计探明储量超过5000亿立方米。

28日　集团公司任命王宜林为集团公司总经理助理。

同日　中国石油精细油藏描述典型经验推广会在大港油田会议中心召开。会议研究老油田开发方案、商讨可持续发展战略。股份公司副总裁刘宝和作重要讲话。

29日　股份公司乌鲁木齐石化分公司投资7117万元化肥—化气代油工程项目投料试车一次成功，为将公司建设成为天然气化工基地奠定了坚实的基础。

同日　任传俊副总经理会见BP公司PTA亚洲总裁苏芮婷，就合作前景进行了探讨。

29—31日　集团公司党组决定王洪斌同志为锦西石化分公司党委书记，免去刘宝林同志锦西石化分公司党委书记、委员职务；股份公司决定王洪斌为锦西石化分公司总经理，免去刘宝林锦西石化分公司总经理职务。

30日　吴耀文副总经理会见以色列帕拉代姆公司首席执行官 Eldad Weiss，双方就合作前景进行了探讨。

同日　股份公司正式批准哈尔滨石化分公司3万吨/年甲乙酮装置建设《关于石化分公司3万吨/年甲乙酮装置初步设计的批复》（石油办字［2003］202号），它标志着哈尔滨石化分公司炼化一体化战略的正式实施。该项目计划投资2.1亿元，将于2004年8月建成投产。

本月　集团公司实施"走出去"战略取得重大进展，在中油集团海外最大的生产基地苏丹3/7区的麦卢特盆地发现了一个世界级大油田。在探井控制范围内，探明储量20亿桶，可采储量6亿桶。

八　　月

1日　中共中央政治局常委、国务院总理温家宝视察大庆石油管理局钻井二公司1205钻井队及大庆石化和大庆炼化。

同日　吴耀文副总经理会见壳牌集团东北亚主席陈逸嘉，就双方合作事宜交换了意见。

2日　在吉林省企业负责人座谈会上，温家宝总理听取了吉林石化分公司扭亏工作汇报，对吉林石化分公司结束了长达6年的亏损感到高兴。会上，温总理指出：东北老企业有贡献，有困难，有希望，有潜力。要抓好改造、改革和创新工作，搞好企业内部管理，立足自身，艰苦奋斗。相信东北老国有企业一定要走出一条新路子。

同日　股份公司批复惠宁输油管道增输改造工程的开工报告，工程正式开工建设。

4日　中国石油天然气股份有限公司（NYSE：PTR）及其合作伙伴阿帕奇公司（NYSE：APA）在北京宣布，他们在中国渤海湾大港合作开发的赵东区块，首次投入生产，产量为6000桶/日。

5日　中国石油与美国阿帕奇公司在北京宣布，大港海滩赵东合作区投产，原油日产量为6000桶。

同日　中国石油董事长马富才在北京会见了澳大利亚西澳大利亚州总理杰夫·盖勒普一行，双方就有关石油和天然气合作方面的问题进行了广泛友好的交流。

8日　马富才经理、吴耀文副总经理、周吉平总经理助理会见尼日尔总理哈马·阿马杜，并出席《关于开展在尼日尔石油领域双边合作的框架协议》签字仪式。

同日　石油管理干部学院更名为北京石油管理干部学院。

9日　Jabung区块开始向新加坡供气，预计2009年日供气量可达135万立方英尺。

11日　股份公司兰州石化分公司500万吨/年常减压装置开车投产一次成功，标志着兰州石化成为西部最大千万吨级炼油基地。

15—18日　股份公司第一次高层战略研讨会在南戴河召开。会议对股份公司较长时期的发展方向、发展重点以及相应采取的方针、政策和举措等进行了研究。通过研讨，对当前和今后一个时期公司面临的形势进行了全面分析，进一步增强了加快发展的责任感和紧迫感。在事关公司长远发展的一些重大问题上，进一步统一了思想，达成了共识。

15日—9月8日　西气东输市场开发获突破性进展：15日与安徽合肥燃气集团有限公司、滁州新奥燃气公司、芜湖中燃城市燃气发展有限公司、马鞍山港华燃气有限公司小签《天然气销售协议》；19日与河南省合同谈判小组就《天然气销售协议》通用文本进行小签；24日与江阴天力燃气公司小签《天然气销售协议》；30日与苏州燃气公司、安彩能源股份有限公司、中铝河南分公司小签《天然气销售协议》；9月4日至8日分别与郑州燃气公司、豫南燃气管道有限公司、周口亿星天然气有限公司、焦作（济源）中燃城市发展有限公司、信阳弘昌管道燃气工程有限责任公司、淮南中燃城市燃气发展有限公司、常州新奥燃气有限公司、蚌埠新奥燃气有限公司8家用户单独小签。以上进展标志着西气东输管道公司与下游用户合同谈判取得了阶段性成果，为最终与用户签订照付不议销售合同奠定了基础。

16日　股份公司总裁陈耕一行到冀东油田分公司调研。

20日　吴耀文副总经理会见苏丹驻华大使萨利赫，就促进双方合作项目交换了意见。

22日　集团公司党组决定，成立中共新疆石油准东地区工作委员会和新疆石油准东地区管理委员会，统一协调处理准东地区石油企业事务。

23日　中国企业联合会、中国企业家协会在北京人民大会堂新闻发布厅公布了2003年中国500强企业排序。中国石油天然气集团公司荣登中国500强企业榜首。陈锦华、经叔平表示祝贺，马富才发表演讲。

25日　马富才总经理会见伊朗国家石油公司副总裁侯塞尼，双方就合作前景交换了意见。

同日　股份公司第二届监事会第三次会议在北京召开。会议由李克成主持。会议听取财务部、普华永道、审计部和监事会办公室的有关报告，审议通过了《中国石油天然气股份有限公司监事会关于公司2003年度中期财务会计报告审查意见书》和《中国石油天然气股份有限公司监事会关于公司2003年度中期利润分配预案审查意见书》。

26日　股份公司第二届董事会三次会议在北京召开。马富才董事长主持了会议，公司董事和董事会秘书出席了会议，公司监事和总裁班子成员列席了本次会议。本次会议共有三项议程：（1）审议批准公司2003年中期财务会计报告；（2）审议批准公司2003年中期利润分配预案；（3）审议批准公司2003年投资计划调整的议案。董事会会议分别通过了董决字［2003］11号、12号、13号决议，并形成了董事会文件。

27日　股份公司塔里木油田分公司克拉2气田开工仪式在克拉2气田所在地举行。股份公司副总裁刘宝和出席开工仪式。

同日　中国石油2003年中期路演获得成功。

28日　中共中央政治局常委、国务院副总理黄菊在辽宁省委书记闻世震、省长薄熙来陪同下到锦州石化分公司生产装置视察。

同日　集团公司副总经理、股份公司高级副总裁苏树林在宜昌市宜都红花套施工现场下达开工令，忠武输气管道工程全面开工。湖北省、湖南省、重庆市领导出席开工仪式。这是继西气东输工程之后，中国石油投资建设的又一条长输天然气管道。

同日　忠县—武汉天然气输气管道工程开工仪式在宜昌举行。

同日　股份公司青海油田马北一井喜获高产油流，这是南八仙—平顶山勘探区带马北构造部署的一口预探井，设计井深1300米，于8月2日开钻，8月17日完钻，完钻井深1114米。对887—890米井段用4毫米油嘴求产，日产原油32.4立方米，用6毫米油嘴求产，日产原油49.06立方米，用8毫米油嘴求产，日产原油63.71立方米，油压稳定在3.7兆帕；日产天然气4063立方米。股份公司、青海省人民政府发贺电表示祝贺。

同日　中共中央政治局常委、国务院副总理黄菊先后到锦州石化分公司、辽阳石化分公司和大连西太平洋石油化工有限公司考察工作。国资委主任李荣融以及辽宁省省委、省政府的主要领导陪同考察。黄菊在考察中强调，要加快实现老工业的振兴。

29日　中国石油天然气集团公司副总经理郑虎在西安同厄瓜多尔能矿部部长阿沃莱达、国家石油公司总裁埃斯平共同签署了石油领域的合作协议。

同日　受国家主席胡锦涛的邀请，对中国进行国事访问的厄瓜多尔总统卢西奥·古铁雷斯·博武阿一行到长庆油田分公司进行了访问。

31日　中央政治局常委、国务院副总理黄菊到大连西太平洋石油化工有限公司视察。

本月　国家安全生产监督管理局组织开展了清理占压西气东输管道东段违章建筑物活动，基本清理解决了工程东段涉及管道安全运营的违章问题，保证了管道东段“十一”顺利进气投产。

本月　国内最大的油气管道调控中心——廊坊调控中心SCADA系统建成投运。目前管理4条天然气、6条原油和1条成品油管道，其中涩宁兰输气管道和兰成渝成品油管道的控制中心直接纳入廊坊控制中心同步建设投产，实现了在廊坊控制中心对这两条管道的远程控制和调度管理。

本月　股份公司长庆油田分公司苏格里气田探明储量通过国家评审，新增天然气探明储量3131.77亿立方米，累计探明储量超过5336.52亿立方米。

九　月

1日　吴耀文副总经理会见壳牌集团东北亚主席陈逸嘉，就双方合作事宜交换了意见。

2日　北京华昌置业有限公司成立。该公司由中国石油天然气集团公司、中油财务有限责任公司出资联合组建，出资比例为8.5∶1.5，注册资本总额为2900万元人民币。主要经营范围为：房地产开发、物业管理、信息咨询、劳务服务。

4日　中共中央政治局委员、中华全国总工会主席王兆国接见国家重点工程建设先进事迹宣讲团时，着重赞扬了西气东输管道工程建设者所表现出的特别能忍耐，特别能吃苦，特别能战斗的铁人精神。

5日　全国第五届渣油型大化肥年会在乌鲁木齐石化分公司召开。

同日　吴耀文副总经理会见美国A&M大学副校长Richard Ewing，双方就合作情况交换了意见。

8日　马富才经理、吴耀文副总经理、周吉平总经理助理会见尼日尔总理哈马·阿马杜，并出席《关于开展在尼日尔石油领域双边合作的框架协议》签字仪式。

9日　印发《中国石油天然气集团公司固定资产投资计划管理办法》。

10日　股份公司大连西太平洋石油化工有限公司“十五”发展规划一期改造工程具有标志性的项目常减压装置扩能改造工程80米烟囱建设举行开工奠基仪式。

12日　大庆安达断陷南端汪家屯构造汪深1井

压裂后试油获高产工业气流。

同日　股份公司锦州石化分公司二套常减压装置减压炉发生闪爆事故，造成3人死亡、1人重伤、5人轻伤重大事故。股份公司副总裁段文德等领导连夜赶到锦州，主持事故处理工作。陈耕总裁对事故做出四点批示，并要求15日内完成抢修任务，把“9.12”事故损失降到最小程度，尽快恢复生产。

14日　集团公司首次基层党的建设工作会议在北京召开（详见专稿）。

15日　西气东输最后一个控制性工程——郑州黄河顶管穿越工程完工。该工程采取的长距离接力顶管技术在我国首次运用于长输管道，创造了国内最大口径、最长距离顶管新纪录。

15—17日　国家西气东输工程建设领导小组第六次会议在南京召开（详见专稿）。

16日　集团公司在京举行技术能手表彰大会，集团公司副总经理郑虎在表彰大会上作了重要讲话，纪检组组长李克成宣读了《关于表彰中国石油天然气集团公司技术能手的决定》，国家劳动和社会保障部发来贺信向大会表示祝贺。大庆电力总公司李齐生等109人荣获“中国石油天然气集团公司技术能手”称号。

同日　宝鸡石油钢管有限责任公司与马来西亚UMW公司联手，合资兴建钢管加工项目在北京人民大会堂正式签字。国务委员唐家璇和马来西亚副总理巴达维，中国石油天然气集团公司副总经理、中国石油天然气股份有限公司总裁陈耕、中国石油物资装备（集团）总公司总经理刘兴和、副总经理王涛等参加了签字仪式。

同日　北京华油天然气有限责任公司陕京管道永清站成功地将检测器取出，标志着目前国内首次对长距离、大口径天然气管道的内检测在陕京管道取得成功。

17—18日　股份公司首次召开隐蔽油气藏专题研讨会。会议总结交流了隐蔽油气藏勘探和精细勘探方面的成果和经验，探讨了新形势下勘探工作实现良性循环的具体思路和做法。勘探界的老专家及各油气田分公司和研究院所代表共110多人参加。刘宝和副总裁和贾承造总地质师参加会议并讲话。

18日　股份公司大庆炼化分公司100万吨/年ARGG装置顺利投产一次成功。这套装置是由原60万吨/年重油催化装置改造扩建而成，是目前国内规模最大的采用双提升管技术的ARGG装置，采用较高的反应深度裂解较重的原料油，主要产品为液化石油气（富含丙烯）、汽油、轻柴油等，可实现以汽油降烯烃为主，多产丙烯并降烯烃两套方案，为即将建设的30万吨/年聚丙烯工程提供优质原料。

20日　集团公司副总经理吴耀文会见出席哈萨克斯坦西北管道公司董事会代表。

22日　集团公司党组决定喻宝才同志为兰州石化分公司党委书记，免去喻宝才同志大庆石化分公司党委副书记、委员职务，免去周国勋同志兰州石化分公司党委副书记、委员职务。

同日　股份公司决定勾振东为大庆石化分公司总经理；免去喻宝才大庆石化分公司总经理职务。

23日　集团公司党组决定郭开旗同志为华北油田分公司党委书记，苏俊同志为华北油田分公司党委副书记，免去于英太同志华北油田分公司党委书记、委员职务；张书铭同志为西南油气田分公司党委书记，李鹭光同志为西南油气田分公司党委副书记，免去夏鸿辉同志西南油气田分公司党委书记、委员职务；寿铉成同志任中国石油天然气国际（勘探开发）有限公司党委副书记；薄启亮同志兼任中国石油天然气国际（勘探开发）有限公司纪委书记。

同日　股份公司决定苏俊为华北油田分公司总经理，免去于英太华北油田分公司总经理职务；李鹭光为西南油气田分公司总经理，免去夏鸿辉西南油气田分公司总经理职务。

25日　马富才总经理会见伊朗国家石油公司副总裁侯塞尼，双方就合作前景交换了意见。

25—26日　集团公司副总经理、股份公司总裁陈耕到华北油田分公司检查指导工作。听取了分公司和管理局的工作汇报，并到第二采油厂岔南工区视察了外输计量站、脱水间、污水处理站、注水站等岗位，对公司的工作给予了高度肯定。宣布华北油田分公司主要领导调整的决定。

同日　以传签的方式通过了《关于组建中国石油天然气股份有限公司西气东输销售分公司的议案》，形成了董决字［2003］14号决议，并形成了董事会文件。

27日　中国石油天然气股份有限公司西气东输销售分公司成立，与西气东输管道分公司合署办公，“一个机构，两块牌子”。

同日　印发《中国石油天然气股份有限公司基本工资制度改革方案实施细则》（石油人字［2003］250号），以确保现行工资制度向新工资制度的平稳过渡、规范运行。

27—30日　集团公司副总经理、股份公司总裁陈耕一行到兰州石化、西北销售分公司、化工与销售西北分公司、甘肃销售分公司进行工作调研，并宣布兰州石化分公司主要领导调整的决定。

28 日　大庆地区石油石化企业隆重举行电视纪录片《铁人王进喜》首映暨赠片仪式。

同日 中共中央政治局委员、书记处书记、国务委员周永康等一行 7 人，视察大港油田分公司。

28—30 日　集团公司总经理马富才，集团公司党组成员、股份公司监事会主席李克成，股份公司副总裁段文德等一行 11 人到宁夏石化分公司视察指导工作。在宁期间，马总一行还视察了宁夏化工厂、宁夏销售中心、宁夏大元炼化公司。

29 日　股份公司与加拿大泛华能源有限公司合作开发的大港油田孔南项目第一口开发井——南 105 井开钻，这标志着该项目正式进入开发实施阶段，揭开了国内陆上石油对外合作项目的新篇章。

同日　股份公司辽阳石化分公司 80 万吨/年 PTA 及配套原料工程可行性研究报告得到国务院正式批复，标志着辽阳石化向建成中国最大化纤原料基地的目标迈出了关键的一大步。

本月　股份公司完成了 2003—2007 年业务发展计划的编制工作。计划包括前三年基本情况和后五年的股份公司整体和各业务的发展的主要指标、投资、效益、项目等内容，是股份公司继“十五”业务发展计划后的又一个比较完整的具有指导性和可操作性的业务发展计划。

十　月

1 日　西气东输管道工程靖边—上海段进气仪式在陕西靖边压气站现场隆重举行。

同日　长庆气田第一净化厂扩建工程（400 万立方米/日）建成投产，保证了西气东输先锋气的用气要求。

2 日　石油大学隆重庆祝建校 50 周年。在庆典仪式上，教育部与中国石油天然气集团公司、中国石油化工集团公司、中国海洋石油总公司、中国化工进出口总公司四大企业集团签署了共建石油大学的协议书。

2—8 日　中共中央政治局常委李长春受胡锦涛总书记的委托，专程到王进喜曾经工作过的大庆 1205 钻井队慰问石油职工，并高度赞扬大庆石油职工为共和国建设发展做出的巨大贡献，鼓励他们继续发扬铁人精神，赋予铁人精神以新的时代内涵，在全面建设小康社会的征程中再立新功。

7 日　大庆炼化分公司 30 万吨/年聚丙烯工程奠基典礼隆重举行。聚丙烯工程是按照股份公司积极参与国内外市场竞争、优化区域资源配置，为建设世界级聚丙烯生产基地的战略部署而建设的。该工程投产后，年均销售收入为 20 亿元，年均税后利润为 3 亿元。

8 日　铁人王进喜纪念馆奠基仪式在大庆油田隆重举行。马富才、苏立清、王瑞祥、周同战、苏树林、李克成等领导为纪念馆奠基（详见专稿）。

同日　股份公司批复《大连新港—大连石化原油输送管道可行性研究报告》（石油计字［2003］249 号）。该管道的建设主要是为保障大连石化分公司的原油加工生产、降低进口原油的运输成本。

同日　股份公司塔里木油田分公司牙哈产能建设新型项目管理获第七届全国工程建设企业管理现代化成果二等奖。

8—12 日　集团公司副总经理、股份公司总裁陈耕一行到西南油气田、西南销售分公司、化工与销售西南分公司、四川销售分公司进行工作调研，并宣布西南油气田分公司主要领导调整的决定。

10 日　郑虎副总经理出席中联煤层气公司与美国格莱斯顿能源集团公司湖北黄石煤层气项目合同签字仪式。

13 日　吴耀文副总经理会见 PetroKazakhstan 公司总裁，双方就 Kumkol 油田合作事宜交换了意见。

同日　集团公司党组任命史习盐同志为中国石油物资装备（集团）总公司党委书记，王涛同志为中国石油物资装备（集团）总公司党委副书记，免去吴大鹏同志中国石油物资装备（集团）总公司党委书记、委员职务，免去刘兴和同志中国石油物资装备（集团）总公司党委副书记、委员职务，免去秦安民同志中油国际工程有限责任公司党委书记、委员职务，免去邢祖侗同志中油国际工程有限责任公司党委委员职务。

同日　集团公司聘任王涛为中国石油物资装备（集团）总公司总经理，免去刘兴和中国石油物资装备（集团）总公司总经理职务，免去吴大鹏中国石油物资装备（集团）总公司副总经理职务。聘任刘兴和为集团公司市场管理部主任，免去安郁陪集团公司市场管理部主任职务。集团公司聘任吴大鹏为集团公司监察部（党组纪检组）监察专员。免去秦安民、邢祖侗中油国际工程有限责任公司副总经理职务。

14 日　股份公司接管印尼项目后的首口探井 Bangko 区块 Piano－1 井喜获突破，发现新的含油气构造，揭示了良好的勘探开发前景。

同日　国家科学技术部在北京组织召开“十五”国家重点科技攻关项目《中国油气资源发展关键技术研究》的下属课题《塔里木盆地大中型气田勘探开发关键技术研究》验收会。经过评审，这一课题通过验收，并给予“A”类科技成果评价。

15 日　吴耀文副总经理会见美国格瑞克公司首席执行官 Randeep S. Grewal，双方就中联煤层气公司合作事项交换了意见。

同日　郑虎副总经理会见伊中友协会长、伊朗穷人基金会副会长、前伊朗能源部副部长穆罕穆迪，双方就如何推动 CNPC 在伊合作交换了意见。

15—20 日　由中国石油国际事业有限公司组织的第 94 届中国出口商品交易会在广州举行。股份公司所属炼厂生产的品质优、竞争力强的 14 种常规产品及新开发的具有潜在市场优势的 70 多种化工产品进行了参展。此次参展成功地宣传了中国石油，开阔了视野，推进了中国石油石化产品的出口业务的开展。

16 日　西气东输天然气率先在郑州点燃。中国石油开始向西气东输首家用户试供气。渴求清洁、高效能源的郑州市成为西气东输的第一个受益者。股份公司高级副总裁苏树林在通气仪式上讲话并为纪念碑揭幕。

同日　中国运载火箭试制生产总装公司致信玉门油田分公司，感谢玉门炼化总厂生产的特种油品为我国首次载人航空飞行做出贡献。

18 日　由东方地球物理勘探有限责任公司承担的冀东油田分公司南堡凹陷全三维连片叠前时间偏移处理项目正式启动。此项目覆盖面积 2170 平方千米，有 22 块在不同时期，使用不同震源、不同检波器，在不同地表条件情况下采集的三维资料，是国内目前全三维连片叠前时间偏移面积最大的处理项目。

21 日　中央政治局常委李长春到西气东输郑州分输压气站视察。

同日　吴耀文副总经理会见巴布亚新几内亚石油、能源部部长莫伊·阿韦并共同签署“中国石油天然气集团公司和巴布亚新几内亚石油合作备忘录”。

21—22 日　中共中央政治局常委、中央书记处书记、国家副主席曾庆红考察辽阳石化和抚顺石化。

23 日　集团公司召开技术创新奖评审会，共评选出获奖项目 50 项，其中一等奖 10 项，二等奖 40 项。会议由吴耀文副总经理主持。

24 日　中共中央政治局常委、国务院副总理黄菊在黑龙江省委书记宋法棠，省长张左己，大庆石油管理局党委书记苏玉添，副局长于洪金的陪同下来到钻井二公司 1205 钻井队亲切看望和慰问在生产一线奋战的钻井职工。

24—26 日　中央政治局常委、国务院副总理黄菊到大庆石化分公司和吉林石化分公司视察。

27 日　郑虎副总经理会见美国能源部副部长罗伯特·卡德，双方就中美在能源领域的合作交换了意见。

同日　财政部、国家税务总局联合下发《关于调整出口货物退税率的通知》，要求各单位就调整后的出口退税率，做好下一年的税费预算。

28 日　中共中央政治局委员、书记处书记、国务委员周永康到大港油田视察工作并看望生产第一线的石油工人。

同日　股份公司吐哈油田分公司丘陵采油厂柯 14 井，油罐动火作业过程中，发生油罐爆炸着火事故，导致 5 人死亡、1 人重伤、2 人轻伤，直接经济损失 58.36 万元。

同日　股份公司决定徐丰利任监事会办公室主任，免去其财务部副总经理职务；免去白新贺监事会办公室主任职务。

29 日　中国企业新纪录新闻发布会暨经验交流会在廊坊召开。石油天然气管道局 28 项成果入选中国企业“吉尼斯”。

30 日　栗东生同志任辽阳石油化纤公司经理、党委副书记，免去孙洪来同志辽阳石油化纤公司经理职务。

30 日—11 月 5 日　股份公司勘探与生产分公司对 2003 年岩性油气藏、前陆盆地和碳酸盐岩等油气勘探新方法新技术类项目的开题设计进行了审查。

本月　川中项目探明储量报告获得通过，地质储量为 343.87 亿立方米，新增储量 267.65 亿立方米，这为川中项目进入开发生产期奠定了雄厚的物质基础。

本月　由股份公司管道分公司承担的股份公司重点科研项目“成品油输送配套技术”的子课题“成品油减阻剂合成工艺研究”取得了多项创新的科技成果和突破性进展，形成了可供工业生产和工业应用的系列减阻剂产品及配套应用技术，在成品油减阻剂的研制开发技术领域中，掌握了具有自主知识产权的核心技术，并已申报国家发明专利。使我国的减阻剂研制和生产技术走进世界先进行列。

十一月

1日 截至11月1日，由中国石油国际事业哈萨克斯坦公司、CNPC阿克纠宾油气股份公司和哈萨克斯坦商业银行投资公司三方共同出资成立的中国石油国际销售股份有限公司在哈萨克斯坦国成功收购了8座加油站和1座油库项目，完成了加油站、油库的资产收购和经营接收工作，标志着股份公司已开始进入境外终端销售网络，扩大了中国石油在哈萨克斯坦市场上的影响。

3日 吴耀文副总经理会见印度ONGC总经理Atul Chandra，双方就合作中的有关问题交换了意见。

同日 股份公司乌鲁木齐石化分公司总投资16176万元焦化改造项目中“两塔一炉”竣工。

4日 集团公司副总经理吴耀文出席2003年中国国际石油、石化、化工工程、技术与设备展览会开幕式。并在2003年中国国际石油、石化工业与经济发展（中国）论坛上作专题报告。

同日 集团公司聘任梁萍为中油财务有限责任公司总裁，免去王毓信中油财务有限责任公司总裁职务。

6日 印发《中国石油天然气集团公司涉外突发事件预案》的通知。《通知》中就涉外突发事件应急处理工作的基本原则、组织体系和主要职责、处理预案实施程序等做出明确要求。

10日 吴耀文副总经理会见委内瑞拉PDVSA东部地区总裁Nelson Martimez，双方就乳化油项目交换了意见。

10—17日 股份公司2003年油气勘探年会在敦煌召开，10多个油田和科研单位的300余名代表参加了会议。会议认真总结和交流了2003年油气勘探成果和经验，即以战略突破为重点的石油勘探获得12项重要发现，以战略展开为重点的石油勘探形成10个规模储量区，以中部为重点的天然气勘探取得8项新的发现和进展，并对2004年勘探工作进行了安排。会议期间专门召开了“柴达木盆地油气勘探技术研讨会”。股份公司副总裁刘宝和和总地质师贾承造参加会议并讲话。

10日 中国石油国际事业有限公司作为股份公司代理公司与美国UOP公司签订了35万吨/年PX项目技术转让合同。

11日 吴耀文副总经理会见壳牌勘探与生产亚太地区首席执行官DGARDY，双方就在中亚地区的合作前景交换了意见。

13日 股份公司辽阳石化分公司80万吨/年PTA项目获得国务院批准。

14日 股份公司监事会主席李克成出席中国证监会与商务部在北京国贸饭店联合举办的“公司治理与证券法研讨会”。国内相关部委的领导、专家以及美国证券交易委员会、纽约证券交易所等官员出席。

同日 股份公司印发《中国石油天然气股份有限公司关于深化专业技术人员管理制度改革的指导意见》（石油人字［2003］291号）、《高级技术专家管理办法（试行）》（石油人字［2003］292号），与集团公司同步开展了深化专业技术人员管理制度改革和“两级”技术专家的选拔、推荐工作。

同日 股份公司召开2003年合同管理专项检查工作总结讲评会议，对2003年合同管理基本情况进行了系统的总结和评价，对今后合同管理重点工作进行了全面部署。

17日 马富才总经理会见苏丹驻华大使萨利赫，双方就合作事宜交换了意见。

同日 为了进一步推进财务管理信息系统集中管理的实施，股份公司制定了《中国石油财务管理信息系统炼油销售公司集中管理实施方案》，要求各单位按照方案的要求并结合自身情况制定切实可行的操作方案，抓紧实施。

18日 国内首台33000千瓦特大功率烟气轮机由兰州炼化总厂研制成功并通过验收。

20日 西气东输管道工程西段主体管道工程完工，实现全线贯通。西段由新疆轮南—长庆油田靖边站，管道长约2340千米，管径1016毫米，设计压力10MPa，全线设计输量120亿立方米/年。西段于2001年9月开始试验段施工。

21日 股份公司与山西省天然气股份有限公司在北京签订“照付不议”《天然气买卖与输送合同》，合同第一年用气量为6.668亿立方米，第五年用气量达到20.995亿立方米，在岚县、阳曲、盂县三个分输点交气。

22日 股份公司批准塔里木油田分公司2003年油气储量。全年新增石油天然气三级地质储量3.2亿吨，其中石油三级储量2.09亿吨，创会战以来最高纪录。

26 日　股份公司加强股权管理工作视频会议在北京召开。有关部门和四个专业公司的负责人，各地区公司的主管领导、相关部门的负责人和工作人员参加了会议。会议由股份公司副总裁刘宝和主持。财务总监王国樑作了《加强股权管理，提高投资回报，为实现股份公司持续有效快速发展做贡献》的专题报告，会议要求有关部门和地区公司，必须采取切实措施，建立健全股权管理的各项规章制度，积极处置不良股权，规范股权管理，努力实现股权管理高效率、投资高收益的目标。

27 日　中油集团测井技术研究中心、中油集团吉化集团公司技术中心、中油集团大港油田集团有限责任公司技术中心、中油集团兰州化学工业公司技术中心、中油集团工程技术研究院技术中心 5 家技术中心正式挂牌，吴耀文副总经理出席了挂牌仪式。

28 日　股份公司兰州石化分公司 70 万吨/年乙烯、大庆石化分公司 80 万吨/年乙烯改造项目获得国务院批准。

29 日　中国石油文联第四次代表大会在北京召开。集团公司总经理马富才给大会发来书面讲话，李克成当选为石油文联主席。

同日　位于鄂尔多斯盆地的长庆油田年产油气当量一举突破 1000 万吨大关。集团公司、股份公司发出贺信，陈耕出席庆祝大会并讲话。

同日　西气东输中卫黄河穿跨越工程胜利贯通，标志着西气东输工程在黄河上的三个控制点全部攻破，为全线按期投产奠定了基础。同时也标志着西气东输工程采用三种不同工艺技术穿跨越黄河工程全部获得成功。

同日　股份公司第二届董事会第四次会议在北京召开。马富才董事长主持了会议，公司董事和董事会秘书出席了会议，公司监事和总裁班子成员列席了本次会议。本次会议共有两项议程：(1) 审议批准关于公司 2004 年度投资计划的议案；(2) 审议批准公司 2004 年度预算报告。董事会会议分别通过了董决字［2003］15 号、16 号决议，并形成了董事会文件。

本月　股份公司向国家申请并获得了柴油进口指标 10 万吨，打破了多年汽柴油进口“封关”的局面，为贯彻公司提出的“大市场、大贸易、大营销”发展战略奠定了良好基础。

十二月

1 日　长庆油田分公司在西安隆重召开庆祝年产油气当量突破 1000 万吨暨 2003 年总结表彰大会。集团公司副总经理、股份公司总裁陈耕出席会议并讲话。

同日　涩北气田天然气外销量首次超过 10 亿立方米。

同日　股份公司印发《中国石油天然气股份有限公司国内勘探开发对外合作项目管理暂行办法》（石油计字［2003］312 号），该办法吸取了近 20 年来陆上石油天然气勘探开发对外合作管理经验和教训，是进一步适应发展石油天然气勘探开发对外合作的需要，也是为之提供制度保障的具体措施。

5 日　股份公司与斯伦贝谢公司在北京人民大会堂签订测井技术服务合作合同（2004—2006 年），进一步确立了双方深入合作的关系，刘宝和副总裁代表股份公司签字。

5—7 日　股份公司 2004 年规划计划工作会议在北京召开。各专业公司、地区公司和科研院所主管的领导及有关人员共 350 多人参加了会议。会议的主要议题是，以党的十六届三中全会精神为指导，贯彻落实集团公司党组和股份公司管理层的各项部署，分析形势，总结工作，交流经验，表彰先进，研究探讨加强和改善规划计划工作的思路和措施。集团公司副总经理、股份公司高级副总裁苏树林参加会议并讲话，讲话中对今后一个时期规划计划工作的主要任务和队伍建设提出了明确要求。

6 日　吴耀文副总经理离京赴卡塔尔出席世界石油大会亚太分会，会后赴委内瑞拉、秘鲁、苏丹访问。

8 日　股份公司辽阳石化分公司和英国杜邦英威达公司在北京人民大会堂签署了 53 万吨/年 PTA 技术引进项目商务合同，与英国福斯特—惠勒公司签署了基础设计和采购服务合同，股份公司副总裁段文德出席签字仪式。这是国家启动振兴东北老工业基地 100 个项目中第一个正式开工的项目。

9 日　中共国务院国有资产监督管理委员会任命周吉平、段文德、王宜林同志为中国石油天然气集团公司党组成员；免去吴耀文同志的中国石油天然气集团公司党组成员职务（国资党任字［2003］45 号）。

同日　国务院国有资产监督管理委员会任命周吉平、段文德、王宜林为中国石油天然气集团公司副总经理；免去吴耀文的中国石油天然气集团公司副总经理职务（国资任字［2003］60 号）。

同日　集团公司决定自 2004 年 1 月 1 日起，将集团公司通信公司划归中国石油天然气管道局管理。

12 日　马富才总经理会见德国巴斯夫公司董事长赫斌杰，就合作前景交换了意见。

15 日　集团公司党组决定王玉普同志为大庆油田有限责任公司党委副书记。

同日　股份公司决定王玉普为大庆油田有限责任公司董事长，兼任大庆油田有限责任公司总经理，苏树林不再兼任大庆油田有限责任公司董事长、总经理职务；

15—16 日　中国石油学会第六次全国会员代表大会在北京举行。邱中建作工作报告、黄炎当选新一届理事长。集团公司副总经理郑虎出席会议并对大会表示祝贺。

18 日　马富才总经理会见蒙古国工贸部长冈卓里格，双方就未来合作的可能性交换了意见。

18—19 日　股份公司总裁陈耕一行到大庆油田宣布主要领导调整的决定和大庆石化分公司班子成员调整的决定。

19 日　兰成渝输油管道广元至江油段 k618＋800 米处发生油品泄漏。经现场开挖确认，为不法分子打孔盗油破坏所致。此次不法分子打孔盗油事件，直接损失 90# 汽油 440 立方米，造成兰成渝管道停输 14 小时 12 分钟，宝成铁路中断运行达 7 小时零 5 分钟，附近的清水河也受到一定程度的污染，破坏后果严重。

20 日　中国石油奖学金在京颁发，来自北大、清华等高校的 80 名优秀学子受奖。

23 日　由四川石油管理局川东钻探公司川钻 12 队承钻的罗家 16H 井发生硫化氢气井特别重大责任井喷事故。在这次事故中中毒窒息死亡人数达 243 人，经济损失 92627100 元。

同日　“中国石油陕京管道应急增输工程新闻通气会”在北京召开，会议邀请了首都和中国石油 12 家新闻单位的 19 名记者采访报道陕京输气管道 2003 年应急增输工程优质高效提前完成、确保北京市今冬用气方面的成果。中央电视台和经济日报、北京晚报等新闻媒体先后对陕京管道确保向北京供气情况进行了报道。

24 日　股份公司批复《涩宁兰输气管道白银供气工程可行性研究报告》（石油计字［2003］336 号），该管道全长 181 千米、设 3 座工艺站场、设计输气能力 12.5 亿立方米/年、估算总投资 36785 万元。

26 日　集团公司通过视频会议举行机关办公自动化系统暨两级电子公文传输系统正式运行仪式，集团公司系统各单位在 41 个视频分会场参加了会议，集团公司党组成员、副总经理郑虎作了重要讲话，宣布自 2004 年起机关办公自动化系统投入正式运行。

同日　中国石油与山东省重点城市天然气供用协议签字暨山东中油天然气有限责任公司揭牌仪式在济南举行。股份公司总裁陈耕，山东省委副书记、省长韩寓群出席了签字仪式。签字仪式上，股份公司与山东省济南市煤气公司、德州市燃气总公司等 9 家用户签订了供用气意向书，意向书第五年用气量达到 38.6 亿立方米。股份公司将建设从陕京二线河北安平分输站至西气东输江苏青山分输站的西气东输与陕京二线联络线，这条联络管道可以覆盖沿线山东及江苏北部大中城市。

27—28 日　中共中央政治局委员、中央书记处书记、国务委员兼公安部部长周永康来到大庆油田视察，转达了胡锦涛总书记对大庆油田的关切和对大庆石油职工的问候，鼓励大庆油田，在新的发展时期创造新的业绩。

28 日　东方地球物理公司主营业务全年实现收入比上年度增长 22%，全球市场份额由 9% 提高到 13%，陆上地震勘探占全球合同总额的 37.03%，比原计划目标提前跃居全球第一位，其中在国际勘探市场完成的价值工作量连续第 4 年以 50% 的速度增长。

同日　股份公司决定委派段文德为大连西太平洋石油化工有限责任公司副董事长，任传俊不再担任该公司副董事长。

31 日　集团公司免去谢志强集团公司总经理助理职务。

本月　中国石油天然气集团公司作为中国企业界惟一代表，出席中美关系大会，展示中国石油集团实力，促进中美石油界交流与合作。

本年　股份公司勘探开发研究院获“国家科学技术奖”科研项目。一等奖项目：苏丹 MUCLAD 盆地 1/2/4 区高效勘探的理论与实践；二等奖项目：煤层气勘探技术研究与试验。

（许景慧　邹春英　李海燕
尚　真　刘北生　宛亚军　张桂珍　杜久霞）

第十四篇

附　　录

2003 年集团公司主要指标完成情况

指标名称	单　位	数　值
一、主营业务收入	亿元	4752.9
利润总额	亿元	726.7
上缴税费	亿元	812.7
工业总产值（现价）	亿元	4893.0
工业销售产值	亿元	4868.1
企业增加值	亿元	2584.3
其中：工业增加值	亿元	2194.1
二、油气产量		
原油	万吨	12242.8
其中：国外权益产量	万吨	1288.4
天然气	亿立方米	262.7
其中：国外权益产量	亿立方米	13.9
三、炼油化工主要产品产量		
汽、煤、柴、润合计	万吨	6466.6
汽油	万吨	2211.8
煤油	万吨	311.5
柴油	万吨	3824.1
润滑油	万吨	119.2
乙烯	万吨	181.8
合成树脂	万吨	262.5
合成橡胶	万吨	29.8
合成纤维	万吨	28.6
尿素	万吨	358.0
四、主要冶金产品产量		
石油焊接钢管	吨	819542
石油套管	吨	21989
冷拔无缝钢管	吨	1953
钻井钢丝绳	吨	22019
五、主要机械产品产量		
钻机	套	53
抽油机	台	5135
抽油杆	万米	490
抽油泵	台	15860

2003年股份公司原油、天然气产量完成情况

生产企业	原油产量（吨）	天然气产量（万立方米）
合　计	110408592	2501786
一、国内小计	109544206	2488165
1. 股份公司	103939180	2476722
大庆油田有限责任公司	48400333	203383
吉林油田分公司	4750899	23202
辽河油田分公司	13221011	105710
辽河辽宁油田	13106151	105710
辽河内蒙古油田	114860	—
华北油田分公司	4352036	57459
华北冀中油田	3611303	56885
华北二连油田	740733	574
大港油田分公司	4210036	35657
冀东油田分公司	748168	4370
新疆油田分公司	10601018	221044
吐哈油田分公司	2350100	123443
塔里木油田分公司	5252815	108890
长庆油田分公司	7015606	518518
长庆陕西油田	5030987	457124
长庆甘肃油田	1824200	3544
长庆宁夏油田	160419	—
长庆内蒙古油田	—	57850
青海油田分公司	2200168	154111
玉门油田分公司	700015	2138
西南油气田分公司	136975	918797
西南四川油气田	135236	420424
西南重庆油气田	1739	498373
2. 托管单位	5529317	—
延长油矿管理局	5529317	—
3. 南方勘探开发公司	75709	11443
二、海外权益	864386	13621
国际公司	864386	13621

注：股份公司海外部分全年完成原油作业产量1511.4万桶（204.5万吨），份额产量367.6万桶（49.8万吨）；全年完成天然气作业产量126.6亿立方英尺（35843.5万立方米），份额产量11.2亿立方英尺（3173.1万立方米）；全年完成LPG作业产量105895吨，权益产量47431吨，份额产量15614吨。

2003 年股份公司化工主要产品产量

单位：吨

生产企业	乙烯	丙烯	纯苯	合成树脂		合成纤维	合成橡胶	精对苯二甲酸	丙烯腈	聚酯	冰醋酸	合成氨	尿素
				合计	聚烯烃树脂								
合　计	1817879	1945957	683799	2489568	2484206	211642	246081	341332	162237	404586	279571	2364230	3579623
一、股份公司	1817879	1945957	683799	2470977	2465615	211642	246081	341332	162237	404586	279571	2323884	3579623
吉林油田综合利用厂	—	—	—	—	—	—	—	—	—	—	—	—	—
塔里木油田泽普石化厂	—	—	—	—	—	—	—	—	—	—	—	254502	420027
长庆靖边甲醇厂	—	—	—	—	—	—	—	—	—	—	—	—	—
青海格尔木炼油厂	—	—	—	15500	15500	—	—	—	—	—	—	—	—
玉门炼油厂	—	28	—	12241	12241	—	—	—	—	—	—	—	—
川西北气矿甲醇厂	—	—	—	—	—	—	—	—	—	—	—	—	—
大庆石化分公司	508056	321233	97130	534804	534804	65028	—	—	69415	—	92438	389737	585835
大庆炼化分公司	—	148568	—	—	—	3343	—	—	66028	—	—	—	—
哈尔滨石化分公司	—	56746	—	34463	34463	—	—	—	—	—	—	—	—
吉林石化分公司	574826	337981	213842	407935	407935	—	129869	—	—	—	187133	123352	—
前郭石化分公司	—	366	—	49102	49102	—	—	—	—	—	—	—	—
辽阳石化分公司	145246	73997	133309	101334	101334	96966	—	265667	—	351833	—	—	—
抚顺石化分公司	178506	187650	53172	229911	229161	—	—	—	—	—	—	—	—
锦州石化分公司	—	96851	8499	22348	22348	—	24348	—	—	—	—	—	—
锦西石化分公司	—	59711	21353	40573	40573	—	—	—	—	—	—	—	—
大连石化分公司	—	167684	42380	165053	160441	6160	—	—	—	—	—	—	—
乌鲁木齐石化分公司	—	—	15609	34826	34826	20869	—	75665	—	52753	—	642258	1131087
独山子石化分公司	235921	142745	60841	294870	294870	—	32152	—	—	—	—	—	—
兰州石化分公司	175324	166685	37664	320280	320280	19276	59712	—	26794	—	—	315014	413841
宁夏石化分公司	—	—	—	—	—	—	—	—	—	—	—	599021	1028833
大连西太平洋有限公司	—	112243	—	102226	102226	—	—	—	—	—	—	—	—
华北石化分公司	—	—	—	68555	68555	—	—	—	—	—	—	—	—
呼和浩特石化分公司	—	21119	—	18049	18049	—	—	—	—	—	—	—	—
大港石化分公司	—	31905	—	—	—	—	—	—	—	—	—	—	—
辽河石化分公司	—	1093	—	18907	18907	—	—	—	—	—	—	—	—
长庆石化分公司	—	1311	—	—	—	—	—	—	—	—	—	—	—
克拉玛依石化分公司	—	18041	—	—	—	—	—	—	—	—	—	—	—
二、托管单位	—	—	—	18591	18591	—	—	—	—	—	—	40346	—
庆阳炼化有限公司	—	—	—	5703	5703	—	—	—	—	—	—	—	—
大元化工有限公司	—	—	—	12888	12888	—	—	—	—	—	—	40346	—

2003 年股份公司炼油

生产企业	原油加工量	商品液化气	汽煤柴润	汽油	煤油	柴油
合　计	98212815	4701917	62677200	21259911	2959450	37265360
一、股份公司	91200627	4363713	57942175	19381832	2956917	34410947
塔里木油田泽普石化厂	322299	20940	282636	118120	—	164516
长庆马岭炼油厂	331534	29254	247575	83893	—	163682
长庆马家滩炼油厂	260016	23423	208325	76400	—	131925
青海格尔木炼油厂	650327	60018	492138	227028	—	265110
玉门炼油厂	2290908	51602	1474747	446919	78820	928467
西南南充炼油厂	490912	35928	311910	108884	14116	155516
大庆石化分公司	5705772	585499	3562341	1094588	171064	2296689
大庆炼化分公司	5124515	299748	3724590	1557400	—	2167190
哈尔滨石化分公司	2155032	107666	1779354	786975	49660	942719
吉林石化分公司	5659321	205583	3178812	1050880	—	2127932
前郭石化分公司	1469380	88806	1048698	489101	3127	556470
辽阳石化分公司	3448121	103294	1655079	—	49809	1605270
鞍山炼油厂	781510	27615	258487	115228	—	143259
抚顺石化分公司	8503594	226327	5513765	1868944	230573	3414248
锦州石化分公司	5220280	400954	3360531	1133241	134695	2092595
锦西石化分公司	5344745	176394	3879314	1312754	136953	2362927
大连石化分公司	9272883	416061	5883493	2156006	353845	3373617
乌鲁木齐石化分公司	3591660	223797	2441495	885467	90172	1465856
独山子石化分公司	4002134	103404	2458720	746728	74759	1637233
兰州石化分公司	6940286	130286	4027813	1297027	275088	2455698
大连西太平洋有限公司	7120002	267912	3952308	1121965	1197652	1632691
华北石化分公司	2539498	286620	1489134	677079	—	812055
呼和浩特石化分公司	1195365	62586	848270	391966	—	456304
大港石化分公司	2418670	206469	1410288	555994	—	854294
辽河石化分公司	2357182	52405	819750	229935	—	589815
长庆石化分公司	1500079	125278	1184421	425854	65974	692593
克拉玛依石化分公司	2504602	45844	1376342	423456	30610	922276
润滑油公司	—	—	1071839	—	—	—
二、托管单位	7012188	338204	4735025	1878079	2533	2854413
延长炼油厂	2310040	66647	1234819	400395	2533	831891
延安炼油厂	2804583	167440	2198177	929274	—	1268903
胜华炼油厂	551736	21064	209190	76363	—	132827
庆阳炼化有限公司	530277	43084	424258	169450	—	254808
大元化工有限公司	815552	39969	668581	302597	—	365984

加工主要产品产量

单位：吨

润滑油	燃料油	商品燃料油	溶剂油	石蜡	洗涤剂原料	沥青	化工轻油	石脑油型	石油焦
1192479	6529300	5647875	723544	984853	335474	2114501	7138413	4733753	1897565
1192479	5604720	4784675	683920	984853	335474	1936186	7138413	4733753	1897565
—	3812	3812	—	—	—	—	—	—	—
—	7497	-1332	—	—	—	—	9171	—	—
—	3004	1006	—	—	—	—	—	—	—
—	19730	19730	—	—	—	—	—	—	—
20541	79821	74438	29409	42875	68062	41688	9083	9083	—
33394	18744	13585	26145	9198	—	32421	11229	—	—
—	229547	178432	42757	178552	44591	—	648458	274176	147560
—	329688	309543	—	75080	—	—	50727	50727	—
—	50632	39527	—	—	—	—	—	—	—
—	435795	397026	11327	—	—	—	1246739	93383	104330
—	52038	38363	—	—	—	—	79151	79151	—
—	157320	99210	25381	—	—	—	905346	766893	346298
—	417260	398992	—	—	—	—	32407	32407	—
—	188641	105033	8663	336550	184377	—	523036	297641	316489
—	378073	163869	168214	—	—	—	44095	44095	274148
66680	171591	134092	33789	46081	38444	-4609	—	—	405953
25	431029	296368	—	241988	—	—	1035558	1035558	—
—	223568	223568	103663	—	—	33860	2410	2410	103949
—	12936	12936	11620	17511	—	—	646551	358326	156386
—	630928	617388	33552	37018	—	365285	589114	384565	—
—	1058625	993263	—	—	—	65679	1130966	1130966	—
—	201946	198772	166946	—	—	—	35219	35219	—
—	163159	163156	—	—	—	—	8142	8142	—
—	252980	250629	174	—	—	—	—	—	—
—	61017	29543	13846	—	—	871583	92873	92873	—
—	24843	23230	—	—	—	—	38138	38138	—
—	496	496	8434	—	—	430279	—	—	42452
1071839	—	—	—	—	—	—	—	—	—
—	924580	863200	39624	—	—	178315	—	—	—
—	717392	703288	—	—	—	—	—	—	—
—	176283	154438	—	—	—	—	—	—	—
—	5729	-4463	39624	—	—	178315	—	—	—
—	—	-12425	—	—	—	—	—	—	—
—	25176	22362	—	—	—	—	—	—	—

股份公司按照国际会计准则编制的财务概况[①]　单位：百万元人民币

项　目	1999 年	2000 年	2001 年	2002 年	2003 年
营业额	181671	245279	241320	244424	303779
经营支出					
采购、服务及其他	(65868)	(64251)	(78529)	(71690)	(90850)
雇员酬金成本	(11598)	(15129)	(14608)	(16248)	(19542)
勘探费用（包括勘探干井）	(7344)	(8680)	(7344)	(8095)	(10577)
折旧、折耗及摊销	(23706)	(34209)	(33615)	(36782)	(40531)
销售、一般性和管理费用	(13447)	(17621)	(21735)	(22474)	(23930)
裁员费用及关闭生产设施	—	(6579)	(487)	(2121)	(2355)
由中油集团保留的资产耗减损失	(2007)	—	—	—	—
除所得税外的其他税赋	(10293)	(13258)	(13951)	(14613)	(15879)
物业、厂房及机器设备重估减值	(1122)	—	—	—	(391)
其他收入/（支出）净值	201	(119)	88	(60)	(538)
经营支出总额	(135184)	(159846)	(170181)	(172083)	(204593)
经营利润	46487	85433	71139	72341	99186
融资成本					
外汇收益	129	1406	390	133	53
外汇损失	(2362)	(234)	(140)	(449)	(233)
利息收入	638	591	809	463	677
利息支出	(9056)	(6286)	(4408)	(3516)	(2346)
融资成本总额	(10651)	(4523)	(3349)	(3369)	(1849)
应占联营公司的利润	128	584	341	268	985
税前利润	35964	81494	68131	69240	98322
税项	(9414)	(27014)	(23066)	(22231)	(28072)
除少数股东损益前利润	26550	54480	45065	47009	70250
少数股东损益	(127)	165	404	(99)	(636)
净利润	26423	54645	45469	46910	69614
每股基本及摊薄盈利（人民币元）[②]	0. 17	0. 32	0. 26	0. 27	0. 40
非流动资产					
物业、厂房及机器设备	327348	343319	366970	397798	433419
长期投资	3845	4948	5530	5680	7410
无形资产和其他资产	2017	2681	4148	4507	4732
流动资产	333210	350948	376648	407985	445561
存货	18396	32499	28313	28441	28872
应收账款	14943	12786	7392	6079	3263
预付款和其他流动资产	29118	11913	24427	18269	15944
有返售协议之应收款项	1489	5815	11505	9786	24224
到期日为三个月以上定期存款	—	—	3253	2612	2640
现金和现金等价物	18090	18085	11127	9977	11231

续表

项　目	1999 年	2000 年	2001 年	2002 年	2003 年
流动资产总值	82036	81098	86017	75164	86174
流动负债					
应付账款及应计负债	47707	39550	53210	57793	64180
应付税款	4747	16570	14434	10927	20959
短期贷款	62057	41514	25323	20633	28890
	114511	97634	92967	89353	114029
流动负债净值	(32475)	(16536)	(6950)	(14189)	(27855)
总资产减流动负债	300735	334412	369698	393796	417706
资金来源					
股本	160000	175824	175824	175824	175824
留存收益	134	29279	35607	59004	89577
储备	49552	66543	79175	81848	91212
股东权益	209686	271646	290606	316676	356613
少数股东权益	4200	4989	5136	4854	5608
非流动负债					
长期贷款	84512	53412	65546	60655	41959
递延贷项及其他长期负债	1155	1196	1380	1684	2000
递延税项	1182	3169	7030	9927	11526
	86849	57777	73956	72266	55485
	300735	334412	369698	393796	417706
其他财务数据					
资本支出③	(43310)	(60130)	(61549)	(73726)	(84299)
经营活动产生的现金净额	53658	103309	84439	98341	138820
用于投资活动的现金净额④	(40622)	(60126)	(61491)	(71662)	(97797)
用于融资活动（融资活动提供）的现金净额⑤	(10359)	(43188)	(29906)	(27829)	(39769)
扣除累计折旧后的固定资产	327348	343319	366970	397798	433419
总资产	415246	432046	462665	483149	531735
股东权益	209686	271646	290606	316676	356613

①股份公司于 2002 年度收购了中油集团的成品油销售企业的资产、负债和权益，并采用相同于权益结合法的会计处理方法重新编制了所列示的本集团所有期间的会计报表以体现此收购。

②计算截至 1999 年 12 月 31 日每股基本及摊薄盈利的假设是在股份公司于 1999 年 11 月 5 日成立时所有已发行和发行在外的 1600 亿股国有股在所有的时期均已发行在外。截至 2000 年 12 月 31 日，每股基本及摊薄盈利是按照净利润除以本会计年度已发行股份之加权平均之数 1716.3 亿股计算。截至 2001 年、2002 年和 2003 年 12 月 31 日，每股基本及摊薄盈利是按照净利润除以本会计年度已发行股份之数 1758.2 亿股计算。

③不包括由中油集团保留之资产开支，在上述各年度分别为 1.11 亿元人民币、零元人民币、零元人民币、零元人民币和零元人民币。

④包括由中油集团保留之资产的资本开支，在上述各年度分别为 1.11 亿元人民币、零元人民币、零元人民币、零元人民币和零元人民币。

⑤包括中油集团对其保留之资产的出资，在上述各年度分别为 1.11 亿元人民币、零元人民币、零元人民币、零元人民币和零元人民币。

股份公司各业务板块的资本性支出[①]

项　　目	2003年		2002年		2004年预测值	
	人民币百万元	%	人民币百万元	%	人民币百万元	%
勘探与生产	52813[②]	62.65	46078[②]	62.50	52070[②]	60.78
炼油与销售	13915	16.51	11327	15.36	10100	11.79
化工与销售	3903	4.63	3175	4.31	5500	6.42
天然气与管道	13530	16.05	13013	17.65	17400	20.31
其他	138	0.16	133	0.18	600	0.70
合计	84299	100.00	73726	100.00	85670	100.00

①截至12月31日。

②如果包括与地质和地球物理勘探费用相关的投资部分，勘探与生产板块2002年和2003年的资本性支出和投资以及2004年资本性支出和投资的预测值分别为506.46亿元人民币、586.99亿元人民币和569.00亿元人民币。

股份公司原油、天然气已评估探明储量和探明开发储量

项　　目	原油（百万桶）	天然气（十亿立方英尺）	合计（油当量百万桶）
探明开发和未开发储量			
基准日2001年12月31日的储量	10959.1	36102.6	16976.2
对以前估计值的校正	348.6	−224.2	311.3
扩边和新发现	329.7	3539.5	919.6
提高采收率	30.6	0	30.6
购置储量	38.7	192.6	70.8
当年产量	−769.8	−793.8	−902.1
基准日2002年12月31日的储量	10937.0	38816.8	17406.4
对以前估计值的校正	199.2	277.6	245.4
扩边和新发现	475.7	2853.3	951.3
提高采收率	81.2	0	81.2
购置储量[①]	0	0	0
当年产量[②]	−773.7	−878.5	−920.1
基准日2003年12月31日的储量	10919.3	41069.2	17764.2
探明开发储量			
基准日为2001年12月31日	9308.8	12945.6	11466.4
基准日为2002年12月31日	9198.1	11921.2	11185.0
基准日为2003年12月31日[③]	8884.8	13373.7	11113.7

注：2003年4月，股份公司收购赫斯印尼控股公司50%的权益，该公司在加邦区块拥有30%的权益。

①未包括股份公司由此分享该公司在加邦区块的原油储量16.8百万桶、天然气储量76.6十亿立方英尺、合计油当量储量29.6百万桶；

②未包括股份公司由此分享该公司在加邦区块的当年原油产量1.21百万桶、天然气产量1.01十亿立方英尺、合计油当量产量1.38百万桶；

③未包括股份公司由此分享该公司在加邦区块的探明开发储量原油4.1百万桶、天然气21.3十亿立方英尺、合计油当量7.7百万桶。

股份公司综合损益表[①]　　单位：百万元人民币

项　　目	附注	2003 年	2002 年
营业额	4	303779	244424
经营支出			
采购、服务及其他		(90850)	(71690)
雇员酬金成本	6	(19542)	(16248)
勘探费用（包括勘探干井）		(10577)	(8095)
折旧、折耗及摊销		(40531)	(36782)
销售、一般性和管理费用		(23930)	(22474)
关闭生产设施	7	(2355)	(2121)
除所得税外的其他税赋		(15879)	(14613)
物业、厂房及机器设备重估减值	14	(391)	—
其他支出净值		(538)	(60)
经营支出总额		(204593)	(172083)
经营利润		99186	72341
融资成本			
外汇收益		53	133
外汇损失		(233)	(449)
利息收入		677	463
利息支出	8	(2346)	(3516)
融资成本总额		(1849)	(3369)
应占联营公司的利润	15	985	268
税前利润	5	98322	69240
税项	10	(28072)	(22231)
除少数股东损益前利润		70250	47009
少数股东损益		(636)	(99)
净利润		69614	46910
每股基本及摊薄盈利	12	0.40	0.27

①截至 2003 年 12 月 31 日。

2003 年度股份公司各业务板块的综合财务报表　单位：百万元人民币

项　　目	勘探与生产	炼油与销售	化工与销售	天然气与管道	其　他	合　计
营业额（包括板块间销售）	177271	223584	39211	15067	—	455133
减：板块间销售	(128963)	(16867)	(2263)	(3261)	—	(151354)
外部营业额	48308	206717	36948	11806	—	303779
折旧、折耗和摊销	(25486)	(7601)	(5795)	(1543)	(106)	(40531)
板块业绩	98819	20679	2621	2248	(713)	123654
其他成本	(6449)	(15644)	(1580)	(326)	(469)	(24468)
经营利润/（亏损）	92370	5035	1041	1922	(1182)	99186

续表

项　　目	勘探与生产	炼油与销售	化工与销售	天然气与管道	其　他	合　计
融资成本						(1849)
应占联营公司的利润/(亏损)	(33)	104	42	13	859	985
税前利润						98322
税项						(28072)
少数股东权益						(636)
净利润						69614
利息收入(包括板块间利息)	2222	552	446	117	4403	7740
减:板块间利息收入						(7063)
外部利息收入						677
利息支出(包括板块间利息)	(2537)	(1686)	(843)	(356)	(3987)	(9409)
减:板块间利息支出						7063
外部利息支出						(2346)
板块资产	310431	117652	55595	46450	451949	982077
板块间抵销						(455913)
在联营公司的投资	1184	1889	232	41	2225	5571
总资产						531735
板块资本性支出:						
物业、厂房及机器设备	52813	13915	3903	13530	138	84299
板块负债	86050	58372	17634	33535	104326	299917
其他负债						32548
板块间抵销						(162951)
总负债						169514

股份公司原油、天然气勘探及生产活动经营业绩① 单位:百万元人民币

	2003 年	2002 年
销售及其他经营收入		
第三方销售	48308	41042
板块间销售	128963	106266
	177271	147308
除税外生产成本	(30691)	(29913)
勘探费用	(10577)	(8095)
折旧、折耗及摊销费用	(21060)	(18302)
除所得税外的其他税赋	(5524)	(5299)
税前利润	109419	85699
税项	(32376)	(25958)
生产活动经营业绩	77043	59741
联营公司生产活动经营业绩的利润	324	132

①截至 2003 年 12 月 31 日。

2000—2003 年世界石油供应量和需求量[①]

单位：百万桶/日

项目 \ 时间	2000 年	2001 年	2002 年	2003 年 全年平均	第一季度	第二季度	第三季度	第四季度
供应量								
世界石油供应总计	77.00	77.03	76.33	79.22	78.41	77.98	78.96	81.50
经合组织国家	23.16	23.32	23.40	23.33	23.65	22.89	23.13	23.65
美国	9.06	8.96	9.00	8.84	8.98	8.75	8.79	8.84
其他经合组织国家	14.10	14.36	14.40	14.49	14.67	14.14	14.34	14.81
非经合组织国家	53.84	53.71	52.93	55.89	54.76	55.09	55.84	57.85
欧佩克	31.12	30.31	28.71	30.52	30.08	30.04	30.30	31.63
前苏联	8.16	8.83	9.38	10.30	9.88	10.13	10.44	10.73
其他非经合组织国家	14.56	14.58	14.84	15.07	14.79	14.92	15.09	15.48
需求量								
世界石油需求总计	76.79	77.27	77.59	79.08	79.67	77.19	78.51	80.93
经合组织国家	47.77	47.77	47.72	48.45	49.33	47.13	48.00	49.35
美国	19.70	19.65	19.76	20.04	20.03	19.60	20.30	20.24
其他经合组织国家	28.07	28.12	27.96	28.41	29.30	27.53	27.70	29.11
非经合组织国家	29.02	29.50	29.86	30.63	30.34	30.06	30.52	31.58
中国	4.80	4.98	5.16	5.63	5.51	5.73	5.68	5.58
前苏联	3.82	3.90	3.89	3.93	4.04	3.44	3.69	4.52
其他非经合组织国家	20.40	20.63	20.81	21.07	20.78	20.89	21.14	21.48

①资料来源：美国能源情报署。

1991—2003年世界主要国家和地区石油产量①

单位：万吨

国家和地区	1991年	1992年	1993年	1994年	1995年	1996年	1997年	1998年	1999年	2000年	2001年	2002年	2003年
世界总计	299430	298800	297720	301400	307980	315160	323340	331512	322760	336170	318474	330214	340434
中国	13940	14120	14480	14750	14970	15580	15990	15978	16010	16187	16475	17000	17075
印度尼西亚	7030	6700	6610	6570	7460	6930	6870	6445	6442	6337	6000	5600	5100
马来西亚	3250	3290	3210	3190	3240	3220	3210	3656	3634	3450	3600	3800	4000
澳大利亚	2710	2650	2470	2660	2520	2670	2840	2960	2369	3500	3200	3165	2650
印度	3110	2720	2660	3100	3350	3270	3220	3297	3303	3230	3200	3315	3325
越南	400	520	610	700	880	870	900	1132	950	1520	1525	1520	1665
文莱	720	820	790	810	750	770	720	678	756	890	900	925	950
泰国	220	260	260	270	250	300	290	418	375	555	570	650	800
巴基斯坦	360	370	310	280	270	290	280	277	262	267	295	300	300
巴布亚新几内亚	1	260	630	600	500	570	380	396	501	349	290	230	238
新西兰	200	180	200	210	160	210	310	219	225	180	170	170	124
日本	80	90	80	70	70	70	70	68	63	64	64	60	69
缅甸	60	60	70	80	80	50	60	50	75	40	40	50	65
孟加拉国	3	6	5	6	6	8	8	10	15	17	17	25	20
菲律宾	15	45	50	25	15	7	4	4	4	6	5	70	100
中国台湾	10	10	10	10				5	4	3	4	4	4
亚太小计	32100	32100	32440	33330	34520	34820	35150	35591	34984	36591	36354	36884	36484
挪威	9340	10680	11270	12850	13850	15400	15810	15247	14843	16060	15663	15750	15175
英国	9080	9280	9570	12300	12770	12710	13050	13300	13677	12569	11300	11250	10475
丹麦	710	780	830	920	930	1030	1150	1175	1464	1815	1675	1825	1840
意大利	440	410	440	440	490	540	540	544	504	454	370	435	480

续表

国家和地区	1991 年	1992 年	1993 年	1994 年	1995 年	1996 年	1997 年	1998 年	1999 年	2000 年	2001 年	2002 年	2003 年
德国	340	320	300	280	290	280	270	288	275	313	338	359	390
土耳其	420	410	370	350	340	330	340	320	340	280	280	235	225
法国	300	290	280	290	250	210	180	170	154	142	138	131	123
荷兰	320	290	260	410	340	280	270	283	293	147	135	210	229
奥地利	120	120	120	120	110	100	100	105	105	96	93	92	91
西班牙	100	100	90	80	70	60	40	55	32	23	35	33	33
希腊	70	70	60	50	40	50	40	32		26	20	16	13
西欧小计	21240	22750	23590	28090	29480	30990	31790	31516	31684	31922	30045	30335	29073
俄罗斯								30434	29515	31625	34475	36925	41080
哈萨克斯坦								2560	2640	3375	3935	4000	4435
阿塞拜疆								1142	1275	1375	1500	1500	1515
土库曼斯坦								637	635	700	733	900	1000
乌兹别克斯坦								818	840	775	715	750	750
罗马尼亚	700	680	690	690	690	670	660	675	625	615	600	590	580
乌克兰								235	245	365	370	390	415
白俄罗斯								183	180	175	175	175	175
匈牙利	190	170	290	350	170	150	130	130	121	129	118	109	119
克罗地亚	220	210	200	180	160	150	150	148	124	115	107	105	104
波兰	20	20	20	60	30	30	30	36	22	72	85	83	83
塞尔维亚	110	110	110	100	100	100	110	115	90	90	85	80	78
阿尔巴尼亚								25	28	30	30	31	30
捷克								42	35	16	18	25	30
格鲁吉亚								13	10	10	10	10	10

续表

国家和地区	1991年	1992年	1993年	1994年	1995年	1996年	1997年	1998年	1999年	2000年	2001年	2002年	2003年
保加利亚	20	5	5	5	5	4	4	4	5	5	5	5	5
吉尔吉斯斯坦								5	5	5	5	10	10
斯洛伐克								10	10	5	5	5	5
立陶宛								28	15				
塔吉克斯坦								5	5				
前苏联	51270	44570	39110	35010	35460	33620	34100	36247					
捷克斯洛伐克	10	10	20	40	10	40	40						
东欧和独联体小计	52690	45820	40490	36490	36670	34800	35260	36304	36424	39481	42969	45692	50423
沙特阿拉伯	40630	40520	39380	38900	39140	39030	39340	40290	37248	39975	32350	36900	42150
伊朗	16720	17210	18280	17850	17990	18270	17980	17985	17309	18409	15650	17250	18650
伊拉克	1410	2120	2230	2740	2990	2870	5330	10570	13267	12834	9800	10150	6375
阿布扎比	9700	9170	8960	9140	9120	9730	9960	9465	8445	9500	7775	8450	9250
科威特	680	4380	8420	9020	8920	9000	9090	8980	8165	8825	7200	8000	9250
阿曼	3490	3700	3880	4020	4230	4410	4460	4473	4475	4667	4800	4475	4110
卡塔尔	1920	2120	2140	2030	2260	2430	3020	3320	3163	3442	2870	3200	3600
中立区	640	1700	1790	1880	2140	2410	2640	2735	2500	3150	2700	2675	3000
叙利亚	2380	2580	2760	2860	3010	2870	2790	2775	2684	2613	2575	2450	2640
也门	990	910	1110	1680	1680	1820	1820	1909	2029	1770	1750	1750	1750
迪拜	2160	2000	1740	1680	1600	1330	1250	1573	1503	1400	1150	1250	1650
巴林	190	180	530	520	520	520	520	511	509	512	513	870	870
沙迦	170	200	220	250	250	350	350	350	350	250	225	220	225
哈马尔角	4	5	5	5	4	3	3	3	3	3	3	3	3
以色列	1	1	1	1	1	1	2	1	1	1	1	1	1
中东小计	81080	86790	91440	92570	93850	95040	98550	104938	101647	107347	89361	97643	103523

续表

国家和地区	1991 年	1992 年	1993 年	1994 年	1995 年	1996 年	1997 年	1998 年	1999 年	2000 年	2001 年	2002 年	2003 年
尼日利亚	9300	9470	9490	9380	9410	11190	11300	10400	9846	10150	10500	96500	10600
利比亚	7510	7440	6780	6870	6920	6940	7050	6975	6679	7050	6800	6500	7000
阿尔及利亚	4000	3840	3720	3740	3800	4070	4230	4090	3829	4040	4100	4250	5250
埃及	4370	4350	4400	4450	4590	4260	4360	4212	4254	4050	3775	3750	3750
安哥拉	2480	2640	2550	2730	3090	3440	3560	3629	3809	3700	3425	4500	4375
加蓬	1460	1490	1560	1640	1810	1830	1830	1800	1696	1625	1500	1470	1200
刚果共和国	790	860	920	920	870	1100	1340	1192	1200	1325	1300	1250	1200
苏丹								63	60	925	1000	1050	1000
赤道几内亚								415	425	838	850	675	1200
喀麦隆	760	680	590	550	510	550	620	625	625	425	375	345	330
突尼斯	540	530	480	450	440	440	400	397	416	380	330	355	330
刚果（前扎伊尔）	140	120	110	120	140	150	140	139	126	125	120	115	110
南非								173	100	130	110	108	82
科特迪瓦								50	50	60	50		
加纳								25	25	30	30	30	30
贝宁								15	15	5	5		
摩洛哥								1	1	2	2	15	1
象牙海岸	17	5	3		55	140	140					25	100
非洲小计	31380	31470	30730	30980	31760	34320	35330	34200	33156	34858	34272	34088	36558
阿根廷	2440	2760	2930	3320	3590	3900	4160	4240	4034	3754	3800	3750	3600
美国	36930	35710	34100	33170	32670	32190	31870	31874	29879	29110	29050	28850	28625
墨西哥	13810	13290	13310	13370	13560	14750	15060	15241	14657	15060	15500	15900	16825

续表

国家和地区	1991 年	1992 年	1993 年	1994 年	1995 年	1996 年	1997 年	1998 年	1999 年	2000 年	2001 年	2002 年	2003 年
委内瑞拉	11700	11520	11630	12270	12990	14630	15810	15540	13913	15140	14150	12075	10075
加拿大	7710	7990	8350	8680	8990	9130	9360	10100	9313	10175	10200	10975	11100
巴西	3110	3120	3180	3310	3430	3890	4210	4779	5442	5640	6050	7440	7675
哥伦比亚	2140	2280	2270	2270	2860	3100	3160	3714	4125	3437	3125	2915	2700
厄瓜多尔	1490	1600	1690	1890	1930	1910	1920	1915	1858	2006	2000	1990	2050
特立尼达和多巴哥	720	670	610	640	640	630	620	604	622	595	560	635	675
秘鲁	570	580	630	640	620	600	600	550	516	490	465	465	435
古巴	70	100	90	110	140	160	160	35	135	220	220	200	225
玻利维亚	110	110	110	130	140	150	130	140	140	138	150	155	150
危地马拉	20	30	30	40	50	60	100	132	121	104	100	118	125
苏里南								51	59	61	63	64	59
智利	90	80	70	60	50	50	50	45	45	35	35	35	50
巴巴多斯								8	10	8	7	6	5
西半球小计	80795	80045	79315	80134	81625	84919	87627	88964	84866	85971	85474	85572	84374
欧佩克小计	112530	117790	121520	122970	125470	127705	137070	139235	132660	140500	121275	126175	132180

①资料来源：美国《油气杂志》。

1990—2003年世界主要国家和地区天然气产量①

单位：亿立方米

国家和地区	1990年	1991年	1992年	1993年	1994年	1995年	1996年	1997年	1998年	1999年	2000年	2001年	2002年	2003年
世界总计	21397.0	21651.9	21582.0	21770.5	21800.1	22206.6	23379.2	22997.1	23388.0	23484.0	23884.2	24802.8	24981.2	26392.2
印度尼西亚	391.0	385.2	483.1	532.7	524.3	614.3	646.0	660.9	679.0	705.5	741.2	644.4	590.3	583.2
澳大利亚	212.0	213.8	241.6	239.9	282.2	294.9	299.1	300.8	302.6	306.2	311.3	325.3	338.1	331.4
马来西亚	161.0	165.6	208.0	207.0	206.4	261.8	257.6	247.8	239.7	240.3	241.5	409.9	416.0	421.3
印度	123.0	137.3	161.2	156.2	170.0	195.6	215.5	223.4	232.1	229.2	270.2	280.8	272.5	279.4
中国	147.0	153.0	155.0	165.6	169.6	172.0	196.7	209.5	216.9	243.4	273.0	303.0	328.1	339.9
巴基斯坦	128.0	144.0	148.9	147.2	142.9	178.3	174.4	183.2	203.9	221.5	242.1	255.3	262.5	300.7
泰国	60.0	74.0	79.7	89.0	99.2	104.7	122.1	147.7	163.3	163.2	190.8	185.2	211.0	218.0
文莱	79.0	82.5	87.4	88.5	89.8	99.8	101.2	101.9	97.6	94.9	106.0	109.2	111.4	120.4
新西兰	46.0	41.6	48.1	47.6	47.6	47.6	47.7	47.6	47.6	47.6	47.7	53.3	53.6	52.2
日本	16.0	16.1	20.8	21.4	21.8	21.8	21.9	22.0	22.5	21.9	23.5	24.4	24.0	27.5
越南			7.1	7.0	7.0	7.0	7.0	7.0	10.9	11.0	11.4	11.0		19.5
巴布亚新几内亚				0.8	1.0	0.9	1.4	1.3	1.4	1.3	1.4	1.4	1.2	1.4
其他亚太国家	59.8	58.6	65.2	79.7	82.7	99.4	101.7	103.2	106.2	117.4	123.5	128.3	141.5	155.4
亚太小计	1435.6	1481.5	1714.5	1783.0	1844.4	2098.8	2191.2	2256.4	2323.8	2403.4	2583.7	2731.4	2770.7	2850.4
荷兰	741.0	831.2	822.8	855.1	784.4	772.5	897.0	843.1	738.3	833.2	711.9	710.3	710.6	1036.1
英国	481.0	552.4	534.9	631.8	718.8	749.8	892.3	917.0	958.7	1047.7	1157.5	1126.8	1081.1	1083.8
挪威	254.0	246.1	258.2	248.0	268.0	277.9	373.6	426.0	434.5	473.7	504.5	535.4	650.2	733.5
意大利	209.0	208.6	169.3	193.0	203.3	202.8	203.8	202.7	194.0	182.6	167.4	154.4	146.7	150.6
德国	160.0	273.8	210.8	177.0	185.2	190.8	205.0	203.3	202.2	219.8	200.0	196.6	203.3	198.4
丹麦	29.0	37.7	38.3	42.2	45.6	49.5	60.2	73.4	69.9	71.4	74.9	77.1	76.9	73.9
法国	30.0	34.4	33.3	35.6	35.4	33.7	29.2	25.9	21.9	16.4	18.3	18.2	17.5	15.2
奥地利	12.0	13.5	14.4	15.0	13.4	14.8	14.2	13.9	14.4	15.9	18.3	19.4	19.4	20.1
西班牙	13.0	13.4	12.3	6.4	6.0	1.9	2.0	2.0	2.0	1.0	0.4			
土耳其	2.0	2.0	2.0	2.0	2.0	2.0	2.0	2.0	2.0	1.0	4.9	2.6	3.3	3.3
其他西欧国家		26.1	26.1	25.8	26.3	26.1	28.7	27.7	27.8	27.7	28.1	15.2	20.2	18.9
西欧小计	1932.2	2232.6	2122.3	2232.0	2288.4	2321.7	2708.0	2736.9	2665.7	2890.3	2886.3	2857.1	2928.2	3333.7

续表

国家和地区	1990 年	1991 年	1992 年	1993 年	1994 年	1995 年	1996 年	1997 年	1998 年	1999 年	2000 年	2001 年	2002 年	2003 年
独联体					7265.7	7044.8	7288.4	6746.8	6999.1	6891.5	6795.8			
俄罗斯						5960.0	6010.0	5710.0	5910.0	5910.0	5760.0	5687.8	5957.2	6378.2
罗马尼亚	334.0	260.5	251.0	213.2	194.5	212.9	213.5	212.7	212.9	210.4	207.2	47.4	50.4	51.3
匈牙利		49.8	47.9	53.4	59.9	55.5	42.7	41.8	39.8	37.1	29.3	32.2	30.9	29.4
克罗地亚				19.0	19.0	18.7	18.7	13.0	13.5	13.1	14.9	15.7	15.3	16.3
塞尔维亚				9.0	7.6	7.6	7.7	7.6	7.6	7.6	7.8	6.5		
阿尔巴尼亚		7.0	1.4	1.4	1.4	1.4	0.7	0.3	0.2	0.1	0.1	0.2		
其他东欧国家		48.5	66.1	56.8	53.7	54.1	52.0	50.4	48.2	43.9	46.8	50.4	56.9	46.2
东欧和前苏联地区小计		8488.1	8254.7	7961.8	7601.7	7395.0	7623.6	7072.5	7321.3	7203.9	7101.8	7054.8	7160.1	7877.0
阿尔及利亚	449.0	458.3	520.3	505.9	503.5	519.0	571.7	593.3	0.2	602.0	654.0	820.4	750.8	803.7
埃及	68.0	74.8	89.2	96.9	84.2	117.6	132.4	136.9	134.7	134.7	133.2	154.8	149.0	141.7
利比亚	57.0	65.4	67.7	63.6	64.0	63.4	64.2	65.6	63.6	59.7	61.0	59.7	69.8	70.4
尼日利亚	38.0	32.8	47.1	47.1	45.7	42.6	40.1	40.2	38.3	34.7	35.0	69.2	85.5	89.0
安哥拉	6.0	5.8	5.7	5.6	5.6	5.6	5.6	5.7	5.8	5.6	5.8	5.3	6.2	7.2
突尼斯	4.0	4.0	2.4	2.4	2.8	3.4	3.4	3.4	3.4	3.4	19.7	23.9	22.7	21.6
加蓬	1.0	1.0	1.0	1.0	1.0	1.0	1.0	1.0	1.0	1.0	1.0	1.0	1.0	1.0
其他非洲国家	0.3	0.3	0.3	0.3	0.3	0.2	19.4	19.6	19.7	19.7	19.8	31.9	27.4	25.5
非洲小计		642.5	733.6	712.7	707.0	752.8	837.8	865.8	851.0	860.7	929.5	1168.6	1112.7	1165.0
沙特阿拉伯	397.0	450.7	328.2	321.3	316.9	377.8	374.2	368.4	355.0	316.9	318.9	442.1	423.4	516.7
伊朗	242.0	220.9	266.4	288.2	281.5	319.2	329.2	335.1	339.5	312.0	302.5	502.8	441.8	461.5
阿联酋	309.0	332.5	255.3	243.3	239.3	243.2	247.8	240.2	244.3	212.2	233.2	236.4	375.4	400.5
卡塔尔	75.0	71.1	89.9	79.9	68.8	134.2	137.5	172.2	193.6	194.8	205.9	237.1	221.8	227.6
巴林	59.0	44.3	46.9	51.1	51.7	52.4	55.0	57.4	60.8	62.5	67.2	66.3	69.9	75.9
科威特	42.0	4.4	26.5	44.7	46.6	59.9	59.6	59.2	58.6	51.8	56.8	70.6	65.5	83.2
叙利亚	7.0	13.4	34.8	37.0	41.6	44.1	43.9	43.7	40.0	39.1	38.6	59.9	56.6	53.0
阿曼	25.0	25.8	34.6	35.5	35.5	43.5	44.3	46.6	45.9	46.4	48.3	64.2	67.0	55.8
伊拉克	40.0	6.1	165.0	19.1	24.9	34.3	34.8	43.0	65.4	76.1	68.7	29.1	19.9	14.0

续表

国家和地区	1990年	1991年	1992年	1993年	1994年	1995年	1996年	1997年	1998年	1999年	2000年	2001年	2002年	2003年
其他中东国家	2.5	1.9	1.8	2.3	3.1	3.2	3.0	3.1	2.8	3.3	2.9	2.9	2.6	3.0
中东小计	1198.9	1170.8	1101.0	1122.3	1109.8	1312.4	1329.1	1368.8	1404.8	1314.9	1343.1	1711.4	1744.0	1891.2
美国	5195.0	5288.2	5271.2	5444.8	5609.6	5561.5	5663.7	5630.9	5636.2	5566.6	5679.5	5758.5	5703.9	5772.1
加拿大	1208.0	1302.1	1430.2	1564.7	1666.0	1753.8	1836.3	1831.7	1881.7	1909.1	2004.2	2057.8	2074.9	2004.3
墨西哥	377.0	380.5	371.4	371.1	374.4	388.3	434.6	461.1	496.9	496.0	484.7	465.9	456.9	464.8
委内瑞拉	244.0	284.7	229.6	222.9	236.0	253.9	269.6	282.8	273.0	258.3	237.8	279.6	245.6	120.9
阿根廷	231.0	211.6	171.7	172.8	174.2	173.3	290.8	274.2	295.8	341.6	376.6	367.6	382.2	412.6
特立尼达和多巴哥	50.0	46.6	54.1	52.0	60.5	60.7	72.3	73.8	86.4	94.2	97.5	140.2	171.2	257.7
哥伦比亚	40.0	40.7	40.8	40.7	47.9	44.4	44.5	60.1	64.7	53.4	59.9	61.7	62.3	57.7
玻利维亚	31.0	30.0	30.5	30.8	32.8	32.9	23.4	20.4	20.4	20.0	32.5	48.4	59.9	57.1
巴西	32.0	28.7	31.2	33.2	30.5	32.1	32.0	37.1	39.8	45.5	46.9	70.6	79.8	92.9
秘鲁	13.0	12.8	13.1	13.0	13.0	13.0	9.7	9.7	9.9	9.8	2.8	3.5	4.4	5.0
智利	11.0	9.1	10.7	11.4	11.5	11.7	11.5	12.8	15.3	15.1	15.0	19.5		
厄瓜多尔	1.0	1.0	1.0	1.0	1.0	1.0	1.0	1.0	1.0	1.0	2.0	1.1	0.3	0.5
其他拉美国家		0.3	0.3	0.3	0.3	0.3	0.3	0.3	0.4	0.4	0.4	5.4	24.8	25.1
西半球小计	7437.4	7636.3	7655.7	7958.6	8248.8	8326.7	8689.5	8696.7	8821.4	8810.8	9039.8	9279.6	9265.5	9274.8
欧佩克小计	2286.0	2313.9	2332.6	2369.6	2774.6	2352.4	2663.5	2861.0	2856.6	2790.0	2881.1	3323.0	3205.4	3282.6

注：科威特和沙特的产量各包括中立区一半的产量。

①资料来源：美国《油气杂志》。

编后记

本卷年鉴是《中国石油天然气工业年鉴》自 1996 年正式出版以来连续出版的第九个卷本；也是更名为《中国石油天然气集团公司年鉴》后的第六个卷本。

本卷年鉴基本沿用了前八卷业已形成的框架结构、基本内容和装帧风格。同时，根据股份公司正式上市运营的实际情况，对篇目、栏目和条目相应进行了调整。在编辑过程中，我们试图更加注重其资料性、工具性和实用性，同时尽量让版式设计更加严整，力求使文字叙述更为流畅，对年鉴内容的信息含量也进行了扩充。

集团公司机关和股份公司机关各部门、各石油企事业单位的领导为本卷年鉴的出版提供了各种形式的支持和帮助，各单位负责年鉴工作的联系人和撰稿人为本卷年鉴的出版付出了艰辛的劳动，在此谨向他们致以崇高的敬意和深深的感谢。还应该特别感谢集团公司办公厅、发展研究部的领导和股份公司总裁办的领导，他们除了直接参与年鉴内容的审定和编写外，还做了大量的组织协调工作。此外，中国石油报社（中国石油画报社）等单位为本卷年鉴出版提供了大量辅助资料和照片。在此，对这些单位和同志、对所有支持年鉴工作和为年鉴出版提供帮助的人们致以深深的谢意。

尽管在编辑过程中我们做出了很大的努力，但限于工作经验和编辑水平等方面的原因，本卷年鉴难免存在疏漏和不足，诚恳地欢迎大家提出批评、意见和建议，以利于我们把这项工作做得更好。

《中国石油天然气集团公司年鉴》编辑部
2004 年 12 月

中国工商银行

为适应中国金融体制改革和经济发展形势，中国工商银行北京市分行自20世纪80年代中期成立伊始，即按照市场的客观要求，不断学习和引进国外商业银行先进的管理机制和经验，有效地贯彻现代商业银行自我约束、稳健经营、追求效益的经营管理原则，经过20年的发展，在国内外树立了良好声誉，各项业务和机构建设保持了持续全面健康发展，在北京市同业中始终保持领先地位。

——营业机构众多，布局合理。中国工商银行北京市分行分支机构遍布北京各城区及郊县，营业网点布局和业务发展的重点集中于经济发达和繁华地带。目前，拥有员工13500多人，在全北京市各区县均设有经营管理支行，共有营业网点721个，电子化网点覆盖率达100%。拥有1100台ATM机、POS机等各类自助机具，拥有20多个全功能自助银行。

——资金实力雄厚，功能齐全。2003年末，总资产达7583亿元，占北京市中资银行36%，占北京市四大国有银行的55%。在致力于拓展公司业务、个人金融业务和金融机构业务等传统商业银行主营业务的同时，又将经营领域扩大到投资银行和保险业务。产品种类已从以往存款、贷款和结算发展到目前银行卡类产品、电子银行类产品、代理业务类产品、资金类等十几大类400多个品种。近年来，通过良好的金融服务和信贷支持，一批优秀的跨国公司、集团公司、外商投资公司或企业、科技型产业和其他成长型产业的优秀企业以及成功人士成为中国工商银行的优良客户。

——紧跟高科技信息技术步伐，金融服务优质高效。中国工商银行北京市分行始终追随高科技信息技术进步，不断拓展金融服务领域。资金清算系统具有安全、快捷、高效的特点，实现了汇划、清算、对账、查询和监控等功能一体化，在国内同业中处于领跑地位。“现金管理服务”可为企业集团、跨国公司、金融同业、政府部门等客户提供量体裁衣式的个性化服务。网上银行、手机银行、电话银行网络，突破时间和地域的限制为企业资金和个人资金的快捷流动，开辟了e通道，使“工商银行—您身边的银行—可信赖的银行”的理念更加深入人心。

——业绩优异，信誉卓著。多年来，工商银行北京市分行在全北京市同业中一直保持着资产、利润、存款、贷款、结算量、网点数量、发卡量、自动柜员机占有量等多项第一的桂冠。在资产规模迅猛扩张的同时，资产质量明显改善，实现了质量效益型增长。2003年末，利润突

北京市分行

破100亿元大关，达102.02亿元，约占全国工商银行系统的六分之一，在业内名列榜首。账面利润连续4年超过50亿元，四年累积实现226亿元，占全市商业银行系统4年实现利润总额的三分之一以上。

与此同时，工商银行北京市分行一直积极支持社会公益事业，把银行自身的发展与社会的进步紧密结合起来，在文化教育、扶贫赈灾、健康医疗、环境保护等领域发挥了应有的作用。

经营理念

坚持发展改革的五项原则：

“从高一流”原则
“注重创新”原则
“质量效益至上”原则
“两手抓两手硬”原则
“科技兴行、人才强行”原则

增强竞争能力的六项战略工程：

质量工程　精品工程　创新工程
廉明工程　聚才工程　形象工程

地址：北京市西城区复兴门南大街2号天银大厦B座
邮编：100031
电话：86-10-66410055
网址：www.bj.icbc.com.cn

中国国际金融有限公司

CICC

中国国际金融有限公司（简称中金公司）成立于1995年，是由国内外著名金融机构和公司基于战略合作关系共同投资组建的中国第一家中外合资投资银行，注册资本为1.25亿美元。中金公司的最大股东原为中国四大国有商业银行之一的中国建设银行。2004年9月17日，中国建设银行分立为中国建设银行股份有限公司和中国建银投资有限责任公司。原中国建设银行持有的中金公司43.35%的股份转由中国建银投资有限责任公司持有。中金公司总部设在北京，在香港设有子公司，在上海设有分公司，在北京、上海和深圳分别设有证券营业部。中金公司现有五个主要业务部门：投资银行部、资本市场部、销售交易部、研究部和资产管理部。另外，中金公司还设有完整的后台支持部门以及信息技术和风险控制系统。

作为中国第一家中外合资投资银行，中金公司深深植根于中国本土市场，吸收了一大批国内以及国外归来的专业人士，并在中国资本市场的发展过程中培养出了一批中国自己的专业人才。在众多资本项目的执行过程中，中金公司通过与国家政策和行业监管部门的密切沟通与广泛交流，得以深入理解和把握国家宏观经济和国民经济主导行业的发展趋势，使其所提供的金融服务能够符合国家经济政策和市场经济规律、顺应国民经济发展的整体需要。经过多年的实践，中金公司在中国的电信、电力、石油天然气、石化、有色金属和金融等重要领域积累了大量的行业知识，并在此基础上有针对性地开发了一系列创新性的金融产品，对国企改革、行业重组乃至中国资本市场的发展起到了重要的推动作用。

中金公司拥有丰富的国际资本市场经验和广泛的国际支持网络。本着将国际先进的投资银行技术与中国市场相结合的原则，中金公司根据国内外客户的不同需求，在深入分析行业和市场的基础上，为客户设计各种高质量的金融产品和有效的实施方案，协助客户借助中金公司这一连接国内和国际资本市场的桥梁，实现战略发展目标。

自成立以来，中金公司成功地完成了数十项大型国内和国际融资项目，为客户进入国内、国际资本市场提供了强有力的支持。在项目的执行过程中，中金公司按照国际投资银行的运作标准，与投资者及各类大型中介机构开展了广泛的合作，提高了中金公司协调和管理大型项目、特别是大型跨境项目的能力，使中金公司得以成功完成众多复杂的大型资本项目。

中金公司拥有一支由国内和国际金融专业人员组成的团队。这支团队具有高水准的职业操守、卓越的创新精神、出众的业务能力以及成熟的项目执行经验，并重视建立与客户的相互信任和发展长期合作关系，致力于提供全面的金融服务和技术支持，协助客户实现投资与发展的战略目标。

自成立以来，中金公司的业务持续高速发展，业务范围更加全面，产品与服务不断完善与创新，以其杰出的业绩在中国投资银行业确立了领先地位，在全球资本市场树立了良好的声誉。

截至2004年6月底，中金公司完成了累计约400亿美元的股本融资、约80亿美元的债务融资以及550多亿美元的兼并收购项目。这些项目不仅跨越国内和国际资本市场，而且其中很多项目在中国投资银行业的发展中具有里程碑意义，并为中金公司赢得了众多国际奖项。

中信资源控股有限公司
CITIC Resources Holdings Limited

中信资源控股有限公司是一家于香港主板上市的公司，并于2004年9月获列入为恒生香港中资企业指数的成分股。

随着经济增长，中国对天然资源的需求日增，因此公司的目标是建立一个统一业务平台，处理从生产至交付成品及资源之整个流程，向中国供应主要商品及具策略价值的天然资源，初步包括基本金属及原油。

公司新的业务重点，是获得母公司——北京中国中信集团公司的全力支持，并指定本公司作为中信系从事天然资源业务之主要控股公司。

公司未来的策略，是继续透过收购或与天然资源业界的国际企业成立联盟，并凭借母公司在中国商界的独特地位，发展成向中国供应主要商品及具策略价值天然资源之综合供应商。

澳洲Portlandjn电解铝

中国大港油田

大连新港港务公司

NEW PORT TERMINAL
DALIAN PORT CORPORATION LIMITED

总经理　王毅

党委书记　魏玮

大连新港港务公司地处大连市大弧山半岛东南端，南临大连港矿石码头港区，北接大窑湾集装箱码头港区，是从事油品及液体化工品装卸服务的专业化公司，隶属于大连港集团有限公司。新港港务公司始建于1974年11月，建设项目名称为大连港鲇鱼湾油港，为国家“四五”期间重点工程，1976年5月建成投产，是当时国内规模最大、泊位水深最深的原油外贸输出港。经过28年的建设与发展，今天的新港已经成为总资产近30亿元，具备装、卸、储运原油和成品油及液体化工品服务功能的现代化综合型港口，年综合通过能力达5000万吨以上。公司现有栈桥式码头4座，顺岸式码头1座，1000吨级至30万吨级泊位10个，可靠泊5000吨级至30万吨级原油轮及1000吨级至8万吨级成品油轮。铁路装卸系统拥有装卸线8条，年装卸能力1300万吨。油品总储存能力180万立方米。随着国家战略石油储备

港华燃气集团（注册全名：港华投资有限公司，简称港华燃气）是中国最大的外资燃气集团，负责香港中华煤气有限公司（简称中华煤气）在内地的各个策略项目的资产管理工作。中华煤气的内地投资战略始于1994年，先在广东建立业务基础，随着我国大力推广清洁能源，以及成功加入世界贸易组织，中华煤气常务董事陈永坚，以其敏锐的商业洞察力，看到在国内投资燃气项目的“天时、地利、人和”等条件成熟，于是果断制定“三东一中”的策略，把合资业务从广东推进到山东，乃至华东、华中一带，形成全面的发展态势，截至2004年港华燃气合资公司及项目已近30家，为广大居民和工商客户供应安全可靠的燃气，提供亲切、专业和高效率的服务，并致力于保护及改善环境。

◆ 参与天然气中游能源基建项目

在天然气中游输送管网方面，中华煤气和港华燃气集团成功与中石油、中海油以及安徽省天然气公司合作，参与投资建设“西气东输”、“广东液化天然气接收站和输气干线”以及“安徽省天然气支线”等重大工程，分别占这三大项目的15%（与荷兰壳牌公司牵头的财团共同持有）、3%和25%的权益。

西气东输工程的输气管道长达4200多千米，预计耗资约460亿元人民币。2004年工程完成后，新疆塔里木盆地的天然气可直接输送至华东地区。广东液化天然气接收站和输气干线项目预计于2006年落成，将把澳大利亚的天然气引进到珠江三角洲地区，届时深圳、广州、佛山、中山、珠海等城市的燃气用户将改用天然气。而安徽省天然气支线项目将负责统一建设发展安徽省内的天然气支线管网，向铜陵、巢湖、淮南、阜阳、蚌埠、安庆、淮北等城市供应天然气。

这些中游项目不仅使天然气得以从产地源源不断地输往全国各大用气城市，而且港华燃气集团在全国各地的合资公司将配合区内完善的供应网络，充分发展下游燃气市场的巨大潜力，把天然气输送给广大用户。

◆ 将天然气输送给千家万户

目前，“西气东输”的天然气已经到达华东地区。港华燃气在该地区的合资项目主要分布在南京、苏州、宜兴、常州、泰州、徐州、吴江、张家港、南京化学工业园、马鞍山、合肥、桐乡、湖州等城市。其中，宜兴已经成功完成了天然气的置换工作。南京、苏州、常州、马鞍山已经开始为当地的客户置换天然气，而港华燃气公司也计划在不久的将来引进天然气到该地区的其他城市。

在山东省，淄博港华燃气公司已经成功为淄川、博山两地引进了天然气，使淄博这座陶瓷名城成为山东省率先使用天然气作为窑炉生产燃料的城市，为改善城市生态环境起到了示范作用。此后，青岛中即港华燃气公司也于2004年5月为青岛即墨市引进了天然气。港华燃气集团在山东省济南、威海、潍坊、泰安、青岛崂山等城市的合资公司则计划从2005年开始陆续为当地的客户引进天然气，以改善居民生活环境和工商业产品质量。

广东和华中地区近年来经济蓬勃发展，港华燃气集团在该地的合资项目分布在深圳、广州、番禺、中山、顺德、武汉等城市，天然气将分别来自“广东液化天然气接收站和输气干线”及“川气入汉”工程。预计从2006年开始，港华燃气在广东省的合资公司将陆续转用天然气。而武汉将从2005年开始转用天然气，到2008年，武汉天然气的供气能力为12亿立方米，气化居民约87万户。

◆ 安全供气、优质服务

中国经济飞速发展，对清洁能源的需求迅猛增长；而天然气是一种安全环保的优质能源，具有巨大的市场潜力。这些因素与港华燃气集团一直奉行的“安全环保”策略以及“优质服务”文化相结合，必定会带来政府、客户和企业面面皆赢的良好局面。

港华燃气视客户的安全为集团的首要任务，在安全供气方面具有国际先进水平。进入国内市场后，即积极推广香港和国际上成功的安全生产管理经验，引进先进的监控中心和各项自动控制设施及客户服务软件。为保障客户安全用气，使客户的燃具保持良好状态，港华燃气集团的合资公司还定期上门为客户进行用气安全检查，并大力推广安全用气知识，深受客户的欢迎。

港华燃气集团继承了中华煤气多年来奉行的“以客为尊”文化，即以客户为中心的服务模式，不论是行政组织架构，还是公司资源配置，与客户接触的层面都得到充分的支持和保障。在进入国内市场后，港华燃气集团的各合资公司即推出了服务承诺，在产品的安全和可靠程度、预约服务时间、工作效率和服务态度，以及处理客户意见等各方面均订立了具体的目标，并每年公布服务承诺的成绩及新的目标。公司还通过成立客户服务关注小组、人工服务热线、客户意见处理委员会等方式，充分了解和满足客户需求。

中华煤气常务董事陈永坚表示，内地经济发展强劲，中华煤气将会加大在内地的投资，港华燃气不仅是一家清洁能源的安全供应商，而且也是一家优质服务商，公司的目标是成为亚洲首屈一指的优秀燃气企业集团。

新日本石油株式会社

Your Choice of Energy

新日本石油株式会社（简称新日本石油）在日本国内拥有7家炼油厂（原油处理能力为122万桶/天）与11300所ENEOS品牌的加油站，是日本最大的石油公司。

近几年，随着日本的政策放宽，能源国际化进程的推进，各家能源企业进入了一个跨越行业界限的竞争时代。在此形势下，新日本石油集团为了能继续在日本的能源产业里独占鳌头，全力推出“强化核心业务，增加石油产品收益”与“挑战新能源”两大措施。此外，我们还与中国CNPC集团之间开展了一系列合作。

◆原油的委托精炼◆

新日本石油与中国联合石油有限责任公司（简称中联油）之间缔结了原油的委托精炼合同。

自2004年7月起，9个月内将有2万桶/天的原油在新日本石油集团的炼油厂内进行炼制，最后将柴油、燃料油等石油产品返还中联油。

与中国联合石油有限责任公司的签约仪式

中国石油旗下的克拉玛依润滑油厂

运输冷冻机油的ISO集装箱

◆克拉玛依冷冻机油◆

中国石油的克拉玛依润滑油厂引进新日本石油的基础油生产技术与成品化技术，进行冷冻机油与绝缘油的生产。

◆技术协作◆

中国石油旗下的兰州石化公司的职工在日本研修。
（仙台炼油厂）

研修情景

【联系方式（敝公司设于中国的法人公司）】
新日石（上海）贸易有限公司
上海办事处 Tel:(021)68412008 Fax:(021)68412010
广州办事处 Tel:(020)87324035/87324036 Fax:(020)87324050

在能源国际化的时代，新日本石油确立了“一条龙作业”及“综合能源企业”双体制，旨在成为能源界独树一帜的龙头企业。

◆一条龙体制的确立

将石油产品定为核心事业，确立从上游部门到下游部门的一条龙作业体制，强化竞争基础。

◆综合能源体制的确立

在能源多样化的进程中，为了将来能维持并提高竞争力与收益，需要建立及推进多样化的能源业务，以期实现综合能源企业的目标。

毕博管理咨询简介

毕博管理咨询是世界最大的管理咨询公司之一，总部位于美国弗吉尼亚洲的麦克林，是一家年收入近31亿美元，在纽约证券交易所挂牌的上市公司。

在日益激烈的市场竞争中，毕博管理咨询利用自身的丰富经验和不断地创新，为客户开发新的技术，帮助其提高运作效率，使客户通过技术获得投资回报。其服务涉及四大产业，包括通信和能源，消费品、工业和科技市场，金融服务业和政府事业；我们可以为各类企业提供六大类的解决方案，即战略和业务流程改进、供应链管理、企业解决方案、客户关系管理、信息技术架构与集成方案，以及管理外包服务。

毕博管理咨询在公共和私人领域为全球2500余家客户提供服务，其中包括430家《财富》1000强企业，和72家《财富》前100强企业。

毕博管理咨询于2001年进入中国市场，在短短3年时间内已经成为在中国最大的管理咨询公司，员工人数突破千人规模。在中国，毕博为包括国营、民营和外资在内的各类企业以及国家和地方政府机构提供管理咨询和系统整合服务，已经服务的客户囊括了金融、电信、能源，制造等主要行业的前三甲企业，其中95%以上为国企。

2002年12月，毕博管理咨询的第一家全球开发中心在上海张江落成。该中心将主要为国内外企业提供软件开发以及管理外包服务。2003年10月23日，毕博全球开发中心仅用了破纪录的六个月时间通过了CMM三级认证。2004年6月，开发中心又顺利通过CMM四级认证，并已制定通过五级的时间表，争取尽快成为中国仅有的几家通过CMM最高认证的全球开发中心之一。目前，毕博全球开发中心有员工500名。计划在未来3—5年内发展到5000名员工，最终成为上海乃至中国最大的软件开发中心，向客户提供低成本的，具有世界水平的企业管理软件，推动中国软件开发产业的发展。

同时，毕博在中国的第二家全球开发中心亦于2004年6月在大连正式运营。大连开发中心的员工总数将达到2000人。它的成立，标志着毕博在中国的发展又进入了一个新的历程。

继毕博管理咨询连续两年被美国《财富》杂志评为“最受尊敬的企业”之一（IT及数据行业），毕博（中国）也于2002年和2003年被评为“中国最受尊敬企业”之一。

毕博（中国）石油化工部门介绍

毕博石油化工部门是毕博消费品、工业和科技（CIT）事业部下属的部门之一，其服务领域覆盖石油化工行业的完整价值链，为上游的石油及天然气的勘探，开发及生产，中游的油气运输及管道，及下游的炼油化工和成品油及化工产品的销售等各个环节提供全方位的“端到端”的咨询服务。

毕博（中国）石油化工部门在CIT事业部的领导下，并在毕博的战略、流程、SAP、WCF Oracle等团队的积极参与及大力支持下，以全球700多位石油化工行业专家为咨询团队核心，为石油化工行业内的客户提供全方位的“端到端”的服务，包括企业组织战略规划、组织结构调整、组织绩效提升、IT战略规划、业务流程改进、ERP、CRM等通用系统规划及实施，APS、MES、GIS等专业系统的规划及实施，系统集成及项目管理等解决方案。

毕博石油化工部门为全球多家大型的石油公司提供过专业的咨询服务，包括ExxonMobil、BP、SHELL、ChevronTexa、PetroBras、HALLIBURTON、AgipPetroil、Degussa、TOTALFINAELF、Ferro Corporation、Mitsubishi Chemicals、Statoil、Valero、MOL，等等。

毕博自2001进入中国市场以来，其石油化工部门就全球先进的管理理念及实践带进中国，为中国石油化工行业内的客户提供高品质的专业化服务。中国的三大石油公司：中国石油天然气集团公司、中国石油化工集团公司、中国海洋石油总公司都与毕博有过成功合作的愉快经历。以中国石油为例，毕博石油化工部门为其提供和正在进行的服务项目有中国石油电子商务规划、中油国际战略规划和全球交易系统实施，东方地球物理公司战略规划和ERP系统实施，中国石油信息标准规划，中国石油专业信息系统建设监理、客户关系管理系统（CRM）规划、APS/MES系统实施等。在中国海油，为股份公司实施了Oracle财务改进项目，并在四个地区公司成功推广。

本着为客户创造卓越价值的服务理念，毕博石油化工部门将一如既往的将全球领先的管理理念及实践引入中国，服务于中国的客户，帮助客户提升核心竞争力，提高管理水平及管理效率，使客户在激烈的市场竞争中赢得有利地位，获得更大的投资回报。

中国航油（新加坡）股份有限公司

中国航油（新加坡）股份有限公司（简称“中国航油”），是在新加坡交易所主板挂牌的上市公司，是“依托中国，走向世界”的石油类跨国企业。

中国航油的控股股东—中国航空油料集团公司（简称“集团公司”），是直属中国中央政府的国有大型航空运输保障企业，在中国 100多个机场拥有供油设施，并为中、外100多家航空公司的飞机加油，是全球第八大航油供应商。

石油实业投资

中国航油目前拥有西班牙最大的石油设施公司—CLH公司5%的股权，与各持相同股份的壳牌、BP等国际著名石油公司共同参与该公司的管理；中国航油还收购了上海浦东国际机场航空油料有限责任公司33%的股权，成为该公司的第二大股东，拥有中国第二大机场的航油设施经营权和航油供应权。另外，中国航油还收购了水东油库区80%产权。水东油库区位于中国广东省茂名市水东港，其输油管线直接与中国第二大炼油厂－茂名炼油厂相连接。

中国航油还全面收购了英国上市公司富地石油公司的全资子公司－香港富地航油有限公司的股权，该公司持有中国民航最大的中外合资项目－华南蓝天航空油料有限公司24.5%的股权。

国际石油贸易

从1999年始，中国航油不断拓展国际石油贸易业务，贸易品种包括原油、燃料油、汽柴油、石脑油和石化产品等，并成功地实现了多种贸易方式的交叉运营；市场区域则从新加坡和中国，延伸到整个东亚、东南亚、中东、东非、欧洲和美国。

中国进口航油采购

中国航油通过市场竞争，在中国进口航油市场的占有率由1997年恢复运营时不足3％的微弱地位逐年上升，目前已经达到100％，其供油量相当于中国民航全国航油消耗总量的三分之一。中国航油还在国际航油市场频频出手，多次成功地为中国民航进口航油压低油价，通过公开招标、批量采购、集中运输、规范接轨等方法为集团公司节省了大量的采购成本。由于中国航油在国际石油贸易和进口航油采购方面所取得的巨大成绩，新加坡政府特授予“全球贸易商计划”成员资格，并因此给予优惠的税收待遇。

中国的智慧，世界的经验

依托中国的智慧、运用国际的经验将有助于企业在激烈的全球竞争中脱颖而出、发展壮大、并立于不败之地。中国航油所追求的就是这样一种贯穿古今、融汇东西、中西合璧的境界；并在实践中不断地吸取中国智慧的精华和巧妙地运用西方现代管理思想。为此，中国航油制定了“中国的智慧，世界的经验”的企训，用以指导企业经营并成为员工的工作守则。

China Aviation Oil (Singapore) Corporation Ltd
中国航油（新加坡）股份有限公司
8 Temasek Boulevard #31-02 Suntec Tower Three, Singapore 038988
Tel: (65) 6334 8979 Fax: (65) 6333 5283 Tlx: CAO RS20338
Website: http://www.caosco.com Email: admin@caosco.com

An international oil services company
with a unique place in Asia –
and a unique future in China.
国际化的石油服务集团 ——
独具亚洲优势，尽握中国商机。
Our focus 重点业务
Oil Distribution
Logistics
Trading
石油分销 物流 贸易
Titan
Titan Petrochemicals Group Limited
泰山石化集团有限公司
Hong Kong 香港 Singapore 新加坡 Shanghai 上海 Guangdong 广东 Fujian 福建
www.titanoil.com.hk

安永会计师事务所
向中国石油天然气集团公司
致意
.com/china
ERNST & YOUNG
Quality In Everything We Do

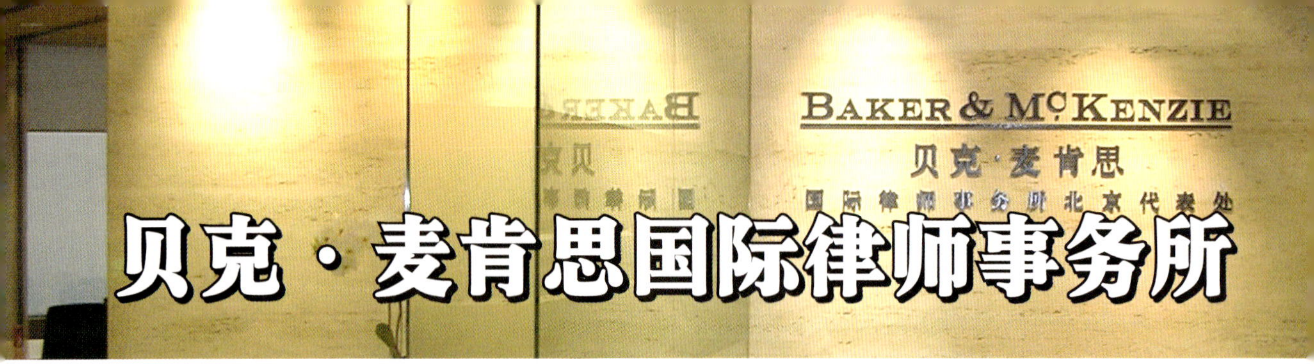

贝克·麦肯思国际律师事务所

贝克·麦肯思国际律师事务所

贝克·麦肯思国际律师事务所是全世界大规模的律师事务所之一。50多年来，为世界上许多全球性的组织和机构提供了全方位的法律咨询和服务。在38个国家和地区开展业务，共有3200多名具有当地律师资格和丰富国际经验的律师。凭借这一优势，具备足够的专业知识和资源提供范围广泛的优质法律服务，有效而始终如一地回应国际和本地客户的需要。为全球大部分最大的企业和许多地区性和地方性机构提供法律服务。基于本所多元、广泛的能力，能为各大行业中的领导性企业提供服务。

我所的企业文化是多元而开放性的，同时具备全球性的视野。我所的律师及其他专业人员来自60多个国家，获准执业的司法管辖区将近250个。我所人员会说75种以上的语言。

多个国际主要专业组织、研究机构和法律专业刊物都公认我所在全球法律界的市场领导地位。最近我所在2004年度ALB China Law Awards 中获得在华国际律师事务所大奖，并在2003年度PLC Global Counsel Law Firm Awards 中获得亚太律师事务所大奖和国际律师事务所大奖两个奖项。

本所的中国业务

长久之来，贝克·麦肯思国际律师事务所被公认拥有一个表现卓越的中国业务部。我所在香港、北京、上海均设立了办事处，构筑了一个在全中国提供法律服务的独特的平台。我所在中国经营业务已经超过30年，为香港和中国大陆的企业以及在华经商的外国企业提供全球性的法律服务。

我所对中国的深入认识和广泛的网络，加上我们的全球经营能力，使我们能确保委托人在中国的业务活动得到一流的支持。

贝克·麦肯思国际律师事务所在以下各方面提供专家法律服务：

·银行和财务	·企业和商业（外商直接投资／企业并购）	·建设
·争议解决／诉讼	·雇佣	·金融服务
·移民	·保险	·知识产权
·基础建设项目	·私人股权资本／风险投资	·房地产和财产
·证券	·税务	·技术、媒体和电信
·WTO／国际贸易	·石油、天然气和其他矿业	·银行和财务

信永中和

会计师事务所有限责任公司

信永中和　人道事法　为求执取

董事长 张克

董事长致词

我们与新老客户相扶相持，经受了大潮汹涌的新经济的洗礼与砺炼，共同打造了信永中和的信誉与品牌；同时我们把握时代赋予的契机，不断提炼与升华所承袭的具有国际水平的质量体系与管理体系，在会计师事务所的执业、管理与建设上，走出了一条国际标准与国内实践相结合，先进理念与民族文化相融通的坦途。

帮助客户健康发展是我们的责任，客户的成功是我们的追求，为客户创造价值是我们的目标。高素质的员工队伍和先进的管理体系为我们向客户提供超值服务，与客户共同成长提供了坚实的保障。肩负着我们的责任、追求与目标，通过高度专业化的服务，我们与客户一起追求发展，追求成功。

展望未来，我们对前景充满自信，信永中和将一如既往，以专业能力为支点，以为客户创造价值为理念，以持续超越历史、超越自身为目标，与您携手，共同塑造成功的辉煌。

信永中和内景

信永中和内景

总经理致词

信永中和会计师事务所是一家已有20多年延续历史的国内最具规模的大型会计师事务所，具有证券审计、证券评估、国有大型企业审计、金融业务审计、工程造价甲级、土地评估A级等所有主要执业资格。

信永中和会计师事务所与永道国际有着近七年的合作历史。我们在全面整理吸收永道国际等国际先进的管理系统、执业系统与标准、质量与风险控制系统等基础上建立了一套具有国际水平且适应中国国情的执业规范和管理系统，并对员工持续地进行培训，为事务所持续稳定地发展、为客户提供优质高效服务提供了可靠保证。

信永中和会计师事务所在深圳设有分所，服务网络遍布上海、成都、西安、青岛等地，能为客户提供快捷有效的服务。多年来，提供了涉及上市审计、上市评估、大型国有企业审计、任期审计、基建审计、管理咨询、资产评估、造价咨询、税务服务等数千项专业服务，积累了丰富的执业经验。专业能力在行业中出类拔萃，可以提供达到国际水平的专业服务。

信永中和会计师事务所将从高起点上置身于市场竞争，实施品牌战略，立足长远求发展；牢记肩负的社会责任，坚持“诚信为本、独立公正”原则，以高度的专业能力和专业精神继续竭诚为国内外客户提供高效、优质的服务，与客户共谋发展，共创辉煌。

公司领导班子合影

地址：北京市东城区朝阳门北大街8号富华大厦A座9层　邮编：100027　电话(010)65542288　传真：(010)65547190

博雷·道森·华隆律师事务所是一家知名的国际律师事务所，拥有800多名律师和200多名合伙人。我所是澳大利亚历史最悠久、规模最大和最具活力的律师事务所之一，始终致力于向我们的客户提供高质量、高附加值的法律服务。

我们所有的办公室都配备有先进的信息技术设备，将整个事务所整合为一体，形成一个全球化信息网络，使各个办公室能够在更大范围内随时方便地获取相关技术资料和专业资源。

业务领域

我们可以提供全面的法律服务，尤其在以下领域具有非常丰富的经验：

- 石油、天然气和能源；
- 项目和基础设施；
- 兼并收购；
- 金融服务；
- 技术和电信。

我们参与了几乎所有澳大利亚的重大石油天然气开发项目，还在世界各地广泛参与大型油气项目，地域包括西北大陆架、帝汶海、北海以及亚洲、非洲和中东地区。

上海代表处和中国业务

1998年2月，博雷·道森·华隆律师事务所获得中华人民共和国司法部的批准开始在中国境内开展法律业务。上海代表处为中国大型企业向海外投资提供帮助并为跨国公司在中国的业务提供咨询。

联系方式

李萍或Trevor Goh
地址：中华人民共和国
上海市南京西路1376号
上海商城628室200040
电话：(8621)62798069
传真：(8621)62798109

Blake Dawson Waldron is a leading international law firm with over 800 lawyers and over 200 partners. We are one of Australia's oldest, largest and most dynamic firms dedicated to providing quality and value-added services to our clients.

All offices are supported by cutting edge information technology that fully integrates them into our worldwide network and allows them to draw on technical resources and professional expertise in the wider field easily and at any time.

Areas of Practice

We offer a full range of legal services with particular expertise in:

- Oil and gas, resources;
- Projects and infrastructure;
- Mergers and acquisition;
- Financial Services; and
- Technology and telecommunications.

We have worked on almost every major petroleum development in Australia and on oil and gas projects around the world including the North West Shelf, Timor Sea and North Sea and throughout Asia, Africa and the Middle East.

Shanghai Office and China Practice

In February 1998, BDW was granted a licence from the Ministry of Justice to practise law in China. Our Shanghai office assists major Chinese corporations on investment in other parts of the world and advises multinationals in their business operations in China.

Contact Us

Ping Li or **Trevor Goh**
Suite 628, Shanghai Centre 1376
Nanjing Road West
Shanghai 200040, PRC
Tel (8621) 6279 8069
Fax (8621) 6279 8109

SHANGHAI LONDON JAKARTA PORT MORESBY SYDNEY MELBOURNE BRISBANE CANBERRA PERTH

远程管理的服务系统

稳定可靠的一次元件

量身定制的控制单元

秦皇岛永晖石油有限公司

秦皇岛永晖石油有限公司成立于1995年6月2日，是由秦皇岛港务集团有限公司(中方)和秦皇岛永晖投资有限公司（外方）联合兴办的一家中外合资企业。公司经营范围为石油及其制品的加工、中转储运及保税仓储业务。公司拥有10个储油罐，总容量达92000立方米，经营品种为石脑油、柴油、汽油、奥里乳化油、二氯乙烷、甲醇等，并可以根据客户的实际需要增加相应品种。

秦皇岛永晖石油有限公司拥有自己的铁路专用线及罐车装卸栈桥，可以同时满足64节罐车作业。油码头可停靠1000—50000吨级的大小船舶，完全适应国内外市场的运输要求。

秦皇岛永晖石油有限公司从1998年至今，一直为中国石油集团中转成品油，年中转量约100万吨，并与之建立了良好的业务合作关系。

秦皇岛永晖石油有限公司愿以优良的设施和真诚的态度为国内外客户提供优质的服务。

Established on July 2, 1995, Qinhuangdao Winsway Petroleum Co., Ltd. (the "Company") is a joint venture company invested by Qinhuangdao Port Group Co., Ltd. (Chinese party) and Qinhuangdao Winsway Investment Limited(foreign party). The scope of business covers petroleum product re-processing, transfer transportation of petroleum and bonded warehouse. The Company has built 10 oil tanks. Total capacity of these oil tanks is 92000 m^3. We specialize on storage for naphtha, diesel, gasoline, orimusion, dichloroethane (EDC), carbinol etc. In addition, we could provide service for other product by request.

Nevertheless, the Company has own dedicated rail line and tank loading/discharging bridge which could accommodate 64 tank cars working simultaneously. Oil dock could berth ships from 1000 tons to 50000 tons which could fully satisfy transportation needs for both domestic and international markets.

Qinghuangdao Winsway Petroleum Co., Ltd.has been transshipping refined oil for PetroChina, with annual transshipment of 1 million tons, and established good relationship with China Petroleum Group since 1998.

Qinhuangdao Winsway Petroleum Co., Ltd .is at your service with our excellent facilities and expertise on petrochemical transportation.

地　址：中国河北省秦皇岛市河北大街东段46号
邮　编：066000　　总经理：王兴春
电　话：86-335-3096488　　传　真：86-335-3096499

Address: No.46 east of the Hebei Road, Qinhuangdao Hebei Province, P.R. China
Postal Code:066000
General Manager: Xingchun Wang
Tel: 86-335-3096488　Fax: 86-335-3096499

二连浩特呼铁永晖石油化工有限公司

二连浩特呼铁永晖石油化工有限公司成立于2001年5月29日，是呼和浩特铁路局多种经营总公司(中方)与内蒙古永晖投资有限公司（外方）共同出资设立的中外合作经营企业。公司主要业务范围有：石油、化工产品的进出口贸易，出入境散装石化产品的中转换装储运业务等。

公司换装站占地面积68000平方米，建有650米钢结构换装栈桥一座，铺设宽、准轨专用铁路各3200米，并设有配套加温设施，年换装能力可达200万吨。二连浩特火车站宽、准轨线路可达104条。货运站台6座，年过货能力为800万吨。公司拥有纯铝罐车、内壁喷涂罐车、G60型碳钢罐车、G17S型罐车及中压铁路罐车等，能够适应不同品种货物运输要求。

我们将继续挖掘口岸和自身优势，加强与国内外同仁的合作，扩大换装能力，提高服务质量，为中国石化产业和口岸的发展做出更多贡献！

地　　址：内蒙古自治区二连浩特市迎宾路2号　　邮编：011100　　总经理：朱庆让
联系电话：86-479-2229456　　传　　真：86-479-2226077

Erlianhaote Hutie Winsway Petroleum & Chemicals Co., Ltd.

Erlianhaote Hutie Winsway Petroleum & Chemicals Co., Ltd. (the "Company") is a joint venture company invested by the Huhetaote Railway Bureau Multi-Business General Company (Chinese party) and Neimenggu Winsway Investment Co., Ltd. (foreign party). The Company registered on May 29, 2001. The scope of business covers import & export of petroleum and chemical products and transfer, change-loading, storage and transportation of import & export petroleum and chemical in bulk, etc.

The area of interchange platform is about 68,000 m^2 including a 650 m steelwork trestles, 3,200 m width rail and 3,200 meters standard dedicated rail plus heating facilities. Annual volume of interchange could reach 2,000,000 tons. It has 104 width and standard rails and 6 freight platforms, with annual transshipment capacity over 8 million tons.

The company could offer pure aluminum railway tank car, inner coating railway tank car, G60 carbon steel tank car, G17S tank car, and medium pressure railway tank car etc. to our customer to fulfill different transportation needs and to suit variety and exclusive tank requirements of petrochemical product transportation.

We will continually consummate our interchange facilities and improve our service quality. Then, we could make more contributions to development of port and Chinese petrochemical industry.

Address: No.2 Yingbin Road, Erlianhaote, Inner Mongolia, China
Tel: 86-479-2229456　Fax: 86-479-2226077　General manager: Qingrang Zhu

项目背景：

中国石油天然气集团公司作为国家特大型骨干企业，对国民经济起着巨大的支柱作用。新中国成立以来特别是改革开放后，中国石油天然气集团公司的业务范围不断扩展，规模不断扩大，以其真正的实力，跻身于世界500强企业之列。

随着中国石油天然气集团公司业务的迅速发展，集团公司已建设完成一个覆盖全国范围安全可靠的多业务计算机网，它连接集团公司总部和国内分公司共95个单位，能够为集团公司总部和国内各分公司之间提供数据、话音、传真、视频会议等多种业务，并能满足中国石油天然气集团公司不断发展的新业务需要。

中国石油天然气集团公司视频会议系统要求具有良好的实时性和交互性，使各会场之间通过视频会议系统，进行视频、音频等信息的互通，实现人与人之间面对面的信息交流，达到提高网络资源的利用率和办公效率的目的。

项目规模：

中国石油天然气集团公司包括集团公司总部、股份公司总部、93个国内分公司。此次建设中的95个会场分别是：集团公司总部2个主会场，股份公司总部1个主会场、大庆油田等93个分公司会场。上述96个会场可通过设备的IP端口与中国石油多业务综合计算机网连接。

中国石油天然气集团公司视频会议系统以总部多点控制单元(MCU)为中心，以H.323协议为标准，系统设计支持96个会场，每个会场的设计速率为768kbps。该系统同时可以根据需要灵活地进行扩容，以满足未来业务发展的需要。

项目目标：

(1) 实现H.323网络上的交互式视频会议；
(2) 易于管理和维护；
(3) 用成熟技术和产品，具有良好的可靠性、可维护性和扩容能力；
(4) 支持多个用户、多组会议同时召开；
(5) 支持多种会议模式和灵活方便的接入方式；
(6) 大容量易扩容。

项目建设内容：

本次建设完成的视频会议系统基于中国石油天然气集团公司多业务综合计算机网，它通过接入设备来连接国内各地分公司的会议电视终端，实现音、视频及数据的实时交互传输。

集团公司总部作为中心节点，是整个会议的控制中心，设置了多点会议单元(MCU)和会议电视终端；其他93个会场各配置会议电视终端。同时根据系统设计要求，配置了网闸和视频会议管理系统，实现对全网视频设备的管理和维护。

(1) 在集团公司北京总部、股份公司北京总部设主会场3个，大庆、辽河等93个分公司设分会场93个，这样共计96个会场；

(2) 实现全网范围的电视电话会议：音视频、电子数据、图文数据的交互；

(3) 各会场的屏幕可同时显示多个会场画面；

(4) 每个视频终端可配多个摄像机，并可任意切换；

(5) 具有多媒体演示功能，可以在会议过程中播放多媒体信息；

(6) 具有电子白板功能；

(7) 电视电话会议系统设计会议速率为768kbps。

实现上述目标后，会议系统可实现以下形式的会议：

* 点对点的会议模式；
* 多点会议；
* 多组会议。

对多点会议实现会议管理，包括以下几方面的内容：

* 对会议进行登记；
* 会议控制；
* 会议传送；
* 分屏设定。

网络情况：

中国石油天然气集团公司多业务综合计算机网采用星型网络结构和数字传输方式，广域网接入速率为2Mbit/s(E1专线)。

系统设计原则：

系统设计要求建设一个技术先进、成熟可靠、可管可用、性能优秀，灵活扩展、标准开放的视频会议系统；综合考虑该网的中长期发展计划，在网络结构、网络应用、网络管理、系统性能等各个方面适应未来视频会议和多媒体应用的发展；方便扩容，可灵活地增加会议点，最大程度地保护用户的投资；将该网建成一个面对面交流协作的典范。

中国石油天然气集团公司视频会议系统采用美国宝利通(Polycom)公司的VS4000会议室型视频终端及MGC-100多点会议服务器。以集团公司、股份公司为中心，通过数字传输信道，以专线方式星形级联而成。

整个系统包括VS4000高档会议室型视频终端96套。VS4000提供标准的10/100M自适应以太网接口，通过以太网交换机接入中国石油计算机网。VS4000可支持64kbps—2Mbps不同的速率。

多点会议服务器采用POLYCOM公司的最新型多点控制单元MGC-100。MGC-100作为电信级的多媒体信息交互系统，集多点会议单元(MCU)、H.3xx网关(Gateway)和会议控制(Control)于一体。MGC-100具有独特的电信级宽带总线架构，形成了高度可靠的电信级业务平台。同时MGC-100还提供API接口，为集团公司针对实际工作模式进行二次开发提供了一个很好的手段。

视频网络管理系统采用POLYCOM公司的GMS视频网络管理系统，它可以集中监控和管理网络上的视频会议设备，包括VS4000终端、MGC-100(MCU)和PathNavigator(Gatekeeper)。

应用情况：

2003年1月23日上午中国石油天然气集团公司视频会议系统举行了开通仪式，标志着集团公司信息化建设又迈出坚实的一步。集团公司和股份公司领导及所属106个单位的2000余人出席了开通仪式。刘海胜在开通仪式上要求，加强系统运行的维护保养和规范管理，保持系统处于完好状态；同时各单位都要充分利用系统的功能，提高系统利用效率和办公效率，真正达到我们建设视频会议系统的目的。

目前，集团公司已经利用该系统成功举行了多次视频会议。

总结：

中国石油天然气集团公司视频会议系统是石油计算机网络二期工程的重要组成部分，是中国石油信息化建设的一项标志性工程，也是目前我国最大的企业视频会议系统。加强信息化建设，有利于促进企业管理方式的转变，有利于提高效率、降低成本、增加效益，有利于增强企业综合竞争力。中国石油天然气集团公司视频会议系统的成功开通为中国企业信息化建设写下了辉煌的一页。

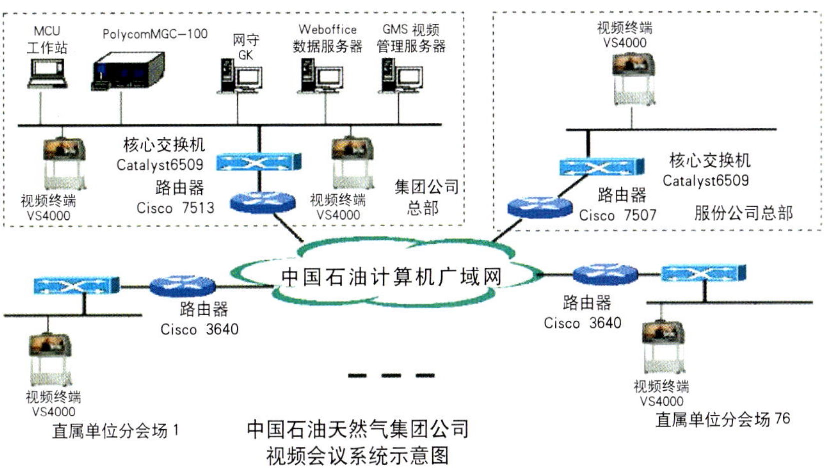

中国石油天然气集团公司
视频会议系统示意图